제2판

노동조합 및 노동관계조정법 주해

II

노동법실무연구회

박영사

발 간 사(제2판)

대법원 노동법실무연구회 회원들의 헌신으로 초판이 발간된 지 벌써 7년이 지났습니다. 그동안 노동조합 및 노동관계조정법 주해는 실무가뿐만 아니라 학계의 필독서가 되었고 노동 현장에서도 권위 있는 해설서로 자리매김하였습니다.

초판이 발간된 후 법률 개정이 있었습니다. 헌법재판소가 노동조합 운영비 원조금지 규정에 대하여 헌법불합치 결정(2012헌바90)을 하고, 법인의 대리인 등에 대한 부당노동행위 양벌규정에 대하여 위헌 결정(2017헌가30)을 함에 따라 2020. 6. 9. 노동조합법의 개정이 이루어졌습니다. 국제노동기구(ILO)의 기본협약인 「결사의 자유에 관한 협약」의 비준을 추진하면서 2021. 1. 5. 근로자의 단결권 보장의 범위를 확대하는 방향으로 노동조합법이 개정되었습니다. 나아가 정부가 2021. 4. 20. 결사의 자유에 관한 ILO 기본협약(제87호 및 제98호 협약)에 대한 비준서를 기탁하였고, 해당 협약들은 2022. 4. 20. 발효하여 국내법적 효력을 가지게 되었습니다.

새로운 판례도 많이 축적되었습니다. 대법원 2015. 6. 25. 선고 2007두4995 전원합의체 판결은 취업활동을 위한 체류자격이 없는 외국인도 노동조합법상 근로자의 범위에 포함될 수 있다고 판시하였고, 대법원 2020. 8. 27. 선고 2016다248998 전원합의체 판결은 단체협약상 산재 유족 특별채용 조항이 채용의 자유를 과도하게 제한하거나 채용 기회의 공정성을 현저히 해하지 않는 한 유효하다고 판단하였습니다. 대법원 2020. 9. 3. 선고 2016두32992 전원합의체 판결은 고용노동부장관의 전국교직원노동조합에 대한 법외노조 통보처분 사건에서 법외노조 통보에 관한 시행령 규정이 무효라고 선언하였습니다. 그 밖에도 복수 노동조합에 대한 교섭창구 단일화 절차에 관한 새로운 판시 등 집단적 노동관계에서 중요한 의미를 가지는 대법원 판결들이 있었습니다.

　　이번 제2판에서는 이러한 법률의 개정과 새로운 판례를 반영하고 노동환경을 둘러싼 새로운 논의를 정리하고자 하였습니다. 초판에서 집대성된 부분을 수정하는 한편, 집단적 노동관계에 관한 ILO 기본협약의 내용과 국내법적 적용, 집단적 노동관계법상 근로자·사용자에 관한 비교법적 고찰, 편의제공, 도산과 집단적 노동관계, 공무원직장협의회의 설립·운영에 관한 법률이라는 새로운 주제 5편을 추가하였습니다. 신규 주제에 대하여는 노동법실무연구회의 발표와 토론을 진행하고 기존 조문에 대하여는 초고 작성에 이어 더욱 치밀한 독회와 수정 과정을 거쳤습니다.

　　초판과 마찬가지로 이번에도 김지형 초대 회장님과 김선수 대법관께서 독회와 원고 작성 등 전반적인 작업을 이끌어 주셨고, 집필진과 편집위원인 권오성, 권창영, 김민기, 김영진, 김진석, 김진, 김희수, 도재형, 박가현, 성준규, 신권철, 여연심, 유동균, 이명철, 이병희, 임상민, 최은배 회원님은 헌신적인 노력을 더해 주셨습니다. 마은혁 편집위원회 간사님은 개정 작업의 기획과 세세한 집행까지 도맡아 주셨습니다. 이 분들의 헌신적인 노력이 없었다면 이 책이 나오기 어려웠을 것입니다. 노고에 깊이 감사드립니다. 아울러 초판에 이어 출판을 맡아준 박영사 관계자분들께도 감사의 말씀을 드립니다.

　　인간은 노동을 통해 자아를 실현하고 사회를 유지하며 역사를 발전시켜 왔습니다. 그러므로 인간의 역사는 곧 노동의 역사이기도 합니다. 이 책이 집단적 노동관계를 공정한 눈으로 바라볼 수 있게 하고 헌법이 보장하는 노동3권이 제대로 구현될 수 있도록 하는 데 조금이나마 보탬이 되기를 기원합니다.

　　감사합니다.

2023. 2.

공동편집대표

이　홍　구

제 2 판 펴냄에 붙여

추상과 구상. 신영복 선생은 "인간과 세계에 대한 올바른 인식을 키우는 것"이 공부라고 했습니다. 공부란 "문제"에 마주 서겠다는 의지입니다. 복잡한 문제에 직면하면 먼저 그 본질을 꿰뚫어 그 핵심을 추출해야 합니다. 이것이 "추상"입니다. 한편 문제는 해결되어야 하므로 어찌하든 구체적 해법을 찾아내야 합니다. 이것이 "구상"입니다. 이 두 가지는 함께 가야 합니다. 추상 없는 구상은 난삽하고, 구상 없는 추상은 공허합니다.

법의 문제. 법 문제에도 추상과 구상이 동시에 요구됩니다. 이론과 실무, 개념과 실용이 함께해야 합니다. 오늘날까지 미국을 대표하는 법사상은 프래그머티즘입니다. 이 법사상은 올리버 웬들 홈스, 벤자민 카도조, 로스코 파운드 등 지금도 미국 법조에서 존경을 한 몸에 받는 법률가들에 의해 정립되었습니다. 이 법사상이야말로 법의 문제에 접근하는 관점에서 추상과 구상을 같이 추구합니다. 홈스는 "법의 생명은 논리가 아니라 경험이다."라고 했지만, 이 말은 논리를 배제해야 한다는 의미가 아니라 논리와 더불어 경험이 소중하다는 점을 강조하기 위한 수사(修辭)로 이해합니다.

노동법의 추상과 구상. 노동법의 세계에서 추상은 노동헌법입니다. 이 주해서에서 다루는 노동법 문제의 추상은 헌법에 정한 "노동3권"입니다. "노동조합 및 노동관계조정법"을 비롯한 하위법령이 구상입니다. 안목을 국제기준으로 넓혀, ILO 협약들도 추상인 ILO 기본정신의 구상입니다. 이 구상 안에 이 주해서가 있다고 생각합니다. 집필진 모두는 초판에서 한 걸음 이상을 더 내딛는 공부를 가열하게 했고 그 결실을 이번 제2판에 쏟아냈습니다. 이들이 쓴 옥고에서, "보편적 명제들은 구체적 사례들을 결정짓지 않는다."라고 한 홈스의 말이나, "판결들은 묻는다고 원칙을 거저 보여주지 않고 천천히 고통스럽게 그 핵심을 드러낸다."라고 한 카도조의 말, "법의 역사는 법률가의 역사 그 자체"라고 한 파운드의 말이 겹쳐 읽히는 까닭이 무엇인지는 굳이 강조하지 않겠습니다.

　　오류의 역설. 법 문헌 저술에 관한 한, 법 주해서는 프래그머티즘을 구현하는 데 가장 유용한 방식이라고 여겼습니다. 2010년에 근로기준법 주해로 그 첫 삽을 뜬 데 이어, 2015년에 노동조합 및 노동관계조정법 주해까지 초판을 일구어냈습니다. 그리고 2020년에 근로기준법 주해 제2판을 펴냈고, 이제 노동조합 및 노동관계조정법 주해 제2판까지 내딛게 되었습니다. 편집대표로 참여하는 내내 이런 출판이 과연 실현될 수 있을지, 책을 내더라도 독자들의 호응을 얼마나 받을 수 있을지 의심하곤 했습니다. 그러나 그때마다 이런 조바심은 틀렸습니다. 역설적으로, 틀려서 오히려 기뻤습니다. 집필진 모두가 헌신적으로 원고를 작성했고, 편집위원들과 매서운 강독 순서를 거쳤으며, 이후 세밀한 교정 작업에 이르기까지 환상의 호흡을 맞추어 주었습니다. 이에 힘입어 앞선 세 번의 출판물에 대한 독자의 반응은 우리의 기대를 뛰어넘었습니다. 이번에도 발간의 과정은 같았고, 조바심이 없지 않은 것도 이전과 다를 바 없으나, 남은 기다림은 또 하나 오류의 역설입니다.

　　노동법의 진화. 역사학자 윌리 톰슨은 그의 저서 『노동, 성, 권력』에서 '노동의 역사는 인류의 역사와 정확히 일치한다'고 했습니다. 생각하면 너무나 뻔한 이 말이 새삼스럽게 다가오는 이유는 무엇일까요. 아무래도 노동의 문제가 독립된 법분야로 체계화된 것이 인류 탄생 이래 20만 년이라는 노동의 역사 중 겨우 최근 100년여에 지나지 않는 극히 짧은 순간에 지나지 않은 탓 아닐까 싶기도 합니다. 그러나 곰곰이 돌아보면 지금의 노동법은 20만 년 노동의 역사를 통틀어 꾸준히 진화해 왔다고 말하는 것이 옳을지 모릅니다. 『종의 기원』의 찰스 다윈은 "살아남는 종은 강한 종이 아니고 똑똑한 종도 아니다. 변화에 적응하는 종이다."라는 유명한 말을 남겼습니다. 『오래된 연장통』을 쓴 진화심리학자 전중환은 "인간의 마음은 … 오래된 연장통이다. 인간의 마음은 우리는 왜 태어났는가, 삶의 의미는 무엇인가, 신은 어떤 존재인가 같은 심오하고 추상적인 문제들을 잘 해결하게끔 설계되지 않았다. 인간의 마음은 어떤 배우자를 고를 것인가, 비바람을 어떻게 피할 것인가, 포식동물을 어떻게 피할 것인가 등 수백만 전 인류의 조상들에게 주어졌던 다수의 구체적이고 현실적인, 때로는 구차하기까지 한 문제들을 잘 해결하게끔 설계되었다."고 말합니다. 이러한 진화론이 노동법의 진화에도 그대로 적용될 수 있을 것입니다. 지금까지뿐만 아니라 미래에도 노동법은 노동의 문제를 해결하는 진화의 과정을 밟아가야 합니다. '법은 안정성을 필요로 하지만, 정지할 수 없다'고 한 프래그머티즘 법사상가들의 생각도 이와 다르지 않습니다. 이들이 말한 법이 사회적인 '갈등' 문제에 '조정'이라는 해결을 목표로 하는 것이라면, 그리고 법을 '사회의 이익을 전체적으로 형량'함으로써 '사회의 다양한 요구를 조화시키기 위한 공동의 도구'라고 보는 이들의 법사상에 동의한다면, 노동법의 미래 진화를 위한 또 하나의 오래된 연장통으로서 이 주해서가 갖는 의미는 더욱 각별할 것으로 생각합니다.

미약한 헌사. 이처럼 뜻깊은 주해서 발간에 정진해 준 집필진과 편집위원, 그리고 교정위원 모두에게는 어떠한 찬사를 드려도 부족합니다. 그 곁에서 김선수, 이흥구 두 분 대법관께서는 노동법실무연구회 회장으로서 아낌없는 관심과 조언, 애정과 지원을 보여주셨습니다. 한 분 한 분에게 다시금 경의를 표합니다. 특히 근로기준법 주해에 이어서 이번에도 편집 작업을 총괄해 준 마은혁 편집위원(간사)이 아니었으면 제2판이 언제쯤 빛을 보게 되었을지 가늠하기 어렵습니다. 이 주해서의 종이책 출간을 늘 도맡아준 박영사와 관계자 여러분에게도 감사의 말씀을 빼놓을 수 없습니다. 두말할 나위 없이 이 책의 진정한 주인공은 독자 여러분입니다. 이 책이 집필자와 독자 사이에 집단적 노동관계법의 진정한 의미에 대해 조금이라도 더 공감의 폭을 넓히는 소통의 창구가 된다면, 더 이상의 기쁨은 없을 것입니다.

개인적으로는 이 책이 나오기까지의 산고(産苦)를 지켜보는 것 외에 한 일이 거의 없지만, 그것만으로도 제겐 무척 소중한 시간이었음을 고백하는 것으로 모자란 소회의 말씀을 줄입니다.

감사합니다.

2023. 1.

공동편집대표

김　지　형

발 간 사(초판)

　노동조합 및 노동관계조정법은 헌법에 의한 근로자의 단결권·단체교섭권 및 단체행동권을 보장하여 근로조건의 유지·개선과 근로자의 경제적·사회적 지위의 향상을 도모하고, 노동관계를 공정하게 조정하여 노동쟁의를 예방·해결함으로써 산업평화의 유지와 국민경제의 발전에 이바지함을 목적으로 하여 제정되었습니다.

　그런데 과거 우리나라 노동계의 현실은 상호 존중과 협력보다는 대립과 갈등이 부각되는 노동관계가 주류를 이루고 있었음을 부정하기 어렵습니다. 그에 따라 노동조합 및 노동관계조정법이 정한 노동관계를 둘러싸고 다양한 이론적 분석이나 해석이 전개되었으며, 그 결과 체계적으로 쟁점이 정리되지 아니하고 적절한 균형점을 찾지 못하는 경우도 없지 않았습니다.

　한편 2010년에 개정된 노동조합 및 노동관계조정법의 시행으로 노사를 둘러싼 환경은 큰 변화를 맞이하게 되었습니다. 노동조합 전임자에 대한 급여 지원의 금지와 근로시간 면제 제도의 도입, 복수 노동조합의 허용 등으로 노사 모두 종래의 노사관행에서 벗어날 수밖에 없게 되었습니다.

　이에 개별적 근로관계에 관한 지침서라고 할 수 있는 근로기준법 주해를 발간하였던 노동법실무연구회의 회원들은 그 경험을 바탕으로, 집단적 노동관계 관련 업무를 담당하거나 그에 관하여 연구하는 법조인, 공무원, 인사·노무 담당자, 노동조합 실무자, 학자, 학생 등에게 노동조합 및 노동관계조정법에 관한 다양한 이론적·실무적 해석을 종합적으로 정리하여 제시함과 아울러 새로운 제도를 체계적으로 설명할 필요성이 있다는 데 공감하였습니다.

　그리하여 이 책의 발간을 위한 새로운 여정이 시작되었고 그동안 많은 노력이 있었습니다. 2008. 5.경부터 2010. 7.경까지 분야별로 세미나를 실시하였고, 2010. 10.경부터 2011. 10.경까지 4개 분과로 나누어 분과별 강독회와 토론을 거쳐 원고를 작성하는 작업을 하였으며, 2012. 5.경부터 2012. 12.경까지 편집위원과 각 집필자가 최종 강독 및 원고 수정에 힘을 쏟았습니다. 이어 3차례 걸친 교정을 거쳐 마침내 이 책이 빛을 보게 되었습니다.

이러한 노작의 성과물인 이 책은 주석서라는 이름에 걸맞게 노동조합 및 노동관계조정법의 각 조문을 해설하는 체제를 기본으로 하면서, 부연 설명이 필요한 부분에 관하여는 따로 항목을 만들어 그 내용을 보충하는 형식을 취하였습니다.

아무쪼록 이 책이 부족하나마 집단적 노동관계에 관한 이론의 발전과 실무의 정립에 길잡이가 되고, 나아가 독자들의 성원에 힘입어 그 내용이 계속 보완될 수 있기를 기원합니다.

이 책이 발간되기까지 많은 분들이 도움을 주셨습니다. 노동법 분야의 권위자이신 김지형 전임 대법관님께서는 세미나와 원고 수정에 이르기까지 전반적인 작업 진행을 이끌어 주셨습니다. 강문대님, 구민경님, 권두섭님, 권영국님, 권창영님, 김기덕님, 김민기님, 김선수님, 김성수님, 김성식님, 김원정님, 김진님, 김진석님, 김흥준님, 김희수님, 마은혁님, 민중기님, 박상훈님, 신권철님, 유승룡님, 이명철님, 이병희님, 이상훈님, 이용구님, 이원재님, 이준상님, 이정한님, 정재헌님, 정지원님, 정진경님, 조영선님, 최은배님은 바쁘신 가운데 원고를 작성해 주셨습니다. 김민기님, 김진석님, 마은혁님, 권창영님은 마지막 교정을 위하여 수고해 주셨습니다. 이분들과 지면 관계상 미처 소개하지 못한 편집위원회의 편집위원들 및 간사들에게 진심으로 감사드립니다.

끝으로 이 책의 출판을 맡아준 박영사와 관계자들에게도 고마움을 표하고자 합니다.

감사합니다.

2015. 4. 1.

共同編輯代表

金 龍 德

책 펴냄에 즈음하여(초판)
― 문(門) 이야기 ―

    세상을 마주한다는 것은 숱한 문(門) 앞에 서는 것과 다를 바 없다는 생각이 들곤 합니다. 웹툰 만화 '미생'의 윤태호 작가의 생각도 비슷한 것 같습니다. 바둑 입단에 실패하고 어렵게 회사에 입사한 장그래에게, 작가는 김 대리를 통해 이렇게 말합니다. "취직해보니까 말야, 성공이 아니고 문을 하나 연 느낌이더라고. 어쩌면 우린 성공과 실패가 아니라, 죽을 때까지 다가오는 문만 열어가며 살아가는 게 아닐까 싶어."

    이탈리아의 현인 움베르토 에코(Umberto Eco)는 그의 장편소설 '장미의 이름'에서 독특하고 섬뜩한 소재로 '문'에 관한 이야기를 전해줍니다. 소설의 무대는 중세의 어느 수도원입니다. 수도원에는 깎아지른 절벽 위에 동서남북 4각의 탑루가 하늘높이 솟아 있고 그 탑루 안에는 장서관이 자리하고 있습니다. 장서관에는 엄청난 양의 서책이 보관되어 있습니다. 그러나 장서관은 사서 외에는 출입이 엄격히 금지되어 있습니다. 더구나 그 내부 구조는 교묘하게 미궁으로 설계되어 있습니다. 여러 장애물을 숨겨두고 수많은 방들로 나누어 놓아 누군가 몰래 침입해서 방문으로 들어가더라도 처음 들어온 출입구를 찾을 수 없도록 하였습니다. 더할 나위 없는 지식의 보고(寶庫)임에도 철저히 금단(禁斷)의 구역이 되고 있습니다. 소설 속 주인공은 어렵사리 이 장서관 서고의 문들을 하나하나 열고 들어가 숨겨진 비밀을 파헤칩니다. 하지만 이를 두려워한 어느 눈먼 늙은 수도사가 목숨을 내걸고 저항하는 바람에 장서관은 불길에 휩싸이고, 결국 모든 것은 재로 돌아가고 맙니다.

    이 '장미의 이름'을 읽으면서 성경의 한 구절이 겹쳐 떠올랐습니다. 특히 법률가라면 한 번쯤 들어보았을 경구(警句)가 아닌가 싶습니다. 누가복음 11장 52절입니다. "화 있을 진저, 너희 법률가여! 너희가 지식의 열쇠를 가져가고도,

너희도 들어가지 않고, 또 들어가고자 하는 자도 막았느니라 하시니라." 모름지기 법률가라면, 법률가들이 마주하는 세상의 문에 관해 어떠한 태도를 가져야 할지, 무겁게 고민하게 합니다.

세상의 문은 닫혀 있는 데서 시작합니다. 누군가 열어야 합니다. 열기 위해서는 두드리거나 열쇠가 있어야 합니다. 노동법도 우리가 사는 세상에 많은 문을 예비하고 있습니다. 문(門)은 곧 문(問)입니다. 문을 여는 일은 세상이 우리에게 던진 여러 질문에 답을 구하는 일입니다.

한 무리의 법률실무가들이 노동법이 예비한 문, 노동법이 던진 질문 앞에 마주섰습니다. 그리곤 문 하나하나를 두드려 구해낸 답을 모아보려 했습니다. 지식의 열쇠로 열어 누구든 들어가도록 하였습니다. 그렇게 해서 또 하나의 귀한 서책이 세상에 나왔습니다. 4년 전쯤에 나온『근로기준법 주해』에 이어 노동조합 및 노동관계조정법의 문을 여는 주해서가 더해진 것입니다.

개인적으로 저에겐 이 주해서가 세상의 문을 열기까지 그 지난(至難)한 작업을 지켜볼 수 있는 인연과 행운이 주어졌습니다.

주해서를 싹 틔운 밀알은 노동법실무연구회 정기세미나에서의 발제와 토론이었습니다. 저는 당시 연구회 회장으로 밀알을 뿌리는 현장에 있었습니다.

그런 다음엔 밀알이 발아(發芽)하는 시간이 필요했습니다. 세미나에서 모아진 의견을 반영하여 발제 원고를 수정하는 과정이 그것이었습니다.

여기서 줄기가 나오고 이파리가 생겨났습니다. 수정한 원고는 다시 혹독한 강독(講讀)을 거쳤습니다. 쇠로 치자면 담금질입니다. 강독은 말이 강독이지 살 떨리는 청문절차를 방불케 하였습니다. 청문회는 집필자를 앉혀두고 5인의 청문위원이 진행하였습니다. 권창영 부장판사, 마은혁 부장판사, 신권철 교수, 최은배 변호사, 그리고 제가 그 악역을 맡았습니다.

이후 마무리를 위해 김민기 부장판사, 김진석 부장판사가 많은 애를 썼습니다. 집필진은 여러 차례 퇴고에 퇴고를 거듭했습니다. 그러면서 연한 줄기는 굵은 나무줄기로 커지고, 수많은 가지가 뻗어나갔으며, 무척 향기로운 꽃을 피워 열매를 맺었습니다. 이렇게『노동조합 및 노동관계조정법 주해』는 우리에게 다가왔습니다.

노동법을 공부하면서 늘 '부족함'이 없지 않았습니다. 일종의 갈증입니다. 노동법에 갈증을 느끼는 것은 저만이 아니지 않을까 짐작했습니다. 노동법에 갈증이 날 때 누구라도 손을 뻗어 닿을 수 있는 거리에 주해서가 꽂혀 있다면 그 목마름을 훨씬 덜어줄 수 있지 않을까, 그런 기대를 오래 전부터 가졌습니다.

　　이제 근로기준법 주해서에 이어서 노동조합 및 노동관계조정법 주해서가 나와 노동법의 큰 틀에서 주해서가 채워졌습니다. 노동법 공부에 부족함을 많은 부분 메울 수 있게 된 것입니다. 이것이 제가 이 책의 펴냄을 반기는 가장 큰 이유일 것입니다.

　　그 동안 노동법을 공부하면서 '허허로움'도 없지 않았음을 털어놓지 않을 수 없습니다. 흔히들 '아는 만큼 보인다'고 합니다. 하지만 저와 노동법의 관계에서는 반드시 그렇지만도 않습니다. 노동법을 아는 만큼 더 보이는 것은 '아는 것보다 모르는 것이 훨씬 더 많다'는 낭패감입니다. 노동법을 하는 법률가라 하면서도 '우리의 노동법이 치열한 노동현장에서 온전히 살아 숨 쉴 수 있도록 무엇 하나 제대로 된 유익을 가져다주었는가'를 돌아보면 더욱 그러합니다.

　　우리 노동법의 진정한 본연(本然)은 노동3권의 헌법적 보장에 터 잡고 있습니다. 계보로 따지면 노동조합 및 노동관계조정법은 노동3권의 직계1촌 혈통을 타고 났다고 볼 것입니다. 이러한 본연과 계통의 실 끝을 놓치지 말아야 합니다. 그래야만 어렵사리 문 열고 들어간 서고에서 미궁에 빠지지 않고 제대로 된 지식을 만날 수 있다는 게 저의 짧은 생각입니다. 이 주해서에서 집필진이 활짝 열어 놓은 문 안에서 그러한 실 끝의 촉감을 느껴보시도록 권하고 싶습니다. 아마도 이러한 촉감과 촉감이 모여질 때 노동법은 더욱 살아있는 법으로 다시 태어날 수 있을 것입니다. 그러한 뜻에서 이 주해서가 가져다 줄 유익함은 두말할 필요가 없을 것입니다. 누군가 가질법한 허허로움도 사라질 수 있겠다는 희망을 가져봅니다. 이제 한 번쯤 이런 말을 건네 보고도 싶습니다. 노동3권과 노동조합 및 노동관계조정법의 넓은 세계에 함께 들어가 보시지 않겠습니까?

　　문 이야기로 시작했으니 문 이야기로 끝마칠까 합니다.

　　문에 관한 이야기로 앙드레 지드(Andre Gide)의 '좁은 문'을 빼놓을 수 없습니다. "좁은 문으로 들어가기를 힘쓰라. 멸망으로 인도하는 문은 크고 그 길이 넓어 들어가는 자가 많고, 생명으로 인도하는 문은 좁고 협착하여 찾는 이가 적음이니라." 이 성경 말씀만큼이나 지드의 '좁은 문'은 자기의 행복보다 더욱 성스러운 어떤 행복을 향하는 문을 말하고 있습니다.

　　이 주해서는 그 안에 수많은 문을 열어 놓았지만, 자신은 자신을 낳아주신

많은 분들과 함께 좁은 문으로 들어가기를 힘써 성스러운 생명을 얻게 되었다고 생각합니다.

바라건대 이 주해서를 펼쳐드는 모든 분들이 이 성스러운 생명이 건네는 행복을 경험하면 좋겠습니다. 그러면 틀림없이 이 주해서도 커다란 행복을 누릴 것 같습니다. 이 주해서는 이미 우리에게 생명이 있는 하나의 생물(生物)이니까요.

두루 감사합니다.

2015. 4. 1.

共同編輯代表

金　知　衡

편집위원회(제2판)

편집대표

김선수 [대법관]

김지형 [전 대법관, 변호사, 법무법인(유한) 지평]

이흥구 [대법관, 노동법실무연구회 회장]

편집위원

권오성 [성신여자대학교 법과대학 교수]

권창영 [변호사, 법무법인(유한) 지평]

김민기 [부산고등법원 고법판사]

김　진 [변호사, 법무법인 지향]

김진석 [서울고등법원 인천재판부 고법판사]

도재형 [이화여자대학교 법학전문대학원 교수]

신권철 [서울시립대학교 법학전문대학원 교수]

최은배 [중앙행정심판위원회 상임위원]

편집위원 겸 간사

김영진 [서울고등법원 고법판사]

김희수 [창원지방법원 부장판사]

마은혁 [서울북부지방법원 부장판사]

박가현 [대법원 재판연구관]

성준규 [인천지방법원 판사]

여연심 [변호사, 법무법인 지향]

유동균 [서울고등법원 고법판사]

이명철 [대법원 재판연구관]

이병희 [서울고등법원 고법판사]

임상민 [부산고등법원 고법판사]

(이상, 가나다 순)

집 필 자(제2판)

강동훈 [제주지방법원 판사]
강문대 [변호사, 법무법인 서교]
구민경 [창원지방법원 부장판사]
권두섭 [변호사, 민주노총 법률원]
권영국 [변호사, 해우법률사무소]
권영환 [변호사, 법무법인(유한) 지평]
권오성 [성신여자대학교 법과대학 교수]
권창영 [변호사, 법무법인(유한) 지평]
권혁중 [서울고등법원 부장판사]
김근홍 [대전고등법원 판사]
김기덕 [변호사, 법률사무소 새날]
김도형 [변호사, 법무법인(유한) 원]
김동현 [서울중앙지방법원 부장판사]
김민기 [부산고등법원 고법판사]
김선수 [대법관]
김선일 [변호사, 김·장 법률사무소]
김성수 [변호사, 법무법인(유한) 태평양]
김성식 [변호사, 법무법인(유한) 화우]
김영진 [서울고등법원 고법판사]
김원정 [변호사, 김·장 법률사무소]
김 진 [변호사, 법무법인 지향]
김진석 [서울고등법원 인천재판부 고법판사]
김태욱 [대법원 재판연구관]
김흥준 [서울고등법원 부장판사]
김희수 [창원지방법원 부장판사]
도재형 [이화여자대학교 법학전문대학원 교수]
마은혁 [서울북부지방법원 부장판사]

민중기 [변호사, 법률사무소 이작]

박가현 [대법원 재판연구관]

박귀천 [이화여자대학교 법학전문대학원 교수]

박상훈 [변호사, 법무법인(유한) 화우]

박은정 [인제대학교 사회과학대학 법학과 교수]

배진호 [서울북부지방법원 판사]

성준규 [인천지방법원 판사]

신권철 [서울시립대학교 법학전문대학원 교수]

유동균 [서울고등법원 고법판사]

유승룡 [변호사, 법무법인(유한) 화우]

이명철 [대법원 재판연구관]

이병희 [서울고등법원 고법판사]

이상훈 [변호사, 법무법인(유한) 광장]

이숙연 [특허법원 고법판사]

이용구 [변호사, 법무법인 화야]

이원재 [변호사, 법무법인(유한) 한결]

이정아 [수원지방법원 안양지원 판사]

이정한 [변호사, 법무법인(유한) 태평양]

이준상 [변호사, 법무법인(유한) 화우]

이혜영 [사법정책연구원 연구위원]

이효은 [서울남부지방법원 판사]

임상민 [부산고등법원 고법판사]

전윤구 [경기대학교 사회과학대학 법학과 교수]

정재헌 [변호사, 에스케이스퀘어 투자지원센터장]

정지원 [변호사, 법률사무소 정]

정지원 [창원지방법원 거창지원 판사]

정진경 [변호사, 법무법인 동진]

조영선 [변호사, 법무법인 동화]

진창수 [변호사, 법무법인(유한) 광장]

최은배 [중앙행정심판위원회 상임위원]

최정은 [서울대학교 법학전문대학원 임상부교수]
홍준호 [변호사, 김·장 법률사무소]

(이상, 가나다 순)

편집위원회(초판)

편집대표
김용덕 [대법관]
김지형 [전 대법관, 변호사, 법무법인(유한) 지평]

편집위원
권창영 [창원지방법원 부장판사]
김선수 [변호사, 법무법인 시민]
김원정 [변호사, 김·장 법률사무소]
김흥준 [인천지방법원 수석부장판사]
마은혁 [광주지방법원 부장판사]
민중기 [서울동부지방법원장]
박상훈 [변호사, 법무법인(유한) 화우]
신권철 [교수, 서울시립대학교]
최은배 [변호사, 법무법인 엘케이비앤파트너스]

간　사
김민기 [서울고등법원 고법판사]
김선일 [대법원 재판연구관]
김　진 [변호사, 법무법인 지향]
김진석 [서울고등법원 고법판사]
유지원 [대구지방법원 부장판사]
정재헌 [사법연수원 교수]

(이상, 가나다 순)

집 필 자(초판)

강문대 [변호사, 법률사무소 로그]

구민경 [인천지방법원 판사]

권두섭 [변호사, 민주노총 법률원]

권영국 [변호사, 해우 법률사무소]

권창영 [창원지방법원 부장판사]

김기덕 [변호사, 법률사무소 새날]

김민기 [서울고등법원 고법판사]

김선수 [변호사, 법무법인 시민]

김성수 [서울중앙지방법원 부장판사]

김성식 [변호사, 법무법인(유한) 화우]

김원정 [변호사, 김·장 법률사무소]

김 진 [변호사, 법무법인 지향]

김진석 [서울고등법원 고법판사]

김흥준 [인천지방법원 수석부장판사]

김희수 [인천지방법원 판사]

마은혁 [광주지방법원 부장판사]

민중기 [서울동부지방법원장]

박상훈 [변호사, 법무법인(유한) 화우]

신권철 [교수, 서울시립대학교]

유승룡 [변호사, 법무법인(유한) 화우]

이명철 [사법연수원 교수]

이병희 [대법원 재판연구관]

이상훈 [변호사, 법무법인(유한) 광장]

이원재 [변호사, 법무법인(유한) 한결]

이용구 [변호사, 법무법인 엘케이비앤파트너스]

이준상 [변호사, 법무법인(유한) 화우]

이정한 [변호사, 법무법인(유한) 태평양]

정재헌 [사법연수원 교수]

정지원 [서울중앙지방법원 판사]

정진경 [변호사, 법무법인 신촌]

조영선 [변호사, 법무법인 동화]

최은배 [변호사, 법무법인 엘케이비앤파트너스]

(이상, 가나다 순)

일러두기

이 책에 서술된 법률이론이나 견해는 집필자들이 소속된 기관의 공식 견해가 아님을 밝혀둔다.

1. 조   문

노조법 16조 1항 2호 ← 노동조합 및 노동관계조정법 제16조 제1항 제2호
노조법 29조의2 ← 노동조합 및 노동관계조정법 제29조의2
노조법 시행령 5조 1항 ← 노동조합 및 노동관계조정법 시행령 제5조 제1항
노조법 시행규칙 3조 2호 ← 노동조합 및 노동관계조정법 시행규칙 제3조 제2호

2. 법령약어

가. 법   률

건설근로자의 고용개선 등에 관한 법률	건설근로자법
고용보험법	고보법
고용상 연령차별금지 및 고령자고용촉진에 관한 법률	고령자고용법
고용정책 기본법	고기법
공무원의 노동조합 설립 및 운영 등에 관한 법률	공무원노조법
공무원직장협의회의 설립·운영에 관한 법률	공무원직협법
공인노무사법	노무사법
교원의 노동조합 설립 및 운영 등에 관한 법률	교원노조법
교육공무원법	교공법
국가공무원법	국공법
국민 평생 직업능력 개발법	평생직업능력법
국제노동기구헌장·협약·권고	ILO 헌장·협약·권고
근로기준법	근기법
근로자복지기본법	근복법

근로자참여 및 협력증진에 관한 법률	근로자참여법 또는 근참법
근로자퇴직급여 보장법	퇴직급여법
기간제 및 단시간근로자 보호 등에 관한 법률	기간제법
남녀고용평등과 일·가정 양립 지원에 관한 법률	남녀고용평등법
노동위원회법	노위법
노동조합 및 노동관계조정법	법 또는 노조법 또는 노동조합법
민사소송법	민소법
민사조정법	민조법
민사집행법	민집법
산업안전보건법	산안법
산업재해보상보험법	산재법 또는 산재보험법
어선원 및 어선 재해보상보험법	어선원재해보험법
외국인근로자의 고용 등에 관한 법률	외국인고용법
임금채권보장법	임보법
장애인고용촉진 및 직업재활법	장애인고용법
장애인차별금지 및 권리구제 등에 관한 법률	장애인차별금지법
지방공무원법	지공법
직업교육훈련 촉진법	직업교육훈련법
직업안정법	직안법
진폐의 예방과 진폐근로자의 보호 등에 관한 법률	진폐예방법
채무자 회생 및 파산에 관한 법률	채무자회생법
최저임금법	최임법 또는 최저임금법
파견근로자 보호 등에 관한 법률	파견법
행정소송법	행소법
행정심판법	행심법

나. 시행령, 시행규칙 또는 예규

노동조합 및 노동관계조정법 시행령	영 또는 노조법 시행령
노동조합 및 노동관계조정법 시행규칙	규칙 또는 노조법 시행규칙
노동위원회규칙	노위규칙

3. 문헌약어

국내교과서·주석서, 일본교과서·주석서 등을 아래와 같이 저자명만으로 또는 서명·서명약어만으로 인용한다. 여기에 기재되지 아니한 참고문헌은 각 조에 대한 해설 첫머리의 참고문헌 모음에 표시하고, 참고문헌 모음에서 밑줄을 긋고 굵은 글씨로 표시한 저자명만으로 또는 서명·서명약어만으로 인용한다.

가. 국내교과서·주석서

강희원, 노사관계법, 법영사(2012) → 강희원

권오성, 노동조합 및 노동관계조정법론, 청목출판사(2010) → 권오성

김수복, 노동법(개정증보판), 중앙경제(2004) → 김수복

김유성, 노동법Ⅱ-집단적 노사관계법, 법문사(2001) → 김유성

김유성, 노동법Ⅰ-개별적 근로관계법, 법문사(2005) → 김유성Ⅰ

김지형, 근로기준법 해설, 청림출판(2000) → 김지형

김치선, 노동법강의(제2전정보정판), 박영사(1990) → 김치선

김헌수, 노동조합 및 노동관계조정법(제4판), 법원사(2013) → 김헌수

김형배, 노동법(제27판), 박영사(2021) → 김형배

노동법실무연구회, 노동조합 및 노동관계조정법 주해 Ⅰ, 박영사(2015)
   → 노조법주해(초판) Ⅰ

노동법실무연구회, 노동조합 및 노동관계조정법 주해 Ⅱ, 박영사(2015)
   → 노조법주해(초판) Ⅱ

노동법실무연구회, 노동조합 및 노동관계조정법 주해 Ⅲ, 박영사(2015)
   → 노조법주해(초판) Ⅲ

노동법실무연구회, 근로기준법 주해 Ⅰ, 박영사(2010) → 근기법주해(초판) Ⅰ

노동법실무연구회, 근로기준법 주해 Ⅱ, 박영사(2010) → 근기법주해(초판) Ⅱ

노동법실무연구회, 근로기준법 주해 Ⅲ, 박영사(2010) → 근기법주해(초판) Ⅲ

노동법실무연구회, 근로기준법 주해(제2판) Ⅰ, 박영사(2020) → 근기법주해(2판) Ⅰ

노동법실무연구회, 근로기준법 주해(제2판) Ⅱ, 박영사(2020) → 근기법주해(2판) Ⅱ

노동법실무연구회, 근로기준법 주해(제2판) Ⅲ, 박영사(2020) → 근기법주해(2판) Ⅲ

민주사회를 위한 변호사모임 노동위원회, 변호사가 풀어주는 노동법Ⅰ ― 근로기

준법(신판), 여림(2014) → 민변노동법 I

민주사회를 위한 변호사모임 노동위원회, 변호사가 풀어주는 노동법 II ― 노동조
　　합 및 노동관계조정법, 민주사회를 위한 변호사모임(2009) → 민변노동법 II

민주사회를 위한 변호사모임 노동위원회, 변호사가 풀어주는 비정규직법, 법문
　　사(2018) → 민변비정규직법

박귀천・박은정・권오성, 노동법의 쟁점과 사례, 박영사(2021) → 박귀천・박은
　　정・권오성

박상필, 한국노동법(전정판재판), 대왕사(1989) → 박상필

박홍규, 노동법론(제2판), 삼영사(1998) → 박홍규a

박홍규, 노동법2: 노동단체법(제2판), 삼영사(2002) → 박홍규b

사법연수원, 노동조합 및 노동관계조정법(2016) → 사법연수원a

사법연수원, 노동특수이론 및 업무상재해관련소송(2016) → 사법연수원b

사법연수원, 해고와 임금(2016) → 해고와 임금

신인령, 노동기본권 연구, 미래사(1985) → 신인령

심태식, 노동법개론, 법문사(1989) → 심태식

이병태, 최신 노동법(제9전정판), 중앙경제(2008) → 이병태

이상윤, 노동법(제17판), 법문사(2021) → 이상윤a

이상윤, 노동조합법, 박영사(1996) → 이상윤b

이상윤, 노사관계법(초판), 박영사(2005) → 이상윤c

이을형, 노동법, 대왕사(1993) → 이을형

이철수・김인재・강성태・김홍영・조용만, 로스쿨 노동법(제4판), 오래(2019) →
　　이철수 외 4명

이학춘・이상덕・이상국・고준기, 노동법(II)―집단적 노사관계법(제3판), 대명
　　출판사(2004) → 이학춘 외 3명

임종률, 노동법(제20판), 박영사(2022) → 임종률

조용만・김홍영, 로스쿨 노동법 해설(제4판), 오래(2019) → 조용만・김홍영

하갑래, 노동기본권과 노사관계법, 단국대학교 출판부(2007) → 하갑래a

하갑래, 집단적 노동관계법(전정 제7판), 중앙경제(2021) → 하갑래b

하병철, 노동조합법, 중앙경제(1994) → 하병철

한국노동법학회, 노동판례백선(제2판), 박영사(2021) → 노동판례백선

한용식, 개정 노동조합법, 홍익재(1988) → 한용식

홍영표, 노동법론, 법문사(1962) → 홍영표

나. 일본교과서·주석서

니시타니 사토시, 김진국 외 역, 일본노동조합법, 박영사(2009) → 니시타니 사토시

스게노 카즈오, 이정 역, 일본노동법(전면개정판), 법문사(2015) → 菅野(역)

이철수 편역, 노동법사전, 법문출판사(1990) → 노동법사전

片岡 曻, 송강직 역, 勞動法, 삼지원(1995) → 片岡 曻(역)

菅野和夫, 労働法(第12版), 弘文堂(2019) → 菅野

菅野和夫·安西 愈·野川 忍, 論点体系 判例労働法 1~4, 第一法規(2014, 2015) → 判例労働法 ○

名古道功·吉田美喜夫·根本到(編), 労働法 Ⅰ·集団的労使関係法·雇用保障法, 法律文化社(2012) → 名古道功 등

東京大學労働法研究會, 注釋 労働組合法(上), 有斐閣(1983) → 注釋(上)

東京大學労働法研究會, 注釋 労働組合法(下), 有斐閣(1984) → 注釋(下)

萬井隆令·西谷 敏, 労働法1(第3版), 法律文化社(2006) → 萬井隆令 등

山口浩一郎, 労働組合法(第二版), 有斐閣(1990) → 山口浩一郎

西谷 敏, 労働組合法(第3版), 有斐閣(2012) → 西谷 敏a

西谷 敏, 労働法(第3版), 日本評論社(2020) → 西谷 敏b

西谷 敏·道幸哲也·中窪裕也, 新基本法コンメンタール, 労働組合法, 日本評論社(2011) → 新基本法コメ労組

石川吉右衛門, 労働組合法, 有斐閣(1978) → 石川

水町勇一郎, 詳解 労働法, 東京大學出版會(2019) → 水町

野川 忍, 労働法, 日本評論社(2018) → 野川

外尾健一, 労働団体法, 筑摩書房(1975) → 外尾健一

日本労働法學會編, 現代労働法講座 第1~15卷, 總合労働研究所(1981) → 現代講座 ○卷

日本労働法學會編, 講座21世紀の労働法 第1~8卷, 有斐閣(2000) → 21世紀講座 ○卷

日本労働法學會編, 講座労働法の再生 第1~6卷, 日本評論社(2017) → 再生講座 ○卷

林豊・山川隆一 編, 新・裁判實務大系 16・17 労働関係訴訟法[Ⅰ]・[Ⅱ], 青林書
    院(2001) → 労働訴訟[Ⅰ]・[Ⅱ]

中山和久 外 六人, 注釋 労働組合法・労働関係調停法, 有斐閣(1989) → 中山和
    久 外 六人

青木宗也 外 5人, 労働判例大系 第1~20卷, 労働旬報社(1993) → 判例大系

村中孝史, 荒木尙志, 労働判例百選(제9판), 有斐閣(2016) → 百選

土田道夫, 山川隆一, 労働法の争点, 有斐閣(2014) → 争点

下井隆史, 労使関係法, 有斐閣(1995) → 下井隆史a

下井隆史, 労働法(第三版), 有斐閣(2006) → 下井隆史b

荒木尙志, 労働法(제4판), 有斐閣(2020) → 荒木

厚生労働省労政擔當參事官室編, 労働組合法・労働関係調停法(労働法コンメンター
    ル①, 6訂新版), 労務行政(2015) → 日本労働省 注釋

4. 판례 인용례

아래와 같이 기재하고, 출처는 따로 표시하지 아니한다.

가. 법원 판례

대법원 판결 인용 시 → 대법원 1994. 9. 30. 선고 94다4042 판결[1]

대법원 전원합의체 판결 인용 시 → 대법원 1995. 12. 21. 선고 94다26721 전원
    합의체 판결

대법원 결정 인용 시 → 대법원 1995. 8. 29.자 95마546 결정

하급심 판결 인용 시 → 서울고법 1999. 11. 17. 선고 98노3478 판결

☞ 하급심 법원 이름은 '서울고등법원→서울고법', '서울중앙지방법원→서울중앙
    지법', '서울행정법원→서울행법', '제주지방법원→제주지법'과 같이 줄여 쓴다
    (법원명이 변경되거나 폐지된 경우에는 판결 선고・결정 고지 당시 법원명을 사용한다).

나. 헌법재판소 결정

헌법재판소 결정 인용 시 → 헌재 2010. 4. 29. 선고 2009헌바168 결정[2]

---

1) 사건명은 적지 않는다. 사건번호는 병합, 반소, 참가 사건 구분 없이 '2009다14352, 14353'
   과 같이 나열한다. 다만 사건번호가 3개 이상 연속된 경우에는 최초의 사건번호만 표기하고
   등을 말미에 첨가한다(예: 2012다123, 345, 678의 경우는 '2012다123 등'으로 표기한다).
2) 만일 소부에서 선고 없이 나온 결정이라면, '2009. ○. ○.자 2008헌바○ 결정'으로 표시한다.

차   례

노동조합 및 노동관계조정법 주해 Ⅱ

제 3 장   단체교섭 및 단체협약

제 4 장 쟁의행위

노동조합 및 노동관계조정법 주해 Ⅰ

총 설

제 1 장 총 칙

제 2 장 노동조합

제 1 절 통 칙

제 2 절 노동조합의 설립

제 3 절 노동조합의 관리

제 4 절 노동조합의 해산

노동조합 및 노동관계조정법 주해 Ⅲ

제 5 장 노동쟁의의 조정
제 1 절 통   칙

제 2 절 조   정

제 3 절 중   재

제4절 공익사업등의 조정에 관한 특칙

제5절 긴급조정

제6장 부당노동행위

제 7 장 보   칙

공무원의 노동조합 설립 및 운영 등에 관한 법률

공무원직장협의회의 설립·운영에 관한 법률

교원의 노동조합 설립 및 운영 등에 관한 법률

근로자참여 및 협력증진에 관한 법률

노동위원회법

제 3 장
단체교섭 및 단체협약

제 3 장   단체교섭 및 단체협약

단체교섭 전론(前論) 1: 단체교섭의 개념·성질·방식

[참고문헌]

김기덕a, "초기업 단위노조 하부조직의 단체교섭 당사자 지위의 판단기준", 2001 노동판례비평(2002); 김기덕b, "산업별노조의 단체교섭 주체에 관한 법적 검토", 노동과 법 5호 산별노조의 단체교섭, 금속법률원(2005); 김선수, "단체교섭 상대방으로서의 사용자 개념의 확대", 노동법의 쟁점과 과제―김유성 교수 화갑기념 논문집, 법문사(2000); 김영문, "제3자관련 근로관계의 노동법적 문제와 해결방안", 기업법연구 21권 1호, 한국기업법학회(2007); 김희성, "원청은 하청노동조합의 단체교섭의 상대방으로서 사용자인가?: 택배노동조합사건에 대한 중앙노동위원회 판정을 중심으로", 노동법포럼 34호, 노동법이론실무학회(2021); 권창영a, 단체교섭거부에 대한 사법적 구제, 서울대학교 대학원 석사학위논문(2001); 권창영b, "단체교섭권을 피보전권리로 하는 가처분 판례의 동향(상)", 법조 564호, 법조협회(2003. 9.); 권창영c, "단체교섭권을 피보전권리로 하는 가처분 판례의 동향(하)", 법조 565호, 법조협회(2003. 10.); 권창영d, "단체교섭의무이행의 소", 저스티스 80호(2004. 8.); 권창영e, "노동가처분에 관한 최근 동향", 노동법학 51호, 한국노동법학회(2014. 9.); 노재관, "단체협약", 재판자료 40집 근로관계소송상의 제문제(하), 법원행정처(1987); 박수근, "간접고용근로자의 집단적 노동분쟁과 쟁점의 검토", 노동법연구 24호, 서울대학교 노동법연구회(2008); 박제성a, "사용자단체의 법리", 사용자단체의 법적 지위와 법률관계토론회 자료집, 금속 법률원(2007); 박제성b, "사용자단체의 법리 : 권한과 책임의 균형", 노동정책연구 19권 4호, 한국노동연구원(2019); 박종희a, "단체교섭 당사자

확정의 법리", 노동법학 17호, 한국노동법학회(2003. 12.); **박종희b**, "협약자치의 견지에서 본 단체교섭응낙가처분결정인용에 관한 비판적 고찰", 안암법학 31호, 안암법학회(2010); **양성필**, "노동조합 대표자의 단체협약 체결권 관련 법적 쟁점", 노동법포럼 29호, 노동법이론실무학회(2020); **윤애림a**, 다면적 근로관계에서의 사용자의 책임, 서울대학교 대학원 박사학위논문(2003), **윤애림b**, "다면적 근로관계에서 사용자 책임의 확대: 노조법의 '사용자'를 중심으로", 민주법학 44호, 민주주의법학연구회(2010); **윤애림c**, "노동조합 및 노동관계조정법의 근로자와 사용자", 민주법학 56호, 민주주의법학연구회(2014. 11.); **윤애림d**, "지배기업의 단체교섭 응낙의무에 관한 한국과 일본의 법리 비교", 노동법연구 41호, 서울대학교 노동법연구회(2016); **이광선**, "노조 내부절차 거치지 않은 단체협약체결에 대한 책임", 노동법률 331호, 중앙경제(2018); **이병희**, "사내하도급에서 수급인 근로자에 대한 도급인의 노조법상 사용자 책임", 사법논집 51집, 법원도서관(2011); **이승욱a**, "산별노조로의 전환과정에서 제기되는 노동법상의 쟁점", 노동과 법 2호 산별노조와 노동법, 금속법률원(2002); **이승욱b**, "초기업노동조합 지부·분회의 단체교섭 당사자 지위", 노동판례백선, 박영사(2015); **이철수a**, 단체교섭의 근로자측 주체에 관한 비교법적 연구, 서울대학교 대학원(1992); **이철수b**, "하부조직과 상부연합단체의 단체교섭 당사자성", 노동법의 쟁점과 과제: 김유성 교수 화갑기념, 법문사(2000); **정기남**, "단체교섭의 주체와 대상", 노동법학 3호, 한국노동법학회(1991); **정인섭**, "사용자단체 법리의 해석론과 정책론", 노동법의 존재와 당위 ─ 김유성 교수 정년 기념, 박영사(2006); **정진경**, "노조대표자의 단체협약체결권과 쟁의행위의 정당성 여부", 2000 노동판례비평, 민주사회를 위한 변호사모임(2001); **조경배**, "사내하도급에 있어서 원청의 사용자성 ─현대중공업 부당노동행위 사건을 중심으로─", 노동법연구 25호, 서울대학교 노동법연구회(2008); **임종률**, "단체협약 체결에 관한 인준투표", 성균관법학(1996, 7); **조용만**, "프랑스의 노동 3권─노동 3권의 내용·법적 성질·상호관계를 중심으로", 노동법률 122호, 중앙경제(2001. 7.).

Ⅰ. 단체교섭권의 개념과 의의

1. 단체교섭의 개념

단체교섭(collective bargaining)이란 근로자가 그들의 결합체인 노동조합이나 그 밖의 노동단체를 통하여 사용자 또는 사용자단체와 근로조건 기타 노동관계의 모든 사항에 관한 합의에 도달하는 것을 주된 목적으로 하여 행하는 집단적 교섭을 말한다.[1] 따라서 헌법상 단체교섭권이란 근로자가 그들의 단결체를 통

---

1) 菅野, 663면; 김유성, 121면; 니시타니 사토시, 337면; 민변노동법Ⅱ, 150면; 박홍규a, 223면;

하여 사용자 또는 사용자단체와 교섭하고 그 교섭의 결과 합의된 사항에 관하여 단체협약을 체결할 수 있는 권리를 말한다.

2. 단체교섭의 의의

첫째, 단체교섭은 노동력의 집단적 거래(근로자의 교섭력 강화의 수단)라는 의의를 갖는다. 단체교섭은 근로자의 단결을 배경으로 한 노동력의 집단적 거래를 목적으로 한다.[2] 집단적 거래는 근로자의 교섭력을 강화하게 되고, 이를 통하여 근로조건의 유지·개선도 가능하게 된다.

둘째, 단체교섭은 노사관계에 관한 운영준칙의 형성과 그 운용의 의의를 갖는다.[3] 근로조건의 통일적 형성과 노사평화의 달성 등 사용자에게도 유용한 효용을 가진다. 이리하여 오늘날의 단체교섭은 근로조건을 통일적으로 형성하는 기능뿐만 아니라 노사관계 운영준칙을 형성하는 기능(규범형성 기능)도 갖게 되었다. 이러한 규범형성 기능을 단체교섭의 입법적 기능으로 보는 견해도 있다.[4] 즉, 단체교섭은 근로조건의 결정절차뿐만 아니라 노사합의에 의한 운영(노사 자치) 수단이 되고 있다.

셋째, 노사 간의 의사소통기능을 수행한다.[5] 단체교섭은 집단적 노동관계에 관한 노사 간의 광범위한 대화와 정보공유를 전제로 하여 진행되기 때문에 노사 간의 의사소통기능을 수행하고, 이를 통해 단체교섭은 노사 간 갈등과 분쟁의 사전적 예방이나 사후적 해결을 위한 평화적인 제도로서 기능한다.

넷째, 노동단체의 조직 강화를 위한 수단이라는 의의를 갖는다. 노동단체의 조직은 단체교섭을 통하여 확립되고 강화된다. 특히 기업별노조 형태가 주종인 우리나라의 경우 단체교섭은 노동조합이 조합원을 확대·결속시키는 중요한 수단으로 기능하고 있다.[6]

다섯째, 산업사회의 발전과 더불어 단체교섭의 대상과 수준은 확대·다양화되고 있다. 단체교섭은 기업 단위에서 근로조건을 결정하는 단계에서부터 국가적 차원에서 고용정책이나 산업정책을 형성하거나 결정하는 형태에 이르기까지 확

임종률, 121면.
2) 菅野, 661면; 김유성, 121면; 임종률, 122면.
3) 菅野, 662면; 김유성, 122면; 박홍규a, 228면.
4) 박홍규a, 228면.
5) 김유성, 122면; 박홍규a, 228면.
6) 김유성, 122면; 박홍규a, 228면.

대·다양화되고 있다. 그에 따라 현재의 단체교섭은 좁은 의미에서 근로조건의
기준을 설정하는 기능에서 나아가 경영에 대한 집단적 참가 기능과 함께 한 국가
내 노사관계질서의 형성 기능까지 담당하는 포괄적 개념으로 사용되고 있다.[7]

Ⅱ. 단체교섭권의 법적 성질[8]

단체교섭권의 법적 성질은 단체교섭권에 사법적 청구권성이 인정되는지의
문제로, 주로 단체교섭응낙가처분의 피보전권리로서 단체교섭청구권이 인정되
는지 나아가 단체교섭의무의 확인 또는 이행청구를 할 수 있는지 등 단체교섭
권에 기한 사법적 구제수단의 허용 여부 및 범위와 관련된다.

이에 대하여 학설은 사법상의 단체교섭청구권을 인정할 수는 없다고 보면
서도 노동조합은 '사용자에 대하여 단체교섭을 구할 수 있는 기초적 지위'를 가
지기 때문에 그 지위의 확인청구 또는 그것을 피보전권리로 하는 단체교섭응낙
가처분을 신청할 수 있다는 견해(지위설[9])와 단체교섭권의 사법적 청구권성을
긍정하는 견해(긍정설)로 나뉜다.

긍정설은 헌법상 단체교섭권은 객관적 가치질서의 의미만을 가지는 것은 아
니며 사인관계에 대해서도 직접 적용되는 권리이고[10] 또한 노조법 81조 1항의
부당노동행위 금지는 헌법 33조 1항을 구체화한 것으로 단체교섭거부를 금지한
3호는 사법상 단체교섭청구권의 근거가 되므로 단체교섭권의 청구권성을 인정하
여야 하며,[11] 이 경우 사용자가 부담하는 채무의 급부내용이 문제될 수 있으나

---

7) 김유성, 122면.
8) '단체교섭권의 법적 성질'에 대한 자세한 내용은 '부당노동행위에 대한 사법적 구제 보론
(補論) Ⅴ. 단체교섭거부에 대한 사법적 구제' 해설 참조.
9) 임종률, 333~334면. 지위설에 의하면, 단체교섭의 이행청구나 채무불이행을 이유로 한 손
해배상청구는 할 수 없음.
10) 권영성, 329면; 김철수, 411면; 김유성, 25~26면(노동3권은 단순한 주관적 공권에 그치는
것이 아니라 헌법을 비롯한 전체법질서 속에서 하나의 객관적 가치질서로서 기능한다. 노동3
권 보장은 근로자에게 주관적 권리를 보장함으로써 그의 인간다운 생활을 확보하기 위한 것
일 뿐만 아니라 사회적·경제적 약자로서의 근로자에게 실질적이고 대등한 교섭을 확보하도
록 하여 계약자유 및 재산권의 부정적 기능을 교정함으로써 사회정의와 평등을 실현하기 위
함이다. 또한 노동3권의 취지는 사적 자치 원리와 개별 자치를 중심으로 운영될 때 가지는
흠결을 단체자치를 통하여 보완함으로써 사적 자치의 이념을 실질적으로 실현하고자 하는
것이다. 따라서 노동3권 자체가 근로관계라는 사인관계를 전제로 함을 고려할 때 노동3권은
사인관계에 대하여 직접적 효력을 가진다고 보아야 한다).
11) 박홍규a, 257면.

단체교섭에 응할 의무와 성실교섭의무 등을 내용으로 한다고 볼 수 있기 때문에
헌법은 단체교섭권 존중이라는 공법상의 의무뿐 아니라 노조 측의 단체교섭요
구에 성실하게 임할 사법상의 의무도 사용자에게 부과하고 있다는 견해이다.12)

　　대법원도 단체교섭청구권을 명시적으로 인정하고 있다. 대법원 2012. 8. 17.
선고 2010다52010 판결은 "노조법 29조 1항, 30조에 의하면, (중략) 노동조합의
대표자는 사용자 또는 사용자단체에 대하여 단체교섭에 응할 것을 요구할 권리
가 있고, 사용자 또는 사용자단체가 그 요구를 거부하는 경우에는 소로써 그 이
행을 청구할 수 있다."라고 판시하여 단체교섭청구권을 긍정하였다.13)

　　단체교섭권에 대한 헌법과 노조법상의 규정들14)을 고려할 때, 노동조합 등
근로자단체가 사용자 또는 사용자단체에 대하여 성실하게 단체교섭에 임하도록
하는 작위를 요구할 수 있는 사법상 청구권이 인정되고,15) 이를 소구할 수 있음

---

12) 김유성, 148면; 이병태, 87면; 손창희, 131~132면; 권창영d, 96면(헌법 33조 1항, 노조법 30
　　조에 의하여 단체교섭권의 사법상 청구권성 인정).

13) 다만, 위 판결은 이것이 헌법에서 직접 보장하는 권리로서 인정되는지 밝히지는 않았다.
　　한편, 대법원은 2020. 9. 3. 선고 2016두32992 전원합의체 판결에서 "노동3권은 법률의 제정
　　이라는 국가의 개입을 통하여 비로소 실현될 수 있는 권리가 아니라, 법률이 없더라도 헌법
　　의 규정만으로 직접 법규범으로서 효력을 발휘할 수 있는 구체적 권리라고 보아야 한다."라
　　고 판시하였으나, 위 판결의 사안은 공법적 관계에 관한 것으로서 노동3권의 대사인적 효력
　　에 대하여 정면으로 판시한 것으로 보기는 어렵다고 생각된다.

14) 헌법 33조 1항은 근로자에게 그들의 결합체인 근로자단체를 통하여 근로조건의 향상을 위
　　하여 사용자와 자주적으로 단체교섭을 할 수 있는 권리를 기본권으로 보장하고, 노조법 29조
　　에서는 "노동조합의 대표자는 그 노동조합 또는 조합원을 위하여 사용자나 사용자단체와 교
　　섭하고 단체협약을 체결할 권한을 가진다"(1항)고 하며, "노동조합과 사용자 또는 사용자단체
　　로부터 교섭 또는 단체협약의 체결에 관한 권한을 위임받은 자는 그 노동조합과 사용자 또
　　는 사용자단체를 위하여 위임받은 범위 안에서 그 권한을 행사할 수 있다"(3항)고 하여 노동
　　조합 대표자 또는 노동조합으로부터 위임을 받은 자의 단체교섭 및 단체협약체결권한을 규
　　정하고 있다. 한편 2021. 1. 15.자로 개정된 노조법 29조의2 2항은 사용자가 교섭창구 단일화
　　를 거치지 아니하기로 동의한 경우에도 모든 노동조합과 성실히 교섭하여야 함을 규정하고
　　있다. 또한 노조법 30조에서는 "노동조합과 사용자 또는 사용자단체는 신의에 따라 성실히
　　교섭하고 단체협약을 체결하여야 하며 그 권한은 남용하여서는 아니 된다"(1항)고 하고, "노
　　동조합과 사용자 또는 사용자단체는 정당한 이유 없이 교섭 또는 단체협약의 체결을 거부하
　　거나 해태하여서는 아니 된다"(2항)고 하여 사용자로 하여금 단체교섭 및 단체협약체결에 성
　　실히 응할 의무를 규정하는 한편 노조법 3조, 4조에서는 근로자의 정당한 단체교섭권의 행사
　　로 인하여 사용자가 손해를 입은 경우에도 사용자는 손해배상을 청구할 수 없고 단체교섭을
　　위한 정당한 행위는 형법 20조의 정당행위로서 형사상 면책의 대상이 된다고 규정한다. 그리
　　고 노조법 81조 1항 3호는 사용자는 "노동조합의 대표자 또는 노동조합으로부터 위임을 받
　　은 자와의 단체협약 체결 기타의 단체교섭을 정당한 이유 없이 거부하거나 해태하는 행위"
　　를 부당노동행위로 금지하는 규정을 두어 단체교섭권에 대한 보장을 구체화하고 있다.

15) 노동3권의 대사인적 효력에 관하여는 '총설: 노동3권'에 대한 해설 중 'Ⅵ. 노동3권의 효력
　　과 적용 1. 효력 나. 대사인적 효력' 부분 참조.

은 명백하다.

Ⅲ. 단체교섭의 법적 효과

1. 단체교섭에 대한 입법태도

산업사회 초기 근로자 집단이 단결력(파업의 위협)을 배경으로 하여 사용자에 대해 근로조건과 그 밖의 사항에 대한 개선을 요구하는 행위는 개인의 자유를 침해하는 것이고 나아가 사용자에 대해서는 강요 내지 협박이 된다고 보았기 때문에 근로자단체의 단체교섭은 불법화되었다.16) 그러나 19세기 중반 이후 체제 불안, 근로자들의 저항과 성장 등에 기인하여 단결에 대한 법적 억압은 점차 후퇴하였고 단체교섭은 법적·제도적으로 승인을 얻게 되었다. 단체교섭을 제도적으로 승인하는 모습은 각국의 정치적·경제적 상황에 따라 다양하게 나타나는데 크게 방임형과 조성형으로 분류할 수 있다.

가. 방 임 형

방임형이란 국가가 단결권 또는 단체행동권을 헌법 및 법률 등에 의하여 보장하나 단체교섭권에 대해서는 관여하지 않는 입법태도를 말한다. 방임형 단체교섭 방식에서는 단체교섭의 실시 여부 또는 방법 등을 당사자의 자유의사에 일임하고 있다. 영국·독일 등 주로 산업별노조 형태를 취하고 있는 국가에서 그 예를 찾아볼 수 있다.

나. 조 성 형

조성형이란 국가가 근로자의 단체교섭권을 헌법 또는 법률에 의하여 법적 권리로 인정함으로써 사용자에게 단체교섭응낙의무, 성실교섭의무를 부과하는 등 단체교섭의 주체·대상 및 방법 등에 관하여 일정한 법적 체계를 정립하는 입법태도를 말한다. 이는 다시 단체교섭권을 법률 차원에서 보호하는 국가(미국)와 헌법 차원에서 보호하는 국가(우리나라, 일본)로 나눌 수 있다. 주로 기업별노조 형태나 기업단위 교섭형태를 취하고 있는 국가에서 그 예를 찾아볼 수 있다.

우리나라는 단체교섭권을 헌법상의 기본권으로 보장함으로써 가장 적극적인 형태로 단체교섭을 보장하는 국가에 속한다.17)

---

16) 菅野, 664면; 김유성, 122~123면; 박홍규a, 225면.
17) 대법원 1990. 5. 15. 선고 90도357 판결은 "단체교섭권은 근로조건의 향상을 위한다는 생

2. 단체교섭 보장의 법적 효과

앞서 살펴본 바 있는 단체교섭의 의의를 고려하여 현행법은 단체교섭을 두텁게 보호하는 제도를 두고 있다.

첫째, 단체교섭권을 헌법상 기본권으로 보장함으로써 근로자는 국가로부터 단체교섭권을 부당하게 침해받지 않고 공공복리 등을 위하여 필요한 경우에 제한을 받게 되는 경우에도 그 본질적 내용을 침해받지 아니할 자유를 가지며, 한편으로 국가는 입법조치를 통하여 근로자의 단체교섭권이 실질적으로 보장될 수 있도록 필요한 법적 제도와 법규범을 형성하여야 할 의무를 부담하게 된다.[18]

둘째, 단체교섭권의 헌법적 보장에 의해서 구체적으로는 단체교섭을 요구하는 행위나 단체교섭과정에서 한 정당한 언동이 비록 사용자의 권리 내지 자유를 침해하여도 민·형사 면책이 인정되고(법 3조, 4조)[19] 위와 같은 행위나 언동을 이유로 한 사용자의 불이익취급이 금지된다(법 81조 1항 1호).

셋째, 노조법은 그에 그치지 않고 단체교섭이 그 기능을 충분히 수행할 수 있도록 하기 위하여 사용자 또는 사용자단체는 근로자의 단체교섭권에 대응하여 성실하게 단체교섭에 응하여야 할 의무를 부담하고(법 29조, 30조), 만일 사용자나 사용자단체가 정당한 이유 없이 이를 거부하거나 해태하는 경우에는 부당노동행위가 성립하며(법 81조 1항 3호), 근무시간 중에 사용자와의 협의·교섭 등 노조법 24조 2항에 따른 활동을 하는 것을 사용자가 허용함은 무방하다고(법 81조 1항 4호 단서) 정하고 있으며, 단체교섭을 통한 근로조건의 합의에 대하여 법규범적 효력을 부여하고 있다(법 33조).[20]

물론 사용자의 성실교섭의무는 노동조합의 교섭요구에 따라 교섭 장소에 출석하여 성실하게 회담·협상하고 합의에 도달하기 위해 노력할 의무를 포함하나, 양보 또는 합의할 의무까지 포함하는 것은 아니다.

존권의 존재 목적에 비추어 볼 때 근로3권 가운데에서 중핵적 권리이다"라고 판시하였다. 다만, 노동3권의 상호관계에 대해서는 3권이 각각 상대적 독자성을 가진다는 견해, 단결권이 중심이라는 견해, 단체교섭권이 중심이라는 견해가 있으며 논란 중이다. 이에 대하여는 '총설: 노동3권'에 대한 해설 V. 참조.
18) 菅野, 664면; 김유성, 123면; 니시타니 사토시, 341면; 박홍규a, 225면; 사법연수원a, 141~142면.
19) 임종률, 122면.
20) 임종률, 122면.

Ⅳ. 단체교섭의 방식

1. 통일교섭(산업별 교섭)

산업별 단위노동조합과 산업별 연합단체가 그에 대응하는 사용자단체와 단체교섭을 함으로써 해당 산업수준의 근로조건을 통일시키는 교섭방식이다.[21] 산업별 노동조합이 주류를 형성하고 있는 독일 등 서구에서는 통일교섭의 형태가 지배적인 교섭방식으로 되어 있다.[22] 우리나라에서는 보건의료노조나 금속노조가 통일교섭 방식을 일부 취한 예가 있다.

2. 대각선교섭

산업별 노동조합 등 초기업적 노동조합이 개별 기업의 사용자와 각각 단체교섭을 하는 방식이다.[23] 산업별 노동조합에 대응할 만한 사용자단체가 없거나 사용자단체가 있더라도 각 기업에 특수한 사정이 있을 때 이 방식이 사용된다.[24] 연합단체가 소속 단위노동조합으로부터 교섭권한을 위임받아 그에 대응하는 사용자와 단체교섭을 하는 경우도 여기에 해당한다.[25] 산업별 노동조합이 대각선교섭의 상대방인 사용자를 한 자리에 합석시켜 교섭을 동시에 집단적으로 행하는 경우 대각선집단교섭이라고도 한다.[26]

3. 집단교섭

공동의 이해관계를 가지는 수개의 단위노동조합이 그에 대응하는 사용자 또는 사용자단체와 한 자리에 모여 동시에 집단적으로 행하는 교섭형태이다.[27] 기업별 노동조합의 대표자들이 연명으로 다수의 사용자와 공통된 사항에 관하

---

21) 菅野, 666면; 김유성, 125면; 김형배, 1186면; 니시타니 사토시, 338면; 박홍규a, 227면; 임종률, 120~121면; 민변노동법Ⅱ, 161면; 사법연수원a, 159면.
22) 김유성, 125면; 니시타니 사토시, 338면; 박홍규a, 227면; 임종률, 120면; 민변노동법Ⅱ, 161면.
23) 菅野, 667면; 김유성, 125면; 김형배, 1186~1187면; 민변노동법Ⅱ, 162면; 박홍규a, 227면; 임종률, 120면.
24) 김형배, 878면.
25) 민변노동법Ⅱ, 162면; 사법연수원a, 159면; 임종률, 120면.
26) 菅野, 667면.
27) 菅野, 667면; 김형배, 1187면; 니시타니 사토시, 338면; 민변노동법Ⅱ, 162면; 박홍규a, 227면; 사법연수원a, 159면; 임종률, 121면.

여 단체교섭을 하는 경우도 집단교섭이라고 할 수 있다.[28] 개별교섭과 통일교섭의 절충적인 형태이다.[29] 일명 연합교섭 또는 집합교섭이라고도 한다.

4. 공동교섭

단위노동조합으로부터 교섭권한을 위임받거나 독자적인 단체교섭권이 있는 연합단체가 소속 단위노동조합과 함께 사용자와 단체교섭을 행하는 방식이다.[30] 개별교섭과 대각선교섭의 혼합형태라고 할 수 있다.[31]

5. 개별교섭(기업별 교섭)

개별 기업(사업 또는 사업장) 단위에서 기업별 노동조합과 사용자 사이에 행하는 교섭방식이다.[32] 일본의 경우 대부분의 노동조합이 기업별 노동조합 형태를 취하고 있어 단체교섭도 주로 개별교섭의 형태로 이루어지고 있다.[33] 우리나라의 경우에도 여전히 기업별 노동조합이 다수를 차지하고 있어 개별교섭이 다수를 차지한다.[34]

[권 영 국·박 가 현]

---

28) 김형배, 1027면.
29) 민변노동법Ⅱ, 162면; 임종률, 121면.
30) 菅野, 667면; 김유성, 126면; 니시타니 사토시, 338면; 민변노동법Ⅱ, 162면; 박홍규a, 227면; 사법연수원a, 170면; 임종률, 121면.
31) 민변노동법Ⅱ, 162면; 임종률, 121면.
32) 菅野, 666면; 김유성, 126면; 김형배, 1186면; 민변노동법Ⅱ, 161면; 박홍규a, 226면; 사법연수원a, 170면; 임종률, 120면.
33) 菅野, 510면; 김유성, 126면; 민변노동법Ⅱ, 161면.
34) 김유성, 126면; 김형배, 1186면; 박홍규a, 227면.

단체교섭 전론(前論) 2: 단체교섭의 대상

〈세 목 차〉

[참고문헌]

강기탁, "쟁의행위의 정당성―'정리해고 철폐'를 목적으로 한 경우", 민주사회를 위한 변론 32호, 민주사회를 위한 변호사모임(1999. 11.); **고태관**, "경영상해고가 단체교섭대상인지 여부", 노동판례 평석집 Ⅳ, 한국경영자총협회(2000); **고호성a**, "근로3권 상호관계에 관한 소고", 현대법학의 제문제―김두희 박사 화갑기념논문집(1987); **고호성b**, "단체교섭의 대상사항에 관한 법규제", 제주대학교 인문 · 사회과학편 논문집 32집(1991); **권오성**, "근로시간면제자에 대한 급여 지급이 부당노동행위에 해당하기 위한 기준", 노동법학 66호, 한국노동법학회(2018. 6.); **김기선**, "단체교섭의 대상에 관한 재론", 본 18집, 한양대학교 법과대학(2003. 11.); **김명수**, "정리해고의 실시와 쟁의행위의 대상", 우리법연구회 논문집 I, 우리법연구회(2005); **김성진**, "단체교섭에서의 경영권논쟁에 관한 연구", 노사관계논총 1집, 숭실대학교 노사관계연구소(1991. 8.); **김인재**, "구조조정에 대한 쟁의행위의 정당성", 노동법강의―기업구조조정과 노동법의 중요과제, 법문사(2002. 3.); **김종훈**, "단체교섭권 ―청구권적 구성을 위하여―", 서울대학교 대학원 석사학위논문(1990. 1.); **김진**, "정리해고 철회를 목적으로 하는 쟁의행위의 정당성", 2002 노동판례비평, 민주사회를 위한 변호사모임(2003); **김철영**, "구조조정 반대를 목적으로 한 쟁의행위의 정당성 여부", 노동판례평석 모음집, 중앙노동위원회(2005); **김형배a**, 노동법(신판), 박영사(1982); **김형배b**, "단체교섭권과 경영권", 노동법학 18호, 한국노동법학회(2004. 6.); **김형배c**, "경영·인사권 관련 단체협약과 행정관청의 취소변경명령", 노동판례평석집, 한국경영자총협회(1995); **도재형**, "구조조정에 대항하는 쟁의행위의 정당성", 노동법률 148호, 중앙경제(2003. 9.); **박대선**, 단체교섭사항 중 경영·인사권의 범위와 한계, 명지대학교 대학원 석사학위논문(1990); **박지순**, "방송의 공정성과 쟁의행위의 정당성", 경영법률 27권 2호, 한국경영법률학회(2017); **박재필**, "정리해고와 관련된 쟁의행위에 있어 그 목적의 정당성과 업무방해죄의 성부", 판례실무연구 Ⅵ, 비교법실무연구회(2003. 8.); **박제성a**, "2004년 5월 4일 법 이후 프랑스의 단체교섭 제도", 노동법연구 19호, 서울대학교 노동법연구회(2005. 12.); **박제성b**, "프랑스 단체교섭 제도의 변화", 노동법학 22호, 한국노동법학회(2006. 6.); **박창현**, "해고자 복직요구와 단체교섭의 대상", 판례연구 10집, 부산판례연구회(1999); **배병우**, "단체교섭권의 법적 구조와 교섭사항", 법학연구 2집, 경상대학교 법학연구소(1990. 12.); **손창희a**, "노동쟁의의 범위와 중재재정에 있어서의 위법·월권에 관한 소론", 법학논총 7집, 한양대학교 법학연구소(1990. 9.); **손창희b**, "노조전임 문제의 단체교섭·노동쟁의 대상 여부", 노동법률 60호, 중앙경제(1996. 5.); **손창희c**, "노조전임자 문제에 대한 대법 판결", 노동법학 6호, 한국노동법학회(1996); **송강직**, "단체교섭의 대상─인사·경영사항을 중심으로", 노동법의 쟁점과 과제─김유성 교수 화갑기념논문집, 법문사(2000. 12.); **신인령a**, "경영권·인사권과 노동기본권의 법리", 노동인권과 노동법, 도서출판 녹두(1996); **안태윤**, "경영상 조치가 노동쟁의 대상이 될 수 있는지 여부", 2003 노동판례비평, 민주사회를 위한 변호사모임(2004); **이경훈**, 단체교섭의 대상에 관한 연구─노조전임자 문제를 중심으로─, 연세대학교 대학원 석사학위논문(2000. 6.); **이병희**: "경영사항의 단체교섭 및 쟁의행위 대상성", 재판자료 118집 노동법 실무연구, 법원도서관(2009. 6.); **이상윤d**, "단체교섭대상의 정립방안─미국의 단체교섭대상의 분석을 중심으로", 노동법연구 3호, 서울대학교 노동법연구회(1993. 12.); **이승길**, "일본의 단체교섭사항 대상범위 획정에 관한 법리", 노동법률 65호, 중앙경제(1996. 10.); **이승욱a**, "독일에 있어서 경영상 해고와 관련된 법적 문제에 대한 집단법적 해결", 판례실무연구 Ⅵ, 비교법실무연구회(2003. 8.); **이승욱b**, "정리해고의 실시반대를 목적으로 한 쟁의행위의 정당성", 노동판례 평석집 Ⅳ, 한국경영자총협회(2000); **이영희**, "단체교섭권의 법적 성격과 문제", 노동법과 현대법의 제문제─남관 심태식 박사 화갑기념, 법문사(1983); **이을형a**, "단체교섭과 그 법리", 법학논총 3집, 숭실대학교 법학연구소(1987. 12.); **이철수a**, "단체교섭의 대상사항과 이른바 '경영전권사항'", 국제화시대의 노동법의 과제─김치선박사 고희기념논문집, 박영사(1994); **이철수b**, "헌법과 노동법─교원노조에 관한 헌법재판소 결정과 단체교섭중심론에 대한 비판적 검토", 헌법의 규범력과 법질서─정천 허영 박사 정년기념논문집, 박영사(2002. 5.); **이철원**, "단체교섭", 법학논고 7집, 경북대학교 법학연구소

(1991. 12.); **이호택**, 단체교섭권의 대상사항에 관한 연구, 서울대학교 대학원 석사학위논문(1985); **임종률a**, "의무적 교섭사항", 노동법학 7호, 한국노동법학회(1997. 12.); **임종률b**, "단체교섭의 대상", 노동법에 있어서 권리와 책임—김형배 교수 화갑기념논문집, 박영사(1994); **법무연수원**, 단체협약의 법리와 주요쟁점(1994); **정기남**, "단체교섭의 주체와 대상", 노동법학 3호, 한국노동법학회(1991. 12.); **정인섭**, "정리해고와 파업의 정당성", 노동법률 131호, 중앙경제(2002. 4.); **정재성a**, "쟁의행위의 목적(단체교섭의 대상사항)", 노동판례평석, 인쇄골(1999); **정재성b**, "해고근로자의 복직문제는 단체교섭의 대상이 될 수 없는가", 노동판례 평석, 인쇄골(1999. 4.); **정재성c**, "노동쟁의의 개념과 쟁의행위의 대상(목적)", 노동판례 평석, 인쇄골(1999. 4.); **정진경a**, "쟁의행위의 절차적 정당성과 업무방해죄", 저스티스 72호, 한국법학원(2003. 4.); **정진경b**, 미국의 부당해고구제제도, 서울대학교 대학원 석사학위논문(1998. 8.); **정진경c**, "경영사항의 단체교섭대상성", 사법논집 39집, 법원도서관(2004. 12.); **정진경d**, "미국의 단체교섭대상사항", 노동법연구 19호, 서울대 노동법연구회(2005. 12.); **조영철**, "정리해고가 단체교섭의 대상이 될 수 있는지 여부", 재판과 판례 11집, 대구판례연구회(2002); **조용만a**, "경영상 해고와 관련된 프랑스 쟁의행위 정당성론의 고찰", 노동법학 12호, 한국노동법학회(2001. 6.); **조용만b**, "프랑스의 노동 3권—노동 3권의 내용·법적 성질·상호관계를 중심으로", 노동법률 122호, 중앙경제(2001. 7.); **최영호**, 단체교섭권 대상사항의 획정원리에 관한 연구, 서울대학교 대학원 석사학위논문(1992); **최홍엽**, "고용안정협약의 법적성격과 경영사항", 노동법학 51호, 한국노동법학회(2014. 9.); **피용호**, "경영해고와 단체교섭대상 여부", 비교사법 11권 2호, 한국비교사법학회(2004. 6.); **하경효**, "사업부 폐지결정 자체가 단체교섭 대상인지 여부", 노동판례평석집, 한국경영자총협회(1995); **光岡正博a**, 團體交涉權の硏究, 法律文化社(1982); **光岡正博b**, "交涉事項と團交應諾義務", 現代講座 4권(團體交涉), 日本勞働法學會(1981); **浪江源治**, "人事條項", 勞働法講座 4권(勞働協約), 有斐閣(1962. 2.); **石井照久**, 團體交涉·勞使協議制(勞働法實務大系 4)(1980); **野村平爾**, "團交拒否", 勞働法大系 2(團體交涉·勞働協約), 有斐閣(1964. 7.); **中山和久**, "團體交涉權とその法的構造", 現代講座 4권(團體交涉)(1981. 6.); **後藤淸**, "團體交涉の對象·態樣", 新勞働法講座 3권(1967); **小西國友**, 勞働法, 三省堂(2008).

Ⅰ. 단체교섭대상의 의의 및 노동3권

1. 의   의

근로자가 단결하여 그 대표자를 통하여 근로조건 그 밖의 대우와 노사관계상의 규범에 대하여 사용자 또는 사용자단체와 집단적으로 교섭할 수 있는 권리를 단체교섭권이라고 하며,[1] 우리나라 헌법 33조 1항은 단결권·단체행동권과 함께 이를 근로자의 노동기본권의 하나로서 보장하고 있다. 또한, 이를 구체화한 노조법 29조 1항, 2항, 30조 2항은 노동조합에 단체교섭권을 부여하고 사용자에게는 단체교섭의무를 부과하고 있으며, 노조법 81조 1항 3호는 사용자가 정당한 이유 없이 단체교섭을 거부하는 행위를 부당노동행위로 규정하고 있다.

　　노동조합은 일반적으로 사용자에 대하여 근로조건 그 밖의 노사관계 모든 사항에 대하여 단체교섭을 요구할 수 있으나 사용자가 노동조합이 단체교섭을 요구한 모든 사항에 관하여 단체교섭의무를 지는 것은 아니며, 단체교섭 자체의 성질이나 전체 법질서와의 정합성이라는 측면에서 단체교섭대상이 되는 단체교섭사항의 범위에는 일정한 한계가 존재하게 된다.[2] 노동조합 등 근로자단체가 어떠한 사항에 대하여 사용자 또는 사용자단체에 단체교섭을 요구할 수 있는가, 사용자 또는 사용자단체가 노동조합 등의 단체교섭 요구에 대하여 응하여야 할 의무를 부담하는 사항은 어느 범위까지 인정될 수 있는가가 단체교섭대상의 문제이며, 이른바 경영에 관한 사항[3]이 단체교섭대상이 되는지의 문제를 중심으로 논의되어 왔다.

2. 노동3권의 상호관계

　　단체교섭대상의 문제는 단체교섭권의 범위가 어디까지 미칠 수 있는지의 문제이며 이와 관련하여 노동3권의 상호관계를 어떻게 파악할 것인지가 중요한 문제이다. 노동3권의 법적 성격을 어떻게 이해하고 그 상호관계를 어떻게 파악하느냐에 따라 사용자가 단체교섭의무를 부담하는 단체교섭사항의 범위가 근본적으로 달라질 것이기 때문이다. 이러한 노동3권의 상호관계에 관한 논의는 사용자가 단체교섭의무를 부담하는 사항에 관해서만 쟁의행위의 목적의 정당성을 인정하고 있는 현재 판례의 태도와 관련하여서도 결정적인 의미가 있다.

　　단체교섭권은 노동3권 중에서도 근로자의 생존권의 실현을 직접적인 목적으로 한다는 점에서 인권성을 강하게 띤다. 그런데 단체교섭권을 하나의 인권규범으로 만드는 것은 단체교섭권이 가지는 고유한 속성이 아니라 단체교섭권이

---

1) 김유성, 26면; 박홍규a, 696면; 이을형a, 81면; 이철원, 80면; 菅野, 37면.
2) 김유성, 132면; 박창현, 271면; 정재성a, 223면.
3) 이하 '경영사항'이라 약칭한다.

지향하는 이념, 즉 더욱 기본적인 인권인 근로자의 생존권을 실현하려는 수단으로서의 성격이라는 측면이 있다.[4] 우리 헌법은 본질적으로 하나의 사권(私權)으로서 청약의 자유에 불과한 단체교섭권을 사용자에 대하여 단체교섭의 응낙 및 성실한 단체교섭을 의무로서 요구할 수 있는 권리로 보장하고 있다.[5]

이러한 단체교섭권과 단결권, 단체행동권은 각자 독자적인 의미가 있지만, 다른 한편으로는 근로자의 근로조건의 유지·향상을 위한 기본권으로서 상호 유기적 연계성이 있다.[6] 근로자의 단결이 없으면 단체교섭이나 단체행동이 불가능하기 때문에 단결권은 노동3권 중에서도 기본이 되지만, 단결은 그 자체가 목적이 아니라 사용자와의 단체교섭을 유리하게 전개하기 위한 수단으로서 그 의미가 있다. 또한 단결체가 단체교섭을 성실히 시도한다고 하여 단체교섭이 언제나 성공하는 것은 아니므로 단체행동권이 보장되지 않으면 노동기본권은 무의미하게 되기에, 노동3권은 전체적, 통일적인 시각에서 접근해야 한다.[7] 하지만 노동3권에 의하여 보장되어야 할 기본권의 구체적인 내용을 노동3권의 상호 연계성과 관련하여 어느 범위까지 인정할 수 있을 것인가에 관하여는 이론이 대립되고 있으며, 이는 주로 노동3권 중 무엇을 목적이 되는 권리로 파악하는가에 관한 대립이다.[8]

단체교섭대상과 관련하여 중요한 의미가 있는 것은 단체교섭권 중심설과 단결권 중심설이다.[9]

단결권·단체교섭권·단체행동권을 삼위일체로 파악하되 단체교섭권을 목

---

4) 이영희, 31면(단체교섭권 자체는 본질적으로 근로계약의 집단적 체결을 교섭하는 하나의 사권에 지나지 않는 것으로서 그 자체로서 보편규범으로서의 성격을 갖는 신체의 자유나 사상의 자유 등과 같은 인권과는 성격이 다른 것이라고 한다). 일본의 中山和久는 헌법상 기본권으로 열거된 단체교섭권은 근로자가 자신의 근로조건을 집단적으로 결정하고 기업의 관리에 참가하는 권리이고, 노동조합의 조직 여부와 무관하게 근로자 개인의 인권으로 해석하여야 한다고 주장한다(中山和久, 11~12면).

5) 이영희, 36~37면.

6) 김형배, 124면; 이병태, 72면; 하갑래b, 13면.

7) 권영성, 629면; 김치선, 146~147면; 김형배, 127면; 이학춘 등, 27면; 김종훈, 12면.

8) 단체행동권 중심설을 포함한 노동3권 상호관계에 대한 논의는 정진경a, 208~211면 참조.

9) 단체교섭권 중심설과 단결권 중심설 외에도 단체행동권 중심설을 주장하는 견해(사법연수원a, 22면 참조)가 있으나, 단체교섭권 중심설과 단결권 중심설이 주로 단체교섭사항의 범위를 어떻게 설정할 것인가에 관한 논의임에 비하여 단체행동권 중심설은 노동3권 중 무엇을 가장 중핵적인 권리로 보아야 하는가에 관한 논의와 관련된 것으로서 다소 논점을 달리한다. 한편, 대법원 1990. 5. 15. 선고 90도357 판결은 단체교섭권이 가장 중핵적인 권리라는 취지로 판시한 바 있다.

적적인 권리로, 단결권과 단체행동권을 단체교섭을 위한 수단적인 권리로 보는 단체교섭권 중심설은 목적적 권리인 단체교섭권을 노동3권의 중심으로 본다.[10) 수단적 권리인 단체행동권의 정당성 범위는 목적적 권리인 단체교섭권의 정당성 기준에 의하여 결정되며, 단체교섭이란 전통적으로 사용자와의 관계에서 근로계약의 내용을 유지·개선하려는 활동이므로 단체교섭권을 포함한 노동3권의 정당성 범위는 사용자를 상대방으로 하는 경제적 요구에 한정되게 된다.[11) 그리고 단체교섭도 궁극적으로 근로자들의 개선된 근로조건을 정한 단체협약의 체결을 목적으로 한다고 하여 단체교섭사항을 단체협약 체결이 가능한 것에 한정한다.[12)

　　이와는 달리 단결권 중심설은 단결권을 노동조합의 존립뿐 아니라 그 기능인 상호부조, 단체교섭, 정치활동까지도 보장하는 것으로 보고, 단체행동권은 이와 같이 성질상 단체교섭권을 포함하는 단결권의 실현수단으로 파악한다.[13) 그리하여 노동3권이 삼위일체로서 근로자의 생존확보라는 목적에 봉사하는 것으로 보면서도 노동3권상의 중심을 단결권에 두어 단결권을 목적적인 권리로, 단체교섭권과 단체행동권을 목적달성을 위한 수단적인 권리로 보아 단체교섭권과 단체행동권의 정당성 범위를 단결목적에 일치시킨다.[14) 그런데 단결목적이라는 개념은 각 시대의 사회경제적 조건에 따라 변화하는 역사적·탄력적 개념으로서, 국가가 임금정책·소득정책 등을 통하여 국민의 경제생활에 적극적으로 개입하고 있는 현대국가의 실태를 고려하면, 노동3권의 목적을 달성하기 위해서는 국가를 대상으로 하는 단결활동도 인정되어야 한다고 본다.[15) 이 설은 노동3권 행사의 정당성 기준에 관하여도 사용자의 처분권한성 및 근로조건 밀접성 요건을 엄격하게 해석하지 아니하고, 근로자의 생활이익과 관련되는 사항이면 널리 노동3권 활동의 대상이 될 수 있다고 한다.[16) 그리하여 단체교섭권의 구체적인

---

10) 김성진, 2면; 김형배, 124면; 박상필, 90면; 손창희a, 23면; 이철원, 81면; 하갑래b, 15면.
11) 김유성, 29면 참조; 이철수b, 482면 참조.
12) 김형배, 124~127면; 정기남, 16면.
13) 고호성a, 519면(원래 단체교섭권은 단결권 속에 포함될 것이지만, 그 침해에 대한 행정적·사법적 구제방법의 헌법적 근거를 분명히 하기 위하여 특별히 별도로 규정된 것이라고 한다).
14) 최영호, 17면.
15) 김유성, 29~30면; 배병우, 259면; 송강직, 387면.
16) 김유성, 30면; 이철수b, 482면. 다만, 사용자의 처분권한성을 엄격하게 요구하지 않는다고 할 때 단체교섭권의 행사와 관련하여 문제될 수 있으며, 부당노동행위제도상의 구제를 받을 수 있는 범위라고 하는 의미에서 단체교섭권은 노사관계자에 한정된다고 보아야 한다(光岡正

범위도 다른 기본권과 관계에서 구체적으로 검토되어야 할 것이나, 근로조건을
중심으로 하여 널리 근로자의 생활조건에 관련되는 사항, 즉 근로자들의 경제
적·사회적 지위의 향상에 관한 사항이면 단체교섭대상에 포함된다고 한다.[17]

Ⅱ. 단체교섭대상에 관한 일반론

1. 개   요

노조법 29조 1항, 2항은 노동조합 또는 교섭대표노동조합(후술)의 대표자가
관련 노동조합 또는 조합원을 위하여 사용자나 사용자단체와 단체교섭을 진행
하고 단체협약을 체결할 권한을 가진다고 하여 단체교섭사항이 조합원을 위한
사항과 노동조합을 위한 사항에 미치는 것임을 규정하고 있으나, 미국[18]과는 달
리 구체적인 단체교섭사항에 대하여는 명문의 규정을 두고 있지 않다. 이와 같
이 단체교섭사항을 당사자에게 맡기고 있는 노조법의 태도는 위법한 사항이 아
닌 한 단체교섭사항에 제한을 두지 아니함으로써 근로조건의 자유로운 결정과
노사관계의 자주적 규제를 겨냥하는 단체교섭 본래의 취지에 따르게 하려는 것
이다.[19] 하지만 우리나라의 경우 단체교섭대상에 대한 단체교섭 요구에 사용자
가 응하지 아니하면 부당노동행위 책임을 지게 되고, 우리나라의 부당노동행위
제도는 원상회복주의와 함께 형벌주의를 채택하고 있어 단체교섭대상에 해당하
는지 여부가 범죄의 구성요건과 관련되므로 그 범위와 기준을 명확히 할 필요
가 있다.[20]

단체교섭사항은 각국의 노사관계 실태, 노동조합의 조직형태에 따라 차이
가 있다. 일반적으로 노동조합이 산업별, 업종별로 조직되어 단체교섭도 전국적
혹은 지역적으로 행해지는 나라에서는 단체교섭사항도 임금률, 근로시간, 휴가

　博b, 201면). 그러나 부당노동행위제도에 관한 구제를 받을 수 없다고 하여 단체교섭권이 무
　　의미하게 되는 것은 아니다. 노조법이 규정하는 좁은 의미의 근로조건(중핵적 부분)에 대하
　　여만 단체교섭 거부가 부당노동행위를 구성하고 그 외의 부분에 대하여는 단체교섭 거부가
　　부당노동행위로 되는 것은 아니라 할지라도, 단체교섭 요구가 단체교섭으로서 민·형사상 면
　　책으로 대표되는 노동법상 평가를 받을 수 있다(中山和久, 23~24면).

17) 김치선, 156면; 손창희a, 23면; 송강직, 379~380면; 신인령a, 96면; 이철원, 95면(근로조건의
　　유지·개선과 관계가 간접적인 사항도 포함된다고 한다); 이호택, 68면.
18) 전국노동관계법 8조 (d)는 임금(wages), 근로시간(hours), 그 밖의 고용조건(other terms and
　　conditions of employment)을 단체교섭사항의 일반적 기준으로 설정하고 있다.
19) 김유성, 132면; 신인령a, 95면.
20) 하갑래b, 232면.

등 초기업적인 수준의 표준적 근로조건 기준을 중심으로 하지만, 기업별 조직형
태를 취하는 경우가 많은 나라에서는 단체교섭사항도 근로조건의 기준에 한하
지 않고 조합보장 문제, 복리후생 문제와 경우에 따라서는 인사나 경영 문제에
걸친 광범위한 것으로 된다.21)

　　노조법 29조 1항, 2항이 "노동조합 또는 교섭대표노동조합의 대표자가 관
련 노동조합 또는 조합원을 위하여" 단체교섭을 하고 단체협약을 체결할 권한
을 가진다고 규정하고 있어 단체교섭사항을 한정하고 있는 듯이 보이나 예시적
인 것에 지나지 않고, 헌법 33조 1항이 근로자는 "근로조건의 향상을 위하여"
단체교섭권 등 노동3권을 가진다고 규정하고 있는 것을 고려하면, 일응 근로조
건의 향상과 관련된 것으로서 조합원을 위한 사항과 노동조합을 위한 사항이
두루 노동조합 등 근로자단체가 사용자 또는 사용자단체에 단체교섭을 요구할
수 있는 단체교섭대상에 포함된다고 할 수 있다.22) 더 구체적으로는 노동조합은
"근로조건의 유지·개선 기타 근로자의 경제적·사회적 지위의 향상을 도모함
을 목적"으로 한다는 노조법 2조 4호의 규정, 그리고 노동쟁의의 조정에 관한
규정이 노동관계 당사자가 직접 단체교섭에 의하여 근로조건 그 밖의 노동관계
에 관한 사항을 정하는 것을 방해하지 아니한다는 자주적 조정의 노력에 관한
노조법 47조, 노동관계 당사자는 단체협약에 노동관계의 적정화를 위한 단체교
섭의 절차와 방식을 규정하고 노동쟁의가 발생한 때에는 이를 자주적으로 해결하
도록 노력하여야 한다는 노조법 48조의 규정을 위 노조법 29조 1항, 2항의 규정
과 함께 종합하여 보면, 사용자가 단체교섭의 의무를 부담하는 의무적 교섭사항
은 근로조건에 관한 사항23)과 그 밖에 근로자의 경제적·사회적 지위의 향상을
위하여 필요한 노동조합의 활동이나 단체교섭의 절차와 방식, 단체협약의 체결
등 근로조건에 영향을 미치는 그 밖의 노동관계에 관한 사항이라고 볼 수 있다.24)

　　근무시간 중의 조합활동, 노조전임자의 수와 그 대우에 관한 사항 등도 단
체교섭이 가능하고,25) 근로자의 직업교육 또는 연수교육과 관련된 장기휴가제

---

21) 注釋(上), 300면.
22) 사법연수원a, 172면; 片岡曻(역), 175면; 注釋(上), 300면.
23) 근로조건에 관한 사항이 근로조건의 결정에 관한 사항에 한정되는지 여부에 관한 자세한
　　내용은 단체교섭 전론(前論) 2에 대한 해설 Ⅱ. 4. 바. 참조.
24) 사법연수원a, 173면; 손창희c, 53면; 이병희, 331면; 이학춘 등, 293면; 임종률b, 404면; 西
　　谷 敏b, 522면; 小西國友, 184면; 下井隆史b, 185면.
25) 정재성c, 233면. 근무시간 중 조합활동, 조합전임제는 근로조건에 관한 것이 아니어서 중재

도, 근로자 자녀의 학자금지원제도 등도 근로자의 경제적·사회적 지위의 향상
을 위하여 필요한 사항이지만 학군 내의 우수학교 신설, 일반교육기관의 교과목
개정 요구는 이에 속한다고 보기 어려울 것이다.[26]

　　판례는 "단체교섭의 대상이 되는 단체교섭사항에 해당하는지 여부는 헌법
33조 1항과 노동조합법 29조에서 근로자에게 단체교섭권을 보장한 취지에 비추
어 판단하여야 하므로 일반적으로 구성원인 근로자의 노동조건 기타 근로자의
대우 또는 당해 단체적 노사관계의 운영에 관한 사항으로 사용자가 처분할 수
있는 사항은 단체교섭의 대상인 단체교섭사항에 해당한다고 봄이 상당하다."라
는 취지로 일반적인 범위와 기준을 제시하고 있다.[27]

2. 본질적·내재적 한계

　　단체교섭사항에는 단체교섭의 성질 그 자체에서 유래하는 본질적·내재적
한계가 있다.[28]

　　먼저, 단체교섭사항은 당해 노사관계에서 해결될 수 있는 사항이어야 한다.[29]

　　사용자가 법적으로 처분권한을 가지는 사항이 원칙적으로 단체교섭대상이
된다.[30] 그 외에 엄밀한 의미에서 법적인 처분권한이 없는 사항이라도 사실상
처분권한이 있거나 노동조합이 요구한 사항이 상호 노력의 대상이 될 수 있으면
단체교섭사항이 될 수 있다.[31] 사용자에게 처리·결정할 권한이 없는 사항도 그
처리·결정에 사용자가 영향을 미칠 수 있는 경우에는 그 한도에서 단체교섭대
상이 될 수 있으며, 예를 들어 구속조합원의 석방 자체는 사용자가 처리·결정할
권한에 속하지 않지만 석방을 위한 진정서 제출이나 고소 취하는 사용자가 협조
할 수 있는 사항이므로 단체교섭대상이 된다는 견해가 있다.[32] 이에 대하여 위와

　　　재정대상이 되지 않는다는 취지로 본 대법원 1996. 2. 23. 선고 94누9177 판결이 있으나, 단
　　체교섭대상과 중재재정대상이 같을 이유는 없으며, 단체교섭대상의 범위가 중재재정대상보다
　　넓다고 할 수 있다(조용만·김홍영, 568면).
　26) 김형배, 126면.
　27) 대법원 2003. 12. 26. 선고 2003두8906 판결, 대법원 2022. 12. 16. 선고 2015도8190 판결.
　28) 임종률, 139면.
　29) 박창현, 271~272면; 이병태, 221면.
　30) 이을형, 166면; 이학춘 등, 294면; 임종률b, 404면; 하갑래b, 243면; 萬井隆令 등, 101면; 西谷
　　敏b, 522면; 下井隆史b, 184~185면; 注釋(上), 299면; 대법원 2003. 12. 26. 선고 2003두8906 판결.
　31) 김유성, 133면(그 예로서 의료보험제도의 통합화에 노력하고 그 의사를 표명하는 것을 들
　　고 있다); 임종률, 139면; 小西國友, 184면.
　32) 이병태, 221면.

같은 노력사항의 경우 단체교섭을 게을리 하더라도 부당노동행위의 죄를 묻기는 어렵기 때문에 사용자가 단체교섭에 응할 의무는 없다는 비판이 있다.[33]

구속근로자에 대한 항소심 구형량이 1심보다 무거워진 것에 대한 항의와 석방촉구를 요구하는 것과 같은 사항[34]처럼 노동관계 당사자가 당해 노동관계에서 스스로 결정할 수 없는 것은 단체교섭대상에서 제외된다.[35] 순수한 정치적 사항이나 사용자가 처분권한이 없는 다른 기업에 관련되는 문제도 단체교섭사항이 될 수 없다.[36]

다음으로, 단체교섭 당사자인 노동조합의 조합원과 관련된 사항이어야 한다. 미국의 배타적 교섭제도[37]와는 달리 노동조합은 조합원을 위하여 교섭할 수 있음에 그치므로 비조합원의 근로조건은 원칙적으로 교섭대상에서 제외된다고 봄이 일반적이다.[38] 비조합원은 회사의 임원, 사용자의 이익을 대표하는 자에 한하지 않고 시용기간 중의 자나 임시공 등으로서 조합규약이나 단체협약에 의하여 조합가입자격이 인정되지 않는 자, 조합가입자격이 있어도 가입하지 아니한 근로자를 모두 포함한다.[39]

그러나 비조합원의 근로조건도 그것이 조합원의 근로조건 및 집단적 노동관계에 영향을 주는 경우에는 단체교섭대상이 될 수 있다.[40] 예를 들어 시용기간 중의 자가 노동조합에 가입할 수 없더라도 초임이 모든 근로자의 임금체계상 기준이 되는 경우, 임시공의 채용으로 인하여 조합원의 직종이나 직장이 변경되는 경우와 같이 그것이 조합원의 근로조건 및 집단적 노동관계에 직접 또는 간접으로 영향을 주는 경우에는 비조합원의 근로조건도 단체교섭사항이 될 수 있다.[41]

이에 대하여 교섭권한은 조합원을 위하여 행사되는 것이고 단체협약의 효력확장제도가 보장되어 있는 점을 들어, 비조합원의 근로조건 결정 문제의 경우

---

33) 하갑래b, 243~244면.
34) 대법원 1991. 1. 29. 선고 90도2852 판결.
35) 사법연수원a, 173면; 임종률, 139면; 하갑래b, 243면.
36) 김유성, 133면; 注釋(上), 301면.
37) 미국은 교섭단위 내에서 투표 등을 거쳐 선정된 대표적노동조합이 당해 교섭단위 내의 조합원뿐 아니라 비조합원을 포함한 모든 근로자를 위하여 배타적으로 교섭할 권한을 갖는다.
38) 김유성, 133면; 임종률, 141면; 김종훈, 66면; 萬井隆令 등, 102~103면; 注釋(上), 299면.
39) 注釋(上), 299~300면.
40) 김기선, 228면; 박창현, 275면; 이상윤a, 711면; 임종률b, 406면; 萬井隆令 등, 103면; 石井照久, 95면.
41) 김유성, 133면; 임종률b, 406면; 西谷 敏b, 522면; 注釋(上), 300면.

사용자에게 단체교섭에 응할 의무는 없다는 견해가 있으나,[42] 노동조합은 근로
자 전체를 조직대상으로 하고 있고 비조합원도 언제든지 노동조합에 가입할 수
있으므로, 당장의 이해관계자가 조합원인지의 여부에 따라 기계적으로 그와 같
이 재단하는 것은 부당하다.[43]

　　그 외 단체교섭사항이 되려면 집단성이 있어야 하는지의 여부가 문제될 수
있다.

　　단체협약제도의 집단적 성질에 비추어 단체교섭대상이 될 수 있는 사항은
모든 조합원에게 적용될 수 있는 공통적 근로조건에 관한 것이어야 한다는 견
해가 있으나,[44] 단체교섭 자체가 집단성을 가지면 족하며 단체교섭사항이 집단
성을 가질 필요는 없고 단체교섭이 일반적 기준의 정립만을 목적으로 하는 것
은 아니라는 점에서 엄격한 의미의 집단성이 요구된다고 볼 필요는 없다.[45]

　　단체교섭대상이 근로조건의 일반적 기준정립에 한정된다는 규정도 없을뿐
더러 조합원의 근로조건에 관한 분쟁의 해결은 노동조합의 본질적인 역할이
다.[46] 근로조건의 일반적 기준에 관하여 협정하는 것은 노사관계가 어느 정도
발전한 단계에서 가능하다.[47] 개인의 고충과 집단법상의 요구를 구별할 근거가
없으며,[48] 해고, 징계, 배치전환 등과 같은 개별 근로자의 문제도 그것이 조합활
동과 관련되어 있거나 다른 조합원의 대우 등에 관련될 때는 널리 단체교섭대
상이 될 수 있다.[49]

3. 단체교섭사항의 구분

가. 단체교섭사항 3분론

　　이와 같이 근로자에게 단체교섭권이 인정된다고 하여 어떠한 사항이든지
사용자에 대하여 단체교섭을 요구할 수 있는 것은 아닌데, 우리나라의 경우 '임

---

42) 하갑래b, 241~242면.
43) 萬井隆令 등, 103면.
44) 김형배, 1221면; 이학춘 등, 298~299면.
45) 김유성, 133면; 김종훈, 65면; 박홍규a, 708면; 송강직, 377면; 이경훈, 70면; 이병태, 220면;
　　하갑래b, 243면; 西谷 敏b, 522면; 片岡曻(역), 176면.
46) 김기선, 227면; 石井照久, 89면; 注釋(上), 303면.
47) 注釋(上), 303면.
48) 임종률b, 418~419면.
49) 김기선, 227면; 김유성, 133면; 이상윤a, 711면; 이학춘 등, 294면; 정재성b, 178면; 萬井隆
　　令 등, 101면; 注釋(上), 303면. 이에 대하여는 조합간부의 해고와 같이 조합활동과 관련되어
　　있더라도 이는 임의적 교섭사항이 되는 것에 불과하다는 이견이 있다(하갑래b, 243면).

금·근로시간 그 밖의 근로조건'을 단체교섭사항으로 규정하고 있는 미국 전국
노동관계법 §8 (d)의 해석과 관련하여 정립된 이론인 단체교섭사항 3분론을 받
아들여 단체교섭사항의 기준을 설명함이 일반적이다.[50]

　　미국 전국노동관계법 §8 (d)는 '임금·근로시간 그 밖의 근로조건'을 단체
교섭사항의 일반적 기준으로 설정하고 있으며, 미국의 판례는 통상 이를 토대로
단체교섭사항을 의무적 교섭사항, 임의적 교섭사항 및 위법(불법)적 교섭사항으
로 구분하고 있다.[51]

　　위법적 교섭사항이란 사용자가 처리할 권한이 없거나 강행법규 또는 공서
양속에 위반하는 사항으로서 이에 관하여는 단체교섭을 할 수 없고, 당사자가
임의로 합의하여 단체협약을 체결하였다고 하더라도 그 부분은 무효가 된다.[52]
위법적 교섭사항에는 closed shop 조항,[53] 차별적 대우를 내용으로 하는 조항,
hot cargo 협정,[54] 특정 종교의 강요, 노동조합에 대한 지배·개입 등이 해당한
다.[55] 위법적 교섭사항은 단체교섭이 그 자체로서는 누구의 권리나 이익 또는
사회 전체의 공익을 침해하는 것이 아닌 평화적 절차라는 점을 고려할 때 극히
제한적으로 인정되어야 한다.[56]

　　이에 반하여 단체교섭이 허용되는 것 중에서 사용자에게 단체교섭의무가
있는 사항을 의무적 교섭사항이라 한다. 임금·근로시간과 그 밖의 근로조건으
로서 취업규칙 등의 직장규율·안전·위생·작업량·휴일·휴가·병가·선임
권·승진·전근·징계·해고·복지후생·채용 시의 제 조건 등 고용관계에 관
한 사항, 조합활동 보장에 관한 사항이 이에 해당한다.[57] 의무적 교섭사항은 노
동조합이 그 대상에 대한 단체교섭 제의를 하는 경우 사용자가 그 단체교섭을
정당한 이유 없이 거부하면 부당노동행위가 성립되고, 그 사항에 대한 단체협약
의 내용을 단체교섭에 의하지 아니하고는 일방적으로 결정·변경할 수 없으며,

---

50) 김유성, 134면; 이상윤a, 704면; 이을형, 168면; 이학춘 등, 307면; 조영철, 392면; 피용호,
　　664면; 하갑래b, 233~234면; 대법원 1996. 2. 23. 선고 94누9177 판결.
51) 김유성, 134면; 하갑래b, 233~234면.
52) 이철수a, 343면; 임종률a, 307면; 피용호, 667면.
53) 사용자에 대하여 이미 조합원인 근로자만을 고용하는 것을 의무지우는 단체협약 조항.
54) 노동조합이 쟁의 상대방인 사용자에게 압력을 가하기 위해 다른 사용자와의 사이에 체결
　　하는 쟁의 상대방 사용자와 거래하지 않기로 하는 내용의 협정.
55) 김유성, 135면; 하갑래b, 233면.
56) 고호성b, 225면.
57) 김유성, 134면; 민변노동법Ⅱ, 163면; 이학춘 등, 303~305면(미국에서는 조합비 일괄공제도
　　의무적 교섭사항으로 본다고 한다); 하갑래b, 233면.

그 사항에 대한 단체교섭이 결렬되는 경우 쟁의행위를 할 수 있는 단체교섭사
항을 말한다.[58]

 한편, 사용자에게 단체교섭의무는 없으나 사용자가 임의로 단체교섭에 응
할 수 있는 사항, 즉 당사자가 제안(propose)할 수는 있으나 고집(insist)할 수는
없는 사항을 임의적 교섭사항이라고 한다.[59] 일반적으로 사용자와 제3자의 관
계, 노동조합과 근로자의 내부관계 등에 관한 사항이 이에 해당한다.[60] 임의적
교섭사항은 의무적 교섭사항과는 달리 그 사항에 대한 노동조합의 단체교섭 제
의를 사용자가 거부하여도 부당노동행위가 성립하지 않으며, 양 당사자가 합의
하는 경우에만 단체협약을 체결할 수 있고, 노동조합은 단체교섭이 결렬되는 경
우에도 단체행동을 할 수 없다.[61] 임의적 교섭사항에 대한 단체행동권의 행사는
단체협약 체결 의무가 없는 사항에 대하여 단체행동을 통한 단체협약 체결을 강
요하는 것으로서 기본적으로 임의적 교섭사항이 노사 간의 합의 없이는 단체교섭
대상이 될 수 없다는 기본전제에 어긋나며, 근로자 측면에서는 단체행동권의 남
용, 사용자 측면에서는 자본주의체제하에서 보장된 소유권 또는 경영권의 침해라
고 한다.[62] 임의적 교섭사항에는 주로 사용자와 제3자의 관계에 관한 사항이나 노
동조합의 내부통제에 속하는 사항이 포함되나, 이에 한정되지 아니하고 의무적 교
섭사항이나 위법적 교섭사항에 해당하지 않는 모든 사항이 임의적 교섭사항이다.[63]

---

58) 민변노동법Ⅱ, 162면; 이경훈, 43면; 이상윤a, 704~705면; 이학춘 등, 302~303면; 조영철, 11
  면; 피용호, 666면; 하갑래b, 233면. 임의적 교섭사항을 가장 일반적이고 포괄적인 것으로 보
  고 의무적 교섭사항은 임의적 교섭사항 중에서 근로자의 인간다운 생활을 보장한다는 관점
  에서 특히 중요한 사항을 선정하여 국가법적 특별보호를 행하는 것이라고 파악하는 견해도
  있다(고호성b, 224면). 의무적 교섭사항을 좁게 해석하는 이러한 견해는 임의적 교섭사항에
  대하여도 원칙적으로 쟁의행위가 가능하다는 자신의 논리와 밀접히 관련되어 있다.
59) 이경훈, 42~43면; 이학춘 등, 305~306면; 조영철, 392면.
60) 미국의 경우 적정교섭단위에 관한 전국노동관계위원회 결정의 변경 등에 관한 사항도 이
  에 해당한다(김유성, 134~135면).
61) 김유성, 135면; 이경훈, 44면; 이철수a, 343면; 피용호, 666~667면; 대법원 1994. 9. 30. 선고
  94다4042 판결, 대법원 2001. 4. 24. 선고 99도4893 판결.
62) 이상윤d, 261면. 하지만 이러한 임의적 교섭사항에 관하여는 쟁의행위를 할 수 없다는 통
  설의 견해에 대하여 이는 미국법의 해석에 따른 것이고 미국법상 임의적 교섭사항에 대하여
  쟁의행위를 허용하지 않는 것은 그 쟁의행위가 임의적 교섭사항에 대한 고집(insist)에 해당하
  여 상대방의 단체교섭권을 침해하기 때문인데, 우리나라는 근로자 측의 단체교섭권만을 인정
  하고 있기 때문에 노동조합이 임의적 교섭사항에 대한 쟁의행위를 하여도 그것에 의하여 침
  해되는 사용자 측의 단체교섭권 자체가 존재하지 아니하므로 우리나라에서는 의무적 교섭사
  항은 물론이고 임의적 교섭사항에 대하여도 합법적인 쟁의행위가 가능하다는 반론이 있다(고
  호성b, 223면).
63) 이학춘 등, 306면.

예를 들어, 사용자는 쟁의행위기간 중에 임금을 지급할 의무가 없지만 임금 지급
은 가능하되 노동조합이 이를 위한 쟁의행위를 하여서는 아니 되는 것(법 44조 1
항·2항)과 같이 노조법상으로도 임의적 교섭사항을 인정하고 있다.[64]

　　판례 중에서도 "임의적 교섭사항"이라는 표현을 직접 사용하거나 이를 전
제로 삼아 판단한 것으로 보이는 사안이 있다.[65]

　　의무적 교섭사항이나 임의적 교섭사항 모두가 단체교섭에 의하여 결정될
수 있고 당사자 간의 합의가 이루어져 단체협약이 체결되면 유효하게 되기는
하나, 노동조합이 단체교섭을 요구하는 경우에 사용자 측이 이에 성실하게 응하
여야 할 의무를 부담하는 것은 의무적 교섭사항에 한한다.[66] 이러한 구분은 단
체교섭은 실정법에 근거하여 비로소 인정되는 제도가 아니라 원칙적으로 당사
자 스스로의 의사에 기초하여 형성되는 사적인 제도이기 때문에 단체협약의 내
용이 위법적 사항이 아닌 한 사적 자치의 영역에서 당사자가 이를 자유로이 결
정할 수 있는 것이나, 특히 일정한 범위의 단체교섭에 대해서는 국법이 직접 관
여함으로써 권력적 규제와 보호를 하겠다는 것을 의미한다. 국가가 보호하고자
하는 의무적 교섭사항에 대한 사용자의 단체교섭 거부는 권리침해 내지 의무위
반이 되어 부당노동행위로서 제재를 받게 된다.[67] 따라서 의무적 교섭사항 여부
를 가리는 것은 중요한 의미가 있으며, 통상 단체교섭대상이 되는지 여부를 논
하는 것은 의무적 교섭사항에 해당하는지 여부를 검토하는 것이다.

나. 단체교섭사항 3분론에 관한 논의

　　임의적 교섭사항의 인정에 관하여는 비판이 있다. 미국에서는 임의적 교섭
사항의 인정이 이러한 사항을 공적으로 강제되는 단체교섭영역으로부터 배제함
으로써 결과적으로 부당하게 노사관계상 중요한 결정들에 관하여 경영특권을
옹호하게 되고, 합법적인 단체협약사항에 대한 사적인 단체교섭절차에 법이 불
필요하게 개입하여 자율적인 노사관계의 정립을 방해한다고 비판한다.[68] 또한,
임의적 교섭사항의 경우 실제 단체교섭에서 구분하기 어려운 제안(propose)과 고
집(insist)에 의해 부당노동행위의 성부가 결정되며, 어떤 사항에 대하여 파업 등

---

64) 이상윤a, 709면.
65) 대법원 1996. 2. 23. 선고 94누9177 판결, 대법원 2014. 3. 27. 선고 2011두20406 판결.
66) 임종률a, 308~309면.
67) 이철수a, 343면; 小西國友, 184면.
68) 이호택, 30~31면에서 재인용.

이 일어난 경우에 그 합법성이 전국노동관계위원회나 법원에 의하여 사후적으
로 결정되게 된다고 비판한다.[69]

　　우리나라와 같이 근로조건의 향상을 위하여 노동3권을 헌법에서 보장하면
서 노조법에서 단체교섭 및 단체협약과 노동쟁의의 대상 범위를 비교적 구체적
으로 정하고 있는 법제하에서는 단체교섭사항 3분론이 불필요하다고 한다.[70]
나아가 단체교섭제도가 노동관계의 여러 분쟁을 해결하는 가장 평화적인 방식
인 점과 오늘날 많은 나라에서 단체교섭사항의 범위가 경영참가적인 것까지 확
대되는 추세에 있는 점, 의무적 교섭사항과 임의적 교섭사항의 구별이 어려운
현실에서 실질적으로 단체교섭권과 단체행동권을 제한하게 된다는 점을 들어
비판하는 견해가 있다.[71]

　　미국과 법체계가 다른 우리나라에 미국의 3분설을 무비판적으로 수용함으
로써 단체교섭권과 단체행동권을 과도하게 제한할 수 있음에 대하여는 공감하
나, 오늘날 노동관계에서 나타나고 있는 노동조합 측 요구의 다양성으로 말미암
아 사용자의 처분범위 내에 속하고 근로자들의 관심사항임에도 전통적인 근로
조건과는 별다른 관련이 없는 사항이 많은데, 단체교섭사항에 대한 사용자의 단
체교섭 거부를 부당노동행위라고 하여 형사처벌까지 가하는 우리나라의 현실에
서 위법적 교섭사항과 의무적 교섭사항의 중간에 임의적 교섭사항의 영역을 설
정함은 현실적으로는 불가피한 측면이 있다.[72] 종래 단체교섭대상이 되지 아니
하였던 사항까지도 불법적인 경우를 제외하고는 단체교섭의무를 부담하지 않은
채 상호 의견을 교환하고 의사가 일치되는 경우 단체협약을 체결할 수 있도록
함은 단체교섭의 범위를 확대함으로써 노사자치원칙에 부합한다는 점을 고려한
다면,[73] 입법론으로서는 부당노동행위제도를 재고하여 형사처벌을 없애는 것을
전제로 단체교섭사항도 노사의 자치에 맡기는 것을 고려할 만하다.

　　현재의 해석론으로서는, 미국과 달리 헌법상 단체교섭권이 규정되어 있고

---

69) 이경훈, 45면에서 재인용.

70) 김형배, 1219~1221면.

71) 김유성, 135면; 이병태, 212면. 단체교섭대상을 의무적 교섭사항과 임의적 교섭사항으로 구
　　분하는 것은 사용자에게 단체교섭을 거부할 수 있는 사항이 있음을 전제로 한 것이므로 부
　　당하고, 단체교섭사항을 정하는 데에서 중요한 것은 노동조합 측의 요구가 있을 때 사용자가
　　응할 의무가 있는 사항이 무엇인지, 즉 의무적 교섭사항의 범위를 획정하는 것이라고 보는
　　견해도 있다(송강직, 390~391면).

72) 임종률a, 308면; 피용호, 665면.

73) 이경훈, 53~54면; 이상윤a, 708면; 피용호, 664면.

재산권에 대한 제한가능성이 명문화되어 있는 우리나라에서는 의무적 교섭사항을 보다 적극적으로 해석하여야 하고,[74] 일반적으로 널리 근로조건의 유지·개선 그 밖의 근로자의 지위향상과 관련되는 사항이라면 노동조합이 단체교섭을 요구하는 경우 사용자가 단체교섭에 응할 의무가 있는 의무적 교섭사항으로 추정함이 상당하다.

4. 구체적 검토

가. 개   설

의무적 교섭사항을 근로조건에 관한 사항과 그에 영향을 미치는 그 밖의 노동관계에 관한 것으로서 노사관계 당사자가 스스로 결정할 수 있고 당해 노사관계 당사자에 관련되는 사항이라고 정의하더라도 구체적으로 이에 해당하는지 여부를 가리는 것은 쉽지 않은 일이다.

근로조건에 관한 사항으로서 당해 조합원 전체에 적용될 임금·근로시간·복지·해고 그 밖의 대우 등 근로계약관계의 내용을 이루는 근로조건의 결정에 관한 사항은 단체교섭대상이 된다고 함에 별다른 이견이 없으나,[75] 근로조건에 관한 사항이지만 동시에 사용자의 경영상의 권한에 속하는 성격을 갖는 경우에는 문제가 된다. 경영사항의 단체교섭은 많은 쟁점이 있으므로 장을 달리하여 살펴보기로 하되, 인사에 관한 사항은 과거에 경영사항으로 보았던 것이기는 하나 현재 별다른 논란이 없으므로 여기에서 함께 검토한다.

나. 임금·근로시간 등에 관한 사항

먼저, 임금에 관한 사항은 당연히 단체교섭대상이 된다. 임금의 결정·계산과 지급방법, 임금의 산정기간·지급시기·장소·방법, 기본급·성과급체계와 같은 임금체계의 수립과 변경, 승급에 관한 사항, 퇴직금·상여금·각종 수당에 관한 사항 등이 모두 포함된다.[76]

휴게를 포함한 근로시간의 개시와 종료, 근로시간의 배분, 교대제 근로의 순서, 시간외 근로의 길이 및 실시방법, 탄력적 근로시간제의 도입 및 실시방법 등 근로시간과 관련된 사항도 단체교섭사항이다.[77]

---

74) 김유성, 143면.
75) 사법연수원a, 174~175면.
76) 김유성 136면; 이병태, 219면; 하갑래b, 235면; 사법연수원a, 174면.
77) 김유성, 136면; 이병태, 219면.

그 밖에 휴일, 휴가에 관한 사항, 근로자의 작업용품 등 부담에 관한 사항, 근로장소 및 작업량 등 작업환경, 복지후생시설에 관한 사항, 근로자를 위한 교육훈련, 안전과 보건에 관한 사항, 재해보상·부조에 관한 사항, 정년제 등도 단체교섭사항에 포함된다.[78]

근로자참여법 20조가 규정하고 있는 노사협의회의 협의사항이 의무적 교섭사항에 해당하는지 여부를 둘러싼 논란은 있으나, 노동조합의 단체교섭이 근로자참여법에 의하여 영향을 받지 않는다는 근로자참여법 5조의 규정에 비추어 보면 근로자참여법상의 협의사항이라고 하더라도 근로조건과 관계가 있다면 의무적 교섭사항으로 인정함이 상당하다.[79] 다만 노동조합이 단체협약을 체결하면서 노사협의회에 부의하기로 구체적으로 정한 사항인 경우에는, 그 내용이 근로조건에 관한 노동조합의 단체교섭권을 종국적으로 박탈하는 것이 아닌 한, 사용자가 그 사항에 관한 단체교섭은 거부할 수 있다.[80]

다. 인사에 관한 사항

승진·전직·휴직·징계·해고 등 인사에 관한 기준이나 절차에 관한 사항도 단체교섭사항이 된다.[81] 근로자의 배치·배치전환·포상·징계·정년·해고 등 근로자의 인사에 관한 사항은 경영사항의 일부라 할 수 있는 것으로서 이와 같은 인사의 기준이나 절차에 관한 사항은 사용자의 경영전권에 속하여 단체교섭대상이 될 수 없다는 견해가 있었으며,[82] 인사에 관한 사항이 다른 경영사항과 마찬가지로 그것이 근로조건에 영향을 주는 경우에 한하여 의무적 교섭대상이 된다고 볼 수도 있으나, 이는 인사 문제가 다른 경영 문제와 마찬가지로 근로조건이 아니라는 전제에서 출발한 것으로서 부당하고 인사사항은 당연히 단체교섭대상에 속한다.[83]

---

78) 김유성 136면; 사법연수원a, 174~175면; 이병태, 219면; 하갑래b, 235면.
79) 김기선, 222~223면; 이병태, 219면; 이을형, 166면; 이학춘 등, 298면; 임종률b, 409면; 하갑래b, 235면.
80) 石井照久, 99면.
81) 김유성, 136~137면; 이병태, 219면; 조영철, 399면.
82) 김형배a, 175면; 박상필, 428면; 이상윤a, 711면(전직·징계 및 해고 등의 인사 기준이나 절차에 관한 사항은 의무적 교섭사항이나, 특정 조합원에 대한 인사 자체는 경영권의 행사에 포함된다고 한다); 이학춘 등, 306면(인사는 원칙적으로 단체교섭의 대상이 아니지만, 근로자 전체에 영향을 미치는 인사기준이나 징계·해고기준은 임의적 교섭사항이라고 한다); 정기남, 40면.
83) 김기선, 229~230면; 김명수, 424면; 박창현, 276면; 임종률a, 321면; 小西國友, 185면.

노조법 2조 5호가 임금·근로시간·복지·해고 기타 대우 등 근로조건의
결정에 관한 주장의 불일치로 인한 분쟁상태를 노동쟁의라고 정의하여 해고가
근로조건에 속함을 명확히 하고 있는 등 현행법상 해고 등의 인사 문제가 근로
조건에 포함되며,[84] 인사에 관한 사항을 다른 근로조건과 달리 취급하여야 할
아무런 근거가 없기 때문이다.[85] 따라서 노동조합의 임원을 맡고 있는 조합원에
대하여는 그 해고 등 인사처분에 노동조합과 합의 등의 절차를 거치도록 하는
것도 단체교섭대상이 된다.[86]

인사고과도 그 결과가 승진이나 승급, 상여금의 결정 등 근로조건에 직접
영향을 미치기 때문에 기준이나 절차 등이 단체교섭대상이 된다.[87] 일반적으로
채용은 근로조건과 직접적인 관계가 없으므로 의무적 교섭사항이 아니나, 노동
조합이 퇴직한 조합원의 채용에 관하여 단체교섭을 요청하는 경우에는 외견상
개인적인 문제로 보이지만 통일적인 처리기준에 관한 분쟁으로 볼 수도 있으므
로 의무적 교섭사항이 될 수 있다.[88] 경영해고가 있었을 때 해고근로자의 우선
재고용은 근기법에 규정이 있으므로[89] 의무적 교섭사항이라고 한다.[90]

사용자의 인사권을 근본적으로 제한하지 않아야 단체교섭의 대상이 될 수
있으며, 징계 또는 해고 시에 최종결정권은 사용자가 보유하면서 노동조합의 의
견을 듣거나 협의하는 것은 인사권의 제한이 아니어서 단체교섭대상이 되나, 근
로자의 해고나 징계 시에 노동조합의 동의를 얻도록 하거나 징계위원회를 노사
동수로 구성하고 가부동수일 때 사용자가 처분할 수 없도록 하는 것은 인사권
을 근본적으로 제한하는 것으로서 단체교섭대상이 될 수 없다는 주장이 있다.[91]
그러나 노동조합과 하는 "합의"는 인사권의 제한·침해이고 노동조합과 하는
"협의"는 인사권의 제한이 아니라는 주장은 합리성이 없어 보이며, 인사에 관한

---

84) 김기선, 229~230면; 송강직, 378~379면; 임종률a, 322면.
85) 고호성b, 227면; 김유성, 136~137면; 박대선, 26~27면; 박홍규a, 709면; 배병우, 264~265면;
   이철원, 97면; 光岡正博b, 208면. 대법원 2021. 7. 29. 선고 2016두64876 판결도 경영상 이유
   에 의한 해고와 관련하여 그 해고대상자 선정기준에 관한 내용은 단체교섭대상이 된다는 전
   제에서 단체협약에 이에 관한 내용이 정해져 있는 경우라면 특별한 사정이 없는 한 그에 따
   라야 할 것이라고 한다.
86) 사법연수원a, 175면; 이경훈, 69~70면.
87) 김기선, 230면; 김유성, 137면; 임종률b, 417면.
88) 임종률b, 417면; 萬井隆令 등, 101면; 石井照久, 97~98면.
89) 근기법 25조 1항.
90) 피용호, 686~687면; 하갑래b, 241면.
91) 조영철, 401면; 피용호, 682~683면; 노조 01254-427 질의회시 1994. 3. 31.

사항이 근로조건에 관한 것으로서 단체교섭대상이라면 그 구체적 내용을 어떻게 규정하는가는 노사 간의 합의에 맡김이 상당하다.92) 단체교섭사항에 대하여 사용자가 얼마나 양보할 것인지는 사용자의 자유이고, 폭행이나 협박 등의 위법한 방법을 사용하지 않는 한 경영권이나 인사권의 침해로 볼 수는 없다.93) 사용자의 양보를 기화로 노동조합이 불합리한 고집을 부린다면 이를 권리의 남용으로 보아 처리하면 족하다.94)

　　또한, 해고와 관련하여 단체협약상 노동조합의 합의조항이 있는 경우에 사용자가 일방적인 해고를 시도할 때 노동조합이 합의조항에 기초하여 단체교섭을 요구할 수는 있으나, 이는 단체교섭권에 근거한 것이 아니라 사용자가 약정상 채무를 부담하기 때문이고, 따라서 사용자가 그러한 취지의 단체교섭에 응하지 않더라도 노동조합이 단체행동을 할 수 없다는 견해도 있다.95) 하지만 근로자에 대한 해고가 근로조건에 관한 것임을 부정하기는 어렵다.

　　라. 특정인에 관한 사항

　　해고된 특정 근로자에 대한 해고의 철회나 복직을 요구함은 원칙적으로 단체교섭의 대상이 될 수 없다 할 것이나, 표면상으로는 해고된 특정 근로자에 대한 해고철회나 복직을 요구하더라도 그 자체에 그치지 않고 이를 계기로 조합원 전체에 대한 인사 기준이나 절차를 명확히 확립함으로써 근로조건의 개선이나 경제적·사회적 지위 향상을 도모하려는 데 그 실질적인 목적이 있는 경우에는 그러한 범위 내에서 단체교섭의 대상이 될 수 있고 사용자는 위와 같은 외형상의 요구사항만을 들어 단체교섭을 거부할 수 없다.96) 또한 특정 근로자에 대한 해고가 조합활동 등을 이유로 한 것이라고 주장하면서 그 철회 또는 복직을 요구하는 경우에, 그 특정 근로자에 대한 해고철회 또는 복직을 정하기 위한

---

92) 이병희, 340면; 임종률a, 322면. 이에 대하여 "협의"나 "합의"라는 문구에 치중하여 의무적 교섭사항 해당 여부를 판단하는 것은 실체보다는 절차에 초점을 맞추는 접근으로서 부당하다고 하면서도 "협의"나 "합의" 모두 임의적 교섭대상이라는 견해도 있으나(하갑래b, 240면), 실체를 중시한다면 근로조건과 관련성을 따져 의무적 교섭사항 해당 여부를 판단하여야 한다.

93) 임종률b, 409~410면.

94) 이병희, 341면.

95) 김형배b, 78~79면(단체협약상 합의조항에 의하여 노동조합의 합의를 얻지 못할 경우 쟁의행위의 대상이 된다고 해석한다면 구조조정 자체가 불가능하게 되어 사용자의 경영권이 정면으로 부인된다고 한다).

96) 김유성, 133면; 김형배, 1221면; 박창현, 276면; 사법연수원a, 180면; 光岡正博a, 332면; 石井照久, 89면; 片岡曻(역), 176면.

것이라기보다는 노동조합의 정상적인 활동을 보장받기 위한 내용을 확립하는
데 주된 목적이 있다면, 이는 근로조건 이외에 노동조합을 위한 그 밖의 노동관
계에 관한 사항으로서 단체교섭대상이 된다고 볼 수 있다.[97]

　　대법원은 노동조합이 쟁의행위를 하면서 조합원들에 대한 파면처분의 철회
와 함께 특정인의 퇴진도 요구한 사안에서, "비록 원고들이 이건 쟁의행위를 함
에 있어 피고 연구소장의 퇴진을 요구하였다 하더라도 이는 부차적이고 주된
목적은 원심이 인정한 바와 같이 위 소외인들에 대한 파면처분이 노동조합의
핵심적 관심사항인 연구 자율수호운동을 주동한 것에 대한 보복조치라고 하여
이의 철회를 구하는 것이고 기록에 의하면 그 뜻은 조합원의 근로조건의 개선
요구에 있다고도 볼 수 있어 이는 단체교섭사항이 될 수 있는 것이라 할 것이
므로 이건 쟁의행위는 그 목적에 있어 정당하다고 보아야 할 것"이라고 판시하
여[98] 쟁의행위의 주된 목적이 근로조건의 개선요구에 있다고 볼 수 있는 경우
에는 단체교섭대상이 될 수 있다고 한 바 있다. 하급심 판결로서, 노동조합이
해고근로자의 복직을 요구하게 된 것이 노조간부인 위 근로자에 대한 징계해고
처분이 평소의 적극적 조합활동에 대한 보복조치의 성격이 있을 뿐만 아니라
해고를 의결한 징계위원회의 구성이나 징계절차에 하자가 있는 부당한 해고라
고 보아 그 철회를 구하는 취지로 보이므로 그 뜻은 조합원의 근로조건의 개선
요구에 있다고 하여 단체교섭대상성을 인정한 사안이 있다.[99]

마. 집단적 노동관계에 관한 사항

　　근로조건 그 밖의 근로자의 대우에 관한 사항뿐만 아니라 근로자의 경제
적·사회적 지위의 향상을 위하여 필요한 노동조합의 활동 등 근로조건의 결정
에 영향을 미치는 그 밖의 노동관계에 관한 사항도 단체교섭대상이 된다.[100] 노
조법은 29조 1항, 2항에서 노동조합 또는 교섭대표노동조합의 대표자가 관련 노
동조합을 위하여 단체교섭을 할 수 있음을 선언하고, 48조에서는 노동관계 당사
자가 노동관계의 적정화를 위한 노사협의 기타 단체교섭의 절차와 방식을 단체

---

　　97) 박창현, 286면; 사법연수원a, 180면; 石井照久, 89면; 이에 대하여는 권리분쟁 또는 경영권
　　　에 관한 문제로서 의무적 교섭사항이 아니라는 반론이 있다(하갑래b, 240~241면).
　　98) 대법원 1992. 5. 12. 선고 91다34523 판결(이에 대한 평석으로 정재성b, 175~178면).
　　99) 대구지법 1995. 2. 26. 선고 94노2049 판결(이에 대한 평석으로 정재성a, 221~226면).
　100) 김기선, 225면; 민변노동법Ⅱ, 102면; 박창현, 275면; 사법연수원a, 181면; 이병태, 220면;
　　　이상윤a, 712면; 이을형, 166면; 이학춘 등, 296면; 임종률b, 405면; 萬井隆令 등, 101면; 石井
　　　照久, 95면; 注釋(上), 299면.

협약에 규정하도록 하여 집단적 노동관계가 단체교섭대상이 됨을 밝히고 있기
도 하다. 아울러 기업별 노동조합의 비중이 상대적으로 작지 않아 노동조합의
존립과 활동이 사업 또는 사업장 내에서 종종 이루어지는 우리나라의 경우 이
에 관한 사항이 단체교섭대상으로서 특히 중요하다.101)

　　집단적 노동관계와 관련하여 단체교섭대상이 되는 것은 노동3권을 행사함
에 필요한 일체의 사항으로서 조합보장에 관한 사항과 조합활동에 관한 사항을
포괄하며, 조합비공제제도, 노조전임자제도, 숍제도, 조합게시판 제공, 단체교섭
의 절차나 방식, 단체협약의 체결, 쟁의행위개시절차, 알선·조정·중재, 노사협
의기구, 고충처리기관 등이 대표적이다.102)

　　판례도 노동조합의 활동, 노동조합에 대한 편의제공, 단체교섭의 절차와 쟁
의행위에 관한 절차 등 집단적 노동관계에 관한 사항을 단체교섭대상인 단체교
섭사항에 해당한다고 본다.103)

　　노조전임자제도에 관해서는 이를 임의적 교섭사항으로 취급한 것처럼 보이
는 대법원 판결이 있으나,104) 노동조합에 대한 편의제공을 의무적 교섭사항으로
인정한 대법원 판결도 있다.105) 노조전임자는 근로계약상 이행하여야 할 근로제
공의무를 일정기간 면제받게 되어 노조전임자제도는 그 자체가 근로조건을 정
하는 사항에 해당한다고 볼 수 있을 뿐만 아니라, 노동조합 대표자로서 노동조
합을 위하여 단체교섭에 임할 수 있는 여건(근로조건) 형성에 영향을 미치는 그
밖의 노동관계에 관한 사항이기도 하므로, 만일 앞선 대법원 판결의 취지가 노
조전임자제도를 임의적 교섭사항으로 본 것이 맞는다면 부당하다.106)

　　한편 구 노조법(2021. 1. 5. 법률 17864호로 개정되기 전의 것) 24조 2항, 5항은

---

101) 이병태, 220면; 민변노동법Ⅱ, 163면.
102) 김기선, 225~226면; 김유성 138면; 사법연수원a, 181면; 손창희b, 32면; 이병태, 220면; 이상
　　윤, 712면(다만 노조전임에 관한 사항은 임의적 교섭사항이라고 한다); 하갑래b, 242면; 石井
　　照久, 95면; 小西國友, 186면.
103) 대법원 2003. 12. 26. 선고 2003두8906 판결. 집단적 노동관계에 관한 사항이 단체교섭대상
　　이 됨을 전제로 판단한 하급심의 결론을 유지한 것으로서 대법원 2019. 7. 25. 선고 2016다
　　274607 판결.
104) 대법원 1996. 2. 23. 선고 94누9177 판결(다만 단체교섭대상 그 자체가 아니라 중재재정대
　　상에 관한 사안이라는 점을 유의할 필요가 있으며, 중재재정대상 해당 여부에 관해서 같은
　　취지로는 대법원 1997. 10. 10. 선고 97누4951 판결, 대법원 1997. 12. 26. 선고 96누10669 판
　　결, 대법원 2003. 7. 25. 선고 2001두4818 판결).
105) 대법원 2003. 12. 26. 선고 2003두8906 판결.
106) 사법연수원a, 178~179면; 손창희b, 30~33면.

노조전임자에 대한 급여 지급 및 이를 관철할 목적의 쟁의행위를 모두 금지하고 있었다. 그리고 구 노조법(2020. 6. 9. 법률 17432호로 개정되기 전의 것) 81조 1항 4호는 노조전임자에게 급여를 지원하거나 노동조합의 운영비를 원조하는 행위를 부당노동행위의 한 유형으로 규제하고 있었다.

따라서 주기적·고정적·대규모로 이루어지는 등의 사정으로 말미암아 노동조합의 자주성을 해할 정도에 이르는 경우가 아닌 한 노동조합에 대한 편의제공이나 원조 요구 그 자체는 의무적 교섭사항으로 평가할 여지가 있는 반면에,[107] 노조전임자에 대한 급여 지급은 아예 단체교섭의 대상이 될 수 없다고 해석할 수 있었다.[108] 이는 노동조합이 후술 근로시간면제자에 대하여 타당한 근거 없이 과다한 급여 지급을 요구하는 경우에도 마찬가지이다.[109]

그런데 이후 2020. 6. 9. 법률 17432호로 개정된 노조법 81조 1항 4호는 노동조합의 자주적인 운영 또는 활동을 침해할 위험이 없는 범위에서의 운영비 원조행위를 부당노동행위의 유형에서 제외한 바 있다. 더 나아가 2021. 1. 5. 법률 17864호로 개정된 노조법은 81조 1항 4호에서 노조전임자에게 급여를 지원하는 행위를 부동노동행위의 유형에서 제외함과 아울러 노조전임자에 대한 급여 지급 및 이를 관철할 목적의 쟁의행위를 모두 금지하던 기존 24조 2항, 5항도 삭제한 대신, 사용자로부터 급여를 지급받으면서 노동조합의 업무에 종사하는 근로자를 근로시간면제자로 통칭하고 그러한 근로시간면제자에게 부여되는 근로시간 면제 한도(임금을 받으면서 근로제공의무를 면제받을 수 있는 한도)를 초과하는 내용의 단체협약 또는 사용자의 동의는 그 초과 부분에 한정하여 무효화하는 규정을 신설하였다(법 24조 4항).

이에 따라 노동조합이 사용자로부터 직접 급여를 지급받지 않아서 근로시간 면제 한도에는 포함되지 않는 노조전임자에게 급여를 지급할 목적으로 운영비 원조를 요구함이 단체교섭대상에 포함될 수 있는지, 사용자가 거기에 응할 의무가 있는지, 단체협약이 체결될 경우 효력은 어떻게 되는지, 사용자의 부당노동행위가 성립하는지 등에 관하여 다양한 해석론이 전개될 수 있는 상황이 되었다. 근로시간 면제제도의 잠탈 규제, 노동조합의 자주성 유지 확보 등의 차

---

107) 사법연수원a, 182면; 임종률b, 405면.
108) 대법원 2016. 1. 28. 선고 2012두12457 판결, 대법원 2016. 3. 10. 선고 2013도7186 판결.
109) 대법원 2016. 4. 28. 선고 2014두11137 판결, 대법원 2018. 4. 26. 선고 2012다8239 판결, 대법원 2018. 5. 15. 선고 2018두33050 판결(이에 대한 평석으로 권오성, 215~222면).

원에서 접근할 문제로 보인다.

바. 권리분쟁에 관한 사항

권리분쟁은 법령·단체협약·취업규칙 등 규범의 해석이나 적용에 관하여 발생한 분쟁으로서 권리·의무관계를 설정하려는 과정에서 발생하는 이익분쟁과 구별되는 것인데, 권리분쟁이 의무적 교섭사항에 해당하는지에 관하여는 학설이 대립하고 있다.

통상 권리분쟁은 법적으로 무엇이 옳은가 하는 판단에 관한 분쟁으로서 협상이나 양보의 대상이 될 수 없고 노조법 2조 5호도 노동쟁의를 "근로조건의 결정"에 관한 분쟁이라고 정의하고 있으므로 임의적 교섭사항에 해당할 뿐 의무적 교섭사항으로는 보기 어렵다고 한다.[110] 그리하여 인사의 기준이나 절차에 관한 사항은 근로조건의 결정에 관한 것으로서 단체교섭대상이 되나, 인사권의 행사가 그 기준이나 절차에 적합한지 여부는 근로조건의 결정에 관한 것이 아니어서 단체교섭대상이 아니라고 한다.[111]

이에 대하여 권리분쟁 중에서 체불임금·시기 등 임금체불의 내용이 명확한 경우, 부당노동행위가 중대하고 명백한 경우, 법령·단체협약 및 취업규칙의 불이행이 중대하고 명백한 경우 등에는 의무적 교섭사항이 된다거나,[112] 권리분쟁에 관한 사안이 집단성을 지니고 이익분쟁과 밀접한 관련성이 있는 경우에는 단체교섭대상에서 제외할 수 없다는 견해가 있다.[113] 나아가 공적 기관에 의존하지 않고 노사가 자주적으로 문제를 해결함이 바람직하므로 사용자는 공적 기관에서 분쟁이 다투어지고 있다는 이유로 단체교섭을 거부할 수 없으며, 권리분쟁도 단체교섭대상이 된다는 견해도 있다.[114]

노조법이 노동쟁의의 대상을 근로조건의 결정으로 한정하였다고 해서 단체행동권과는 별개인 단체교섭권과 관련된 단체교섭대상으로서 근로관계가 권리

110) 사법연수원a, 181면(다만, 표면상으로는 권리분쟁에 관한 주장을 하고 있지만 그 주된 목적은 조합원 전체의 근로조건이나 조합활동 등 이익분쟁의 해결을 요구하는 경우에는 그 범위 내에서 단체교섭대상이 된다고 한다); 임종률, 144~145면(노조법상 노동쟁의의 정의 규정이 "근로조건"에 관한 분쟁에서 "근로조건의 결정"에 관한 분쟁으로 개정된 것과는 상관없이 개념상 그렇다고 한다); 조영철, 400~401면; 하갑래b, 241면.
111) 조영철, 400면.
112) 이상윤a, 711면.
113) 이학춘 등, 293면.
114) 김기선, 232~233면.

분쟁을 제외한 것이라고 단정할 수 있는지 의문이다.115) 오히려 노조법은 29조 1항, 2항에서 노동조합 또는 교섭대표노동조합의 대표자가 관련 노동조합을 위하여 단체교섭을 할 수 있게 하고, 47조, 48조에서는 노동관계 당사자가 노사협의 또는 단체교섭에 의하여 근로조건 기타 노동관계에 관한 사항을 정하거나 노동관계에 관한 주장의 불일치를 자주적으로 조정할 수 있도록 노력하면서 노동관계의 적정화를 위한 노사협의 기타 단체교섭의 절차와 방식을 단체협약에 규정하게 하고 있다. 이에 비추어 노사 간의 자주적 협의·교섭에 의하여 해결할 수 있는 사항을 단체교섭대상에서 완전히 제외함은 부당하다.116)

판례 중에서는 방송의 공정성 보장을 위한 제도적 장치의 정상화를 요구하는 쟁의행위에 대하여 그 목적의 정당성을 인정한 사안이 있다.117)

비슷한 취지의 하급심 판결로는, 방송의 공정성을 실현하기 위한 제도적 장치의 마련·준수가 의무적 교섭사항에 해당함을 전제로 이러한 방송의 공정성을 실현하고자 마련된 제도적 장치가 제대로 기능을 하지 못해 방송사 근로자들의 근로환경 내지 근로조건 등에 영향을 미치게 되었다면 그에 대한 시정을 요구하고 쟁의행위로 나아가는 것은 단순히 권리분쟁이 아니라 근로조건의 결정에 관한 분쟁으로 보아야 한다고 판단한 것이 있다.118)

나아가 이처럼 기존에 합의된 단체협약을 사용자가 지키지 않는 경우 그 준수를 요구하기 위한 행위는, 단순히 기존의 단체협약의 해석, 적용에 관한 사항을 주장하는 것이 아니라 단체협약의 이행을 실효적으로 확보할 수 있는 방안을 강구하기 위한 것으로서 어디까지나 근로조건의 결정에 관한 사항을 목적으로 한 쟁의행위에 해당한다. 만약 그와 같이 보지 않고 기존 단체협약의 준수를 요구하는 쟁의행위를 "근로조건의 결정"에 관한 것이 아닌 소위 권리분쟁으로서 목적의 정당성을 인정할 수 없다고 보는 경우에는, 사용자가 기존의 단체

---

115) 김기선, 222면; 이병태, 218~219면.
116) 김기선, 232면; 민변노동법Ⅱ, 164면.
117) 대법원 2018. 2. 13. 선고 2014다33604 판결(한국방송공사사건). 다만 권리분쟁에 관한 직접적인 사례라기보다는 '방송의 공정성 보장 내지 공정보도 역시 근로조건에 해당한다'는 취지를 밝힌 판결로도 이해할 수 있다.
118) 서울고법 2015. 4. 29. 선고 2014나11910 판결(문화방송사건, 2017. 12. 8. 상고취하로 확정), 서울고법 2015. 6. 12. 선고 2014나10931 판결(문화방송사건, 2018. 2. 13. 상고취하로 확정, 위 판결들에 대한 평석으로 박지순, 641~673면), 서울고법 2015. 5. 7. 선고 2014노1664 판결(문화방송사건, 상고심인 대법원 2022. 12. 16. 선고 2015도8190 판결은 원심의 판단을 수긍하였다).

협약을 이행하지 아니하여 저해된 근로조건을 원상으로 회복하기 위한 쟁의행위는 노조법상 금지되는 결과가 되는데, 이는 "근로조건의 향상을 위하여" 단체행동권을 인정한 헌법 33조 1항을 부당하게 제한하는 해석일 뿐만 아니라, 노동조합에다가는 단체협약의 유효기간 중 그 개폐를 요구하는 쟁의행위를 할 수 없도록 이른바 평화의무(대법원 1992. 9. 1. 선고 92누7733 판결 등 참조)라는 족쇄를 채워놓고 바로 그 단체협약을 위반하는 사용자의 행위는 그냥 방치해 두어야 한다는 식의 논리가 되어 부당하다.

Ⅲ. 경영사항의 단체교섭대상성

1. 의의 및 경영권론

가. 의   의

근로조건에 관한 사항이지만 동시에 사용자의 경영상의 권한에 속하는 성격을 갖는 경우가 많다. 즉, 사업의 합병·분할·양도, 휴·폐업, 사업의 축소·확대, 경영진·상급관리자의 임면, 생산·판매 계획의 변경, 업무의 기계화·자동화, 사업장의 이전, 업무의 하도급화·용역화 등은 경영사항이면서 근로조건에도 큰 영향을 미치는 경우가 대부분이다. 단체교섭사항에 관한 논의의 핵심은 이와 같은 경영사항에 대하여 사용자의 단체교섭의무를 인정할 수 있는가 하는 것이며,[119] 이와 관련하여서는 우선 사용자에게 단체교섭권이 미칠 수 없는 배타적인 성격의 경영권이라는 법적인 권리가 있는 것인지가 중요한 선결문제가 된다. 만일, 사용자에게 이러한 성격의 배타적 경영권이 있다면, 경영사항에 대한 단체교섭대상성의 문제는 더는 논의할 여지가 없기 때문이다.

나. 경영권론[120]

(1) 개   요

경영권이라고 하면 흔히 사용자가 기업경영에 필요한 기업시설의 관리·운영 및 인사 등에 관하여 가지는 일체의 권한이라는 광범위하고도 막연한 의미로 사용되는 경향이 있다.[121] 사용자 측에서는 경영자가 누구를 위하여 무엇을

---

119) 정재성b, 177면.
120) 이에 관한 상세한 논의는 정진경c, 260~271면 참조.
121) 신인령a, 86면; 이병태, 214면.

어떻게 생산할 것인가에 대한 배타적 의사결정권으로서 경영자에게 귀속되는 일체의 권리이고, 그 내용은 다양하나 그 권리들은 합리적 기업운영을 위하여 상호 밀접한 관계를 지니고 있는 것으로서 통일적·입체적으로 파악되는 것이라고 한다.[122] 더 구체적으로 말하면 기계·물자·돈 등의 물질 자원을 관리하는 관리권과 인적 자원인 작업인력을 지휘하는 지휘권, 기업 내·외의 환경에 대응해 가는 대응권 등이 그 내용으로 거론되고 있으며,[123] 일반적으로 경영자의 배타적 결정영역에 속하는 것으로서 반대의 합의가 없는 한 단체교섭과정에 부칠 필요가 없는 사항 또는 헌법상의 재산권보장에 기하여 경영자에게 당연히 귀속되는 권리라고 언급되고 있다.[124] 하지만 이러한 경영권이 단순히 사실상의 개념을 넘어 법 개념으로 존재하는 것인가, 법 개념이라고 한다면 통상의 권리의 하나인가, 아니면 권리는 아니라고 하더라도 일종의 법적인 힘인가, 나아가 이를 근거로 하여 단체교섭을 거부할 수 있는 것인가에 관하여는 논란이 있다.

(2) 배타적 경영권설

경영권은 실체성을 갖는 권리이며 사용자의 고유권한이기 때문에 노동3권과 같이 경영권도 사용자의 고유권한으로서 존중되어야 한다는 배타적 경영권설이 있다.[125] 우리나라 헌법과 법률이 노동3권과 함께 사유재산권도 보장 또는 전제하고 있으므로, 기업주체로서 사용자는 원칙적으로 근로자의 인사 및 기업의 경영사항을 자기의 책임하에 결정할 수 있는 권리가 있고, 이러한 인사·경영권은 기본적으로 사용자의 고유권한으로서 근로자가 간여할 수 없는 것이라고 한다.[126]

이러한 논리들은 사용자의 경영권을 헌법상의 재산권보장에 기한 것으로서 근로자의 노동3권과 같이 독립된, 그리고 이와 동등한 헌법상의 권리로 파악하여, 경영권에 관한 사항을 의무적 교섭대상으로 하게 되면 경영권의 본질적 내용을 침해하여 자본주의체제가 마련한 사유재산제도를 부정하는 결과를 초래하므로 경영권의 본질적 부분에 대하여는 그것이 비록 근로조건에 영향을 미치는

---

122) 이철수a, 336면.
123) 김성진, 15~19면.
124) 김종훈, 61면; 박대선, 21면; 배병우, 261면; 이호택, 68~70면; 光岡正博a, 21면.
125) 김형배b, 70면; 1990. 1. 경제단체협의회가 하달한 90년 단체협약체결지침 중 7. 노조의 인사권개입문제 부분(신인령a, 81~82면에서 재인용).
126) 김형배b, 71면; 1990. 1. 노동부가 작성한 노동3권의 행사에 대한 올바른 이해(신인령a, 83면에서 재인용).

경우라도 의무적 교섭사항에 해당되지 아니하고 경영자가 일방적으로 행사할 수 있다고 한다.[127] 대법원은 재산권보장에 관한 헌법 23조 1항 전문, 개인과 기업의 경제상의 자유와 창의를 존중함을 기본으로 하는 경제질서를 규정한 헌법 119조 1항, 직업선택의 자유를 규정한 헌법 15조 등을 들어, 이러한 규정들의 취지를 기업활동의 측면에서 보면, 모든 기업은 그가 선택한 사업 또는 영업을 자유롭게 경영하고 이를 위한 의사결정의 자유를 가지며, 사업 또는 영업을 변경(확장·축소·전환)하거나 처분(폐지·양도)할 수 있는 자유가 있고 이는 헌법에 의하여 보장되는 것인데 이를 통틀어 경영권이라고 한다고 판시한 바 있다.[128]

배타적 경영권설을 취하는 경우 경영권과 노동3권의 충돌 자체를 부정하게 되나,[129] 대법원은 경영권을 헌법상의 권리로 인정하면서도 경영권에는 그 내재적 한계가 있을 뿐만 아니라, 이러한 권리의 행사는 경우에 따라 기업에 소속된 근로자의 지위나 근로조건에 영향을 줄 수 있어 근로자의 노동3권과 충돌이 일어날 수 있음을 인정하고 있어 배타적 성격의 경영권을 인정하고 있는 것은 아니다.[130]

(3) 사실상의 개념설

이에 대하여 경영권은 법률상의 권리가 아니며 사용자 측에서 근로자의 노동기본권에 대항하기 위해 마련한 이념적인 산물로 만들어진 관념적 용어이고, 어떤 특정인 또는 집단이 생산설비에 대한 소유권 혹은 주주로서 가지는 과점적 지위에 기초하여 기업에 대하여 지배력을 행사하는 현상을 의미하는 것일 뿐이라는 사실상의 개념설이 있다.[131]

---

127) 이상윤a, 715면.
128) 대법원 2003. 7. 22. 선고 2002도7225 판결(이에 대한 평석으로 도재형, 19~24면; 안태윤, 317~342면; 이병희, 321~342면), 대법원 2003. 11. 13. 선고 2003도687 판결.
129) 최영호, 37면.
130) 정진경c, 263면. 하지만 대법원은 경영권과 노동3권이 서로 충돌하는 경우 이를 조화시키는 한계를 설정할 때, 기업의 경제상의 창의와 투자의욕을 훼손시키지 않고 오히려 이를 증진시키며 기업의 경쟁력을 강화하는 방향으로 해결책을 찾아야 하고, 이러한 문제의 해결을 위해서는 추상적인 이론에만 의존하여서는 안 되며, 시대의 현실을 잘 살펴 그 현실에 적합한 해결책이 모색되어야 한다면서, 오늘의 우리나라가 처하고 있는 경제현실과 오늘의 우리나라 노동쟁의의 현장에서 드러나는 여러 가지 문제점 등을 참작하면, 구조조정이나 합병 등 기업의 경쟁력을 강화하기 위한 경영주체의 경영상 조치에 대하여는 원칙적으로 노동쟁의의 대상이 될 수 없다고 해석하여 기업의 경쟁력 강화를 촉진시키는 것이 옳다고 판시함으로써, 적어도 현재의 현실적 필요성에 근거하여 사실상 경영권의 우선권을 인정하고 있는 것으로 보인다(대법원 2003. 7. 22. 선고 2002도7225 판결).
131) 강기탁, 6~7면; 김성진, 18면; 김유성, 137면; 김인재, 293면; 도재형, 23면; 민변노동법Ⅱ,

  기업 또는 경영이 하나의 통일적 조직체 또는 그 조직체를 운영하는 행위
라는 성격이 있고, 근로의 제공도 조직화된 노동으로서 원활한 업무수행을 위한
일정한 기업질서 하에서 이루어진다는 사실은 부인할 수 없으나, 이는 사용자의
생산시설 등의 물적 시설에 대한 권한과 근로계약에 대한 노무지휘권이 생산수
행이라는 목적수행을 위하여 행사되고 있는 상태를 의미하는 것에 불과하고, 생
산의 장(場)인 기업이나 그 질서도 경제적·기술적 성격을 가지는 개념에 불과
하며, 그것이 권력적 요소를 포함하는 경영권이라는 포괄적 권한의 법적 승인의
계기가 되는 것은 아니라고 한다.132) 결론적으로 경영권은 실정법상의 권리가
아닌 사실상의 개념에 불과한 것이고 사용자는 이를 이유로 단체교섭을 거부할
수 없다고 한다.133) 이 견해는, 배타적 경영권설은 소위 관리·운영사항이라는
단체교섭으로부터 자유로운 영역을 설정함으로써 경영에 대한 노동조합의 관여
를 배제하기 위하여 만들어진 허구화된 정책적·실천적 법개념으로서, 그 사회
적 기초가 변화하여 근로자의 경영참가가 보편화되고 있는 오늘날에는 그 기초
를 상실하였다고 주장한다.134)

  (4) 검   토

  노동조합이란 원래 경영의 권한에 제약을 가하는 장치이며 그 역사는 단체
교섭을 통하여 경영의 권한에 도전하여 온 역사로서 단체교섭대상은 계속하여
확대되고 있다.135) 현재 가장 전형적인 단체교섭사항에 속하는 해고나 임금 등
근로조건에 관한 사항도 처음에는 이른바 경영전권에 속하는 사항이었음을 고
려하면, 경영권을 이유로 경영사항을 단체교섭사항에서 배제하기는 어렵다.136)
현실적으로도 이미 상당수의 단체협약이 조합간부의 인사, 기계설비의 자동화,
하도급, 경영해고, 공장 이전 등의 경영사항에 관하여 노동조합과 사전협의나

  104면; 신인령a, 87면; 안태윤, 335면; 이경훈, 63면; 이병태, 215면; 이병희, 333면; 이을형,
    169면; 이학춘 등, 296면; 光岡正博a, 326면.
  132) 최영호, 38~39면.
  133) 김유성, 137면; 김종훈, 62~63면; 배병우, 262면.
  134) 배병우, 262면; 이병태, 215면; 이철수a, 358면; 光岡正博b, 204~205면.
  135) 김성진, 2면; 박대선, 53면; 이을형, 166~167면; 이철원, 17면.
  136) 강기탁, 7면; 김유성, 137면; 김진, 173면; 법무연수원, 116면; 정인섭, 28면; 일본에서는 역
    사적으로 사용자가 일방적으로 결정하여 오던 영역이 시대의 변화에 따라 축소되어 단체교
    섭이 경영전권사항이라고 생각되던 영역에까지 미치고 있는 사실을 토대로, 단체교섭사항을
    사용자가 일방적 결정을 포기한 사항으로 정의하여 시대에 따라 확장되는 방향으로 변화하
    여 가는 것이라는 견해가 있다(中山和久, 23~24면).

합의, 또는 사전통보 등을 하도록 규정하고 있다.137) 결국 사용자가 주장하는
기업 내 활동의 전 영역을 포괄하고 법적으로는 모든 개개 사용자의 권리를 그
구성요소로 포섭하며 단체교섭활동의 범위를 선험적으로 제약하는 경영권 개념
은 그 법적 근거가 불분명하고, 단체교섭사항과 대립하는 고정적·절대적 의미
로서 경영사항은 노동기본권에 대하여 경영권에 따른 제한을 인정하지 아니한
우리 헌법 체제하에서 인정하기 쉽지 않다.138) 경영권을 권리로서 파악함을 거
부하면서도 경영권이 자본주의적 법질서 하에서 경영자가 기업이라는 생산조직
을 형성하여 이를 이루는 여러 생산수단과 노동력을 경영목적수행의 방향으로
통일해 가는 데 있어 불가결한 법적 힘으로서 사회적 법의식에 의하여 기초 지
워지는 법개념이라는 주장이 있으나,139) 그렇게 보더라도 이를 근거로 단체교섭
을 거부할 수는 없다.

　　어떠한 범위의 사항에 관하여 사용자의 단체교섭응낙의무가 인정되느냐의
문제는 포괄적인 경영권의 설정을 통한 원리론적 획정이 아니라 근로조건을 결
정하는 데에서 노사의 실질적 대등화와 노사관계에 관한 노사자치의 촉진 등
헌법과 노동법이 보장한 단체교섭권의 목적과 사용자가 갖는 근로계약에 기한
노무지휘권, 기업의 물적 시설에 대하여 갖는 소유권에 기한 시설관리권, 법률
의 수권에 의한 징계권 등의 권리와의 구체적인 법익형량을 통하여 해결되어야
하는 문제이다.140) 단체교섭사항의 범위는 문제된 사항이 근로조건 등과 어느 정
도 관련되는지의 관점에서 판단되어야 하며, 합병·영업양도·신기술도입·생산
체제나 판매체제의 개편·하도급 등의 경영사항도 근로조건의 유지·개선이나
근로자의 지위와 관련이 있는 경우에는 원칙적으로 단체교섭사항이 된다고 보
아야 한다.141) 하급심 판결 중에는 회사형태의 전환이나 타기업과 합작을 하
는 것과 같이 근로조건이나 근로자의 지위에 직접적으로 관련되거나 중대한
영향을 미치는 경우에는 정당한 단체교섭사항이 된다고 판시한 것이 있다.142)

---

137) 김진, 172면; 송강직, 371~374면.
138) 고호성b, 227~228면; 이병태, 215~216면; 이철수a, 361면; 임종률b, 408면.
139) 박대선, 24~25면; 이호택, 74면 참조. 일본의 淺井淸信이 주장한 이론으로 경영권 주권설
　　혹은 淺井說이라고 불리나, 결국 자본소유자의 사회적 기능에 관한 법사회학적 설명의 영역
　　을 벗어나지 못하였다는 비판이 있다(光岡正博b, 206면).
140) 이을형a, 90~91면; 최영호, 39면.
141) 강기탁, 7면; 김기선, 231면; 김유성, 137면; 이병태, 216면; 이학춘 등, 297면.
142) 서울지법 1991. 9. 12. 선고 90가합5721 판결.

이하에서는 이러한 점을 염두에 두고 외국의 사례 및 우리의 학설과 판례를 차례로 검토한다.

2. 외국의 사례[143]

가. 일　　본

(1) 개　　요

일본 헌법 28조는 "근로자의 단결할 권리 및 단체교섭 그 밖의 단체행동을 할 권리는 이를 보장한다"라고 규정하여 우리와 같이 근로자의 노동3권을 각각 독립한 권리로서 보장하고 있고, 단체교섭권을 독립의 권리로 보장하는 점에서 다른 외국의 헌법에 비하여 특색이 있다.[144]

일본에서는 단체교섭사항의 범위와 관련하여, 단체교섭은 노동조합 그 밖의 단결의 기본적 목적을 달성하기 위하여 행하여지는 중요한 활동이기 때문에 근로자의 근로조건의 유지·개선 그 밖의 경제적 지위의 향상과 관련 있는 사항으로서 사용자가 처분권한이 있는 사항에 관하여는 널리 단체교섭대상이 될 수 있다고 해석하고 있다.[145] 판례도 "근로자 또는 노동조합에 이해관계가 있는 사항이고, 또한 당해 사항이 사용자의 처분권한 내에 있다면 모두 단체교섭사항으로 포함될 수 있다"라고 한다.[146]

일본에서는 경영권이란 단체교섭사항 확대에 대응하는 이데올로기에 불과할 뿐이고,[147] 경영권이란 개념이 당연히 단체교섭을 배제하는 논거가 될 수는 없으므로,[148] 근로자의 근로조건 그 밖의 근로관계에 큰 영향을 미친다고 생각되는 문제에서는 그것이 사용자의 경영사항이라 할지라도 단체교섭대상이 된다고 함이 통설이다.[149] 즉, 법률상으로 경영권이라는 단체교섭이 면제되는 특별

---

143) 이에 대한 상세한 논의는 정진경c, 292~317면 참조.

144) 片岡曻(역), 90면.

145) 菅野, 500면; 萬井隆令 등, 100~101면; 西谷 敏b, 522~523면; 石井照久, 91면; 野村平爾, 71면; 片岡曻(역), 176면; 下井隆史b, 184면.

146) 이승길, 114면; 東京地裁 1969. 2. 28. 判決 昭和42年(行ウ)第122号 新星 タクシ~事件, 労働関係民事裁判例集 20권 1호 213면.

147) 이승길, 117면; 노동법사전, 344면; 光岡正博b, 205면; 浪江源治, 915~916면; 片岡曻(역), 177~178면.

148) 萬井隆令 등, 103면; 石井照久, 91면; 野村平爾, 71면; 後藤淸, 283면; 注釋(上), 301면.

149) 노동법사전, 344면; 萬井隆令 등, 104면; 西谷 敏, 523면; 石井照久, 91면; 小西國友, 185면; 野村平爾, 71면; 片岡曻(역), 178면; 労働判例大系12(團體交涉), 労働旬報社, 1992, 122면; 注釋(上), 301~302면.

한 권리가 사용자에게 인정되고 있는 것이 아니므로 경영사항(경영권사항)인가의
여부를 가지고 의무적 교섭사항인가를 결정하는 것이 아니라, 의무적 교섭사항
인지의 여부는 일본 헌법 28조와 노동조합법이 근로자에게 단체교섭권을 보장
한 목적으로부터 판단되어야 한다고 하고 있다.[150] 그리하여 단체교섭대상에 관
한 관심은 일반론에서 개별 사항으로 옮겨져 경영사항이라 불리는 인사관리, 생
산관리, 주주총회 결의사항 등 개별적인 문제를 중심으로 논의되고 있다.[151] 일
반적으로 임시직원의 본채용에 관한 문제, 배치·승진 등 인사 문제, 해고에 관
한 문제, 영업양도에 관한 문제, 회사조직·기구에 관한 문제, 업무의 하도급화
에 관한 문제를 널리 근로조건에 포함시켜 단체교섭사항으로 본다.[152]

(2) 인사에 관한 사항

인사에 관한 사항은 단체교섭사항이 될 수 있다.[153] 특정 조합원에 대하여
행하여진 배치전환이나 해고 등의 철회요구도 의무적 교섭사항임이 인정되고
있고,[154] 조합원의 채용기준·절차나 특정 조합원의 채용도 의무적 교섭사항이
라고 한다.[155]

구체적인 사례로는, 노동쟁의를 하면서도 그것이 오로지 광업소장의 추방
자체를 직접적인 목적으로 하는 것이 아니고, 근로자의 근로조건의 유지·개선
그 밖의 경제적 지위의 향상을 도모하기 위한 필요한 수단으로서 이것을 주장하
는 경우에는 경영자의 인사도 단체교섭대상이 될 수 있다고 한 것이 있다.[156] 경
영진의 부패·무능으로 인한 경영부진으로 근로조건이 저하되고 생활이 극도의
위협을 받게 되자 경영자의 퇴진을 요구한 것이 부당한 조합활동이 아니라고 판
정한 노동위원회의 사례도 있다.[157] 또한, 경영보조자의 지위에 있는 비조합원의
해고철회를 요구하는 쟁의행위에 관하여, 노동조합이 쟁의를 하면서 비조합원의
해고의 취소를 요구한 것은 공정한 인사기구의 확립을 요구함으로써 조합원 그

150) 菅野, 500면; 片岡曻(역), 177~178면.
151) 이승길, 117면.
152) 注釋(上), 302면.
153) 片岡曻(역), 176면; 後藤清, 285면.
154) 東京高裁 1982. 10. 7. 判決 昭和57年(行コ)第1号 日本鋼管事件, 労働判例 406호 69면.
155) 菅野, 501면.
156) 片岡曻(역), 176면; 最高裁 1949. 4. 23. 判決 昭和23年(れ)第706号 大濱炭鑛事件, 最高裁判所
     刑事判例集 3권 5호 592면.
157) 京都地労委 1950. 3. 31. 命令, 京都日日新聞事件(命令集 2권 117면)(石井照久, 95면 참조).

밖의 종업원의 근로조건의 개선 내지 경제적 지위의 향상을 꾀하기 위한 수단으로
서 쟁의행위의 목적의 하나로 추가한 것이라고 하여, 위 쟁의가 단체교섭대상이
아닌 사항을 목적으로 한 위법쟁의라는 사용자의 주장을 배척한 사례가 있다.[158)
배치전환도 그것이 근로조건의 변경과 관계있는 것이 분명한 이상 단체교섭대상
이 되고, 사용자는 노동조합과 성실히 협의하여야 할 의무를 진다고 한다.[159)

인사고과제도의 제정·변경에 관해서도 사용자는 노동기준법 소정 취업규
칙의 작성·변경에 관한 의무를 질뿐만 아니라 노동조합이 존재하는 경우에는
그 작성·변경·운용에 관하여 노동조합으로부터 신청이 있는 이상 반드시 단
체교섭에 응하여야 할 의무를 진다고 하였다.[160)

(3) 경영사항

일반적으로 경영사항이나 국영기업체 노동관계법·지방공영기업체 관계법
상의 관리운영사항으로 되는 것이라도 근로조건과 관련된 사항에 관하여는 단
체교섭대상으로 될 수 있다고 한다.[161)

기구개혁과 신기술도입이 조합원의 근로조건과 인사에 관계된 것이라면 사
용자에게 단체교섭에 응할 의무가 있고,[162) 사용자의 직장편성도 그것이 근로자
의 대우 내지 근로조건과 중대한 관련이 있는 것이기에 단체교섭대상이 된다.[163)

합리화 문제에 관하여는 그 결정 자체가 단체교섭대상이 될 수는 없어도
그 결과로서 근로조건 변경과 배치전환, 해고 등의 개별적 조치는 단체교섭대상
이 되고 더욱이 근로자의 근로조건과 대우에 영향을 미치는 이상 합리화를 위
한 회사기구의 개혁과 작업편성, 인사배치의 변경 등의 문제도 단체교섭대상이
된다고 함이 확립된 판례이다.[164) 회사가 합리화를 위하여 종래 종업원이 하였
던 회사건물 내의 엘리베이터 운행 및 청소를 전문업자에게 하도급을 준 사안
에서도, 하도급의 실시에 의하여 조합원의 직장변경이 행해지고 그에 따라 근로

158) 最高裁 1960. 4. 26. 判決 昭和32年(テ)第20号 高知新聞社事件, 最高裁判所民事判例集 14권 6
    호 1004면.
159) 大阪地決 1973. 12. 1. 昭和48年(ヨ)第3209号 三晃社事件, 判例時報 734호 102면.
160) 廣島地労委 1975. 9. 8. 命令 三菱重工業廣島造船所事件(命令集 56).
161) 片岡昇(역), 178면; 後藤淸, 285면.
162) 下井隆史b, 184면.
163) 宇都宮地裁 1958. 2. 25. 判決 昭和32年(行)第4号 朽木化成事件, 労働関係民事裁判例集 9권 1
    호 55면; 東京高裁 1959. 12. 23. 判決 昭和33年(ネ)第900号 朽木化成事件, 労働関係民事裁判例
    集 10권 6호 1056면.
164) 労働判例大系12(団体交渉), 労働旬報社, 1992, 141면.

조건이 변경되는 경우에는 조합원의 직장변경이 단체교섭대상이 될 수 있을 뿐
만 아니라 직장변경을 필요로 하는 하도급제의 실시에 관하여도 그 실시 태양
등 직장변경에 관한 단체교섭에서 필요한 한도에서 사용자의 단체교섭의무를
인정하여야 한다고 판결하였다.165)

공장이전과 관련하여서도 노동조합이 공장이전이라고 하는 근로조건에 직
접적으로 영향을 미치는 중요한 사항에 관하여 사무절충이 아닌 정규의 단체교
섭을 요구함은 정당하다고 하였다.166)

기업폐쇄나 영업양도 등 기업 조직변경의 경우에 기업폐쇄나 영업양도 그
자체가 단체교섭대상이 되는지가 쟁점이 된 단체교섭응낙가처분 사건에서 이를
인정한 사례들이 상당수 발견된다.167) 구체적인 예로는 프로야구선수회에 관한
것이 있다. 법원은 구단의 영업양도 및 참가자격통합에 수반하는 근로조건뿐만
아니라 영업양도 및 참가자격통합 자체도 조합원의 근로조건을 좌우하는 부분
이 있다고 인정하여 별개의 의무적 교섭사항으로 인정하였다.168)

나. 독   일

(1) 개   요

독일 기본법은 "근로조건 및 경제조건의 유지·향상을 위하여 단결체를
결성할 권리는 모든 사람, 모든 직업에 대하여 보장된다. 이러한 권리를 제한하
거나 저해하는 모든 합의는 무효이고, 이를 도모하기 위한 조치는 위법이다"라
고 규정하여,169) 모든 사람에 대하여 노동·경제조건의 유지와 향상을 위하여 단
결체를 결성할 권리를 보장하며 개별적인 단결권과 함께 집단적 단결권을 보장
한다.

연방헌법재판소에 의하면 집단적 단결권의 물적 보호범위에는 단결 그 자
체의 설립과 존속(존속보장), 그 조직적 전개(조직자치), 기본법 9조 3항의 특수한
목적을 위한 활동의 보장(활동보장)이 포함되고, 인적 보호범위에는 근로자와 사
용자, 단결체의 단결체가 포함된다고 한다. 특히 집단적 단결의 활동에 관한 헌

---

165) 名古屋地裁 1963. 5. 6. 判決 昭和36年(ヨ)第1310号 明治屋事件, 労働関係民事裁判例集 14권
     第5호 1081면.
166) 東京地裁 1996. 3. 28. 判決 平成6年(行ウ)第343号 エスエムシ-事件, 労働判例 694호 43면.
167) 神戸地裁 1972. 11. 14. 判決 昭和47年(ヨ)第502号 ドルジバ商會事件, 労働判例 164호 36면 등.
168) 東京高裁 2004. 9. 8. 判決 平成16年(ラ)第1479号 日本プロフェッショナル野球組織団交事件
     (最高裁判所ウェブサイト).
169) 독일기본법 9조 3항.

법적 보장이 노동쟁의와 관련되며, 연방헌법재판소는 단체협약의 체결은 기본법
에 의해 보장된 단결합치적 활동에 속하고, 이러한 목적을 위하여 특정한 행위
를 하는 경우에는 이것 역시 기본법에 의하여 보장된다고 하여 쟁의행위에 대
한 헌법상의 보장을 인정하였다.170)

　　학설은 단체행동권이 기본권의 성격이 있음을 인정하면서도, 기본법이 모
든 사람에게 단결권을 보장하여 사용자와 근로자에게 동등한 권리가 있고, 쟁의
행위 역시 헌법상 보장되어 있는 협약자치와의 기능적 관련성에서 그 헌법상
보장의 의미가 있다고 한다. 따라서 파업권의 헌법상 보장은 처음부터 협약관련
적 파업에 대해서만 부여된다고 함이 다수설이다.171) 이러한 단체행동권이 기본
권으로서 가지는 한계로 말미암아, 연방노동재판소는 파업이 정당하기 위해서는
주체의 면에서 협약체결능력이 있고 협약권한이 있는 단체에 의하여 역시 협약
능력과 권한이 있는 단체에 대하여 이루어져야 한다고 한다. 또한 목적의 면에
서 협약상 규율 가능한 목적을 위하여 이루어져야 하고,172) 평화의무를 준수하
여야 하며, 그 실행과 관련하여서는 최후 수단성의 원칙, 대등성의 원칙 등 비
례성의 원칙이 준수되어야 하고 수단이 적법하여야 한다고 하고 있다.173) 그리
고 시장경제하에서 기업주의 결정의 자유는 협약자치의 일반적 한계로 이해되
며, 기업조직과 관련한 사항에 대해서는 파업의 대상이 되지 않는다고 봄이 통
설이다. 기업 내에서 근로관계에 대하여 직·간접적인 영향을 미치는 기업정책
적인 결정도 일반적으로는 협약상 규율이 불가능하며, 따라서 사업폐쇄, 사업정
지, 사업이전, 합리화 조치, 투자 등에 대한 기업주의 결정은 노동조합의 동의와
관계없이 이루어져야 한다고 보고 있다.174)

(2) 현　　황

　　하지만 독일은 사업장을 넘어서는 산업별 노동조합의 조합활동과 사업 또
는 사업장 단위에서 결성되는 사업장평의회(Betriebsrat)를 통한 경영참가활동을

---

170) 이승욱a, 7~8면.
171) 이승욱a, 10면.
172) 협약상 규율 가능한 목적에 관하여는 연방노동재판소는 이중적 추정을 하고 있다. 첫째는
　　노동조합에 의해 근로조건·경제조건을 위하여 파업이 이루어지면 쟁의행위의 정당성이 추
　　정된다는 것이고, 둘째는 노동조합에 의하여 이루어지는 파업은 근로조건·경제조건에 대한
　　규율을 대상으로 한다는 추정이 이루어진다(이승욱a, 14면 참조).
173) 이승욱a, 13면.
174) 이승욱a, 14~15면.

구별하는 이원주의를 채택하고 있다.[175] 그리하여 기업경영상 판단이 단체교섭
이나 쟁의행위의 대상이 될 수 있는지 여부와 관련한 논란은 학설상의 관심에
불과하며, 실제로는 독일에서 이를 대상으로 한 단체교섭이나 쟁의행위가 이루
어지고 있지 않다.[176] 그 이유는 독일에서 단체협약은 산업별 노동조합체제로
인하여 산업별로 체결되기 때문에 산업별 노동조합이 개별 기업의 경영상 결정
그 자체에 대하여 쟁의행위를 하거나 단체협약을 체결하기는 어렵기 때문이다.
또한 사업장조직법(Betriebsverfassunsgesetz)에 의하여 많은 경영상 결정이 사용자
와 사업장평의회의 공동결정사항으로 되어 있고 노동조합이 사업장평의회를 사
실상 지배하고 있어, 노동조합이 임금상실 등의 위험부담을 감수하면서 파업을
감행할 이유도 없다.[177]

(3) 사용자의 경영결정에 대한 대응

독일 사업장조직법에 의하면, 임금·근로시간 등의 기본적 근로조건을 중
심으로 하는 사회적 사항에 대하여는 공동결정권을 중심으로 규율되고 있고, 인
사계획·배치전환·해고 등의 인사적 사항에 대하여는 이의신청권 및 각종 관
여권이 주로 규정되어 있으며, 생산·판매·투자계획 등의 경제적 사항에 대하
여는 관여권이 인정되고 있다.[178]

구체적으로 살펴보면 채용·배치전환·직군변경 및 해고 선정기준의 책정
은 사업장평의회의 동의를 요하는 공동결정사항이다.[179] 해고는 공동결정사항은
아니나 그 종류를 불문하고 사업장평의회의 청취권이 인정되며 이러한 의견청
취 없이 행해진 해고는 무효이다.[180] 사업장 전체 또는 사업장의 본질적인 일부
의 축소·폐쇄·이전, 다른 사업장 합병, 사업장조직·목적·설비의 근본적 변
경, 완전히 새로운 작업방법·작업공정의 도입 등 사업장변경에 대하여는 기업
주는 사업장평의회에 그 사실 및 그것이 근로자에게 미치는 영향에 대하여 정
보를 제공하고 협의하여야 한다.[181] 이와 같은 경영변경사항에 관하여 양 당사
자 간에 이익조정이 성립되는 경우 또는 경영변경으로 인하여 근로자가 입게

---

175) 이경훈, 29~30면; 이철수a, 338면.
176) 이승욱a, 18면.
177) 이승욱a, 18면.
178) 이승욱a, 27면.
179) 사업장조직법 95조 1항.
180) 사업장조직법 102조 1항.
181) 사업장조직법 111조.

되는 경제적 불이익의 조정과 완화, 즉 사회계획(Sozialplan)에 대한 합의가 성립되는 경우에는 이를 서면으로 작성하고 당사자가 서명하여야 하며,[182] 사용자가 이행의무를 부담하는 경영협정으로서 효력이 있다.[183] 경영변경사항에 대한 이익조정이나 사회계획(Sozialplan)에 대한 합의가 성립되지 못한 경우에는 사용자나 사업장평의회는 연방 고용청장에게 알선(Vermittlung)을 신청할 수 있으며 알선이 행하여지지 않거나 효과가 없는 때에는 사용자나 사업장평의회는 중재기관(Einigungsstelle)에 조정을 요청할 수 있다.[184] 중재기관은 양 당사자의 조정안을 받아 당사자 간의 합의를 시도하고, 합의가 성립되지 않으면 사회계획에 관한 재정을 하며, 이 경우 중재기관의 재정은 사용자와 사업장평의회 간의 합의를 대체한다.[185]

또한, 근로자는 감사회(Aufsichtsrat)에서 공동으로 결정하는 방법으로 사업장평의회에 참여하는 것보다 더 직접적으로 기업경영에 관여할 수 있다. 독일의 감사회는 다른 나라와 달리 독일 주식회사법상의 최고 경영의사 결정기구로서 기업 내부 수준에서 관리적·업무적 의사 결정을 담당하는 이사회(Vorstand) 위에 위치하여 새로운 기술의 도입을 통한 노동력의 재정비, 기업의 흡수·합병, 생산 계획의 근본적 변경 등 전략적 의사 결정을 담당하며, 주주 또는 경영담당자 외에 근로자대표가 직접 감사회의 구성원이 되므로 이를 통하여 기업 경영에 직접 참여하게 된다.[186]

다. 프 랑 스
(1) 개　　요

프랑스에서는 1864년 형법상의 공모죄가 폐지되어 파업에 대한 형사 면책이 이루어지고 1884년 법률에 의하여 단결권이 승인되었으나 노동3권이 헌법상 보장된 것은 1946년 헌법에서이다.[187] 1946년 헌법은 1789년 인권선언이 승인하고 있는 인간과 시민의 권리와 자유를 재확인함과 동시에 우리 시대에 특히 필요한 정치적·경제적·사회적 여러 원칙 15가지를 열거하면서 여기에 노동3

---

182) 사업장조직법 112조 1항.
183) 사업장조직법 112조 1항.
184) 사업장조직법 112조 2항.
185) 사업장조직법 112조 3항 내지 5항.
186) 이철수a, 338~339면.
187) 조용만b, 77면.

권을 포함시키고 있고, 이는 1958년 헌법을 통하여 오늘날까지 계승되고 있다.[188]

(2) 단체교섭권

현재 프랑스의 단체교섭권은 파업권과 함께 헌법에 의하여 인정되는 근로자의 권리인데, 권리행사의 측면에서는 단체교섭권은 노동조합을 전제로 하는 근로자의 권리이지만 파업권의 주체는 노동조합이 아니라 개별 근로자이다.[189] 즉, 1946년의 프랑스 헌법은 "모든 근로자는 자신의 대표를 통해 근로조건의 집단적 결정 및 기업경영에 참여한다"라고 규정하여 단체교섭을 통하여 근로자들의 권리와 이익을 옹호할 수 있는 권한을 노동조합에 부여하였다.[190] 그러나 조합원 수, 자주성, 조합비, 노동조합으로서 가진 경험과 역사, 독일 점령 때 보인 애국적 태도의 5가지를 기준으로 한 요건을 충족하는 대표적 노동조합들만 단체교섭 당사자가 될 수 있다.[191] 아울러 2004. 5. 4. 제 2004-391호 법 시행 이후로는 '다수대표원칙'을 채택하였는데, 예컨대 전국 단위로 체결되는 단체협약(직업간협약)의 경우 5개의 대표적 노동조합들 중 다수(3개 이상)의 명시적 반대가 없는 경우에만 단체협약의 효력이 인정된다.[192]

단체교섭대상에 대하여는 노동법전에서 근로자들의 고용조건·근로조건·사회보장에 관한 사항을 광범위하게 단체교섭사항으로 규정하고 있다.[193] 사용자의 해고권에 관하여는 과거 단체협약상 제한이 불가능하다고 보았으나, 1993년 이후 파기원은 해고권의 전면적 포기에 해당하지 않는 한 단체협약상 해고제한규정 또는 고용보장규정의 효력을 인정하고 있다. 또한 판례는 일정기간 해고권 행사를 금지하는 단체협약규정의 유효성도 인정하고 있다. 근로자의 고용 및 근로조건에 영향을 미치는 사용자의 경영결정권한에 대한 단체협약상 제한도 가능하다고 보고 있다.[194]

---

188) 조용만b, 77면.
189) 조용만a, 162면.
190) 조용만a, 162면.
191) 조용만b, 79면.
192) 박제성a, 95~115면; 박제성b, 123~154면.
193) 노동법전 L.132-1조.
194) 조용만a, 164~165면.

(3) 파 업 권

프랑스 노동법의 특징은 파업권에 관한 것이다. 프랑스에서 파업권의 주체
는 개별 근로자로서 노동조합은 근로자들에게 파업을 호소할 수 있을 뿐이
다.[195] 판례에 의하면 사용자에게 단체교섭의무가 부과되는 사항만이 쟁의행위
대상이 된다는 논리는 성립되지 않는다.

프랑스는 노동3권 중 어느 한 가지 권리가 중심적인 위치에 있지 않다.[196]
단체교섭권과 파업권 사이에서도 현재 민간부문의 경우 근로자의 파업권은 개
별 근로자의 권리로서 단체교섭권과 무관하게 행사될 수 있기 때문에 단체교섭
권은 파업권과 관계에서 중심적 또는 목적적 권리에 해당하지 않으며, 단체교섭
권과 파업권 양자 간에는 어떠한 법적인 유기적 관계도 존재하지 않는다.[197]

라. 미　　국[198]

(1) 개　　요

미국에서 오랜 기간 근로관계를 규율하던 기본적인 원칙은 임의고용의 원
칙, 해고자유의 원칙으로서, 이에 따르면 사용자는 마음대로 근로자를 고용하고
어떠한 사유로든 자유롭게 해고할 수 있으며, 근로조건에 관하여도 사용자에게
절대적인 재량이 주어져 있었다. 그러나 이는 계약당사자 간의 인격적 평등을
전제로 한 계약자유의 원칙을 그 근본적인 배경으로 한 것이었는데, 그 후의 시
대상황의 변화와 경제공황은 그러한 인격적 평등을 전제로 한 근로관계에 대한
전면적인 재검토를 촉진하게 되었고, 그 결과로서 나타난 임의고용원칙의 수정
중 하나가 단체교섭을 통한 단체협약의 체결이었다.[199] 미국의 단체교섭법제는
철도와 항공근로자에게 자신의 대표를 통하여 단체교섭을 할 수 있는 권한을
부여한 1926년의 철도노동법(Railway Labor Act)[200]과 노동분쟁에 대한 법원의 관
여를 원칙적으로 배제함으로써 노사분쟁이 노사 간의 자율적인 교섭에 의하여

---

195) 조용만a, 165~166면(이와 같이 파업을 개인적 권리 또는 자유의 영역으로 파악하는 것은
　　근로자들이 노동조합과 무관하게 직업상의 불만을 표출하고 근로조건의 유지·개선 및 사
　　회·경제적 지위의 향상을 추구할 수 있는 수단을 인정하는 것으로 볼 수 있다고 한다).
196) 조용만b, 82면.
197) 조용만a, 169면.
198) 미국의 단체교섭 대상사항에 관한 상세한 논의는 정진경d, 478~520면 참조.
199) 정진경b, 10~13면.
200) 45 U.S.C. §§151~188.

해결될 수 있는 기반을 조성한 1932년의 Norris-Laguardia Act[201])를 거쳐 1935년
의 전국노동관계법(National Labor Relation Act; NLRA)[202])의 제정으로 완성되게 된
다.[203])

전국노동관계법은 "임금(wages), 근로시간(hours), 그 밖의 고용조건(other
terms and conditions of employment)"을 단체교섭사항의 일반적 기준으로 설정하고
있다.[204]) 미국 법원은 이를 토대로 단체교섭사항을 의무적 교섭사항(mandatory
subjects), 임의적 교섭사항(permissive subjects) 및 위법적 교섭사항(illegal subjects)으
로 구분하고 있다.[205])

미국 판례법상 단체교섭사항과 관련한 중심적 문제는 단체교섭의 거부가
부당노동행위로 되어 제재가 가해지고 쟁의행위 등의 경제적 압력을 합법적으
로 행사할 수 있는 의무적 교섭사항과 그렇지 아니한 임의적 교섭사항의 구분
이다.[206]) 의무적 교섭사항 중 그 밖의 고용조건에는 안전 · 위생 · 작업량 · 선임
권 · 승진 · 전근 · 채용 시의 제 조건 등 고용관계에 관한 사항과 조합활동 보장
에 관한 사항이 이에 속한다.[207]) 고충처리절차나 중재절차에 관한 사항, 평화조
항과 같은 쟁의행위의 절차와 규칙에 관한 사항, 단체교섭의 절차와 규칙에 관
한 사항도 노동조합에 관한 사항으로서 그 밖의 고용조건에 해당하는 의무적
교섭사항으로 보고 있다.[208]) 하지만 경계에 속하는 사안에서 의무적 교섭사항
해당 여부를 구별함은 쉬운 일이 아니며, 특히 대상사항이 상대편의 영역에 속
해 있기는 하나 노사관계에도 영향을 주는 경우에 이를 어떻게 볼 것인지가 문
제이다. 미국에서는 주로 경영사항이 의무적 교섭사항에 해당하는지, 특히 특정
사업장의 작업종료에 관한 사용자의 결정[209])이 근로조건에 관한 결정으로서 사

---

201) 29 U.S.C. §§101~115.
202) 법전화하면서 29 U.S.C. §§151~169로 편찬되었다. 일명 Wagner법이라 하며 몇 차례에 걸
    쳐 개정되었는데, 그중 1947년의 개정법인 일명 Taft-Hartley법과 1959년의 개정법인 일명
    Landrum-Griffin법이 중요한 의미가 있다.
203) 정진경b, 13~14면.
204) 29 U.S.C. §158(d)[전국노동관계법 8조 (d)].
205) NLRB v. Wooster Division of Borg-Warner Corp., 356 U.S. 342 (1958).
206) 고호성b, 496면.
207) 김유성, 134면.
208) 고호성b, 498~499면.
209) 사용자가 교섭단위 내의 기존 근로자에 의하여 수행되던 작업을 하도급계약, 사업장의 이
    전, 사업장의 일부폐쇄 등의 결정을 하여 종료시킴으로써 근로자의 해고 · 전근 등의 결과를
    야기하는 결정을 포괄적으로 지칭한다.

용자의 단체교섭의무가 인정되는 것인지, 아니면 사용자의 경영권에 속하는 것으로서 임의적 교섭사항에 불과한 것인지가 문제로 되었다.

구체적으로는 경영상 결정에 관한 두 개의 대표적인 연방대법원 판결인 1964년 작업의 외주화에 관한 Fibreboard Paper Products Corp. v. NLRB 판결과 1981년 부분폐업에 관한 First National Maintenance Corp. v. NLRB 판결을 중심으로 그 의미와 적용범위를 어떻게 파악할 것인가에 관하여 논의가 전개되어 왔다.[210]

(2) Fibreboard Paper Products Corp. v. NLRB 판결

먼저, Fibreboard Paper Products Corp. v. NLRB 판결[211]은 전국노동관계법 §8(a)(5),[212] §8(d),[213] §9(a)[214]에 따른 사용자와 근로자대표의 임금, 시간, 그 밖의 근로조건에 관하여 성실히 협의할 의무와 관련된 것이다. 그 기본적인 문제는 교섭단위 내에서 근로자들에 의하여 수행되던 작업의 외주화가 위 규정에 따른 법률적인 단체교섭대상인지 여부이었다.

Warren 대법원장이 작성한 다수의견은 근로조건은 기존의 교섭단위 구성원들에 의하여 수행되던 업무의 외주화로부터 필연적으로 발생하는 고용종료를 포함하며, 외주화를 의무적 교섭사항으로 하는 것은 전국노동관계법의 근본목적에 기여하고, 현재의 산업관행에 의하여도 뒷받침된다고 하였다. 또한, 회사의 유지보수업무 외주화 결정은 그저 유사한 근로조건하에서 같은 일을 하도록 기

---

210) 고호성b, 505면.

211) 379 U.S. 203 (1964). 사안의 개요는 다음과 같다.

　　신청인 Fibreboard Paper Products Corporation은 California Emeryville에 제조공장을 갖고 있는 회사이고, Local 1304, United Steelworkers of America, AFL-CIO는 위 회사의 유지보수 근로자를 위한 배타적인 단체교섭대표인데, 높은 유지보수비용에 불만이 있던 회사가 유지보수 작업의 외주화 결정과 관련한 단체교섭을 거부하고 업무를 독립적인 수급인인 Fluor Maintenance, Inc.에게 맡겼으며, 그에 따라 노동조합에 의하여 대표되던 유지보수 근로자들이 해고되고 Fluor 회사의 근로자들이 이를 대체하게 되자 노동조합이 회사를 상대로 부당노동행위 구제신청을 하였다.

212) "사용자가 근로자의 대표와 §9(a)의 규정에 따른 단체교섭을 거부하는 것은 부당노동행위이다"라고 규정하고 있다.

213) "이 조항의 목적을 위하여 단체교섭을 하는 것은 사용자와 근로자의 대표가 합리적인 시간에 만나서 임금, 시간, 그 밖의 근로조건, 혹은 협약의 교섭, 혹은 그에 따른 문제에 관하여 성실히 협의하는 상호적인 의무의 이행과 당사자에 의하여 요구된다면 합의된 사항을 서면화하는 것이나, 그러한 의무는 어느 당사자를 제안에 동의하도록 강제하거나 양보를 요구하는 것은 아니다"라고 규정하고 있다.

214) "단체교섭을 위하여 그 목적에 적당한 교섭단위 내에서 근로자들에 의하여 지정되고 선택된 대표들은 임금률, 근로시간, 그 밖의 근로조건에 관하여 단체교섭을 할 때에 그 교섭단위 내의 모든 근로자들의 배타적인 대표이다"라고 규정하고 있다.

존의 근로자를 독립적인 수급인의 근로자로 대체하는 것에 불과하여, 사용자에게 그 문제에 관하여 단체교섭을 하도록 요구함이 사업경영의 자유를 심각하게 제한하지 않으며, 회사는 높은 보수 유지 업무 비용에 관심이 있었는데 이는 오랜 기간 단체교섭 틀 안에서 해결하기에 매우 적합한 문제로 여겨져 왔다는 이유로 외주화 결정의 단체교섭대상성을 인정하였다.

하지만 이에 대해 Stewart 대법관이 작성하고 Douglas 대법관과 Harlan 대법관이 가담한 별개의견은 결론에는 동조하면서도 고용안정에 영향을 미치는 모든 결정이 강제적인 단체교섭대상임을 의미하지는 않는다고 하였다. 별개의견은 법원의 판시가 기업이 노동절약적인 기계에 투자하기로 결정하거나 자산을 청산하고 기업을 그만두기로 결정하는 것과 같이 기업 통제의 핵심에 있는 경영상 결정에 관하여 단체교섭의무를 부과하는 것으로 이해되어서는 안 된다고 주장하였다.

(3) First National Maintenance Corp. v. NLRB 판결

1981년의 First National Maintenance Corp. v. NLRB 판결215)은 영업의 일부폐쇄와 관련한 연방대법원 판결이다.

Blackmun 대법관이 작성한 다수의견은 비록 당사자가 합법적인 단체교섭대상에 대하여 단체교섭을 하는 것은 자유이나, 의회는 단체교섭의무를 "임금, 시간, 그 밖의 근로조건"의 문제에 제한하고 있다고 하면서 법률 문언의 고의적인 개방성에도 불구하고 단체교섭이 행해져야 하는 대상사항에는 부인할 수 없는 한계가 있다고 하였다. 다수의견은 경영상 결정을 광고와 승진, 생산품의 형태와 디자인, 재정조달방안과 같이 근로관계에 간접적인 영향만을 미치는 것과

---

215) 452 U.S. 666 (1981). 사안의 개요는 다음과 같다.

First National Maintenance Corporation은 주택관리, 청소, 유지보수 및 관련서비스를 뉴욕시 영역에서 영업을 하는 고객들에게 제공하는 뉴욕에 소재하는 회사이다. 회사는 고객들의 사업장에 노동력을 공급하였는데 각 고객별로 별도의 근로자를 채용하였고 사업장 간의 근로자 이동은 없었다. 회사는 Brooklyn에 있는 요양원인 Greenpark 요양센터를 위하여 유지보수업무를 수행하고 있었는데, 이익이 남지 않아 요양원에 요금 인상을 요구하였다가 거부되자 1977. 7. 25. 계약종료를 통보하였다. 한편, 회사가 이러한 어려움을 겪는 동안 District 1199, National Union of Hospital and Health Care Employees, Retail, Wholesale and Department Store Union, AFL-CIO는 위 요양원 근로자들을 상대로 조직운동을 하여 1977. 3. 31. 전국노동관계위원회가 실시한 선거에서 다수의 근로자가 위 노동조합을 단체교섭대표로 선출하였고, 7. 12. 노동조합은 인증사실을 회사에 알리고 단체교섭을 요구하였으나, 회사는 7. 31. 요양원의 유지보수업무를 중단하고 근로자들을 해고하였으며, 이에 노동조합은 회사를 상대로 부당노동행위 구제신청을 하였다.

일시해고와 복직의 순서, 생산할당량, 취업규칙과 같이 거의 전적으로 노사 간의 관계에 관련된 것, 위 사건과 같이 일자리가 사업의 종료에 의하여 확정적으로 없어지기 때문에 고용관계에 직접적인 영향을 미치지만 그 초점은 고용관계와는 완전히 절연된 요양원과 한 계약의 경제적 이익에 있는 것으로 구분하면서, 세 번째의 결정은 비록 결정의 효과가 필연적으로 고용종료를 수반하기는 하나 그 자체로는 기본적으로 고용조건에 관한 것은 아니지만 동시에 이 결정은 노동조합과 그 구성원인 근로자들의 중심적이고 절박한 관심사인 계속적인 고용가능성과 근로자의 직장유지에 관한 것이라고 하였다. 다수의견은 경영은 수익성 있는 사업운영을 위해 필수적인 범위에서는 단체교섭의 제약으로부터 자유로워야만 하고, 어떤 경우에 후에 그 행위가 부당노동행위로 판단되는 두려움 없이 경영상 결정을 내릴 수 있는가에 관하여 사전에 어느 정도의 확실성이 있어야 한다고 하면서, 이러한 사용자의 방해받지 않는 결정의 필요성에 비추어, 고용계속에 상당한 영향을 미치는 경영상 결정에 관한 단체교섭은 노사 간의 관계와 단체교섭의 이익이 사용자의 행위에 주는 부담을 능가하는 경우에만 요구된다는 균형성 기준(balancing test)을 채택하였다.

결국 다수의견은 위 사안에서 여러 가지 사정을 종합하여 순수하게 경제적인 이유로 사업 일부의 폐지를 결정할 때 사용자가 자유롭게 기업을 경영해야 할 필요성에 가해지는 해악이 노동조합이 결정과정에 참여함으로 인하여 얻게 되는 점증하는 이익을 능가하며, 결정 그 자체는 의회가 단체교섭을 의무화한 근로조건에 속하지 않는다고 판단하였다.216)

하지만 이에 대하여 Brennan 대법관이 작성하고 Marshall 대법관이 가담한 반대의견은, Fibreboard 사건에서 지적한 바와 같이 근로조건이라는 용어는 명백히 사업을 폐지하기로 한 경영상 결정으로 인한 고용의 종료를 포함하는 것이라고 하였다. 반대의견은 사업폐지결정은 노동조합과 그 구성 근로자들의 중심적이고 절박한 관심사에 관한 것인데, 의회로부터 위임받은 권한과 축적된 전문지식을 행사하여 전국노동관계위원회가 사업의 일부폐지결정이 근로조건에 영향을 미치고 그리하여 의무적 교섭대상이라고 결정하였음에도, 연방대법원이 산업관계에서 매우 민감한 이 문제에 대한 전국노동관계위원회의 결정을 존중

216) 하지만 다수의견은 각주 22)에서 이 의견에서는 특정한 사실관계에 기하여 판단되어야 하는 공장이전, 판매, 다른 종류의 하도급, 자동화 등 다른 형태의 경영상 결정에 관하여는 아무런 견해도 표명하지 않는다고 강조하였다.

하기를 거부하고 순전히 추측에 근거하여 전국노동관계위원회와 항소법원의 판단을 뒤집었다고 비판하였다. 특히 반대의견은 균형성 기준(balancing test)이 오직 경영의 이익만을 고려하고 있으며, 설사 그 기준이 정확하다고 하더라도 오로지 추측에 근거하여 그 기준을 적용하고 있다고 비판하면서, 진실로 폐업의 효과에 관한 사용자의 단체교섭의무가 인정됨에 비추어 왜 결정 자체에 대한 부가적인 단체교섭이 필연적으로 결정을 부당하게 지연시키고 공개하게 되는 것인지 이해하기 어렵다고 하였다.

(4) 현   황

First National Maintenance 판결 후 경영사항의 의무적 교섭대상 인정 여부에 관한 판단기준으로는 특정 사항에 대한 단체교섭이 근로자 및 사용자에게 제공하는 이익을 비교·형량하여 근로자의 이익이 더 큰 경우에는 의무적 교섭사항으로 보고, 사용자의 부담이 더 큰 경우에는 임의적 교섭사항으로 보는 균형성 기준(Balancing Test)이 연방대법원의 입장이 되었다. 하지만 그 형량의 대상, 비중 및 방법 등에서 구체적인 기준이 정립되지 아니하고 있고, 결국 하도급계약이나 사업장폐쇄와 같은 이른바 경영사항으로 분류되는 사항들에 관하여는 미국의 판례이론은 종합결론이 없다고 할 수 있을 만큼 복잡하다.

일반적으로 미국에서는 경영상 결정 그 자체는 단체교섭대상이 되지 않고 다만 그 결정이 근로자에게 미치는 효과만이 단체교섭대상이 된다는 인식이 있으나 이는 사실과 다르다.

먼저, First National Maintenance 판결 이후 혼란을 거듭하던 전국노동관계위원회가 공장이전과 관련하여 만장일치로 통일적인 기준을 정립한 United Food & Commercial Workers, Local 150-A v. NLRB(Dubuque Packing Co.)[217] 사

---

217) United Food & Commercial Workers, Local 150-A v. NLRB(Dubuque Packing Co.), 1 F.3d 24 (D.C. Cir. 1993), cert. denied, 511 U.S. 1138 (1994). 사안의 개요는 다음과 같다.

육가공업체인 Dubuque Packing Co.는 1977년경부터 본 공장인 Iowa의 Dubuque에서 손실을 보기 시작하자 근로자들에게 임금동결을 받아들이든지 아니면 공장이전을 감수하라고 요구하면서 도축 및 해체작업을 노동조합과의 사전 단체교섭 없이 Dubuque에서 Illinois의 Rochelle로 이전하였다. 이 결정으로 말미암아 약 350명의 근로자가 해고되었으며, 1981. 10. 1.에는 Rochelle 공장이 가동을 시작하였고 Dubuque는 2일 후 생산을 중단하였다. 이에 노동조합이 회사가 작업을 이전하기 전에 단체교섭을 하지 아니하였다는 이유로 부당노동행위 구제신청을 하였다. 전국노동관계위원회는 1987. 12. 16. 사용자의 작업이전 결정은 노동비용이 아니라 사업의 본질과 방향 면에서 변경을 나타내는 것이라는 이유로 신청을 기각하였고 [Dubuque Packing Company, Inc., 287 NLRB 499 (1987)], 노동조합이 전국노동관계위원회의 결정에 대하여 항소하자 DC연방항소법원은 1989. 8. 4. 그 논거를 명확히 하라는 지시와 함

건에서, 우선 전국노동관계위원회가 공장이전 결정이 사용자의 경영의 본질에 근본적인 변화를 수반하지 않는다는 점을 증명하면, 사용자의 공장이전 결정은 일응 의무적 교섭사항이 되고, 사용자가 반증에 의하여 추정을 번복하거나 항변에 성공하지 못하면 사용자는 공장이전 결정에 관하여 노동조합과 교섭하여야 한다는 기준이 정립되었다. 이 기준은 연방대법원이 정면으로 인정한 것이 아니어서 일정한 한계가 있으나, 그 기준의 내용을 보면 보편성이 인정되며, 이에 따르면 경영상 결정이라는 이유만으로 의무적 교섭사항에서 배제되는 것은 아니다.

또한, 경영상 결정과 관련한 사용자의 이익보호에 철저한 것으로 인정되는 First National Maintenance 판결의 다수의견에 따르더라도, 노사 간의 관계와 단체교섭의 이익이 사용자의 행위에 주는 부담을 능가하는 경우에는 단체교섭대상이 된다.

국가가 단체교섭의 장에 개입하여 근로자의 고용안정성 확보와 사용자의 자유로운 경영상 결정이라는 노사의 결정적인 관심사에 관하여 양자의 이익을 비교형량하여 단체교섭의무 여부를 판단하게 됨으로써 불가피하게 생겨나는 불확실성과,218) 사후에 의무적 교섭대상이라고 판단되어 부당노동행위가 인정되는 경우 폐쇄한 사업의 재개를 포함하여 해고한 근로자의 복직과 일실 임금의 지급까지도 각오하여야 하는 사용자의 부담을 고려한다면, 근로자의 해고를 수반하는 경영상 결정에 대하여 노동조합이 단체교섭을 요구하는 경우 사용자가 이

께 사건을 전국노동관계위원회로 환송하였다[United Food & Commercial Workers, Local 150-A v. NLRB(Dubuque Packing Co.), 880 F.2d 1422 (1989)]. 법원의 명령에 따라 전국노동관계위원회는 경영상 결정 관련한 위 Fibreboard 판결과 First National Maintenance 판결의 차이점을 고찰한 후 공장이전은 First National Maintenance 사건의 사업의 일부폐지와는 달리 Fibreboard 사건의 하도급처럼 근로자의 대체문제를 야기하고, 공장이전은 First National Maintenance 사건에서처럼 사업의 종료 여부에 관한 결정이 아니라 사용자는 계속하여 사업을 할 의도이고 단지 어디에서 사업을 할 것인가만 문제되며, 공장을 이전할 때에는 하도급을 하였을 때 드는 비용처럼 사용자 결정의 핵심에 대하여 노동조합이 중대한 통제력과 영향력을 행사할 수 있다는 점에서 공장이전에 관한 이 사건을 First National Maintenance 사건의 공장 일부폐쇄보다는 Fibreboard 사건의 하도급에 유사하다고 보면서, 기존의 판례를 참작하여 공장이전에 관한 경영상 결정이 의무적 교섭사항인지의 여부를 판단하기 위한 새로운 기준을 수립하였다. 전국노동관계위원회는 1991. 6. 14. 위 새로운 기준을 만장일치로 승인하고, 이 사안에서 사용자의 단체교섭의무가 존재하며 사용자가 그 의무에 위반하였다고 인정하였다[Dubuque Packing Company, Inc., 303 NLRB 386 (1991)]. 이에 대하여 회사가 항소하였다.

218) 선례를 검토하여 통일적인 기준을 정립하였다는 Dubuque Packing Co. 판결 이후로도 전국노동관계위원회와 연방항소법원들 사이에 혼란이 계속되고 있는바, 이러한 혼란은 그 불확실성을 보여주는 예이다.

를 거부하기는 사실상 쉽지 않을 것으로 보인다.

3. 우리나라의 학설 및 판례

가. 학   설

(1) 부 정 설

경영사항은 사용자의 경영권에 속하기 때문에 단체교섭대상이 아니라는 견해로서,[219] 앞서 본 배타적 경영권설에 기반한 견해이다. 근로자들에게 노동3권을 보장한 기본적 전제는 사용자의 재산권을 침해하지 않는 가운데 노동력의 대가인 임금과 그 밖의 근로조건에 관해서만 단체교섭을 허용한 것이고, 경영상 조치들이 근로조건에 영향을 미친다고 하여 단체교섭과 단체행동의 대상이 된다면 경영권의 고유한 권리성은 공허한 것이 된다고 한다.[220] 그리하여 사용자가 특별한 경영상 이유 없이 오로지 고용을 축소하기 위한 목적만으로 경영상 조치를 취한 경우에만 진정한 의미의 경영권 행사가 아니므로 노동조합이 근로조건의 유지를 위하여 노동3권을 행사할 수 있다고 한다.[221]

기업의 경영과 관련하여 사용자에게 유보된 일정한 사실상 권한이 있음을 부인할 수는 없으나 이를 법적인 권리로 취급되는 배타적 권리로 볼 수 없음은 앞서 본 바와 같다. 또한, 그 범위도 처음부터 고정되어 있는 것이 아니라 노동관계 당사자, 특히 근로자 측의 의사·태도에 따라 가변적이므로 특정 사항이 항상 경영자의 권한에 속한다고 할 수는 없다.[222] 법률상으로 단체교섭을 면하기 위한 특별한 권리가 사용자에게 인정되는 것은 아니므로 단체교섭을 강제당하지 않는 일군의 사항을 결과적으로 사용자의 권한에 속하는 사항으로 파악할 수는 있어도 처음부터 경영권에 속하는 사항인지를 선험적으로 따져서 그에 따라 의무적 교섭사항 해당 여부를 결정함은 부적절하다.[223] 의무적 교섭사항인지여부는 헌법

---

219) 김형배a, 175면(현재는 단체교섭대상인지 여부는 구체적 사항별로 판단해야 하고 기본적으로 경영권의 본질적 내용을 이루는 사항은 단체교섭대상이 아니라는 취지의 견해를 취하고 있다); 김형배b, 72~73면; 정기남, 41면.

220) 김형배a, 175면; 김형배b, 73면.

221) 김형배b, 94~95면.

222) 신인령a, 97면; 임종률, 145면(사용자의 책임 아래 결정할 권한이라는 의미의 경영권 또는 근로자 개인 또는 노동조합과 교섭·합의하지 않고 사용자가 단독으로 결정할 권한이라는 의미의 경영전권을 부정할 수는 없고 단체교섭을 강제당하지 않는 일군의 사항을 결과적으로 경영전권사항으로 부르는 것은 무방하지만, 특정 사항이 언제나 경영전권에 속하고 단체교섭대상에서 제외된다고 볼 수는 없다고 한다).

223) 이철수a, 361면; 임종률a, 316면.

33조의 규정과 노조법에 근로자에게 단체교섭권을 보장한 목적에 비추어 판단하여야 한다. 현재 사용자 측을 제외하고는 이 설을 취하는 학자는 보기 어렵다.

(2) 제한적 긍정설

경영사항은 그것이 고용의 계속을 포함하여 근로조건과 밀접한 관계가 있는 사항은 의무적 교섭사항이 된다는 학설로서 현재 우리나라의 지배적 학설이다.[224] 근로조건에 미치는 영향의 정도와 관련하여 "근로조건이나 근로자의 지위에 직접적으로 관련되거나 중대한 영향을 미치는 경우",[225] "근로자의 근로조건과 밀접한 관련이 있는 경우",[226] "근로조건의 개선에 주된 목적이 있는 경우"[227] 등의 표현을 사용하고 있다. 나아가 인사·경영사항은 언제나 근로조건과 관련이 있는 것이며, 근로조건과 밀접성이 아니라 "근로자의 경제적·사회적 지위의 향상과 관련된 것"이면 단체교섭대상이 된다는 견해도 있다.[228]

화학무기 생산이나 공해배출 공정의 반대와 같은 사항은 노동조합의 사회적 양심에 기한 요구라 하더라도 근로조건 그 밖의 근로자의 대우에 영향을 준다고 보기 어려우므로 의무적 교섭대상이 아니다.[229] 그런데 근로조건에 영향을 미친다고 하더라도 폐업과 같은 경영의사의 결정까지도 무조건 의무적 교섭사항으로 봄은 무리이며 경영의사의 결정 그 자체는 일정한 범위에서는 의무적 교섭대상에서 제외된다고 볼 필요가 있으나 그 한계를 어떻게 설정한 것인지는 문제로 남는다.[230] 이에 관하여 행정해석은, 인사 및 경영관리는 기업주체로서 사용자가 자신의 책임 아래 행하는 것이므로 인사 및 경영사항을 노사합의에 맡기는 것은 본질적인 인사·경영권을 침해하는 것이어서 단체교섭대상이 될

---

224) 김기선, 231면; 김유성, 137면; 김인재, 294면; 김진, 164면; 김치선, 340면; 도재형, 24면; 민변노동법Ⅱ, 166면; 박창현, 275면; 손창희a, 24~25면; 송강직, 376~377면; 신인령a, 92면; 안태윤, 342면; 이을형a, 88면; 이철원, 97면; 이학춘 등, 295면(사용자의 고유영역에 해당하는 사항이라도 근로자의 생존권과 밀접한 관련성이 있는 경우에는 단체교섭대상이 된다고 하면서도, 단체교섭 결렬 시 노동조합의 실력행사가 곧바로 합법성을 갖는 것은 아니라고 한다); 하갑래b, 238~241면.

225) 서울민사지법 1991. 9. 12. 선고 90가합5721 판결(경향신문사사건).

226) 대법원 1994. 8. 26. 선고 93누21514 판결(대일실업사건).

227) 대법원 1992. 5. 12. 선고 91다34523 판결(현대사회연구소사건).

228) 김진, 164~165면(인사·경영사항이라도 근로자의 경제적·사회적 지위의 향상과 관련된 것이면 원칙적으로 단체교섭대상이 되고, 다만 그 요구가 권리남용 내지 신의칙에 반하는 경우에만 사용자는 단체교섭을 거부할 수 있다고 한다); 송강직, 378~379면.

229) 임종률a, 132면.

230) 임종률a, 319면.

수 없다고 한다.231) 하지만 경영 문제를 사용자의 일방적 결정에 맡길 것인지
노사합의에 맡길 것인지, 아니면 노사협의를 거치도록 할 것인지는 단체교섭 당
사자의 자치적 영역에 속하며 폭행이나 협박 등의 위법한 방법으로 사용자의
양보를 강요하지 않는 한 노동조합이 경영사항에 관하여 많이 관여한다고 하여
경영권에 대한 근본적 제한이라고 볼 수는 없다.232)

(3) 구 분 설

　　경영사항이 근로조건에 영향을 미치는 경우에 경영의사의 결정과 그것이
근로조건에 미치는 영향을 구분하여 후자만 의무적 교섭사항으로 인정하고 전
자는 임의적 교섭사항으로 보자는 견해이다.233) 경영권의 본질적 부분에 관하여
는 근로조건에 영향을 미친다고 하더라도 의무적 교섭대상이 될 수는 없고, 다
만 경영권의 본질적 부분에 해당하지 않는 경영권의 행사로서, 경영권의 행사와
근로조건의 변경이 혼재되어 있어 이를 오히려 근로조건의 변경으로 봄이 더
타당한 경우, 경영권의 행사로 인한 이익보다 근로조건의 변경으로 인한 손실이
큰 경우, 경영권의 행사보다는 근로조건에 더 밀접한 경우 등에 한하여 예외적
으로 의무적 교섭대상이 된다고 한다.234) 행정해석에 의하면, 불가피한 사정으
로 인한 사용자의 사업축소 등 경영계획의 변동과 관련한 경영권은 인정되어야
하나, 이로 인한 종업원의 해고 기준 등 근로조건에 관한 사항에 대하여는 노동
조합과 협의하여야 한다거나, 회사이전 판단은 경영권의 고유사항이나 이전으로
인한 근로자의 이사비용, 정착비용은 근로조건으로서 단체교섭대상이 된다고 한
것이 있다.235)

　　구분설은 경영권에 속하는 사항까지 단체교섭사항이 된다고 하면 급속히
변화하는 경제적 사정에 사용자가 신속히 대응할 수 없게 되어 기업주의 경영
조치 자체가 무산될 수 있다고 주장한다.236) 하지만, 경영의사의 결정이 근로조
건에 미치는 영향만 의무적 교섭사항으로 인정하고 경영의사의 결정 자체는 이

---

231) 노조 01254-427 질의회시 1994. 3. 31.; 노조 01254-5989 지도지침 1990. 4. 25. 등.
232) 임종률a, 319면.
233) 이병태, 219면; 이상윤a, 715면; 이학춘 등, 298면; 조영철, 397면; 피용호, 672면; 하경효,
　　190~191면.
234) 이상윤a, 715~716면.
235) 노조 01254-663 질의회시 1992. 7. 21.; 노조 32262-173 단체교섭지도지침 1993. 2. 24.(임종
　　률a, 318면에서 재인용).
236) 김형배b, 93면; 박재필, 81면 참조.

와 분리하여 의무적 교섭대상에서 배제하려는 구분설은 결과적으로 경영사항은 경영전권에 속하여 의무적 교섭사항이 되지 않는다는 부정설과 다를 것이 없다.[237) 또한, 경영의사의 결정과 그것이 근로조건에 미치는 영향, 예를 들면 경영해고에 관하여 경영해고의 실시 여부와 그 범위·기준 및 절차는 불가분적으로 결합되어 일체성을 이루고 있으므로 경영해고의 범위·기준·절차는 필연적으로 경영해고의 실시와 관련되는바, 경영해고의 개시와 그 범위·기준 및 절차를 따로 구분할 수 있는지도 의문이다.[238)

나. 판 례

(1) 2000년 이전의 판결

㈎ 운수업체의 승무·배차 등에 관한 사항

대법원은 단체협약 중 조합원의 차량별 고정 승무발령, 배차시간, 대기기사 배차순서 및 일당기사 배차에 관하여 노동조합과 사전합의를 하도록 한 조항은 그 내용이 한편으로는 사용자의 경영권에 속하는 사항이지만 다른 한편으로는 근로자들의 근로조건과도 밀접한 관련이 있는 부분으로서 사용자의 경영권을 근본적으로 제약하는 것은 아니므로 단체협약의 대상이 될 수 있고 그 내용 역시 헌법이나 구 노조법 기타 노동관계법규에 어긋나지 아니하므로 정당하다고 판시하였다.[239)

㈏ 사업부폐지결정과 지점폐쇄결정

이와는 달리 대법원은 사업부폐지결정과 관련한 사안에서는 "피고 회사가 그 산하 시설관리사업부를 폐지시키기로 결정한 것은 적자가 누적되고 시설관리계약이 감소할 뿐 아니라 계열사인 대한항공, 한국항공과의 재계약조차 인건비 상승으로 인한 경쟁력약화로 불가능해짐에 따라 불가피하게 취해진 조치로서 이는 경영주체의 경영의사 결정에 의한 경영조직의 변경에 해당하여 그 폐지결정 자체는 단체교섭사항이 될 수 없다고 할 것인데도 피고 회사 노동조합은 원고들의 주도하에 시설관리사업부 폐지 자체의 백지화만을 고집하면서 그 폐지에 따를 근로자의 배치전환 등 근로조건의 변경에 관하여 교섭하자는 피고 회사의 요청을 전적으로 거부하고 폐지 백지화 주장을 관철시킬 목적으로 쟁의

---

237) 강기탁, 7면; 임종률a, 318면; 정인섭, 28면.
238) 강기탁, 7면; 김기선, 231면; 김형배b, 78면; 박재필, 82면; 이병희, 340~341면.
239) 대법원 1994. 8. 26. 선고 93누8993 판결(이에 대한 평석으로 김형배c, 175~184면).

행위에 나아갔다는 것이므로 이 사건 쟁의행위는 우선 그 목적에 있어 정당하다고 보이지 아니"한다고 하여 사업부폐지에 따르는 근로자의 배치전환 등 근로조건의 변경에 관한 사항은 몰라도 사업부폐지결정 자체는 단체교섭의 대상이 될 수 없다고 판시하였다.[240] 또한, 회사의 지점폐쇄조치에 반발하여 그 조치 자체를 철회시키고자 점거 농성을 한 사안에서 지점폐쇄조치와 관련하여 회사가 단체협약을 위반한 바 없었다고 보는 이상 지점폐쇄조치 자체의 철회를 목적으로 한 점거 농성은 경영주체의 경영권에 속하는 사항을 목적으로 하는 것으로서 그 목적에 있어서 정당하다고 할 수 없다는 취지로 판시하였다.[241]

(다) 평   가

이 시기의 판결은 전반적으로 인사사항에 관한 것은 근로조건과 관련성을 중시하여, 관련성이 인정된다면 단체교섭대상성을 인정하되 사업부의 폐지와 같은 더 고도의 경영상 결정에 관한 것은 그 결정 자체는 단체교섭대상이 되지 않는다는 태도를 보이고 있다. 하지만 사업부의 폐지에 관한 위 판결은 노동조합이 사업부폐지에 따르는 근로조건의 변경에 관한 단체교섭을 요청하는 회사 측의 요구를 거부하고 곧바로 쟁의행위로 나아간 특수한 사안에 관한 것이고, 지점폐쇄에 관한 것도 그에 따른 인원 재배치의 문제만 남는 것인데 노동조합이 지점폐쇄조치 자체의 철회를 요구한 사안에 관한 것인 점, 단체교섭과정에서 회사로서는 수용할 수 없는 요구를 하였다고 하더라도 이는 단체교섭의 단계에서 조정할 문제이지 노동조합 측으로부터 과다한 요구가 있었다고 하여 곧바로 그 쟁의행위의 목적이 부당한 것이라고 해석할 수는 없다고 한 판결[242] 등에 비추어 보면, 위 판결들이 구분설을 취한 것이라고 단정하기는 어려울 듯하다.

(2) 2000년 이후의 판결

(가) 대법원 2001. 4. 24. 선고 99도4893 판결 이전

2000년 이후에는 경영해고나 사업조직의 통폐합 등 기업의 구조조정 실시 여부가 단체교섭사항이 되는지, 따라서 이와 관련하여 쟁의행위에 돌입한 경우 그 목적의 정당성을 인정할 것인지가 사회적인 관심사가 되었으나 이에 관하여 판시한 대법원 판결은 2000년 말까지 없었다. 대법원 99도2053 사건과 대법원

---

240) 대법원 1994. 3. 25. 선고 93다30242 판결(이에 대한 평석으로 하경효, 185~191면).
241) 대법원 1999. 6. 25. 선고 99다8377 판결.
242) 대법원 1992. 1. 21. 선고 91누5204 판결(부당노동행위구제재심판정취소).

99도2054 사건243)은 사건이 대법원에 계속 중 일반사면이 실시되자 위 두 사건 모두 피고인들이 상고를 취하하여 대법원 판결에 이르지 못하였다. 다만, 하급심 판결 중에는 구분설의 입장을 취하고 있는 판결이 있었고,244) 제한적 긍정설의 입장을 취하고 있는 판결이 있었다.245)

(나) 경영해고

대법원은 2001. 4. 24. 선고 99도4893 판결에서 경영해고와 관련하여 "긴박한 경영상의 필요에 의하여 하는 이른바 경영해고의 실시는 사용자의 경영상의 조치라고 할 것이므로, 경영해고에 관한 노동조합의 요구내용이 사용자는 경영해고를 하여서는 아니 된다는 취지라면 이는 사용자의 경영권을 근본적으로 제약하는 것이 되어 원칙적으로 단체교섭의 대상이 될 수 없다"라고 판시하여 구분설의 입장을 취하였다. 그리하여 "현대자동차 주식회사는 원심 판시와 같은 경영상의 이유로 경영해고를 실시하기로 하고, 노동조합에 경영해고계획을 통보하면서 해고를 피하기 위한 대책과 해고대상자의 선정기준 등을 제시하고 이에 대한 협의를 요청하였으나, 노동조합은 남아도는 인력에 대한 대책을 마련하여야 한다는 점에 대하여는 상당 부분 공감하면서도 민주노총 등 노동계의 방침에 따라 경영해고 자체를 전혀 수용할 수 없다고 하면서 단체협약에 대한 보충교섭을 요구하여 결국 공소사실 2항 기재의 쟁의행위에 이르렀음을 알 수 있고, 위와 같이 경영해고 자체를 전혀 수용할 수 없다는 노동조합의 주장은 사용자의 경영해고에 관한 권한 자체를 전면적으로 부정하는 것으로서 사용자의 경영권을 본질적으로 침해하는 내용이라고 할 것이므로 단체교섭의 대상이 될 수 없고, 이 주장의 관철을 목적으로 한 이 사건 쟁의행위는 그 목적에 있어서 정당하다고 할 수 없다"라고 판시하였다.

---

243) 경영해고와 관련된 현대자동차 주식회사 노동조합의 쟁의행위 사건이다.

244) 부산고법 1999. 5. 3. 선고 99노34 판결(이에 대한 평석으로 고태관, 37~47면)은 경영해고의 기준, 절차, 방법 등은 노동조합과 협의를 요하는 사항이라 할 것이나, 경영해고의 실시 여부의 결정은 경영권에 속하는 사항으로서 단체교섭 또는 노동조합과의 협의사항이 아니라고 할 것이며 쟁의행위의 대상도 아니라고 판결하였다(이 사건은 대법원 계속 중 상고취하되었다).

245) 춘천지법 1999. 10. 7. 선고 98노1147 판결(이에 대한 평석으로 강기탁, 6~10면; 이승욱b, 48~57면)은 경영해고도 해고인 이상 근로자의 근로조건과 밀접한 관련이 있는 사항이고, 경영해고의 철폐가 경영상 이유에 의한 해고를 부정하는 점에서 일응 과도한 주장이라고 볼 수 있으나 이는 노동조합의 쟁의전술에 불과하고 단체교섭의 단계에서 조정할 문제이지 곧바로 그 쟁의행위의 목적이 부당하다고는 해석할 수 없는 점에 비추어 경영해고 철폐는 정당한 쟁의행위의 목적이 된다고 판결하였다.

㈕ 공기업 구조조정

대법원의 위 판시는 공기업의 구조조정에 관한 사안에서 그대로 이어지고 있다. 즉, 대법원은 한국조폐공사노동조합이 파업한 사안에서 "경영해고나 사업 조직의 통폐합 등 기업의 구조조정의 실시 여부는 경영주체에 의한 고도의 경영상 결단에 속하는 사항으로서 이는 원칙적으로 단체교섭의 대상이 될 수 없고, 그것이 긴박한 경영상의 필요나 합리적인 이유 없이 불순한 의도로 추진되는 등의 특별한 사정이 없는 한, 노동조합이 실질적으로 그 실시 자체를 반대하기 위하여 쟁의행위에 나아간다면, 비록 그 실시로 인하여 근로자들의 지위나 근로조건의 변경이 필연적으로 수반된다 하더라도 그 쟁의행위는 목적의 정당성을 인정할 수 없다"라고 판시하여 구조조정에 관한 결정 자체는 단체교섭대상이 될 수 없음을 명백히 하였다.246) 그리하여, 대법원은 경영해고 반대와 관련한 제1차 파업에 대하여는 "노조가 일응 임금협상안을 내세우며 공사와 단체교섭을 진행하면서도 파업은 자제하다가 민주노총의 총파업투쟁 지침 및 일정에 맞추어 각 쟁의행위를 일으켰음을 알 수 있고, 검사가 제출한 노조 발행의 각종 유인물(노조속보, 행동지침 등)에 의하면, 정부의 일방적인 구조조정 방침을 철회시키기 위하여 민주노총의 투쟁방침과 일정에 보조를 맞추되 다만 합법화된 테두리 안에서 쟁의행위를 하기 위하여 임금협상안을 내세웠음을 알 수 있으므로, 이와 같은 쟁의행위에 이르기까지의 경위와 쟁의행위 당시의 상황 등을 종합하면, 노조가 쟁의행위 당시 내세운 임금협상 조기타결은 쟁의행위를 합법화하기 위한 부수적인 목적일 뿐이고, 쟁의행위의 주된 목적은 정부의 경영해고 정책을 반대하기 위한 대정부 투쟁에 있음이 명백한바, 이러한 사실관계를 위와 같은 법리에 비추어 보면 위 쟁의행위는 그 목적에 있어 정당성을 상실"하였다고 판시하였다.

조폐창 통폐합 반대와 관련한 제2차 파업에 대하여는 "정부 산하 기획예산위원회에서 공기업 구조조정의 일환으로 1998. 5.경 공사 창 통폐합 등을 내용으로 하는 경영혁신안을 마련하였고, 이에 공사가 인건비 50% 절감을 통하여 이를 막아보려고 기획예산위원회와 절충하는 한편 노조에 대하여는 위와 같은 사정을 설명하면서 공사의 임금협상안을 받아들이도록 설득하였으나 노조는 여

---

246) 대법원 2002. 2. 26. 선고 99도5380 판결(한국조폐공사사건, 이에 대한 평석으로 김진, 148~175면; 김철영, 178~184면; 정인섭, 24~28면).

전히 공사가 수용할 수 없는 종전의 무리한 임금협상안만을 고집하였으며, 결국 기획예산위원회가 같은 해 8. 4. 창 통폐합을 2001년까지 완료한다는 내용을 포함한 공사 구조조정안을 확정, 발표하였고, 정부 전액출자기관인 공사로서도 노조와의 임금협상 타결이 불가능한 상황에 이르러 1998. 10. 2. 창 통폐합을 1999. 3.까지 조기완료하기로 하는 구조조정안을 의결하였으며, 이에 같은 해 7. 16.자 파업 이후 별다른 파업 없이 단체교섭을 끌어오던 노조가 갑자기 쟁의행위에 돌입하였음을 알 수 있고, 앞서 본 노조 발행의 각종 유인물에 의하면, 노조는 조합원들에게 공사가 같은 해 11. 24.까지 노조의 요구안인 '창 통폐합 백지화', '노조간부 징계철회' 등을 받아들이지 않을 경우 파업에 돌입하고 그 이전이라도 창 통폐합을 위한 기계철거 등을 강행할 경우 그 즉시 파업에 들어가도록 지시하였음을 알 수 있으므로, 위와 같은 쟁의행위에 이르기까지의 경위와 쟁의행위 당시의 상황 등을 종합하면, 이 사건 제2차 파업의 쟁의행위는 그 주된 목적이 정부산하 공기업 구조조정의 일환으로 추진되는 공사 창 통폐합의 백지화관철에 있음을 넉넉히 인정할 수 있어, (중략) 공사의 창 통폐합 조기시행 방침이 경영상의 필요나 합리적인 이유 없이 결정되었다는 등의 특별한 사정이 없는 한 앞에서 본 법리에 의하여 제2차 파업의 목적 또한 그 정당성을 인정받을 수 없다"라고 판시하였다.

　　이러한 판시는 그 후로도 '기업의 구조조정의 실시 여부',[247] '구조조정이나 합병 등 기업의 경쟁력을 강화하기 위한 경영주체의 경영상 조치',[248] '경영해고나 사업조직의 통폐합 등 기업의 구조조정의 실시 여부',[249] '경영해고나 부서·조직의 통폐합 등 구조조정의 실시 여부'[250] 등에 관하여 동일한 판시가 이어짐으로써 현재 확고한 판례로 정립되었다.

4. 평　　가

　　해고 중에서 특히 사용자가 이른바 고용조정 계획을 수립하여 경영상 이유

---

247) 대법원 2003. 7. 22. 선고 2002도7225 판결(업무방해), 대법원 2010. 11. 11. 선고 2009도4558 판결(노동조합 및 노동관계조정법위반).
248) 대법원 2003. 11. 13. 선고 2003도687 판결(폭력행위 등 처벌에 관한 법률 위반 등).
249) 대법원 2003. 12. 11. 선고 2001도3429 판결(업무방해), 대법원 2011. 1. 27. 선고 2010도11030 판결(특수공무집행방해치상 등), 대법원 2014. 8. 20. 선고 2011도468 판결(업무방해), 대법원 2015. 2. 26. 선고 2012도13173 판결(특수공무집행방해치상 등) 등.
250) 대법원 2003. 12. 26. 선고 2001도3380 판결(업무방해 등).

에 의한 해고를 실시하려고 할 때, 그러한 고용조정 계획 자체를 철회하고 경영
해고를 실시하지 않도록 요구하는 것이 근로조건에 관한 사항으로서 단체교섭
대상이 될 수 있는지, 아니면 순수한 경영주체의 의사결정으로서 근로조건과 무
관한 사항이어서 단체교섭대상이 될 수 없는지에 관하여는 견해의 대립이 있다.
경영해고에 이르기 전에 그 절차와 방법 등의 일반적 기준 설정만 단체교섭대
상이고, 경영해고가 개시되면 그 단계는 단체협약 등이 정한 요건과 기준의 적
용단계이며, 이는 권리분쟁으로서 사법심사의 대상이 될 뿐이라는 주장도 있
다.251)

　　그러나 노조법 2조 5호에서 노동쟁의로 정의되고 있는 "임금·근로시간·
복지·'해고' 기타 대우 등 근로조건의 결정에 관한 주장의 불일치로 인하여 발
생한 분쟁상태"에서 말하는 해고의 의미를 법문상 경영해고를 제외한 개념이라
거나, 경영해고가 포함되는 개념이라 하더라도 경영해고의 실시를 전제로 하여
그 기준·절차·방법에 관한 사항만을 의미하고 경영해고의 불실시 자체는 제
외되어야 한다고 보는 것은 해석론상 무리이다.252) 경영해고의 실시 여부는 근
로자의 생존권을 박탈할 수 있는 것으로서 근로자의 근로조건에 중대한 영향을
미치는 사항이라는 점을 부인할 수 없으므로, 경영해고의 불실시가 순수한 경영
주체의 의사결정에 관한 사항으로서 단체교섭대상이 아니라는 주장에 대하여는
상당한 비판이 가해지고 있다.253) 경영사항이라고 하더라도 근로조건에 중대한
영향을 미칠 정도로 밀접하게 관련되어 있는 경우에는 일응 단체교섭의 대상이
되며,254) 다만 사용자에게 경영사항에 관한 포괄적인 권리로서 배타적 경영권은
부정한다고 하더라도 헌법상의 재산권보장과 사유재산제도에 기인하는 구체적
인 권리는 존재하고 노동3권도 다른 기본권과 관계에서 그 한계가 정해지므로
단체교섭권의 보장범위는 사안별로 구체적으로 검토함이 바람직하다.255)

　　그리고 새로운 단체협약을 체결하면서 경영해고의 불실시를 단체협약에 정

---

251) 조영철, 402~406면. 하지만 통상 경영해고의 단계에서 그 절차와 방법이 정해질 터인데 어
　　떻게 경영해고가 개시되면 권리분쟁만 남는다는 것인지 이해하기 어렵다.

252) 강기탁, 9면; 사법연수원a, 175~176면; 안태윤, 342면.

253) 고태관, 45면; 김명수, 426~427면; 김인재, 296면; 박창현, 288면; 사법연수원a, 176면(다만,
　　이미 실시한 경영해고가 무효임을 이유로 그 철회를 구하는 것은 근로조건의 '결정'에 관한
　　사항이 아니므로 단체교섭대상이 아니라고 한다).

254) 박홍규a, 708면; 사법연수원a, 183~184면; 송강직, 379~381면.

255) 이철원, 98면.

하도록 요구함은 근로조건의 결정에 관한 사항으로서 단체교섭대상이 되고, 따라서 예를 들어 노동조합이 일정기간 임금 인상을 요구하지 않고 대신에 그 기간 동안 사용자는 경영해고를 실시하지 않는다는 합의를 하고 이를 단체협약에 정하는 것은 가능하다고 보아야 한다.[256)]

판례 역시 사용자의 경영권에 속하는 사항에 관해서도 노사는 임의로 단체교섭을 진행하여 단체협약을 체결할 수 있고 그 내용이 강행법규나 사회질서에 위배되지 아니하는 이상 여기에 규범적 효력이 인정됨을 전제로 사용자가 노동조합과의 협상에 따라 경영해고를 제한하기로 하는 내용의 단체협약을 체결하였다면 특별한 사정이 없는 한 그에 반하여 이루어지는 경영해고는 원칙적으로 정당한 해고로 볼 수 없다고 판단한 바 있다.[257)]

[정　진　경·김　선　일]

---

256) 사법연수원a, 176면.
257) 대법원 2014. 3. 27. 선고 2011두20406 판결(이에 대한 평석으로 최홍엽, 289~326면). 다만, 예외적으로 그 단체협약을 체결할 당시와는 사정이 현저하게 변경되어 사용자에게 단체협약의 이행을 강요한다면 객관적으로 명백하게 부당한 결과에 이르는 경우에는 사용자가 단체협약에 의한 제한에서 벗어나 경영해고를 할 수 있다고 한다.

제29조(교섭 및 체결권한)

① 노동조합의 대표자는 그 노동조합 또는 조합원을 위하여 사용자나 사용자단체와 교섭하고 단체협약을 체결할 권한을 가진다.

② 제29조의2에 따라 결정된 교섭대표노동조합(이하 "교섭대표노동조합"이라 한다)의 대표자는 교섭을 요구한 모든 노동조합 또는 조합원을 위하여 사용자와 교섭하고 단체협약을 체결할 권한을 가진다.

③ 노동조합과 사용자 또는 사용자단체로부터 교섭 또는 단체협약의 체결에 관한 권한을 위임받은 자는 그 노동조합과 사용자 또는 사용자단체를 위하여 위임받은 범위안에서 그 권한을 행사할 수 있다.

④ 노동조합과 사용자 또는 사용자단체는 제3항에 따라 교섭 또는 단체협약의 체결에 관한 권한을 위임한 때에는 그 사실을 상대방에게 통보하여야 한다.

〈세 목 차〉

I. 단체교섭의 주체

단체교섭 주체의 문제는 단체교섭 당사자와 단체교섭 담당자의 문제로 나누어진다. 이는 노동조합 등 근로자 측에는 누가 단체교섭을 할 수 있는가의 문제이지만 사용자 측에는 누가 근로자단체와 교섭할 의무를 지는가의 문제이다.[1]

※ 이 조에 관한 각주의 참고문헌은 '단체교섭 전론(前論) I'의 참고문헌을 가리킨다.
1) 임종률, 123면.

1. 단체교섭 당사자

가. 단체교섭 당사자의 의의

단체교섭의 당사자는 단체교섭의 주체, 즉 단체교섭을 자신의 이름으로 행하고 그 법적 효과가 귀속되는 주체를 말한다.[2)]

나. 근로자 측 당사자

(1) 단위노동조합

㈎ 법내노조 ― 노조법상의 노동조합

노동조합은 가장 전형적인 단체교섭 당사자이다. 노조법에 정한 형식적·실질적 요건을 모두 갖추어 설립된 단위노동조합은 그 조직형태가 기업별·산업별·직종별·지역별 등 어느 것이든 불문하고 또한 가입 조합원의 수에 관계없이 단체교섭 당사자가 될 수 있다.[3)]

㈏ 헌법상 단결체[4)]

① 실질적 요건은 구비하였으나 설립신고라는 형식적 요건을 구비하지 못한 근로자단체

이는 헌법상 단결체로서 단체교섭의 당사자가 된다는 견해[5)]가 다수설이다. 다만, 법내노조만이 정당한 당사자가 될 수 있을 뿐이고 헌법상 단결체는 단체교섭의 당사자가 될 수 없다고 보는 소수 견해[6)]도 있다. 헌법상 단결체가 단체교섭의 정당한 당사자가 될 수 있다고 긍정하는 견해 중에는 사실행위로서 단체교섭을 할 수 있는 능력과 단체협약을 체결할 수 있는 능력을 구분하여 헌법상 단결체의 경우 사실행위로서 단체교섭을 할 수 있는 당사자가 될 수는 있으나 규범적 효력을 가지는 단체협약을 체결할 수 있는 당사자가 될 수 없고 법내노조만이 단체협약 체결능력을 가질 뿐이라고 보는 견해[7)]가 있다.

---

2) 김유성, 127면.

3) 菅野, 671면; 김유성, 128면; 니시타니 사토시, 343면; 박홍규, 232면; 사법연수원a, 143면; 이상윤a, 679면; 임종률, 123면.

4) 일부에서는 법에서 정한 설립신고의 형식적 요건을 갖추지 못하였다는 이유로 '법외노조'라는 표현을 사용하기도 한다.

5) 김기덕, 113~114면; 김유성, 127~128면; 니시타니 사토시, 343면; 민변노동법Ⅱ, 152면; 박홍규a, 231~232면; 이병태, 199면.

6) 이상윤a, 679면; 정기남, 24~25면.

7) 김유성, 127~128면·155~157면.

판례 중에는 "노동조합으로서의 실질적 요건을 갖추지 못하였다면 단체교섭권이나 쟁의행위의 정당한 주체로 될 수 있는 노동조합이라고 볼 수 없다 할 것이나, 노조법상의 노동조합이 아닌 근로자의 단결체는 무조건 단체교섭권 등이 없다는 것은 아니"라고 판시하여[8] 헌법상 단결체라도 단체교섭권의 정당한 주체가 될 수 있음을 간접적으로 긍정한 예가 있다.[9]

헌법상 단체교섭권이란 근로자가 그들의 단결체를 통하여 사용자 또는 사용자단체와 교섭하고 그 교섭의 결과 합의된 사항에 관하여 단체협약을 체결할 수 있는 권리를 말하므로 근로자 주체성, 자주성, 목적성, 단체성 등의 실질적 요건을 갖추어 권리능력이 있는 단체로서 인정할 수 있는 근로자단체에 해당하면 헌법상 단체교섭권의 향유주체가 될 수 있는 것이고, '헌법상 단결체' 역시 이러한 근로자단체에 해당하는 이상 헌법상 단체교섭권의 주체가 된다. 또한 노조법 29조에 의하면 노동조합이 그 대표자나 수임자를 통하여 사용자나 사용자단체와 교섭하고 단체협약을 체결할 권한을 가진다고 규정하고 있고, 여기서 노동조합이라 함은 노조법 2조 4호에서 정의하고 있는 노동조합의 실질적 요건을 갖추고 있는 근로자단체를 가리키고 노조법 10조에 의한 설립신고까지를 마친 노동조합에 한정한다고 할 수 없을 것이므로 위 법 규정의 해석상으로도 이러한 헌법상 단결체는 단체교섭권의 정당한 당사자로 볼 수 있다. 따라서 근로자단체로서의 실질적 요건을 갖추고 있으면 단체교섭뿐만 아니라 단체협약을 체결할 수 있는 정당한 당사자가 된다.[10]

② 실질적 요건(소극적 요건 일부)을 구비하지 못한 근로자단체

노동조합의 실질적 요건 중에서도 적극적 요건을 구비하지 못한 근로자단체가 단체교섭권의 당사자가 될 수 없다는 것에 대하여 학설은 대부분 일치하고 있는 것으로 보인다.[11] 다만, 실질적 요건 중 적극적 요건은 구비하였으나

---

8) 대법원 1997. 2. 11. 선고 96누2125 판결.

9) 같은 취지로 사법연수원a, 147면. 한편, 대법원 2016. 12. 27. 선고 2011두921 판결은 "노조법 2조 4호에서 정한 노동조합의 실질적 요건을 갖춘 근로자단체가 신고증을 교부받지 아니한 경우에도 노조법상 부당노동행위의 구제신청 등 일정한 보호의 대상에서 제외될 뿐, 노동기본권의 향유 주체에게 인정되어야 하는 일반적인 권리까지 보장받을 수 없게 되는 것은 아니다."라고 판시하고 있다.

10) 사법연수원a, 144~146면.

11) 한편, 노동조합의 설립신고가 행정관청에 의하여 형식상 수리되었으나 헌법 33조 1항 및 노조법 2조 4호가 규정한 실질적 요건을 갖추지 못한 경우, 설립이 무효로서 노동조합으로서의 지위를 가지지 않는다는 것이 판례의 태도이다(대법원 1996. 6. 28. 선고 93도855 판결, 대법원 2021. 2. 25. 선고 2017다51610 판결).

소극적 요건 중의 일부에 해당하는 근로자단체의 경우에는 실정 노동관계법의
규정에 저촉된다고 하여 곧 헌법의 노동기본권 보장에 의한 이익을 받지 못한
다는 것은 법이론상 타당하지 않기 때문에 구체적인 경우에 따라 자주성 확보
의 정도를 기준으로 하여 판단해야 한다는 견해와 실질적 요건이 결여된 노동
조합은 단체교섭의 주체가 될 수 없다는 견해가 있다.12)

　　노조법 2조 4호 본문 및 단서의 소극적 요건 중 같은 조항 단서 가·라목
에 정한 바와 같이 근로자단체에 사용자의 이익을 대표하는 자나 근로자가 아
닌 자의 가입이 허용되고 있어 그 소극적 요건을 갖추지 못하고 있지만 그러한
자의 참여 또는 가입에도 불구하고 근로자단체로서 '주체성'과 '자주성'이 흠결
되었다고 볼 수 없는 경우 헌법상의 근로자단체에 해당한다고 할 것이므로 단
체교섭의 주체가 될 수 있다고 봄이 타당해 보인다.

　③ 일시적 쟁의단

　　근로자들이 사용자와 사이에 일시적으로 일정한 근로조건에 관한 대립관계
가 형성되어 그에 관한 주장을 관철하기 위한 쟁의행위의 목적 아래 결성된 이
른바 일시적 쟁의단이 단체교섭의 정당한 주체가 될 수 있는지가 문제된다.

　　단체의 실체를 갖추지 못하였다는 이유로 단체교섭의 당사자가 될 수 없다
고 보는 견해13)가 있다. 이에 대해 근로자단체로서 법적 보호를 받기 위해서는
원칙적으로 단체성이 있어야 하겠지만 미조직 근로자나 해고당한 근로자가 일
시적 결합체로서 쟁의단의 형태로 방어할 수 있는 집단적 이익도 존재하고 또
한 이러한 활동 역시 노동3권의 보장취지에 적합한 경우가 많다는 점을 고려하
면 엄격한 의미의 단체성을 갖추지 못한 근로자의 일시적 결합체에 대해서도
그것이 통일적 의사형성의 주체로 되어 있는 한 노동3권이 보장되어야 할 것이
므로 단체교섭의 정당한 당사자가 될 수 있다고 보아야 한다는 견해14)가 있다.
일본의 다수 견해15)이다.

　　후자의 견해는 다시 사실행위로서 단체교섭뿐만 아니라 단체협약 체결능력
까지 인정하여야 한다는 견해와 사실행위로서 단체교섭의 당사자가 될 수 있을
뿐이고 규범적 효력이 있는 단체협약을 체결할 수 있는 당사자의 지위는 갖지

　12) 이상윤a, 679~680면 참조.
　13) 김형배, 1190면; 이상윤a, 680면.
　14) 김유성, 128면; 박홍규a, 234면; 이병태, 198면; 임종률, 124~125면.
　15) 菅野, 676면; 니시타니 사토시, 348면 각주 22) 참조.

못한다는 견해로 나뉜다.

(2) 상급(연합)단체
㈎ 단체교섭의 당사자성

상급(연합)단체란 단위노조가 산업별·업종별 또는 지역별로 다른 단위노조와 결합관계를 가지는 경우 그 단위노조들의 상부에 존재하는 근로자단체를 말한다. 현행법상 상급단체란 연합단체인 노동조합을 말한다[16]. 이러한 단위노동조합(특히 기업별 단위노동조합)의 상급단체인 연합단체가 독자적으로 단체교섭의 주체, 즉 단체교섭의 당사자가 될 수 있는지 여부가 문제될 수 있다.

첫째, 단체교섭의 당사자성을 부인하는 견해이다. 단체교섭 내지 단체협약 체결의 핵심은 근로조건의 결정에 있고 연합단체의 구성원은 조합원이 아니라 노동조합이므로 연합단체가 그 구성원이 아닌 개별 조합원에게 직접 적용될 근로조건에 관하여 교섭·결정할 권한이 없고 단위노조가 조합원을 위하여 교섭할 권한을 위임해야 교섭권한이 생긴다는 견해이다.[17]

둘째, 단체교섭의 당사자성을 긍정하는 견해이다. 연합단체도 노동조합이고 (법 2조 4호 본문) 교섭할 권한을 가진 노동조합(법 29조 1항)에 해당하므로 연합단체의 독자적 사항(상대방인 사용자 또는 사용자단체로부터의 조직승인, 교섭절차 등)이나 연합단체에 가입한 단위노조들의 공통적 사항(근로조건의 통일적 규율 등)에 대해서는 위임이 없더라도 당연히 교섭의 당사자가 된다고 하는 견해이다.[18] 이 견해에 의하면 연합단체가 가지는 단체교섭권은 연합단체 고유의 단체교섭권이고, 연합단체는 근로조건의 통일적 규율에 관하여 통일적 교섭당사자 적격을 가진다.

셋째, 연합단체는 당연히 단체교섭의 당사자로 인정되는 것은 아니고, 기업별 노동조합이 가입하고 있는 연합단체가 소속 노동조합에 대하여 단체교섭에 관한 통제력을 확보하고 있는 경우에 한하여 예외적으로 단체교섭의 당사자가 될 수 있다는 견해도 있다.[19]

연합단체도 노동조합이고 노동조합인 이상 근로조건의 유지·개선을 위한

---

16) 이상윤a, 680면.
17) 김형배, 1196~1197면.
18) 임종률, 124면; 이상윤a, 681면(상부단체는 하부노조에 대한 통제력 유무에 불구하고 단체교섭의 주체가 될 수 있다고 본다).
19) 菅野, 673면; 김유성, 128면; 니시타니 사토시, 347면; 박홍규a, 233면.

단체교섭에서 예외일 수 없으므로 연합단체의 독자적 사항에 대해서는 당연히 단체교섭의 주체가 되고, 가입한 단위노조들에 대한 통제력을 가지고 있는 이상 단위노조들에 관련된 사항에 대해서 단체교섭의 주체가 될 수 있다고 보는 것이 타당하다.

(나) 단체교섭권의 배분 및 경합

그런데 연합단체가 단체교섭의 당사자인 경우에 연합단체와 가입된 단위노조가 각각 어떠한 사항에 관하여 교섭권한을 가지는가 하는 교섭권의 배분 문제와 연합단체와 가입된 단위노조가 사용자에 대하여 동일한 사항에 대하여 각각 단체교섭을 신청할 수 있는가 하는 교섭권의 경합 문제가 발생할 수 있다. 단위노조가 연합단체에 대해 교섭을 위임하거나 공동으로 단체교섭을 하는 경우 교섭권 경합의 문제는 발생하지 않고, 위임을 하지 않은 상태에서 연합단체가 단체교섭의 당사자로서 교섭권을 행사하려고 하는 경우에는 경합의 문제가 발생할 수 있다.

우선, 교섭권 배분의 문제는 원칙적으로 단체자치에 속하는 것이므로 조합규약에 정함이 있는 경우에는 그에 따르나, 규정이 없는 경우에는 소속 단위노조 일반에 공통적인 사항에 대하여는 연합단체가, 단위노조에 특유한 사항에 관하여는 당해 단위노조가 단체교섭의 당사자가 된다고 보는 것이 타당하다.[20]

다음으로, 교섭권 경합의 문제는 바꾸어 말하면 사용자가 교섭권의 경합을 이유로 단체교섭을 거부할 수 있는가의 문제이다. 소속 단위노조가 교섭을 진행하고 있는 도중에 상급단체인 연합단체가 별도로 교섭을 신청한 것 자체를 이유로 연합단체와의 교섭을 거부하면 부당노동행위가 성립한다(법 81조 1항 4호). 그런데 연합단체가 별도로 교섭을 신청한 것 자체를 이유로 하지 않고 동일한 교섭사항에 대하여 소속 단위노조와 이미 교섭이 개시되어 있기 때문에 두 개의 조직과 교섭이 무의미함을 구실로 사용자가 상급단체와의 단체교섭을 거부하는 경우에 부당노동행위가 성립하는지 문제된다. 이는 단체교섭거부에서 정당한 사유의 존부 문제이다.

이에 대하여 교섭사항에 따라 개별적으로 판단하여야 한다면서 교섭사항은 (i) 상급단체에 고유한 사항, (ii) 가입 단위노조에 동일한 의미를 가지는 사항,

---

20) 김유성, 128~129면.

(iii) 상급단체와 가입 단위노조 모두에 공통된 사항으로 나눌 수 있고, (ⅰ)과 (iii)에 대해서는 상급단체와의 교섭을 거부할 수 없고(달리 말하면 이는 교섭권 배분의 문제이기도 함), (ⅱ)에 대해서는 (이중 교섭을 회피하기 위하여) 양자의 조정·통일이 이루어지기까지 일시적으로 교섭을 거부할 수 있다는 견해21)가 있다.

(3) 지부·분회 등 하부조직

노조법상 요건을 갖춘 노동조합은 그 조직형태가 기업별·지역별·산업별 어느 형태이든 조합원의 수에 관계없이 단체교섭의 당사자가 됨은 당연하다. 그런데 노동조합이 산업별노조 등 초기업별로 조직되어 있는 경우22) 하부조직으로 지부·분회 또는 지회 등을 두는 것이 통상적인데 이들 하부조직은 노조법상 노동조합의 하부조직이지 노동조합 자체는 아니기 때문에 단체교섭의 당사자가 될 수 있는지에 대해 의문이 생긴다.

첫째, 단위노조의 지부나 분회도 독자적인 규약 및 집행기관을 가지고 독립된 단체로서 활동을 하는 경우에는 당해 조직에 특유한 사항에 대하여 단체교섭의 당사자가 될 수 있고, 다만 지부나 분회는 상부조직인 노동조합의 통제에 따라야 한다는 견해가 있다.23) 대법원이 취하고 있는 입장이다.24)

둘째, 상부조직으로서의 단위노조가 실질적으로 지부·분회의 개별적 또는 특수한 사항들까지 규율할 수 있는 통제력과 조직력을 가지고 있지 않은 반면, 지부·분회는 그 구성조합원의 지지를 바탕으로 독자적인 조직과 규약을 갖추고 독립적인 활동을 하고 있는 경우에는 그 지부·분회는 단체교섭의 당사자가 될 수 있으나, 이러한 경우 단체교섭 당사자 경합의 문제가 생길 수 있으므로 지부·분회가 단체교섭 당사자 지위를 가지려면 원칙적으로 단위노조의 규약에

---

21) 菅野, 673면; 김유성, 129면; 박홍규a, 234면; 이승욱, 46면.
22) 기업별노조에서도 그 산하 사업장들에 대하여 지부, 분회를 설치하는 경우가 있는데, 이때에도 지부, 분회 등 하부조직의 당사자성이 문제되나 이는 산업별노조 등 초기업 단위노조에서 이루어지는 논의구조와 동일하다.
23) 김유성, 129면; 노재관, 186면; 박홍규a, 233면.
24) 대법원 2001. 2. 23. 선고 2000도4299 판결에서 산업별노조와 같은 초기업 단위노조의 하부조직에 대하여 "노동조합의 분회나 지부가 독자적인 규약 및 집행기관을 가지고 독립된 조직체로서 활동을 하는 경우 당해 조직이나 그 조합원에 고유한 사항에 대하여는 독자적으로 단체교섭을 하고 단체협약을 체결할 수 있다"고 하고, "이는 그 분회나 지부가 노조법 시행령 7조의 규정에 따라 그 설립신고를 하였는지 여부에 영향받지 아니한다"고 판시한 바 있다. 그밖에 대법원 2008. 1. 18. 선고 2007도1557 판결 참조. 한편, 대법원 2016. 2. 29. 선고 2012다96120 전원합의체 판결에서 산업별 노동조합 지회의 조직형태 변경결의를 통한 기업별 노동조합으로 전환을 긍정하였다.

의한 교섭권한의 부여 또는 개별적 권한위양이 있어야 한다는 견해이다.25)

셋째, 단위노조의 지부·분회 등 산하조직은 그 자체로 독립된 노동조합은 아니고, 산하조직이 단체로서 그 실체를 가진다고 하여 독자적인 단체교섭권을 가진다고 하면 원래 그 상급단체인 단위노조의 단체교섭권은 형해화된다는 점, 산하조직이 단체교섭권을 가지는 경우에도 그것은 단위노조의 규약상의 수권이나 개별적 위임행위에 근거한 결과일 뿐 산하조직의 고유한 권능에 근거한 것은 아니라는 점에서 단위노조의 지부·분회 등 산하조직은 독자적으로 단체교섭권을 가지는 것은 아니고, 다만 단위노조의 수권 또는 위임이 있는 경우 또는 산하조직이 그 명칭과 달리 상급노조에 대한 가입·탈퇴를 단체로서 하는 등 실질적으로는 단위노조와 다를 바 없는 경우에는 독자적으로 단체교섭의 당사자가 될 수 있다는 견해가 있다.26)

생각건대, 단체교섭의 당사자 지위를 판단할 때에는 노동조합의 하부조직이 단체교섭의 당사자가 될 조직적 실체를 갖추고 있느냐 하는 문제와 구체적으로 해당 노동조합에서 규약 등에 의하여 하부조직이 단체교섭의 당사자가 되느냐 하는 문제를 구별하여야 한다. 그리고 전자는 하부조직의 조직적 독립성, 즉 단체의 실체 여부에 따라 판단하여야 하고, 후자는 독립적 단체의 실체를 갖고 있는 하부조직이 단위노조 및 그 하부조직의 규약 등에 의하여 구체적으로 당사자로서 단체교섭을 할 수 있는지 여부에 따라 판단하여야 한다. 단위노조의 지부·분회 또는 지회가 설치되어 있고, 이러한 지부·분회 등이 독자적인 규약 및 집행기관을 가진 독립적인 단체로 인정되는 경우에는 단위노조 및 하부조직의 규약 등이 정하는 바에 따라 일정한 범위 안에서 단체교섭의 당사자가 될 수 있다.27)

(4) 단체교섭 당사자의 제한 허용 여부 — 유일교섭단체조항

단체협약에 "사용자는 특정 노동조합이 해당 근로자를 대표하는 유일한 교섭 상대방임을 인정한다" 또는 "회사는 특정 노동조합을 회사 내의 유일한 교섭단체로 인정한다"고 규정하는 경우가 많다. 유일교섭단체조항은 사용자가 특정 노동조합만을 단체교섭의 상대방으로 인정하고 다른 노동조합과는 교섭하지

---

25) 김형배, 1198~1199면.
26) 임종률, 124면.
27) 김기덕, 134면.

않을 것임을 약정하는 단체협약조항을 말한다.[28]

　　유일교섭단체조항의 법적 효력과 관련하여 이 조항은 해당 노동조합의 조합원이 아닌 근로자의 단결권과 단체교섭권을 침해하는 것으로서 위법·무효이며, 사용자는 이를 이유로 다른 노동조합의 단체교섭 요구를 거부할 수 없다는 것이 통설이다.[29] 대법원 2016. 4. 15. 선고 2013두11789 판결은 산업별 단위노동조합으로서 사용자와 직접 단체협약을 체결해 온 원고만이 단체교섭을 할 수 있는 유일한 노동단체이고, 다른 어떠한 노동단체도 인정하지 않는다는 내용임이 명백한 단체협약조항이 근로자의 노동조합 결성 및 가입의 자유와 단체교섭권을 침해하여 노조법 5조, 29조 1항에 위배된다고 판단하였다.[30]

　　유일교섭단체조항은 사용자가 통상적으로 연합단체인 노동조합과 교섭을 거부하기 위하여 체결하는 경우가 많고, 간혹 노동조합이 사용자와의 교섭에서 다른 노동조합을 배제하려는 의도를 가지고 체결하는 경우도 있을 수 있다. 그러나 이 조항은 정당한 단체교섭권자, 즉 단체교섭 당사자의 단체교섭권을 제한하는 것으로 허용될 수 없다고 보아야 한다.[31]

다. 사용자 측 당사자

　　단체교섭의 사용자 측 당사자는 헌법이 보장하는 단체교섭권의 주체가 아니다. 헌법상 근로자의 단체교섭권 보장을 실현하기 위해서 노조법상 노동조합의 상대방으로서 단체교섭의 당사자로 정하고 있을 뿐이다. 그러므로 사용자 측 당사자란 근로자 측 당사자의 단체교섭 요구에 대하여 그 상대방 당사자로서 성실하게 교섭에 응할 의무가 있는 자를 말하는바, 사용자와 사용자단체가 여기에 해당한다.

---

28) 유일교섭단체조항은 비단 단위노조 상호간뿐 아니라 단위노조와 상급단체 또는 하부조직 간에도 문제될 수 있다.

29) 菅野, 675면; 김형배, 1199~1200면; 박홍규a, 232면; 사법연수원a, 163면; 이병태, 200면; 임종률, 131면; 반면 김유성 교수는 유일교섭단체조항을 무효라고 보면서도 단체교섭 담당자의 문제로 다루고 있다(김유성, 133~134면). 단체교섭 당사자인 다른 노조의 배제문제이므로 단체교섭의 당사자 문제로 보는 것이 타당해 보인다.

30) 중부지방고용노동청 평택지청장이 전국금속노조를 상대로 유일교섭단체조항에 대하여 한 시정명령이 적법하다고 판단한 사건이다. 대법원 2016. 1. 28. 선고 2012두15821 판결도 같은 취지이다.

31) 김기덕, 149면.

(1) 사 용 자

사용자라 함은 사업주, 사업의 경영담당자 또는 그 사업의 근로자에 관한 사항에 대하여 사업주를 위하여 행동하는 자를 말하지만(법 2조 2호), 교섭당사자로서 사용자는 협의의 사용자, 즉 사업주만을 의미한다. 따라서 개인 사업의 경우에는 사업주 개인이, 법인인 경우에는 법인 그 자체가 교섭당사자가 되며,[32] 사업자의 일부 조직(사업소, 지점 등)이나 기관(이사, 사업소장 등)은 교섭당사자가 아니다.

사용자의 개념에 관하여 기존 판례는 근로자와의 사이에 사용종속관계가 있는 자, 즉 근로자와의 사이에 그를 지휘·감독하면서 그로부터 근로를 제공받고 그 대가로서 임금을 지급하는 것을 목적으로 하는 명시적이거나 묵시적인 근로계약관계를 맺고 있는 자를 말한다고 한다.[33] 그러나 이러한 판례의 입장에 대하여 노조법상 단체교섭의 당사자가 되는 사용자 개념은 노조법이 설정하고 있는 단체교섭·단체협약 등 제도의 취지에 비추어 합목적적으로 해석되어야 할 것이고 근기법상 근로계약관계의 당사자로 되는 사용자 개념의 틀 안에서 제한적으로 이해하는 것은 부당하다는 비판적인 견해가 대부분이다.[34] 대법원은 골프장 경기보조원, 학습지 교사, 카마스터 등 근기법상 근로자성이 인정되지 않는 사안에서 노조법상 근로자성을 인정하는 판례[35]들을 내놓고 있는바, 이

32) 菅野, 677면; 김유성, 129면; 박홍규a, 235면; 임종률, 132면.
33) 대법원 1986. 12. 23. 선고 85누856 판결, 대법원 1993. 11. 23. 선고 92누13011 판결, 대법원 1995. 12. 22. 선고 95누3565 판결, 대법원 1997. 9. 5. 선고 97누3644 판결, 대법원 2008. 9. 11. 선고 2006다40935 판결 등.
34) 김유성, 129~130면; 김형배, 1212면; 박홍규a, 235면; 이병태, 202면; 임종률, 132면, 285~287면.
35) 대법원 1993. 5. 25. 선고 90누1731 판결, 대법원 2004. 2. 27. 선고 2001두8568 판결, 대법원 2018. 6. 15. 선고 2014두12598 등 판결, 대법원 2019. 6. 13. 선고 2019두33712 판결[노동조합법은 근로자가 노동조합의 주체라고 명시하고(노동조합법 2조 4호 본문), 근로자에 관하여 직업의 종류를 묻지 않고 임금·급료 그 밖에 이에 준하는 수입으로 생활하는 사람이라고 정의하고 있다(노동조합법 2조 1호). 노동조합법상 근로자는 사용자와 사용종속관계에 있으면서 노무에 종사하고 대가로 임금 그 밖의 수입을 받아 생활하는 사람을 말하고, 사용자와 사용종속관계가 있는 한 노무제공계약이 고용, 도급, 위임, 무명계약 등 어느 형태이든 상관없다. 구체적으로 노동조합법상 근로자에 해당하는지는 노무제공자의 소득이 주로 특정 사업자에게 의존하고 있는지, 노무를 제공받는 특정 사업자가 보수를 비롯하여 노무제공자와 체결하는 계약 내용을 일방적으로 결정하는지, 노무제공자가 특정 사업자의 사업 수행에 필수적인 노무를 제공함으로써 특정 사업자의 사업을 통해서 시장에 접근하는지, 노무제공자와 특정 사업자의 법률관계가 상당한 정도로 지속적·전속적인지, 사용자와 노무제공자 사이에 어느 정도 지휘·감독관계가 존재하는지, 노무제공자가 특정 사업자로부터 받는 임금·급료 등 수입이 노무 제공의 대가인지 등을 종합적으로 고려하여 판단하여야 한다. 노동조합법은

에 대응하여 노조법상 사용자성도 확장되어 인정된다고 볼 수 있다.

　나아가 사회적으로 다양한 형태의 간접고용이 늘어나면서 노사문제를 합리적으로 해결하기 위해서는 사용자의 개념을 근로계약의 당사자로 국한할 것이 아니라 이를 실질에 맞게 확장해야 할 필요성이 대두되었다. 이와 관련하여 하청업체 소속 근로자들이 원청업체에 대하여 단체교섭을 요구할 수 있는지 즉, 원청이 단체교섭 당사자로서 단체교섭의무를 부담하는지가 문제된다. 근로계약상의 사용자가 아니더라도 근로조건이나 노동관계에 실질적 영향력과 지배력을 행사할 수 있는 자 등은 일정한 범위에서 단체교섭의 당사자로 보아야 한다는 견해(지배력설)가 다수설이다.36)37) 원청업체가 단체교섭의무를 부담하는 구체적인 범위에 관해서는 다양한 견해가 전개되고 있다.

　최근 중앙노동위원회는 2021. 6. 2.자 중앙2021부노14 판정(씨제이대한통운 사건)에서 "근로자와 직접 근로계약 내지 사용종속적 노무제공계약을 체결한 원사업주가 아닌 사업주가 부분적으로라도 원사업주 소속 근로자의 기본적인 노동조건 등을 지배·결정하는 법률적 또는 사실적인 권한과 책임을 가지는 이상 그 권한과 책임에 상응하여 노동조합법상 사용자로서 단체교섭의무를 부담하는 것이 합당하다. 노동조합법상 단체교섭의무를 부담하는 사용자에 해당하는지는 헌법상 기본권인 단체교섭권을 구체적으로 실현하는 과정에서 노무제공관계의 실질에 비추어 단체교섭의 대상인 노동조건 등을 지배·결정하는 자가 누구인지를 기준으로 판단하여야 한다"라고 하여 단체교섭의 당사자가 문제된 사안에서 '지배력설'을 채택하였다.38)39) 이에 대하여 씨제이대한통운이 제기한 취소소

　헌법에 의한 근로자의 노동3권을 보장하여 근로조건의 유지·개선과 근로자의 경제적·사회적 지위 향상을 도모하는 것 등을 목적으로 제정된 것으로(1조), 개별적 근로관계를 규율하기 위해 제정된 근로기준법과는 목적과 규율 내용이 다르다. 이러한 노동조합법의 입법 목적과 근로자에 대한 정의 규정 등을 고려하면, 노동조합법상 근로자에 해당하는지는 노무제공관계의 실질에 비추어 노동3권을 보장할 필요성이 있는지라는 관점에서 판단하여야 하고, 반드시 근로기준법상 근로자에 한정되는 것은 아니다] 등.

36) 김선수, 360면; 김유성, 130면; 김형배, 1212~1213면; 박수근, 51면; 이병태, 396면; 이상윤a, 687면; 임종률, 285~287면; 조경배, 230면 참조. 노조법상 사용자성에 관한 논의의 일부로서 단체교섭의 당사자 문제에 국한되지 않는다. 한편, 윤애림은 근로자가 노동3권을 행사할 때 그 대향관계에 있는 자를 노조법상 사용자로 보아야 한다는 견해(대향관계설)를 취하고 있다. 이는 지배력설을 비판, 발전시킨 견해로 이해될 수 있다. 학설 대립에 관한 자세한 내용은 법 2조 2호에 대한 해설 부분 참조.

37) 이에 반대하는 견해로 단체교섭의무를 부담하는 사용자는 근로계약의 당사자로 한정된다는 견해가 있다(김영문 등).

38) 서브터미널에서 택배기사의 배송상품 인수시간 단축, 집화상품 인도시간 단축, 택배기사 1

송에서 2023. 1. 12. 위 재심판정이 적법하다고 보아 원고의 청구를 기각하는 판결이 선고되었다(서울행법 2021구합71748 판결). 이 판결의 자세한 내용은 법 2 조 2호에 대한 해설 Ⅲ. 4. 다. 참조.

한편, 대법원은 2010. 3. 25. 선고 2007두8881 판결에서 "근로자의 기본적인 노동조건 등에 관하여 그 근로자를 고용한 사업주로서의 권한 책임을 일정 부분 담당하고 있다고 볼 정도로 실질적이고 구체적으로 지배·결정할 수 있는 지위에 있는 자가 노동조합을 조직 또는 운영하는 것을 지배하거나 이에 개입하는 등으로 노조법 81조 4호 소정의 행위를 하였다면 그 시정을 명하는 구제명령을 이행하여야 할 사용자에 해당한다"고 판시하여 실질적 결정권자인 원청사용자를 사내하도급 근로자들에 대한 지배·개입의 사용자로 인정하였는데[40], 위와 같은 판결의 취지가 단체교섭의무를 부담하는 사용자 판단에 확장될 수 있을지 귀추가 주목되고 있다.[41]

(2) 사용자단체

사용자단체도 단체교섭의 당사자가 될 수 있다(법 29조, 30조). 그런데 노동조합의 단체교섭 상대방으로서 사용자 측 단체교섭 당사자로 논의되는 사용자단체란 노동관계에 관하여 그 구성원인 사용자에 대하여 조정 또는 규제할 수 있는 권한을 가진 사용자의 단체로서(법 2조 3호) 그 정관이나 규약에서 개별 사용자를 위하여 통일적으로 단체교섭을 행하고 단체협약을 체결할 수 있도록 규정되어 있으며, 그 구성원들에 대하여 노사관계의 규제에 관하여 실질적 통제력을 가져야 한다는 것이 다수설[42]과 판례[43]의 태도이다. 통일적 교섭권한을 가지는

인당 1주차장 보장 등 작업환경 개선, 주5일제 및 휴일·휴가 실시, 수수료 인상 등 급지체계 개편, 사고부책 개선의 교섭요구사항 전부에 대하여 원청업체인 씨제이대한통운이 실질적이고 구체적인 지배·결정권을 갖는 사용자에 해당한다고 판단하였다.
39) 또한 중노위는 2022. 3. 24.자 중앙2021부노268 판정(현대제철 사건)에서 지배력설에 근거하여 원청업체인 현대제철이 '산업안전보건'에 관한 노동조건을 실질적이고 구체적으로 지배·결정하는 지위에 있으므로 협력업체와 중첩적으로 위 사항에 대한 교섭의무를 부담한다고 판단하였고, 나머지 교섭요구사항 ― 차별시정, 불법파견 해소, 자회사 전환 관련 협의 ― 에 대하여는 현대제철의 단체교섭의무를 부정하였다(현대제철이 서울행정법원 2022구합69230호로 취소소송을 제기하였음).
40) 대법원 2014. 2. 13. 선고 2011다78804 판결, 대법원 2021. 2. 4. 선고 2020도11559 판결 등 참조.
41) 하급심에는 지배력설을 채택한 판결과 기존의 명시적·묵시적 근로관계설에 따라 판단한 판결이 모두 존재한다. 현재 대법원에 2018다296229 사건(현대중공업 사건)이 계류되어 있다.
42) 김유성, 133면; 이병태, 212면; 임종률 131면.
43) 대법원 1979. 12. 28. 선고 79누116 판결, 대법원 1992. 2. 25. 선고 90누9049 판결, 대법원

지 여부는 그 단체의 정관에 그러한 취지의 규정이 있는지 여부 또는 교섭권한을 행사한 관행이 있는지 여부를 종합하여 객관적으로 판단하여야 한다고 한다.44) 따라서 사용자들의 생산·판매 등 일반적인 경제적 이익의 증진을 위해 결성된 단체 또는 노동문제에 관한 정보교환·선전 및 지도만을 하는 단체는 노사문제에 관하여 통일적인 의사형성이 불가능하기 때문에 단체교섭의 주체인 사용자단체라 할 수 없다고 한다.45) 이에 대하여 사용자단체의 개념을 엄격하게 해석하고 있는 판례 법리를 재검토해야 한다는 비판적인 견해가 있다.46) 사용자단체에 해당하는 이상 그 구성원인 사용자로부터 교섭권한을 위임받지 않더라도 단체교섭의 당사자가 된다.47)

2. 단체교섭 담당자

가. 단체교섭 담당자의 의의

단체교섭의 담당자란 단체교섭 당사자를 위하여 사실행위로서 단체교섭을 하는 자를 말한다.48) 노조법은 담당자와 관련하여 근로자 측 담당자로서 노동조합 대표자와 노동조합의 위임을 받은 자를, 사용자 측 담당자로서 사용자 또는 사용자단체의 위임을 받은 자를 규정하고 있다(법 29조). 그러므로 단체교섭 당사자의 대표자(노동조합의 대표자, 개인사업의 사업주 본인, 법인의 대표자)는 당연히 단체교섭 담당자가 된다.49) 그리고 단체교섭 당사자가 단체교섭 또는 단체협약의 체결의 권한을 타인에게 위임한 때에는 그 수임자도 단체교섭 담당자가 된다.

노동조합이나 사용자 또는 사용자단체가 교섭권한을 위임했더라도 위임자의 교섭권한은 소멸되는 것이 아니고 수임자의 교섭권한과 중복하여 경합적으로 남는다.50)

1999. 6. 22. 선고 98두137 판결.
44) 임종률, 133면.
45) 이병태, 202면; 대법원 1999. 6. 22. 선고 98두137 판결(식품위생법상의 동업자조합은 사용 자단체에 해당하지 않는다는 판례).
46) 정인섭, 68~69면; 박제성a, 72~73면. 자세한 내용은 법 2조 3호에 대한 해설 참조.
47) 임종률, 133면.
48) 김기덕, 149면; 김유성, 131면; 김형배, 1214면; 박홍규a, 236면; 이병태, 204면; 이상윤a, 689면; 임종률, 134면.
49) 한편, 법 29조 2항은 법 29조의2에 따라 결정된 교섭대표노동조합의 대표자가 단체교섭을 담당하는 것으로 정하고 있다.
50) 대법원 1998. 11. 13. 선고 98다20790 판결.

나. 근로자 측 교섭담당자

노동조합은 스스로 교섭행위를 할 수 없으므로 그 대표자가 교섭담당자가 되는 것은 당연하다. 노조법이 "노동조합의 대표자는 그 노동조합 또는 조합원을 위하여 사용자 또는 사용자단체와 교섭하고 단체협약을 체결할 권한을 가진다"(법 29조 1항)라고 규정함으로써 이 점을 확인해주고 있다.

또한 "노동조합과 사용자 또는 사용자단체로부터 교섭 또는 단체협약의 체결에 관한 권한을 위임받은 자는 그 노동조합과 사용자 또는 사용자단체를 위하여 위임받은 범위 안에서 그 권한을 행사할 수 있다"(법 29조 3항)고 규정하고 있다. 따라서 노동조합으로부터 위임을 받은 자 역시 근로자 측 교섭담당자이다.

(1) 노동조합의 대표자

노동조합의 대표자란 규약에 따라 선출되어 노동조합을 대표하는 자, 즉 노동조합의 임원 중에서 대외적으로 노동조합을 대표하고 대내적으로 노동조합의 업무집행을 총괄하는 권한을 가진 자를 말한다.[51] 그러므로 조합 내부의 정당한 절차를 거쳐 실질적으로 조합원의 대표로서 선출된 자는 '조합장'이나 '위원장' 등의 명칭을 불문하고 여기서 말하는 노동조합의 대표자이다.[52] 노동조합의 대표자는 별도의 위임 없이도 당연히 단체교섭의 담당자가 된다.

(2) 노동조합으로부터 위임을 받은 자

노동조합은 교섭권한을 제3자에게 위임할 수 있다. 노동조합으로부터 교섭권한을 위임받은 자는 그 노동조합을 위하여 "위임받은 범위 안에서" 그 권한을 행사할 수 있다(법 29조 3항). 노동조합으로부터 위임을 받은 자에 대해 교섭권한을 인정한 취지는 기업별 노조형태가 통례인 우리나라의 실정에서 기업의 종업원인 조합원에 의한 교섭만으로는 사용자와 대등한 입장에 서는 것이 현실적으로 어렵다는 점을 고려하여 단체교섭에서 외부전문가의 조력을 받도록 하여 단체교섭권 보장을 구체화하려는 데 있다.[53]

(가) 위임의 상대방

교섭권한의 위임을 받을 수 있는 자의 범위에 대하여는 특별한 제한이 없

---

51) 임종률, 134면.
52) 김유성, 131면.
53) 김유성, 132면.

다. 따라서 노동조합의 경우 기업 내외를 불문하고 교섭위원 위촉의 형식으로
그 임원이나 조합원에게 위촉할 수도 있고, 다른 노동조합의 임원, 상급단체의
임직원, 변호사, 공인노무사 등 제3자에게 위임할 수 있다.

　　위임절차와 관련하여서는 단체교섭의 위임이 총회의 의결사항인 '단체협약
에 관한 사항'(법 16조 1항 3호)에 해당하는지가 문제된다. 노동조합의 민주성은 규
약자치를 통하여 확보함이 원칙이라는 점, 교섭국면에서 특히 동적인 탄력성이
요구되는 점, 그리고 "단위노동조합은 총회 또는 대의원회의 의결을 거쳐 당해
노동조합이 가입한 연합단체인 노동조합에 교섭을 위임할 수 있다"고 정한 구
노동조합법상의 규정(33조 2항)을 삭제한 점 등을 고려하면 노조의 자치에 맡겨야
한다는 견해54)가 타당하다.

　　⑷ 제3자 위임금지 조항

　　단체협약에서 기업 외부 혹은 조합원 이외의 제3자에게 단체교섭을 위임하
지 않겠다는 내용의 조항을 협정하는 예가 있다. 이것을 이른바 '제3자 위임금
지 조항'이라고 하는데, 사용자가 조합원 이외의 제3자가 단체교섭 담당자로 나
오는 것을 꺼려서 생긴 협정이다. 제3자 위임금지 조항을 두고 있는 경우에 노
동조합이 그에 위반하여 단체교섭을 위임할 수 있는가의 문제가 발생한다. 결국
노동조합이 제3자 위임금지 조항을 체결한 상태에서 단체교섭상 특수한 사정이
발생하여 제3자에게 교섭을 위임한 경우에 사용자는 제3자 위임금지 조항의 체
결을 이유로 제3자와의 교섭을 거부할 수 있는가의 문제이기도 하다.

　　제3자 위임금지 조항의 유효성에 대하여는, 연합단체인 노동조합은 단위노
동조합과 사이의 관계에서 보면 상급단체에 해당하므로 엄격한 의미의 제3자라
고 할 수는 없을 것이며, 오히려 연합단체와 단위노동조합 사이의 내부관계에서
는 조직상의 일체성을 지니고 있으므로 제3자 위임금지 조항이 상급단체인 연
합단체를 포함하여 일체의 교섭위임을 금지하는 것인지는 그 조항의 체결취지
와 배경에 비추어 합리적으로 해석하여야 한다는 견해,55) 단체협약 당사자 간에
채무적 효력을 가지는 데 불과하기 때문에 조항 자체를 무효로 볼 것은 아니고
조항에 위반하여 제3자에게 교섭을 위임한 경우에는 손해배상책임을 지지만 제
3자에 대한 위임 자체는 유효하고, 이 조항을 이유로 한 단체교섭거부는 부당노

---

54) 김유성, 132면.
55) 김형배, 1216~1217면.

동행위에 해당한다는 견해,56) 노동조합이 이 조항에 관계없이 제3자에게 교섭
을 위임할 필요성이 있고 단체교섭에 응하더라도 특별한 지장이 없는 경우에는
사용자가 그 제3자와의 단체교섭을 거부할 수 없다고 보는 견해57) 등이 있다.

　노조법 29조 3항에서 노조가 제3자에게 위임하여 단체교섭 권한을 행사할
수 있도록 하고 있는 것은 단체교섭에서 상급단체인 연합단체 등의 조력을 받
을 수 있도록 하고 사용자 또는 사용자단체로 하여금 이러한 수임자의 단체교
섭에 성실하게 응하도록 강제함으로써 단체교섭권을 실질적·구체적으로 보장
하기 위한 것에 그 취지가 있다고 해석되므로, 제3자 위임금지 조항은 위 법 규
정에 반하고, 정당한 단체교섭권을 갖고 있는 연합단체 등 다른 노동조합의 단
체교섭권을 침해할 수도 있어 무효이다.58)

　㈐ 교섭 권한의 범위 — 교섭권한과 협약체결권의 관계

　① 노조법 29조 1항의 개정 경위

　구 노동조합법(1996. 12. 31. 법률 5244호로 폐지되기 전의 것) 33조는 '교섭권
한'이라는 제목 아래 1항 본문에서 "노동조합의 대표자 또는 노동조합으로부터
위임을 받은 자는 그 노동조합 또는 조합원을 위하여 사용자나 사용자단체와
단체협약의 체결 기타의 사항에 관하여 교섭할 권한이 있다."라고 규정하여 현
행법과 달리 노동조합 대표자의 협약체결권한을 명시하고 있지 않았다.

　그리하여 노동조합 대표자의 교섭권한과 관련해서 조합원 총회의 의결을
거쳐야만 단체협약을 체결할 수 있는 것으로 정한 노동조합 규약상의 이른바
'총회인준투표제'의 효력이 문제되었다. 다수 학설은 노동조합의 대표자는 교섭
권한을 가질 뿐 협약체결권을 당연히 가지는 것은 아니라고 하거나, 단결자치의
원칙상 노동조합은 규약이나 총회의 결정에 의하여 노동조합 대표자 등의 권한
을 제한할 수 있다는 것을 근거로 이러한 총회인준투표제를 유효한 것으로 보
고 있었다.59)

---

56) 김유성, 133면.
57) 임종률, 138면.
58) 사법연수원a, 153면.
59) 김유성, 134면; 민변노동법Ⅱ, 157~158면; 사법연수원a, 151면; 이병태, 205~206면[일본의
　　경우 단체교섭 담당자는 단체교섭의 사실행위만을 할 수 있고, 단체협약체결의 법률행위는
　　조합규약이나 조합원 총회의 결의에 의한 별도의 위임이 없는 한 할 수 없다는 것이 통설과
　　판례의 입장이었다(大阪地裁 1975. 2. 1. 判決 勞働判例 360). 이에 따라 조합규약에서 '중요
　　한 근로조건에 관한 사항'은 조합원 총회의 결의에 따른다는 규정이 있는 경우 조합원 총회

그러나 대법원은 1993. 4. 27. 선고 91누12257 전원합의체 판결에서 노동조합 대표자의 교섭할 권한에는 사실행위로서의 단체교섭의 권한 외에 교섭한 결과에 따라 단체협약을 체결할 권한이 포함되므로, 노동조합의 대표자가 단체교섭의 결과에 따라 <u>사용자와 단체협약의 내용을 확인한 후 다시 협약안의 가부에 관하여 조합원 총회의 의결을 거치도록 하는 것</u>은 이러한 노동조합 대표자의 협약체결권을 전면적·포괄적으로 제한하는 것으로서 무효라고 판시하였다. 이후 헌법재판소도 동일한 취지의 결정을 하였다.[60)]

1997. 3. 13. 국회는 노조법을 재제정하면서 대법원의 견해를 입법적으로 수용하여 노조법 29조 1항에서 노동조합 대표자는 교섭권한과 함께 협약체결권한을 가지는 것으로 명시하였다.

② 총회인준투표제의 유효성

노동조합 대표자의 단체협약체결권을 노동조합 규약이나 단체협약에서 정한 총회인준투표제(총회인준권 조항)에 의해 제한할 수 있는지 문제된다. 이는 총회인준투표제의 적법성·유효성의 문제이기도 하다.

대법원은 위 전원합의체 판결에서 총회인준투표제는 대표자 등의 협약체결권을 전면적·포괄적으로 제한함으로써 사실상 단체협약체결권한을 형해화하여 명목에 불과한 것으로 만드는 것이어서 위법하다고 판시하였고, 나아가 대법원 1998. 1. 20. 선고 97도588 판결에서는 노동조합의 대표자 등이 사용자와 단체협약의 내용을 합의한 후 조합원 총회의 의결을 거친 후에만 단체협약을 체결할 것임을 명백히 하였다면 노동조합의 조합원 총회에서 단체협약안을 받아들이기를 거부하여 단체교섭의 성과를 무로 돌릴 위험성이 있고, 따라서 사용자측의 최종적인 결정 권한이 없는 교섭대표와의 단체교섭 회피 또는 해태를 정당한 이유가 없는 것이라고 비난하기도 어렵다 할 것이므로, 사용자측의 단체교섭 회피가 구 노동조합법 39조 3호가 정하는 부당노동행위에 해당한다고 보기도 어렵고, 그에 대항하여 단행된 쟁의행위는 그 목적에 있어서 정당한 쟁의행위라고 볼 수 없다고 판시하였다. 노조법 재제정 이후 같은 취지에서 총회인준투표제는 노조법 29조 1항의 취지에 위반된다고 본 일련의 판결이 선고되었다.[61)]

의 결의 없는 조합대표의 단체협약 체결은 무효라고 보았다(東京地裁 1966. 4. 9. 判決 判例 時報 824)]; 임종률, 133~135면 참조.

60) 헌재 1998. 2. 27. 선고 94헌바13 등 결정.

61) 대법원 2002. 11. 26. 선고 2001다36504 판결, 대법원 2005. 3. 11. 선고 2003다27436 판결,

한편, 대법원 2013. 9. 27. 선고 2011두15404 판결은 노동조합 대표자는 조합원 총회의 의결을 거쳐 조합원들의 의견을 수렴한 후 수렴한 의견을 반영하여 단체교섭을 할 수 있고, 단체교섭을 하는 과정에서도 사용자와 실질적인 합의에 이르기 전까지는 총회의 의결을 거칠 수 있다고 보았다. 최근에는 노동조합이 조합원들의 의사를 반영하고 대표자의 단체교섭 및 단체협약 체결 업무 수행에 대한 적절한 통제를 위하여 규약 등에서 내부 절차를 거치도록 하는 등 대표자의 단체협약체결권한의 행사를 절차적으로 제한하는 것은, 그것이 단체협약체결권한을 전면적·포괄적으로 제한하는 것이 아닌 이상 허용된다는 판결이 선고되기도 하였다.62)

노동조합이 조합원들의 의사를 반영하기 위하여 단체협약안의 가부에 대하여 총회인준투표를 거치도록 하는 것이 노동조합 대표자의 단체협약체결권한을 전면적·포괄적으로 제한함으로써 사실상 단체협약체결권한을 형해화하여 명목에 불과한 것으로 만든다는 주장은 수긍하기 어렵다.63)

다른 나라의 예를 보아도 미국·캐나다·일본64) 등 기업별로 교섭이 이루

대법원 2005. 3. 11. 선고 2003다27429 판결, 대법원 2005. 3. 11. 선고 2003다44691 판결 등.

62) 대법원 2014. 4. 24. 선고 2010다24534 판결[단체협약의 실질적인 귀속주체가 근로자이고 노동조합 대표자는 단체협약을 체결함에 있어 조합원들의 의사를 반영하여야 할 의무가 있다고 하더라도, 노동조합 대표자는 노동조합의 위임에 따라 그 사무를 집행하고 노동조합을 대표하는 기관으로서 노동조합에 대하여 수임자로서 선량한 관리자의 주의의무를 부담할 뿐이고, 개별 조합원에 대하여까지 위임관계에 따른 선량한 관리자의 주의의무를 부담한다고 볼 수는 없다고 보았다(수임인으로서 개별 조합원들에 대한 선량한 관리자의 주의의무 위반에 따른 손해배상책임을 부정한 사안)], 대법원 2018. 7. 26. 선고 2016다205908 판결[노동조합의 대표자가 조합원들의 의사를 결집·반영하기 위하여 마련한 내부 절차(조합원 총회의 의결을 통해 조합원들의 의견을 수렴하는 절차)를 전혀 거치지 아니한 채 조합원의 중요한 근로조건에 영향을 미치는 사항 등에 관하여 만연히 사용자와 단체협약을 체결하였고, 그 단체협약의 효력이 조합원들에게 미치게 되면, 이러한 행위는 특별한 사정이 없는 한 헌법과 법률에 의하여 보호되는 조합원의 단결권 또는 노동조합의 의사 형성 과정에 참여할 수 있는 권리를 침해하는 불법행위에 해당한다고 보았다(조합원들의 위자료 청구를 인용한 원심을 수긍한 사안)]. 위 두 판례 모두 총회 결의를 거쳐 단체협약을 체결한다는 취지의 규약 조항이 있었지만 노동조합 대표자와 사용자 사이에 합의에 이르기 전후로 총회 등을 통한 어떠한 의견수렴절차도 거치지 않은 사안으로, 총회인준투표제(합의에 이른 단체협약안에 대한 총회 결의를 통한 인준)의 효력에 관하여 판시한 판결은 아니다.

63) 이병태, 205~206면; 임종률, 135~136면.

64) 일본에서는 "타결권한 및 협약체결권한은 규약 등에서 교섭권한과 명확하게 구별되고 있는 것이 통례이며 이들은 위원장·부위원장이라 해도 당연히 행사할 수는 없고 일정한 절차를 거칠 필요가 있다. 특히 교섭타결시에는 잠정협약이 체결되며, 조합집행부는 이 잠정협약에 대해 조합 총회에서 승인을 받은 후 정식협약을 조인하는 것이 통상적 과정이다. 이러한 타결권한과 협약체결권한의 구별은 판례에서도 명확하게 나타나고 있다"(菅野, 677~678면)고 한다.

어지는 국가에서는 조합원에 의한 단체협약안의 인준이 행해지는 것이 보통이고, 프랑스와 독일과 같이 전국적 차원에서 산업별로 단체교섭이 행해지는 국가에서도 단체협약위원회의 승인을 받아야 하는 등 어떤 식이든지 교섭위원이 합의한 타결안에 대하여는 총회와 같은 별도의 의결기관의 인준을 통하여 조합원들의 총의를 반영하도록 하는 것이 보편적인 현상이다.65) 근로조건 등에 관한 규범형성기능을 하는 단체협약을 체결할 때에는 조합원의 총의를 통한 정당화 과정을 거치도록 하는 것이 조합민주주의의 요청에 부합한다.66)

노조법 29조 1항에서 노동조합의 대표자가 교섭권한과 아울러 협약체결권한을 가지고 있음을 명시적으로 규정하고 있다고 하녀라도, 이를 근거로 현행법 아래에서는 총회인준투표제를 무효로 해야 할 필연성이 있는 것은 아니다. 왜냐하면 현행법은 노동조합 대표자가 교섭권한과 함께 협약체결권을 가지는 것으로 규정한 것일 뿐 그러한 권한의 제한을 금지하고 있지 않기 때문이다.67)

이와 같이 노동조합 대표자가 협약체결권한을 가진다는 이유만으로 총회인준투표제가 일반적으로 무효라고 해석할 수는 없다. 따라서 사용자는 총회인준투표제를 이유로 단체교섭을 거부할 수 없고, 행정관청이 총회인준투표제를 규정한 노동조합 규약이나 노동조합의 총회인준투표제 실시 결의에 대하여 이를 노조법위반으로 보아 시정명령을 하는 것은 부당하다.68)

---

65) 김유성, 135면; 정진경, 208면.

66) 정진경, 208면.

67) 이병태, 206면; 임종률 135~136면. 한편, 이상윤 교수는 노조법 29조 1항에도 불구하고, 노동조합의 대표자에게 법인의 대표 및 이사의 대표권제한 등 민법상의 이론을 적용하는 것은 헌법상 근로삼권을 구체화하고 있는 노동법 체계의 특성을 무시한 것이고, 단체협약의 내용은 임금 등 규범적 부분에 관한 내용을 포함하게 되고 이러한 규범적 부분의 존재야말로 사법상의 원리를 극복하고 노동법원리가 발전하게 된 기본요소가 됨에도 불구하고, 이러한 규범적 부분을 근로자 당사자의 자유로운 의사에 반하여 타인으로 하여금 일반적으로 결정하게 하는 것은 노동법체계의 본질을 무시하고 있다는 등의 이유로 원칙적으로 유효설을 취하고 있다. 다만, 대표자와 사용자 간에 잠정 합의된 사항에 대하여 조합 총회의 의결을 거치도록 하는 것은 대표자의 단체협약체결권한을 전면적·포괄적으로 제한하여 무효라고 보아야 한다고 한다. 이상윤a, 691면 참조(인준투표제가 노동조합 대표자의 단체협약체결권을 전면적·포괄적으로 제한하고 있는 경우에도 사용자가 이를 인정하는 경우에는 유효한 것으로 보아야 한다고 한다). 김형배 교수는 노사 쌍방이 단체협약의 내용에 합의하기 전에 노동조합 대표자는 총회의 의결을 거쳐 조합원들의 의견을 수렴한 후 그 의견을 반영하여 단체교섭을 하거나 또는 단체교섭을 하는 과정에서 사용자와의 실질적 합의에 이르기 전에 총회의 의결을 거칠 수 있으므로(법 16조 3항), 노동조합규약에서 노동조합 대표자가 사용자와의 합의 전에 조합총회의 의결이나, 전체 조합원의 의견수렴 절차를 거쳐야 한다는 취지의 규정을 두는 것은 노조법 29조 1항 등에 위배되지 않는다고 한다(사용자와의 합의 후에 조합총회의 의결을 거치도록 하는 총회인준투표제는 위법하다는 취지이다). 김형배, 1032~1033면 참조.

하지만 판례는 사용자가 노동조합 규약에 총회인준투표제를 두고 있다는
이유로 단체교섭을 거부한 것을 정당하다고 판시하였다.[69] 그러나 총회인준투
표제가 유효한지를 떠나 사용자의 단체교섭 거부를 정당하다고 한 판례의 태도
는 납득하기 어렵다.

③ 총회인준투표제를 위반하여 체결된 단체협약의 효력 등

노동조합의 대표자가 총회인준투표제를 위반하여 인준을 받지 않은 상태에
서 단체협약을 체결한 경우에 그 단체협약이 유효한지 여부도 문제된다. 노동조
합 규약에서 노동조합대표자의 협약체결권을 제한하거나 일정한 조건하에서만
인정하는 규정을 두고 있는 경우에도 노동조합대표자의 협약체결권은 사용자와
의 대외적 관계에서는 원칙적으로 아무 영향을 받지 않는다고 보는 견해가 있
다.[70] 이와 다르게 총회인준투표제에 따른 대표권의 제한은 등기하지 않으면 제
3자에게 대항할 수 없지만(민법 60조) 악의의 제3자에게는 대항할 수 있다고 해석
되므로,[71] 총회인준투표를 거치도록 되어 있는 사실을 사용자가 알지 못하는 특
별한 경우를 제외하고는 총회인준투표를 거칠 의무에 위반하여 체결한 단체협
약은 원칙적으로 무효가 된다고 보아야 한다는 견해도 있다.[72]

한편, 노동조합의 대표자가 총회 결의 등 규약이 정한 내부절차를 거치지

---

68) 민변노동법Ⅱ, 160면.
69) 대법원 1998. 1. 20. 선고 97도588 판결, 대법원 2000. 5. 12. 선고 98도3299 판결 등.
70) 김형배, 1195면(김형배 교수는 사용자와의 합의 후에 조합총회의 의결을 거치도록 하는 총
    회인준투표제는 위법·무효라는 견해를 취하고 있으므로, 이와 달리 유효하다고 보는 협약체
    결권 제한을 위반하여 단체협약이 체결된 경우에 관한 설명이다).
71) 다만, 민법 60조와 관련하여 대법원 판례는 대표권 제한은 등기하지 않으면 제3자의 선
    의·악의에 관계없이 대항할 수 없다고 보고 있다(대법원 1992. 2. 14. 선고 91다24564 판결,
    대법원 2014. 9. 4. 선고 2011다51540 판결 등).
72) 임종률, 137면(다만, 사용자가 인준투표를 거친 것으로 잘못 알았고 그렇게 믿을 만한 정
    당한 이유가 있는 때에는 표현대리의 법리에 따라 유효가 될 것이라고 한다). 이병태 교수는
    "노동조합의 대표자가 단체교섭의 담당자로서 단체교섭과 단체협약체결권한을 가진다고 보더
    라도 그 단체협약체결권한은 조합규약이나 총회의 결의에 의해 당연히 제한할 수 있다고 본
    다. ① 단체협약체결권한은 법률행위로서 조합규약이나 조합기관에 의해 제한하는 것은 단체
    법리에 반하지 않으며, 또 그것마저도 판례에서 밝히는 바 '전면적·포괄적으로 제한하는 것'
    이 아니고 부당한 단체협약체결권 남용을 방지하기 위한 최종적인 승인에 지나지 않으며, ②
    민법에서 무권대리를 인정하는 경우도 상대방의 선의를 요건으로 하므로 조합규약에 이에
    관한 규정이 있는 경우 사용자가 선의라고 볼 수 없고, ③ 노조법 29조 1항에서 '교섭하고
    단체협약을 체결할 권한을 가진다'는 정함은 반드시 그 권한제한을 배제한 규정이라고 볼 수
    없으며, ④ 노동조합 운영의 근간이 되는 민주주의를 관철함에 있어서 대표권 제한은 당연하
    다고 본다"(이병태, 206면)라고 함으로써 총회인준투표제 유효설의 입장에서 이를 위반한 단
    체협약의 효력 또한 부정하고 있다.

않고 단체협약을 체결한 경우 대표자가 수임자로서 선량한 관리자의 주의의
무를 부담하지 않는다고 보아 채무불이행에 따른 손해배상책임을 부정한 판
례73)가 있는 한편 대표자가 개별 조합원들의 단결권 등을 침해하였다고 보아 불
법행위책임을 인정한 판례74)가 있다.

다. 사용자 측 교섭담당자

사용자 측 교섭담당자란 사실행위로서 단체교섭을 수행하는 자를 말한다.
개인사업의 경우에는 사용자 본인이 단체교섭의 당사자 겸 담당자가 되고, 법인
사업 또는 단체사업의 경우에는 그 대표자가 교섭담당자가 된다. 또, 사용자단
체의 경우에는 그 대표자가 당연히 교섭담당자가 된다. 이들은 단체교섭의 권한
이외에 협약체결권한도 가진다.

여기서 단체교섭의 당사자인 사용자, 즉 사업주가 누구를 교섭담당자로 정
하는가는 사용자의 자유에 맡겨져 있다고 할 수 없고 사용자의 성실교섭의무와
관련하여 제약을 받는 것으로 보아야 한다. 즉, 원칙적으로 당해 단체교섭 사항
에 대해서 결정권한을 가지는 자가 교섭담당자로 되는 것이 필요한바, 노동조합
이 교섭을 요구하는 사항에 대하여 결정권한이 없는 자가 교섭을 담당하는 것
은 실질적인 단체교섭이 이루어질 수 없기 때문에 사용자의 성실교섭의무를 위
반하는 것이 된다. 따라서 사용자 또는 사용자단체가 당해 교섭사항에 대해 결
정권한이 없는 자를 교섭담당자로 출석시켜 성실히 교섭에 응하지 않는 경우에
는 단체교섭 해태 내지 거부의 부당노동행위가 될 수 있다.75)

아울러, 단체교섭의 대상이 되는 근로조건에 관한 사항을 직접 결정할 수
있는 지위에 있는 대표자 이외에는 그에 관하여 상당한 권한을 위임받은 자만
이 단체교섭의 담당자가 될 수 있으므로 교섭담당자로 위임받은 자가 자기에게
결정 권한이 없다는 이유로 단체교섭이나 단체협약체결을 거부할 수 없으며, 거
부하는 경우 정당한 이유가 없어 부당노동행위에 해당할 수 있다.76)

---

73) 대법원 2014. 4. 24. 선고 2010다24534 판결.
74) 대법원 2018. 7. 26. 선고 2016다205908 판결. 이 판결은 조합원의 의사를 결집·반영하기
   위하여 규약 등으로 정한 내부 절차를 거치지 아니한 채 체결된 단체협약이 원칙적으로 유
   효하다(조합원들에게 효력을 미친다)는 전제에서 판단하고 있는 것으로 보인다.
75) 김유성, 136면; 민변노동법Ⅱ, 156~157면; 이병태, 210면.
76) 김유성, 137면; 사법연수원a, 169면.

II. 교섭권한 등의 위임통보

1. 규정의 내용

노조법 29조 4항에서는 "노동조합과 사용자 또는 사용자단체는 3항에 따라 교섭 또는 단체협약의 체결에 관한 권한을 위임한 때에는 그 사실을 상대방에게 통보하여야 한다."고 하고, 노조법 시행령 14조 2항에서 "노동관계 당사자(노동조합과 사용자 또는 사용자단체)는 노조법 29조 4항에 따라 상대방에게 위임 사실을 통보하는 경우에 다음 각호[1. 위임을 받은 자의 성명(위임을 받은 자가 단체인 경우에는 그 명칭 및 대표자의 성명), 2. 교섭사항과 권한범위 등 위임의 내용]의 사항을 포함하여 통보하여야 한다."고 정하고 있다.

2. 구두상 위임통보의 법적 효력

노조법과 노조법 시행령에서는 교섭 및 체결권한을 위임한 때에는 그 사실을 상대방에게 통보하여야 한다고만 정하고 있을 뿐 그 통보방법에 대해서는 아무런 규정을 두고 있지 않다. 다툼의 소지를 없애기 위해서는 '수임자'와 '위임의 내용'을 기재한 서면으로 위임사실을 통보하는 것이 바람직하다. 그러나 서면이 아닌 구두상으로 위임사실을 통보하는 경우 그 위임의 법적 효력이 문제될 수 있다.

먼저, 위임인이 위임사실을 상대방에게 구두로 통보하는 경우에는 교섭 및 체결권한자인 위임인의 의사가 명확히 확인되는 것이므로 위임된 범위 내에서 수임자의 교섭행위에 대한 법적 효력이 발생하게 된다. 이 경우 위임 의사의 존부는 결국 증명의 문제로 남게 된다. 위임인의 위임사실에 대한 통보를 공식적으로 녹음 또는 이메일을 수신해두거나 회의록으로 정리하여 쌍방의 날인을 받아두는 방법이 있을 수 있다.

다음으로, 수임자가 위임사실을 상대방에게 구두로 통보하는 경우인데, 이 경우 위임장 등의 방법으로 위임인의 위임 의사가 확인되지 아니하는 이상 수임자의 통보만으로는 위 조항에 따른 통보가 이루어졌다고 볼 수 없다. 왜냐하면 법문상 위임사실에 대한 통보의 주체를 '노동조합과 사용자 또는 사용자단체'라고 명시하여 교섭 및 체결권한자로 한정하고 있기 때문이다. 즉, 수임자가

구두로 위임사실을 상대방에게 통보한 경우 상대방이 그 통보에 불구하고 수임
자와 교섭에 응할 의무를 부담하지 아니하며, 교섭에 응하지 아니하였다고 하여
교섭거부로 인한 책임도 지지 않는다.

[권 영 국·박 가 현]

교섭창구 단일화 전론(前論)

[참고문헌]

강선희, "노동기본권과 소수 노동조합의 협약능력 및 단체협약의 효력에 관한 연구", 노동법학 38호, 한국노동법학회(2011); **강성태**, "공정대표의무의 범위와 차별의 증명책임", 노동판례리뷰 2017, 한국노동연구원(2018); **고용노동부a**, 사업(사업장) 단위 복수노조 업무매뉴얼(2010); **고용노동부b**, 「노동조합법 개정 설명자료」(2010); **권두섭**, "복수노조 시대, 노조환경의 변화와 주요 쟁점", 「복수노조시대, 노조환경변화와 주요쟁점 연구발표회」 발제문, 전국민주노동조합총연맹(2011. 1. 21.); **권영국a**, "복수노조 교섭창구단일화의 위헌성", 「노동3권과 복수노조 교섭창구단일화」 민주사회를 위한 변호사모임 등 노동법률단체 공동심포지엄 발제문(2011. 6. 22.); **권영국b**, "교섭창구단일화제도와 관련한 헌재의 합헌결정에 대한 비판", 노동법률 259호, 중앙경제(2012. 12.); **권오성**, "하청노조의 단체교섭에 관한 쟁점", 노동법률 361호, 중앙경제(2021. 6.); **권창영**, "복수노동조합 병존 시의 법률관계", 사법논집 30집, 법원도서관(1999); **김도형**, "교섭대표노동조합의 공정대표의무 위반 여부의 판단 기준", 법률신문 4454호, 법률신문사(2016); **김동욱**, "노동위원회의 교섭창구 단일화 관련 결정 절차상의 법적 쟁점", 노동법포럼 8호, 노동법이론실무학회(2012); **김상호**, "교섭단위 분리에 관한 법적 쟁점의 고찰", 노동법학 43호, 한국노동법학회(2012. 9.); **김선수a**, "복수노조와 교섭창구단일화 지정토론문", 「법과 노동의 소통 Ⅲ ― 복수노조와 교섭창구단일화」, 서울대학교 노동법연구회 2009년 가을학술발표회 토론문(2009); **김선수b**, "복수노조·전임자 관련 개정법안, 쟁점과 평가", 노동사회 150호, 한국노동사회연구소(2010); **김영진**, "단체교섭 과정에서 교섭대표노동조합의 절차적 공정대표의무", 사법 55호, 사법발전재단(2021); **김진석**, "사용자의 공정대표의무 위반", 노동법실무연구 2권, 노동법실무연구회(2020); **김철희**, "복수노조와 창구단일화의 법리적 문제점 및 노조환경의 변화", 긴급토론회, 노조법 개정과 노동운동의 대응 ―복수노조 및

전임자 임금을 중심으로―, 전국민주노동조합총연맹(2010. 1. 15.); **김태령**, "복수노조 교섭단위분리 제도 시행의 실태와 평가", 노동연구 25집, 고려대학교 노동문제연구소(2013. 4.); **김희수**, "교섭단위 분리의 필요성과 노동위원회 결정에 대한 불복 사유", 노동법실무연구 2권, 노동법실무연구회(2020); **남궁준**, "절차적 공정대표의무 위반의 판단기준", 노동리뷰 189호, 한국노동연구원(2020); **노동부**, "노조법 개정 설명자료 ―노조전임자・복수노조 법개정 내용―"(2010. 1.); **문무기**, "韓国における交渉代表労働組合等の公正代表義務", 노동법논총, 한국비교노동법학회(2010); **박순영**, "복수의 교원 노조 사이에 교섭권한 위임 등에 의한 교섭창구 단일화의 가능성", 대법원 판례해설 83호, 법원도서관(2010); **박제성**, "복수노조와 교섭창구단일화에 관한 토론문", 「법과 노동의 소통 III ―복수노조와 교섭창구단일화―」, 서울대학교 노동법연구회 2009년 가을학술발표회 토론문; **박종희a**, "교섭창구 단일화 방안의 안정적 정착을 위한 해석방안", 안암법학 34호, 안암법학회(2011); **박종희b**, "교섭대표노동조합의 법적 지위와 공정대표의무의 내용 및 위반의 효과", 안암법학 52회, 안암법학회(2017); **박종희c**, "교섭창구 단일화 제도의 시행에 따른 쟁점 및 그에 대한 합리적 해결방안에 관한 연구", 고려법학 71호, 고려대학교 법학연구원(2013. 12.); **박지순**, "공정대표의무의 의의와 내용", 노동리뷰 75호, 한국노동연구원(2011); **법원실무제요** 민사집행[IV] ―보전처분―, 법원행정처(2014); **송강직a**, "노동법학에서의 헌법학의 역할", 동아법학 48호, 동아대학교 법학연구소(2010); **송강직b**, "교섭대표노동조합의 공정대표의무", 노동법연구 34호, 서울대학교 노동법연구회(2013); **신인수**, "근로삼권과 교섭창구단일화제도", 「복수노조시대의 노동법상 쟁점과 과제」, 노동법 관련 4개 학회 2012년 하계 학술대회(2012. 6. 16.); **심재진**, "교섭단위분리의 인정기준", 노동리뷰 164호, 한국노동연구원(2018); **오문완**, "ILO 단결권 협약과 복수노조문제", 노동법연구 2권 1호, 서울대학교 노동법연구회(1992); **유성재**, "2010년 개정 노동법에 대한 입법론적 평가", 노동법학 34호, 한국노동법학회(2010. 6.); **유성재・김희선**, "미국의 공정대표의무제도의 시사점", 노동법논총, 한국비교노동법학회(2011); **윤문희**, "복수노조 허용과 교섭창구단일화", 노동리뷰 15호, 한국노동연구원(2006); **윤성천a**, "노동조합의 조직 및 활동과 노동관계법 ―3조 단서 5호와 복수노조문제를 중심으로―", 노동관계법의 제문제, 한국노동연구원(1998); **윤성천b**, "사업 또는 사업장 단위에서의 복수노조와 단체교섭문제", 노동법학 8호, 한국노동법학회(1998); **이명규**, 공정대표의무 위반 사례로 본 소수노조 노동3권 보호 방안, 한국노동사회연구소(2020); **이승길**, "노조전임자와 복수노조와 관련한 노조법 개정과 그 패러다임 전환", 강원법학 30권, 강원대학교 비교법학연구소(2010. 6.); **이승욱a**, "교섭창구단일화절차를 둘러싼 노동법상 쟁점", 사법 15호, 사법발전재단(2011. 3.); **이승욱b**, "다수교섭대표제의 설계와 내용", 노동법연구 18호, 서울대학교 노동법연구회(2005); **이승욱c**, "복수노조와 교섭창구단일화", 「법과 노동의 소통 III ―복수노조와 교섭창구단일화―」, 서울대학교 노동법연구회 2009년 가을학술발표회; **이승욱d**, "기업별 복수노조와 교섭창구단일화", 노동법학 21호, 한국노동법학회(2005); **이승욱**

e, 공정대표의무에 관한 연구(연구용역보고서), 노동부(2008); **이승욱f**, 공정대표의무에 관한 연구(연구용역보고서), 중앙노동위원회(2010); **이승욱g**, 교섭단위분리제도에 관한 연구, 중앙노동위원회(2010. 12.); **이승욱h**, "교섭단위 분리제도의 내용과 쟁점", 노동리뷰 75호, 한국노동연구원(2011. 6.); **이종수·박준우·김철희**, 복수노조 100문 100답, 매일노동뉴스(2011); **이정**, "'자율교섭'과 '교섭단위분리'에 관한 법적 쟁점", 노동법학 41호, 한국노동법학회(2012. 3.); **이철수a**, "교섭창구단일화와 관련한 법률적 쟁점", 노동법연구 18호, 서울대학교 노동법연구회(2005), **이철수b**, "미국의 배타적 교섭대표제와 한국적 함의", 노동정책연구 5권 3호, 한국노동연구원(2005); **이철수c**, "복수노조·노조 전임제의 법리와 입법론적 과제", 「복수노조·전임자 문제 어떻게 풀 것인가」 한국의 노동, 근원적 해법 모색을 위한 대토론회 발제문(2009. 9. 18.); **임상민a**, "공정대표의무의 의의와 내용", 대법원판례해설 117호, 법원도서관(2020); **임상민b**, "사용자, 사용자단체와 교섭창구 단일화 및 공정대표의무", 사법 56호, 사법발전재단(2021); **임상민c**, 교섭창구 단일화에 관한 연구 ―공정대표의무와 교섭단위 분리에 관한 대법원 판례 분석을 중심으로―, 고려대학교 노동대학원 석사학위논문(2020); **장영석**, "절차적 공정대표의무 위반의 판단 기준", 노동리뷰 189호, 한국노동연구원(2020. 12.); **장우찬**, 단체교섭에서의 성실교섭의무에 관한 연구, 서울대학교 대학원 박사학위논문(2012. 8.); **정명현**, "교섭대표의 선정방식 및 법적 지위에 관한 고찰", 법학 53권 1호, 서울대학교 법학연구소(2012); **정종철**, "공정대표의무에 대한 오해와 그로 인한 이슈", 노동법률 331호, 중앙경제(2018); **조상균a**, "개정노조법상 '교섭창구단일화 방안'을 둘러싼 문제", 노동법논총 18집, 한국비교노동법학회(2010); **조상균b**, 단체교섭제도의 현재와 미래, 전남대학교 출판부(2004. 11. 20.); **조상균c**, "복수노조 교섭창구단일화와 노동삼권", 「노동3권과 복수노조 교섭창구단일화」 민주사회를 위한 변호사모임 등 노동법률단체 공동심포지엄(2011. 6. 22.) 발제문; **조상균d**, "교섭창구 단일화 제도의 쟁점과 문제점", 노동법학 43호, 한국노동법학회(2012); **조상균e**, "복수노동조합하의 조합 간 차별과 공정대표의무", 노동법학 52호, 한국노동법학회(2014); **조용만a**, "복수노조하에서의 단체교섭과 단체협약 체결의 법적 체계 검토", 노동법연구 19호, 서울대학교 노동법연구회(2005); **조용만b**, "복수노조하의 단체교섭", 노동법연구 8호, 서울대학교 노동법연구회(1999. 상반기); **조현주**, "교섭대표노동조합의 절차적 공정대표의무", 노동법연구 51호, 서울대학교 노동법연구회(2021. 하반기); **중앙노동위원회**, 복수노조 업무 매뉴얼(2011. 6.); **하경효**, "복수노동조합과 단체협약 근로조건 통일기능", 고려법학 70호, 고려대학교 법학연구원(2013).

Ⅰ. 교섭창구 단일화의 주요내용

1997년 노동법의 전면 개정 당시부터[1] 13년여를 끌어온, 복수노조 허용과 노조전임자 임금지급금지의 내용을 담은 개정 노조법이, 2010. 1. 1. 노동계의 강력한 반대에도 불구하고 집권여당의 강행처리로 국회본회의를 통과하였다. 그로 인해 복수노조 허용과 함께 교섭창구 단일화 조항이 신설되어 2011. 7. 1.부터 시행되었고, 2021. 1. 5. 일부 개정이 이루어졌다(개정 부분은 2021. 7. 6.부터 시행되었나).

노조법(2021. 1. 5. 법률 17864호로 개정된 것)에서는 하나의 사업 또는 사업장에서 조직형태에 관계없이 2개 이상의 노동조합이 존재하는 경우 노동조합은 교섭대표노동조합을 정하여 교섭을 요구하여야 하며(법 29조의2 1항 본문), 다만 사용자가 교섭창구 단일화 절차를 거치지 아니하기로 동의한 경우에는 그러하지 아니하도록 하였다(같은 항 단서). 그러나 사용자의 동의가 없는 경우에는 먼저 교섭대표 결정절차에 참여한 모든 노동조합은 자율적으로 교섭대표노동조합을 정하고(같은 조 3항), 자율적으로 교섭대표노동조합을 결정하지 못한 경우에는 교섭창구 단일화 절차에 따르도록 하고 있다. 즉, 교섭창구 단일화 절차에 참여한 노동조합의 전체 조합원 과반수로 조직된 노동조합이 있는 경우(위임 또는 연합 등의 방법으로 과반수 되는 경우를 포함)에는 그 노동조합이 교섭대표노동조합이 되고(같은 조 4항), 조합원 과반수로 조직된 노동조합이 없는 경우에는 조합원 수가 교섭창구 단일화 절차에 참여한 노동조합의 전체 조합원 100분의 10 이상인 노동조합들은 공동으로 교섭대표단(공동교섭대표단)을 구성하여 사용자와 교섭하도록 정하고 있다(같은 조 5항). 교섭단위는 하나의 사업 또는 사업장으로 하고(법 29조의3 1항), 현격한 근로조건의 차이, 고용형태, 교섭관행 등을 고려하여 노사관계 당사자의 양쪽 또는 어느 한쪽의 신청을 받아 노동위원회의 결정으로 교섭단위를 분리하거나 통합할 수 있도록 하였다(같은 조 2항). 더불어 교섭대표노동조합과 사용자에게 교섭창구 단일화 절차에 참여한 노동조합 또는 그 조합원 간에 합리적 이

---

1) 김영삼 정부와 집권여당이던 민자당은 1996. 12. 31. 법률 5244호로 종전 '노동조합법'과 '노동관계조정법'을 폐지하는 대신 '노동조합 및 노동관계조정법'을 제정하였으나, 노동계의 총파업 등 거센 반대에 부딪히자 여야 합의를 거쳐 '법률 5244호 노동조합 및 노동관계조정법'을 폐지하고, 1997. 3. 13. 법률 5306호로 '노동조합 및 노동관계조정법'을 다시 제정하였다.

유 없이 차별을 하여서는 아니 된다는 이른바 공정대표의무를 부과하고, 이를 위반할 경우 노동위원회에 시정을 요청할 수 있는 구제절차를 두고 있다(법 29조의4).

Ⅱ. 교섭창구 단일화 제도의 특징

우리나라의 교섭창구 단일화 제도는 교섭대표노동조합이 '조합원'만을 대표한다는 점에서 전체 '종업원'을 대표하는 미국이나 캐나다의 이른바 배타적 교섭대표제도와 차이가 있고, 과반수로 조직된 노동조합에 대해서는 특별한 절차 없이 교섭대표노동조합의 지위를 인정하는 과반수대표제를 채택하면서도 동시에 그러한 노동조합이 없는 경우 조합원 수 비례의 공동교섭대표단을 구성하도록 함으로써 비례교섭대표제의 요소를 가미하고 있는 점이 특징이다. 특히 복수노조 사이에 교섭창구 단일화를 강제하면서도 조합원의 의사를 민주적으로 반영하기 위한 선거절차를 별도로 두지 않은 점은 다른 나라에서 찾아볼 수 없는 특이한 제도라고 할 수 있다.2)

그런데 단체교섭권을 헌법상 기본권으로 인정하고 있는 우리의 법체계에서 교섭창구를 법에 의해 의무적으로 단일화하도록 강제하고 있는 교섭창구 단일화 조항은 단체교섭에서 배제된 노동조합의 단체교섭권은 물론 단결권 및 단체행동권까지 침해하여 위헌이라는 주장이 지속적으로 제기되는 한편, 교섭창구 단일화 제도의 합헌성을 보완하기 위하여 공정대표의무와 교섭단위 분리 제도 등도 두고 있어 위헌성에 대한 찬반 논란이 지속되고 있다. 아래에서는 교섭창구 단일화 제도의 의미, 위헌성 논쟁 순으로 살펴보기로 한다.

Ⅲ. 교섭창구 단일화 제도의 의미

노동조합은 독자적인 단체교섭권을 헌법상의 기본권으로 보장받고 있기 때문에3) 복수의 노동조합이 병존하는 경우 각 노동조합은 자신의 단체교섭권을

---

2) 이승욱a, 44면.
3) 김형배, 1183면(단체교섭을 전제하지 않은 단결이나 쟁의행위는 무의미하며, 그런 점에서 집단적 노동관계의 핵심은 단체교섭 내지 단체협약의 체결에 있다고 해야 할 것이다. 헌법 (33조 1항)이 단결권, 단체행동권과 함께 단체교섭권을 근로자의 기본권으로 보장한 것은 이와 같은 이유에서 매우 의미 있는 일이다). 단체교섭권은 근로조건의 향상을 위한다는 생존권의 존재 목적에 비추어 볼 때 노동3권 가운데에서 중핵적 권리이다(대법원 1990. 5. 15. 선

행사하는 것이 원칙이다.4) 따라서 사용자는 각 노동조합에 대해 노동조합이 가
진 단체교섭권을 공동으로 행사할 것을 요구할 수 없으며,5) 복수 노동조합의
교섭권을 공동으로 행사하지 않는 것을 이유로 단체교섭을 거부할 수 없다. 그
렇다면 교섭창구 단일화 조항은 어떠한 의미로 해석되어야 할 것인가 문제된다.
이는 교섭대표의 법률상 지위는 창구단일화를 계기로 교섭대표가 별도의 교섭
당사자가 되는지 아니면 교섭담당자에 불과한지에 관한 문제이기도 하다. 교섭
당사자로 보게 되면 창구가 단일화됨으로써 다수의 노조는 교섭대표에 교섭권
을 이양한 것이 되고 교섭대표는 별도의 법적 실체를 가지고 독립적인 지위를
부여받게 된다. 마치 하나의 교섭대표 내에 여러 분파가 존재하는 것과 유사한
모습이 된다. 단체협약의 서명날인 주체, 부당노동행위 구제신청권자, 쟁의행위
찬반투표의 주체 등은 모두 교섭대표를 매개로 하여 결정된다. 반면 교섭담당자
로 보면 창구가 단일화되더라도 기존 노조는 교섭권을 가지고 있고 다만 교섭
권한을 교섭대표에게 위임한 것에 불과하며 교섭대표는 교섭을 위한 일시적 집
합체에 불과하게 된다. 단체협약의 서명날인 주체, 부당노동행위 구제신청권자,
쟁의행위 찬반투표의 주체 등은 개별조합으로 환원된다.6)

이와 관련하여 교섭창구 단일화 제도란 독자적으로 행사되어야 하는 노동
조합의 단체교섭권을 사실행위로서 행하는 단체교섭에서는 공동으로 행사할 것
을 의무화하는 제도로 볼 수 있다는 견해가 있다.7) 이 견해는 교섭'창구'단일화
제도이기 때문에 엄밀한 의미에서는 노동조합의 단체교섭권을 단일화할 것을

고 90도357 판결).

4) 같은 취지로 西谷 敏은 "단체교섭권은 기본권의 성질상 규모의 대소를 불문하고 모든 노
   동조합에게 보장된다. 미국법에서는 각각의 교섭 단위에서 다수 노동자의 지지를 얻은 노동
   조합이 배타적인 교섭권을 획득하고 그 밖의 노동조합의 교섭권은 전면적으로 부정되어 버
   리지만(배타적 교섭대표제도), 만약 일본에서 그러한 제도가 법률로 만들어진다면 소수 조합
   의 단결권, 단체교섭권 등을 침해하기 때문에 헌법 28조 위반으로 평가될 것이다"(西谷,
   609~610면)라고 하고, 김형배 교수는 "노동조합은 적어도 노동조합으로서의 실질적 요건을
   갖추어야 한다(법 2조 4호). 이러한 요건을 충족하는 한 그 노동조합은 예컨대 해당 기업체
   에 있어서 소수의 근로자를 대표하고 있다고 하더라도 사용자와 교섭할 수 있는 지위를 갖
   는다."(김형배, 1189면)라고 기술하고 있다.
5) 이승욱b, 41면(단체교섭권은 근로자 측의 권리라는 점이 먼저 확인될 필요가 있다. 현행법
   상 사용자는 교섭의무만을 부담할 뿐이다. 그렇다면 교섭창구 단일화방안 내지 다수교섭대표
   제도는 단체교섭 의무를 근로자 측에 사실상 부과시키는 방식으로 설계되어서는 안 된다. 이
   러한 관점은 교섭대표권의 존부에 대한 사용자의 이의제기의 허용여부, 교섭단위결정에 대한
   사용자 측의 이니셔티브를 인정할 것인지 여부와 관련하여 고려될 필요가 있다).
6) 윤문희, 55~56면.
7) 윤문희, 55~56면; 이승욱c, 12~13면.

요구하는 것이 아니라 단체교섭 석상에서 관련된 복수의 노동조합이 참여한 상
태에서 일거에 사실행위로서 교섭을 행하는 것을 의미한다. 이러한 의미에서 교
섭창구 단일화 제도는 교섭권을 가진 노동조합이 자주적으로 결정하여야 할 교
섭의 방식을 제한함으로써 노동조합의 단체교섭권을 제한하는 의미를 가지기는
하지만 단체교섭'권' 그 자체를 제한하는 것은 아니며, 교섭창구 단일화 제도는
노동조합이 사실행위로서 교섭이나 협상을 한 자리에서 하여야 한다는 데에 지
나지 않고 단체교섭권은 여전히 각 노동조합에게 유보되어 있기 때문에 그 협
상의 결과 합의가 성립하거나 결렬될 때에도 각 노동조합이 그 결과를 수용할
것인지 여부를 자유롭게 결정할 수 있다. 이런 점에서 단체교섭권의 존재를 대
표적인 노동조합에 한하여 부여하는, 즉 복수의 노동조합 중 특정한 노동조합만
이 단체교섭'권'을 행사할 수 있는 미국, 캐나다, 영국 등의 교섭대표 결정제도
와는 차이가 있다는 것이다.[8]

　이에 대하여 교섭창구 단일화의 의미를 복수의 노동조합이 독자적으로 행
사하는 단체교섭권을 단일화하여 행사하여야 하는 제도로 이해하는 견해가 있
다.[9] 이 견해에 따르면 사실행위로서 이루어지는 교섭만이 아니라 그 교섭 결

---

[8] 菅野, 884~885면에서는 미국의 배타적 교섭대표제와 일본의 복수조합 교섭대표제를 다음과
같이 설명하고 있다. 미국과 일본의 단체교섭법제는 공통적으로 사용자의 단체교섭의무를 규
정하면서도 다음과 같이 크게 우선, 미국에서는 배타적 교섭대표제가 채택되어, 적정한 교섭
단위에서 과반수 피용자의 지지를 얻은 노동조합만이 교섭권을 취득하며, 또한 그 조합이 교
섭단위의 전체 피용자를 위해 배타적인 교섭권을 취득한다. 이에 비해 일본에서는 이러한 제
도는 채택되지 않고 노동조합은 자기의 조합원에 대해서만 단체교섭권을 가짐(노조법 6조 참
조)과 동시에 조합원을 극히 소수밖에 갖지 않아도 단체교섭권이 인정되고 있다. 이리하여
사업장에 병존하는 복수노조는 각각 단체교섭권을 가진다. 한편, 미국에서는 위의 교섭법제
가 있어 배타적 교섭대표로서의 조합은 당해 교섭단위에서 근로조건의 형성권한을 독점하기
때문에 그러한 조합도 사용자에 대해 성실교섭의무를 진다(노사쌍방에게 단체교섭권이 있다).
이에 비해 일본에서는 단체교섭 의무는 사용자에게만 부과되며, 노동조합에는 부과되지 않는다.
　미국의 배타적 교섭대표제에서는 각 교섭단위에서 사용자와 다수조합 사이의 통일적 교섭
이 보장되는 반면, 교섭 단위의 결정과 대표조합의 선정에 대해 복잡한 절차와 원칙이 설정
되어 있다. 또 조합이 교섭대표자격의 취득을 목표로 하는 과정에서 이를 저지하는 사용자와
의 사이에 심각한 대결과 분쟁이 발생하기 쉽다. 게다가 근로자의 직종 그 외 이해관계의 차
이를 고려하여 교섭단위가 세분화되는 경향도 있다. 이에 비해 일본의 복수조합 교섭대표제
에서는 사용자는 병존하는 복수조합과 경합적 교섭을 강요당하며, 또한 사용자에 의한 복수
조합의 교섭상의 취급의 차이를 둘러싸고 노사분쟁과 노노분쟁이 발생하기 쉽다. 그러나 한
편 조합의 교섭자격취득은 간단하며 이를 둘러싼 노사 간의 대결과 분쟁은 생기기 어렵다.
[9] 박순영, 738~739면; 이승욱c, 13~14면. 같은 취지로 이철수a, 18면(교섭대표에게 독자적 당
사자성을 부여하지 않으면 창구단일화의 실효성이 떨어질 뿐만 아니라 단체교섭 이후 조합
별로 단체협약 체결거부, 독자적인 쟁의행위 돌입 등 창구단일화로 인해 오히려 혼란만 가중
될 위험이 있다. 외국의 입법례를 보더라도 당사자 지위를 부여하는 것이 보편적이다. 1999

과의 수용 여부까지 포함하여 단체교섭'권'의 전체를 단일화하여야 한다는 것이
다. 이 경우 상이한 복수의 노동조합이 사실상 하나의 단체교섭권만을 가지게
되고, 근본적으로는 미국 등의 교섭대표 결정절차[10]와 차이가 없다고 평가될 수
도 있다. 단체교섭권의 존부를 포함하여 단체교섭과 관련된 정책을 법률에 의하
여 결정할 수 있는 미국 등과는 달리 우리나라는 헌법상 단체교섭권이 각 노동
조합에 보장되어 있고 이를 교섭창구 단일화 제도에 의해 제한할 때에는 법률
에 의한 헌법상 기본권 제한의 문제가 발생할 수밖에 없다. 복수의 노동조합에
대해 복수의 단체교섭권을 법률에 의해 하나로 통일적으로 행사하도록 강제하
는 결과가 되기 때문이다. 그러나 교섭창구 단일화에 의해 필연적으로 수반되
는 소수 노동조합(교섭대표노동조합이 아닌 노동조합)[11]의 단체교섭권 제한을 용
인할 것인지 여부, 용인한다면 어떠한 범위에서 용인할 것인지는 기본권의 경
합이라는 관점에서 입법정책으로 정할 수 있는 사항이라는 점을 고려할 때, 교
섭창구 단일화의 의의는 기업 내 복수노조가 그 기업을 상대로 교섭을 할 경우
단체교섭권을 단일화시켜 행사하여야 한다는 것으로 이해하는 것이 타당하다는
것이다.

　　그런데 교섭창구 단일화 제도가 복수의 각 노동조합에게 보장되어 있는 기
본권을 법률에 의해 하나로 통일적으로 행사하도록 강제하는 것이라는 견해에
따르면, 하나의 사업 또는 사업장에 하나의 단체교섭권만을 인정하는 것이 되고
그 결과 소수 노동조합의 단체교섭권을 원천적으로 박탈하게 된다는 점에서 우
리 헌법에 부합하기 어렵다는 반론이 나올 수밖에 없다.

　　교섭창구 단일화가 사실행위로서 행해지는 단체교섭의 단일화를 의미한다

　　년 법안도 31조의 문언형식, 41조의 쟁의행위의 찬반투표의 내용을 보면 교섭대표의 당사자
　　성을 염두에 두고 있다고 볼 수 있다).
10) 이철수b, 100~101면에서 "(미국의) 배타적 교섭대표제도는 일정 교섭단위 내의 종업원의
　　다수에 의해서 지지되고 있는 조합이 그 단위 내의 모든 종업원의 배타적인 유일의 대표가
　　되는 제도이다. 배타적 교섭대표는 적정교섭단위 내의 종업원 과반수의 지지를 얻어 지명 또
　　는 선출된다. 교섭대표의 선출은 전국노동위원회(NLRB)가 주관하는 선거절차를 통해서 교섭
　　대표를 결정하는 경우를 의미하고, 그 구체적 절차에 대하여는 NLRA 9조(c)에서 규정하고
　　있다. 교섭대표의 지명과 관련하여 실정법상 명확한 개념규정이 없으나, 사용자가 임의로 교
　　섭대표로 승인하는 경우 또는 부당노동행위 판정을 통해 특정 노조에게 대표지위를 인정하
　　는 경우 등을 의미하는 것으로 이해하는 것이 일반적이다"라고 기술하고 있다.
11) 교섭대표노동조합이 아닌 노동조합이 반드시 조합원 수의 측면에서 소수 노동조합이라고
　　할 수는 없지만 통상적으로는 조합원 수가 적은 소수 노동조합이므로, 편의상 교섭대표노동
　　조합이 아닌 노동조합을 소수 노동조합이라 칭한다.

는 견해에 따르면, 단체교섭권의 내용으로서 교섭의 방법과 시기, 장소 등을 의
무적으로 단일화해야 한다는 측면에서 단체교섭권의 제한으로 보이고, 더욱이
소수 노동조합을 단일화의 대상에서 배제하고 교섭창구를 단일화하지 않는 경
우 사용자가 교섭을 거부할 수 있고, 교섭거부를 이유로 파업을 진행하는 경우
이를 교섭대표노동조합에 의해 주도되지 아니한 파업으로 처벌되는 것으로 설
계되어 있다면 독립적인 단체교섭'권'의 보장이라는 수식은 언어유희와 같은 것
으로 사실상 단체교섭'권'의 단일화와 별반 다르지 않다.

현행법에서 정한 교섭창구 단일화 제도는 1사 1교섭[12]을 전제로 조직형태
와 관계없이 사업장에 존재하는 모든 노동조합의 교섭과 체결 권한의 단일화를
강제(의무화)하고 있다는 점, 결국 교섭창구 단일화란 복수의 노동조합이 존재하
는 경우 교섭과 체결 권한을 갖는 단일한 교섭창구인 교섭대표노동조합을 구성
하는 행위라는 점, 교섭창구 단일화 과정을 거쳐 이루어지는 교섭창구인 교섭대
표노동조합이 단체교섭권과 협약체결권을 가지고 단체교섭 및 협약체결을 하는
구조로 이루어지는 점을 고려할 때, 현행 교섭창구 단일화 제도는 사업 또는 사
업장 단위에서 각 노동조합이 가져야 할 단체교섭'권'과 협약체결'권'을 교섭대
표노동조합으로 일원화시키는 성격을 가진다. 따라서 노조법 29조 2항은 "창구
단일화에 의하여 결정된 교섭대표노동조합의 대표자가 교섭을 요구한 모든 노
동조합 또는 조합원을 위하여 사용자와 교섭하고 단체협약을 체결할 권한을 가
진다."라고 규정함으로써, 교섭대표노동조합의 지위에 관하여 교섭당사자로 보
겠다는 취지를 명확히 하였다 할 것이다.[13]

IV. 교섭창구 단일화 제도의 위헌성 논쟁

1. 문제의 제기

노조법 29조의2는 "하나의 사업 또는 사업장에서 조직형태에 관계없이 근
로자가 설립하거나 가입한 노동조합이 2개 이상인 경우"에 "사용자가 이 조에
서 정하는 교섭창구 단일화 절차를 거치지 아니하기로 동의한 경우"를 제외하
고는 "교섭대표노동조합을 정하여 교섭을 요구하여야 한다"라고 정하여 교섭창

---

12) 고용노동부a, 1면.
13) 박순영, 739면.

구를 단일화하여 특정 노동조합에게만 교섭권을 부여하도록 하고 있다.14) 그러
나 복수의 노동조합이 설립됨으로써 예상되는 문제점을 해소하기 위한 방법으
로 교섭창구 단일화를 고려해볼 수 있다고 하더라도 이를 법률로 의무화하여
강제하는 경우에는 헌법에 보장된 단체교섭권에 대한 제한으로서 본질적 침해
내지 과잉금지원칙에 위배되어 위헌인지 여부에 대한 논란이 제기된다.15)

2. 단체교섭권 보장의 의의

헌법 33조 1항은 단결권, 단체교섭권 및 단체행동권을 근로자의 기본권으
로 보상하고 있다. 이는 근로자의 인간다운 삶의 확보라는 노동법의 이념을 집
단적 노동관계에서 실현하고자 근로자가 자주적으로 형성한 단결체를 통하여
경제적 약자인 근로자에게 실질적인 교섭력을 확보하도록 하여 계약자유의 원
칙과 재산권 보장의 부정적 기능을 제한함으로써 사회적 정의와 평등이 실현될
수 있도록 하기 위한 것이다.16)

집단적 노동관계법은 노사 간의 실질적인 대등성을 전제로 하여 노사관계
상의 제 문제에 대하여 노사 간의 자치적 규율과 해결을 존중하고 촉진하는바,
이를 집단적 노사자치의 원칙이라 하며, 단결자치의 인정, 집단적 합의에 의한
노사관계 규율, 노동쟁의의 자주적 해결의 원칙을 그 내용으로 한다. 이 중 단
체교섭제도는 '집단적 합의에 의한 근로관계와 노사관계의 규율'을 실현하는 핵
심적인 제도로서 노조법상의 부당노동행위제도 등에 의하여 보호된다.

즉, 우리의 경우 단체교섭권이란 근로자에게 사용자와의 관계에서 대등한
교섭력을 확보하도록 헌법이 보장한 권리로서,17) 우리 규범체제상 조합 규모나

---

14) 유성재, 14면.

15) 이철수a, 24면(사업장 내의 복수노조가 존재할 것에 대비하여 창구단일화 의무를 노동조합
    에 부담시키고자 하는 방안은 지금까지 그러하여 왔듯이 향후 제도화 과정에서도 위헌성의
    시비로부터 완전히 자유로울 수 없을 것이다); 이철수c, 7면(창구단일화 제도는 한국노사관계
    의 특성상 위헌성과 '불편한 동거'를 해야 하는 딜레마에 처해있다고 할 수 있다).

16) 김유성, 4면; 같은 취지로 헌재 1998. 2. 27. 선고 94헌바13 등 전원재판부 결정에서 "근로
    3권은 국가공권력에 대하여 근로자의 단결권의 방어를 일차적인 목표로 하지만, 근로3권의
    보다 큰 헌법적 의미는 근로자단체라는 사회적 반대세력의 창출을 가능하게 함으로써 노사
    관계의 형성에 있어서 사회적 균형을 이루어 근로조건에 관한 노사 간의 실질적인 자치를
    보장하려는 데 있다. 근로자는 노동조합과 같은 근로자단체의 결성을 통하여 집단으로 사용
    자에 대항함으로써 사용자와 대등한 세력을 이루어 근로조건의 형성에 영향을 미칠 수 있는
    기회를 가지게 되므로 이러한 의미에서 근로3권은 '사회적 보호기능을 담당하는 자유권' 또
    는 '사회권적 성격을 띤 자유권'이라고 말할 수 있다"고 판시하였다.

17) 이에 비해 영국이나 미국에서는 헌법상 수준에서 노동기본권 보장 규정을 두고 있지 않다.

조합원 수에 따라 규범적으로 차별 취급하는 것이 허용되지 않는 노동조합의
독자적인 권리이다.

3. 교섭창구 단일화 제도의 위헌성 문제

가. 학설의 대립

교섭창구 단일화 제도에 대해 합헌론과 위헌론의 견해 대립이 있다.

위헌론은 복수노조를 인정하면서 교섭창구 단일화를 강제하는 것은 자주적
인 단결권의 내용인 노동조합의 자유로운 활동권을 침해하고,[18] 노동3권은 모
든 노동조합이 향유하여야 함에도 교섭창구를 단일화하여 교섭대표노동조합에
서 탈락한 노동조합(일명 '소수 노동조합')의 단체교섭권을 박탈하는 것으로서 헌
법정신에 반하며,[19] 노조법은 창구단일화 대상을 '하나의 사업 또는 사업장에서
조직형태에 관계없이 근로자가 설립하거나 가입한 노동조합이 2개 이상인 경
우'로 규정하고 있기 때문에 종래 복수노조금지의 시대에서도 인정되어 왔던 초
기업별 노동조합이나 조직대상이 중복되지 않았던 노동조합의 단체교섭권도 부
인한다는 결과를 야기한다는 점에서 필요최소한의 제한 법리에 위반된다는
점[20] 등을 고려하면 위헌이라는 견해이다.

합헌론은 교섭창구 단일화 제도는 공공복리를 위하여 헌법 37조 2항의 일
반적인 법률유보조항에 따른 합리적인 제한으로 과잉금지원칙을 위반하여 단체

독일헌법(독일연방공화국기본법) 9조 3항(같은 취지: 바이마르헌법 159조)은 "근로조건 및 경
제조건의 유지 및 개선을 위하여 단체를 조직할 권리는 누구에 대하여도, 또한 어떠한 직업에
대하여도 이를 보장한다. 이 권리를 제한 또는 방해하고자 하는 협정은 무효로 하고, 그를 위
하여 하는 조치는 위법으로 한다."라고 하여 단결권만을 명시적으로 규정하고, 프랑스는 제4
공화국 헌법전문에서 "파업권은 법률의 정하는 바에 따라 행사 된다"고 하여 단결권 이외에
파업권을 규정하고, 일본헌법 28조는 "근로자의 단결할 권리 및 단체교섭 기타 단체행동을 할
권리는, 이를 보장한다."라고 하여 우리나라와 유사하게 노동3권을 명시적으로 규정하고 있다.
18) 김선수a, 49면.
19) 유성재, 16면; 윤성천a, 39~40면; 권창영, 668~671면. 특히 권창영, 668~671면은, 교섭창구
단일화 제도가 기본권의 제한에 관한 목적적합성의 원칙, 방법적정성의 원칙, 법익균형성에
원칙에 반하며 본질적 내용침해금지의 원칙에 반하여 위헌·무효라는 견해를 상세히 밝히고
있다. 나아가 "헌법 37조 2항 후단은 본질적 내용침해금지의 원칙을 선언하고 있는바, 교섭창
구 단일화방안 중 배타적 교섭대표제도와 단순다수대표제도는 소수 노조의 단체교섭권 보유
자체를 전면적으로 배제한다는 점에서, 비례적 교섭대표제도와 교섭단일화의무제도는 노동조합
의 단체교섭권 행사 자체를 제한한다는 점에서 단체교섭권이 유명무실해지고 형해화되어 단체
교섭권을 보장하는 궁극적인 목적인 협약자치의 원칙을 달성할 수 없게 되는 지경에 이르게
되어 단체교섭권의 본질적인 내용을 침해하는 것"(권창영, 671면)이라는 의견을 제시하였다.
20) 조상균a, 167면.

교섭권을 침해한다고 볼 수 없으며,[21) 소수 노동조합의 단체교섭권 제한을 용인할 것인지 여부, 용인한다면 어떠한 범위에서 용인할 것인지는 기본권의 경합이라는 관점에서 입법정책으로 정할 수 있다는 점 등[22]을 고려하면 위헌이 아니라는 견해이다.

헌법재판소는 한국노총 등 130여 개 노동조합이 제기한 헌법소원사건에서 2012. 4. 24. 노조법 29조 2항, 29조의2 1항 등의 교섭창구 단일화 조항에 대해 합헌이라고 결정하였다.[23) 헌법재판소는 교섭창구 단일화 제도에 대하여 ① 효율적이고 안정적인 교섭체계 구축과 근로조건의 통일이라는 정당한 목적이 있고, ② 노사대등의 원리에 따라 적정한 근로조건의 구현이라는 단체교섭권의 실질적인 보장을 위한 불가피한 제도이며, ③ 사용자 동의에 따른 자율교섭, 교섭단위 분리, 공정대표의무 등을 통해 그 문제점을 보완할 수 있다는 이유로, 단체교섭권 침해를 부정하고 합헌성을 인정한 것이다.

대법원 또한 "노동조합법이 이처럼 복수노동조합에 대한 교섭창구 단일화 제도를 도입하여 단체교섭 절차를 일원화하도록 한 것은, 복수노동조합이 독자적인 단체교섭권을 행사할 경우 발생할 수도 있는 노동조합 간 혹은 노동조합과 사용자 간 반목·갈등, 단체교섭의 효율성 저하 및 비용 증가 등의 문제점을 효과적으로 해결함으로써, 효율적이고 안정적인 단체교섭 체계를 구축하는 데에

---

21) 오문완, 34면; 이승길, 298면; 이승욱d, 32면.
22) 이승욱c, 14면.
23) 노동조합 및 노동관계조정법상의 교섭창구 단일화제도는 근로조건의 결정권이 있는 사업 또는 사업장 단위에서 복수노동조합과 사용자 사이의 교섭절차를 일원화하여 효율적이고 안정적인 교섭체계를 구축하고, 소속 노동조합과 관계없이 조합원들의 근로조건을 통일하기 위한 것으로, 교섭대표노동조합이 되지 못한 소수 노동조합의 단체교섭권을 제한하고 있지만, 소수 노동조합도 교섭대표노동조합을 정하는 절차에 참여하게 하여 교섭대표노동조합이 사용자와 대등한 입장에 설 수 있는 기반이 되도록 하고 있으며, 그러한 실질적 대등성의 토대 위에서 이뤄낸 결과를 함께 향유하는 주체가 될 수 있도록 하고 있으므로 노사대등의 원리 하에 적정한 근로조건의 구현이라는 단체교섭권의 실질적인 보장을 위한 불가피한 제도라고 볼 수 있다. 더욱이 노동조합 및 노동관계조정법은 위와 같은 교섭창구 단일화제도를 원칙으로 하되, 사용자의 동의가 있는 경우에는 자율교섭도 가능하도록 하고 있고, 노동조합 사이에 현격한 근로조건 등의 차이로 교섭단위를 분리할 필요가 있는 경우에는 교섭단위를 분리할 수 있도록 하는 한편, 교섭대표노동조합이 되지 못한 소수 노동조합을 보호하기 위해 사용자와 교섭대표노동조합에게 공정대표의무를 부과하여 교섭창구 단일화를 일률적으로 강제할 경우 발생하는 문제점을 보완하고 있다(헌재 2012. 4. 24. 선고 2011헌마338 전원재판부 결정).
   이에 대해 교섭창구 단일화는 소수 노동조합에 대한 단체교섭권의 '제한'이 아닌 '박탈'의 문제임에도 헌법재판소는 기본권 제한의 문제로 접근하는 근본적인 오류를 범하였다는 문제 제기가 있다(신인수, 23면).

그 주된 취지 내지 목적이 있다."라고 판시하여 헌법재판소와 마찬가지로 그 목적의 정당성을 인정함으로써 합헌성을 긍정하고 있는 것으로 보인다.[24]

그러나 2020. 2. 이후 민주노총 소속 노동조합들이 교섭창구 단일화 제도가 위헌이라면서 헌법재판소에 다시 헌법소원을 제기하여 그 결과를 지켜볼 필요가 있다(헌법재판소 2020헌마237호로 심리 중).

다만 헌법재판소나 대법원 모두 합헌론의 전제로 공정대표의무, 교섭단위 분리, 예외적 자율교섭 등을 들고 있으므로, 이들 제도에 관한 법령을 해석하거나 이들 제도를 운영할 때에는 교섭창구 단일화의 합헌성을 보완하는 제도적 기능을 충분히 고려하여야 할 것이다.

나. 교섭창구에 대한 입법례 비교

ILO[25]나 외국 입법례에서 배타적 교섭대표 등 교섭창구 단일화를 인정하고 있는 예를 들며 교섭창구 단일화방안이 국제노동기준에 충돌한다거나 위헌이라고 보기 어렵다는 견해가 있다.[26] 그런데 단체교섭권을 헌법상 기본권으로 명시하고 있는 우리나라의 경우는 노동3권을 헌법으로 보장하고 있지 아니한

---

24) 대법원 2017. 10. 31. 선고 2016두36956 판결, 대법원 2019. 10. 31. 선고 2017두37772 판결 등. 위 대법원 판결들은 근로조건의 통일을 교섭창구 단일화 제도의 목적으로 명시하고 있는 헌법재판소와 달리, 단체교섭의 효율성과 안정성 외에 별도로 근로조건의 통일을 교섭창구 단일화 제도의 목적으로 명시하고 있지 않다(다만 교섭단위 분리에 관한 대법원 2018. 9. 13. 선고 2015두39361 판결은 근로조건의 통일을 교섭창구 단일화 제도의 취지 중 하나로 기술하고 있다). 교섭창구 단일화 제도의 목적에 근로조건의 통일이 포함되는지에 관하여 학설도 대립한다. 긍정설로는 박종희, 532면; 하경효, 364면 참조. 부정설로는 강선희, 94면; 조상균d, 4면 참조. 효율적이고 안정적인 단체교섭이 확보될 수 있다면 이와 별도로 근로조건을 통일시킬 필요가 있는지 의문이다.

25) ILO는 "국내법에서 인증노동조합을 배타적 교섭대표로 정하는 절차를 두고 있는 경우, 다음과 같은 보완책이 마련되어 있어야 한다. ① 독립기구에 의한 승인, ② 관련 교섭단위 내의 근로자들의 다수결 투표로 선출된 대표단체, ③ 이전 노동조합 선거에서 충분한 다수의 득표를 하지 못한 노동조합이 특정기간이 경과한 후 새로운 선거를 요구할 수 있는 권리, ④ 승인된 노조 이외의 새로운 단체가 합리적인 기간 경과 후 새로운 선거를 요구할 수 있는 권리"(ILO, General Survey, 1994, para. 294)이고, "배타적 교섭시스템은 '만약 법령에서 배타적 교섭 대표로 하여금 교섭 단위내의 모든 근로자들을 그 노조의 조합원인가 여부와 상관없이 공평하고 평등하게 대표하도록 의무지우고 있다면' 단결권 협약에 반하지 않는다"(위 para. 99)고 한다.
　　이와 관련하여 조합원만을 대표하도록 설계되어 있는 우리 법상의 교섭창구 단일화 제도는, 교섭 단위 내 근로자들의 선거를 거쳐 교섭단위 내 모든 근로자를 대표하는 경우에 배타적 교섭대표를 인정하고 있는 ILO 기준에 부합한다고 볼 수 없다.

26) 조용만a, 131면에서 '일체의 교섭창구 단일화가 핵심적 국제노동기준으로 확립된 ILO '결사의 자유' 원칙에 위배된다고 보기 어렵다'는 견해를 제시하고 있다. 같은 취지로 이승욱b, 30~43면.

미국이나 영국은 물론이고[27) 헌법상 단결권만 명문으로 보장하고 있는 독일, 단결권과 파업권만 명문으로 보장하고 있는 프랑스나 이탈리아와는 규범체계가 다르고, 반면 일본은 우리와 같이 단체교섭권을 헌법상 권리로 보장하고 있는데, 교섭창구 단일화의 위헌적 소지를 고려하여 단일화제도를 도입하지 않았다.

세분해보면 법으로 교섭창구를 단일화하도록 하고 있는 프랑스와 미국의 경우에는 단체협약의 규범적 효력이 노동조합의 조합원뿐만 아니라 조합원이 아닌 모든 근로자에게 미치고 있는데 반하여 단체협약의 효력이 노동조합의 조합원에게만 미치는 독일과 일본의 경우에는 교섭창구 단일화를 법으로 강제하고 있지 않다.

배타적 교섭대표제를 취하고 있는 미국의 경우 단체협약의 규범적 효력은 단체협약을 체결한 노동조합의 조합원에 대해서 뿐만 아니라 모든 근로자에게 미치게 된다. 이러한 제도 하에서 노동조합은 노동조합의 조합원뿐만 아니라 전체 근로자를 대표하게 되며, 교섭창구 단일화 문제는 단순한 노동조합 사이의 문제가 아니라 '전체 근로자의 권익'에 관한 문제에 속하게 된다. 따라서 교섭창구 단일화에 대한 국가의 개입이 정당성을 얻게 될 가능성이 크다.[28) 이에 반하여 노동조합의 기능을 개별 근로자들이 자신의 근로조건의 향상을 위하여 조직한 이익단체로 이해하는 경우 단체협약의 효력은 원칙적으로 단체협약을 체결한 노동조합의 조합원에게만 미치게 된다. 이 경우 노동조합은 전체 근로자의 대표가 아니라 조합원의 대표로 기능하게 된다. 따라서 이러한 제도에서는 집단적 노동관계 전반에 '공공복리'를 이유로 국가의 개입이 정당화될 수 있는 가능성이 제한되어 노사 간의 문제 또는 노동조합 사이의 문제에 국가가 개입할 경우 국가의 행위는 중립의무 위반에 해당될 가능성이 커진다. 결론적으로 노동조합이 조합원의 이익을 대표하도록 설계한 우리나라의 법제에서, 법으로 교섭창구를 단일화하도록 강제하여 소수 노동조합의 단체교섭권을 제한하는 경우 단체협약의 규범적 효력을 전체 근로자에게 인정하고 있는 미국·프랑스의 경우

---

27) 송강직a, 833면에서 "우리나라 단체교섭창구 단일화제도는 교섭대표노동조합의 대표성이 교섭창구 단일화 과정에 참가한 노동조합의 조합원들에 한정된다는 점 등에 특징이 있는데 그 근본적인 제도의 틀은 헌법상 노동기본권의 보장이 없는 상황에서 입법정책의 결과로 도입되어 있는 미국의 법제도가 영향을 미친 것이 아닌가 하는 의문을 갖는다."라고 지적하고 있다.
28) 유성재, 17면.

와 달리 그 헌법적 정당성에 대한 의문이 제기된다.29)

다. 단체교섭권 등에 대한 침해 가능성

헌법재판소의 합헌 결정에도 불구하고 여전히 위헌 논쟁이 지속되고 있고, 위헌성의 근거로 제시되는 사유들은 교섭창구 단일화 제도를 최대한 합헌적으로 해석하기 위해서도 검토가 필요한 부분이므로, 이하에서는 교섭창구 단일화 제도가 단체교섭권 등을 침해하여 위헌이라는 주장의 내용을 구체적으로 살펴본다.

노조법 29조 2항에서는 "29조의2에 따라 결정된 교섭대표노동조합의 대표자는 교섭을 요구한 모든 노동조합 또는 조합원을 위하여 사용자와 교섭하고 단체협약을 체결할 권한을 가진다."라고 규정함으로써 교섭대표노동조합의 대표자에게 배타적인 단체교섭'권'과 협약체결'권'을 부여하고 있다. 이로써 상이한 복수의 노동조합에 대해 하나의 교섭창구, 즉 하나의 단체교섭권과 협약체결권만을 강제하는 결과가 된다. 이러한 해석론을 전제로 할 때 위헌론의 주장은 다음과 같다.

첫째, 헌법재판소는 "노동3권도 절대적인 권리가 아니라 제한 가능한 권리이므로 단체교섭권도 헌법 37조 2항에 의하여 국가안전보장·질서유지 또는 공공복리 등의 공익상의 이유로 제한이 가능"하다는 전제하에, "이 사건 법률조항의 교섭창구 단일화제도는 교섭대표가 되지 못한 노동조합의 단체교섭권을 제한하는 것을 내용"으로 하고 있다고 함으로써 교섭창구 단일화를 단체교섭권에 대한 제한의 문제로 보고 그 제한이 과잉금지원칙에 따라 단체교섭권을 침해하는지 여부를 판단하고 있다.30)

노조법상의 교섭창구 단일화 제도는 교섭대표노동조합에게 단체교섭권, 협약체결권, 조정신청권, 쟁의행위 투표실시권, 쟁의권 등 모든 권한을 부여하는 반면, 교섭대표노동조합이 아닌 노동조합에 대해서는 단체교섭권과 단체행동권을 '박탈'하는 내용으로 구성되어 있음에도, 이에 대해 헌법재판소를 비롯한 합헌론은 단체교섭권을 '제한'하는 문제로 접근해 위헌 여부를 판단함으로써 '기본권의 제한'과 '기본권의 박탈'을 혼동하고 있다는 반론이 있다.31)

둘째, 우리 규범체계상 헌법상 기본권인 단체교섭권에 대해 조합원 수에 따

---

29) 유성재, 18면.

30) 헌재 2012. 4. 24. 선고 2011헌마338 결정 참조.

31) 권영국b, 66~67면; 신인수, 23면.

라 질적인 차이를 인정하지 않는 점,32) 사용자의 교섭비용 증가나 복수노조로 인한 혼란은 헌법상 단결권 및 단체교섭권을 보장한 것에 대응하여 당연히 수인하여야 할 헌법상의 전제라는 점,33) 그럼에도 개별 노동조합이 가지는 복수의 독립적인 단체교섭권과 협약체결권이 사용자의 동의가 있는 경우34)를 제외하고는 부정된다는 점,35) 그 결과 교섭창구 단일화 강제조항은 교섭창구 단일화 절차에 참여하지 않은 불참노동조합, 교섭대표노동조합에서 탈락하거나 배제된 노동조합,36) 단일화절차 종료 후 새로이 조직되는 신설노동조합의 단체교섭권 및 협약체결권이 전면 부정된다는 점에서 위헌의 소지를 안고 있다.37)

　셋째, 교섭창구 단일화 제도는 단체교섭의 의무자인 사용자가 단체교섭권의 행사방식을 결정하게 된다는 점에서 기본권의 본질에 정면으로 배치된다. 노조법에 따르면 사용자가 교섭창구 단일화 절차를 거치지 아니하기로 동의한 경우에는 개별교섭, 집단교섭, 공동교섭 등 다양한 형태의 교섭방식이 가능하게 되나, 동의하지 아니한 경우에는 반드시 하나의 교섭대표노동조합을 정하여 교섭을 요구하여야 한다. 즉 교섭창구 단일화 제도는 기본권의 주체인 근로자와

---

32) 이승욱b, 41면(비례대표제나 다수대표제는 모두 기본적으로 조합원 수를 기준으로 교섭대표가 결정되는 시스템이지만, 우리 규범체제는 조합 규모에 따른 규범적인 차별적 취급을 원칙적으로 허용하지 않는다).

33) 이승욱c, 14면.

34) 단체교섭권은 근로자의 헌법상 기본권이므로 사용자에게 노동조합의 교섭요구에 응할 의무를 부담시키는 것이지 교섭의무자인 사용자에게 교섭 형태나 방식을 선택할 권한을 부여하여서는 아니 된다. 그럼에도 불구하고 사용자에게 교섭 방식에 대한 선택권을 부여하고 있는 것은 근로자 자신의 기본권 행사 과정에서 그 행사 방식을 기본권의 수규자인 사용자의 결정에 의존하도록 하는 모순이 발생하게 된다. 같은 취지로 이승욱b, 41면.

35) 개별 교섭 이외의 경우에는 교섭대표노동조합만이 교섭권과 협약체결권을 가질 뿐 개별 노동조합은 더 이상 독립적인 단체교섭권을 가질 수 없게 된다.

36) 조합원 과반수 노동조합이 있는 경우에는 과반수 미달 노동조합, 과반수 노동조합이 없는 경우에는 공동교섭대표단에 참여할 수 없는 조합원 10% 미만 노동조합이 이에 해당한다.

37) 같은 취지로 조상균a, 167면(물론 개정법이 일부 개별교섭을 보장하고 있으며, 노조법 29조의4에서 '공정대표의무'를 보장하여 단체교섭권의 침해를 최소화하고 대상조치를 부여하고 있다는 견해도 있으나, 개별교섭의 여부는 오로지 사용자의 의사에 달려있기 때문에 노동조합이 원한다고 단체교섭권을 행사할 수 있는 것이 아니라는 점, 공정대표의무의 목적은 단체교섭권의 본래기능을 대신할 수 없다는 점을 고려하면 대상조치 없이 소수 노동조합의 단체교섭권의 본질적 내용을 침해하고 있다고 할 수밖에 없다); 유성재, 16면(필자는 법을 통한 강제적 교섭창구 단일화는 소수 노동조합의 단체교섭권을 본질적으로 침해하여 위헌이라고 본다. 특히 조합원 과반수로 조직된 노동조합이 존재하는 사업 또는 사업장의 소수 노동조합은 사용자의 별도의 동의가 있거나 다른 노동조합과 자율적으로 공동교섭단을 결성할 수 있는 경우를 제외하고는 단체교섭에 전혀 참여할 수 없게 되어 단체교섭권의 본질적인 부분을 침해한 경우에 해당된다고 보인다).

노동조합이 단체교섭권의 행사방식을 정하는 것이 아니라 기본권의 의무자인 사용자가 그 권리의 행사방식을 정하게 설계함으로써 기본권의 주체와 의무자를 전도시키고 있다.

그럼에도 헌법재판소는 "노조법은 교섭창구 단일화 제도를 원칙으로 하되, 사용자의 동의가 있는 경우에는 교섭창구 단일화를 요구하지 않고 자율교섭도 가능하도록 하고 있고, (중략) 교섭단위를 분리할 수 있도록 하는 한편, (중략) 공정대표의무를 부과하여 교섭창구 단일화를 일률적으로 강제할 경우 발생하는 문제점을 보완하고 있다. (중략) 위와 같은 제도들은 노동조합의 단체교섭권 침해를 최소화하기 위한 제도라 볼 수 있다."38)라고 함으로써 사용자 동의에 의한 자율교섭의 가능성 등을 마치 노동조합의 단체교섭권 침해를 최소화하기 위한 제도적 보완이라는 취지로 판단하였다.

그러나 의무자의 승낙 여하에 따라 행사방식이 결정된다면, 그것은 권리의 속성에 배치되는 것이다. 주체와 의무자를 바꾸어놓은 이 하나의 조항만으로도 위헌을 면하기 어렵다는 문제 제기가 있다.39)

넷째, 노조법은 조직형태를 망라하여 사업 또는 사업장 단위에 존재하는 노동조합을 창구단일화 대상에 포함시킴으로써 종래 복수노조금지의 시대에서도 인정되어 왔던 초기업별 노동조합이나 조직대상이 중복되지 않았던 노동조합의 단체교섭권마저 부인하는 결과를 야기한다는 점에서 필요최소한의 제한 법리를 위반하고 있다는 지적이 있다.40)

다섯째, 교섭창구 단일화의 경우 교섭대표자의 교섭사항이 규범적 부분에 국한되는지 여부, 교섭대표의 공정대표의무의 확보방안 및 공정대표의무에 위반한 경우의 법률효과, 교섭대표자의 교섭대표기간 보장문제, 교섭권 위임문제, 사용자의 교섭창구 단일화 개입 및 방해문제, 교섭결렬시의 쟁의행위, 협약체결 이후의 평화의무의 존부 등 새로운 문제가 제기된다.41) 또한 교섭창구 단일화방안은 다수노조가 다른 노조원들을 대표하는 근거가 불명확한 점, 교섭창구 단일화는 결과적으로 교섭당사자의 단일화를 초래하는 점, (교섭창구 단일화 절차를 거치지 않은) 노조자율에 의한 단일화마저 사용자에게 정당한 단체교섭거부 명분

---

38) 헌재 2012. 4. 24. 선고 2011헌마338 결정.
39) 권영국b, 68면.
40) 권영국a, 42면; 조상균a, 167면.
41) 윤성천b, 529~533면.

을 준다는 점 등에서 현행법질서에 합치되지 아니한다는 지적이 있다.42)

[권 영 국·임 상 민]

---

42) 권창영, 671면; 같은 취지로 조용만b, 122~125면에서 프랑스법제와 우리나라 법제를 비교
하면서 ① 단체교섭권의 보장취지에 관하여 프랑스 헌법은 근로자대표를 통한 근로조건의
집단적 결정에 참여할 근로자의 권리를 규정하고 있을 뿐 명시적으로 단체교섭권을 규정하
고 있지 않고 단지 법률에서 근로자의 단체교섭권을 명시적으로 표현하고 있는 반면 우리
헌법은 근로자의 단체교섭권을 명시하고 있는 점, ② 쟁의권의 주체에 관하여 프랑스에서 파
업권은 조합의 권리가 아니라 근로자의 권리로 인정되므로 교섭권은 파업권과의 관계에서
목적적 권리가 아니고 파업의 최후수단성 원칙도 존재하지 않는 반면 우리나라는 교섭권과
쟁의권의 주체를 노조로 국한하고 판례는 쟁의권행사의 최후수단성 원칙을 인정하는 점, ③
근로자 측 교섭당사자의 법적 지위에 관하여 프랑스에서 근로자 측 교섭당사자는 노동조합
의 대표성이라는 개념을 통하여 제한되므로 노조라고 해서 당연히 교섭당사자가 되고 교섭
권을 행사할 수 있는 것은 아니며 단체협약도 조합원 여부 및 소속조합에 관계없이 모든 근
로자에게 적용되는 반면 우리의 경우 노조는 조합원을 대표하는 교섭당사자인 점, ④ 교섭방
법 및 절차를 제한하는 법적 취지에 관하여 프랑스는 일정한 경우를 제외하고는 사용자가
교섭의무를 부담하지 않으며 교섭을 거부할 수도 있으나 법이 임금·근로시간에 대해 사용
자에게 매년 교섭을 개최할 의무를 부과하면서 교섭절차를 규율하고 있는 것은 기업교섭의
관행을 확립하고자 하는 데 있는 반면 우리의 경우 사용자는 교섭에 응할 의무를 가지며 이
의무위반은 부당노동행위가 되는 점, ⑤ 단체협약제도에 관하여 프랑스에서는 기업협약은 기
업 내의 모든 근로자에게 적용되며 기업협약은 법이 예외를 인정하는 경우가 아닌 한 상위
협약에 반할 수 없고 일정한 요건 하에서 다수파 근로자 측 교섭당사자들이 협약을 무효화
할 수 있는 협약거부권제도를 두고 있는 반면 우리의 경우 단체협약은 원칙적으로 조합원에
게만 적용되는 점 등을 이유로 교섭창구 단일화 방안은 법논리적·이론적으로 도출되기 어
려운 근본적인 법적 한계를 갖고 있다고 지적하고 있다.

제29조의2(교섭창구 단일화 절차)

① 하나의 사업 또는 사업장에서 조직형태에 관계없이 근로자가 설립하거나 가입한 노동조합이 2개 이상인 경우 노동조합은 교섭대표노동조합(2개 이상의 노동조합 조합원을 구성원으로 하는 교섭대표기구를 포함한다. 이하 같다)을 정하여 교섭을 요구하여야 한다. 다만, 제3항에 따라 교섭대표노동조합을 자율적으로 결정하는 기한 내에 사용자가 이 조에서 정하는 교섭창구 단일화 절차를 거치지 아니하기로 동의한 경우에는 그러하지 아니하다.

② 제1항 단서에 해당하는 경우 사용자는 교섭을 요구한 모든 노동조합과 성실히 교섭하여야 하고, 차별적으로 대우해서는 아니 된다.

③ 교섭대표노동조합 결정 절차(이하 "교섭창구 단일화 절차"라 한다)에 참여한 모든 노동조합은 대통령령으로 정하는 기한 내에 자율적으로 교섭대표노동조합을 정한다.

④ 제3항에 따른 기한까지 교섭대표노동조합을 정하지 못하고 제1항 단서에 따른 사용자의 동의를 얻지 못한 경우에는 교섭창구 단일화 절차에 참여한 노동조합의 전체 조합원 과반수로 조직된 노동조합(2개 이상의 노동조합이 위임 또는 연합 등의 방법으로 교섭창구 단일화 절차에 참여한 노동조합 전체 조합원의 과반수가 되는 경우를 포함한다)이 교섭대표노동조합이 된다.

⑤ 제3항 및 제4항에 따라 교섭대표노동조합을 결정하지 못한 경우에는 교섭창구 단일화 절차에 참여한 모든 노동조합은 공동으로 교섭대표단(이하 이 조에서 "공동교섭대표단"이라 한다)을 구성하여 사용자와 교섭하여야 한다. 이 때 공동교섭대표단에 참여할 수 있는 노동조합은 그 조합원 수가 교섭창구 단일화 절차에 참여한 노동조합의 전체 조합원 100분의 10 이상인 노동조합으로 한다.

⑥ 제5항에 따른 공동교섭대표단의 구성에 합의하지 못할 경우에 노동위원회는 해당 노동조합의 신청에 따라 조합원 비율을 고려하여 이를 결정할 수 있다.

⑦ 제1항 및 제3항부터 제5항까지에 따른 교섭대표노동조합을 결정함에 있어 교섭요구 사실, 조합원 수 등에 대한 이의가 있는 때에는 노동위원회는 대통령령으로 정하는 바에 따라 노동조합의 신청을 받아 그 이의에 대한 결정을 할 수 있다.

⑧ 제6항 및 제7항에 따른 노동위원회의 결정에 대한 불복절차 및 효력은 제69조와 제70조 제2항을 준용한다.

⑨ 노동조합의 교섭요구 · 참여 방법, 교섭대표노동조합 결정을 위한 조합원 수

※ 이 조에 관한 각주의 참고문헌은 '교섭창구 단일화 전론(前論)'의 참고문헌을 가리킨다.

산정 기준 등 교섭창구 단일화 절차와 교섭비용 증가 방지 등에 관하여 필요한 사항은 대통령령으로 정한다.

⑩ 제4항부터 제7항까지 및 제9항의 조합원 수 산정은 종사근로자인 조합원을 기준으로 한다.

〈세 목 차〉

Ⅰ. 개　　요

교섭창구 단일화 절차는, 교섭에 참여하는 노동조합(이하 '교섭 참여 노동조합'이라 함)을 확정하는 절차와 교섭 참여 노동조합 중 교섭대표노동조합을 확정하는 절차로 구분된다.

교섭 참여 노동조합 확정 절차는 다음과 같다.[1] 먼저 기존 단체협약의 유효기간 만료일 이전 3개월이 되는 날까지 각 노동조합이 사용자에게 단체교섭을 요구한다. 사용자는 단체교섭 요구를 받은 날부터 7일간 노동조합의 교섭요구 사실을 공고한다. 사용자는 공고기간이 끝난 다음 날에 교섭 요구 노동조합을 확정하여 5일간 공고한다.

교섭대표노동조합 확정 절차는 다음과 같다. 먼저 교섭창구 단일화 절차에 참여한 노동조합들이 자율적으로 교섭대표노동조합을 정할 수 있다. 자율적 결

---

1) 노조법 시행령 14조의2에서 14조의5까지 구체적으로 규정하고 있다.

정으로 교섭대표노동조합을 정하지 못한 경우에는 교섭창구 단일화 절차에 참여한 노동조합들 전체 조합원의 과반수로 조직된 노동조합이 교섭대표노동조합이 된다. 자율적 결정도 이루어지지 않고, 위와 같은 과반수 노동조합도 없는 경우에는 교섭창구 단일화 절차에 참여한 노동조합들이 공동교섭대표단을 구성한다.

II. 교섭창구 단일화 절차

1. 교섭창구 단일화의 범위와 대상

노조법 29조의2 1항에서 "하나의 사업 또는 사업장에서 조직형태에 관계없이 근로자가 설립하거나 가입한 노동조합이 2개 이상인 경우 노동조합은 교섭대표노동조합을 정하여 교섭을 요구하여야 한다."라고 정하고 있다. 따라서 교섭창구 단일화의 대상은 '하나의 사업 또는 사업장에서 조직형태에 관계없이 근로자가 설립하거나 가입한 노동조합'으로 하고 있다. 먼저 '하나의 사업 또는 사업장'이란 무엇인지, 둘째, 교섭창구를 단일화해야 하는 노동조합은 무엇인지 검토할 필요가 있다.

가. 하나의 사업 또는 사업장

여기서 하나의 사업 또는 사업장이란 개념은 매우 중요한 의미를 가진다. 하나의 사업 또는 사업장이란 교섭창구 단일화 절차가 적용되기 위한 물적 · 인적 범위[2]가 되고, 이 절차에 의해 정해진 교섭대표노동조합이 가지는 교섭권 및 단체협약의 적용범위가 되며, 교섭단위를 구성하기 때문이다.[3]

일반적으로 '사업'이란 경영상 일체를 이루는 기업체 그 자체를 의미하는 것으로[4] 장소적 관념을 기준으로 판단하는 것이 아니라 일관된 공정에 따라 통일적으로 업무가 수행되는지 여부를 기준으로 판단하여야 한다. 따라서 경영상 일체를 이루면서 유기적으로 운영되는 기업조직은 하나의 사업에 해당한다고

---

2) 물적 범위란 교섭창구 단일화절차가 '하나의 사업 또는 사업장'을 대상으로 하지 복수의 사업 또는 사업장을 대상으로 하지 않는다는 것을 의미하고, 인적 범위란 교섭대표노동조합을 결정하기 위하여 필요한 조합원 수 산정은 해당 사업 또는 사업장만을 대상으로 하고, 다른 사업 또는 사업장의 조합원을 포함할 수 없게 된다는 것을 의미한다.
3) 이승욱a, 49~50면.
4) 이승욱a, 53면; 이종수 · 박준우 · 김철희, 30면.

볼 수 있다.5) 하나의 법인체는 원칙적으로 하나의 사업으로 인정된다. 사업과 병렬적으로 규정되어 있는 '사업장'과 관련하여 사업과 별개의 개념으로 보아야 하는지 동일한 개념으로 보아야 하는지 논란의 여지가 있다.

'사업장'이란 하나의 사업 또는 사업장으로 병렬적으로 규정되어 있다는 점을 고려할 때 '경영상 일체를 이루는 기업체'에 준할 정도의 운영상의 독립성을 가지는 조직체를 의미하는 것으로 해석된다는 견해6)가 있다. 이 견해에 따르면, 물적·인적·장소적 독립성을 인정할 수 있어야 한다. 재무 및 회계가 분리·운영되는 등 경영상 독립성이 인정되고, 근로조건도 별도로 결정되는 등 인사·노무관리상의 독립성도 인정되는 경우 교섭창구 단일화의 대상이 되는 '사업장'으로 인정될 수 있다는 것이다. 다시 말하면 하나의 법인체라 하더라도 각 사업장별로 근로조건의 결정권이 있고, 인사·노무관리, 회계 등이 독립적으로 운영되는 등 각각의 사업장이 독립성이 있다면, 이 경우에는 각 사업장 단위로 교섭창구를 단일화하여야 한다.7) 그러나 장소적으로 분리된 사업장이라고 하더라도 그 자체로서 유기적인 일체를 이루면서 운영되고 있지 않다면 교섭창구 단일화의 대상이 되는 사업장이 아니라 큰 틀에서 하나의 사업에 포함된다는 것이다.8)

반면에 대법원 판례를 보면, 근기법의 적용범위가 되는 '사업장' 개념과 관련해서 '사업'과 별도로 정의를 내리고 있다. "근기법은 11조에서 상시 5명 이상의 근로자를 사용하는 모든 사업 또는 사업장에 적용된다고 규정하고 있는바, 여기서 말하는 '사업장'인지 여부는 하나의 활동주체가 유기적 관련 아래 사회적 활동으로서 계속적으로 행하는 모든 작업이 이루어지는 단위 장소 또는 장소적으로 구획된 사업체의 일부분에 해당되는지에 달려있으므로, 그 사업의 종류를 한정하지 아니하고 영리사업인지 여부를 불문하며, 1회적이거나 그 사업기간이 일시적이라 하여도 근기법의 적용대상"9)이라 하고 있다. 즉, 위 판례는

---

5) 대법원 1993. 2. 9. 선고 91다21381 판결, 대법원 1993. 10. 12. 선고 93다18365 판결, 대법원 1997. 11. 28. 선고 97다24511 판결, 대법원 1999. 8. 20. 선고 98다765 판결 등.
6) 이승욱a, 54면; 이종수·박준우·김철희, 30면.
7) 권두섭, 39면.
8) 고용노동부는 근로시간면제한도 시간적용과 관련하여 "사업이란 경영상의 일체를 이루는 기업체 그 자체를 의미하는 것이며, 사업장은 장소적으로 분산되어 있는 사업의 하부조직을 말한다"(고용노동부, 3면)고 하고 있는 반면, 이승욱 교수는 "사업장이 유기적인 일체로서 독립적으로 운영되고 있는 이상 반드시 장소적으로 분리될 필요는 없을 것이다"(이승욱a, 55면 각주 30)라고 주장한다.
9) 대법원 2007. 10. 26. 선고 2005도9218 판결.

'사업장'을 '모든 작업이 이루어지는 단위 장소 또는 장소적으로 구획된 사업체의 일부분'이라는 장소적 개념으로 이해하고 있다.[10]

단체교섭의 효율성과 안정성이라는 교섭창구 단일화 제도의 주된 취지를 고려할 때, 여기서는 사업장 개념을 장소적 개념으로 이해하기보다는 운영상의 독립성을 가지는 조직체로 이해하는 것이 타당해 보인다.

나. 교섭창구 단일화의 대상이 되는 노동조합

(1) 복수의 노동조합

하나의 사업 또는 사업장에서 조직형태에 관계없이 근로자가 설립하거나 가입한 노동조합이 '2개 이상'인 경우, 그 복수의 노동조합이 교섭창구 단일화의 대상이 된다. 따라서 하나의 사업 또는 사업장 단위에서 하나의 노동조합만이 존재하는 경우에는 교섭창구 단일화 절차가 적용되지 않는다. 따라서 하나의 사업 또는 사업장에서 유일하게 존재하는 노동조합은, 설령 노조법 및 그 시행령이 정한 교섭창구 단일화 절차를 형식적으로 거쳤다고 하더라도, 교섭대표노동조합의 지위를 취득할 수 없다.[11]

(2) 초기업별 노동조합

이와 관련하여 노조법에 따르면 교섭창구 단일화의 대상이 되는 노동조합은 조직형태에 관계없이 '하나의 사업 또는 사업장'에서 근로자가 설립하거나 가입한 노동조합이므로 기업별 노동조합이든 산업별 노동조합 등 초기업별 노동조합이든 관계없이 '하나의 사업 또는 사업장'의 근로자가 가입하거나 설립하고 있는 노동조합이라면 교섭창구 단일화의 대상이 된다는 견해[12]와 노동조합은 하나의 사업 또는 사업장에 있는 노동조합이라고 보아야 할 것이므로 그 사업 또는 사업장 밖에 존재하는 초기업적 산업별 노동조합이나 직종별 노동조합은 단일화절차에 참여할 수 없다거나[13] 초기업별 노동조합까지 교섭창구 단일

---

10) 위 판례는 "국회의원 입후보자가 선거활동을 하기 위하여 일정한 장소에 선거사무소를 두고, 선거사무원을 일급제로 고용하여 자신의 지휘·감독 하에 선거홍보를 하게 하면서 일정 기간 계속 운영한 경우, 위 선거사무소와 선거사무원은 각각 근기법상의 사업장과 근로자에 해당한다."라고 판시하였다.

11) 대법원 2017. 10. 31. 선고 2016두36956 판결.

12) 이승욱a, 55면. 노동부 또한 하나의 사업 또는 사업장 내에 조직되어 있는 노동조합은 원칙적으로 조직대상의 중복 여부·조직형태에 관계없이 교섭을 1사 1교섭 형태로 단일화한다는 입장을 전제로 하고, 여기서 '근로자가 가입한 노동조합'에는 초기업별 노동조합에 근로자들이 가입한 경우까지도 포함하고 있는 것으로 해석한다(노동부, 16면).

13) 김형배, 1041면.

화의 대상으로 하면 초기업별 노동조합 고유의 단체교섭권을 침해하는 것이므
로 부당하다는 견해14)가 있다.

노조법 29조의2 1항에서 "하나의 사업 또는 사업장에서 조직형태에 관계없
이 근로자가 설립하거나 가입한 노동조합이 2개 이상인 경우 노동조합은 교섭
대표노동조합을 정하여 교섭을 요구하여야 한다."라고 정하고 있는 이상 그 법
문 중 '조직형태에 관계없이'라는 표현에 비추어 초기업별 노동조합의 경우에도
교섭창구 단일화의 대상에 포함된다고 해석함이 불가피해 보인다.

교섭창구 단일화의 대상은 '하나의 사업 또는 사업장에서' 조직형태에 관계
없이 근로자가 설립하거나 가입한 노동조합에 한정되므로, 초기업별 노동조합이
사업 또는 사업장의 틀을 넘어서 사용자단체에게 산업별 통일교섭을 요구할 때
에는 교섭창구 단일화의 대상에 포함되지 아니하는 것이 아닌지가 추가로 문제
될 수 있다. 이에 관하여는 양론의 여지가 있어 보인다. 우선, 사용자단체가 초
기업별 노동조합과 통일교섭을 통해 단체협약을 체결하는 경우에도 각 사업 또
는 사업장 단위 단체교섭이 결합된 것에 불과하므로 여전히 교섭창구 단일화
대상성을 인정하여야 한다는 견해를 상정할 수 있다(통일교섭 교섭창구 단일화 긍
정설). 다음으로, 노조법 29조의2 1항에는 문언상 사업장 단위 단체교섭을 전제
로 한 것이므로, 사업장 단위를 초월하는 통일교섭의 경우 교섭창구 단일화 절
차가 적용되지 않는다는 견해도 상정할 수 있다(통일교섭 교섭창구 단일화 부정설).
학설은 일반적으로 노조법 29조의2 1항이 정하는 교섭창구 단일화 절차의 범위
를 근거로 이 경우에는 하나의 사업 또는 사업장 단위로 단체교섭이 이루어지
는 것이 아니므로 교섭창구 단일화 절차의 대상이 되지 않는다는 견해(통일교섭
교섭창구 단일화 부정설)를 취하고 있다.15)

그러나 대법원 2019. 4. 23. 선고 2016두42654 판결은, 사용자단체가 초기
업별 노동조합과 체결한 단체협약 조항이 공정대표의무에 위반함을 전제로 누
구를 상대로 시정명령을 하여야 하는지가 쟁점이 된 사안에서, 사용자단체에게
만 시정명령을 할 수 있을 뿐 사용자에게 시정명령을 할 수 없다는 원심을 파
기하고, 사용자에게도 시정명령을 할 수 있다는 취지로 판시하였다. 그런데 이
러한 대법원의 판단은 공정대표의무 적용의 선결문제로서 교섭창구 단일화 절

---

14) 조상균a, 169면.
15) 김철희, 22면; 이승욱a, 18면; 임상민b, 746~747면.

차가 적용됨을 전제로 한 것으로 이해할 수 있고, 지방노동위원회, 중앙노동위원회, 1심, 항소심 모두 마찬가지로 교섭창구 단일화 절차가 적용됨을 전제로 판단하고 있어, 실무상으로는 초기업별 노동조합과 사용자단체가 단체교섭을 하는 경우에도 교섭창구 단일화의 대상이 되는 것으로 처리하고 있는 것으로 보인다. 초기업별 노동조합과 사용자단체 사이의 통일교섭에도 교섭창구 단일화 절차가 적용되어야 한다면, 통일교섭의 대상이 되는 모든 사업장에서 초기업별 노동조합이 교섭대표노동조합으로 선정되는 경우를 제외하고는 초기업별 노동조합과 사용자단체의 초기업적인 통일교섭은 사실상 불가능해지므로, 통일교섭의 가능성과 효율성을 현저히 떨어뜨릴 뿐만 아니라 그로 인하여 초기업별 노동조합 자체를 약화시킨다는 점을 고려하면, 정책적으로도 통일교섭 교섭창구 단일화 부정설이 타당하다 할 것이다.

다만 통일교섭 교섭창구 단일화 부정설을 취한다고 하더라도, 사용자단체가 초기업별 노동조합과 통일교섭을 하는 경우에 교섭창구 단일화 절차가 강제되지 않으므로 교섭창구 단일화 절차를 경유하지 않고 단체교섭을 할 수는 있다(그러한 경우에는 공정대표의무도 문제되지 않는다)는 의미를 넘어서서 초기업별 노동조합이 자발적으로 교섭창구 단일화 절차를 거친 경우에도 교섭창구 단일화의 효력을 일관되게 부정할 것인지에 관하여는 견해가 대립할 수 있다. 즉 자발적으로 교섭창구 단일화 절차를 거친 경우에는 예외적으로 교섭창구 단일화의 효력을 긍정할 수 있다는 견해와 자발적으로 교섭창구 단일화 절차를 거친 경우에도 여전히 교섭창구 단일화의 효력을 부정하여야 한다는 견해가 대립할 수 있는 것이다. 전자의 입장에 서면 대법원 2016두42654 판결은 결론적으로 타당하다고 볼 수 있고, 후자의 입장에 서면 대법원 2016두42654 판결의 타당성에는 문제가 있다.[16]

(3) 초기업별 노동조합의 사업 또는 사업장별 지부·분회가 교섭창구 단일화 대상에 포함되는지 여부

초기업별 노동조합의 사업 또는 사업장 단위 지부·분회 등은 노동조합의 효율적인 관리를 위한 내부조직 내지 내부기구에 불과하기 때문에 원칙적으로 그 자체로서 독자적인 노동조합의 지위를 가질 수 없다.[17] 따라서 교섭창구 단

---

16) 전자의 입장이 타당하다는 견해로는, 임상민b, 747~748면.
17) 이승욱a, 56면; 조상균a, 169면.

일화의 대상이 될 수 없다.

다만, 대법원 판례에 의할 때, "독립한 근로조건의 결정권이 있는 하나의 사업 또는 사업장 소속 근로자를 조직대상으로 한, 초기업적인 산업별·직종별·지역별 단위노동조합의 지부 또는 분회로서 독자적인 규약 및 집행기관을 가지고 독립한 단체로서 활동을 하면서 당해 조직이나 그 조합원에 고유한 사항에 대하여는 독자적으로 단체교섭 및 단체협약체결 능력을 가지고 있어 기업별 단위노동조합에 준하여 볼 수 있는 경우"[18]에는 그 지부나 분회 등은 설립신고에 관계없이[19] 노동조합에 해당한다고 볼 수 있기 때문에 자신의 이름으로 교섭창구 단일화 절차에 참여할 수 있다.[20] 반면 이러한 경우에 해당하지 않는 사업 또는 사업장별 지부나 분회 등은 교섭창구 단일화 절차에 참여할 수 없고, (단위) 노동조합이 교섭창구 단일화 절차에 참여하여야 한다.[21]

(4) 간접고용 근로자들로 구성된 노동조합이 교섭창구 단일화 대상에 포함되는지 여부

교섭창구 단일화의 대상은 원칙적으로 하나의 사업 또는 사업장의 노동조합에 한한다. 그런데 간접고용의 방식으로 고용된 근로자들이 노동조합을 조직한 경우, 보다 구체적으로 보면, 사내하도급이나 근로자파견에 따른 파견근로자들이 그 주체가 되어 설립 또는 가입한 노동조합이 존재하는 경우 원청사업주 또는 사용사업주가 운영하는 사업이나 사업장의 창구단일화의 대상에 포함되는지 여부가 문제될 수 있다.

이 문제는 간접고용 근로자들과 원청업체 사이에 묵시적 근로관계를 인정한 사례,[22] 사내하도급을 통해 노동력을 제공받고 있는 원청사업주가 '사내하청노동조합'을 대상으로 행한 부당노동행위의 구제를 구하는 사건에서 지배력의 존재를 이유로 원청사업주가 지배개입을 부당노동행위 관련 규정의 수범자임을

---

18) 대법원 2002. 7. 26. 선고 2001두5361 판결.
19) 대법원 2001. 2. 23. 선고 2000도4299 판결(노동조합의 하부단체인 분회나 지부가 독자적인 규약 및 집행기관을 가지고 독립된 조직체로서 활동을 하는 경우 당해 조직이나 그 조합원에 고유한 사항에 대하여는 독자적으로 단체교섭하고 단체협약을 체결할 수 있고, 이는 그 분회나 지부가 노조법 시행령 7조의 규정에 따라 그 설립신고를 하였는지 여부에 영향 받지 아니 한다).
20) 이승욱a, 57면; 조상균a, 169면.
21) 이승욱a, 57면.
22) 대법원 2008. 7. 10. 선고 2005다75088 판결 등.

확인한 사례,[23] 간접고용관계에서 원청업체가 실질적인 권한을 행사하는 부분에서는 최소한 원청업체에 단체교섭 당사자로서의 지위를 인정할 수 있다고 판단한 사례,[24] 합법 여부를 불문하고 근로자파견으로 2년 이상 경과한 경우 파견근로자에게 파견법상의 직접고용의무 또는 직접고용간주 규정이 적용되어 사용사업주와의 사이에 근로관계가 인정된다는 사례[25] 등이 나오고 있는 상황을 고려하면 중요한 의미를 갖게 된다.

위 논란과 관련하여 해당 사업 또는 사업장의 사용자와 직접적인 사용종속관계에 있지 않은 근로자로 조직된 노동조합은 그 사용자에 대하여 교섭을 요구하거나 교섭창구 단일화 절차에 참여할 수 없다는 견해[26]와, 지배력의 존재 등을 들어 적어도 원청업체의 사용자가 단체교섭의 당사자로서 지위가 있다고 인정되는 경우에는 직접고용 근로자들로 구성된 노동조합의 교섭 참여 노동조합의 확정 절차에 참여할 수 있다고 보아야 한다는 견해,[27] 사용사업주의 통제 범위에 해당하는 사항에 대해 사용사업주는 파견근로자들을 대표하는 노동조합에 대해 교섭의무를 진다는 일반론에 비추어 볼 때, 실질적인 지배력의 존재 등을 이유로 원청업체인 사용자가 단체교섭의 당사자로 인정될 수 있는 범위에서, 최소한 교섭대상이 될 수 있는 의제에 대해서는 간접고용 근로자들이 원청업체인 사용자를 상대로 교섭을 요구할 수 있고, 원청업체의 교섭창구 단일화 절차에도 참가할 수 있다고 보는 견해,[28] 파견관계가 성립하지 않는다 하더라도 지배력의 존재로 인하여 원청업체 사용자의 단체교섭의무를 인정할 수 있고, 사안에 따라 하청기업을 교섭단위로 보아 하청노조들이 원청업체를 상대로 교섭창구 단일화 절차를 거쳐야 하거나, 교섭창구 단일화 절차를 거칠 필요가 없다는 견해[29] 등이 있다. 지배력의 존재로 인하여 원청업체 사용자의 단체교섭의무를 인정할 수 있고, 원청업체의 단일화 절차에도 참가할 수 있다는 견해를 취한다면, 고용형태 등을 이유로 교섭단위 분리신청을 하는 것도 가능할 것이다.

---

23) 대법원 2010. 3. 25. 선고 2007두8881 판결, 대법원 2021. 2. 4. 선고 2020도11559 판결 등.

24) 대구고법 2007. 4. 5. 선고 2006노595 판결(다른 사유로 대법원 2007. 9 8. 선고 2007도 3165 판결로 파기환송되었다), 2021. 6. 2. 판정 중앙 2021부노14.

25) 대법원 2008. 9. 18. 선고 2007두22320 전원합의체 판결, 대법원 2010. 7. 22. 선고 2008두 4367 판결.

26) 고용노동부a, 9면.

27) 조상균a, 169면.

28) 권두섭, 42면.

29) 권오성, 54~55면.

2. 교섭 참여 노동조합의 확정 절차

가. 노동조합의 교섭요구: 시기와 방법

단체협약(다만, 2개 이상인 경우에는 먼저 이르는 단체협약을 기준으로 함) 유효기간 만료일 이전 3개월이 되는 날부터 교섭을 요구할 수 있다(영 14조의2 1항). 교섭 요구 시에는 노동조합의 명칭, 대표자의 성명, 사무소가 있는 경우에는 그 주된 사무소의 소재지, 그 교섭을 요구한 날 현재의 종사근로자인 조합원 수를 적은 서면으로 하여야 한다(영 14조의2 2항, 규칙 10조의2). 결국 해당 사업 또는 사업장의 노동조합 중 어느 한 노동조합이 사용자에게 단체교섭을 요구해야만 교섭창구 단일화 절차가 개시된다.[30] 이와 관련하여 다음과 같은 의문들이 제기될 수 있다.

첫째, 여러 주제별 단체협약[31]이 있는 경우 주제별로 교섭창구를 단일화하여 교섭을 요구하여야 하는지 의문이 있다. 노조법 시행령 14조의2 1항 단서에서 "단체협약이 2개 이상 있는 경우에는 먼저 도래하는 단체협약의 유효기간 만료일 이전 3개월이 되는 날"을 기준으로 교섭을 요구할 수 있고, 노조법 시행령 14조의10(교섭대표노동조합의 지위 유지기간 등)에서 노사간 체결한 첫 번째 단체협약 유효기간이 2년 미만이라도 2년 동안 지위가 유지된다고 규정하고 있는 점에 비추어 교섭창구 단일화 후 교섭대표노동조합은 노사간 체결한 첫 번째 단체협약 체결일부터 2년간 지위를 유지하므로, 교섭대표노동조합이 된 노동조합이 다른 협약의 유효기간 만료로 인한 갱신교섭, 새로운 쟁점 교섭 때에도 교섭대표노동조합의 지위를 가진다.

둘째, 유효기간 만료일 '3개월 이전'에 단체교섭을 요구할 수 있는지 의문이 있다. 이는 평화의무와도 관련되는 문제인데, 기존 협약의 유효기간 내라고 하더라도 새로운 단체협약을 체결하기 위하여 교섭을 요구하는 것은 가능하다고 해석되어 왔다. 즉, 노사 동의에 의해 위 기간 이전에 교섭을 요구하고 교섭을 개시하는 것이 가능할 수 있으나, 교섭창구 단일화 절차규정의 도입으로 위 기간을 준수하지 않을 경우 다른 노동조합의 교섭요구나 창구단일화 절차 참여를 어렵게 할 수 있다는 점에서 위 기간을 지키지 아니한 경우 교섭거부 사유

---

30) 이승욱a, 8면.
31) 임금협약, 기타 근로조건에 관한 단체협약 등.

가 될 수 있으며,32) 교섭요구의 효력이 다른 노동조합에 미치지 아니한다고 볼 수 있다.

셋째, 기존의 유효한 단체협약이 없으면 유효기간 만료일을 상정할 수 없으므로 교섭창구 단일화 절차를 개시할 수 없는가 하는 의문도 제기될 수 있다. 해당 사업 또는 사업장에 유효한 단체협약이 존재하지 않는 경우에는 노동조합은 언제라도 사용자에게 교섭요구를 함으로써 교섭창구 단일화 절차를 개시할 수 있다 할 것이다.33)

나. 교섭요구 사실의 공고

사용자는 노동조합으로부터 노조법 시행령 14조의2에 따라 교섭요구를 받은 때에는 그 요구를 받은 날부터 7일간 그 교섭을 요구한 노동조합의 명칭, 대표자의 성명, 그 교섭을 요구한 일자, 교섭을 하려는 다른 노동조합이 교섭을 요구할 수 있는 기한을 해당 사업 또는 사업장의 게시판 등에 공고하여야 한다(영 14조의3 1항, 규칙 10조의3 1항). 이와 관련하여 제기될 수 있는 문제들은 다음과 같다.

사용자와 교섭하려는 다른 노동조합은 위 공고기간(7일) 내에 노동조합의 명칭, 대표자의 성명, 사무소가 있는 경우에는 그 주된 사무소의 소재지, 그 교섭을 요구한 날 현재의 조합원 수를 적은 서면으로 사용자에게 교섭을 요구하여야 한다(영 14조의4).

사용자가 교섭요구 사실의 공고를 하지 아니하거나 다르게 공고하는 경우에는 노동조합은 '교섭요구 사실의 공고에 대한 시정신청서'를 제출하여 노동위원회에 시정을 요청할 수 있고, 노동위원회는 그 요청을 받은 날부터 10일 이내에 그에 대한 결정을 하여야 한다(영 14조의3 2항, 3항, 규칙 10조의3 2항).

다. 교섭 요구 노동조합 확정 통지 및 공고

사용자는 교섭요구 사실의 공고기간이 끝난 다음 날에 교섭을 요구한 노동조합을 확정하여 통지하고, 1. 교섭을 요구한 노동조합의 명칭과 대표자의 성명, 2. 교섭을 요구한 일자, 3. 교섭을 요구한 날 현재의 조합원의 수, 4. 공고 내용이 노동조합이 제출한 내용과 다르게 공고되거나 공고되지 아니한 경우에는 공고기간 중에 사용자에게 이의를 신청할 수 있다는 사실을 5일간 공고하여야 한

---

32) 고용노동부a, 10면 참조.
33) 이승욱a, 63면.

다(영 14조의5 1항, 규칙 10조의4 1항).

교섭을 요구한 노동조합은 사용자의 공고 내용이 자신이 제출한 내용과 다르게 공고되거나 공고되지 아니한 것으로 판단되는 경우에는 위 공고기간(5일) 중에 사용자에게 이의를 신청할 수 있다(영 14조의5 2항).

사용자는 노동조합의 이의 신청이 타당하다고 인정되는 경우 신청한 내용대로 위 공고기간(5일)이 끝난 날부터 5일간(수정 공고기간) 공고하고 그 이의를 제기한 노동조합에 통지하여야 한다(영 14조의5 3항).

사용자가 노동조합에서 이의 신청한 내용에 대하여 공고를 하지 않은 경우에는 원래의 확정 공고기간이 끝난 다음날부터 5일 이내에, 노동조합에서 이의 신청한 내용과 다르게 공고를 한 경우에는 수정 공고기간이 끝난 날부터 5일 이내에 해당 노동조합은 노동위원회에 시정을 요청할 수 있고(영 14조의5 4항, 규칙 10조의4 2항), 노동위원회는 시정 요청을 받은 날부터 10일 이내에 그에 대한 결정을 하여야 한다(영 14조의5 5항).

라. 교섭 참여 노동조합 확정 절차에 참여하지 않은 노동조합의 지위

노조법상 교섭 참여 노동조합 확정 절차에 참여하지 않거나 참여를 거부한 노동조합, 그리고 교섭 요구 노동조합 확정 이후 신설된 노동조합(이하 '불참노조'라 한다)은 노조법상 어떤 지위를 갖는지 문제된다. 구체적으로 보면, 교섭 참여 노동조합 확정 절차에 참여하지 않고서도 개별교섭을 요구할 수 있는지, 특정 노동조합의 불참을 이유로 사용자가 단체교섭을 거부할 수 있는지, 불참 이후 교섭대표노동조합과 사용자 사이의 단체협약의 효력이 불참노조에 미치는지, 불참노조의 쟁의행위 가능성 등이 다투어질 수 있다.

첫째, 불참노조가 사용자에게 개별교섭을 요구할 수 있는지 여부이다. 이에 대해서는 확정된 교섭 요구 노동조합이 아닌 노동조합이 사용자와 교섭하여 단체협약을 체결하는 것은 허용되지 않는다는 견해[34]와, 노조법 29조의2에서 최초의 교섭요구가 있는 때부터 자율적으로 교섭대표노동조합을 결정하는 기한 내에 사용자가 동의한 경우에는 개별교섭이 가능하다고 규정하고 있기 때문에 위의 기간 내라면 불참노조의 교섭요구에 사용자가 동의하게 되면 개별교섭이 가능하다는 견해[35]가 있다.

---

34) 고용노동부a, 18면.
35) 조상균a, 170면.

그런데 단체교섭에서 견지되어야 할 노사자율 원칙과 교섭창구 단일화 의무규정의 위헌 소지 등을 감안하면, 개별교섭 '동의' 기한에 불문하고 불참노조가 사용자에게 개별교섭을 요구하여 단체협약을 체결하였다면 이를 무조건 무효로 볼 수는 없다.36) 그러나 사용자는 교섭대표노동조합 확정 절차에 참여하지 않은 불참노조에 대해서 교섭의무를 부담하지 않기 때문에 교섭창구 단일화 절차를 거치지 아니하였다는 이유로 교섭을 거부하는 경우 이를 강제할 방법이 없다. 따라서 사실상 불참노조의 개별교섭은 사용자의 동의가 없는 한 불가능한 것으로 이해된다.

둘째, 특정 또는 일부 노동조합이 교섭창구 단일화 절차(교섭 참여 노동조합 확정 절차)에 참가하지 아니하였다는 이유로 사용자가 교섭창구 단일화 절차에 참여한 노동조합의 단체교섭을 거부할 수 있는지 여부이다. 교섭요구 및 교섭대표노동조합을 정하는 것은 노동조합의 고유권한이라는 점,37) 교섭 참여 노동조합들이 교섭창구 단일화를 거부하는 불참노조를 제외한 상태에서 교섭창구 단일화 절차를 거쳐 교섭대표노동조합을 결정하고 교섭을 요구하는 것은 노조법에 따른 교섭요구라는 점을 고려할 때 사용자는 교섭을 거부할 수 없으며 거부하는 경우에는 부당노동행위가 성립한다.38)

셋째, 사용자와 교섭대표노동조합이 체결한 단체협약이 불참노조의 조합원에게도 효력을 미치는지 여부인데, 원칙적으로 당연히 위 단체협약이 불참노조의 조합원에게 효력을 미치는 것은 아니다. 다만 노조법 35조에 따른 확장적용 여부가 문제될 수 있다. 교섭대표노동조합이 사업 또는 사업장 근로자의 반수에 미달하는 경우에는 노조법 35조의 일반적 구속력 요건을 충족할 수 없기 때문에 미조직 근로자뿐만 아니라 불참노조 조합원들에게도 효력확장의 문제는 발생하지 않는다. 그러나 교섭대표노동조합이 사업 또는 사업장 근로자의 반수 이상을 대표하는 경우에는 노조법 35조의 일반적 구속력에 따라 그 규범적 효력이 동종의 미조직 근로자에게 확장된다.39) 문제는 소수 불참노조의 조합원에게

---

36) 다만 교섭 참여 노동조합과 사이의 차별이 문제되는 경우에는, 법 29조의2 2항의 취지에 따라 그 효력이 부인되거나 사안에 따라 부당노동행위가 성립할 수 있을 것이다.

37) 조상균a, 170면.

38) 조상균a, 170면.

39) "하나의 사업 또는 사업장에 상시 사용되는 동종의 근로자 반수 이상이 하나의 단체협약의 적용을 받게 된 때에는 당해 사업 또는 사업장에 사용되는 다른 동종의 근로자에 대하여도 당해 단체협약이 적용된다"(노조법 35조).

도 확장 적용을 인정해야 할 것인지 여부이다.

　이에 대하여 교섭대표노동조합이 사업 또는 사업장 근로자의 반수 또는 2/3 이상을 대표하는 경우에는 노조법 35조(일반적 구속력) 또는 36조(지역적 구속력)에 따라 효력이 확장된다는 전면 긍정설,40) 불참노조에게 유리한 경우에만 확장효력을 인정하는 제한적 긍정설,41) 효력확장을 인정하면 소수 노동조합의 독자적인 단체교섭권을 침해하는 결과를 초래한다는 점 등을 이유로 효력확장을 부정하는 전면 부정설, 불참노조에게 단체협약이 존재하는 경우에는 유·불리를 불문하고 그 협약의 유효기간까지 교섭대표노동조합이 체결한 단체협약은 적용되지 아니하고(노사자율이 근거이다), 불참노조의 단체협약이 존재하지 아니하는 경우에는 일반적 구속력에 따라 효력이 확장되는 것으로 해석하는 절충설 등으로 견해가 나뉠 수 있다. 노사자율 원칙과 일반적 구속력의 취지를 함께 고려한 점에서 절충설이 타당해 보인다.42)

　넷째, 불참노조가 사용자의 동의하에 개별교섭이 가능함을 전제로 할 때, 사용자의 동의하에 개별교섭을 진행하다가 교섭이 결렬된 경우 쟁의행위를 할 수 있는지 여부이다. 노조법 29조의5에서 교섭대표노동조합이 있는 경우에 37조 2항43) 중 "노동조합"은 "교섭대표노동조합"으로 본다고 규정하고 있다. 위 규정에 따르면 조합원은 교섭대표노동조합에 의하여 주도되지 아니한 쟁의행위를 하여서는 아니 되는 것으로 해석된다. 그러나 위 규정은 교섭창구 단일화 절

　40) 권두섭, 56면.
　41) 조상균a, 172면. 이와 달리 단체협약 중 규범적 부분은 소속 근로자들 사이에 근로조건의 통일성을 기하는 것이 바람직하므로 확장 적용이 되고, 채무적 부분에 대한 합의는 합의대상 노조에 관한 특별한 내용을 정하고 있는 것이므로 채무적 부분에 대한 확장적용은 제한되는 것으로 해석하는 것이 바람직하다는 견해도 있다(이종수·박준우·김철희, 90~93면).
　42) 하나의 사업 또는 사업장에 특정 노동조합이 체결한 단체협약이 존재하고 그 단체협약과 관련하여 설령 노조법 35조에 따른 일반적 구속력 인정을 위한 요건이 충족된다고 하더라도, 노조법 부칙 4조에 따라 교섭창구 단일화 절차를 거치지 않고 기존의 단체교섭을 계속할 수 있는 노동조합으로서는 이러한 단체교섭권 등을 제한하는 다른 규정을 두지 아니한 노조법 하에서 자신이 가지는 고유한 단체교섭권이나 단체협약체결권이 제한된다고 할 수는 없다는 판결(대법원 2011. 5. 6.자 2010마1193 결정, 대법원 2019. 7. 25. 선고 2016다274607 판결), 지역적 구속력 제도의 목적을 어떠한 것으로 파악하건 적어도 교섭권한을 위임하거나 협약 체결에 관여하지 아니한 협약 외의 노동조합이 독자적으로 단체교섭권을 행사하여 이미 별도의 단체협약을 체결한 경우에는 그 협약이 유효하게 존속하고 있는 한 지역적 구속력 결정의 효력은 그 노동조합이나 그 구성원인 근로자에게는 미치지 않는다고 해석하여야 할 것이라는 판결(대법원 1993. 12. 21. 선고 92도2247 판결, 대법원 1998. 2. 27. 선고 97도2543 판결 등) 등에 따르면, 전면 긍정설이나 제한적 긍정설은 판례와 부합하지 않는다 할 것이다.
　43) "조합원은 노동조합에 의하여 주도되지 아니한 쟁의행위를 하여서는 아니 된다"(법 37조 2항).

차에 참여한 조합원에게 그 제한이 미치는 것으로 보아야 하고, 불참조합원에게
까지 그 제한이 미치는 것으로 해석하기는 어렵다. 사용자의 불참노조에 대한
개별교섭 동의는 교섭창구 단일화를 이유로 한 단체교섭거부 정당사유(권리저지
사유)의 포기,[44] 즉 항변권 포기의 성질을 가진다고 볼 것이므로 교섭결렬시 불
참노조 주도의 쟁의행위는 제한되지 아니한다고 보아야 한다.

　　만일 사용자의 개별교섭 동의에도 불구하고 교섭대표노동조합만이 쟁의권
을 갖는 것으로 해석한다면 이는 사용자의 개별적인 단체교섭 의무에도 불구하
고 그에 상응하는 단체행동권을 행사할 수 없게 되는 모순에 빠지게 된다는 점
에서 타당하지 않다.

3. 개별교섭 및 교섭대표노동조합의 확정 절차

　　교섭 참여 노동조합이 확정되면, 자율적으로 교섭대표를 정하는 기한(14
일)[45] 내에 사용자가 교섭창구 단일화 절차를 거치지 아니하기로 동의하지 아니
한 이상 위 기한 내에 자율적으로 교섭대표노동조합을 결정하여야 함이 원칙이
다. 그러나 개별교섭 동의도 없는 상태에서 위 기한 내에 자율적으로 교섭대표
노동조합을 정하지 못한 경우에는 교섭 참여 노동조합의 전체 조합원 과반수로
조직된 노동조합이 교섭대표노동조합의 지위를 가지게 되고, 다만 과반수 노동
조합이 없는 경우에는 교섭 참여 노동조합의 전체 조합원 100분의 10 이상인
노동조합들만으로 공동교섭대표단을 구성하는 방식으로 교섭대표노동조합을 결
정하게 된다.

가. 사용자의 개별교섭(자율교섭) 동의와 관련한 문제점

　　사용자가 교섭창구 단일화 절차를 거치지 아니하기로 동의할 경우 그 동의
의 상대방, 시기, 방법과 관련하여 논란의 소지가 있다.

　　첫째, 복수의 노동조합이 개별교섭을 진행하기 위해서는 자율적으로 교섭
대표를 정하는 기한 내에 사용자가 동의를 하여야 하는데, 사용자는 교섭 요구
노동조합 전체에 동의를 하여야 하는지, 아니면 이 중 특정 노동조합에 동의하
면 되는 것인지 여부가 문제될 수 있다.

---

44) "사용자가 단체교섭창구 단일화 절차를 거치지 아니하기로 동의한 경우를 제외하고는 복
　수노조는 노조법 29조의2에 의하여 단체교섭창구를 단일화할 의무를 부담하므로, 교섭창구가
　단일화될 때까지 사용자는 단체교섭을 거부할 수 있다"(사법연수원b, 118면).

45) 노조법 시행령 14조의6 1항.

개별교섭에 관한 당사자간의 합의는 복수노조 사이에 경합하는 교섭권의 대표권을 어떤 노조가 가지는가를 법에 의해 강제하고 있는 교섭창구 단일화 절차에 대한 중대한 예외에 해당하기 때문에 자율적 교섭창구 단일화 기간 이내에 교섭 요구 노동조합 전체와 각각 합의하여야 하고 만약 특정 노조가 개별교섭에 반대하는 경우에는 교섭창구 단일화 절차를 진행하여야 한다는 견해,46) 자율적으로 교섭대표를 결정하는 기한 내에 한 개의 노동조합과 교섭창구 단일화를 하지 않기로 동의한 경우에는 다른 노동조합들과도 교섭창구 단일화를 하지 않기로 한 것으로 보아야 한다는 견해47) 등이 있다. 그런데 법문에 의하면 사용자가 "교섭창구 단일화 절차를 거치지 아니하기로 동의"한 경우 창구단일화를 하지 않도록 되어 있고(법 29조의2 1항 단서), 사용자는 공정대표의무로 인해 교섭창구 단일화 절차에 참여한 노동조합 또는 그 조합원 간에 합리적 이유 없이 차별을 하여서는 아니 되므로(법 29조의4 1항) 사용자가 한 개의 노동조합에 대해서라도 교섭창구 단일화 절차를 거치지 아니하기로 동의하면 개별교섭을 할 수 있는 것으로 해석하는 것이 타당하다.

동의의 상대방과 관련하여 자율적으로 교섭대표를 정하는 기한을 경과하여 사용자가 교섭창구 단일화를 하지 않기로 동의하는 경우 그 동의의 상대방은 누구인지, 즉 교섭 참여 노동조합 중 한 개의 노동조합과는 개별교섭을 하기로 하고 다른 노동조합들에 대해서는 단일화 절차를 거칠 것을 요구할 수 있는지가 문제가 된다. 사용자는 공정대표의무에 의해 교섭창구 단일화 절차에 참여한 노동조합에 대하여 합리적 이유 없이 차별을 하여서는 아니 되는 점(법 29조의4 1항), 교섭 참여 노동조합 확정 절차에 참여한 노동조합 중 일부 노동조합이 그 이후의 절차에 참여하지 않더라도 법 29조 2항에 따른 교섭대표노동조합의 지위는 유지되는 것(법 29조의4 1항)과의 형평 등을 고려하면, 개별교섭 동의 기간을 경과하여 개별교섭에 동의하는 경우에는 모든 교섭 참여 노동조합이 동의하여야만 그 효력이 발생한다 할 것이다.

둘째, 자율적으로 교섭대표를 정하는 기한을 경과하여 사용자가 교섭창구 단일화를 하지 않기로 동의한 경우 그 동의의 효력은 유효한지 여부이다. 개별교섭 동의 기한은 강행규정에 해당하여 교섭 요구 노동조합이 확정된 경우에만

---

46) 이승욱a, 61면.
47) 권두섭, 57면; 같은 취지로 고용노동부a, 20면.

사용자의 개별교섭 동의가 허용되며, 해당기간 외에 노사가 개별교섭하기로 합의하였다고 하더라도 이는 강행규정을 위반한 것으로 효력이 없다는 부정설,48) 자율적 교섭창구 단일화 결정기간 외라도 모든 노동조합과 사용자가 동의하여 개별교섭을 하는 것은 가능하다거나,49) 개별교섭 동의의 대상이 확정된 교섭 요구 노동조합 전체가 되어야 한다는 입장을 취하게 되면 굳이 자율적 교섭창구 단일화 기간 이내로 개별교섭 동의기간을 한정할 필요가 없다는 긍정설50) 등이 있다.

개별교섭 동의 기한을 경과한 경우에도 모든 노동조합과 사용자가 동의하여 개별교섭하는 것은 가능하다고 보아야 한다. 모든 노사의 자율적 합의로 개별교섭 하는 것이 노사자율 원칙에 합당하며 반사회적이거나 사회통념을 해하는 것이라고 볼 수 없고,51) 개별교섭 동의는 당해 사업 또는 사업장에서는 교섭창구 단일화 절차를 진행하지 않겠다는 의사가 모든 관련 당사자 사이에 합치하고 있다는 것을 의미하므로 노사 당사자 모두의 의사에 반하면서까지 시간이 많이 소요되는 교섭창구 단일화 절차를 진행할 필요가 없고 오히려 신속하게 단체교섭을 실시하도록 하는 것이 교섭질서의 안정을 도모할 수 있기 때문이다.52)

셋째, 교섭 요구 노동조합과 사용자가 개별교섭에 대한 합의를 한 경우에는 각 노동조합과 개별교섭이 진행되게 되며, 이 경우에는 교섭창구 단일화 절차가 진행되지 않는다. 문제는 교섭창구 단일화 절차에 참여하지 않은 노동조합과 개별교섭 합의 이후에 새로이 설립된 노동조합에 대해서도 개별교섭의무를 사용자가 부담하는지 여부이다. 이에 대해서는 개별교섭 동의에 의해 사용자가 교섭의무를 부담하는 노동조합은 '확정된 교섭 요구 노동조합'이므로 교섭 요구 노동조합 확정 이후 신설된 노동조합이나 교섭창구 단일화 절차에 참여하지 않은 노동조합에 대한 사용자의 교섭의무가 없다는 견해53)가 있으나, 개별교섭 합의가 이루어지면 교섭창구 단일화 절차 자체가 그 사업 또는 사업장에서는 적용되지 않는다고 해석하는 것이 조문의 체계상 타당하다고 할 것이므로54) 사용자

---

48) 고용노동부a, 19~20면 참조.
49) 권두섭, 57면.
50) 이승욱a, 62면.
51) 권두섭, 57면.
52) 이승욱a, 62면.
53) 고용노동부a, 20면.
54) 이승욱a, 61~62면.

가 개별교섭에 합의한 경우에는 그 이후에 설립된 노동조합이나 교섭창구 단일화 절차에 참여하지 않은 노동조합에 대해서도 개별교섭의무를 부담하는 것으로 해석하는 것이 타당한 것으로 보인다.

넷째, 개별교섭의 동의 방법은 법령에 규정을 두고 있지 않으나, 이는 교섭의 절차와 방법에 관한 사항에 해당하므로 분쟁의 소지를 줄이기 위하여 '교섭 및 협약체결권자'와 '서면'으로 체결하는 것이 바람직하다.

사용자가 교섭창구 단일화 절차를 거치지 않기로 동의함으로써 개별교섭을 할 경우에는 교섭을 요구한 모든 노동조합과 성실히 교섭하여야 하고, 차별적으로 대우해서는 아니 된다(법 29조의2 2항). 2021. 1. 5. 법 개정 이전에는 교섭창구 단일화 절차를 거치는 경우에는 현재와 같이 공정대표의무 규정을 두고 있었지만(법 29조의4), 교섭창구 단일화 절차를 거치지 않는 경우에는 사용자가 복수의 노조와 단체교섭을 할 때 어떠한 의무를 부담하는지 아무런 규정이 없었는데(다만 종래부터 복수 노조를 전제로 한 교섭창구 단일화와 무관하게, 노조와 사용자, 사용자단체는 성실교섭의무를 부담하고 있었다, 2021. 1. 5. 개정 전 법 30조 1항), 2021. 1. 5. 법 개정으로, 사용자는 교섭창구 단일화 절차를 거치지 않을 경우에도 복수의 노조 모두와 성실하게 교섭하여야 하고 복수의 노조에게 균등한 처우를 하여야 할 의무를 부담하게 되었다. 공정대표의무와 다른 점은 의무의 주제가 사용자로 한정되고, 균등처우 외에 성실교섭의무도 포함한다는 것이다.

나. 자율적 교섭대표노동조합의 결정

노조법 29조의2 3항에서는 "교섭대표노동조합 결정 절차에 참여한 모든 노동조합은 대통령령으로 정하는 기한(14일) 내에 자율적으로 교섭대표노동조합을 정한다."라고 하고, 같은 조 5항에서는 자율적으로 교섭대표노동조합을 정하지 못하고 나아가 과반수 교섭대표노동조합을 결정하지 못한 경우에는 교섭창구 단일화 절차에 참여한 모든 노동조합은 공동으로 교섭대표단을 구성하여야 한다고 규정하고 있다.

위와 같은 규정 방식을 고려할 때 위 3항에서 자율적으로 정하는 교섭대표노동조합의 형태는 무엇인지에 대한 의문이 있다. 이에 대하여 같은 조 5항에서 공동교섭대표단을 별도로 규정하고 있는 입법자의 의도에 비추어 볼 때 창구단일화 절차에 참여하는 노동조합 중의 하나의 노동조합을 말하는 것이라는 견해가 있다.55) 그러나 노조법 29조의2 1항에서 사용자에게 교섭을 요구할 수 있는 교섭대표노동조합이란 2개 이상의 노동조합 조합원을 구성원으로 하는 교섭대표기구를 포함한다고 정의하고 있는 점에 비추어 볼 때 5항과 달리 교섭 참여 노동조합에서 차지하는 조합원 수에 관계없이 모든 노동조합이 자율적으로 하나의 노동조합을 교섭대표노동조합으로 지정하거나56) 교섭대표기구(공동대표단 포함)를 구성하여 이를 교섭대표노동조합으로 정하거나 어느 경우든 관계없는 것으로 해석된다.

　교섭 요구 노동조합으로 확정 또는 결정된 노동조합은 법 29조의2 3항에 따라 자율적으로 교섭대표노동조합을 정하려는 경우에는 위 확정 또는 결정된 날부터 14일이 되는 날을 기한으로 하여 그 교섭대표노동조합의 대표자, 교섭위원 등을 연명으로 서명 또는 날인하여 사용자에게 통지해야 한다(영 14조의6 1항). 여기서 교섭대표노동조합 자율결정기간의 기산일이 되는 '시행령 14조의5에 따라 확정된 날'은 시행령 14조의5 1항에 따른 사용자의 공고에 대하여 노동조합이 이의를 신청하지 아니한 경우에는 공고기간이 만료된 날을, 노동조합이 이의를 신청하여 사용자가 수정공고를 한 경우에는 수정공고기간이 만료된 날을 의미한다.57) 한편 위 공고기간 만료일은 사용자의 공고에 대하여 노동조합이 노동위원회에 시정을 요청하여 노동위원회가 결정을 한 경우에는 결정이 당사자에게 송달되어 효력이 발생한 날을 의미한다.58)

　교섭 요구 노동조합을 확정하기 위한 일련의 절차는 이행하였으나 자율적 교섭창구 단일화 기간(14일)이 경과한 이후에야 비로소 자율적으로 교섭창구 단일화에 합의한 경우 이를 교섭대표노동조합으로 인정할 수 있는지가 문제될 수 있다. 판례 입장은 부정적으로 보인다.59) 그러나 자율적 교섭창구 단일화 기간이 경과하면 자동적으로 과반수 노동조합의 존부를 확인하는 절차로 이행하게 되지만, 교섭 요구 노동조합의 교섭창구 단일화 절차 참여권을 배제할 염려도

---

55) 조상균a, 173면.
56) 대법원 2010. 4. 29. 선고 2007두11542 판결.
57) 대법원 2016. 2. 18. 선고 2014다11550 판결.
58) 대법원 2016. 1. 14. 선고 2013다84643, 84650 판결.
59) "교섭대표 자율결정기간은 기간이 경과하면 더는 자율적으로 교섭대표노동조합을 결정하거나 사용자가 개별교섭 동의를 할 수 없는 효력이 발생하므로 기간의 기산일은 당사자 간에 다툼의 여지가 없을 정도로 명확하여야 하는 점 등에 비추어 보면…"(대법원 2016. 1. 14. 선고 2013다84643, 84650 판결).

없고 집단자치의 원칙에도 부합하며, 교섭대표노동조합의 조속한 확정을 통하여 신속한 단체교섭의 실시가 가능하기 때문에 그 효력을 부정할 이유가 없다는 반론도 유력하다.60)

다. 과반수 노동조합의 교섭대표노동조합 지위 인정

자율적으로 교섭대표노동조합을 정하는 기한(14일) 내에 사용자의 자율교섭(개별교섭)에 대한 동의가 없거나 교섭 참여 노동조합 사이에서 자율적으로 교섭대표노동조합(교섭대표기구 포함)을 결정하지 못한 경우에는 교섭 참여 노동조합의 전체 조합원 과반수로 조직된 노동조합(과반수 노동조합)이 교섭대표노동조합이 된다. 또한 과반수 노동조합이 없더라도 2개 이상의 노동조합이 위임 또는 연합 등의 방법으로 과반수가 되는 경우에도 과반수 노동조합으로 인정하여 교섭대표노동조합의 지위를 얻게 된다(법 29조의2 4항).

여기서 문제가 되는 것은 첫째, 조합원 과반수 여부를 확인하는 문제이고, 둘째, 교섭대표노동조합 확정 이후 과반수 요건이 결여된 교섭대표노동조합의 법적 처리에 관한 점이다.

(1) 조합원 과반수 여부의 확인

이 절차를 이용하여 교섭대표가 되기 위해서는 교섭창구 단일화 절차에 참여한 노동조합의 전체 조합원 과반수를 확보해야 한다. 그 사업 또는 사업장 근로자의 과반수를 요건으로 하고 있지 않다.

첫째, 절차를 보면, 전체 조합원 과반수 노동조합임을 사용자에게 통지하고 사용자가 그 통지를 받은 날부터 5일간 그 내용을 공고하여 다른 노동조합이 과반수 여부에 대한 이의를 제기하지 않는 경우에는 그 과반수 노동조합이 교섭대표로 확정된다(영 14조의7 2항 내지 4항 참조). 그런데 과반수 여부에 대한 이의 신청이 있는 경우에는 노동위원회는 조합원 명부(조합원의 서명 또는 날인이 있는 것으로 한정) 등을 확인하는 방법으로 조합원 수를 조사·확인하는 절차가 반드시 필요하게 된다.

둘째, 근로자가 복수의 노동조합에 이중으로 가입하는 경우 조합원 수의 산정을 어떻게 할 것인지 여부가 문제될 수 있다. 이에 대해 시행령은 기본적으로 조합비 납부 여부에 따라 소속 노동조합을 정하는 방법을 택하고 있다. 2개 이

---

60) 이승욱a, 69면.

상의 노동조합에 가입한 '이중 가입 조합원'에 대해서는 조합비를 납부하는 노동조합이 1개인 경우에는 조합비를 납부하는 노동조합의 조합원 수에 숫자 1을 더하고, 조합비를 납부하는 노동조합이 2개 이상인 경우에는 1을 그 노동조합의 수로 나눈 후에 그 산출된 숫자를 그 조합비를 납부하는 노동조합의 조합원 수에 각각 더하고, 조합비를 납부하는 노동조합이 하나도 없는 경우에는 숫자 1을 조합원이 가입한 노동조합의 수로 나눈 후에 그 산출된 숫자를 그 가입한 노동조합의 조합원 수에 각각 더하도록 정하고 있다(영 14조의7 7항).

문제는 이러한 산정방법이 노동조합의 이중가입을 소극적으로 인정한다는 태도를 넘어 적극적으로 이중가입을 조장할 염려가 있다는 점이다. 이중가입을 인정할 경우 조합원에 대한 회유, 빼돌리기, 조합비 대납 등 과도한 노동조합 간의 경쟁을 유발하여 노노간의 갈등의 원인이 된다는 점에서 이중가입한 조합원을 조합원 수 산정에서 제외하는 것이 바람직하다는 견해가 유력하다.61) 그러나 복수노조 체제에서 종사근로자의 복수노조 선택권을 폭넓게 인정할 필요가 있다는 점에서 시행령 규정이 타당해 보이는 측면도 있다.

셋째, 노조법은 노동위원회가 조합원 수를 파악하는 과정에서 조합원 개인의 의사와 무관하게 조합원 신분을 드러내도록 강제하고 있다.62) 조합원 개인정보를 공개하게 함으로써 개인정보자기결정권을 침해할 뿐만 아니라 단결권을 침해하는 문제를 야기할 수 있다.63) 현행 교섭창구 단일화 제도에서는 조합원 수를 확인하는 것은 필수적이고 핵심적인 절차이다. 그런데 노조법 시행령과 노조법 시행규칙에 따르면 조합원 수를 확인하는 방법으로 조합원 서명 또는 날인이 있는 조합원 명부 또는 노동조합 가입원서, 조합비 납부 증명서, 기타 해당 노동조합의 조합원임을 증명할 수 있는 서류 등을 노동위원회에 제출하도록 규정하고 있다(영 14조의7 5항, 규칙 10조의5 등). 노동조합원 유무에 관한 정보는 일반적으로 사상·신조에 준하는 '민감정보'로서64) 개인정보자기결정권의 보호대

61) 이승욱a, 69면; 조상균a, 175면.
62) 노동조합이 공개하지 않으면 되지 않느냐는 의견을 상정할 수 있다. 그러나 조합원 수를 증명하지 않으면 단체교섭권을 곧바로 제한받게 되므로 조합원 수 공개는 사실상 강제된 것이라고 보아야 한다.
63) 서울고법 2011. 2. 8.자 2010라1306 결정.
64) 개인정보 보호법 23조 1항은 "사상·신념, 노동조합·정당의 가입·탈퇴, 정치적 견해, 건강, 성생활 등에 관한 정보, 그 밖에 정보주체의 사생활을 현저히 침해할 우려가 있는 개인정보로서 대통령령으로 정하는 정보"를 민감정보로 정하고 있다. 한편 독일 개인정보의 보호에 관한 법률 3조 9항에서도 민감정보를 "인종적·윤리적 출처, 정치적 의견, 종교적 또는

상이 되는 개인정보에 해당한다.65) 따라서 노동조합원 신분을 인식케 하는 개인
정보를 조합원 개인의 의사에 관계없이 제3자나 행정기관에 공개하는 행위는
원칙적으로 개인정보자기결정권에 대한 침해에 해당한다. 프랑스 파기원은 노동
조합이 해당 조합원의 신상을 공개하도록 강제당할 수 없다고 판시하고 있다.66)
따라서 교섭창구 단일화 절차에서 필수적으로 수반될 수밖에 없는 조합원 수
확인을 위해 조합원 신분을 공개하도록 규정하고 있는 현행 법령은 일반적 인
격권, 사생활의 비밀과 자유, 그리고 그로부터 파생되는 개인정보자기결정권을
침해함으로써 위헌적 소지를 안고 있다.

(2) 과반수 요건이 결여된 교섭대표노동조합의 법적 처리

복수노조 하에서 과반수 조합원으로 조직된 노동조합뿐만 아니라, 위임 또
는 연합 등의 방법을 통하여 과반수 조합원을 획득하게 되면 교섭대표의 지위
를 갖게 된다. 그런데 교섭대표의 확정 이후 조합원이 이탈하거나, 또는 어느
한 노동조합의 위임 또는 연합의 의사의 철회로 과반수 조합원을 확보하지 못
한 경우에 교섭대표의 지위를 유지할 수 있는지가 문제될 수 있다. 이러한 문제
가 발생하는 이유는 노조법 시행령에서 자율적 교섭대표 또는 자율적 공동교섭
대표단의 경우 사용자에게 교섭대표의 통지가 있는 이후에는 그 교섭대표의 결
정 절차에 참여한 노동조합 중 일부 노동조합이 그 이후에 절차에 참여하지 않
더라도 교섭대표의 지위는 유지된다고 규정하고 있는 반면에,67) 과반수 교섭대
표의 지위를 자세히 규정하고 있는 노조법 시행령 14조의7에서는 아무런 규정
을 두고 있지 않아 해석의 문제가 발생하기 때문이다.

이와 관련하여 교섭창구 단일화제도는 노동조합의 헌법상 단체교섭권을 제

철학적 신념, 노동조합원 유무, 건강 또는 성생활에 대한 개인정보"라고 정하고 있다.
65) 서울고법 2011. 2. 8.자 2010라1306 결정(전교조 및 그 조합원들이 국회의원을 상대로 '각
   급학교 교원의 교원단체 및 교원노조 가입현황 실명자료에 대한 공시, 언론 등 공개를 금지
   하는 가처분을 구하였는데, 위 실명자료 중 각급학교 교원의 전교조 가입현황 실명자료'에
   대하여는 가처분을 인가하면서도 전교조 이외의 다른 단체에 속한 교원 정보에 대하여는 가
   처분이의를 받아들여 가처분신청을 기각한 사안이다).
66) 프랑스 파기원은 조합원 신상공개 문제와 관련하여 다음과 같이 판시하였다(2009. 7. 8.
   09-60031, 09-60032, 09-60011). "2명 이상의 조합원이 존재한다는 사실에 대한 입증책임은
   노동조합이 부담한다. 그러나 노동조합은 해당 조합원의 신상을 공개하도록 강제당할 수 없
   다. 조합원의 이름은 당사자의 동의 없이 노동조합에 의하여 배포될 수 없는바, 사업장 내
   조합원의 존재 여부에 관한 입증은 법정에서 다툴 것이지만, 조합원의 개인 신상을 드러내는
   자료들은 판사만이 지득할 수 있다(박제성, 37면에서 재인용)."
67) 노조법 시행령 14조의6 2항(자율적 교섭대표) 및 14조의8 2항(자율적 공동교섭대표단).

한하는 정당화의 근거를 노조 간의 자율적 합의 또는 과반수 대표라는 수적 우위에 두고 있어서 그러한 기초가 상실된 경우에는 자율적 교섭대표의 지위 유지와 같은 별도의 명시적인 규정을 두지 않는 이상 헌법상 단체교섭권을 제한할 수 있는 법적 근거도 소멸한다고 해석할 수밖에 없으므로 과반수 지위를 상실하는 순간 교섭대표노동조합의 지위를 상실한다는 견해(지위상실설)[68]와, 과반수 교섭대표의 경우에는 과반수 여부에 대한 이의신청절차를 보장하고 있는 점을 고려하면, 결국 사용자에게 통지시점이 아니라, 정해진 공고기간 내에 이의신청이 없거나, 노동위원회가 과반수 여부를 결정한 시점을 기준으로 그 이후에 조합원이 탈퇴하여 과반수 요건을 흠결하거나 위임의사 등을 철회한 경우에도 교섭대표의 지위를 갖는다는 견해(지위유지설)[69]가 대립한다.

　　그런데 다른 자율적 단일화 절차와 다르게 과반수 노동조합에게 교섭대표노동조합의 지위를 인정한 주된 이유는 조합원 과반수를 점한다는 사실에 대표성을 부여한 것이라고 볼 수 있을 뿐만 아니라, 자율적 교섭대표노동조합이나 자율적 공동교섭대표단에 한하여 일부 노동조합이 더 이상 참여하지 않더라도 교섭대표노동조합의 지위를 유지하도록 한 관련 규정의 반대해석상 과반수 노동조합이었다가 일정 시점에 과반수 요건을 흠결하게 된 경우에는 더 이상 교섭대표노동조합의 지위를 유지할 수 없다고 해석하는 것이 문언해석에도 부합한다. 따라서 조합원의 이탈이나 위임 또는 연합의 붕괴로 조합원 과반수에 미달하게 되면 교섭대표노동조합의 지위를 상실한다고 보아야 한다.

　　그러나 이처럼 과반수 지위를 상실하는 순간 교섭대표노동조합의 지위를 상실하는 것으로 해석하면 과반수 지위를 상실한 후 체결한 단체협약이 무효가 됨으로써 노사관계의 법적 안정성을 해할 수 있고, 새로이 교섭대표노동조합을 정하기 위해서 교섭창구 단일화를 재개하여야 하는데 어느 단계부터 시작할 것인지(자율적 단일화, 과반수 대표결정, 공동교섭대표 결정)도 명확하지 않아 여러 가지 어려운 문제가 발생한다. 따라서 과반수 지위 상실로 발생하는 문제들을 해소하기 위해서는 법령에 명시적인 규정을 둘 필요가 있다.

라. 과반수 노동조합이 없는 경우 공동교섭대표단의 구성

　　자율적 단일화 실패 후 과반수 노동조합이 없어 교섭대표노동조합을 결정

---

68) 이승욱a, 71면.
69) 고용노동부a, 22면; 조상균a, 175면.

하지 못한 경우(과반수 노동조합이 없어서 사용자에게 통지가 없거나 사용자의 확정공
고가 없는 경우, 노동위원회가 과반수 노동조합이 없다고 결정하는 경우) 교섭창구 단
일화 절차에 참여한 모든 노동조합은 우선 자율적으로 공동으로 교섭대표단을
구성하여 사용자와 교섭하여야 한다(법 29조의2 5항, 영 14조의8). 이 때 공동교섭대
표단에 참여할 수 있는 노동조합은 그 조합원 수가 교섭창구 단일화 절차에 참
여한 노동조합의 전체 조합원 100분의 10 이상인 노동조합에 한정된다(법 29조의
2 5항). 자율적으로 공동교섭대표단의 구성에 합의하지 못할 경우에 노동위원회
는 해당 노동조합(교섭창구 단일화 절차에 참여한 노동조합의 전체 조합원 100분의 10
이상인 노동조합)의 신청에 따라 조합원 비율을 고려하여 이를 결정할 수 있다(법
29조의2 6항, 영 14조의9).

공동교섭대표단에 참여할 수 있는 노동조합을 조합원이 100분의 10 이상인
노동조합으로 제한하는 이유가 노동조합의 난립을 방지하기 위한 것으로 추정
되나, 자율적으로 대표단을 구성하도록 하면서 왜 100분의 10 미만인 소수 노동
조합을 배제하는지 그 근거가 불분명하고 소수 노동조합의 단체교섭권을 침해
함과 아울러 노동조합의 존립을 위태롭게 하는 규정으로 삭제하는 것이 바람직
하다는 견해가 있다.[70]

공동교섭대표단이 구성될 경우, 노조법 시행령 14조의9 6항에서는 공동교
섭대표단을 구성할 때 공동교섭대표단의 대표자를 참여하는 노동조합이 합의하
여 정하거나 합의가 되지 않을 경우에는 종사근로자인 조합원 수가 많은 노동
조합의 대표자로 한다고 규정하고 있다. 이때 공동교섭대표단과 그 대표자가 갖
는 지위와 권한이 무엇인지 의문이 있다. 이에 대해 공동교섭대표단은 법상 교
섭대표노동조합의 지위를 가지므로 공동교섭대표단의 대표자는 단체교섭 및 단
체협약 체결 등의 권한을 가진다는 견해와, 공동교섭대표단의 대표자는 형식적
인 지위에 불과하고 공동교섭대표단에 속한 각 노동조합의 대표자가 공동으로
단체교섭 및 협약체결권을 행사할 수 있다는 견해로 나뉠 수 있다.[71]

그런데 공동교섭대표단은 전체 조합원 과반수에 미치지 못하는 노동조합들
로 구성되어 있다는 점에서 자율적 합의에 의해 대표자를 정하지 못하는 경우
시행령에 의해 정해지는 특정 노동조합의 대표자에게 대표성을 부여할 수 있는

---

70) 조상균a, 176면.
71) 권두섭, 67면.

지 의문이 있다. 과반수에 달하지 못하는 노동조합의 대표자가 위임이나 동의도 없이 대표단 전체의 대표 권한을 행사하는 것을 정당화하기 어렵다. 따라서 시행령에 의해 정해진 대표자에게 공동교섭대표단의 대표성을 부여한다면 사실상 과반수에 달하지 못하는 노동조합이 타 노동조합의 단체교섭권한을 배타적으로 침해할 우려가 있다는 점에서 공동교섭대표단은 각 노동조합의 대표자들이 공동으로 교섭 및 체결권한을 행사할 수 있는 것으로 봄이 타당할 것이다.

[권 영 국·임 상 민]

제29조의3(교섭단위 결정)

① 제29조의2에 따라 교섭대표노동조합을 결정하여야 하는 단위(이하 "교섭단위"라 한다)는 하나의 사업 또는 사업장으로 한다.

② 제1항에도 불구하고 하나의 사업 또는 사업장에서 현격한 근로조건의 차이, 고용형태, 교섭 관행 등을 고려하여 교섭단위를 분리하거나 분리된 교섭단위를 통합할 필요가 있다고 인정되는 경우에 노동위원회는 노동관계 당사자의 양쪽 또는 어느 한쪽의 신청을 받아 교섭단위를 분리하거나 분리된 교섭단위를 통합하는 결정을 할 수 있다.

③ 제2항에 따른 노동위원회의 결정에 대한 불복절차 및 효력은 제69조와 제70조 제2항을 준용한다.

④ 교섭단위를 분리하거나 분리된 교섭단위를 통합하기 위한 신청 및 노동위원회의 결정 기준·절차 등에 관하여 필요한 사항은 대통령령으로 정한다.

〈세 목 차〉

※ 이 조에 관한 각주의 참고문헌은 '교섭창구 단일화 전론(前論)'의 참고문헌을 가리킨다.

I. 교섭단위 분리제도의 의의

교섭단위란 복수 노동조합이 병존하는 경우 교섭창구 단일화를 하여야 하는 근로자집단의 범위를 의미한다.[1]

노조법 29조의3은 교섭단위를 원칙적으로 '하나의 사업 또는 사업장'으로 한정하면서도, "하나의 사업 또는 사업장에서 현격한 근로조건의 차이, 고용형태, 교섭 관행 등을 고려하여 노동위원회가 노동관계 당사자의 양쪽 또는 어느 한쪽의 신청을 받아 교섭단위를 분리하거나 분리된 교섭단위를 통합하는 결정"을 할 수 있는 교섭단위 분리제도를 마련하고 있다.

교섭단위 분리제도의 취지 및 인정범위에 관하여는 교섭창구 단일화의 도입으로 인해 퇴색될 수 있는 복수노조의 순기능을 보장하기 위한 제도로서 교섭단위 분리제도를 적극적으로 허용하여야 교섭창구 단일화의 합헌성을 담보하는 장치로서의 취지를 살릴 수 있다고 보는 견해(적극설)[2]와 교섭창구 단일화 절차를 적용하는 경우 오히려 노사관계의 안정성 및 근로조건의 통일적 형성이라는 목적을 달성하기 어려운 경우에 예외적으로 허용되는 제도로 보는 견해(소극설)[3]가 대립한다.

교섭단위 분리제도의 취지와 관련하여 제주시 환경미화원 사건에서 제1심[4]과 항소심[5]은 비록 결론을 달리했지만,[6] 교섭창구 단일화의 이익과 교섭단위 분리 이익을 형량하였는데, 이는 교섭단위 분리를 교섭창구 단일화의 틀 내에서만 사고하는 것이라고는 볼 수 없어 법리적으로는 적극설의 입장에 서 있다고 이해할 수 있다.[7]

그러나 최근 대법원은 고양도시관리공사 사건에서 결론적으로는 교섭창구 분리를 허용하여야 한다는 취지로 판단하였지만, 법리적으로는 "노조법 29조의3

---

[1] 이승욱a, 18면.
[2] 심재진, 103면; 이정, 262면; 임상민c, 133~135면.
[3] 박종희c, 262~263면; 이승욱h, 9면.
[4] 서울행법 2016. 5. 19. 선고 2015구합12007 판결.
[5] 서울고법 2016. 10. 19. 선고 2016누48234 판결(이후 대법원 2017. 2. 23.자 2016두58949 심리불속행 상고기각 판결로 확정).
[6] 제1심은 교섭단위 분리를 부정한 중앙노동위원회 재심결정을 취소하였고, 원심은 교섭단위 분리를 부정한 중앙노동위원회 재심결정이 정당하다고 판단하였다.
[7] 임상민c, 132~133면.

2항에서 규정하고 있는 '교섭단위를 분리할 필요가 있다고 인정되는 경우'란 (중략) 교섭대표노동조합을 통하여 교섭창구를 단일화하는 것이 오히려 근로조건의 통일적 형성을 통해 안정적인 교섭체계를 구축하고자 하는 교섭창구 단일화 제도의 취지에도 부합하지 않는 결과를 발생시킬 수 있는 예외적인 경우를 의미한다."8)라고 하였다. 교섭창구 단일화 제도의 취지라는 관점에서 교섭단위 분리 필요성을 판단하고 있어 소극설의 입장에 서 있는 것으로 보인다.9)

Ⅱ. 교섭단위 분리 절차

1. 신청권자

가. 노동조합의 신청권

교섭단위 분리를 신청하는 노동조합은 노조법상 노동조합이어야 한다. 대법원은 방송연기자 노동조합 사건에서 방송연기자 노동조합 소속 조합원인 방송연기자가 노조법상 근로자에 해당한다고 보아 방송연기자 노동조합이 교섭단위 분리를 신청할 적격이 있다고 보았다.10)

한편, 산별노조의 지부나 분회가 교섭단위 분리신청을 할 수 있는지 문제된다. 산별노조의 지부나 분회는 대체로 사업장 단위로 형성되어 있으므로 노조법상 설립신고를 마쳤다면 신청 가능하다고 보아야 할 것이다. 대법원은 노조법상 설립신고를 하지 않았더라도 실체가 있는 기업별노조나 산별노조의 지부 또는 분회의 단체교섭 당사자성을 인정하고 있으므로,11) 이러한 경우에도 분리신청이 가능하다고 봄이 타당하다.12)

다음으로, 교섭창구 단일화 절차에 참여한 노동조합만 신청권이 인정되는지 문제된다. 노조법 29조의3 2항이 교섭단위 분리신청과 관련하여 교섭창구 단

---

8) 대법원 2018. 9. 13. 선고 2015두39361 판결, 대법원 2022. 12. 15. 선고 2022두53716 판결, 대법원 2022. 12. 15. 선고 2022두53631 판결.
9) 임상민c, 133면.
10) 대법원 2018. 10. 12. 선고 2015두38092 판결.
11) 노동조합의 하부단체인 분회나 지부가 독자적인 규약 및 집행기관을 가지고 독립된 조직체로서 활동을 하는 경우 해당 조직이나 그 조합원에 고유한 사항에 대하여는 독자적으로 단체교섭하고 단체협약을 체결할 수 있고, 이는 그 분회나 지부가 노동조합및노동관계조정법 시행령 7조의 규정에 따라 그 설립신고를 하였는지 여부에 영향받지 아니한다(대법원 2001. 2. 23. 선고 2000도4299 판결).
12) 방준식, 181면; 이정, 271면.

일화 절차 참여 여부를 묻지 않는 점, 사용자에게 교섭요구를 하지 않은 노동조합이라도 사용자가 교섭요구사실을 공고하기 전에는 교섭단위 분리신청을 할 수 있다고 해석되는 점 등을 들어 교섭창구 단일화 절차에 참여하지 않은 노동조합도 교섭단위 분리신청을 할 수 있다는 견해가 있다.13) 교섭창구 단일화 절차에 참여하지 아니한 노동조합은 사용자의 동의 없이는 단체교섭권 자체를 행사할 수 없으므로, 이와 같은 단체교섭권 제한을 극복할 수 있도록 교섭단위 분리신청권을 부여할 필요가 있다.14)

나. 사용자의 신청권

노조법은 노동관계 당사자의 양쪽 또는 어느 한쪽 모두에 대해 교섭단위 분리신청을 할 수 있도록 정하여 노동조합뿐만 아니라 사용자도 교섭단위 분리신청의 주체가 될 수 있도록 하였다.

그러나 사용자가 단독으로 교섭단위 분리신청을 하는 경우 노동조합의 신청과 달리 특정 노동조합에 대한 우호적 처우나 배제를 위한 수단으로 악용될 가능성이 있으므로,15) 입법론적으로는 사용자는 노동조합과 연명으로 혹은 노동조합의 동의를 얻은 경우에만 분리신청이 가능하도록 제한할 필요가 있다.16)

2. 신청 시기

노동조합 또는 사용자는 ① 사용자가 교섭요구 사실을 공고하기 전과 ② 사용자가 교섭요구 사실을 공고한 경우에는 교섭대표노동조합이 결정된 날 이후에 교섭단위 분리 결정을 신청할 수 있다(노조법 시행령 14조의11 1항).

노조법 시행령 14조의11 1항의 문언상 교섭창구 단일화 절차가 진행되는 기간에는 교섭단위 분리를 신청할 수 없다. 만일 교섭창구 단일화 절차가 진행되는 동안 특정 당사자가 교섭단위 분리를 신청할 경우 그 결과에 따라 이미 진행되는 교섭창구 단일화 절차가 영향을 받을 수밖에 없고, 교섭창구 단일화 절차에서 교섭대표노동조합이 결정되더라도 교섭단위 분리신청 결과에 따라 교섭대표노동조합의 결정이 무의미해지는 점을 고려하여 교섭창구 단일화 절차와 교섭단위 분리를 제도적으로 격리시킨 것이다.17)

---

13) 방준식, 184면; 이승욱g, 105면.
14) 임상민c, 145면.
15) 김철희, 27면.
16) 조상균a, 178면.

3. 신청의 효과

교섭단위 분리신청 이후 노동위원회의 결정이 있기 전에 교섭 요구가 있는 때에는 노동위원회에서 교섭단위 분리에 관한 결정이 있을 때까지 교섭창구 단일화 절차의 진행이 정지된다(노조법 시행령 14조의11 5항). 따라서 노동조합과 사용자는 노동위원회의 결정이 있을 때까지 교섭 요구 사실 공고 등 교섭창구 단일화를 위한 후속 절차를 진행하여서는 아니 된다. 노동위원회의 결정이 있기 전에 교섭 요구 사실 공고 등 교섭창구 단일화절차를 진행한 경우에는 그 효력이 없다.[18]

Ⅲ. 교섭단위 분리의 필요성 판단 기준

'하나의 사업 또는 사업장'의 의미는 법 29조의2(교섭창구 단일화 절차) 해설 부분에서 살펴본 바와 같다.

'현격한 근로조건의 차이', '고용형태', '교섭 관행' 등은 분리의 필요성을 판단하기 위한 징표적 요소이므로 세 가지를 다 갖추었을 때에만 분리결정을 할 수 있는 것이 아니라 위 요소들을 종합적으로 고려하여 분리의 필요성을 판단하여야 한다.[19] 한편 판례는, 교섭단위 분리를 인정할 수 있는 예외적인 경우에 대해서는 분리를 주장하는 측이 그에 관한 구체적인 사정을 주장·증명하여야 한다고 보고 있다.[20]

1. 현격한 근로조건의 차이

숙련·경력·학력·근속년수 등 근로자의 개인적 속성의 차이에서 기인하는 차이가 아닌 객관적인 차이이어야 한다. 담당 업무의 성질이나 내용에 따른 근로조건의 차이, 해당 업무에 종사하는 근로자가 통상적으로 처하는 물리적인 작업환경, 노동 강도의 차이, 업무에 내재하는 책임의 비중 등을 들 수 있다.

이러한 차이는 '현격'하여야 한다. 이는 구체적인 사실관계에 따라 판단할 수밖에 없을 것이다. 분리의 필요성과 연관하여 보면, 단체교섭을 독자적으로

---

17) 이승욱g, 186면.
18) 방준식, 182면.
19) 김상호, 83면; 박종희c, 264면.
20) 대법원 2022. 12. 15. 선고 2022두53716 판결, 대법원 2022. 12. 15. 선고 2022두53631 판결.

진행하는 것을 객관적으로 정당화할 정도의 차이를 의미한다고 할 것이다.[21]

2. 고용형태

정규직·비정규직, 각 직군 등이 고용형태에 해당한다. 근로의 내용과 성격이 동일하거나 유사하다면 고용형태가 다르다는 것만을 이유로 교섭대표노동조합을 별도로 결정하여야 한다고 보기는 어렵기 때문에, 고용형태는 상대적으로 중요한 고려요소로 작용하지 않는 경우가 많을 것이다.[22] 다만 각 노동조합별로 소속 조합원들의 고용형태가 다른데 교섭대표노동조합이 소속 조합원들의 고용형태에 대하여만 유리하게 단체협약을 체결하는 경우 등 사안에 따라서는 고용형태가 교섭단위 분리 필요성을 판단하는 중요한 기준이 될 수도 있다.[23]

3. 교섭 관행

엄격한 의미의 단체교섭만을 의미하는 것이라고 제한적으로 해석할 필요는 없고, 노사협의 등 근로조건을 둘러싼 노사 간의 협의나 대화를 포함하는 것으로 널리 해석하는 것이 타당하다. 예컨대 생산직 근로자에 대해서는 기존에 노동조합을 통하여 단체교섭으로 근로조건을 결정하여 왔으나, 사무직 근로자에 대해서는 노사협의회를 통하여 근로조건을 사실상 결정하여 온 경우에는 교섭단위를 분리할 수 있을 것이다.[24] 또한 과거에 교섭 관행이 존재하였어야만 하는 것이 아니라 종래의 교섭방식에 문제가 발견되었다든지 노사분쟁이 심각하게 발생되었다든지 하여 새로운 교섭단위로 변경할 필요가 있는 경우, 그러한 사정을 교섭단위 분리 필요성 판단에서 고려하여야 한다는 의미로 넓게 해석하여야 한다.[25]

4. 기타 요소

기타 고려요소로 작업조건·업무내용·성질의 현격한 차이, 업무방식의 현격한 차이, 채용방법의 차이, 임금지급방법(시간급, 일당, 월급 등)·임금결정방법(성과급, 호봉급 등)의 차이, 부문 간 인사교류 정도, 노무관리의 공통성(동일한 취

---

21) 이승욱g, 126면.
22) 이승욱g, 126면.
23) 임상민c, 139~140면.
24) 이승욱g, 90면.
25) 김상호, 84면.

업규칙 적용 여부, 인력관리의 공통성 등), 지리적 접근성, 운영의 통합성,26) 근로자
들 간의 이해관계의 공통성, 장기적인 노사관계의 안정성, 노사관계 당사자들의
의사, 노동조합의 조직범위, 사용자의 경영조직과 교섭단위의 관계, 생산과정의
연속성과 통합성, 근로자들의 인사교류27) 등이 언급된다.

　　노동위원회의 결정 가운데는 이해관계 당사자의 동의 여부, 과반수 노동조
합이 전체 조합원의 이해관계를 충분히 반영할 수 있는지 여부, 분리를 신청한
노동조합 간 조직대상이 중복되어 있는지 여부, 합병 이후에도 예전의 근로조건
을 유지할 방침인지 여부 등을 추가적으로 고려한 사례들이 있다.28)

　　하급심 판결 중에는 교섭창구 단일화 절차 유지와 교섭단위 분리를 이익형
량한 것이 있는데,29) 이 또한 추가적인 고려요소로 평가할 수 있을 것이다.30)

5. 사　　례

가. 교섭단위 분리의 필요성을 인정한 경우

(1) 고양도시관리공사 사건

　　고양도시관리공사(원고)는 고양시 시설관리공단과 고양도시공사가 합병하여
출범하였는데, 원고 소속 상용직 근로자들은 본래 고양시 시설관리공단에 소속
되어 있었다. 원고 사업장에는 전국민주노동조합공공운수연맹 산하 산업별 노동
조합인 전국공공운수사회서비스노동조합과 기업별 노동조합인 고양도시관리공
사 노동조합이 있었다. 교섭창구 단일화 절차에서 고양도시관리공사 노동조합이
교섭대표노동조합으로 결정된 이후, 전국공공운수사회서비스노동조합은 경기지
방노동위원회에 교섭단위 분리신청을 하였는데, 경기지방노동위원회는 위 신청
을 기각하였고, 전국공공운수사회서비스노동조합이 재심신청을 하자 중앙노동
위원회는 교섭단위를 분리하여야 한다는 결정을 하였다. 이에 대하여 사용자인
고양도시관리공사는 교섭단위 분리의 필요성이 없다면서 중앙노동위원회의 위
재심결정을 다투었다.

　　위 사안에서 대법원은 ① 원고의 상용직 근로자들은 그 외 직종과 달리 상

---

26) 이승욱g, 125면.
27) 김태령, 113면.
28) 김태령, 112면.
29) 서울행법 2017. 8. 11. 선고 2017구합65074 판결, 서울행법 2016. 5. 19. 선고 2015구합
　　12007 판결(그 항소심인 서울고법 2016. 10. 19. 선고 2016누48234 판결도 같음) 등.
30) 임상민c, 140~141면.

용직 관리규정의 규율을 받는 사실, 특히 원고의 일반직·기능직 등 직종이 공무원 보수규정을 적용받아 호봉제를 원칙으로 하는 것과는 달리, 상용직은 상용직 관리규정의 적용을 받아 직종별로 단일화된 기본급과 제 수당을 지급받는 구조로 이루어져 임금체계가 근본적으로 다른 사실, ② 상용직 근로자들은 직제규정상 정원에 포함되지 않고, 시설물관리원, 주차원, 상담원 등의 직역으로 구성되어 그 외 직종과 업무내용이 명확히 구분되며, 다른 직종과 사이에 인사교류가 허용되지 않는 사실, ③ 상용직 근로자들은 그 외 직종 근로자들과 별도의 협의체 또는 노동조합을 조직·구성해 왔고, 원고가 출범하기 전 고양시 시설관리공단 소속 당시부터 그 외 직종과는 별도로 임금협약을 체결하여 온 사실, ④ 반면 고양도시관리공사 노동조합이 원고와 체결한 2013년 단체협약은 상용직 근로자들에게 적용되지 않고, 고양도시관리공사 노동조합은 교섭대표노동조합으로 결정된 후에도 상용직 근로자들에 대한 부분을 포함하여 단체교섭을 진행한 바 없는 사실, ⑤ 전국공공운수사회서비스노동조합에는 원고의 상용직 근로자만 가입되어 있고, 고양도시관리공사 노동조합에는 그 외 직종 근로자만이 가입되어 있는 등 조합별로 소속 직종이 명확히 구분되어 있는 사실을 인정한 다음, 상용직 근로자들과 그 외 직종 근로자들 사이의 근로조건 및 고용형태상 차이와 그 정도, 기존 분리 교섭 관행 등에 비추어 보면, 전국공공운수사회서비스노동조합이 분리된 교섭단위에 의하여 단체교섭권을 행사하는 것을 정당화할 만한 사정이 존재하고, 고양도시관리공사 노동조합이 교섭대표노동조합으로서 상용직 근로자들을 계속 대표하도록 하는 것이 오히려 노동조합 사이의 갈등을 유발하는 등 근로조건의 통일적인 형성을 통해 안정적인 교섭체계를 구축하고자 하는 교섭창구 단일화 제도의 취지에도 부합하지 않는 결과를 발생시킬 수 있는 경우에 해당한다고 보아, 상용직 근로자들에 대하여 교섭단위를 분리할 필요성이 인정된다고 보았다.[31]

(2) 주식회사 대교 사건

주식회사 대교(원고)의 사업장에는 전국민주노동조합총연맹 전국서비스산업노동조합연맹 산하 산업별 노동조합인 전국학습지산업노동조합(피고보조참가인)의 대교지부와 기업별 노동조합인 눈높이대교 노동조합, 주식회사 대교 노동조합이 있다. 피고보조참가인은 서울지방노동위원회에 교섭단위 분리신청을 하였

31) 대법원 2018. 9. 13. 선고 2015두39361 판결.

는데, 서울지방노동위원회는 교섭단위를 분리하여야 한다는 결정을 하였고, 사용자인 주식회사 대교가 위 초심결정에 대하여 재심신청을 하였으나, 중앙노동위원회는 재심신청을 기각하였다. 주식회사 대교는 교섭단위 분리의 필요성이 없다면서 중앙노동위원회의 위 재심결정을 다투었다.

위 사안에서 항소심 판결은 ① 현격한 근로조건의 차이와 관련하여, ㉠ 원고의 일반 직원은 인사규정 등 취업규칙의 적용을 받는 반면에 학습지 교사 등은 개별 위탁사업자계약 내용에 따라 근로조건이 정하여져, 일반 직원과 그 근로조건이 근본적으로 다른 점, ㉡ 원고의 일반 직원은 주 40시간, 월 209시간 근무하며, 휴일·휴가 등의 제도가 있으나, 학습지 교사 등은 명시적으로 정해진 근무시간이 없고, 휴일·휴가 등의 제도도 없는 점, ㉢ 원고의 일반 직원은 급여규정에 따라 월급제를 적용받으며, 임금 구성항목이 기본급, 가족수당, 성과수당, 직책수당 등으로 구성되어 있으나, 학습지 교사 등은 개별 위탁사업자계약에 따른 수수료를 지급받는 점, ㉣ 원고의 일반 직원은 상여금을 지급받고, 주택자금, 생활안정자금, 학자금 대부 및 경조사 지원 등 각종 복리후생제도의 적용을 받으나, 학습지 교사 등은 상여금 및 복리후생제도(사업자 건강검진 제외)의 적용을 받지 않는 점, ② 고용형태의 차이와 관련하여, 학습지 교사 등은 개별 위탁사업자계약을 체결하고 근무하고 있으나, 원고의 일반 직원은 근로계약에 따라 정규직 또는 계약직으로 근무하고 있어 계약방법, 채용방법, 정년, 인사교류 등에서 차이가 상당한 점, ③ 교섭 관행과 관련하여, ㉠ 원고 소속 다른 노동조합들은 원고와 일반 직원의 근로조건에 관한 단체교섭을 진행하여 왔으나, 학습지 교사 등의 근로조건 향상을 위한 단체교섭을 한 전례가 없는 점, ㉡ 원고가 학습지 교사 등의 근로조건 등에 관하여 별도로 교섭을 진행한 관행은 존재하지 않는 점, ④ 기타 교섭단위 분리의 필요성과 관련하여, ㉠ 원고의 일반 직원과 학습지 교사 등은 근로조건 및 고용형태상 상당한 차이가 존재하는데, 피고보조참가인의 조합원은 학습지 교사 등인 반면에 다른 노동조합들의 조합원은 일반 직원이므로, 다른 노동조합들로 하여금 학습지 교사 등을 대표하여 학습지 교사 등의 이익을 위해 교섭하도록 하는 것은 불합리한 점, ㉡ 원고의 일반 직원과 학습지 교사 등은 양 집단 간 근로조건 등의 차이로 인하여 통일적인 근로조건의 형성이라는 교섭창구 단일화 제도의 일부 취지가 적용될 필요가 없는 경우에 해당하고, 인사노무관리도 사실상 독립적이어서 일방의 근로조건에 대한 결정이 타방의 근로조건에 대한 결정에 영향을 미치지 않을 것으로 보이며, 원고의 일반 직원과 학습지 교사 등 사이의 인사교류나 각 노동조합 사이에 직종 간 조합원이 혼재될 가능성도 거의 없는 점, ⓒ 원고의 일반 직원과 학습지 교사 등 사이의 위와 같은 근로조건 등의 차이에다가 다른 노동조합들은 종래 원고와 일반 직원의 근로조건에 관한 단체교섭을 진행하여 왔으나 학습지 교사 등의 근로조건에 관한 교섭을 진행한 적이 없는 점을 고려하면, 피고보조참가인과 다른 노동조합들이 통합하여 교섭을 진행할 경우 오히려 노노간 갈등이 유발되고 노사관계가 왜곡될 가능성도 배제할 수 없는 점을 근거로, 원고의 교섭단위에서 학습지 교사 등 직종을 별도의 교섭단위로 분리할 필요성이 인정된다고 보았다.[32]

나. 교섭단위 분리의 필요성을 부정한 경우

(1) 제주시 환경미화원 사건

제주특별자치도(피고보조참가인) 사업장에는 한국노동조합총연맹 산하 제주특별자치도 제주시청노동조합(제주시 소속 환경미화업무에 종사하는 공무직 근로자를 조직대상으로 하여 설립된 노동조합, 원고1)과 한국노동조합총연맹 산하 제주특별자치도 서귀포시청 환경미화원노동조합(서귀포시 소속 환경미화업무에 종사하는 공무직 근로자를 조직대상으로 하여 설립된 노동조합, 원고2)이 있고, 그 밖에도 공무직 근로자를 조직대상으로 하여 전국공무직노동조합(제주본부), 전국자동차노동조합연맹 제주지역자동차노동조합(제주시공영버스지부), 전국공공운수사회서비스노동조합(제주시청청소차량운전원분회, 제주특별자치도지회, 도로관리분회)이 설립되어 있다. 위 노동조합들은 교섭창구 단일화 절차를 거쳐 전국공무직노동조합을 교섭대표노동조합으로 선정하였다. 원고들은 제주특별자치도지방노동위원회에 교섭단위 분리신청을 하였는데, 제주특별자치도지방노동위원회는 분리신청을 기각하는 결정을, 중앙노동위원회는 재심신청을 기각하는 결정을 하였다. 원고들은 환경미화원과 다른 직종의 공무직 근로자의 교섭단위를 분리할 필요성이 있다면서 중앙노동위원회의 위 재심결정을 다투었다.

위 사안에서 제1심 판결은 ① 현격한 근로조건의 차이와 관련하여, ㉠ 환경미화원에 대한 처우개선 요구를 행정안전부가 수용하면서 전국의 지방자치단체

---

32) 서울고법 2021. 7. 9. 선고 2020누39428 판결(대법원 2021. 11. 11.자 2021두48649 심리불속행 상고기각 판결로 확정).

에서 근무하는 환경미화원들은 2008년도부터 공무원 호봉제와 유사한 호봉임금제를 적용받게 되었고, 그에 따라 공무직 근로자의 임금체계는 환경미화원에게 적용되는 호봉제와 다른 직종 공무직 근로자에게 적용되는 등급제로 이원화되어 있는데, 호봉제와 등급제는 기본급 수준, 호봉 수 및 등급 수, 수당의 종류와 수준 등에서 상당한 차이가 있고, ⓒ 그 결과 환경미화원과 다른 직종의 공무직 근로자 간 임금격차가 발생하며, ⓔ 환경미화원의 평일 근무시간은 제주시의 경우 하절기는 05:00 ~ 14:00, 동절기는 06:00 ~ 15:00이고 서귀포시의 경우 지역별로 상이한 반면, 환경미화원 이외의 공무직 근로자(운전원 제외)의 평일 근무시간은 09:00 ~ 18:00로, 환경미화원은 다른 직종의 공무직 근로자와 근로조건에서 현격한 차이가 있는 점, ② 고용형태의 차이와 관련하여, ㉠ 환경미화원 중 퇴직금 누진제를 적용받고 있는 근로자의 정년은 58세인 반면, 퇴직금 단수제를 적용받고 있는 환경미화원과 다른 직종의 공무직 근로자의 정년은 60세이고, ㉡ 다른 직종의 공무직 근로자는 필기시험과 면접시험을 거쳐 공개채용 되지만, 환경미화원은 필기시험이 아닌 실기시험과 면접시험을 거쳐 공개채용 되며, ㉢ 환경미화원과 다른 직종의 공무직 근로자는 원칙적으로 인사교류를 실시하고 있지 않아 고용형태에서 차이가 있는 점, ③ 교섭 관행과 관련하여, ㉠ 원고1은 1996년부터, 원고2는 2011년도부터 피고보조참가인과 개별적으로 단체교섭을 해 왔고, ㉡ 원고1은 교섭창구 단일화 제도가 시행된 2011. 7. 1. 이후에도 개별교섭을 진행하여 피고보조참가인과 임금협약을 체결하는 등 환경미화원을 다른 직종의 공무직 근로자로부터 분리하여 단체교섭을 하는 관행이 형성되어 있었던 점, ④ 교섭창구 단일화 절차 유지와 교섭단위 분리의 이익형량과 관련하여, 환경미화원과 다른 직종의 공무직 근로자에 대하여 교섭창구 단일화 절차를 유지함으로써 달성되는 이익보다 교섭단위를 분리함으로써 달성되는 이익이 더 큰 점을 근거로, 교섭단위 분리의 필요가 있다고 보았다.33)

　　　그러나 항소심 판결은 ① ㉠ 피고보조참가인 소속 환경미화원을 비롯한 모든 공무직 근로자는 '제주특별자치도 공무직 및 기간제 근로자 취업규정', '제주특별자치도 공무직 및 기간제 근로자 정원규정', '제주특별자치도 공무직 보수지침'을 동일하게 적용받고, ㉡ 제주특별자치도 공무직 보수지침은 다른 직종의 공무직 근로자에게는 등급제를 적용하면서 환경미화원의 경우 호봉제를 적용하

---

33) 서울행법 2016. 5. 19. 선고 2015구합12007 판결.

고, 직종별로 통상임금의 범위 및 각종 수당의 세부적인 구성항목 등에 있어 다소 차이가 존재하기는 하나, 환경미화원도 다른 직종의 공무직 근로자와 마찬가지로 제주특별자치도 보수지침에 따른 등급별 또는 호봉별 임금표를 기준으로 근무연수에 따라 기본급이 증가하는 동일 또는 유사한 임금체계로 운용되고 있고, 기본급과 정액급식비, 연장·야간·휴일 근로수당이나 가족수당 등의 각종 수당 등으로 구성된 임금의 구성항목이나 각 항목의 산정 기준, 지급 기준 등이 동일하거나 유사하며, ⓒ 환경미화원과 공무직 근로자의 근무시간의 차이는 다른 직종과 달리 이른 오전 시간에 업무를 수행할 필요성이 있는 환경미화원 업무의 고유한 특성에서 비롯된 것으로 보이고, 환경미화원 역시 휴게시간, 휴일의 적용 등에 있어 다른 공무직 근로자들 대부분과 거의 동일한 조건을 적용받고 있으며, ② 환경미화원이 위험한 장소에서 업무를 수행하는 특성상 각종 사고 발생의 위험 등에 노출된다고 하나, 관광교통, 운전, 도로보수 등 다른 직종의 공무직 근로자의 경우에도 다양한 작업 장소에서 업무를 수행하면서 그에 수반되는 위험에 노출되므로 근무 장소의 특성에 따른 위험 역시 환경미화원만의 특별한 근로조건이라고 보기 어려우므로, 현격한 근로조건의 차이가 있다고 보기 어렵고, ② ⓐ 환경미화원을 비롯한 피고보조참가인 소속 공무직 근로자는 모두 근로계약 기간의 정함이 없는 무기계약직이고, 동일한 취업규정 및 보수지침이 적용되어 채용, 복무, 신분보장 등에 있어 거의 동일하거나 유사한 보장을 받으며, ⓑ 환경미화원과 다른 공무직 근로자들 모두 동일한 정년(만 60세)을 보장받되, 퇴직금 누진제를 적용받는 근로자의 경우 정년이 58세로 정해져 있고, 이 경우에도 퇴직일로부터 2년의 범위에서 신규고용 하도록 하고 있어 60세까지 근무가 보장되며, 환경미화원의 경우 퇴직금 누진제를 선택한 근로자가 다수일 뿐인 것으로, 이를 들어 환경미화원과 다른 공무직 근로자 사이의 본질적인 고용형태의 차이가 존재한다고 볼 수는 없고, ⓒ 환경미화원 역시 다른 직종의 공무직 근로자들과 마찬가지로 공개채용 방식으로 채용되므로, 고용형태의 차이가 있었다고 보기 어렵고, ③ 교섭창구 단일화 제도가 시행되기 이전에 환경미화원뿐 아니라 일반사무 공무직, 공영버스 운전직, 청소차량 운전직 등의 개별 노동조합이 제주시나 서귀포시와 개별교섭을 진행한 사실이 인정되나, 교섭창구 단일화 제도 시행 전에 개별교섭을 해왔다는 사실만으로 분리교섭의 관행이 정착되었다거나 교섭단위 분리 결정에 있어서 특별히 고려되어야 할 사정이 인정

된다고 보기는 어려우며, ④ ㉠ 환경미화원뿐만 아니라 일반사무 공무직, 공영
버스 운전원, 청소버스 운전원 등은 모두 업무의 특성에 따라 근로조건이 조금
씩 다르게 형성될 수밖에 없는데, 근로조건에 다소 간의 차이가 존재한다는 점
만으로 교섭단위를 분리할 필요성을 인정할 경우, 사실상 개별교섭을 원하는 피
고보조참가인 소속 공무직으로 구성된 모든 노동조합의 교섭단위가 분리될 수
있어 교섭창구 단일화 제도가 형해화 될 가능성을 배제할 수 없고, ㉡ 교섭대표
노동조합인 전국공무직노동조합이 대표노조로 피고보조참가인과 교섭하는 과정
에서 원고들 소속 근로자가 교섭위원으로 참여하여 환경미화원 직종의 근로조
건 등에 관한 의견을 제시하고 의견을 수렴하는 방법으로 교섭창구 단일화 절
차 안에서 원고들 소속 근로자들의 의견이 충분히 반영될 수 있으며, 실제로 교
섭대표노동조합이 제주특별자치도와 2015년도 임금협약을 체결하는 과정에도
원고들의 대표자가 교섭위원으로 참여하였고 그 결과 원고들이 주장하는 환경
미화원의 특성이 반영되어 임금이 결정되었으므로, 환경미화원을 별도의 교섭단
위로 분리함으로써 달성되는 이익이 교섭창구 단일화 절차를 유지함으로써 달
성되는 이익보다 더 크다고 볼 수 없는 점을 근거로, 교섭단위 분리의 필요성이
인정되지 않는다고 보았다.[34]

(2) 한국무역보험공사 우리노동조합 사건

한국무역보험공사(피고보조참가인)의 사업장에는 기업별 노동조합으로 한국
무역보험공사 우리노동조합(지원직군 근로자를 조직대상으로 하여 설립된 노동조합,
원고)과 한국무역보험공사노동조합(일반직군, 사무직군, 별정직군 근로자를 조직대상
으로 하여 설립된 노동조합)이 있다. 원고는 피고보조참가인의 교섭단위에서 지원
직군을 분리하여야 한다고 주장하며 교섭단위 분리신청을 하였고, 서울지방노동
위원회는 원고의 교섭단위 분리신청을 인용하였다. 이에 대하여 피고보조참가인
은 중앙노동위원회에 재심신청을 하였고, 중앙노동위원회는 참가인의 재심신청
을 인용하여 서울지방노동위원회의 결정을 취소하였다. 원고는 지원직군을 별도
의 교섭단위로 분리할 필요성이 있다면서 위 재심결정을 다투었다.

위 사안에서 항소심 판결은 ① 근로조건과 관련하여, ㉠ 지원직군과 그 외
직군은 동일한 취업규칙과 복지규정의 적용을 받고 있고, ㉡ 단체협약의 경우,

---

34) 서울고법 2016. 10. 19. 선고 2016누48234 판결(대법원 2017. 2. 23.자 2016두58949 심리불
   속행기각 판결로 확정).

2018년도 단체협약은 지원직군이 피고보조참가인의 정규직으로 전환되기 이전에 체결되어 지원직군이 적용대상에 포함되지 않았으나, 2019년도 단체협약에서는 지원직군이 적용대상에 포함되었으며, ⓒ 지원직근로자 관리요령이 적용되는 지원직군의 임금체계는 직무급제인 반면 보수규정이 적용되는 그 외 직군의 임금체계는 직무급 기반 연봉제, 성과연봉제, 연봉제로 상이하게 운영되고 있으나, 이와 같이 피고보조참가인이 지원직군의 임금체계로 직무급제를 도입하게 된 것은 정부가 제시한 '공공부문 표준임금체계 모델(안)'의 '직무별 표준 임금표(기본급) 안'을 따른 결과이므로, 임금체계의 단순비교를 통해 현격한 차이가 존재한다고 단정할 수 없고, ⓔ 지원직군, 일반직, 사무직, 별정직의 시급에 차이가 존재하나, 이는 각 직군별 담당 업무의 내용과 특성 및 난이도, 근로자의 업무 숙련도 및 전문성, 권한과 책임, 노동시장의 임금 수준 등에 의하여 발생하는 차이이며, ⓜ 지원직군은 기본임금 구성항목 이외에 직능수당, 자격수당, 식대보조수당, 조정수당, 연차수당, 시간외수당이 있는 반면, 그 외 직군은 연차수당, 시간외수당이 있는 등 수당의 종류에 차이가 있으나, 지원직군과 그 외 직군은 경영평가성과급을 동일하게 지급받고 있고, 지원직군은 그 외 직군과 달리 연 2회 명절상여금을 지급받으나, 이는 기획재정부가 정규직으로 전환된 공공부문 비정규직 노동자들의 처우 개선을 위하여 추가 비용을 예산에 반영되도록 한 결과이며, ⓗ 일반직군, 사무직군, 별정직군과 지원직군 중 일부는 근무시간이 9시부터 18시까지로 동일하고, 한편, 지원직군 중 운전 직종은 탄력적 근로시간제를 적용할 수 있고, 미화 직종은 6시부터 15시까지 근무하며, 보안 직종은 교대제로 근무하는 등 지원직군 중 일부는 그 외 직군과 근무시간 및 근무형태에 일부 차이가 존재하나 이는 직군별 담당 업무내용이나 작업환경의 차이에서 비롯된 것이며, ⓐ 지원직군과 그 외 직군은 휴일, 휴가, 휴직, 시간외근무, 휴일근무에 관하여 동일한 내용을 적용받고 있고, 다만, 시설관리직군 중 교대제 근무를 하는 근로자는 휴일, 휴가 및 휴직 관련 사항에 일부 차이가 존재하나 이는 담당 업무내용의 본질적 차이에 따른 것이므로, 근로조건에 현격한 차이가 존재한다고 보기 어렵고, ② 고용형태와 관련하여, ⓐ 지원직군은 무기계약직이기는 하나 그 외 직군과 마찬가지로 근로계약 기간의 정함이 없고, 공개채용 방식을 통하여 정규직으로 채용되고 있으며, 원칙적으로 정년까지 근무가 가능하고, ⓑ 지원직군 대부분과 그 외 직군은 정년이 60세로 동일하며, 지원직군 중 미화 및 보안 직종은 정년이 65세로 차이가 있으나, 이는 고령자가 특히 많은 미화 및 보안 직종에 정년 60세를 적용할 경우 많은 사람들이 일자리를 잃게 되는 부작용을 고려한 것으로서 정부의 공공부문 비정규직 근로자 정규직 전환 가이드라인에 따른 것이고, ⓒ 피고보조참가인의 채용요강 6조는 지원직군으로 4년 이상 근무한 직원 중 근무실적이 우수한 직원을 사무직원으로 채용할 수 있도록 규정하고 있어, 지원직군이 그 외 직군의 사무직 근로자로 전직하는 것이 가능하며, ② 지원직군과 그 외 직군은 참가인의 직제규정 등에 의하여 정원이 별개로 관리되고 있고, 승진이나 평정도 지원직근로자 관리요령이 적용되는 지원직군과 달리 그 외 직군은 인사관리규정 등이 적용되어 그 체계가 다르기는 하나, 이는 정부의 정규직 전환 정책에 따른 것이거나 지원직군과 그 외 직군의 특성을 고려한 것으로서 이를 들어 지원직군과 그 외 직군 사이에 고용형태에 있어 별다른 차이가 있다고 할 수 없으므로, 지원직군과 그 외 직군 사이에 고용형태에 있어서 교섭단위 분리의 필요성을 인정할 정도의 차이가 있다고 볼 수 없으며, ③ 교섭 관행과 관련하여, 지원직군이 정규직으로 전환되고 원고가 설립됨에 따라 교섭창구 단일화를 통하여 교섭을 진행한 것은 단 1회에 불과하고, 그 전에는 한국무역보험공사노동조합만이 피고보조참가인의 유일한 노동조합으로서 단체교섭을 진행하였을 뿐이어서 지원직군만 분리하여 교섭하였던 관행은 형성되어 있지 않고, ④ ⑦ 지원직군만 별도의 교섭단위로 분리할 경우, 지원직군과 그 외 직군 사이에 서로 다른 단체협약이 체결될 수 있고, 이로 인하여 노동조합 상호간 또는 노동조합과 사용자 사이의 갈등, 교섭효율성의 저하, 교섭비용의 증가, 노무관리상의 어려움 등이 초래될 수 있으며, ⓒ 같은 회사 소속 근로자라도 담당하는 업무의 특성에 따라 근로조건과 고용형태가 조금씩 다르게 형성될 수밖에 없는데, 근로조건과 고용형태에 다소간의 차이가 있다는 이유로 교섭단위 분리를 인정할 경우, 개별교섭을 원하는 세부 직군으로 구성된 노동조합별로 교섭단위가 분리되어 교섭창구 단일화 제도가 형해화 될 위험성을 배제할 수 없으며, ⓒ 지원직군의 핵심 요구사항인 임금 인상은 공공기관으로서 기획재정부의 공기업·준정부기관 예산편성지침에 사실상 구속되는 피고보조참가인의 특성을 고려할 때 교섭단위 분리만으로는 위 문제를 해결하는 데 한계가 있고, 그 밖의 요구사항은 공정대표의무 이행 등의 방법을 통하여 해결이 가능한 것으로 보이며, ② 한국무역보험공사노동조합

은 원고로부터 서울시 생활임금 수준의 급여 인상과 노동조합사무실 제공, 근로
시간 면제 등과 같은 요구사항을 전달받고, 피고보조참가인과 사이에 이를 포함
하여 단체교섭을 진행한 결과 지원직군에게도 적용되는 유효한 단체협약을 체
결하였으며, 원고의 노동조합 활동을 위하여 원고에게도 근로시간 면제를 부여
하고 노조사무실도 제공하도록 한 점 등에 비추어 교섭단위를 분리하지 않더라
도 교섭창구 단일화 절차 안에서 원고 소속 근로자들의 의견이 충분히 반영될
수 있을 것으로 보이므로, 지원직군만 별도의 교섭단위로 분리함으로써 달성되
는 이익이 교섭창구 단일화 절차를 유지함으로써 달성되는 이익보다 더 크다고
볼 수 없어, 지원직군을 그 외 직군과 별도의 교섭단위로 분리할 필요성이 인정
되지 않는다고 보았다.[35]

(3) 전국공립학교호봉제회계직노동조합 사건

대구광역시(원고)와 근로계약을 체결하고 공립학교에서 일하는 교육공무직
원 중에는 호봉제회계직 근로자와 그 밖의 교육공무직원들이 있는데, 교육공무
직원들이 속한 노동조합에는 전국공립학교호봉제회계직노동조합(전국 교육청 산
하 각급 학교에서 종사하는 호봉제회계직 근로자를 조직대상으로 설립된 노동조합, 피고
보조참가인), 전국공공운수사회서비스노동조합 전국교육공무직본부 대구지부, 전
국여성노동조합 대구경북지부, 전국학교비정규직노동조합이 있다. 피고보조참가
인은 경북지방노동위원회에 호봉제회계직 근로자들을 별도의 교섭단위로 분리
하여 달라고 신청하였고, 경북지방노동위원회는 호봉제회계직 근로자들을 별도
의 교섭단위로 분리한다는 결정을 하였다. 이에 대하여 원고가 중앙노동위원회
에 재심신청을 하였으나, 중앙노동위원회는 재심신청을 기각하는 결정을 하였
다. 이에 원고는 피고보조참가인의 조합원인 호봉제회계직 근로자들과 다른 교
육공무직원들 사이에서 교섭단위를 분리할 필요성이 존재하지 않는다면서 중앙
노동위원회의 위 재심결정을 다투었다.

위 사안에서 항소심 판결은 ① 근로조건과 관련하여, ㉠ 호봉제회계직 근
로자들과 다른 교육공무직원들 모두 기본급과 수당으로 구성된 임금체계를 가
지고 있는데, 비슷한 경력의 근로자들 사이에서는 월 평균 임금 수준에서 현격
한 차이가 나타나지 않고, ㉡ 호봉제회계직 근로자들과 다른 교육공무직원들 모

---

35) 서울고법 2021. 5. 12. 선고 2020누45270 판결(대법원 2021. 9. 9.자 2021두40683 심리불속
   행 상고기각 판결로 확정).

두 급식비, 명절휴가비, 성과상여금(다른 교육공무직원들의 경우에는 정기상여금),
맞춤형 복지비 등의 수당을 지급받는 반면, 가족수당, 자녀학비보조수당 등 일
부 수당은 지급받지 못하고, 위 근로자들에게 지급되는 급식비는 액수가 동일하
며, 맞춤형 복지비는 비슷한 수준이고, 호봉제회계직 근로자들이 지급받는 명절
휴가비는 기본급과 연동되어 있으므로 비슷한 경력의 근로자들 사이에서는 앞
서 본 기본급과 마찬가지로 명절휴가비도 큰 차이가 나타나지 않을 것으로 보
이며, ⓒ 호봉제회계직 근로자들과 다른 교육공무직원들 모두 동일한 방식으로
퇴직금 제도가 설계되어 있고, ② 호봉제회계직 근로자들의 근로계약서에서 소
속 공립학교의 취업규칙을 따른다고 정하는 경우에는 휴일 및 휴직에 관하여도
다른 교육공무직원들과 동등한 조건을 적용받고, 호봉제회계직 근로자들의 근로
계약서에서 지방공무원에 관한 규정을 적용한다고 정하는 경우에도 근무시간이
주 40시간으로 동일하고, 15일 이상의 연가를 인정받으며, 질병, 육아, 가족돌봄
등의 사유로 휴직할 수 있으며, ⓜ 호봉제회계직 근로자와 다른 교육공무직원
중 전일 근무자 모두 지방공무원과 출·퇴근시간이 동일하고, 근로시간은 1일 7
시간 30분이며, 근로시간 도중 30분의 휴게시간이 부여되고, ⓑ 호봉제회계직
근로자와 다른 교육공무직원은 동일하게 승진 시스템이 없고 정년에 있어서 동
일하며, 호봉제회계직 근로자들과 다른 교육공무직원들 모두 교육공무직원 처우
개선계획을 적용받고 있고, 교육감표창제도, 근무성적 평정 및 국토문화탐방 기
회 부여 역시 동일하게 적용되므로, 호봉제회계직 근로자들의 근로조건이 다른
교육공무직원들의 근로조건과 현격히 다르다고 보기 어렵고, ② 고용형태와 관
련하여, ⓐ 호봉제회계직 근로자들은 모두 무기계약직으로 행정실무원, 교무실
무사, 시설관리 직종에서 근무하고 있는데, 다른 교육공무직원들은 무기계약직,
기간제근로자 등으로 고용형태가 다양하고, 위 3개 직종을 포함한 43개 직종으
로 나누어져 일하고 있는바, 2005년 이후 호봉제회계직 근로자의 신규 채용이
중단되면서 다른 교육공무직원이 호봉제회계직 근로자의 업무를 대체해 왔고,
호봉제회계직 근로자를 채용하던 때와 비교하여 공립학교의 교육 여건 변화 등
으로 새로운 업무를 수행할 다양한 직종이 필요하였기 때문에 기존의 3개 직종
에서 43개 직종으로 늘어난 것이며, 호봉제회계직 근로자들의 고용형태나 직종
은 다른 교육공무직원들의 고용형태나 직종과 구분되는 것이 아니라 오히려 후
자의 일부를 구성할 뿐이므로 전체 교육공무직원의 단체교섭 과정에서 호봉제

회계직 근로자들의 고용형태와 직종이 충분히 고려될 수 있고, ⓛ 호봉제회계직 근로자들과 다른 교육공무직원들은 동일 직종에 속한다면 동일·유사한 업무를 수행할 뿐만 아니라, 상시 전일 근무한다는 점에서도 근무형태가 동일하고, 특별한 자격·면허를 요구하지 않는다는 점이나, 학교장으로부터 업무상 지휘를 받는다는 점, 60세에 정년에 이르게 된다는 점에서도 동일하게 고용관계가 형성·관리되며, ⓒ 대구광역시교육청 교육공무직원 정원관리 규칙 4조 별표는 원고 소속 교육공무직원의 정원을 정하고 있는데, 교무실무사 직종, 행정실무원 직종별로 호봉제회계직 근로자와 다른 교육공무직원들을 구분하지 아니하고 통합하여 정원을 정하여 두고 있으므로 같은 직종에 속하는 교육공무직원이라면 그가 호봉제회계직 근로자인지 여부와 무관하게 인사교류가 이루어지고 있을 것으로 보이므로, 고용형태와 현격히 다르다고 보기 어려우며, ③ 교섭 관행과 관련하여, ⓐ 원고와 교육공무직원들 사이에서는 2010년경에만 호봉제회계직 근로자들을 구분하여 단체협약이 체결된 바 있고, 2017. 2.경부터 2019. 11.경까지는 오히려 전국공공운수사회서비스노동조합, 전국여성노동조합, 전국학교비정규직노동조합(이하 '3개 노동조합'이라 한다)의 공동교섭대표단인 전국학교비정규직연대회의가 호봉제회계직 근로자들의 근로조건을 저하할 수 없다는 내용을 명시하는 등 호봉제회계직 근로자들의 처우를 포함하여 전체 교육공무직원들에 대한 단체협약을 체결하여 왔고, ⓑ 전국학교비정규직연대회의는 원고와 단체교섭이 진전되지 않는 상황에서 단체협약을 체결한 적이 있는 호봉제회계직 근로자들만을 분리하여서라도 단체교섭을 진행하려던 것으로 보이며, 전국학교비정규직연대회의가 2017년 이후 반복적으로 원고와 단체협약 및 임금협약을 체결한 이상 호봉제회계직 근로자들을 대표하여 단체교섭을 진행하는 데에도 무리가 없을 것으로 보이고, 교섭단위를 나누어 단체교섭을 진행할 필요가 새로이 발생할 것으로 보이지도 않으며, ⓒ 교섭단위를 분리하지 아니하더라도 피고보조참가인과 전국학교비정규직연대회의에 참여한 위 각 노동조합들이 교섭창구 단일화 절차를 거쳐 단체교섭에 나선다면, 교섭대표노동조합은 공정대표의무를 부담하게 되므로 호봉제회계직 근로자들의 근로조건이 부당하게 악화될 것으로 우려되지도 않으므로, 원고 사업장에서 호봉제회계직 근로자들을 별도의 교섭단위로 분리하여 단체교섭을 진행하는 관행이 존재하였다고 보기 어렵고, ④ ⓐ 교섭단위를 분리할 경우 호봉제회계직 근로자와 다른 교육공무직원이 조합원으로 있는 노동조합 내에서 노조원들 간 갈등이 생길 가능성, 그 노동조합과 피고보조참가인과의 갈등이 생길 가능성을 배제할 수 없고, 호봉제회계직 근로자가 그가 근무하는 공립학교의 취업규칙에 따를 경우 해당 학교 내에서 동일한 취업규칙을 적용받는 호봉제회계직 근로자와 동일 직종의 다른 교육공무직원과의 갈등이 생길 가능성도 배제하기 어려우며, ⓛ 원고가 대구 지역 호봉제회계직 근로자들을 대상으로 교섭단위를 분리하여 교섭을 진행할 경우 호봉제회계직 근로자가 속한 피고보조참가인과 전국여성노동조합, 전국공공운수사회서비스노동조합에 관하여 교섭창구단일화 절차를 거쳐야 하는 등 교섭단위 분리에 따른 교섭효율성 저하, 교섭비용이 증가할 가능성도 배제하기 어렵고, ⓒ 원고는 소속 모든 교육공무직원의 근로조건을 통합하고 일원화하기 위해 3개 노동조합과 수차례 협의과정을 거쳐 2020. 10. 호봉제회계직 근로자와 다른 교육공무직원 모두를 적용대상으로 한 대구광역시교육청 교육공무직원 취업규칙(안)을 마련하고 신고 등 행정절차만을 남겨두고 있는데, 교섭단위가 분리될 경우 취업규칙 통합 방안 추진이 곤란할 가능성도 있으므로, 호봉제회계직 근로자들과 다른 교육공무직원들의 교섭창구를 단일화하는 것이 오히려 근로조건의 통일적 형성을 통해 안정적인 교섭체계를 구축하고자 하는 교섭창구 단일화 제도의 취지에 부합하지 않는 결과를 가져오리라고 보이지 않으므로, 분리의 필요성이 없다고 보아, 재심결정을 취소하였다.[36]

Ⅳ. 교섭단위 분리의 효과

1. 분리된 교섭단위의 교섭대표 결정 및 기존 교섭대표노동조합의 지위[37]

교섭단위가 분리된 노동조합은 사용자와 개별적으로 단체교섭을 진행할 수 있다.

교섭대표노동조합이 결정된 이후 교섭단위 분리신청이 이루어지고 노동위원회가 그 신청을 받아들여 교섭단위 분리결정을 한 경우, 분리된 교섭단위의 교섭대표노동조합은 누가 될 것인지, 그리고 기존 교섭대표노동조합의 지위가 유지되는지 여부가 문제된다.

---

36) 서울고법 2021. 9. 1. 선고 2021누33717 판결(대법원 2022. 1. 27.자 2021두53733 심리불속행 상고기각 판결로 확정). 전국공립학교호봉제회계직노동조합 관련한 다른 사안으로, 대법원 2022. 12. 15. 선고 2022두53716 판결, 대법원 2022. 12. 15. 선고 2022두53631 판결도 참조.
37) 이승욱g, 111~115면 참조.

이에 대해서는, 첫째, 교섭단위 분리결정에도 불구하고, 교섭창구 단일화 절차에 따라 교섭대표노동조합이 결정되어 있는 이상 기존 교섭대표노동조합의 지위에 영향을 미치지 않는다는 견해, 둘째, 교섭단위 분리결정에 의하여 교섭단위는 분리되고, 기존 교섭대표노동조합은 분리된 교섭단위에 대해서는 교섭대표권을 행사하지 못한다는 견해, 셋째, 분리된 교섭단위와 잔여 교섭단위 각각에 대하여 새로운 교섭대표를 선출하여야 한다는 견해, 넷째, 교섭대표노동조합이 단체협약을 체결하기 전에는 분리된 교섭단위와 잔여 교섭단위 각각에서 새로운 교섭대표를 선출하고, 교섭대표노동조합이 단체협약을 체결한 후에는 그 단체협약 유효기간 만료일 전 3월이 되는 날부터 분리된 교섭단위별로 교섭창구 단일화 절차를 진행하도록 하는 견해가 있을 수 있다.

첫째 견해에 의하면 분리된 교섭단위에 대해 기존 교섭대표노동조합이 교섭대표권을 행사할 수 있고 이에 따라 체결된 단체협약도 분리된 교섭단위에 미친다고 보게 되는데, 이는 기존의 교섭단위로는 관련 노동조합 또는 그 조합원의 이해를 교섭대표노동조합이 적절하게 대표할 수 없다고 본 노동위원회의 결정에 반하는 측면이 있다. 둘째 견해에 의하면 분리된 교섭단위에 대해서는 새로이 교섭창구 단일화 절차를 거쳐 교섭대표노동조합을 결정하여야 하고, 잔여 교섭단위에 대해서는 기존 교섭대표노동조합이 교섭대표권을 가진다. 그렇지만 이 견해에 따르면 교섭대표노동조합이 분리 후 잔여 교섭단위에서 전체 조합원의 과반수를 대표하지 못하는 경우, 자율적 교섭대표노동조합 결정의 기초를 상실한 경우, 공동교섭대표의 기반이 와해된 경우 등에도 계속하여 대표성을 가진다고 보기는 어렵게 되는 문제가 발생할 수 있다. 셋째 견해는 교섭단위 분리제도가 기존 교섭대표노동조합의 교섭권을 박탈하는 데 그 목적이 있는 것이 아니라 새로운 교섭단위에서 새로운 교섭대표노동조합을 선출할 수 있도록 하는 데 있다는 점에 부합하지 않는 측면이 있다. 넷째 견해는 교섭대표노동조합이 단체협약을 체결하기 전에는 교섭대표권을 실질적으로 행사하지 않았기 때문에 새로이 교섭대표를 선출하도록 하여도 교섭대표권과 관련하여 특별한 혼란이 발생할 여지가 없는 반면, 단체협약을 체결한 이후에는 교섭단위 분리 여부와 관계없이 관련 노동조합이나 조합원 또는 사용자는 그 단체협약의 적용을 받는 상황이기 때문에 기존 단체협약의 효력을 인정하고 그 단체협약의 유효기간 중에는 기존 교섭대표노동조합의 대표권을 인정함으로써 단체협약을 둘러싼

법률관계의 안정을 도모하고자 하는 입장이다. 다만 넷째 견해에 의할 경우 사
용자가 교섭단위 분리신청을 이유로 교섭대표노동조합과의 교섭을 거부하거나
지연시킬 가능성이 있다.

　　넷째 견해가 교섭단위 분리로 인한 기존의 협약질서의 교란을 최소화하면
서 교섭단위 분리제도의 취지에 부합하는 입장으로 보인다. 사용자가 교섭단위
분리신청을 이유로 기존 교섭대표노동조합과의 교섭을 거부하거나 지연시키는
경우에는 불성실교섭의 부당노동행위에 의해 대처하면 될 것으로 보인다. 입법
론으로는 교섭단위 분리 시 분리된 교섭단위에서의 교섭대표 결정과 기존 교섭
대표노동조합의 지위에 관하여 명문의 규정을 둘 필요가 있다.

2. 교섭단위 분리결정의 유효기간

　　노조법은 교섭단위 분리결정의 유효기간을 정하고 있지 않다. 이에 대하여
는 노동위원회가 교섭단위 분리결정을 할 때 유효기간을 설정할 수 있다고 보
는 견해(긍정설), 교섭단위 분리결정의 유효기간 설정이 가지는 실제적인 필요성
에도 불구하고, 교섭단위는 교섭대표노동조합의 교섭권을 확정하는 의미를 가지
므로, 특별한 법령상의 근거 없이 노동위원회가 교섭단위 분리결정에 유효기간
을 설정하는 것은 헌법상의 권리인 단체교섭권을 행정처분으로 제한하는 효과
를 가져오기 때문에 이를 부정하는 견해(부정설),[38] 분리결정의 효력은 분리결정
이후의 교섭단위에서 교섭대표노동조합이 체결한 단체협약의 유효기간 동안에
만 지속된다는 견해(단체협약의 유효기간설)가 있을 수 있다.

　　긍정설에 의하면 교섭단위 분리결정에서 정한 유효기간이 지나면 분리된
교섭단위는 '하나의 사업 또는 사업장'으로 회복되고, 당사자들이 필요하면 다
시 교섭단위 분리신청을 하도록 하여 교섭단위를 탄력적으로 운용할 수 있게
된다. 부정설에 의하면 노동위원회의 새로운 분리결정이 있기 전까지 종전의 분
리결정은 유효하고, 노동위원회가 분리결정에 유효기간을 정할 경우에는 위법한
분리결정이 되어 중앙노동위원회 등에 불복할 수 있다고 해석하게 된다. 단체협
약의 유효기간설에 의하면 교섭단위 분리 후 체결된 단체협약의 유효기간이 분
리된 교섭단위별로 상이한 경우 전혀 다른 노동조합이 체결한 단체협약에 의해

---

38) 교섭단위 분리결정은 노동위원회의 새로운 결정이 있을 때까지 유효하다는 견해(김상호,
　　84~85면; 박종희c, 271면)도 이러한 입장인 것으로 보인다.

다른 교섭단위의 노동조합의 교섭대표노동조합으로서의 지위가 상실되는 불합리한 결과가 발생할 여지가 있다.[39] 뒤에서 보는 바와 같이 2021년 노조법의 개정으로 교섭단위의 통합제도가 도입된 이상 분리된 교섭단위가 통합되기 전까지 종전의 분리결정이 유효하다고 할 것이므로 부정설이 타당하다.

V. 분리된 교섭단위의 통합

노조법 29조의3 2항은 "분리된 교섭단위를 통합할 필요가 있다고 인정되는 경우에 노동위원회는 노동관계 당사자의 양쪽 또는 어느 한쪽의 신청을 받아 분리된 교섭단위를 통합하는 결정을 할 수 있다."라고 규정하여 분리된 교섭단위의 통합제도를 마련하고 있다. 통합의 필요성은 분리의 필요성과 마찬가지의 고려 요소를 종합적으로 고려해서 판단하여야 한다.

종래 분리된 교섭단위를 통합할 수 있는지에 관하여, 명문의 규정이 없더라도 신청하면 노동위원회의 결정에 따라 통합될 수 있다고 보는 견해,[40] 분리된 교섭단위를 통합하는 것은 이미 분리된 교섭단위에서 교섭대표권을 가지고 있는 교섭대표노동조합의 교섭권이 박탈됨을 의미하기 때문에 명문의 규정이 없는 한 인정할 수 없다는 견해,[41] 노사 양당사자의 합의가 있거나 노동조합이 신청하는 경우 통합결정을 할 수 있다는 견해,[42] 모든 노사가 동의하는 경우 자율적으로 교섭단위를 통합하여 교섭을 진행하고 단체협약을 체결하는 것은 가능하다고 보는 견해,[43] 입법의 흠결로 보아 별도의 절차를 마련해야 한다고 보는 견해[44]가 있었으나, 2021. 1. 5. 개정 노조법에서 분리된 교섭단위의 통합에 대하여 위와 같이 명문의 규정을 둠으로써 해석상의 논란이 해결되었다.

통합의 필요성은 분리의 필요성과 같은 고려 요소를 종합적으로 고려해서 판단하여야 한다.

---

39) 이승욱g, 116~118면.
40) 박종희c, 271면.
41) 이승욱g, 118면.
42) 방준식, 192면.
43) 같은 취지로 권두섭, 76면; 김철희, 27면; 조상균a, 177면.
44) 김상호, 89면.

VI. 결정에 대한 불복

　노동위원회의 교섭단위 분리결정, 분리된 교섭단위 통합결정에 대한 불복
절차에는 노조법 69조45)가 준용된다. 따라서 노동위원회의 분리 또는 통합결정
이 위법이거나 월권에 의한 경우에 한해 이에 불복할 수 있다.46)

1. 불복사유로서의 위법의 의미

　교섭단위 분리 또는 통합결정의 절차가 위법한 경우(절차의 위법), 교섭단위
분리 또는 통합결정의 요건이 되는 '교섭단위 분리 또는 통합의 필요성'에 대한
법리를 오해한 경우(내용의 위법)에 위법하다고 평가할 수 있다.47) 교섭단위 분
리 또는 통합의 필요성이 인정됨에도 필요성을 부정하여 신청을 기각하거나, 분
리 또는 통합의 필요성이 부정됨에도 이를 긍정해 교섭단위 분리 또는 통합결
정을 한 경우는 내용상 위법한 결정으로 평가될 것이다.

　대법원도 고양도시관리공사 사건에서 '교섭단위 분리신청에 대한 노동위원
회의 결정에 관하여는 그 절차가 위법하거나, 노조법 29조의3 2항이 정한 교섭
단위 분리결정의 요건에 관한 법리를 오해하여 교섭단위를 분리할 필요가 있다
고 인정되는 경우인데도 그 신청을 기각하는 등 내용이 위법한 경우 불복할 수
있다.'48)라고 하여 위와 같은 해석론에 기초한 것으로 보인다.49)

---

45) 69조(중재재정등의 확정)
　① 관계 당사자는 지방노동위원회 또는 특별노동위원회의 중재재정이 위법이거나 월권에
의한 것이라고 인정하는 경우에는 그 중재재정서의 송달을 받은 날부터 10일 이내에 중앙노
동위원회에 그 재심을 신청할 수 있다.
　② 관계 당사자는 중앙노동위원회의 중재재정이나 1항의 규정에 의한 재심결정이 위법이
거나 월권에 의한 것이라고 인정하는 경우에는 행정소송법 20조의 규정에 불구하고 그 중재
재정서 또는 재심결정서의 송달을 받은 날부터 15일 이내에 행정소송을 제기할 수 있다.
　③ 1항 및 2항에 규정된 기간내에 재심을 신청하지 아니하거나 행정소송을 제기하지 아니
한 때에는 그 중재재정 또는 재심결정은 확정된다.
　④ 3항의 규정에 의하여 중재재정이나 재심결정이 확정된 때에는 관계 당사자는 이에 따
라야 한다.
46) 중재재정의 불복사유에 관한 대법원 1992. 7. 14. 선고 91누8944 판결 참조.
47) 이승욱g, 118~119면도 같은 입장이다. 이에 더해 노동위원회가 분리신청을 접수한 후 관계
당사자에게 의견을 제출할 기회를 부여하지 않거나 제출된 의견을 정당하게 고려하지 않은
경우에도 위법한 교섭단위 분리결정으로서 불복의 대상이 된다고 한다.
48) 대법원 2018. 9. 13. 선고 2015두39361 판결.
49) 김희수, 472~475면.

2. 불복사유로서의 월권의 의미

'월권'은 권한을 유월한 것이므로 위법과 다름없으며, 단순히 어느 일방에게 상당히 유리하다는 것만으로는 월권이라고 할 수 없다.

노동위원회의 심판 범위를 어떻게 보는가에 따라 '월권'의 의미를 둘러싼 견해 대립이 있을 수 있다. 즉, 노동위원회가 신청인의 내용에 구속되지 않고 독자적인 관점에서 분리 또는 통합의 범위를 정할 수 있다고 보는 견해50)에서는 노동위원회가 재량에 의해 적정한 교섭단위를 판단하는 것을 월권이라고 보기 어려울 것이다. 이와 달리 당사자가 신청한 내용에 구속되지 않은 채 신청내용을 수정·변경하여 분리 또는 통합결정을 하는 것은 노사자치의 정신에 반하고, 불필요한 노사분쟁의 원인이 될 수 있으므로, 신청내용이 합리적이지 않다고 판단할 경우 수정결정을 내릴 것이 아니라 기각결정을 내려야 한다는 견해51)에서는 노동위원회가 당사자가 요구하지 않은 범위를 포함하거나 당사자가 요구한 범위보다 더 좁은 범위에서만 분리 또는 통합결정을 할 경우 월권에 해당한다고 판단하게 될 것이다.52)

노동조합이나 사용자가 신청한 범위 내에서 분리 또는 통합의 필요성이 인정되는 부분에 한하여 분리 또는 통합결정을 하고 나머지 신청을 기각하는 방식은 가능할 것으로 보인다. 반면 신청한 범위를 초과한 범위에서 교섭단위 분리 또는 통합결정을 하는 것은, 교섭창구 단일화 절차에 의하겠다는 당사자의 의사가 있는 부분에 대해서까지 분리 또는 통합 필요성을 심사하는 것이 되어 월권이라고 봄이 타당하다.53)

대법원은 "교섭단위 분리신청에 대한 노동위원회의 결정에 관하여는 단순히 어느 일방에게 불리한 내용이라는 사유만으로는 불복이 허용되지 않고, (중략) 그 밖에 월권에 의한 것인 경우에 한하여 불복할 수 있다."라고 하였는바,54) 월권의 구체적인 의미에 관하여는 판단하지 않았다.

---

50) 이승욱g, 119면; 이정, 276면.
51) 김상호, 77면.
52) 김희수, 473면.
53) 김희수, 475~476면.
54) 대법원 2018. 9. 13. 선고 2015두39361 판결.

Ⅶ. 그 밖의 쟁점

1. 사업 또는 사업장을 초과하는 교섭단위 분리 가부

사업 또는 사업장을 초과하는 교섭단위로 교섭단위를 분리할 수 있는지 문제된다. 노조법 29조의3 2항에 따르면 사업 또는 사업장을 넘어 산업별 또는 업종별 공동교섭을 원한다고 하더라도 교섭단위를 원칙적으로 확장할 수 없게 되어 초기업별 공동교섭이나 통일교섭이 불가능하게 되는 문제가 발생할 수 있다.[55] 교섭단위 분리제도는 산업별·업종별로 교섭청구를 단일화하여 실질적으로 산업별 노사관계를 정착시키고, 한 산업 내의 근로조건의 균등화를 기하기 위한 방향으로 운용될 필요성이 있으므로,[56] 교섭단위의 분리를 사업 또는 사업장 단위로 한정하는 것을 삭제하여 교섭형태에 부합하는 단위로 교섭단위를 결정할 수 있도록 하는 제도적 보완이 필요하다.[57] 프랑스에서는 다수 사업체들의 합의로써 또는 법원의 판결로써 경제적 사회적 단일체가 승인될 수 있고, 이 경우 기업위원회(노사협의회에 해당)의 설치가 강제되는 제도가 마련되어 있다.[58]

2. 자율적인 교섭단위 분리 가부

노동위원회의 결정이 아닌 노사합의에 의하여 자율적으로 교섭단위를 분리하는 것이 가능한지 문제된다. 이에 대하여는 노조법상 교섭단위 분리결정은 노동위원회의 전속사항이므로 노사 당사자 간의 합의에 의한 임의적인 교섭단위 분리는 허용되지 않는다는 견해,[59] 모든 노사가 합의로 교섭단위를 분리하여 교섭을 진행하거나 다시 통합하는 것이 가능하다는 견해,[60] 일부 노동조합과 사용

---

[55] 김철희, 27면; 조상균a, 177면 참조. 이와 관련하여 유성재 교수는 "결과적으로 초기업별 노동조합에 대하여 사업장별 교섭을 강요한 것으로 실질적으로는 초기업별 노동조합의 존재를 부정하는 것과 다름없으며, 초기업별 단체교섭을 전제로 한 초기업별 노동조합의 설립취지를 훼손하는 것이다. 나아가 이는 노동3권의 유기적 관련성을 전제로 하고 있는 기존의 집단적 근로관계법 체계에 부합되지 않는다"며 노조법 29조의3 2항을 강하게 비판하고 있다(유성재, 21면).

[56] 권두섭, 76면; 이종수·박준우·김철희, 174면.

[57] 김태령, 115면은 노동위원회가 객관적인 필요성 판단기준에 의하여 사업 또는 사업장 단위를 초월하여서도 교섭단위를 설정할 수 있도록 노조법 개정을 통해 노동위원회가 그러한 권한을 가지는 점을 명시할 것을 제안하고 있다.

[58] 김상호, 89면.

[59] 고용노동부a, 34면; 김동욱, 187면; 이승욱h, 11면; 이정, 273면.

[60] 김철희, 27면.

자의 합의만으로도 교섭단위를 분리하거나 통합할 수 있다는 견해가 있을 수 있다.

노동법의 최대이념인 노사자율 원칙의 존중, 사업 또는 사업장 내에서 교섭단위를 분리하여 이루어지고 있는 종전 교섭 관행, 배타적 교섭대표제도를 두고 있는 미국의 경우 교섭단위에서 노사 간의 합의가 성립하면 그 합의된 단위를 교섭단위로 하는 제도가 운영되고 있는 점[61]을 고려할 때 교섭단위 분리가 노동위원회의 전속사항이라고 보기 어렵고 모든 노사가 합의하면 교섭단위를 분리 또는 통합하여 교섭을 진행하는 것은 가능하다고 보아야 한다.

[권 영 국 · 정 지 원(판사)]

---

61) 조상균b, 165면.

제29조의4(공정대표의무 등)

　① 교섭대표노동조합과 사용자는 교섭창구 단일화 절차에 참여한 노동조합 또
는 그 조합원 간에 합리적 이유 없이 차별을 하여서는 아니 된다.

　② 노동조합은 교섭대표노동조합과 사용자가 제1항을 위반하여 차별한 경우에
는 그 행위가 있은 날(단체협약의 내용의 일부 또는 전부가 제1항에 위반되는
경우에는 단체협약 체결일을 말한다)부터 3개월 이내에 대통령령으로 정하는
방법과 절차에 따라 노동위원회에 그 시정을 요청할 수 있다.

　③ 노동위원회는 제2항에 따른 신청에 대하여 합리적 이유 없이 차별하였다고
인정한 때에는 그 시정에 필요한 명령을 하여야 한다.

　④ 제3항에 따른 노동위원회의 명령 또는 결정에 대한 불복절차 등에 관하여는
제85조 및 제86조를 준용한다.

〈세 목 차〉

Ⅰ. 공정대표의무의 의의

　공정대표의무란 교섭대표노동조합이 교섭 참여 노동조합 또는 그 조합원
사이에 합리적 이유 없이 자의적으로 차별하지 않고 공정하게 대표하여야 할
의무를 말한다.[1]

　※ 이 조에 관한 각주의 참고문헌은 '교섭창구 단일화 전론(前論)'의 참고문헌을 가리킨다.
　1) 고용노동부a, 46면; 장우찬, 142면.

노조법 29조 2항에 따라 교섭대표노동조합의 대표자는 교섭을 요구한 모든 노동조합 또는 조합원을 위하여 사용자와 교섭하고 단체협약을 체결할 권한을 가진다. 즉 교섭대표노동조합은 복수의 교섭 참여 노동조합에 대하여 배타적 교섭당사자의 지위를 가진다.[2] 교섭창구 단일화 제도 하에서 교섭대표노동조합이 되지 못한 노동조합은 독자적으로 단체교섭권을 행사할 수 없으므로, 노조법은 교섭대표노동조합이 되지 못한 노동조합을 보호하기 위해 사용자와 교섭대표노동조합에게 교섭창구 단일화 절차에 참여한 노동조합 또는 그 조합원을 합리적 이유 없이 차별하지 못하도록 공정대표의무를 부과하는 것이다. 따라서 교섭창구 단일화 제도를 합헌으로 전제하면, 공정대표의무는 헌법이 보장하는 단체교섭권의 본질적 내용이 침해되지 않도록 하기 위한 제도적 장치로 기능하고, 교섭대표노동조합과 사용자가 체결한 단체협약의 효력이 교섭창구 단일화 절차에 참여한 다른 노동조합에게도 미치는 것을 정당화하는 근거가 된다.[3]

Ⅱ. 공정대표의무의 요건

1. 주   체

노조법 29조의4 1항에서 공정대표의무를 부담하는 주체를 교섭대표노동조합과 사용자로 정하고 있다. 하지만 교섭창구 단일화 절차에 의해 교섭대표노동조합에게 배타적인 교섭권이 부여되고, 이에 수반하여 인정된 것이 공정대표의무라면 공정대표의무의 본래적 주체는 교섭대표노동조합이라고 할 수 있다.[4] 이처럼 공정대표의무의 개념상 교섭대표노동조합이 부담 주체이지만, 사용자를 공정대표의무의 주체에 포함시킨 것에 관하여, 사안에 따라 사용자도 공정대표의무를 위반할 수 있기 때문에 노조법에서 사용자도 공정대표의무를 부담하도록 한 것이라거나,[5] 사용자는 중립의무를 부담하기 때문이라거나,[6] 사용자가

---

2) 임종률, 128; 장우찬, 150면.
3) 대법원 2018. 8. 30. 선고 2017다218642 판결. 같은 취지의 견해로는 이명규, 5~6면. 다만 교섭창구 단일화 제도를 위헌으로 보는 견해에 의하면, 공정대표의무만으로 교섭창구 단일화 제도를 통한 다른 노동조합의 노동3권 제한을 정당화하거나 교섭대표노동조합의 효력이 다른 노동조합에게 미치는 것을 정당화할 수는 없을 것이다.
4) 고용노동부a, 46면; 장우찬, 151면.
5) 고용노동부a, 46면.
6) 조상균e, 299~300면.

차별을 유발할 수 있는 자일뿐만 아니라 불합리한 차별을 시정할 수도 있는 자임을 고려한 입법적 결단이라고 설명하는 견해7)가 있다.

　　이와 관련하여 사용자의 공정대표의무와 부당노동행위의 관계에 관한 문제로서 노조법 29조의4에서 정한 공정대표의무를 위반한 사용자의 행위가 곧바로 부당노동행위가 되는지 여부에 대한 논란이 있다.

　　왜냐하면 공정대표의무의 주체는 교섭대표노동조합과 사용자인 반면, 부당노동행위의 주체는 사용자로 국한되고, 공정대표의무 위반에 대해서는 노동위원회의 시정명령을 위반한 경우에만 처벌하도록 한 반면, 부당노동행위 위반에 대해서는 그 자체를 처벌함과 동시에 노동위원회의 구제명령을 위반한 경우에도 처벌하는 것으로 규정하고 있기 때문이다.

　　노조법의 공정대표의무 규정과 관련하여 공정대표의무는 교섭대표노동조합의 의무이지 사용자의 의무가 아니며,8) 노동조합 간 차별을 하지 아니할 사용자의 의무는 공정대표의무에서 도출되는 것이 아니라는 비판이 있다.9) 나아가 이 비판에서는 사용자의 노동조합 간 차별은 정당한 노동조합활동에 대한 불이익취급 또는 지배·개입으로서 부당노동행위에 해당함에도 사용자의 노동조합 간 차별금지를 공정대표의무 조항에서 규정함으로 말미암아 사용자의 노동조합 간 차별이라는 부당노동행위에 대해 벌칙조항 적용에 애로가 초래될 우려가 있음을 지적하고 있다.10)

　　7) 임상민b, 739면.
　　8) "원래 공정대표의무는 미국의 배타적 교섭대표제도하에서 불가분의 의무로써 배타적교섭대표에게 부여된 것으로 선거시 자신을 지지해 주었는가의 여부, 근로자의 인종·종교 등을 묻지 않고, 단위 내의 모든 근로자의 이익을 위하여 성실하게 피용자를 대표해야 한다는 법리를 말한다. 따라서 공정대표의무는 교섭대표만의 의무로 설정되어 있다고 할 수 있다. 그런데, 개정법 29조의4에서는 「교섭대표노동조합과 사용자는 교섭창구 단일화 절차에 참여한 노동조합 또는 그 조합원 간에 합리적 이유 없이 차별을 하여서는 아니된다」고 규정하여 교섭대표뿐만 아니라 사용자도 공정대표의무의 준수자로 규정되어 있다. 또한 이 의무는 개념과 그 내용이 전혀 어울리지 않는다는 점은 별론으로 하더라도 '교섭창구 단일화 절차에 참여한 노동조합 또는 조합원간의 차별'만을 금지하고 있을 뿐이다"(조상균c, 9면).
　　9) 김선수b, 7면.
　　10) 김선수b, 7~8면; 같은 취지로 조상균c, 10면('문제는 개정법상 사용자의 '공정대표의무'를 '중립유지의무'로 이해할 경우 노조법 29조의4에만 특별히 인정하고 있으므로, 노조법 81조의 부당노동행위는 인정되지 않는 것이 아닌가라는 의문이 들 수 있다. 또한 설령 81조가 적용된다 하더라도 '교섭창구 단일화 절차에 참여한 노동조합 또는 조합원간의 차별'이 부당노동행위 규제규정에서 빠지고, 29조의4에 별도로 규정되어 있으므로 이 조합간 차별의 문제가 헌법위반에서 법률위반으로 격하되어 버리는 문제가 발생할 수 있다. 결국 이 문제는 공정대표의무의 준수의무자로서 사용자를 제외하고, 81조의 부당노동행위내용을 복수노조시대에 걸맞게 보다 구체적으로 다루는 방향으로 해결하는 것이 바람직할 것으로 보인다'는 취지로 기

그러나 사용자의 노동조합 간 차별은 노동조합 조직 내지 운영에 대한 지배·개입 또는 불이익취급행위로서 부당노동행위에 해당한다는 점에 별다른 이견이 없다.[11] 증명책임[12]의 문제를 고려하여 공정대표의무 위반 여부와 부당노동행위 성립 여부를 분리하여 판단하여야 한다는 견해[13]가 있으나 증명책임은 증거의 문제일 뿐 행위의 성격을 좌우하는 기준이 될 수는 없다. 따라서 사용자의 합리적 이유 없는 노동조합 간 차별은 공정대표의무 위반일 뿐만 아니라 노동조합 운영에 대한 지배·개입 또는 불이익취급행위로서 부당노동행위가 성립한다고 보는 것이 타당해 보인다. 특히 부당노동행위의사를 요하고 근로자 측에서 주장·증명책임을 부담하는 부당노동행위와 달리 공정대표의무는 주관적 요건(고의)을 필요로 하지 않고, 근로자 측에서 차별만 증명하면 사용자 측에서 합리적인 이유의 존재를 증명해야 한다는 점에서 부당노동행위와 공정대표의무의 병존을 인정할 실익이 있다.

한편 사용자단체도 공정대표의무를 부담하는가? 노조법이 사용자와 사용자단체를 엄격히 구분하고 있는 점, 법 29조의4 1항은 공정대표의무의 주체로 교섭대표노동조합과 사용자만을 상정하고 있는 점 등을 고려하면 사용자단체가 공정대표의무를 부담하지는 않는다고 볼 여지가 있다. 그러나 사용자단체도 단체교섭 및 단체협약체결권을 가지고 있으므로(법 29조 1항, 3항) 그 과정에서 공정대표의무를 부담하도록 하는 것이 공정대표의무의 취지에 부합하고, 사용자단체가 단체교섭 및 단체협약체결권을 행사하는 경우에 사용자만 공정대표의무를 부담한다면 실질적으로 교섭창구 단일화 절차에서 복수노조 간 불합리한 차별을 방지하기 어려운 점을 고려하면, 단체교섭 및 단체협약체결권을 행사하는 사용자단체도 공정대표의무를 부담한다 할 것이다. 대법원 2019. 4. 23. 선고 2016두42654 판결은 사용자단체와 사용자 모두를 공정대표의무 위반에 따른 시정명령의 상대방으로 인정하는데, 이는 사용자단체도 공정대표의무를 부담할 수 있음을 전제로 한 것으로 이해된다.[14]

　재하고 있다).

11) 菅野, 1031면; 西谷, 583~584면.
12) 대법원은 부당노동행위 의사를 부당노동행위의 성립요건으로 보아 이에 대한 증명책임은 신청인인 근로자 또는 노동조합이 부담한다고 판시한다(대법원 2007. 11. 15. 선고 2005두4120 판결, 대법원 2009. 3. 26. 선고 2007두25696 판결 등 참조).
13) 유성재, 23면.
14) 사용자단체가 교섭대표노동조합과 단체협약을 체결하면서 단체협약에 사용자의 노동조합

2. 상 대 방

공정대표의무의 상대방은 교섭창구 단일화 절차에 참여한 노동조합 및 그 조합원이다. 교섭창구 단일화 절차에 참여하지 않은 노동조합 및 그 조합원, 어느 노동조합에도 가입하지 아니한 미조직 근로자 등에 대하여는 공정대표의무를 부담하지 아니한다. 미국의 경우에는 교섭창구 단일화 절차에 참여하였는지 여부를 불문하고, 교섭대표노동조합은 교섭단위 내의 모든 근로자에 대하여 공정대표의무를 부담한다. 우리나라의 공정대표의무제도가 미국의 공정대표의무제도와 다른 점이다.

3. 적용 범위(대상)

노조법 29조의4 2항은 "노동조합은 교섭대표노동조합과 사용자가 1항을 위반하여 차별한 경우에는 그 행위가 있은 날(단체협약의 내용의 일부 또는 전부가 1항에 위반되는 경우에는 단체협약 체결일을 말한다)부터 3개월 이내에 대통령령으로 정하는 방법과 절차에 따라 노동위원회에 그 시정을 요청할 수 있다."라고 규정한다. 위 법률 규정 중 괄호 안 기재 부분은 단체협약의 내용이 공정대표의무의 대상임을 명시하고 있으므로, 조문 해석상 단체협약의 내용이 공정대표의무의 적용 범위에 속함이 명백하다. 그러나 공정대표의무의 범위가 단체협약의 내용에 한정된다고 단정할 수는 없다.

상당수 학설은 단체교섭 과정 등 단체협약의 체결 과정, 단체협약의 내용, 단체협약의 이행과정 등 노사관계 전반에 걸쳐서 공정대표의무가 미친다고 보

에 대한 금품지급의무를 대신 이행하도록 정하고 사용자로부터 그 지급사무의 처리를 위임받은 경우, 사용자단체는 그 위임의 본지에 따라 선량한 관리자의 주의로써 위임사무를 처리하여야 하고, 위임인인 사용자의 지시가 있으면 우선적으로 그에 따라야 한다(대법원 2005. 1. 14. 선고 2003다63968 판결, 대법원 2018. 9. 13. 선고 2015다48412 판결 등 참조). 위와 같은 경우 사용자가 수임인인 사용자단체를 통하여 합리적 이유 없이 교섭대표노동조합에만 단체협약에 정해진 금품을 지급하는 등 공정대표의무를 위반한 때에는 교섭대표노동조합이 되지 못한 노동조합은 노동위원회에 시정을 요청할 수 있다. (중략) 이 사건 단체협약 41조에 따른 지원금의 명시적 지급주체인 사업조합(필자 주: 사용자단체)이 시정명령의 상대방이 될 수 있음은 물론이고, 원고들(필자 주: 사용자들) 역시 이 사건 단체협약 41조에 규정된 지원금의 지급의무를 부담하는 사용자와 그 지원금의 지급사무를 사업조합에 위임한 위임자의 지위에서 사업조합에 대하여 지시권을 행사하여 이 사건 지원금이 공공운수노동조합에도 지급·분배될 수 있도록 시정할 수 있는 지위에 있다고 볼 여지가 있다. 사정이 그러하다면 이 사건 시정명령이 이 사건 지원금의 차별적 지급 실태를 시정할 수 없는 원고들(필자 주: 사용자들)에 대한 것이어서 위법하다고 보기 어렵다(대법원 2019. 4. 23. 선고 2016두42654 판결).

고 있다.15) 고용노동부도 단체협약뿐만 아니라 고충처리, 단체협약의 적용 등 모든 노동조합활동에 대하여 공정대표의무가 인정된다고 보고 있다.16)

이에 반하여 대법원은 ① 단체교섭 과정(단체협약의 체결 과정 포함), ② 단체협약의 내용, ③ 단체협약의 이행과정에 한정하여 공정대표의무가 미친다고 판시하였다.17) 다음과 같은 이유로 대법원의 판단이 타당하다 할 것이다.

먼저 노조법 29조 2항은 교섭대표노동조합의 대표권 범위가 단체교섭권과 단체협약체결권임을 전제로 규정하고 있다. 이에 따라 판례는 교섭대표노동조합의 대표권이 노사관계 전반에 미치는 것이 아니라 단체교섭 및 단체협약 체결과 체결된 단체협약의 구체적인 이행 과정에만 미친다고 판시하고 있다.18) 한편 공정대표의무의 범위와 교섭대표노동조합의 대표권 범위를 일치시킬 필요가 있다. 교섭대표노동조합의 대표권이 미치지 아니하는 범위임에도 불구하고 공정대표의무만 부담시킨다면 목적의 정당성이 없을 뿐만 아니라 지나치게 교섭대표노동조합에게 의무만을 강요하는 것이 되어 불합리하다. 그렇다고 공정대표의무의 범위를 교섭대표노동조합의 대표권 범위보다 축소하면 교섭대표노동조합의 전횡을 방지하기 어려워지므로, 교섭대표노동조합에 의한 교섭창구 단일화로부터 복수노동조합체제 및 소수 노동조합과 그 조합원의 노동3권을 보호함으로써 교섭창구 단일화의 합헌성을 보완하고자 하는 공정대표의무의 취지가 몰각될 우려가 있다.

Ⅲ. 공정대표의무의 내용

1. 차별금지의무

가. 차별금지

노조법은 공정대표의무를 차별금지의무로 규정하고 있다. 일정 관계 사이의 차별금지라는 구도는 기간제 및 단시간근로자와 통상근로자의 차별금지, 파

---

15) 문무기, 161면; 박종희b, 130면; 박지순, 15~16면; 송강직b, 263면; 이승욱f, 48면; 조상균c, 300~301면 등.

16) 고용노동부b, 24면.

17) 대법원 2018. 8. 30. 선고 2017다218642 판결("공정대표의무의 취지와 기능 등에 비추어 보면, 공정대표의무는 단체교섭의 과정이나 그 결과물인 단체협약의 내용뿐만 아니라 단체협약의 이행과정에서도 준수되어야 한다고 봄이 타당하다"). 같은 취지의 판결로는 대법원 2018. 9. 13. 선고 2017두40655 판결, 대법원 2018. 12. 27. 선고 2016두41248 판결, 대법원 2018. 12. 27. 선고 2016두41224 판결, 대법원 2019. 10. 31. 선고 2017두37772 판결 등이 있다.

18) 대법원 2019. 10. 29. 선고 2017두37772 판결.

견근로자와 사용사업자 근로자의 차별금지 등과 유사하다.[19] 공정대표의무의
기원을 이루는 미국 연방대법원의 공정대표의무 법리에서는 교섭대표노동조합
의 공정대표의무 위반 유형을 ① 자의성(arbitrary), ② 차별성(discriminatory), ③
불성실성(in bad faith) 등 3가지로 파악하고 있다.[20] 그러나 우리나라 노조법은
공정대표의무의 내용으로 위 3가지 유형 중 '차별성'만 명시하고 있는 것이다.

　　우리나라의 경우에도 차별금지와 다른 유형의 공정대표의무에 관한 논의가
여전히 필요하다는 견해가 있다. 위 견해는 노동기본권 보장에 관한 현실을 고
려할 때, 교섭창구 단일화 및 공정대표의무 제도가 소수 노동조합 및 그 조합원
의 노동3권을 침해한다는 위헌론의 비판을 감수하고 도입한 것이라는 점에서
공정대표의무 위반의 범위를 확대함이 타당하다는 입장이다.[21] 차별의 의미를
불성실한 교섭 등으로 인한 불이익으로 이해하는 한 불성실 교섭도 차별에 포
함된다는 주장도 있는데,[22] 위 견해와 같은 취지로 보인다. 이러한 견해에도 일
리가 있으나 법 해석론의 범위를 넘어선 입법론이라고 볼 여지가 크다 할 것이
다. 다만 미국 공정대표의무 제도의 요체가 민주적 정당성이 확보됨을 전제로
소수자에 대한 부당한 취급을 방지함에 주안점이 있는 한편, 우리나라의 경우
교섭대표노동조합의 민주적 정당성이 확보된다고 단정할 수는 없어, 민주적 정
당성의 결함을 고려하여 절차적 공정대표의무를 넓게 인정하는 해석이 필요할
것이다.

　　조합원 사이의 차별은 임금, 수당, 근로시간, 휴일·휴가 등 근로조건, 기타
근로자의 대우에 관한 사항과 같은 규범적 효력을 갖는 부분에서, 노동조합 사
이의 차별은 노동조합 사무실, 조합비 공제 등과 같은 채무적 효력을 갖는 부분
에서 주로 문제된다.

　　근로조건 기타 근로자의 대우에 관한 사항 즉 규범적 효력을 갖는 부분은
대체로 모든 조합원들에게 공통되는 내용으로 정할 것이므로, 공정대표의무 위
반이 문제될 여지가 채무적 효력을 갖는 부분과 비교할 때 상대적으로 적다고
볼 수 있다. 즉 교섭대표노동조합 조합원에게만 유리한 내용으로 임금 또는 근
로시간을 정하는 경우가 흔하지는 않을 것이다. 그러나 규범적 효력을 갖는 부

---

19) 송강직b, 263면.
20) 송강직b, 247면.
21) 송강직b, 281면.
22) 유성재·김희선, 66~67면.

분에 대하여도, 교섭대표노동조합은 그 조합원들에게만 적용되는 부분만 단체교섭을 통해 단체협약의 내용으로 삼으면서 다른 노동조합의 조합원들에게만 적용되는 부분은 단체교섭을 통해 단체협약의 내용으로 삼지 않을 개연성이 높다. 이러한 경우에도 단체협약의 내용 자체를 공정대표의무 즉 차별금지의무 위반으로 볼 수는 없을 것이다. 후술하겠지만 이는 교섭창구 단일화 절차가 가지는 본질적 한계에 해당하는 것인데, 이를 최대한 완화하려면 절차적 공정대표의무를 폭넓게 인정함으로써 어느 정도 한계를 극복할 수밖에 없다.

　채무적 효력을 갖는 부분의 경우는 이와 다르다. 노동조합 사무실 제공이나 노동조합 전임자 지명, 근로시간 면제, 조합비 공제 등과 같이 노동조합활동에 필수적인 여건 조성에 있어 조합원 수가 적은 소수 노동조합의 이해가 제대로 반영되지 않을 우려가 크다.

　교섭대표노동조합이 당해 사업장에 종사하는 근로자의 3분의 2 이상을 대표하는 지위를 갖는 경우에 사용자와의 관계에서 유니온 숍 협정을 체결하는 것이 차별금지에 해당하는지와 관련하여 문제될 수 있는데, 부정설이 유력하다.[23]

나. 적극적 차별금지의무의 인정 여부

　공정대표의무의 내용으로 소극적으로 차별하지 않을 의무를 넘어 차별방지를 위해 적극적으로 노력할 의무도 포함되는가? 이를 긍정하는 것이 판례의 입장이고, 판례는 나아가 교섭대표노동조합과 사용자 모두에게 적극적 차별금지의무를 인정한다.[24]

　이 문제는 공정대표의무의 부담 주체인 교섭대표노동조합과 사용자의 경우를 나누어 살펴볼 필요가 있을 것이다. 교섭대표노동조합이 차별을 제거할 적극적인 의무를 부담한다는 데에 의문을 제기하는 견해는 보이지 않는다. 하급심 중에도 교섭대표노동조합은 불합리한 차별을 제거하기 위해 노력해야 하는 적극적 의무까지 있다고 판단한 사례가 있다.[25]

23) 송강직b, 271~272면.
24) 서울고법 2017. 3. 30. 선고 2016누70088 판결(상고미제기로 확정), 서울고법 2017. 5. 12. 선고 2016누68191 판결(상고미제기로 확정), 서울고법 2018. 6. 20. 선고 2017누86233 판결(상고취하로 확정), 대법원 2020. 1. 9.자 2019두52713 심리불속행기각 판결(원심은 서울고법 2019. 8. 30. 선고 2019누36829 판결).
25) 공정대표의무의 기능에 비추어 볼 때 공정대표의무는 단체교섭 과정이나 그 결과물인 단체협약의 내용뿐만 아니라 교섭을 전후하여 노동조합 간 그리고 조합원 간의 이해를 조정하는 전과정에서 준수되어야 하고, 나아가 위와 같은 공정대표의무의 취지에 비추어 교섭대

　　나아가 사용자의 경우에도 차별을 제거할 적극적인 의무를 부담한다고 볼 것인지에 관하여는 좀 더 세밀한 검토가 필요하다. 예를 들어 사용자가 교섭대표노동조합과 사이에 교섭창구 단일화 절차에 참여한 모든 노동조합을 위해 기금을 출연하거나, 노동조합 사무실을 모든 노동조합에게 제공하기로 합의하였는데 교섭대표노동조합이 임의로 이를 독점하거나 소수 노동조합에게 불공평하게 분배한 경우, 교섭대표노동조합의 공정대표의무 위반이 인정됨에 의문이 없으나, 이러한 차별 상태를 적극적으로 시정하지 않은 사용자에게도 공정대표의무 위반이 인정되는지에 관하여는 견해가 나뉠 수 있을 것이다. 하급심 중에는 사용자의 이러한 적극적인 의무를 인정한 사례가 있다.[26] 학설 중에는, 위와 같은 실무례에 찬성하는 견해가 있는 반면,[27] 공정대표의무의 본래 주체는 교섭대표노동조합인데, 사용자가 의무 주체로 포함된 것은 중립의무를 부담하기 때문이라는 견해가 있다.[28] 즉 사용자는 교섭대표노동조합에 대하여 교섭대표권을 가지고 있다는 이유만으로 그 노조에게 유리하게 행동하여서는 안 되고, 각 노조에 대하여 중립적인 태도를 유지하고 그 단결권을 평등하게 승인, 존중할 의무를 부담하며 조합 소속을 이유로 차별하여서는 안 된다고 한다. 이 견해에서 말하는 중립유지의무의 의미나 범위가 명백하지는 않지만, 교섭대표노동조합과 비교할 때, 사용자로서는 소극적으로 중립을 지키는 것만으로 의무를 다하는 것이지 적극적으로 차별을 시정할 의무가 없다는 취지로 이해될 수도 있다.

　　다음과 같은 이유로, 사용자도 교섭대표노동조합과 마찬가지로 적극적 차별방지 및 차별시정의무를 부담한다고 할 것이므로, 실무례의 입장이 타당하다 할 것이다. ① 노조법은 명시적으로, 교섭대표노동조합과 사용자 모두에게 공정대표의무를 부담시키고 있다. ② 교섭대표노동조합이 모든 노동조합을 대표함에도 불구하고 사용자를 공정대표의무 부담 주체로 입법한 것은, 사용자가 차별을

　　노동조합의 공정대표의무는 교섭대표행위를 함에 있어 불합리한 차별을 하여서는 안 된다는 소극적 의미에 그치는 것이 아니라 경우에 따라서는 소수 노동조합이 받는 불합리한 차별을 제거하기 위해 노력해야 하는 적극적 의무까지 포함하는 것으로 볼 수 있다는 제1심의 판단은 정당하다(서울고법 2017. 3. 30. 선고 2016누70088 판결, 상고미제기로 확정). 이 판결에 대한 긍정적 취지의 평석으로는, 강성태, 186~189면이 있다.

26) 서울고법 2017. 5. 12. 선고 2016누68191 판결(상고미제기 확정, 노조사무실 제공이나 게시판 사용 등과 관련하여 노동조합 간 차별 시정 요구를 받고도 사용자가 아무런 노력을 기울이지 아니한 사안), 서울고법 2018. 6. 20. 선고 2017누86233 판결(상고취하 확정, 노동절 상품권 지급이나 자녀학자금 지원 등과 관련하여 사용자의 공정대표의무 위반을 인정한 사안) 등.

27) 김진석, 233~269면; 임상민b, 738~740면.

28) 김동욱, 193면; 조상균e, 299~300면.

유발할 수 있는 자일뿐만 아니라 불합리한 차별을 시정할 수 있는 자임을 고려한 것으로 볼 수 있으므로, 이러한 입법적인 결단 취지를 충분히 반영하여야 한다. ③ 공정대표의무는 본질적으로 교섭창구 단일화의 합헌성을 보완하는 제도적 장치이므로 그 적용범위를 적극적으로 인정할 필요가 있다.

다만, 사용자의 적극적인 차별 제거 의무가 일률적으로 인정된다거나 부정된다고 단정하기는 어렵고, 교섭대표노동조합의 공정대표의무 위반 여부와 통일적으로 적용되어야 하는 것도 아니다. 즉 구체적인 사안에 따라 인정되는 경우도 있고 부정되는 경우도 있을 것이다.

2. 주장·증명책임

공정대표의무 위반에 대한 주장·증명책임 소재에 관하여, ① 권리발생사실이므로 공정대표의무 위반을 주장하는 소수 노동조합 등이 공정대표의무 위반을 주장·증명하여야 한다는 견해와 ② 차별금지에 대한 다른 법령들29)과의

---

29) 다른 법령으로는 다음과 같은 법률이 있다.
기간제 및 단시간근로자 보호 등에 관한 법률
8조(차별적 처우의 금지)
① 사용자는 기간제근로자임을 이유로 당해 사업 또는 사업장에서 동종 또는 유사한 업무에 종사하는 기간의 정함이 없는 근로계약을 체결한 근로자에 비하여 차별적 처우를 하여서는 아니 된다.
② 사용자는 단시간근로자임을 이유로 당해 사업 또는 사업장의 동종 또는 유사한 업무에 종사하는 통상근로자에 비하여 차별적 처우를 하여서는 아니 된다.
9조(차별적 처우의 시정신청)
④ 8조 및 1항 내지 3항과 관련한 분쟁에 있어서 입증책임은 사용자가 부담한다.
파견근로자보호 등에 관한 법률
21조(차별적 처우의 금지 및 시정 등)
① 파견사업주와 사용사업주는 파견근로자임을 이유로 사용사업주의 사업 내의 동종 또는 유사한 업무를 수행하는 근로자에 비하여 파견근로자에게 차별적 처우를 하여서는 아니 된다.
② 파견근로자는 차별적 처우를 받은 경우 노동위원회에 그 시정을 신청할 수 있다.
③ 2항의 규정에 따른 시정신청 그 밖의 시정절차 등에 관하여는 「기간제 및 단시간근로자 보호 등에 관한 법률」 9조 내지 15조 및 16조(동조 1호 및 4호를 제외한다)의 규정을 준용한다. 이 경우 "기간제근로자 또는 단시간근로자"는 "파견근로자"로, "사용자"는 "파견사업주 또는 사용사업주"로 본다.
남녀고용평등과 일·가정 양립 지원에 관한 법률
30조(입증책임)
이 법과 관련한 분쟁해결에서 입증책임은 사업주가 부담한다.
장애인차별금지 및 권리구제 등에 관한 법률
47조(입증책임의 배분)
① 이 법률과 관련한 분쟁해결에 있어서 차별행위가 있었다는 사실은 차별행위를 당하였다고 주장하는 자가 입증하여야 한다.

형평성, 증거의 편재, 노조법 29조의4 1항의 문언 해석30) 등을 근거로, 공정대
표의무 위반을 주장하는 소수 노동조합 등이 차별에 대한 주장·증명책임을 부
담하는 한편, 사용자 또는 교섭대표노동조합이 합리적인 이유의 존재에 대한 주
장·증명책임을 부담한다는 견해를 상정할 수 있다.

실무례와 학설31)은 대체로 위 ② 견해를 취하고 있다. 대법원 2018. 9. 13.
선고 2017두40655 판결이 위 ② 견해를 취함으로써 실무상으로는 논란이 정리
되었다.

3. 실체적 의무와 절차적 의무

학설은 일반적으로 공정대표의무를 실체적 공정대표의무와 절차적 공정대
표의무로 구별하고,32) 판례도 이를 수용한다.33)

가. 실체적 공정대표의무

실체적 공정대표의무는 단체교섭의 결과 발생하는 단체협약의 내용에 대한
것과 단체협약의 이행 과정에 대한 것이라고 할 수 있다.

구체적으로는 노동조합 사무실 제공(대법원 2018. 8. 30. 선고 2017다218642 판
결, 대법원 2018. 9. 13. 선고 2017두40655 판결 등), 근로시간면제 인정 내지 배분(대
법원 2018. 12. 27. 선고 2016두41224 판결, 대법원 2018. 8. 30. 선고 2017다218642 판
결 등), 노동조합 창립기념일의 취급(대법원 2019. 10. 31. 선고 2017두37772 판결, 대
법원 2019. 1. 31. 선고 2018두62577, 2018두62484 판결 등), 복지기금의 지급(대법원
2018. 12. 27. 선고 2016두41248 판결, 대법원 2019. 4. 23. 선고 2016두42654 판결 등)
등에서 실체적 공정대표의무 위반이 인정되었다. 실체적 공정대표의무 위반을
부정한 사안으로는 노동조합 사무실 제공(대법원 2019. 10. 31. 선고 2019두48561

---

② 1항에 따른 차별행위가 장애를 이유로 한 차별이 아니라거나 정당한 사유가 있었다는
점은 차별행위를 당하였다고 주장하는 자의 상대방이 입증하여야 한다.
30) 노조법 29조의4 1항은 "교섭대표노동조합과 사용자는 ~ 차별을 하여서는 아니된다."라고
규정함으로써 기간제법이나 파견법과 의무의 주체나 금지행위의 기재 방식이 동일하다.
31) 박지순, 140면; 이승욱f, 140면; 조상균e, 305면. 반대견해로는 정종철, 50~51면.
32) 박종희b, 134면; 송강직b, 2011, 66~67면; 조상균c, 299면.
33) 교섭대표노동조합으로서는 단체협약 체결에 이르기까지의 단체교섭 과정에서도 소수 노동
조합을 절차 면에서 합리적인 이유 없이 차별하지 않아야 할 공정대표의무를 부담한다(대법
원 2020. 10. 29. 선고 2017다263192 판결), 서울고법 2017. 1. 18. 선고 2016누52882 판결(대
법원 2017두37772 판결로 상고기각 확정), 대구지법 2018. 11. 15. 선고 2018나303347 판결
(인용판결, 상고미제기 확정) 등.

판결), 게시판 제공(대법원 2019. 1. 31. 선고 2018두61222 판결 등) 등이 있다.

노동조합 사무실 제공과 관련하여, 대법원은 특별한 사정이 없는 한 교섭창구 단일화 절차에 참여한 다른 노동조합에게도 반드시 일률적이거나 비례적이지는 않더라도 상시적으로 사용할 수 있는 일정한 공간을 제공하여야 한다고 판시하였다.[34] 한편 대법원 2019두48561 판결에서는 이례적으로 위 '특별한 사정'을 인정하여 공정대표의무 위반을 부정한 원심을 수긍하였다.[35]

노동조합 사무실 제공과 더불어 공정대표의무 위반이 가장 많이 문제되는 유형이 근로시간면제에 대한 것인데, 노동조합 사무실보다 더 폭넓게 공정대표의무 위반을 인정해 온 것이 실무례이다. 근로시간면제에 관한 기존의 하급심 판결들을 살펴보면, 소수 노동조합을 근로시간면제에서 완전히 배제한 유형[36]과 소수노조에게도 근로시간면제를 허용하였으나 그 비율이 소수노조 조합원 수의 비율에 미치지 못하는 유형, 즉 시간배분이 문제된 유형[37]으로 나뉜다.

창립기념일 관련하여, 노동조합 창립기념일의 유급휴일화가 노조활동에 필수적인 요소라고 보기는 어려운 점, 모든 노동조합의 창립기념일을 유급휴일로 한다면 사안에 따라 사용자에게 지나치게 불이익이 클 수 있는 점, 어느 노동조합이라도 공정한 경쟁으로 교섭대표노동조합이 됨으로써 자신의 창립기념일을 유급휴일로 할 수 있는 기회가 있는 점 등을 고려하면, 교섭대표노동조합의 창립기념일만을 유급휴일로 인정한 단체협약 내용이 반드시 공정대표의무 위반이

---

34) 노동조합의 존립과 발전에 필요한 일상적인 업무가 이루어지는 공간으로서 노동조합 사무실이 가지는 중요성을 고려하면, 사용자가 단체협약 등에 따라 교섭대표노동조합에게 상시적으로 사용할 수 있는 노동조합 사무실을 제공한 이상, 특별한 사정이 없는 한 교섭창구 단일화 절차에 참여한 다른 노동조합에게도 반드시 일률적이거나 비례적이지는 않더라도 상시적으로 사용할 수 있는 일정한 공간을 노동조합 사무실로 제공하여야 한다고 봄이 타당하다. 이와 달리 교섭대표노동조합에게는 노동조합 사무실을 제공하면서 교섭창구 단일화 절차에 참여한 다른 노동조합에게는 물리적 한계나 비용 부담 등을 이유로 노동조합 사무실을 전혀 제공하지 않거나 일시적으로 회사 시설을 사용할 수 있는 기회를 부여하였다고 하여 차별에 합리적인 이유가 있다고 볼 수 없다(대법원 2018. 8. 30. 선고 2017다218642 판결). 이 판결에 대한 구체적인 평석으로는, 임상민c, 80~87면 참조.
35) 교섭대표노동조합에게만 노동조합 사무실을 제공하기로 복수의 노동조합 사이에 합의가 있었고, 이러한 합의에 따라 교섭대표노동조합에게만 노동조합 사무실을 제공하는 관행이 오랫동안 유지되고 있었으며, 사용자의 사업장이 복수의 노동조합 사무실을 제공하기에는 대단히 협소한 사안이었다.
36) 대법원 판시가 있었던 사안들은 이에 속한다.
37) 서울행법 2016. 9. 8. 선고 2015구합80369 판결(서울고법 2017. 2. 8. 선고 2016누64588 판결로 항소기각 후 상고미제기 확정), 서울행법 2016. 9. 29. 선고 2015구합8459 판결(서울고법 2017. 3. 30. 선고 2016누70888 판결로 항소기각 후 상고미제기 확정) 등.

라고 단정하기 어렵지만, 대법원 2017두37772 판결은, 복수노조 도입 이래 문제
된 사업장에서 상당기간 동안 복수노조의 창립기념일 모두를 유급휴일로 운영
해 왔지만 경영상 별다른 문제점이 없음에도 불구하고 노노 갈등의 격화된 상
태에서 단체협약을 통해 교섭대표노동조합의 창립기념일만을 유급휴일로 변경
하였던 특수한 사정을 고려하여 공정대표의무 위반을 인정한 것으로 보인다.38)

　　게시판과 관련하여 대법원 2017두37772 판결은, 다른 노동조합에게는 가로
68cm, 세로 107cm 크기의 종이게시판만 제공한 반면에, 교섭대표노동조합에게
는 위 게시판의 4배 크기에 해당하는 종이게시판을 제공함과 함께 전자게시판
도 제공한 사안에서, 다른 노동조합에게 제공된 종이게시판도 기본적인 노조활
동을 하는데 부족하다고 보이지는 않는 점, 교섭대표노동조합 조합원 수가 다른
노동조합 조합원 수의 약 13배에 이르는 점 등 해당 사안의 특수한 사정을 고
려하여 공정대표의무 위반을 부정한 것으로 보인다.39)

나. 절차적 공정대표의무

　　절차적 공정대표의무는 단체교섭 및 단체협약의 체결 과정에서 주로 문제
된다. 그러나 단체협약의 이행 과정에서도 실체적인 차별이 없더라도 일정한 절
차적인 보장에서 차별이 있을 수 있으므로 절차적 공정대표의무 위반이 문제될
수 있다.

　　학설은 대체로 절차적 공정대표의무를 의견수렴, 교섭의제채택, 단체협약인
준 등 3단계로 나누어 검토한다.40) 의견수렴과 관련하여, 교섭대표노동조합과
사용자가 교섭을 구체적으로 진행하기 전에 교섭창구 단일화에 참여한 각 노동
조합으로부터 의견을 수렴함으로써 교섭요구사항을 집약하는 절차를 거쳐야 한
다. 이 과정에서 각 노동조합에 대한 통지, 설명, 정보제공의무도 부담한다 할
것이다. 그러나 의견을 충분히 수렴함으로써 족하지, 교섭의제채택과 관련해서
는 집행기관이자 교섭담당자인 교섭대표노동조합의 대표자에게 집행권한의 일
부로서 광범위한 재량권이 부여되어 있기 때문에 이에 연동하여 교섭대표노동
조합이 실질적으로 교섭의제채택권을 행사할 수 있으므로, 교섭의제채택에까지
절차적 공정대표의무가 미치지는 않는다는 견해가 일반적이다.41)

---

38) 임상민c, 102~107면.
39) 임상민c, 112~119면.
40) 이승욱f, 111~114면; 조상균e, 299면.
41) 조상균e, 299면.

　　대법원은 절차적 공정대표의무의 내용으로 기본적이고 중요한 사항에 관한 정보 제공 및 의견수렴을 들면서,[42] ① 교섭창구 단일화 제도의 취지나 목적, 노조법 29조 2항의 규정 내용과 취지 등을 고려하면, 교섭대표노동조합의 대표자는 교섭창구 단일화 절차에 참여한 노동조합 및 조합원 전체를 대표하여 독자적인 단체협약체결권을 가지므로, 단체협약 체결 여부에 대하여 원칙적으로 소수 노동조합이나 그 조합원의 의사에 기속된다고 볼 수 없는 점, ② 교섭대표노동조합의 규약에서 잠정합의안에 대하여 조합원의 찬반투표를 거치도록 규정하고 있더라도, 이는 해당 교섭대표노동조합 소속 조합원들의 의사결정을 위하여 마련된 내부적인 절차일 뿐이지, 법률상 요구되는 절차는 아닌 점, ③ 잠정합의안에 대한 찬반투표와 관련해서는 이러한 찬반투표를 거칠 것인지 여부는 물론이고, 교섭창구 단일화 절차에 참여한 노동조합별로 찬반투표 실시 여부, 실시기관, 실시방법 및 정족수 등에 관하여 각기 다른 규약상 규정을 두고 있는 경우 이를 어떻게 조율할 것인지 등에 관하여 노조법 및 같은 법 시행령에서 아무런 규정을 두고 있지 않는 점 등을 근거로 하여, 단체협약 잠정합의안(노사 간 합의는 이루어졌으나 노동조합 내부의 인준투표를 거치지 않아 정식의 단체협약이 체결되지는 아니한 상태)에 대한 찬반투표에 참여할 기회를 부여하는 것은 절차적 공정대표의무에 속하지 않는다고 판시하였다.[43]

　　이에 반하여, 학설 중에는 단체협약 잠정합의안에 대한 인준투표(찬반투표)를 절차적 공정대표의무의 핵심으로 보는 견해가 대부분이다.[44] 다음과 같은 이

42) 교섭대표노동조합이 단체교섭 과정에서 소수 노동조합을 동등하게 취급하고 공정대표의무를 절차적으로 적정하게 이행하기 위해서는 기본적으로 단체교섭 및 단체협약 체결에 관한 정보를 소수 노동조합에 적절히 제공하고 그 의견을 수렴하여야 한다. 다만 단체교섭 과정의 동적인 성격 및 실제 현실 속에서 구현되는 모습, 노동조합법에 따라 인정되는 대표권에 기초하여 교섭대표노동조합 대표자가 단체교섭 과정에서 어느 정도의 재량권 등을 가지는 점 등을 고려하면, 교섭대표노동조합의 소수 노동조합에 대한 이러한 정보제공 및 의견수렴의무는 일정한 한계가 있을 수밖에 없다. 그러므로 교섭대표노동조합이 단체교섭 과정의 모든 단계에 있어서 소수 노동조합에 일체의 정보를 제공하거나 그 의견을 수렴하는 절차를 완벽하게 거치지 아니하였다고 하여 곧바로 공정대표의무를 위반하였다고 단정할 것은 아니고, 이때 절차적 공정대표의무를 위반한 것으로 보기 위해서는 단체교섭의 전 과정을 전체적·종합적으로 고찰하여 기본적이고 중요한 사항에 관한 정보제공 및 의견수렴 절차를 누락하거나 충분히 거치지 아니한 경우 등과 같이 교섭대표노동조합이 가지는 재량권을 일탈·남용함으로써 소수 노동조합을 합리적 이유 없이 차별하였다고 평가할 수 있는 정도에 이르러야 한다(대법원 2020. 10. 29. 선고 2017다263192 판결).
43) 대법원 2020. 10. 29. 선고 2017다263192 판결, 대법원 2020. 10. 29. 선고 2019다262582 판결. 위 판결에 긍정적인 평석으로는 김영진, 914~915면 참조.
44) 남궁 준, 319~323면; 박종희b, 134면; 송강직c, 263면; 이승욱f, 111~114면; 임상민b, 735~

유로 단체협약 잠정합의안 찬반투표에 대하여 절차적 공정대표의무 위반을 부정한 대법원 판결은 타당하다고 볼 수 없고, 절차적 공정대표의무 위반을 인정한 학설의 태도가 타당하다.

① 단체협약은 개개 노조원의 근로조건 기타 근로자의 대우에 관한 기준을 직접 결정하는 규범적 효력을 가지는 것이므로 단체협약의 실질적인 귀속주체는 근로자이고, 단체협약은 조합원들이 관여하여 형성한 노동조합의 의사에 기초하여 체결되어야 하는 것이 단체교섭의 기본적 요청이다.[45] 따라서 노동조합 대표자가 사용자의 잠정합의안에 대하여 규약 등으로 인준투표를 거치도록 하는 것은 근로자의 단결권 또는 노동조합의 의사 형성 과정에 참여할 수 있는 권리를 보장하기 위한 핵심적인 절차이자 조합민주주의를 실현하는 가장 중요한 수단이기도 하다. 인준투표의 이와 같은 중요성을 고려하면 교섭창구 단일화 절차를 거친다고 하여 소수 노동조합 및 그 조합원의 인준투표 참여권을 배제하는 것은 이를 정당화할 아주 특별한 사정이 없는 한 허용해서는 안 된다. 학설이 잠정합의안에 대한 인준투표를 절차적 공정대표의무의 핵심으로 보는 것은 단결권 내지 노동조합 의사 형성 과정 참여권이라는 기본권 보장을 고려한 까닭이라고 이해된다.

② 교섭대표노동조합의 대표자가 독자적인 단체협약체결권을 가지므로 단체협약 체결 여부에 대하여 소수 노동조합이나 그 조합원의 의사에 기속되지 않는다는 논거는 설득력이 없다. 공정대표의무는 교섭대표노동조합의 대표자가 소수 노동조합이나 그 조합원의 의사에 기속되기 때문에 인정되는 것이 아니라 불합리한 차별을 방지함으로써 소수 노동조합과 그 조합원을 보호하는 데에 있기 때문이다. 대법원 판결의 논거대로 하면 그 어떠한 실체적 공정대표의무 위반도 인정되어서는 아니 된다. 교섭대표노동조합의 대표자는 실체적 공정대표의무가 문제되는 어떠한 사안에서도 소수 노동조합이나 그 조합원의 의사에 기속되지 않기 때문이다(대법원의 위 논거는 그 자체로 비논리적이다).

③ 잠정합의안에 대한 인준투표(찬반투표)가 법률상 요구되는 것이 아니라 내부규정에 의하여 요구되는 것에 불과하다는 논거 역시 설득력이 없다. 노조사무실, 게시판, 복지기금, 게시판 등 실체적 공정대표의무가 문제되는 사안들도

736면; 장영석, 88~92면; 조현주, 427~467면.
45) 대법원 2018. 7. 26. 선고 2016다205908 판결.

그 자체로 법률상 요구되는 것이 아님은 마찬가지이다. 다만 법 29조의4는 공정대표의무라는 이름으로 노조 간 불합리한 차별을 하지 말아야 할 것을 요구하고 있을 뿐이고 이는 실체적 공정대표의무와 절차적 공정대표의무 모두에 적용된다. 잠정합의안에 대한 인준투표 역시 그 자체로는 법률상 요구되는 것이 아니고 내부규정(규약 등)에 의하여 요구되는 것에 불과하지만 근로자의 본질적인 기본권과 관련되므로 이러한 절차와 관련해서 소수 노동조합을 합리적 이유 없이 차별해서는 안 되는 것이다.

　④ 잠정합의안에 대한 찬반투표와 관련해서는 이러한 찬반투표를 거칠 것인지 여부는 물론이고, 교섭창구 단일화 절차에 참여한 노동조합별로 찬반투표 실시 여부, 실시기관, 실시방법 및 정족수 등에 관하여 각기 다른 규약상 규정을 두고 있는 경우 이를 어떻게 조율할 것인지 등에 관하여 노조법 및 같은 법 시행령에서 아무런 규정을 두고 있지 않다는 것 또한 절차적으로 합리적 이유 없는 차별을 하여서는 안 되는 것과 아무런 관련이 없다. 대법원은 전혀 관련이 없는 것을 들어 잠정합의안에 대한 찬반투표에 절차적 공정대표의무 위반이 문제되지 않는다는 이상한 결론을 내리고 있다.

　⑤ 대법원이 인정하는 절차적 공정대표의무 적용영역인 의견수렴절차에서 아무리 의견청취 및 정보제공을 차별 없이 한들, 다른 노동조합 조합원들이 인준투표에서 배제된다면, 의견청취 및 정보제공은 형식적 내지 요식적 절차에 불과할 뿐 사실상 다른 노동조합 또는 그 조합원들의 절차참여권은 배제되는 것이나 마찬가지로 평가할 수 있는 점(성실하게 의견을 듣되 의제채택 등에서 반영하지 않으면 그만이다), 인준투표 참여가 가장 분명하고 확실한 절차참여방법이라 할 수 있는 점, 대법원의 입장대로 하면 결국 실체적으로 공정대표의무 위반이 없으면 절차가 형식화될 수 있는데, 실체적 공정대표의무만으로는 소수 노동조합의 노동3권에 실질적으로 현저한 제한이 초래되는 점(예컨대, 교섭대표노동조합은 사무직 근로자, 소수 노동조합은 생산직 근로자로 조직된 경우, 사무직 근로자에게만 관련된 근로조건을 단체협약으로 정하는 경우에 단체협약으로 정한 근로조건에 대하여 아무리 실체적 공정대표의무를 충실히 이행한다고 하더라도 소수 노동조합은 실질적으로 단체협약을 통해 자신에게 필요한 근로조건을 보호받을 수 없다. 따라서 소수 노동조합 조합원에게 인준투표절차 참여권을 균등하게 보장하여야만 소수 노동조합 조합원에게 필요한 근로조건이 단체협약의 내용으로 편입될 가능성이 생길 수 있다) 등을 고려

할 때, 대법원의 결론에 따르면, 공정대표의무를 통해 소수 노동조합 및 그 조합원들의 노동3권을 최대한 보장함으로써 교섭창구 단일화 절차의 합헌성을 담보하고자 하는 취지 자체가 사실상 몰각될 우려가 크다. 결국 잠정합의안에 대한 인준투표 관련하여 절차적 공정대표의무 위반을 부정하는 대법원 판결은 교섭창구 단일화 제도 자체의 위헌성을 현저하게 높이는 결과를 초래할 것이다.

다만 만일 잠정합의안에 대한 인준투표에까지 절차적 공정대표의무 위반을 인정한다면, 교섭대표노동조합의 규약이 정하는 바에 따라 교섭대표노동조합을 기준으로 할 때 일정한 비율의 조합원이 찬성하여 규약상 유효요건을 갖추고 있다고 하더라도, 공정대표의무 위반 그 자체를 이유로, 특히 다른 노동조합 조합원 수까지 고려하면 규약상 유효요건을 갖추지 못한 경우에 단체협약 자체를 무효로 할 것인지에 대한 추가적인 검토가 필요할 것이다(후술한다).

Ⅳ. 공정대표의무 위반 시 구제절차와 효력

1. 노동위원회의 시정명령

가. 개   요

교섭대표노동조합과 사용자가 공정대표의무를 위반하여 특정의 교섭참여노동조합 또는 그 조합원을 차별한 경우에는 해당 노동조합은 그 행위가 있은 날(단체협약 내용의 일부 또는 전부가 공정대표의무에 위반되는 경우에는 단체협약 체결일)부터 3개월 이내에 노동위원회에 그 시정을 요청할 수 있고(법 29조의4 2항), 노동위원회는 그 신청에 대하여 합리적 이유 없이 차별을 하였다고 인정한 때에는 그 시정에 필요한 명령이나 결정을 서면으로 하여야 한다(법 29조의4 3항, 영 14조의12 5항). 노동위원회의 명령 또는 결정에 대한 불복절차 등에 관해서는 부당노동행위 구제명령에 대한 불복 및 판정의 효력에 관한 규정(법 85조 및 86조)을 준용한다(법 29조의4 4항). 이에 따라 확정된 시정명령을 위반하면 벌칙(3년 이하의 징역 또는 3천만 원 이하의 벌금)이 적용된다(법 89조 2호).

나. 신청권자의 범위

공정대표의무를 위반한 때의 시정절차와 관련하여, 노조법 29조의4 2항에서 "노동조합은 교섭대표노동조합과 사용자가 1항을 위반하여 차별한 경우에는 그 행위가 있은 날(단체협약의 내용의 일부 또는 전부가 1항에 위반되는 경우에는 단체협약 체결일을 말한다)부터 3개월 이내에 대통령령으로 정하는 방법과 절차에 따라 노동위원회에 그 시정을 요청할 수 있다."라고 규정하여 공정대표위반을 시정하기 위한 신청권자를 노동조합으로만 한정하고 있다.

고용노동부는 불공정한 교섭과 협약 체결로 인해 권리를 침해받았거나 합리적 이유 없이 차별을 받는 등 교섭대표노동조합이 공정대표의무를 위반한 경우 교섭창구 단일화 절차에 참여한 노동조합은 관할 노동위원회에 그 시정을 신청할 수 있으나, 교섭창구 단일화 절차에 참여하지 않은 노동조합이나 개별 조합원은 노동위원회에 시정명령을 신청할 수 없으며, 개별 조합원은 소속 노동조합을 통해서만 시정명령을 신청할 수 있다고 한다.[46]

그런데 노조법의 해석상 합리적 이유 없이 차별을 하여서는 아니 되는 대상으로 "교섭창구 단일화 절차에 참여한 노동조합 또는 그 조합원"을 정하면서, 시정 절차에서는 노동조합만을 그 구제신청권자로 정하고 있어서 문제가 있다.[47] 특히나 종래 단체협약의 규범적 부분의 경우 사용자가 이를 위반한 경우에는 당해 조합원의 근로조건이기 때문에 개별 조합원만이 그 위반을 다툴 수 있고 노동조합은 다툴 수 없는 것이 원칙이라 할 것이므로, 이렇게 보면 교섭대표노동조합이 공정대표의무를 위반하여 근로조건을 차별할 경우 차별받은 개별 조합원이 각각 구제신청을 하는 것이 논리적이고,[48] 결국 노동조합만이 시정명령 신청권을 갖는 것은 예외적인 것이다. 공정대표의무 위반에 대한 시정명령 신청권자에 개별 조합원을 포함시키는 제도적 보완이 요구된다.

다. 시정명령의 대상과 사용자단체

사용자단체가 단체교섭을 하여 단체협약을 체결한 경우에, 공정대표의무의 주체 및 시정명령의 대상은 사용자인가 사용자단체인가? 이 문제는 사용자단체와 사용자의 관계가 어떠한지 즉 사용자단체가 단체교섭의 당사자로 되기 위해서, 사용자단체의 규약에 근거하여 구성원인 사용자를 위해서 단체교섭을 행하

---

46) 고용노동부a, 47면.

47) 박종희a, 548면(노동조합만이 노동위원회에 구제를 신청하도록 하고 있으나, 개별 조합원의 경우도 당연히 구제신청을 할 수 있는 것으로 함이 상당하다. 근로조건에 차별적 처우를 받았다고 생각하는 소수 노조의 조합원은 자신의 권리를 확보하기 위하여 구제신청을 하는 것이므로 이는 노동조합을 통해서가 아니라 그 스스로 신청할 수 있는 지위를 갖는 것으로 봄이 타당하다); 장우찬, 156면.

48) 이승욱f, 36~37면; 장우찬, 156면.

는 외에, 협약체결권한을 구성원인 사용자로부터 위임받았을 것이 필요한지에
관한 논의를 전제로 한다.

　　사용자단체와 사용자의 관계에 관하여는 위임 필요설49)과 위임 불요설50)이
대립한다. 다음과 같은 이유로 위임 필요설이 타당하다 할 것이다.

　　① 사용자단체가 자신의 명의로 단체교섭을 하고 단체협약을 체결하였음에
도 불구하고 그 효력이 사용자에게 미치는데, 이를 정당화하기 위해서는 사용자
에 의한 권한 부여, 즉 위임이 있어야만 한다.

　　② 물론 노조법 29조 1항이 사용자단체에게 자신의 '명의'로 단체교섭을 하
고 단체협약을 체결할 권한을 부여하고 있지만, 위 조항이 사용자의 위임 없이
당연히 단체교섭을 하고 단체협약을 체결할 권한을 부여하고 있다고 볼 수는
없다. 법이 사용자단체에게 자신의 명의로 단체교섭을 하고 단체협약을 체결할
권한을 부여한 것은 일단 사용자들이 사용자단체를 구성하고 이에 가입함으로
써 단체교섭 및 단체협약체결권을 포괄적으로 위임한 이상 효율적인 업무처리
를 위하여 향후 매번 단체교섭 및 단체협약 체결 시마다 별도의 구체적인 위임
을 필요로 하지 않도록 하려는 것으로 이해할 수 있다.

　　③ 사용자는 사용자단체를 구성한 이후에도 여전히 단체교섭 및 단체협약
체결권을 보유하고 있다. 사용자단체에 대한 권한 부여에도 불구하고 사용자가
여전히 단체교섭 및 단체협약체결권을 보유하고 있음(나아가 사용자단체에 대한
권한부여를 철회할 수 있음)을 설명하려면 사용자와 사용자단체의 관계를 위임으
로 파악하여야 한다.51)

　　④ 노조법 29조의4는 그 문언상 사용자단체를 배제하고 사용자에게만 공정
대표의무를 부과하며, 시정명령의 대상 또한 사용자만을 대상으로 하도록 정하고
있다. 이러한 규정은 사용자단체가 사용자의 위임 없이 독자적으로 단체교섭을
하거나 단체협약을 체결하는 것이 아니라, 사용자의 위임에 따라 단체교섭을 하
거나 단체협약을 체결함을 전제로 한 것으로 보아야 자연스럽게 받아들일 수 있다.

---

　49) 荒木, 659~656면.
　50) 임종률, 131면은 "사용자단체에 해당하는 이상, 그 구성원인 사용자로부터 교섭 권한을 위
　　　임받지 않았더라도 단체교섭의 당사자가 된다."고 기술하고 있다.
　51) 교섭대표노동조합과 소수 노동조합 또는 그 조합원의 관계에서는, 교섭대표노동조합만이
　　　단체교섭권, 단체협약체결권을 가질 뿐이고 소수 노동조합 또는 그 조합원은 당초부터 단체
　　　교섭권, 단체협약체결권을 가질 수 없으며, 소수 노동조합 또는 그 조합원은 교섭대표노동조
　　　합의 권한을 환수할 수 없으므로, 위임관계가 인정되지 않는 것과 본질적으로 다르다.

⑤ 사용자단체의 단체교섭 및 단체협약체결권한이 사용자의 포괄적인 위임에서 유래한 이상 사용자는 권한 부여, 즉 위임을 철회하고 부여한 권한을 환수할 수 있다고 보아야 한다. 그렇지 않으면 사용자는 사용자단체의 구성원이 된 이후에는 사용자단체를 전혀 통제할 수 없게 되어 현저히 불합리한 결과를 초래할 수 있다.

⑥ 사법상 대리가 아닌 대행관계가 적법, 유효하게 존재한다는 점에서 사용자단체가 자신의 이름으로 계약을 체결한다는 것은 대행관계를 의미할 뿐이므로 위임관계의 존재와 상충하는 것은 아니다. 또한 위임이란 애당초 신뢰관계를 바탕으로 한 것으로서 어느 정도 수임인의 재량적인 업무처리를 특징으로 한다.[52] 그러므로 사용자단체가 자신의 의사(재량)로 단체교섭을 하고 단체협약을 체결한다는 점이 위임의 본질에 반한다고 볼 수도 없다.

사용자단체가 단체교섭을 하여 단체협약을 체결한 경우에, 공정대표의무의 주체 및 시정명령의 대상이 사용자인지 사용자단체인지에 관하여 ① 사용자, 사용자단체 모두 부정설, ② 사용자단체 한정 긍정설, ③ 사용자 한정 긍정설, ④ 사용자, 사용자단체 모두 긍정설 등 4가지 견해를 상정할 수 있다.

사용자, 사용자단체 모두 부정설은 사용자만이 공정대표의무 위반의 주체 및 시정명령의 대상이 될 수 있는데, 사용자단체가 단체교섭을 하고 단체협약을 체결하였으므로, 사용자는 의무를 위반한 것이 없고, 사용자단체는 주체 내지 대상성이 없으므로 모두를 상대로 공정대표의무 위반을 주장할 수 없고, 시정명령을 할 수도 없다는 견해이다.

사용자단체 한정 긍정설은, 사용자단체가 단체교섭을 하고 단체협약을 체결한 이상, 그러한 경우에는 사용자단체를 사용자에 준하여 공정대표의무 위반의 주체 및 시정명령의 대상이 될 수 있다고 보아야 하고, 단체교섭 및 단체협약 체결에 참여하지 아니한 사용자를 상대로 공정대표의무 위반을 주장하거나 시정명령을 할 수는 없다는 견해이다.

사용자 한정 긍정설은, 비록 사용자단체가 단체교섭을 하고 단체협약을 체결하였더라도 사용자의 수임인으로서 행위한 것으로 그 효과는 사용자에게 미치며, 사용자만이 법상 공정대표의무 위반의 주체 및 시정명령의 대상이 될 수

---

52) 김용담(편집대표), 『주해민법 채권각칙(4)』 제4판(정현수 집필부분), 한국사법행정학회, 2016, 511면.

있으므로, 사용자만을 상대로 공정대표의무 위반을 주장하고 시정명령도 할 수 있다는 견해이다.

사용자 및 사용자단체 모두 긍정설은, 사용자단체는 사용자의 수임인으로서 단체교섭을 하고 단체협약을 체결하였으므로 그 효과가 귀속되는 사용자를 상대로 공정대표의무 위반을 주장하거나 시정명령을 할 수 있을 뿐만 아니라 사용자단체 역시 스스로의 이름으로 단체교섭을 하고 단체협약을 체결하였으므로 사용자단체에 대하여도 사용자에 준하여 공정대표의무 위반을 주장하고 시정명령도 할 수 있다는 견해이다.

사용자, 사용자단체 모두 부정설은 공정대표의무 위반을 방치하는 결과를 초래하는 견해이므로 채택하기 어렵다. 사용자단체 한정 긍정설은, 사용자를 공정대표의무 위반의 주체 및 시정명령의 대상으로 삼고 있는 법령의 문언에 정면으로 반하고, 사용자와 사용자단체의 관계를 위임으로 보는 이상 사용자가 사용자단체를 통하여 단체교섭을 하고 단체협약을 체결하여 그 효력을 받는다고 보아야 하므로 논리적으로도 사용자를 공정대표의무 위반의 주체 및 시정명령의 대상에서 배제할 수 없다는 점에서 채택하기 어렵다. 사용자 한정 긍정설은, 법령의 문언에는 충실하나,53) 사용자단체가 단체교섭을 하고 단체협약을 체결하는 경우에는 사용자단체를 관련 절차 및 실체적인 권리관계를 지배하는 자로서 확대된 사용자 개념에 포섭할 수 있을 뿐만 아니라 공정대표의무 위반의 주체 및 시정명령의 대상으로 삼음으로써 효율적인 권리 구제를 할 필요가 있다는 점에서 역시 채택하기 어렵다.

결국, 사용자와 사용자단체 모두 긍정설이 타당하다고 생각한다. 노조법은 81조에서 사용자의 부당노동행위를 규정하는 한편 84조에서 사용자에 대한 구제명령을, 89조 2호에서 사용자에 대한 형벌을 규정하고 있는데, 사용자단체도 부당노동행위의 주체가 될 수 있고 구제명령의 대상도 될 수 있으며, 다만 죄형법정주의 원칙상 처벌은 불가하다는 견해가 유력하다.54) 이러한 견해에 의하면,

<hr />

53) 노조법 29조 1항이 사용자단체에게 단체교섭 및 단체협약체결권을 부여하면서도 노조법 29조의4 1항과 3항이 사용자 및 교섭대표노동조합에 대하여만 공정대표의무를 부과하고 시정명령의 대상으로 정하고 있다. 즉 문언해석상으로는 사용자단체가 단체교섭을 하고 단체협약을 체결한 경우 오로지 사용자를 상대로만 공정대표의무 위반을 이유로 시정명령을 할 수 있을 뿐 사용자단체를 상대로는 공정대표의무 위반을 문제 삼을 수도 없고 시정명령을 할 수도 없다고 볼 여지가 있다.

54) 임종률, 284~285면; 하갑래, 580면. 비슷한 견해로는, 菅野, 897~898면이 있다. 이와 달리

공정대표의무와 관련해서도 사용자단체의 주체성을 인정할 수 있고, 사용자단체를 상대로 시정명령도 할 수 있다는 결론으로 이어질 것이다. 실무를 살펴보면, 사용자단체를 상대로 공정대표의무 위반을 문제로 삼은 사례가 많지는 않아 보인다. 사용자단체를 상대로 부당노동행위 구제명령을 발한 경우도 거의 보이지 않지만, 사용자단체인 대형기선저인망수산업협동조합의 단체교섭 거부를 부당노동행위로 인정하여 그에 대한 구제명령이 적법하다는 취지의 대법원 1992. 2. 25. 선고 90누9049 판결이 있다. 대법원 2019. 4. 23. 선고 2016두42654 판결은 적어도 사안에 따라 사용자와 사용자단체 모두가 시정명령의 상대방이 될 수 있다는 취지로 판시하고 있어,[55] 일응 사용자 및 사용자단체 모두 긍정설의 입장에서 판시한 것으로 이해할 수 있을 것이다.

라. 시정명령의 내용과 위반 시의 처벌조항

노조법은 노동위원회의 시정명령의 구체적 내용에 관하여는 특별한 규정을 두고 있지 아니하다. 노동위원회의 탄력적 결정에 일임함으로써 노동위원회에 광범위한 재량권을 부여하고 있는 것으로 해석할 수 있을 것이다.[56] 공정대표의무 위반에 대한 구제명령(시정명령)의 구체적인 내용으로서는 차별행위의 중지, 소수 노동조합의 교섭요구안 반영, 임금 등 근로조건의 변경 및 적정한 금전보상명령, 조합활동 보장 등을 예로 들 수 있다.

노조법 85조 5항은 사용자에게만 긴급이행명령(사용자가 중노위 재심판정의 취소를 구하는 행정소송을 제기한 경우에, 관할법원이 중노위의 신청에 의하여 결정으로써, 판결이 확정될 때까지 중노위의 구제명령의 전부 또는 일부를 이행하도록 명하는 것)을 내릴 수 있도록 규정하고 있다. 교섭대표노동조합에게 긴급이행명령을 내릴 수 있도록 규정하지 아니한 것은 입법상의 미비라는 견해가 유력하다.[57]

부당노동행위의 주체가 아니지만 구제명령의 대상이 될 수 있다는 견해로는, 김유성, 335면이 있다.

55) 이 사건 단체협약 41조에 따른 지원금의 명시적 지급주체인 사업조합(필자 주: 사용자단체)이 시정명령의 상대방이 될 수 있음은 물론이고, 원고들(필자 주: 사용자들) 역시 이 사건 단체협약 41조에 규정된 지원금의 지급의무를 부담하는 사용자와 그 지원금의 지급사무를 사업조합에 위임한 위임자의 지위에서 사업조합에 대하여 지시권을 행사하여 이 사건 지원금이 공공운수노동조합에도 지급·분배될 수 있도록 시정할 수 있는 지위에 있다고 볼 여지가 있다. 사정이 그러하다면 이 사건 시정명령이 이 사건 지원금의 차별적 지급 실태를 시정할 수 없는 원고들(필자 주: 사용자들)에 대한 것이어서 위법하다고 보기 어렵다(대법원 2019. 4. 23. 선고 2016두42654 판결).

56) 이승욱f, 3면.

57) 이승욱f, 3면.

노조법 89조 2호는 "85조 3항(29조의4 4항에서 준용하는 경우를 포함한다)에 따라 확정되거나 행정소송을 제기하여 확정된 구제명령을 위반한 자"를 3년 이하의 징역 또는 3천만 원 이하의 벌금에 처하도록 정하고 있다. 부당노동행위와 달리 공정대표의무 위반의 경우에는 그 자체로는 형사처벌 규정이 없다.

2. 손해배상청구 등 사법적 구제

사용자나 교섭대표노동조합이 공정대표의무를 위반한 경우에, 노동위원회에 대한 시정명령 신청과 별도로 법원에 차별에 따른 임금청구, 인사처분의 효력을 다투는 소송, 불법행위를 원인으로 한 손해배상청구 등을 함으로써 사법적 구제가 가능하다는 것이 통설이고 판례의 입장이기도 하다.58) 미국의 경우에도 공정대표의무 위반에 대하여 금지명령과 손해배상청구가 모두 가능하다.59)

노조법은 '노동조합 또는 그 조합원 간에 합리적 이유 없이 차별을 하여서는 아니 된다'고 정하고 있으므로, 소수 노동조합뿐만 아니라 소수 노동조합의 조합원도 손해배상청구권을 가진다 할 것이다.

3. 공정대표의무를 위반한 단체협약의 효력

공정대표의무 위반에 대한 시정절차와는 별개로 공정대표의무를 위반하여 체결한 단체협약은 어떠한 효력을 가지는지 문제된다.

노동위원회의 구제명령이 바로 노사 간의 사법상 법률관계를 발생 또는 변경시키는 것은 아니므로 공정대표의무 위반에 대하여 노동위원회의 시정명령이 있다고 해서 그것이 직접 관련 단체협약의 내용을 무효로 만드는 것은 아니다.60) 다만, 공정대표의무를 헌법상 노동3권의 보장취지에서 교섭창구단일화 제도의 위헌성을 최소화하기 위해 인정된 의무라고 한다면, 공정대표의무 위반의 단체협약은 강행법규 위반으로서 사법상 무효라는 유력한 견해가 있다.61) 미국의

---

58) 판례는 비재산상 손해에 대한 위자료 상당 손해배상청구를 인정한다(대법원 2018. 8. 30. 선고 2017다218642 판결, 대법원 2020. 10. 29. 선고 2017다263192 판결, 대법원 2020. 10. 29. 선고 2019다262582 판결 등). 이 중 대법원 2019다262582 판결, 대법원 2017다263192 판결은 절차적 공정대표의무 위반에 대한 것이고, 대법원 2017다218642 판결은 노조사무실 제공 관련 실체적 공정대표의무 위반에 대한 것이다.

59) Tunstall v. Brotherhood of Locomotive Fireme and Enginemen, 323 U.S. 192(1944).

60) 박지순, 19면.

61) 김도형, 11면; 이승욱e, 62면; 이철수b, 138면; 장우찬, 159면.

경우 공정대표의무에 위반하여 노동조합이 체결한 협약조항은 효력을 갖지 않는
것으로 소개되어 있다.[62]

　　공정대표의무를 위반하여 체결한 단체협약은 근기법 6조[63]나 노조법 9조[64]
에 입각하여 차별대우의 금지 규정에 따라 무효가 될 수 있는데,[65] 그 이유는
단체협약의 규정 중 규범적 부분의 경우에서는 근로계약을 매개로 사용자와 개
별 근로자 사이에 적용되기 때문에 근기법 6조가 적용될 수 있기 때문이라는
것이다.[66] 채무적 부분의 경우에도 공정대표의무 규정의 강행규정성을 원용하
거나 아니면 실정법적으로는 노조법 30조[67]의 성실교섭의무 위반 규정을 원용
하여 무효라고 할 수 있다는 견해가 있다.[68]

　　다만 의견청취 및 정보제공과 관련된 절차적 공정대표의무를 위반하여 체
결된 단체협약에 대하여도 실체적 공정대표의무 위반과 같이 무효로 볼 것인지
에 대하여는 논란의 여지가 있다. 앞서 본 바와 같이 대법원 2020. 10. 29. 선고
2017다263192 판결은 의견수렴 관련 절차적 공정대표의무 위반으로 인하여 위
자료 상당 손해배상책임이 발생한다고 인정하였는데, 이는 단체협약 자체는 무
효가 아님을 전제로 한 것으로 이해할 수 있다. 단체협약의 내용 자체에 차별적
내용이 없다면 손해배상청구를 인정함으로써 소수 노동조합에 대한 권리구제가
족하다고 볼 수 있고, 단체협약 자체를 무효로 함으로써 교섭창구 단일화 절차
에 참여한 모든 노동조합과 그 조합원들에게 불이익이 돌아갈 수도 있음을 고
려하면 의견수렴 관련 절차적 공정대표의무 위반을 이유로 단체협약 자체의 효

---

62) 이철수b, 123면.

63) 근기법 6조(균등한 처우) 사용자는 근로자에 대하여 남녀의 성을 이유로 차별적 대우를 하
　　지 못하고, 국적·신앙 또는 사회적 신분을 이유로 근로조건에 대한 차별적 처우를 하지 못
　　한다.

64) 노조법 9조(차별대우의 금지) 노동조합의 조합원은 어떠한 경우에도 인종, 종교, 성별, 연
　　령, 신체적 조건, 고용형태, 정당 또는 신분에 의하여 차별대우를 받지 아니한다.

65) 장우찬, 159면.

66) 이철수b, 138면[우선 공정대표의무와 관련하여 전형적인 문제 상황은 체결된 단체협약의
　　내용이 소수 노조 또는 그 조합원을 차별하는 경우이다. 이 경우는 사용자의 부당노동행위가
　　성립될 가능성이 높다. 이 외에 특정 집단의 조합원이 차별을 받았다고 주장하는 경우를 상
　　정해 볼 수 있다. 근기법 5조(현행 6조 ― 필자주)상의 국적·신앙·성별·사회적 신분을 이유
　　로 하는 불합리한 차별뿐만 아니라 부서별·직종별·조직형태상의 차별 등이 여기에 해당할
　　것이다. 이 경우는 강행법규 위반의 문제가 발생한다. 어느 경우든 공정대표의무 위반으로
　　판단되면 당해 단체협약을 무효로 하여야 할 것이다].

67) 노조법 30조(교섭 등의 원칙) 1항 노동조합과 사용자 또는 사용자단체는 신의에 따라 성실
　　히 교섭하고 단체협약을 체결하여야 하며 그 권한을 남용하여서는 아니된다.

68) 장우찬, 159면.

력을 부정하기는 어려울 것이다. 그러나 단체협약 잠정합의안 인준투표와 같이 본질적인 절차적 공정대표의무 위반에 대하여는 단체협약을 무효로 함으로써 본질적인 절차적 공정대표의무 준수를 강제할 필요성이 더 크다 할 것이다.[69]

[권 영 국·임 상 민]

---

[69] 임상민c, 74~75면.

제29조의5(그 밖의 교섭창구 단일화 관련 사항)

교섭대표노동조합이 있는 경우에 제2조 제5호, 제29조 제3항·제4항, 제30조, 제37조 제2항·제3항, 제38조 제3항, 제42조의6 제1항, 제44조 제2항, 제46조 제1항, 제55조 제3항, 제72조 제3항 및 제81조 제1항 제3호 중 "노동조합"은 "교섭대표노동조합"으로 본다.

〈세 목 차〉

Ⅰ. 교섭대표노동조합의 법적 지위

1. 대표권의 범위

노조법은 "29조의2에 따라 결정된 교섭대표노동조합의 대표자는 교섭을 요구한 모든 노동조합 또는 조합원을 위하여 사용자와 교섭하고 단체협약을 체결할 권한을 가진다"(법 29조 2항)고 규정함으로써 교섭대표노동조합에게 사용자와 단체교섭을 하고 단체협약을 체결할 법적 지위를 부여하고 있다.[1] 따라서 노조법에서는 교섭대표노동조합이 단체교섭 전반에 걸쳐서 대표권을 행사할 수 있도록 하고 있다.

그 밖에 노조법 29조의5는 2조 5호(노동관계 당사자 정의), 29조 3항·4항(교섭권 위임 관련), 30조(교섭 등의 원칙), 37조 2항·3항(노조의 쟁의행위 주도), 38조 3항(노조의 쟁의행위 적법수행 지도의무), 42조의6 1항(필수유지업무 근무 근로자 통보

※ 이 조에 관한 각주의 참고문헌은 '교섭창구 단일화 전론(前論)'의 참고문헌을 가리킨다.
1) 다만, 노조법 부칙 4조는, "이 법 시행일 당시 단체교섭 중인 노동조합은 이 법에 따른 교섭대표노동조합으로 본다."라고 규정하고 있는데, 여기서 부칙 4조의 '이 법 시행일'이라 함은 교섭창구 단일화 관련 규정의 시행일인 2011. 7. 1.로 보아야 하고, '이 법에 따른 교섭대표노동조합으로 본다.'고 함은 2011. 7. 1. 이후에도 교섭당사자로서의 지위가 유지되어 교섭창구 단일화 절차를 거치지 않고 기존의 단체교섭을 계속할 수 있다는 의미로 해석함이 타당하다(대법원 2012. 11. 12.자 2012마858 결정 등 참조). 또한 부칙 4조는 그 적용대상 사업장을 제한하고 있지 아니하므로, 2010. 1. 1. 이후 하나의 사업 또는 사업장에 노동조합이 2개 이상 있게 된 경우에도 적용된다고 보아야 한다(대법원 2012. 12. 10.자 2011마1705 결정 참조).

주체), 44조 2항(쟁의기간 중 임금지급 목적 쟁의행위 금지), 46조 1항(노조의 쟁의행위 개시 이후 직장폐쇄 가능), 55조 3항(조정위원회 구성시 사용자위원에 대한 노조 추천권), 72조 3항(특별조정위원회 구성시 노조 참여권), 81조 1항 3호(정당한 이유 없는 교섭거부 관련 부당노동행위 구제신청 제기권) 중 '노동조합'은 '교섭대표노동조합'으로 본다고 규정함으로써 교섭대표노동조합이 노조법상 가지는 지위를 명백히 하고 있다.2)

위 열거된 조항을 보면, 하나의 사업 또는 사업장에 복수의 노동조합이 존재하는 경우 조합원은 교섭대표노동조합이 주도하지 아니하는 쟁의행위를 하여서는 아니 되고(법 37조 2항), 교섭대표노동조합은 쟁의행위가 적법하게 수행될 수 있도록 지도·관리·통제할 책임을 지게 된다(법 38조 3항). 또한 단체교섭이 결렬된 경우에 쟁의행위를 개시하기 위해서는 단일화 절차에 참여한 노동조합 전체 조합원 과반수의 찬성을 필요로 하게 된다(법 41조 1항). 즉, 노조법은 하나의 사업 또는 사업장에 복수의 노동조합이 존재하는 경우 쟁의행위를 주도할 수 있는 단체행동권의 주체를 교섭대표노동조합으로 제한하고 있다. 이로 인해 교섭창구단일화에서 배제된 노동조합은 단체행동권을 행사할 수 없고,3) 교섭창구 단일화 절차에 참여한 소수 노동조합은 교섭대표노동조합이 주도하는 단체행동에 참여할 수 있을 뿐 자신이 독자적으로 주도하는 단체행동권을 행사할 수 없게 된다.

그런데 구체적으로 교섭창구 단일화 제도에 따라 교섭대표노동조합의 대표권이 어디까지 미치는지, 예컨대, 단체협약의 이행과정에도 미치는지, 단체협약의 유효기간 동안 단체교섭이나 단체협약과 무관하게 노사관계 전반에 미치는지 등이 문제될 수 있다. 이에 관하여 대법원 2019. 10. 31. 선고 2017두37772 판결은 교섭대표노동조합의 대표권이 노사관계 전반에 미치는 것은 아니고, 단체교섭 및 단체협약 체결(보충교섭이나 보충협약 체결을 포함)과 체결된 단체협약의 구체적인 이행 과정에만 미치는 것이라고 판시하였다.4)

---

2) 김형배, 1024~1025면.
3) 노조법의 교섭창구단일화 제도는 단체교섭권을 제한할 뿐만 아니라 "교섭대표노동조합이 주도하지 아니한 쟁의행위를 하여서는 아니 된다"고 규정하여 단체행동권마저 제한하도록 구성하고 있다는 점에서 그 문제의 심각성이 더해진다. 다만 앞서본 바와 같이 교섭창구 단일화 절차에 참여하지 아니하였으나 사용자가 자율적으로 동의하여 개별교섭을 진행하는 불참노조의 경우는 교섭결렬시 개별적인 단체행동권의 행사가 가능하다고 보아야 한다.
4) 교섭창구 단일화 및 공정대표의무에 관련된 법령 규정의 문언, 교섭창구 단일화 제도의 취

먼저 단체교섭 내지 단체협약의 체결 과정, 단체협약의 내용과 단체협약의 이행과정은 불가분의 관계에 있다는 점에서 단체협약의 이행과정에까지 교섭대표노동조합의 대표권을 인정하는 것은 타당하다 할 것이다. 특히 노조법 시행령 14조의10(교섭대표노동조합의 지위 유지기간 등) 2항[5])은 교섭대표노동조합의 지위 유지기간 만료 후에도 일정한 경우에는 기존 단체협약의 이행과 관련해서 교섭 대표노동조합의 지위를 유지하도록 규정하는데, 이는 교섭대표노동조합의 대표권이 단체협약의 이행과정에 미침을 전제로 한 것이라는 점에서 위와 같은 해석의 타당성을 뒷받침한다고 볼 수 있다.

다음으로, 다음과 같은 점을 고려하면 교섭대표노동조합의 대표권 범위가 노사관계 전반에까지 미치지 않는다는 대법원의 법리 설시 부분 역시 법 해석론적인 측면과 법 정책론적인 측면 양면 모두에서 타당하다.

첫째, 교섭창구 단일화 제도는 단체교섭 과정을 단일화하여 하나의 단체협약을 체결함을 목적으로 하는 제도이므로, 이와 무관한 부분에까지 교섭대표노동조합의 대표권 범위를 확대하는 것은 그 취지를 벗어난다고 볼 수 있다.

둘째, 만일 노사관계 전반에 교섭대표노동조합의 대표권이 미친다고 본다면 교섭창구 단일화 제도에 의하여 복수노동조합체제 자체가 부정되는 결과를 초래한다.

한편 대법원은 공정대표의무의 범위에 관하여도 "단체교섭의 과정이나 그 결과물인 단체협약의 내용뿐만 아니라 단체협약의 이행과정에서도 준수되어야

지와 목적, 교섭대표노동조합이 아닌 노동조합 및 그 조합원의 노동3권 보장 필요성 등을 고려하면, 교섭창구 단일화 절차에서 교섭대표노동조합이 가지는 대표권은 법령에서 특별히 권한으로 규정하지 아니한 이상 단체교섭 및 단체협약 체결(보충교섭이나 보충협약 체결을 포함한다)과 체결된 단체협약의 구체적인 이행 과정에만 미치는 것이고, 이와 무관하게 노사관계 전반에까지 당연히 미친다고 볼 수는 없다(대법원 2019. 10. 31. 선고 2017두37772 판결). 대법원은 이러한 법리를 토대로, 사업장 내 근로자의 근로조건에 관하여 단체협약 자체에서는 아무런 정함이 없이 추후 교섭대표노동조합과 사용자가 합의·협의하거나 심의하여 결정하도록 정한 경우에, 위 합의·협의 또는 심의결정이 단체협약의 구체적인 이행에 해당한다고 볼 수 없고 보충협약에 해당한다고 볼 수도 없는 때에는, 이는 단체협약 규정에 의하여 단체협약이 아닌 다른 형식으로 근로조건을 결정할 수 있도록 포괄적으로 위임한 것이므로, 위 합의·협의 또는 심의결정은 교섭대표노동조합의 대표권 범위에 속한다고 볼 수 없다고 판단하였다.

5) 14조의10(교섭대표노동조합의 지위 유지기간 등)
　② 1항에 따른 교섭대표노동조합의 지위 유지기간이 만료되었음에도 불구하고 새로운 교섭대표노동조합이 결정되지 못할 경우 기존 교섭대표노동조합은 새로운 교섭대표노동조합이 결정될 때까지 기존 단체협약의 이행과 관련해서는 교섭대표노동조합의 지위를 유지한다.

한다고 봄이 타당하다."라고 판시하고 있어,6) 교섭대표노동조합의 대표권이 미치는 범위와 동일하게 보고 있다.

2. 대표권의 근거

교섭대표노동조합이 단체교섭, 단체협약 체결 등에 관하여 다른 노동조합 또는 그 조합원을 대표할 수 있는 근거가 무엇인지, 특히 다른 노동조합 또는 그 조합원과 사이에 법정위임관계가 있는지가 문제된다. 이에 관하여 서울고법 2017. 8. 18. 선고 2016나2057671 판결은, 다음과 같은 이유를 들어 법정위임관계의 성립을 부정하였다.7)

① 노조법은 29조 2항에서 교섭대표노동조합 대표자의 단체교섭권과 단체협약체결권을 규정하면서 이와 별도로 29조 3항에서 노동조합이 단체교섭권 또는 단체협약체결권을 위임하는 경우를 규정하고 있다. 이처럼 노조법은 양자의 성격이 다른 것을 전제로 규정 내용이나 형식을 달리하고 있다.

② 노동조합은 제3자 또는 제3의 기관에 단체교섭권을 위임하더라도 여전히 단체교섭권을 가진다(대법원 1998. 11. 13. 선고 98다20790 판결).8) 그러나 노조법 29조 2항, 29조의2, 41조 1항은 다른 노동조합의 독자적인 단체교섭권, 단체협약체결권, 단체행동권을 인정하지 않는 것을 전제로 한다.

③ 노조법은 '3개 이상 노동조합이 교섭창구 단일화 절차에 참여한 경우'도 예정하고 있다. 교섭창구 단일화 절차에 참여한 2개 이상의 다른 노동조합 사이에 이해가 충돌되는 경우, 교섭대표노동조합은 일방의 다른 노동조합에는 유리하지만 다른 일방의 다른 노동조합에는 불리한 단체협약을 체결할 수도 있다. 이 경우 민법상 수임인으로서 교섭대표노동조합의 지위를 설명하기 곤란하다.

④ 노조법이 위임에 관한 민법 681조, 683조를 준용하지 않고 별도로 29조의4에서 공정대표의무를 규정한 취지를 고려할 필요가 있다.

---

6) 대법원 2018. 8. 30. 선고 2017다218642 판결 등.

7) 대법원 2020. 10. 29. 선고 2017다263192 판결로 상고기각됨으로써 확정되었다.

8) "구 노조법(1996. 12. 31. 법률 제5244호로 폐지) 33조 1항에서 규정하고 있는 단체교섭권한의 '위임'이라고 함은 노동조합이 조직상의 대표자 이외의 자에게 조합 또는 조합원을 위하여, 조합의 입장에서 사용자 측과 사이에 단체교섭을 하는 사무처리를 맡기는 것을 뜻하고, 그 위임 후 이를 해지하는 등의 별개의 의사표시가 없더라도 노동조합의 단체교섭권한은 여전히 수임자의 단체교섭권한과 중복하여 경합적으로 남아 있다고 할 것이며, 같은 조 2항의 규정에 따라 단위노동조합이 당해 노동조합이 가입한 상부단체인 연합단체에 그러한 권한을 위임한 경우에 있어서도 달리 볼 것은 아니다."

학계에서는 서울고법 2016나2057671 판결을 지지하는 견해가 유력하지만,[9] 이에 반하여 대리 내지 위임관계를 인정하는 듯한 견해도 있다.[10]

노조법 29조 1항은 노동조합은 자신의 조합원을 위해 단체교섭을 행하고 단체협약을 체결할 수 있는 지위를 갖는 것으로 규정하고 있고, 2항에서는 교섭 대표노동조합만이 창구단일화 절차에 참여한 모든 노조와 조합원을 위해 교섭 하고 협약을 체결할 지위를 갖는 것으로 규정하고 있다. 그러므로 현행법상 교 섭대표노동조합으로서의 지위를 갖는다는 것은 교섭 당사자의 지위에서 스스로 의 이름으로 교섭을 행하고 협약을 체결하는 것을 뜻한다. 위임관계라고 하면 교섭대표노동조합이 수임자로서 위임자를 위해 교섭하고, 나아가 위임자인 다른 노동조합도 교섭권을 가진다는 점에서 위 법문의 문언과 어긋난다고 볼 수 있 다. 만일 교섭대표노동조합과 다른 노동조합의 관계를 위임관계로 본다면, 위임 인은 교섭권한 위임 후에도 여전히 교섭권 및 협약체결권을 보유하는 것으로 보아야 하며, 항시 철회가 가능하고 철회 후에는 더 이상 위임관계가 유지되지 않게 되므로 교섭창구 단일화 제도의 취지에 부합하는 것으로 보기 어렵다. 따 라서 위임을 부정하는 서울고등법원 2016나2057671 판결이 타당하다 할 것이다.

Ⅱ. 교섭대표노동조합의 지위 존속기간

노조법 시행령에서는 교섭대표노동조합의 지위 존속기간에 관한 규정을 두 고 있다. 교섭대표노동조합으로 결정된 후 사용자와 체결한 첫 번째 단체협약의 유효기간이 2년인 경우에는 그 단체협약의 유효기간이 만료되는 날까지, 단체협 약의 유효기간이 2년 미만인 경우에는 그 단체협약의 효력이 발생한 날을 기준 으로 2년이 되는 날까지 교섭대표노동조합의 지위를 유지하되, 새로운 교섭대표 노동조합이 결정된 경우에는 그 결정된 때까지 '기존 단체협약의 이행과 관련하 여' 교섭대표노동조합의 지위를 유지한다(영 14조의10 1항). 즉 교섭대표노동조합이 되면 단체협약의 유효기간에 관계없이 2년은 교섭대표노동조합의 지위를 갖는 다고 할 수 있다. 따라서 해당 기간 내에 다른 단체협약(예: 임금협약)이 만료하 면 그 협약에 대한 교섭도 교섭대표노동조합이 진행하는 것으로 해석된다.

9) 박종희b, 147~150면.
10) 정명현, 205~207면.

이와 관련하여 교섭대표노동조합이 단체협약을 체결하면서 협약의 효력을 체결일 이전의 특정 시점으로 소급하는 경우, 교섭대표노동조합의 지위는 소급하여 적용하기로 한 날부터 2년까지 유지하게 되나, 소급하더라도 교섭대표노동조합의 지위가 인정되기 전의 기간까지 소급하는 것은 불가능하다.[11] 결국 그 2년은 이미 확립되어 있는 단체교섭의 제반 관계를 존중하는 기간으로 이해되며, 그 기간이 다른 노동조합의 단일화 절차에 따른 교섭신청 및 개별교섭신청에 대하여 일종의 장벽(bar)으로 작용하는 것이 된다.

나아가 교섭대표노동조합이 결정된 날부터 1년 동안 단체협약을 체결하지 못한 경우에는 어느 노동조합이든지 사용자에게 교섭을 요구할 수 있다. 이 경우 교섭창구 단일화 절차가 다시 진행된다(영 14조의10 3항).[12] 또한 교섭대표노동조합의 지위 유지기간 내라고 하더라도 교섭대표노동조합이 해산 등으로 소멸한 경우와 같은 사유가 발생하면 교섭대표노동조합을 다시 결정하여야 한다.[13]

그러나 교섭대표노동조합이 1년 동안 단체교섭 및 단체협약 체결을 해태하는 경우에, 다른 노동조합의 노동3권은 1년 동안 침해될 수밖에 없으며, 1년이 지난 후에 다시 교섭요구 및 교섭대표노동조합 결정절차를 반복해야 하므로 단체교섭 및 단체협약체결이 장기간 지연될 수 있다. 또한 사용자가 단체협약 체결을 일부러 지연시키는 전략을 구사하는 경우도 충분히 예상할 수 있어서 단체협약의 공백이 장기화될 가능성도 없지 않다.[14] 이와 같은 경우에는 1년이라는 기간이 경과하기 전이라도 노동위원회 결정절차 등을 통해 교섭대표노동조합의 지위를 박탈하고 새로이 교섭창구 단일화 절차를 진행하는 입법론 내지 해석론이 요청된다 할 것이다.

---

11) 권두섭, 79면.
12) 영 14조의10 3항은 교섭창구 단일화 절차를 통해 교섭대표노동조합으로 결정된 노동조합이 그 결정일로부터 1년간 단체협약을 체결하지 못한 때에는 새로운 교섭대표노동조합을 정하기 위한 교섭창구 단일화 절차가 개시되도록 하여 종전 교섭창구 단일화 절차의 결과로 교섭권이 배제되었던 다른 노동조합에도 교섭에 참여할 기회를 부여하기 위한 것이다. 따라서 법 부칙 4조에 따라 교섭당사자의 지위가 유지되는 경우는 영 14조의10 3항의 적용 대상이 아니므로, 교섭당사자의 지위가 유지되는 노동조합이 2011. 7. 1.부터 1년간 단체협약을 체결하지 못하였다고 하여 교섭당사자의 지위가 박탈된다고 볼 것은 아니다(대법원 2013. 5. 9.자 2013마359 결정).
13) 같은 취지로 권두섭, 79면.
14) 조상균a, 179~180면.

Ⅲ. 교섭대표노동조합이 체결한 단체협약의 효력

교섭대표노동조합이 체결한 단체협약은 교섭창구 단일화 절차에 참여한 노동조합과 그 조합원에 대해 효력을 미친다.

단체협약의 내용 중 근로조건 기타 근로자의 대우에 관한 규범적 부분은 교섭창구 단일화 절차에 참여한 모든 노동조합의 조합원들에게 직접 적용된다. 노동조합의 활동에 관한 채무적 부분은 교섭창구 단일화 절차에 참가한 모든 노동조합에게 적용된다.

[권 영 국·임 상 민]

제30조(교섭등의 원칙)

① 노동조합과 사용자 또는 사용자단체는 신의에 따라 성실히 교섭하고 단체협약을 체결하여야 하며 그 권한을 남용하여서는 아니된다.

② 노동조합과 사용자 또는 사용자단체는 정당한 이유없이 교섭 또는 단체협약의 체결을 거부하거나 해태하여서는 아니된다.

③ 국가 및 지방자치단체는 기업·산업·지역별 교섭 등 다양한 교섭방식을 노동관계 당사자가 자율적으로 선택할 수 있도록 지원하고 이에 따른 단체교섭이 활성화될 수 있도록 노력하여야 한다.

〈세 목 차〉

[참고문헌]

고호성a, 성실교섭의무의 법리에 관한 연구, 서울대학교 대학원 석사학위논문(1984); **고호성b**, 노동법상의 집단적 자치원리 ―협약법제와 교섭법제의 유기적 이해를 위한 시론―, 서울대학교 대학원 박사학위논문(1995); **구미영**, "원청업체의 단체교섭 응낙의무와 교섭대상사항", 노동법학 43호, 한국노동법학회(2012); **권창영a**, "복수노동조합 병존시의 법률관계", 사법논집 30집, 법원도서관(1999); **권창영b**, "단체교섭권을 피보전권리로 하는 가처분 판례의 동향(상)", 법조 564호, 법조협회(2003. 9.); **권창영c**, "단체교섭권을 피보전권리로 하는 가처분 판례의 동향(하)", 법조 565호, 법조협회(2003. 10.); **권혁**, 단체교섭질서와 원하청관계, 법문사(2012); **김규장**, "사용자의 단체교섭 거부·해태 및 연설 행위와 부당노동행위", 대법원판례해설 30호, 법원도서관(1998); **김진석**, "교섭창구 단일화 관련 사용자의 차별금지의무", 노동법연구 52호, 서울대학교 노동법연구회(2022); **김영문**, "사내하도급 근로자들의 원청기업에 대한 단체교섭 가부", 노동법학 36호, 한국노동법학회(2010); **김치선**, "단체교섭거부", 법정 25권 4호, 법정사(1970. 4.); **김치선**, "단체교섭의 활성화연구", 법학 22권 3호, 서울대학교 법학연구소(1981); **김홍영·강주리**, "택배회사를 대리점 택배기사에 대해 단체교섭의무를 지는 사용자로 인정한 중앙노동위원회 판정의 의미", 노동법연구 51호, 서울대학교 노동법연구회(2021); **김황조·김재원**, 단체교섭론, 법문사(1993); **박성국**, "플랫폼 노사관계와 단체교섭 —음식배달·대리운전·퀵서비스 사례", 노동리뷰 190호, 한국노동연구원(2021. 1.); **박소민**, "프랜차이즈 당사자 사이의 집단적 노사관계", 법학연구 23권 1호, 인하대학교 법학연구소(2020); **박제성·박지순·박은정**, 기업집단과 노동법: 노사협의와 단체교섭제도를 중심으로, 한국노동연구원(2007); **박지순·추장철**, "복수노조 병존과 부당노동행위 —단체교섭에 따른 차별적 처우와 사용자의 중립의무를 중심으로—", 노동법논총 50호, 한국비교노동법학회(2020); **배규식·이승협·조용만·김종법·이주희**, 유럽의 산별 단체교섭과 단체협약 연구, 한국노동연구원(2008); **손창희**, "단체교섭, 교섭권과 협약체결권한에 관한 고찰", 노동관계법연구, 한국경영자총협회(1997); **오문완**, "복수노조 병존시 단체교섭권에 관한 연구 —미국과 일본의 단체교섭제도—", 한국노총 중앙연구원(1997); **윤애림**, "지배기업의 단체교섭 응낙의무에 관한 한국과 일본의 법리 비교", 노동법연구 41호, 서울대학교 노동법연구회(2016); **이동원**, "단체교섭거부의 정당한 이유", 민사재판의 제문제 15권, 한국사법행정학회(2006. 12.); **이상덕**, "노사의 단체교섭의 전략과 성실교섭의무", 노동법학 36호, 한국노동법학회(2010. 12.); **이영호**, 노사분규기업의 단체교섭과정에 관한 사례연구, 서울대학교 노사관계연구소(1994); **이정**, "일본 복수노조와의 자율교섭과 노사관계: 사용자의 성실교섭의무 및 중립유지의무를 중심으로", 노동법학 32호, 한국노동법학회(2009. 12.); **이정희·김정우·손영우·윤효원·정경은·허인**, 기업별 복수노조와 단체교섭, 한국노동연구원(2018); **이준희**, 단체교섭권에 관한 연구, 고려대학교 법학박사 학위논문(2015); **장우찬a**, 단체교섭에서의 성실교섭의무에 관한 연구 —한국과 미국의 비교를 중심으로—, 서울대학교 법학박사 학위논문(2012); **장우찬b**, "단체교섭에서의 정보제공의무", 노동법학 45호, 한국노동법학회(2013); **정영훈**, "기본권으로서의 단체교섭권에 관한 일고찰", 노동법연구 52호, 서울대학교 노동법연구회(2022); **정진경**, "단체협약의 총회인준을 정한 규약의 효력", 저스티스 33권 4호, 한국법학원(2000. 12.); **조영선**, "단체교섭 거부의 정당성 및 불법행위 성립 요건", 2006 노동판례비평, 민주사회를 위한 변호사모임(2007); **조용만**, "복수노조하의 단체

교섭", 노동법연구 8호, 서울대학교 노동법연구회(1999); **光岡正博**, 團體交涉權の研究, 法律文化社(1982); **橋詰洋三**, "組合併存下の勞使關係と勞働條件", 季刊 勞働法 161호; **木村仁**, "アメリカにおける豫備的合意と誠實交涉義務", 豫約法の總合的研究, 日本評論社(2004); **寺田博**, "大衆交涉", 現代講座 4권(團體交涉), 日本勞働法學會(1981); **三枝信義**, "團體交涉拒否及び支配介入に關する救濟", 實務 民事訴訟法講座 9, 日本評論社(1978); **小川環**, "交涉の時期・時間・場所・交涉人員", 現代講座 4권(團體交涉), 日本勞働法學會(1981); **손창희**, 團體交涉の法的構造 ─その權利性の分析を中心にして, 上智大學 법학박사 학위논문(1977); **奧山明良**, "1. 併存組合の一方に對する斷交拒否が不當勞働行爲に該當し, かつ, 不法行爲を構成するとされた事例, 2. 右の團交申入れた使用者が誠實に應じていれば他組合員と同樣に受け得たであろう一時金相當額を損害賠償として,その支拂いを命じた事例", 判例時報 1300호; **坂本重雄**, 團體交涉權論, 日本評論社(1994); **Gorman**, Robert A., Basic Text on Labor Law, West Publishing(1976); **Morris**, Charles J. (ed), The Developing Labor Law, ABA(1971).

Ⅰ. 의   의

노조법 30조는 노동조합과 사용자・사용자단체의 성실교섭의무에 관하여 규정하고 있다. 그동안 단체교섭에 관한 분쟁은 단체교섭의 주체와 대상을 중심으로 전개되었고, 성실교섭의무에 관한 분쟁은 상대적으로 많지 않아서, 국내에서 성실교섭의무에 관한 판례와 연구성과는 빈약하다. 노동관계법에서 사용자의 부당노동행위뿐만 아니라 노동조합의 부당노동행위를 규정하고 있는 미국에서는 성실교섭의무에 관한 판례와 연구성과가 많이 축적되어 있고, 우리나라 부당노동행위제도의 모범이 되었으므로, 먼저 미국의 성실교섭의무의 법리에 관하여 간략하게 살펴본다.[1]

Ⅱ. 미국의 성실교섭의무

1. 미국 단체교섭의무의 구조

미국에서 단체교섭법제의 기본적 목표는 사용자와 근로자대표 간의 건전한 단체교섭관계의 촉진이다.[2] 이는 단체교섭관계를 노사간의 역학관계에 방임하

---

[1] 자세한 논의는 고호성a 참조.

[2] Findling/Colby, "Regulation of collective bargaining by the NLRB -Another view", Columbia

지 않고 국가가 이에 적절히 관여하여 건전한 단체교섭관계를 촉진시키려 한다는 것을 의미한다. 전국노동관계법(National Labor Relations Act, 법률안 제출자였던 뉴욕주 상원의원의 이름을 따서 일반적으로 Wagner Act라 한다. 이하 NLRA라 한다)은 7조[3])에서 "근로자들은 자신이 선출한 대표를 통하여 단체교섭할 권리를 가진다."고 규정하여 단체교섭권을 보장하고, 이에 대응하는 사용자의 의무를 동법 8조 a항 5호[4])에서 "9조 a항의 규정에 따른 근로자대표와 단체교섭을 거절하는 것"을 부당노동행위로 하여 구체화하고 있다. 그런데 Taft-Hartley Act에 의하여 개정된 NLRA는 사용자의 단체교섭거부와 함께, 8조 b항 3호[5])에서 노동조합의 단체교섭거부를 부당노동행위로 하여 노동조합의 단체교섭의무도 인정하고 있다.

　단체교섭의 태양에 관하여 NLRA 8조 d항[6])에 "성실하게(in good faith)" 교섭하여야 한다고 규정하고 있는데 성실교섭의무의 특성은 다음과 같다. 첫째, 계속적·동태적 성격을 지닌다. 즉, 단체교섭을 계속적인 과정으로 파악하여 그 과정에서 사용자에게 어떠한 행위를 할 의무가 부여되는가라는 것이 성실교섭

Law Review Vol. 51.(1951), 170면.

3) Sec. 7. [§ 157.] Employees shall have the right to self-organization, to form, join, or assist labor organizations, to bargain collectively through representatives of their own choosing, and to engage in other concerted activities for the purpose of collective bargaining or other mutual aid or protection, and shall also have the right to refrain from any or all of such activities except to the extent that such right may be affected by an agreement requiring membership in a labor organization as a condition of employment as authorized in section 8(a)(3) [section 158(a)(3) of this title].

4) (a) [Unfair labor practices by employer] It shall be an unfair labor practice for an employer--
(5) to refuse to bargain collectively with the representatives of his employees, subject to the provisions of section 9(a) [section 159(a) of this title].

5) (b) [Unfair labor practices by labor organization] It shall be an unfair labor practice for a labor organization or its agents--
(3) to refuse to bargain collectively with an employer, provided it is the representative of his employees subject to the provisions of section 9(a) [section 159(a) of this title];

6) (d) [Obligation to bargain collectively] For the purposes of this section, to bargain collectively is the performance of the mutual obligation of the employer and the representative of the employees to meet at reasonable times and confer in good faith with respect to wages, hours, and other terms and conditions of employment, or the negotiation of an agreement or any question arising thereunder, and the execution of a written contract incorporating any agreement reached if requested by either party, but such obligation does not compel either party to agree to a proposal or require the making of a concession: Provided, That where there is in effect a collective- bargaining contract covering employees in an industry affecting commerce, the duty to bargain collectively shall also mean that no party to such contract shall terminate or modify such contract, unless the party desiring such termination or modification.

의무의 주된 내용이다. 둘째, 소극적 성격뿐 아니라 적극적 성격도 가진다. 즉, 성실교섭의무는 노동조합의 신청에 응하여 성실하게 교섭하여야 한다는 것 뿐 아니라, 일정한 사항에 대하여 노동조합과 단체교섭을 하지 않은 채 일방적으로 변경을 가해서는 안 된다는 것도 요구하고 있다.

2. 성실교섭의무의 일반적 내용

가. 성실교섭의무의 당연위반

전국노동관계위원회(National Labor Relations Board. 이하 NLRB라 한다)와 법원은 일정한 유형의 행위에 대해서는 당연히(per se) 성실교섭의무의 위반이 된다고 인정하고 있다. 그 유형으로서는 다음과 같은 네 가지가 있다. 즉, ① 단체교섭을 위하여 상대방과 회합하는 것 자체를 거부하는 행위, ② 합의가 이루어진 근로조건을 기재한 단체협약서에 서명하는 것을 거부하는 행위, ③ 현재 교섭 중에 있는 임금이나 그 밖의 근로조건을 일방적으로 변경시키는 행위, ④ 교섭의 보조수단으로 사용하기 위하여 상대방이 요청한 정보의 제공을 거부하는 행위 등이다.7) 그러나 이러한 행위들도 일정한 경우에는 정당화될 수 있다. 예를 들면, 사용자의 회합거부의 경우 노동조합이 불법적인 파업을 하고 있으면 회합거부는 정당화되고, 일방적 변경의 경우 이러한 변경이 실제로는 '동태적 현상유지(dynamic status quo)'8)에 해당하거나 단체협약에서 인정하고 있다면 정당화된다.

나. 성실교섭의무의 상황적 위반

위와 같은 성실교섭의무의 당연위반에 해당하는 행위가 없는 경우에는 주관적 불성실은 단체교섭의 '모든 상황을 고려하여(in all circumstances)' 인정되는 것이다. 이렇게 하여 주관적 불성실이 인정되면 그것을 성실교섭의무의 '상황적

---

7) Gorman, 399면.
8) 새로운 단체협약이 체결되기 전까지 종전 단체협약에 따라 임금을 인상하거나 근로조건을 변경하는 것을 말한다. 동태적 현상유지로 인정된 예를 들면, 과거의 관행과 일치하여 일방적으로 상여금을 지급한 것[Texas Foundaries, Inc. (NLRB, 1952)], 일반급을 인상한 것[NLRB v. Ralph Printing & Lithog. Co. (8th Cir., 1970)], 하도급계약을 한 것[Westinghouse Elec. Corp. (Mansfield Plant) (NLRB, 1965)] 등이 있다. 동태적 현상유지의 인정에는 중대한 제약이 있는데, 그것은 자동적(automatic) 변경과 재량적(discretional) 변경의 구분에 의한 것이다. 그 구분은 과거의 관행에 따른 변경이라고 하여도 자동적 변경인 경우에는 동태적 현상유지로 인정되어 성실교섭의무에 위반하는 것이 아니지만, 재량적 변경의 경우에는 동태적 현상유지로 인정될 수 없어 성실교섭의무위반이 되는 것이다. 고호성b, 136면.

위반(circumstantial violation)'이라고 한다. 그런데 상황적 위반의 경우에도 불성실은 주로 당사자의 행위를 통하여 인정되기 때문에 불성실의 판단기준으로 회합의 지연, 주장의 완강한 고집, 부당한 주장 등의 행위가 특히 문제된다.

3. 불성실의 요소

가. 교섭창구에서 이루어진 행위

교섭창구에서 단체교섭거부의 문제는 미국 성실교섭의무의 법리상 회합거부(refusal to meet)의 문제로 처리되고 있다. NLRA 8조 d항은 적당한 시간에 회합할 것을 요구하고 있다. 따라서 사용자가 노동조합과의 회합 그 자체를 거부하는 것은 성실교섭의무위반이 되고,9) 우편에 의한 교섭주장이나 제안의 서면 제출방식에 의한 교섭주장도 성실교섭의무위반이 된다.10) 대부분의 경우 회합을 지연하는 것11)이 문제되는데, 어느 정도의 지연이 성실교섭의무의 위반이 되는지 여부는 교섭 전체의 상황을 고려하여 결정할 수밖에 없다.

회합거부의 또 다른 문제점은 회합에 대한 조건부여인데, 이것은 사용자가 회합의 개시·재개 등에 일정한 조건을 붙이는 것이다. NLRB와 법원이 성실교섭의무위반으로 인정한 조건부여, 즉 불합리한 조건의 부여로 인정한 예로는 ① 회합계속의 조건으로 부당노동행위 구제신청의 철회를 요구하는 것,12) ② 진행 중인 파업의 중단을 요구하는 것,13) ③ 회합개시의 조건으로서 상대방 교섭팀의 구성변경을 요구하는 것14) 등이 있다.

나. 교섭과정에서 이루어진 행위

(1) 정보제공거부15)

NLRB와 법원은 성실교섭의무와 관련하여 조합의 요구에 의하여 단체교섭에서 생기는 문제를 이해하고 현명하게 협의하는 것을 가능하도록 하는 데 충분한 정보를 제공하여야 할 사용자의 의무16)를 인정하고 있다. 이 의무는 이러

---

9) NLRB v. Lettie Lee Inc. (CA 9, 1944).

10) NLRB v. U.S. Cold Storage Corp. (CA 5, 1953); NLRB v. P. Lorillard Co. (CA 6, 1941).

11) B.F.Diamond Constr. Co. (NLRB, 1967); Insulating Fabricators, Inc. (NLRB, 1963).

12) Fitzgerald Mills Corp. (NLRB, 1961).

13) NLRB v. J.H.Rutters-Rex Kfg. Co. (CA 5, 1957).

14) Standard Oil Co. v. NLRB (CA 6, 1963).

15) 미국법상 사용자의 정보제공에 관한 자세한 논의는 장우찬, 104~114면 참조.

16) S. L. Allen & Co., Inc. (NLRB 1936).

한 정보 없이는 노동조합이 교섭대표로서 올바르게 그 의무를 수행할 수 없으며 따라서 단체교섭도 행해질 수 없다는 신념17)에 기초한 것이므로, 사용자의 정보제공거부는 성실교섭의무의 당연위반이 된다.18)

정보제공의무의 필요조건으로서 노동조합은 먼저 성실하게 정보제공을 요구하여야 한다.19) 요구된 정보는 노동조합의 기능수행과 관련성(relevancy)이 있어야 한다.20) 사용자가 정보의 제공을 명시적으로 거부하지는 않았더라도, 요구된 정보를 신속하게 수집하여 제공할 노력을 하지 않고 있는 것은 명백한 거부와 마찬가지로 성실교섭의무위반으로 인정되고 있다.21)

사용자가 정보제공을 거부하는 것도 일정한 경우에는 정당화되는데, 정보제공으로 개인 또는 기업에 위해를 받을 우려가 있는 경우, 정보가 사업상의 비밀인 경우이다. 그러나 후자의 경우 법원은 정보제공거부를 정당한 것으로 인정함에는 엄격한 태도를 취하여, 그 비밀을 유지하는 데 합법적인 사업상의 이익(legitimate business interest)이 있고 노동조합의 정보요구가 그 기능수행과 엄밀한 관련성을 넘는 것일 때, 노동조합에 대하여 그 정보요구의 범위를 좁히도록 하는 입장22)을 취하고 있다.

(2) 서명거부

NLRA 8조 d항은 이미 이루어진 합의를 기재한 협약서에 서명할 것을 요구하고 있다. 따라서 서명을 거부하는 것은 성실교섭의무의 당연위반이 되는 것으로 인정하여 왔다.23) 사용자가 협약서에 서명은 하였지만 이를 노동조합 측에 되돌려 주는 것을 거부한 것도 마찬가지로 성실교섭의무위반이 된다.24)

---

17) Aluminum Ore. Co. v. NLRB (CA 7, 1942).
18) Curitss-Wright Corp., Wright Aero. Div. v. NLRB (CA 3, 1965).
19) Westinghouse Electric Supply Co. v. NLRB (CA 3, 1952).
20) NLRB v. Acme Industrial Co. (U.S. 1967) etc.
21) NLRB v. John S. Swift Co. (CA 7, 1960).; NLRB v. Truitt Mfg. Co., 351 U.S. 149 (1956) 판결에서는 당해 사건에서 노동조합의 임금인상 요구에 대해 사용자는 그러한 임금 인상은 기업을 파산시킬 것이라고 주장하면서 이러한 경영상의 어려움을 이유로 노동조합의 임금인상요구를 받아들이지 않았다. 이에 연방대법원은 사용자가 지불능력이 없음을 주장하면서 이를 입증할 수 있는 정보를 제공하지 않고 그 근거가 되는 재무상황의 자료를 제출하라는 노동조합의 정보제공요구를 거부하는 것은 성실교섭의무에 반한다고 판시하였다.
22) Kroger Co. v. NLRB (CA 6, 1968).
23) NLRB v. Big Run Coal & Clay Co. (CA 6, 1967).
24) Lozano Enterprises v. NLRB (CA 9, 1964).

(3) 주장의 완강한 고집

NLRA 8조 d항은 성실교섭의무가 당사자로 하여금 제안에 동의하거나 양보할 것을 강제하는 것은 아니라고 규정하고 있다. 따라서 단체교섭 중에 자신의 주장을 완강하게 고집하는 것이 그 자체로서 성실교섭의무위반은 아니지만,25) NLRB와 법원은 주장을 완강하게 고집하는 것이 교섭 테이블에서 한 다른 행위와 결합하여 불성실의 증거가 될 수 있다는 것을 인정하고 있다. 즉, 자신의 주장을 완강히 고집하는 것은 성실교섭의무의 상황적 위반의 한 요소가 된다. NLRB와 법원이 이러한 고집이 성실교섭의무의 위반이 된다고 인정한 예로는 ① 사용자가 아무런 이유도 제시하지 않고 노동조합의 모든 주장을 배척하거나, ② 단지 의미 없는 애매한 원칙만을 주장하여 노동조합의 모든 주장을 배척하는 경우,26) ③ 사용자가 자존심 있는 노동조합이라면 받아들일 수 없는 일련의 제안을 고집하는 경우,27) ④ 사용자의 고집이 자신의 주장이 정당하다는 믿음에 입각한 것이 아니라 노동조합으로 하여금 더 이상의 양보는 기대될 수 없다는 것을 믿게 하려는 의도, 즉 단체교섭을 좌절시키려는 의도에 입각해 있는 경우,28) ⑤ 사용자가 주장을 고집하는 것 이외에 노동조합을 배척하고 단체교섭을 좌절시키려는 의도를 표현한 경우,29) ⑥ 사용자가 주장을 고집하는 것 이외에 노동조합을 파괴하겠다고 언명한 경우30) 등이 있다.

그러나 여러 가지 중요한 사항에 대해서 합의가 이루어지고 있다는 것은 어떤 한 가지 사항에 대한 주장의 고집이 성실성에 반하는 것이 아니라는 유력한 증거가 되고,31) 사용자의 고집이 부분적으로는 노동조합이 그 주장을 철회하지 않는 것에 기인한다고 인정될 경우에는 정당화된다.32)

(4) 부당한 주장

NLRB와 법원은 교섭 테이블에서 한 부당한 주장도 불성실의 요소가 되는 것으로 인정하고 있다. 어떤 부당한 주장이 성실교섭의무위반으로 되는지 일반

---

25) Chevron Oil Co. v. NLRB (CA 5, 1971).
26) NLRB v. Reed & Prince Mfg. Co. (CA 1, 1953).
27) Procter & Gamble Mfg. Co. (NLRB, 1966).
28) Cincinnati Cordage & Paper Co. (NLRB, 1963).
29) NLRB v. Denton (CA 5, 1954).
30) Wal-Life Div. of United States Gypsum Co. (NLRB, 1972).
31) Procter & Gamble Mfg. Co. (NLRB, 1966) etc.
32) NLRB v. Stevenson Brick & Brock Co. (CA 5, 1968).

화하는 것은 어렵지만, 일반적으로 사용자가 일련의 사항을 주장하는데 그 주장
이 근로자와 노동조합으로 하여금 전혀 협약이 없는 것보다도 더 나쁜 상태로
몰아가는 경우가 이에 해당한다.

(5) 일방적 변경

일방적 변경의 문제는 미국 성실교섭의무의 법리에서 매우 중요한 부분이
다. Katz 사건33)에서 사용자와 노동조합은 일반급·병가급(病暇給)·실적급 등의
임금에 관한 사항을 교섭하고 있었다. 그런데 사용자는 교섭 도중에 일방적으로
일반급·실적급의 인상을 단행하였으며 병가정책(病暇政策)을 수정하였다. 이에
대하여 연방대법원은 성실교섭의무의 당연위반을 인정하였다. 한편 사용자가 단
체교섭 중에 기존이익을 박탈하는 형태로 일방적 변경을 하여도 성실교섭의무
의 당연위반(per se violation)으로 인정되고 있다.34)

4. 성실교섭의무의 정지·소멸

미국에서 사용자가 성실교섭의무를 면할 수 있는 경우로서는 단체교섭 결
렬(impasse), 노동조합의 단체교섭권 포기에 의한 성실교섭의무의 소멸을 들 수
있다.

가. 단체교섭 결렬

단체교섭 결렬(impasse)은 "양당사자가 합의에 이르기 위하여 모든 노력을
다했으나 더 이상의 교섭이 쓸모없게 된 시점"35)을 말한다. 이러한 정의에서 보
는 바와 같이 교섭결렬은 단순히 교섭이 더 이상 진행되지 못할 시점을 말하는
것이 아니라 성실한 교섭에도 불구하고 견해차를 극복하지 못하여 더 이상의
교섭이 쓸모없게 된 시점을 말한다. 따라서 사용자의 부당노동행위로 인하여 단
체교섭이 더 이상 진행되지 못할 상태가 되었다고 하여도 단체교섭결렬을 인정
할 수 없다.36)

이러한 단체교섭 결렬이 인정되면 성실교섭의무는 일시 정지된다. 따라서
단체교섭 결렬 이후에는 회합을 거부할 수 있고,37) 사용자는 자신이 단체교섭

---

33) NLRB v. Katz (U.S. 1962).
34) Borden, Inc. (NLRB, 1972).
35) Gorman, 148면.
36) Industrial Union of Marine & Shipbuilding Workers v. NLRB (CA 3, 1963).
37) Cheney Calif. Lumber Co. v. NLRB (CA 9, 1963).

결렬 전에 제안한 내용을 일방적으로 변경할 수 있다.38) 그 근거는 사용자가 성실하게 교섭하여 단체교섭 결렬에 이르렀을 때에는 사용자는 가능한 한 합의에 의하여 근로조건을 결정하여야 법령상의 의무를 다한 것이라는 점에 있다.39)

나. 단체교섭권의 포기

성실교섭의무는 어느 일방당사자의 단체교섭권의 포기로써 소멸된다. 노동조합이 단체교섭권을 포기하였을 경우에 사용자는 노조의 교섭요구를 무시하고 의무적 교섭사항에 대한 현상을 유지할 수 있으며, 의무적 교섭사항에 대하여 현상을 변경할 수도 있다.

(1) 명시적 합의에 의한 포기

노동조합은 일정한 의무적 교섭사항에 관한 단체교섭권을 단체협약에 의하여 포기할 수 있지만, 그 포기는 '명백하고 오해의 여지가 없는(clear and unmistakable)' 문언에 의해야 한다.40) 특히 문제가 되는 것은 경영권조항과 단체교섭폐쇄조항(zipper clause)이다.

경영권조항이란 일정한 사항을 단체교섭의 대상에서 제외하고 사용자의 일방적 결정권을 인정하는 조항인데, 이것은 단체교섭권의 소극적 측면뿐 아니라 적극적 측면까지 포기한 것을 나타내는 것이다. 따라서 경영권조항을 이유로 사용자가 작업·생산계획을 일방적으로 변경하여 불필요한 근로자를 해고한 것,41) 결근이 잦은 근로자에 대하여 신체검사계획을 일방적으로 결정한 것,42) 상여금계획을 일방적으로 결정한 것43) 등이 성실교섭의무에 위반하는 것이 아니라고 하였다. 그러나 포기는 명백하고 오해의 여지가 없는 문언에 의하여야 하므로, 일정한 사항에 대한 명문의 포기가 있더라도 별개의 사항에 대한 포기는 인정되지 않는다.44) 또 그 사항을 특정하지 않은 '백지경영권조항(blanket management rights clause)'에 의한 포기도 인정하지 않고 있다.45)

단체교섭폐쇄조항은 단체교섭을 양당사자의 권리와 의무에 대한 배타적 선

---

38) Taft Broadcasting Co. (NLRB, 1967).
39) Bi-Rite Foods, Inc. (NLRB, 1964).
40) Beacon Piece Dyeing & Finishing Co. (NLRB, 1958).
41) Ador Corp. (NLRB, 1965).
42) LeRoy Mach. Co. (NLRB, 1964).
43) NLRB v. Honolulu Star-Bulletin, Inc. (CA 9, 1969).
44) NLRB v. C&C Plywood Corp. (U.S, 1967).
45) Proctor Mfg. Corp. (NLRB, 1951).

언으로 하고, 단체협약의 유효기간 중에는 단체교섭을 폐쇄한다는 조항이다. 그러나 이러한 조항은 노동조합이 어떠한 사항에 대하여 단체교섭요구를 포기한 것이지,[46] 그 사항에 대하여 사용자에게 일방적 변경권을 주는 것은 아니다.[47]

(2) 단체교섭의 경과에 의한 포기

노동조합의 단체교섭권의 포기는 명문의 협약규정에 의해서만이 아니라, 단체교섭 중의 양보에 의해서도 인정되고 있다. 즉, 노동조합이 일정한 사항을 단체교섭 중에 주장했지만, 사용자가 이에 반대했거나 노동조합이 사용자의 다른 양보의 대가로 이를 철회했기 때문에 단체협약에 그 사항을 규정하지 못하였을 경우, 노동조합은 그 사항에 대하여 단체교섭권을 포기했다고 인정되는 것이다. 이러한 경우를 단체교섭의 '경과에 의한 포기(waiver by bargaining history)'라고 한다.

(3) 부작위에 의한 포기

위와 같은 단체교섭권의 포기 이외에, 기회가 있음에도 불구하고 단체교섭을 요구하지 않은 경우에도 포기가 인정된다. 즉, 사용자의 일방적 변경에 대하여 항의하지 않은 경우,[48] 사용자의 일방적 변경의 의도를 알고 있으면서도 단체교섭을 요구하지 않은 경우에 단체교섭권의 포기가 인정된다.

Ⅲ. 사용자의 단체교섭의무

1. 의   의

성실교섭의무란 노동조합과 사용자는 단체교섭과 단체협약의 체결에서 성실하게 이를 이행하고, 정당한 이유 없이 이를 거부하거나 해태할 수 없는 의무를 말한다. 단체교섭은 근로자의 권리 보장과 노사관계의 안정의 근간이 되므로, 노조법 30조에서 원만한 단체교섭과 단체협약체결을 실현하기 위하여 노사 양당사자에게 주어진 의무를 명문화하였다. 다만, 노조법은 단체협약체결의무를 포함하는 광의의 의미로 성실교섭의무를 규정하고 있다.

사용자가 부담하는 단체교섭의무는 '노동조합 승인의무, 개별교섭 금지의

---

46) Jacobs Mfg. Co. (NLRB, 1951).
47) New York Mirror (NLRB, 1965).
48) Justenson's Food Stores, Inc. (NLRB, 1966).

무, 근로조건의 일방적 결정 금지의무, 단체교섭응낙의무, 성실교섭의무' 등을
의미하고,[49] 성실교섭의무(협의)의 내용[50]은 '사용자가 합의달성을 위하여 진지
하게 노력하여야 할 의무, 교섭사항과 관련하여 노조 측에 필요한 설명을 하거
나 관련 자료를 제공할 의무(설명의무와 정보제공의무), 교섭의 결과 합의가 성립
되면 이를 단체협약으로 체결하여야 할 의무' 등을 의미한다.[51] 이하에서는 단
체교섭의 태양, 성실교섭의무의 순서대로 논의한다.

2. 단체교섭의 태양

가. 서면교환과 단체교섭

단체교섭이란 노동조합 등의 대표와 사용자 대표가 직접 회견하여 교섭하
는 것을 의미하는 것이어서, 문서로 주고받는 것은 단체교섭이라고 할 수 없다.
따라서 사용자가 조합의 단체교섭요구에 대하여 서면교환에 의한 교섭을 고집
하고 직접 교섭에 응하지 않는 것은 단체교섭거부의 부당노동행위가 된다.[52] 또
한 조합의 단체교섭요구에 대하여 그 요구항목의 정당성 등에 대한 설명문서의
제출을 요구하고, 그 미제출을 이유로 단체교섭에 응하지 않는 것도 부당노동행
위가 된다.[53]

나. 예비교섭과 단체교섭

예비교섭은 본래의 단체교섭을 원활하게 진행하기 위한 의제의 정리와 단
체교섭의 규칙(rule)의 설정을 목적으로 실시된다. 이는 법적으로는 넓은 의미의
단체교섭의 일부이기 때문에 사용자가 예비교섭에 들어가는 것 자체를 거부하
거나 예비교섭에서 성실한 태도를 취하지 않는 경우는 단체교섭거부가 된다. 그
러나 예비교섭은 본래 단체교섭의 전단계로서 이루어지는 것이고 본래의 단체
교섭과는 구별되어야 한다. 따라서 사용자가 예비교섭에는 응하지만 단체교섭에

---

49) 사법연수원b, 116면; 外尾建一, 268~282면.
50) 근로자단체의 일정한 제안에 대하여 찬성·반대를 하거나 대안을 제시하고 이유를 설명하
며 제안을 수락하는 등 협약체결에 이르기까지 성실하게 근로자대표와 교섭하는 것을 급부
의 내용으로 파악하는 견해가 있다. 新堂幸司, "假處分", 經營法學全集 (19) ―經營訴訟―, タ
イヤモンド社(1969), 167면. 光岡正博은 단체교섭청구권의 내용을 단체교섭의 구체적 단계에
따라 타결요구(단체협약체결청구권)와 대안요구(단체교섭계속청구권)로 나누어 설명한다. 光
岡正博, 146~153면.
51) 김유성, 146~148면; 사법연수원b, 116면.
52) 最高裁 1993. 4. 6. 判決, 勞判 632호, 20면.
53) 最高裁 1991. 12. 17. 判決, 勞判 609호, 14면.

는 들어가지 않는다고 하는 경우에도 역시 단체교섭거부가 된다.54) 전국교직원
노동조합이 교육과학기술부장관에게 단체교섭 실시를 위한 예비교섭을 요청한
이래 수개월이 경과하였음에도 수차례의 사전협의만이 실시되었을 뿐 단체협약
내용에 관한 실질적인 교섭은 개시조차 되지 않은 사안에서, 원활한 단체교섭
실시를 위해서는 교섭개시 예정일 전까지 단체교섭을 실시하기 위하여 필요한
여러 사항에 관하여 상호간의 의사합치를 통해 미리 합의를 해 두는 것이 필요
하지만, 관련 법령의 내용에 비추어 볼 때 단지 위와 같은 사항에 관하여 완전
한 합의가 이루어지지 않았다는 사정만으로는 단체협약 내용을 대상으로 하는
교섭개시 자체를 거부할 수 있는 정당한 사유가 될 수 없으므로, 국가는 전국교
직원노동조합의 단체교섭 요구에 따라 단체교섭에 필요한 사항에 관한 협의절
차에서 더 나아가 단체협약 내용을 대상으로 하는 단체교섭을 개시할 의무가
있다.55) 다만 소수자로 결성된 노동조합의 단체교섭요구에 대하여 조합실태, 당
사자적격성 파악, 단체교섭절차의 확인을 위한 논의를 선행시키고자 곧바로 단
체교섭요구에 응하지 않는 것은 부당노동행위에 해당하지 않는다.56)

다. 교섭규칙의 설정

단체교섭이 어떠한 태양으로 이루어져야 하는가, 또한 단체교섭 개시절차,
시간대, 장소, 출석자, 예비교섭의 요부 등 단체교섭 규칙을 어떻게 설정해야 하
는가에 대한 법률상 규정은 없는데, 이는 기본적으로 당사자 자치에 맡긴다는
취지이다(집단적 자치의 원칙).57) 실제로는 단체협약에 단체교섭 규칙을 정하고
있는 경우와 관행이 형성되어 있는 경우가 많다. 또한 그때마다 예비교섭에서
확인하는 경우도 있다. 단체교섭 규칙에 관한 합의나 관행이 존재하는 경우 그
것은 특히 불합리한 것이 아닌 한 노동관계 당사자를 구속한다. 즉, 사용자가
협약·관행에 따른 단체교섭요구를 거부하면 부당노동행위가 되는 한편, 노동조
합이 협약·관행에 반하는 태양으로 단체교섭을 요구하는 경우에는 사용자가
협약·관행을 이유로 그것을 거부하여도 원칙적으로 부당노동행위가 성립하지
않는다.

노동조합의 단체교섭요구에 대하여 사용자가 규칙 미확립을 이유로 단체교

---

54) 東京地裁 1996. 3. 28. 判決, 労判 694호, 43면.
55) 서울중앙지법 2010. 6. 4.자 2010카합182 결정.
56) 東京高裁 1990. 4. 25. 判決, 判例タイムズ 731호, 164면.
57) 니시타니 사토시, 362면.

섭을 거부하는 것은 원칙적으로 허용되지 않는다. 사업장에서 단체교섭 규칙이 확립되어 있지 않다고 하더라도 사회통념상 상당한 단체교섭의 태양은 자연히 정해져 있고, 규칙에 관한 교섭과 병행하여 본 의제에 관한 단체교섭을 하는 것도 가능하기 때문이다. 다만, 사용자가 단체교섭 규칙의 확립을 위한 예비교섭을 제안한 경우 노동조합은 기본적으로 거기에 응해야 하고 곧바로 단체교섭사항에 관한 교섭을 요구할 수는 없다.58)

사용자가 사회통념상 상당하다고 인정되는 단체교섭조건을 주장한 것에 대하여 노동조합이 그것을 거부하였기 때문에 단체교섭이 개최되지 아니한 경우에도 부당노동행위라고 할 수 없다.59) 그러나 사용자가 단체교섭의 장소·시간·교섭인원수 등에 관하여 합리성을 결여한 규칙을 고집하고, 규칙에 관한 합의불성립을 이유로 단체교섭을 거부하는 것은 부당노동행위에 해당한다.60) 사용자가 단체교섭개시에 선행하여 조합원명부의 제출을 요구하고 그 미제출을 이유로 단체교섭을 거부하는 경우가 있는데, 종업원 가운데 누가 조합원인가를 확정하는 것은 단체교섭개시의 필수조건이라고 할 수 없기 때문에 그것도 부당한 단체교섭거부가 된다.61)

확립된 단체교섭 규칙을 일탈하거나 사회통념상 합리적이라고 판단되는 범위를 일탈한 근로자·노동조합의 행위는 사정에 따라 근로자·노동조합의 민사상·형사상 책임을 야기할 가능성이 있다.

라. 교섭일정·시간·장소·인원수 등

(1) 교섭일정

교섭일정은 기본적으로 노사합의로 결정되어야 한다. 통상 단체교섭을 요구할 때 노동조합이 적당한 일정을 내세우겠지만, 단체교섭 요구시 단체교섭의 일시가 명시되어 있지 않아도 사용자는 그것을 이유로 단체교섭을 거부할 수 없다.62) 노동조합이 요구한 일정에 대하여 사용자가 준비형편이나 그 밖의 이유로 합리적 범위 내에서 연기를 신청하는 것은 단체교섭거부라고 할 수 없다.63)

---

58) 東京高裁 1990. 4. 25. 判決, 判例タイムズ 731호, 164면.
59) 東京地裁 1977. 6. 30. 決定, 判例時報 879호, 146면.
60) 最高裁 1989. 3. 28. 判決, 労判 543호, 76면.
61) 東京地裁 1969. 2. 28. 判決, 労民集 20권 1호, 213면.
62) 東京地裁 1978. 9. 28. 判決, 労判 306호, 23면.
63) 東京高裁 1978. 4. 27. 判決, 労民集 29권 2호, 262면.

그러나 사용자가 신청시점부터 일정기간 내에 적당한 시기에 교섭에 응할 의무를 지는 것은 당연하다.

단체교섭의 일시를 정하는 데에 관하여 노사 간에 합의된 절차나 관행이 있는 경우에는 그에 따라 단체교섭 일시를 정하여야 할 것이나, 그와 같은 절차나 관행이 없는 경우, 노동조합 측이 어느 일시(이하 '노조제안 일시'라 한다)를 특정하여 사용자에게 단체교섭을 요구하더라도 사용자가 교섭사항 등의 검토와 준비를 위하여 필요하다는 등 합리적 이유가 있는 때에는 노동조합 측에 교섭 일시의 변경을 구할 수 있고, 이와 같은 경우에는 노동조합 측이 사용자의 교섭 일시 변경요구를 수용하였는지 여부에 관계없이 사용자가 노조제안 일시에 단체교섭에 응하지 아니하였다 하더라도 이러한 사용자의 단체교섭 거부에는 정당한 이유가 있다. 그러나 사용자가 합리적인 이유 없이 노조제안 일시의 변경을 구하다가 노동조합 측이 이를 수용하지 아니하였음에도 노조제안 일시에 단체교섭에 응하지 아니하였거나 사용자가 위 일시에 이르기까지 노조제안 일시에 대하여 노동조합 측에 아무런 의사표명도 하지 아니한 채 노조제안 일시에 단체교섭에 응하지 아니한 경우에는 사용자가 신의에 따라 성실하게 교섭에 응한 것으로 볼 수 없으므로, 사용자의 단체교섭 거부에 정당한 이유가 없다.64)

시간대에 대해서는 실제로는 취업시간 중에 단체교섭이 개최되는 경우가 많고, 법도 근로시간 중의 단체교섭을 운영비의 원조로 보지 않는다는 취지로 규정하고 있기 때문에(법 24조 2항, 81조 1항 4호 단서), 그것은 일종의 노사관행으로 되어 있다고 할 수 있다. 그러나 노동조합 측이 당연히 취업시간 내에 단체교섭을 요구할 수 있는 것은 아니다.

사용자의 단체교섭 거부가 부당하다고 인정된 사례로는 ① 노동조합이 단체교섭일을 1983. 8. 8.로 지정하였으나 사용자가 구두로 이를 1983. 8. 13.로 연기하였다가 다시 서면으로 무기연기한 경우,65) ② 사용자가 노동조합과 단체교섭일시를 1985. 2. 16. 13:00로 합의하였으나 이를 1985. 2. 18. 16:00로 연기하고, 이를 다시 1985. 2. 22. 16:00로 연기하였다가 재차 이를 1985. 3. 12. 16:00로 연기하여 단체교섭이 전혀 이루어지지 않고 있는 경우,66) ③ 사용자가 단체

---

64) 대법원 2006. 2. 24. 선고 2005도8606 판결.
65) 서울지노위 1983. 9. 28. 노위집 17호 권1, 259면.
66) 충남지노위 1985. 5. 28. 노위집 19호 권1, 314면.

협약에 "단체교섭을 하고자 할 경우 일방당사자는 교섭일자·장소·교섭위원명단·요구사항을 기재하여 문서로서 교섭 5일 전에 상대방에게 요청하여야 한다."고 규정되어 있음에도 노동조합이 1987. 9. 14. 교섭일자를 그로부터 4일 후인 '1987. 9. 18.'로 정하여 교섭을 요청하였기 때문에 5일 전에 요청하여야 한다는 규정을 위반하였다는 이유로 단체교섭을 거부하는 경우,67) ④ 노동조합이 1986. 12. 22.부터 1987. 1. 19.까지 4차례에 걸쳐 단체교섭을 청구하였으나 사용자가 특정일을 정함이 없이 막연하게 1987. 1. 15. 이후 적절한 날짜를 통보한다고 하였다가 위 기간 경과 후에도 회신하지 않고 상급단체로부터 단체협약이 하달되면 단체교섭을 실시하자고 회신한 경우,68) ⑤ 단체교섭의 장소와 시기를 비합리적으로 요청하는 경우,69) ⑥ 사용자가 노동조합측이 정한 단체교섭 일시의 변경을 구할 만한 합리적 이유가 있었다고 보이지 아니하고, 위 교섭일시 전에 노동조합 측에 교섭일시의 변경을 구하는 등 교섭일시에 관한 어떠한 의사도 표명한 적이 없었던 경우70) 등이 있다.

(2) 교섭시간·횟수

교섭시간에 대하여 객관적인 기준을 설정하는 것은 곤란하지만, 통상 1회당 4~5시간을 한도로 해야 할 것이다.71) 교섭이 장시간에 이르러 사용자 측 출석자의 피로가 깊어진 경우 후일 속행하는 것을 전제로 그날의 교섭을 중단하는 것은 허용된다. 단체교섭의 횟수에 관하여는 미리 한도를 설정할 성질의 것은 아니고 교섭진행 상황에 따른다. 일정한 횟수의 교섭을 거듭해도 합의달성이 곤란하고 교섭이 교착상태에 빠진 경우 사용자는 일단 교섭을 중단할 수 있다.

(3) 장　　소

단체교섭은 통상 기업 내의 회의실 등에서 이루어진다. 사용자는 합리적 근거 없이 기업 밖의 장소에서 개최할 것을 고집할 수 없다.72) 한편 근로자가 임원 등의 사택으로 밀고 들어가 그 장소에서 단체교섭을 할 것을 요구하는 경우

---

67) 경북지노위 1987. 11. 9. 노위집 21호 권1, 899면.
68) 서울지노위 1987. 2. 12. 노위집 20호 권1, 118면.
69) 서울고법 1997. 4. 25. 선고 96구31842 판결(노위집 32호 권1, 93면), 대법원 1998. 5. 22. 선고 97누8076 판결(상고기각).
70) 대법원 2006. 2. 24. 선고 2005도8606 판결.
71) 니시타니 사토시, 364면.
72) 기업 밖에서 단체교섭을 개최하는 것을 합리적이라고 인정한 사례로는 東京地裁 1977. 6. 30. 決定, 判例時報 879호, 146면, 大阪地裁 1987. 11. 30. 判決, 労判 508호, 28면.

에는 특별한 사정이 없는 한 사용자 측은 그러한 교섭을 거부할 수 있고, 근로
자의 행위는 통상 정당성이 부정된다.

(4) 출석자·인원 수

단체교섭은 기본적으로 교섭담당자 사이에서 실시된다. 그래서 노동조합에
서는 단체의 대표 또는 그 위임을 받은 자가 출석해야 하고, 자연히 인원 수에
는 제한이 있다. 사용자는 조합원의 불특정다수가 참가하는 이른바 대중단체교
섭에는 응할 의무가 없다.[73] 그러나 사용자는 출석자 가운데 해고자, 휴직처분
중인 자, 상부단체 임원 등이 포함되어 있다는 이유로 교섭을 거부할 수 없
다.[74] 노동조합이 교섭담당자에 더하여 근로자 측 또는 사용자 측 관계자의 동
석을 요구한 경우 거기에 합리적인 근거가 있다면 사용자의 거부는 불성실한
단체교섭이 될 수 있다.

(5) 교섭 중의 태도

단체교섭 중 근로자의 태도를 이유로 사용자가 단체교섭을 중단하거나 근
로자에게 민·형사상 책임을 추궁하는 경우가 있을 수 있다. 근로자가 사용자
측 출석자에게 적극적으로 폭행을 가하는 것이 정당성을 결여하는 것임은 말할
필요도 없다. 그러나 단체교섭에도 민·형사상 면책이 적용되기 때문에 단체교
섭 중의 발언이 모욕죄, 명예훼손죄, 협박죄 등을 구성하는지 여부는 거기에 이
른 경과를 고려하여 신중하게 판단하여야 한다. 또한 사용자의 단체교섭 중단선
언에 항의하여 사용자를 만류하는 행위가 감금죄, 폭행죄 등에 해당하는지 여부
에 대해서도 마찬가지로 신중한 태도가 요구된다. 나아가 단체교섭의 장에서는
직장규율 유지의 요청이 그대로 타당하지는 않으므로, 단체교섭 중의 행위를 이
유로 하는 징계처분은 직접적인 폭행행위 등 특히 악질적인 행위에 대해서만
허용된다. 그러나 단체교섭 중의 비위행위는 경우에 따라 다음 번 이후의 단체
교섭을 거부하는 정당한 이유가 될 수 있다.

① 노조위원장에게 모든 조합원의 인감도장이 날인된 위임장을 요구하는 경
우,[75] ② 노동조합 측의 단체협약안에 대한 대안의 제시 없이 날짜만 미루거나[76]

---

73) 東京地裁 八王子支部 1986. 12. 29. 判決, 勞判 491호, 8면.
74) 福岡地裁 1987. 4. 28. 判決, 勞判 496호, 50면, 東京地裁 1988. 7. 27. 判決, 勞判 524호, 23
   면, 福岡高裁 1988. 7. 28. 判決, 勞判 528호, 95면.
75) 전남지노위 1983. 9. 2. 노위집 17호 권1, 233면.
76) 전남지노위 1984. 5. 24. 노위집 18호 권1, 213면.

막연하게 단체협약을 체결하겠다고만 하는 경우,[77] ③ 회사사정(월말, 우수업체심사 등)을 이유로 7차례의 단체교섭 중 단지 2차례만 응한 경우,[78] ④ 회사재정상 불가능하다는 주장만 할 뿐 구체적인 토의를 거부하는 경우,[79] ⑤ 회사가 심한 경영난에 처해 있다는 이유로 단체교섭을 회피하는 경우,[80] ⑥ 교섭위원의 유고(전무의 신병)를 이유로 단체교섭을 회피하는 경우,[81] ⑦ 단체협약에 규정된 유보사항의 교섭요구에 대하여 미합의된 부분은 관계법령에 의하여 처리하면 된다는 이유로 단체교섭에 응하지 아니하는 경우,[82] ⑧ 아파트관리규약 개정으로 인하여 단체교섭을 담당할 집행부가 공백상태라는 이유로 단체교섭을 연기한 경우,[83] ⑨ 사용자가 단체교섭을 대석대면교섭에 의하지 않고 문서의 왕복에 의하여 하는 경우[84] 등이 실무상 부당한 단체교섭거부로 인정된 사례에 해당한다.

3. 성실교섭의무

가. 의   의

단체교섭이란 교섭당사자가 대등한 입장에 서서 서로 대화하여 교섭하는 것이고, 한쪽 당사자의 요청에 대하여 다른 쪽 당사자가 '들어만 둔다'고 하는 것은 아니다. 그 의미에서 사용자의 단체교섭응낙의무란 단순히 교섭의 자리에 앉는 것뿐만 아니라 근로자 측과 성실하게 교섭하는 의무를 포함한다. 이를 일반적으로 성실교섭의무라고 한다. 사용자에게 성실한 교섭을 의무화하는 것은 성실함의 구체적인 내용에 대한 판단을 통하여 국가가 어느 정도 단체교섭 내용에 개입하는 계기가 되어 자주적 교섭원칙과 저촉될 수 있지만, 근로자에게 단체교섭권을 보장하고 사용자에게 단체교섭 의무를 부과하는 현행 법제 아래에서는 불가피하다. 따라서 사용자가 단체교섭의 자리에 앉는 것 자체를 거부하는 경우 외에 교섭의 자리에 앉기는 하였지만 교섭태도가 불성실한 것으로 간

---

77) 전남지노위 1984. 8. 11. 노위집 18호 권1, 316면.
78) 경북지노위 1986. 11. 7. 노위집 20호 권1, 640면.
79) 서울지노위 1986. 9. 13. 노위집 20호 권1, 568면.
80) 전남지노위 1983. 2. 21. 노위집 17호 권1, 50면.
81) 서울지노위 1984. 12. 21. 노위집 18호 권1, 572면.
82) 서울지노위 1986. 8. 8. 노위집 20호 권1, 480면.
83) 서울지노위 1986. 5. 23. 노위집 20호 권1, 276면.
84) 大阪地裁 1998. 10. 3. 判決, 勞判 742호, 86면.

주되는 경우, 단체교섭을 일방적으로 중단하는 경우, 단체교섭으로 합의에 도달한 사항에 대한 협약화를 거부하는 경우 등도 단체교섭거부로 볼 수 있다. 또한 노동조합과 단체교섭을 거치지 않고 근로조건을 일방적으로 변경하는 것도 단체교섭거부가 될 수 있다. 사용자가 노동조합과의 성실교섭의무를 다하지 않거나 노동조합과의 기존합의를 파기하는 등 불법쟁의행위에 원인을 제공하였다고 볼 사정이 있는 경우 등에는 사용자의 과실을 불법쟁의행위로 인한 손해배상액을 산정함에 있어 참작할 수 있다.[85]

나. 창구거부

사용자가 단체교섭 자체를 거부하는 것을 창구거부라고 한다. 사용자가 그 이유로 드는 것을 예로 들면, 노동조합 측에게 단체교섭 당사자성이 없다는 것, 교섭담당자에게 문제가 있다는 것, 대상사항이 경영권에 관한 사항인 것 등 의무적 교섭사항이 아니라는 것, 교섭규칙이 확립되어 있지 않다든가 노동조합이 요구하는 태양에 문제가 있다는 것 등이다.

실무상 ① 노동조합의 단체교섭청구에 대하여 교섭창구단일화가 되지 아니하였다는 이유로 단체교섭을 거부하는 경우,[86] ② 사용자가 조합원들과 노사관계가 성립하지 아니한 자이므로 단체교섭에 응할 의무가 없다고 주장하는 경우,[87] ③ 사용자단체가 단체교섭 의무를 부담하는 사용자단체도 아니고 개별사

---

85) 대법원 2006. 9. 22. 선고 2005다30610 판결.
86) 교섭창구단일화 제도가 도입되기 전의 사례이다. 대법원 2012. 11. 12.자 2012마858 결정은 "노조법 부칙 4조의 취지는 교섭창구 단일화 제도 시행 당시 단체교섭 중인 노동조합의 단체교섭권 보호에 있을 뿐 다른 노동조합의 교섭권을 제한하는 데에 있지 아니한 점, 교섭창구 단일화 절차를 거치지 않아 다른 노동조합의 의사를 반영할 여지가 없는 노동조합에 대하여 단지 2011. 7. 1. 당시 단체교섭 중이라는 이유만으로 교섭창구 단일화 절차를 거쳐 결정된 교섭대표노동조합과 동일한 지위와 권한을 인정하는 것은 교섭창구 단일화 제도의 취지에 부합한다고 보기 어려운 점 등에 비추어 보면, 법 부칙 4조에서 말하는 '이 법에 따른 교섭대표노동조합으로 본다'는 의미는 이 법 시행일 당시 단체교섭 중인 노동조합에 대하여 법 본칙에서 규정하고 있는 교섭대표노동조합으로서의 지위와 권한이 인정된다는 것이 아니라 2011. 7. 1. 이후에도 교섭당사자의 지위가 유지되어 교섭창구 단일화 절차를 거치지 않고 기존의 단체교섭을 계속할 수 있다는 의미로 해석함이 타당하다."고 판시하였다.
87) 경남지노위 1984. 3. 29. 노위집 18호 권1, 127면, 전남지노위 1988. 1. 15. 노위집 21호 권1, 11면. 그러나 단체교섭의무를 부담하지 않는 사용자라면 부당한 단체교섭거부에 해당하지 아니한다[대법원 1997. 9. 5. 선고 97누3644 판결(냉동·냉장창고 회사는 전국항운노동조합연맹 산하 단위노동조합에 대하여 단체교섭의무를 부담하는 사용자에 해당하지 않는다), 대법원 1995. 12. 22. 선고 95누3565 판결(사단법인 항만운송협회가 전국항운노동조합연맹과 사이에 단체협약을 체결하여 온 경우에도 위 협회의 회원사가 위 노동조합연맹 산하 단위노동조합에 대하여 단체교섭의무를 부담하는 사용자에 해당하지 않는다)].

용자로부터 단체교섭에 관한 권한을 위임을 받지도 않았다고 주장하는 경우,[88] ④ 정부출연기관소속 노동조합의 단체교섭청구에 대하여 경제기획원장관이 단체교섭의 당사자가 아니라고 주장하는 경우,[89] ⑤ 사용자가 노동조합의 단체교섭담당자는 사용자의 이익대표자로서 조합원자격이 없으므로 정당한 담당자가 아니라고 주장하는 경우,[90] ⑥ 노동조합의 대표자가 과격한 언사나 욕설 등으로 교섭진행을 방해한 사실이 없음에도 사용자가 노동조합 대표자의 교체를 요구하는 경우,[91] ⑦ 사용자가 노동조합의 교섭위원 중 특정인을 혐오하여 교섭위원에서 배제할 것을 노동조합에 요청하는 경우[92] 등이 부당한 단체교섭거부에 해당한다.

그러나 사용자가 감사·기획실장·편집국장에게 교섭권한을 서면으로 위임하고 이를 노동조합에 통보하였음에도 노동조합이 대표이사가 직접 교섭석상에 나올 것을 요구하는 경우[93]에는 사용자가 정당한 이유 없이 단체교섭을 거부하였다고 볼 수 없다.

대법원은 "전쟁기념사업회 노동조합의 조합장이 학예부장의 차하위자인 3급직 학예담당관으로 그 부하직원을 지휘하고 그 휘하의 6급 이하 직원에 대한 1차적 평가를 하지만, 부장이 2차 평정권자로서 그 평정의 권한 및 책임은 궁극적으로 부장에게 귀속되고, 부하직원의 지휘도 부장을 보조하는 데 지나지 아니하며, 인사·급여·후생·노무관리 등 근로조건의 결정에 관한 권한과 책임을 전쟁기념사업회로부터 위임받은 점이 없다면, 위 조합장이 구 노동조합법(1996. 12. 31. 법률 5244호 부칙 3조로 폐지되기 전의 것) 3조 단서 1호에 정한 사용자 또는 항상 그의 이익을 대표하여 행동하는 자에 해당하지 아니하므로, 위 사업회가 위 조합장은 노동조합원이 될 수 있는 자격이 없다는 이유로 당해 조합의 단체교섭요구에 응하지 아니한 것은 정당하다고 볼 수 없다"고 판시하였다.[94]

---

88) 서울지노위 1987. 2. 27. 노위집 21호 권1, 177면. 사단법인 한국음식업중앙회 여수시지부는 식품위생법 44조에 의하여 조직된 '동업자조합'으로 노동조합과 단체교섭을 한 상대방인 사용자단체에 해당하지 않는다고 판시한 사례로는 대법원 1999. 6. 22. 선고 98두137 판결.
89) 중노위 1993. 6. 24. 93부노84 노위집 27호 권2, 170면.
90) 대법원 1998. 5. 22. 선고 97누8076 판결, 서울고법 1997. 4. 25. 선고 96구31842 판결(노위집 32호 권1, 88면).
91) 경북지노위 1984. 11. 26. 노위집 18호 권1, 525면.
92) 서울고법 1989. 2. 16. 선고 88구4678 판결(노위집 23호 권1, 599면).
93) 중노위 1989. 1. 24. 88부노76, 77, 노위집 23호 권2, 221면.
94) 대법원 1998. 5. 22. 선고 97누8076 판결.

하급심 결정[95])으로는, 갑 주식회사와 노동조합이 체결한 단체협약에 '직급상 이사대우 이상의 임직원'은 조합원이 될 수 없고, 조합원이 이에 해당될 경우에는 조합원의 자격을 상실한다는 내용의 규정이 있는데, 을이 이사대우의 직급으로 승진한 후 노동조합 위원장으로 당선되자, 갑 회사가 위 단체협약 규정에 따라 을이 조합원의 자격을 상실하였으므로 노동조합 위원장 자격을 인정할수 없다는 이유로 을을 단체교섭담당자로 한 노동조합과 단체교섭을 할 수 없다고 한 사안에서, "단체협약에서 노동조합의 자주적 규약에서 정해진 조합원의 범위를 제한하는 것은 헌법과 노조법에서 보장하는 근로자의 자주적 단결권을 사용자와의 협의에 의존하게 하는 결과를 초래하여 노동조합의 자주성을 침해할 우려가 있으므로, 위 단체협약 규정은 단체협약에서 노사 간 상호 협의에 의하여 규약상 노동조합의 조직대상이 되는 근로자의 범위와는 별도로 조합원이될 수 없는 자를 특별히 규정함으로써 일정 범위의 근로자들에 대하여 단체협약의 적용을 배제하고자 하는 취지, 즉 단체협약의 적용을 받는 근로자의 범위를 제한하는 취지로 보는 것이 옳고, 조합원의 자격을 제한하는 취지는 아니라고 할 것인바, 노동조합의 규약상 조합원에 해당하는 을이 위 단체협약 규정에 따라 조합원 자격을 잃게 된다고 볼 수 없고, 을의 노동조합 조합원 자격은 인정되며, 을의 노동조합 위원장 자격 역시 인정되므로, 을은 노조법 29조 1항에 따라 노동조합의 대표자로서 사용자인 갑 회사와 교섭할 권한을 가지고, 갑 회사는 노동조합법 30조에 따라 사용자로서 노동조합과 단체교섭에 응하여야 할의무를 부담한다."고 판시한 사례가 있다.

다. 교섭태도

(1) 성실한 태도의 의미와 내용

사용자는 성실교섭의무를 부담하기 때문에 단체교섭이 개시되고 나서 사용자의 교섭태도가 불성실하면 단체교섭거부로 간주된다. 단체교섭에 대한 사용자의 거부나 해태에 정당한 이유가 있는지 여부는 노동조합 측의 교섭권자, 노동조합 측이 요구하는 교섭시간, 교섭장소 및 그의 교섭태도 등을 종합하여 사회통념상 사용자에게 단체교섭 의무의 이행을 기대하는 것이 어렵다고 인정되는지 여부에 따라 판단하여야 한다.[96] 성실교섭의무의 구체적인 내용은 "사용자는

---

95) 수원지법 안양지원 2018. 5. 1.자 2018카합10031 결정.
96) 대법원 1998. 5. 22. 선고 97누8076 판결, 대법원 2006. 2. 24. 선고 2005도8606 판결, 대법

자기의 주장을 상대방이 이해하고 납득하는 것을 목표로 성의를 갖고 단체교섭
에 임해야만 하고, 노동조합의 요구와 주장에 대한 회답과 자기 주장의 근거를
구체적으로 설명하거나 필요한 자료를 제시하는 행위 등을 하고, 결국에는 노동
조합의 요구에 양보할 수 없더라도 그 논거를 제시하여 반론하는 등의 노력을
해야 할 의무가 있다"는 것이다.[97] 즉, 노동조합의 주장에 대하여 성실하게 대
응하는 것을 통하여 합의달성의 가능성을 모색할 의무를 의미한다.[98] 그때 일정
한 횟수와 일정한 시간을 들인 교섭이 전제되는 것은 당연하다. 다만, 노동조합
측에 합의 달성의 노력을 게을리 하는 등 문제가 있는 경우 사용자의 성실교섭
의무는 그에 따라 경감된다.

  사용자의 어떤 태도를 불성실하다고 평가하여야 하는가는 단체교섭과 관련
된 여러 사정을 구체적으로 고려하여 결정하여야 한다. 일본의 판례에 의하면,
① 임금인상교섭에서 조합이 요구하는 경영실태를 구체적으로 적시한 자료를
제공하지 않는 것,[99] ② 단지 이익이 오르지 않는다는 이유만으로 자료를 제시
하지 않고 무회답을 고집하는 것,[100] ③ 임금인상 요구에 대하여 '인사원권고준
거(人事院勧告準據)' 방침의 고수를 이유로 구체적인 설명 없이 교섭기일을 연기
하려고 하는 것,[101] ④ 계산관계 서류는 관계 관청을 통하여 공개되고 있어서
조합에 제시할 필요가 없다고 하는 것,[102] ⑤ 교섭타결 후 협약체결 단계에 이
르러서 무리한 내용의 새로운 제안을 꺼내는 것[103] 등이 성실교섭의무위반에
해당한다.

  원활한 단체교섭 실시를 위해서는 교섭개시 예정일 전까지 단체교섭을 실
시하기 위하여 필요한 제반 사항에 관하여 상호간의 의사합치를 통해 미리 합
의를 해 두는 것이 필요할 것이지만, 관련 법령의 내용에 비추어 볼 때 단지 위
와 같은 사항에 관하여 완전한 합의가 이루어지지 않았다는 사정만으로는 단체

원 2009. 12. 10. 선고 2009도8239 판결, 대법원 2010. 4. 29. 선고 2007두11542 판결, 대법원
    2010. 11. 11. 선고 2009도4558 판결.
 97) 東京地裁 1989. 9. 22. 判決, 判例時報 1327호, 145면.
 98) 高松地裁 1987. 8. 27. 判決, 民集 48권 8호, 1605면, 東京地裁 1997. 3. 27. 判決, 勞判 720호,
    85면.
 99) 最高裁 1994. 6. 13. 判決, 勞判 656호, 15면, 仙台高裁 1992. 12. 28. 判決, 勞判 637호, 43면.
100) 大阪地裁 1980. 12. 24. 判決, 判例タイムズ 435호, 142면, 東京地裁 1999. 3. 18. 判決, 勞判
    764호, 34면.
101) 東京地裁 1995. 3. 2. 判決, 勞判 676호, 47면.
102) 東京地裁 1995. 7. 20. 判決, 勞判 682호, 51면.
103) 東京地裁 1990. 9. 27. 判決, 勞民集 41권 5호, 715면.

협약 내용을 대상으로 하는 교섭개시 자체를 거부할 수 있는 정당한 사유가 될
수 없다.104)

(2) 평정제도와 성실교섭의무

여러 가지 단체교섭사항 가운데 특히 평정제도는 평정의 민주화를 요구하
는 노동조합의 입장, 사용자의 인사권·경영권 주장, 각 근로자의 프라이버시
보호요청 등이 뒤얽힌 복잡한 문제이고, 사용자의 성실교섭의무가 종종 문제된
다. 먼저 평정제도의 구체적 내용과 사정기준 그 자체는 노동조합이 중대한 관
심을 가져야 할 근로조건사항이고 의무적 교섭사항에 해당한다. 따라서 사용자
가 그 내용에 대해 단순히 취업규칙에 따른 근속연수와 능력을 고려한다거나
대폭적인 차이는 생기지 않는다는 등으로 설명할 뿐이라든지,105) 노동조합이 요
구하는 보다 상세한 인사고과기준은 인사권에 속하는 사항이라고 하여 명시와
설명을 거부하는 것,106) 평정사항 자체에 대해서는 상세히 설명하면서 평정사항
의 중요도에 대해서는 전혀 설명하지 않는 것107) 등은 성실교섭의무에 반한다.
노동조합이 구체적 요구와 별개로 평정자료의 제시를 요구한 경우에는 사용자
가 자료를 제시하지 않고 자료를 제시할 수 없는 이유를 설명하는 것으로 성실
교섭의무를 다하게 된다는 견해도 있으나,108) 평정제도의 내용이 일반적으로 노
동조합에 중대한 관심사인 것을 생각하면 사용자는 구체적 요구와 관련이 있는
지 여부에 관계없이 평정자료를 제시할 의무가 있다고 해석하여야 한다.109)

근로자의 프라이버시를 고려하여 근로자 전원에 대한 평정 결과의 공표요
구에 대한 거부는 정당성을 인정하는 것이 일반적이다.110) 그러나 평정대상자가
단체교섭의 자리에서 논의하는 것에 동의하고 있는 경우에는 평정 결과의 공표
를 거부할 합리적 근거가 없고, 거부하면 성실교섭의무에 반한다고 평가할 수
있다.111) 노동조합이 단체교섭에서 요구하면 사용자는 개인의 프라이버시를 침
해하지 않는 범위에서 평정결과자료를 제시할 의무를 부담한다.

---

104) 서울중앙지법 2010. 6. 4.자 2010카합182 결정.
105) 兵庫地労委 1977. 9. 10. 命令集 62집, 220면.
106) 福岡地労委 1991. 10. 9. 労判 597호, 94면.
107) 最高裁 1990. 10. 25. 判決, 労判 600호, 9면.
108) 東京地裁 2002. 2. 27. 判決, 労判 830호, 66면.
109) 니시타니 사토시, 370면.
110) 最高裁 1990. 10. 25. 判決, 労判 600호, 9면.
111) 廣島地労委 1975. 9. 8. 命令集 56집, 322면.

라. 단체교섭의 교착

사용자가 성실한 태도로 단체교섭에 임하였지만 노사 쌍방의 주장 차이가 커서 교섭이 교착 상태에 빠진 경우 사용자는 단체교섭을 중단할 수 있을 것인가? 사용자의 단체교섭응낙의무는 노동조합의 요구를 수락할 의무는 아니고 특정한 문제에 대해서 시간적 한도 없이 교섭을 계속할 의무도 아니어서 일반론으로는 단체교섭에서 사용자의 성실한 태도를 전제로 일정 기간 계속된 교섭이 교착상태에 빠지면 사용자는 그 이후 단체교섭을 거부할 수 있다.112) 하지만 교섭이 일단 결렬 상태에 이른 경우에도 그 이후 일정 기간의 경과 그 자체나 사정의 변경에 따라 교섭에 새로운 전개를 보일 가능성도 있기 때문에 노동조합이 그러한 것을 이유로 내세워 단체교섭을 요구하는 경우 사용자는 이에 응할 의무가 있다.113) 판례는 "쟁의행위는 단체교섭을 촉진하기 위한 수단으로서의 성질을 지니므로 쟁의기간 중이라는 사정이 사용자가 단체교섭을 거부할 만한 정당한 이유가 될 수 없고, 한편 당사자가 성의 있는 교섭을 계속하였음에도 단체교섭이 교착 상태에 빠져 교섭의 진전이 더 이상 기대될 수 없는 상황이라면 사용자가 단체교섭을 거부하더라도 그 거부에 정당한 이유가 있다고 할 것이지만, 위와 같은 경우에도 노동조합 측으로부터 새로운 타협안이 제시되는 등 교섭재개가 의미 있을 것으로 기대할 만한 사정변경이 생긴 경우에는 사용자로서는 다시 단체교섭에 응하여야 하므로, 위와 같은 사정변경에도 불구하고 사용자가 단체교섭을 거부하는 경우에는 그 거부에 정당한 이유가 있다고 할 수 없다."고 판시한 바 있다.114)

마. 근로조건의 일방적 변경과 개별교섭

사용자가 단체교섭을 거치지 않고 취업규칙 개정 또는 업무명령 등을 통해 근로조건을 일방적으로 결정·변경하는 것이 허용되는지 여부가 문제된다. 사용자는 적어도 의무적 단체교섭사항에 속하는 근로조건을 불이익하게 변경하고자 하는 경우 노동조합의 단체교섭요구를 거부해서는 안 되고, 나아가 노동조합에게 단체교섭을 신청할 의무를 부담한다.115) 즉, 헌법 33조에 의한 단결권·단체

---

112) 東京高裁 1977. 6. 29. 判決, 勞民集 28권 3호, 223면, 最高裁 1978. 11. 24. 判決, 判例時報 911호, 160면, 最高裁 1992. 2. 14. 判決, 勞判 614호, 6면.
113) 니시타니 사토시, 375면.
114) 대법원 2006. 2. 24. 선고 2005도8606 판결.
115) 니시타니 사토시, 377면.

교섭권 보장에 따라 당해 기업 또는 사업장에 노동조합이 존재하는 한 근로조
건 주요부분의 결정·변경은 노동조합과 단체교섭·합의를 거쳐서 이루어져야
한다는 요청이 작용한다. 사용자가 의무적 단체교섭사항에 대하여 단체교섭을
하기 전이나 단체교섭 중에 일방적으로 결정하여 실행하는 것은 지배개입의 부
당노동행위가 될 수 있다.116) 나아가 사용자가 단체교섭을 거부하면서 업무명령
을 발령한 때에는 업무명령이 그 때문에 권리남용으로서 무효라고 평가되는 경
우가 있다.117)

바. 성실교섭의무위반이 아닌 경우

실무상 사용자의 단체교섭거부에 정당한 이유가 있다고 인정하거나 성실교
섭의무위반이 아니라고 인정한 사례로는, ① 노동관계가 인정되지 아니하여 단
체교섭 의무자가 아니라고 인정되는 경우,118) ② 단체교섭요구에 3차례 불응한
이후 단체교섭에 임한 경우,119) ③ 임금협약체결 후 노동조합이 추가로 임금인
상을 요구하자 사용자가 이를 거부한 경우,120) ④ 77개 조항 중 76개 조항에 관
하여 교섭이 타결되고 나머지 1개 조항에 대하여만 타결이 되지 아니한 경
우,121) ⑤ 노동조합이 다른 회사와 노동관계가 존재할 뿐 단체교섭을 요구한 상
대방과는 노동관계가 존재하지 아니한 경우,122) ⑥ 노동조합은 노조전임자가 3
명이 필요하다고 주장하고 사용자는 1명으로 족하다고 주장하여 단체교섭과정
에서 단순히 의견이 불일치하는 경우123) 등이 있다.

노동조합이 조합원인 근로자가 회사에 채용된 지 7일 만에 회사와 사전 협
의 없이 일방적으로 단체교섭을 요구하는 교섭요구서를 팩스로 보냈고, 교섭요
구서에 구체적인 단체교섭의 사항을 기재하지도 않았으며, 교섭일시를 문서전송
일부터 2일 후로, 교섭장소도 자신의 조합사무실로 정하였던바, 위와 같은 교섭
요구서의 내용, 전달방식 등에 비추어 보면, 교섭요구서를 통한 교섭요구가 사

---

116) 단체교섭 전의 상여금지급을 지배개입으로 인정한 사례로는 東京地裁 1995. 7. 20. 判決,
    労判 682호, 51면. 단체교섭 계속 중의 퇴직자모집금지가처분을 인정한 사례로는 神戸地裁
    明石支部 1975. 4. 2. 判決, 判例時報 780호, 109면.
117) 長崎地裁 2000. 9. 20. 判決, 労判 798호, 34면.
118) 전남지노위 1986. 8. 20. 노위집 20호 권1, 498면.
119) 전남지노위 1987. 12. 4. 노위집 21호 권1, 1057면.
120) 서울고법 1990. 7. 5. 선고 89구7349 판결(노위집 24호 권1, 615면).
121) 인천지노위 1987. 7. 1. 노위집 21호 권1, 489면.
122) 서울지노위 1986. 8. 19. 노위집 20호 권1, 495면.
123) 서울고법 1989. 9. 21. 선고 89구5517 판결(노위집 23호 권1, 729면).

회통념상 합리적이고 정상적인 교섭요구라고 보기 어려워 사용자가 이 사건 교섭요구서에 정해진 일시·장소에 출석하지 않았다는 것만으로 정당한 이유 없이 단체교섭을 거부하거나 해태한 것이라고 단정하기는 어렵다.[124]

기업의 구조조정의 실시 여부는 경영주체에 의한 고도의 경영상 결단에 속하는 사항으로서 이는 원칙적으로 단체교섭의 대상이 될 수 없고, 그것이 긴박한 경영상의 필요나 합리적인 이유 없이 불순한 의도로 추진되는 등의 특별한 사정이 없는 한, 노동조합이 실질적으로 그 실시 자체를 반대하기 위하여 단체교섭을 요청한다면 비록 그 실시로 인하여 근로자들의 지위나 근로조건의 변경이 필연적으로 수반된다 하더라도 기업이 위 단체교섭의 요청을 거부하거나 해태하였다고 하여 정당한 이유가 없다고 할 수 없다는 것이 판례의 입장이다.[125]

4. 단체협약 체결 의무

헌법 33조 1항이 근로자에게 단체교섭권을 기본권으로 보장하는 뜻은 근로자가 사용자와 대등한 지위에서 단체교섭을 통하여 자율적으로 임금 등 근로조건에 관한 단체협약을 체결할 수 있도록 하기 위한 것이다. 비록 헌법이 위 조항에서 '단체협약체결권'을 명시하여 규정하고 있지 않다고 하더라도 근로조건의 향상을 위한 근로자 및 그 단체의 본질적인 활동의 자유인 '단체교섭권'에는 단체협약체결권이 포함되어 있다고 보아야 한다.[126]

한편 일본에서는 사용자의 성실교섭의무는 당연히 타결의무와 협약체결의무를 포함하는 것은 아니지만, 단체교섭 결과 노사간의 합의가 성립되었음에도 불구하고 사용자가 합의의 협약화를 거부하는 것은 부당노동행위가 된다고 본다.[127] 그런데 우리나라 노조법 30조는 일본 노동조합법과는 달리, 사용자에게 단체협약 체결의무를 부과하고 있으므로, 사용자는 단체교섭이 타결된 경우에는 단체협약을 체결할 의무를 부담한다. 사용자가 합리적인 이유 없이 협약화를 거부하는 것은 사용자가 단체교섭의 결과를 존중하지 않는다는 것이고, 그것을 용인하면 단체교섭 그 자체가 무의미하게 될 지도 모르기 때문이다. 이 경우 노동위원회는 헌법 33조 1항, 노조법 30조 1항, 2항을 근거로 사용자에 대하여 단체

---

124) 대법원 2009. 12. 10. 선고 2009도8239 판결.
125) 대법원 2010. 11. 11. 선고 2009도4558 판결.
126) 헌재 1998. 2. 27. 선고 94헌바13 결정.
127) 大阪地裁 1992. 12. 25. 判決, 勞働經濟判例速報 488호, 25면.

협약의 체결을 명할 수 있고, 법원은 사용자에게 협약서에 서명할 것을 명할 수
있다.128) 이것은 협약화가 문제되고 있는 사항이 규범적 부분과 채무적 부분 어
느 쪽에 속하는가에 관계없이 타당하고, 사용자에게 노력의무를 부담시키는 것
에 불과한 조항에 대해서도 타당하다.129) 다만, 이는 단체교섭에서 노사 간에
진정한 합의가 성립한 것을 전제로 하는 것이고, 교섭과정에서 사용자가 한 발
언이 "전체적인 합의의 성립을 조건으로 하는 잠정적·가정적 양보에 관계되는
것"에 불과하거나,130) 고성과 욕설 가운데 일방적으로 진행된 단체교섭 속에서
같은 업종의 다른 회사의 협약 상황에 대한 오해를 바탕으로 합의가 이루어진
경우131)에는 협약화 거부를 부당노동행위라고 할 수 없다.

5. 복수노동조합 간의 단체교섭 차별

가. 문제의 소재

복수노조는 노조법 29조의2에 의하여 단체교섭창구를 단일화할 의무를 부
담하므로, 교섭창구가 단일화될 때까지 사용자는 단체교섭을 거부할 수 있
다.132) 그러나 사용자가 단체교섭창구단일화절차를 거치지 않기로 동의한 경우
에는 사용자는 각 병존조합에 대하여 단체교섭 의무를 부담한다. 그런데 사용자
는 사업장 내 복수노조가 병존하는 경우 노조를 차별함으로써 전투적이고 적대
적인 노조에 심리적·경제적 압박을 가하여 조직의 약체화나 붕괴를 유도할 것
을 예상할 수 있다. 산업별노조가 발달한 서구와는 달리 기업별노조가 일반적인
일본에서는 초기에 사용자는 노조분열 및 협조적 노조육성과 전투적 노조의 차
별정책을 실시하여 근로자간의 연대의식보다는 적대의식을 조장하는 경향이 있
었으나, 노동조합은 다년간 노조 간 차별철폐와 자주적 활동유지 투쟁을 전개하
였고, 노동조합법에서 사용자에 대한 조합활동의 지배개입과 차별을 금지하고
단체교섭거부를 명문으로 금지하는 등 부당노동행위제도를 정비하여 어느 정도
노조간 차별을 줄이는 데 공헌하였다. 이에 사용자들이 법상 허용되는 병존조합
간의 차별의 한계를 탐구하면서 차별수단은 더욱 다양화·교묘화되어 새로운

---

128) 松江地裁 1952. 11. 14. 判決, 勞民集 3권 6호, 532면, 富山地裁 1954. 5. 15. 判決, 勞民集 5
     권, 215면.
129) 大阪地裁 1990. 10. 26. 判決, 勞判 675호, 9면.
130) 最高裁 1995. 1. 24. 判決, 勞判 675호, 6면.
131) 東京高裁 1995. 2. 22. 判決, 勞民集 46권 2호, 655면.
132) 사법연수원b, 118면.

법리상의 문제가 제기되고 있다.133)

조합병존의 상황에서는 노조의 단결력과 교섭력을 기초로 한 자유로운 교섭에 의한 결정이라는 정상적인 거래에 대하여 사용자의 지배개입의사라는 불순물이 들어가기 쉽기 때문에 병존조합의 차별은 노조의 단결력이나 교섭력의 차이에 기인한다기보다는 오히려 사용자의 병존조합에 대한 호감의 결과에 따른 것이라고 평가하여야 하는 경우가 빈발하게 된다.134) 이러한 경우에는 조합 간 차별이 단결승인의무에 위반되는 부당노동행위를 구성한다는 법적인 평가를 받게 된다.

나. 사용자의 중립의무135)

근로자의 단결권을 보장한 헌법 33조는 사용자에 대하여 단결승인의무를 부과하고 있는바,136) 헌법 33조 및 법상의 부당노동행위 제도의 취지에 비추어 보면, 노조가 병존하는 경우 각 노조는 각기 독자의 존재의의를 인정받고, 고유의 단결권 및 단체교섭권을 보장받고 있기 때문에 그 당연한 결과로서 사용자가 특정 노조를 우대하여 노조 간의 조직경쟁에 개입하는 것은 허용되지 아니하며 사용자는 모든 노동조합에 대하여 중립적인 태도를 유지할 의무(이하 '중립의무'라 한다. 중립의무를 병존조합 평등취급의무로 표현하기도 한다137))가 있다.138)

사용자의 중립의무는 단지 단체교섭의 과정에 한하는 것이 아니라 단체교섭의 결과에서도 유지되어야 하므로, 사용자는 각 노조의 단결권을 평등하게 승인·존중하여야 하고, 모든 노조와 성실히 단체교섭을 행하여야 하며, 각 노조의 성격·경향과 종래의 운동노선 여하에 따라 합리적 이유가 없는 한 조합사무소 대여 등의 편의제공, 잔업 등의 근로조건, 승진 등 인사권행사, 상여금139)

---

133) 光岡正博, 394~396면.

134) 오문완, 69~71면.

135) 닛산자동차사건에서 최고재판소는 복수노동조합 병존시 사용자의 '중립적 태도 유지의무'에 관하여 상세히 전개하고 있다. 最高裁 1985. 4. 23. 判決, 民集 39권 3호, 721면. 이에 대한 평석으로는 菅野和夫, "竝存組合との團體交涉と不當勞働行爲—少數組合員に殘業をさせない不當勞働行爲", ジュリスト 846호, 130면.

136) 伊藤博義, "殘業規制と不當勞働行爲", 季刊 勞働法 95호(1975년 봄), 154면.

137) 渡辺圭二, "組合事務所の明渡し要求", 現代講座 第8권 —不當勞働行爲 II—, 日本勞働法學會(編), 總合勞働研究所(1982), 253면.

138) 부산지법 2000. 2. 11.자 2000카합53 결정; 노동특수이론 및 업무상재해관련소송, 사법연수원(2012), 117~118면; 萬井隆令, "第三章 不利益取扱の態樣", 不當勞働行爲の法理, 外尾建一(編), 有斐閣(1985), 167면.

139) 노동조합법 29조의2 1항 단서에 따라 개별 교섭 절차가 진행되던 중에 사용자가 특정 노

등 경제적으로 차별취급하는 것은 허용되지 않는다. 사용자가 합리적 이유 없이 병존조합을 차별하면 냉대받는 노조의 조합원들의 동요를 초래하게 되고 이는 결국 노조의 약체화를 가져오므로 노조에 대하여 지배개입의 부당노동행위를 구성하게 된다.

하나의 기업 내에 복수 노동조합이 존재하는 경우 사용자는 각 노동조합의 단결권을 평등하게 승인·존중하여야 하고, 각 노동조합에 대하여 중립적인 태도를 유지하여야 하며, 각 노동조합의 성격 및 경향 등에 따라서 차별적인 취급을 하는 것은 허용되지 않는다.140)

대법원 2018. 9. 13. 선고 2016도2446 판결은 "사용자 측은 제2노조와 단체협약을 체결한 이후 제1노조와 단체교섭을 하는 과정에서, 공무 취임 인정 여부, 조합비 공제, 인사원칙, 규정의 제정과 개정, 장애인의 계속 근로조건, 징계절차, 고용안정, 임시직 사원의 채용, 공장 신설로 인한 조합원 이동, 임금체계의 개편, 근무시간 등의 사항에 관하여 제2노조와 체결한 위 단체협약과 비교하여 불리한 내용의 단체협약안을 제1노조에 제시하였다. 이는 근로자의 단결권을 보장한 헌법 33조와 노조법상의 부당노동행위 제도의 취지 등에서 도출되는 사용자의 중립의무를 위반한 것으로, 제1노조의 운영과 활동을 위축시키려는 의도에서 이루어진 지배·개입의 부당노동행위에 해당한다."고 판시하였다.

다. 단체교섭 자체의 차별

(1) 의   의

헌법은 33조 1항에서 단체교섭권을 기본권으로 보장하고 있으며 이에 대한 효과로서 사용자는 단체교섭 의무를 진다. 사용자의 단체교섭 의무는 소극적 측면과 적극적 측면으로 나눌 수 있는데 전자는 일방적 결정금지의무와 개별교섭 금지의무로 구성되고, 후자는 단체교섭응낙의무와 성실교섭의무로 구성된다.141) 그러므로 노동조합이 병존하는 경우 사용자가 특정노조와 전혀 단체교섭을 하지 않는 경우는 물론 단체교섭의 방식 면에서 차별(회답내용·시기, 단체교섭의 순

동조합과 체결한 단체협약의 내용에 따라 해당 노동조합의 조합원에게만 금품을 지급한 경우, 사용자의 이러한 금품 지급 행위가 다른 노동조합의 조직이나 운영을 지배하거나 이에 개입하는 의사에 따른 것이라면 부당노동행위에 해당할 수 있다(대법원 2019. 4. 25. 선고 2017두33510 판결).

140) 부산고법 2018. 12. 13. 선고 (창원)2018나11667 판결.

141) 김유성, 126면.

서・회수・출석자[142]・장소 등의 차별)을 하는 경우도 모두 단체교섭 자체에 관한 차별이라 할 수 있다. 이러한 차별을 할 때 상당한 이유가 존재하지 않는 한 부당노동행위를 구성한다는 데 이론의 여지가 없다. 이하에서는 구체적인 사례를 고찰하기로 한다.

(2) 단체교섭응낙의무위반

교섭창구단일화에 관한 규정이 존재하지 아니하였던 구 노조법 하에서는, 하나의 사업 또는 사업장에 조직대상이 사실상 중복되는 노동조합이 있다고 하더라도 구 노조법 부칙(1997. 3. 13.) 5조 1항(2006. 12. 30. 법률 8158호로 개정된 것)에 의하여 설립이 금지되는 복수노조에 해당하지 아니하는 각 노동조합은 사용자에게 단체교섭을 요구할 권리가 있고, 사용자는 위 부칙 5조 3항 등을 근거로 각 노동조합과 단체교섭을 연기하거나 거부할 수 없음에도,[143] 사용자가 위 조항을 근거로 단체교섭을 거부한 경우에는 단체교섭응낙의무위반이 되었다.

하나의 사업 또는 사업장 내에 복수노동조합이 존재하는 경우 교섭대표노동조합을 정하는 교섭창구 단일화 절차는 단체교섭에 나아가기 위한 필수적인 절차에 해당하고, 교섭창구 단일화 절차는 노동조합의 사용자에 대한 단체교섭 요구로부터 시작하게 되므로 복수노동조합이 존재하는 사업 또는 사업장의 사용자가 교섭대표노동조합과의 단체협약체결 또는 단체교섭을 거부하거나 해태하는 행위뿐 아니라 교섭대표노동조합을 정하기 위한 교섭창구 단일화 절차를 거부하거나 해태하는 행위 역시 노조법 81조 1항 3호의 기타의 단체교섭을 거부하거나 해태하는 것으로서 부당노동행위에 해당한다.[144] 이러한 판례의 태도에 비추어 보면, 사용자가 교섭대표노동조합과의 단체교섭을 거부하거나 해태하는 행위, 교섭대표노동조합을 정하기 위한 교섭창구 단일화 절차를 거부하거나 해태하는 행위는 모두 단체교섭응낙의무위반이 된다.

일본에서는 기존노조(조합원 약 300명)가 상부단체탈퇴를 결의한 것에 반대하여 잔류파(당시 11명)는 새로이 노조를 결성하였으나 회사가 이를 인정하지 않

---

142) 예를 들어 다수노조와는 달리 소수노조와 행하는 단체교섭에 결정권한이 없는 자를 출석하게 하여 단체교섭을 행한 경우 부당노동행위 성립을 인정한 사례로는, 神奈川地勞委 1976. 1. 7. 命令集 58집, 47면.

143) 대법원 2011. 5. 6.자 2010마1193 결정.

144) 서울행법 2013. 7. 17. 선고 2013구합50678 판결, 서울고법 2013. 12. 12. 선고 2013누46237 판결(항소기각), 대법원 2014. 3. 27.자 2014두35034 판결(심리불속행 기각).

고 단체교섭을 계속 거부하자, 잔류파 조합원은 회사에 대하여 불법행위를 이유
로 회사가 탈퇴파 조합원에 대하여 지급하였던 것과 동일 계산식에 따른 임금
인상 상당액 등의 지급을 구한 동양시트사건145)에서 법원은 "피고(회사)는 앞서
본 탈퇴 결의 당초부터 피고회사 내에 기존 노조가 존재하는 것 및 그에 가입
하고 있는 원고들을 혐오하여 원고들을 장기간 경제적 불이익을 수반하는 상태
에 놓이게 함에 따라 조직의 동요와 약체화를 생기게 할 의도에 기하여 차별적
취급을 하였던 것이라고 추인할 만하고, 위와 같은 피고의 행위는 부당노동행위
및 불법행위에 해당한다"고 판시하여 원고들의 청구를 인용하였다.146) 또한 노
동조합 내부의 항쟁으로 두 개의 노조로 분열된 경우 사용자가 일방 노조의 존
재를 부정하고 단체교섭을 거부한 행위가 부당노동행위에 해당한다고 판시한
사례도 보인다.147)

(3) 성실교섭의무위반

단체교섭의 시간·장소·횟수·출석인원과 회답내용에서 병존조합 간에 합
리적이라고 볼 수 없는 차이를 두는 것은 차별이고, 차별을 받게 된 노조에 대
한 성실교섭의무를 위반한 것이 된다. 이에 관하여 일본 하급심 판결 중에는
"노사관계의 현실에서는 압도적 다수의 근로자로 조직된 노조와 극히 소수의
조합원으로 조직된 노조가 병존하는 경우 다수 노조의 요구와 다수 노조와 행
해야 할 단체교섭을 보다 중시하는 것은 부득이한 점이 있다 하더라도 소수 노
조와 단체교섭을 하면서 다수 노조와 행하는 단체교섭 기일보다 늦게 기일을
설정하고, 교섭시간도 짧은 시간으로 한정하며 다수 노조에 대한 것 이상의 양
보 의사를 가지지 않는다는 방침을 세우고 단체교섭에 임하는 것은 부당노동행
위"라고 판시한 사례가 있다.148)

---

145) 廣島地裁 1988. 3. 2. 判決, 勞働經濟判例速報 1339호, 3면.
146) 이 판결에 대하여는 부당노동행위가 성립한다 하여 곧바로 민법상의 불법행위가 성립하는
   것은 아니므로 부당노동행위를 구성하는 사용자의 행위가 불법행위의 성립요건인 고의·과
   실, 권리침해, 위법성, 손해발생, 인과관계 등의 각 요건을 갖추고 있는지를 구체적으로 살펴
   보아야 한다는 비판이 있다. 奧山明良, 209~213면.
147) 東京地裁 1989. 12. 7. 判決, 判例時報 1347호, 136면.
148) 東京地裁 1990. 5. 31. 判決, 勞判 546호, 48면.

라. 단체교섭을 매개로 한 차별

(1) 전제조건에 관한 차별

⑺ 문제의 소재

단체교섭에 즈음하여 사용자가 동일 내용의 특정 조건(생산성향상 협력조항, 상대적 평화의무조항 등)을 임금인상의 전제조건으로 병존조합 쌍방에 제시하여 A 노조가 위 조건을 수락하고 B 노조는 이를 거부한 경우, 사용자가 A 노조가 위 조건을 받아들였다는 이유로 B 노조에 대하여도 위와 같은 조건수락을 고집하는 것은 성실교섭의무에 위반하는 것은 아닌가? 또한 결과적으로 위 조건을 수락한 A 노조와 협약이 체결되어 A 노조원에게는 인상된 임금이 지급되는 반면, B 노조와는 협약이 체결되지 아니한 결과 B 노조원에게는 인상된 임금이 지급되지 않는 상태가 계속되는 것은 부당한 차별로서 부당노동행위를 구성하는지 여부가 문제된다.149)

⑻ 일본의 논의

1) 일본통신판매사건150)

[사실관계] 일본통신판매사에는 A 노조와 B 노조가 병존하고 있었는데 1972년 연말 상여금교섭에서 회사는 각 노조에 대하여 조합원 1인당 기본급의 3.71월분을 지급한다고 회답하였다. 이에 대하여 A, B 두 노조가 불만을 표시하고 인상을 요구하자 회사는 "노조는 생산성 향상에 협력한다"는 것을 전제조건으로 하여 지급액을 인상하여 주겠다고 하였고, A 노조가 이를 받아들여 협약이 체결됨으로써 A 노조원 및 비조합원에게는 연말에 상여금이 지급되었다. 그러나 B 노조는 상여금의 증액에 관하여는 동의하면서도 위 전제조건은 노동의 강화, 실질적 임금인하, 노조약체화 등에 관련된 것이라고 하여 회사에 대하여 그 내용의 설명을 요구하였으나 회사는 '근로의무가 있는 시간 중에는 회사의 업무명령에 따라 열심히 근무하라는 취지다'라고 답하였을 뿐 구체적인 설명을 하지 않았다. 이에 B 노조는 전제조건의 수락을 끝까지 거부하면서 이를 상여금문제와 분리할 것을 주장하였으나 회사가 위 조건을 고집하였기 때문에 단체

---

149) 高橋貞夫, "組合並存下の前提條件の諾否と差別", 季刊 労働法 161호, 79~81면.

150) 最高裁 1984. 5. 29. 判決, 民集 38권 7호, 802면. 이에 대한 평석으로는 秋田成就, "同一企業內に併存する労働組合の一つが労働協約の締結を拒否したためその組合員のみが年末一時金の支給を受けられなかった場合に不當労働行爲が成立するとされた事例", 民商法雜誌 92권 5호 (1985. 8.), 94~107면.

협약이 체결되지 않고 결국 B 노조원에게는 상여금이 지급되지 아니하였다.[151]

　　[판시사항] 본건 전제조건인 '생산성 향상에 협력한다'라는 문언은 추상적이고 그 구체적인 내용이 명확하지 않기 때문에 회사로서는 그러한 제안을 하는 취지에 관하여 단체교섭을 통하여 B 노조에 충분히 설명하였어야 함에도 그러하지 아니하였고, 또 (설명을 하였다 하여도) 상여금의 증액에 위 전제조건을 부가하는 것은 반드시 합리성이 있었던 것은 아니며, B 노조가 자기의 요구를 실현하지 못하게 된 것은 한편으로는 스스로의 의사에 기인한 선택이라고도 할 수 있겠지만 한편으로는 회사가 불합리한 전제조건을 제시하고 이것을 고집하여 부득이하게 이러한 선택(수락거부)을 하게 된 것이어서 결국 회사의 위와 같은 교섭태도가 그 원인을 제공한 것임을 부정하기 어렵다 할 것이므로 이 점을 들어 B 노조의 자유로운 의사결정에 따른 것이라고 하는 것은 상당하지 않다.

　　B 노조가 본건 전제조건의 수락을 거부하여 단체교섭이 결렬된 결과 B 노조원이 연말 상여금의 지급을 받지 못하게 된 것은 회사가 불합리하고 B 노조가 받아들일 수 없는 전제조건을 (B 노조가 수락하지 않으리라는 것을 예측하고서도) 제안하고 이것을 고집하였던 것이 그 원인이고, 게다가 B 노조가 소수 노조여서 B 노조원이 상여금의 지급을 받지 못하게 되면 조합원 간에 동요가 초래되고, 그것이 B 노조의 조직력을 약화시키는 데 영향을 미치게 되리라는 것은 쉽게 예측할 수 있다. 따라서 회사가 그러한 상황하에서 위 전제조건을 고집하는 것은 이러한 상황을 이용하여 B 노조 및 그 조합원으로 하여금 위와 같은 결과를 감수하게 할 의도였다고 평가된다. 회사의 위와 같은 행위는 B 노조원을 고의로 차별하고 그에 따라 B 노조의 조직력을 약체화할 의도에서 행하여진 것으로서 부당노동행위를 구성한다.[152]

---

151) 東京地労委는 회사의 위와 같은 행위에 대하여 부당노동행위의 성립을 긍정하고, 상여금 지급의 구제명령을 발하였는데, 회사 측이 위 명령의 취소를 구하였던 행정소송의 1심판결 역시 회사의 청구를 기각하면서 労委命令을 지지하였다. 어느 것이나 생산성 협력조항의 수락에서 소수 노조가 조합활동상의 제약이라는 위험성을 느꼈던 것을 수긍하였고, 한편 판결은 본건 상여금 미지급은 그에 의하여 소수 노조의 조합원을 차별하고 동요·혼란시키며, 조합의 약체화를 기도하는 부당노동행위라고 인정한 것이다. 그런데 2심판결은 1심판결을 번복하여 부당노동행위의 성립을 부정하였다. 생산성향상 협력조항은 회사가 설명하는 바대로 "회사의 업무명령에 힘껏 따른다"라고 하는 취지 이상의 것으로는 해석되지 아니하고, 이를 수락하지 않는 것은 노조의 자유의사에 기한 선택의 결과이며 상여금의 부지급도 조합의 교섭 방침에 기한 당연한 결과로서 조합원들이 감수하여야만 할 것이라고 하고 있다. 東京高裁 1975. 5. 28. 判決, 労民集 26권 3호, 451면.
152) 最高裁 1989. 1. 19. 判決에서는 하기 상여금 교섭에서 기업 내 조합활동에 대한 편의제공

2) 닛산자동차 잔업차별사건[153]

[사실관계] 1976년 닛산자동차와 구 프린스자동차와의 합병에 즈음하여 구 프린스자동차 근로자는 대부분 A 노조에 가입하였으나 소수의 근로자가 B 노조에 잔류하였다. 회사는 1977년경 야간2교대근무제 및 계획잔업을 구 프린스 공장의 제조부문에도 도입하고자 하였는데 A 노조는 이것을 받아들였지만 B 노조는 심야근무 및 계획잔업에 반대하였기 때문에 B 노조원에게는 계획잔업이 아닌 근무만을 할당하고 잔업을 일체 명하지 않는 조치를 취하였다. 그 후 B 노조와 회사 사이에 단체교섭이 행하여졌으나 합의에 이르지 못하였다.

[판시사항] 근로자의 압도적 다수를 거느리는 노조와 일정 조건에 관한 합의가 성립하였지만 소수 노조와 사이에 의견의 대립이 큰 경우, 사용자가 다수 노조와 합의에 달한 근로조건을 소수 노조와도 타결하고자 하는 것은 자연스럽다 할 것이므로 소수 노조에 대하여 이와 같은 조건을 수락하도록 요구하고, 이것을 또 양보의 한도라고 하는 강한 태도를 보인다고 하여도 이러한 점만을 이유로 바로 사용자의 교섭태도를 비난할 만한 것이라고 할 수 없다. 그러나 본 사건에서 회사는 병존조합의 하나인 A 노조와만 협의하고, B 노조에 대하여는 아무런 제안도 행하지 않으면서 일방적으로 그 조합원을 주간근무에만 배치하며 또한 일체의 잔업을 하지 않는다는 태도를 취하였는바, 이로부터 근로조건의 결정에 관한 교섭상대로서 B 노조의 존재를 무시하고 그 조합원을 차별적으로 취급하는 의도를 엿볼 수 있으며, 이는 B 노조의 단결권에 대한 침해행위이다. 또한 그 후 B 노조의 요구에 따라 잔업에 관한 회사의 조치가 단체교섭사항으로 된 후에도 잔업문제해결을 위한 성실한 단체교섭을 하지 않고서 최초의 조치를 유지·계속하고 이것을 기정사실화하며, 결국 교대제근무 및 계획잔업에 관한 협약이 B 노조 사이에 성립되지 않는 한 여전히 B 노조원에게 잔업을 명

상의 제한(시설이용을 수반하는 조합활동과 게시판이용시의 허가·신고제)을 전제조건으로서 제시하고 상여금문제와 일괄타결을 구하였는데 부당노동행위의 성립을 인정하지 않았다. 이 사건에서 1심 東京地裁 判決은 "상여금 이외의 회답이 상여금의 액수와 지급시기에 직접 관계되는 사정을 고려하지 않고, 요구항목 전부에 대하여 일괄타결을 구한 것은 합리성이 충분하다고는 할 수 없다"고 하면서도, 그 후 노사 쌍방의 상호 양보가 있어 결국 합의에 달하여 협약이 성립하였고, 다른 조합원과 비조합원에 비하여 4일만 지연되어 상여금이 지급되었던 것, 조건을 제시하면서 병존조합 간에 그 내용에 차이가 없는 것 등으로부터 회사 측이 끝까지 그 "회답을 고집하여 단체교섭을 거부하고 상여금 교섭의 타결을 의도적으로 지연시켰던 것이라고 단언할 수 없다"고 하면서 부당노동행위의 성립을 인정하였던 勞委의 구제명령을 취소하였는데 이 입장은 2심판결, 상고심판결을 통하여 유지되었다. 勞判 533호, 245면.

153) 最高裁 1985. 4. 23. 제3소법정 판결, 民集 39권 3호, 721면.

하지 않겠다는 태도를 고집하여 기성사항을 유지하였다. 이는 단체교섭에서 교
착상태를 계속하는 것으로 B 노조원을 경제적으로 압박하고, 더 나아가서는 B
노조 내부의 동요 또는 약체화를 발생케 하려는 의도에 기인한 것이라고 추단
되는 행위이다.[154]

3) 학설의 전개

다수설은 전제조건의 수락거부에서 유래한 차별은 원칙적으로 부당노동행
위가 성립한다는 견해를 취하고 있는바 그 근거로서 사용자의 중립의무에 따른
조합 간 차별금지의 원칙을 들고 있다.[155]

이에 반하여 소수설은 병존조합이 전제조건에 따른 단체협약을 체결하는지
여부는 조합의 정책과 교섭력의 문제이지 법률문제는 아니라고 보아 부당노동
행위의 성립을 부정하는바, 그 근거로서 다수설과 같은 입장을 취하게 되면 사
용자가 자신이 제시하는 조건을 강하게 주장하는 것이 불가능하게 되고 이는
자주적인 단체교섭을 보장한 노동법의 원칙에 현저히 모순된다고 한다.[156]

---

[154] 그러나 동일 사안을 소수 노조가 민사사건(불법행위에 의한 손해배상청구)으로써 다투었던
東京地裁 1991. 5. 26. 判決, 勞判 563호, 58면은 "중립적 태도의 유지, 평등취급에서 병존조합
의 조합원 수에 큰 차이가 있는 경우에는 각 노조의 사용자에 대한 교섭력에 다소간의 차이
가 생기는 것은 당연하기 때문에 사용자가 각 노조와 행하는 단체교섭에서 노조의 교섭력에
대응하여 태도를 결정하는 것은 시인될 만한 것인데, 예를 들면 동일기업 내에 압도적 다수
의 근로자를 조합원으로 하는 다수 노조와 극히 소수의 근로자를 조합원으로 하는 것에 불
과한 소수 노조가 병존하는 경우에 사용자가 근무체계에 관한 노사문제를 처리하면서 다수
노조와 체결한 합의사항과 동일한 조건으로 소수 노조와도 교섭을 타결하려고 하면서 이것
을 양보의 한도라고 하는 강한 태도를 보였다고 하여도 일반적으로 사용자에게 근무체제가
직장 전체를 통하여 균등한 조건에 따른 통일적인 것이 바람직하다고 여겨진다면 그와 같은
태도는 각 노조의 교섭력에 대응한 합리적·합목적적인 대응이라고 해야 하며 이것을 위에
서 본 의무에 반하는 것이라고는 할 수 없다. 그리고 이와 같은 경우에 노사 쌍방이 끝까지
자기의 조건을 고집하여 소수 노조와 협약이 성립되지 않고 그 결과 동 노조의 조합원이 협
약의 체결을 전제로 하여 취해지는 조치로부터 제외되어 동 조합원에게 경제적 불이익이 초
래되며, 나아가 동 노조의 조합원 감소, 노조 내부의 동요, 단결력의 저하를 불러 일으키고,
결국은 사용자가 위와 같은 태도를 취함으로써 위와 같은 사태가 생겼을 것이라고 쉽게 예
측할 수 있는 것이라고 하여도, 이것을 이유로 위와 같은 사용자의 태도가 위와 같은 소수
노조의 약체화를 기도하였던 것이라고 추단을 하는 것은 허용되지 않는다"고 판시하면서 위
최고재판소 판결과는 뉘앙스의 차이가 있는 새로운 견해를 개진하였다. 이에 대하여 위 東京
地裁의 견해에 따르면 소수 노조의 단체교섭권은 형해화되어 무의미한 것으로 될 위험이 있
어 최고재판소 판례가 구축하였던 기본적 인식에 반하는 것이라고 판단된다는 견해로는 橋詰
洋三, 23~24면.

[155] 道幸哲也, 現代講座 8권, 238~240면.

[156] 山口浩一郎, 114~115면.

㈐ 검 　토

　원칙적으로 사용자가 단체교섭을 하면서 병존조합에 동일한 전제조건을 제시하는 경우, 형식적으로 각 노조를 평등하게 취급하여 사용자의 중립의무를 이행하였다고 추정되므로 그 전제조건이 합리적이고 합목적적이라면 조합의 자유로운 의사결정에 따른 전제조건의 수락·거부 결과 단체협약 체결 여부에 따른 노조 간의 차별 자체를 부당노동행위라고 보기 어려울 것이다. 그렇지만 예외적으로 ① 전제조건의 내용이 조합활동을 과도하게 제한하거나 노동3권을 침해[157]하는 등 현저히 불합리하거나, ② 병존조합에 제안하는 조건이 다른 경우,[158] ③ 사용자가 이러한 전제조건을 고집하여 수락·거부에 따라 병존조합을 차별하는 것, 즉 특정 노조와 무협약상태가 계속되는 것은 성실교섭의무위반 및 지배개입의 부당노동행위를 구성한다.[159]

　병존조합에 대하여 동일한 전제조건을 제시하더라도 전제조건의 합리성 결여로 인한 부당노동행위성립을 판단하기 위해서는, 전제조건 자체의 합리성, 전제조건의 협약적합성, 전제조건이 사용자의 제안내용을 실현하기 위한 필요성이 있는지 여부, 전제조건의 수락가능성, 전제조건 거부의 예측가능성, 전제조건 제시가 단체교섭의 타결을 위해서 긴급성이 요구되는지 여부,[160] 단체협약체결 지연으로 인한 조합원의 동요, 사용자의 전제조건의 고집, 사용자의 전제조건에

---

157) 노조의 상여금 지급요구에 대하여 사용자가 3년 동안 파업, 항의, 쟁의를 포기할 것을 내용으로 하는 평화협정의 체결을 상여금지급조건으로 하는 것은 그 협정내용이 노동기본권을 침해하는 것으로, 이러한 협정체결을 조건으로 상여금을 지급하지 아니한 것은 부당노동행위라고 판시한 사례로는 最高裁 1978. 10. 5. 判決, 労委關係裁判例集 15집, 537면.

158) 東京地労委 1986. 6. 17. 労働經濟判例速報 1289호, 26면. 회사가 주식시장상장기념으로 특별장려금을 지급하면서, A 노조에게는 "A 노조가 종래부터 회사의 시책 및 회사주식의 상장에 협력한 것에 감사하며, 종전부터 맺어오던 노사관계를 유지하고 싶다"고 설명하고 특별장려금 지급에 동의한다는 취지를 문서로 회답해 달라고 신청하였고 이에 즉시 A 노조가 동의하자 A 노조원에게 특별장려금을 지급하였으나, B 노조에 대하여는 "회사는 B 노조의 주식상장방해에 심히 유감으로 생각하며, 지금부터 B 노조 및 그 조합원은 회사주식 상장과 관련하여 유인물배포 및 각종 항의행동 등으로 회사 및 사원을 비방, 중상하거나 이와 같은 유형의 방해행위를 일체 하지 않고 회사사업의 확대발전에 협력할 것을 전제로 특별장려금을 지급하고자 하는데, 이에 동의하는 경우 그 취지의 문서를 5월 23일까지 제출하여야 하며, 동의하지 아니하면 특별장려금을 지급하지 않는다"는 취지의 신청서를 보냈는바, B 노조가 이에 동의하지 아니한 결과 B 노조원을 제외한 근로자에 대하여는 특별장려금이 지급된 사안에서 東京地労委는 부당노동행위의 성립을 긍정하였다.

159) 橋詰洋三, 24면.

160) 夏期 賞與金교섭에서 노조가 정규직근로자에 대하여 회사의 제안대로 타결하고자 하였으나, 회사가 단시간근로자에 관한 회답과 일괄타결을 주장한 경우 부당노동행위성립을 긍정한 사례로는 最高裁 1990. 3. 6. 判決, 労判 584호, 38면.

대한 성실한 설명의무 이행여부, 사용자의 반조합적 의사, 전제조건을 제시하게 된 경위 등을 종합적으로 검토하여야 한다.[161]

부산고법(창원) 2018. 12. 13. 선고 2018나11667 판결은 "사용자가 복수 노동조합 하의 각 노동조합에 동일한 내용의 조건을 제시하였고, 또 그 내용이 합리적·합목적적이라면 원칙적으로 부당노동행위의 문제는 발생하지 않는다. 그러나 예외적으로 사용자가 복수 노동조합 중 한 노동조합의 약체화를 꾀하기 위하여 해당 노동조합의 입장에서 받아들이기 어려울 것으로 예상되는 전제조건을 제안하고 이를 고수함으로써 다른 노동조합은 그 전제조건을 받아들여 단체교섭이 타결되었으나 해당 노동조합은 그 전제조건을 거절하여 단체교섭이 결렬되었고, 그와 같은 전제조건을 합리적·합목적적이라고 평가할 수 없는 경우와 같이 다른 복수 노동조합과의 단체교섭을 조작하여 해당 노동조합 또는 그 조합원의 불이익을 초래하였다고 인정되는 특별한 사정이 있는 경우에는 사용자의 중립유지의무 위반으로서 해당 노동조합에 대한 불이익취급의 부당노동행위 내지는 지배·개입의 부당노동행위가 성립한다. 그리고 위와 같은 특별한 사정은 전제조건의 합리성, 근로조건 등의 연관성, 전제조건이 각 노동조합에 미치는 영향, 조건 제안의 사정, 교섭과정, 사용자의 노동조합에 대한 현재 및 과거의 태도 등을 종합적으로 고려하여 판단하여야 한다."고 판시하여 이와 같은 입장을 취하고 있다.

(2) 체결일실시조항[162]에 관한 차별

(가) 문제의 소재

노조병존시 각 노조와 각각 단체교섭이 타결되어 그 결과 단체협약의 체결

---

161) 山口浩一郎, "複數組合にたいする同一條件の提示と不當勞働爲", ジュリスト 819호, 121~125면.

162) 일본에서는 이를 타결월실시조항이라 하나 구체적인 사실관계를 살펴보면 타결일부터 인상된 임금을 지급하는 경우가 많아서 타결일실시조항이 보다 정확한 표현이다. 그러나 ① 우리 노조법 29조, 30조에서는 단체교섭 및 단체협약의 체결이라는 용어가 사용될 뿐 달리 타결이라는 용어가 법문상 사용되지 않고 있는 점, ② 헌법 33조에서 '단체협약체결권'을 명시하여 규정하고 있지 않다고 하더라도 근로조건의 향상을 위한 근로자 및 그 단체의 본질적인 활동의 자유인 '단체교섭권'에는 단체협약체결권이 포함되어 있다고 보아야 하는 점(헌재 1998. 2. 27. 선고 94헌바13 등 결정), ③ 노조법 30조 1항에 따라 노사간에 합의에 도달한 이상 그 내용을 단체협약화하지 않으면 성실교섭의무위반이 되는 점, ④ 노조법 31조 1항은 "단체협약은 서면으로 작성하여 당사자 쌍방이 서명 또는 날인하여야 한다."고 규정하여 단체협약의 요식성을 요구하고 있으므로 단체협약의 효력을 합의가 성립한 날부터 소급적용한다는 합의가 성립하더라도 위 합의를 서면화하여야만 단체협약으로서 효력이 발생하는 점, ⑤ 실질적으로는 사용자의 단체협약 소급적용의 거부로 인한 조합간의 차별이 문제되는 점 등에 비추어 보면 체결일실시조항이라는 용어가 타당하다고 본다.

시기가 서로 다른 경우가 많다. 이 경우 체결일부터 협약의 효력이 발생됨으로
써 노조 간에 차별이 생기는 것은 필연적이고, 그 결과 임금인상분의 지급시기
에 차이가 생기는 것을 부당노동행위라고 할 수는 없다. '체결일실시조항'(체결
일부터 인상된 임금을 지급한다는 내용, 다만 실질적으로는 단체협약의 효력발생일에 관
한 일체의 조항을 포함한다)이 문제되는 것은 이와 같은 결과적인 차별 상태가 아
니라 노조병존시 사용자가 교섭 당초부터 '체결일실시조항'을 고집하고 이와 같
은 교섭태도를 취함으로써 용이하게 임금차별 상태를 형성하는 경우 부당노동
행위가 성립하는지 여부이다.

(나) 일본의 논의

1) 노동위원회 명령 및 판례의 경향

노동위원회는 노조의 방침이 서로 달라 협약의 체결시기가 달라져 그 결과
임금차별상태가 발생하였다고 하여도 원칙적으로 그것을 부당노동행위라고 보
지 않는다.163) 그러나 사용자가 의도적으로 협약체결시기를 지연할 의도로 이른
바 '체결일실시조항'을 고집하는 경우 대부분의 노동위원회는 위 조항의 실시에
따른 임금차별을 부당노동행위라고 보고 차별상태의 시정을 명하고 있는데 구
체적으로는 지급시기의 지연에 따른 임금차액의 지급을 명하고 있다.164) 그 경
우 다음과 같은 점으로부터 사용자의 반조합적 의사를 추정하고 있다.

위 조항을 고집하는 것은 특별한 사정이 없는 한 단체교섭을 속행하고 원
만한 해결을 도모하고자 하는 노동조합의 단체교섭권의 행사 내지 단결활동에
부당한 압력을 가하는 것으로서 허용될 수 없다. 구체적 사실과 관련하여 사용
자의 불성실한 교섭태도(당해 조항을 제안하는 취지를 충분히 설명하지 않거나,165)
노조가 수락하지 않을 것을 예상하고도 제안하거나,166) 노조분열 직후에 제안하는
것167) 등), 임금소급지불관행의 무시,168) 사용자의 태도의 일관성의 결여(비조합
원에 대한 지급,169) 복리후생비의 별도 지급170)) 등이 이에 해당한다.

163) 中労委 1961. 5. 17. 命令集 24·25집, 389면; 京都地労委 1972. 1. 20. 命令集 46집, 58면.
164) 東京地労委 1972. 8. 1. 命令集 47집, 150면; 東京地労委 1976. 11. 16. 命令集 60집, 120면.
165) 東京地労委 1976. 11. 16. 命令集 60집, 120면.
166) 東京地労委 1972. 8. 1. 命令集 47집, 150면.
167) 石川地労委 1978. 11. 14. 中央労働時報別冊 925호, 41면.
168) 愛知地労委 1976. 8. 14. 命令集 59집, 168면.
169) 愛知地労委 1976. 8. 14. 命令集 59집, 168면.
170) 新潟地労委 1977. 2. 24. 中央労働時報別冊 901호, 23면.

위와 같은 노동위원회의 입장은 대부분의 판례에서 인정되고 있으나, 판례
는 위 조항을 제시하는 것 자체의 부당노동행위성을 명확히 논하고 있지는 않
으며 다음과 같은 구체적 사실관계에 주목하고 있다.

제생회중앙병원사건171)에서 법원은 원칙적으로 체결일실시조항은 위법ㆍ불
합리하지 않고 그 수락ㆍ거부에서 유래한 차별은 쌍방 노조의 자주적 선택에
기한 것이라고 명확히 판단하고 있다.172) 그러나 위 사건에서 위 조항을 고집하
는 의도가 노조 약체화라고 하면서 부당노동행위의 성립을 인정하고 있다. 구체
적으로는 당해 조항의 제안 이유에 관한 설명이 불충분하고 불과 1주간의 고려
기간 부여, 다른 노조와 한 사전 교섭 등으로부터 반조합적 의사를 추정하고 있
는데 최고재판소도 이 입장을 지지하였다.173)

이와 달리 나고야방송사건에서는 1심, 2심 판결이 대립하였다. 즉, 1심 판
결은 체결일실시조항을 부당노동행위라고 하였지만,174) 2심 판결은 회사의 성실
한 교섭태도, 체결일실시조항에 관한 회사의 일관된 자세, 노조의 대응불충분을
중시하면서 임금차별의 원인은 노조가 정세판단을 잘못하고 자기의 힘을 과신
하고 투쟁을 계속하였던 것에 기인하는 것이어서 이는 노조의 자유의지에 기초
한 선택의 결과라는 입장을 취하여 부당노동행위 성립을 부정하였다.175)

부당노동행위가 성립하는 경우 구제수단에 관하여, 임금인상에 관한 단체
교섭에서 노동조합이 체결일실시조항 이외의 사항에 대하여는 회사회답을 수락
한다는 취지로 회답하였으나 회사가 위 조항을 고집하여 단체협약이 성립하지
아니한 것을 이유로 협약이 체결된 다른 노조원과는 달리 임금인상분을 지급하
지 아니한 닛산차체공업사건에서 최고재판소는 임금인상분의 소급지급관행에
근거하여 부당노동행위의 성립을 긍정하면서 회사에 임금인상분의 소급지급 및
노조가 수락의사표시를 한 다음날부터 임금인상액에 대한 연 5%의 지연손해금

---

171) A 노조와 B 노조가 병존하는 상황에서 A 노조가 1976년도 신임금에 관하여 체결일실시조
항을 제외하되 병원 측이 제시한 임금인상액수에는 동의한다는 취지의 통지를 하였고, 또 병
원 측의 문의에 대하여 여름철 상여금의 산정기초가 되는 임금은 위 신임금이라는 취지로
회답하였음에도 불구하고 병원 측은 신임금의 확정이 상여금에 관한 교섭의 전제가 된다고
하여 그 타결조인을 고집하였고 A 노조와 상여금의 요구만을 교섭사항으로 하는 단체교섭에
는 응하지 않는 반면 B 노조와 1976. 6. 25.에 연간상여협약을 체결하고 하기상여금, 연말상
여금을 7월, 12월에 각 지급한 사안이다.
172) 東京地裁 1977. 12. 22. 判決, 勞民集 28권 5ㆍ6호, 787면.
173) 最高裁 1989. 3. 3. 判決, 勞判 543호, 80면.
174) 名古屋地裁 1978. 8. 25. 判決, 勞判 306호, 32면.
175) 名古屋高裁 1980. 5. 28. 判決, 勞民集 31권 3호, 631면.

의 지급을 명하였다.176)

2) 학설의 전개

다수설은 부당노동행위의 성립을 긍정하고 있는데, 체결일실시조항의 원칙적 부당성을 강조하면서 위 조항의 제시는 현실적으로 노조약체화를 기도하기 위한 것이므로 그 제시 자체가 성실교섭의무에 위반함과 동시에 지배개입이 된다고 보는 견해와,177) 위 조항은 노조의 'schedule 투쟁'에 대한 대항수단으로서 고안된 것이라는 전제하에 체결일실시에 유래한 임금차별이 반드시 부당노동행위가 되는 것은 아니지만 병존조합이 대립하고 있는 배경하에서 여러 요소를 고려할 때 지배개입으로 되는 경우가 있을 수 있으므로 구체적인 사실관계에 착안하여야 한다는 견해가 있다.178) 이에 반하여 자주교섭의 입장에서 병존조합의 쌍방에 동일한 제안을 하고 그 제안 내용 자체가 위법하지 않는 한 그 수락·거부에 유래한 차별은 부당노동행위가 성립하지 않는다는 견해가 있다.179)

㈐ 검   토

사용자가 성실교섭의무를 이행하였음에도 노동조합이 협약체결 여부를 자주적으로 선택한 결과 협약체결이 지연된 경우에는 원칙적으로 부당노동행위는 성립하지 아니하나, 사용자가 체결일실시조항을 고집함으로써 용이하게 노조 간의 차별상태를 발생하게 한 경우 노동조합의 단체교섭권과 단체행동권에 대한 억제적 기능으로 작용한다는 점,180) 체결일실시조항은 위에서 살펴본 전제조건 중 하나에 해당한다는 점 등에 비추어 보면 체결일실시조항의 수락·거부에서 유래한 차별은 원칙적으로 부당노동행위로 보아야 한다. 부당노동행위 성립여부는 구체적 사실관계에서 단체협약의 소급적용의 허용성, 기존의 관행, 제안의 구체성과 필요성, 교섭과정, 제안을 제시하게 된 경위, 근로조건과 제안과의 관계 등의 여러 사정에 비추어 판단하여야 한다.181)

176) 最高裁 1986. 9. 16. 判決, 勞判 492호, 101면.
177) 籾井常喜, 組合分裂·差別支配と權利鬪爭, 勞働旬報社(1976), 56면.
178) 石川, 354면.
179) 山口浩一郎, 勞働組合法講話, 總合勞働硏究所(1978), 80면.
180) 道幸哲也, "組合竝存下における勞働條件決定過程と團交權保障" 下, 法律時報 68권 7호, 36~37면.
181) 道幸哲也, 現代講座 8권, 241~252면.

Ⅳ. 노동조합의 성실교섭의무

구법182)에서는 사용자에 대해서만 성실교섭의무를 부과하고 이를 위반할 경우에는 부당노동행위로 처벌하였으나, 현행 노조법은 노동조합에 대해서도 성실교섭의무를 부과함으로써 노사가 다 같이 자율과 책임을 기초로 성실하게 교섭에 임하도록 하였다.183) 사용자의 성실교섭의무는 단체교섭권 보장에 따른 헌법상의 효과를 확인하는 성질을 가지지만, 노동조합의 성실교섭의무는 노조법이 창설한 것이다.184) 그러나 노동조합의 성실교섭의무위반에 대하여는 부당노동행위구제제도나 벌칙을 규정하고 있지 않다. 따라서 노동조합의 성실교섭의무불이행으로 단체교섭이 원만하게 진행될 가능성이 없는 경우에는 사용자는 정당하게 단체교섭을 거부할 수 있다. 사용자의 단체교섭거부에 의한 부당노동행위의 성립 여부도 노동조합의 성실한 교섭 태도와 관련지어 상대적으로 판단하여야 한다.185)

대법원은 "노동조합의 규약에 단체협약안에 대하여 조합원의 결의로 동의를 얻어야 효력을 갖는다는 내용이 있다면, 비록 조합원들이 노동조합을 결성하면서 단체협약의 체결에 관한 사항을 위원장과 중앙집행위원회에 위임하기로 의결하였다고 하더라도 노동조합 측에서 이와 같이 별도의 위임까지 받았다는 사정을 회사 측에 통보하지 않은 이상, 회사 측으로서는 노사 쌍방간의 타협과 양보의 결과로 단체협약 요구안에 대하여 합의를 도출하더라도 노동조합 총회에서 그 단체협약안을 받아들이기를 거부하여 단체교섭의 성과를 무로 돌릴 위험성이 있어 최종적인 결정 권한이 확인되지 않은 교섭대표와 성실한 자세로 교섭에 임하는 것을 기대할 수 없으니, 노동조합 측에서 회사 측의 단체협약 체결권한에 대한 의문을 해소시켜 줄 수 있음에도 불구하고 이를 해소시키지 않

---

182) 구 노동조합법(1996. 12. 31. 법률 5244호로 폐지되기 전의 것) 33조(교섭권한) ⑤ 사용자 또는 사용자단체는 노동조합의 대표자 또는 노동조합으로부터 위임을 받은 자와의 성실한 단체협약체결을 정당한 이유없이 거부 또는 해태할 수 없다.

183) 김형배, 1228면. 노동조합의 성실교섭의무의 직접적인 근거는 명시적 규정이 있는 노조법 30조가 될 것이지만 노조법 30조가 없다면 종국에는 민법 2조에 근거해야 된다는 견해로는 장우찬, 86면.

184) 임종률, 148면.

185) 김형배, 1228면.

은 채 단체교섭만을 요구하였다면 단체교섭을 위한 진지한 노력을 다하였다고
볼 수 없고, 따라서 그러한 상황에서 가진 단체교섭이 결렬되었다고 하더라도
이를 이유로 하는 쟁의행위는 그 목적과 시기, 절차에서 정당한 쟁의행위라고
볼 수 없다"고 판시하였다.186)

    그러나 노동조합이 조합원들의 의사를 반영하고 대표자의 단체교섭 및 단
체협약 체결 업무 수행에 대한 적절한 통제를 위하여 규약 등에서 내부 절차를
거치도록 하는 등 대표자의 단체협약체결권한의 행사를 절차적으로 제한하는
것은, 그것이 단체협약체결권한을 전면적·포괄적으로 제한하는 것이 아닌 이상
허용된다.187) 따라서 노동조합의 대표자가 위와 같이 조합원들의 의사를 결집·
반영하기 위하여 마련한 내부 절차를 전혀 거치지 아니한 채 조합원의 중요한
근로조건에 영향을 미치는 사항 등에 관하여 만연히 사용자와 단체협약을 체결
하였고, 그 단체협약의 효력이 조합원들에게 미치게 되면, 이러한 행위는 특별한
사정이 없는 한 헌법과 법률에 의하여 보호되는 조합원의 단결권 또는 노동조합
의 의사 형성 과정에 참여할 수 있는 권리를 침해하는 불법행위에 해당한다.188)

V. 국가와 지방자치단체의 지원 및 노력의무

    단체교섭권은 법률의 제정이라는 국가의 개입을 통하여 비로소 실현될 수
있는 권리가 아니라, 법률이 없더라도 헌법의 규정만으로 직접 법규범으로서 효
력을 발휘할 수 있는 구체적 권리이다.189) 한편 노동3권은 국가공권력에 대하여
근로자의 단결권의 방어를 일차적인 목표로 하지만, 노동3권의 보다 큰 헌법적
의미는 근로자단체라는 사회적 반대세력의 창출을 가능하게 함으로써 노사관계
의 형성에 있어서 사회적 균형을 이루어 근로조건에 관한 노사 간의 실질적인
자치를 보장하려는데 있다. 근로자는 노동조합과 같은 근로자단체의 결성을 통
하여 집단으로 사용자에 대항함으로써 사용자와 대등한 세력을 이루어 근로조
건의 형성에 영향을 미칠 수 있는 기회를 가지게 되므로 이러한 의미에서 노동

---

186) 대법원 2000. 5. 12. 선고 98도3299 판결. 이에 대한 비판적인 견해로는 정진경, 179~197면
    참조.
187) 대법원 2014. 4. 24. 선고 2010다24534 판결.
188) 대법원 2018. 7. 26. 선고 2016다205908 판결.
189) 대법원 2020. 9. 3. 선고 2016두32992 전원합의체 판결.

3권은 '사회적 보호기능을 담당하는 자유권' 또는 '사회권적 성격을 띤 자유권'이라고 말할 수 있다. 이러한 노동3권의 성격은 국가가 단지 근로자의 노동3권을 존중하고 부당한 침해를 하지 아니함으로써 보장되는 자유권적 측면인 국가로부터의 자유뿐이 아니라, 근로자의 권리행사의 실질적 조건을 형성하고 유지해야 할 국가의 적극적인 활동을 필요로 한다.190)

이에 따라 2021. 7. 6.부터 시행된 노조법 30조 3항에서는, "국가 및 지방자치단체는 기업·산업·지역별 교섭 등 다양한 교섭방식을 노동관계 당사자가 자율적으로 선택할 수 있도록 지원하고 이에 따른 단체교섭이 활성화될 수 있도록 노력하여야 한다."고 규정하였다. 고용노동부와 노동위원회 등이 감독권과 부당노동행위제도 등을 통하여 노사분쟁에 관여할 권한이 있음에도 위와 같은 규정을 신설한 것은, 노동관계 당사자가 자율적인 교섭방식을 선택할 수 있도록 정부가 지원할 수 있는 법적 근거를 마련하고, 이로써 정부는 단체교섭이 활성화되도록 노력하도록 하여, 궁극적으로는 단체협약의 체결을 통하여 노동쟁의를 예방·해결함으로써 산업평화의 유지와 국민경제의 발전에 이바지하기 위한 것이다.

[권 창 영]

---

190) 헌재 1998. 2. 27. 선고 94헌바13 결정.

제31조(단체협약의 작성)

① 단체협약은 서면으로 작성하여 당사자 쌍방이 서명 또는 날인하여야 한다.
② 단체협약의 당사자는 단체협약의 체결일부터 15일 이내에 이를 행정관청에게 신고하여야 한다.
③ 행정관청은 단체협약중 위법한 내용이 있는 경우에는 노동위원회의 의결을 얻어 그 시정을 명할 수 있다.

〈세 목 차〉

[참고문헌]

강선희a, 단체협약 효력의 정당성 기초와 내용, 고려대학교 대학원 박사학위논문(2009);
강선희b, "단체협약 해지에 관한 법리", 노동법학 33호, 한국노동법학회(2010. 3.); **강선희**
c, "단체협약 종료의 효과와 새로운 대안의 모색", 산업관계연구 20권 3호, 한국노사관계
학회(2010); **강선희**d, "단체협약의 성립에 대한 민법 일반규정의 적용가능성과 법적 효
과", 노동연구 22집, 고려대학교 노동문제연구소(2011); **강선희**e, "단체협약 시정명령제도
의 운용실태와 한계", 노동법학 42호, 한국노동법학회(2012); **강선희**f, "단체협약과 취업
규칙의 관계와 유리성 원칙", 노동법학 45호, 한국노동법학회(2013. 3.); **강성태**a, "집단적
노사관계법에서 노동조합 전임자의 지위", 노동법연구 19호, 서울대학교 노동법연구회
(2005. 12.); **강성태**b, "단체협약의 실효와 근로조건(해고조항)", 노동판례리뷰 2009, 한국
노동법학회(2010); **고용노동부**, 개정 노동조합 및 노동관계조정법 설명자료(2021. 3.); **고**
태관a, "단체협약의 이행강제", 노동법연구 8호, 서울대학교 노동법연구회(1999); **고태관**
b, "단체협약의 기간과 기간종료후의 노동관계", 변호사 29집, 서울지방변호사회(1999);
고태관c, "단체협약의 일반적 구속력", 변호사 28집, 서울지방변호사회(1998); **고호성**a,
"단체협약의 기본법리 시론", 노동법의 쟁점과 과제 ― 김유성 교수 화갑기념 논문집, 법
문사(2000. 12.); **고호성**b, 노동법상의 집단적 자치원리, 서울대학교 대학원 박사학위논문
(1994); **고호성**c, "단체협약의 법적 성질", 법과 정책 3호, 제주대학교 법과 정책연구소
(1997); **고호성**d, "단체협약의 의의와 성립", 노동판례백선(초판), 한국노동법학회(2015);
권오성a, "회사분할과 단체협약의 승계 ― 현대중공업 사건을 소재로 ―", 노동법연구 44
호, 서울대학교 노동법연구회(2018); **권오성**b, "회사분할과 단체협약의 승계", 노동법률
341호, 중앙경제(2019); **권오성**c, "회사분할과 집단적 노사관계", 노동법학 75호, 한국노
동법학회(2020); **권창영**, "노동조합원의 권리와 의무", 사법논집 39집, 법원도서관(2004);
김경태, "근로조건 결정규범과 유리한 조건 우선의 원칙", 노동법학 27호, 한국노동법학
회(2008. 9.); **김기덕**a, "단체협약의 조합원 자격 조항의 효력", 2004 노동판례비평, 민주
사회를 위한 변호사모임(2005. 8.); **김기덕**b, "영업양도에 있어 노동조합의 존속, 단체협
약의 승계", 노동법률 133호, 중앙경제(2002. 6.); **김기우**, 2005년 단체협약분석, 한국노총
중앙연구원(2005); **김기우 · 이종수 · 남우근**, 2019년 단체협약 분석, 한국노총 중앙연구원
(2019); **김미영**, 미국 집단적 노사관계법상 단체협약법리에 관한 연구, 고려대학교 대학
원 박사학위논문(2007); **김상호**a, 협약자치의 한계에 관한 연구, 고려대학교 대학원 박사
학위논문(1999); **김상호**b, "프랑스의 단체협약의 적용에 관한 연구", 성균관법학 20권 3
호, 성균관대학교 법학연구소(2008); **김선수**a, "단체협약상의 해고동의(협의)조항에 대한
판결례의 검토", 노동법연구 4호, 서울대학교 노동법연구회(1994. 12.); **김선수**b, "영업양
도와 집단적 근로관계의 승계", 판례연구 16집(상), 서울지방변호사회(2002); **김선수**c,
"단체협약의 이행확보방안에 대한 검토", 노동법학 10호, 한국노동법학회(2000. 8.); **김선**
중, "가. 재취업약정의 의미, 나. 재취업약정에 의한 고용관계확인주장과 신의칙 내지 실

효의 법리", 대법원판례해설 22호, 법원행정처(1995. 5.); **김성진**, "구조조정과 고용안정협약의 효력", 노동법학 46호, 한국노동법학회(2013. 6.); **김영문a**, "단체협약의 (불이익) 변경", 안암법학 16호, 안암법학회(2003); **김영문b**, "협약자율의 한계: 노동조합과 사용자는 실정법을 넘어서는 합의를 할 수 있는가?", 노동법률 300호, 중앙경제(2016. 5.); **김영희**, 독일 민법학상 형성권(Gestaltungsrecht)에 관한 연구, 서울대학교 대학원 박사학위논문(2003); **김용일**, "단체협약에 규정된 인사협의조항에 위반한 인사결정의 효력", 대법원판례해설 17호, 법원행정처(1992); **김용직**, "노조와의 사전합의조항에 위배된 징계처분의 효력 등", 대법원판례해설 22호, 법원행정처(1995); **김원정**, "단체협약의 유효기간과 자동연장협정의 효력", 노동법률 24호, 중앙경제(1993); **김유성a**, "미국의 노동중재제도", 국제화 시대의 노동법의 과제, 박영사(1994); **김인만**, "단체협약의 지역적 구속력을 둘러싼 몇 가지 쟁점", 노동법연구 5호, 서울대학교 노동법연구회(1996); **김장식**, "단체협약의 일반적 구속력과 관련한 동종의 근로자", 2005 노동판례비평, 민주사회를 위한 변호사모임(2006. 9.); **김재훈a**, 근로조건변경의 법리, 서울대학교 대학원 박사학위논문(1999); **김재훈b**, "단체협약에 의한 근로조건 불이익변경의 한계", 노동정책연구 19권 2호, 한국노동연구원(2009); **김재훈c**, "단체협약의 효력확장제도와 근로조건 변경", 노동법연구 8호, 서울대학교 노동법연구회(1999. 6.); **김정한·문무기·윤문희**, 단체협약분석, 한국노동연구원(2003); **김지형a**, "회사의 합병에 따른 근로관계의 승계와 취업규칙상 퇴직금규정의 적용", 인권과 정의 214호, 대한변호사협회(1994); **김지형b**, "영업양도와 근로관계의 승계", 민사재판의 제문제 8권, 민사실무연구회(1994); **김진a**, "상여금지급을 유보하는 단체협약의 효력", 노동법연구 9호, 서울대학교 노동법연구회(2000); **김진b**, "공기업 등에서의 노사관계에 관한 몇 가지 문제", 노동법연구 12호, 서울대학교 노동법연구회(2002); **김진c**, "상여금 반납 결의가 서명하지 않은 비조합원에게 미치는지 여부", 노동법률 171호, 중앙경제(2005. 8.); **김진수a**, "해고협의조항의 효력", 판례연구 3집, 부산판례연구회(1993); **김진수b**, "단체협약의 유효기간과 여후효", 판례연구 5집, 부산판례연구회(1995); **김형배a**, "조합비 일괄공제 제도의 법률문제", 경영계 220호, 한국경영자총협회(1996. 2.); **김형배b**, "단체협약의 불이익변경", 경영계 312호, 한국경영자총협회(2004. 10.); **김형배c**, "영국과 서독의 단체협약의 규범적 부분에 대한 비교고찰", 노동법연구, 박영사(1991); **김형배d**, "협약관할에 관한 제문제", 노동법연구, 박영사(1991); **김형진**, "1년을 초과하는 근로계약기간을 정한 근로계약의 효력", 대법원판례해설 27호, 법원도서관(1997. 7.); **김홍영a**, "단체협약시정명령 조항 및 처벌조항의 위헌 여부", 노동법학 38호, 한국노동법학회(2011. 6.); **김홍영b**, "단체협약상의 해고합의조항과 노동조합의 동의권 남용", 노동법연구 33호, 서울대학교 노동법연구회(2012. 9.); **김홍준**, "기업변동에 있어서 노동법적 측면에 대한 소고", 노동법연구 4호, 서울대학교 노동법연구회(1994); **남궁준a**, 단체협약 위반의 효과, 고려대학교 대학원 석사학위논문(2006); **남궁준b**, "협약자치의 한계: 단체협약과 공서양속", 노동법학 72호, 한국노동법학회(2019); **노상헌**, "단체협약에 위반한 해고의 효력", 노동법학 47호, 한국노동법학회(2013. 9.); **노재관**, "단체협약", 재판자료 40집 근로관계소송상의 제문제(하), 법원행정처(1987); **노호창**, "불확정기한부 자동연장협정에 따른 단체협약의 효력연장기간과 단체협약으로 연차휴가 사용촉진 제도를 배제할 수 있는지 여부", 노동리뷰 130호, 한국노동연구원(2016. 1.); **도재형a**, "공기업 근로자의 단체교섭권에 대한 제한", 법학논집 13권 1호, 이화여자대학교 법학연구소(2008. 9.); **도재형b**, "단체협약의 해석·이행방법에 관한 노동위원회의 제시 견해에 대한 불복 방법 및 불복 사유 선택권", 조정과 심판 25호, 중앙노동위원회(2006. 3.); **마은혁a**, "단체협약의 개정에 의한 구 단체협약상 근로조건의 불이익변경과 단체협약·취업규칙 사이의 유리원칙", 노동법률 122호, 중앙경제(2001. 1.); **마은혁b**, "일부 근로자 집단에 대한 취업규칙 불이익변경의 동의 주체" 노동법실무연구 1권: 김지형대법관 퇴임기념, 노동법실무연구회(2011); **마은혁c**, "취업규칙 불이익변경의 사회통념상 합리성에 관한 판례 법리", (2016년도) 법관연수 어드밴스(Advance) 과정 연구논문집, 사법연수원(2017); **마은혁d**, "단체협약에 의한 근로조건 불이익변경의 한계", 우리법연구회 논문집 7집, 우리법연구회(2017); **마은혁e**, "근로계약과 취업규칙 사이의 유리 원칙", 노동법실무연구 2권: 조희대대법관 퇴임기념, 노동법실무연구회(2020); **민중기**, "단체협약의 일반적 구속력 — 동종 근로자의 의미", 대법원판례해설 33호, 법원도서관(2000. 5.); **박대준**, "단체협약상 조합원 범위 조항의 효력", 대법원판례해설 47호, 법원도서관(2004. 7.); **박병휴**, "쟁의책임불문협약과 해고의 효력", 대법원판례해설 16호, 법원행정처(1992. 10.); **박수근a**, "단체협약의 해지에서 법해석 해결방안", 단협해지조항 개정안 검토 토론회 자료집, 전국민주노동조합총연맹(2010. 5. 19.); **박수근b**, "경영상 해고와 고용안정협약", 노동법학 39호, 한국노동법학회(2011. 9.); **박수근c**, "단체협약상 노조간부의 해고동의조항", 2012 노동판례비평, 민주사회를 위한 변호사모임(2013); **박수근d**, "단체협약의 갱신에서 해지권의 제한과 노조법 규정의 강행성", 노동리뷰 134호, 한국노동연구원(2016. 5.); **박순영**, "단체교섭거부의 정당한 이유", 대법원판례해설 87호, 법원도서관(2011); **박제성a**, "사회적 형평화, 사회적 양극화 그리고 사회적 연대", 노동법연구 20호, 서울대학교 노동법연구회(2006. 6.); **박제성b**, "취업규칙과 단체협약 간 유리의 원칙", 노동법학 37호, 한국노동법학회(2011. 3.); **박제성c**, "단체협약의 해석과 메타해석", 노동법학 34호, 한국노동법학회(2010. 6.); **박제성d**, "단체협약의 만인효를 위한 규범적 논의", 노동리뷰 195호, 한국노동연구원(2021. 6.); **박종희a**, "유리한 조건 우선의 원칙에 대한 법이론적 검토와 체계상 재구성 시론", 노동법학 8호, 한국노동법학회(1998. 12.); **박종희b**, "단체협약 종료 후 근로관계에 대한 법적 검토", 노동법률 218호, 중앙경제(2009. 7.); **박종희c**, "노조 조직형태변경에 관한 소고", 노동법학 18호, 한국노동법학회(2004); **박종희d**, "노동조합의 개념과 협약능력", 노동법에 있어서 권리와 책임 — 김형배 교수 화갑기념 논문집, 박영사(1994); **박종희e**, "노동3권의 보장의의와 내용", 고려법학 48호, 고려대학교 법학연구원(2007); **박종희·김소영**, 기업변동시 노동법적 쟁점과 정책과제, 한국노동연구원(2000); **박홍규c**, "취업규칙과 단체협약의 관계 및 무단결근을 이유로 한 해고의 정당성", 노동법률 144호, 중앙경제(2003. 5.); **박훈**, "단체협약의 당사자와 단체협약의 성립요건에 대하여", 2001 노동판례비평, 민주사회를 위한 변호사모임(2002); **서상범**, "단체협약의 실효와 해고 관련 조항의 효력", 2007 노동판례비평, 민주사회를 위한 변호사모임(2008. 5.); **손창희**, "노조전임문제의 단체교섭·노동쟁의 대상 여부", 노동법률 60호, 중앙경제(1996. 5.); **손향미**, "자동연장협정이 있을 경우의 단체협약 적용관계", 노동법학 39호, 한국노동법학회(2011. 9.); **송영섭**, "사용자의 단체협약 해지권 남용에 대한 법적 규제 및 대응방안 — 사례 및 입법례를 중심으로", 단협해지조항 개정안 검토 토론회 자료집, 전국민주노동조합총연맹 등(2010. 5. 19.); **신용간**, "단체협약 해지권을 정한 노동조합법 제32조 제3항 단서의 강행규정 여부", 판례연구 30집, 서울지방변호사회(2016); **오윤식**, "공공기관 노사가 체결한 단체협약의 효력", 저스티스 135호, 한국법학원(2013. 4.); **유성재**, "단체협약의 경합·병존과 단일 단체협약의 원칙", 노동법학 29호, 한국노동법학회(2009); **유혜경**, "복수노조와 단체협약의 일반적 구속력", 노동법학 39호, 한국노동법학회(2011. 9.); **윤영석**, "노조위원장의 단체교섭 및 단체협약 체결과 업무상 배임죄", 2000 노동판례비평, 민주사회를 위한 변호사모임(2001. 8.); **이광범**, "단체협약에 의한 근로조건의 불이익변경", 노동법강의, 법문사(2002); **이광택**, "단체협약의 지역단위의 일반적 구속력 결정이 단체교섭권을 제한할 수 있는가", 노동법률 20호, 중앙경제(1993. 1.); **이근윤**, "단체협약자치의 한계", 대법원판례해설 29호, 법원도서관(1998); **이미선a**, "단체협약상 불이익변경의 한계", 특별법연구 10권, 사법발전재단(2012); **이미선b**, "고용안정협약의 효력", 대법원판례해설 99호, 법원도서관(2014); **이병태a**, "단체협약자치의 한계", 법학논총 7집, 한양대학교 법학연구소(1990); **이상돈**, "단체협약위반죄 조항의 위헌여부와 대체입법의 방향", 저스티스 32권 3호, 한국법학원(1999); **이승길**, "체크오프제(조합비일괄공제제도)", 노동법연구 6호, 서울대학교 노동법연구회(1997); **이승욱a**, "해고절차에 관한 고찰", 노동법연구 2권 1호, 서울대학교 노동법연구회(1992); **이승욱b**, "비정규직 근로자와 단체협약의 효력확장제도", 비정규노동 1권 6호, 한국비정규노동센터(2001. 11.); **이승욱c**, "복수조합 병존에 따른 노동법상의 제문제", 복수노조와 노동법상 제문제, 한국경영자총협회(2000. 1.); **이승재**, 단체협약의 유효기간 —단체협약의 해지를 중심으로—, 서울대학교 대학원 석사학위논문(2010); **이시윤**, 신민사소송법(6판), 박영사(2011); **이영준**, 한국민법론, 박영사(2003); **이재명**, "행정관청의 단체협약변경명령권", 노동법연구 2권 1호, 서울대학교 노동법연구회(1992); **이준상**, "단체협약에 의한 근로조건의 불이익변경", 법조 50권 2호, 법조협회(2001); **이홍재**, "단체협약 효력확장의 요건 — '동종의 근로자'와 '하나의 단체협약'을 중심으로", 노동법의 쟁점과 과제 — 김유성 교수 화갑 기념 논문집, 법문사(2000); **장우찬**, "단체협약 시정명령위반 처벌조항의 위헌성", 노동법학 45호, 한국노동법학회(2013. 3.); **전형배a**, "단체협약의 유효기간 만료 후 체결한 임시협정의 효력", 노동판례연구 Ⅰ, 한국학술정보(2009); **전형배b**, "하나의 사업장 내 기업별노조와 산별노조 하부조직의 관계", 조정과 심판 45

호, 중앙노동위원회(2011); **전형배c**, 영국노동법, 오래(2017); **정기남**, "유리조건우선의 원칙", 법학연구 3권 1호, 충남대학교 법학연구소(1992. 12.); **정동윤·유병현**, 민사소송법, 법문사(2005); **정명현**, "'퇴직후대우 조항'에 관한 단체협약의 법적 효력", 법학 53권 4호, 서울대학교 법학연구소(2012); **정순방**, "해지 통고에 의한 단체협약 해지의 요건과 한계", 노동법학 35호, 한국노동법학회(2010. 9.); **정영훈**, "단체협약의 일방적 해지에 대한 부당노동행위 판단", 노동법논총 19호, 한국비교노동법학회(2010. 8.); **정인섭a**, "해고 동의절차에서의 대화와 타협", 사법 2호, 사법연구지원재단(2007. 12.); **정인섭b**, "단체협약의 효력 확장과 '동종의 근로자'", 노동법률 157호, 중앙경제(2004. 6.); **정인섭c**, "고용안정협약의 효력", 노동법률 149호, 중앙경제(2003. 10.); **정재헌**, "노동조합 조합비에 대한 가압류: 허용 여부와 제한을 중심으로", 재판자료 118집 노동법실무연구, 법원도서관(2009); **제갈음우**, 단체협약의 법리와 주요쟁점, 법무연수원(1994); **조성혜**, "사용자에게 불리한 노사합의의 합리성 여부", 조정과 심판 32호, 중앙노동위원회(2008. 3.); **조영신**, "노동조합법 제32조 제3항 단서조항의 강행규정성에 대한 법원의 판단 검토", 2016 노동판례비평, 민주사회를 위한 변호사모임(2017); **조용만a**, "프랑스의 산별교섭제도", 노동과법 5호 산별노조와 단체교섭, 금속법률원(2005); **조용만b**, "단체협약 실효 후 근로관계의 규율", 노동법학 41호, 한국노동법학회(2012); **조용만c**, "근로조건의 불이익변경에 관한 협약자치의 한계", 노동법연구 32호, 서울대학교 노동법연구회(2012. 3.); **조용만d**, "고용안정협약을 위반한 정리해고의 효력", 노동법학 38호, 한국노동법학회(2011. 6.); **조윤희**, "노동위원회의 견해제시에 대한 불복사유", 행정재판실무편람(IV), 서울행정법원(2003); **최영룡**, "단체협약 자치의 한계", 대법원판례해설 35호, 법원도서관(2001. 6.); **최영진a**, "일본 단체협약의 일반적 구속력제도", 법학연구 18집 1호, 경상대학교 법학연구소(2010) **최영진b**, "일본 단체협약의 지역적 구속력 제도에 관한 고찰", 법학연구 14집 2호, 경상대학교 법학연구소(2006); **최은배**, "단체협약상 해고 사전 합의 조항의 의미와 적용", 대법원판례해설 72호, 법원도서관(2008. 7.); **하경효a**, "구조조정과 근로조건 변경", 한국 법학 50년 — 과거·현재·미래: 대한민국 건국 50주년 기념 제1회 한국법학자대회 논문집 Ⅱ, 한국법학교수회(1998. 12.); **하경효b**, 노동법사례연습(제2판), 박영사(2006); **하경효c**, "단체협약 위반에 대한 형사처벌규정의 위헌여부", 노동판례평석집 Ⅲ, 한국경영자총협회(1999); **하경효d**, "복수노조와 단체협약의 근로조건 통일기능", 고려법학 70권, 고려대학교 법학연구원(2013. 9.); **한국노동연구원(박명준·조성재·문무기)**, 단체협약 실태조사(2014); **홍준호a**, "근로조건의 저하에 관한 고찰: 「단체협약 불이익개정의 유효성」을 중심으로", 인권과 정의 276호, 대한변호사협회(1999. 8.); **홍준호b**, "단체협약의 일반적 구속력에 관한 실무상 몇 가지 문제점", 법조 46권 10호, 법조협회(1997. 10.); **大內伸哉a**, 労働條件変更法理の再構成, 有斐閣(1999); **大內伸哉b**, "労働協約の改訂による労働條件の不利益変更は, どこまでできるの?", 法學敎室 351号(2009. 12.); **道幸哲也**, 労使関係法における誠実と公正, 旬報社(2006); **東京大學労働法研究會**, 注釋 労働基準法

(上)・(下), 有斐閣(2003); 名古道功a, "西ドイツ協約自治の限界論 1", 民商法雜誌 89권 3号, 有斐閣(1983. 12.); 名古道功b, "労働協約よる労働條件の不利益変更—朝日火災海上保險(石堂)事件", 唐津 博, 和田 肇, 矢野昌浩 (編) 労働法重要判例を讀む ①, 日本評論社(2013); 毛塚勝利a, "集團的労働關係秩序と就業規則・労働協約の変更法理", 季刊労働法 150号; 毛塚勝利b, "労働協約による労働條件の不利益変更-朝日火災海上保險(石堂)事件", 労働判例百選(第8版), 有斐閣(2009); 砂山克彦, "労働協約の不利益変更の効力-朝日火災海上保險(石堂・本訴)事件", 労働法律旬報 1435号; 山川隆一, 労働紛争處理法, 弘文堂(2012); 三井正信a, "労働協約規範的効力論 の再檢討", 修道法學 39卷 2号(2017), 三井正信b, "平和義務に関する若干の檢討", 広島法学 39卷 1号(2015); 桑村裕美子a, "團體交涉・労働協約の機能と新たな法的役割", 法律時報 88卷 3号(2016. 3. 1.); 桑村裕美子b, "労働協約の規範的効力", 再生講座 5卷, 日本評論社(2017); 桑村裕美子c, "一般的拘束力-朝日火災海上保險(高田)事件", 労働判例百選(第8版), 有斐閣(2009); 桑村裕美子d, "労働協約による労働條件の不利益変更", 労働判例百選(第10版), 有斐閣(2022); 西谷 敏c, 労働法における個人と集團, 有斐閣(1992); 西谷 敏d, 労働法の基礎構造, 法律文化社(2016); 石井照久, 新版労働法, 弘文堂(1971); 沼田稻次郎, 労働協約の締結と運用, 総合労働研究所(1970); 小佐田 潔, "55歳以上の組合員の賃金を不利益に変更する労働協約について, 労働組合の目的を逸脱して締結されたものではないとして, その規範的効力が認められた事例", 判例タイムズ臨時增刊 54卷 21号; 松森宏文, "會社再建計劃にかかる労働協約の効力とこれを有効であると信じてなした退職の意思表示の効力", 季刊労働法 216号; 水島郁子, "労働協約の法的構造", 再生講座 5卷, 日本評論社(2017); 水町勇一郎a, "労働組合內の意見集約・調整手續の不公正さと労働協約の効力-中央建設國民健康保險組合事件", ジュリスト 1357号; 矢野昌浩, "就業規則の効力", 西谷 敏, 根本 到(編) 労働契約と法, 旬報社(2011); 辻村昌昭, "労働協約における労働條件の不利益変更と公正代表義務", 日本労働法學會誌 69号; 植村 新, "労働協約の法的規律に関する一考察 (1)", 季刊労働法 265号(2019년 여름); 野川 忍a, 労働協約法, 弘文堂(2015); 野川 忍b, "労働協約の不利益変更と規範的効力-朝日火災海上保險(石堂・本訴)事件", ジュリスト 1132号; 外尾健一a, フランス労働協約法の研究, 信山社(2003); 有泉亨・山口浩一郎, "労働協約の終了", 労働法大系 2, 有斐閣(1964); 中嶋士元也, 労働関係法の解釋基準(上), 信山社(1991); 川口美貴, 労働法, 信山社(2015); 靑木宗也・片岡昇, 労働判例大系 14 労働協約・就業規則, 労働旬報社(1991); 淸水敏, "労働協約による一部組合員の労働條件不利益変更と規範的効力-朝日火災海上保險(石堂・本訴)事件", 労働判例解說集 第1卷, 日本評論社(2009); 淸水一行, "労働協約の消滅", 新労働法講座 5, 日本労働法學会(1966); 村中孝史a, "労働契約と労働條件の変更 — 西ドイツ一般的労働條件論をめぐって —", 法學論叢 124卷5・6号, 京都大(1989); 村中孝史b, "労働協約による定年および退職金算定方法の不利益変更: 朝日火災海上保險事件", ジュリスト臨時增刊 1135号 平成9年度重要判例解說(1998. 6.); 諏訪康雄, "労働協約の規範的効力

をめぐる一考察",   労働組合法の理論課題(久保敬治教授還暦記念論文集),   世界思想社
(1980); <u>土田道夫</u>, 労働法概說(제4版), 弘文堂(2019); <u>下井隆史</u>, 労使關係法, 有斐閣(1995);
<u>丸山亞子a</u>, "労働協約の終了と労働條件", 労働判例百選(第八版), 有斐閣(2009); <u>丸山亞子b</u>,
"有利原則の可能性とその限界", 日本労働法學會誌 115号, 日本労働法學會(2010. 5.); <u>荒木</u>
<u>尙志a</u>, 雇用システムと労働條件変更法理, 有斐閣(2003); <u>荒木尙志b</u>, "未組織労働者に對す
る協約の擴張適用の效力-朝日火災海上保險事件", ジュリスト1098号(1996. 10.); <u>幸地成憲</u>,
"成立・期間", 現代講座 6, 日本労働法学会(1980); 荒木尙志・菅野和夫・山川隆一, <u>詳說</u>
<u>労働契約法</u>(第2版), 弘文堂(2014); **Abbo Junker**, Grundkurs Arbeitsrecht(20. Auflage),
C.H.BECK(2021), **Alan Supiot(박제성 옮김)**, 프랑스 노동법, 오래(2011); **Brox/Rüthers(이학**
춘 역), 독일노동법, 한국경영자총협회(2002); **Erfurter Kommentar** zum Arbeitsrecht(21.
Auflage), C.H.BECK(2021); **Manfred Löwisch(西谷 敏 등 역)**, 現代ドイツ労働法, 法律文
化社(1995); **Archibald Cox 외**, Labor Law cases and materials (fourteenth edition),
Foundation   Press(2006);   **Hugh Colins・K.D Ewing・Aileen McColgan**,   LABOUR
LAW(second edition), Cambridge(2019).

Ⅰ. 헌법 33조와 단체협약자치

1. 노동3권과 협약자치의 보장

헌법이 노동3권을 기본권으로 보장하는 뜻은 근로자가 사용자와 대등한 지
위에서 단체교섭을 통하여 자율적으로 단체협약을 체결할 수 있도록 하여 근로
조건에 관한 노사의 실질적 자치를 실현하기 위함이다.[1]

비록 헌법 33조 1항에서 '단체협약 체결권'을 명시하여 규정하고 있지 않다
고 하더라도 근로조건의 향상을 위한 근로자 및 그 단체의 본질적인 활동의 자
유인 '단체교섭권'에는 단체협약 체결권이 포함되어 있다고 보아야 한다.[2][3]

결국 헌법 33조 1항은 집단적 합의에 의하여 근로조건 등을 자기 책임하에
서 합리적으로 규율할 수 있는 권한을 노사에 부여함으로써 이른바 협약자치를

---

1) 대법원 2020. 8. 27. 선고 2016다248998 전원합의체 판결, 대법원 2021. 2. 25. 선고 2017다
   51610 판결 참조. 그리고 헌재 1998. 2. 27. 선고 94헌바13 등 결정, 헌재 2004. 8. 26. 선고
   2003헌바28 결정, 헌재 2004. 8. 26. 선고 2003헌바58 등 결정, 헌재 2015. 5. 28. 선고 2013
   헌마671 등 결정, 헌재 2017. 9. 28. 선고 2015헌마653 결정도 참조.
2) 헌재 1998. 2. 27. 선고 94헌바13 등 결정, 헌재 2002. 12. 18. 선고 2002헌바12 결정, 헌재
   2004. 8. 26. 선고 2003헌바28 결정, 헌재 2004. 8. 26. 선고 2003헌바58 등 결정.
3) 헌재 2007. 7. 26. 선고 2006헌가9 결정에서는 근로3권의 행사를 통한 최종적인 결과물이
   바로 단체협약이라고 한다.

보장한 것으로 볼 수 있다. 헌법상 노동3권을 보다 구체적으로 보장하기 위하여 제정된 노조법도 이를 반영하여 노사 간의 협약자치를 인정·존중하는 취지를 실현하기 위한 규정 체계를 마련하고 있다. 가령 ① 단체교섭 및 단체협약에 관한 여러 사항을 규율하면서도 단체협약에 어떤 내용을 포함시켜야 한다거나 어떤 내용은 포함되지 않아야 한다는 등의 규정을 두지 않음으로써 노사가 단체협약의 구체적인 내용을 교섭을 통해 자치적으로 정할 수 있도록 하였고, ② 단체협약을 체결할 수 있는 주체와 절차에 관한 여러 규정을 두는 한편, 그러한 규정에 따라 적법하게 체결된 단체협약 중 '안전보건 및 재해부조에 관한 사항'과 같은 특정한 사항을 위반한 자에 대해서는 형사처벌이 가능하도록 하여(법 92조 2호), 노사가 자율적으로 형성한 단체협약의 규범력을 강화하고 있다.[4]

단체협약은 헌법이 직접 보장하는 기본권인 단체교섭권의 행사에 따른 것이자 헌법이 제도적으로 보장한 노사의 협약자치의 결과물이라는 점 및 노동조합법에 의해 그 이행이 특별히 강제되는 점 등을 고려하여 법원의 후견적 개입에 보다 신중할 필요가 있다.[5]

2. 사적 자치와 협약자치의 관계

개인이 법질서의 한계 내에서 자신의 의사에 기하여 자신의 법률관계를 형성할 수 있다는 사적 자치의 원칙은 사법 질서의 근간으로서 계약을 비롯한 법률행위 등의 수단에 의해 실현되고, 계약의 자유 등을 통하여 발현된다.

근로자와 사용자의 관계가 실질적으로 대등하다면 근로계약관계에서도 당사자의 사적 자치, 계약의 자유를 보장하는 것만으로 합리적인 이익 조정이 이루어지고 적정한 근로조건이 실현될 수 있을 것이다. 그러나 근로계약관계에서 근로자는 교섭력의 불균형으로 인하여 사용자가 제시하는 근로조건을 수용하지 않을 수 없고 사용자는 우월한 지위에서 근로조건을 일방적으로, 단독으로 결정할 수 있다. 노동의 여러 조건은 형식적으로는 대등한 입장에 선 근로자와 사용자의 자유로운 계약에 의하여 결정되지만, 실제로는 양자의 지배·종속관계 때

---

4) 대법원 2020. 8. 27. 선고 2016다248998 전원합의체 판결. 위 전원합의체 판결에서 산재유족 특별채용조항의 효력이 문제되어 단체협약 중 '안전보건 및 재해부조에 관한 사항'을 예시하여 강조한 것이다.
5) 대법원 2020. 8. 27. 선고 2016다248998 전원합의체 판결, 대법원 2023. 11. 16. 선고 2018다283049 판결.

문에 사용자에 의하여 일방적으로 결정되는 것이다.[6)]

　　이와 같은 근로자의 종속성에 따른 사용자의 단독결정을 규제하기 위해 노동법은 근기법 등의 노동자보호법에서 강행적 최저기준을 설정하는 방식으로 사용자와 근로자의 계약자유를 제한하는 한편, 헌법과 노조법 등 단결권보장법에서 근로자가 단결하여 집단의 힘, 집단의사를 무기로 사용자와 대등하게 근로조건을 결정하는 집단적 공동결정에 의한 집단적 자치를 허용하고, 집단적 자치를 실현하기 위한 수단인 단체협약에 보통의 계약에는 인정되지 않는 특별한 효력인 규범적 효력을 인정함으로써 사용자와 근로자의 계약자유를 제한한다.[7)]

　　특히 단체협약의 규범적 효력에 의한 계약자유의 제한은 근로계약에 대한 단체협약의, 개별 의사에 대한 집단의사의, 사적 자치에 대한 협약자치의 우위를 인정하는 의미를 갖는다고 할 수 있는데, 그 목적은 어디까지나 근로조건의 결정과 관련하여 사용자의 단독결정을 규제하고 근로자의 실질적 관여를 가능하게 하는 것, 즉 집단적 차원에서 계약자유를 실질적으로 회복하는 것[8)]에 있는 것이지, 그 자체가 목적으로서 국가의 법질서나 개인의 고유한 영역을 가리지 않고 무한정 허용된다거나 그 우위가 언제나 관철된다는 것을 의미하는 것도 아니다.[9)]

　　따라서 먼저 근로계약관계에서 사적 자치의 수단인 근로계약에 의하여 근로조건이 대등하고 자유롭게 결정되는 등 사적 자치와 계약자치가 실질적으로 기능하는 경우에는 협약자치에 의한 계약자유의 제한은 정당화될 수 없고 협약자치는 사적 자치에 그 자리를 내어주어야 한다. 사적 자치와 계약자유의 기능이 제대로 발휘되지 못하는 경우에 이를 회복하기 위하여 협약자치가 요구되는 것이지 협약자치 그 자체가 목적인 것은 아니다.[10)]

　　다음으로 협약자치의 수단인 단체협약의 규범적 효력이 인정되기 위해서는 단체협약 체결 과정에서 조합 내부의 의사 형성이 민주적으로 이루어져 근로자 개개인이 근로조건의 결정 과정에 실질적으로 관여하는 것이 전제조건이 된다.

---

6) 西谷 敏d, 5면.

7) 사용자의 단독결정을 규제한다는 점에서 노동보호법과 단결권보장법이 내적으로 공통된다는 점에 대하여는 西谷 敏d, 1~9면 참조.

8) 西谷 敏a, 330면.

9) 대법원 2020. 8. 27. 선고 2016다248998 전원합의체 판결의 다수의견에 대한 보충의견(대법관 김재형)에서는 "노동3권에 기초한 협약자치는 근로자들이 노동조합을 구성하여 집단적으로 사용자와 교섭을 하고 단체협약을 체결함으로써 사용자와 근로자 사이에서 사적 자치를 실질적으로 구현하기 위한 것"이라고 한다.

10) 단체협약과 근로계약 사이의 유리 원칙의 인정 여부는 이러한 기본 관점에서 바라보아야 한다.

단체협약의 주된 목적은 근로계약의 내용인 근로조건을 규율하는 것이다. 단체협약에 의하여 체결당사자 사이의 권리의무관계도 규율되지만, 단체협약의 규범적 효력이 인정되면 조합원 개개인의 근로조건이 직접 결정되고, 따라서 단체협약의 실질적인 귀속주체는 근로자이다.[11) 사단법인이나 비법인사단의 경우 일반적으로 제3자와의 계약에 의하여 사단법인이나 비법인사단의 권리와 의무만이 결정되고, 사단법인이나 비법인사단의 구성원의 권리와 의무가 결정되는 것이 아니지만, 노동조합이라는 단체가 사용자와 체결하는 단체협약에 의해서는 주로 조합원 개개인의 근로조건이 직접 결정되는 것이다. 따라서 사단법인이나 비법인사단의 경우에도 일반적으로 그 의사결정 과정이 민주적으로 이루어져야 한다는 요청이 있다고 볼 수 있지만, 노동조합 내에서 단체협약 체결로 향하는 집단의사의 형성 과정에서 요구되는 민주적 의사 형성의 요청은 이와는 질적으로 차원을 달리하는 것이고, 비록 일반적인 사단법인이나 비법인사단의 경우 의사결정 과정에서 구성원의 의사를 반영하지 않았다고 하더라도 제3자와 체결한 계약 등의 효력에는 영향이 있다고 볼 수 없지만, 단체협약 체결 과정에서 민주적 의사 형성의 요청에 반하여 근로자 개개인이 근로조건의 결정에 실질적으로 관여한 것으로 볼 수 없는 경우에는 규범적 효력을 인정하는 취지가 달성된 것으로 볼 수 없고, 따라서 규범적 효력을 인정할 수 없다.

마지막으로 사적 자치의 원칙이 법질서의 범위 내에서 인정되는 것처럼 사적 자치의 발현 형태인 계약자유를 집단적 차원에서 회복하기 위한 협약자치도 헌법을 정점으로 하는 강행적인 법질서의 범위 내에서만 인정되는 것은 당연한 이치이다(단체협약의 외재적 한계). 나아가 단체협약은 근로자가 개인적 영역으로 유보한 사항, 협약자치에 의하여 발생하였으나 근로자의 사적 재산영역으로 들어간 권리 등 근로자 개인의 영역에 있는 것을 규율할 수 없다는 점에서 일정한 한계(단체협약의 내재적 한계)를 가진다.

II. 단체협약의 개념과 기능

1. 단체협약의 개념

노조법 31조 1항에 대응하는 일본 노조법 14조에서는 단체협약의 성립요건

---

11) 대법원 2014. 4. 24. 선고 2010다24534 판결, 대법원 2018. 7. 26. 선고 2016다205908 판결.

과 관련하여 "노동조합과 사용자 또는 그 단체 사이의 노동조건 그 외에 관한 노동협약은 서면으로 작성하고, 양 당사자가 서명하거나 또는 기명날인함으로써 효력이 생긴다."라고 규정하여 형식적 요건 이외에 단체협약의 주체나 대상 등에 관하여도 언급하고 있는 것과는 달리 노조법 31조 1항에서는 단체협약의 성립요 건과 관련하여 "단체협약은 서면으로 작성하여 당사자 쌍방이 서명 또는 날인하 여야 한다."라고만 규정하여 단체협약의 형식적 요건에 관하여만 규정하고 있다.

    단체협약의 개념은 결국 그 성립요건과 밀접한 관련을 가진다고 할 수 있 는데, 위와 같이 노조법 31조 1항에서 형식적 요건 이외의 다른 성립요건에 관 하여 규정하고 있지 않은 상황에서 대법원은 노조법 29조 1, 2항, 31조 1항의 규정 내용을 반영한 것으로 보이는 단체협약의 개념을 제시하고 있다.

    대법원은 단체협약의 개념과 관련하여, 단체협약은 "노동조합이 사용자 또는 사용자단체와 근로조건 기타 노사관계에서 발생하는 사항에 관하여 체결하는 협 정"[12]이라고 간명하게 언급하는 경우가 있고, 조금 더 자세하게는 노조법 31조 1 항에서 규정하는 형식적 요건까지 반영하여 "단체협약은 노동조합이 사용자 또는 사용자단체와 근로조건 기타 노사관계에서 발생하는 사항에 관한 협정(합의)을 문서로 작성하여 당사자 쌍방이 서명날인함으로써 성립"한다고 한 것이 있다.[13]

    한편 헌법재판소는 단체협약의 개념과 관련하여, "단체협약은 노동조합과 사 용자 또는 사용자단체가 노동조건 등에 관하여 합의에 의하여 서면으로 체결하는 협정"이라고 그 개념 요소에 노조법 31조 1항 중 서면성의 요건을 반영한다.[14]

---

12) 대법원 1992. 7. 24. 선고 91다34073 판결, 대법원 1997. 6. 10. 선고 95다34316 판결, 대법 원 1997. 10. 14. 선고 97다25132 판결, 대법원 1997. 12. 26. 선고 97다39186 판결, 대법원 1997. 12. 26. 선고 97다46665 판결, 대법원 2000. 5. 26. 선고 98다28770 판결, 대법원 2000. 6. 9. 선고 98다13747 판결, 대법원 2001. 4. 10. 선고 98다13716 판결, 대법원 2001. 9. 25. 선고 2001다41667 판결, 대법원 2002. 4. 23. 선고 2000다50701 판결, 대법원 2002. 5. 31. 선 고 2000다18127 판결, 대법원 2003. 6. 27. 선고 2003다7623 판결, 대법원 2005. 3. 11. 선고 2003다27429 판결, 대법원 2020. 1. 16. 선고 2019다223129 판결.

13) 대법원 2005. 3. 11. 선고 2003다27429 판결, 대법원 2005. 3. 11. 선고 2003다44691 판결, 대법원 2005. 3. 11. 선고 2003다27436 판결. 한편 대법원 판결 중 '노동조합과 사이에 체결 한 단체협약이 유효하게 성립하려면 단체협약을 체결할 능력이 있는 사용자나 사용자단체가 그 상대방 당사자로서 체결하여야 하고, 나아가 서면으로 작성하여 당사자 쌍방이 서명날인 함으로써 노동조합법의 방식을 갖추어야 할 것이다'라고 한 것이 있는데, 같은 취지로 성립 요건에 관하여 언급한 것이라고 할 수 있다. 대법원 1996. 6. 28. 선고 94다49847 판결, 대법 원 1997. 1. 21. 선고 95다24821 판결, 대법원 2001. 1. 19. 선고 99다72422 판결, 대법원 2004. 2. 12. 선고 2003다51620 판결.

14) 헌재 1998. 3. 26. 96헌가20 결정, 헌재 2004. 8. 26. 선고 2003헌바28 결정, 헌재 2004. 8. 26. 선고 2003헌바58 결정.

단체협약의 개념에 관한 대법원과 헌법재판소의 위와 같은 언급과 노조법 31조 1항의 형식적 요건까지 모두 종합하여 보면, 노조법상 '단체협약이란 노동조합과 사용자 또는 사용자단체가 근로조건 기타 노사관계에서 발생하는 사항에 관하여 서면으로 작성하고 당사자 쌍방이 서명 또는 날인하여 체결하는 협정(집단적 합의)'이라고 정의할 수 있다.15)

국제노동기구의 단체협약권고, 1951(No. 91) 2조 (1)항에서는 단체협약의 개념과 관련하여, "본 권고에서 단체협약이라 함은 사용자, 사용자 집단 혹은 하나 또는 그 이상의 사용자단체를 한편으로 하고, 하나 또는 그 이상의 대표적인 근로자단체, 또는 그러한 단체가 없는 경우 국내법령에 따라 근로자에 의하여 정당하게 선출되거나 수권받은 근로자대표를 다른 한편으로 하여 양자 사이에 근로조건 및 고용조건에 관하여 서면으로 체결된 모든 합의를 말한다."16)라고 정의하고 있는데, 주체나 방식 등의 면에서 위에서 살펴본 노조법상 단체협약의 개념보다는 그 범위가 확장되어 있다고 볼 수 있다.

2. 단체협약의 기능

가. 근로조건 규율 기능

단체협약은 근기법 등의 법령, 취업규칙 및 근로계약 등과 함께 사용자와 근로자의 개별적 근로관계의 내용인 근로조건 기타 근로자의 대우에 관한 사항을 규율하는 규범 형식이다.

나. 근로조건의 집단적 공동결정 및 근로자 보호 기능

개별 근로자의 종속적 지위로 인하여 개별적 공동결정인 근로계약이 사실상 사용자의 단독결정으로 귀결될 수밖에 없는 현실에서 근로자의 단결을 통하

---

15) 김유성 교수는 "단체협약은 노동조합과 사용자 또는 사용자단체간의 단체교섭의 결과로서 근로조건 기타 노사관계의 제반 사항에 대해 합의한 문서를 말한다"라고 정의한다(김유성, 155면). 김형배 교수는 "단체협약은 노동조합과 사용자 또는 사용자단체가 근로조건 기타 노사관계에서 발생하는 사항에 관하여 체결하는 서면상의 협정이다"라고 정의한다(김형배, 1235면).

16) For the purpose of this Recommendation, the term collective agreements means all agreements in writing regarding working conditions and terms of employment concluded between an employer, a group of employers or one or more employers' organisations, on the one hand, and one or more representative workers' organisations, or, in the absence of such organisations, the representatives of the workers duly elected and authorised by them in accordance with national laws and regulations, on the other.

여 집단적 공동결정을 도모한다는 점에 단체협약의 기본적 의의가 있다고 할
수 있다. 단체협약은 근로자 집단의 힘을 배경으로 하여 근로조건을 집단적으로
규율함으로써 근로계약이나 취업규칙에 비해 근로자에게 유리한 경우가 많아
근로조건의 개선과 근로자의 보호에 기여할 수 있다.[17]

다. 근로조건의 통일화 기능

단체협약에 의하여 근로조건이 통일적으로 규율됨에 따라 사용자는 개별
근로계약에 의하지 않고서도 근로조건을 정하는 등의 노무관리를 할 수 있다.
나아가 직업별 또는 산업별 단체협약은 근로조건에 관한 기업 간 경쟁을 규제
하는 일종의 카르텔 기능을 영위하기도 하고, 특히 대기업의 사용자는 이 점에
서 협약의 이점을 본다고 한다.[18]

라. 집단적 노동관계 규율 기능

단체협약은 개별적 근로관계의 내용인 근로조건을 규율할 뿐 아니라 노조
법 등의 법률과 함께 노동조합과 사용자 사이의 집단적 노동관계를 규율하는
규범 형식이다. 기업별 노조의 단체협약에서는 특히 노동조합과 사용자 사이의
집단적 노동관계를 규율하는 부분의 비중이 높다.

마. 평화적 기능

단체협약에 의하여 개별적 근로관계와 집단적 노동관계에 관한 협정이 체
결되면 노사는 그 내용을 준수할 의무를 지게 되고 그 협약의 유효기간 내에는
노사 간에 발생되는 여러 문제가 그 협약에서 정한 기준에 의하게 되어 노사
간의 산업평화 또는 기업 내 평화가 확보된다.[19]

바. 경영규제 기능

단체협약은 노사협의, 사용자의 인사권 행사에 대한 동의 등의 조항을 통해
사용자의 경영에 관한 권한 행사에 대한 노동조합의 규제와 참여를 제도화하는
기능을 수행한다.

---

17) 단체협약의 근로조건 개선 기능을 언급한 것으로 헌재 2007. 7. 26. 선고 2006헌가9 결정
참조.
18) 西谷 敏a, 322면; 注釋(下), 766면; 菅野, 918면.
19) 단체협약의 평화적 기능에 관하여 언급한 것으로 헌재 2007. 7. 26. 선고 2006헌가9 결정
참조. 단체협약 체결 후 일정한 기간 동안에는 분쟁을 회피할 수 있어 산업평화를 유지시키
는 기능을 한다고 한다.

Ⅲ. 단체협약법제의 비교

단체협약에 대한 법적 취급을 협약당사자 사이의 효력과 개별 근로자와 사용자 사이의 관계에 대한 효력이라는 두 가지 기준으로 살펴보면 다음 3가지 유형으로 나누어 볼 수 있다.[20]

1. 신사협정으로 취급하는 유형

영국이나 태프트하틀리법 제정 이전의 미국과 같이 단체협약을 그 준수가 당사자의 성의에 맡겨진 신사협정(gentlemen's agreement)으로 취급하는 유형이다. 즉, 협약당사자 사이에서도 법적 구속력을 인정하지 않는 태도이다.

① 영국의 경우 1871년의 노동조합법에서는 노동조합을 법적으로 인정하면서도 4조에서 노동조합과 사용자의 합의에 대해서는 이행청구나 그 위반에 대한 손해배상 소송을 제기할 수 없다고 규정하였다. 이에 따라 협약분쟁은 법원에 의해서가 아니라 협약에서 정해진 자주적 절차에 의하여 해결되었고, 특히 쟁의행위가 그 해결수단으로 중시되었다. 다만 1971년 노사관계법 34조에서는 단체협약은 당사자가 서면에 의해 법적으로 이행되지 않는 계약이라는 것을 명기하지 않는 한 법적으로 이행되는 계약으로 최종적으로 추정된다고 규정하여 단체협약이 법적 구속력을 가지는 계약임을 인정하였다. 그러나 위 노사관계법에 대하여 노사는 단체협약에 법적 구속력을 인정하지 않는 전통을 고집하였고, 1974년의 노동조합 및 노동관계법에서는 위 1971년 노사관계법의 원칙과 예외를 뒤집어, 서면으로 작성되고 또한 양 당사자가 이행을 강제할 수 있는 계약으로 할 의사가 있는 것을 명시하지 않는 한 이행을 강제할 수 있는 계약으로 추정되지 않는다고 하여 단체협약의 법적 구속력을 원칙적으로 인정하지 않았다. 1992년의 노동조합 및 노동관계(통합)법 179조 1항에서는 단체협약은 (a) 서면으로 작성되고 그리고, (b) 당사자가 협약이 법적으로 이행을 강제할 수 있는 계약임을 명시하는 조항을 포함하지 않는다면, 당사자에게 단체협약을 법적으로 이

---

20) 아래의 서술은 개별적으로 인용하는 것을 제외하면 김유성 156~158면; 菅野, 918~919면; 野川 忍a, 38~69면의 서술에 기초한 것이다. 한편 영국, 독일, 프랑스 세 나라의 단체협약 개념을 비교하며 영국을 사회적 방임 모델, 독일을 사회적 자치 모델, 프랑스를 사회적 공서(公序) 모델로 분류하는 견해로 박제성d, 8면 이하 참조.

행을 강제할 수 있는 계약으로 할 의사가 없는 것으로 종국적으로 추정된다고
규정함으로써 위와 같은 태도를 기본적으로 유지하였다.

영국에서 단체협약에 관하여 위와 같이 법적 승인이 결여되어 있는 것은
위와 같은 법 규정에 일부 기인하는 한편, 노동조합과 사용자가 단체협약을 준
수하게 하는 강력한 비 법적인(non-legal) 제재조치를 가지고 있다는 점에 기인
한다고 한다. 노동조합은 쟁의행위로 위협할 수 있고, 사용자는 직장폐쇄로 근
로자를 배제할 수 있으며, 협약에 따라 근로하기를 거부하는 것에 대하여 임금
삭감으로 대응할 수 있다. 게다가 협약 위반에 대한 가처분과 같은 법적 규제는
분쟁을 격화시키고 연장할 개연성이 있다. 이와 같은 이유로 단체협약 당사자
모두 법적 이행 강제 가능성을 추구하지 않는다고 한다.21)

단체협약의 개별 근로자와 사용자 사이의 관계에 대한 효력에 대하여 보면,
단체협약의 법적 이행강제 가능성이 없다는 것이 단체협약이 법적 효력을 가지
는 것을 방해하는 것은 아니다. 단체협약은 근로자와 사용자 사이의 명시·묵시
적 합의에 의하여 또는 관행에 의하여 법적으로 이행을 강제할 수 있는 고용계
약에 편입되어 고용계약의 내용으로 됨으로써, 법적 구속력을 가지게 된다.22)

② 미국의 경우에도, 태프트하틀리법 301조 제정 이전에는 주법원만이 단
체협약 위반 소송에 대한 관할을 가지고 있었고, 실체적 권리와 구제도 주법에
의하여 결정되었다. 법적 권리와 구제는 몇 가지 이유로 인하여 불확실하거나
비효율적이었다. 노동조합은 법적 주체로 간주되지 않았다. 대부분의 주에서 조
합원이 제소하거나 제소당하기 위해서는 대표당사자소송(class action)이 요구되었
다. 금전판결(피고에게 금전을 지급하여야 한다는 것을 명하는 판결)의 집행은 조합
원의 개인적 재산을 압류하는 방식으로 행해졌다. 단체협약이 이행가능한지, 만
약 그렇다면 누구에 의하여 누구에 대하여 이행가능한지에 대하여 심각한 의문
이 있었다.23)

2. 계약으로 취급하는 유형

단체협약을 협약당사자 사이의 계약으로 취급하되 개별 근로자와 사용자
사이의 근로계약을 직접 규율하는 법적 효력(규범적 효력)은 인정하지 않는 유형

21) Hugh Colins · K.D Ewing · Aileen McColgan, 129면.
22) Hugh Colins · K.D Ewing · Aileen McColgan, 129~130면.
23) Archibald Cox 외, 809~810면.

이다. 태프트하틀리법 301조 제정 이후의 미국이 대표적이다. 태프트하틀리법 301조[24])에서는 협약 위반의 소송에서 노동조합의 소송당사자성을 인정하고, 연방법원의 관할권을 인정하여 협약 위반에 대한 사법적 구제를 인정하고, 단체협약에 대해 협약당사자 간의 계약으로서의 효력을 인정하였다. 나아가 연방대법원은 개개의 근로자가 연방법원에 사용자에 대하여 단체협약상의 권리를 주장할 수 있는 것으로 보아 개별 근로자의 소송적격을 직접 인정하였다.[25]) 한편 개별 근로자와 사용자 사이의 관계에 대하여 보면, 미국에서는 배타적교섭대표가 사용자와 체결한 단체협약은 교섭단위 내의 모든 근로자의 근로조건을 결정하게 되고, 개별교섭이나 소수 조합과의 교섭에 의해 단체협약과 다른 근로조건을 정하는 것은 배타적교섭대표에 대한 단체교섭의무 위반이 되어 부당노동행위가 된다. 따라서 단체협약에 대하여 비록 명시적으로 규범적 효력이나 일반적 구속력을 부여하는 규정은 없지만, 규범적 효력과 일반적 구속력을 가지는 것과 마찬가지의 결과에 이르게 된다.[26])

3. 규범적 효력을 부여하는 유형

단체협약에 협약당사자를 규율하는 계약으로서의 효력뿐 아니라 개별 근로자와 사용자 사이의 근로계약을 직접 규율하는 규범적 효력을 부여하는 유형이다. 독일·프랑스와 일본의 단체협약 법제가 취하는 태도이다. 그 가운데서도 근로계약을 규율하는 규범적 효력을 비조합원을 포함한 근로자 전체에 미칠 것인가, 아니면 원칙적으로 노동조합의 조합원에만 미칠 것인가에 따라 둘로 나눌 수 있다. 전자의 대표례는 프랑스이다. 프랑스에서는 법률상 정해진 일정한 요

24) 태프트하틀리법 301조의 내용은 다음과 같다(김유성a, 32~33면의 번역을 한자만 한글로 바꾸어 전재한다).
   (a) 이 법에서 정의된 통상에 영향을 미치는 산업에 있어서 사용자와 근로자를 대표하는 노동조합 간의 또는 그와 같은 노동조합 상호간의 협약위반에 관한 소송은 청구금액의 다소 또는 당사자의 주적(州籍)에 관계없이 당사자에 대하여 관할권을 가지는 미합중국 연방지방법원에 제기할 수 있다.
   (b) 이 법에서 정의된 통상에 영향을 미치는 산업에 있어서 근로자를 대표하는 모든 노동조합과, 이 법에서 정의된 통상에 영향을 미치는 활동에 종사하는 사용자는 그 대리인의 행위에 의해 구속된다. 그와 같은 노동조합은 미합중국 연방법원에서 그 스스로가 법주체로서 또는 그것이 대표하는 근로자를 위하여 소송을 할 수 있고, 소송의 대상이 될 수 있다. 미합중국 연방지방법원의 노동조합에 대한 모든 금전판결은 법주체인 노동조합 또는 그 자산에 대해서만 집행할 수 있으며, 조합원 또는 그 자산에 대하여 집행하여서는 아니 된다.
25) Smith v. Evening News Association 371 U.S. 195(1962).
26) 注釋(下), 676~677면.

건을 충족하는(대표성을 가지는) 노동조합이 체결한 단체협약은 원칙적으로 단체
협약을 체결한 사용자가 고용하는 모든 근로자에게 적용되는 일반적 효력이 인
정된다. 후자의 대표례는 독일이다. 독일에서는 단체협약의 규범적 효력은 원칙
적으로 협약체결조합의 조합원에게만 미친다. 다만 일반적 구속력 선언 등에 의
해 조합원 이외의 자에게도 단체협약이 널리 적용되는 실태가 있다.[27]

Ⅳ. 단체협약의 법적 성질

단체협약은 협약당사자 사이의 집단적 합의에 의하여 성립하는 사법상의
계약이다.[28]

하지만, 독일어로 단체협약을 Tarifvertrag[임률(賃率)계약]이라고 하는 것에서
알 수 있는 것처럼 단체협약의 주된 목적은 협약당사자 사이의 권리·의무의
설정에 있기보다는 개별 근로자와 사용자 사이의 임금 등 근로조건을 설정하는
것을 중심 내용으로 한다.

그런데 이를 위해서는 단체협약을 단체 간의 계약으로 인정하는 것만으로
는 충분하지 않다. 왜냐하면 단체협약을 단체 간의 계약으로 인정하는 것만으로
는 협약 기준 이하의 근로조건을 내용으로 하는 근로계약이 체결되더라도 노동
조합과 사용자의 책임을 추급하는 것에 그치고 그러한 근로계약 자체를 효과적
으로 배제할 수 없기 때문이다.[29] 이를 위해서는 개별 근로자와 사용자 사이의
임금 등 근로조건 부분에 대하여 계약을 넘어서는 효력을 인정하는 것이 필요
하고, 이에 따라 독일, 프랑스 및 일본, 그리고 우리는 입법에 의하여 단체협약
에 규범적 효력을 부여하고 있다.

그리하여 단체협약은 협약당사자 사이의 일종의 계약이면서, 동시에 그 일
부분은 계약의 효력을 넘어서는 특별한 효력인 규범적 효력을 가진다.

이와 같이 단체협약 중 일부가 계약의 효력을 넘어선 특별한 효력을 가지
는 법 원리적 근거가 무엇인가를 분명히 하기 위하여 단체협약의 법적 성질에
관한 논의가 독일과 일본 등에서 널리 전개되었다.

노조법 33조에 의하여 단체협약의 규범적 효력이 명문으로 인정되면서 단

---

27) 水町, 126면.
28) Abbo Junker, 278면 참조. Erfurter Kommentar, 2816면도 참조.
29) 西谷 敏a, 321·324면 참조.

체협약의 법적 효력의 내용에 관하여는 입법적 해결이 이루어졌다. 다만, 노조
법 33조에서 인정되는 단체협약의 규범적 효력은 보통의 계약에서는 인정되지
아니하고 계약 법리로부터는 도출될 수 없는 특별한 효력이다. 이와 같은 특별
한 효력이 단체협약의 어떠한 성질에 근거하여 도출되는 것인지,[30] 단체협약의
규범적 효력은 어떠한 근거에 의하여 정당화 될 수 있는 것인지, 협약당사자에
게 규범적 효력을 가지는 단체협약을 체결할 수 있는 권한은 어디에서 유래하
는 것인지 등 규범적 효력의 법 원리적 근거에 관한 문제는 여전히 남아 있다.

　　노조법 33조에서 단체협약의 규범적 효력을 명문으로 인정하고 있으므로
논의의 실익은 크지 않다고 볼 수도 있으나, 가령 헌법상 단결체가 체결한 단체
협약 또는 노조법 31조 1항이 정한 형식을 갖추지 못한 단체협약에 대하여 규
범적 효력이 인정될 수 있는가와 관련하여 여전히 논의의 실익이 있다고 볼 수
있다.[31]

1. 학　설

학설은 크게 법규범설과 계약설로 나누어진다.

가. 법규범설

법규범설은 단체협약을 법률과 마찬가지의 법규범으로서의 성질을 가지는
것으로 이해하는 견해이다. 사인인 노사 간의 약정이 법규범으로 되는 근거의
설명 방식에 따라 사회자주법설, 법적 확신설, 백지관습법설, 헌법 수권설이 있
다. 법규범설에 의하면 단체협약의 규범적 효력은 노조법 33조에 의하여 창설된
것이 아니라 단체협약의 법적 성질에 의하여 당연히 인정되는 효력이고, 노조법
33조는 이를 주의적으로 확인하는 것에 불과한 것이 된다.[32]

(1) 사회자주법설

사회자주법설은 부분사회 구성원들이 자주적으로 설정한 사회규범에도 국

---

30) 독일의 경우에는 단체협약법 1조 1항과 4조 1항에서 단체협약을 법규범(Rechtsnorm)으로
　　규정하고 있어 단체협약의 규범적 효력이 법규범으로서의 성질에 의하여 도출된다는 점에
　　대하여는 명시하고 있다. 이러한 점에서 노조법 33조에서 단체협약의 규범적 효력만을 규정
　　하고 있는 것과 차이가 있다.

31) 김유성, 158~159면. 단체협약의 법적 성질론은 그 실익이 상당히 축소된 문제라고 하면서
　　도 단체협약법리의 체계적 이해를 위해서 필수적인 문제이고, 단체협약의 법적 효력에 대한
　　한계적 문제와 관련하여 중요한 의미를 가지고 있다는 지적으로 고호성c, 189면.

32) 菅野, 919~920면.

가법의 효력을 인정할 수 있다는 독특한 법원론을 전제로 하여 단체협약도 이러한 사회자주법의 일종으로서 법규범적 효력을 가진다는 견해이다.33) 사회자주법설은 단체협약 체결의 결과 성립하는 사회규범도 법례(法例) 2조(현재는 法の適用に關する通則法 3조)가 관습법에 관하여 규정하고 있는 것과 거의 같은 요건(공서양속에 반하지 않을 것과 법령이 인정한 것 및 법령에 규정되지 아니한 사항에 관한 것일 것)을 충족하는 한 법률로 인정되어야 한다고 주장한다.34)

(2) 법적 확신설

법적 확신설은 당사자의 법적 확신에 의해 지탱되는 사회규범만이 법일 수 있는데, 단체협약은 단결권의 주체인 노동조합이 자주적으로 참가·형성한 사회규범으로, 단체협약을 국가법상의 법규범으로 승인해야 한다는 법적 확신이 존재한다는 견해이다.35)

(3) 백지관습법설

백지관습법설은 단체협약을 노사의 협정에 의하여 설정된 법규범으로 해석해야 한다고 하면서 법규범으로 인정되는 근거를, 근대적인 집단적 노동관계의 용인, 즉 노동조합주의의 발달에 따라 일반적인 노사관계에서의 합리적인 규범의식으로서 노사가 협정에 의하여 자신들의 관계를 규정하는 법규범인 단체협약을 설정할 수 있다는 노동관습법이 승인되고 있다는 점에서 구하는 견해이다. 이 견해는 단체협약 그 자체를 노동관습법이라고 해석하는 것이 아니라 노사가 자주적인 협정에 의해 자신들의 관계를 규정하는 법규범을 설정할 수 있다는 내용의 노동관습법(소위 백지관습법)의 성립을 인정한다.36)

(4) 헌법 수권(授權)설

노동조합과 사용자 혹은 사용자단체가 단체협약을 체결함으로써 그의 관할 범위 내에 속하는 구성원들의 근로조건을 결정하고, 이때 근로조건에 관한 합의는 규범적 효력을 지니게 되는데(노조법 33조), 이때의 규범적 효력은 입법자의 입법행위를 통해 창설되는 것으로 보기보다는 헌법적 결단을 통해 집단적 자치의 주체에게 그러한 자치법규범을 설정할 수 있는 능력 내지 법적 지위가 이미 전

---

33) 심태식, 168~169면.
34) 末弘嚴太郎이 제창한 견해이다(西谷 敏a, 326면에서 재인용).
35) 沼田稻次郎, 149~168면.
36) 石井照久, 427면.

제되어 있고 입법자는 단지 이를 실정 법률에 확인하는 규정을 둔 것으로 보는
견해이다.[37)38)]

나. 계 약 설

계약설은, 단체협약이 그 자체로 법규범으로 인정되는 것이 아니라 계약에
불과하다는 견해로 규범적 효력을 단체협약의 법규범적 성격 그 자체로부터가
아니라 다른 근거에 의하여 도출하는 견해라고 할 수 있다.[39)] 이에는 단체협약
에 규범적 효력이 부여되는 것을 협약당사자의 집단적 규율의사를 근거로 하고
노조법 33조의 승인에 의하여 설명하는 집단적 규범계약설과 노조법 33조가 협
약당사자에게 규범적 효력을 설정할 권한을 수권하였다는 노조법 수권설로 나
누어진다. 계약설에 의하면 단체협약의 규범적 효력은 노조법 33조에 의하여 창
설된 것이다.

(1) 집단적 규범계약설

단체협약은 협약당사자에 의하여 체결되는 약정으로서 기본적으로 계약적
성질을 가진다. 다만, 단체협약이 협약당사자가 아닌 다수의 근로자(조합원)들에
게 기준적(규범적) 효력을 미치는 관계는 단순한 당사자 간의 계약이론을 가지고
는 설명될 수 없고, 두 단계로 나누어 고찰되어야 하는데, 첫째는 개개 근로자
가 자발적으로 노동조합에 가입하여 그의 근로관계의 규율을 노동조합에 위임
함으로써 노동조합은 조합에 가입한 조합원들을 대표하여 근로조건 기타 대우
에 관한 사항을 사용자와 교섭하고 단체협약을 체결할 수 있는 권한을 가지게
되고, 따라서 단체협약은 단체(노동조합) 구성원들의 (집단적) 의사를 수용하여 체
결된다는 점에서 집단적 계약이며, 또한 단체협약이 단체구성원들에게 공통적으
로 적용된다는 점에서 기준적 효력을 가진다. 둘째로 단체협약의 우위성이 사적

---

37) 박종희e, 120면. 外尾健一, 583면에서는 일본국 헌법 28조의 단결권 보장 중에 협약의 규범
   적 효력이 인정되고 있다고 해석할 수 있다고 한다.
38) 단체협약의 규범적 효력은 헌법 33조 1항의 보호영역에 포함된다는 견해(강선희a, 84~88
   면; 이광범, 82~83면 참조)도 이에 속한다고 볼 수 있다.
39) 단체협약이 협약당사자의 합의에 의하여 성립한다는 점을 계약설의 본질적 징표로 볼 수
   는 없다. 계약설과 법규범설 양자 모두 단체협약이 협약당사자의 합의에 의하여 성립된다는
   것을 부인하지는 않기 때문이다(강선희a, 55면). 나아가 계약설이 당사자의 의사나 단체협약
   의 계약적 성질에 기초하여 규범적 효력을 도출하는 견해라고 볼 수도 없다. 이와 같은 견해
   는 현실적으로 존재하지 않기 때문이다. 따라서 위와 같이 소극적인 방식(단체협약은 법규범
   이 아니라 계약에 불과하고, 법규범성이 아닌 다른 근거에서 규범적 효력을 도출하는 견해를
   계약설로 파악하는 방식)으로 계약설의 핵심 징표를 도출하는 수밖에 없다.

자치의 차원에서뿐 아니라 대외적으로 법률적 차원에서 규범적 구속력을 확보하기 위해서는 법률에 의하여 강행적(직률적) 효력이 부여되어야 한다. 단체협약은 단체구성원들의 의사를 기초로 한다는 점에서 집단적 계약이며 취업규칙과 근로계약에 대하여 강행적(직률적) 효력을 가진다는 점에서 집단적 규범계약이라 한다.

이 견해는 단체협약의 기준이 국가수권에 의하여 설정된 법규범이 아니며, 사법상의 준칙에 지나지 않는다고 한다. 노조법에 의하여 단체협약 규정에 대하여 기준적 효력이 부여된다고 하여 단체협약의 자율적·집단적 계약으로서의 성질이 달라지는 것은 아니고, 이러한 기준의 설정은 협약당사자의 집단적 규율 의사를 근거로 하는 것이고, 노조법 33조는 이러한 기준규정에 대하여 규범적 효력을 부여하고 있을 뿐이라고 한다(승인설).[40]

(2) 노조법 수권(授權)설

김유성 교수는, 단체협약은 협약당사자인 노동조합과 사용자 또는 사용자 단체가 합의하여 체결하는 단체계약으로서 일종의 무명계약이라고 보고, 단체협약의 규범성은 근로조건이 단체협약에 의하여, 즉 근로조건의 집단적 결정이라는 방식을 통하여 규율되어야 한다는 국가의 정책적 의도에 의하여 수권된 것이라고 보는 것이 타당하다고 한다. 그리고 수권은 헌법 33조에 의해서가 아니라 노조법 33조에 의해서 이루어진 것으로 보는 것이 타당하고, 따라서 노조법 33조는 단체협약의 규범적 효력에 관한 확인적 규정이 아니라 창설적 규정이라고 본다.[41]

임종률 교수는, 단체협약은 본래 당사자인 노동조합과 사용자 측 사이의 계약에 불과하지만 근로자 보호 및 노사관계 안정을 위하여 국가법이 특별히 정책적으로 규범적 효력을 부여한 것, 즉 노동조합법이 협약당사자에게 특별히 규범설정의 권한을 수권한 것이라고 보아야 할 것이고, 그렇다면 노조법 33조는 단체협약의 규범적 효력을 창설하는 규정으로 보아야 한다고 한다.[42]

---

40) 김형배, 1237~1240면.
41) 김유성, 158~160면.
42) 임종률, 153~155면.

2. 판   례

헌법재판소는 단체협약 위반에 대한 형사처벌 조항의 위헌 여부 심사를 행하는 과정에서, 단체협약은 노동조합과 사용자 또는 사용자단체가 노동조건 등에 관하여 합의에 의하여 서면으로 체결하는 협정으로, 단체협약에 대하여는 법률로 특별한 법적 효력, 즉 규범적 효력을 부여하고 있다고 전제하면서, 단체협약은 근본적으로 근로조건에 관한 노동조합과 사용자 또는 사용자단체 간에 체결되는 계약에 불과하므로 "단체협약에…… 위반한 자"라는 구성요건은 처벌법규의 내용을 형성할 권한을 노사에 넘겨준 것으로서 법률주의에 위배된다고 하였고, 나아가 설사 단체협약에 법규범적 성격이 있음을 부인하지 아니한다 하더라도 이를 국회가 제정한 형식적 의미의 법률과 동일시할 수는 없다고 하였다.43)

헌법재판소가 단체협약을 근본적으로 근로조건에 관한 노동조합과 사용자 또는 사용자단체 간에 체결되는 계약에 불과하다고 본 것은 죄형법정주의의 충족 여부와 관련하여 형식적 의미의 법률에 해당하지 않는다는 점을 강조한 표현이지, 단체협약의 법적 성질에 관한 특정한 견해를 표명한 것으로는 보이지 않는다. 다만 단체협약에 대하여는 법률로 특별한 법적 효력을 부여하고 있다는 표현은 노조법 수권설에 가까운 견해로 볼 여지가 있다.

대법원은 단체협약 규정의 해석과 관련하여 종래 단체협약 또는 단체협약을 체결하는 행위를 법률행위라고 봄으로써 단체협약의 성질을 기본적으로 계약으로 파악하는 견해를 여러 차례 보인 적이 있으나,44) 여기로부터 단체협약의 법적 성질에 관한 대법원의 태도가 무엇인지 단정하기는 어렵다.

한편 산재 유족 특별채용조항에 관한 대법원 전원합의체 판결의 다수의견에 대한 보충의견45)에서는 민법 103조를 근거로 한 단체협약의 내용 통제와 관련하여 '노동3권을 실현한 결과물로서의 단체협약은 이해관계가 대립되는 당사자 사이의 일반적인 합의로서 쌍방을 구속하는 데 그치지 않고 노사관계에서

---

43) 헌재 1998. 3. 26. 선고 96헌가20 결정.

44) 대법원 2005. 9. 9. 선고 2003두896 판결, 대법원 2017. 3. 22. 선고 2016다26532 판결. 법률행위임을 전제로 민법 103조, 104조 위반 여부를 판단한 대법원 1992. 7. 28. 선고 92다14786 판결, 대법원 2007. 12. 14. 선고 2007다18584 판결도 참조.

45) 대법원 2020. 8. 27. 선고 2016다248998 전원합의체 판결의 다수의견에 대한 보충의견(김선수, 김상환 대법관).

자치규범의 역할을 하게 된다. 노동조합법 33조 1항은 단체협약의 강행적 효력을, 2항은 단체협약의 직접적 효력을 인정하고 있는데, 이는 헌법이 예정한 단체협약의 규범적 지위에 터 잡은 규정으로 이해할 수 있다. 이처럼 단체협약이 헌법과 이를 구체화한 법률에 따라 부분사회(기업) 내에서 자치규범으로서의 역할을 하는 것에 주목하면, 법원은 민법 103조를 근거로 단체협약의 내용을 통제함에 있어서 기본적으로 헌법이 형성한 법질서로서의 노동3권과 협약자치를 존중하는 입장에 설 필요가 있다'고 하여 헌법수권설의 태도로 볼 수도 있는 견해를 제시하였다.

위 전원합의체 판결의 다수의견에 대한 다른 보충의견[46])에서는 '단체협약의 성립은 당사자 간의 합의에 따른 계약 체결과 같은 형태로 이루어지고 당사자가 그러한 합의에 구속된다는 점에서는 일반적인 계약과 다르지 않다. 그런데 단체협약은 일반적인 계약이라고는 볼 수 없는 특질이 있다. 노동조합의 대표자가 체결한 협약 내용이 소속 조합원의 권리와 의무를 직접 발생시키는 효력을 가진다. 노조법 33조는 규범적 효력을 인정하고 있다. 단체협약의 이러한 특수한 효력에 기초하여 단체협약은 계약이 아니라 법규범 그 자체라고 주장하는 견해도 있다. 일반적 구속력 역시 단체협약이 일반적인 계약과는 매우 다른 성격을 가지고 있음을 보여준다. 그러나 단체협약은 그 효력이 특수한 것일 뿐 일정한 법률효과의 발생을 목적으로 하는 의사표시를 필수적인 요소로 하는 법률요건이라는 점에서 법률행위로서의 성격을 가진다는 점을 부정할 수 없다.'고 하여 단체협약이 '법규범이 아니라 계약'이라는 취지의 견해를 제시하였다.

3. 검   토

사회자주법설, 법적 확신설 및 백지관습법설은 단체협약이라는 사회적 규범의 내재적 법규범성을 인정하는 견해로서 국가만이 법규범을 설정할 수 있다는 전통적인 법원론에 비추어 볼 때 타당하지 않다.

헌법 수권설은 헌법적 차원에서 단체협약의 법규범성을 인정한 것으로 국가의사를 법규범성의 근거로 삼고 있다는 점에서 법원론상의 문제점은 없다고 볼 수 있다. 다만, 헌법 33조 1항이 협약자치를 보장한 것으로 볼 수 있고, 단체

---

46) 대법원 2020. 8. 27. 선고 2016다248998 전원합의체 판결의 다수의견에 대한 보충의견(김재형 대법관).

협약 체결권이 헌법상 보장되어 있다고 하더라도 이로부터 바로 헌법상 단체협약제도의 보장 내용이 단체협약에 규범적 효력을 부여하는 방식으로 특정되어 있다고 단정할 수는 없다. 앞서 단체협약법제에 관한 비교법적 검토에서 본 것처럼 단체협약의 법적 효력의 규정 방식에는 다양한 유형이 있을 수 있는데, 헌법 33조에서 예정하고 있는 집단적 노동관계에 관한 규율이 반드시 현재 노조법 33조나 독일·일본과 같이 규범적 효력이 인정되는 방식만이 허용되고 그와 다른 방식(영국이나 미국)은 허용되지 않는 식으로 특정되어 있다고 볼 수는 없다.47)

집단적 규범계약설은 근로자가 노동조합에 가입하며 자신의 근로관계를 집단적 규율에 맡기기로 하였다는 의사에서 규범적 효력의 근거를 구하는 것이나, 조합원의 의사를 포함한 그 어떤 사인의 의사에 의하더라도 계약의 효력을 넘어선 특별한 효력으로서의 규범적 효력이 발생할 수는 없고, 자발적인 단체 가입은 협약규범의 인적 적용 범위만을 결정할 뿐 협약규범의 효력 근거가 되지 못한다는 점에서 문제가 있다.48)49)

노조법 수권설은 단체협약이 단체협약 중 일부에 계약을 넘어선 특별한 효력이 부여되는 점을 노조법 33조라는 실정법의 명확한 근거에 의하여 설명함으

---

47) 注釋(下), 797~798면. 野川 忍a, 94~95면에서는 일본에서 미국처럼 배타적 교섭대표제를 도입하고 노동협약에 규범적 효력을 부여하지 않는 정책선택이 이루어지더라도 바로 헌법 28조에 위반하는 법제도라고 할 수는 없다고 한다. 이에 대해 강선희a, 73면에서는 우리나라 헌법제정권자는 집단적 자치(협의의 협약자치)를 헌법을 통해 승인하면서 영국과 같이 단체협약에 어떠한 구속력도 부여하지 않고 신사협정으로 취급하고 임의주의를 원칙으로 하는 노사자율주의를 채택한 것이 아니라, 대륙법계의 국가와 같이 단체협약에 규범적 효력을 부여하고 이를 중심으로 단체협약제도를 채택한 것이라고 한다.

48) 강선희a, 44면.

49) 독일에서 단체협약에 대하여 실정 법률에서 규범적 효력을 규정하기 이전에 계약이론에 기초하여 규범적 효력의 근거를 도출하려 한 논의로 노동조합이 조합원의 근로계약을 일괄적으로 대리하여 체결한다는 대리설과 제3자를 위한 계약설 등이 있었다. 그러나 대리설로는 협약체결 후 조합에 가입한 근로자는 협약을 원용할 수 없는 점, 대리설로는 직률적 효력은 설명할 수 있으나 강행적 효력을 설명하기 어려운 점, 또 규범적 부분에 관하여도 채무적 효력을 인정할 수 있는데, 대리설에 따르면 조합 자신은 권리의무의 주체가 될 수 없는 점 등의 문제가 있다. 제3자를 위한 계약설도 조합 자신은 권리의무의 주체가 될 수 없는 점, 근로자는 수익만을 취할 뿐 의무를 부담하지 않는 점 등의 난점이 있었다. 이에 따라 1918년의 단체협약령에 의하여 입법적 해결을 보게 되었다. 이상에 대하여는 菅野, 927~928면; 고호성a, 445면 참조. 프랑스의 경우, 단체협약에 대한 법적 승인은 1919년 3월 25일 법과 함께 비로소 이루어지는데, 이 법은 단체협약의 규범적 효력을 승인함으로써 단체협약이 그 때까지 헤어 나오지 못하고 있던 계약법적 논쟁으로부터 최종적으로 단체협약을 구해 내었다고 한다. 이에 대하여는 Alan Supiot, 21면 참조.

로써 법원론이나 규범적 효력의 법이론적 근거라는 측면에서 무리가 없는 해석
이라고 볼 수 있다. 따라서 단체협약의 규범적 효력은 노조법 33조에 의하여 창
설된 효력이라고 보는 것이 타당하다.

　　다만, 독일의 경우 수권설은 단체협약법에서 단체협약을 법규범으로 규정
하고 있는 점을 전제로 하여 법규범은 국가만이 제정할 수 있고, 국가로부터의
수권 없이는 법규범을 제정할 수 없다는 점에 입각하여 국가가 협약당사자에게
규범제정권한을 수권한 것이라는 논리구조를 가지고 있다. 그러나 우리의 노조
법 수권설에는 단체협약이 법규범에 해당한다는 점이 전제로 되어 있지 않고
수권의 논리가 전혀 나타나지 않는다.[50] 오히려 단체협약은 법규범이 아니라 협
약당사자 사이의 계약에 불과한데, 국가법이 특별히 정책적으로 규범적 효력을
부여하였다고 보고, 이것을 노조법이 협약당사자에게 특별히 규범적 효력의 설
정 권한을 수권한 것이라고 파악하는 식이어서 그 실질은 독일과 같은 의미의
수권설이라고 할 수는 없다.

　　결국 수권이라기보다는 노조법 33조에 의하여 일종의 계약으로서의 성질을
가지는 단체협약 중 일부에 통상의 계약의 효력을 넘어서고 계약의 효력으로서
는 설명할 수 없는 규범적 효력이라는 특별한 법적 효력이 부여되었다고 이해
하는 것이 그 견해의 실질에 맞아 적절하다(법적 효력 부여설).[51]

V. 단체협약의 성립·효력 요건

　　단체협약이 유효하게 성립하기 위해서는 단체협약을 체결할 능력이 있는
노동조합과 사용자 또는 사용자단체가 근로조건 기타 노사관계에서 발생하는
사항에 관하여 단체교섭 등을 거쳐 집단적 합의에 도달하여야 한다는 실질적
요건과 그 합의를 서면으로 작성하여 당사자 쌍방이 서명 또는 날인하여야 한
다는 형식적 요건을 갖추어야 한다.

---

50) 강선희a, 56면.
51) 일본의 수권설에 대하여 이와 같은 이해를 보여주는 것으로 注釋(下), 801면.

1. 실질적 요건[52]

가. 단체협약의 당사자

단체협약이 유효하게 성립하기 위해서는 단체협약을 체결할 능력[53]이 있는 당사자 사이에 합의가 있어야 한다.

단체협약을 체결할 능력을 협약능력이라 할 수 있는데, 협약능력이란 권리의무의 주체가 될 수 있는 능력을 의미하는 민법상의 권리능력과는 구별되는 것으로 상대방과의 단체협약 체결을 통하여 그 구성원들에게 규범적 효력을 미치게 하는 기준을 제정할 수 있는 능력이라고 할 수 있다.

단체협약은 협약능력이 있는 정당한 당사자 사이에 체결되어야 한다. 그런데 결국 단체협약을 체결할 수 있는 권한은 단체교섭권자에게 인정될 것이므로 단체협약을 체결할 수 있는 정당한 당사자는 단체교섭권의 정당한 당사자와 이에 대응하는 단체교섭 의무를 부담하는 정당한 당사자의 개념과 일치한다.[54] 단체교섭의 정당한 당사자에 대하여는 법 29조에 대한 해설 참조.

나. 근로조건 기타 노사관계에서 발생하는 사항

단체협약의 내용으로는 먼저 단체교섭의 대상인 단체교섭사항이 포함된다. 대법원은 단체교섭의 대상이 되는 단체교섭사항에 해당하는지 여부는 헌법 33조 1항과 노조법 29조에서 근로자에게 단체교섭권을 보장한 취지에 비추어 판단하여야 하므로, 일반적으로 구성원인 근로자의 근로조건 기타 근로자의 대우 또는 당해 단체적 노사관계의 운영에 관한 사항으로 사용자가 처분할 수 있는 사항은 단체교섭의 대상인 단체교섭사항에 해당한다고 한다.[55]

위와 같이 단체교섭사항에 해당하여 사용자가 단체교섭의 의무를 부담하는 사항(강학상 이른바 의무적 교섭사항)뿐만 아니라 임의적 교섭사항이라 하더라도 사용자가 임의적으로 단체교섭에 응하여 합의·결정된 사항은 단체협약의 내용

---

52) 단체협약의 '실질적 요건'이라는 용어를 사용하는 대법원 판결로 대법원 2005. 3. 11. 선고 2003다27429 판결, 대법원 2018. 7. 26. 선고 2016다205908 판결 참조.

53) 단체협약을 체결할 능력에 관하여 언급하고 있는 판결로 대법원 1996. 6. 28. 선고 94다49847 판결, 대법원 1997. 1. 21. 선고 95다24821 판결, 대법원 2001. 1. 19. 선고 99다72422 판결 참조.

54) 사법연수원a, 186면.

55) 대법원 2003. 12. 26. 선고 2003두8906 판결, 대법원 2022. 12. 16. 선고 2015도8190 판결.

에 포함될 수 있다.56) 대법원은 사용자의 경영권에 속하는 사항이라 하더라도 그에 관하여 노사는 임의로 단체교섭을 진행하여 단체협약을 체결할 수 있고, 그 내용이 강행법규나 사회질서에 위배되지 아니하는 이상 단체협약으로서의 효력이 인정된다고 하였다.57) 그리고 대법원은 헌법 15조가 정하는 직업선택의 자유, 헌법 23조 1항이 정하는 재산권 등에 기초하여 사용자는 어떠한 근로자를 어떠한 기준과 방법에 의하여 채용할 것인지를 자유롭게 결정할 자유가 있으나, 다만 사용자는 스스로 이러한 자유를 제한할 수 있는 것이므로, 노동조합과 사이에 근로자 채용에 관하여 임의로 단체교섭을 진행하여 단체협약을 체결할 수 있고, 그 내용이 강행법규나 선량한 풍속 기타 사회질서에 위배되지 아니하는 이상 단체협약으로서의 효력이 인정된다고 하였다.58)

노동조합과 사용자는 원칙적으로 개별적 및 집단적 노사관계의 모든 사항에 관하여 자율적으로 단체협약을 체결할 수 있다.59)

단체협약에는 근로조건과 집단적 노동관계에 관하여 포괄적으로 규정한 포괄협약(일반협약, 기본협약, 포괄협약 등의 명칭으로 불린다)과 임금, 시간외근로, 퇴직금, 정년 후 재고용, 노동조합에 대한 편의제공, 단체교섭・노사협의의 절차 등 특정한 사항에 관하여 개별적으로 협정한 개별협약이 있고, 어느 것이나 단체협약으로 인정된다.60)

다. 단체교섭 등

일반적으로 단체협약은 노동조합이 사용자 또는 사용자단체에 대하여 단체교섭권을 행사하여 교섭하고 교섭의 대상으로 삼은 개별적 근로관계와 집단적 노동관계의 내용에 관하여 합의하는 등 단체교섭을 거쳐 체결하는 것이 상정되어 있다. 대법원이 단체협약은 노동조합이 사용자와 사이에 근로조건에 관하여 단체교섭을 통하여 체결하는 것이라고 판시한 것61)은 이러한 의미로 이해할 수 있다.

그러나 노조법에서는 단체협약으로 인정되기 위한 절차를 특별히 한정하고

---

56) 사법연수원a, 183면.
57) 대법원 2014. 3. 27. 선고 2011두20406 판결.
58) 대법원 2020. 8. 27. 선고 2016다248998 전원합의체 판결.
59) 헌재 2012. 8. 23. 선고 2011헌가22 결정.
60) 水町, 125면.
61) 대법원 2014. 2. 13. 선고 2011다86287 판결, 대법원 2019. 11. 28. 선고 2017다257869 판결, 대법원 2020. 8. 13. 선고 2019다18426 판결.

있지 않으므로, 단체협약은 반드시 정식의 단체교섭 절차를 거쳐서 이루어져야
만 하는 것은 아니다.62) 따라서 노동조합과 사용자 사이에 근로조건 기타 노사
관계에 관한 합의가 노사협의회의 협의를 거쳐서 성립되었더라도, 당사자 쌍방
이 이를 단체협약으로 할 의사로 문서로 작성하여 당사자 쌍방의 대표자가 각
각 노동조합과 사용자를 대표하여 서명·날인하는 등으로 단체협약의 실질적·
형식적 요건을 갖추었다면 이 역시 단체협약이다.63)

　　노동위원회 등의 알선·화해 등의 절차에서 체결된 협정도 단체협약의 다
른 정의에 해당하는 한 단체협약으로 인정될 수 있다고 한다.64)

라. 집단적 합의(협정)
협정이란 집단적 합의를 의미한다.65)

(1) 집단적 규범
단체협약은 그 체결 주체에 집단의사를 배경으로 하는 노동조합과 사용자
단체가 포함되어 있다는 점에서 집단적 규범으로서의 성격을 갖고, 다른 한편
근로자집단과 사용자 사이의 관계를 집단적으로 규율한다는 점에서도 집단적
규범으로서의 성격을 갖는다.

　　이와 같은 점에서 단체협약은 근로자 개개인과 사용자 사이의 개별적 근로
관계에 관한 개별적 합의인 근로계약과 구별된다.

　　집단적 규범으로서의 단체협약과 다른 집단적 규범인 취업규칙, 서면 합의
는 법적 성질, 규범의 작성 주체, 효력 등의 면에서 구별되나, 현실에서는 그 구
별이 어려운 경우도 있다.

(가) 취업규칙과의 구별
단체협약은 사용자와 노동조합이 합의하여 체결한다는 점에서 사용자가 일
방적으로 작성하는 취업규칙과 구별된다.

　　근로자의 집단의사를 구현하는 노동조합과 사용자의 공동결정의 산물인 단
체협약의 내용은 대등당사자 사이의 이익조정의 결과로서 일응 적정하다고 추

---

62) 菅野, 917면; 水町, 124~125면. 野川 忍a, 8면 주 10)에서는 노동협약과 단체교섭은 반드시
　　항상 연결되는 것은 아니라고 한다.
63) 대법원 2005. 3. 11. 선고 2003다44691 판결, 대법원 2005. 3. 11. 선고 2003다27436 판결,
　　대법원 2005. 3. 11. 선고 2003다27429 판결, 대법원 2018. 7. 26. 선고 2016다205908 판결.
64) 菅野, 917면; 水町, 125면.
65) 土田道夫, 386면.

정할 수 있고,66) 법원은 협약자치를 존중하여야 하므로, 단체협약에 대하여는 엄격한 내용통제를 할 필요가 없다. 이에 대하여 취업규칙은 사용자에 의한 단독결정의 산물이고, 교섭력의 불균형이 있어 근로자와 사용자 사이에 취업규칙의 내용에 관하여 합리적인 이익조정이 이루어지기 어렵다. 따라서 취업규칙의 내용에 대하여는 엄격한 내용통제가 이루어져야 한다.

노조법에서 단체협약의 내용에 어떤 내용을 포함시켜야 한다거나 어떤 내용은 포함되지 않아야 한다는 등의 규정을 두지 않음으로써 노사가 단체협약의 구체적인 내용을 교섭을 통해 자치적으로 정할 수 있도록 한 것67)과는 대조적으로, 근기법에서 취업규칙의 필수적 기재사항 등에 관하여 구체적으로 규정하고 있는 것(근기법 93조 등 참조)도 위와 같은 관점에 따른 것이라고 볼 수 있다.

다만 사용자가 일방적으로 취업규칙을 작성한 후 그 개정 과정에서 노동조합이나 근로자 집단과 합의하는 경우나 아예 취업규칙 작성 과정에서 사용자와 노동조합이 합의하는 경우가 있는데, 이러한 합의를 거친 규정을 단체협약으로 보아야 할지 취업규칙으로 보아야 할지 문제된다.

대법원은 이 경우 단체협약과 취업규칙의 구별 기준에 관하여, 단체협약은 근로조건 기타 근로자의 대우에 관한 기준 등에 관한 사항을 정하는 협정으로서 서면으로 작성하여 노사 쌍방이 서명날인 하여야 하고, 유효기간에 일정한 제약이 따르며, 원칙적으로 노동조합원 이외의 자에 대하여는 그 규범적 효력이 미치지 아니하는 것이고, 이에 비하여 취업규칙은 사용자가 근로자의 복무규율과 임금 등 해당 사업의 근로자 전체에 적용될 근로조건에 관한 준칙을 규정한 것을 말한다고 전제한 후, 사용자가 회사 업무수행 중에 발생한 사고의 처리를 위하여 사고 처리 규정을 제정·시행한 후, 3번에 걸쳐 노사 쌍방의 합의를 거쳐 각 개정·시행하고 있는 사고 처리 규정이 조합원 이외의 직원의 근로관계도 직접 규율하는 것으로 규정되어 있고, 유효기간에 관한 규정이 없이 계속하여 시행되어 왔을 뿐만 아니라, 노사 쌍방의 서명날인도 되어 있지 아니한 점에 비추어 취업규칙에 해당한다고 하였다.68)

---

66) 西谷 敏b, 697~698면.
67) 대법원 2020. 8. 27. 선고 2016다248998 전원합의체 판결.
68) 대법원 1997. 4. 25. 선고 96누5421 판결. 위 구별 기준 중 일부는 일응의 구별 징표 정도로 이해하는 것이 타당하고, 절대적인 구별 기준으로 볼 것은 아니다. 가령 위 구별 기준 중 유효기간의 경우, 단체협약의 경우에도 유효기간을 정하지 않는 것이 있고(이 경우 노조법 32조 2항에 의하여 유효기간이 3년이 된다), 유효기간을 정하였다고 하여 취업규칙에 해당하

(나) 서면 합의와의 구별

근기법에서는 근로조건에 관한 최저기준을 정하여 그 기준에 미치지 못하는 경우에는 형벌을 부과하여 그 이행을 강제하거나 근로계약 등의 효력을 제한한다. 그런데 근기법에서는 일정한 근로조건과 관련하여서는 사용자와 근로자 대표(과반수 노동조합 또는 근로자 과반수를 대표하는 자)와의 서면 합의가 있는 경우 위와 같은 강행적 규제의 예외를 인정하고 있다. 즉, 근기법 51조(3개월 이내의 탄력적 근로시간제), 51조의2(3개월을 초과하는 탄력적 근로시간제), 52조(선택적 근로시간제), 57조(보상휴가제), 58조(근로시간 계산의 특례), 59조(근로시간 및 휴게시간의 특례), 62조(유급휴가의 대체) 등에서는 근로시간, 연장·야간·휴일근로수당, 연차 유급휴가와 관련하여 사용자와 근로자대표 사이의 서면 합의가 있는 경우에는 위와 같은 사항에 관하여 근기법에서 정한 최저기준에 의한 규제의 예외가 인정되어 비록 사용자가 근로자로 하여금 근기법에서 정한 기준에 미치지 못하는 근로조건으로 근로하게 하더라도 형사처벌을 면제하는 효력(면벌적 효력)이 부여되고, 근기법에 위반된 합의라도 유효하게 되는 등 근기법 규정의 강행성을 배제하는 효력이 부여된다.[69]

서면 합의의 근로자 측 합의 주체에는 과반수 노동조합뿐 아니라 근로자 과반수를 대표하는 자도 포함되고, 그 대상이 되는 근로조건의 범위가 법률에 의하여 제한되어 있으며, 적용 대상이 되는 근로자의 범위가 당해 사업장의 근로자 전체이고, 그 효과의 면에서 단체협약에는 인정되지 않는 면벌적 효력, 강행성 배제 효력이 인정된다는 점에서 단체협약과 구별된다.

그런데 서면 합의는 합의에 의하여 체결되는 것이고 서면에 의한 집단적 규범이라는 점에서 단체협약과 동일한 면이 있고, 특히 과반수 노동조합이 사용자와 체결하는 서면 합의가 단체협약의 다른 실질적·형식적 요건을 모두 갖춘 경우 서면 합의는 서면 합의로서의 성질과 단체협약으로서의 성질을 모두 갖추는 것이 되어 서면 합의로서의 효력과 단체협약으로서의 효력을 모두 가지는 것인지 문제될 수 있다.[70]

지 않는다고 단정할 수 없다.
69) 다만 이와 같은 서면 합의 자체에 근로자와 사용자 사이의 권리의무를 설정하는 효력이 있는 것인지, 아니면 근로자와 사용자 사이의 권리의무를 설정하기 위해서는 별도로 근로계약, 취업규칙, 단체협약 등의 다른 근거가 필요한지에 대하여는 견해의 대립이 있다.
70) 단체협약으로 볼 수 없다는 견해로 임종률, 156~157면.

이와 관련하여 하급심 판결에서는 근기법 53조 1항에 따른 주 12시간을 초과하여 연장근로를 할 수 있도록 과반수 노동조합과 사용자가 서면으로 합의한 근기법 59조 1항의 서면 합의에 대하여, 단체협약을 체결할 능력이 있는 노동조합과 사용자가 근로시간이라는 근로조건에 관한 사항에 대하여 합의를 하고 이를 문서로 작성하여 쌍방이 날인함으로써 성립한 것이므로, 노동조합법이 정한 단체협약에도 해당한다고 보았고, 유효기간에 대하여 정함이 없으므로, 단체협약의 유효기간에 관한 구 노조법 32조 2항에 따라 위 서면 합의는 체결일인 2013. 8. 14.로부터 2년이 경과한 2015. 8. 14. 유효기간의 만료로 효력을 상실하였다고 판단하였다.71) 대법원은 위 판결에 대한 상고를 심리불속행기각하였다.72)73)74)

(2) 합   의

단체협약이 유효하게 성립하기 위해서는 협약당사자인 노동조합과 사용자 또는 사용자단체 사이에 개별적 근로관계와 집단적 노동관계에 관한 '합의', 즉 서로 대립하는 의사표시의 일치가 있어야 한다. 단체협약은 개별적 근로관계와 집단적 노동관계에 관하여 일정한 법률효과의 발생을 목적으로 하는 의사표시를 필수적인 요소로 하는 법률요건이라는 점에서 법률행위로서의 성격을 가지고, 서로 대립하는 의사표시의 일치에 의하여 성립하는 법률행위라는 점에서 계약으로서의 성격을 갖는다.75)

---

71) 서울고법 2020. 11. 24. 선고 2020나2007284 판결.

72) 대법원 2021. 4. 15.자 2020다299474 판결.

73) 일본의 한 하급심 판결[福岡地裁小倉支部 2001. 8. 9. 判決(九州自動車学校事件, 労働判例 822호 78면)]에서는, 변형근로시간제에 관한 노사협정은 노동기준법에서 말하는 이른바 사업장에서의 노사협정이지만, 노동조합과 사용자 사이의 소속조합원의 노동조건에 관한 협정으로, 서면으로 작성되고 양자가 기명날인한 것이므로, 노동조합법상의 노동협약에 해당한다고 하였다.

74) 노동조합이 체결 주체가 된 노사협정은 내용 및 당사자의 의사에 따라서는 노동협약으로서의 성격을 가질 수 있다고 보는 견해로 西谷 敏a, 338면 참조.

75) 대법원 2020. 8. 27. 선고 2016다248998 전원합의체 판결의 다수의견에 대한 보충의견(대법관 김재형) 중 "단체협약의 성립은 당사자 간의 합의에 따른 계약 체결과 같은 형태로 이루어지고 당사자가 그러한 합의에 구속된다는 점에서는 일반적인 계약과 다르지 않다.", "단체협약이 서로 대립하는 당사자의 합의를 통해 각자의 권리와 의무를 정한다는 점에서 이를 계약과는 근본적으로 다른 것으로 취급하기는 어렵다."고 한 부분 참조. 단체협약을 법률행위라고 본 판결로 대법원 2005. 9. 9. 선고 2003두896 판결 참조. 판시 중에서 "노동위원회가 단체협약의 의미를 오해하여 그 해석 또는 이행방법에 관하여 잘못된 견해를 제시하였다면 이는 법률행위인 단체협약의 해석에 관한 법리를 오해한 위법을 범한 것"이라고 하였다.

단체협약은 그 주된 목적이 협약당사자 사이의 권리·의무의 설정보다는 근로자와 사용자 사이의 개별적 근로관계를 집단적으로 규율하기 위한 것이고, 단체협약 중 근로조건 기타 근로자의 대우에 관한 기준은 협약당사자 외의 제3자인 협약당사자의 구성원에게 규범적 효력을 미치기는 하지만, 단체협약은 어디까지나 협약당사자 사이의 계약의 형태로 성립하는 것이므로 단체협약이 성립하였다고 보는 데에서는 협약당사자 사이의 의사의 합치로 충분하고, 협약당사자 구성원 전원의 개별적 동의를 요하는 것은 아니다.[76]

한편 노조법에서는 협약당사자 사이의 의사의 합치가 없더라도, 조정위원회나 중재위원회 등이 관여하여 작성한 조정서와 중재재정의 내용에 대해 일정한 경우 단체협약과 동일한 효력을 부여하고 있다. 즉, ① 사적 조정 등에 의하여 조정 또는 중재가 이루어진 경우에 그 내용(법 52조 4항), ② 노조법 60조 1항의 규정에 의한 조정안이 관계 당사자에 의하여 수락되고 조정위원 전원 또는 단독조정인이 조정서를 작성하여 관계 당사자와 함께 서명 또는 날인한 경우의 조정서(법 61조 1·2항), ③ 노조법 68조 1항의 규정에 따라 서면으로 작성하고 효력발생 기일을 명시한 중재재정의 각 내용(법 68조 1항, 70조 1항)은 각 단체협약과 동일한 효력을 가진다.

마. 민법 일반규정의 적용 여부

(1) 원칙적 적용과 특수성의 고려

단체협약은 법률행위의 일종인 계약으로서의 성격을 가지므로, 단체협약의 성립 또는 효력과 관련하여 민법상 법률행위의 목적이나 의사표시의 하자 등에 관한 민법 일반규정이 원칙적으로 적용된다고 할 수 있다.

다만, 민법 일반규정의 적용과 관련하여서는 단체협약의 특수성이 고려되어야 한다. 단체협약은 단체교섭을 통해, 때로는 쟁의행위를 거쳐 체결되고 그 효력이 계약과는 달리 특수성을 가지고 있기 때문에(규범적 효력, 일반적 구속력 등), 법률행위나 의사표시에 관한 민법 규정이 적용되지 않거나 수정하여 적용해야 하는 경우가 있다.[77] 예컨대 단체교섭이나 쟁의행위는 그 성질상 어느 정도 다중의 위력이 전제된 개념이기 때문에 상당한 정도의 위력을 배경으로 체

---

76) 헌재 1999. 9. 16. 선고 98헌가6 결정.

77) 대법원 2020. 8. 27. 선고 2016다248998 전원합의체 판결의 다수의견에 대한 보충의견(대법관 김재형).

결된 단체협약이라 하더라도 강박에 의한 의사표시로 보아서는 안 될 것이다. 또한 근로자 측 교섭담당자와 하자 있는 협약을 체결한 사용자가 표현대리를 주장하는 것은 단체협약이 다수 근로자의 근로조건기준을 설정하는 것이라는 점에 비추어 허용되지 않는다고 한다.[78]

대법원은 산재 유족 특별채용조항이 민법 103조에서 규정하는 선량한 풍속 기타 사회질서에 위배되는지 여부가 문제된 사안에서 민법 103조의 적용을 일반적으로는 긍정하면서도 민법 103조의 적용과 관련하여 단체협약의 특질을 고려하여야 한다는 태도를 분명히 하였고 이에 기초하여 산재 유족 특별채용조항의 민법 103조 해당 여부에 관한 판단 기준을 제시하였다.

대법원은, 단체협약 중 "업무상 재해로 인한 사망과 6급 이상 장해 조합원의 직계가족 1인에 대하여 결격사유가 없는 한 요청일로부터 6개월 내 특별채용하도록 한다."라는 내용의 산재 유족 특별채용조항이 사용자의 채용의 자유를 현저하게 제한하고 일자리를 대물림하는 결과를 초래하여 정의 관념에 반하여 민법 103조에 의하여 무효인지 여부가 문제된 사안에 대하여, 단체협약이 민법 103조의 적용대상에서 제외될 수는 없으므로 단체협약의 내용이 선량한 풍속 기타 사회질서에 위배된다면 그 법률적 효력은 배제되어야 한다고 보면서도, 다만 단체협약이 선량한 풍속 기타 사회질서에 위배되는지 여부를 판단할 때에는, 단체협약이 헌법이 직접 보장하는 기본권인 단체교섭권의 행사에 따른 것이자 헌법이 제도적으로 보장한 노사의 협약자치의 결과물이라는 점 및 노동조합법에 의해 그 이행이 특별히 강제되는 점 등을 고려하여 법원의 후견적 개입에 보다 신중할 필요가 있다고 전제한 후, 단체협약이 사용자의 채용의 자유를 과도하게 제한하는 정도에 이르거나 채용 기회의 공정성을 현저히 해하는 결과를 초래하는 등의 특별한 사정이 없는 한 선량한 풍속 기타 사회질서에 반한다고 단정할 수 없다고 보고, 단체협약이 사용자의 채용의 자유를 과도하게 제한하는 정도에 이르거나 채용 기회의 공정성을 현저히 해하는 결과를 초래하는지 여부는 단체협약을 체결한 이유나 경위, 그와 같은 단체협약을 통해 달성하고자 하는 목적과 수단의 적합성, 채용대상자가 갖추어야 할 요건의 유무와 내용, 사업장 내 동종 취업규칙 유무, 단체협약의 유지 기간과 그 준수 여부, 단체협약이 규정한 채용의 형태와 단체협약에 따라 채용되는 근로자의 수 등을 통해 알 수

---

78) 김유성, 162면.

있는 사용자의 일반 채용에 미치는 영향과 구직희망자들에 미치는 불이익 정도 등 여러 사정을 종합하여 판단하여야 한다는 기준을 제시한 후, 산재 유족 특별 채용 조항이 사용자인 피고들의 채용의 자유를 과도하게 제한하는 정도에 이르거나 채용 기회의 공정성을 현저히 해하는 결과를 초래하였다고 볼 특별한 사정을 인정하기 어려우므로, 선량한 풍속 기타 사회질서에 위반되어 무효라고 볼 수 없다고 판단하였다.79)

또한 대법원은 단체협약의 불공정한 법률행위 해당 여부가 문제된 사안에서도, 노조법 3, 4조에 의하여 노동조합의 쟁의행위는 헌법상 보장된 근로자들의 단체행동권의 행사로서 그 정당성이 인정되는 범위 내에서 보호받고 있는 점에 비추어 단체협약이 노동조합의 쟁의행위 끝에 체결되었고 사용자 측의 경영 상태에 비추어 그 내용이 다소 합리성을 결하였다고 하더라도 그러한 사정만으로 이를 궁박한 상태에서 이루어진 불공정한 법률행위에 해당한다고 할 수 없다80)고 함으로써 단체협약의 불공정한 법률행위 해당 여부 판단에 단체행동권 보장의 취지를 고려하였다.

(2) 민법 일반규정의 적용 여부가 문제된 사례

단체협약에 대한 민법 일반규정의 적용 여부가 문제된 사안으로는 다음과 같은 것이 있다.

(가) 선량한 풍속 기타 사회질서 위반행위 해당 여부가 문제된 사안

① 대법원은 농성기간 중의 행위에 대하여 근로자들에게 민·형사상의 책임이나 신분상 불이익처분 등 일체의 책임을 묻지 않기로 노사 간에 합의를 한 경우에 위 면책합의가 압력 등에 의하여 궁지에 몰린 회사가 어쩔 수 없이 응한 것이라고 하여도 그것이 민법 104조 소정의 요건을 충족하는 경우에 불공정한 법률행위로서 무효라고 봄은 별 문제로 하고 민법 103조 소정의 반사회질서 행위라고 보기는 어려우며, 또 위 면책합의는 회사의 근로자들에 대한 민·형사상 책임 추궁이나 고용계약상의 불이익처분을 하지 않겠다는 취지이지 회사에게 권한이 없는 법률상 책임의 면제를 약속한 취지는 아니어서 선량한 풍속 기타 사회질서에 위반한 내용이라고 볼 수 없다고 하여,81) 일반적으로는 단체협약

---

79) 대법원 2020. 8. 27. 선고 2016다248998 전원합의체 판결.
80) 대법원 2007. 12. 14. 선고 2007다18584 판결.
81) 대법원 1992. 7. 28. 선고 92다14786 판결.

에 민법 103조의 적용을 인정하면서도 위 면책합의는 민법 103조에 해당되지 않는다고 보았다.

　② 1996. 6.경 명예퇴직 제도를 도입하여 명예퇴직자들에 대하여 특별 퇴직금을 지급한다는 내용을 공고하자, 피고 은행의 직원으로서 그 노동조합의 조합원인 원고들은 같은 해 7. 3. 명예퇴직 신청을 하고 같은 달 10. 명예퇴직을 하였는바, 피고 은행과 그 노동조합이 1996. 4.경부터 단체협약의 체결을 위한 협상을 해 오던 중 같은 해 7. 9. 단체협약 중 보수에 관한 내용을 일부 개정하여 1996년 정기 임금인상률을 인건비 총액의 8%로 하고 1996. 1. 1.부터 소급 적용하되 대상 직원은 지급일 현재 재직 중인 자로 하며 인상 차액 지급 시기는 1996. 8.까지로 한다고 정하였는데, 적용대상을 지급일 현재 재직 중인 자로 한정하는 조항의 민법 103조 등 해당 여부가 문제된 사안에서, 대법원은 명예퇴직 대상자로 확정된 원고들에 대해서는 정규 퇴직금 외에 특별 퇴직금의 지급이 예정되어 있는 점, 임금인상률에는 생산성 향상을 조건으로 한 3%가 포함되어 있는데 원고들은 당시 명예퇴직자로 확정되어 이러한 조건을 성취하는 것이 어렵게 된 점, 피고 은행의 어려운 재정형편 등을 참작하면, 이 사건 협약의 내용은 사회질서 등에 위반된다고 볼 수 없다고 판단한 원심의 판단을 수긍하였다.[82]

　③ 대법원은 사학연금법에서 급여에 드는 비용인 부담금 중 개인부담금을 교직원이 부담하도록 정하고 있다고 하더라도, 단체협약 등을 통해 임금인상의 일환으로 사학연금법상 개인부담금의 일부 또는 전부를 학교법인이 부담하기로 정하였다면 학교법인은 이를 직접 납부할 의무를 부담하게 되고, 이 경우 만약 학교법인이 위와 같이 자신이 납부하여야 할 개인부담금을 교비에서 지급하였다고 하더라도, 그러한 사정만으로 위와 같은 단체협약이 무효라거나 교직원이 학교법인에 대한 관계에서 위 개인부담금 상당액을 부당이득하였다고 볼 수도 없다[83]고 하여 위 단체협약 조항이 선량한 풍속 기타 사회질서에 반하는 법률행위로서 무효가 된다고 보기는 어려워 보인다는 원심의 판단을 정당하다고 하였다.

　④ 대법원은 단체협약에서 업무상 재해로 인해 조합원이 사망한 경우에 직계가족 등 1인을 특별채용하도록 규정한 이른바 '산재 유족 특별채용 조항'이 민법 103조에 의하여 무효인지 문제 된 사안에서, ⅰ) 업무상 재해에 대해 어떤

　82) 대법원 1999. 11. 23. 선고 99다7572 판결.
　83) 대법원 2018. 1. 25. 선고 2015다57645 판결.

내용이나 수준의 보상을 할 것인지의 문제는 그 자체로 중요한 근로조건에 해당하고, 회사와 노동조합은 이해관계에 따라 산재 유족 특별채용 조항이 포함된 단체협약을 체결한 것으로 보이는 점, ⅱ) 산재 유족 특별채용 조항은 사회적 약자를 배려하여 실질적 공정을 달성하는 데 기여한다고 평가할 수 있고, 보상과 보호라는 목적을 달성하기 위해 유효적절한 수단이라고 할 수 있는 점, ⅲ) 회사가 산재 유족 특별채용 조항에 합의한 것은 채용의 자유를 적극적으로 행사한 결과인데, 법원이 이를 무효라고 선언한다면 회사의 채용의 자유를 부당하게 제한하는 결과가 될 수 있는 점, ⅳ) 회사의 사업장에서는 노사가 오랜 기간 산재 유족 특별채용 조항의 유효성은 물론이고 그 효용성에 대해서도 의견을 같이하여 이를 이행해 왔다고 보이므로 채용의 자유가 과도하게 제한된다고 평가하기 더욱 어려운 점, ⅴ) 산재 유족 특별채용 조항으로 인하여 회사가 다른 근로자를 채용할 자유가 크게 제한된다고 단정하기 어렵고, 구직희망자들의 현실적인 불이익이 크다고 볼 수도 없는 점, ⅵ) 협약자치의 관점에서도 산재 유족 특별채용 조항을 유효하게 보아야 함이 분명한 점을 종합하면, 산재 유족 특별채용 조항이 회사의 채용의 자유를 과도하게 제한하는 정도에 이르거나 채용 기회의 공정성을 현저히 해하는 결과를 초래하였다고 볼 특별한 사정을 인정하기 어려우므로, 선량한 풍속 기타 사회질서에 위반되어 무효라고 볼 수 없다고 하였다.[84]

　　⑤ 하급심 판결 중 반사회질서행위에 해당함을 부정한 판결례가 있다. 노동조합과 사용자가 2000. 7. 1.경 경영상 이유에 의한 해고 또는 금융산업 구조조정, 강제퇴출 및 합병 시에는 6개월분 이상의 퇴직위로금을 지급한다는 내용의 단체협약을 체결하였는데 그 후 1년 이상이 경과한 후 사용자가 파산하였고, 파산관재인이 위와 같은 내용의 단체협약은 반사회질서 행위로서 무효라고 주장한 사안에서, 사용자와 노동조합이 대등한 지위에서 노사자치의 원칙에 따라 교섭하여 체결한 단체협약에 대하여 일반조항인 신의칙을 들거나 반사회적 법률행위라고 하여 그 효력을 부인하는 데는 지극히 신중하여야 할 것이고, 사용자의 일반 채권자들의 이익 침해를 이유로 단체협약의 효력을 부인하기 위해서는 노사 쌍방의 악의적 공모에 의한 배임적·반사회적 성격이 뚜렷하여 법질서상 그 효력을 도저히 수인할 수 없는 지경에 이르러야 할 것인데, 위 퇴직위로

---

84) 대법원 2020. 8. 27. 선고 2016다248998 전원합의체 판결.

금 지급 규정이 신설된 2000. 7. 1.경은 아직 파산일로부터 1년 이상 전으로서 파산자 회사가 도저히 파산을 회피할 수 없을 정도로 경영상태가 악화되어 그 존속의 의사나 기대는 전혀 없이 단지 파산채권자들을 해할 의도에서만 위 단체협약의 체결에 이르렀다고 보기는 어려운 점 등을 종합하면, 위 단체협약 체결행위가 반사회적 행위로서 무효라고 할 수 없다고 한 것85)이 있다.86)

⑥ 위 판결례와는 달리 단체협약이 반사회질서행위에 해당함을 긍정한 판결례도 있다.

ⅰ) 항공회사의 단체협약에서 "비행과 관련된 징계에 대하여는 항공법에 따라 건설교통부가 징계하였을 경우, 회사는 중복적인 징계를 할 수 없다"는 규정을 두었는데, 중과실로 비행사고를 낸 조종사에 대하여 회사가 파면처분을 한 사안에서, 조종사인 근로자가 "건설교통부가 비행사고를 낸 조종사에 대하여 자격증명 취소 등의 징계를 한 이상, 동일한 사유로는 회사가 그 조종사에 대하여 일체의 징계를 할 수 없다"고 주장한 것에 대하여, 서울고등법원은 위 규정은 문언상 건설교통부의 '조종사 자격정지'가 있으면 이와 중복적인 성격을 가지는 징계(예: 비행정지)를 할 수 없을 뿐이라는 취지로 해석한 다음, 근로자의 주장과 같이 해석한다면, 회사가 비행사고를 낸 소속 조종사에 대하여 징계처분을 하지 않은 상태에서 건설교통부가 그 조종사에게 행정처분을 한 경우 회사는 조종사에 대하여 사실상 일체의 징계를 할 수 없게 되어 불합리하고, 더욱이 조종사의 중과실(예: 음주 운행)에 의한 대규모 항공참사가 발생한 경우조차 이 단체협약 규정에 따라 회사가 징계를 할 수 없다고 해석하여야 한다면, 그 불합리성이 극도에 달하고 반사회적 성격이 강하므로, 이 규정은 반사회질서의 약정으로서 무

---

85) 대전지법 2010. 2. 10. 선고 2009가합10649 판결(미항소확정). 위 사건의 관련사건인 대전지법 2004. 9. 15. 선고 2004가합3103 판결에서는 위 단체협약조항을 반사회적 행위에 해당하여 무효라고 보았으나 항소심인 대전고법 2006. 1. 18. 선고 2004나9259 판결에서는 위 판결의 판시와 유사한 관점에서 반사회적 행위로 보지 않았다. 상고심인 대법원 2008. 7. 10. 선고 2006다12527 판결에서는 퇴직위로금채권이 재단채권이 아니라 파산채권에 해당한다는 이유로 파기환송하였고, 환송 후 대전고법 2008. 9. 26. 선고 2008나5941 판결에서는 파산채권확정의 소를 통하지 않고 직접 이행을 구하였다는 이유로 소를 각하하였다.

86) 이외에 공적 자금이 투입된 은행에서 노동조합의 요구에 굴복하여 임금을 인상하기로 한 단체협약은 건전한 국가경제질서의 확립과 경제정의의 실현을 저해하는 반사회질서의 법률행위로서 무효라는 주장을 배척한 판결례로 서울고법 2006. 5. 12. 선고 2005나90157 판결(미상고확정) 참조. 단체협약에 관한 것은 아니나 향후 경영여건이 호전되어 생산직종을 대상으로 정규직 신입사원을 채용할 시는 희망퇴직자를 최우선 채용하겠다는 취지의 확인서와 관련하여 민법 103조 위반 주장을 배척한 판결례로 부산고법(창원) 2017. 6. 29. 선고 2016나22786 판결 참조.

효라고 봄이 상당하다고 하였다.[87]

ⅱ) 회사와의 관계에 있어 경제적 약자인 근로자가 회사를 상대로 소송을
제기하고 고소를 하였다는 사유 등만으로 성과급을 감액 지급하고, 격려금을 지
급하지 않도록 하는 규정은 회사가 경제적 불이익과 임금을 통한 차별적 처우
를 통하여 근로자들의 재판청구권 등 기본권 행사를 제한하는 규정으로 헌법상
권리인 재판청구권(헌법 27조 1항)을 현저하게 침해하는 내용인바, 이는 단체협약
의 내용이 현저히 합리성을 결하여 노동조합의 목적을 벗어난 것으로 볼 수 있
거나, 법률행위의 목적인 권리의무의 내용 또는 표시되거나 상대방에게 알려진
법률행위의 동기가 선량한 풍속 기타 사회질서에 위반되는 경우에 해당되므로
무효라고 한 하급심 판결이 있다.[88]

(내) 불공정한 법률행위 해당 여부가 문제된 사안

노동조합이 2004년 임금 단체협상 과정에서 전국금속노동조합에서 정한 기
준금액인 월 125,445원의 임금인상을 요구하며 파업을 하던 중 2004. 9. 10. 회
사와 노동조합 사이에 임금에 관하여 기본급을 월 65,000원(시급: 271원) 인상하
고, 회사가 차기 아이템 수주를 위해 최선의 노력을 하되 만약 아이템을 수주하
지 못하여 그 경영이 어려워지게 될 경우 근로자들의 고용관계가 불안해지므로
당초의 임금인상안인 월 125,445원(시급: 523원)으로 인상하기로 합의하였는데,
회사가 신규 아이템 수주에 실패하였고 기존의 계약관계도 유지될 수 없는 상
황에 이르자 2005. 2. 25. 폐업한 사안에서, 1심[89]과 원심[90] 판결이 위 합의를
불공정한 법률행위라고 본 것에 대하여, 대법원은, 노동조합의 쟁의행위는 헌법
상 보장된 근로자들의 단체행동권의 행사로서 그 정당성이 인정되는 범위 내에
서 보호받고 있는 점에 비추어, 단체협약이 노동조합의 쟁의행위 끝에 체결되었
고 사용자 측의 경영 상태에 비추어 그 내용이 다소 합리성을 결하였다고 하더
라도 그러한 사정만으로 이를 궁박한 상태에서 이루어진 불공정한 법률행위에
해당한다고 할 수 없다고 하였다.[91]

---

87) 서울고법 2004. 2. 13. 선고 2002나55429 판결. 상고심은 대법원 2004. 12. 10. 선고 2004다
   17634 판결로 상고를 기각하여 위 결론을 유지하였다.
88) 대구지법 2019. 7. 10. 선고 2018나319922 판결(미상고확정).
89) 울산지법 2006. 8. 10. 선고 2005가합7692 판결.
90) 부산고법 2007. 2. 7. 선고 2006나15465 판결.
91) 대법원 2007. 12. 14. 선고 2007다18584 판결.

(다) 동기의 착오 해당 여부가 문제된 사안

노동조합과 사용자가 2008. 10. 30. 영유아보육법에서 규정한 직장보육시설의 설치와 관련하여 기존에 복지후생비로 영유아 자녀를 둔 직원들에게 일률적으로 지급하던 3만 원의 육아용품비 항목을 없애고, 직장보육시설의 설치완료 시까지 지역의 보육시설과 위탁계약을 체결하여 조합원 자녀의 보육을 지원하거나 관련 법령에 의한 보육수당을 지급하기로 하는 내용의 단체협약을 체결하였는데 사용자가 근로자들이 영유아를 보육시설에 보내고 있는지 여부와 관계없이 보육수당을 지급하다가 그 후 국민건강보험공단의 감사 지적에 따라 보육시설을 이용하지 않는 근로자들에게 이미 지급한 보육수당의 반환을 요청한 사안에서, 서울고등법원은 사용자가 관련 법령에 규정된 보육수당이 보육시설 이용과 관계없이 지급되는 것이라고 잘못 해석하여 위와 같은 단체협약을 체결하기에 이른 것일 수도 있으나, 그러한 법령 해석의 착오는 단체협약이라는 계약에 이르는 과정에서 발생한 동기의 착오에 불과한 것이므로, 이로써 단체협약의 효력이 좌우된다고 볼 수는 없다고 하였다.[92]

2. 형식적 요건—서면화, 서명 또는 날인

단체협약이 유효하게 성립하기 위해서는 노동조합과 사용자 또는 사용자단체가 근로조건 기타 노사관계에서 발생하는 사항에 관하여 단체교섭 등을 거쳐 집단적 합의에 도달하여야 한다는 실질적 요건 이외에 그 합의의 내용을 서면으로 작성할 것과 당사자 쌍방의 서명 또는 날인이라는 형식적 요건을 갖추어야 한다. 이 점에서 본조는 계약자유의 원칙 중 방식의 자유의 원칙에 대한 중요한 예외를 규정하고 있다고 할 수 있다.

단체협약에서 합의 내용을 서면화할 것을 요구하는 것은 단체협약의 내용을 명확히 함으로써 장래의 분쟁을 방지하려는 것이고, 서명 또는 날인절차를 거치도록 한 것은 체결당사자를 명확히 함과 아울러 그의 최종적 의사를 확인함으로써 단체협약의 진정성을 확보하고자 하는 것이다.[93]

92) 서울고법 2010. 12. 24. 선고 2010나49214 판결(상고심인 대법원 2016. 11. 9. 선고 2011다8270 판결은 원심의 위와 같은 판단이 정당하다고 보고 상고를 기각하였다). 동기의 착오가 문제된 다른 사례로는 광주지법 순천지원 2010. 7. 9. 선고 2009가단25641 판결 참조(광주지법 2010나9074로 항소심 계속되다가 소취하로 종결).
93) 대법원 1995. 3. 10.자 94마605 결정, 대법원 2001. 5. 29. 선고 2001다15422, 15439 판결,

가. 서면 작성

단체협약은 서면으로 작성하여야 한다. 따라서 구두합의의 경우는 단체협약으로서의 효력이 인정되지 않는다.[94] 또한 단체협약은 노동조합과 사용자 사이의 묵시적 합의에 의하여 유효하게 성립할 수 없다.[95]

서면으로 작성된 이상 그 명칭 여하를 불문하고 당사자 간의 합의를 문서화한 것이라면 단체협약에 해당한다. 따라서 단체협약이라는 명칭은 물론, 기타협약,[96] 임금협정,[97] 노사공동결의서,[98] 보충협약 부속합의서,[99] 보수제도 운용방안,[100] 특별노사합의[101] 등의 명칭을 갖는 것도 단체협약에 해당한다. 또한 형식·체제도 불문하기 때문에 단체협약의 내용을 가진 것이면 명칭을 붙이지 아니한 것도 단체협약이며, 취업규칙 등 다른 문서의 규정을 인용한 것이라도 상관없다.[102] 다만 왕복문서나 질의응답서처럼 노사의 합의 내용이 하나의 서면에 기재되지 않고 두 개의 문서를 대조하여야 비로소 확인될 수 있는 경우에 서면성의 요건을 갖추었는지에 대하여는 견해의 대립이 있으나,[103] 노조법 31조에서 예정한 서면이라고 할 수 없으므로 서면성의 요건을 갖추었다고 볼 수 없다.

나. 서명 또는 날인

협약당사자 사이에 합의된 내용이 기재된 서면에 당사자 쌍방이 서명 또는 날인하여야 한다. 당사자 쌍방의 서명 또는 날인이 있어야 하므로 문서에 노조위원장의 기명날인만 있고 회사 대표이사의 기명날인이 되어 있지 아니한 경우, 그 내용은 단체협약으로서의 효력을 가지지 못한다.[104] 구 노조법(2006. 12. 30.

대법원 2002. 8. 27. 선고 2001다79457 판결, 대법원 2005. 3. 11. 선고 2003다27429 판결, 대법원 2005. 3. 11. 선고 2003다44691 판결, 대법원 2005. 3. 11. 선고 2003다27436 판결, 대법원 2016. 10. 13. 선고 2015다201954 판결.

94) 대법원 2001. 5. 29. 선고 2001다15422, 15439 판결.
95) 대법원 2006. 2. 23. 선고 2004다16914 판결.
96) 대법원 2010. 7. 15. 선고 2007두15797 판결.
97) 대법원 2010. 1. 28. 선고 2009다76317 판결.
98) 대법원 2005. 5. 12. 선고 2003다52456 판결.
99) 대법원 2005. 3. 11. 선고 2003다27429 판결.
100) 대법원 2002. 11. 26. 선고 2001다36504 판결.
101) 대법원 2000. 9. 29. 선고 99다67536 판결.
102) 김유성, 163면.
103) 부정하는 견해로 임종률, 157면; 일본의 긍정설로 西谷 敏a, 341면, 부정설로 菅野, 924~925면.

법률 8158호로 개정되기 전의 것)에서는 당사자 쌍방의 서명날인을 요구하였는데, 당시에도 판례는 기명 옆에 서명만 하였다 하더라도 이를 무효라고 할 것은 아니라고 하였고,[105] 서명무인[106] 또는 기명날인[107]한 경우에도 위 법 규정에 위반하여 무효라고 할 수 없다고 해석하였다. 현행 노조법에서는 당사자 쌍방의 서명 또는 날인을 요구하고 있으므로 서명이나 날인 중 하나만 있으면 된다. 따라서 굳이 구 노조법에 관한 해석을 들지 않더라도 서명무인이나 기명날인된 경우에는 노조법이 요구하는 방식을 충족하고, 기명무인한 경우에도 위 법 규정에 위반되는 것은 아니라고 볼 것이다.

중재재정의 내용은 단체협약과 동일한 효력을 가지게 되는데, 중재재정 역시 서면으로 작성되어야 하지만(법 68조 1항, 70조 1항) 협약당사자의 서명 또는 날인은 필요하지 않다. 서명 또는 날인이 필요하다고 해석하면 당사자가 중재재정에 대한 서명 또는 날인을 거부함으로써 중재재정의 효력 발생을 저지할 수 있다는 불합리가 발생하기 때문이다. 이에 비하여 조정서는 협약당사자가 수락한 경우에 서명 또는 날인하여야 단체협약과 동일한 효력이 발생한다(법 61조 참조).[108]

다. 형식적 요건을 갖추지 못한 합의의 효력

단체협약의 성립과 관련하여 서면으로 작성할 것과 당사자 쌍방의 서명 또는 날인이 있을 것을 요구하는 본조에 위반하여 구두의 합의에 그친다거나 당사자 쌍방 또는 일방의 서명 또는 날인이 없는 경우 당사자 사이의 합의의 효력을 어떻게 볼 것인지 문제된다.

이에 대하여는 크게 세 가지 견해가 있다.

첫째는 본조의 방식을 위반한 당사자 사이의 합의는 단체협약으로서 아무런 효력이 없다고 보는 견해이다.[109]

둘째는 형식적 요건을 갖추지 못한 단체협약에는 규범적 효력은 발생하지 않으나 채무적 효력까지 일률적으로 부정되는 것은 아니라고 보는 견해이다.[110]

셋째는 단체협약의 규범적 효력은 헌법상 보장되는 단체교섭권의 본질적

---

104) 대법원 2001. 1. 19. 선고 99다72422 판결.
105) 대법원 2005. 3. 11. 선고 2003다27429 판결.
106) 대법원 1995. 3. 10.자 94마605 결정.
107) 대법원 2002. 8. 27. 선고 2001다79457 판결.
108) 김유성, 164면.
109) 김형배, 1241~1242면; 박훈, 201면.
110) 김유성, 164면.

내용으로 인정되는 것이므로 당사자 사이의 합의가 형식적 요건을 갖추지 않았
더라도 규범적 효력은 인정되어야 하고, 채무적 효력 또한 인정되나, 다만 노조
법을 적용할 때에는 유효한 단체협약으로 취급되지 않는다고 보는 견해이다.[111]

　　대법원은 문서에 노조 위원장의 기명날인만 있고 회사 대표이사의 기명날
인이 되어 있지 아니한 경우에 대하여, 노동조합과 사이에 체결한 단체협약이
유효하게 성립하려면 단체협약을 체결할 능력이 있는 사용자가 그 상대방 당사
자로서 체결하여야 하고 나아가 서면으로 작성하여 당사자 쌍방이 서명날인함
으로써 노조법 31조 1항 소정의 방식을 갖추어야 하고 이러한 요건을 갖추지
못한 단체협약은 조합원 등에 대하여 그 규범적 효력이 미치지 아니한다고 하
거나,[112] 노조위원장과 사용자 사이에 구두 합의만이 있었던 경우에 대하여, 노
조법 31조 1항의 방식을 갖추지 아니하는 경우 단체협약은 효력을 가질 수 없
다고 하였다.[113] 대법원은 노조법 31조 1항의 요건을 갖추지 못한 단체협약에
대하여 규범적 효력이 발생하지 않는 것으로 보고 있으나, 채무적 효력까지 부
정하는 것인지는 명확하지 않다.[114]

　　앞서 살펴본 견해 중 규범적 효력을 인정하는 견해는 규범적 효력이 노조
법에 의하여 창설된 효력이 아니라 헌법상 보장되는 단체교섭권의 본질적 내용
으로 단체협약이 본래부터 가지고 있는 효력이라는 점을 근거로 하나 앞서 본
바와 같이 규범적 효력은 노조법(구체적으로는 노조법 33조)에 의하여 창설된 것이
다. 이와 같은 점을 고려하면 노조법 31조 1항에서 규정하는 형식적 요건을 흠
결한 경우 단체협약의 규범적 효력(나아가 노조법 35, 36조에서 규정하는 구속력)은
발생하지 아니한다고 보는 것이 타당하다. 그러나 채무적 효력의 경우에는 똑같
이 볼 수 없다. 채무적 효력에 일반 계약의 효력과는 다른 다소 특수한 면이 있

---

111) 사법연수원a, 189면.
112) 대법원 2001. 1. 19. 선고 99다72422 판결. 일본 최고재판소도 最高裁 2001. 3. 13. 판결(都
南自動車教習所事件, 勞働判例 805호, 23면)에서 '서면으로 작성되고 양 당사자가 이에 서명
또는 기명날인하지 않는 한, 노동조합과 사용자 사이에 노동조건 그 외에 관한 합의가 성립
하였더라도, 그것에 노동협약으로서의 규범적 효력을 부여할 수는 없다고 해석하여야 한다'
고 판시하여 규범적 효력을 부인하였다.
113) 대법원 2001. 5. 29. 선고 2001다15422, 15439 판결.
114) 대법원 2001. 5. 29. 선고 2001다15422, 15439 판결에서 '방식을 갖추지 아니하는 경우 단
체협약은 효력을 가질 수 없다'고 하여 채무적 효력까지 부인하는 취지라고 볼 여지도 있지
만, 위 판결 사안에서 문제된 효력은 규범적 효력이었고, 위 판결에서 원용한 판결이 규범적
효력을 명시하여 부정한 대법원 2001. 1. 19. 선고 99다72422 판결인 점을 고려하면 채무적
효력까지 부정하는 취지라고 단정하기는 어렵다.

다고는 하나 그 본질이 협약당사자 사이의 계약으로서의 효력인 점을 고려하면 노조법 31조 1항을 근거로 하여 채무적 효력을 부정하는 것은 협약당사자 간의 합의를 경시하고, 협약자치에 대한 법의 과잉 개입이 될 수 있다. 따라서 노조법 31조 1항에서 규정하는 형식적 요건을 충족하지 않은 단체협약에도 채무적 효력이 인정된다고 할 것이다.[115]

한편 구두합의를 한 어느 일방 당사자가 강행규정인 위 규정에 위반된 단체협약의 무효를 주장하는 것이 신의칙에 위배되는 권리의 행사라는 이유로 이를 배척한다면 위와 같은 입법 취지를 완전히 몰각시키는 결과가 될 것이므로 특별한 사정이 없는 한 그러한 주장이 신의칙에 위반된다고 볼 수 없다고 보아야 할 것이다.[116]

Ⅵ. 단체협약의 신고 및 시정명령

1. 단체협약의 신고

단체협약의 당사자는 단체협약의 체결일부터 15일 이내에 단체협약을 행정관청에게 신고하여야 한다(법 31조 2항). 단체협약의 신고는 당사자 쌍방이 연명으로 하여야 한다(영 15조).

노조법 31조 1항에서 단체협약의 당사자에게 신고의무를 부과한 것은 행정관청이 신고된 단체협약을 검토하여 단체협약 중 위법한 내용을 신속히 발견하고 이에 대하여 노조법 31조 3항에서 정한 시정명령을 함으로써 위법한 단체협약이 적용되는 것을 방지하기 위한 것이다.

단체협약 당사자에 대하여 행정관청에 단체협약 신고의무를 정하고 있는 노조법 규정은 강행규정이라고 할 수 없으므로 단체협약이 체결된 후 15일 이내에 행정관청에 신고하지 않아 위 법 규정을 위반하더라도 단체협약의 효력에는 영향이 없다.[117] 다만, 위 법 규정을 위반한 경우에는 300만 원 이하의 과태료에 처한다(법 96조 2항).

---

115) 西谷 敏a, 338~340면; 水島郁子, 93면.
116) 대법원 2001. 5. 29. 선고 2001다15422, 15439 판결.
117) 대법원 2013. 2. 28. 선고 2013도177 판결. 김유성, 164면; 김형배, 1242~1243면; 임종률, 158면.

2. 단체협약의 시정명령

행정관청은 단체협약 중 위법한 내용이 있는 경우에는 노동위원회의 의결을 얻어 그 시정을 명할 수 있다(법 31조 3항).

가. 의   의

단체협약의 내용 중에 노조법 등의 강행규정에 위반되는 내용이 있는 경우 위반되는 부분은 사법상 무효가 되어 효력이 없지만, 이를 방치할 경우 단체협약 중 위법한 내용이 그대로 적용될 위험성이 있으므로 행정관청에 시정명령 권한을 부여한 것이다.

다만, 행정관청에 의한 단체협약시정명령제도는 입법례상 유례를 찾기 어려운 제도로서 단체협약자치를 침해할 우려가 있으므로 그 권한 행사에 신중할 필요가 있다.118)

나. 시정명령의 대상

구 노동조합법 34조 3항은 단체협약 중 위법한 내용뿐 아니라 부당한 내용에 대하여도 시정명령을 내릴 수 있는 것으로 규정하고 있었으나, 현행 노조법에서는 행정관청이 시정명령을 내릴 수 있는 것은 단체협약 중 위법한 내용이 있는 경우에 한한다.

위법 여부의 판단 기준이 되는 '법'이라 함은 노동관계 법령에 한정되지 않고, 단체협약의 성질상 또는 내용상 관련이 있는 모든 법령을 의미한다.119) 다만 임의법규는 당사자의 의사로 그 규정의 적용을 배제할 수 있으므로 여기에서 말하는 판단 기준이 되는 '법'이란 강행법규만을 의미한다고 해석된다.

단체협약 중 위법한 내용이 있는 경우 그 위법한 부분만이 시정명령의 대상이 되고, 단체협약 전체가 시정명령의 대상이 되는 것은 아니다.

행정관청은 단체협약 시정명령 권한의 행사와 관련하여 위법성이 명백한 경우에 한하여 그 권한을 행사하는 것이 바람직하다.120)

---

118) 김형배 교수는 단체협약은 노사의 자치에 의하여 이루어지는 것이므로 협약의 내용 중에 위법·부당한 것이 있을 때에는 협약당사자들이 이를 스스로 시정하거나 무효·취소를 주장할 수 있는 것인데, 구태여 행정관청에 대하여 시정명령권을 준다는 것은 별 의미가 없다고 한다. 김형배, 1243면 참조.

119) 서울행법 2010. 6. 4. 선고 2009구합42076 판결.

120) 강선희e, 44~45면 참조.

다. 시정명령의 절차

단체협약 중 위법한 내용이 있는 경우에 행정관청이 시정명령을 할 것인지 는 행정관청의 재량에 달려 있고 반드시 시정명령을 하여야 할 기속을 받는 것 은 아니다.

행정관청은 시정명령을 하기 전에 노동위원회의 의결을 얻어야 하고, 노동 위원회의 의결을 거치지 않은 시정명령은 무효이다.

행정관청이 노동위원회의 의결을 요청할 때에는 의결을 요청하는 해당 부 분을 명시하고 구체적인 이유를 제시하여야 하며, 단체협약 전체에 대하여 의결 을 구하는 것은 허용되지 아니한다.

행정관청의 단체협약 시정명령 의결 요청이 있으면 당해 노동조합의 소재 지를 관할하는 지방노동위원회의 심판위원회에서 의결을 하게 된다(노위규칙 16조 15호).

노동위원회의 의결이 있는 경우 행정관청으로서는 노동위원회의 의결 내용 과 다른 내용의 명령을 할 수 없다.

라. 시정명령의 효력

행정관청이 시정명령을 하게 되면 협약당사자는 단체협약 중 위법한 내용 을 삭제하거나 수정하여 다시 단체협약을 체결하여야 할 공법상의 작위의무를 부담한다. 그러나 행정관청이 시정명령을 하였다고 하더라도 단체협약 중 대상 조항이 바로 효력을 상실하거나 자동적으로 변경되는 것은 아니고 노동조합이 시정명령을 받아들이지 않는다고 하더라도 행정관청에게 집행력이 부여되는 것 은 아니다.121)

마. 시정명령 위반에 대한 형사적 제재

행정관청의 시정명령을 위반한 자는 500만 원 이하의 벌금에 처한다(법 93조 2호). 단체협약 시정명령의 수규자 및 불이행 시 처벌 대상자는 협약당사자이다.

행정관청의 시정명령을 위반한 행위에 대하여 형사처벌을 규정하고 있는

---

121) 서울고법 1993. 3. 12. 선고 92구12096 판결. 다만 위 사건의 상고심인 대법원 1994. 8. 26. 선고 93누8993 판결은 시정명령의 효력에 관한 원심판결의 위와 같은 해석은 이 사건 단체 협약취소변경명령의 적법 여부를 따지는 데 있어 전제가 되는 것이 아니어서 이 사건 판결 에 영향을 미쳤다고 보기 어려우므로 이에 관한 상고이유는 적법한 상고이유가 되지 못한다 고만 하였다.

노조법 93조 2호의 위헌 여부에 대하여, 헌법재판소는 범죄의 구성요건과 그에 대한 형벌을 법률에서 스스로 규정하고 있으므로 죄형법정주의의 법률주의에 위반된다고 할 수 없고, 행정관청의 시정명령은 그 성격상 단체협약 중 위법하다고 판단한 부분을 구체적으로 특정하여 시정하도록 요구하는 내용이 될 수밖에 없으므로 단체협약 중 위법한 내용이 있는 경우가 광범위하고 다양할 수 있다고 해서 처벌되는 행위가 불명확하다거나 그 범위가 지나치게 포괄적이고 광범위하다고 할 수 없어 형벌법규의 명확성 원칙에 반한다고 볼 수 없으며, 시정명령의 이행을 강제하여 단체협약 중 위법한 내용을 신속하고 확실하게 제거하기 위한 것으로서 그 목적의 정당성이 인정되고 행정법규 위반행위에 대하여 행정질서벌인 과태료를 과할 것인지 아니면 행정형벌을 과할 것인지는 기본적으로 입법권자가 여러 사정을 고려하여 결정할 문제인데, 과태료나 이행강제금 등의 수단으로도 위법한 단체협약 내용의 신속하고 확실한 시정이라는 이 사건 법률조항의 입법목적을 달성하는 데에 충분하다고 단정하기 어려우며, 시정명령 이행의 실효성 확보를 위해 형벌을 제재 수단으로 택한 후 500만 원 이하의 벌금에 처하도록 한 것이 책임과 형벌 간의 비례원칙에 반하거나 형벌체계상 균형을 상실하였다고 보기도 어려우므로 과잉금지원칙에 위반되지 않는다고 하였다.[122)

바. 시정명령에 대한 불복

단체협약에 대한 시정명령은 체결된 단체협약의 내용 중 노동위원회가 위법하다고 인정한 내용에 대하여 행정관청이 구체적 사실에 관한 법집행으로서 위법한 내용의 시정을 명하는 행정관청의 의사를 단체협약 체결 당사자에게 표시하는 것으로서 행소법 2조 1항에서 규정하는 행정처분에 해당된다. 따라서 시정명령을 고지 받은 당사자는 그 고지일부터 90일 이내에 시정명령의 절차·내용 등에 위법이 있음을 이유로 하여 법원에 시정명령의 취소를 구하는 행정소송을 제기할 수 있다.

단체협약이 해지 등의 사유로 인하여 실효되어 단체협약 시정명령의 효력이 상실되었다고 하더라도 시정명령을 위반할 경우 형사처벌을 받는 것으로 규정되어 있어 형사처벌을 받을 위험이 있다면 시정명령으로 인하여 법률상의 이

---

122) 헌재 2012. 8. 23. 선고 2011헌가22 결정. 위헌심판제청은 부산지법 2011. 3. 31.자 2011초기107 결정.

익이 침해되고 있다고 볼 특별한 사정이 있는 경우에 해당하므로 단체협약 시
정명령의 취소를 구할 법률상 이익이 있다.[123]

사. 시정명령이 내려진 단체협약 조항

행정관청에 의하여 시정명령이 내려진 단체협약 조항으로는 다음과 같은
것이 있다.

① 유일교섭단체조항[124]

② 노조전임자조항, 근로시간 면제조항[125]

③ 편의제공조항[126]

④ 해고의 효력을 다투는 자의 조합원 자격 조항[127]

⑤ 교섭창구단일화 절차 배제조항[128]

⑥ 단체협약 해지권 제한 조항[129]

⑦ 유니언 숍 조항[130]

---

123) 서울행법 2011. 3. 25. 선고 2010구합33283 판결(항소심은 서울고법 2011. 12. 7. 선고 2011
누12520 판결. 미상고확정).

124) 대구지법 2011. 6. 29. 선고 2010구합3420 판결(항소심은 대구고법 2014. 10. 24. 선고 2011
누1710 판결. 상고심은 대법원 2016. 4. 29. 선고 2014두15092 판결), 대전지법 2012. 1. 18.
선고 2011구합183 판결(항소심은 대전고법 2013. 1. 10. 선고 2012누483 판결. 상고심은 대법
원 2016. 3. 10. 선고 2013두3160 판결), 서울고법 2012. 6. 20. 선고 2011누34162 판결(상고
심은 대법원 2016. 1. 28. 선고 2012두15821 판결), 수원지법 2012. 8. 23. 선고 2011구합
11892 판결(항소심은 서울고법 2013. 5. 15. 선고 2012누33548 판결. 상고심은 대법원 2016.
4. 15. 선고 2013두11789 판결).

125) 대구지법 2011. 6. 29. 선고 2010구합3420 판결(항소심은 대구고법 2014. 10. 24. 선고 2011
누1710 판결. 상고심은 대법원 2016. 4. 29. 선고 2014두15092 판결), 대전지법 2012. 1. 18.
선고 2011구합183 판결(항소심은 대전고법 2013. 1. 10. 선고 2012누483 판결. 상고심은 대법
원 2016. 3. 10. 선고 2013두3160 판결), 서울행법 2012. 4. 19. 선고 2011구합20628 판결(항
소심은 서울고법 2014. 10. 29. 선고 2012누13872 판결. 미상고확정), 서울고법 2012. 6. 20.
선고 2011누34162 판결(상고심은 대법원 2016. 1. 28. 선고 2012두15821 판결).

126) 대구고법 2012. 5. 4. 선고 2011누2768 판결(상고심은 대법원 2016. 1. 28. 선고 2012두
12457 판결), 서울고법 2012. 6. 20. 선고 2011누34162 판결(상고심은 대법원 2016. 1. 28. 선
고 2012두15821 판결).

127) 대구지법 2011. 6. 29. 선고 2010구합3420 판결(항소심은 대구고법 2014. 10. 24. 선고 2011
누1710 판결. 상고심은 대법원 2016. 4. 29. 선고 2014두15092 판결), 대전지법 2012. 1. 18.
선고 2011구합183 판결(항소심은 대전고법 2013. 1. 10. 선고 2012누483 판결. 상고심은 대법
원 2016. 3. 10. 선고 2013두3160 판결), 서울고법 2012. 6. 20. 선고 2011누34162 판결(상고
심은 대법원 2016. 1. 28. 선고 2012두15821 판결).

128) 대구지법 2011. 6. 29. 선고 2010구합3420 판결(항소심은 대구고법 2014. 10. 24. 선고 2011
누1710 판결. 상고심은 대법원 2016. 4. 29. 선고 2014두15092 판결).

129) 대전지법 2012. 1. 18. 선고 2011구합183 판결(항소심은 대전고법 2013. 1. 10. 선고 2012누
483 판결. 상고심은 대법원 2016. 3. 10. 선고 2013두3160 판결).

130) 대법원 1997. 4. 11. 선고 96누3005 판결.

⑧ 공무원노조가 체결한 단체협약의 여러 조항[131]

⑨ 교원노조가 체결한 단체협약의 여러 조항[132]

[마 은 혁]

---

131) 서울고법 2011. 5. 19. 선고 2010누14192 판결(상고심은 대법원 2017. 1. 12. 선고 2011두
    13392 판결), 서울행법 2012. 3. 29. 선고 2011구합31284 판결(항소심은 서울고법 2017. 5.
    12. 선고 2012누11999 판결. 미상고확정).
132) 서울고법 2011. 12. 7. 선고 2011누12520 판결(미상고확정).

제32조(단체협약 유효기간의 상한)

① 단체협약의 유효기간은 3년을 초과하지 않는 범위에서 노사가 합의하여 정할 수 있다.

② 단체협약에 그 유효기간을 정하지 아니한 경우 또는 제1항의 기간을 초과하는 유효기간을 정한 경우에 그 유효기간은 3년으로 한다.

③ 단체협약의 유효기간이 만료되는 때를 전후하여 당사자 쌍방이 새로운 단체협약을 체결하고자 단체교섭을 계속하였음에도 불구하고 새로운 단체협약이 체결되지 아니한 경우에는 별도의 약정이 있는 경우를 제외하고는 종전의 단체협약은 그 효력만료일부터 3월까지 계속 효력을 갖는다. 다만, 단체협약에 그 유효기간이 경과한 후에도 새로운 단체협약이 체결되지 아니한 때에는 새로운 단체협약이 체결될 때까지 종전 단체협약의 효력을 존속시킨다는 취지의 별도의 약정이 있는 경우에는 그에 따르되, 당사자 일방은 해지하고자 하는 날의 6월 전까지 상대방에게 통고함으로써 종전의 단체협약을 해지할 수 있다.

〈세 목 차〉

──────────

※ 이 조에 관한 각주의 참고문헌은 제31조 해설의 참고문헌을 가리킨다.

Ⅰ. 단체협약 유효기간 만료에 따른 단체협약의 종료

1. 서 론

단체협약이 규율 대상으로 하는 개별적 근로관계와 집단적 노동관계는 계속적 계약관계로서의 특질을 가지고 있어 경제적·사회적 상황의 변화, 협약당사자 사이의 세력관계 등의 변동에 따라 변화가 불가피하고 이를 규율하는 단체협약도 변경이 불가피하여 일정 기간 존속하다 소멸할 것이 예정되어 있다고 할 수 있다.

단체협약의 유효기간이란 단체협약이 그 본래의 규범적·채무적 효력을 유지하면서 개별적 근로관계와 집단적 노동관계를 규율하는 규범으로 존속하는 것으로 당사자가 약정한 기간을 말한다.

단체협약에 유효기간을 설정할 것인지 여부, 설정한다면 어느 정도의 기간으로 할 것인지 여부는 본래 단체협약 자치의 한 내용을 이루는 것으로서 협약 당사자의 자주적 판단에 맡겨져 있는 일이다.[1]

그런데 노조법 32조 1·2항에서는 단체협약의 유효기간은 3년을 초과하지 않는 범위에서 노사가 합의하여 정할 수 있다고 하여 유효기간의 상한을 정하고, 유효기간을 정하지 아니한 경우나 3년을 초과하는 유효기간을 정한 경우 그 유효기간을 3년으로 하는 등 단체협약의 유효기간을 강행적으로 제한하고 있다.

그리고 노조법 32조 3항 본문에서는 자동연장협정이나 자동갱신협정 등 별도의 약정이 없고 일정한 요건을 갖춘 경우에 단체협약의 효력을 3개월간 연장하는 법정효력연장에 관한 규정을, 단서에서는 불확정기한부 자동연장협정에 의하여 효력이 연장되는 단체협약에 대한 해지권 행사에 의한 종료에 관한 규정을 두고 있다.

2. 단체협약 유효기간에 관한 입법 연혁

가. 구 노동조합법(1953. 3. 8. 법률 280호로 제정된 것)

위 법 39조 1항에서는 단체협약에는 1년을 초과하여 유효기간을 정할 수 없다고 규정하여 단체협약 유효기간의 상한을 1년으로 규정하였고, 2항에서는 단체협약의 유효기간을 정한 조항이 없을 경우에는 그 유효기간은 1년으로 한다고 규정하여 유효기간을 정하지 않은 단체협약을 인정하지 않고 그 유효기간을 1년으로 하였으며, 3항에서는 협약기한이 종료한 후에는 당사자의 일방의 의사로 협약을 갱신할 수 없다고 규정하였다.

나. 1차 개정된 구 노동조합법(1963. 4. 17. 법률 1329호로 개정된 것)

위 법에서는 조문의 위치를 옮겨 35조에서 단체협약의 유효기간에 관하여 규정하였는데, 1항에서는 문구는 조금 바뀌었지만 여전히 단체협약 유효기간의

---

1) 대법원 1993. 2. 9. 선고 92다27102 판결. 한국노동연구원(연구진 박명준·조성재·문무기)이 2014년 실시한 단체협약 실태조사에 의하면, 조사대상협약 중 유효기간에 관한 규정을 둔 것이 93.9%로서 거의 대부분의 단체협약에서 유효기간에 관한 규정을 둔 것을 알 수 있다. 규정이 있는 협약 중에는 유효기간을 2년으로 한 것이 71.8%이고, 1년 6개월로 한 것이 1.1%, 1년으로 한 것이 18.2%, 1년 미만으로 한 것이 2.1%, 기타 0.8%이다[한국노동연구원(박명준·조성재·문무기), 381~382면]. 한편 한국노총 소속 제조업 사업장의 단체협약을 중심으로 분석한 김기우·이종수·남우근, 267~269면에 의하면, 유효기간에 관한 규정을 둔 것이 99.3%이고, 규정이 없는 것은 0.7%에 불과하다.

상한을 1년으로 규정하였고, 2항에서는 유효기간을 정하지 않은 단체협약뿐 아니라 1년을 초과하는 유효기간을 정한 단체협약의 유효기간을 1년으로 단축하는 규정을 두었다. 한편 3항에서는 일방 당사자에 의한 협약 갱신을 인정하지 않는 규정을 삭제하고 "단체협약 유효기간 만료시를 전후하여 쌍방이 새로운 단체협약을 체결하고자 단체교섭을 계속하였음에도 불구하고 새로운 단체협약이 체결되지 아니한 때에는 종전의 단체협약은 그 만료일로부터 3월까지 계속 효력을 갖는다."라는 법정효력연장에 관한 규정을 신설하였다.

다. 5차 개정된 구 노동조합법(1980. 12. 31. 법률 3350호로 개정된 것)

위 법 35조 1·2항에서는 단체협약 유효기간의 상한을 3년으로 하되, 임금협약의 경우에는 1년으로 정함으로써 유효기간의 상한을 이원적으로 규정하였다.

라. 8차 개정된 구 노동조합법(1987. 11. 28. 법률 3966호로 개정된 것)

위 법 35조 1·2항에서는 단체협약 유효기간의 상한을 이원화하여 규정하는 체제를 유지하되 임금 외의 사항에 관한 단체협약의 유효기간의 상한을 2년으로 단축하고, 임금협약은 전과 같이 1년으로 하였다.

마. 구 노동조합법(1996. 12. 31. 법률 5244호로 제정되었다가 1997. 3. 13. 법률 5306호로 폐지된 것)

위 법 32조 1·2항에서는 단체협약 유효기간의 상한을 일원적으로 규정하여 그 기간을 2년으로 정하였다. 그리고 법정효력연장에 관한 종래의 3항을 3항 본문으로 하되 단서를 신설하여 유효기간이 경과한 후에도 기한을 정하지 아니하고 그 효력을 존속시킨다는 취지의 불확정기한부 자동연장협정이 있는 경우에는 그에 따라 법정효력연장에 관한 규정이 적용되지 않는다는 점을 명시하였고 위 협약 해지에 관한 규정을 신설하였다.

바. 구 노동조합법(1997. 3. 13. 법률 5310호로 제정된 것)

위 법 32조 1·2항에서는 여전히 단체협약 유효기간의 상한을 2년으로 하여 일원적으로 규정하였다. 3항 본문에서는 별도의 약정이 있는 경우에는 법정효력연장에 관한 규정이 적용되지 않는다는 점을 명확히 하였고, 단서에서는 유효기간이 경과한 후에도 새로운 단체협약이 체결되지 아니한 때에는 새로운 단체협약이 체결될 때까지 종전 단체협약의 효력을 존속시키는 불확정기한부 자동연장협정과 협약 해지에 관한 규정을 두었다. 1차 개정된 노동조합법(1998. 2. 20. 법률 5511호로 개정된 것) 32조 3항에서는 해지통고 기간을 3월에서 6월로 연장하였다.

사. 현행 노동조합법(2021. 1. 5. 법률 17864호로 개정된 것)

현행 노조법에서는 단체협약의 유효기간의 상한을 2년에서 3년으로 연장하여 3년을 초과하지 않는 범위에서 노사가 유효기간을 합의하여 정할 수 있도록 하였다.

3. 단체협약 유효기간에 관한 비교법적 검토

비교법적으로 볼 때 단체협약의 유효기간에 대하여 다수의 국가는 법률상 상한 등 특별한 규정을 두지 아니한 채 노사의 자치에 맡기고 있고, 우리나라처럼 법률로 유효기간의 상한을 두고 있는 나라는 소수이다.2)

가. 프 랑 스

프랑스에서 단체협약은 기간을 정하거나 또는 기간의 정함이 없이 체결될 수 있다. 기간을 정한 단체협약의 경우 그 기간은 최장 5년을 초과할 수 없도록 하고 있다. 기간을 정한 단체협약은 유효기간의 만료에 의하여 종료하지만, 반대의 특약이 없는 한, 기간의 정함이 없는 협약으로서 계속 효력을 갖는다(노동법전 L. 2222-4조). 기간의 정함이 없는 단체협약의 경우 협약의 서명당사자들은 일방적 의사에 의해 해지할 수 있고, 해지예고기간은 단체협약에서 정한 바가 있다면 이에 따르되 정한 바가 없는 경우에는 3개월이다(노동법전 L. 2261-9조).

기간의 정함이 없는 단체협약이 협약 서명당사자의 일방적 의사에 의해 해지될 경우 이해관계자 일방의 요구에 따라 해지일부터 3개월 이내에 신협약 체결을 위한 단체교섭이 개시되어야 한다. 신협약의 체결을 위한 교섭이 계속 중일 경우에는 신협약이 체결될 때까지 사이에 해지예고기간이 종료한 날부터 1년간 기존 협약의 효력이 지속되고, 협약에서 그보다 긴 기간을 정하고 있는 경우에는 그 기간 동안 기존 협약의 효력이 지속된다(노동법전 L. 2261-10, 11조). 그러나 구체적인 기간의 정함이 없이 신협약의 체결시까지 기존 협약의 효력 지속

---

2) OECD 회원국 37개국 중 법률상 상한이 없는 나라가 24개국이고, 상한을 정한 나라는 13개국인데, 그 중 11개국의 유효기간의 상한이 3년 이상이라고 한다. 고용노동부, 44면 참조.

을 예정하는 협약 규정은 무효라는 것이 판례의 입장이라고 한다.3)

　　프랑스의 경우 최장유효기간이 장기간이고, 유효기간을 정한 단체협약의 경우 유효기간 만료로 당연히 실효되는 것이 아니라 유효기간의 정함이 없는 협약이 되며, 유효기간의 정함이 없는 협약은 일방적 해지가 가능하나 해지가 되어 종료되더라도 신협약이 체결될 때까지 사이에는 1년간 또는 1년을 초과하여 협약에서 정한 기간 동안 기존 협약의 효력이 지속되는 등 단체협약의 실효에 의한 무협약 상태를 막기 위한 다양한 법적 장치가 설치되어 있다고 볼 수 있다.

나. 일　본

　　일본은 노동조합법 15조 1항에서 단체협약에는 3년을 초과하는 유효기간을 정할 수 없다는 것을 규정하고, 2항에서 3년을 초과하는 유효기간을 정한 경우에는 3년의 유효기간을 정한 것으로 간주한다는 규정을 두고 있다. 나아가 3항 1문에서는 유효기간을 정하지 않은 단체협약에 대하여 당사자 일방이 서명 또는 기명날인한 문서에 의하여 상대방에게 예고하여 해약할 수 있도록 하고 있다. 3항 2문에서는 일정한 기간을 정한 단체협약으로 그 기간 경과 후에도 기간을 정하지 않고 효력을 존속한다는 뜻의 약정이 있는 것에 관하여도 그 기간 경과 후 3항 1문과 같은 방식으로 해약할 수 있다. 4항에서는 3항에서 정한 해약의 예고기간을 정하고 있는데 적어도 해약하고자 하는 날부터 90일 전에 하여야 한다.

　　우리의 노조법 32조와 비교하여 보면 유효기간을 3년으로 정하고 있는 점은 동일하다. 다만, 유효기간을 정하지 아니한 경우 그 유효기간을 3년으로 한다는 취지의 규정을 두지 않아 기간의 정함이 없는 단체협약을 인정하되 이에 대한 당사자 일방의 해약을 인정하고 있는 점, 법정효력연장에 관한 규정을 두지 않고 있는 점, 해약의 방식과 관련하여 당사자 일방이 서명 또는 기명날인한 문서에 의하여야 한다고 명시하고 있는 점, 해약 예고기간이 상대적으로 단기간인 점 등에서 차이가 있다.

---

3) 프랑스의 단체협약의 유효기간 등에 대하여는 강선희c, 70~71면; 조용만a, 83~84면; 外尾健一a, 373~375면을 참조.

다. 독   일

독일의 경우 단체협약의 유효기간에 대하여 전적으로 노사 자율에 위임되어 있으며 이를 규율하는 법 규정은 없다. 협약당사자는 적용기간을 정하거나 기간의 정함이 없는 단체협약을 체결할 수 있다. 단체협약의 적용기간을 최소기간과 최장기간으로 정하는 것도 협약당사자의 자율이다.4)

또한 독일에서는 단체협약법 4조 5항에서 "단체협약의 종료 후에도 그 법규범은 다른 협정으로 대체되지 않는 한 유효하게 존속한다."라고 규정하여 입법에 의하여 단체협약 자체의 여후효(餘後效, Nachwirkung)를 인정하였다. 다른 협정(andere Abmachung)은 새로운 단체협약뿐 아니라 경영조직법 77조에서 정하는 경영협정, 관리직대표법 28조 2항에 의한 준칙, 사용자와 노동자의 개별계약상의 약정이라도 무방하고,5) 이에 의하여 단체협약을 벗어나 근로자에게 불리하게 근로조건을 변경할 수 있다. 따라서 단체협약의 종료 이후 단체협약은 단지 강행적 효력만을 상실하게 될 뿐이고 직률적 효력은 장래에도 계속하여 보유한다.6)

라. 미   국

연방노동법하에서 단체협약의 유효기간은 협약당사자의 합의에 의하는 것으로 전제하기 때문에 NLRA(National Labor Relations Act) 등 연방노동법에서는 단체협약의 최장 유효기간이나 존속기간에 대하여 특별한 규제를 하지 않고 있다.7)

다만, NLRA 8조 (d) 단서에서는, 단체협약의 종료나 수정을 원하는 일방 당사자는 8조 (d) 단서 (1) 내지 (4)의 조치를 취하지 않는 한 단체협약을 종료시키거나 수정하여서는 아니 된다는 점을 단체교섭의무의 한 내용으로 규정하고 있다. 따라서 단체협약을 종료시키거나 수정하기 위해서는 위 단서 (1) 내지 (4)의 조치를 취하여야 하는데, 위 단서 (1)에서는 일방 당사자가 다른 당사자에게 단체협약의 유효기간 만료일 전 60일 동안 단체협약의 종료나 수정을 서면으로 통지할 것을 요구하고 있고, 위 단서 (4)에서는 통지가 이루어진 때부터

---

4) 강선희b, 108면.
5) Manfred Löwisch(西谷 敏 등 역), 96면.
6) Brox/Rüthers(이학춘 역), 314~315면 참조. 강선희c, 70면에서는 여후효 단계 동안에 단체협약은 강행적 효력이 없는 임의법규범의 성격을 갖는다고 한다.
7) 김미영, 149면 참조.

60일이나 단체협약의 유효기간 만료일까지의 60일 중 더 나중에 도래하는 시점
까지 파업이나 직장폐쇄를 하지 않고 현재의 단체협약의 조건을 전면적으로 유
지할 것을 요구하고 있다[단서 (2)는 교섭을 제안하여야 한다는 것이고, 단서 (3)은 정
부 조정기관에 통지하여야 한다는 내용으로, 여기에서 더 나아가 언급하지 않는다].

　　이와 같이 단체협약의 종료나 수정에 관한 사항이 단체교섭의무의 한 내용
으로 규정되어 있어 단체협약의 종료나 수정을 위해서는 단체협약 만료일까지
60일의 기간 동안 서면 통지를 하여야 하고 통지가 이루어진 때부터 60일이나
단체협약의 유효기간 만료일까지의 60일 중 더 나중에 도래하는 시점까지 파업
이나 직장폐쇄 없이 단체협약을 유지하여야 하는 관계로. 통지의 시점에 따라서
는 단체협약의 유효기간 만료일을 넘어서서 단체협약이 존속하는 경우가 있을
수 있다.[8)

마. 영   국

　　노조법에 단체협약의 효력기간을 정하는 규정은 없으나 일반적으로 임금협
약은 1년을 효력기간으로 하여 매년 갱신된다.[9)

4. 단체협약 유효기간의 제한

가. 유효기간 제한의 취지

　　노조법 32조 1·2항에서 단체협약의 유효기간을 제한한 취지에 대하여 대
법원은, 원래 단체협약의 유효기간은 협약당사자의 자치에 맡기는 것이 원칙이
라 하겠으나, 노조법이 그 유효기간을 제한하는 규정을 둔 것은 단체협약의 유
효기간을 너무 길게 하면 변동하는 산업사회의 사회적, 경제적 여건의 변화에
적응하지 못하여 당사자를 부당하게 구속하는 결과가 되고 그렇게 되면 단체협
약에 의하여 적절한 근로조건을 유지하고 노사관계의 안정을 도모하고자 하는
목적에도 어긋나게 되므로 그 유효기간을 일정한 범위로 제한하여 단체협약의
내용을 시의에 맞고 구체적 타당성 있게 조정해 나가도록 하자는 데 그 뜻이
있는 것이라고 보았다.[10)

---

8) 김미영, 118·149면을 참조하였는데, NLRA 8조 (d)의 번역을 달리 하였고, 위 규정 중 유
　효기간과 관련한 부분만을 압축하여 설명하였다.
9) 전형배c, 330면.
10) 대법원 1993. 2. 9. 선고 92다27102 판결, 대법원 2015. 10. 29. 선고 2012다71138 판결, 대
　법원 2016. 3. 10. 선고 2013두3160 판결, 대법원 2016. 4. 29. 선고 2014두15092 판결.

나. 협약 자치와 평화적 기능을 고려한 해석의 필요성

단체협약의 유효기간을 장기간으로 하게 되면 단체협약이 객관적인 환경이나 노동관계의 변화를 반영하지 못하고 당사자가 부당하게 구속될 우려가 있으므로 단체협약의 유효기간을 제한하는 것이 필요한 측면이 있다.

그러나 단체협약의 유효기간을 아예 정하지 않는 입법례가 오히려 많은 것에서 알 수 있는 것처럼 단체협약의 유효기간을 정하는 것이 필수적인 것으로는 보이지 않는 점, 단체협약의 유효기간을 강행적으로 제한하는 것은 단체협약 자치에 대한 과도한 개입이 될 우려도 있는 점, 단체협약의 유효기간을 정하고 그 기간의 경과로 단체협약이 종료된다고 보게 되면 단체협약이 없는 공백 상태가 초래되어 노동관계의 안정이 위협받고 단체협약의 평화적 기능이 충분히 발휘되지 못할 우려가 있는 점을 고려하면 단체협약의 강행적 제한을 단체협약 자치의 원칙, 단체협약의 평화적 기능과 조화되도록 유연하게 해석할 필요가 있다.

대법원도 단체협약 자치의 원칙과 단체협약의 평화적 기능을 고려한 해석을 하고 있다고 볼 수 있다.

먼저 대법원은 유효기간 제한의 취지에 대하여 언급하면서 그 서두에서 원래 단체협약의 유효기간은 협약당사자의 자치에 맡기는 것이 원칙이라는 점을 천명하였고, 위 판결의 다른 곳에서 유효기간 제한의 취지를 요약하면서 단체협약의 유효기간을 제한한 것은 실정에 맞지 아니하게 된 단체협약이 당사자의 의사에 반하여 장기간 그 효력이 지속되는 것을 방지하고자 함에 있는 것이라고 판시하였다.[11]

대법원은 단체협약의 유효기간에 관한 문제 역시 단체협약 자치가 원칙적으로 적용되는 영역인 점을 명확히 하는 한편, 단체협약 유효기간의 제한은 협약당사자의 의사에 반하여 단체협약이 장기간 효력이 지속되는 경우에 이를 방지하기 위한 것이므로, 비록 단체협약이 장기간 효력이 지속되는 경우라고 하더라도 그것이 협약당사자의 의사에 반하지 않는 일정한 경우에는 유효기간의 제한에 관한 규정이 적용되지 않을 수 있음을 시사하고 있다고 볼 수 있다. 현행 노조법 32조 1항에서 유효기간의 상한을 3년으로 연장하면서 3년을 초과하지 않는 범위에서 '노사가 합의하여 정할 수 있다.'라고 하는 문언을 새로이 추가

---

11) 대법원 1993. 2. 9. 선고 92다27102 판결.

한 것도 유효기간에 관하여 단체협약 자치의 원칙이 적용된다는 점을 명시한 것이라고 볼 수 있다.

따라서 단체협약의 유효기간에 관한 노조법 32조 1·2항을 해석하고 적용할 때에는 단체협약의 유효기간은 본래 협약당사자의 자치에 맡기는 것이 원칙인 점을 유념하여 협약당사자의 합치된 의사가 있으면 형식적으로는 노조법 32조 1·2항의 제한에 해당하는 것으로 보이는 경우라도 당사자의 의사를 존중하는 방향에서 그 효력 유무를 신중히 결정하여야 한다. 또한 단체협약이 장기간 효력이 지속되더라도 그것이 당사자의 의사에 반하지 않는 이상 섣불리 노조법 32조 1·2항을 들어 그 효력을 부인할 것은 아니다.

나아가 대법원은 위 판결에서 단체협약의 유효기간과 관련하여 가급적 단체협약이 없는 공백 상태가 생기지 않도록 하여야 할 것이라는 원칙을 제시하고 있는데, 이는 단체협약의 평화적 기능을 고려한 것이라고 할 수 있다. 단체협약이 체결되면 당사자는 근로조건의 기준 등 단체협약의 내용을 성실히 준수할 의무를 지게 되어 노사 간의 평화 상태가 유지되나, 단체협약이 유효기간 만료로 인해 실효되고 단체협약의 공백 상태가 발생할 경우 노동관계가 불안정해져 산업 평화가 붕괴될 위험이 있다. 이와 같은 점을 고려하면 노조법 32조 1·2항을 적용하여 단체협약의 유효기간을 제한하거나 실효시키는 것만이 능사가 아니고, 노조법 32조 1·2항을 해석할 때 단체협약의 평화적 기능도 충분히 고려하여야 한다.

이와 같이 단체협약 자치의 원칙과 단체협약의 평화적 기능을 고려하여 노조법 32조 1·2항의 강행적 제한을 해석할 필요가 있다. 가령 협약당사자가 종전 단체협약과 동일한 내용으로 새로운 단체협약을 체결하고 종전 단체협약과 새로운 단체협약의 유효기간을 합산하여 3년을 초과하더라도 노조법 32조 1·2항 위반의 문제는 발생하지 않는다고 보아야 한다. 나아가 자동연장협정에 의하여 단체협약의 효력이 연장되거나 자동갱신조항에 의하여 갱신되는 경우에도 당사자 의사를 존중하고 단체협약의 공백 상태가 발생하지 않도록 하는 해석이 필요하다.

다. 법적 성격과 그 적용 대상

(1) 강행규정성과 이를 완화하는 대법원 판결

노조법 32조 1·2항이 강행규정인 점은 그 문언에 비추어 이론이 없다. 그러나 노조법 32조 1·2항의 강행성의 의미를, 단체협약이 32조 1·2항에서 정한 유효기간의 제한을 넘어 효력을 지속하게 되는 모든 경우에 노조법 32조 1·2항이 적용되어 단체협약의 내용이 개별적 근로관계 및 집단적 노동관계를 3년 이상 규율하는 것을 일절 허용하지 않겠다는 의미로 이해할 수는 없다.

이러한 취지에서 대법원은 당사자가 단체협약의 만료 시에 그 협약의 연장이나 갱신에 관한 협정을 체결하는 것이나 자동갱신협정을 체결하는 것은 32조 1·2항의 제한을 받지 않아 유효하다고 하였다.[12] 단체협약 만료 시에 협약의 연장이나 갱신에 관한 협정이 체결되거나 자동갱신 되면 실질적으로는 32조 1·2항에서 정한 유효기간의 제한을 넘어서 동일한 내용의 단체협약의 효력이 지속되나 대법원은 위와 같은 행위를 32조 1·2항의 제한에 위반되는 것으로 보지 않은 것이다.[13]

동일한 취지에서 대법원은 종전의 단체협약에 자동연장협정의 규정이 있다면 3개월간의 법정효력연장을 규정한 구 노조법 35조 3항은 적용되지 아니하고, 종래의 단체협약은 당초의 유효기간이 만료된 후 위 35조 3항에 규정된 3월까지에 한하여 유효하다고 볼 것은 아니라고 하였으며,[14] 나아가 단체협약의 본래의 유효기간이 구 노조법이 정한 상한과 같이 2년인 경우 본래의 유효기간과 합하여 2년 3월에 한하여 유효하다고 볼 것은 아니라고 하였다. 단체협약은 법률에 특별한 규정이 있는 경우를 제외하고는 당사자 간의 사적 자치에 의한 합의에 맡기는 것이 옳고, 가급적 단체협약이 없는 공백 상태가 생기지 않도록 하여야 한다는 사정 때문이라고 한다.[15]

---

12) 대법원 1993. 2. 9. 선고 92다27102 판결.
13) 다만 새로운 유효기간은 노조법 32조 1·2항의 제한을 받는다고 한다. 한편 단체협약이 실효된 후에도 규범적 부분은 근로계약의 내용이 되어 계속 사용자와 근로자를 규율하는데, 새로운 단체협약이 늦게 체결됨에 따라 근로자가 기존 단체협약의 임금에 관한 부분을 1년 넘게 적용받는 결과가 된다고 하여 임금에 관한 단체협약의 유효기간을 1년으로 정하고 있는 구 노조법 35조에 위반된 것이라고 할 수 없다고 한 대법원 2000. 6. 9. 선고 98다13747 판결, 대법원 2001. 4. 10. 선고 98다13716 판결도 참조.
14) 대법원 1992. 4. 14. 선고 91누8364 판결(본래의 유효기간이 1년인 단체협약에 자동연장조항이 있는데, 1년 6월 남짓 경과할 때에 단체협약의 효력이 존속 중이었다고 판단한 사례).
15) 대법원 1993. 2. 9. 선고 92다27102 판결.

대법원의 위와 같은 태도는 결국 노조법 32조 1·2항에서 정한 유효기간의
강행적 제한이 단체협약이 32조 1·2항에서 정한 유효기간의 제한을 넘어 효력
을 지속하게 되는 모든 경우에 적용되는 것이 아니라는 점을 시사한다.

(2) 노조법 32조 1 내지 3항에 대한 종합적 검토

단체협약의 유효기간에 관한 노조법 32조 1 내지 3항을 종합적으로 살펴보
면 법 규정 자체가 32조 1·2항에서 정한 3년의 제한을 넘는 것을 허용하고 있
거나 이를 전제로 한 규정을 두고 있음을 알 수 있다.

노조법 32조 3항 본문에서는 일정한 요건을 갖춘 경우 3개월의 법정효력연
장을 허용하고 있다. 그 요건으로 '단체협약의 유효기간이 만료되는 때를 전후
하여 당사자 쌍방이 새로운 단체협약을 체결하고자 단체교섭을 계속하였음에도
불구하고 새로운 단체협약이 체결되지 아니한 경우'를 들고 있는데, 만료되는
단체협약의 본래의 유효기간에 관하여는 특별한 제한을 두지 않고 있다. 따라서
단체협약의 본래의 유효기간이 3년인 경우에는 32조 3항의 법정효력연장까지
합산하면 단체협약은 3년 3개월간 그 효력을 지속하게 되어 32조 1·2항에서
정한 3년의 유효기간의 제한을 넘어서게 된다.

나아가 32조 3항 본문은 별도의 약정이 있는 경우에는 3개월간의 법정효력
연장 규정을 적용하지 않는다는 점을 명확히 하고 있다. 이러한 점이 법 규정상
명시되지 않았던 구 노조법 35조 3항의 해석과 관련한 판례[16]에 의하더라도 자
동연장협정이나 자동갱신협정 등 별도의 약정에 의하여 유효기간이 만료된 단
체협약의 효력을 3월 이상 지속하도록 협정할 수 있고, 이 경우 단체협약의 본
래의 유효기간이 구 노조법상 상한인 2년이라고 하더라도 본래의 유효기간과
합하여 2년 3월에 한하여 유효하다고 볼 것이 아니라는 것이다. 결국 단체협약
의 본래의 유효기간이 현행 노조법상 상한인 3년이고 자동연장협정이나 자동갱
신협정 등 별도의 약정이 있는 단체협약은 3년 3월 이상 존속할 수 있다.

또한 32조 3항 단서에서는 '단체협약에 그 유효기간이 경과한 후에도 새로
운 단체협약이 체결되지 아니한 때에는 새로운 단체협약이 체결될 때까지 종전
단체협약의 효력을 존속'시키는 불확정기한부 자동연장협정에 대한 해지권을
규정하면서 해지하고자 하는 날의 6개월 전까지 통고하도록 하는 해지통고 기

---

16) 대법원 1992. 4. 14. 선고 91누8364 판결, 대법원 1993. 2. 9. 선고 92다27102 판결.

간을 두고 있다. 그런데 위 규정이 적용되는 단체협약의 유효기간에 관하여 특별한 제한을 두지 않고 있으므로 본래의 단체협약의 유효기간이 3년인 경우에도 위 규정이 적용되고, 해지통고는 본래의 유효기간 중에 미리 할 수는 없고 유효기간이 만료되어 자동연장협정에 따라 유효기간이 연장된 이후에 하여야 하는 것으로 해석된다. 따라서 단체협약의 본래의 유효기간이 경과하자마자 해지통보를 하더라도 단체협약은 적어도 유효기간 경과 후 6개월은 존속하게 되어, 결국 32조 3항 단서에 의하면 단체협약의 본래의 유효기간이 3년이고 불확정기한부 자동연장협정이 있는 경우 최소한 3년 6월 동안 단체협약은 그 효력을 지속하게 된다.

(3) 강행성의 적용대상

그러면 32조 1·2항에서 정한 단체협약의 유효기간에 관한 강행적 제한은 어떤 의미를 갖는 것이고 그 적용 대상은 무엇인가.

32조 1·2항에서 정하는 강행성은 단체협약의 본래의 유효기간을 그 적용 대상으로 하는 것으로 이해할 수 있다. 단체협약의 본래의 유효기간에 관한 제한이 없는 경우 당사자들이 본래의 유효기간을 너무 장기간(가령 10년, 15년)으로 하여 놓으면 단체협약이 경제적 사정 등의 변화에 적응하지 못하는 경우에도 당사자의 합의가 없는 이상은 변경의 가능성이 차단된 채 그 효력이 지속되게 되어 장기간 부당하게 구속되는 결과가 발생하므로, 이를 방지하기 위해 단체협약의 유효기간을 제한한 것으로 볼 수 있다.

이와 같이 단체협약의 본래의 유효기간을 제한해 놓으면 당사자들이 자동연장협정 등 다양한 내용의 합의에 따라 일정한 기간 동안 그 단체협약의 효력을 지속시키더라도 그다지 장기간에 걸친 것이 되지 않을 수 있고, 당사자의 합의에 따라 그 효력이 지속되는 것이므로 당사자의 의사에 반하는 것도 아니게 된다.

따라서 단체협약의 본래의 유효기간 자체를 제한하는 것만으로 충분하고 단체협약이 본래의 유효기간을 넘어서서 효력을 지속하는 모든 경우에 그 제한이 적용된다고 볼 것은 아니며, 이와 같이 보는 것이 단체협약 자치의 원칙을 존중하고 단체협약의 평화적 기능과 조화를 이루는 해석이다.

노조법 32조의 문언을 자세히 보면 이와 같은 해석이 충분히 가능하다. 하나의 법 또는 조문에서 동일한 용어는 특별한 사정이 없는 한 동일한 의미로 해석되는 것이 원칙이다. '단체협약의 유효기간'이라는 용어는 노조법 32조 1 내지 3항에서 반복적으로 나오는데, 3항 본문의 맨 앞에 나오는 '단체협약의 유효기간이 만료되는 때를 전후하여'에서 말하는 '유효기간'이란 단체협약 본래의 유효기간을 말하는 것임이 문맥상 분명하다. 또 3항 단서의 맨 앞에 나오는 '단체협약에 그 유효기간이 경과한 후에도'에서 말하는 '유효기간' 또한 단체협약의 본래의 유효기간을 말하는 것이지 자동연장협정 등에 의하여 연장된 기간까지를 포함하는 용어라고 할 수 없다.

노조법 32조 3항의 '단체협약의 유효기간'을 단체협약의 본래의 유효기간을 의미하는 것으로 본다면 1·2항에서 말하는 '단체협약의 유효기간' 또한 단체협약의 본래의 유효기간을 의미하는 것으로 해석하여야 한다.

이와 같이 보면 노조법 32조 1항은 단체협약에서 본래의 유효기간을 정할 때 3년을 초과할 수 없다는 제한을, 2항에서는 단체협약의 본래의 유효기간을 정하지 아니하거나 3년을 초과하여 정한 경우는 본래의 유효기간이 3년으로 단축된다는 제한을 가한 것으로 해석된다.

따라서 노조법 32조 1·2항은 단체협약의 본래의 유효기간을 그 강행성의 적용 대상으로 하는 규정이지, 이를 넘어서서 단체협약이 3년을 초과하여 그 효력을 지속하는 모든 경우의 유효기간을 그 강행성의 적용 대상으로 하는 규정은 아니라고 보는 것이 타당하다.

라. 단체협약 유효기간의 법적 제한의 내용

(1) 유효기간의 시기와 종기

(개) 시기(始期)

시기 있는 법률행위는 기한이 도래한 때부터 그 효력이 생긴다(민법 152조 1항). 마찬가지로 단체협약에서 효력을 발생하게 하는 시기를 정한 경우에는 시기가 도래한 때부터 단체협약의 효력이 발생한다. 가령 단체협약 부칙에서 시행일에 관하여 이 협약은 단체협약서 체결일부터 시행한다고 규정하거나,[17] 1998. 7. 16. 단체협약을 체결하면서 같은 달 20일부터 시행하는 것으로[18] 규정하는 경우에는 그때부터 단체협약의 효력이 발생한다.

---

17) 광주지법 2010. 4. 14. 선고 2009나12876 판결의 단체협약 부칙 1조.
18) 대법원 2005. 4. 14. 선고 2004도8516 판결의 단체협약 조항.

단체협약에서 그 시기를 정하지 않은 경우에는 단체협약의 체결에 이르게 된 여러 사정을 고려하여 협약당사자의 의사를 해석하여 그 시기를 결정하되, 일반적으로는 협약이 최종적으로 성립한 시점부터 단체협약의 효력이 발생한다.[19]

협약당사자의 합의에 의하여 단체협약의 효력이 발생하는 시기를 체결일 이전의 시기로 소급[20]하거나 장래[21]에 향하게 할 수도 있다.[22] 또한 원칙적으로 단체협약의 효력은 체결일부터 발생하게 하면서 특정 조항의 효력 발생 시기만을 소급하거나 장래에 향하게 할 수도 있다. 가령 2008. 6. 30.에 단체협약을 체결하면서 "본 협약은 체결한 날부터 효력을 발생한다. 다만, 18조의1(월급제 시행)은 2008년 1월 1일부터 소급적용하고, 18조의3(군복무기간 가산)은 2009년 1월 1일부터 적용한다."[23]라고 하는 식이다.

다만 단체협약의 효력이 발생하는 시기를 체결일 이전의 시기로 소급하는 경우에는 체결일 당시 이미 그 지급청구권이 발생한 임금 등과의 관계에서 소급의 유효성이 문제될 수 있다.[24] 가령 2005. 10. 14. 노동조합과 사이에 2005년 임금협정을 체결하면서 기존의 기본급은 인상하고 상여금은 인하하되 이를 2005. 7. 1.부터 소급하여 적용하기로 합의하였는데, 회사가 2005. 12. 7. 근로자들에게 11월분 임금을 지급하면서 이미 지급한 7월분 또는 8월분 상여금에서 2005년 임금협정에 의하여 계산한 상여금과의 차액을 공제하고 나머지 금액만을 지급하는 것은 근로자들의 개별적 동의나 수권을 받지 않은 이상 허용될 수 없다.[25]

한편 단체협약을 소급적으로 적용하는 경우에 최장 3년을 초과하는지 여부는 소급 적용되는 시점부터가 아니라 단체협약의 체결일부터 기산하여 3년을

---

19) 注釋(下), 766면.
20) 가령 1997년 단체협약의 유효기간이 1997. 5. 1.부터 1998. 4. 30.까지였는데, 1998. 5. 26. 1998년 단체협약을 체결하면서 유효기간을 단체협약 체결일보다 소급하여 1998. 4. 1.부터 1999. 3. 31.까지로 정한 대법원 2002. 5. 31. 선고 2000다18127 판결의 단체협약 조항 참조.
21) 대법원 2005. 4. 14. 선고 2004도8516 판결의 단체협약 조항 참조.
22) 野川 忍a, 309면에서는 소급하는 것을 특별히 규제하는 법적 규범이 없으므로 원칙적으로 자유라고 한다. 注釋(下), 783면도 참조.
23) 수원지법 안양지원 2012. 2. 21. 선고 2011가단24614 판결의 단체협약 조항.
24) 대법원 2017. 2. 15. 선고 2016다32193 판결, 대법원 2017. 4. 28. 선고 2016다54360 판결, 대법원 2020. 1. 16. 선고 2019다223129 판결. 위와 같은 법리에 대한 자세한 설명은 법 33조에 대한 해설 Ⅱ. 6. 다. (3) 참조.
25) 대법원 2010. 1. 28. 선고 2009다76317 판결의 사안.

산정하여야 한다.[26)]

단체협약과 동일한 효력을 갖는 중재재정에 관하여는 중재재정 서면에 효력발생 기일을 명시하도록 노조법 68조 1항에서 규정하고 있다.

(나) 종기(終期)

종기 있는 법률행위는 기한이 도래한 때부터 그 효력을 잃는다(민법 152조 2항). 마찬가지로 단체협약에서 효력을 소멸하게 하는 종기를 정한 경우에는 종기가 도래한 때에 단체협약의 효력이 소멸된다.

단체협약의 효력을 소멸시키는 종기는 기한을 정한 경우와 기한을 정하지 않은 경우로 나눌 수 있고, 기한을 정한 경우는 다시 확정기한을 정한 경우(확정기한부 종기)와 불확정기한을 정한 경우(불확정기한부 종기)로 나눌 수 있다.

가령 임금협정의 유효기간을 2004. 7. 1.부터 2005. 6. 30.까지로 하거나,[27)] 단체협약의 유효기간은 체결일부터 1년으로 한다고 규정하는 것은[28)] 종기에 관하여 확정기한을 두는 경우이다.

이와 달리 가령 "본 협약의 유효기간은 2002년 1월부터 현재 진행 중인 2003년 갱신안이 체결될 때까지로 한다.",[29)] 단체협약에서 탄력적 근로시간제에 관한 규정을 두면서 "유효기간은 노사합의로 개정하는 시점까지로 한다."[30)]라고 규정하는 것은 종기에 관하여 불확정기한을 두는 경우이다.

다만 '경기가 변할 때'와 같이 그 도래가 불확실한 것은 일반적으로 기한이 아니라 조건으로 해석되어 기간을 정한 경우에 해당하지 아니하므로 유효기간을 정하지 않은 협약이 된다.[31)] 단체협약의 효력을 워크아웃 졸업 시까지로 한다고 합의한 경우 그 의미는 경영정상화로 해석되고 파산 등으로 경영정상화가 되지 않는 경우도 있으므로 불확정기한이 아니라 조건에 해당한다.[32)]

---

26) 강선희a, 251면; 注釋(下), 783~784면에서는 최장기간의 제한은 협약체결 시에 예측할 수 없는 장래에 관하여 부당하게 장기간에 걸친 구속을 배제하려는 취지이므로 이미 확정적으로 고려할 수 있는 과거의 관계에 대하여는 미칠 수 없다는 점을 근거로 든다. 행정해석 (2001. 7. 30. 노조 68107-863)은 소급 적용되는 시점부터 기산하여야 한다고 한다.

27) 대법원 2010. 1. 28. 선고 2009다76317 판결의 임금협정 조항 참조.

28) 광주지법 2010. 4. 14. 선고 2009나12876 판결의 단체협약 조항.

29) 의정부지법 고양지원 2009. 10. 9. 선고 2008가합5813 판결, 서울고법 2009. 3. 27. 선고 2008나1677 판결의 단체협약 규정.

30) 서울고법 2011. 10. 28. 선고 2011나3062 판결의 단체협약 규정.

31) 注釋(下), 765면.

32) 대법원 2018. 11. 29. 선고 2018두41532 판결의 단체협약 규정 참조.

종기에 관하여 기한을 정하지 않은 경우도 유효하고,[33] 이 경우 단체협약의 유효기간을 정하지 않은 경우에 해당하여 노조법 32조 2항의 규제를 받게 된다.

(2) 단체협약의 유효기간에 관한 법적 제한의 구체적 내용

단체협약의 유효기간은 3년을 초과하지 않는 범위에서 노사가 합의하여 정할 수 있고, 단체협약에 그 유효기간을 정하지 아니한 경우 또는 1항의 기간을 초과하는 유효기간을 정한 경우에 그 유효기간은 3년으로 한다(법 32조 1·2항). 다만 부칙(17864호, 2021. 1. 5.) 2조에서는 경과조치로서 이 법 시행 전에 체결한 단체협약의 유효기간에 대해서는 32조 1·2항의 개정규정에도 불구하고 종전의 규정에 따른다고 규정하고 있으므로, 이 법 시행(2021. 7. 6.) 전에 체결한 단체협약의 유효기간은 종전 규정에 따라 2년이다.

㈎ 단체협약에서 유효기간을 정한 경우

① 확정기한

먼저 확정기한이 있는 경우 단체협약의 유효기간은 3년을 초과하지 않는 범위에서 노사가 합의하여 정할 수 있다(법 32조 1항). 따라서 3년을 초과하는 유효기간을 정한 경우에는 그 유효기간은 3년으로 단축된다(법 32조 2항).[34] 3년을 초과하는 유효기간 부분은 무효가 되는 셈인데, 그 부분에 한하여 무효가 되고 단체협약의 나머지 부분의 효력에는 영향이 없는 것이 원칙이다. 노조법 32조 1·2항에서 정하는 유효기간에 관한 법적 규제는 최장기간(상한)에 관한 것이고 최단기간(하한)에 관하여는 노조법에 아무런 제한이 없으므로 유효기간을 3년 이하로 정하기만 하면 그 기간의 장단을 묻지 않고 유효하다.

② 불확정기한

다음으로 불확정기한이 있는 경우 3년의 최장기간이 경과하기 전에 불확정기한이 도래하면 그 단체협약의 유효기간은 만료되고 단체협약은 종료되는 것

---

33) 注釋(下), 766면.
34) 서울고법 2009. 9. 8. 선고 2009누3189 판결의 단체협약 28조는 참가인은 회사운영권(위탁, 도급, 하도급, 용역 등)과 관련된 사항은 노동조합과 합의하여야 하며, 회사운영권을 양도하고자 하는 경우에는 미리 노동조합의 동의를 얻어야 한다고 규정하고 있는데, 단체협약 부칙에서 단체협약은 2003. 12. 31.까지 유효하되, 28조는 2003. 12. 31. 이후에도 3년간 한시적으로 효력을 유지한다고 규정하였는바, 위 판결에서는 위 단체협약 28조가 2007. 1. 1. 이후에야 효력을 상실한다고 보았으나, 이는 당시 단체협약의 유효기간을 2년으로 정한 구 노조법 32조 1·2항에 위반되는 해석으로 보인다.

이 당연하다. 그런데 노조법에서 정한 3년의 최장기간이 경과할 때까지 불확정기한이 도래하지 않은 경우에는 위 최장기간에 관한 규제가 적용되어 최장기간 3년의 경과와 함께 그 유효기간이 만료되는지에 관하여 논의가 있다.

일본의 다수설[35]은 협약의 최장기간에 관한 규정은 불확정기한부 협약에도 적용되어 협약은 3년의 경과와 함께 기간만료로 종료된다고 한다. 이에 대하여 소수설[36]은 3년이 경과한 후에는 불확정기한부로 자동연장이 되고 일방 당사자가 예고하고 해약할 수 있다고 한다.[37] 노조법 32조 1·2항에서 말하는 유효기간을 정한 경우에는 확정기한뿐 아니라 불확정기한을 정한 경우도 포함된다고 할 것이고, 32조 1·2항은 강행규정이므로 3년의 경과와 함께 유효기간이 만료되어 종료된다고 보아야 할 것이다.

하급심 판결 중에는 유효기간을 2007년 임금협약 체결일이라는 불확정기한으로 정한 임시협약의 만료 여부가 문제된 사안에서, 이 사건 임시협약은 그 유효기간을 2007년 임금협약 체결일이라는 불확정기한으로 정하였다고 할 것인데, 2007년 임금협약이 체결되지 않은 채 구 노조법에 따른 유효기간인 2년이 지났다면 이는 2년을 초과하는 유효기간을 정한 경우와 다를 바 없어 이 사건 임시협약은 체결일부터 2년이 지난 2009. 12. 27. 유효기간의 만료로 효력이 상실되었다고 한 것이 있다.[38]

단체협약에 유효기간을 정한 경우에는 그 종기에 관하여 확정기한이 있는 경우이든, 불확정기한이 있는 경우이든 그 기간 중 당사자 일방이 임의로 해지할 수 없다.[39]

(나) 단체협약에서 유효기간을 정하지 않은 경우

유효기간을 정하는 것은 단체협약의 효력요건이 아니다. 따라서 단체협약

---

35) 菅野, 948면; 新基本法コメ労組, 182∼183면; 淸水一行, 341면; 幸地成憲, 93면. 하급심 판결로 橫浜地裁 1968. 4. 6. 判決(日本通信機事件, 労経速 640호 12면). 注釋(下), 770면 이하에서는 원칙적으로 이 견해에 따르되 당초부터 불확정기한의 도래가 3년을 초과할 가능성이 협약당사자에 의하여 예상된 경우에는 달리 볼 수 있다고 한다.

36) 西谷 敏a, 394면; 有泉亨·山口浩一郎, 76면.

37) 일본 노조법 15조 3, 4항에서는 유효기간을 정하지 않은 노동협약이나 유효기간을 정한 노동협약 중 기한을 정하지 않은 자동연장협정이 있는 경우에는 당사자 일방이 서명 또는 기명날인한 문서에 의해 적어도 90일 전에 예고하고 해약할 수 있다고 규정하고 있다.

38) 서울행법 2011. 11. 11. 선고 2011구합20710 판결(항소심 판결은 서울고법 2012. 7. 11. 선고 2011누41894 판결로 위와 같은 판단을 유지하였고, 상고심은 대법원 2012. 11. 29.자 2012두18370 판결로 심리불속행기각하였다).

39) 靑木宗也·片岡曻, 273∼275면.

에서 그 종기에 관하여 아무런 규정을 두지 않아 유효기간을 정하지 않은 경우에도 단체협약은 유효하다. 다만, 노조법 32조 2항에 따라 유효기간을 정하지 않은 경우 단체협약의 유효기간은 3년이 된다.[40] 유효기간을 정하지 않은 노동협약을 일정한 방식에 따라 해지할 수 있도록 한 일본의 경우와 달리 유효기간을 정하지 않은 단체협약의 유효기간은 3년으로 확정되고, 그 기간 동안 당사자 일방이 임의로 해지할 수 없다. 기간의 정함이 없는 중재재정의 유효기간은 단체협약의 그것과 동일하다.[41]

(다) 개별협정의 유효기간

단체협약의 유효기간 중 임금협정 등 개별협정이 체결되는 경우 그 유효기간도 3년을 초과할 수 없고, 개별협정이 3년의 기간 내로 별도의 유효기간을 정하고 있는 경우에는 그 유효기간에 따르게 된다.

그런데 개별협정에는 유효기간의 정함이 없는 경우가 종종 있다. 개별협정에 기간의 정함이 없는 경우에는 그 유효기간은 본 협약과의 관계에 따라 판단해야 할 것이다. 즉, 단체협약의 유효기간 중 노사 간에 유효기간의 정함이 없는 개별협정이 체결된 경우, 개별협정이 본 협약에 부수하거나 그것과 일체를 이루는 때에는 본 협약과 유효기간을 같이 하지만 본 협약과 별개인 것인 때에는 그 자체가 독자적인 단체협약으로서 별도의 유효기간을 가지는 것이라고 보아야 한다. 이때 개별협정이 본 협약에 부수하는 것인지 여부는 개별협정을 체결한 당사자의 의사와 개별협정의 내용, 그 체결에 이르기까지의 사정, 본 협약과의 관계 등을 종합적으로 고려하여 판단하여야 한다.[42]

한편 단체협약에는 협약의 유효기간 중 사회적·경제적 변화와 법률의 개정으로 변경이 필요할 때에 그 부분에 대하여 보충협약을 체결할 수 있다는 규정을 두는 경우가 많은데, 노사 간의 합의가 보충협약에 해당하는 경우에는 그

---

40) 1998. 7. 16. 체결되어 같은 달 20.부터 시행된 단체협약에 대해 유효기간을 정하지 않은 것으로 보아 시행일인 1998. 7. 20.부터 2년이 경과함으로써 실효되었다고 한 것으로 대법원 2005. 4. 14. 선고 2004도8516 판결 참조. 유효기간을 정하지 않은 합의서 및 부칙을 단체협약으로 보고 본조 2항에 따라 유효기간을 2년으로 본 사례로 수원지법 여주지원 2009. 9. 7. 자 2009카합121 결정 참조. 단체협약에서 2010. 6. 15.부터 시행한다고 정하고 있을 뿐 그 유효기간을 정하지 아니하였으므로 그 유효기간은 2년으로 2012. 6. 14.이 그 만료일이라고 본 것으로 서울행법 2012. 7. 26. 선고 2011구합38445 판결 참조.
41) 대법원 1992. 7. 14. 선고 91누8944 판결 참조.
42) 김유성, 204면. 서울고법 2010. 7. 23. 선고 2009나118404 판결.

합의는 본래 단체협약의 유효기간 범위 내에서 효력을 갖는다.[43)

5. 법정효력연장

가. 의의 및 취지

단체협약은 그 유효기간의 만료로 효력을 상실하고 종료됨이 원칙이다. 그런데 노조법 32조 3항 본문에서는 단체협약의 유효기간이 만료되는 때를 전후하여 당사자 쌍방이 새로운 단체협약을 체결하고자 단체교섭을 계속하였음에도 불구하고 새로운 단체협약이 체결되지 아니한 경우에는 별도의 약정이 있는 경우를 제외하고는 종전의 단체협약은 그 효력만료일부터 3월까지 계속 효력을 갖는다고 함으로써 법률 규정에 의하여 단체협약의 효력을 연장하고 있다(이러한 의미에서 '법정효력연장'이라 한다).

노·사 쌍방이 단체협약을 폐기하지 아니하고 단체협약을 가지고자 하는 의사가 있을 때에는 이를 존중하여 가급적 단체협약 갱신 교섭 중의 무협약 상태의 출현을 방지하고자 함에 그 취지가 있다.[44)

나. 요   건

유효기간이 만료된 종전의 단체협약이 효력만료일부터 3월의 기간 동안 효력이 연장되기 위해서는 ① 적극적 요건으로 단체협약의 유효기간이 만료되는 때를 전후하여 당사자 쌍방이 새로운 단체협약을 체결하고자 단체교섭을 계속하였음에도 불구하고 새로운 단체협약이 체결되지 아니한 경우일 것, ② 소극적 요건으로 단체협약 당사자 사이에 별도의 약정이 없을 것이 요구된다.

①의 적극적 요건 중 단체협약의 유효기간의 만료란 단체협약의 본래의 유효기간이 만료하는 것을 의미한다. 적극적 요건 중 중요한 것은 새로운 단체협약의 체결을 위한 '단체교섭이 계속'되어야 한다는 점이다. 단체교섭의 계속이란 새로운 단체협약 체결을 위한 정상적인 교섭이 진행 중인 상태를 말하는 것으로 단체협약의 갱신체결을 위한 단체교섭이 결렬되거나 당사자가 단체협약의 갱신체결을 위한 교섭을 거부하고 또는 부당하게 지연시키지 아니한 상태를 말한다.[45) 다만 단체교섭의 계속 여부는 효력만료일을 전후한 시점부터 단체협약

---

43) 대법원 2002. 9. 27. 선고 2002두4600 판결 참조.
44) 대법원 1993. 2. 9. 선고 92다27102 판결.
45) 대법원 1993. 2. 9. 선고 92다27102 판결.

의 효력이 연장되었는지가 문제되는 시점까지의 교섭과정을 전체적으로 평가하
여 판단하여야 한다. 따라서 일시적 교섭의 결렬이나 교섭의 거부 등의 사정이
있다고 하더라도 그 이후 교섭이 재개되었다면 전체적으로 단체교섭이 계속되
었다고 볼 수 있다.

　　단체교섭의 개시 시기와 관련하여, 새로운 단체협약을 체결하기 위한 단체
교섭은 유효기간 만료 시를 '전후하여' 계속되어야 유효기간 연장의 효과가 발
생하므로, 유효기간 만료 시까지 단체교섭을 시작하지 않은 경우에는 유효기간
연장의 효과가 발생하지 않는다는 견해가 있다.46) 그러나 3항 본문의 문언을 유
효기간이 만료되는 때를 '전후'한 시기, 즉 유효기간이 만료될 즈음에 단체교섭
이 개시되고 계속되어야 한다는 의미로 읽을 수도 있어 반드시 유효기간 만료
전에 단체교섭이 개시되고 만료 이후에도 계속되어야 한다고만 읽을 수 있는
것이 아니며, 나아가 위의 견해처럼 보면 노사 쌍방의 부득이한 사유로 말미암
아 유효기간 만료 직후에야 비로소 단체교섭이 개시된 경우에 대해 법정효력연
장 규정이 적용되지 않게 되어 무협약 상태를 방지한다는 법정효력연장 제도의
취지에 반하는 결과가 발생할 수 있으므로, 효력만료일 이후에 단체교섭이 개시
된 경우라도 법정효력연장의 효과가 발생한다고 해석하여도 무방하며 이 경우
에는 법정효력연장이 효력만료일로 소급하여 인정된다.47)

　　본조 3항 본문에서는 법정효력연장을 위한 소극적 요건으로 별도의 약정이
없어야 할 것을 요구하고 있다. 즉, 법정효력연장에 관한 조항은 당사자 사이의
별도의 약정이 없는 경우에 적용되는 임의법규의 성격을 가지는 것이다.

　　구 노조법(1987. 11. 28. 법률 3966호로 개정된 것)에는 별도의 약정이 있는 경
우 법정효력연장에 관한 규정이 적용되지 않는다는 명시적 규정이 없었으나, 대
법원48)은 법정효력연장에 관한 35조 3항이 임의법규적 성격을 가진다는 점을
명확히 한 바 있다. 즉, 법정효력연장에 관한 35조 3항은 "종전의 단체협약에
그 유효기간이 만료된 후에도 갱신체결을 위한 단체교섭이 진행 중일 때에는
종전의 단체협약이 계속 효력을 갖는다는 규정이 없는 경우에 대비하여 둔 규
정이므로, 종전의 단체협약에 위와 같은 자동연장협정의 규정이 있다면 위의 법

---

46) 임종률, 190～191면.
47) 고태관b, 460~461면.
48) 대법원 1993. 2. 9. 선고 92다27102 판결.

조항은 적용되지 아니"한다고 판시하였다.[49]

본조 3항 본문에서 말하는 별도의 약정으로는 자동연장협정, 자동갱신협정 등을 들 수 있다. 자동연장협정, 자동갱신협정 등 별도의 약정이 있는 경우에는 법정효력연장에 관한 규정이 적용되지 않고 별도의 약정에 의하여 종전 단체협약의 효력이 계속된다. 법정효력연장에 관한 규정도 적용되고 이어서 별도의 약정이 추가적으로 적용되는 것이 아니다.

다. 효   과

종전의 단체협약은 그 효력만료일부터 3개월 동안 단체협약으로서의 규범적·채무적 효력을 유지한다. 효력이 연장되는 단체협약의 부분은 규범적 부분, 채무적 부분을 구분하지 않는다.[50] 따라서 취업규칙이나 근로계약 당사자의 개별 약정으로 이를 변경할 수 없고, 이에 반하는 취업규칙이나 개별 약정은 무효가 된다. 다만 법정효력연장은 단체협약 갱신 교섭 중의 무협약 상태의 출현을 방지하기 위하여 단체협약의 효력을 잠정적으로 연장하는 것이므로 그 연장되는 기간 동안 평화의무는 미치지 않는다고 해석된다. 새로운 단체협약의 체결을 위한 교섭이 타결되지 않은 채 3개월의 기간이 경과하면 단체협약은 그 효력을 종료하고 무협약 상태가 된다.

6. 자동연장협정과 자동갱신협정에 의한 단체협약 효력의 존속

노조법 32조 3항 본문에 의하면, 별도의 약정이 있는 경우에는 법정효력연장에 관한 규정이 적용되는 것이 아니라 별도의 약정에 의하여 유효기간이 만료된 종전 단체협약의 효력이 연장되거나 갱신되어 종전 단체협약의 효력이 지속된다. 이와 같은 별도의 약정으로는 자동연장협정과 자동갱신협정 등이 있다.[51]

---

49) 구 노조법 35조 3항의 법적 성격에 관한 대법원의 판시는 입법을 선도하였다. 즉 위 판결 이후의 구 노조법(1996. 12. 31. 법률 5244호로 제정되었다가 1997. 3. 13. 법률 5306호로 폐지된 것)에서는 35조 3항을 32조 3항 본문으로 하고, 단서에서 "다만, 단체협약에 그 유효기간이 경과한 후에도 기한을 정하지 아니하고 그 효력을 존속시킨다는 취지의 별도의 약정이 있는 경우에는 그에 따르되"라고 하여 위 대법원 판결의 판시에 따라 법정효력연장에 관한 규정은 불확정기한부 자동연장협정이 있는 경우에는 적용되지 않는 점을 명확히 하였다. 나아가 제정된 노조법(1997. 3. 13. 법률 5310호로 제정된 것)에서는 아예 3항 본문에서 별도의 약정이 있는 경우에는 법정효력연장에 관한 규정이 적용되지 않음을 명확히 하였는데, 이것도 역시 위 대법원 판결의 판시를 충실히 따른 입법이다. 또한 별도의 약정에는 자동연장협정 뿐 아니라 자동갱신협정 등도 있을 수 있으므로 현행 노조법의 입장이 보다 타당하다.

50) 김유성, 209면.

51) 사법연수원a, 228면. 노조법 32조 3항 본문의 별도의 약정을 자동연장조항이라고 이해하는

가. 자동연장협정

자동연장협정이란 단체협약의 유효기간이 만료되었음에도 새로운 협약이 체결되지 않은 경우에 새로운 단체협약이 체결될 때까지 또는 일정한 기간까지 종전 단체협약의 효력을 연장하여 존속시킨다는 취지의 단체협약 규정을 말한다. 새로운 협약이 체결되기까지 사이에 잠정적으로 단체협약의 공백 상태가 발생하는 것을 방지하기 위한 조항이다.[52]

비록 단체협약 조항의 표제와 표현은 다양하지만 다음과 같은 조항은 자동연장협정으로 파악된다.

① 48조(효력의 지속) 유효기간이 만료하더라도 갱신을 위한 교섭이 진행 중일 때는 본 협약은 계속 효력을 갖는다.[53]

② 부칙 1조(자동연장) 본 협약의 유효기간이 만료되더라도 새로운 협약이 체결되기 전까지는 본 협약의 유효기간이 자동으로 연장된다.[54]

③ 부칙 2조(효력유지) 노조법 32조 3항의 규정에도 불구하고 협약의 유효기간이 만료되어도 갱신협약이 체결될 때까지는 본 협약의 효력은 지속한다.[55]

④ 59조(협약의 여후효) 협약유효기간이 만료되어 협약을 변경하기 위한 단체교섭을 하였음에도 불구하고 새로운 협약이 체결되지 아니한 때에는 종전의 협약은 새로운 협약이 체결될 때까지 유효하다.[56]

일찍이 대법원은 구 노조법(1987. 11. 28. 법률 3966호로 개정된 것)에서 자동연장협정의 유효성에 관한 명시적 규정을 두지 않은 시기부터, 사용자와 노동조합이 단체협약의 공백 상태가 발생하는 것을 방지하기 위하여 종전 단체협약의 효력이 일정한 기간 자동적으로 연장되도록 약정하는 것도 가능하고, 자동연장협정이 구 노조법 35조 3항(현행 노조법 32조 3항 본문에 해당한다)의 취지에 위반된다고 할 것은 아니라고 하여 그 유효성을 인정하였다.[57]

견해도 있다. 김형배, 1316면 참조.

52) 한국노동연구원의 2014년도 단체협약 실태조사에 의하면, 조사 대상 단체협약 중 72.5%의 단체협약에서 자동연장협정을 두고 있다. 한국노동연구원, 383면 참조. 한국노총의 2019년도 단체협약 분석에 의하면, 분석 대상 단체협약 중 79.2%의 단체협약에서 자동연장협정을 두고 있다. 김기우·이종수·남우근, 271면 참조.

53) 청주지법 제천지원 2012. 6. 13. 선고 2011가단4915 판결의 단체협약 조항.

54) 수원지법 안양지원 2012. 5. 24. 선고 2011가합7227 판결의 단체협약 조항.

55) 창원지법 2012. 2. 9. 선고 2011가단8723 판결의 단체협약 조항.

56) 서울고법 2011. 2. 18. 선고 2010나81928 판결의 단체협약 조항.

57) 대법원 1992. 4. 14. 선고 91누8364 판결. 위 대법원 판결 이후 자동연장협정의 유효성에

현행 노조법에서는 32조 3항 본문과 단서 전단에서 위와 같은 자동연장협정의 유효성을 명시적으로 인정하고 있다.

(1) 자동연장협정의 유형[58]

(가) 연장기간을 정하는 방식에 따른 자동연장협정의 유형

자동연장협정에는 그 연장기간을 정하는 방식에 따라 확정기한부 자동연장협정과 불확정기한부 자동연장협정의 두 유형이 있다.

확정기한부 자동연장협정은 가령 "본 협약의 유효기간은 체결 후 2년간으로 한다. 유효기간의 경과로 단체협약의 효력이 상실된 경우 6개월까지 효력을 갖는다."[59]는 식으로 자동연장협정에 의한 효력 연장기간의 종기를 확정기한으로 정하는 단체협약 조항을 말한다.

불확정기한부 자동연장협정은 가령 "본 협약의 유효기간은 2006. 4. 1.부터 2008. 3. 31.까지로 한다. 본 협약이 유효기간이 만료되더라도 갱신체결 시까지는 본 협약의 효력은 지속된다."[60]는 식으로 단체협약의 효력 연장기간의 종기를 '갱신체결 시' 등의 불확정기한으로 정하는 단체협약 조항을 말한다. 불확정기한부 자동연장협정에 의한 단체협약의 효력 연장은 새로운 단체협약이 체결될 때까지 지속되고 새로운 단체협약이 체결되면 종전 단체협약의 효력은 종료된다. 다만 새로운 단체협약이 체결되었으나 그 중 강행법규 위반으로 무효로 되는 부분에 대하여는 유효한 단체협약이 새로 체결되지 아니한 상태와 마찬가지이므로, 종전의 단체협약 중 해당 부분의 효력이 존속된다고 보는 하급심 판결이 있다.[61]

관한 행정해석이 변경되었다.

① 종전의 해석(노조 01254-7550, 90. 5. 26.)

「단체협약에서 "협약갱신체결을 위한 교섭을 진행하였으나 신협약이 체결되지 아니하였을 경우 신협약체결시까지 본 협약은 효력을 가진다"라는 취지의 규정을 두더라도 이는 노조법 35조의 입법취지에 저촉되므로 인정될 수 없다」

② 변경된 해석(노조 01200-477, 93. 5. 3.)

「단체협약에서 "협약갱신체결을 위한 교섭을 진행하였으나 신협약이 체결시까지 본 협약은 효력을 가진다"라는 취지의 소위 "자동연장협정"은 노동조합법 35조 2항에 따라 2년의 범위 내에서만 효력이 있는 것임」

58) 이에 대하여는 강선희b, 99면 이하 참조.

59) 서울행법 2009. 8. 14. 선고 2009구합1594 판결의 단체협약 조항.

60) 대구지법 포항지원 2010. 5. 25. 선고 2009가단2994 판결의 단체협약 조항.

61) 서울고법 2021. 1. 29. 선고 2019나2033430 판결, 부산고법(창원) 2022. 6. 16. 선고 2021나12059 판결, 서울고법(인천) 2022. 7. 22. 선고 2021나11426 판결.

확정기한부 자동연장협정과 불확정기한부 자동연장협정을 구별하는 실익은 노조법 32조 3항 단서에서 규정하는 당사자 일방에 의한 해지권은 불확정기한부 자동연장협정에 대하여만 인정되고 확정기한부 자동연장협정에는 인정되지 않는다는 점에 있다.

(내) 연장요건의 유무에 따른 자동연장협정의 유형

먼저 자동연장협정의 경우에도 법정효력연장의 경우와 마찬가지로 단체교섭의 계속을 효력연장의 요건으로 보아야 할지 문제된다. 노조법 32조 3항 본문에서 자동연장협정을 포함한 별도의 약정에 관하여 단체교섭의 계속이라는 요건을 명시하고 있다고 보기 어려운 점, 3항 단서 전문에서 해지권의 대상이 되는 자동연장협정의 한 유형을 명시하면서 단체교섭의 계속 유무를 묻지 않고 있는 점을 고려할 때 법정효력연장과는 달리 단체교섭의 계속을 자동연장협정에 의한 효력 연장의 요건으로 볼 것은 아니다.

이와 같은 관점에서 볼 때 대법원이 자동연장협정을 "종전의 단체협약에 그 유효기간이 만료된 후에도 갱신체결을 위한 단체교섭이 진행 중일 때에는 종전의 단체협약이 계속 효력을 갖는다는 규정"으로 보아 마치 단체교섭의 계속을 자동연장협정의 필수적인 요건인 것처럼 판시한 것은 다소 부정확하다고 할 수 있다.62) 다만 대법원이 그 후의 한 판결63)에서 자동연장협정을 "유효기간 경과 후에도 새로운 단체협약이 체결되지 않은 때에는 새로운 단체협약이 체결될 때까지 종전의 단체협약의 효력을 존속시킨다는 규정"이라고 정의하여 단체교섭의 계속을 그 개념요소로 삼지 않은 것은 타당하다.

다만, 협약당사자가 자동연장협정을 체결하면서, 가령 "단체협약의 유효기간은 체결일부터 2년(임금협정은 1년)이고, 유효기간이 만료된 이후에도 갱신체결을 위한 교섭이 진행 중일 때에는 단체협약의 효력은 지속"64)한다고 하는 것처럼 단체교섭의 계속을 요건으로 하는 경우가 있고, "단체협약의 유효기간은 체

---

62) 대법원 1993. 2. 9. 선고 92다27102 판결. 대법원의 위와 같은 판시는 위 대법원 판결의 단체협약 조항이 '유효기간이 만료된 이후에도 갱신체결을 위한 교섭이 진행 중일 때에는 단체협약의 효력은 지속'되는 것으로 규정하고 있는 점에 기인한 것으로 볼 수 있고, 단체교섭의 계속을 요건으로 하는 법정효력연장 제도와의 관계에서 자동연장협정의 유효성을 논하는 과정에서 이루어진 판시로 선해할 수도 있다.

63) 대법원 2002. 3. 26. 선고 2000다3347 판결.

64) 대법원 1993. 2. 9. 선고 92다27102 판결의 단체협약 조항. 대법원 1992. 4. 14. 선고 91누8364 판결의 단체협약 조항도 마찬가지이다.

결일부터 1년으로 하되, 새로운 단체협약의 효력이 발생할 때까지는 유효한 것으로 본다."[65]라고 하여 단체교섭의 계속을 요건으로 하지 않는 경우가 있다.

비록 단체교섭의 계속을 자동연장협정에 의한 효력 연장의 요건으로 볼 것은 아니지만 협약당사자가 자동연장협정 중에서 단체교섭의 계속을 요건으로 한 경우에는 갱신체결을 위한 교섭이 진행 중일 때에만 종전 단체협약의 효력이 연장된다.[66] 대법원이 단체협약에서 단체교섭의 계속을 자동연장협정의 요건으로 한 사안에서, 단체협약의 갱신체결을 위한 단체교섭이 결렬되거나 당사자가 단체협약의 갱신체결을 위한 교섭을 거부하고 또는 부당하게 지연시키지 아니한 상태에서 단체협약체결을 위한 정상적인 교섭이 진행 중일 때에는 종전 단체협약의 효력이 잠정적으로 지속된다고 판시[67]한 것은 위와 같은 의미로 이해할 수 있다.

반대로 단체교섭의 계속을 요건으로 규정하지 않은 경우에는 단체협약의 효력 연장 여부가 문제되는 시점에서 비록 갱신체결을 위한 단체교섭이 계속되지 않고 있더라도 단체협약의 효력은 지속된다.

단체교섭의 계속을 자동연장의 요건으로 하는 경우 교섭절차에 관한 규정(가령 유효기간 만료일 35일 전에 갱신안을 제출하고 30일 전에 신협약 교섭에 착수하여 유효기간 내에 단체협약을 갱신하여야 한다)을 준수하여야 자동연장이 되는 것인지 여부가 쟁점이 된 사건에서, 1심 법원[68]은 교섭절차의 준수를 요구하여 이를 지키지 않은 경우 자동연장을 부정한 것에 대하여, 항소심 법원[69]과 대법원[70]은 교섭절차에 관한 규정을 준수하여야 자동연장 된다고 볼 수 없다고 하여 교섭절차가 준수되지 않았지만 자동연장을 인정한 사례가 있다.

---

65) 부산고법 2010. 3. 30. 선고 2009나14661 판결의 단체협약 조항.
66) 강선희b, 100면; 서울행법 2010. 5. 14. 선고 2009구합36484 판결. 단체교섭의 계속을 자동연장의 요건으로 삼은 사안에서 단체교섭의 계속 여부에 관하여 상세하게 판단한 판결로 서울고법 2011. 2. 15. 선고 2010누18743 판결(대법원 2011. 7. 28. 선고 2011두6042 판결로 상고기각) 참조.
67) 대법원 1993. 2. 9. 선고 92다27102 판결. 위 판결은 단체교섭의 계속을 요건으로 한 자동연장협정의 경우에 단체교섭의 계속이 요구된다는 것이지, 일반적으로 자동연장협정의 경우에 단체교섭의 계속이 효력 연장을 위한 요건으로 요구된다는 취지로 이해되어서는 곤란하다.
68) 서울남부지법 2005. 6. 21. 선고 2004고정2076 판결.
69) 서울남부지법 2006. 4. 19. 선고 2005노976 판결.
70) 대법원 2006. 6. 29. 선고 2006도3005 판결.

㈐ 연장범위에 따른 자동연장협정의 유형

자동연장협정에 의하여 그 효력이 연장되는 단체협약의 조항의 범위에 대하여 특별한 정함이 없는 경우, 가령 "본 협약의 유효기간이 만료되더라도 갱신체결 시까지는 본 협약의 효력은 지속된다."라고 할 때에는 단체협약의 규범적 부분, 채무적 부분을 가릴 것 없이 단체협약의 모든 조항의 효력(규범적·채무적 효력)이 연장된다. 그러나 자동연장협정에서 단체협약 전체가 아니라 일부만을 연장하기로 특정한 경우, 가령 "단체협약 체결 시 그 효력기간은 1년으로 하되, 기간종료 후라도 갱신체결 시까지는 단체협약의 규범적 효력은 계속"[71]되는 것으로 정한 경우에는 위 약정에 따라 규범적 부분에 한하여 단체협약의 효력이 연장된다고 한다.[72] 다만 위와 같은 단체협약 조항의 경우 협약당사자가 규범적 효력과 채무적 효력 또는 규범적 부분과 채무적 부분을 구분하고 채무적 부분의 효력은 연장하지 않고 규범적 부분의 효력만을 연장하겠다는 취지로 작성한 것인지는 의문이 있고, 경우에 따라서는 단체협약의 모든 부분의 효력 연장을 의도하면서 규범적 부분의 효력 연장을 주의적으로 기재한 경우도 있을 것으로 본다.

㈑ 약정 시기에 따른 자동연장협정의 유형

자동연장협정을 정하는 가장 전형적인 모습은 단체협약을 체결하면서 부칙 등에서 단체협약의 유효기간과 함께 자동연장협정을 체결하는 형식이다. 그러나 자동연장협정을 단체협약의 체결과 동시에 할 필요는 없고 단체협약의 유효기간 중에도 보충협약 등의 형태로 체결할 수 있다. 이 경우 단체협약 체결 시에 체결된 자동연장협정과 그 효력 등에서 차이가 없다.

한편 단체협약의 본래의 유효기간이 만료된 후 법정효력연장 규정에 의하여 효력이 연장되는 기간 중이나 자동연장협정에 의하여 효력이 연장되는 기간 중에도 또 다른 연장의 합의를 할 수 있다.[73] 다만 이와 같이 단체협약의 본래

71) 대법원 1997. 6. 13. 선고 96누17738 판결의 단체협약 규정. 대법원 1994. 1. 14. 선고 93다968 판결, 부산고법 1992. 11. 25. 선고 92나8095 판결, 부산고법 1994. 9. 2. 선고 93나715 판결, 서울고법 1994. 10. 18. 선고 94나14058 판결, 서울행법 2004. 7. 6. 선고 2002구합15372 판결, 전주지법 군산지원 2005. 7. 7. 선고 2005가합130 판결, 서울고법 2007. 6. 22. 선고 2006나30282 판결, 서울고법 2007. 6. 22. 선고 2006나30305 판결, 서울중앙지법 2009. 10. 15. 선고 2009가합85651 판결, 서울고법 2010. 4. 7. 선고 2009누27376 판결의 각 단체협약 조항 참조.
72) 강선희b, 100면.
73) 임종률, 191면. 단체협약의 유효기간이 만료한 후 자동연장협정에 의하여 효력이 연장되던 중에 임시협정의 형식으로 또 다른 연장 합의를 한 사안에 관하여는 서울고법 2008. 1. 25. 선고 2007나26501 판결의 단체협약 조항 및 임시협정 참조.

의 유효기간이 만료된 후의 연장합의는 자동연장협정이라고 하기는 어렵고 당
사자가 단체협약의 유효기간이 만료된 이후의 경제적·사회적 여건을 감안하여
그 효력을 연장하기로 한 별도의 합의라고 볼 것이고, 비록 그 내용 중에 '새로
운 단체협약의 체결'이라는 불확정 기한을 종기로 하였다고 하더라도 위 연장합
의는 32조 3항 단서에 의한 해지권의 대상이 될 수 없다고 본다.

(2) 자동연장협정에 의한 효력 연장의 기간

단체협약에 자동연장협정이 있는 경우에는 단체협약의 유효기간은 그 협정
내용에 따라 일정한 기간까지(확정기한부 자동연장협정) 또는 새로운 단체협약이
체결될 때까지(불확정기한부 자동연장협정) 연장되는 것이 원칙이다.

㈎ 자동연장협정을 두고 있는 경우 연장되는 기간이 노조법 32조 3항 본문
에 의한 제한을 받아 본래의 유효기간 만료일부터 3월까지로 한정되는 것이 아
님은 판례[74]나 본조 3항 본문과 단서의 문언에 비추어 명백하다.[75]

문제가 되는 것은 본래의 유효기간과 자동연장협정에 의하여 연장되는 기
간을 합산하여 본조 1·2항에 의한 제한인 3년 또는 3항 본문의 법정효력연장
3월을 합산한 3년 3월을 넘을 수 있는가 하는 점인데,[76] 구 노조법상 2년의 유
효기간의 상한이 적용되는 사안에서 자동연장협정에 의하여 연장되는 기간과
본래의 유효기간을 합쳐 2년 3월에 한하여 유효하다고 볼 것은 아니라는 것이
대법원의 태도이다.[77][78]

---

74) 대법원 1992. 4. 14. 선고 91누8364 판결, 대법원 1993. 2. 9. 선고 92다27102 판결, 대법원
    1993. 2. 9. 선고 92다27119 판결. 구 노조법(1987. 11. 28. 법률 3966호로 개정된 것) 당시
    법정효력규정을 정한 35조 3항에서는 현행 노조법과 달리 '별도의 약정'에 관한 규정이 없
    어, 법정효력규정에 관한 35조 3항도 강행규정으로서 이를 초과하는 기간을 정한 자동연장협
    정은 무효가 아닌가 하는 논의가 있었다.
75) 다만, 자동연장기간을 3월로 정하는 경우도 종종 있다. 서울중앙지법 2009. 10. 15. 선고
    2009가합85651 판결, 서울동부지법 2011. 5. 12. 선고 2010가합17305 판결의 단체협약 참조.
76) 법정효력연장에 관한 규정이 없는 일본에서는 자동연장협정의 기한을 정한 경우 본래의
    유효기간과 연장된 기간을 합산하여 노동협약의 유효기간 상한인 3년을 초과할 수 있는가에
    관하여 ① 본래의 유효기간과 연장기간을 합산하여 3년을 초과할 수 없고, 3년을 경과하는
    시점에서 실효한다는 견해(淸水一行, 342~343면; 幸地成憲, 96면; 菅野, 948면)와 ② 3년을 경
    과한 후에는 유효기간의 정함이 없는 협약으로서 효력을 가지고, 당사자는 90일 전의 예고에
    의하여 일방적 해약이 가능하다는 견해(沼田稻次郞, 275면; 西谷 敏a, 388면)의 대립이 있다.
    우리의 경우에는 법정효력연장 제도가 있으므로 3년 3월을 초과할 수 있는가 하는 식으로
    문제가 제기되고, 이에 대하여 판례는 3년 3월을 초과할 수 있다는 태도를 취하였고, 이에
    따라 언제까지 연장 가능한가의 문제가 제기된다.
77) 대법원 1993. 2. 9. 선고 92다27102 판결, 대법원 1993. 2. 9. 선고 92다27119 판결.
78) 2년 3월 이상의 기간 동안 단체협약의 효력 존속을 인정한 또 다른 예로, 대법원 2006. 6.

앞서 본 것처럼 32조 1·2항에서 정하는 유효기간의 제한은 단체협약의 본래의 유효기간을 그 적용대상으로 하는 것인 점, 나아가 현행 노조법 32조 3항 단서의 해지권에 관한 규정에서 6개월의 해지통고 기간을 규정하고 있는데 해지통고는 본래의 유효기간 중에 미리 할 수는 없고 유효기간이 만료되어 자동연장협정에 따라 유효기간이 연장된 이후에 하여야 하는 것으로 해석되므로 단체협약의 본래의 유효기간이 경과하자마자 해지통고를 하더라도 단체협약은 적어도 유효기간 경과 후 6개월은 존속하게 되어 본래의 단체협약의 유효기간이 3년이고 불확정기한부 자동연장협정이 있는 경우 최소한 3년 6개월 동안 단체협약은 그 효력을 지속하게 되는 점 등에 비추어 대법원의 위와 같은 태도는 현행 노조법하에서도 타당하고, 본래의 유효기간과 자동연장협정에 의하여 연장되는 기간을 합산하여 3년 3월에 한하여 유효하다고 볼 것은 아니다.

(나) 나아가 본래의 유효기간과 자동연장협정에 의하여 연장되는 기간을 합산하여 3년 3월에 한하여 유효하다고 할 것이 아니라고 할 때 단체협약은 언제까지 그 효력을 지니는 것인가, 특히 자동연장협정에 의하여 연장되는 기간은 노조법 32조 1·2항에서 규정하는 3년을 초과할 수 있는가 하는 문제가 제기된다.

① 먼저 확정기한부 자동연장협정이 있는 경우에는 그 종기가 도래할 때까지 효력을 가진다. 다만 이 경우 자동연장협정에 의하여 연장되는 기간을 3년 이상으로 정하는 것이 가능한가 하는 문제가 있다. 자동연장협정이 단체교섭이 타결되어 새로운 협약이 체결되기까지의 사이에 잠정적으로 무협약 상태를 회피하기 위한 취지의 규정이라는 점, 유효기간의 만료 전후에 동일한 내용의 새로운 협약을 체결하는 경우나 자동갱신협정에 의하여 갱신되는 협약은 노조법 32조 1·2항의 제한을 받는 것과의 형평을 고려하는 것이 타당한 점, 노조법 32조 3항 단서에서 규정하는 당사자 일방에 의한 해지권이 인정되는 불확정기한부 자동연장협정과는 달리 확정기한부 자동연장협정의 경우에는 해지권이 인정되지 않아 부당한 장기간의 구속을 벗어날 장치가 마련되어 있지 않은 점 등을 종합하여 보면 확정기한부 자동연장협정에 의한 효력 연장은 3년을 초과할 수 없다고 보는 것이 타당하다.[79]

② 불확정기한부 자동연장협정이 있는 경우에는 3년을 초과하여 연장될 수

---

29. 선고 2006도3005 판결(원심은 서울남부지법 2006. 4. 19. 선고 2005노976 판결) 참조.
79) 노호창, 111면도 같은 견해.

있는가. 불확정기한부 자동연장협정에 의한 효력 연장기간이 구 노조법의 유효기간 상한인 2년을 초과할 수 있는지가 쟁점이 된 사건과 관련하여, 대법원은 단체협약의 당사자인 노동조합과 사용자가 2년을 초과하는 단체협약의 유효기간을 정하더라도, 그 단체협약의 유효기간은 노조법 32조 1·2항의 제한을 받아 2년으로 단축되는 것이 원칙이라고 하면서, 그러나 한편 노조법 32조 3항 단서는 노조법 32조 1·2항에도 불구하고 단체협약 자치의 원칙을 어느 정도 존중하면서 단체협약 공백 상태의 발생을 가급적 피하려는 목적에서, 사전에 불확정기한부 자동연장조항에 의하여 일정한 기한 제한을 두지 아니하고 유효기간이 경과한 단체협약의 효력을 새로운 단체협약 체결 시까지 연장하기로 약정하는 것을 허용하되, 위와 같이 단체협약의 유효기간을 제한한 입법 취지가 훼손됨을 방지하고 당사자로 하여금 장기간의 구속에서 벗어날 수 있도록 하고 아울러 새로운 단체협약의 체결을 촉진하기 위하여, 6개월의 기간을 둔 해지권의 행사로 언제든지 불확정기한부 자동연장조항에 따라 효력이 연장된 단체협약을 실효시킬 수 있게 한 것으로 해석된다고 보고, 위와 같은 노조법 각 규정의 내용과 상호 관계, 입법 목적 등을 종합하여 보면, 단체협약이 노조법 32조 1·2항의 제한을 받는 본래의 유효기간이 경과한 후에 자동연장조항에 따라 계속 효력을 유지하게 된 경우에, 그 효력이 유지된 단체협약의 유효기간은 노조법 32조 1·2항에 의하여 일률적으로 2년으로 제한되지는 아니한다고 봄이 타당하다고 하였다.[80]

　앞서 본 바와 같이 노조법 32조 1·2항의 유효기간 제한은 단체협약의 본래의 유효기간을 그 적용대상으로 하는 규정이지 자동연장협정 등 별도의 약정에 의하여 노조법 32조 1·2항의 유효기간 제한을 넘어서는 모든 경우를 그 적용대상으로 하는 규정은 아닌 점, 자동연장협정으로 인해 단체협약이 부당하게 장기화될 경우에 대비하여 노조법 32조 3항 단서에서 당사자 일방에 의한 해지권 조항을 두어 부당한 구속으로부터 벗어날 수 있는 장치를 마련하고 있는 점, 그런데도 만료일부터 3년을 넘어서도 해지하지 않고 있는 당사자의 의사를 존중하는 것이 단체협약 자치의 원칙에 충실하고 단체협약 공백 상태의 발생을 가급적 피한다는 원칙에도 부합하는 점 등을 종합하면 불확정기한부 자동연장

---

80) 대법원 2015. 10. 29. 선고 2012다71138 판결. 1심(창원지법 2011. 5. 17. 선고 2010가단 22081 판결)에서는 자동연장협정에 의하여 연장되는 기간에 대하여도 노조법 32조 1·2항이 적용되어 2년을 초과할 수 없다고 보았으나, 항소심(창원지법 2012. 7. 10. 선고 2011나5749 판결)에서는 대법원의 판단과 같이 2년을 초과할 수 있다고 보았다.

협정이 있는 경우에 그 연장기간을 32조 1 · 2항에서 정한 3년으로 한정할 것은 아니고 단체협약은 당사자 일방에 의하여 해지될 때까지 효력을 지속한다고 보는 것이 타당하다. 대법원의 위와 같은 결론은 타당하다.

(3) 본 협약의 자동연장과 개별협정의 자동연장의 관계

단체협약에는 자동연장협정이 있는데 임금협약 등 개별협정에는 자동연장 협정이 없는 경우 개별협정도 자동연장 된다고 할 것인가.

이에 대하여는 단체협약을 체결함과 동시에 별도의 임금협약을 체결하였고 임금협정서에 단체협약과의 관계에 관하여 임금협정서의 내용이 우선 적용된다고 명시되어 있는 점, 단체협약에서는 그 유효기간을 2년으로 하되, 단체교섭이 진행 중일 때에는 계속 효력을 갖는다는 특약조항이 포함된 반면, 임금협정에는 그 유효기간을 단체협약과 달리 1년으로 정하면서 단체협약과 같은 효력지속조항을 두지 않은 점 등을 근거로 임금협약은 자동연장 되지 않는다고 한 하급심 판결이 있다.[81]

이에 대해 단체협약에 임금협약의 유효기간이 규정되어 있음을 근거로 하여 임금협약도 자동연장 되었다고 한 하급심 판결[82]이 있다.

(4) 자동연장기간 중의 평화의무의 존부

자동연장협정은 새로운 협약 체결을 위한 교섭이 계속되는 동안의 공백 상태를 피하기 위하여 일시적으로 종전 협약의 효력을 연장시키는 것이므로, 그 기간 중 평화의무는 작동하지 않는다.[83] 따라서 자동연장협정에 의해 연장된 기간 중에 단체교섭이 결렬된 결과 쟁의행위를 하는 것은 평화의무 위반이 아니다.

(5) 자동연장협정의 효과

자동연장협정에 의하여 단체협약의 규범적 · 채무적 부분을 가리지 않고 그 규범적 · 채무적 효력이 연장된다. 따라서 취업규칙이나 개별약정에 의하여 단체협약의 내용을 변경할 수 없고, 이를 위반하면 무효가 된다. 다만 단체협약 자체에서 일부의 연장만을 규정한 경우에는 그에 따른다.

---

81) 수원지법 2010. 12. 7. 선고 2010노3947 판결. 상고심은 대법원 2011. 4. 14. 선고 2010도 17584 판결로 상고기각.

82) 제주지법 2010. 9. 10. 선고 2009가소67224 판결.

83) 西谷 敏a, 388면. 김형배, 1316면에서는 평화의무가 인정되지 않는다는 견해에 대해 의문의 여지가 있다고 한다.

나. 자동갱신협정

노조법 32조 3항 본문에서 말하는 별도의 협정에는 자동갱신협정도 포함된 다.[84] 자동갱신협정이란 단체협약의 유효기간이 만료되기 이전 일정 기간 안에 협약당사자가 단체협약의 개정 또는 파기에 관한 의사표시를 하지 않는 한 종 전 단체협약의 기간 만료와 동시에 종전 단체협약과 동일한 내용의 새로운 단 체협약이 체결된 것으로 한다는 취지의 단체협약 조항을 말한다. 가령 단체협약 을 갱신하고자 할 때에는 일방이 유효기간 만료 30일 전에 갱신안을 제출하고 단체교섭을 요구하여야 하며, 그 요구가 없을 때에는 위 단체협약은 자동갱신된 다고 규정하는[85] 협정이다.[86]

자동갱신협정은 당사자의 유효기간 만료 후의 단체협약 체결권을 미리 제 한하거나 박탈하는 것이 아니므로 유효하다.[87]

자동갱신협정에 기초하여 반복적으로 갱신이 되는 경우 종래의 협약과 동 일한 협약이 3년을 초과하여 노사 당사자를 구속하는 결과가 발생할 수 있으나, 자동갱신협정은 종전의 단체협약과 동일한 내용의 새로운 단체협약을 체결하는 절차를 생략한 것으로 기존 단체협약의 연장이 아니라 새로운 단체협약을 체결 하는 것과 동일한 의미를 갖는다. 따라서 종전 단체협약의 유효기간과 자동갱신 된 새로운 단체협약의 유효기간을 통산하여 3년을 초과하더라도 노조법 32조 1·2항 위반의 문제는 발생하지 않는다.[88]

새로운 단체협약의 유효기간에 관하여 자동갱신협정에서 별도로 정하고 있 는 경우에는 그에 따른다. 가령 자동갱신협정에서 "기간 만료일 45일전에 쌍방 개정안을 제출하고 30일 이전에 신협약 토의에 착수하여 유효기간 내에 갱신하 여야 하며, 상호이의가 없을 경우에는 이 협약은 자동적으로 1년간 연장된 다."[89]라고 규정하는 경우에는 그에 따라 1년간 유효기간을 갖게 된다. 별도의

---

84) 사법연수원a, 228면.
85) 대법원 1993. 2. 9. 선고 92다27102 판결의 단체협약 조항.
86) 한국노동연구원의 2014년도 단체협약 실태조사에 의하면, 조사 대상 단체협약 중 42.6%의
    단체협약에서 자동갱신조항을 두고 있다. 한국노동연구원, 387~392면 참조. 한국노총의 2019
    년도 단체협약 분석에 의하면, 분석 대상 단체협약 중 49%의 단체협약에서 자동갱신조항을
    두고 있다. 김기우·이종수·남우근, 272~274면 참조.
87) 대법원 1993. 2. 9. 선고 92다27102 판결.
88) 김형배, 1318면; 西谷 敏a, 388면.
89) 서울고법 2010. 3. 26. 선고 2009누20832 판결의 자동갱신협정, 서울고법 2002. 12. 18. 선
    고 2002나3916 등 판결의 자동갱신협정도 참조.

약정이 없는 경우에는 새로운 단체협약의 유효기간은 종전의 단체협약의 유효
기간과 같고,[90] 그 새로운 유효기간에 대하여는 노조법 32조 1·2항에 의하여
최장기간의 제한을 받는다.[91]

자동갱신된 단체협약에 대하여는 노조법 32조 3항 단서에 의한 해지권이
인정되지 않는다.[92]

자동갱신협정의 요건을 갖추게 되면 종전의 단체협약의 유효기간이 만료됨
과 동시에 그와 동일한 내용의 새로운 단체협약이 체결된 것과 같은 효력이 생
긴다. 따라서 자동갱신이 이루어지면 단체협약의 규범적 부분, 채무적 부분을
구분하지 않고 단체협약의 모든 조항이 그대로 효력을 갖게 된다.

다. 자동연장협정과 자동갱신협정의 구별

(1) 이론적 구별

자동연장협정이 새로운 단체협약 체결을 위한 교섭이 타결되지 않는 때를
대비하여 새로운 단체협약이 체결될 때까지 효력을 연장하는 것이라면, 자동갱
신협정은 협약당사자가 종전의 단체협약을 변경할 의사가 없는 경우에 동일한
내용의 협약을 체결하는 절차를 생략하고 단체협약을 보다 간단한 방법으로 체
결하기 위하여 마련된 것이다.

종전 단체협약의 효력 존속을 저지할 수 있는가라는 면에서 보면, 자동갱신
협정은 종전 단체협약의 만료일 이전에 당사자가 종전 단체협약의 갱신에 대하
여 이의를 제기하여 종전 단체협약이 동일한 상태로 존속하는 것을 저지할 수
있다는 점에서 당사자가 종전 단체협약의 효력 만료 시까지 새로운 협약을 체
결하지 않는 한 그 연장을 저지할 수 없는 자동연장협정과 다르다.

---

90) 김유성, 205면; 사법연수원a, 229~230면. 이와 달리 임종률, 192면에서는 갱신기간을 정하
지 않은 때에는 종전과 같은 기간이 아니라 2년(3년의 오기로 보인다)이 된다고 한다.
91) 대법원 1993. 2. 9. 선고 92다27102 판결.
92) 김형배, 1317면; 임종률, 192면. 서울고법 2002. 12. 18. 선고 2002나3916 등 판결에서는 노
조법 32조 3항 단서에 규정된 단체협약의 6개월 전 해지통고 조항은 단체협약에 그 유효기
간이 경과한 후에도 새로운 단체협약이 체결되지 아니한 때에 새로운 단체협약이 체결될 때
까지 종전 단체협약의 효력을 존속시킨다는 취지의 별도의 약정이 있는 경우, 즉 단체협약의
자동연장협정이 있는 경우 당사자 일방이 해지하고자 하는 날의 6개월 전까지 상대방에게
통고함으로써 이를 해지할 수 있다는 규정으로서, 이 사건과 같이 자동갱신협정에 의하여 단
체협약이 자동갱신된 경우에는 적용되지 않는다고 판시하였다. 이에 반하여 수원지법 안산지
원 2011. 12. 21. 선고 2011가단18895 판결, 부산지법 동부지원 2012. 9. 18. 선고 2012가단
9821 판결은 단체협약에 자동갱신협정을 규정한 경우 노조법 32조 3항 단서에 따라 해지할
수 있다고 하였는데, 타당하지 않다.

또한 종전 단체협약의 종료 여부라는 관점에서 보면, 자동갱신협정은 유효기간이 만료한 협약을 일단 종료시키고 동일한 내용의 새로운 협약을 체결하는 것인데 대하여, 자동연장협정은 새로운 단체협약을 체결하는 것이 아니라 유효기간이 만료한 협약을 그대로 종료시키지 않고 유효기간을 연장하는 것인 점에서 다르다.[93] 이와 같은 점에서 자동갱신협정에 의하여 갱신된 기간은 종전 단체협약의 유효기간과 연속된 기간이라고 할 수 없는 데 대하여, 자동연장협정에 의하여 연장된 기간은 종전 단체협약의 유효기간과 연속된 기간이라고 할 수 있다.[94]

자동갱신된 기간은 종전 단체협약의 유효기간과 연속된 기간이 아니므로 종전 단체협약의 유효기간과 자동갱신된 기간을 합산하여 3년을 초과하더라도 노조법 32조 1·2항에 위반되지 않는다. 단지 종전 단체협약의 유효기간과 자동갱신된 기간은 독립하여 노조법 32조 1·2항의 규제를 받을 뿐이어서, 자동갱신된 기간은 노조법 32조 1·2항에 의하여 최장기간 3년의 제한을 받는다. 한편 자동연장된 기간은 종전 단체협약의 유효기간과 연속된 기간이기는 하나, 판례에 의하면 구 노조법상 2년의 유효기간의 상한이 적용되는 사안에서 자동연장협정에 의하여 연장되는 기간과 본래의 유효기간을 합쳐 2년 3월에 한하여 유효하다고 볼 것은 아니라고 한다.[95] 나아가 불확정기한부 자동연장협정에 의하여 연장된 기간이 구 노조법 32조 1·2항에 의하여 일률적으로 2년으로 제한되지는 아니한다고 한다.[96]

자동갱신된 기간 중에는 여전히 평화의무가 미치고, 노조법 32조 3항 단서에 의한 해지가 허용되지 않는 반면, 자동연장된 기간 중에는 평화의무가 없고, 불확정기한부 자동연장협정에 대하여는 노조법 32조 3항 단서에 의한 해지권이 인정된다.

이와 같이 자동갱신협정과 자동연장협정은 이론적으로 구별되지만, 자동갱신협정과 자동연장협정은 유효기간을 넘어서 단체협약의 효력을 존속시킨다는 점에서는 공통점이 있고 이와 같은 점에서 그 구별이 어려운 경우도 있다.

---

93) 野川 忍a, 209면 참조.
94) 菅野, 948면 참조.
95) 대법원 1993. 2. 9. 선고 92다27102 판결, 대법원 1993. 2. 9. 선고 92다27119 판결.
96) 대법원 2015. 10. 29. 선고 2012다71138 판결.

(2) 실무적 구별

자동갱신협정과 자동연장협정의 구별과 관련하여 먼저 '연장'이나 '갱신' 등의 용어에 집착하여서는 아니 된다.

가령 단체협약 부칙 5조 2항에 "기간 만료일 45일전에 쌍방개정안을 제출하고 30일 이전에 신협약 토의에 착수하여 유효기간 내에 갱신하여야 하며, 상호이의가 없을 경우에는 이 협약은 자동적으로 1년간 연장된다."[97]라는 규정은 당사자가 효력의 연장에 대하여 이의를 제기할 수 있으므로, 자동연장협정이 아니라 자동갱신협정에 해당한다.

반대로 "유효기간 만료일 30일 전에 갱신안을 상호교환하고 교섭에 착수하여 만료일 전에 체결하여야 하며, 유효기간을 경과하였을 경우 자동갱신된 것으로 하여 교섭이 체결될 때까지 계속 효력을 갖는다."라는 규정[98]은 당사자가 효력의 연장에 대하여 이의를 제기할 수 있는 기회가 없고 새로운 협약을 체결한 것이 아니라 새로운 협약 체결까지 효력을 연장한 것에 불과하므로, 자동연장협정에 해당한다.

단체협약에서 자동연장협정과 자동갱신협정을 동시에 두고 있는 경우가 상당히 많다. 가령 단체협약의 유효기간은 체결일부터 2년이고, 유효기간이 만료된 이후에도 갱신체결을 위한 교섭이 진행 중일 때에는 단체협약의 효력은 지속하고, 그 협약을 갱신하고자 할 때에는 일방이 유효기간 만료 30일 전에 갱신안을 제출하고 단체교섭을 요구하여야 하며, 그 요구가 없을 때에는 위 단체협약은 자동갱신되는 것으로 규정되어 있는 경우이다.[99]

이 경우 협약 갱신의 요구가 있으면 자동갱신은 차단되어 자동연장협정에 의하여 단체협약의 효력이 지속되고, 협약 갱신의 요구가 없으면 단체협약의 효력은 자동갱신된다.

자동연장협정과 자동갱신협정을 동시에 두고 있는 것과 조금 구분되는 것이 자동연장협정과 결합되어 있는 갱신조항이다. 가령 "본 협약의 유효기간은 체결일부터 1년으로 한다. 본 협약의 유효기간이 만료되더라도 갱신 체결 시까지 본 협약의 효력은 지속된다. 단 교섭기간이 6월을 경과하여도 새로운 단체협

---

97) 서울고법 2010. 3. 26. 선고 2009누20832 판결의 단체협약 조항.
98) 서울남부지법 2012. 4. 6. 선고 2011노831 판결의 단체협약 조항.
99) 대법원 1993. 2. 9. 선고 92다27102 판결의 단체협약 조항.

약이 맺어지지 않을 경우 기존 단체협약을 새로이 체결된 단체협약으로 한다."
라는 규정이다.[100)

위 규정은 말하자면 유효기간이 종료하면 일단 자동연장협정에 의하여 효
력을 지속하다가 6월이 지나도 새로운 협약이 체결되지 않는 경우 종전 단체협
약의 내용대로 새로운 협약을 체결하는 것으로 한다는 것으로 자동연장협정과
갱신조항이 결합되어 있는 규정이다. 위 갱신조항은 단체협약의 유효기간 만료
시 자동갱신을 규정하는 것이 아니라 일단 단체협약의 만료로 인한 공백 상태
는 자동연장협정으로 방지하고 새로운 협약이 체결되지 않을 때 갱신되도록 하
는 규정으로서 자동갱신과는 구별된다.

위와 같은 자동연장협정과 연결되어 있는 갱신조항에 의하여 갱신된 단체
협약의 유효기간과 관련하여, 단체협약의 해석에 관하여 견해의 제시를 받은 지
방노동위원회에서는 자동연장된 기간을 포함하여 단체협약의 본래의 유효기간
다음 날부터 1년(구 노조법상의 유효기간 상한)으로 본 것과 달리, 자동연장된 기
간은 갱신된 새로운 단체협약의 유효기간에는 포함되지 않는다고 하여 자동연
장된 기간 종료 다음 날부터 1년간 효력을 지속한다고 본 하급심 판결이 있
다.[101)

7. 노조법 32조 3항 단서의 규정에 의한 해지권

노조법 32조 3항 단서에서는 단체협약에 그 유효기간이 경과한 후에도 새
로운 단체협약이 체결되지 아니한 때에는 새로운 단체협약이 체결될 때까지 종
전 단체협약의 효력을 존속시킨다는 취지의 별도의 약정, 즉 불확정기한부[102)
자동연장협정에 의하여 단체협약의 효력이 연장되는 것을 허용하는 한편, 그 효
력이 연장되는 단체협약에 대하여 6월을 기간으로 한 해지통고에 의하여 당사
자 일방이 해지할 수 있도록 하고 있다.

---

100) 서울고법 2012. 2. 3. 선고 2011나2489 판결의 단체협약 조항.
101) 서울행법 2011. 4. 1. 선고 2010구합32051 판결. 항소심(서울고법 2011. 10. 12. 선고 2011
　　누14151 판결)에서는 새로운 단체협약이 체결되어 종전 단체협약의 유효기간은 법률적 의미
　　를 갖지 못한다는 이유로 소가 각하되어 확정되었다.
102) '새로운 협약이 체결될 때까지'라는 규정을 불확정기한을 붙인 것인가, 아니면 조건을 붙
　　인 것인가 문제 될 수 있으나, 구협약 종료 후 신협약 성립은 당연히 예상되는 것으로 단
　　순히 조건이라기보다는 불확정기한이라고 해야 할 것이다. 注釋(下), 768면.

가. 취   지

대법원은 노조법 32조 3항 단서의 취지에 대하여, 노조법 32조 1·2항에도 불구하고 단체협약 자치의 원칙을 어느 정도 존중하면서 단체협약 공백 상태의 발생을 가급적 피하려는 목적에서, 사전에 불확정기한부 자동연장조항에 의하여 일정한 기한 제한을 두지 아니하고 유효기간이 경과한 단체협약의 효력을 새로운 단체협약 체결 시까지 연장하기로 약정하는 것을 허용하되, 단체협약의 유효기간을 제한한 입법 취지가 훼손됨을 방지하고 당사자로 하여금 장기간의 구속에서 벗어날 수 있도록 하고 아울러 새로운 단체협약의 체결을 촉진하기 위하여, 6개월의 기간을 둔 해지권의 행사로 언제든지 불확정기한부 자동연장조항에 따라 효력이 연장된 단체협약을 실효시킬 수 있게 한 것이라고 하였다.[103]

자동연장협정은 협약당사자 스스로 협약의 공백이 발생하는 것을 방지하기 위하여 체결하는 것이며, 그 연장되는 기간 중에는 당사자가 평화의무 등으로부터 해방된 상태에서 새로운 협약의 체결을 추구할 수 있는 점을 고려할 때 협약당사자의 자율적 합의에도 불구하고 해지사유 등에 관하여 별다른 제한 없이 해지권을 부여한 것은 과도한 입법적 개입이라는 비판이 가능하다.[104]

나아가 노조법 32조 3항 단서는 협약당사자인 노동조합과 사용자 모두에게 해지권을 부여하고 있어, 형식적으로 보면 노사대등의 원칙에 부합하는 입법인 것으로 보이지만, 실제로 32조 3항 단서의 해지권은 사용자에 의하여 행사되고 있고 적어도 32조 3항 단서가 노조법에 도입된 이후 지금까지 단체협약의 해지가 쟁점이 되어 법원에 제기된 사건 중 노동조합이 해지권을 행사한 사례는 찾아볼 수 없으며 모두 사용자에 의하여 해지권이 행사되었다. 따라서 실제로 32조 3항 단서의 해지권은 단체교섭 과정 등 노사관계에서 사용자 측의 일방적 무기로서 작동하고 있고, 사용자의 해지권 행사로 인하여 노사 간의 갈등이 첨예화되어 산업평화가 파괴되는 경우도 빈발하고 있는 만큼 해지권 행사를 적절하게 제한하는 해석이 필요하다.

---

103) 대법원 2015. 10. 29. 선고 2012다71138 판결, 대법원 2016. 3. 10. 선고 2013두3160 판결, 대법원 2016. 4. 29. 선고 2014두15092 판결.
104) 강선희b, 109~110면 참조.

나. 요　　건

(1) 해지의 대상

노조법 32조 3항 단서에 의한 해지의 대상이 되는 것은 "단체협약에 그 유효기간이 경과한 후에도 새로운 단체협약이 체결되지 아니한 때에는 새로운 단체협약이 체결될 때까지 종전 단체협약의 효력을 존속시킨다는 취지의 별도의 약정"에 의하여 효력이 연장된 단체협약, 즉 불확정기한부 자동연장협정에 의하여 효력이 연장된 단체협약이다.

따라서 단체협약의 본래의 유효기간 중에 있는 단체협약에 대하여는 해지권의 행사가 인정되지 아니하고, 자동연장협정 중 확정기한부 자동연장협정에 의하여 효력이 연장된 단체협약은 해지할 수 없으며,[105] 자동갱신협정에 의하여 갱신된 단체협약에 대한 해지권의 행사도 허용되지 않는다.[106] 또한 당사자가 단체협약의 만료 시에 그 협약의 연장이나 갱신협정을 체결한 경우에도 연장 또는 갱신된 단체협약에 대하여 해지권을 행사할 수 없다. 앞서 본 것처럼 단체협약이 본래의 유효기간을 만료한 후의 연장합의는 자동연장협정이라고 하기는 어렵고 당사자가 단체협약의 유효기간이 만료한 이후의 경제적·사회적 여건을 감안한 가운데 그 효력을 연장하기로 한 별도의 합의라고 볼 것이고, 이것이 비록 '새로운 단체협약의 체결'이라는 불확정기한을 종기로 하여 잠정적으로 체결된 것이라고 하더라도, 위 연장합의는 32조 3항 단서에 의한 해지권의 대상이 될 수 없다고 본다.[107]

기한의 정함이 없는 자동연장협정에 의하여 단체협약의 효력이 연장되고 있는 경우에 해지권의 행사가 가능한가? 가령 단체협약의 부칙에서 "단체협약의 유효기간은 2008. 3. 1.부터 1년이고, 협약기간의 종료 이후 협약갱신 교섭이 합의에 이르지 못하였을 경우 단체협약은 3개월간 계속 효력을 유지하며, 그 이후에도 단체협약의 규범적 효력은 지속된다."라고 정한 자동연장협정의 경우, 3개월까지는 확정기한이 있지만 그 이후에는 기한의 정함이 없다. 그런데 자동연장협정에 의하여 그 효력이 연장된 단체협약에 부당하게 장기간 구속되는 것을 방지할 필요성이 이 경우에도 인정되므로, 기한의 정함이 없는 자동연장협정의

---

105) 강선희b, 103면; 김형배, 1316면.
106) 김형배, 1317면; 임종률, 192면.
107) 이와 같은 합의는 해지권의 포기에 해당하므로 32조 3항 단서가 적용되지 않는다는 견해로는 전형배a, 91면.

경우에도 해지권은 인정된다고 해석하는 것이 타당하다.

(2) 해지통고

협약당사자 일방은 해지하고자 하는 날의 6월 전까지 상대방에게 통고함으로써 종전의 단체협약을 해지할 수 있다.[108]

먼저 해지통고는 본래의 유효기간 중에 미리 할 수는 없고 유효기간이 만료되어 자동연장협정에 따라 유효기간이 연장된 이후에 하여야 한다.[109] 본래의 유효기간 중에 미리 하는 해지통고를 유효하다고 해석하는 경우에는 가령 본래의 유효기간 만료 6월 전에 해지통고를 함으로써 본래의 유효기간의 만료와 함께 단체협약을 해지할 수 있게 되어 새로운 단체협약의 체결에 이르기까지 상당한 기간 동안 무협약 상태를 피하려고 하는 자동연장협정의 취지를 몰각할 우려가 있기 때문이다. 본래의 유효기간의 만료와 동시에 해지통고를 하더라도 자동연장협정에 의하여 적어도 6월의 효력 연장이 보장된다.

해지통고에 의하여 단체협약 해지의 효과가 발생하기 위해서는 별도의 약정이 없는 경우 해지의 의사표시가 상대방에게 도달한 날부터 6월의 통고기간이 경과되어야 한다. 이는 상대방으로 하여금 해지 후의 대책을 강구할 수 있도록 하기 위해서이다. 당사자 일방이 해지하고자 하는 날을 정하지 않거나 6월보다 짧은 기간을 정하여 해지의 의사표시를 한 경우에는 해지의 의사표시가 상대방에게 도달한 날부터 6월이 경과한 후에 해지의 효과가 발생한다.[110] 다만, 협약당사자가 해지통보기간에 대하여 6월보다 짧게 또는 길게 별도로 정한 경우 그 약정은 유효하다.[111]

해지통고의 방식과 관련하여 단체협약의 요식성에 준하여 일방당사자가 서명 또는 날인한 서면으로 하여야 한다는 견해가 있으나,[112] 노조법 32조 3항 단서에 명문의 규정이 없으므로 반드시 문서 등의 요식성을 갖추어야 한다고 볼 수는 없다. 다만 단체협약에서 해지통고의 절차와 방식을 규정하는 것은 전적으로 당사자의 자유이고 이러한 단체협약에 규정된 절차나 방식을 위반한 해지통

---

108) 1차 개정된 노조법(1998. 2. 20. 법률 5511호로 개정된 것) 32조 3항 단서에서는 해지통고
　　기간을 3월에서 6월로 연장하였다. 당시 입법과정에서 단체협약 해약의 남용을 예방하기 위
　　하여 도입되었다고 한다. 강선희b, 96면 주10) 참조.
109) 注釋(下), 767면.
110) 임종률, 192면; 菅野, 949면; 西谷 敏a, 389면.
111) 강선희b, 114면.
112) 임종률, 192면.

고는 무효이다.[113]

(3) 해지사유의 요부

노조법 32조 3항 단서에서는 해지사유에 관하여 아무런 규정을 두지 않고 있다. 따라서 위의 요건을 갖추면 될 뿐 해지권의 행사를 정당화하는 사유의 존재는 불필요한 것으로 해석된다. 다만 너무나 자의적이고 노사관계의 안정을 해치는 해지는 해지권의 남용이 될 수 있다.[114]

(4) 단체교섭의 요부

본조 3항 단서에서 규정하는 해지권을 행사하기 위해서는 당사자 쌍방이 새로운 단체협약을 체결하고자 단체교섭을 계속하였음에도 불구하고 새로운 단체협약이 체결되지 아니한 경우에 해당되어야 한다는 견해가 있다.[115] 3항 본문에서 요구하고 있는 단체교섭의 계속이라는 요건을 자동연장협정, 나아가 해지권 행사에 대하여도 요구하는 입장이다.

대법원은, 32조 3항 본문은 자동연장협정이 없는 경우에 대비하여 두어진 규정으로서 종전의 단체협약에 그러한 자동연장협정의 규정이 있다면 위 규정은 적용되지 아니하는 것이고, 32조 3항 단서의 규정에 의한 해지권은 종전의 단체협약에 그러한 자동연장협정이 있어 그에 따라 효력이 존속되는 종전의 단체협약을 6월의 기간을 두고 해지할 수 있는 권리이므로, 32조 3항 본문의 "당사자 쌍방이 새로운 단체협약을 체결하고자 단체교섭을 계속하였음에도 불구하고 새로운 단체협약이 체결되지 아니한 경우"에 해당하여야만 32조 3항 단서의 해지권을 행사할 수 있다고 할 것이 아니라고 하였다.[116]

3항 단서 전문에서 해지권의 대상이 되는 자동연장협정의 한 유형을 명시하면서 단체교섭의 계속 유무를 묻지 않고 있는 점을 고려할 때 단체교섭의 계속을 해지권 행사의 요건으로 보지 않는 것이 타당하다.

한편 위에서 한 논의와는 반대로 새로운 단체협약을 체결하기 위한 단체교섭의 계속을 해지권 행사의 소극적 요건으로 보아 단체교섭이 계속되고 있는 경우에는 해지권의 요건을 갖추지 못한 것으로 보는 견해도 있을 수 있다. 그러

---

113) 고태관b, 462면.
114) 菅野, 949면.
115) 대법원 2002. 3. 26. 선고 2000다3347 판결의 원심판결인 서울지법 1999. 12. 3. 선고 99나
    1702 판결의 태도.
116) 대법원 2002. 3. 26. 선고 2000다3347 판결.

나 3항 단서에서 불확정기한부 자동연장협정에 의하여 그 효력이 연장된 단체
협약의 갱신을 둘러싼 교섭의 진행 여부를 묻지 않고 해지권을 인정하고 있는
점에 비추어 볼 때 위와 같은 견해 또한 3항 단서의 해석의 한계를 넘는 것이
다.117)

다. 해지권의 제한

노조법 32조 3항 단서에서 규정하고 있는 해지권을 단체협약 당사자의 합
의에 의하여 제한할 수 있는지가 문제된다.

가령 '불확정기한부 자동연장협정을 체결하면서 협약당사자가 단체협약의
해지를 요구하지 않는다.',118) '해지하고자 할 때에는 협약당사자가 합의하여야
한다.',119) '회사와 조합은 단협 유효기간 만료를 이유로 어느 일방이 기존의 단
체협약의 해지를 요구할 수 없으며 다음 개정안이 체결될 때까지 효력을 발생
한다.'120)라는 식으로 해지권 제한 조항을 두는 경우 그 효력이 문제된다.

이 문제는 노조법 32조 3항 단서의 해지권에 관한 규정을 강행규정으로 볼
것인지와 관련된 문제이다.

(1) 견해의 대립

㈎ 무 효 설

노조법 32조 1·2항, 3항 본문을 강행규정으로 해석하면서 3항 단서를 강
행규정으로 보지 않는 것은 32조의 종합적·통일적 해석 측면에서 불합리하며,
3항 단서의 취지는 단체협약의 유효기간을 3년으로 한정한 1·2항의 취지와 궤
를 같이 하는 것이므로 노사당사자의 합의에 의해서도 당사자 일방에 의한 해
지권을 제한 또는 배제할 수 없다는 이유로 무효설을 취하는 견해가 있다.121)
행정해석도 교섭당사자 어느 일방이 불리한 기존 협약에 장기간 구속됨을 방지
하기 위하여 마련된 노조법 32조 3항 단서 규정취지에 반하여 그 효력을 인정
받기 어려울 것이라며 해지권의 제한은 무효라고 보고 있다.122)

---

117) 강선희b, 105~107면.
118) 가령 금속노조 쌍용차지부의 2006년 단체협약 107조에서는 "유효기간이 만료하더라도 갱
　　신을 위한 교섭이 진행 중일 때 본 협약은 계속 효력을 가지며 유효기간의 만료를 이유로
　　어느 일방이 단체협약을 해지할 수 없다."라고 규정하고 있다.
119) 가령 서울고법 2008. 1. 25. 선고 2007나26501 판결의 임시협정 참조.
120) 광주지법 순천지원 2012. 10. 11. 선고 2012가합1994 판결의 단체협약 조항.
121) 이승재, 40면.
122) 노사관계법제과-1110, 2008. 11. 18.

(나) 유 효 설

반면 노조법 32조 3항 단서의 취지가 기존 협약에 장기간 구속됨을 방지하기 위함에 있다고 하더라도 해지권을 제한하는 단체협약상의 약정은 협약당사자 의사에 반하여 타율적으로 구속하는 것이 아니라 자율적인 자기구속으로서 협약자치의 영역에 속한다고 볼 수 있는 점, 법문의 표현으로도 6월 전까지 상대방에게 통고함으로써 종전의 단체협약을 해지할 수 있도록 되어 있어 일방에 의한 해지의 가능성만을 부여한 것에 불과한 점을 근거로 하여 해지권을 제한하는 약정은 유효하다고 보는 견해,[123] 무협약의 상태가 바람직하지 않다는 점, 종전 단체협약의 당사자가 계속 효력을 발휘하려고 합의하였다면 그것을 존중할 필요가 있는 점, 법문에서 "해지할 수 있다."라고 규정한 점, 강행적 성격으로 파악할만한 특별한 이유를 찾아보기 어려운 점, 단체협약은 당사자 일방이 그 내용의 일부를 위반하여도 원칙적으로 전체를 해지할 수 없는 특별한 성격을 가진 점 등을 고려할 때 강행적 성격으로 판단할 필요는 없다는 견해,[124] 해지에 관한 현행법의 규정이 강행규정이라 볼 근거가 전혀 없고 단체협약에 관한 사항은 가능한 당사자의 자유로운 의사에 맡겨 두는 것이 노사자치 및 단체협약의 존재의의에 합당하므로 해지권의 제한을 긍정함이 타당하다는 견해 등 해지권의 제한이 유효하다는 견해[125]가 있다.

(2) 판   례

해지권의 제한 문제에 대하여 대법원은[126] 단체협약의 유효기간을 제한한 노조법 32조 1·2항이나 단체협약의 해지권을 정한 노조법 32조 3항 단서는 모두 성질상 강행규정이라고 볼 것이어서, 당사자 사이의 합의에 의하더라도 단체협약의 해지권을 행사하지 못하도록 하는 등 그 적용을 배제하는 것은 허용되지 않는다고 하였다.

(3) 검   토

(가) 무효설에 대한 비판

무효설은 32조 3항 단서의 해지권에 관한 규정이 단체협약의 유효기간에

123) 강선희b, 113~114면.
124) 박수근a, 9면.
125) 고태관b, 462면.
126) 대법원 2016. 3. 10. 선고 2013두3160 판결, 대법원 2016. 4. 29. 선고 2014두15092 판결.

관한 32조 1·2항과 그 취지를 같이 한다는 점을 근거로 하여 32조 3항 단서가 강행규정이라고 본다.

앞서 본 바와 같이 불확정기한부 자동연장협정에 의하여 연장되는 유효기간에 대하여는 강행규정인 32조 1·2항에 의한 유효기간의 제한이 적용되지 않는다.[127] 그런데 3항 단서의 취지가 32조 1·2항과 같은 취지라고 할 때 32조 1·2항에 의한 강행적 제한의 대상이 아닌 것으로 평가된 불확정기한부 자동연장협정에 의한 효력 연장에 대하여 32조 1·2항과 동일한 취지인 3항 단서로 규율할 때에는 강행적으로 규율하여야 한다고 보는 것은 동일한 법적 취지에 기초하여 불확정기한부 자동연장협정에 의한 효력 연장을 평가하고 규율하는 데에서 서로 모순되는 태도를 취하는 것으로 일관성이 없다.

나아가 해지권을 제한하는 단체협약 조항은 당사자의 의사에 의한 것으로 이에 의하여 단체협약의 효력이 지속된다고 하여도 이를 당사자의 의사에 반하여 장기간 그 효력이 지속되는 경우에 해당한다고 볼 수 없다는 점을 고려하면 해지권에 관한 규율을 강행적 규율로 해석하기는 어렵다.

한편 무효설을 취하는 견해 중에서는 노조법 32조 1·2항, 3항 본문을 강행규정으로 해석하면서 3항 단서를 강행규정으로 보지 않는 것은 32조의 종합적·통일적 해석 측면에서 불합리하다는 점을 그 논거의 하나로 제시하나, 앞서 법정효력연장 부분에서 살펴본 것처럼 32조 3항 본문은 그 문언 자체에 의하여 강행규정이 아니라 임의규정임이 명백하고, 하나의 조문 중 일부가 강행규정이라고 하여 다른 부분까지 강행규정으로 보아야 한다는 법원리가 있는 것도 아니므로 위와 같은 주장은 타당하지 않다.

⑷ 동일 또는 유사한 취지, 그러나 다른 방법에 의한 규율

노조법 32조 1·2항과 3항 단서는 비록 그 취지가 동일 또는 유사한 면이 있다고 하더라도 그 규율 대상과 방법이 다르다.

32조 1·2항은 사회적·경제적 여건의 변화에 적응하지 못하여 실정에 맞지 아니하게 된 단체협약이 당사자의 의사에 반하여 장기간 그 효력이 지속되는 것을 방지하고자 함에 있는 것이고 이를 위하여 단체협약의 본래의 유효기간을 강행적으로 제한하는 형식을 취하고 있다.

---

127) 대법원 2015. 10. 29. 선고 2012다71138 판결.

이에 대하여 3항 단서는 자동연장협정에 의하여 효력이 연장된 단체협약에 대하여 당사자 쌍방에게 해지권을 행사할 수 있는 가능성을 부여하는 형식을 취하고 있다.

3항 단서는 당사자 쌍방에게 해지권을 부여함으로써 당사자가 단체협약에 의한 구속에서 벗어날 수 있는 법적 가능성을 부여하고 있다는 점에서 단체협약의 유효기간을 간접적으로 제한하였다고 볼 수도 있다. 그러나 이는 어디까지나 간접적인 것으로 법률에서 유효기간을 제한하는 등의 직접적인 방식에 의하는 경우와 달리 당사자의 의사 ―해지권 행사― 를 매개로 하여 이를 추구하는 방법을 취하고 있다고 할 수 있다.

이러한 점에서 32조 1·2항과 3항 단서는 동일 또는 유사한 취지를 전혀 다른 방법으로 추구하고 있다고 할 수 있다. 즉, 32조 1·2항은 법률에서 그에 위반한 법률행위의 효력을 명시적으로 제한하고 있는 것임에 반하여, 3항 단서에서는 장기간의 구속이라는 결과가 초래되는 것을 방지하기 위하여 해지권을 부여함으로써 그 구속에서 벗어날 가능성만을 부여하고 실제로 그 구속에서 벗어날지는 다시 단체협약 자치의 원칙에 따라 당사자의 의사에 맡기고 있는 것이다.

⑷ 32조 3항 단서의 문언

"단체협약을 해지할 수 있다."라고 되어 있는 32조 3항 단서의 문언도 강행규정과는 거리가 멀다. 판례[128]에서 강행규정으로 평가한 법규범들은 가령 학교교육에 사용되는 교지나 교사 등의 처분을 제한한 사립학교법 28조 2항, 51조, 사립학교법 시행령 12조와 같은 제한 규정, 증권회사 또는 그 임·직원의 부당권유행위를 금지하는 증권거래법 52조 1호와 같은 금지 규정, 단체협약을 서면으로 작성하여 서명 또는 날인하여야 한다고 정한 노조법 31조 1항과 같은 방식의무규정 등 법률행위의 내용 또는 방식을 제한·금지하는 내용들이다. 대법원이 노조법 32조 3항 단서와 같이 권리를 부여하는 형식을 취한 법규범을 강행규정으로 평가한 사례는 찾아보기 어렵다.

⑸ 형성권의 포기 가능성

32조 3항 단서에서 인정하는 해지권은 일종의 형성권이고, 해지권을 제한

---

128) 대법원 1996. 8. 23. 선고 94다38199 판결, 대법원 1997. 3. 14. 선고 96다55693 판결, 대법원 2001. 5. 29. 선고 2001다15422 판결.

하는 약정은 일종의 형성권의 제한·포기에 관한 약정이다. 형성권의 포기는 때로는 일방적으로 이루어지고(일방적 포기), 때로는 쌍방의 합의(포기계약)에 의해 이루어진다. 일방적 포기이든 포기계약이든 법률에서 이를 제한하고 있는 특별한 경우129) 이외에는 형성권의 포기가 가능하다. 민법에 형성권의 일방적 포기 가능성이 규정되어 있지 않다고 하더라도, 모든 사권들에 원칙적으로 인정되는 포기 가능성이 형성권의 경우에만 인정되지 않을 특별한 이유는 없다.130) 따라서 형성권의 일종인 32조 3항 단서의 해지권에 대한 제한 또는 포기도 가능하다고 해야 한다.131)

이상과 같은 점에 자동연장협정에 의하여 그 효력이 연장된 단체협약에 장기간 구속되는 것을 방지한다는 본조의 입법 취지 못지않게 단체협약에 의한 개별적 근로관계·집단적 노동관계의 규율에 공백이 발생하는 것을 방지하는 것 또한 중요한 가치를 갖는다는 점을 더하여 보면, 32조 3항 단서를 강행규정으로 볼 수 없고 해지권을 제한하는 약정은 유효하다.132) 판례의 태도는 재검토되어야 한다.

라. 해지권 행사의 효과

해지권의 적법한 행사가 있으면, 불확정기한부 자동연장협정에 의하여 연장된 단체협약의 효력은 협약당사자 일방의 해지의 의사표시가 상대방에게 도달한 후 6월이 경과한 날부터 장래를 향하여 그 효력이 종료되고, 무협약 상태가 발생한다. 이와 같이 단체협약의 효력이 종료되더라도 임금, 근로시간 등의 규범적 부분은 본조 해설 Ⅲ. 2.항에서 보는 바와 같이 여전히 근로계약의 내용으로 남아 있게 되므로 단체협약의 해지 전후로 큰 차이가 발생하지 않는다. 해지권의 행사로 인하여 실질적으로 영향을 받는 것은 단체협약 중 근무시간 중의 조합 활동, 조합비 공제, 조합사무실, 유니언 숍 등 채무적 부분이다.

---

129) 가령 민법 1108조 2항에서는 유언자는 그 유언을 철회할 권리를 포기하지 못한다고 규정하여 형성권의 일종인 철회권의 포기를 인정하지 않고 있다. 또 민법 652조는 형성권인 임차인의 매수청구권을 규정한 민법 643조에 위반하는 약정으로 임차인에게 불리한 것은 그 효력이 없다고 규정하고 있다.

130) 김영희, 257면.

131) 해지권과 관련하여, 채무자회생법 119조(쌍방미이행 쌍무계약에 관한 선택) 2항에서는 해제권, 해지권의 포기에 관하여 명문의 규정을 두고 있고, 상법상 고지의무 위반으로 인한 해지권은 포기할 수 있다는 해석이 일반적이다.

132) 판례에 대하여 비판적인 견해로 김영문b, 박수근d, 신용간, 조영신 참조. 판례의 태도가 타당하다는 견해로 김형배, 1317면 참조.

마. 해지권 행사와 부당노동행위, 권리남용

비록 노조법 32조 3항 단서에서 협약당사자에게 해지권을 부여하였지만 해지권의 행사, 특히 사용자의 해지권의 행사는 헌법에 의한 근로자의 단결권·단체교섭권 및 단체행동권을 보장하여 근로조건의 유지·개선과 근로자의 경제적·사회적 지위의 향상을 도모(법 1조)한다는 노조법의 목적을 벗어나지 않는 한도에서 이루어져야 하고, 결국 근로자와 노동조합의 노동3권과 조화를 이루는 범위 내에서 인정되어야 한다.

이와 관련하여 일본에서는 해약이 부당노동행위 또는 해약권의 남용에 해당하여 무효가 될 수 있다고 보는 것이 통설이라고 한다.[133] 그리하여 협약에 기간의 정함이 없는 경우 그 해약은 원칙적으로 자유이지만 사정에 따라서는 협약의 해약이 부당노동행위로 간주되거나 혹은 권리남용을 이유로 무효로 평가된다. 예를 들어 사용자가 조합약체화의 의도를 가지고, 협약을 해약하고 협약의 개폐에 관한 단체교섭도 거부하고 있는 경우에는 지배개입의 부당노동행위가 되어 해약은 사법상으로도 무효로 해석된다고 한다.[134]

일본 하급심 판결 중에는 단체협약의 해약을 부당노동행위로 본 사례가 있다. 예를 들어 大阪地裁 1982. 7. 30. 判決(布施自動車敎習所事件, 勞働判例 393호 35면)에서는 사용자가 노동조합의 약체화라는 반조합적 동기를 가지고 노동조합이 도저히 수용할 수 없는 단체협약안을 제시한 뒤 사실상 단체협약의 개폐문제에 관한 단체교섭을 거부하고 시간의 경과에 의한 단체협약의 실효를 노리고 단체협약 등의 전면 개폐의 의사표시를 한 점, 해약의 효력이 발생한 것에 의하여 위 노동조합은 종래와 비교하여 조합 운영이 심대히 곤란하게 되었다는 점을 근거로 하여 지배개입의 부당노동행위에 해당한다고 보았다.[135]

이와 대조적으로 우리의 하급심 판결들[136] 중 32조 3항 단서에 의한 해지권

---

133) 注釋(下), 772면; 西谷 敏a, 389면; 菅野, 949면.
134) 西谷 敏a, 389면.
135) 노조전임협정의 해약을 부당노동행위로 본 다른 사례로는 東京地裁 1990. 5. 30. 判決(駿河銀行事件, 勞働判例 563호, 6면), 神戶地裁 1994. 5. 31. 判決(社會福祉法人陽氣會事件, 勞働判例 704호, 118면), 新潟地裁 1992. 1. 28. 判決(トツプ事件, 勞働判例 608호, 40면) 참조. 일본 법원과 노동위원회가 단체협약의 일방적 해지에 관하여 부당노동행위 여부를 판단한 것에 관한 소개로는 송영섭; 정영훈; 정순방 참조.
136) 서울행법 2011. 8. 12. 선고 2010구합41390 판결(항소심은 서울고법 2012. 5. 24. 선고 2011누30054 판결로 항소기각. 상고심은 대법원 2012. 9. 27.자 2012두13979 판결로 심리불속행기각), 서울행법 2011. 9. 22. 선고 2010구합41222 판결(항소심은 서울고법 2012. 5. 2. 선고

의 행사를 부당노동행위로 본 경우는 아직 없고, 대법원[137] 또한 단체협약 해지가 부당노동행위에 해당하지 아니한다는 원심의 판단을 수긍한 사례가 있을 뿐이다.

Ⅱ. 단체협약 유효기간의 만료 이외의 단체협약 종료 사유

1. 단체협약의 해지

단체협약의 해지란 단체협약의 효력을 장래에 향하여 소멸시키는 단독행위를 의미한다. 계약의 효력을 소멸시킨다는 점에서는 해제와 같으나, 소급효가 없다는 점에서 해제와 다르다.

노조법은 32조 3항 단서 후단에서 불확정기한부 자동연장협정에 의하여 효력이 연장된 단체협약의 해지에 관하여 규정하고 있는 것 외에는 단체협약의 해지에 관하여 규정을 두지 않고 있는데, 다음과 같은 경우에 단체협약의 해지가 인정되거나 그 인정 여부에 관하여 논의가 있다.

가. 약정해지

협약당사자는 단체협약을 체결하면서 또는 별개의 약정에 의하여 해지권을 유보하는 특약을 체결할 수 있다(민법 543조 1항 참조). 가령 운수회사에서 연장근로수당지급협약을 체결하면서 "증차 또는 운행시간 조정으로 운행시간이 13시간 미만으로 단축되면 그 즉시 협약을 해지"[138]하기로 하는 경우이다. 이 경우 운행시간이 13시간 미만으로 단축되고 당사자 일방에 의한 협약 해지의 의사표시가 있으면 위 협약은 장래를 향하여 효력을 잃게 된다.

나. 합의해지(해지계약)

한편 협약당사자는 그 합의에 따라 유효기간의 유무에 관계없이, 귀책사유나 기타의 특별한 사유가 없더라도, 단체협약을 즉시 또는 일정한 기간을 두어 자유로이 해지할 수 있다.[139]

2011누37123 판결로 항소기각. 상고심은 대법원 2012. 9. 13.자 2012두12266 판결로 심리불속행기각), 창원지법 2011. 10. 12. 선고 2010가합5762 판결(항소심은 부산고법 2011나5045호로 계속되다 소취하 됨), 광주고법 2012. 7. 11. 선고 2011나4949 판결(상고심은 대법원 2015. 1. 29. 선고 2012다68057 판결로 상고기각).

137) 대법원 2015. 1. 29. 선고 2012다68057 판결.
138) 대전지법 홍성지원 2010. 4. 27. 선고 2009가단10133 판결의 단체협약 내용.
139) 김유성, 206면; 김형배, 1319면; 임종률 193면; 注釋(下), 773면; 菅野, 949면; 西谷 敏a, 389면.

기존의 협약 규정에 명백히 반하는 협약 규정을 양 당사자가 새롭게 체결
한 경우에는, 양 당사자의 협약관계에서 구 규정에 대신하여 신 규정이 설정된
것이고, 구 규정은 신 규정의 발효와 함께 종료된다.140) 종래의 단체협약과 저
촉되는 내용의 새로운 협약의 체결은, 특별한 사정이 없는 한 구 단체협약의 합
의해약을 의미하는 것이므로 그 후 신 협약이 실효하여도 구 협약이 부활하는
것은 아니다.141)

다. 채무불이행을 이유로 한 법정해지의 가부

계속적 채권관계에서 채무불이행이 있는 경우 일반적으로 법정해지권이 발
생하고 해제에 관한 민법 544조 내지 546조가 계속적 채권관계에도 적용되는가
에 관하여 민법학에서 긍정설과 부정설 등의 논의가 있다.142) 단체협약의 경우
에도 채무불이행에 따른 해지의 가능성이 있다고 볼 수 있지만, 단체협약이 근
로조건 규제 및 노사관계 안정의 기능을 가진다는 점에 비추어 단체협약의 해
지는 중요한 규범적 부분의 계속적 불이행이나 평화의무 위반 등 단체협약의
존립 의의를 위협할 정도로 중대한 위반이나 불이행의 경우에 한하여 인정된다
고 해석된다.143)

자신의 의무를 이행하지 않으면서 상대방의 불이행을 이유로 해지하는 것,
사소한 불이행을 이유로 노사관계의 안정을 현저히 저해하는 해지, 일체를 이루
는 협약규정 중 자신에게 불리한 규정만 해지하는 것 등은 권리남용으로서 허
용되지 않는다고 한다.144)

라. 사정변경을 이유로 한 해지

당사자가 단체협약 체결 당시에 전혀 예견할 수 없었던 사정의 변경이 발
생하여 단체협약을 존속시키는 것이 사회통념상 현저히 부당한 경우 당사자 일
방이 단체협약을 해지할 수 있다.145)146)

---

140) 菅野, 951면.
141) 西谷 敏a, 390면.
142) 이에 관하여는 民法注解 XIII, 박영사(1997), 265~266면.
143) 김형배, 1318면; 임종률, 192~193면.
144) 임종률, 193면.
145) 김형배, 1319면; 임종률, 193면; 菅野, 949면; 西谷 敏a, 390면.
146) 대법원은, "계약 성립의 기초가 된 사정이 현저히 변경되고 당사자가 계약의 성립 당시 이
를 예견할 수 없었으며, 그로 인하여 계약을 그대로 유지하는 것이 당사자의 이해에 중대한
불균형을 초래하거나 계약을 체결한 목적을 달성할 수 없는 경우에는 계약준수 원칙의 예외
로서 사정변경을 이유로 계약을 해제하거나 해지할 수 있다."(대법원 2017. 6. 8. 선고 2016

다만, 사정변경에 의한 단체협약의 해지는 단체협약의 노사관계안정기능이 희생되더라도 불가피하다고 생각될 정도의 비상사태 발생의 경우에만 예외적으로 인정되어야 하고, 신중하게 적용되어야 한다.147) 사정변경에 의한 협약의 자동적인 실효는 인정될 수 없다.148)

대법원은, 정리해고의 실시를 제한하는 단체협약을 체결한 경우 단체협약의 규범적 효력을 인정하여 이에 반하는 정리해고는 원칙적으로 정당성이 부정된다고 보면서, 단체협약을 체결할 당시의 사정이 현저하게 변경되어 사용자에게 단체협약의 이행을 강요한다면 객관적으로 명백하게 부당한 결과에 이르는 경우에는 사용자가 단체협약에 의한 제한에서 벗어나 정리해고를 할 수 있다고 보아,149) 사정변경이 있는 경우 이를 단체협약의 해지의 법리에 따라 처리하지 않고, 단체협약의 규범적 효력을 차단하는 예외를 인정하는 법리에 의하여 처리하고 있다.

마. 일부 해지의 허용 여부

단체협약의 각 조항은 상호 유기적인 관련성을 가지는 것이 일반적이다.150) 따라서 단체협약의 일부를 협약당사자의 합의에 의해 해약하는 것은 상관없지만,151) 일방 당사자에 의한 단체협약의 일부 해약은 원칙적으로 허용될 수 없고, 특별한 사정이 있는 경우에만 가능하다고 해석되고 있다.152)

특정 단체협약 조항의 일부 해약이 가능한지 여부는 해당 조항의 독립성의 정도나 해당 조항에 의하여 정하여지는 사항의 성질, 협약 체결 시에 다른 당사자가 해당 조항을 구별하여 취급하는 것을 예상할 수 있었다고 보는 것이 합리적인지 여부 또는 다른 당사자에게 예상할 수 없었던 불이익이 초래되는지 여부, 협약 체결 후의 예측할 수 없는 사정변경에 의해 그 조항을 유지하는 것이 어렵게 되었고 협약을 유지하는 것이 객관적으로 현저하게 타당성을 잃게 되었는지 여부, 합의해약을 위한 충분한 교섭을 하였으나 상대방의 동의를 얻지 못

다249557 판결)라고 하여 사정변경을 이유로 한 계약 해제나 해지를 인정하고 있다.
147) 김형배, 1319면; 菅野, 949면; 西谷 敏a, 390면.
148) 김형배, 1319면; 西谷 敏a, 390면.
149) 대법원 2014. 3. 27. 선고 2011두20406 판결.
150) 西谷 敏a, 390면.
151) 水島郁子, 101면.
152) 菅野, 949~950면; 西谷 敏a, 390~391면; 判例労働法 4, 81면(桑村裕美子 집필).

하였는지 여부 등을 종합적으로 고려하여 판단한다.[153]

바. 해지의 방식

합의해지나 일방해지 등 단체협약의 해지의 방식과 관련하여서는, 단체협약 체결의 요식성과 균형이 맞아야 한다는 점에서 당사자 일방 또는 쌍방이 서명 또는 날인한 서면으로 해야 한다는 견해,[154] 규범적 부분이 포함되는 한 노조법 31조 1항의 요식성을 갖추어야 하고, 채무적 부분에 대해서는 구두에 의한 합의해지가 가능하다고 해석하는 견해[155]가 있다.

일본의 경우에는 노조법 14조에서 노동협약 체결 시에 요식성을 요구하고 있을 뿐 아니라 15조 3항에서 유효기간의 정함이 없는 노동협약은 당사자 일방이 해약할 수 있도록 하면서 요식성(서명 또는 기명날인한 문서에 의하도록 하고 있다)을 요구하고 있는데, 합의해약의 경우에 요식성이 요구되는지에 관하여 노동협약의 체결·해약 시의 요식성과의 균형상, 서면으로 하여야 하고 양 당사자의 서명 또는 기명날인이 요구된다는 견해,[156] 구두에 의한 합의해약도 유효하다는 견해,[157] 협약 성립의 요식성과의 관계에서 채무적 부분에 한하여 구두합의가 가능하다고 보는 견해[158]가 있다.

살피건대, 단체협약 체결의 경우에는 그 내용을 명확히 하기 위한 취지 등을 근거로 하여 요식성이 요구된다고 할 수 있지만 단체협약 해지의 경우에도 그와 같은 요청이 작동하는지는 의문인 점, 단체협약 해지와 관련하여 노조법이 유일하게 명시하고 있는 불확정기한부 자동연장협정에 의하여 효력이 연장되는 단체협약의 해지와 관련하여 요식성을 요구하는 명문 규정이 없는 점(기한의 약정이 없는 단체협약 해지에 요식성을 요구하는 일본의 경우와 확연히 구분된다)을 고려하면 합의해지나 일방해지 등 단체협약의 해지의 경우에는 구두에 의한 해지도 가능하다고 보는 것이 타당하다.

---

153) 判例労働法 4, 81~82면(桑村裕美子 집필) 참조.
154) 임종률, 193면.
155) 김형배, 1319면.
156) 菅野, 948면.
157) 外尾健一, 653면.
158) 西谷 敏a, 390면.

2. 단체협약의 해제

단체협약에 대하여 채무불이행을 이유로 민법 544조 내지 546조 등의 규정에 의한 법정해제권을 행사하여 그 효력을 소급적으로 소멸시키는 것이 가능한지 여부에 관하여는, 계속적 법률관계라는 근로관계 및 노사관계의 특수성에 비추어 부정적으로 보는 것이 일반적이고,159) 다만, 상대방에 의한 중대한 위반이 있는 경우 예외적으로만 허용된다고 한다.160)

다만, 쌍무적 성격이 강한 특정 사항에 관한 서면에 의한 합의에 대하여는 민법의 해제에 관한 규정에 따른 해제가 가능한 것으로 볼 수 있다. 대법원은, 회사의 관리인과 노동조합 사이에 "1990년에 발생한 조합원 징계자는 노사화합 차원에서 징계결정일로부터 전원 복권·복직한다"라는 합의서가 작성되었고, 위 합의서 작성과 별도로 구두로 당시의 노조집행부가 퇴진하기로 합의하여 기존 집행부가 그 합의에 따라 사퇴를 선언하였으나 회사의 관리인이 위 합의를 번복하고 새로운 요구(전노협 탈퇴 등)를 하자 그 합의의 취지에 반하여 다시 노동조합 일에 관여하였고, 이에 대하여 관리인이 위 합의를 해제한 사안에서, 단체협약으로서의 성질을 가지는 위 합의의 해제 가능성은 인정하면서도, 기존 집행부가 다시 노동조합 일에 관여한 것은 관리인의 합의 파기에 반발한 일련의 행위로 보아야 할 것이므로 이와 같은 기존 집행부의 노동조합 활동을 이유로 한 합의에 대한 해제는 받아들일 수 없을 뿐만 아니라, 그 합의와 같은 쌍무계약에 있어서 계약해제는 약지에 따른 자신의 채무이행을 제공하였음에도 다른 일방 당사자가 채무이행을 제공하지 않음으로써 이행지체에 빠진 후 다시 상당한 기간을 정하여 상대방에게 이행을 최고하여 그 이행 없이 기간을 도과할 때에야 비로소 가능한 것인바, 자신의 채무이행을 다하고 있지 아니한 것으로 보이는 회사로서는 노동자들의 채무불이행을 이유로 해제를 할 수 없다고 보았다.161)

3. 해제조건의 성취 등에 따른 실효

노사가 일정한 조건이 성취되거나 기한이 도래할 때까지 특정 단체협약 조항에 따른 합의의 효력이 유지되도록 명시하여 단체협약을 체결한 경우에는, 그

159) 김유성, 206면; 사법연수원a, 230면.
160) 菅野, 949면.
161) 대법원 1994. 12. 13. 선고 93다59908 판결.

단체협약 조항에 따른 합의는 노사의 합치된 의사에 따라 해제조건의 성취로 효력을 잃는다.[162)

4. 목적의 달성

단체협약은 유효기간 동안의 계속적인 노동관계를 규율하기 위하여 체결되는 것이 보통이지만, 일시적·일회적인 문제의 규율을 목적으로 하여 체결되는 경우도 있다. 이 경우 그 목적의 달성에 의하여 해당 단체협약 또는 단체협약 조항의 효력은 종료된다.[163)

가령 어떤 해의 상여금액이나 지급 방법을 특정하여 체결된 단체협약은 당해 상여가 지급되면 그 목적을 달성하여 단체협약으로서도 종료된다.[164)

5. 당사자의 소멸·변경

단체협약은 협약당사자 일방이 소멸하면 그 시점에서 종료된다.

가. 사용자의 소멸·변경

법인의 경우 해산 사유가 발생하더라도 법인격은 청산의 목적 범위 내에서 존속하기 때문에 단체협약도 청산 기간 중 존속하다가 그 청산 절차가 종료하는 시점에서 효력이 종료된다.

개인사업체에서 사업주가 사망한 경우 사업의 성격상 영업이 상속되지 않을 때에는 단체협약 역시 종료되나, 영업의 상속이 이루어지는 때에는 단체협약이 유효하게 존속한다.

회사의 조직변경이 있는 경우에는 변경 전후의 회사의 동일성이 인정되므로 단체협약은 그대로 효력을 유지한다.

회사의 합병의 경우에는 "합병 후 존속하는 회사 또는 합병으로 인하여 설립되는 회사가 합병으로 인하여 소멸하는 회사의 권리의무를 승계한다."라는 명문의 규정(상법 235조)이 있고, 학설[165)도 대체로 단체협약의 승계를 인정한다. 판례[166)

---

162) 대법원 2018. 11. 29. 선고 2018두41532 판결.
163) 임종률, 194면; 菅野, 950면; 野川 忍a, 308면.
164) 野川 忍a, 308면.
165) 김유성, 206면; 임종률, 193면. 다만 김형배, 716면은 협약자치의 원칙 등에 반한다는 점을 들어 승계를 인정하지 않는다.
166) 대법원 2004. 5. 14. 선고 2002다23185, 23192 판결. 이외에 대법원 1994. 3. 8. 선고 93다1589 판결 참조.

또한 "복수의 회사가 합병되더라도 피합병회사와 그 근로자 사이의 집단적인
근로관계나 근로조건 등은 합병회사와 합병 후 전체 근로자들을 대표하는 노동
조합과 사이에 단체협약의 체결 등을 통하여 합병 후 근로자들의 근로관계 내
용을 단일화하기로 변경·조정하는 새로운 합의가 있을 때까지는 피합병회사의
근로자들과 합병회사 사이에 그대로 승계"되는 것이라고 하여 단체협약의 승계
를 인정하고 있다.

    영업양도의 경우에는 반대의 특약이 없는 한 단체협약의 승계를 인정하는
견해,[167] 양도인과의 단체협약 그 자체는 소멸되고 양수인에게 이전되지 않으
며, 협약상 근로조건이 근로계약에 화체되어 이전될 뿐이라고 보는 견해,[168] 단
체협약의 규범적 성질에 비추어 승계가 되는 것은 아니나, 다만 종전의 단체협
약의 효력이 계속 유지될 수 있는 사실적 조건들이 갖추어진 경우에는 효력의
존속을 인정하는 견해[169] 등 대립이 있다. 대법원은 "양도인이 양수인인 원고
회사에게 전장사업부문의 영업을 양도함으로써 양도인의 노동조합 역시 원고
회사에 입사한 전장사업부 근로자들을 위한 노동조합으로서 원고 회사에 존속
하고 있다고 봄이 상당하고, 따라서 원고 회사는 양도인과 피고 노동조합 사이
의 단체협약 상의 권리·의무를 승계하였다고 보아 노동조합은 위 단체협약에
의하여 위 노조사무실을 점유, 사용할 권원이 있다."라고 판단한 원심판결[170]의
내용을 그대로 인정하여 단체협약 자체의 승계를 인정하였고, 나아가 단체협약
상의 채무적 부분까지도 승계된다는 점을 명확히 하였다.[171]

    회사분할 시 단체협약의 규범적 부분의 승계와 관련하여 학설은 대체로 영
업양도 시 단체협약의 규범적 부분의 승계와 유사하게 접근하는 경향을 보인다
고 한다.[172] 한편 채무적 부분의 승계에 대하여는 승계를 부정하는 하급심 결정
이 있다.[173]

---

    167) 김유성, 105면; 김지형b, 1058면; 임종률, 193면.
    168) 김형배, 738~742면.
    169) 박종희·김소영, 43면 이하.
    170) 서울지법 1999. 12. 3. 선고 99나1702 판결.
    171) 대법원 2002. 3. 26. 선고 2000다3347 판결.
    172) 권오성c, 31면.
    173) 서울중앙지법 2017. 9. 11.자 2017카합80551 결정(이에 대한 비판적 평석으로 권오성a), 인
         천지법 2019. 4. 11.자 2019카합10014 결정(이에 대한 비판적 평석으로 권오성b).

나. 노동조합의 소멸·변경

노동조합에 해산 사유(법 28조 1항)가 발생하면 청산 절차에 들어가고, 청산 절차가 종료되면 노동조합이 소멸하고 청산이 종료된 시점에서 단체협약도 종료된다.

노동조합의 합병은 기존 노동조합의 해산 사유의 하나로 되어 있으나, 합병에 따라 해산·소멸되는 노동조합에서는 해산에 따른 청산 절차를 거칠 필요가 없고, 합병에 따라 해산·소멸된 노동조합의 재산 관계와 그 노동조합이 체결한 단체협약상 주체의 지위가 그대로 흡수노조나 신설노조에게 승계된다.

노동조합의 분할이 있으면 기존의 노동조합은 해산·소멸하는데, 분할에 따라 해산·소멸되는 노동조합이 체결한 기존 단체협약 중 조합원들의 권리의무에 관한 규범적 부분은 효력을 그대로 유지하지만, 이를 제외한 나머지 부분은 분할 전 기존 노조와 분할 후 신설 노조 사이에 실질적 동일성을 인정하기 어려운 경우에는 단체협약상 주체의 지위가 그대로 승계된다고는 볼 수 없다.

노동조합의 조직변경이 유효하게 이루어지면 노동조합의 동일성이 그대로 유지되고 있으므로 변경 후의 노동조합이 변경 전 노동조합에 의하여 체결된 단체협약상 주체의 지위를 그대로 승계한다.

Ⅲ. 단체협약 실효 후의 노동관계

1. 서 론

단체협약이 유효기간을 경과하였으나 노조법 32조 본문의 법정효력연장 규정의 요건을 충족하지 못한 경우, 법정효력연장 규정에 의하여 연장이 되었으나 3개월이 경과한 경우, 확정기한부 자동연장협정의 종기가 도래한 경우, 불확정기한부 자동연장협정에 의하여 유효기간이 연장되다가 당사자 일방에 의해 해지권이 행사된 경우에 단체협약은 실효된다.

이와 같은 유효기간의 만료 등에 의한 단체협약의 종료 이외에 합의해지 또는 당사자의 변경 등의 사유가 발생하여 단체협약이 실효되면 단체협약은 더 이상 단체협약 본래의 효력으로서는 조합원과 사용자 사이의 개별적 근로관계, 협약당사자 사이의 집단적 노동관계를 규율하지 못하게 되고, 새로운 단체협약

이 체결되지 않으면 협약의 공백 상태가 발생하며, 이 경우 종래 단체협약에 의
하여 규율되어온 개별적 근로관계, 집단적 노동관계는 무엇에 의하여 규율되는
가라는 문제가 발생한다.

2. 단체협약 실효 후의 개별적 근로관계

단체협약이 실효되어 협약의 공백 상태가 발생하는 경우, ① 종전 단체협
약 중 근로조건 그 밖의 근로자의 대우에 관한 기준은 계속 존속하고 근로자는
종전 단체협약상의 근로조건을 계속 향유할 수 있는지 아니면 종전 단체협약상
의 근로조건은 근로조건의 규율에서 의미를 잃게 되는 것인지, ② 종전 단체협
약상의 근로조건이 계속 존속하는 경우 새로운 단체협약이나 취업규칙·근로계
약 등 근로관계를 규율하는 규범의 변경을 통하여 종전 단체협약에서 정한 근
로조건을 변경(특히 불이익하게 변경)할 수 있는 것인지 하는 문제가 제기된다.174)

독일에서는 1949년 단체협약법 4조 5항에서 "단체협약의 종료 후, 그 법규
범은 다른 약정에 의해 대체될 때까지는 계속 적용된다."라고 규정하여 단체협
약 자체의 여후효(餘後效, Nachwirkung)를 인정함으로써 입법적으로 이 문제를 해
결하였다.175)

그러나 우리나 일본의 경우에는 노조법에서 여후효에 관한 명문의 규정을
두지 않아 이를 둘러싼 논의가 있다.

가. 단체협약 실효 후 근로관계 규율에 관한 학설과 판례의 일반적 논의
(1) 학   설

일본에서는 과거에 무협약 상태의 노동조건 기준은 실효된 협약에 따른다
는 관습법의 존재, 노동자의 법적 확신의 지속 등을 근거로 단체협약의 종료 후

---

174) 조합원이 협약유효기간 중 노동조합을 탈퇴하거나 제명된 경우 또는 단체협약의 효력 확
장에 의하여 협약의 규율을 받던 비조합원이 효력 확장 요건의 흠결로 그 적용을 받지 못하
게 된 경우에도 이와 유사한 문제가 발생한다. 김유성, 209면 참조.
175) 단체협약법 4조 5항에 따라 여후효가 개시되면 그 결과 법규범으로서 종료된 단체협약의
규정은 여전히 직률적 효력(unmittelbare Wirkung)을 가진다. 그에 반해 위 조항에서 단체협약
의 규정이 다른 약정에 의해 대체되는 것을 허용하고 있기 때문에 강행적 효력(zwingende
Wirkung)은 배제되어 있다. 여후효는 현존하는 근로관계에 한정하여 미친다. 여후효는 그 근
로관계의 기초가 단체협약의 종료 후에 비로소 세워졌거나 단체협약의 종료 후에 노동조합
에 가입한 근로자에게는 미치지 않는다. 여후효는 시간적으로 제한이 있는 것은 아니지만,
협약당사자에 의하여 명시적 또는 묵시적으로 배제될 수 있다. 여후효는 단체협약, 사업소협
정, 개별 근로계약상의 약정에 의해 종료된다. 이상에 대하여는 Abbo Junker, 303면 참조. 그
리고 Brox/Rüthers(이학춘 역), 314~315면; 강선희c, 69~70면도 참조.

에도 신협약의 성립까지 구협약의 규범적 효력이 잔존하는 것을 인정하는 입장
이 있었다.176) 그러나 현재 일본에서는 물론 국내에서도 위와 같은 입장을 지지
하는 견해는 존재하지 아니하고, 단체협약 자체의 효력, 즉 단체협약 자체의 여
후효는 인정되지 않는다는 점에 대하여 이론이 없다.177)

　이와 같이 단체협약이 실효되면 규범적 효력이 소멸되는 것을 인정하지만,
이 경우 단체협약으로 정하여진 근로조건이 소멸하여 개별적 근로관계가 공백
이 된다고 해석하는 견해는 없고, 기존 단체협약상의 근로조건이 계속되는 것을
인정한다. 다만 그 이론 구성과 관련하여 화체설과 외부규율설의 대립이 있다.

　(가) 화 체 설

　화체설은, 단체협약에서 정한 근로조건 기준이 개개 조합원의 근로계약 중
에 들어가 근로계약의 내용으로 화체되기 때문에 협약 자체가 실효하여도 근로
계약을 변경하지 않는 한 협약에서 정한 근로조건이 그대로 존속한다는 견해이
다.178)

　김형배 교수는 단체협약 내의 근로조건 기타 근로자의 대우에 관한 부분은
그 협약의 발효와 더불어 개별적 근로관계의 내용이 되는 것이므로, 그 단체협
약이 실효하더라도 개별적 근로관계의 내용으로 화체된 부분은 여전히 존속하
고, 다만 단체협약이 소멸하기 전까지 협약이 보유하고 있었던 강행적 효력은
더 이상 존재하지 않으므로 사용자는 새로운 단체협약·취업규칙의 체결, 개개
의 근로자와의 교섭에 의하여 근로관계의 내용을 변경할 수 있다고 보아 화체
설의 입장을 명확히 취하고 있다.179)

　(나) 외부규율설

　외부규율설에 의하면, 단체협약은 어디까지나 하나의 법규범으로서 근로계
약의 외부에서 근로계약을 규율하는 것에 그칠 뿐 협약의 내용이 계약 내용이
되는 것은 아니며, 근로자와 사용자의 권리·의무는 단체협약에서 직접 발생하
므로, 단체협약이 실효되면 외부에서 규율하는 효력도 소멸한다고 한다. 다만,
외부규율설은 이 경우에 근로관계의 계속성을 고려한 계약 해석을 통하여 계속

---

176) 위 학설들에 대한 소개로는 西谷 敏a, 392~393면.
177) 김유성, 209면; 김형배, 1320면; 임종률, 195면.
178) 일본에서 화체설을 취하는 대표적인 견해로 西谷 敏a, 392~395면 참조.
179) 김형배, 1320~1323면. 같은 취지로 임종률, 161, 194~196면 참조.

적 근로계약관계에 공백이 생기는 것을 회피한다. 즉, 먼저 계약법의 원칙(예를 들면 무노동 무임금의 원칙) 등의 보충규범에 의하여 공백을 보충하고, 보충규범이 없는 경우에는 종래 타당하였던 협약 내용이 잠정적으로 공백 부분을 보충하는 것이 계속적 계약관계의 합리적인 처리 방법이라고 한다. 이러한 잠정적 처리는 새로운 단체협약이 성립한다든가, 취업규칙의 개정이 행해지면 종료하고, 이후는 이러한 새로운 규정이 근로계약을 규율하여 간다고 본다.180)

김유성 교수는 계속적 법률관계를 규율하는 근로관계의 본질상 협약상의 근로조건기준은 근로계약의 내용으로서 효력을 지속하게 된다고 한다.181)

(2) 판   례

대법원은 2000년경부터 지금까지 일관되게 "단체협약이 실효되었다고 하더라도 임금, 퇴직금이나 노동시간, 그 밖에 개별적인 노동조건에 관한 부분은 그 단체협약의 적용을 받고 있던 근로자의 근로계약의 내용이 되어 그것을 변경하는 새로운 단체협약, 취업규칙이 체결, 작성되거나 또는 개별적인 근로자의 동의를 얻지 아니하는 한 개별적인 근로자의 근로계약의 내용으로서 여전히 남아 있어 사용자와 근로자를 규율한다."라고 판시하였고,182) 위 판시 내용은 말하자면 확립된 판례가 되었다.

(3) 검   토

㈎ 학설에 대한 검토

화체설과 외부규율설의 대립은 규범적 효력이 근로계약을 규율하는 메커니즘에 관한 견해의 대립, 또는 단체협약의 직률적 효력의 작동 방식에 관한 견해

---

180) 일본에서 외부규율설을 취하는 대표적 견해로 菅野, 951~953면 참조.
181) 김유성, 209면. 다만 김유성 교수는 외부규율설의 입장을 취하는 것으로 보이면서도 협약상의 근로조건기준이 근로계약의 '내용'으로서 효력을 지닌다고 하여 화체설의 입장에 선 것인가 하는 의문이 들게 한다. 이러한 지적으로 임종률, 195면 주3) 참조. 외부규율설을 취하는 다른 견해로 강선희a, 93~96면; 하경효a, 429~433면.
182) 대법원 2000. 6. 9. 선고 98다13747 판결, 대법원 2001. 4. 10. 선고 98다13716 판결, 대법원 2003. 4. 8. 선고 2002도6991 판결, 대법원 2005. 4. 14. 선고 2004도8516 판결, 대법원 2006. 11. 23. 선고 2006두11644 판결, 대법원 2007. 7. 12. 선고 2006재두250 판결, 대법원 2007. 12. 27. 선고 2007다51758 판결, 대법원 2007. 12. 27. 선고 2007다51741 판결, 대법원 2008. 10. 9. 선고 2008다27233 판결, 대법원 2008. 10. 9. 선고 2008다27226 판결, 대법원 2009. 2. 12. 선고 2008다70336 판결, 대법원 2011. 7. 28. 선고 2009두2665 판결, 대법원 2011. 7. 28. 선고 2009두4180 판결, 대법원 2013. 6. 13. 선고 2010두18369 판결, 대법원 2014. 6. 26. 선고 2011다33825 판결, 대법원 2017. 6. 19. 선고 2014다63087 판결, 대법원 2018. 7. 12. 선고 2013다60807 판결, 대법원 2018. 11. 29. 선고 2018두41532 판결.

의 대립으로서, 두 견해의 이론적 차이가 가장 잘 나타나는 분야가 바로 단체협약 실효 후의 근로관계 규율에 관한 이론 구성의 대립이다.

단체협약이 실효되어도 단체협약에서 정한 근로조건이 계속되는 것을 이론적으로 수미일관하게 설명하는 점에서는 화체설에 이론적 장점이 있다고 할 수 있다. 그러나 외부규율설의 입장에서도 근로조건의 공백 상태 발생을 회피하기 위하여 근로계약의 계속적 성질과 근로계약 당사자의 합리적 의사를 매개로 하여 마찬가지의 결론을 인정할 수 있게 된다.

뿐만 아니라 단체협약에서 정한 근로조건 기준이 근로계약의 내용으로 화체된다는 화체설을 취하면서 근로계약과 단체협약 사이의 유리 원칙을 인정하게 되면, 새로운 단체협약에 의한 근로조건의 불이익변경이 불가능하게 되는 이론적 문제가 발생하게 된다.

즉, 화체설에 의하면 종전 단체협약에서 정한 근로조건 기준은 근로계약의 내용으로 화체되어 있는데, 종전 단체협약보다 불리한 새로운 단체협약이 체결되는 경우 근로계약의 내용으로 화체된 유리한 근로조건과 새로운 단체협약의 불리한 근로조건 사이에 유리 원칙 인정 여부가 문제된다. 여기에서 근로계약과 단체협약 사이의 유리 원칙을 인정하는 입장에 서게 되면 새로운 불리한 단체협약으로 근로계약상의 유리한 근로조건을 변경할 수 없게 되고, 따라서 근로조건의 불이익변경을 위해서는 근로자 개개인의 개별적 동의가 필요하다는 결론에 이르게 된다.

그러나 이와 같은 결론은 계속적이고 집단적인 법률관계인 근로계약관계에서 요구되는 집단적 근로조건 변경의 방법으로는 적절하지 않다. 따라서 이러한 이론적 딜레마에서 벗어나기 위해서는 유리 원칙의 타당 범위를 축소하든지 아니면 화체설을 버리든지 둘 중의 하나를 선택하여야 한다.

일본의 西谷 敏 교수는 유리 원칙을 이유로 하여 근로조건의 인하를 일반적으로 부정한다면 사용자는 협약 체결에도 불구하고 다시 모든 조합원의 개별적 동의를 받지 않는 한 근로조건을 인하할 수 없게 되어 단체협약의 기능은 대폭 저하된다고 한다. 따라서 西谷 敏 교수는 화체설을 유지하면서 집단적·획일적으로 결정되어야 할 근로조건의 불이익변경을 내용으로 하는 단체협약의 체결 내지 개정에는 각 조합원의 근로계약 내용도 당연히 인하한다는 협약당사자의 의사가 포함되어 있고, 원칙적으로 그러한 협약당사자의 의사는 존중되어야 하기 때문에 그 한도에서 유리 원칙은 배제된다고 해석하여야 한다고 함으로써 단체협약 불이익변경의 경우에는 유리 원칙을 부정하는 방향에서 문제를 해결하게 된다.[183]

하경효 교수는 이러한 상황에서 근로계약과 단체협약 사이의 유리한 조건 우선 원칙 자체는 포기할 수 없다면서 화체설을 버리고 외부규율설을 취하는 해결책을 제시한다. 즉, 외부규율설에 의하면 협약은 근로계약을 외부적으로 규율하는 규범으로서 계약 그 자체가 아니라 일종의 법규범과 유사한 기능을 갖는 것으로 파악된다. 따라서 구 협약에 의해 규율되던 질서가 신 협약으로 변경되는 경우 구 협약보다 불리하더라도 신법 우선의 원칙에 의해 신 협약이 새로운 질서로 규율하게 된다고 보아 새로운 단체협약에 의한 근로조건의 불이익변경 문제를 해결하게 된다.[184]

⑷ 판례의 태도에 대한 간단한 검토

판례가 종전 단체협약 중 개별적인 근로조건에 관한 부분은 그 단체협약의 적용을 받고 있던 근로자의 근로계약의 내용이 된다고 판시하고 있는 점에서 화체설의 입장을 취한 것이 아닌가라고 볼 수도 있지만 단정할 수는 없다고 보는 것이 일반적인 견해인 것으로 보인다.[185]

판례의 판시 내용은 일본의 판결 중 보통 화체설을 취한 것으로 평가되는[186] 일본의 한 하급심 판결[187]에서 유래하는 것으로 보인다. 위 판결에서는 "단체협약이 실효된 후라도 그 중 임금, 노동시간 그 외의 노동조건에 관한 부분은 이것을 변경하는 새로운 단체협약이 체결되거나 또는 개개의 노동자의 동의를 얻지 않는 한 그대로 개개의 근로계약의 내용으로서 사용자와 노동자를 규율하는 것이라고 해야 한다."라고 판시하였는데,[188] 앞서 본 것처럼 대법원의

---

183) 西谷 敏c, 288~289면.
184) 하경효a, 429~432면. 강선희a, 94~96면도 참조.
185) 판례의 태도는 화체설을 정면에서 수용하는 듯한 표현을 행하였지만 실효 후 공백을 메우는 방안으로 당사자 및 협약에 의해 규율받던 자들의 의사를 기초로 새로운 변경이 있을 때까지 여전히 효력을 지속하게 한다는 점에서 근로계약의 내용이 된다는 표현을 사용한 것으로 본다면 외부규율설의 입장에 서는 것(…사용자와 근로자를 규율하게…)으로도 볼 수 있다는 견해로 박종희b, 69~70면 참조. 화체설에 입각한 것으로 보이지만 확인하기는 어렵다는 견해로 강성태b, 56~57면 참조. 이와 대조적으로 판례의 태도를 화체설의 입장을 분명히 한 것으로 해석하는 견해로 서상범, 343면.
186) 西谷 敏a, 393면; 丸山亞子a, 197면.
187) 大阪地裁 1983. 3. 28. 判決(香港上海銀行事件, 判例タイムズ 1983. 7. 495호 150~152면).
188) 원문은 다음과 같다[労働協約が失効した後でも、そのうち、賃金、労働時間、その他の労働条

판시 내용은 변경 수단과 관련하여 취업규칙을 추가한 점을 제외하고는 위 판결의 판시 내용과 대동소이하다.[189]

이하에서는 위 확립된 판례를 중심으로 ① 종전 단체협약에서 정한 근로조건 기준의 계속 적용과 근로관계 규율의 문제, ② 종전 단체협약에서 정한 근로조건 변경의 문제를 차례로 살펴본다.

나. 종전 단체협약에서 정한 근로조건의 계속 적용과 근로관계 규율
(1) 판례 법리의 적용 영역
(가) 단체협약이 실효되는 경우에 적용되는 법리

판례 법리는, ① 종전 단체협약이 실효되었지만, ② 새로운 단체협약이 체결되지 않고, ③ 취업규칙이나 근로계약 등 근로조건을 규율하는 다른 규범에도 문제되는 근로조건에 관한 기준이나 내용이 없어 개별적 근로관계의 규율에 규범의 흠결·공백이 발생한 상황에 적용된다.

① 먼저 확립된 판례 법리는 단체협약이 실효되는 경우에 적용된다. 유효기간의 경과나 단체협약의 해지 등 실효의 구체적인 사유는 묻지 않는다. 판례 중에 "유효기간이 경과하는 등으로 단체협약이 실효되었다고 하더라도"라고 판시하여 위와 같은 취지를 보여주는 것이 있다.[190]

② 단체협약의 여후효에 관한 논의는 단체협약의 실효 후에 새로운 협약이 체결되지 않은 경우에 현재화되어 법적 고찰의 대상이 된다고 한다.[191] 확립된 판례 법리도 마찬가지이어서 종전 단체협약이 실효되었더라도 실효 후에 새로운 협약이 체결된 경우에는 원칙적으로 판례 법리가 적용될 여지가 없다.

한편 단체협약의 실효 후 새로운 단체협약이 체결되더라도 그 사이에 일정한 시간적 간격이 발생하는 경우가 있고, 이 경우 종전 단체협약이 실효된 때부

件に関する部分は、これを変更する新たる労働協約が締結されるか、又は、個々の労働者の同意を得ない限り、そのまま個々の労働契約の内容として使用者と労働者とを律するものというべきである].

189) 다만 위 香港上海銀行事件 大阪地裁判決의 상고심 판결인 最高裁 1989. 9. 7. 判決(香港上海銀行事件, 労働判例 546호 6면)은 제1심 판결에서 채택한 화체설을 채용하지는 않았다. 위 최고재 판결은 취업규칙에 "퇴직금은 퇴직금협정에 의한다."라고 규정되어 있는 점을 근거로 하여 이미 실효된 퇴직금협정이라도 취업규칙의 내용이 됨으로써 실효 후에도 계속 지급기준이 된다고 하였다. 일본 최고재판소는 아직 여후효의 인정 여부에 관하여 어떠한 태도를 취하는 것인지 명백히 하고 있지 않다고 한다. 西谷 敏a, 393면 각주 29) 참조.

190) 대법원 2018. 11. 29. 선고 2018두41532 판결.

191) 注釋(下), 784면.

터 새로운 단체협약이 체결된 때까지 사이에 개별적 근로관계의 규율에 공백이
발생할 수 있다.

이러한 경우 협약당사자는 새로운 단체협약을 체결하면서 그 시행 시기를
종전 단체협약이 실효된 때로 소급하는 방식으로 대처하는 경우가 많고, 이와
같은 방법에 의할 경우 공백은 해소되고 확립된 판례 법리의 적용은 필요하지
않게 된다.

하지만 위와 같은 소급효에는 한계가 있다. 이미 과거에 시작되었으나 아직
완성되지 아니하고 현재 진행 중인 사실이나 법률관계를 새로운 단체협약에 의
하여 규율하는 부진정 소급의 경우에는 허용되지만, 이미 종결되었거나 완성된
사실이나 법률관계를 새로운 단체협약에 의하여 규율하는 진정 소급의 경우는
허용되지 아니한다. 가령 사용자와 노동조합이 체결한 퇴직금협정이 실효된 후
에 근로자가 퇴직하였는데 그 후 새로운 퇴직금협정을 체결하여 퇴직금지급률
등을 불이익하게 변경하고 이를 종전 퇴직금협정이 실효된 때로 소급하여 적용
하여 위 퇴직한 근로자에게 새로운 퇴직금협정을 적용하는 것은 허용되지 아니
한다.192) 퇴직금 지급에 관한 법률관계가 이미 완성되었기 때문이다.

③ 나아가 판례 법리는 취업규칙이나 근로계약 등 근로조건을 규율하는 다
른 규범에도 문제되는 근로조건에 관한 기준이나 내용이 없어 개별적 근로관계
를 규율하는 규범의 흠결·공백이 발생한 경우에 적용되므로, 취업규칙이나 근
로계약 등에서 문제되는 근로조건에 관한 기준이나 내용을 두고 있는 경우에는
판례 법리를 적용할 여지가 없다.

먼저 단체협약에서 정한 근로조건 기준이 취업규칙이나 근로계약의 내용
중에 원용되어 있는 경우에는 비록 단체협약이 실효되더라도 그 근로조건 기준
이 취업규칙이나 근로계약이라는 규범 형식을 통하여 여전히 개별적 근로관계
를 규율하게 된다. 가령 취업규칙 중 퇴직금에 관한 부분에서 '퇴직금은 단체협
약의 퇴직금조항에 의한다.'며 단체협약을 원용하는 경우이다.193) 근로계약에서
'임금 및 근로조건은 임금협정서 및 단체협약서의 무호봉에 준한다'며 단체협약
을 원용하는 경우도 있다.194)

---

192) 最高裁 1989. 9. 7. 判決(香港上海銀行事件, 労働判例 546호, 6면)의 사안이다.
193) 最高裁 1989. 9. 7. 判決(香港上海銀行事件, 労働判例 546호, 6면)의 취업규칙 규정. 野川 忍
    a, 313~314면 참조.
194) 서울고법(인천) 2022. 10. 28. 선고 2021나13606 판결의 근로계약서 내용.

또한 판례에 의하면 취업규칙의 내용과 배치되는 단체협약이 체결되면 취업규칙도 이를 반영하여 개정하는 것이 통례[195]이므로, 이 경우에도 판례 법리를 적용할 여지는 없다.

이와는 달리 취업규칙이나 근로계약의 내용과 배치되는 단체협약이 체결되었음에도 취업규칙이나 근로계약의 내용에 이를 원용 또는 반영하지 않는 경우가 있다. 위와 같은 취업규칙과 근로계약 부분은 근기법 96조 1항 또는 노조법 33조 1항에 의하여 무효가 되어 근로관계는 단체협약에 의하여 규율되다가 단체협약이 실효되면 판례 법리가 적용된다.

이와 관련하여, 단체협약이 유효하던 중 단체협약의 기준에 위반하여 무효가 된 취업규칙·근로계약의 내용이 단체협약이 실효되면 효력을 회복하여 근로계약의 내용이 된 실효된 단체협약의 기준보다 우선 적용되는 것인가 하는 논점이 있다.

이에 대하여는 취업규칙의 내용이 단체협약의 기준에 위반하여 무효가 된 경우 단체협약이 실효되어도 그 효력을 회복하는 것은 아니라는 것이 일반적인 견해이며,[196] 근로계약의 경우도 마찬가지로 이해된다. 즉, 단체협약에 위반되는 때부터 효력을 잃은(무효가 되어 효력을 상실한) 근로계약 부분이 다시 소생하는 것은 법리적으로 가능하지 않고, 기존 취업규칙이 규범적 효력(근기법 97조)을 가지고 개별 근로계약관계 차원에서 단체협약과 동시에 적용되는 때에 단체협약에 위반되는 취업규칙의 부분은 적용이 배제되고 무효가 되었으므로 해당 근로관계에 다시금 무효로 된 기존 취업규칙을 적용할 수는 없다고 한다.[197] 하급심 판결[198]에서도 단체협약에 반하여 이미 무효로 된 취업규칙 조항은 단체협약이 실효하더라도 그 효력을 회복하지 않는다고 판시한 사례가 있다.[199]

195) 대법원 1999. 4. 9. 선고 98다33659 판결, 대법원 2000. 12. 22. 선고 99다21806 판결. 西谷 敏a, 385면도 참조.
196) 注釋(下), 1017면; 西谷 敏a, 385면.
197) 강선희c, 68면.
198) 부산지법 서부지원 2020. 12. 17. 선고 2019가합102845 판결.
199) 일본에서는 단체협약과 취업규칙 사이의 관계에 관하여 노동기준법 92조 1항에서 '취업규칙은 법령 또는 당해 사업장에서 적용되는 노동협약에 반해서는 아니 된다'는 규정을 두고 있다가 노동계약법 13조에서 '취업규칙이 노동협약에 반하는 경우 취업규칙의 근로계약에 대한 보충효(7조), 변경효(10조) 및 최저기준효(12조)는 법령 또는 노동협약의 적용을 받는 노동자의 노동계약에 관하여는 적용되지 않는다.'는 규정이 신설된 것을 계기로 하여 노동기준법 92조 1항에서 규정하는 '반해서는 아니 된다'는 것은 취업규칙이 무효가 된다는 의미가 아니라 취업규칙의 노동계약에 대한 위 각 효력이 적용되지 않는다는 의미에 그친다고 보아, 협

344   제 3 장 단체교섭 및 단체협약

단체협약의 기준에 위반하여 무효가 된 취업규칙 또는 근로계약 부분이 단
체협약이 실효되더라도 효력을 회복하는 것은 아니라고 보면, 단체협약이 실효
됨에 따라 근로관계를 규율하는 규범에 공백이 발생하여 판례 법리가 적용된다.

(나) 단체협약이 무효인 경우의 적용 여부

단체협약이 실효된 경우에 관한 판례 법리가 새로이 체결된 단체협약의 규
범적 부분이 강행법규에 위배되는 등의 사유로 애초부터 무효인 경우에도 적용
될 수 있는지에 관하여 실무상 논의가 있다.

① 소정근로시간 단축 합의가 탈법행위로서 무효가 된 경우에 관한 전원합의체
판결

실무상 이 문제는 주로 택시회사의 정액 사납금제하에서 생산고에 따른 임
금을 제외한 고정급이 최저임금에 미달하는 것을 회피할 의도로 사용자가 소정
근로시간을 기준으로 산정되는 시간당 고정급의 외형상 액수를 증가시키기 위
해 택시노동조합과 사이에 실제 근무형태나 운행시간의 변경 없이 소정근로시
간만을 단축하기로 한 합의의 효력이 탈법행위로서 무효가 된 경우에 비교대상
임금을 산정하기 위한 소정근로시간에 관하여 어떠한 규정이 적용되어야 하는
지를 둘러싸고 전개되어 왔다.

이와 관련하여 대법원 2019. 4. 18. 선고 2016다2451 전원합의체 판결의 다
수의견은 위 소정근로시간 단축합의는 강행법규인 최저임금법상 특례조항 등의
적용을 잠탈하기 위한 탈법행위로서 무효라고 보면서 종전 취업규칙상(위 사건
의 경우에는 단체협약이 아니라 취업규칙상 소정근로시간의 변경의 효력이 문제되었는
데, 단체협약상 합의가 문제되는 사례가 일반적이다. 이하에서는 단체협약에 국한하여
논의한다) 소정근로시간을 기준으로 최저임금 미달액을 계산한 원심을 수긍함으
로써, 위와 같이 무효가 된 경우에 종전 단체협약상 소정근로시간 조항이 적용
된다는 것을 전제하고 있는 것으로 보인다.200)

약이 실효되는 경우에는 위와 같은 제약에서 해방되어 위 각 효력이 인정된다고 해석하는
유력한 견해가 있다(菅野, 219~220면; 荒木, 385~386면; 水町, 177~178면 참조). 그러나 일
본 노동계약법 13조와 같은 명문의 규정이 없고, 근기법 96조뿐 아니라 노조법 33조 1항에서
단체협약의 기준에 위반하는 취업규칙 부분은 무효로 한다고 명시적으로 규정하고 있는 우
리의 법제하에서 위와 같이 해석할 근거는 없다.
200) 이에 대하여는 소정근로시간 조항의 무효를 전제로 사용자가 최저임금에 미달하는 임금을
지급하였는지는 민법상 무효행위 전환 법리에 따라 소정근로시간 조항이 무효가 됨에 따라
근로관계 당사자들이 무효임을 알았다면 의욕하였을 소정근로시간을 심리한 다음, 그 소정근
로시간을 기준으로 판단하여야 하며, 종전 소정근로시간 조항에 의할 것은 아니라는 김재형

　　그러나 위 전원합의체 판결의 다수의견을 이와 같이 이해할 경우, 종전 단체협약상 소정근로시간이 적용되는 근거를 어디에서 찾을 수 있을 것인지 문제될 수 있다. 새로운 단체협약의 소정근로시간 조항이 무효가 되는 경우에 종전 단체협약상 소정근로시간 조항의 효력(규범적 효력)이 존속한다는 점을 근거로 하여 종전 단체협약상 소정근로시간 조항이 적용되는 것인지, 아니면 종전 단체협약상 소정근로시간 조항의 규범적 효력은 소멸하지만 다른 법리에 의거하여 계속 근로관계를 규율하게 되는 것인지 등이 명확하지 않다.

　　다만 위 전원합의체 판결의 다수의견에 대한 보충의견[201]은, 새로이 체결된 단체협약상 규범적 부분인 소정근로시간 조항이 애초부터 탈법행위에 해당하여 무효인 경우라면, 종전 단체협약이 유효기간 만료 등으로 실효된 채 노사 간에 무협약 상태가 계속되고 있는 것과 규범적 상황이 다르지 않으므로, 위와 같은 확립된 판례 법리가 원칙적으로 그대로 적용될 수 있다고 하였다.

　　② 하급심 판결의 흐름

　　하급심 판결 중에는 규범적 상황이 동일하다는 위 보충의견에 따라 단체협약이 실효된 경우에 관하여 확립된 판례 법리를 무효인 경우에도 적용하여, 종전 단체협약의 소정근로시간 조항이 개별 근로자의 근로관계를 규율한다고 보고 종전 단체협약상의 소정근로시간 조항의 적용을 긍정한 사례가 다수 있다.[202]

　　한편 하급심 판결 중에는 종전 단체협약에 불확정기한부 자동연장협정이 있는 사안에서 위 자동연장협정을 근거로 하여 새로운 단체협약이 무효가 된 경우 종전 단체협약의 효력이 계속 유지된다는 태도를 취한 판결이 있다. "단체협약이 유효기간을 정하면서도 새로운 단체협약 체결 시까지 효력이 유지된다는 조항이 있는 경우, 새로 체결된 단체협약 중 강행법규 위반 등으로 무효로 되는 부분에 대하여는 유효한 단체협약이 체결되지 아니한 상태와 마찬가지이므로, 종전의 단체협약 중 해당 부분의 효력이 유지된다고 봄이 타당하다."[203]

　　대법관의 반대의견이 있다. 위 전원합의체 판결 이후에도 위 반대의견의 태도와 같이 무효행위 전환 법리에 따라 소정근로시간을 확정하여 판단한 하급심 판결로 대구고법 2021. 2. 19. 선고 2016나24452 판결이 있다(대법원 2021다225074로 계속 중).

201) 대법관 박상옥, 대법관 박정화, 대법관 김선수의 다수의견에 대한 보충의견.

202) 대표적인 것으로 서울고법 2021. 5. 14. 선고 2019나2048647 판결, 서울고법 2021. 5. 14. 선고 2013나2028399 판결 참조. 그밖에도 위 전원합의체 판결 이후 2022. 11. 17. 현재까지 100건이 넘는 하급심 판결이 위 보충의견의 판시에 따라 판단하였다.

203) 서울고법 2020. 9. 4. 선고 2016나2034654 등 판결.

라고 하거나, "새로운 단체협약이 체결되었으나 그 중 강행법규 위반으로 무효
로 되는 부분에 대하여는 유효한 단체협약이 새로 체결되지 아니한 상태와 마
찬가지이므로, 종전의 단체협약 중 해당 부분의 효력이 존속된다고 볼 수 있
다."204)라고 하거나, "단체협약의 당사자들이 자동연장조항을 두는 의도 역시
단체협약 공백상태를 방지하기 위한 것이므로, 자동연장조항에서의 종전 단체협
약의 종기는 단순히 새로운 단체협약이 체결된 때가 아니라 유효한 단체협약이
체결된 때로 해석하는 것이 당사자들의 의사에도 부합한다"205)라고 판시한 것
이 위와 같은 태도를 취한 판결례이다. 대법원이 위와 같은 하급심 판결의 태도
에 대하여 명시적으로 판단한 것은 없으나, 심리불속행기각 판결을 한 것이 있
다.206)

　　위 두 가지 흐름의 하급심 판결은 종전 단체협약에서 정한 근로조건 기준
이 적용되는 것을 인정한다는 점에서 결론은 동일하나, 규범적 상황이 동일하다
는 보충의견에 따라 판례 법리를 적용하여 종전 단체협약이 적용된다고 보는
것은 종전 단체협약이 실효되었다는 점을 전제로 하는 것인데 반하여 불확정기
한부 자동연장협정을 근거로 종전 단체협약이 적용된다고 보는 것은 종전 단체
협약의 효력이 존속되고 있다는 점을 전제로 하는 것이어서 전자와 후자는 그
논리적 근거가 전혀 다르므로 준별할 필요가 있다.

(2) 판례 법리에서 인정하는 효력의 내용
㈎ 계약내용규율효

　　확립된 판례 법리에 의하여 실효된 단체협약에 인정되는 효력은 '개별적인
근로자의 근로계약의 내용으로 여전히 남아 근로계약 당사자인 사용자와 근로
자를 규율하는 효력'이다.

　　이를 실효된 단체협약의 '계약내용규율효'라고 부를 수 있을 것이다. 단체
협약의 '규범적 효력'은 '근로자와 사용자 사이의 근로계약관계를 강행적으로
직접 규율하는 효력'을 말하는 것인데, 실효된 단체협약의 계약내용규율효는 단

---

204) 서울고법 2021. 1. 29. 선고 2019나2033430 판결, 서울고법 2021. 8. 13. 선고 2019나
　　2036668 판결.
205) 서울고법(인천) 2022. 7. 22. 선고 2021나11426 판결.
206) 서울고법 2020. 9. 4. 선고 2016나2034654 등 판결의 상고심 판결인 대법원 2021. 1. 14.자
　　2020다274635 판결(심리불속행기각), 서울고법 2021. 1. 29. 선고 2019나2033430 판결의 상고
　　심 판결인 대법원 2021. 5. 27.자 2021다213576 판결(심리불속행기각) 참조.

체협약의 실효에 따라 근로계약관계를 강행적으로 직접 규율하는 효력은 사라진 상태에서 근로계약의 내용이 되어 근로계약당사자를 규율하는 것에 그친다는 점에서 단체협약의 규범적 효력과 구분된다.

실효된 단체협약의 '계약내용규율효'를 단체협약의 여후효라고 부르는 경우도 있으나 이는 단체협약 자체가 가지는 규범적 효력의 전부 또는 일부가 단체협약이 실효된 이후에 존속한다는 의미를 가지는 것으로 '계약내용규율효'의 실질과 맞지 않아 적절하지 않다.

⑷ 규범적 효력은 소멸

확립된 판례 법리가 실효된 단체협약에 여전히 규범적 효력이 존속하는 것을 인정하는 것은 아니라는 점을 주의할 필요가 있다. 단체협약의 실효에 의하여 규범적 효력은 소멸하되 규범적 부분에서 정한 기준이 여전히 근로계약의 내용으로서 사용자와 근로자를 규율하는 것을 인정하는 법리에 그친다.[207]

그런데 이와 관련하여 단체협약의 실효 후에도 여전히 규범적 효력이 존속한다는 전제를 취하고 있는 것으로 보이는 대법원 판결이 있다.

대법원 2006. 11. 23. 선고 2006두11644 판결에서는, 원심이, 단체협약 중 징계에 관한 사항도 규범적 부분에 해당하여 단체협약이 실효된 이후에도 사용자와 근로자를 규율하므로 징계절차에 관한 취업규칙 71조(징계 등의 경우 위원 1/2 이상의 찬성으로 하고 가부동수일 경우 위원장이 결정)가 단체협약 50조(징계위원 과반수 이상으로 결정)에 위반되어 무효라고 판단한 것은 정당하다고 판시하였다.

그러나 단체협약이 실효된 이후에는 규범적 효력은 소멸하므로 실효된 이후에 취업규칙이 단체협약에 위반되어 무효가 된다는 위 판시에는 의문이 있다.

위 판결의 사안에서 단체협약은 1991. 12. 2. 체결되었고, 취업규칙은 1994. 3. 1. 제정·시행된 것으로 단체협약이 실효되기 전에 위 취업규칙 71조가 단체협약 50조에 위반되어 무효인 상태에 있다가 단체협약이 실효되었다.

이와 같은 사안을 '취업규칙의 단체협약 위반 여부'라는 관점에서 파악하는 것은 한편으로는 단체협약이 실효되어 규범적 효력이 소멸되었다는 점에서, 다른 한편에서는 취업규칙이 무효인 상태에 있다는 점에서 타당하지 않다. 위와

---

207) 이와 같은 점에서 서울행법 2013. 1. 11. 선고 2012구합23280 판결에서 "단체협약이 실효되었다고 하더라도 그 규범적 효력이 유지"된다고 한 것은 적절하지 않은 판시이다. 인천지법 2022. 6. 30. 선고 2021나59864 판결에서 '종전 단체협약 및 임금협정에서 정한 소정근로시간 조항이 조합원인 원고들에게 규범적 효력을 가진다.'고 한 것도 마찬가지이다.

같은 판시가 가능하려면 단체협약의 규범적 효력의 존속이 인정되어야 하고, 단체협약이 실효될 경우 단체협약에 위반되어 무효가 된 취업규칙의 효력이 회복된다는 전제가 충족되어야 한다.

그러나 앞서 본 바와 같이 단체협약이 실효되면 규범적 효력은 소멸하고, 단체협약이 실효되더라도 무효가 된 취업규칙의 효력이 회복되는 것은 아니므로, 결국 취업규칙의 단체협약 위반 여부라는 관점에서 문제를 파악하는 것은 타당하지 않다.

다만 위와 같은 경우 취업규칙의 효력은 회복되지 않으므로, 근로계약의 내용이 된 단체협약의 기준이 근로관계를 규율한다. 따라서 위 사안의 경우 근로계약의 내용이 된 단체협약 50조에 따라 징계절차의 정당성을 판단한 위 판결의 결론 자체는 타당하다고 할 것이다.

㈐ 판례 법리와 유효기간에 관한 노조법 규정의 위반 여부

한편 판례 법리에 따라 단체협약이 실효된 후에도 규범적 부분이 근로계약의 내용이 되어 계속 사용자와 근로자를 규율함으로써 종전 단체협약의 임금에 관한 부분을 1년 넘게 적용받는 결과가 된다고 하여 임금에 관한 단체협약의 유효기간을 1년으로 정하고 있는 구 노조법 35조에 위반된 것이라고 할 수 없다는 것이 판례의 태도이다.[208]

(3) 판례 법리에서 인정하는 효력의 범위

㈎ 객관적(사항적) 범위

확립된 판례 법리는 단체협약 중 임금·퇴직금이나 근로시간, 그 밖에 개별적인 근로조건에 관한 부분, 즉 규범적 부분에만 적용된다. 따라서 위 법리의 적용 여부와 관련하여 규범적 부분과 채무적 부분을 구별할 실익이 있다.

대법원은 처음에는 실효된 단체협약 중 주로 임금이 문제되는 사안에 위 법리를 적용하다가[209] 그 후 근로자의 징계절차에 관한 부분,[210] 해고사유 및 해고의 절차에 관한 부분,[211] 재계약 내지 계약 갱신의 요건 및 절차에 관한 부

---

208) 대법원 2000. 6. 9. 선고 98다13747 판결, 대법원 2001. 4. 10. 선고 98다13716 판결.
209) 대법원 2000. 6. 9. 선고 98다13747 판결, 대법원 2001. 4. 10. 선고 98다13716 판결, 대법원 2003. 4. 8. 선고 2002도6991 판결, 대법원 2005. 4. 14. 선고 2004도8516 판결.
210) 대법원 2006. 11. 23. 선고 2006두11644 판결, 대법원 2007. 7. 12. 선고 2006재두250 판결.
211) 대법원 2007. 12. 27. 선고 2007다51758 판결, 대법원 2007. 12. 27. 선고 2007다51741 판결, 대법원 2008. 10. 9. 선고 2008다27233 판결, 대법원 2008. 10. 9. 선고 2008다27226 판결,

분,212) 정규직 전환 조항,213) 부가가치세 경감세액을 임금인상분에 포함하여 계산한다고 한 부분,214) 대기시간을 휴게시간으로 보는 합의,215) 대학학자보조금 삭감 합의216)를 규범적 부분으로 보고 위 판례 법리를 적용하였다.

하급심 판결 중에는 조합원의 배치전환 시 본인의 동의를 얻도록 한 인사조항,217) 근로시간을 1일 7시간 20분, 1주 40시간을 원칙으로 한 임금체계에 관한 규정,218) 가산보상금 규정,219) 조기퇴근 인정규정,220) 연차휴가수당에 관한 규정,221) 정년규정,222) 임금은 회사에 위임한다는 규정,223) 월 4회 이상의 무단결근을 징계해고사유로 규정한 규정224) 등을 규범적 부분으로 보고 위 법리를 적용한 것이 있다.

(나) 주관적(인적) 범위

① 확립된 판례 법리가 적용되는 근로자는 "단체협약의 적용을 받고 있던 근로자"이다. 규범적 부분이 "단체협약의 적용을 받고 있던 근로자"의 근로계약의 내용이 되어 단체협약의 실효 후에도 여전히 남아 있어 사용자와 근로자를 규율하는 것이다.

단체협약의 체결 당시 조합원은 물론 단체협약이 체결된 후 그 유효기간 중에 노동조합에 가입하여 종전 단체협약의 적용을 받고 있던 조합원에게도 단체협약이 실효되는 경우 위 판례 법리가 적용된다.

나아가 노조법 32조 3항 본문에 따른 법정효력연장 기간 동안 노동조합에 가입한 조합원, 확정기한부 자동연장협정에 의한 효력 연장 기간 동안 조합원이 되어 단체협약의 적용을 받고 있던 조합원, 불확정기한부 자동연장협정에 의한

대법원 2009. 2. 12. 선고 2008다70336 판결.
212) 대법원 2011. 7. 28. 선고 2009두2665 판결, 대법원 2011. 7. 28. 선고 2009두4180 판결.
213) 대법원 2014. 6. 26. 선고 2011다33825 판결.
214) 대법원 2013. 6. 13. 선고 2010두18369 판결, 대법원 2017. 6. 19. 선고 2014다63087 판결.
215) 대법원 2018. 7. 12. 선고 2013다60807 판결.
216) 대법원 2018. 11. 29. 선고 2018두41532 판결.
217) 광주고법 2012. 6. 15. 선고 2011나3502 판결의 단체협약 조항.
218) 수원지법 안양지원 2012. 2. 22. 선고 2010가단32977 판결의 단체협약 조항.
219) 의정부지법 고양지원 2011. 11. 11. 선고 2011가합252 판결의 단체협약 조항.
220) 울산지법 2011. 9. 7. 선고 2010가단9534 판결의 단체협약 조항.
221) 서울서부지법 2011. 6. 23. 선고 2010나9089 판결의 단체협약 조항.
222) 대전지법 2011. 6. 2. 선고 2011노450 판결의 단체협약 조항.
223) 서울고법 2007. 11. 16. 선고 2007나38818 판결(상고심은 대법원 2008. 3. 27.자 2007다 84147 판결로 심리불속행으로 상고를 기각하였다).
224) 서울고법 2003. 12. 18. 선고 2002누12542 판결.

효력 연장 이후부터 노조법 32조 3항 단서에 따른 해지권 행사에 의하여 단체협약이 실효될 때까지의 기간 동안 노동조합에 가입한 조합원에 대하여도 위 판례 법리가 적용된다.

확립된 판례 법리가 적용되는 근로자는 "단체협약의 적용을 받고 있던 근로자"이므로, 단체협약이 실효된 이후에야 입사하여 근로관계를 맺거나 조합원이 된 근로자와 사용자의 근로관계에까지 판례 법리가 적용되는 것은 아니다.

다만, 실효 전에 근로관계를 맺은 근로자에게는 판례 법리에 따라 종전 단체협약의 조항이 적용되는데, 근로조건과 관련하여 사용자가 작성한 취업규칙이나 사용자와 노동조합 사이의 다른 집단적 합의에서 입사시기와 관계없이 통일적인 근로조건을 적용하였다면 사용자와 실효 이후 입사한 근로자들 사이에 실효 전의 근로자들과 동일한 근로조건을 향유하기로 하는 내용의 묵시적 약정이 인정될 여지가 있다. 이 경우에는 판례 법리가 아니라 묵시적 약정의 법리에 따라 실효 이후 입사한 근로자들에게도 종전 단체협약의 조항이 적용된다고 볼 수 있다.

② 새로운 단체협약이 체결되었지만 이에 강행법규 위반 등의 무효 사유가 있는 경우 단체협약 실효의 경우와 규범적 상황이 동일하므로 확립된 판례 법리가 적용된다는 실무적 논의가 있는 점은 앞서 본 바와 같다.

위와 같은 사안에서 종전 단체협약의 실효 또는 무효 된 새로운 단체협약의 체결 이후에 입사한 근로자에게도 위 확립된 판례 법리에 따라 종전 단체협약에서 정한 근로조건이 적용되는 것인지에 대하여는 실무상 논란이 있다.

이와 관련하여서는 앞서 본 바와 같이 확립된 판례 법리에 따를 경우에 무효 이후 입사한 근로자에게는 종전 단체협약에서 정한 근로조건이 적용된다고 인정하기는 어렵다고 보는 것이 이론적으로 일관된 태도라고 할 수 있다.

다만, 이 경우에도 확립된 판례 법리가 아니라 묵시적 약정의 법리에 의거하여 무효 이후 입사한 근로자에게도 종전 단체협약의 적용을 인정할 수 있다.

종전 단체협약이 실효되거나 새로운 단체협약이 무효가 된 후에 조합원이 된 근로자들과 그 전에 조합원이 된 근로자들 상호간에는 집단적으로 동일한 근로조건을 형성함으로써 형평을 기할 필요가 있다. 나아가 사용자가 일방적으로 작성한 취업규칙이나, 무효가 된 새로운 단체협약 등 사용자와 노동조합 사이의 집단적 합의에서 입사시기에 따른 차별을 둔 흔적이 없고, 입사시기에 관계없이 조합원들에 대하여 통일적인 근로조건을 적용하여 왔다면 실효 또는 무효 이후 입사한 근로자들과 사용자 사이에서는 실효 또는 무효 이전 입사한 근로자들과 동일한 근무형태 아래 동일한 근로의무를 부담하고 동일한 근로조건을 향유하기로 하는 내용의 묵시적 약정이 있었다고 해석하는 것이 타당하다.

따라서 실효 또는 무효 이후 입사한 조합원들에게도 확립된 판례 법리에 따른 것은 아니지만 위 묵시적 약정에 따라 종전 단체협약에서 정한 근로조건이 적용된다고 볼 수 있다.

하급심 판결 중에 위와 같은 사안에서 묵시적 약정 등의 법리를 근거로 하여 실효 또는 무효 이후에 입사한 조합원에게도 종전 단체협약에서 정한 근로조건의 적용을 인정한 것이 다수 있다.225)

한편 앞서 본 바와 같이 새로운 단체협약에 강행법규 위반의 무효 사유가 있는데, 종전 단체협약에 불확정기한부 자동연장협정이 있는 사안에서 이를 근거로 하여 종전 단체협약이 규범적 효력을 존속한다는 견해를 취하는 경우에는 무효가 된 새로운 단체협약의 체결 이후 입사하여 조합원이 된 근로자는 단체협약의 효력이 유지되고 있는 중에 노동조합에 가입한 것이므로 그 때부터 위 근로자에 대하여 단체협약의 규범적 효력이 미치게 된다. 따라서 위와 같은 사안에서는 확립된 판례 법리나 묵시적 약정 등의 법리에 의거할 필요 없이 무효 이후 입사하여 조합원이 된 근로자에게 그때부터 단체협약의 규범적 효력에 의하여 종전 단체협약에서 정한 근로조건 기준이 적용된다고 볼 수 있다.226)

③ 한편 위 확립된 판례 법리가 단체협약의 구속력이 미치지 않는 비조합

---

225) 종전 단체협약의 실효 또는 무효 이전 근로자와 실효 또는 무효 이후 근로자를 구별하여 전자에 대하여는 확립된 판례 법리에 따라, 후자에 대하여는 묵시적 약정의 법리에 따라 종전 단체협약에서 정한 근로조건의 적용을 인정한 것으로 서울고법 2021. 5. 14. 선고 2019나2048647 판결(대법원 2021다241731로 계속되다가 상고취하로 확정). 이외에 묵시적 약정의 법리를 판시한 판결로 수원고법 2021. 12. 23. 선고 2020나12383 판결, 수원지법 2022. 11. 17. 선고 2020가합27559 판결 등 참조. 묵시적 약정의 법리를 명시적으로 언급하지는 않았지만 결국 실효 또는 무효 이후 입사한 조합원들에 대하여 종전 단체협약에서 정한 근로조건의 적용을 인정한 것으로 창원지법 2022. 8. 25. 선고 2019가합57308 판결, 부산고법(창원) 2022. 9. 1. 선고 2021나13632 판결 등 참조.

226) 새로운 단체협약에 무효 사유가 있고 종전 단체협약에 불확정기한부 자동연장협정이 있는 경우에 단체협약의 규범적 효력에 의하여 무효가 된 새로운 단체협약 체결 이후에 입사한 조합원에 대하여도 종전 단체협약이 적용된다는 취지의 하급심 판결로 서울고법 2020. 12. 18. 선고 2019나2038367 판결, 서울고법 2020. 12. 18. 선고 2019나2027954 판결, 서울고법 2021. 2. 5. 선고 2015나2068360 판결(대법원 2021. 5. 27. 자 2021다219444 판결에 의하여 심리불속행기각), 서울고법 2021. 8. 18. 선고 2015나2065767 판결 등 참조.

원인 근로자에게까지 적용되는 것이라고 볼 수는 없다. 비조합원인 근로자는 실효된 종전 단체협약의 적용을 받은 적이 없으므로 그 적용을 받은 것을 전제로 하는 위 확립된 판례 법리가 적용될 여지가 없다. 다만 단체협약 효력 확장에 관하여 규정한 노조법 35, 36조에 의하여 단체협약의 효력이 확장 적용되는 비조합원인 근로자에 대하여는 위 단체협약이 실효되는 경우 위 확립된 판례 법리가 적용된다.227)

(다) 시간적 범위

판례 법리에 의하여 인정되는 단체협약의 효력은 시간적으로 제한이 있는 것은 아니고 새로운 단체협약의 체결, 취업규칙의 변경, 개별적인 근로자의 동의가 있을 때까지는 지속된다.

다만 앞서 본 바와 같이 독일의 경우 단체협약법에서 명시적으로 인정하는 단체협약 자체의 여후효를 협약당사자의 명시적·묵시적 의사에 의하여 배제할 수 있다고 보고 있어 강행적 규정으로는 보지 않고 있는 점, 협약당사자의 의사의 합치에 근거한 새로운 단체협약 등의 체결 등에 의하여 종전 단체협약에서 정한 근로조건을 변경하는 것이 가능하여 판례 법리에 따라 실효 후에 단체협약이 근로관계를 규율하는 것을 사후에 저지할 수 있는 점에 비추어 보면 판례 법리에 따라 실효 후에 단체협약이 근로관계를 규율하는 것을 사전에 협약당사자의 의사에 의하여 제한하거나 배제할 수 있는 것으로 보는 것이 타당하다.

판례도 이와 같은 제한 또는 배제를 인정하고 있는 것으로 보인다. 대법원은 해제조건부 단체협약의 해제조건이 성취되어 단체협약 조항의 적용 여부가 문제된 사안에서, 확립된 판례 법리를 원용한 다음, '그러나 노사가 일정한 조건이 성취되거나 기한이 도래할 때까지 특정 단체협약 조항에 따른 합의의 효력이 유지되도록 명시하여 단체협약을 체결한 경우에는, 그 단체협약 조항에 따른 합의는 노사의 합치된 의사에 따라 해제조건의 성취로 효력을 잃는다고 보아야 한다'고 판시하였다.228)

---

227) 부산고법(창원) 2022. 10. 13. 선고 2021나12615 판결에서는 면직, 해고, 징계 등에 관하여 정한 단체협약 조항이 노조법 35조에서 정한 일반적 구속력 소멸 이후에 비조합원인 근로자에게 적용되는지와 관련하여, 위 확립된 판례 법리가 단체협약이 실효된 경우의 법리이나 단체협약의 일반적 구속력이 발생했다가 소멸한 경우 비조합원에 대한 관계에도 적용될 수 있다고 판시하였다(상고되었으나 대법원 2023. 2. 23.자 2022다291047 판결로 심리불속행기각).
228) 대법원 2018. 11. 29. 선고 2018두41532 판결.

대법원은 위 판시를 통해, 협약당사자의 합치된 의사에 따라 사전에 특정 단체협약 조항에 조건이나 기한을 두고 조건이 성취되거나 기한이 도래할 때까지 위 조항의 효력이 유지되도록 한정하는 경우에는 조건의 성취나 기한의 도래로 위 조항의 효력은 소멸하고, 이에 따라 확립된 판례 법리에 따라 실효 후에 단체협약이 근로관계를 규율하는 효력은 제한 또는 배제된다는 취지의 법리를 제시한 것으로 볼 수 있다.

다. 실효 후 근로조건의 변경 가부

(1) 학   설

단체협약이 실효하여도 협약상 기준이 그대로 존속한다는 점에 대하여는 이론이 없지만, 협약 실효 후에 당사자 간의 합의 등이 있으면 근로조건을 변경할 수 있는지 문제된다.

이에 대하여는 단체협약이 소멸하기 전까지 협약이 보유하고 있었던 강행적 효력은 더 이상 존재하지 않으므로 근로계약의 내용으로 화체된 근로조건에 관한 부분은 새로운 단체협약, 취업규칙의 체결 등으로 변경될 수 있음은 물론 개별적인 근로자의 동의를 얻어 변경될 수 있다는 견해,229) 단체협약 실효 전의 근로조건을 변경하려면 새로운 근로계약이나 단체협약을 체결하여야 한다는 견해,230) 협약실효사유가 노조 탈퇴, 협약의 효력확장요건 흠결 등으로 비조합원에 대해서 협약상 기준의 존속이 문제되는 경우에는 당사자와 개별적으로 합의하여 협약상 기준을 변경할 수 있지만, 유효기간의 만료 등 조합원에 대해서 협약상 기준의 존속이 문제되는 경우에는 차기협약에 대한 교섭이 진행되고 있음에도 불구하고 사용자가 조합원과 개별적으로 근로조건에 대해서 합의하거나 일방적으로 협약상의 근로조건을 변경한다면 헌법상 단체교섭권의 보장이 형해화될 우려가 있다는 점을 들어 개별조합원과의 합의나 취업규칙의 변경을 통한 일방적 변경은 허용되지 않는다는 견해231)가 있다.

(2) 판   례

판례는 단체협약의 실효 후에도 근로자의 근로계약의 내용이 되어 계속 존속하는 규범적 부분을 새로운 단체협약의 체결, 취업규칙의 작성, 근로자의 개

---

229) 김형배, 1321면.
230) 임종률, 195면.
231) 김유성, 210면.

별적 동의를 통해 변경할 수 있다고 하고,232) 이와 같은 경우에는 종전의 단체
협약은 더 이상 개별적인 근로계약의 내용으로 남아 있지 않게 된다고 한다.233)
따라서 판례에 의하면 새로운 단체협약이 체결되거나, 유효한 취업규칙의 변경
이 있거나, 새로운 근로계약이 체결되는 경우에는 위와 같은 새로운 단체협약·
취업규칙·근로계약에 의하여 근로관계가 규율된다.

다만 새로운 단체협약·취업규칙·근로계약에 의하여 근로관계가 규율되기
위해서는 새로운 단체협약의 체결, 취업규칙의 작성, 근로계약의 체결을 통해
문제되는 근로조건 부분을 달리 정하는 행위가 있어야 한다.

대법원은 노동조합과 회사가, 운전기사들이 버스운행을 마친 후 다음 운행
전까지 대기한 시간을 휴게시간으로 하고 자유로운 이용을 보장한다는 내용의
노사합의를 하였는데, 그 후 정규 단체협약을 체결하면서는 대기시간과 휴게시
간에 관하여 정하지 아니한 사안에서, 노동조합과 회사가 위와 같은 내용의 노
사합의를 변경하는 단체협약이나 근로계약을 체결하거나, 회사가 같은 내용의
취업규칙을 작성하지 아니한 이상, 단지 노사합의 이후에 대기시간과 휴게시간
의 관계에 관하여 아무런 정함이 없는 정규 단체협약이 체결되었다는 사정만으
로, 노사합의에서 정한 대기시간과 휴게시간의 관계에 관한 부분이 변경되었다
고 볼 수 없으므로, 노사합의의 유효기간이 도과되었더라도 대기시간과 휴게시
간의 관계에 대한 노사합의의 내용은 여전히 근로계약의 내용으로 남아 있다고
보았다.234)

한편 새로운 단체협약의 체결이나 취업규칙의 변경에 의하여 근로조건을
변경할 수 있지만, 실효된 단체협약의 규정에 의하여 개별 근로자에게 구체적으
로 발생한 권리는 해당 근로자의 사적 영역으로 옮겨져 그 근로자의 처분에 맡
겨진 것이기 때문에 새로운 내용의 단체협약의 체결이나 취업규칙의 변경을 통
하여도 이를 변경할 수 없다.

대법원은 2004년 단체협약에서 정한 정규직 전환 조항(현재 재직하고 있는
비정규직원 중 합의된 대상인원에 대하여 2009. 12.말까지 정규직으로 전환한다는 내용
이다)에 근거하여 정규직 전환약정까지 하여 정규직 전환을 청구할 권리를 취득
한 사안과 관련하여, 2004년 단체협약이 유효기간의 만료로 실효되거나 2007년

---

232) 각주 182)의 판결들.
233) 대법원 2013. 6. 13. 선고 2010두18369 판결, 대법원 2017. 6. 19. 선고 2014다63087 판결.
234) 대법원 2018. 7. 12. 선고 2013다60807 판결.

새로운 내용(비정규직의 정규직화는 노동관계법에 의한다는 내용이다)의 단체협약이 체결되었다고 하더라도 해당 근로자는 정규직으로의 전환을 보장받는다고 판단한 원심을 수긍하였다.235)

대법원 판결에 나타난 실효 후 근로조건의 변경이 문제된 사례 중 대부분이 새로운 단체협약의 체결을 통한 변경이고,236) 취업규칙의 불이익변경을 통한 변경 사례도 일부 보이지만,237) 새로운 근로계약의 체결을 통한 변경이 문제된 사례는 아직 보이지 않는다.

하급심 판결 중에는 새로운 단체협약에 의한 변경을 인정한 사례,238) 취업규칙의 불이익변경에 의한 근로조건의 변경을 인정한 사례,239) 개별 근로계약에 의한 변경을 인정한 사례240)가 있다.

(3) 검   토

판례가 단체협약의 실효 후에도 근로계약의 내용으로 근로관계를 규율하는 근로조건 기준을 새로운 단체협약의 체결, 취업규칙의 작성, 근로자의 개별적 동의를 통해 변경할 수 있다고 보는 것은 두 가지 규범적 의미를 갖는다. 하나는 강행적 효력의 배제 근거가 되고, 다른 하나는 유리 원칙을 부정하는 의미를 갖는다. 나아가 개별적 동의에 의한 변경에는 일정한 제한이 필요하다.

㈎ 강행적 효력의 배제

단체협약의 실효 후에 근로계약의 내용으로 근로관계를 규율하는 근로조건 기준을 새로운 단체협약의 체결 이외에 취업규칙의 작성, 근로자의 개별적 동의를 통해 변경할 수 있다고 보는 것은 실효 후 단체협약 중 근로조건 기준이 근로계약의 내용으로서 근로관계를 규율하는 효력에는 강행적 효력이 배제되어 있다는 논리적 근거를 제공하는 의미가 있다.

---

235) 대법원 2014. 6. 26. 선고 2011다33825 판결.
236) 대법원 2009. 2. 12. 선고 2008다70336 판결, 대법원 2013. 6. 13. 선고 2010두18369 판결, 대법원 2017. 6. 19. 선고 2014다63087 판결.
237) 대법원 2013. 7. 25. 선고 2012다44280 판결.
238) 부산고법 2009. 2. 11. 선고 2008나11559 판결(상고심은 대법원 2009. 6. 11.자 2008나11559 판결로 심리불속행 기각).
239) 수원지법 2010. 12. 7. 선고 2010노3947 판결(상고심은 대법원 2011. 4. 14. 선고 2010도17584 판결), 서울행법 2011. 9. 22. 선고 2010구합41222 판결, 울산지법 2012. 1. 5. 선고 2011가합3653 판결, 서울고법 2012. 5. 4. 선고 2011나68762 판결.
240) 서울중앙지법 2002. 3. 28. 선고 2001나40311 판결(상고심은 대법원 2002. 7. 24.자 2002다28500 판결로 심리불속행 기각).

왜냐하면 실효 후의 단체협약 중 근로조건 기준에 강행적 효력이 있다면 효력 위계상 취업규칙의 작성이나 개별적 동의를 통하여 위 근로조건 기준을 변경하는 것은 노조법 33조에 의하여 무효가 되기 때문이다.

(나) 유리 원칙의 부정

① 판례는 단체협약의 실효 후에도 근로계약의 내용으로 계속 존속하는 규범적 부분을 새로운 단체협약의 체결, 취업규칙의 작성, 근로자의 개별적 동의를 통해 변경할 수 있다고 하는데, 이와 같은 판례의 태도는 실효된 단체협약의 근로조건 기준이 근로계약의 내용으로서 근로관계를 규율하는 범위 내에서는 근로계약과 단체협약, 근로계약과 취업규칙 사이의 유리 원칙을 부정하는 의미를 갖게 된다.

판례 법리에 의하면 실효된 단체협약의 근로조건 기준은 근로계약의 내용이 된다는 것이므로 그 규범 위계상 근로계약의 위계에 있는 것으로 볼 수 있는데, 이를 새로운 단체협약의 체결, 취업규칙의 작성에 의하여 불리하게 변경할 수 있다는 것이므로, 이 한도 내에서는 유리 원칙은 인정되지 않는다.

② 실효된 단체협약에 의하여 설정된 근로조건은 비록 근로계약의 내용이 되었다고는 하나 그 기원을 집단적 근로조건을 설정하는 규범인 단체협약에 두고 있고 개별적 합의의 계기가 결여되어 있으므로, 이와 관련하여서는 개별적 합의에 대한 보호, 개별적 합의에 기초한 사적 자치 내지 계약자유에 의한 근로관계 규율의 보장이라는 유리 원칙의 근거가 작동하지 않으므로, 유리 원칙을 인정하지 않는 것이 타당하다.

단체협약이 실효된 후 근로계약의 내용이 된 근로조건과 관련하여 근로계약과 단체협약, 근로계약과 취업규칙 사이의 유리 원칙을 부정하는 판례의 태도나 이에 대한 필자의 위와 같은 평가가 근로계약과 단체협약 사이의 유리 원칙을 원칙적으로 인정하는 필자의 견해241)나 근로계약과 취업규칙 사이의 유리 원칙을 인정하는 판례(대법원 2019. 11. 14. 선고 2018다200709 판결 등)의 태도와 모순되는 것은 아니다.

왜냐하면 필자의 견해나 위 판례에서는 단체협약이나 취업규칙과 같은 집단적 근로조건 설정 규범에 의하여 설정되어 근로계약의 내용이 된 근로조건이

---

241) 이에 대하여는 노조법주해(초판) II, 142면 이하 참조.

아니라 개별적 합의에 의하여 설정되어 근로계약의 내용이 된 근로조건에 관하여 유리 원칙을 인정하는 것이기 때문이다.

③ 위와 같이 단체협약의 실효 후 근로계약의 내용으로 계속 존속하는 규범적 부분의 변경을 인정하는 판례의 태도는 근로계약과 단체협약, 근로계약과 취업규칙 사이의 유리 원칙을 부정하는 의미를 갖게 되는데, 대법원 판결 중에는 이와는 다소 차원을 달리하는 사안이기는 하지만 유리 원칙을 인정한 것으로 볼 수도 있는 판시를 한 것이 있다.

즉, 단체협약 실효 후 근로계약의 내용으로 계속 존속하는 근로조건을 새로운 단체협약·취업규칙·근로계약에 의하여 변경할 수 있느냐 하는 차원은 아니지만, 단체협약이 실효되어 근로계약의 내용이 된 근로조건과 종전 취업규칙의 관계라는 차원에서 유리 원칙을 인정한 것으로 볼 수 있는 판시를 한 것이 있다.

대법원은 취업규칙에서 계속 근로기간이 5년을 초과하지 못하도록 정해져 있는데, 단체협약에서 '본인이 계속 근무를 원할 시에는 근무성적 평점에 의하여 계약기간에 관계없이 계속 근무하게 할 수 있다'고 정한 사안에서, 단체협약이 실효되었지만 위 단체협약의 규정은 재계약 요건 등에 관하여 정한 것으로 규범적 부분에 해당하는 것으로 보고 실효에도 불구하고 근로계약의 내용으로 유효하게 존속한다고 한 다음, 취업규칙의 내용 중 계속 근로기간을 5년으로 한정함으로써 재계약 체결을 제한하고 있는 부분은 단체협약보다 미달되는 근로조건을 정한 것이어서 그 효력을 인정할 수 없다고 하였다.[242]

'단체협약보다 미달되는 근로조건을 정한 것으로 효력을 인정할 수 없다'는 판시가 어떠한 구도를 염두에 둔 것인지는 판시 자체로는 명확한 것은 아니다. 판시 문언을 전체적으로 보면 위 판결에서 실효된 단체협약의 '규범적 효력'을 인정한 것이 아닌가 하는 인상을 받기도 한다. 다만 위 판시에서 '미달'된다는 용어를 사용한 것을 보면 단체협약의 규범적 효력에 의하여 취업규칙의 내용이 무효가 된다는 의미는 아닌 것으로 볼 수 있다.[243]

오히려 위 대법원 판결들 중 대법원 2011. 7. 28. 선고 2009두4180 판결의 제1심 판결[244]에서 개별 근로계약의 조항 중 취업규칙보다 유리한 부분은 유효

---

242) 대법원 2011. 7. 28. 선고 2009두2665 판결, 대법원 2011. 7. 28. 선고 2009두4180 판결.
243) 단체협약의 규범적 효력에 관하여 규정한 노조법 33조에서는 '미달'이 아니라 '위반'이라는 용어를 쓰고 있다.
244) 서울행법 2008. 6. 26. 선고 2007구합43426 판결.

하며, 근로계약의 내용으로 화체된 단체협약의 규정은 취업규칙보다 근로자에게 유리하므로, 취업규칙은 적용되지 않는다고 판시한 점을 고려하면, 위 판결은 실효되어 근로계약의 내용으로 존속하는 근로조건이 규범 형식 및 효력 위계상 근로계약의 내용이 되었다고 보고, 근로계약과 취업규칙 사이에서 유리 원칙이 인정된다는 점을 근거로 취업규칙이 근로계약의 내용이 된 단체협약보다 미달되는 근로조건을 정한 것으로 효력이 없다고 판시한 것으로 볼 수 있다.

그러나 대법원이 위와 같은 사안에서 유리 원칙을 인정한 것으로 볼 수도 있는 판시를 한 것은 앞서 본 바와 같이 단체협약의 실효 후 근로계약의 내용으로 계속 존속하는 규범적 부분의 변경을 인정하여 위 범위 내에서는 근로계약과 단체협약, 근로계약과 취업규칙 사이의 유리 원칙을 부정하는 판례의 태도와 충돌하는 면이 있다.[245]

나아가 살펴보면, 위와 같은 사안을 단체협약이 실효되어 근로계약의 내용이 된 부분과 취업규칙 사이의 유리 원칙의 문제로 파악하는 것 자체에 문제가 있다. 왜냐하면 위 취업규칙은 단체협약이 실효되기 이전에 단체협약에서 정한 기준에 위반되어 무효인 상태에 있었기 때문이다. 위 판결의 사안에서 단체협약은 2003. 7. 31. 체결되었고 계약직 직원 운용규정과 시간제 업무보조원 운용준칙 등 취업규칙은 그 시행일이 명확하지 않지만 적어도 단체협약이 실효된 2006. 9. 10. 당시에는 시행되고 있었으므로 계속 근로기간이 5년을 초과하지 못하도록 정해져 있는 위 취업규칙은 단체협약에 위반되어 무효인 상태에 있다가 단체협약이 실효되었다.

유리 원칙의 문제는 상·하위 규범이 모두 유효한 상태를 전제로 한다고 할 수 있는데, 위 취업규칙은 단체협약의 실효 전에 이미 무효인 상태에 있었으므로 이를 전제로 한다면 유리 원칙의 구도에 의하여 문제를 파악하는 것은 적절하지 않다.

한편 무효인 상태에 있는 취업규칙이 단체협약의 실효에 의하여 효력이 회복된다고 한다면 유리 원칙의 구도로 위 문제를 바라볼 여지가 있다. 그러나 앞서(자세한 내용은 본조에 대한 해설 Ⅲ. 2. 나. (1) ㈎ ③ 참조) 본 바와 같이 단체협약이 실효되더라도 무효가 된 취업규칙의 효력이 회복되는 것은 아니므로, 결국 위 취업규칙은 단체협약의 실효 이후에 근로관계를 규율할 수 있는 유효한 상

---

245) 이에 관하여는 마은혁e, 25~26, 29~30면 참조.

태에 있다고 할 수 없고, 따라서 유리 원칙을 논할 전제가 충족되지 않은 상태
이므로 위 사안을 유리 원칙의 구도로 파악하는 것에는 의문이 있다.

  무효가 된 취업규칙의 효력이 회복되지 않게 되므로, 재계약과 관련하여 위
취업규칙은 적용될 여지가 없고, 결국 실효되어 근로계약의 내용이 된 단체협약
상의 재계약에 관한 규정이 적용된다. 이러한 점에서 위 판결은 결론에는 문제
가 없으나 논리 구성에는 적절하지 않는 면이 있다고 할 수 있다.

  (다) 개별적 동의에 의한 변경과 그 제한

  근로자의 개별적 동의에 의한 변경과 관련하여서는 일정한 제한이 필요하
다. 헌법에서 단체교섭권을 보장하고 있는 취지에서 개별교섭 금지의 원칙 등이
도출되는 점을 고려하면 차기 협약의 체결을 위한 교섭이 진행되고 있는 동안
에는 개별적 동의를 통한 변경은 허용되지 않는 것으로 해석된다. 사용자는 단
체교섭이 결렬되어 단체교섭의무로부터 해방되어서야 비로소 개별 근로자와 교
섭할 자유를 획득하게 된다.246)

3. 단체협약 실효 후의 집단적 노동관계

  단체협약이 기간만료 등의 종료 사유에 의하여 실효되면 개별적 근로관계
를 규율하는 규범적 부분뿐 아니라 집단적 노동관계를 규율하는 채무적 부분도
모두 실효된다.

  따라서 노동조합에 대한 편의제공, 사업장 내 조합활동의 취급, 단체교섭의
절차 등 채무적 부분은 그 법적 근거를 상실한다.247)

  대법원은 노조법 32조 3항 단서의 규정에 의한 해지권 행사에 의하여 단체
협약이 실효됨에 따라 사용자가 조합사무실의 반환을 구한 사안에서, 사용자가
노동조합에게 단체협약에 따라 무상 제공하여 온 노동조합의 사무실의 사용관
계는 민법상 사용대차에 해당한다고 할 것이고, 사용대차 목적물은 그 반환시기
에 관한 약정이 없는 한 계약이나 목적물의 성질에 의한 사용·수익이 종료한
때 또는 사용·수익에 족한 기간이 경과하여 대주가 계약을 해지한 때에 반환

---

246) 김유성, 210면; 西谷 敏a, 394~395면. 다만 西谷 敏 교수는 취업규칙에 의한 변경에 대하
  여도 동일한 근거와 한도 내에서 변경이 허용되지 않는다고 한다.
247) 채무적 부분 전체가 일률적으로 실효된다고 볼 것은 아니고, 예를 들어 단체교섭절차조항
  은 신협약체결을 위한 것이기 때문에 협약 실효 후에도 그대로 효력을 가진다고 보는 견해
  (김유성, 211면)가 있으나, 그 근거가 명확하지는 않다.

하도록 되어 있는 것(민법 613조)에 비추어 보면, 노조사무실 제공을 포함하는 단체협약 전체가 해지된 지 6월이 경과되어 소멸하였다 하더라도 그 사유만으로 당연히 위와 같은 사용대차 목적물의 반환 사유인 사용·수익의 종료 또는 사용·수익에 족한 기간의 경과가 있다고 할 것은 아니어서 특히 그 반환을 허용할 특별한 사정(예컨대 기존 사무실의 면적이 과대하여 다른 공간으로 대체할 필요가 있다든지 사용자가 이를 다른 용도로 사용할 합리적인 사유가 생겼다는 등)이 있어야만 그 사무실의 명도를 구할 수 있다고 보는 것이 상당하다고 하였다.248)

[마 은 혁]

---

248) 대법원 2002. 3. 26. 선고 2000다3347 판결.

제33조(기준의 효력)

① 단체협약에 정한 근로조건 기타 근로자의 대우에 관한 기준에 위반하는 취업규칙 또는 근로계약의 부분은 무효로 한다.

② 근로계약에 규정되지 아니한 사항 또는 제1항의 규정에 의하여 무효로 된 부분은 단체협약에 정한 기준에 의한다.

〈세 목 차〉

※ 이 조에 관한 각주의 참고문헌은 제31조 해설의 참고문헌을 가리킨다.

Ⅰ. 단체협약 효력의 특질과 체계

1. 단체협약 효력의 특질

단체협약이 체결 당사자인 노동조합과 사용자 또는 사용자 단체 사이의 권리·의무관계, 즉 집단적 노동관계를 규율하는 것은 당연한 일이다. 그런데 노조법 33조는 단체협약 중 일정한 부분, 즉 '근로조건 기타 근로자의 대우에 관한 기준'에 대하여 이에 위반하는 취업규칙 또는 근로계약의 부분을 무효로 하고, 무효로 되었거나 근로계약에 규정되지 아니한 사항을 단체협약에서 정한 기준에 의하여 직접 규율하는 효력을 부여함으로써, 단체협약 체결의 당사자가 아닌 개별 근로자와 사용자 사이의 개별적 근로관계를 규율하고, 그것도 취업규칙이나 근로계약에 우선하여 강행적·직접적으로 규율하는 효력, 즉 규범적 효력을 인정하였다.

단체협약의 규범적 효력은 체결당사자가 아닌 근로자와 사용자 사이의 근로계약관계까지 강행적·직접적으로 규율하는 효력으로, 보통의 계약으로서의 효력을 넘어서는 효력이고, 계약원리로부터는 도출하기 어려운 특별한 효력이며,1) 단체가 체결하는 계약이 그 구성원에 미치는 일반적인 효력과는 다른 특수한 면이 있는 등 다음 세 가지 점에서 특별한 효력이다.

첫째, 보통의 계약은 계약당사자들만을 구속하는 데 대해, 단체협약은 협약당사자 사이의 권리·의무관계를 규율할 뿐 아니라, 특히 단체협약 중 근로조건 기타 근로자의 대우에 관한 기준은 협약 체결의 직접 당사자가 아닌 근로자와

---

1) 桑村裕美子-b, 105면.

사용자 사이의 근로계약관계를 직접 규율하는 효력을 가진다.2)

둘째, 보통의 계약에는 이에 반하는 계약이 새로이 체결되더라도 새로이 체결된 계약의 효력을 무효로 만드는 효력이 없다. 그런데 노조법 33조에서는 계약의 일종에 불과한 단체협약의 일정한 부분, 즉 근로조건 기타 근로자의 대우에 관한 기준에 보통의 계약에는 인정되지 않는 법규범 유사의 효력을 인정한다. 즉, 위 기준에 위반하는 취업규칙과 근로계약을 무효로 하고 단체협약의 기준으로 취업규칙과 근로계약의 내용을 직접 정함으로써 취업규칙과 근로계약에 우선하여 근로계약관계를 강행적·직접적으로 규율하는 규범적 효력을 인정한다. 노조법 33조에서는 단체협약에 보통의 계약에는 인정되지 않는 특별한 효력인 규범적 효력을 인정함으로써 사용자와 근로자의 계약자유를 제한하고, 근로계약에 대한 단체협약의, 개별 의사에 대한 집단의사의, 사적 자치에 대한 협약자치의 우위를 인정한다.

셋째, 일반적인 단체의 법리에 의하면 단체가 계약 상대방과 체결하는 계약에 의해서는 단체의 권리와 의무가 결정될 뿐 그 구성원의 권리와 의무가 결정되는 것이 아니고, 그 구성원에 대하여는 단체의 권리와 의무가 결정됨으로 인하여 간접적으로 효력이 미치는 것에 그친다. 그런데 이와 달리 노동조합이라는 단체가 계약 상대방인 사용자와 체결하는 계약인 단체협약은 노동조합의 개개 조합원의 근로조건 기타 근로자의 대우에 관한 기준을 직접 결정하는 규범적 효력을 가지는 것이므로 단체협약의 실질적인 귀속주체는 근로자이다.3) 이와 같은 점에서 단체협약과 관련하여 조합원인 근로자는 단순히 노동조합의 구성원의 지위에 그치는 것이 아니라 노동조합과 사용자가 체결하는 단체협약에 의하여 권리와 의무가 결정되는 독립적인 이해관계를 가지는 제3자로서의 지위를 갖는다. 따라서 단체협약의 규범적 효력을 둘러싼 법률관계는 노동조합과 사용자 사이의 2면적 관계가 아니라 3면적 관계라는 점에 단체협약의 또 다른 특질이 있다. 단체협약의 규범적 부분과 관련하여서는 노동조합과 사용자 사이의 2면적 대립만을 고찰하여서는 아니 되고, 단체협약을 체결하는 노동조합과 사용자를 한편으로 하고 근로자 개개인을 다른 한편으로 하는 이해관계의 대립까지 고려할 필요가 있다.

---

2) 대법원 2014. 6. 26. 선고 2011다33825 판결, 대법원 2016. 7. 22. 선고 2013두24396 판결.
3) 대법원 2014. 4. 24. 선고 2010다24534 판결, 대법원 2018. 7. 26. 선고 2016다205908 판결.

2. 단체협약 효력의 체계

단체협약 중 근로조건 기타 근로자의 대우에 관한 기준을 설정한 부분에는 규범적 효력이 인정되므로 이를 규범적 부분이라 한다. 규범적 부분에는 협약당사자가 아니라 제3자인 근로자와 사용자 사이의 개별적 근로관계를 강행적·직접적으로 규율하는 효력, 즉 규범적 효력이라는 특별한 효력이 인정된다. 그러나 규범적 부분 또한 협약당사자 사이의 합의에 의하여 성립하는 단체협약의 한 부분이므로 여전히 협약당사자 사이에는 계약으로서의 효력, 즉 채무적 효력이 인정된다.

단체협약 중 근로조건 기타 근로자의 대우에 관한 기준 이외의 부분을 채무적 부분이라 하는데, 채무적 부분에 대하여는 위와 같은 규범적 효력이 인정되지 않고, 협약당사자인 노동조합과 사용자 또는 사용자 단체 사이의 집단적 노동관계에서의 권리·의무관계를 규율하는 계약으로서의 효력, 즉 채무적 효력만이 인정된다.

규범적 부분과 채무적 부분, 규범적 효력과 채무적 효력의 관계를 도해하면 다음과 같다.

	규범적 효력	채무적 효력
규범적 부분	○	○
채무적 부분	×	○

Ⅱ. 단체협약의 규범적 효력

1. 규범적 효력의 실질적 근거

단체협약 중 근로조건 기타 근로자의 대우에 관한 기준, 이른바 규범적 부분에 협약당사자가 아닌 근로자와 사용자 사이의 개별적 근로관계를 강행적·직접적으로 규율하는 규범적 효력을 인정하는 것은 조합원과 사용자가 개별 근로계약을 통하여 단체협약의 기준과 다른 내용, 특히 협약기준을 하회하는 내용의 개별 합의를 할 계약자유를 제한한다는 점에서4) 근로계약에 대한 단체협약

---

4) 조합원인 근로자는 근로자의 대우에 관해서는 단체협약의 기준을 밑도는 내용으로 개별

의, 개별 의사에 대한 집단의사의, 사적 자치에 대한 협약자치의 우위를 인정하는 의미를 갖는다.

　노조법 33조가 계약자유, 사적 자치의 원칙에 대한 중대한 제한을 인정하고 단체협약에 취업규칙·근로계약에 대한 우월적 지위를 인정하는 내용의 규범적 효력을 부여한 것은 형식적으로는 대등한 당사자인 개별 근로자와 사용자 사이의 근로계약에 의하여 형성되는 근로관계가 실질적으로는 개별 근로자의 사용자에 대한 종속성으로 인하여 사용자의 단독결정에 의하여 좌우되고 계약자유가 형해화 되는 현실을 직시하여, 근로관계의 형성에 노동조합이라는 집단의사의 관여를 허용함으로써 근로관계의 집단적 공동결정을 도모하고 형해화된 계약자유를 집단적 차원에서 회복하는 데 그 기본적 취지가 있다.

　노조법 33조는 집단적 차원에서 계약자유의 회복이라는 단체협약의 의의를 적극적으로 평가하여 단체협약의 규범적 효력을 승인한 것이라고 해석된다. 근로자가 집단적 공동결정에 의하여 근로조건을 결정하는 것은 근로조건의 유지·개선을 위한 것이라는 점에서 단체협약의 규범적 효력에 생존권 이념이 투영되어 있다고 할 수 있지만, 생존권의 옹호를 위한 다른 제도인 근기법 등 노동자보호법에 의한 최저기준의 설정, 사회보장제도 등과는 달리 근로자의 자주성에 기초를 둔 단결에 의하여 근로자의 계약자유를 실질적으로 회복하고 근로조건 결정 과정에서 근로자의 관여를 실질적으로 보장함으로써 근로자의 생존권을 실현하려고 하는 점에 단체협약의 가장 기본적인 의의가 있다.

　따라서 근로자 보호 등의 생존권 이념이나 통일적인 근로조건의 설정 등의 필요는 근로자의 계약자유의 실질적 회복, 근로조건 결정 과정에서의 근로자 관여의 실질적 보장을 매개로 하여 간접적으로만 협약제도와 관련을 맺는 것이라 할 것이다.

　단체협약의 의의를 위와 같이 집단적 차원에서 계약자유를 회복한다는 점에서 찾는다면 협약당사자가 규범적 효력의 발생을 의도하더라도 이를 무비판적으로 승인할 수는 없고, 집단적 차원의 계약자유 회복이라는 의의에 합치하는 한도 내에서 규범적 효력을 인정하여야 한다. 즉, 계약자유의 실질적 회복이라

합의를 할 자유가 제한된다고 보는 견해로 대법원 2020. 8. 27. 선고 2016다248998 전원합의체 판결의 다수의견에 대한 보충의견(대법관 김재형) 참조. 한편 '단체협약의 일반적 효력에 근거한 사법상 권리·의무에 대한 제한'에 관하여 언급한 헌재 2007. 7. 26. 선고 2006헌가9 결정 참조.

고 하기 위해서는 근로자의 개별적 의사의 총체가 집단적 의사와 합치하지 않
으면 아니 되고, 이를 위해서는 협약의 체결을 향한 조합 내부의 의사형성과정
이 근로자의 의사를 적절하게 집약할 수 있는 민주적인 것이어야 한다.[5]

2. 규범적 효력의 내용

노조법 33조는 단체협약에 정한 근로조건 기타 근로자의 대우에 관한 기준
에 위반하는 취업규칙 또는 근로계약의 부분은 무효로 하고, 근로계약에 규정되
지 아니한 사항 또는 무효로 된 부분은 단체협약에 정한 기준에 의한다고 규정
하여 단체협약의 규범적 효력을 규정하고 있다.

단체협약의 규범적 효력은 강행적 효력과 직률적 효력[6]의 두 요소로 구성
된다.

강행적 효력이란 단체협약에 정한 근로조건 기타 근로자의 대우에 관한 기
준에 위반하는 취업규칙 또는 근로계약 부분의 효력을 강행적으로 부정하여 무
효로 만드는 효력이다(법 33조 1항).

직률적 효력이란 근로계약에 규정되지 아니한 근로조건 또는 강행적 효력
에 의하여 무효가 되어 공백이 발생한 근로조건을 단체협약에서 정한 기준으로
규율하는 효력이다(법 33조 2항). 직률적 효력은 단체협약이 다른 규범과 마찬가지
로 별도의 전환 작용 없이 사용자와 근로자의 근로관계에 적용되는 효력을 말
한다. 따라서 단체협약의 구속을 받는 근로자들의 이에 대한 개별적인 합의나
동의 또는 인식을 전제로 하지 않는다.[7]

---

5) 규범적 효력의 실질적 근거에 대한 이상의 논의는 西谷 敏a, 332~333면; 西谷 敏c, 262~
   267면의 논의에 의거한 것이다.
6) 노조법주해 초판에서는 '직접적 효력'이라는 용어를 사용하였으나, 우리와 법제가 유사한
   일본에서의 일반적인 용례, 근기법주해 취업규칙 부분[근기법주해(2판) Ⅲ, 895면]에서 직률적
   효력이라는 용어를 사용하고 있는 점을 고려하여 '직률적(直律的) 효력'이라는 용어를 사용한
   다. 한편 근기법주해 취업규칙 부분[근기법주해(2판) Ⅲ, 895면 각주 30) 참조]에서는 근로계
   약에 규정된 사항에 관한 취업규칙의 효력을 직률적 효력, 근로계약에 규정되지 아니한 사항
   에 관한 취업규칙의 효력을 보충적 효력으로 구분하여 사용하였는데, 이는 근로계약에 규정
   되지 아니한 사항에 관한 취업규칙의 효력에 관하여 명문의 근거 규정이 없어 그 인정 여부
   를 두고 논의가 있는 것에 기인한 것이다. 단체협약의 경우에는 노조법 33조 2항 전단에서
   근로계약에 규정되지 아니한 사항에 관하여도 명문으로 단체협약의 효력을 인정하고 있으므
   로, 근로계약에 규정이 있는지 여부를 묻지 않고 직률적 효력으로 통일하기로 한다. 대법원
   2020. 8. 27. 선고 2016다248998 전원합의체 판결의 다수의견에 대한 대법관 김재형의 보충
   의견, 대법관 김선수, 김상환의 보충의견에서는 '직접적 효력'이라는 용어를 사용하고 있다.
7) 강선희a, 93면; 김형배, 1247면.

단체협약 중 근로조건 기타 근로자의 대우에 관하여 정한 규범적 부분에는 강행적 효력과 직률적 효력이 부여되어 근로자와 사용자 사이의 근로계약관계를 직접 규율하는 효력을 가진다.[8] 이에 따라 사용자가 단체협약의 규범적 부분을 위반하는 경우에, 개별 조합원은 노동조합을 통하지 않고 직접 사용자를 상대로 이행청구 및 확인청구의 소를 제기할 수 있다.[9]

일반적으로 강행적 효력과 직률적 효력은 근로계약관계에 동시에 발생하는 것이 보통이지만, 경우에 따라서는 그중 하나만이 발생하는 경우도 있다.[10]

협약상 근로조건 조항(가령 정년규정)에 위반되는 개별적 합의가 있는 경우에는 강행적 효력에 의하여 위 개별적 합의가 무효가 되고, 무효가 된 부분에 대하여는 직률적 효력에 의하여 협약상의 근로조건 기준이 직접 근로관계를 규율한다. 즉, 이 경우에는 강행적 효력과 직률적 효력이 함께 작용한다.

그러나 단순한 금지조항(가령 휴일근로·시간외근로의 금지)이나 인사동의·협의조항의 경우에는 이에 위반되는 근로계약이나 업무명령을 무효로 할 뿐으로[11] 이 경우에는 강행적 효력만이 작동하고 직률적 효력은 작동하지 않는다.

또한 강행적 효력은 특정 근로조건에 관하여 단체협약은 물론 취업규칙이나 근로계약에서도 함께 규정하고 있는 것을 전제로 하여 그 위반이 있는 경우 작동하는 것이므로, 취업규칙이나 근로계약에서 특정 근로조건과 관련하여 정하고 있지 않은 경우에는 그 근로조건에 관한 단체협약의 기준에는 강행적 효력이 작동할 여지가 없고 직률적 효력만이 작동한다.

단체협약의 규범적 효력에 관한 노조법 33조는 강행규정이므로 근로계약의 당사자 사이에 단체협약의 규범적 효력을 배제하는 특약이 있더라도 위 특약은 효력이 없다.[12]

3. 규범적 효력이 인정되는 부분 — 규범적 부분

단체협약의 규범적 효력이 인정되는 부분을 규범적 부분이라 한다. 노조법 33조 1항에서는 근로조건 기타 근로자의 대우에 관한 기준에 대하여 규범적 효

---

8) 대법원 2014. 6. 26. 선고 2011다33825 판결, 대법원 2016. 7. 22. 선고 2013두24396 판결.
9) 김유성, 179~180면; 西谷 敏a, 341면.
10) 고호성b, 59면; 西谷 敏a, 341면.
11) 西谷 敏a, 341면.
12) 임종률, 162면.

력을 인정하고 있으므로, 근로조건 기타 근로자의 대우에 관한 기준을 정한 부
분이 규범적 부분에 해당한다.

이에 대하여 단체협약의 내용 중 협약당사자인 노동조합과 사용자 사이의
집단적 노동관계에 관한 사항을 정한 부분, 즉 채무적 부분에 대하여는 규범적
효력이 인정되지 아니한다.

따라서 규범적 효력의 인정 여부와 관련하여 규범적 부분과 채무적 부분을
구별할 실익이 있다. 나아가 단체협약이 실효되더라도 근로계약의 내용으로 여
전히 남아 사용자와 근로자를 규율한다는 판례 법리13)가 적용되는 것도 규범적
부분에 한하므로 위 판례 법리의 적용 여부와 관련하여서도 규범적 부분과 채
무적 부분을 구별할 실익이 있다.

가. 근로조건 기타 근로자의 대우

(1) 근로조건에 관한 정의 규정의 부재

단체협약 중 '근로조건 기타 근로자의 대우에 관한 기준'에 한하여 규범적
효력이 미치므로 '근로조건 기타 근로자의 대우'가 무엇인지를 명확히 하여야
규범적 효력이 미치는 범위를 정할 수 있다.

먼저 노조법 33조 1항에서는 '근로조건'과 '근로자의 대우'에 관하여 병렬
적으로 언급하고 있는데, 특별히 서로 다른 의미를 갖는 것으로는 보이지 않는
다. 노조법의 다른 규정에서 '임금·근로시간·복지·해고 기타 대우 등 근로조
건'이라고 하여 근로자의 '대우'에 관한 사항을 근로조건의 하나로 규정하고 있
는 경우도 있기 때문이다(노조법 2조 5호).14)

결국 근로조건이 무엇인가 하는 것이 관건이 되는데, 현행법상 헌법 32조,
33조를 비롯하여 근기법 17조, 97조, 노조법 33조 등 여러 법령에서 '근로조건'
이라는 용어를 사용하고 있지만 어디에서도 근로조건에 관한 정의 규정을 두고
있지는 않다.

(2) 근기법, 노조법 등 법령 규정에 나타나는 근로조건 사항

다만 근로조건 명시의무를 규정한 근기법 17조 1항에서 근로조건에 해당하
는 사항에 관하여 다소 포괄적인 규정을 두고 있다. 근기법 17조 1항에서는 근
로계약 체결 시 사용자가 명시하여야 할 근로조건으로 임금(1호), 소정근로시간(2

---

13) 대법원 2000. 6. 9. 선고 98다13747 판결, 대법원 2018. 11. 29. 선고 2018두41532 판결 등.
14) 임종률, 162면.

호), 근기법 55조에 따른 휴일(3호), 근기법 60조에 따른 연차 유급휴가(4호), 그 밖에 대통령령으로 정하는 근로조건(5호)을 규정하고, 5호의 대통령령으로 정하는 근로조건으로 근기법 시행령 8조 1호 내지 3호에서, 취업의 장소와 종사하여야 할 업무에 관한 사항(1호), 근기법 93조 1호부터 13호까지의 규정에서 정한 사항(2호),[15)[16)] 사업장의 부속 기숙사에 근로자를 기숙하게 하는 경우에는 기숙사 규칙에서 정한 사항(3호)을 규정함으로써 위와 같은 사항들이 근로조건에 해

---

15) 근기법 93조 1호부터 13호에서 정한 사항은 다음과 같다.

1	업무의 시작과 종료 시각, 휴게시간, 휴일, 휴가 및 교대 근로에 관한 사항
2	임금의 결정·계산·지급 방법, 임금의 산정기간·지급시기 및 승급(승급)에 관한 사항
3	가족수당의 계산·지급 방법에 관한 사항
4	퇴직에 관한 사항
5	근로자퇴직급여 보장법 4조에 따라 설정된 퇴직급여, 상여 및 최저임금에 관한 사항
6	근로자의 식비, 작업 용품 등의 부담에 관한 사항
7	근로자를 위한 교육시설에 관한 사항
8	출산전후휴가·육아휴직 등 근로자의 모성 보호 및 일·가정 양립 지원에 관한 사항
9	안전과 보건에 관한 사항
9의2	근로자의 성별·연령 또는 신체적 조건 등의 특성에 따른 사업장 환경의 개선에 관한 사항
10	업무상과 업무 외의 재해부조(재해부조)에 관한 사항
11	직장 내 괴롭힘의 예방 및 발생 시 조치 등에 관한 사항
12	표창과 제재에 관한 사항
13	그 밖에 해당 사업 또는 사업장의 근로자 전체에 적용될 사항

16) 근기법이 2019. 1. 15. 법률 16270호로 개정되면서 근기법에 직장 내 괴롭힘의 금지 규정이 신설되었다. 이에 따라 근기법 93조의 취업규칙의 작성 대상이 되는 사항에 11호로 '직장 내 괴롭힘의 예방 및 발생 시 조치 등에 관한 사항'이 추가되었고, 종전 11호이었던 '표창과 제재에 관한 사항'은 12호로, 종전 12호이었던 '그 밖에 해당 사업 또는 사업장의 근로자 전체에 적용될 사항'은 13호로 하나씩 순번이 밀리게 되었다. 한편 위 근기법 개정 전의 근기법 시행령 8조 2호에서는 명시하여야 할 근로조건으로 근기법 93조 1호부터 12호까지의 규정에서 정한 사항을 적시하였고, 이는 개정 전의 근기법 93조와 동일한 내용이었고 당시 12호이었던 '그 밖에 해당 사업 또는 사업장의 근로자 전체에 적용될 사항'도 명시하여야 할 근로조건으로 적시되어 있었다. 그런데 앞서 본 바와 같이 직장 내 괴롭힘의 금지 규정 신설에 따라 근기법 93조에서 취업규칙의 작성 대상이 되는 사항이 1호부터 12호까지에서 1호부터 13호까지로 변경되었음에도 그 이후의 근기법 시행령 8조 2호에서는 명시하여야 할 근로조건으로 여전히 근기법 93조 1호부터 12호까지 만을 적시하고 있어 13호인 '그 밖에 해당 사업 또는 사업장의 근로자 전체에 적용될 사항'은 명시하여야 할 근로조건으로 적시되어 있지 않은데, 이는 근기법 93조와는 일치하지 않는 점, 종전의 입법 태도와 조응하지 않는 점에서 문제이다. 단순 누락에 해당하는 것으로 보이고, 근기법 시행령 개정 시 보완되어야 할 사항이다. 이와 같은 취지에서 현재 근기법 시행령 8조 2호에는 근기법 1호부터 12호까지로 되어 있지만 위 본문과 같이 근기법 93조 1호부터 13호까지로 기재한다.

당한다는 점을 명시하고 있다.

한편 노조법 2조 5호에서는 노동쟁의를 정의하면서 노동관계 당사자 간에 임금·근로시간·복지·해고 기타 대우 등 근로조건의 결정에 관한 주장의 불일치로 인하여 발생한 분쟁 상태를 말한다고 규정하여 임금·근로시간·복지·해고 기타 대우 등이 근로조건에 해당한다는 점을 명시하고 있다.

근로조건 중 근기법 17조에서 명시의무의 대상으로 적시한 사항들(특히 서면 명시의무의 대상으로 적시한 사항들), 노조법 2조 5호에서 예시하고 있는 사항들, 기타 근기법 등 법령에서 최저기준을 정하고 있는 사항들은 중요한 근로조건이라고 할 수 있다. 근복법 3조 1항에서는 임금·근로시간 등을 기본적인 근로조건이라고 하고 있다.

어떠한 사항이 근로조건에 해당하는지 여부가 문제될 때에는 일차적으로 위와 같은 명시적인 법 규정에 문의하여 판단할 필요가 있다. 판례17)에서 면직기준은 근로계약관계의 종료사유를 결정하는 것이므로 근기법 94조(현행 93조) 4호 소정의 "퇴직에 관한 사항"에 해당하는 것으로서 근로조건에 해당한다고 보고, 상벌위원회의 설치 및 그 구성 등 상벌위원회 관련 사항도 그것이 사업장에서의 합리적이고 공정한 인사나 제재를 도모하기 위하여 필요한 범위 내에서는 근기법 94조(현행 93조) 10호(현행 12호) 소정의 "표창과 제재에 관한 사항"에 속하는 것으로서 근로조건에 해당한다고 본 것은 위와 같은 태도에 입각한 것이라 할 수 있다.

한편 법령 중에는 어떤 사항을 근로조건과 구별하여 규정하고 있는 경우가 있는데, 이와 같은 사정만으로 그 사항이 근로조건에 해당하지 않는다고 단정하여서는 안 된다. 가령 선원법 112조 7항 1, 2호에서는 선원관리사업자가 선박소유자로부터 선원의 인력관리업무를 수탁한 경우에 업무에 포함시켜야 할 사항으로 1호에서는 '근로조건에 관한 사항', 2호에서는 '재해보상에 관한 사항'을 규정하여 재해보상에 관한 사항을 근로조건에 관한 사항과 별도로 규정하고 있는데, 이와 같은 규정 형식만으로 재해보상에 관한 사항이 근로조건에 해당하지 않는다고 단정하여서는 안 된다. 선원법 119조 1항 6호에서는 취업규칙 작성의무와 관련하여, 재해보상에 관한 사항이 포함된 취업규칙을 작성하여 신고하도록 하고 있는 점에 비추어보면 더욱 그렇다.

---

17) 대법원 1996. 2. 23. 선고 94누9177 판결.

    마찬가지로 기간제법 2조 3호 라목과 파견법 2조 7호 라목에서는 각 차별
적 처우의 대상이 되는 사항에 관하여 규정하면서 '그 밖에 근로조건 및 복리후
생 등에 관한 사항'을 명시하여 복리후생에 관한 사항을 근로조건에 관한 사항
과 병렬적으로 규정하고 있는데, 앞서 본 것처럼 노조법 2조 5호에서 '복지'에
관한 사항을 근로조건 사항으로 예시하고 있는 점 등에 비추어 보면, 위와 같은
규정 형식만으로 복리후생에 관한 사항이 근로조건에 해당하지 않는다고 단정
할 수는 없다.

(3) 판례상 근로조건 사항에 관한 개념 정의

    위와 같은 법령의 규정에 기초하여 판례상 나타나는 개념적 정의로는 취업
규칙과 관련하여 "근로조건이라 함은 사용자와 근로자 사이의 근로관계에서 임
금·근로시간·후생·해고 기타 근로자의 대우에 관하여 정한 조건을 말한다."[18]
라고 한 것이 있고, 나아가 노동쟁의와 관련하여 좀 더 상세하게 "근로조건은
사용자와 근로자 사이의 근로계약관계에 있어서 근로자의 대우에 관하여 정한
조건을 말하고, 구체적으로는 근기법에 정하여진 임금·근로시간·후생·해고
뿐만 아니고 같은 법 94조(현행 93조) 1호 내지 11호, 같은 법 시행령 7조(현행 8조)
1호, 3호 소정의 사항이 포함된다."[19]라고 한 것이 있다.

    헌법재판소 결정 중 "근로조건이라 함은 임금과 그 지불방법, 취업시간과
휴식시간, 안전시설과 위생시설, 재해보상 등 근로계약에 의하여 근로자가 근로
를 제공하고 임금을 수령하는 것에 관한 조건들"이라고 한 것이 다수 있다.[20]

    대법원 판결 중에는 근로관계의 당연 소멸에 관한 사항(취업규칙에서 아파트
위수탁관리계약의 기간만료나 중도해지를 근로계약관계의 당연 종료 사유로 규정한 내
용)을 근로자들에게 가장 중대한 문제라고 한 것이 있다.[21] 또한 근로자가 사용

---

18) 대법원 1992. 6. 23. 선고 91다19210 판결(정원표는 근로관계를 직접 규율하는 내용이 아니
    라 피고가 근로자들의 적정한 운용과 배치를 위한 기준으로 삼기 위하여 각 부서별 직급별
    로 배치할 정원의 기준을 일단 정해둔 것에 불과하여 이를 근로조건에 해당한다고 할 수 없
    다고 한다). 이 판결에서 예시한 근로조건 사항은 폐지된 노동쟁의조정법 2조에 따른 것으로
    보이는데, 현행 노조법 2조 5호의 '복지'를 노동쟁의조정법에서는 '후생'이라고 한 것에 따라
    당시의 위 판결이 복지 대신 후생이라는 용어를 사용한 것으로 보인다. 이를 제외하고는 노
    동쟁의조정법 2조에서 예시한 근로조건 사항과 노조법 2조 5호에서 예시하는 근로조건 사항
    은 동일하다.
19) 대법원 1996. 2. 23. 선고 94누9177 판결.
20) 헌재 2003. 7. 24. 선고 2002헌바51 결정, 헌재 2011. 7. 28. 선고 2009헌마408 결정, 헌재
    2016. 3. 31. 선고 2014헌마367 결정, 헌재 2021. 12. 23. 선고 2018헌마629, 630 결정 참조.
21) 대법원 2003. 6. 10. 선고 2001다673 판결.

자로부터 지급받는 임금은 근로자가 기본적 생활을 유지하는 재원으로서 가장 중요한 근로조건 중의 하나라고 한다.22) 헌법재판소 결정 중에는 해고를 근로조 건의 핵심적 부분이라고 한 것이 있다.23) 대법원의 소수의견에서 임금을 근로자 의 기본적 생활 보장과 향상을 위하여 확보되어야 할 가장 중요한 근로조건이 라고 한 것이 있다.24)25)

(4) 예시로서의 근로조건 사항

위와 같은 법령이나 판례에서 언급하고 있는 사항들이 근로조건에 해당함 은 명확하지만 근로조건이 위의 사항들에 한정되는 것이라고 볼 수는 없다. 근 로조건 해당성과 관련하여 위의 사항들은 예시에 불과하고, 사용자와 근로자의 개별적 근로관계상의 권리의무에 관한 사항으로서 근로계약관계의 내용이 될 수 있는 사항은 비록 근기법 17조와 근기법 시행령 8조, 근기법 93조 등에서 명 시적으로 규정하고 있는 사항에 해당하지 않더라도 근로조건에 해당한다고 볼 수 있다. 가령 스톡옵션(Stock Option)이 근기법상 임금에 해당하지 않는다고 하 더라도 사용자와 근로자 사이의 권리의무관계에 관한 사항을 규율하는 이상 근 로조건에 해당한다.26) 나아가 판례27)가 근기법상 임금, 통상임금에 해당하지 않 는다고 본 복지포인트도 단체협약에서 그 지급의무에 관하여 규정하고 있는 이 상 근로계약관계의 내용이 될 수 있어 근로조건에 해당한다고 볼 수 있다.

(5) 근로조건 해당 여부에 관한 구체적 검토

㈎ 실체적 사유에 관한 사항과 절차에 관한 사항

근로자와 사용자 사이의 권리의무에 관한 사항이라면 그 발생 사유 등 실 체적 사유에 관한 사항은 물론 그 절차에 관한 사항도 근로조건에 해당한다. 예

---

22) 대법원 2013. 12. 18. 선고 2012다89399 전원합의체 판결.
23) 헌재 2015. 12. 23. 선고 2014헌바3 결정.
24) 대법원 2010. 5. 20. 선고 2007다90760 전원합의체 판결의 소수의견.
25) 일본 최고재판소는 취업규칙의 불이익변경과 관련하여 합리적 변경에 구속력을 부여하는 합리적 변경법리를 인정하였는데, 임금, 퇴직금 등 노동자에게 중요한 권리, 노동조건에 관하 여 실질적인 불이익을 미치는 취업규칙의 작성 또는 변경에 관해서는 고도의 필요성이 요구 된다는 입장을 취하여 고도의 합리성 심사를 행하였다[最高裁 1988. 2. 16. 判決(大曲市農協事 件, 民集 42권 2호, 60면)].
26) 詳說労働契約法, 110면.
27) 대법원 2019. 8. 22. 선고 2016다48785 전원합의체 판결. 위 전원합의체 판결에서는 선택적 복지제도에 기초한 복지포인트는 '임금과 같은 근로조건'에서 제외된다고 보는 것이 타당한 규범 해석이라고 하였지만, 위 판결에 의하더라도 임금과 '다른' 근로조건에 해당된다는 것 을 부정하는 취지로 볼 수는 없다.

를 들어, 근로자에 대한 해고 등 인사 조치에 필요한 절차를 정한 것도 규범적 부분에 해당함은 물론이다.[28] 판례도 단체협약 중 근로자의 징계절차에 관한 부분,[29] 해고 사유 및 해고의 절차에 관한 부분,[30] 재계약 내지 계약 갱신의 요건 및 절차에 관한 부분[31]을 규범적 부분으로 보았다. 정리해고와 관련하여 해고대상자 선정기준도 근로조건에 해당하는 것으로 볼 수 있다.[32]

(나) 근로계약기간 해당 여부가 문제되는 경우

대법원은 구 근기법 16조의 근로계약기간 제한과 관련하여 1년을 초과하는 근로계약기간을 정한 근로계약의 효력에 대하여 논하면서 근로계약기간은 단지 근로계약의 존속기간에 불과할 뿐 근로조건에 해당하지 아니한다고 판시한 바 있다.[33]

이와 관련하여 단체협약의 재계약요건 등에 관한 규정이 근로계약기간에 해당하여 근로조건에 해당하지 않는지 여부가 문제된 사례들이 있다.

먼저 근로자들이 계약기간을 1년으로 정하여 계약직 직원으로 고용된 이래 매년 재계약을 체결하여 6년 간 근로관계를 유지해 왔는데, 취업규칙 및 근로계약서에서는 계속근로기간이 5년을 초과하지 못하도록 정해져 있는 반면, 단체협약에서는 '비정규직의 재계약은 취업규칙에 의하되 본인이 계속 근무를 원할 시에는 근무성적 평점에 의하여 계약기간에 관계없이 계속 근무하게 할 수 있다'고 정하였고 위 단체협약이 실효되었으며, 회사가 취업규칙에서 한도로 정한 5년을 초과하였다는 등의 이유로 재계약을 체결하지 않은 사안에서, 원심은 위 단체협약 조항이 근로계약기간에 관하여 정한 것으로 근기법 소정의 '근로조건'에 해당하지 않아 단체협약의 실효로써 그 효력을 상실하였다고 본 것에 대하여, 대법원은 위 단체협약 조항은 계약기간이 만료한 근로자가 재계약을 원할 경우 취업규칙이나 근로계약에서 정한 계속근로기간 한도 규정의 적용을 배제

---

28) 사법연수원a, 192면.
29) 대법원 2006. 11. 23. 선고 2006두11644 판결, 대법원 2007. 7. 12. 선고 2006재두250 판결.
30) 대법원 2007. 12. 27. 선고 2007다51758 판결, 대법원 2007. 12. 27. 선고 2007다51741 판결, 대법원 2008. 10. 9. 선고 2008다27233 판결, 대법원 2008. 10. 9. 선고 2008다27226 판결, 대법원 2009. 2. 12. 선고 2008다70336 판결.
31) 대법원 2011. 7. 28. 선고 2009두2665 판결, 대법원 2011. 7. 28. 선고 2009두4180 판결.
32) 대법원 2021. 7. 29. 선고 2016두64876 판결에 따르면, 해고대상자 선정기준은 단체협약이나 취업규칙 등에 정해져 있는 경우라면 특별한 사정이 없는 한 그에 따라야 한다고 한다.
33) 대법원 1996. 8. 29. 선고 95다5783 전원합의체 판결.

하여 총 근로기간과 관계없이 근무성적 평점에 의하여 재계약할 수 있도록 한
것으로서 이는 재계약 요건 등에 관한 사항을 정한 것이므로, 단체협약의 실효
에도 불구하고 새로운 단체협약이 체결되거나 개별적인 근로자의 동의를 얻지
아니하는 한 원고와 위 참가인들 사이의 근로계약의 내용으로서 유효하게 존속
한다고 하였고, 취업규칙 및 근로계약 내용 중 계속근로기간을 5년으로 한정함
으로써 재계약 체결을 제한하고 있는 부분은 위 단체협약 조항보다 미달되는
근로조건을 정한 것이어서 그 효력을 인정할 수 없다고 하여 위 재계약 요건
등에 관한 사항을 근로조건에 해당하는 것으로 보았다.34)

　　또한 단체협약에서 3개월의 수습기간을 마친 근로자를 기간의 정함이 없는
근로자로 의무적으로 본채용 하도록 하는 규정을 둔 사안에서, 위 규정이 근로
계약의 존속기간에 관한 규정일 뿐만 아니라 본채용에 의한 '새로운 근로자의
고용'에 관한 규정이어서 근로조건에 관한 것이 아니라고 본 원심 판결과 달리,
대법원은 위 규정이 단순히 근로계약의 존속기간에 관한 규정이 아니라 근로조
건 기타 근로자의 대우에 관하여 정한 규범적 부분에 해당한다고 보았다.35)

　　기간제법 17조에서는 사용자에게 기간제근로자 또는 단시간근로자와 근로
계약을 체결하는 경우 근로조건을 서면으로 명시할 의무를 부과하면서 1호에서
명시하여야 할 근로조건으로 '근로계약기간에 관한 사항'을 규정하고 있는데,
기간의 정함이 있는 근로계약을 규율하는 실정법에서 근로계약기간을 근로조건
으로 명시하고 있는 점에 근로계약기간은 근로관계의 존속보호의 요청이라는
면에서 중대한 의미를 가지는 점을 더하여 보면 근로계약기간에 관한 사항 역
시 근로조건에 해당한다고 보는 것이 타당하고, 위 전원합의체 판결의 태도는
재검토될 필요가 있다.

　　㈐ 채용(고용) 또는 재고용에 관한 사항

　　대법원은 취업규칙에 관한 것이기는 하나 취업규칙에서 정한 기준 중 채용
에 관한 기준은 근로조건에 관한 기준에 해당하지 않아 근기법 97조의 기준에
포함되지 않는다는 취지이다.36) 이와 같이 보면 단체협약 중 채용에 관한 기준
은 근로조건에 해당하지 않게 된다. 학설에서도 일반적으로 채용에 관한 사항은

---

　34) 대법원 2011. 7. 28. 선고 2009두2665 판결, 대법원 2011. 7. 28. 선고 2009두4180 판결.
　35) 대법원 2016. 7. 22. 선고 2013두24396 판결.
　36) 대법원 1992. 8. 14. 선고 92다1995 판결.

규범적 부분에 해당하지 않는다고 본다.[37][38]

　　다만, 대법원은 단체협약 중 산재 유족 특별채용 조항은 업무상 재해에 대한 보상을 정한 것이어서 그 자체로 중요한 근로조건에 해당한다고 보았다.[39]

　　또한 대법원은 임용기간을 1년으로 정한 계약직원의 재임용의 요건과 절차 등에 관하여 규정한 재임용에 관한 규정이 계약직원의 근로조건과 복무규율에 관한 준칙을 정한 것으로서 취업규칙에 해당한다고 보았다.[40] 단체협약의 경우에도 마찬가지라고 할 수 있다.

　　한편 단체협약에서 3개월의 수습기간을 마친 근로자를 기간의 정함이 없는 근로자로 의무적으로 본채용 하도록 하는 규정을 둔 사안에서, 위 규정이 본채용에 의한 '새로운 근로자의 고용'에 관한 규정 등으로 근로조건에 관한 것이 아니라고 본 원심 판결과 달리, 대법원은 위 규정이 근로조건 기타 근로자의 대우에 관하여 정한 규범적 부분에 해당한다고 보았다.[41]

　　또한 대법원은 단체협약에서 정한 정규직 전환 조항(대학은 현재 재직하고 있는 비정규직원 중 합의된 대상인원에 대하여 2009. 12. 말까지 정규직으로 전환한다)은 임금이나 퇴직금, 근로시간 등과 직접 관련되는 것으로서 근로조건 기타 근로자의 대우에 관하여 정한 부분에 해당한다고 본 원심 판결을 수긍하였다.[42] 정규

---

37) 김유성, 167면; 김형배, 1245면; 임종률, 162면.
38) 채용에 관한 기준을 근로조건에 관한 기준과 구별하는 위와 같은 견해의 기저에는, 헌법 15조가 정하는 직업선택의 자유, 헌법 23조 1항이 정하는 재산권 등에 기초하여 사용자는 어떠한 근로자를 어떠한 기준과 방법에 의하여 채용할 것인지를 자유롭게 결정할 자유가 있다(대법원 2020. 8. 27. 선고 2016다248998 전원합의체 판결)는 판단이 깔려 있다고 볼 수 있다. 다만 사용자는 스스로 이러한 자유를 제한할 수 있는 것이므로, 노동조합과 사이에 근로자 채용에 관하여 임의로 단체교섭을 진행하여 단체협약을 체결할 수 있고, 그 내용이 강행법규나 선량한 풍속 기타 사회질서에 위배되지 아니하는 이상 단체협약으로서의 효력이 인정된다(위 전원합의체 판결). 한편 남녀고용평등법 2조 1호에서는 간접차별에 관하여 정의하면서, '사업주가 채용조건이나 근로조건은 동일하게 적용하더라도 그 조건을 충족할 수 있는 남성 또는 여성이 다른 한 성(性)에 비하여 현저히 적고 그에 따라 특정 성에게 불리한 결과를 초래하며 그 조건이 정당한 것임을 증명할 수 없는 경우'라고 하여 문언상 채용조건과 근로조건을 구분한다.
39) 대법원 2020. 8. 27. 선고 2016다248998 전원합의체 판결.
40) 대법원 2007. 10. 11. 선고 2007두11566 판결. 특별퇴직자를 계약직으로 재채용하는 사항에 관하여 규정한 부분을 근로관계에 관한 기준을 정한 것으로서 취업규칙의 성질을 가진다고 본 원심(서울고법 2018. 9. 11. 선고 2017나2041932 판결)을 정당하다고 한 것으로 대법원 2022. 9. 29. 선고 2018다301527 판결 참조. 위 판결에서는 이미 근로관계가 있는 근로자의 특별퇴직 후 재채용이 문제되는 위 사건은 신규채용에 관한 사안과 사안을 달리 하는 것이어서 신규채용에 관한 대법원 1992. 8. 14. 선고 92다1995 판결은 위 사건에 원용하기에 적절하지 않다고 하였다.
41) 대법원 2016. 7. 22. 선고 2013두24396 판결.
42) 대법원 2014. 6. 26. 선고 2011다33825 판결.

직으로 전환되는 경우 임금, 퇴직금, 근로시간, 정년 등과 관련하여 비정규직의 경우와 큰 차이가 발생하므로 위 정규직 전환 규정 등이 임금, 퇴직금, 근로시간 등과 직접 관련된 것으로서 근로조건 기타 근로자의 대우에 관하여 정한 규범적 부분에 해당한다고 본 대법원의 태도가 타당하다.

한편 대법원은 공사가 경영 합리화를 위하여 일부 부서를 분리·독립시켜 회사를 신설하고 그 부서 근로자들을 신설 회사에 전적시키면서 노동조합과 사이에 위 신설회사가 고용을 유지하지 못하는 경우가 생기면 회사가 전적한 근로자들을 재취업시키기로 하는 약정을 체결한 사안에서, 위 재취업약정은 노동조합이 공사 측과의 사이에 전적근로자들을 위하여 재고용계약을 미리 체결한 것으로서 이른바 제3자를 위한 새로운 근로계약이라고 볼 것이므로 그 내용을 규율하는 데 근기법의 적용을 받아야 함은 분명하나, 공사가 고용관계가 계속되는 것이 아니고 소멸하게 되는 근로자들을 수익자로 하여 체결한 위 약정이 구 노조법 35조(현행 32조) 소정의 유효기간의 제약을 받는 단체협약이라고 볼 여지는 없다고 하였다.43)

또한 대법원은 해고된 근로자들의 취업 알선을 내용으로 하는 문서는 회사 소속 근로자의 근로조건의 기준에 관한 노사 간의 교섭내용을 전혀 담고 있지 아니함이 명백하므로 단체협약이라고 할 수 없다고 하였다.44)

㈕ 근로관계 종료 후의 사항

단체협약에서 정한 근로조건은 근로관계의 존속을 전제로 하는 것이지만, 사용자와 근로자 사이의 근로관계 종료 후의 권리·의무에 관한 사항이라고 하더라도 사용사와 근로자 사이에 존속하는 근로관계와 직접 관련되는 것으로서 근로자의 대우에 관하여 정한 사항이라면 근로조건에 해당한다.45)

㈖ 개별적 근로관계에 적용될 수 없는 사항

개별적 근로관계에 적용될 수 있는 사항이 아닌 단체협약의 규정, 가령 단체교섭 절차와 관련한 규정은 조합원의 근로관계에 적용될만한 성질의 것이 전

---

43) 대법원 1994. 9. 30. 선고 94다9092 판결.
44) 대법원 1996. 6. 28. 선고 95다23415 판결.
45) 대법원은 취업규칙에 관하여 위와 같은 법리를 제시하였는데, 단체협약의 경우도 마찬가지라고 할 것이다. 취업규칙에 관한 대법원 2022. 9. 29. 선고 2018다301527 판결, 대법원 2022. 9. 29. 선고 2019다299065 판결 참조.

혀 아니므로 규범적 효력을 가지지 않으며 그 대상이 되지 않는다.[46] 노조법 47
조에서도 '근로조건'과 '기타 노동관계에 관한 사항'을 구분하고 있고, 단체교섭
대상에 관한 판례에서도 '근로자의 근로조건 기타 근로자의 대우에 관한 사항'
과 '단체적 노사관계의 운영에 관한 사항'을 구분하고 있다.[47] 대법원은 노동조
합 조합원의 근무시간 중의 노조활동은 원칙적으로 근로자의 근로제공의무와
배치되는 것이므로 허용되는 것이 아니고, 사용자와 근로자 사이의 근로계약관
계에 있어서 근로자의 대우에 관하여 정한 근로조건에 해당하는 것이라고 할
수 없다고 보았다. 또한 노조전임제는 노동조합에 대한 편의제공의 한 형태로서
사용자가 단체협약 등을 통하여 승인하는 경우에 인정되는 것일 뿐 사용자와
근로자 사이의 근로계약관계에 있어서 근로자의 대우에 관하여 정한 근로조건
이라고 할 수 없다고 보았다.[48]

다만 개별적 근로관계에 적용될 수 있는 사항이라고 하더라도 근로자마다
개별적으로 결정되어야 할 사항(가령 취업의 장소와 종사하여야 할 업무에 관한 사
항)이어서 단체협약과 같은 집단적 규율에 적합하지 않은 것은 비록 근로조건에
관한 것이라도 규범적 효력이 발생한다고 볼 수 없다.[49]

공동시설의 이용방법, 작업환경, 작업속도 등 근로계약에서 규정하기 어려
운 사항이라도 근로자의 대우에 중요한 의미를 가지고 개별적 근로관계에 영향
을 미치는 사항은 규범적 부분에 속한다.[50]

(ㅂ) 경제적 지위의 유지, 향상을 위한 사항 이외의 사항

근로조건은 반드시 임금 등 근로자의 경제적 지위의 유지, 향상에 국한되는
것은 아니다. 이러한 취지에서 대법원은, 근로자들이 쟁의행위를 함에 있어 피

---

46) 강선희a, 99면.
47) 대법원 2003. 12. 26. 선고 2003두8906 판결, 대법원 2022. 12. 16. 선고 2015도8190 판결.
48) 대법원 1996. 2. 23. 선고 94누9177 판결, 대법원 1997. 10. 10. 선고 97누4951 판결, 대법
   원 2003. 7. 25. 선고 2001두4818 판결. 전임자 조항 중 전임자의 대우에 관한 부분은 근로조
   건 기타 근로자의 대우에 관한 기준으로서 규범적 부분으로 보아야 한다는 견해로 강성태a,
   410~411면 참조.
49) 근기법 시행령 8조에서 근기법 17조에 따라 명시하여야 할 근로조건을 나열하면서 2호에
   서 근기법 93조 1호부터 12호까지의 사항을 규정하면서 이와 별도로 1호에서 취업의 장소와
   종사하여야 할 업무에 관한 사항을 규정하고 있는 것은 위 1호의 '취업의 장소와 종사하여야
   할 업무에 관한 사항'이 취업규칙에 의한 집단적 규율에 적합하지 않다는 점을 전제로 하고
   있는 것이라고 볼 수 있다. 마찬가지로 위 '취업의 장소와 종사하여야 할 업무에 관한 사항'
   은 단체협약에 의한 집단적 규율에도 적합하지 않다고 볼 수 있다.
50) 김유성, 167면; 임종률, 162면.

고 연구소장의 퇴진을 요구하였다 하더라도 이는 부차적인 것이고 주된 목적은 파면처분이 노동조합의 핵심적 관심사항인 연구자율수호운동을 주동한 것에 대한 보복조치라고 하여 이의 철회를 구하는 것이고 그 뜻은 조합원의 근로조건의 개선요구에 있다고도 볼 수 있어 이는 단체교섭사항이 될 수 있는 것이라 할 것이므로 쟁의행위는 그 목적에 있어 정당하다고 함으로써 파면처분의 철회를 구하는 것이 조합원의 근로조건 개선을 요구하는 것이라고 보았다.[51]

또한 대법원은 파업의 주된 목적이 방송사 사장의 퇴진이 아닌 방송의 공정성 확보에 있고, 방송사가 관계 법령 및 단체협약에 의하여 인정된 공정방송의 의무를 위반하고 그 구성원들의 방송의 자유를 침해하였을 뿐만 아니라 그 구성원인 근로자의 구체적인 근로환경 또는 근로조건을 악화시켰다 할 것이므로, 방송사의 근로자들은 그 시정을 구할 수 있으며, 근로자들의 요구사항은 단순히 기존의 단체협약의 해석, 적용에 관한 사항을 주장하는 것이 아니라 공정방송을 위한 단체협약의 이행을 실효적으로 확보할 수 있는 방안을 강구하기 위한 것이므로, 이를 목적으로 한 쟁의행위는 근로조건의 결정에 관한 사항을 목적으로 한 쟁의행위에 해당하여 목적의 정당성이 인정된다고 한 원심의 판단을 수긍함으로써, 위와 같은 사안에서 방송의 공정성 보장에 관한 주장이 근로조건에 관한 주장에 해당한다고 보았다.[52]

(사) 의무적 교섭사항에 해당하지 않지만 단체협약이 체결된 경우

근로조건에 관한 사항이라면 설령 의무적 교섭사항에 해당하지 않는 것으로 평가되더라도 이에 관하여 체결된 단체협약 부분은 규범적 부분에 해당한다. 대법원은 원칙적으로 단체교섭의 대상이 될 수 없는 정리해고나 기업의 구조조정의 실시 여부에 관한 사항도 노사가 임의로 단체협약을 체결하면 이는 근로조건 기타 근로자의 대우에 관하여 정한 것으로서 그에 반하는 정리해고는 원칙적으로 정당한 해고라고 볼 수 없다고 한다.[53]

---

51) 대법원 1992. 5. 12. 선고 91다34523 판결.
52) 대법원 2022. 12. 16. 선고 2015도8190 판결. 방송의 공정성 보장을 위한 제도적 장치의 마련에 관한 주장을 근로조건의 개선에 관한 주장이라고 본 대법원 2018. 2. 13. 선고 2014다33604 판결도 참조.
53) 대법원 2014. 3. 27. 선고 2011두20406 판결. 채용에 관한 대법원 2020. 8. 27. 선고 2016다248998 전원합의체 판결도 참조.

나. 기   준

단체협약의 규범적 부분이기 위해서는 근로조건 기타 근로자의 대우에 관한 구체적·객관적·일반적 준칙으로서 '기준'에 해당하여야 한다.

따라서 "연 2회 상여금 지급을 위하여 노력한다.", "기업재개의 경우, 그 사업장 또는 작업내용 등에 비추어 해고자 중 회사발전에 열의를 가진 자에 대하여 성의를 가지고 재고용을 고려한다."라는 식으로 근로조건의 개선에 관한 추상적인 노력의무만을 정한 조항, 선언적 의미의 조항, 사용자의 재량 조항은 구체적·객관적 준칙에 해당하지 않아 기준이라고 할 수 없으므로 규범적 부분에 해당하지 않는다.

또한 '기준'에 해당하기 위해서는 조합원에게 '일반적'으로 적용될 수 있는 것이어야 한다.

이러한 관점에서 대법원은 단체협약과 동일한 효력을 가지는 중재재정 또는 재심결정의 내용은 근로자 개인을 기준으로 하는 것보다는 근로자 전반에 걸친 일반적인 근로조건 기타 근로자의 대우에 관한 사항을 대상으로 하는 것이 원칙이라고 전제한 후, 중재재심결정에서 사용자는 1963년 9월부터 동년 11월까지 연장근로수당을 지급하라고 한 것에 대하여 원판결이 근로자들에 대한 연장근로시간과 그에 대한 미지급 연장근로수당이 있으면 각 개인별로 미지급 연장근로수당의 지급을 명하여야 할 것임에도 불구하고 막연히 연장근로수당을 지급하라고 명한 것은 부당하다고 판시한 것은 중재재심결정의 성질과 효력을 오해한 위법이 있다고 하였다.54)

다만 일반적으로 적용된다는 것은 반드시 모든 조합원에게 적용되는 것만을 의미하는 것이 아니라 일정한 요건을 갖추었을 때에는 그 범위 안에서 어느 조합원이나 적용될 수 있도록 정한 사항도 포함된다.55)

문제가 되는 것은 불특정 다수의 조합원에게 일반적으로 적용되는 것이 아니라 가령 특정근로자의 해고철회 또는 복직에 관한 조항과 같이 특정 또는 수인의 근로자의 처우에 관한 구체적 규정이 위 '기준'에 해당하는지 여부이다. 그것이 단체협약의 다른 여러 규정과의 관련에서 또는 다른 조합원과의 관련 속에서 설정된 이상 본래의 기준에 준하여 규범적 부분으로 보아야 한다.56)

---

54) 대법원 1965. 2. 4. 선고 64누162 판결.
55) 사법연수원a, 192면.

대법원도 43명의 비정규직을 정규직으로 전환하기로 하는 정규직 전환 조
항을 임금이나 퇴직금, 근로시간 등과 직접 관련되는 것으로서 근로조건 기타
근로자의 대우에 관하여 정한 부분에 해당한다고 보았다.[57]

다만 처음부터 조합원 갑·을 등을 구체적으로 특정하여 그들에게만 적용
할 사항을 정한 것일 경우에는 규범적 부분에서 제외된다.[58] 이와 같은 경우 조
합이 관여할 수 있는 사항에 대하여 특정 근로자에 관하여 사용자와 일정한 협
정을 체결한 경우에는 이는 제3자를 위한 계약으로서 효력을 갖고, 제3자인 근
로자는 수익의 의사표시를 함으로써 사용자에게 자신의 권리를 주장할 수 있
다.[59]

4. 규범적 효력의 규율 대상

단체협약의 규범적 효력은 근로계약과 취업규칙을 그 규율 대상으로 삼는
다. 단체협약 중 규범적 부분은 근로계약과 취업규칙을 강행적·직률적으로 규
율함으로써 근로자와 사용자 사이의 근로계약관계를 직접 규율하는 효력을 가
진다.[60]

가. 근로계약

(1) 근로계약에 대한 강행적·직률적 규율

㈎ 근로계약에 규정된 근로조건 사항에 관한 규율

근로계약에서 어떤 근로조건에 관하여 정하고 있고, 그 근로조건에 관한 근
로계약 부분이 단체협약에서 정한 근로조건의 기준에 위반되는 경우 그 근로계
약 부분은 무효가 된다(강행적 효력, 법 33조 1항).[61]

가령 단체협약에서 3개월의 수습기간을 마친 근로자를 기간의 정함이 없는
근로자로 의무적으로 본채용 하도록 하는 규정을 두고 있는데, 어느 근로자가
수습기간 중 계약기간을 정하여 근로계약을 체결한 경우 근로계약에서 정한 계

---

56) 임종률, 162~163면; 菅野, 932~933면.
57) 대법원 2014. 6. 26. 선고 2011다33825 판결.
58) 사법연수원a, 192면.
59) 注釋(下), 812면; 김유성 167면.
60) 대법원 2014. 6. 26. 선고 2011다33825 판결, 대법원 2016. 7. 22. 선고 2013두24396 판결.
61) 기본급과 가계보조비에 관한 근로계약 부분이 단체협약의 내용보다 근로자에게 불리한 내
   용을 정하고 있어 무효라고 본 하급심 판결로 수원지법 여주지원 2010. 5. 13. 선고 2008가
   단12936 판결 참조. 울산지법 2010. 1. 5. 선고 2009가단1817, 26007 판결도 참조.

약기간 중 종기 부분은 단체협약에 위반하여 효력이 없다.[62]

근로계약 중 일부 부분이 단체협약의 기준에 위반되어 무효가 되는 경우 근로계약 전부가 무효가 되는 것은 아니고 위반되는 부분만이 무효가 되는 것은 노조법 33조의 문언상 명백하다(일부 무효). 즉, 민법 137조는 적용되지 않는다.[63]

한편 위와 같이 단체협약에서 정한 기준에 위반하는 근로계약 부분은 무효가 되는데, 무효가 된 부분은 단체협약에 정한 기준에 의하게 되어 단체협약에서 정한 기준에 의하여 직접 규율된다(직률적 효력, 법 33조 2항 후단).

(나) 근로계약에 규정되지 아니한 근로조건 사항에 관한 규율

노조법 33조 2항 전단에서는 노조법 33조 1항에 의하여 무효로 된 근로계약 부분을 단체협약에서 정한 기준에 의하는 직률적 효력 이외에 근로계약에 규정되지 아니한 근로조건 사항에 관하여도 직률적 효력을 인정하고 있다. 근로계약에서 규정되지 아니한 근로조건 사항에 관하여는 단체협약의 강행적 효력은 작동할 여지가 없고, 노조법 33조 2항 전단에 따라 단체협약의 직률적 효력에 의하여 단체협약의 기준이 직접 규율한다.

가령 단체협약에 갱내 위험작업 종사자들의 1일 근로시간이 6시간으로 정하여져 있다면, 비록 근로계약에 소정근로시간이 명시되어 있지 아니하더라도, 단체협약에 정한 기준에 의하여 위 근로자들의 소정근로시간은 1일 6시간이 된다.[64]

근로계약의 내용은 사용자와 근로자가 개별적인 교섭에 의하여 확정하는 것이 원칙이지만, 오늘날 다수의 근로자를 고용하고 있는 기업은 개개의 근로자들과 일일이 계약 내용을 약정하기보다는 근로계약의 내용이 되는 근로조건 등을 단체협약·취업규칙에 정하여 근로관계를 정형화하고 집단적으로 규율하는 것이 보통이므로,[65] 단체협약에 의한 근로계약의 규율과 관련하여 단체협약의 강행적 효력이 문제되는 경우보다는 직률적 효력이 문제되는 경우가 훨씬 많다. 노조법 33조 2항 전단에서 근로계약에 규정되지 아니한 사항에 관하여도 단체협약의 직률적 효력을 명시적으로 인정한 것은 근로관계의 규율에서 중요한 의

---

62) 대법원 2016. 7. 22. 선고 2013두24396 판결.
63) 김유성, 168면; 김형배, 1246면.
64) 대법원 1993. 10. 12. 선고 93다28737 판결, 대법원 1995. 1. 20. 선고 93다51324 판결.
65) 대법원 1999. 1. 26. 선고 97다53496 판결, 대법원 2007. 9. 6. 선고 2007다42600 판결.

미를 갖는다.

한편 노조법 33조 2항 전단에서 근로계약에 규정되지 아니한 근로조건 사항에 관하여도 단체협약의 직률적 효력을 인정하고 있는 것은 근기법 97조에서 근로계약에 규정되지 아니하는 사항에 관한 취업규칙의 보충적 효력에 관하여 침묵하고 있는 것과 대조를 이룬다. 이와 같은 입법의 공백으로 인하여 취업규칙의 보충적 효력을 인정할 것인가, 인정한다면 어떠한 근거에서 인정할 수 있는가 하는 문제가 취업규칙의 법적 성질에 관한 논의에서 중요한 계기와 측면을 이룬다는 점을 유의할 필요가 있다.66)

(2) 직률적 효력의 작동 방식

단체협약의 직률적 효력에 의하여 근로자와 사용자의 개별적 근로관계가 규율됨으로써 근로자와 사용자 사이의 권리·의무가 발생하게 되는데, 이와 같은 근로자와 사용자의 권리·의무는 단체협약이 근로계약을 외부에서 규율함으로써 발생하는 것인가, 아니면 단체협약 조항이 일단 근로계약의 내용으로 화체되는 것에 의하여 근거가 부여되는 것인가 하는 직률적 효력의 작동 방식에 관한 문제가 있다.

이에 대하여는 단체협약의 규범적 부분이 근로계약의 내용으로 화체된다고 보는 견해(화체설 또는 내용설)67)와 단체협약의 규범적 부분은 근로계약의 외부에서 근로계약을 규율하는 것에 그칠 뿐 근로계약의 내용이 되는 것이 아니고 근로자와 사용자의 권리·의무는 단체협약에서 직접 발생한다는 견해(외부규율설)68)의 대립이 있다.

화체설과 외부규율설의 대립은 단체협약 불이익변경의 허용 여부에 관한 이론 구성, 단체협약 종료 후의 근로관계의 파악방식, 단체협약의 경합에 관한 이해방식과 관련하여 그 논의의 실익이 있다(화체설과 외부규율설에 대한 자세한 설명으로는 법 32조에 대한 해설 Ⅲ. 2. 단체협약 실효 후의 개별적 근로관계 부분 및 본조 해설 Ⅱ. 7. 단체협약의 불이익변경과 협약자치의 한계 부분 참조).69)

---

66) 이에 대하여는 근기법주해(2판) Ⅲ권, 692면 참조(마은혁 집필 부분).

67) 김형배, 1248~1249면; 임종률, 161면.

68) 강선희a, 93~96면; 하경효a, 429~433면.

69) 단체협약상 권리의 실현을 청구하는 소송의 소송물과 관련하여, 화체설에 의하면 협약의 규범적 부분이 근로계약의 내용이 되는 것이기 때문에 소송물은 근로계약에 기초한 권리가 되고, 외부규율설에 의하면 협약의 내용이 근로계약의 내용이 되는 것이 아니라 협약에 의한 규율이 행해지는 것이기 때문에 소송물은 단체협약에 기초한 권리가 된다. 이에 관하여는 山

다만 근기법 17조에 의하여 사용자는 근로계약을 체결할 때에 근로조건을 명시하여야 하는데, 단체협약에 규정된 근로조건의 기준이 근로계약을 체결할 때에 근로자에게 제시되는 경우에는 화체설과 외부규율설의 어느 견해에 서든 단체협약의 근로조건 기준이 근로계약의 내용이 된다.[70]

(3) 규범적 효력의 규율 대상인 근로계약의 의미

노조법 33조에 의한 규범적 효력의 규율 대상인 '근로계약'에 근기법에서 규정하는 근로계약이 포함된다는 점에 대하여는 이론의 여지가 없다. 다만 근기법에서 규정하는 근로계약 이외의 노무공급계약도 포함되는지에 대하여는 논의가 있을 수 있다.

이 문제는 근기법상의 근로자는 아니지만 노조법상 근로자에 해당하는 근로자로 조직된 노동조합이 사용자와 체결한 단체협약이 노조법상 근로자가 체결하는 노무공급계약에 대하여 규범적 효력을 미치는가의 문제와 관련되어 있다.

노조법 33조에 의한 규범적 효력의 규율 대상인 근로계약의 의미와 관련하여, ① 근기법상의 근로계약과 동일한 개념이라는 견해와, ② 근기법상의 근로계약보다 넓은 개념으로서 노조법상의 독자적인 개념이라는 견해가 있을 수 있다.

노조법 33조의 근로계약을 근기법상의 근로계약과 동일한 개념이라는 견해에 서게 되면 단체협약의 규범적 효력은 근기법상으로는 근로자가 아니지만 노조법상으로는 근로자인 자가 체결하는 노무공급계약에는 미치지 않게 된다.

이와 반대로 노조법 33조의 근로계약을 근기법상의 근로계약과 동일한 개념이 아니라 노조법상의 독자적인 개념으로 이해하게 되면 위 노무공급계약에도 단체협약의 규범적 효력이 미치게 된다.

이와 같은 견해 대립의 기초에는 노조법상의 근로자 개념이 근기법상의 근로자 개념보다 넓어 근기법상으로는 근로자가 아니지만 노조법상으로는 근로자에 해당하는 경우(가령 골프장 캐디[71]나 학습지교사[72])가 있을 수 있다는 점이 놓여 있다. 위와 같이 근기법상으로는 근로자가 아니지만 노조법상 근로자에 해당

川隆一, 315면 참조.

70) 菅野, 927면; 西谷 敏a, 342면.

71) 대법원 2014. 2. 13. 선고 2011다78804 판결에서는 골프장 캐디를 근기법상 근로자에는 해당하지 않지만 노조법상 근로자에는 해당한다고 보았다.

72) 대법원 2018. 6. 15. 선고 2014두12598 판결에서는 학습지교사를 근기법상 근로자에는 해당하지 않지만 노조법상 근로자에는 해당한다고 보았다.

하는 근로자가 노조법상 사용자와 체결하는 노무공급계약이 노조법 33조의 근로계약에 해당하는가의 문제가 제기되는 것이다.

노조법상 근로자의 범위를 근기법보다 넓게 해석하는 이상 이에 대응하여 노조법 33조의 근로계약의 개념도 근기법보다 넓게 해석하여 근기법상 근로자는 아니지만 노조법상으로는 근로자인 자가 체결하는 노무공급계약도 노조법 33조의 근로계약에 포함된다고 볼 수 있고, 이에 따라 근기법상으로는 근로자가 아니지만 노조법상으로는 근로자에 해당하는 노무제공자가 노조법상 사용자와 체결하는 노무공급계약에 대하여도 근기법상의 근로자는 아니지만 노조법상 근로자에 해당하는 노무제공자로 조직된 노동조합이 사용자와 체결한 단체협약의 규범적 효력이 미친다고 보는 것이 타당하다.[73]

나. 취업규칙
(1) 취업규칙에 대한 강행적 · 직률적 규율
(개) 취업규칙에 규정된 사항에 관한 규율

노조법 33조에서는, 노동협약과 노동계약의 관계만을 규정하고 있는 일본의 노동조합법 16조와 달리 단체협약에 정한 근로조건 기타 근로자의 대우에 관한 기준에 위반하는 취업규칙 부분도 무효로 하고 있다(강행적 효력, 법 33조 1항).[74] 이에 따라 단체협약과 취업규칙의 관계에 대하여 규정한 근기법 96조와 일부 규율의 중복 현상이 발생하였다고 볼 수 있다.

단체협약의 규범적 부분에 위반하는 일부 취업규칙 규정이 있는 경우 취업규칙 전체가 무효가 되는 것은 아니고, 단체협약의 규범적 부분에 위반하는 일부 규정만이 무효가 된다는 점은 노조법 33조의 문언상 명백하다(일부 무효).

단체협약과 취업규칙은 그 인적 적용 범위에 차이가 있으므로, 단체협약의 규범적 부분에 위반하는 취업규칙 부분은 단체협약이 적용되는 조합원인 근로자에 대한 관계에서는 효력이 없으나,[75] 비조합원은 단체협약을 적용받지 않으

---

73) 菅野, 928면; 野川 忍a, 158~159면; 厚生勞働省 勞使關係法研究會, 勞働組合法上の勞働者性 の判斷基準, 6면. 임상민, "노동법상 근로자 인정 범위와 판단기준", 사법논집 69집, 사법발전 재단(2019), 193면도 참조.

74) 제정 노동조합법에서는 단체협약에 정하는 기준에 위반되는 근로계약 부분에 한하여 무효 로 하였으나, 구 노동조합법(1963. 4. 17. 법률 1329호로 개정된 것)에서 취업규칙 부분도 규 범적 효력의 규율 대상에 포함시켰다.

75) 대법원 1999. 4. 9. 선고 98다33659 판결, 대법원 2000. 8. 22. 선고 2000다24931 판결, 대 법원 2000. 12. 22. 선고 99다21806 판결, 대법원 2012. 6. 28. 선고 2010다10795 판결.

므로 비조합원에 대하여는 취업규칙의 규정이 그대로 적용된다.[76] 다만 비조합
원인 근로자에 대하여 노조법 35, 36조의 규정에 따라 단체협약이 확장 적용되
는 경우에는 단체협약에 반하는 취업규칙 부분은 비조합원에 대한 관계에서도
무효가 되어 비조합원에게 적용되지 않는다.

변경된 취업규칙이 단체협약의 규범적 부분에 위반되는 경우에는 설령 변
경된 보수규정에 사회통념상 합리성이 있더라도 단체협약의 규범적 부분을 위
반한 하자가 치유되는 것은 아니다.[77]

취업규칙의 규정이 단체협약의 기준에 위반하여 무효가 된 경우 단체협약
이 실효하여도 그 효력을 회복하는 것은 아니다.[78]

한편 위와 같이 단체협약에서 정한 기준에 위반하는 취업규칙 부분은 무효
가 되는데, 무효가 된 부분은 단체협약에 정한 기준에 의하게 된다(직률적 효력, 법
33조 2항 후단).

(나) 취업규칙에 규정되지 아니한 사항에 관한 규율

노조법 33조 2항에서 근로계약에서 규정되지 아니한 사항에 대하여는 단체
협약의 직률적 효력을 명시하고 있는데 반해, 취업규칙에 규정되지 아니한 사항
에 대하여는 직률적 효력을 명시하지 않아 이 경우에도 직률적 효력을 인정할
것인지 문제된다.

이와 관련하여 취업규칙에 규정되지 않은 사항에 대하여는 법률 규정의 반
대해석상 보충적 효력이 미치지 않는다는 견해가 있다.[79]

이에 대하여 대법원은 단체협약에서 한 합의에 따라 희망퇴직 및 명예퇴직
하는 근로자들에게 지급한 퇴직위로금이 근로소득인지 아니면 퇴직소득인지는
퇴직급여지급규정에 의하여 지급된 것인가 아닌가 하는 점에 따라 결정된다는
전제하에, 노조법 33조 1항·2항에서는 단체협약에 정한 근로조건 기타 근로자

---

76) 대법원 1992. 12. 22. 선고 92누13189 판결.
77) 대법원 2012. 6. 28. 선고 2010다10795 판결. 위 대법원 판결에 대한 간단한 해설로 마은혁
   c, 647~650면 참조.
78) 東京大學勞働法硏究會(下), 1017면; 西谷 敏a, 385면. 자세한 내용은 법 32조에 대한 해설
   Ⅲ. 2. 나. (1) (가) 참조.
79) 임종률, 161면. 다만 취업규칙에 규정되지 않은 사항이라도 근로계약에도 규정되어 있지
   않은 것이라면 근로계약에 규정되지 않은 이유로 보충적 효력이 미칠 것이고, 근로계약에 규
   정이 있지만 강행적 효력에 따라 무효가 되는 부분이라면 그 이유로 보충적 효력이 미치게
   된다고 한다.

의 대우에 관한 기준에 위반하는 취업규칙 또는 근로계약의 부분은 무효로 하고, 근로계약에 규정되지 아니한 사항이나 위와 같이 무효로 된 부분은 단체협약에 정한 기준에 의하도록 규정하고 있으므로 취업규칙에 규정되지 않은 근로조건에 관한 사항에 대하여는 단체협약의 기준이 적용되고, 희망퇴직 및 명예퇴직을 희망하는 불특정 다수의 근로자에게 퇴직위로금 등을 지급하기로 한 합의(단체협약)는 퇴직급여지급규정을 보완하여 퇴직급여의 지급에 관한 사항을 규정한 것으로서 퇴직급여지급규정과 동일한 효력을 갖는다고 할 것이므로, 위 퇴직위로금은 퇴직급여지급규정에 의하여 지급된 것으로서 소득세법령상의 근로소득이 아니라 퇴직소득에 해당한다고 하여[80] 취업규칙에 규정되지 아니한 사항에 관하여도 정면으로 직률적 효력을 인정하는 취지의 판시를 하였다.

(2) 취업규칙의 단체협약 위반 여부가 문제되는 경우

(가) 단체협약과 취업규칙의 각 징계사유 및 징계절차의 관계

① 취업규칙의 규정이 단체협약의 규정에 위반하는 경우

동일한 징계사유나 징계절차에 관하여 취업규칙의 규정이 단체협약의 규정에 위반하는 경우에는 위 취업규칙의 규정은 무효가 되고 단체협약의 규정이 적용된다.

㉠ 취업규칙에서 "사장은 직원의 재심청구가 이유 있다고 인정할 경우에는 인사위원회에 재심을 요청할 수 있다."라고 규정하고 있다 하더라도, 단체협약에서 '회사는 재심에 앞서 조합과 해당 조합원의 의견을 듣도록' 하고 있고 그에 대한 예외 규정을 두지 않았다면 이를 배제하는 예외 조항을 규정한 위 취업규칙 조항은 단체협약 규정에 위반하여 무효이다.[81]

㉡ 단체협약 32조에서 조합원에 대한 징계는 회사가 정한 징계규정에 의한다고 규정하고, 표창·징계위원회 규정 22조 1항이 취업규칙의 규정상 징계에 해당되는 사항이 명백하거나 형사 사건으로 기소된 경우에는 위원회의 의결 없이 대표이사의 재가만으로 징계처분할 수 있다고 규정하고 있지만, 한편 단체협약 34조가 징계위원회를 개최하여 징계대상 조합원에게 소명의 기회를 주도록 규정하고 그에 대한 예외 규정을 두지 않았다면, 위 단체협약 32조는 징계에 관한 사항 중 단체협약에서 정하지 아니한 사항에 관하여만 징계규정에 위임한

---

80) 대법원 2003. 11. 14. 선고 2003다34083 판결, 대법원 2005. 7. 28. 선고 2004두6532 판결.
81) 대법원 1995. 3. 10. 선고 94다33552 판결.

것으로 볼 것이고, 징계절차에서의 징계위원회의 개최에 관하여는 단체협약 34
조가 정하고 있으므로 이를 배제하는 예외 조항을 규정한 위 표창·징계위원회
규정 22조 1항은 단체협약 규정에 위반하여 무효이다.82)

ⓒ 단체협약에 해고 사유로서 '업무 외의 사건으로 형사상 유죄 판결을 받
은 자'라는 규정을 두고 있는 경우 여기서 말하는 유죄 판결이란 단체협약 규정
상 미확정 유죄 판결도 해고 사유로 삼고 있음이 분명한 경우가 아닌 한 '유죄
의 확정 판결을 받은 자'만을 의미하는 것으로 해석하여야 하고, 동일한 징계사
유에 관하여 취업규칙은 단체협약에 저촉될 수 없는 것이므로 취업규칙에 '형사
사건으로 기소되어 형의 선고를 받았을 때'와 '범법 행위를 하여 형사상 소추를
받은 자'를 해고 사유로 규정하고 있더라도 위와 같은 취업규칙 규정을 근거로
단체협약상의 '유죄 판결'에 '미확정' 유죄 판결을 포함시켜 해석할 수는 없
다.83)

ⓓ 취업규칙 71조는 직원에 대한 징계를 함에 있어 인사위원회는 임용권자
가 지정하는 5인 이내의 인원으로 구성하고 위원회 위원 1/2 이상의 찬성으로
의결하는데 가부동수일 경우 위원장이 결정한다고 규정하고 있어 노동조합이
관여할 수 없도록 규정하고 있는 반면, 단체협약 50조는 징계위원회에 의하지
아니하고는 조합원을 징계할 수 없고, 징계위원은 노사 각 2명으로 한다고 규정
하면서 노동조합이 참여할 수 있도록 규정하고 있으므로, 이러한 단체협약의 취
지와 목적 등에 비추어 볼 때 취업규칙 중 임용권자가 인사위원을 지정하고 가
부동수일 경우에는 위원장이 결정한다는 징계절차에 관한 부분은 단체협약에
위반되어 그 효력이 없다.84)

② 취업규칙에서 단체협약과 다른 사유를 해고 사유로 새로 규정하는 경우
판례에 따르면 단체협약에 "해고는 단체협약 규정에 의하여만 하고 취업규
칙에 의해서는 해고할 수 없다."라고 규정하거나, "단체협약에 정한 사유 외의
사유로는 근로자를 해고할 수 없다."라고 규정되어 있다면, 단체협약에 규정되
지 않은 취업규칙상 징계 해고 사유로는 근로자를 해고할 수 없다.85)

82) 대법원 1993. 10. 22. 선고 92다49935 판결.
83) 대법원 1997. 7. 25. 선고 97다7066 판결.
84) 대법원 2006. 11. 23. 선고 2006두11644 판결.
85) 대법원 1993. 4. 27. 선고 92다48697 판결, 대법원 1994. 6. 14. 선고 93다62126 판결, 대법
    원 1995. 2. 14. 선고 94누5069 판결, 대법원 1999. 3. 26. 선고 98두4672 판결, 대법원 1999.
    11. 26. 선고 98두15825 판결, 대법원 2005. 5. 26. 선고 2005두1152 판결.

그러나 단체협약에 위와 같은 특별한 제한이 없다면 취업규칙에서 단체협약과는 다른 사유를 해고 사유로 새로이 규정하는 것이 단체협약에 반하는 것이라고 할 수 없고, 그러한 취업규칙상 징계 사유에 터 잡아 징계할 수 있다.[86] 단체협약에 "이 협약은 취업규칙보다 우선한다.", "이 협약에 명시되지 않은 사항은 취업규칙에 따르되 단체협약상의 근로조건을 저하시킬 수 없다."라고 규정하더라도 마찬가지다.[87]

(나) 단체협약에 일정 근속연수 초과 부분에 대한 퇴직금 규정이 없는 경우

퇴직금과 관련하여 1972년 취업규칙에서는 근속연수 30년까지에 대하여 누진 지급률에 의한 퇴직금을 지급하는 내용으로 규정하였는데, 1974년 단체협약에서는 근속연수 20년까지에 대하여는 취업규칙과 같은 내용으로 규정하면서 근속연수 20년을 초과하는 부분에 대하여는 규정을 하지 않은 경우, 이러한 단체협약 규정은 근속연수 20년을 초과하는 부분에 대하여는 당장 규정하지 않고 추후 별도로 규정하겠다는 것으로 보아야 하므로, 취업규칙 중 근속연수 20년을 초과하는 부분은 단체협약의 퇴직금 조항에 위반되어 노조법 33조 1항에 따라 그 효력을 상실하였다고 한 판결이 있다.[88]

(다) 단체협약과 다른 취업규칙의 정년

정년에 관한 하급심 판결로, 단체협약은 조합원의 정년을 "60세가 되는 해의 12월 말일로 한다."라고 규정하고 있는데, 취업규칙은 "직원의 정년퇴직 연령은 60세가 되는 생월 말일로 한다."라고 규정한 사안에서, 취업규칙은 단체협약에 위반하여 무효라고 한 것이 있다.[89]

(라) 누진제를 규정한 단체협약과 단수제를 규정한 취업규칙

전국보건의료산업노동조합이 18개 지방공사 의료원과 종전 단체협약에서 정한 퇴직금 누진제를 폐지하고 단수제를 적용하며 근로자가 누진제 폐지에 따

---

86) 대법원 1993. 1. 15. 선고 92누13035 판결, 대법원 1994. 6. 14. 선고 93누20115 판결, 대법원 1994. 6. 14. 선고 93다26151 판결, 대법원 1995. 1. 12. 선고 94다27472 판결, 대법원 1995. 1. 20. 선고 94다37851 판결, 대법원 1995. 4. 7. 선고 94다30249 판결, 대법원 1997. 6. 13. 선고 97다13627 판결, 대법원 2001. 10. 12. 선고 2001다13990, 14009 판결, 대법원 2016. 1. 28. 선고 2015다57126 판결.

87) 대법원 1995. 1. 20. 선고 94다37851 판결.

88) 대법원 2001. 9. 18. 선고 2000다60630 판결, 대법원 2001. 9. 25. 선고 2001다18421 판결, 대법원 2001. 10. 30. 선고 2001다24051 판결, 대법원 2001. 11. 9. 선고 2001다55581 판결.

89) 서울행법 2003. 3. 18. 선고 2002구합31671 판결.

른 퇴직금 중간정산을 원할 시 2002년 상반기 중에 중간정산 퇴직금을 지급하기로 하는 내용의 중앙노사합의를 하였고, 6개 지방공사 경기도 의료원과 중앙노사합의에서 정한 누진제 폐지에 따른 중간정산 퇴직금을 2002. 6. 30.까지 지급하되 이것이 이행되지 않을 경우 누진제 폐지를 정한 중앙노사합의를 무효로 하기로 하는 내용의 지역노사합의를 체결하였으며, 지방의료원이 위 중앙노사합의에 따라 퇴직금 누진제를 폐지하고 단수제를 적용하도록 보수규정을 개정하였으나, 2002. 6. 30.까지 퇴직금 중간정산을 완료하지 못함으로써 중앙노사합의가 무효가 되었다면, 퇴직금 누진제를 정한 종전 단체협약이 여전히 유효하고, 퇴직금 단수제를 정한 개정 보수규정은 종전 단체협약에 반한다.[90]

(바) **단체협약에서 취업규칙의 작성·변경절차에 관한 규정을 둔 경우**

취업규칙의 작성·변경에 관한 권한은 원칙적으로 사용자에게 있으므로 사용자는 그 의사에 따라 취업규칙을 작성·변경할 수 있다 할 것이고, 단체협약에서 취업규칙의 작성·변경에 관하여 노동조합의 동의를 얻거나 노동조합과의 협의를 거치거나 그 의견을 듣도록 규정하고 있다 하더라도 원칙적으로 취업규칙상의 근로조건을 종전보다 근로자에게 불이익하게 변경하는 경우가 아닌 한 그러한 동의나 협의 또는 의견청취절차를 거치지 아니하고 취업규칙을 작성·변경하였다고 하여 그 취업규칙의 효력이 부정된다고 할 수 없다.[91]

5. 규범적 효력의 인적 적용 범위(구속력 범위)

단체협약의 규범적 효력이 미치는 인적 범위는 사용자 측에서는 사용자(협약당사자가 사용자단체인 경우에는 그 구성원인 사용자)이고, 근로자 측에서는 노동조합의 조합원인 근로자이다.

가. 조 합 원

단체협약의 규범적 효력은 조합원에 대하여만 그 구속력이 미친다. 노조법은 단체협약의 인적 적용 범위에 관하여 명시적으로 규정한 바는 없지만,[92] 노조법 29조에서 노동조합의 대표자는 그 노동조합 또는 "조합원을 위하여" 사용

---

90) 대법원 2012. 6. 28. 선고 2010다10795 판결.
91) 대법원 1994. 12. 23. 선고 94누3001 판결.
92) 독일의 단체협약법 3조 1항은 단체협약 당사자의 구성원들과 그 자신이 단체협약을 체결한 사용자는 단체협약에 구속된다고 규정하고 있다.

자나 사용자단체와 교섭하고 단체협약을 체결할 권한을 가진다고 규정한 점, 단
체협약의 비조합원에 대한 확장 적용을 인정하는 일반적 구속력에 관한 노조법
35조, 지역적 구속력에 관한 노조법 36조의 반대해석상 그와 같이 해석할 수 있
다.

　　대법원도 "단체교섭에 관한 법 규정이 각 노동조합에 자기의 구성원에 대
하여만 단체교섭을 하고 단체협약을 체결할 권한을 부여하고 있는 귀결로서 단
체협약은 노동조합 측에 있어서는 협약당사자인 노동조합의 조합원만이 적용의
대상이 되는 것이 원칙"이라고 하고 있다.[93]

　　노조법 29조 2항에 따르면 복수노조 사업장의 교섭대표노동조합은 교섭단
일화절차에 참가한 노동조합과 그 조합원을 위하여 단체협약을 체결할 능력이
인정된다. 교섭대표노동조합이 체결한 단체협약 중 규범적 부분은 교섭창구단일
화절차에 참여한 모든 노동조합의 조합원에 대하여 구속력을 가진다.[94]

　　단체협약은 특약에 의하여 일정 범위의 근로자에 대하여만 적용하기로 정
하고 있는 등의 특별한 사정이 없는 한 협약당사자로 된 노동조합의 구성원으
로 가입한 조합원 모두에게 현실적으로 적용되는 것이 원칙이다.[95]

　　비조합원이 단체협약이 체결된 후 그 유효기간 중에 노동조합에 가입하여
조합원이 되면 조합원자격을 취득한 시점부터 단체협약의 규범적 효력이 미친
다.[96]

　　조합원이 단체협약의 유효기간 중에 노동조합을 탈퇴하거나 노동조합으로
부터 제명된 경우 탈퇴 또는 제명된 시점으로부터 단체협약의 규범적 효력은
미치지 않는다.[97] 다만 이 경우 단체협약에서 정한 기준이 탈퇴자·제명된 자와
사용자 사이의 개별적 근로관계의 근로조건으로서 그대로 유지된다.[98] 따라서

---

93) 대법원 2000. 10. 27. 선고 2000다31755 판결.
94) 하경효d, 366면.
95) 대법원 2003. 12. 26. 선고 2001두10264 판결, 대법원 2004. 1. 29. 선고 2001다5142 판결,
　　대법원 2004. 1. 29. 선고 2001다6800 판결.
96) 대법원 2016. 7. 22. 선고 2013두24396 판결 참조.
97) 김유성, 209면; 김형배, 1266면; 注釋(下), 819면; 西谷 敏a, 372~373면; 菅野, 934면. 반대
　　견해로 박종희c, 253면. 독일의 단체협약법 3조 3항에서는 협약구속력은 단체협약이 종료할
　　때까지 지속된다고 규정하고 있다. 이에 따라 단체협약 당사자로부터 탈퇴하거나 다른 사유
　　에 의하여 단체협약 당사자의 구성원 자격이 종료되더라도 협약구속성에는 아무런 영향을
　　미치지 못한다고 한다. Abbo Junker, 288면 참조.
98) 김유성, 168면; 김형배, 1266면. 이 문제는 단체협약 실효 후 개별적 근로관계의 문제와 동
　　일한 문제이다. 자세한 내용은 법 32조에 대한 해설 Ⅲ. 2. 참조.

그 후 사용자와 개별적으로 합의하여 근로조건을 변경할 수 있다.

협약당사자의 합의에 의하여 단체협약의 효력이 발생하는 시기를 체결일 이전의 시기로 소급하는 경우가 있다. 종전 단체협약의 유효기간이 종료된 이후 일정한 기간이 경과된 후에야 새로운 단체협약이 체결되면 종전 단체협약의 유효기간 종료 시부터 새로운 단체협약 체결일까지의 임금 등에 관하여 새로운 협약의 기준을 소급적으로 적용하는 경우와 같이 새로운 단체협약의 기준에 소급효를 부여하는 일은 드물지 않다.

단체협약의 효력이 발생하는 시기를 체결일 이전의 시기로 소급하는 경우에는 소급된 기간 및 협약 체결 시를 통틀어 조합원인 근로자에 대하여만 소급효가 발생하는 것이 원칙이다. 따라서 소급된 시점에서는 조합원이었다고 하더라도 협약 체결 시에 비조합원인 근로자에 대하여는 소급효가 미치지 않는다. 또한 소급된 시점에 아직 조합원이 아니었던 근로자에 대하여는 협약 체결 시에 조합원이라고 하더라도 그 개별적인 수권 없이 당연히 협약을 소급하여 적용할 수는 없다.[99]

위와 같이 단체협약의 효력 발생 시기를 소급하는 경우 협약 체결 시에는 이미 퇴직하였으나 소급된 시점에는 재직하고 있던 근로자에게 소급된 시점부터 퇴직 시까지의 기간에 대하여 소급효가 미치는지 여부가 문제되나, 앞서 본 원칙과, 단체협약의 규범적 효력은 조합원인 근로자와 사용자 사이의 개별적 근로관계를 규율하는 것이므로, 원칙적으로 단체협약 체결 당시 조합원으로서 근로관계가 유효하게 존속하고 있는 자에게 효력이 미치고, 단체협약의 체결 이전에 이미 유효하게 근로관계가 종료된 조합원에게는 그 효력이 미치지 아니 한다[100]는 점을 고려하면, 위와 같은 사안에서 단체협약 체결 당시 근로관계가 존속하고 있지 않고 조합원도 아닌 근로자에게 소급하여 적용할 수 없다.

따라서 노동조합이 사용자 측과 기존의 임금, 근로시간, 퇴직금 등 근로조건을 결정하는 기준에 관하여 소급적으로 동의하거나 이를 승인하는 내용의 단체협약을 체결한 경우에 그 동의나 승인의 효력은 단체협약이 시행된 이후에 그 사업체에 종사하며 그 협약의 적용을 받게 될 노동조합원이나 근로자들에 대해서만 생기고 단체협약 체결 이전에 이미 퇴직한 근로자에게는 위와 같은

---

99) 注釋(下), 783면.
100) 사법연수원a, 193면.

효력이 생길 여지가 없다.[101)102)]

　이러한 법리는 단체협약이 근로자들에게 불리하게 소급적으로 변경된 경우[103)]는 물론 단체협약이 근로자들에게 유리하게 소급 변경된 경우[104)]에도 마찬가지로 적용되고, 단체협약과 동일한 효력을 갖는 중재재정에 대하여도 적용된다.[105)]

　판례가 퇴직금의 중간정산이 성립한 후에 중간정산의 기준일 이전으로 소급하여 임금을 인상하기로 하는 내용의 노사 간 합의에 따라 임금인상의 효력이 소급하여 발생한다고 하더라도 사용자와 근로자 사이에 인상된 임금을 기초로 다시 퇴직금의 중간정산을 하기로 하는 등의 특별한 사정이 없는 한 소급적인 임금인상의 효력이 이미 성립한 퇴직금의 중간정산에 관한 법률관계에 당연히 영향을 미친다고 볼 수는 없다고 한 것도 이와 유사한 이치에 따른 것이라 할 수 있다.[106)]

　한편 소급효를 갖는 단체협약을 체결할 경우 시행 당시에 사업체에 종사하여 협약의 적용을 받게 될 조합원인 근로자들에 대하여도 아무런 제한 없이 소급효가 발생하는 것이 아니라는 점을 주의할 필요가 있다. 이미 구체적으로 그 지급청구권이 발생한 임금이나 퇴직금은 근로자의 사적 재산영역으로 옮겨져 근로자의 처분에 맡겨진 것이기 때문에, 근로자로부터 개별적인 동의나 수권을

---

101) 대법원 1992. 7. 24. 선고 91다34073 판결, 대법원 2000. 5. 26. 선고 98다28770 판결, 대법원 2000. 6. 9. 선고 98다13747 판결, 대법원 2001. 4. 10. 선고 98다13716 판결, 대법원 2001. 9. 25. 선고 2001다41667 등 판결, 대법원 2002. 4. 23. 선고 2000다50701 판결, 대법원 2002. 5. 31. 선고 2000다18127 판결, 대법원 2017. 2. 15. 선고 2016다32193 판결, 대법원 2017. 4. 28. 선고 2016다54360 판결, 대법원 2020. 1. 16. 선고 2019다223129 판결, 대법원 2021. 9. 16. 선고 2016다45670 판결.

102) 임금인상 소급분이 소정근로의 대가로서 통상임금에 해당하는지 여부가 다투어진 사건에서, 대법원은 '사용자가 임금인상 합의가 이루어지기 전에 퇴직한 근로자들에게 임금인상 소급분을 지급하지 않았지만, 이는 임금 등 근로조건을 결정하는 기준을 소급적으로 변경하는 내용의 단체협약의 효력이 단체협약 체결 이전에 이미 퇴직한 근로자에게 미치지 않기 때문에 발생하는 결과에 불과하므로, 소정근로를 제공한 근로자들에게 그에 대한 보상으로 당연히 지급된 임금인상 소급분의 성질을 달리 볼 사유가 될 수 없다.'(즉 고정성을 부정할 사유가 될 수 없다)라고 하였다(대법원 2021. 8. 19. 선고 2017다56226 판결).

103) 대법원 2017. 2. 15. 선고 2016다32193 판결, 대법원 2017. 4. 28. 선고 2016다54360 판결. 대법원 1992. 7. 24. 선고 91다34073 판결의 사안도 참조.

104) 대법원 2000. 5. 26. 선고 98다28770 판결, 대법원 2000. 6. 9. 선고 98다13747 판결, 대법원 2001. 9. 25. 선고 2001다41667 등 판결, 대법원 2002. 4. 23. 선고 2000다50701 판결, 대법원 2020. 1. 16. 선고 2019다223129 판결.

105) 대법원 2000. 5. 26. 선고 98다28770 판결, 대법원 2000. 6. 9. 선고 98다13747 판결.

106) 대법원 2014. 12. 11. 선고 2011다77290 판결.

받지 않은 이상, 노동조합이 사용자와 체결한 단체협약만으로 이에 대한 포기나 지급유예와 같은 처분행위를 할 수는 없으므로,107) 소급효를 갖는 단체협약에 의하여 위 재직근로자들에게 구체적으로 지급청구권이 발생한 임금 등을 소멸하게 하는 경우에는 위 단체협약은 소급적으로 적용될 수 없다.108)

결국 소급적 동의나 승인의 효력이 단체협약이 시행된 이후에 그 사업체에 종사하며 그 협약의 적용을 받게 될 노동조합원이나 근로자들에 대해서 생긴다는 법리는 가령 임금청구권의 지급시기가 도래하지 아니하여 임금지급청구권이 구체적으로 발생하지 아니하였거나, 아직 퇴직하지 아니하여 판례에 의할 때 퇴직금 청구권이 발생하지 아니한 경우나, 징계시효가 완성되지 않은 경우109)와 같이 청구권의 발생에 관한 사실 또는 법률관계가 완성 또는 종결되지 아니한 상태에서 위 퇴직금의 지급률을 축소하거나 징계시효를 연장하는 내용의 단체협약을 체결하는 등 부진정 소급적 동의의 의미를 가지는 경우에 동의나 승인의 효력이 생긴다는 것이지, 위와 같은 사실 또는 법률관계가 완성 또는 종결된 경우(가령 구체적으로 지급청구권이 발생하여 근로자의 사적 재산영역으로 옮겨진 임금)에 대한 진정 소급적 동의의 경우에도 동의나 승인의 효력이 생긴다는 의미는 아니라는 점을 유의할 필요가 있다(위 판례 법리를 판시한 사안의 대부분이 퇴직금에 관한 부진정 소급적 동의가 있는 경우이다).

나아가 위와 같은 부진정 소급적 동의의 의미를 가지는 경우라고 하더라도 소급적 동의나 승인의 효력이 단체협약이 시행된 이후에 그 사업체에 종사하며 그 협약의 적용을 받게 될 노동조합원이나 근로자들에 대하여 항상 생기는 것은 아니라는 점을 유의할 필요가 있다. 판례는 징계시효에 관한 부진정 소급적 동의에 해당하여 헌법상 불소급의 원칙에 위배되지 아니한 경우에 개정 전 취업규칙의 존속에 대한 근로자의 신뢰가 개정 취업규칙의 적용에 관한 공익상의 요구보다 더 보호가치가 있다고 예외적으로 인정된 경우에 근로자의 신뢰를 보호하기 위하여 신의칙상 개정 취업규칙의 적용이 제한될 수 있다고 보았는데,110) 비록 취업규칙에 관한 것이기는 하나 신뢰보호 원칙에 의한 위와 같은

107) 대법원 2000. 9. 29. 선고 99다67536 판결 등 참조.
108) 대법원 2017. 2. 15. 선고 2016다32193 판결, 대법원 2017. 4. 28. 선고 2016다54360 판결, 대법원 2020. 1. 16. 선고 2019다223129 판결.
109) 취업규칙에 관한 것이기는 하나 대법원 2014. 6. 12. 선고 2013두25382 판결의 사안 참조.
110) 대법원 2014. 6. 12. 선고 2013두25382 판결, 대법원 2014. 6. 12. 선고 2014두4931 판결.

심사는 원래 부진정 소급효를 갖는 법령의 효력에 관한 심사에서 유래하는 것
으로서 규범적 효력을 갖는 단체협약의 경우에도 타당하다고 볼 수 있다.

따라서 가령 퇴직을 불과 며칠 앞두고 있는 근로자의 단체협약상 누진제
퇴직금 조항의 존속에 대한 신뢰는 퇴직금 청구권에 근접한 거의 완성된 권리
에 대한 것으로 보호가치가 있으므로 비록 단수제 퇴직금 조항을 소급하여 적
용하기로 하는 내용의 단체협약을 체결한 시점에서 아직 퇴직하지 않아 판례에
따르면 퇴직금 청구권이 발생한 것은 아니라고 하더라도, 위와 같은 경우에 대
하여 단수제 퇴직금 조항을 소급 적용하는 것은 위 근로자에 대한 관계에서는
신뢰보호의 원칙에 반하여 허용될 수 없다고 할 수 있다.

나. 비조합원

노동조합원이 아닌 자에 대하여는 노조법 35조, 36조에 의하여 단체협약의
효력이 확장되는 경우가 아닌 한 단체협약의 규범적 효력이 미치지 아니한
다.[111)112)]

복수노조 사업장의 교섭대표노동조합이 체결한 단체협약의 규범적 부분도
어느 노동조합에도 가입하지 않은 비조합원인 근로자에 대하여는 규범적 효력
이 미치지 않는다. 교섭창구 단일화 절차에 참여하지 않는 노동조합의 조합원에
대하여도 규범적 효력이 미치지 않는다고 해석된다.[113)]

따라서 비조합원은 사용자에게 단체협약의 규범적 부분의 이행을 구할 권
리가 없고, 사용자에게는 단체협약의 규범적 부분에 규정된 근로조건 기준을 비
조합원에게 적용해야 할 의무가 없다. 나아가 사용자가 비조합원에게 위 근로조
건 기준을 적용하지 않는 것이 근기법 6조에서 규정하는 균등대우 원칙에 위반
된다고 볼 수도 없다.

다만, 단체협약이 체결되면 사용자가 이를 반영하여 취업규칙을 변경함으
로써 단체협약의 내용과 동일한 취업규칙의 근로조건 기준에 의하여 비조합원
의 근로조건이 규율되거나,[114)] 사용자가 관례적·은혜적으로 비조합원의 근로조

---

111) 대법원 2007. 6. 28. 선고 2007도1539 판결.
112) 다만 프랑스의 경우에는 "사용자가 단체협약 조항의 적용을 받는 경우에는 이 협약 조항
은 사용자가 체결한 근로계약에 대해서 적용된다"(노동법전 L. 135-2조)고 하여 단체협약의
만인효를 규정하고 있다(박제성a, 108면에서 재인용).
113) 김형배, 1203면.
114) 대법원 1997. 9. 12. 선고 96다56306 판결, 대법원 1999. 4. 9. 선고 98다33659 판결, 대법
원 2000. 12. 22. 선고 99다21806 판결.

건에 관하여 단체협약의 기준을 적용함으로써[115] 사실상 협약기준과 동일한 기준이 비조합원에게도 적용되는 일정한 경향이 있다. 그러나 이 경우 비조합원인 근로자들은 사용자에 대하여 노조법 33조에 기하여 단체협약이 정한 근로조건 기타 근로자의 대우에 관한 기준을 청구할 권리를 가지지 않는다.[116]

협약당사자가 협약에서 정한 근로조건을 비조합원에게도 적용한다고 합의하는 경우가 있다. 가령 "근로조건에 관한 규범조항은 전 종업원에게 적용된다."[117]라는 규정을 둔 경우이다. 그러나 비조합원은 근로계약 등에 의하여 협약기준과 달리 자기의 근로조건을 결정할 자유가 있고, 비조합원의 경우에는 규범적 효력이 미칠 정당한 근거가 결여되어 있기 때문에 위와 같은 비조합원적용조항에는 규범적 효력이 미치지 않는다.[118] 비조합원적용조항은 개별계약 혹은 취업규칙을 통하여 협약조건을 비조합원에게도 미치도록 할 사용자의 노동조합에 대한 의무(채무적 효력)를 설정함에 불과하다.[119]

6. 규범적 효력의 한계

가. 협약자치의 원칙과 그 한계

헌법 33조 1항은 집단적 합의에 의하여 근로조건 등을 자기 책임하에서 합리적으로 규율할 수 있는 권한을 노사에 부여함으로써 이른바 협약자치를 보장한 것으로 볼 수 있다.[120]

노동조합과 사용자 또는 사용자단체는 단체협약의 내용에 대하여 자율적으로 집단적 합의를 형성하고, 국가의 간섭을 받지 않고 위 집단적 합의에 의하여 개별적 근로관계 및 집단적 노동관계를 운용할 수 있다.

그러나 협약자치가 보장되어 있다는 것이 헌법이나 법률 등의 강행적 상위법규를 위반하는 내용의 단체협약도 무제한적으로 허용되고, 단체협약에서 근로자 개인에 대한 모든 사항을 정할 수 있다는 것을 의미하는 것은 아니다. 이러한 의미에서 협약자치에는 한계가 있다.

노동조합의 근로조건에 관한 집단적 규제권한이 노조법 33조에 의한 규범

115) 대법원 2007. 6. 28. 선고 2007도1539 판결.
116) 김형배, 1266면.
117) 대법원 2000. 10. 27. 선고 2000다31755 판결.
118) 西谷 敏a, 372면; 注釋(下), 819면.
119) 西谷 敏a, 372면.
120) 대법원 2020. 8. 27. 선고 2016다248998 전원합의체 판결.

적 효력의 승인으로 나타나는 우리나라에서는 협약자치의 한계는 결국 규범적 효력의 한계를 말하는 것이다.[121]

규범적 효력의 한계에는 그 한계가 발생하는 근거로부터 보아 헌법·법률 등 다른 상위 법규범과 관련한 외재적 한계와 협약자치 그 자체에 내재하는 내재적 한계로 분류할 수 있다.

나. 외재적 한계

외재적 한계란 법률상 공공복리를 위하여 단체협약 체결사항, 또는 단체협약 체결권이 제한되거나, 단체협약에서 정한 근로조건 기타 근로자의 대우에 관한 기준이 강행법규나 선량한 풍속 기타 사회질서에 위반되어 효력이 인정되지 아니하는 것을 말한다.[122] 단체협약도 헌법을 정점으로 한 규범질서 속에 위치하고 있으므로 헌법에서 규정한 기본권과 가치질서에 구속된다. 헌법의 기본권 규정은 사법상의 일반원칙을 규정한 민법 2조나 103조의 규정 등을 매개로 하여 단체협약의 효력을 규율한다.[123] 나아가 비록 단체협약 체결권이 헌법상 보장되어 있다고 하더라도 공공복리 등을 위하여 법률에 의한 제한이 가능하며, 그 내용이 강행법규나 선량한 풍속 기타 사회질서 등에 위반될 수 없다.

(1) 법률에 의한 단체협약 체결권의 제한

㈎ 공무원·교원노조가 체결한 단체협약의 효력 제한

공무원노조의 대표자는 노동조합에 관한 사항 또는 조합원의 보수·복지, 그 밖의 근무조건에 관하여(공무원노조법 8조 1항), 교원노조의 대표자는 노동조합 또는 조합원의 임금, 근무 조건, 후생복지 등 경제적·사회적 지위 향상에 관하여(교원노조법 6조 1항) 교섭하고 단체협약을 체결할 권한을 가진다. 이와 같이 공무원노조법과 교원노조법은 공무원노조와 교원노조에 위와 같은 사항에 관하여

---

121) 김유성, 171면.

122) 강행법규나 선량한 풍속 기타 사회질서에 위배되지 아니하는 이상 단체협약의 효력이 인정된다고 하여 강행법규 등에 의한 외재적 한계를 언급한 판결로 대법원 2014. 3. 27. 선고 2011두20406 판결, 대법원 2020. 8. 27. 선고 2016다248998 전원합의체 판결 등 참조. 단체협약이 선량한 풍속 기타 사회질서 위반에 해당하는지 여부가 문제된 사례에 대한 자세한 내용은 법 31조에 대한 해설 Ⅲ. 1. 다. (1) 참조. 이 부분에서는 해설을 생략한다.

123) 다만, 단체협약이 협약당사자의 헌법상 보장된 기본권을 침해하는지가 문제되는 경우 그와 같은 기본권의 제한은 협약당사자의 '자기 구속적인 약속'에 근거한 것으로 국가가 협약당사자의 기본권을 제한하는 것과 성격이 전혀 달라 동일시할 수 없다는 점에 대하여는 대법원 2020. 8. 27. 선고 2016다248998 전원합의체 판결 참조.

단체교섭권은 물론 단체협약 체결권을 인정하고 있다.

그런데 공무원노조법 10조 1항과 교원노조법 7조 1항에서는 단체협약의 내용 중 법령·조례 또는 예산에 의하여 규정되는 내용과 법령 또는 조례에 의한 위임을 받아 규정되는 내용은 단체협약으로서의 효력을 가지지 아니한다고 규정하고 있다.

공무원노조법 8조 1항에서 규정하는 보수·복지, 그 밖의 근무조건이나 교원노조법 6조 1항에서 규정하는 조합원의 임금, 근무 조건, 후생복지 등 경제적·사회적 지위 향상에 관한 단체협약 조항은 대부분 법령·조례 또는 예산에 의하여 규정되는 내용이므로, 결국 공무원이나 교원의 개별적 근로관계에 관한 사항에 관하여는 단체협약의 효력이 미치는 경우가 거의 없게 된다고 볼 수 있다.

다만 공무원노조법 10조 2항과 교원노조법 7조 2항에서는 정부교섭대표 또는 교육부장관, 시·도지사, 시·도 교육감, 국·공립학교의 장 및 사립학교 설립·경영자는 단체협약으로서의 효력을 가지지 아니하는 내용에 대하여는 그 내용이 이행될 수 있도록 성실하게 노력하여야 한다고 하여 성실이행의무를 규정하고 있다. 이와 관련하여 공무원노조법 시행령 10조에서는 정부교섭대표는 공무원노조법 10조 1항의 규정에 따라 단체협약으로서의 효력을 가지지 아니하는 단체협약의 내용에 대한 이행 결과를 해당 단체협약의 유효기간 만료일 3개월 전까지 상대방에게 서면으로 알려야 한다고 규정하고 있고, 교원노조법 시행령 5조에서도 교육부장관, 시·도지사, 시·도 교육감, 국·공립학교의 장 및 사립학교 설립·경영자는 교원노조법 7조 1항의 규정에 따라 단체협약으로서의 효력을 가지지 않는 단체협약 내용에 대한 이행 결과를 다음 교섭 시까지 교섭노동조합에 서면으로 알려야 한다고 규정하여 단체협약 이행 결과의 서면 통보의무를 규정하고 있다.

따라서 위 규정들에 의하면 공무원노조와 교원노조의 단체협약 중 법령·조례 또는 예산에 의하여 규정되는 부분과 법령 또는 조례에 의한 위임을 받아 규정되는 부분은 단체협약으로서의 효력이 모두 인정되지 아니하고, 다만 성실이행의무, 이행 결과의 서면 통보의무만이 인정된다고 할 것이다.

공무원노조법 10조 1항의 위헌 여부가 다투어진 사건에서 헌법재판소는, '공무원노조법 10조 1항은 공무원노조에게 단체협약 체결권을 인정하면서도 단체협약의 내용 중 법령·조례·예산 등에 위배되는 내용에 대하여는 단체협약

의 효력을 부정하고 있는바, 공무원의 경우 민간부문과 달리 근무조건의 대부분
은 헌법상 국민전체의 의사를 대표하는 국회에서 법률·예산의 형태로 결정되
는 것으로서, 그 범위 내에 속하는 한 정부와 공무원노동단체 간의 자유로운 단
체교섭에 의하여 결정될 사항이라 할 수 없다. 따라서 노사 간 합의로 체결된
단체협약이라 하더라도 법률·예산 및 그의 위임에 따르거나 그 집행을 위한
명령·규칙에 규정되는 내용보다 우선하는 효력을 인정할 수는 없으며, 조례는
지방의회가 제정하는 것으로 해당 지방자치단체와 그 공무원을 기속하므로, 단
체협약에 대하여 조례에 우선하는 효력을 부여할 수도 없다. 한편, 위 조항은
법령·조례 또는 예산 등과 저촉되는 부분에 한하여 단체협약으로서의 효력만
부인할 뿐, 교섭 자체를 할 수 없게 하거나 단체협약의 체결을 금지하지는 않
고, 공무원노조법 10조 2항은 정부교섭대표에게 그 내용이 이행될 수 있도록 성
실히 노력할 의무를 부과하고 있으므로, 공무원노조법 10조 1항이 국회의 입법
재량권의 한계를 일탈하여 청구인들의 단체협약 체결권을 침해한다고 보기 어
렵다.'라고 하여 공무원노조법 10조 1항의 합헌성을 인정하였다.124)

(나) 공공기관의 단체협약

구 농지개량조합, 구 한국고속철도건설공단, 대한석탄공사, 국민건강보험공
단 등의 공공기관의 경우 그 설립의 기초가 된 특별법 등에 해당 기관이 인
사·보수에 관한 사항을 변경할 때에는 주무부장관의 승인 또는 이사회 결의를
얻도록 하는 규정들이 있다.

공공기관이 인사·보수에 관한 사항에 관하여 노동조합과 단체협약을 체결
하면서 주무부장관의 승인 또는 이사회결의를 받지 않은 경우 단체협약의 효력
이 문제된다.

이에 대하여 대법원은 구 농지개량조합과 관련하여, "구 농지개량조합법
(1999. 2. 5. 법률 5759호로 폐지) 40조, 54조에 따라 농지개량조합의 임직원의 보
수는 농림부장관이 정하는 기준에 따라 조합장이 정하고, 농지개량조합은 회계
연도마다 사업계획과 수지예산을 작성하여 총회의 의결을 거쳐 농림부장관의
승인을 얻어야 하며 그 수지예산을 변경하고자 할 때에도 같은 절차를 거쳐야
하므로, 농지개량조합이 총회의 의결 및 농림부장관의 승인 없이 노동조합과 사

---

124) 헌재 2008. 12. 26. 선고 2005헌마971 등 결정.

이에 임직원의 보수를 종전보다 인상하기로 하는 내용의 단체협약을 체결한 경우 그 보수 인상 약정은 효력이 없다."라고 하였다.[125]

헌법재판소도 국민건강보험공단의 조직·인사·보수 및 회계에 관한 규정은 이사회의 의결을 거쳐 보건복지부장관의 승인을 얻어 정한다고 규정한 구 국민건강보험법 27조에 대한 헌법소원심판사건에서, 위 조항에 따라 공단이 보건복지부장관의 승인을 얻지 않은 채 보수나 인사 등에 관한 사항을 변경하는 경우에는 그 효력이 없으며, 이러한 법리는 공단이 노동조합과 사이에 체결한 단체협약에 근거하여 보수나 인사 등에 관한 사항을 변경하는 경우에도 마찬가지라고 전제한 후, 위와 같이 해석하는 경우에는 공단과 노동조합 사이에 체결된 단체협약의 이행 여부가 노사관계에 있어서는 제3자적 지위에 있는 보건복지부장관의 승인에 의하여 최종적으로 결정되어 단체협약의 효력이 제한되는 효과가 발생하는데, 공단의 성격 및 설립목적의 공공성, 업무 및 예산에 대한 정부의 관여와 감독의 필요성에 비추어 그 제한의 목적이 정당하고, 수단이 적정하며, 단체교섭권에 대한 제한의 정도가 공단의 공익성에 비추어 타당한 범위 내로서 본질적인 내용의 침해로 볼 수 없으므로, 이 사건 법률조항이 단체교섭권을 침해하거나 다른 사기업에 비하여 공단 근로자들을 차별함으로써 헌법을 위반하였다고 볼 수 없다고 하였다.[126]

이에 대하여는 노사관계의 당사자가 아닌 감독관청에게 노사가 공동결정의 원칙에 따라 체결한 단체협약의 효력을 임의로 조정하거나 수정할 수 있는 권한을 부여하는 결과를 초래하고, 이는 헌법 33조 1항이 단체교섭권을 헌법상 기본권으로 보장한 취지 및 단체교섭 제도의 근간을 뒤흔드는 위헌적 해석이라는 비판이 있다.[127]

---

125) 대법원 2004. 7. 22. 선고 2002다57362 판결. 농지개량조합과 관련한 다른 판결로는 대법원 2002. 11. 13. 선고 2002다24935 판결, 대법원 2002. 11. 26. 선고 2002다32585 등 판결, 대법원 2002. 12. 6. 선고 2002다34208 판결, 대법원 2002. 12. 10. 선고 2002다36136 판결 참조. 대한석탄공사와 관련한 대법원 2002. 1. 25. 선고 2001다60170, 60187 판결 참조. 한국고속철도건설공단과 관련한 대법원 2003. 4. 11. 선고 2002다69563 판결 참조. 근로복지공단과 관련한 대법원 2011. 4. 28. 선고 2010다86235 판결 참조. 한국산업인력공단과 관련한 대법원 2015. 1. 29. 선고 2012다32690 판결, 대법원 2015. 2. 12. 선고 2012다110392 판결, 대법원 2015. 2. 12. 선고 2014다49692 판결, 대법원 2015. 2. 26. 선고 2013다16374 판결 참조. 한국노동교육원과 관련한 대법원 2016. 1. 14. 선고 2012다96885 판결 참조.
126) 헌재 2004. 8. 26. 선고 2003헌바58, 65 결정. 한국고속철도공단과 관련한 같은 취지의 결정으로 헌재 2004. 8. 26. 선고 2003헌바28 결정.
127) 김진b, 324~332면; 도재형a, 141~146면도 참조.

⒟ 기   타

한국철도공사법에서 종전에 철도청에서 근무했던 직원들을 공무원으로 의제하고 공무원으로 의제되는 기간은 근기법의 규정에 의한 퇴직금 산정을 위한 계속근로연수에서 제외하고 공무원연금법이 적용되도록 함으로써 근기법상의 퇴직금 산정기간에 대한 노사 간의 단체협약의 대상 내용을 미리 법률에서 배제하고 있는 방식으로 단체협약 체결권을 제한하는 사안도 있다.128)

(2) 강행법규에 위반한 단체협약

단체협약에 정한 근로조건 기타 근로자의 대우에 관한 기준이 근기법에 규정된 강행법규에 위반되는 내용이면 이는 상위의 법규범에 저촉되므로 무효이다. 취업규칙이 법령에 어긋나서는 아니 된다는 점에 대하여는 근기법 96조에서, 근로계약이 근기법에서 정하는 기준에 미치지 못하는 근로조건을 정한 경우에는 그 부분에 한정하여 무효로 한다는 점에 대하여는 근기법 15조에서 각 명시하고 있으나, 단체협약이 강행법규에 위반하는 경우에 관하여는 명시적 규정이 없다. 다만 근기법 15조에서 명시하는 근기법의 강행적·직률적 효력은 근로계약은 물론 단체협약에 대하여도 적용된다고 보는 것이 일반적인 견해이고,129) 대법원도 같은 태도이다.130)131)

강행법규의 직접적 위반뿐 아니라 강행법규가 금지하고 있는 것을 회피수단에 의하여 실질적으로 달성하는 강행법규의 간접적 위반, 즉 탈법행위에 해당하는 단체협약도 무효이다.132)

---

128) 이에 대하여는 한국철도공사에 관한 헌재 2006. 3. 30. 선고 2005헌마337 결정 참조.

129) 근기법주해(2판) Ⅱ, 4면; 菅野, 191면; 西谷 敏b, 58면.

130) 단체협약에 대하여 근기법 15조를 적용한 판례로 대법원 2007. 11. 29. 선고 2006다81523 판결, 대법원 2013. 12. 18. 선고 2012다89399 전원합의체 판결, 대법원 2019. 11. 28. 선고 2019다261084 판결, 대법원 2020. 11. 26. 선고 2017다239984 판결 등 참조.

131) 강선희f, 149면 각주 2)에서는 단체협약 중 위법한 내용에 대한 시정명령제도에 관한 규정인 노조법 31조 3항에서 단체협약이 법률에 구속됨을 간접적으로 규정하고 있다고 한다.

132) 사용자와 노동조합 사이의 소정근로시간 단축 합의를 강행법규인 최저임금법의 적용을 잠탈하기 위한 탈법행위로서 무효로 본 판결로 대법원 2019. 4. 18. 선고 2016다2451 전원합의체 판결(사안 자체는 사용자가 과반수 노동조합의 동의를 얻어 소정근로시간을 단축하는 내용으로 취업규칙을 변경하는 경우이다) 등 참조. 소정근로시간 단축 합의를 내용으로 한 단체협약을 탈법행위로 무효로 본 것으로 대법원 2019. 6. 13. 선고 2016다223739 판결, 대법원 2019. 6. 13. 선고 2015다225677, 2015다225684 판결, 대법원 2019. 8. 29. 선고 2016다207980 판결 등 참조. 단체협약의 탈법행위 해당 여부가 문제된 또 다른 판결로 대법원 2018. 1. 25. 선고 2015다57645 판결, 대법원 2023. 4. 27. 선고 2022다307003 판결, 대법원 2023. 5. 18. 선고 2021다234313 판결 참조.

또한 근기법이나 노조법에서 보장하고 있는 권리행사를 억제하고, 권리보장의 취지를 실질적으로 잃게 하는 협약규제도 무효이다.[133]

실정법에서 강행법규를 위반한 단체협약을 무효로 명시하고 있는 경우도 있다. 노조법 24조 4항에서는 근로시간 면제 한도를 초과하는 내용을 정한 단체협약 또는 사용자의 동의는 그 부분에 한정하여 무효라고 규정하고 있다.

노조법 68조 1항의 규정에 따라 서면으로 작성하고 효력발생 기일을 명시한 중재재정의 각 내용은 각 단체협약과 동일한 효력을 가지는데, 중재재정이 근기법에 정한 기준에 달하지 못하는 근로조건을 정한 경우에도 무효이다.[134]

(가) 대법원 판례에 나타나는 강행법규 위반 여부가 문제되는 단체협약

① 통상임금은 근로조건의 기준을 마련하기 위하여 근기법이 정한 도구개념이므로, 사용자와 근로자가 통상임금의 의미나 범위 등에 관하여 단체협약 등에 의해 따로 합의할 수 있는 성질의 것이 아니다. 따라서 성질상 근기법상의 통상임금에 속하는 임금을 통상임금에서 제외하기로 노사 간에 합의하였다 하더라도 그 합의는 효력이 없다.[135]

나아가 연장·야간·휴일 근로에 대하여 통상임금의 50% 이상을 가산하여 지급하도록 한 근기법의 규정은 각 해당 근로에 대한 임금산정의 최저기준을 정한 것이므로, 통상임금의 성질을 가지는 임금을 일부 제외한 채 연장·야간·휴일 근로에 대한 가산임금을 산정하도록 노사 간에 합의한 경우 그 노사합의에 따라 계산한 금액이 근기법에서 정한 위 기준에 미달할 때에는 그 미달하는 범위 내에서 노사합의는 무효이고, 무효로 된 부분은 근기법이 정하는 기준에 따라야 한다.[136]

한편 무효의 범위와 관련하여 대법원은 근기법 소정의 통상임금에 산입될 수당을 통상임금에서 제외하기로 하는 노사 간의 합의는 그 전부가 무효로 되는 것이 아니라 그 법에 정한 기준과 전체적으로 비교하여 그에 미치지 못하는

---

133) 荒木尚志a, 516면; 西谷 敏a, 359면.
134) 대법원 1997. 6. 27. 선고 95누17380 판결.
135) 대법원 1993. 5. 11. 선고 93다4816 판결, 대법원 1993. 5. 27. 선고 92다20316 판결, 대법원 1994. 5. 24. 선고 93다5697 판결, 대법원 2006. 2. 23. 선고 2005다53989 판결, 대법원 2009. 12. 10. 선고 2008다45101 판결, 대법원 2013. 12. 18. 선고 2012다89399 전원합의체 판결.
136) 대법원 2013. 12. 18. 선고 2012다89399 전원합의체 판결, 대법원 2014. 3. 13. 선고 2011다95519 판결, 대법원 2014. 8. 20. 선고 2013다38459 판결, 대법원 2014. 9. 4. 선고 2012다71671 판결.

근로조건이 포함된 부분에 한하여 무효로 된다고 한다(일부무효).137)

근기법상 아무런 기준을 정한 바 없는 수당을 산정하면서 노사 간의 합의로 근기법상의 개념이나 범위와 다른 통상임금을 그러한 수당을 산정하기 위한 수단으로 삼은 경우에는 앞서 본 바와 같이 근기법상의 법정수당을 지급하도록 한 취지가 몰각될 우려가 당초부터 없으므로 위와 같은 합의는 유효하다.138)

나아가 통상임금 제외 합의가 무효라고 하더라도 이로 인하여 나머지 단체협약 부분 전부가 민법 137조에 따라 무효가 되는 것은 아니다.139)

② 퇴직금 급여에 관한 구 근기법(2005. 1. 27. 법률 7379호로 개정되기 전의 것, 이하 같다) 34조는 사용자가 퇴직하는 근로자에게 지급하여야 할 퇴직금액의 하한을 규정한 것이므로, 노사 간에 급여의 성질상 평균임금에 포함될 수 있는 급여를 퇴직금 산정의 기초로 하지 아니하기로 하는 별도의 합의가 있는 경우에 그 합의에 따라 산정한 퇴직금액이 구 근기법이 보장한 하한을 상회하는 금액이라면 그 합의가 위 규정에 위반되어 무효라고 할 수 없는 것이지만, 만약 그 합의에 따라 산정한 퇴직금액이 구 근기법에 의하여 보장되는 하한에 미달한다면 그 합의는 강행법규에 위반되어 무효이다.140)

③ 구 근기법(1996. 12. 31. 법률 5245호로 개정되기 전의 것)상 퇴직금 산정의 기초가 되는 계속근로년수는 최초 입사일부터 최종 퇴직일까지 통산하여야 할 것인바, 만일 중간퇴직이 무효로 인정된다면, 노사협의회에 따른 합의에 의하여 해외파견 근로자들의 퇴직금 중간 정산의 효력을 인정하고 최종 퇴직시에는 중간 퇴직금 정산일 이후의 기간에 대해서만 퇴직금을 계산하기로 한 것은, 결국 최종 퇴직시 발생하는 퇴직금청구권의 일부를 사전에 포기하게 하는 것으로서 그와 같은 합의사항이 단체협약과 동일한 효력이 있다고 하더라도 강행법규인 근기법에 위반되어 무효이다.141)

---

137) 대법원 2007. 11. 29. 선고 2006다81523 판결, 대법원 2011. 8. 25. 선고 2011다24197 판결, 대법원 2011. 8. 25. 선고 2011다27110 판결, 대법원 2011. 8. 25. 선고 2011다35562 판결, 대법원 2011. 9. 8. 선고 2011다19218 판결, 대법원 2011. 9. 8. 선고 2011다21693 판결, 대법원 2011. 9. 8. 선고 2011다27769 판결, 대법원 2011. 9. 29. 선고 2011다47855 판결, 대법원 2011. 11. 24. 선고 2010다57978 판결, 대법원 2015. 11. 27. 선고 2012다10980 판결.

138) 대법원 2007. 11. 29. 선고 2006다81523 판결, 대법원 2013. 1. 24. 선고 2011다81022 판결.

139) 대법원 2011. 8. 25. 선고 2011다27110 판결, 대법원 2011. 9. 8. 선고 2011다26988 판결 참조.

140) 대법원 1993. 5. 27. 선고 92다24509 판결, 대법원 2003. 12. 11. 선고 2003다40538 판결, 대법원 2007. 7. 12. 선고 2005다25113 판결, 대법원 2007. 7. 26. 선고 2005다25137 판결, 대법원 2007. 9. 20. 선고 2007다32993, 33002 판결.

141) 대법원 1997. 7. 25. 선고 96다22174 판결.

④ 단체협약에서 종업원의 정년퇴직 연령은 남자 만 55세, 여자 만 53세로 정하고 있어 근로자의 정년에 대하여 원칙적으로 남녀를 달리 취급하고 있는데, 이는 성별 작업구분이나 근로조건의 구분을 명확히 하지 아니한 채 남녀를 차별하여 정년을 규정한 것으로 합리적인 이유 없이 남녀의 차별적 대우를 하지 못하도록 한 구 근기법 5조와 근로자의 정년에 관하여 여성인 것을 이유로 남성과 차별해서는 아니 된다고 한 구 남녀고용평등법 8조 등 강행법규에 위배되어 무효이다.[142]

⑤ 회사가 직원들을 유상증자에 참여시키면서 퇴직 시 출자 손실금을 전액 보전해 주기로 약정한 경우, 그러한 내용의 '손실보전합의 및 퇴직금 특례지급기준'은 회사의 직원들에게 퇴직 시 그 출자 손실금을 전액 보전해 주는 것을 내용으로 하고 있어서 회사가 주주에 대하여 투하자본의 회수를 절대적으로 보장하는 셈이 되고 다른 주주들에게 인정되지 않는 우월한 권리를 부여하는 것으로서 주주평등의 원칙에 위반되어 무효이다. 비록 그 손실보전약정이 사용자와 근로자의 관계를 규율하는 단체협약 또는 취업규칙의 성격을 겸하고 있다고 하더라도, 주주평등의 원칙의 규율 대상에서 벗어날 수는 없을 뿐만 아니라, 그 체결 시점이 위 직원들의 주주자격 취득 이전이라 할지라도 그들이 신주를 인수함으로써 주주의 자격을 취득한 이후의 신주매각에 따른 손실을 전보하는 것을 내용으로 하는 것이므로 주주평등의 원칙에 위배된다.[143]

⑥ 노동조합이 당해 사업장에 종사하는 근로자의 2/3 이상을 대표하고 있지 아니함에도 불구하고 근로자가 그 노동조합의 조합원이 될 것을 고용조건으로 하는 단체협약을 체결하는 것은 구 노조법(1996. 12. 31. 법률 5244호 부칙 3조로 폐지) 39조 2호 본문 후단에 위반되어 허용되지 아니하므로, 관할 행정청의 단체협약시정명령은 정당하다.[144]

⑦ 증권회사의 부채규모, 고객들의 예탁금 인출사태, 장기간의 적자상황, 대주주인 은행의 태도 등에 비추어, 증권회사의 대표이사가 전 직원을 명예퇴직의 대상으로 하여 12개월 임금 상당의 퇴직위로금을 지급하기로 단체협약을 체결한 후 그에 따라 퇴직위로금으로 합계 16,045,105,393원을 전 직원에게 지급한 행위는 사회상규에 어긋나고 위법한 배임행위로 봄이 상당하고, 한편 적극적

---

142) 대법원 1993. 4. 9. 선고 92누15765 판결.
143) 대법원 2007. 6. 28. 선고 2006다38161, 38178 판결.
144) 대법원 1997. 4. 11. 선고 96누3005 판결.

으로 배임행위를 초래하는 단체교섭은 법령상 보장된 노동조합활동의 한계를
초과한 것으로서 그 정당성을 인정할 수 없는 것인데, 노동조합 위원장은 대표
이사의 위 배임행위에 적극적으로 가담하여 위와 같이 단체협약을 체결한 것이
므로, 이는 정당한 노조활동의 한계를 초월한 위법행위에 해당한다.[145]

⑧ 고령자고용법 19조에 의하면, 사업주는 근로자의 정년을 60세 이상으로
정하여야 하고(1항), 사업주가 근로자의 정년을 60세 미만으로 정한 경우에는 정
년을 60세로 정한 것으로 간주되므로(2항), 근로자의 정년을 60세 미만이 되도록
정한 근로계약이나 취업규칙·단체협약은 위 규정에 위반되는 범위 내에서 무
효이다. 그리고 여기서 말하는 '정년'은 실제의 생년월일을 기준으로 산정하여
야 한다.[146]

⑨ 연차휴가를 사용할 권리 혹은 연차휴가수당 청구권은 근로자가 전년도
에 출근율을 충족하면서 근로를 제공하면 당연히 발생하는 것으로서, 연차휴가
를 사용할 해당 연도가 아니라 그 전년도 1년간의 근로에 대한 대가에 해당한
다. 따라서 근로자가 업무상 재해 등의 사정으로 말미암아 연차휴가를 사용할
해당 연도에 전혀 출근하지 못한 경우라 하더라도, 이미 부여받은 연차휴가를
사용하지 않은 데 따른 연차휴가수당은 청구할 수 있다. 이러한 연차휴가수당의
청구를 제한하는 내용의 단체협약이나 취업규칙은 근기법에서 정하는 기준에
미치지 못하는 근로조건을 정한 것으로서 효력이 없다.[147]

⑩ 정액사납금제하에서 생산고에 따른 임금을 제외한 고정급이 최저임금에
미달하는 것을 회피할 의도로 사용자가 소정근로시간을 기준으로 산정되는 시
간당 고정급의 외형상 액수를 증가시키기 위해 택시운전근로자 노동조합과 사이
에 실제 근무형태나 운행시간의 변경 없이 소정근로시간만을 단축하기로 합의한
경우, 이러한 합의는 강행법규인 최저임금법상 특례조항 등의 적용을 잠탈하기
위한 탈법행위로서 무효라고 보아야 한다. 이러한 법리는 사용자가 택시운전근로
자의 과반수로 조직된 노동조합 또는 근로자 과반수의 동의를 얻어 소정근로시간
을 단축하는 내용으로 취업규칙을 변경하는 경우에도 마찬가지로 적용된다.[148]

---

145) 대법원 2003. 9. 5. 선고 2003다20954 판결. 위 사건의 형사판결인 대법원 2000. 11. 10. 선
　　 고 99도5463에 대한 비판적 평석으로는 윤영석, 265~275면 참조.
146) 대법원 2017. 3. 9. 선고 2016다249236 판결, 대법원 2018. 11. 29. 선고 2018두41082 판결.
147) 대법원 2017. 5. 17. 선고 2014다232296, 232302 판결.
148) 대법원 2019. 4. 18. 선고 2016다2451 전원합의체 판결.

⑪ 사용자가 노동조합에게 자동차를 무상으로 제공한 행위는 부당노동행위에 해당하여 그것이 단체협약에 의한 것이든 민법상 사용대차에 의한 것이든 무효이다.[149]

⑫ 버스회사의 단체협약 등에서 임금 산정 시간과 관련하여 주간근무일은 소정근로 8시간과 연장근로 1시간을 포함한 9시간, 연장근무일은 연장근로 5시간의 보장시간을 정하는 한편 보장시간에 미달되거나 초과되는 근로시간은 일 단위로 계산하지 않고 월 단위로 상계하기로 하는 '월 단위 상계약정'을 둔 사안에서, 위 상계약정은 월 단위로 합산한 실제 근로시간을 근무일수에 따라 계산한 보장시간의 월간 합계와 비교하여 연장근로수당을 추가로 지급할 연장근로시간을 계산하는 방법을 취하고 있는데, 이와 같이 임금 산정의 대상이 되는 근로시간이 소정근로시간인지 또는 연장근로시간인지를 구분하지 않은 채 전체 근로시간만을 단순 비교하여 연장근로시간을 계산한 결과 실제 연장근로시간 중 소정근로시간과 중첩되어 상쇄되는 부분이 발생하는 경우, 그 부분에 대해서는 통상시급에 해당하는 금액만이 임금으로 산정되어 연장근로에 대해서는 통상임금의 100분의 50 이상을 가산해야 한다는 근기법 56조 1항이 정한 기준에 미달하게 되므로, 그 한도에서 위 상계약정은 근기법에 위반되어 무효이다.[150]

⑬ 구 고령자고용법 4조의4, 4조의6 1항, 4조의7 1항, 23조의3 2항, 24조 1항의 내용과 고용의 영역에서 나이를 이유로 한 차별을 금지하여 헌법상 평등권을 실질적으로 구현하려는 구 고령자고용법상 차별 금지 조항의 입법 취지를 고려하면, 연령을 이유로 한 차별을 금지하고 있는 구 고령자고용법 4조의4 1항은 강행규정에 해당하므로, 단체협약, 취업규칙 또는 근로계약에서 이에 반하는 내용을 정한 조항은 무효이다. 사업주가 근로자의 정년을 그대로 유지하면서 임금을 정년 전까지 일정 기간 삭감하는 형태의 이른바 '임금피크제'를 시행하는 경우 연령을 이유로 한 차별에 합리적인 이유가 없어 그 조치가 무효인지 여부는 임금피크제 도입 목적의 타당성, 대상 근로자들이 입는 불이익의 정도, 임금 삭감에 대한 대상 조치의 도입 여부 및 그 적정성, 임금피크제로 감액된 재원이 임금피크제 도입의 본래 목적을 위하여 사용되었는지 등 여러 사정을 종합적으로 고려하여 판단하여야 한다.[151]

---

149) 대법원 2016. 1. 28. 선고 2013다72046 판결.
150) 대법원 2020. 11. 26. 선고 2017다239984 판결.
151) 대법원 2022. 5. 26. 선고 2017다292343 판결.

(내) **편면적 강행성**

강행규정 중 근로조건의 기준을 정한 규정은 근로자보호의 관점에서 편면
적 강행성을 갖는 것으로 해석된다. 따라서 단체협약에서 설정한 기준이 위 강
행규정의 기준을 초과하여 근로자에게 유리한 경우에는 유효하다.[152)

(대) **협약에 개방된 법률**

강행법규가 설정한 기준에 미달하는 단체협약 기준은 무효가 된다. 그러나
일정한 법률은 단체협약 이외의 근로조건 결정수단(근로계약·취업규칙)과의 관계
에서는 강행성을 주장하면서 단체협약에 대해서는 법정의 기준에 미달하는 기
준의 설정을 용인하는 태도를 취하고 있다. 이것이 이른바 협약에 개방된 법률
(Tarifdispositives Gesetzesrecht)이다.[153)

현행법상 단체협약에 개방된 법률로 들 수 있는 것으로는 먼저 근기법 43
조 1항이 있다. 위 조항에서는 본문에서 임금지불에 대하여 통화불·직접불·전
액불 원칙을 규정하고, 단서에서 법령 또는 단체협약에 특별한 규정이 있는 경
우에는 임금의 일부를 공제하거나 통화 이외의 것으로 지급할 수 있다고 규정
하여 단체협약으로 통화불·전액불 원칙을 배제할 수 있음을 명시하고 있다.

대법원도, 근기법 43조 1항 본문은 "임금은 통화로 직접 근로자에게 그 전
액을 지급하여야 한다."라고 규정하여 임금직접지급의 원칙을 천명하고 있으나,
그 단서에서 "법령 또는 단체협약에 특별한 규정이 있는 경우에는 임금의 일부
를 공제하거나 또는 통화 이외의 것으로 지급할 수 있다."라고 예외를 두고 있
는바, 단체협약은 노동조합이 사용자 또는 사용자 단체와 근로조건 기타 노사관
계에서 발생하는 사항에 관하여 체결하는 협정으로서 사용자가 근로자의 집단
적 의사결정 방법에 의한 동의를 얻지 아니한 채 기득 이익을 침해하는 방법으
로 변경하는 것이 금지되어 있고, 체결과정에서도 그 진정성과 명확성이 담보되
어 있다는 점과, 개별 근로자의 자유로운 의사에 터 잡아 이루어진 동의가 있는
경우 사용자는 근로자에 대한 자동채권과 근로자의 임금채권을 상계할 수 있다
는 점 등에 비추어 볼 때, 적법하게 체결된 단체협약이 사용자의 근로자에 대한

---

152) 대법원 1987. 2. 24. 선고 84다카1409 판결, 대법원 1996. 9. 10. 선고 96다3241 판결, 대법
     원 1997. 8. 26. 선고 96다3234 판결, 대법원 1998. 1. 20. 선고 97다21086 판결, 대법원 2005.
     9. 9. 선고 2003두896 판결.
   153) 고호성b, 89면.

대출원리금 등 채권 등을 공제할 수 있도록 규정하고 있다 하여 특별한 사정이 없는 한 이것이 근기법 42조의 정신에 반하는 것으로서 무효라고 볼 이유는 없다고 하였다.[154]

대법원은 나아가, 은행의 근로자 과반수가 조합원으로 가입한 노동조합이 체결한 단체협약에서 사고피해변상 절차에 의한 변상판정금을 임금에서 공제할 수 있도록 정한 사안에서 노조법 35조에 의한 일반적 구속력을 인정한 다음 비조합원에 대하여 단체협약의 규정에 따라 변상금채권으로 퇴직금채권과 상계할 수 있다고 하였다.[155]

이밖에 근기법 53조,[156] 노조법상 노동쟁의의 조정과 중재에 관한 규정[157]이 협약에 개방된 강행규정이라는 견해가 있다.

㈜ 단체협약이 강행법규 위반으로 무효가 된 경우 종전 단체협약 기준의 적용 여부

단체협약의 기준이 탈법행위 등 강행법규 위반으로 무효가 된 경우 종전 단체협약의 기준이 적용되는지 여부가 문제되는데, 대법원 2019. 4. 18. 선고 2016다2451 전원합의체 판결의 다수의견에 대한 보충의견[158]에서는, 새로이 체결된 단체협약의 소정근로시간 조항이 애초부터 탈법행위에 해당하여 무효인 경우라면, 종전 단체협약이 유효기간 만료 등으로 실효된 채 노사 간에 무협약 상태가 계속되고 있는 것과 규범적 상황이 다르지 않으므로, 종전 단체협약의 소정근로시간 조항이 유효하게 개별 근로자의 근로관계를 규율한다고 하였다. 하급심 판결 중에는 위와 같은 견해에 따라 종전 단체협약의 소정근로시간 조항이 개별 근로자의 근로관계를 규율한다고 보고 종전 단체협약상의 소정근로시간 조항의 적용을 긍정한 사례가 다수 있다.[159]

---

154) 대법원 2003. 6. 27. 선고 2003다7623 판결. 이에 반해 법령 또는 단체협약이 아니라, 취업규칙이나 근로계약에 임금의 일부를 공제할 수 있는 근거를 마련하였다고 하더라도 그 효력이 없다고 보는 것이 대법원의 태도이다(대법원 2022. 12. 1. 선고 2022다219540 등 판결).
155) 대법원 2002. 9. 27. 선고 2002다31889 판결.
156) 고호성b, 218면.
157) 김상호a, 120면.
158) 대법관 박상옥, 대법관 박정화, 대법관 김선수.
159) 서울고법 2020. 12. 18. 선고 2019나2038367 판결(미상고확정), 서울고법 2021. 8. 18. 선고 2015나2065767 판결(미상고확정) 참조. 대전고법 2021. 4. 8. 선고 2019나13832 판결(대법원 2021다229076으로 상고심 계속 중)에서는 종전 소정근로시간 조항이 근로계약의 내용으로서 여전히 유효하게 남아 근로자와 사용자를 규율하게 된다고 한다.

㈐ 강행법규 위반 단체협약의 무효 주장과 신의칙 위반 여부

단체협약 등 노사합의의 내용이 근기법의 강행규정을 위반하여 무효인 경우에, 그 무효를 주장하는 것이 신의칙에 위배되는 권리의 행사라는 이유로 이를 배척한다면, 강행규정으로 정한 입법 취지를 몰각시키는 결과가 되므로, 그러한 주장은 신의칙에 위배된다고 볼 수 없음이 원칙이다.160) 그러나 노사합의의 내용이 근기법의 강행규정을 위반한다는 이유로 노사합의의 무효 주장에 대하여 예외 없이 신의칙의 적용이 배제되는 것은 아니다. 신의칙을 적용하기 위한 일반적인 요건을 갖춤은 물론 근기법의 강행규정성에도 불구하고 신의칙을 우선하여 적용할 만한 특별한 사정이 있는 예외적인 경우에 한하여 그 노사합의의 무효를 주장하는 것이 신의칙에 위배되어 허용될 수 없다. 노사합의에서 정기상여금은 그 자체로 통상임금에 해당하지 않는다는 전제에서 정기상여금을 통상임금 산정 기준에서 제외하기로 합의하고 이를 기초로 임금수준을 정한 경우, 근로자 측이 정기상여금을 통상임금에 가산하고 이를 토대로 추가적인 법정수당의 지급을 구함으로써 사용자에게 예측하지 못한 새로운 재정적 부담을 지워 중대한 경영상의 어려움을 초래하거나 기업의 존립을 위태롭게 하는 것은 정의와 형평 관념에 비추어 신의에 현저히 반할 수 있다.161)

다만 근로관계를 규율하는 강행규정보다 신의칙을 우선하여 적용할 것인지를 판단할 때에는 근로조건의 최저기준을 정하여 근로자의 기본적 생활을 보장·향상시키고자 하는 근기법의 입법 취지를 충분히 고려할 필요가 있다. 기업을 경영하는 주체는 사용자이고 기업의 경영상황은 기업 내·외부의 여러 경제적·사회적 사정에 따라 수시로 변할 수 있다. 통상임금 재산정에 따른 근로자의 추가 법정수당 청구를 중대한 경영상의 어려움을 초래하거나 기업 존립을 위태롭게 한다는 이유로 배척한다면, 기업 경영에 따른 위험을 사실상 근로자에게 전가하는 결과가 초래될 수 있다. 따라서 근로자의 추가 법정수당 청구가 사용자에게 중대한 경영상의 어려움을 초래하거나 기업의 존립을 위태롭게 하여

---

160) 노조법 31조 1항이 단체협약은 서면으로 작성하여 당사자 쌍방이 서명날인 하여야 한다고 규정하고 있는데, 강행규정인 위 규정에 위반된 단체협약의 무효를 주장하는 것이 신의칙에 위배되는 권리의 행사라는 이유로 이를 배척한다면 위와 같은 입법 취지를 완전히 몰각시키는 결과가 될 것이므로 특별한 사정이 없는 한 그러한 주장이 신의칙에 위반된다고 볼 수 없다고 보아야 한다고 한 것으로 대법원 2001. 5. 29. 선고 2001다15422, 15439 판결 참조.
161) 대법원 2013. 12. 18. 선고 2012다89399 전원합의체 판결 등 참조.

신의칙에 위배되는지는 신중하고 엄격하게 판단해야 한다.[162]

통상임금 재산정에 따른 근로자의 추가 법정수당 청구가 기업에 중대한 경영상의 어려움을 초래하거나 기업 존립을 위태롭게 하는지는 추가 법정수당의 규모, 추가 법정수당 지급으로 인한 실질임금 인상률, 통상임금 상승률, 기업의 당기순이익과 그 변동 추이, 동원 가능한 자금의 규모, 인건비 총액, 매출액, 기업의 계속성·수익성, 기업이 속한 산업계의 전체적인 동향 등 기업운영을 둘러싼 여러 사정을 종합적으로 고려해서 판단해야 한다. 기업이 일시적으로 경영상의 어려움에 처하더라도 사용자가 합리적이고 객관적으로 경영 예측을 하였다면 그러한 경영상태의 악화를 충분히 예견할 수 있었고 향후 경영상의 어려움을 극복할 가능성이 있는 경우에는 신의칙을 들어 근로자의 추가 법정수당 청구를 쉽게 배척해서는 안 된다.[163]

다. 내재적 한계

규범적 효력의 내재적 한계란 근로자 개인에게 유보된 영역이나 기득권, 집단적 규율의 적절성, 근로자 개인의 계약의 자유라는 관점에서 협약당사자의 자치, 규제 권한과 단체협약에 의하여 규율할 수 있는 사항에 관하여 설정되는 한계를 말한다.

(1) 본래적으로 근로자 개인에 속하는 권리의 처분에 관한 사항

본래적인 개인의 권리란 처음부터 배타적으로 개인의 영역에 귀속하는 권리를 말한다. 이에 속하는 것으로는 특히 근로로부터 해방된 시간 및 임금의 사용방법 결정권한, 처분권한이 거론된다.[164] 이러한 사항은 본래 협약자치의 범위를 넘어서는 것으로 단체협약에서 그 사용방법, 처분에 관하여 규정하더라도 원칙적으로 효력이 없다.

(2) 개별 근로자의 근로계약상 지위의 변동에 관한 사항

근로자의 근로관계상 지위의 득실(근로계약관계의 성립 및 종료)은 근로자 개인의 영역에 유보된 것으로 단체협약에 의하여 집단적으로 처리할 수 없다. 단

---

162) 대법원 2019. 2. 14. 선고 2015다217287 판결 참조. 신의칙 요건을 엄격히 적용하여 사용자 측의 신의칙 항변을 배척한 다른 판결로 대법원 2019. 4. 23. 선고 2014다27807 판결, 대법원 2019. 4. 23. 선고 2016다37167 판결, 대법원 2019. 7. 4. 선고 2014다41681 판결 등 참조.

163) 대법원 2021. 12. 16. 선고 2016다7975 판결.

164) 名古道功a, 364면.

체협약은 해고의 기준과 요건 절차에 관한 조항, 해고동의·협의조항 등에 의하여 지위 득실의 과정에 관여할 수 있더라도 최종적인 결정을 근로자에 대신하여 할 수 없다. 따라서 조합원 전원 또는 일부의 퇴직을 정하는 협약조항은 조합원의 개별적 동의 없이는 효력을 가질 수 없다.

근로계약상 근로의 종류나 내용이 특정되었거나 근무 장소가 특정된 경우라면 단체협약에서 사용자에게 전보·전근을 할 수 있는 권한을 부여하였다고 하더라도 근로자 본인의 동의를 얻지 않는 한 사용자의 전보·전근명령은 효력이 없다.

또한 단체협약에서 사용자에게 포괄적인 전적·전출명령권을 부여하였다고 하더라도 이에 의하여 사용자의 전적·전출명령이 유효하게 되는 것은 아니고 근로자의 동의가 있어야 한다. 판례는 포괄적 사전동의를 인정하고 있는데,165) 다만 단체협약에서 근로자를 계열 회사에 인사이동시킬 수 있다는 일반규정을 두고 있다거나, 조합원의 여러 인사문제는 회사의 전권사항으로 규정되어 있더라도 근로자의 포괄적 사전동의가 있다고 할 수 없다고 한다.166)

(3) 개별 근로자에게 이미 발생한 권리의 처분에 관한 사항

㈎ 확립된 판례 법리

근로계약·취업규칙·단체협약 등에 의하여 이미 구체적으로 발생하여 근로자 개인의 사적 영역에 속한 임금채권 등의 권리에 관하여 단체협약에서 소급적으로 처분하거나 변경하는 것은 노동조합의 일반적인 협약체결권한의 범위 밖에 있어 협약자치의 한계를 벗어난 것으로 허용되지 아니한다.

임금채권의 경우 본래적으로 근로자 개인의 개별적 영역에 속하는 것은 아니고 단체협약에 의하여 규율할 수 있지만, 개인의 기득권으로 된 단계에서는 단체협약에 의하여 처분할 수 없게 되는 것이다.167)

판례도, "이미 구체적으로 그 지급청구권이 발생한 임금(상여금 포함)이나 퇴직금은 근로자의 사적 재산영역으로 옮겨져 근로자의 처분에 맡겨진 것이기 때문에 노동조합이 근로자들로부터 개별적인 동의나 수권을 받지 않는 이상, 사용자와 사이의 단체협약만으로 이에 대한 포기나 지급유예와 같은 처분행위를

---

165) 대법원 1993. 1. 26. 선고 92다11695 판결, 대법원 1993. 1. 26. 선고 92누8200 판결.
166) 대법원 1993. 1. 26. 선고 92누8200 판결, 대법원 1994. 6. 28. 선고 93누22463 판결.
167) 桑村裕美子b, 110면.

할 수는 없다."라고 한다.[168] 따라서 단체협약으로 근로자에게 이미 지급한 임금을 반환하도록 하는 것은 그에 관하여 근로자들의 개별적인 동의나 수권이 없는 한 효력이 없다고 보아야 한다.[169]

(내) 판단 기준

구체적으로 지급청구권이 발생하여 단체협약만으로 포기 등을 할 수 없게 되는 임금인지 여부는 근로계약, 취업규칙 등에서 정한 지급기일이 도래하였는지를 기준으로 판단하여야 한다.[170]

(대) 적용 영역

위와 같은 법리는 상여금,[171] 휴업수당,[172] 시간외근로수당·야간근로수당·휴일근로수당,[173] 연차휴가수당,[174] 최저임금 차액,[175] 최저운송수입금 또는 사납금,[176] 기말수당·정근수당·체력단련비·명절휴가비[177] 등 임금의 성격이나 명칭에 관계없이 적용된다.

---

168) 대법원 2000. 9. 29. 선고 99다67536 판결, 대법원 2001. 1. 19. 선고 2000다30516 등 판결, 대법원 2002. 4. 12. 선고 2001다41384 판결, 대법원 2003. 9. 5. 선고 2001다14665 판결, 대법원 2007. 6. 28. 선고 2007도1539 판결, 대법원 2010. 1. 28. 선고 2009다76317 판결, 대법원 2011. 9. 8. 선고 2011다22061 판결, 대법원 2011. 9. 8. 선고 2011다21693 판결, 대법원 2013. 4. 11. 선고 2012다105505 판결, 대법원 2014. 8. 28. 선고 2012다14043 등 판결, 대법원 2014. 12. 24. 선고 2012다107334 판결, 대법원 2015. 12. 23. 선고 2013다209039 판결, 대법원 2016. 8. 29. 선고 2011다37858 판결, 대법원 2017. 2. 15. 선고 2016다32193 판결, 대법원 2017. 4. 28. 선고 2016다54360 판결, 대법원 2017. 11. 9. 선고 2015다7879 판결, 대법원 2017. 12. 22. 선고 2014다82354 판결, 대법원 2017. 12. 28. 선고 2017다2359 판결, 대법원 2019. 4. 23. 선고 2014다27807 판결, 대법원 2019. 6. 13. 선고 2017다25314 판결, 대법원 2019. 10. 18. 선고 2015다60207 판결, 대법원 2019. 10. 31. 선고 2016다31831 판결, 대법원 2019. 10. 31. 선고 2015다79102 판결, 대법원 2020. 1. 16. 선고 2019다223129 판결, 대법원 2021. 11. 25. 선고 2019두30270 판결, 대법원 2022. 3. 11. 선고 2018다46172 판결, 대법원 2022. 3. 31. 선고 2021다229861 판결, 대법원 2022. 3. 31. 선고 2020다294486 판결.
169) 대법원 2010. 1. 28. 선고 2009다76317 판결, 대법원 2011. 9. 8. 선고 2011다22061 판결, 대법원 2011. 9. 8. 선고 2011다21693 판결, 대법원 2016. 8. 29. 선고 2011다37858 판결, 대법원 2019. 10. 31. 선고 2016다31831 판결.
170) 대법원 2022. 3. 31. 선고 2021다229861 판결, 대법원 2022. 3. 31. 선고 2020다294486 판결.
171) 대법원 2000. 9. 29. 선고 99다67536 판결, 대법원 2010. 1. 28. 선고 2009다76317 판결.
172) 대법원 2003. 9. 5. 선고 2001다14665 판결.
173) 대법원 2014. 8. 28. 선고 2012다14043 판결, 대법원 2019. 4. 23. 선고 2014다27807 판결.
174) 대법원 2013. 4. 11. 선고 2012다105505 판결.
175) 대법원 2017. 2. 15. 선고 2016다32193 판결, 대법원 2017. 4. 28. 선고 2016다54360 판결, 대법원 2017. 12. 28. 선고 2017다2359 판결.
176) 대법원 2019. 10. 18. 선고 2015다60207 판결, 대법원 2019. 10. 31. 선고 2016다31831 판결, 대법원 2019. 10. 31. 선고 2015다79102 판결.
177) 대법원 2020. 1. 16. 선고 2019다223129 판결.

처분행위의 유형으로 판례상 나타나는 것으로는 포기나 지급유예, 그리고 지급
한 임금의 반환 등이 있고, 임금에 관한 부제소합의도 위 처분행위에 포함된다.178)

대법원은 사용자가 지급한 2015년도 경영평가 성과급을 노동조합이 주도하
여 S, A등급을 받은 조합원들로부터 일부를 반환받아 C, D등급을 받은 조합원
들에게 재분배한 행위가 정당한 징계사유에 해당하는지 여부가 문제된 사안에
서, 사용자가 2015년도 경영평가 성과급의 재분배를 금지하였다고 보더라도, 현
실적으로 지급되었거나 이미 구체적으로 지급청구권이 발생한 임금은 근로자의
사적 재산영역으로 옮겨져 근로자의 처분에 맡겨진 것이므로 사용자로서는 적
어도 소속 근로자들에게 2015년도 경영평가 성과급을 지급한 2016. 7. 29. 이후
에는 그 재분배를 금지할 수 없고, 노동조합 위원장을 포함한 근로자들이 사용
자에 대하여 재분배 금지 명령을 따를 의무를 부담한다고 할 수도 없다는 점
등의 사정에 비추어, 노동조합 위원장이 2015년도 경영평가 성과급 재분배를 주
도한 것이 사용자의 정관 등에 따른 명령을 위반한 경우에 해당한다고 단정하
기 어려워 정당한 징계사유라고 할 수 없다고 하였다.179)

한편 대법원은 위와 같은 판례 법리를 임금 뿐 아니라 다른 근로조건의 경
우에도 그 판단 기준으로 적용하는 경우가 있다. 대법원은 구 파견법의 직접고
용간주 규정에 의한 법적 효과가 이미 발생하여 파견근로자와 사용사업주 사이
에 직접고용관계가 성립하고 파견근로자가 사용사업주의 근로자와 동일한 근로
조건을 적용받을 수 있는 권리를 취득한 뒤에, 노동조합 등의 제3자와 사용사업
주가 합의하여 파견근로자의 직접고용 여부를 결정하면서 그 직접고용에 따른
최초 근로조건을 위와 같은 근로조건에 비하여 파견근로자에게 불리하게 설정
하는 것은 직접고용간주 규정의 취지에 반할 뿐만 아니라, 파견근로자에게 이미
귀속된 권리를 파견근로자의 개별적인 동의나 수권도 없이 소급적으로 변경하
는 것에 해당하므로, 이러한 합의는 효력이 없다고 보아, 파견근로자가 직접 고
용 간주 시점에 사용사업주의 근로자와 동일하게 정규직 1호봉을 부여받은 후
에 노동조합과 사용사업주가 합의하여 파견근로자에게 신규채용 시점부터 비로
소 정규직 1호봉을 부여하기로 한 것은 무효라고 보았다.180)

---

178) 대법원 2017. 11. 9. 선고 2015다7879 판결, 대법원 2017. 12. 22. 선고 2014다82354 판결,
     대법원 2019. 6. 13. 선고 2017다25314 판결.
179) 대법원 2021. 11. 25. 선고 2019두30270 판결.
180) 대법원 2016. 6. 23. 선고 2012다108139 판결.

㈏ 소급 적용에 관한 선행 합의가 있는 경우

위와 같은 확립된 판례 법리는 단체협약을 체결하면서 단체협약을 단체협약의 체결 시점 이전의 시기로 소급 적용하기로 하는 경우에 흔히 문제된다.

위와 같이 단체협약을 체결하면서 비로소 소급 적용에 합의하는 경우에는 단체협약 체결일을 기준으로 구체적인 지급청구권이 발생하였는지 여부를 판단하면 된다.

그런데 단체협약을 체결하기 이전에 단체협약이 체결되면 그 단체협약의 효력을 소급하기로 하는 내용의 선행 합의를 하고, 그 후 단체협약이 체결되어 위 선행 합의에 따라 단체협약의 효력을 체결 이전의 특정 시점으로 소급하는 경우에는 구체적으로 지급청구권이 발생하였는지 여부를 선행 합의일을 기준으로 할 것인지 아니면 단체협약 체결일을 기준으로 할 것인지에 따라 위 확립된 판례 법리의 적용 여부가 달라진다.

가령 2010. 8.경에 향후 단체협약이 체결되면 2010. 7. 1.부터 소급 적용하기로 선행 합의하였는데 2011. 9.에 임금협정을 체결하면서 사납금을 인상하는 등 근로조건을 불리하게 변경한 경우 2010. 8.경 선행 합의일부터 임금협정 체결일까지의 기간은 위 소급 적용하기로 한 2010. 8.경 선행 합의일을 기준으로 하면 아직 지급청구권이 발생하지 않은 기간이 되어 위 법리가 적용되지 않지만 임금협정 체결일을 기준으로 보면 이미 지급청구권이 발생한 기간에 해당되어 위 법리가 그대로 적용된다.

대법원은 위와 같이 확립된 법리는 노동조합이 사용자와 사이에 향후 단체협약이 체결될 경우 그 효력을 특정 시점으로 소급하기로 하는 내용의 합의를 한 이후 임금에 관한 근로조건을 불리하게 변경하는 내용으로 단체협약을 체결함에 따라 현실적으로 이미 근로자에게 지급된 임금을 반환하는 결과가 초래되는 경우에도 마찬가지로 적용된다[181]고 하면서, 위와 같은 사안 및 이와 유사한 사안에서 위 선행 합의는 향후 임금협정이 체결되는 경우 이를 2010. 7. 1.로 소급하여 적용한다는 것을 내용으로 하고 있을 뿐 근로조건에 관한 구체적인 내용을 포함하고 있지 아니하였으므로 위 선행 합의 당시 권리를 포기하였다고

---

181) 대법원 2019. 10. 31. 선고 2016다31831 판결. 대법원 2019. 10. 18. 선고 2015다60207 판결도 참조. 위 두 대법원 판결에서는 일반론에서 '현실적으로 지급된 임금에 대하여 반환'과 같은 처분행위를 할 수 없다는 내용이 포함되어 있다는 점에서 위 기존 판례의 판시와 약간의 차이가 있다.

볼 수 없다는 점 등을 근거로 하여 위 선행 합의일을 기준으로 할 것이 아니라
임금협정의 체결일을 기준으로 하여야 한다는 점을 명확히 하였다.[182]

㈐ 개별적 동의나 수권에 의한 포기 등

한편 구체적으로 지급청구권이 발생한 임금 등 위 판례 법리가 적용되는
경우에도 근로자의 개별적인 동의나 수권이 있는 경우 포기 등 처분행위가 허
용된다.[183]

다만, 근로자의 임금채권은 근기법에 따라 강력한 보호를 받는 것이므로 임
금채권에 관하여 근로자에게 불리할 수 있는 의사표시에 관하여는 이를 엄격하
게 해석하여야 한다.[184] 일반 민사 법리에 의하더라도 채권의 포기나 채무의 면
제에 대하여는 의사표시의 해석을 엄격하여야 한다.[185] 위와 같은 원칙에 근로
자의 종속성 등 근로관계의 특질을 더하여 보면 근로자의 동의나 수권의 존재
여부는 그 동의나 수권의 의사표시가 근로자의 자유로운 의사에 터 잡아 이루
어진 것이라고 인정할만한 합리적인 이유가 객관적으로 존재하는지 여부에 따
라 판단하여야 하고, 그 동의 또는 수권의 의사표시가 근로자의 자유로운 의사
에 기한 것이라는 판단은 엄격하고 신중하게 이루어져야 한다.[186]

한편 위 확립된 판례 법리에 따르면 구체적으로 지급청구권이 발생한 임금
에 대하여는 단체협약만으로 포기 등과 같은 처분행위를 할 수 없지만, 이를 반

---

182) 위 사안은 대법원 2019. 10. 31. 선고 2016다31831 판결, 대법원 2019. 10. 18. 선고 2015다
   60207 판결의 사안이다. 이와 유사한 사안에서 위와 같은 근거를 제시한 것으로 대법원
   2019. 10. 31. 선고 2015다79102 판결 참조.
183) 개별적인 동의나 수권을 인정한 사례로 대법원 2015. 12. 23. 선고 2013다209039 판결, 개
   별적인 동의나 수권을 인정한 원심 판결과 달리 본 것으로 대법원 2013. 4. 11. 선고 2012다
   105505 판결 참조.
184) 대법원 1997. 7. 22. 선고 96다38995 판결, 대법원 2013. 4. 11. 선고 2012다105505 판결.
185) 원래 채권의 포기(또는 채무의 면제)는 반드시 명시적인 의사표시 만에 의하여야 하는 것
   이 아니고 채권자의 어떠한 행위 내지 의사표시의 해석에 의하여 그것이 채권의 포기라고
   볼 수 있는 경우에도 이를 인정하여야 할 것이기는 하나, 이와 같이 인정하기 위하여는 당해
   권리관계의 내용에 따라 이에 대한 채권자의 행위 내지 의사표시의 해석을 엄격히 하여 그
   적용 여부를 결정하여야 하는 것이다. 대법원 2005. 4. 15. 선고 2004다27150 판결, 대법원
   2008. 5. 15. 선고 2008다3671 판결, 대법원 2010. 10. 14. 선고 2010다40505 판결, 대법원
   2010. 11. 25. 선고 2010다56357 판결, 대법원 2013. 6. 13. 선고 2011다94509 판결.
186) 상계계약에 관한 대법원 2001. 10. 23. 선고 2001다25184 판결, 대법원 2001. 11. 27. 선고
   2000다51544 판결 참조. 위 판결들은 상계계약에 관한 것이나, 근로자에게 불이익한 사항에
   관한 합의나 동의의 의사표시와 관련하여 널리 적용될 수 있는 원리라고 볼 수 있다. 일본의
   학설과 판례도 마찬가지 태도이다. 이에 관하여는 菅野, 210, 340, 456, 750면; 西谷 敏d, 178
   면 참조.

대해석하면 지급청구권이 발생하지 않은 임금에 대하여는 단체협약에 의하여 포기 등의 처분행위를 할 수 있게 되고, 이는 뒤에서 살펴볼 단체협약에 의한 근로조건의 불이익변경의 문제로 귀결된다고 볼 수 있다. 따라서 위 판례 법리의 적용 여부와 관련하여 임금 등의 지급청구권이 발생하였는지 여부가 중요한 쟁점이 될 수 있다.187)

다른 한편 위와 같이 지급청구권이 발생한 임금에 대하여는 개별적 동의나 수권이 있는 경우 포기 등의 처분행위가 허용되지만, 지급청구권이 발생하지 아니한 임금·퇴직금에 대하여는 임금 사전 포기의 금지 원칙에 따라 근로자의 개별적인 동의나 수권이 있는 경우라도 포기 등 처분행위가 허용되지 않는다188)는 점도 유의할 필요가 있다.

지급청구권 발생 전·후의 임금 등에 대한 단체협약 또는 개별적 동의에 의한 처분의 가부에 관한 이상의 논의를 종합하여 간단히 도해하면 아래 표와 같다.

	지급청구권 발생 후	지급청구권 발생 전
단체협약에 의한 처분 가부	×	○
개별적 동의, 수권에 의한 처분 가부	○	×

(4) 연장근로·휴일근로 등 근로의무의 창설에 관한 사항

근로계약·취업규칙·단체협약 등에 의하여 정해지는 소정근로시간을 제외한 시간은 근로자의 사생활을 위한 시간이므로 그 처분권한은 개개의 근로자에게 있다. 따라서 연장근로를 위해서는 근로자의 동의가 필요하다. 휴일근로의 경우에도 마찬가지이다.

따라서 단체협약에서 연장근로·휴일근로에 대하여 동의한다는 규정을 두더라도 이로써 근로자에게 연장근로·휴일근로의무가 발생하는 것은 아니고 사용자는 개별 근로자의 동의가 있어야 연장근로·휴일근로를 명할 수 있다.

판례도 연장근로에 관한 당사자 간의 합의라 함은 원칙적으로 사용자와 근

---

187) 상여금의 지급청구권 발생 시기에 관하여 구체적으로 논의한 것으로 대법원 2002. 4. 12. 선고 2001다41384 판결 참조.
188) 대법원 1976. 9. 28. 선고 75다801 판결, 대법원 2002. 12. 10. 선고 2000다25910 판결, 대법원 2015. 12. 23. 선고 2013다209039 판결, 대법원 2018. 7. 12. 선고 2018다21821, 25502 판결.

로자의 개별적 합의를 의미하고, 이와 같이 개별 근로자와 연장근로에 관하여
한 합의는 연장근로를 할 때마다 그때그때 할 필요는 없고 근로계약 등으로 미
리 이를 약정하는 것도 가능하다고 하였다.[189]

다만 판례는 개별 근로자의 연장근로에 관한 합의권을 박탈하거나 제한하
지 아니하는 범위에서는 단체협약에 의한 합의도 가능하다고 하였다.[190]

(5) 유리 원칙[191]

위 (1) 내지 (4)의 사항과는 달리 단체협약에서 규율할 수 있는 사항이라고
하더라도 근로계약과 취업규칙에서 협약기준보다 근로자에게 유리한 기준을 정
하고 있는 경우 협약기준의 적용이 배제되고 근로계약과 취업규칙의 기준이 우
선적으로 적용되는 것인지, 아니면 여전히 규범적 효력이 미쳐 근로계약과 취업
규칙의 유리한 기준을 무효로 만드는 것인지가 문제된다. 이와 같은 이른바 유
리 원칙의 인정 여부 문제가 협약자치의 한계에 관한 문제 중 하나로 논의된다.

㈎ 문제의 소재

유리 원칙이란 근로조건을 규율하는 상·하위 규범이 있을 때 원칙적으로
하위규범이 상위규범에 위반하면 그 효력이 없으나 하위규범이 상위규범보다
근로자에게 유리한 근로조건을 정하고 있는 경우에는 그 유리한 하위규범이 상
위규범보다 우선하여 적용되어야 한다는 원칙을 말한다.[192] 유리 원칙에 의하면
상위규범은 하위규범에 대하여 편면적인 강행성만을 갖게 된다.

노조법 33조에 의할 때 단체협약의 규범적 부분에 관한 기준이 그보다 불
리한 근로계약과 취업규칙 부분을 강행적 효력에 의하여 무효로 만드는 것은
당연한데, 근로계약과 취업규칙에서 정한 근로조건 기준이 단체협약보다 유리한
경우에도 강행적 효력이 미쳐 이를 무효로 만드는 것인지, 아니면 유리 원칙을
인정하여 이 경우에는 근로계약과 취업규칙이 우선적으로 적용된다고 할 것인
지 문제된다. 유리 원칙을 부정하는 전자의 경우에는 규범적 부분의 양면적 강
행성을 인정하게 되고, 유리 원칙을 인정하는 후자의 경우에는 규범적 부분의

---

189) 대법원 1993. 12. 21. 선고 93누5796 판결, 대법원 1995. 2. 10. 선고 94다19228 판결, 대법
    원 2000. 6. 23. 선고 98다54960 판결.
190) 대법원 1993. 12. 21. 선고 93누5796 판결.
191) 유리 원칙에 관한 포괄적인 검토로는 강선희a, 115~147면; 강선희f, 147~190면; 김경태,
    65~94면 참조.
192) 사법연수원a, 208면.

편면적 강행성만을 인정하게 된다.

나아가 살펴보면, 유리 원칙을 인정하는 경우에는 새로운 단체협약의 체결을 통하여 기존의 근로계약이나 취업규칙에 정하여진 유리한 근로조건을 불이익하게 변경하는 것이 불가능하게 되어 협약자치의 한계가 인정된다. 이에 반해 유리 원칙을 부정하는 경우에는 위와 같은 경우 불리한 단체협약에 규범적 효력이 부여되어 협약자치의 한계가 부정된다.

독일의 경우에는 단체협약법 4조 3항에서 "단체협약의 규정과 다른 약정은 그러한 약정이 단체협약에 의해 허용되거나 근로자에게 유리한 규정 변경이 포함된 경우에 한하여 허용된다."라고 규정하여 유리 원칙을 인정하고 있음을 명시하고 있다.

프랑스 노동법전 L. 2254-1조에서도 "사용자가 근로에 관한 단체협약이나 집단적 합의의 조항에 의하여 구속되는 경우, 동 조항은 사용자가 체결한 근로계약에 대하여 적용되며, 다만 보다 유리한 약정은 예외로 한다."193)라고 규정하여 유리 원칙을 명문으로 인정한다.

국제노동기구의 단체협약권고, 1951(No. 91) 3조 (3)항에서는 "단체협약의 규정보다 근로자에게 유리한 고용계약 규정은 단체협약에 반하는 것으로 간주되어서는 아니 된다."194)라고 규정하여 유리 원칙을 인정하고 있다.

이에 대하여 미국의 경우에는 배타적 교섭대표제하에서 사용자가 개개의 근로자와 개별교섭을 거쳐 단체협약보다 유리한 계약을 체결하는 것은 배타적 교섭대표인 노동조합과의 성실교섭의무에 반하는 부당노동행위가 된다.195) 그 결과 미국에서는 판례상 유리 원칙이 부정된다.196)

우리의 경우 노조법에서 유리 원칙의 인정 여부에 대하여 명시적인 규정을 두지 않아 그 인정 여부를 둘러싼 견해의 대립이 있다.

---

193) 김상호b, 6면 각주 18)의 번역을 재인용.
194) (3) Stipulations in contracts of employment which are more favourable to the workers than those prescribed by a collective agreement should not be regarded as contrary to the collective agreement.
195) J.I Case Co. v. NLRB 321 U.S. 332(1944).
196) 荒木尙志a, 40, 318면.

⑷ 학   설

① 유리 원칙 부정설

유리 원칙 부정설의 근거는 다음과 같다.[197)]

첫째, 노조법 33조의 문언이 "기준에 위반하는 취업규칙 또는 근로계약의 부분"이라고 하여 기준의 편면적 강행성을 규정한 근기법 15조의 "기준에 미치지 못하는 근로조건"이나 근기법 97조의 "기준에 미달하는 근로조건"의 문언과는 다르므로 양면적 강행성을 인정하여야 한다.

둘째, 기업별 협약이 지배적인 우리나라에서 단체협약상 기준은 독일에서와 같은 최저기준이 아니라 당해 기업 내 근로조건의 표준으로 작용하고 있다.

셋째, 유리 원칙을 인정하여 개별조합원에 대하여 근로조건에 관한 개별교섭을 허용한다면 노동조합의 단결권과 단체교섭권이 상당 부분 침해될 우려가 있다.

넷째, 유리 원칙의 긍정은 불이익취급이나 지배개입의 부당노동행위로 연결될 가능성이 높아 유리 원칙을 인정하여도 실익이 없는 경우가 많고 사용자의 부당노동행위를 조장할 우려가 있다.

② 유리 원칙 긍정설

유리 원칙 긍정설로는, 노조법 33조에서 단체협약 기준에 위반한다는 뜻은 그 기준에 못 미치거나 어긋나서 근로자들에게 불리한 내용이라는 의미이므로 단체협약의 기준은 최저기준이지 최고기준이 아니고, 따라서 단체협약의 기준보다 유리한 내용을 가진 근로계약 또는 취업규칙의 해당 규정을 단체협약의 수준으로 끌어내리지는 않는다고 보는 견해,[198)] 개인의 인격의 자유로운 발현을 위한 일반적 행동의 자유가 우리 헌법상 행복추구권(헌법 10조)이라는 기본권으로 보장되어 있고 그에 따라 근로자 개개인이 그의 인격의 실현을 위하여 자신의 급부능력에 따른 근로조건을 자유로이 형성할 수 있다는 점에 착안한다면, 단체협약 체결 전후를 불문하고 근로자가 개별적으로 사용자와 근로조건에 관하여 합의한 근로계약 중 근로자에게 유리한 내용을 정한 부분은 단체협약자치의 원칙에 의한 규범적 효력이 미치지 아니하고, 그러한 범위 내에서는 단체협약자치의 한계가 인정되어야 할 것이고, 다만 취업규칙이나 노동관행과 같이 근로자에

---

197) 김유성, 169~170면; 임종률 163~164면.
198) 김형배, 94~95, 1249~1257면.

대한 집단적 규율을 목적으로 하는 하위규범에 대하여는 그 적용이 없다는 견
해,199) 집단적 자치는 개별 근로자가 지니는 경제적 열세라는 한계를 집단의 힘
을 통해 극복함으로써 실질적 대등관계를 회복하고, 이를 바탕으로 노사관계를
자율적으로 조정케 하는 시스템을 의미하는 것으로 집단적 자치는 기본적으로
사적 자치의 기본 구도를 이어받아 실질적인 사적 자치로 회귀하는 것을 의미
하는 것으로 이해할 수 있으므로, 집단적 자치는 사적 자치의 기초 위에서 사적
자치를 위하여 운영하는 제도로 이해되어야 할 것이라는 견해,200) 집단적 자치
는 사적 자치를 보충하는 지위에 서는 것으로 협약과 근로계약 사이의 유리 원
칙을 인정하고, 나아가 취업규칙 중 근로조건의 형성에 관한 부분은 계약적 성
질만을 띠게 되어 근로계약과 동위 또는 근로계약의 일 유형의 지위를 가지게
되는 것이므로 취업규칙은 그 내용이 단체협약의 그것보다 불리한 것을 규정한
때에는 효력을 가지지 못하나 유리한 것을 내용으로 담고 있는 경우에는 우선
적용력을 가지게 되고, 다만 취업규칙에서 정한 근로조건을 후일 단체협약에서
하향된 조건으로 변경하는 경우에는 상이한 결론에 다다를 수 있다는 견해201)
가 있다.

③ 절 충 설

협약당사자의 의사를 중시하여 단체협약상 당해 규정이 최저기준인 것을
명시하고 있는 경우에는 유리 원칙이 인정되고, 유리 원칙을 부정하는 협약당사
자의 의사가 분명한 경우에는 양면적 강행성을 인정하며, 당사자의 의사가 명확
하지 않은 경우에는 근로자의 계약자유를 실질적으로 보장하고 이를 통하여 근
로자의 인간다운 근로조건을 확보하려고 하는 단체협약법의 기본이념으로부터
보아, 협약기준을 상회하는 영역에서는 개개 근로자의 계약자유를 승인하는 것
이 법이론상으로 원칙이 되어야 하기 때문에 유리 원칙을 인정하는 것이 타당
하다는 견해이다.202)

㈐ 판   례

유리 원칙에 관한 논의는 단체협약과 근로계약 사이의 유리 원칙 인정 여
부에 집중되어 있으나, 실무상 단체협약과 근로계약 사이의 유리 원칙 인정 여

---

199) 사법연수원a, 207~211면.
200) 하경효b, 88~90면.
201) 박종희a, 484~501면.
202) 김재훈a, 49~50면.

부에 관한 판례는 드물고, 단체협약과 취업규칙 사이의 유리 원칙을 부정한 것
으로 볼 수 있는 대법원 판례가 있다.

　　① 대법원 1993. 3. 23. 선고 92다51341 판결의 원심은, 취업규칙과 단체협
약에서 정년을 동일하게 60세로 정하고 있다가 단체협약의 정년만을 55세로 변
경하여 피고의 나이가 55세가 되는 1991. 3. 9. 당시 근로자의 정년이 취업규칙
상으로는 60세, 단체협약상으로는 55세인 사안에 대하여, 어떤 근로조건을 두고
취업규칙과 단체협약이 각기 다르게 정하고 있을 경우는 취업규칙의 정함이 단
체협약의 그것보다 근로자에게 불리한 경우는 물론이고 반대의 경우에도 단체
협약에서 취업규칙이 유리한 근로조건을 정할 수 있다고 명시적으로 허용하지
않은 이상에는 단체협약 우선의 원칙에 따라 단체협약상의 정함에 따라야 하므
로 근로자의 정년은 단체협약상의 규정에 따라 55세라 판시하여 원칙적으로 유
리 원칙 부정설의 입장을 취하면서, 다만 단체협약에서 명시적으로 허용한 경우
에 유리 원칙을 인정하는 태도를 취하였는데,[203] 대법원은 원심 판결의 위 판시
를 채택하지는 않았지만, 원심 판결이 옳다고 봄으로써 원심 판결의 태도를 긍
정하였다고 볼 수 있다.

　　② 또한 단체협약과 취업규칙에서 동일하게 매년 기준금액의 700%를 상여
금으로 지급하고, 하기휴가비로 30만 원을 지급하는 것으로 규정하고 있다가
1998. 7. 29. 단체협약에 해당하는 노사 공동 결의서를 작성하면서 그 이후에
지급기가 도래할 상여금과 하기휴가비를 회사의 경영이 정상화될 때까지 반납
하기로 하였으나 취업규칙은 개정하지 않아 취업규칙에서 정한 근로조건이 단
체협약상의 근로조건보다 유리하게 된 사안에 대하여, 대법원은 위 상여금 포기
약정에도 불구하고 취업규칙이 그대로 적용된다면 위 약정은 그 목적을 전혀
달성할 수 없으므로 위 약정에는 당연히 위 취업규칙상의 유리한 조건의 적용
을 배제하고 변경된 단체협약이 우선적으로 적용된다는 내용의 합의가 포함된
것이라고 봄이 당사자의 의사에 합치하고, 따라서 위 약정으로써 취업규칙상 상
여금에 관한 규정의 적용이 배제된다고 하여[204] 당사자의 의사 해석에 기초하
여 유리 원칙을 부정하는 것과 같은 결과를 도출하였다.

　　③ 한편 사용자가 퇴직금 산정의 기초가 되는 임금에서 특별 상여금을 제

---

203) 부산고법 1992. 10. 23. 선고 91나17009 판결.
204) 대법원 2001. 1. 19. 선고 2000다30516 등 판결. 무단결근으로 인한 면직기준과 관련하여
　　동일한 판시를 한 것으로는 대법원 2002. 12. 27. 선고 2002두9063 판결 참조.

외하여 보수규정을 불이익하게 변경하면서 집단적 동의를 받지 않았는데, 과반
수에 미달하는 노동조합이 단체협약을 체결하면서 위 변경된 보수규정을 승인
한 사안에 대하여, 대법원205)은 사용자가 근로자의 집단적 의사 결정 방법에 의
한 동의를 받지 않고 취업규칙 중 퇴직금에 관한 규정을 근로자에게 불이익하
게 변경함으로써 기득이익을 침해받게 되는 기존의 근로자에 대하여는 종전의
퇴직금조항이 적용되어야 하는 경우에도, 노동조합이 사용자 측과 사이에 변경
된 퇴직금조항을 따르기로 하는 내용의 단체협약을 체결한 때에는 그 협약의
적용을 받게 되는 기존의 근로자에 대하여도 변경된 퇴직금조항을 적용하여야
한다고 하여 조합원인 근로자에 대한 관계에서 개정된 보수규정의 적용을 긍정
하였다.

　　나아가 위 사안에서 위 노동조합은 집단적 동의와 관련하여서는 과반수에
미달하는 노동조합이기는 하나 조합원 자격이 있는 근로자의 반수 이상으로 조
직된 노동조합이어서 노조법 35조에서 정하는 '동종의 근로자 반수 이상으로
구성된 조합'에 해당하므로 조합원 자격이 있는 비조합원에 대하여도 단체협약
이 확장 적용되는데, 대법원은 단체협약의 직접 적용을 받는 조합원뿐 아니라
노조법 35조에 따라 그 단체협약이 확장 적용되는 조합원 자격이 있는 비조합
원들에게도 개정된 보수규정이 적용되므로 그에 따라 퇴직금을 산정하여야 한
다고 판시하였다.

　　그러나 과반수 미달 조합에는 취업규칙의 불이익변경에 대한 동의권한이
없어 위 노동조합이 변경된 퇴직금규정을 따르기로 하는 내용의 단체협약을 체
결하더라도 이에 의하여 취업규칙이 유효하게 변경되었다고 할 수 없으므로,206)
취업규칙이 유효하게 변경되었다는 점을 전제로 '개정된 보수규정'이 적용된다
고 한 것은 타당하지 않다.

---

205) 대법원 2006. 4. 27. 선고 2004다4683 판결.
206) 노동조합이 집단적 동의를 받지 않고 변경된 취업규칙을 따르기로 하는 단체협약을 체결
　　한 경우 변경된 취업규칙을 적용하여야 한다는 법리는 취업규칙 불이익변경에 대하여 동의
　　권한을 가진 과반수 조합을 전제로 한 법리이다. 위와 같은 법리를 판시한 대법원 1997. 6.
　　10. 선고 95다34316 판결, 대법원 1997. 8. 22. 선고 96다6967 판결, 대법원 1997. 10. 14. 선
　　고 97다25132 판결, 대법원 1997. 12. 26. 선고 97다39186 판결, 대법원 1997. 12. 26. 선고
　　97다46665, 46672 판결, 대법원 2000. 12. 22. 선고 2000다56457 판결, 대법원 2000. 12. 22.
　　선고 2000다56464 판결, 대법원 2000. 12. 22. 선고 2000다56471 판결, 대법원 2002. 6. 28.
　　선고 2001다77970 판결, 대법원 2005. 3. 11. 선고 2003다27429 판결, 대법원 2005. 3. 11. 선
　　고 2003다27436 판결, 대법원 2005. 3. 11. 선고 2003다44691 판결은 모두 과반수 조합이 퇴
　　직금과 관련하여 단체협약을 체결한 경우에 관한 것이다.

다만 이 경우 조합원은 단체협약상으로는 변경된 퇴직금규정에 의한 퇴직금 지급 기준을, 취업규칙상으로는 그보다 유리한 종전의 퇴직금규정에 의한 지급 기준을 적용받게 되어 단체협약과 취업규칙 사이의 유리 원칙이 문제되는 상황이 발생한다. 나아가 조합원 자격 있는 비조합원에게도 노조법 35조에 의하여 단체협약이 확장 적용되므로 비조합원의 경우에도 단체협약상으로는 개정된 보수규정에 의한 퇴직금 지급 기준을, 취업규칙상으로는 그보다 유리한 종전의 보수규정에 의한 퇴직금 지급 기준을 적용받게 되어 유리 원칙이 문제된다.[207]

위 판결에서 취업규칙이 유효하게 변경되었다고 보고, 조합원은 물론 비조합원에 대한 관계에서도 개정된 보수규정이 적용된다고 한 것은 타당하지 아니하나, 결국 위와 같은 결론은 단체협약과 취업규칙 사이의 유리 원칙을 부정하는 것과 같은 결과로 귀착된다고 볼 수 있다.[208][209]

④ 하급심 판결 중 단체협약과 근로계약 사이의 유리 원칙을 정면으로 인정한 판결이 있다.[210] 근로계약에서 상여금을 연 600% 지급하기로 약정하였는데, 단체협약에서 연 450%의 상여금을 지급하기로 한 사안에서, 사적 자치가 최우선으로 고려되어야 하고 근로관계에서 사용자보다 열세한 지위에 놓인 근로자들의 권익을 보호하여야 한다는 여러 헌법적 가치들에 비추어 볼 때 노조법 33조 1항은 단체협약보다 불리한 내용의 근로계약에 한하여 이를 무효로 하겠다는 취지일 뿐이라고 해석하였다.

---

207) 조합원 자격 있는 비조합원과 관련한 유리 원칙의 문제에 대한 자세한 내용은 법 35조에 대한 해설 Ⅳ. 3. 참조.

208) 취업규칙인 인사관리규정의 내용이 법령 또는 단체협약에 위배되지 않고 법령이나 단체협약에 정한 내용보다 근로자에게 유리한 것인 때에는 법령 또는 단체협약에 우선하여 유효하게 적용된다는 이유로 단체협약과 취업규칙 사이의 유리 원칙을 인정하는 추상론을 편 하급심 판결로 서울행법 2010. 12. 2. 선고 2010구합34736 판결(항소심인 서울고법 2011. 7. 15. 선고 2011누1933 판결에서는 1심 판결을 전부 인용하며 항소기각 하였고 미상고로 확정되었다).

209) 비조합원과 관련하여 유리 원칙을 부정한 또 다른 판결로는 대법원 2001. 9. 18. 선고 2000다60630 판결, 대법원 2001. 9. 25. 선고 2001다18421 판결, 대법원 2001. 10. 30. 선고 2001다24051 판결, 대법원 2001. 11. 9. 선고 2001다55581 판결 참조. 위 판결들은 모두 한 회사의 근로자들이 제기한 것으로 사안 및 쟁점이 동일한 사건들이다.

210) 대구지법 2021. 5. 27. 선고 2020가단120698 판결(대구지법 2021나313375로 항소하였으나 소의 취하로 종결). 다만, 위 사건은 노조법 35조에 따라 비조합원에게 단체협약이 확장 적용되는 경우에 비조합원이 사용자와 체결한 근로계약과 확장 적용된 단체협약 사이의 유리 원칙 인정 여부가 문제된 사안이라는 면이 있다.

㈐ 유리 원칙이 문제되는 다양한 상황

① 단체협약과 근로계약 사이의 유리 원칙이 문제되는 상황

근로계약에서 단체협약의 기준을 상회하는 내용으로 근로조건이 설정되는 경우는 크게 두 가지가 있을 수 있다. ㉠ 하나는 기존 근로계약의 내용보다 불리하게 단체협약이 불이익변경되는 경우이고, ㉡ 다른 하나는 단체협약의 기준보다 유리한 개별 근로계약상의 합의가 새로 체결되는 경우이다.

② 단체협약과 취업규칙 사이의 유리 원칙이 문제되는 상황

단체협약과 취업규칙 사이의 유리 원칙이 문제되는 경우로는 ㉠ 취업규칙이 설정하고 있는 근로조건 기준보다 불리한 단체협약이 체결된 경우, ㉡ 취업규칙이 개정되어 단체협약에서 정한 기준보다 유리한 근로조건이 설정되는 경우가 있다.

㉠ 단체협약의 불이익변경과 유리 원칙

(i) 단체협약의 불이익변경과 함께 취업규칙도 불이익변경되는 경우

단체협약을 불이익하게 변경하면 이에 연동하여 취업규칙도 불이익하게 변경하는 것이 통례이다.211)

이 경우 노동조합이 과반수 조합이고 취업규칙 불이익변경에 동의하면 근기법 94조 1항 단서에 의하여 사용자의 취업규칙 불이익변경이 정당화되어 결국 불이익변경된 단체협약과 취업규칙의 내용이 동일하게 되고 유리 원칙이 문제되는 상황은 발생하지 않는다.212) 이러한 결과는 근기법 94조 1항 단서에서 과반수 조합에게 취업규칙의 불이익변경에 대한 동의 권한을 부여하고, 나아가 판례가 단체협약의 체결을 통하여 취업규칙 불이익변경에 동의하는 방식을 인

---

211) 대법원 1999. 4. 9. 선고 98다33659 판결, 대법원 2000. 12. 22. 선고 99다21806 판결에 의하면 취업규칙의 내용과 배치되는 단체협약이 체결되면 취업규칙도 이를 반영하여 개정하는 것이 통례라고 한다. 西谷 敏a, 385면도 참조.

212) 단체협약에 의하여 불이익변경된 취업규칙의 소급적 추인의 사안, 즉 불이익변경 당시 근로자 집단의 동의를 얻지 못하여 무효인 취업규칙 규정(특히 퇴직금 규정)에 대하여 사후에 사용자와 과반수 조합의 합의에 의하여 불이익변경 시로 소급적으로 추인하는 사안의 경우에도 판례가 이를 유효하다고 함으로써 단체협약과 취업규칙의 내용이 동일하게 되어 유리 원칙이 문제되는 상황은 발생하지 않는다. 소급적 추인에 관한 판례로는 대법원 1997. 6. 10. 선고 95다34316 판결, 대법원 1997. 8. 22. 선고 96다6967 판결, 대법원 1997. 10. 14. 선고 97다25132 판결, 대법원 2001. 6. 26. 선고 2000다65239 판결, 대법원 2002. 6. 28. 선고 2001다77970 판결, 대법원 2005. 3. 11. 선고 2003다27429 판결, 대법원 2005. 3. 11. 선고 2003다27436 판결, 대법원 2005. 3. 11. 선고 2003다44691 판결이 있는데, 위 판결들을 유리 원칙을 부정한 판례로 언급하는 것은 타당하지 않다. 같은 견해로 강선희f, 142면 참조.

정하는 데에 기인하는 것으로, 과반수 조합과 관련하여서는 단체협약과 취업규칙 사이의 유리 원칙이 문제되는 상황의 발생이 입법과 판례에 의하여 배제되어 있다고 볼 수 있다.

과반수 미달 조합의 경우에는 단체협약의 불이익변경에 이어 사용자가 취업규칙을 불이익하게 변경하고 위 조합이 이에 동의하더라도 취업규칙 불이익 변경은 효력이 없다. 그리하여 조합원인 근로자는 취업규칙상 보다 유리한 종전 취업규칙의 기준에 따른 근로조건을 향유하게 되어 유리 원칙이 문제되는 상황이 발생한다. 또한 사용자가 집단적 동의를 받지 않은 채 취업규칙을 불이익하게 변경한 후 과반수 미달 조합이 사용자와 불이익하게 변경된 취업규칙을 따르기로 하는 내용의 단체협약을 체결한 때에도 위 단체협약의 체결로 불이익변경이 정당화되지 않으므로 유리 원칙이 문제되는 상황이 발생한다. 대법원 2006. 4. 27. 선고 2004다4683 판결이 이와 같은 사안에 관한 것으로 유리 원칙을 부정하는 것과 같은 결과를 도출하였음은 앞서 본 바와 같다.

(ⅱ) 단체협약은 불이익변경되었으나 취업규칙은 변경되지 않은 경우

이와 반대로 단체협약은 불이익하게 변경되었으나 사용자가 취업규칙의 변경행위를 하지 않아 취업규칙이 변경되지 않은 예외적인 경우에는 취업규칙의 기준이 단체협약의 기준을 상회하게 되어 유리 원칙의 인정 여부가 문제된다. 앞서 본 대법원 1993. 3. 23. 선고 92다51341 판결, 대법원 2001. 1. 19. 선고 2000다30516 등 판결, 대법원 2002. 12. 27. 선고 2002두9063 판결이 이와 같은 사안에 관한 것으로, 유리 원칙을 부정하는 것과 같은 결과를 도출하였음은 앞서 본 바와 같다.

ⓒ 취업규칙의 개정과 유리 원칙

어느 근로조건에 관하여 취업규칙의 개정을 통하여 단체협약보다 유리한 근로조건을 설정하는 경우에도 유리 원칙이 문제되는 상황이 발생한다.

㈑ 검   토

먼저 단체협약의 당사자가 단체협약상의 기준을 최저기준으로 삼고 있다고 해석되는 경우에는 유리 원칙이 긍정되어 단체협약상의 기준보다 유리한 근로계약 또는 취업규칙 부분이 유효하고 우선적으로 적용된다고 할 것이다.

이와 달리 단체협약 당사자가 단체협약에서 근로계약 또는 취업규칙에 의

한 유리한 조건을 배제하고 단체협약상의 근로조건 기준을 최고기준으로 삼고 있는 경우 그 유효성 여부(유리 원칙을 인정하는 경우 단체협약상 근로조건의 최고기준을 설정하는 것은 허용되지 않는다) 및 단체협약 당사자의 의사가 유리 원칙을 배제하는 취지인지가 명확하지 않은 경우에는 다음과 같이 해석할 수 있다.

① 단체협약과 근로계약 사이의 유리 원칙

노조법 33조에서 단체협약의 규범적 효력을 승인한 것은 개별적 차원에서 형해화되기 쉬운 계약자유를 집단적 차원에서 회복하고 근로자를 보호하기 위한 것이다. 따라서 근로계약에서 정한 근로조건이 단체협약의 기준보다 유리하여 개별적인 계약자유가 실질적으로 기능하는 국면에서 단체협약에 의하여 이를 부정하는 것은 규범적 효력을 승인한 취지에 반하는 것이므로 단체협약과 근로계약 사이의 유리 원칙은 인정되어야 한다.[213]

나아가 유리 원칙은 헌법 10조에서 규정하고 있는 행복추구권 속에 내포된 일반적 행동자유권에서 나오는 계약자유의 원칙에서 파생된 원리로서 협약당사자의 의사에 의하여도 배제할 수 없는 강행적 성격을 가지므로 협약당사자가 협약상의 기준을 최고기준으로 정하는 것은 허용되지 않는다.

유리 원칙 부정설에서는 노조법 33조 1항의 문언과 근기법 15조, 97조의 문언의 차이를 그 근거 중의 하나로 삼고 있으나 그러한 문언의 차이만으로는 유리 원칙을 부정할 근거로 부족하다고 본다.

또한 유리 원칙의 문제가 협약체제에 의하여 결정될 문제라고는 보이지 않지만, 산업별 노동조합이 본격적으로 발전하여 협약체제에 이미 커다란 변화가 발생하였고,[214] 연봉제로 대표되는 근로조건의 개별화가 진행되는 현실에 비추어 보면 유리 원칙 부정설의 현실적 타당성도 약화되고 있다고 본다.

유리 원칙 부정설에서는 협약기준보다 유리한 개별합의가 단결파괴를 위해 이용될 위험성이 있다고 하나 그와 같은 문제는 부당노동행위의 문제로 해결할 수 있다고 본다.

위와 같은 점을 종합하면 단체협약과 근로계약 사이의 유리 원칙은 인정되어야 하고, 특히 기존 근로계약보다 불리한 내용으로 단체협약이 체결되는 경우

---

213) 西谷 敏a, 344~345면.
214) 고용노동부가 발표한 2020년 노동조합 조직현황에 따르면 조직 형태별 조합원 수가 초기업노조 소속 1,695,000명(60.4%)이고, 기업별노조 소속 1,109,000명(39.6%)으로, 초기업노조 소속 조합원 수가 오히려 많다.

에도 마찬가지라고 할 것이다.

　② 단체협약과 취업규칙 사이의 유리 원칙

　　그러나 단체협약과 취업규칙 사이의 유리 원칙의 경우 문제 상황이 다르다. 취업규칙은 사용자에 의하여 일방적으로 작성되는 것으로 취업규칙에 의한 근로조건의 규율과 관련하여 유리 원칙의 인정 근거인 노동법의 보호원리, 개별적 계약자유가 작동한다고 볼 수 없다.215) 또한 노조법 33조 1항이나 근기법 96조에서 근로조건의 규제 권한과 관련하여 단체협약의 우위를 명문으로 인정하고 있는 취지를 고려할 때 단체협약과 취업규칙 사이의 유리 원칙은 인정되지 아니한다. 나아가 단체협약에 의하여 설정된 근로조건과 취업규칙에 의하여 설정된 근로조건은 모두 집단적 근로조건에 해당하므로, 취업규칙에서 정해지는 집단적 근로조건은 보다 우월한 집단 의사에 의하여 결정되는 단체협약상의 집단적 근로조건에 그 자리를 내어주어야 한다. 집단적 근로조건을 정하는 규범 상호 간에는 유리 원칙을 인정하기 어렵다.

　　단체협약과 취업규칙 사이의 유리 원칙이 문제되는 상황 중 ㉠ 취업규칙이 설정하고 있는 근로조건 기준보다 불리한 단체협약이 체결되는 경우와 관련하여서는 위와 같은 점 이외에 근기법 94조 1항 단서의 존재를 주목할 필요가 있다. 위 조항은 원래 과반수 조합에 취업규칙 불이익변경에 대하여 동의 권한을 부여하여 사업장 내의 근로조건에 관한 규제 권한을 부여한 조항인데, 판례에 따르면 과반수 조합은 단체협약을 체결하는 방식으로 동의 권한을 행사하는 것이 허용된다. 이에 따라 과반수 조합과 사용자가 단체협약을 불이익변경하고 그 내용대로 사용자가 취업규칙을 변경하면 취업규칙도 유효하게 변경되어 유리 원칙이 문제되는 상황 자체가 발생하지 않는데, 다만 사용자가 취업규칙 변경 절차를 게을리 하는 예외적인 경우에야 유리 원칙이 문제되는 상황이 발생한다. 이 경우에 단체협약의 체결에 의한 근로조건 규율에 우위를 인정하는 노조법 33조 1항과 근기법 96조의 규정에 더하여 근기법 94조 1항 단서에 의하여 사용자가 취업규칙을 변경하기만 하면 취업규칙을 유효하게 변경할 수 있고, 단체협

---

215) 유리 원칙의 인정 근거를 업적 원칙(Leistungsprinzip)에서 찾는 견해에 의하면 근로자가 좋은 업적을 거둔 경우 이외에는 유리 원칙을 적용할 수 없게 되어 유리 원칙의 적용 범위가 좁아진다. 독일에서 유리 원칙의 인정 근거를 업적 원칙에서 찾는 입장은 진부한 것으로 평가되고 있고, 현재는 노동법의 보호 원리, 사적 자치 내지 계약자유의 보장에서 그 근거를 찾고 있으며, 다수설은 유리 원칙의 기초를 노동법의 보호 원리와 사적 자치의 양자의 결합에서 찾고 있다고 한다. 강선희f, 154~157면; 村中孝史a, 139~141면; 丸山亞子b, 167~168면.

약의 당사자 모두 개정된 단체협약이 우선적으로 적용되는 것을 의도하는 점을 고려하면, 판례가 유리 원칙을 부정하는 것과 같은 결과를 도출한 것은 타당하다고 볼 수 있다.[216]

다만 단체협약과 취업규칙 사이의 유리 원칙이 문제되는 또 다른 경우인 ⓒ 취업규칙이 개정되어 단체협약에서 정한 기준보다 유리한 근로조건이 설정되는 경우에 대하여는 추가적인 논의를 통해 달리 보아야 한다. 위와 같은 상황은 사용자가 취업규칙을 근로자에게 유리하게 개정하는 경우인데, 취업규칙의 유리한 개정에 대하여 근로자의 묵시적 동의가 있는 것으로 볼 수 있고, 이 경우 취업규칙에서 설정한 근로조건은 근로계약의 내용이 된다. 근로계약의 내용이 된 유리한 근로조건과 단체협약에서 정한 근로조건의 관계의 문제는 근로계약과 단체협약의 유리 원칙의 문제가 된다. 앞서 본 바와 같이 근로계약과 단체협약 사이의 유리 원칙을 인정할 수 있으므로, 사용자가 취업규칙의 개정을 통하여 단체협약보다 유리한 근로조건을 설정하는 경우 그 개정이 부당노동행위에 해당하지 않는 한, 개정된 취업규칙의 유리한 근로조건이 단체협약에서 정한 기준에 우선하여 적용된다.

7. 단체협약의 불이익변경과 협약자치의 한계

새로운 단체협약의 체결에 의한 근로조건의 불이익변경(이하 '단체협약의 불이익변경'이라 한다)의 문제는 노동조합과 사용자가 종전의 단체협약에서 정한 근로조건을 불이익하게 변경하는 내용의 새로운 단체협약을 체결한 경우 그 협약에도 규범적 효력이 인정되는가의 문제이다.

노동조합은 근로조건의 유지·개선을 본래적인 목적으로 하고, 근로자도 근로조건의 향상을 위한 활동을 기대하고 노동조합에 가입하는 것이라는 점을

---

216) 근기법 94조 1항 단서의 규정을 단체협약과 취업규칙 사이의 유리 원칙을 부정하는 한 근거로 삼는 것에 대하여, 단체협약과 취업규칙 사이의 유리 원칙을 인정하는 입장에서, 위 규정은 회사의 경영사정이 악화되었거나, 당장 취업규칙의 유리한 조건을 포기하더라도 거시적 관점에서 근로자에게 불리하지 않은 경우에 적용되는 것으로 제한 해석을 하는 것이 타당하므로 위 규정을 근거로 유리 원칙의 적용 배제를 일반화하는 것은 협약자치의 한계를 벗어난 것이라는 견해(김형배, 343면)가 있으나, 위 규정을 위와 같이 제한 해석할 명확한 근거를 찾기 어렵다. 또 위 견해는 근기법 94조 1항 본문에서 취업규칙의 작성·변경과 관련하여 과반수 노동조합이나 근로자 과반수의 의견을 듣도록 되어 있는 점을 단체협약과 취업규칙 사이의 유리 원칙을 인정하는 한 근거로 삼고 있으나(김형배, 1253면) 위와 같은 의견 청취만으로는 사적 자치의 요청을 충족한 것으로 볼 수 없는 점을 고려하면 위와 같은 견해에 동의하기도 어렵다.

고려할 때, 근로조건을 불이익하게 변경하는 단체협약에도 규범적 효력이 인정
되는 것인가 하는 문제가 제기되는 것이다.

　　단체협약의 불이익변경 문제는 종전 단체협약과 새로운 단체협약이라는 동
위(同位) 규범 차원에서의 불이익변경에 규범적 효력이 인정되는가라는 문제인
점에서, 개별 근로계약이나 취업규칙 등 단체협약 이외의 하위 규범에 기초를
둔 근로조건이 그보다 불이익한 근로조건을 규정한 단체협약의 체결에 의하여
인하되는가라는 문제, 즉 단체협약과 그 하위규범 사이의 우열에 관한 유리 원
칙의 문제와는 구별된다.217)

　　또한 여기서 논의되는 단체협약의 불이익변경 문제는 종전 단체협약에 규
정된 근로조건에 관한 기대이익을 박탈 또는 감축하는 경우에 규범적 효력이
인정되는지 여부의 문제로서, 구체적으로 지급청구권이 발생한 임금이나 퇴직금
등 근로자의 사적 재산영역에 옮겨진 사항들을 단체협약으로 불이익하게 처분
하는 등 협약자치의 내재적 한계를 넘어서는 경우와는 구별되고, 협약자치의 내
재적 한계를 넘어서지 않고 협약자치의 범위 내에 있는 근로조건을 정한 단체
협약을 대상으로 하여 논의되는 문제이다.218)

　　단체협약의 불이익변경과 협약자치의 한계 문제는 1997년 외환위기 이후
단체협약의 개정에 의하여 근로조건을 불이익하게 변경하는 사례가 나타나면서
주목을 받기 시작하였다. 그 이전에도 근로조건의 불이익변경에 관한 사례가 없
었던 것은 아니나 불이익변경의 법적 수단으로 취업규칙이 이용되어 취업규칙
의 불이익변경 문제가 주로 논의되었는데, 외환위기 이후 노동운동의 성장, 외
환위기로 인한 경영난 등이 결합되면서 단체협약에 의한 근로조건의 불이익변
경 문제가 현실화되었다.

---

217) 문제에 대한 이러한 파악은 단체협약의 직률적 효력의 작동 방식에 관한 학설 중 외부규
　　율설에 입각한 것이다. 화체설에 의하게 되면 종전 단체협약에서 정한 근로조건은 근로계약
　　의 내용이 되어 이를 새로운 단체협약으로 불리하게 변경하는 문제 역시 단체협약과 근로계
　　약 사이의 유리 원칙의 문제로 파악된다. 화체설을 고수하면서 유리 원칙을 인정하게 되면
　　종전 단체협약에 의해 근로계약에 화체된 근로조건이 새로운 단체협약보다 유리하므로 새로
　　운 단체협약의 적용이 배제되고 종전 단체협약의 내용과 기준이 근로계약의 내용이 되어 지
　　속되며, 이를 변경하기 위해서는 개별 근로자의 동의 또는 수권이 필요하다. 이러한 문제 상
　　황에서 유리 원칙을 고수하기 위하여 화체설을 버리는 해결방법을 제시한 견해로는 하경효a,
　　429~434면 참조. 반대로 단체협약 불이익변경의 경우에 유리 원칙을 배제함으로써 문제를
　　해결하는 입장으로는 西谷 敏c, 288~289면 참조. 단체협약 불이익변경의 문제와 유리 원칙
　　의 문제를 구별하는 견해로는 이근윤, 361면; 김진a, 193면 참조.
218) 毛塚勝利b, 192면; 植村 新, 205면.

가. 일본의 학설과 판례

(1) 학   설

노동협약에 의한 근로조건의 불이익변경이 가능한가라는 문제에 대하여 일본의 지배적 학설은 협약당사자의 자치에 대한 존중, 노사교섭의 상호 양보적 성격 등을 근거로 불이익변경의 효력을 원칙적으로 긍정하되, 규범적 효력이 부정되는 예외적인 경우가 있을 수 있음을 인정한다.

다만 규범적 효력이 부정되는 예외적인 경우에 해당하는지 여부를 어떤 관점에서 심사할 것인가와 관련하여 학설은 협약의 체결 과정에서 조합원의 의견이 반영되었는지 등을 심사하는 절차심사를 중시하는 입장과 협약 내용의 상당성이나 합리성까지 심사하는 내용심사를 중시하는 입장으로 나누어져 있다.

㈎ 절차심사설

① 절차심사설의 대표적인 견해로는 菅野和夫 교수의 견해를 들 수 있다. 노동조합은 불리한 사항에 관하여도 협약 체결 권한이 있지만, 경영위기의 타개책으로서 종업원 전체에 관한 이례적인 불이익조치(임금 인하, 노동시간 연장 등)를 협약화 하는 경우에는, 조합은 사안의 성질에 따라, 통상의 단체교섭 프로세스와는 다른 특별한 집단적 의견 집약(수권) 절차(조합원대회에서의 특별결의, 조합원 투표 등)를 밟을 필요가 있고, 조합원(종업원)의 일부 집단에게 특히 불이익이 미치는 조치를 협약화 하는 경우에는 당해 조합원(종업원) 집단의 의견을 충분히 들어 그 불이익을 완화하기 위해 노력하는 등 조합원(종업원) 전체의 이익을 공정하게 조정하는 진지한 노력을 할 필요가 있다고 한다. 따라서 노동협약의 경우에는 내용의 합리성(변경의 필요성과 불이익의 비교형량)이라는 관점보다는 조합 내의 의견집약·조정 프로세스의 공정성이라는 관점을 기준으로 판단하여야 한다는 견해이다. 그리고 일부 조합원(종업원)에게 특히 불이익한 협약에 관하여는 내용에 현저한 불합리성이 없는가 하는 판단을 부가하여야 할 것이라고 한다.[219]

② 荒木尚志 교수는, 협약에 의한 노동조건의 불이익변경이 원칙적으로 가능하다고 전제한 후, 장래에 걸친 노동조건을 규율하기 위해 단체교섭을 통한 이익조정의 끝에 도달한 노동협약에 재판소가 직접 광범위하게 개입하는 것은

---

219) 菅野, 930~931면.

노사자치에 의한 노동조건 규제를 기본으로 하는 헌법 28조 및 노조법의 본지에 비추어 타당하지 않고, 이러한 관점으로부터 노사교섭의 과정에서 하자가 없는 의견집약·이익조정이 행해졌는가라는 절차심사를 중심으로 생각하는 입장이 타당하다고 한다. 다만 요구되는 절차는 변경 내용의 불이익의 정도에 상응한 것으로, 커다란 불이익을 부과하는 협약이라면 보다 신중한 집단적 의사확인·이익조정이 요청되므로, 절차심사와 내용심사의 실제상의 차이는 반드시 큰것은 아니라고 한다. 협약체결에 이르는 절차가 적정한 것이라면 원칙적으로 재판소는 협약 내용에 개입해서는 아니 되고, 차별금지에 해당하지 않고 절차적하자 없이 내려진 조합의 의사결정이 재판소에 의하여 부정되는 경우는 특정혹은 일부 조합원을 특별히 불이익하게 취급할 것을 목적으로 체결된 극히 예외적인 경우에 한정된다고 한다. 이 경우의 협약에 대한 내용심사는 취업규칙에대한 합리성 심사와는 전혀 다른 것이라고 한다.[220]

(나) 내용심사설

① 諏訪康雄 교수는 노동자가 조합 가입 시에 조합에 기대하는 바, 또 노동조합이 본래 사명으로 하는 바 등을 고려하면, 조합이 체결한 협약에 의하여 특정의 노동자들의 노동조건이 저하된다는 것은 어디까지나 예외적이고 거기에는조합목적의 달성이라는 관점으로부터 합리적 이유가 필요하다고 한다. 이러한합리적 이유(거기에는 상응한 보상조치 등도 포함된다)를 결여한 경우에는 조합목적달성에 필요한 합리적 범위를 초과한 것으로서, 혹은 다수결에 의해 일부 노동자에 관해서만 이러한 불이익조치가 취해진다면 조합원의 균등대우의 원칙의위반으로서 적어도 통제력의 행사는 허용되지 않는다고 한다.[221]

② 下井隆史 교수는 단체교섭에서의 조합의 기동성 저하, 나아가 사용자측의 성실교섭을 기대할 수 없는 사태를 초래할 우려 등을 근거로 절차심사에의문을 제기하고 내용심사를 주장한다. 즉, 노동협약의 내용이 노동조합과 단체교섭에 대하여 노동자가 갖는 합리적 기대에 현저히 반하는 것인 경우에는 규범적 효력은 부정되어야 하고, 특히 조합이 사용자와 결탁하여 일부 조합원의이익을 부당하게 침해하는 내용의 협약을 체결하는 경우가 그에 해당한다고 한

---

220) 荒木, 677～679면. 荒木尚志 교수의 위와 같은 견해는 菅野和夫 교수의 견해를 더욱 진척시켜 규범적 효력이 인정되지 않는 경우를 일층 한정하는 것이라고 한다. 이에 대하여는 野川 忍a, 403면 각주 79) 참조.

221) 諏訪康雄, 200면.

다. 합리적 기대에 현저히 반하는지에 관한 판단은 취업규칙 변경의 합리성 판
단과 마찬가지로(보다 완화된 기준에 의할 것이지만) 당해 케이스의 제반 사정으로
부터 종합적으로 판단하여야 한다고 한다. 절차적인 면과 관련하여서는 조합규
약의 규정이 준수되면 충분하고, 노동조합이 의사결정을 민주적으로 행하기 위
해 구체적으로 어떠한 절차를 거칠 것인가에 관하여는 노조법에서 정한 제약
외에는 조합자치에 맡겨야 한다고 한다.[222]

③ 毛塚勝利 교수는 신뢰보호원칙을 중시하여 현행 협약 노동조건의 존속
에 대한 조합원인 노동자의 신뢰가 어디까지 보호할만한 가치가 있는가를 물어
야 한다고 하고, 노동협약에서의 노동조건의 불이익변경에 관하여는 이러한 신
뢰보호의 원칙으로부터의 법적 심사가 미쳐야 한다고 한다.[223]

㈐ 절차·내용의 양면 심사설

① 西谷 敏 교수는 사용자의 단독결정인 취업규칙과 달리 노동조합과 사용
자의 공동결정의 산물인 노동협약의 내용은 일응 적정한 것으로 추정할 수 있
고, 재판소는 합리성 등의 기준에 의하여 심사할 수 있는 것이 아니라고 한다.
그러나 노동협약에 의한 노동조건의 불이익변경이 개개의 조합원에게 실질적으
로 타인결정에 가까운 경우에는 불이익변경의 구속력을 무비판적으로 인정할
수 없다고 한다. 타인결정에 해당하는 경우로는, 첫째로 노동협약 체결에 있어
서 조합 내부의 의사형성에 하자가 있는 경우이다. 협약의 규범적 효력이 승인
되는 실질적 근거는 개인적 차원에서는 형해화 되기 쉬운 노동자의 자유의사를
집단적 차원에서 회복하는 것에 있기 때문에 노동조합 내부의 진실로 민주적인
절차가 보장되는 경우에야 비로소 노동조건의 불이익변경이라는 노동자의 개별
의사에 반하는 노동조합의 집단의사의 우위를 근거지울 수 있다고 한다. 따라서
노동조건의 불이익변경을 내용으로 하는 협약의 체결·개정에 있어서는 개별
노동자의 수권을 필요로 한다고는 할 수 없지만, 통상의 경우보다도 신중한 절
차가 요구된다고 한다. 구체적으로는 규약 소정의 절차가 준수되는 것에 더하여
조합원 전원의 실질적 참가를 보장하는 민주적 절차(조합대회, 대의원대회, 전원투
표 등)에 의한 사전 혹은 사후의 승인이 필요하다고 한다. 둘째로 일부 조합원에
게 감내하기 어려운 불이익을 부과하는 협약조항은 아무리 민주적 절차를 밟아

---

222) 下井隆史, 134~135면.
223) 毛塚勝利a, 151면.

체결된 것이라고 해도 일정한 범위에서 재판관에 의한 협약의 내용심사가 불가
결하고, 내용심사의 근거 및 기준은 조합원의 실질적 평등의 원칙에서 구하여야
하며, 조합원의 일부에게 통상 감수할 수 있는 범위를 넘어선 불이익을 미치려
는 협약조항은 협약의 규범적 효력 승인의 전제조건을 결한 것이라고 한다. 이
와 같은 관점에서 일본 최고재판소가 협약이 특정 또는 일부 조합원을 특히 불
이익하게 취급할 것을 목적으로 하여 체결되는 등 노동조합의 목적을 일탈하여
체결된 경우에 한하여 불이익변경을 부정하는 것은 내용심사에 너무 소극적인
태도라고 비판한다.224)

　　② 道幸哲也 교수는 노동조합은 전 조합원을 공정하게 대표할 의무(공정대
표의무)를 부담한다고 보고, 불이익변경의 경우에는 개별 조합원의 의향을 충분
하고 공정하게 반영하는 내부절차가 요청된다고 한다. 불이익변경이 조합원에게
일률적으로 미치는 경우에는 협약의 최종규정에 관한 전 조합원에 의한 통제가
원칙으로 되고, 다만 구체적인 통제방식은 전체적인 의사확인이 되는 것을 전제
로 조합규약에 따른다고 한다. 특정한 조합원의 노동조건을 인하하는 노동협약
에 관하여는 그들 노동자들에게 독자의 노동조건을 설정하는 합리성이 인정되
지 않는 한 원칙적으로 규범적 효력을 인정할 수 없다고 한다.225)

　⒟ 사법심사억제설

　　大內伸哉 교수는 조합 내부의 절차는 조합자치의 문제이므로 재판소의 심
사는 바람직하지 않고, 재판소는 조합 내부의 민주적인 의사형성과정의 기능이
중대하게 훼손되어 있고, 그것이 명백한 경우에만 협약의 규범적 효력을 부정할
수 있다고 한다. 또한 내용심사와 관련하여서도 노동협약에 의하여 형성된 노동
조건의 구속력은 노동자의 임의의 조합가입이라는 사적 자치 원리에 의하여 정
당화되고 있는 것으로, 그 이상으로 재판소의 개입을 필요로 하는 사정은 없다
고 한다.226)

---

224) 西谷 敏a, 366～367면; 西谷 敏c, 268～294면.
225) 道幸哲也, 289면 이하.
226) 大內伸哉a, 301면; 大內伸哉b, 88～89면.

(2) 판   례[227]

㈎ 朝日火災海上保險事件最高裁判決 이전의 하급심 판결

① 규범적 효력을 부정한 大阪白急タクシ-事件決定[228]

위 最高裁判決 이전의 하급심 판결 중, 임금체계를 보합급(步合給)[229]만으로 불이익하게 변경한 사안에 관한 大阪白急タクシ-事件決定에서는 개별 조합원의 수권이 없는 한 노동조합은 종전보다 불리한 내용을 가진 협약의 체결 권한이 없다고 하여 노동조건을 불이익하게 변경하는 노동협약의 규범적 효력을 부정하였다.

그러나 협약에 의한 근로조건 불이익변경에 대하여 개별 조합원의 수권을 요구하는 위 입장은 협약자치에 대한 과잉개입이라는 비판을 받아 학설과 하급심 판결의 지지를 받지 못하였고, 이후의 하급심 판결은 협약에 의한 근로조건의 불이익변경을 원칙적으로 인정하고, 다만 일정한 경우에 그 예외를 인정하는 것으로 바뀌게 되었다. 이 예외적인 경우에 해당하는지 여부의 판단에 관하여 하급심 재판례는 협약의 내용심사를 행한 것과 절차심사를 행한 것으로 대별된다.

② 내용심사를 행한 日本トラック事件判決[230]

불이익변경의 규범적 효력을 인정하면서 내용심사를 행한 재판례의 리딩 케이스는 日本トラック事件判決이다. 위 판결은 단체협약에 의한 불이익변경을 원칙적으로 허용하면서, 다만 예외적으로 개정 노동협약이 극히 불합리하다거나 특정 노동자를 불이익하게 취급하는 것을 의도하여 체결되는 등 노조법·노기법의 정신에 반하는 특단의 사정이 있는 경우에는 규범적 효력을 부인하는 태도를 취함으로써 '노동협약이 극히 불합리'하다거나 '특정 노동자를 불이익하게 취급하는 것을 의도하여 체결되었는지 여부' 등 내용적 측면에서 규범적 효력의 한계를 판단하는 기준을 제시하였고, 내용심사의 관점을 보여 주었다고 할 수 있다.[231]

---

227) 일본의 판례에 대한 자세한 분석으로는 마은혁d, 370~407면 참조.

228) 大阪地裁 1978. 3. 1. 決定(勞判 298호, 73면). 정년제의 도입에 관한 大阪地裁 1980. 12. 19. 判決(北港タクシ-事件, 勞判 356호, 9면)도 같은 취지.

229) 보합급(步合給)이란 영업사원이나 선원 등의 생산(판매)량 또는 생산(판매)금액에 따라 지급되는 임금을 말한다.

230) 名古屋地裁 1980. 1. 18. 判決(勞判 457호, 77면).

231) 내용심사를 행한 다른 판결로 朝日火災海上保險(石堂)事件1審判決[神戸地裁 1993. 2. 23. 判決(勞判 629호, 88면)]과 日魯造船事件判決[仙台地裁 1990. 10.15. 判決(勞民集 41권 5호, 846

③ 절차심사를 행한 神姬バス事件判決[232]

위 판결은 노동협약에 의한 근로조건의 불이익변경을 원칙적으로는 인정하여 개별 근로자의 수권은 필요하지 않다고 함으로써 위 日本トラック事件判決 등과 마찬가지로 노동조건을 불이익하게 변경한 노동협약의 규범적 효력을 인정하였다. 다만 위 판결은 노동조합 내부에서의 토론이나 조합대회, 조합원 투표 등의 과정에서 불이익을 받는 근로자의 의사가 반영되어야 한다고 하여 절차적 측면에서 규범적 효력의 한계를 제시함으로써 절차심사의 관점을 제시하였고, 이 점에서 日本トラック事件判決 등 내용심사의 관점을 취한 판결들과는 다른 태도를 취하였다.[233]

(내) 朝日火災海上保險事件最高裁判決

하급심에서 노동협약에 의한 근로조건의 불이익변경 여부와 그 심사의 관점(절차심사와 내용심사)에 관하여 다양한 견해가 제시되고 있는 상황에서 최고재판소는 2건의 朝日火災海上保險事件最高裁判決에서 이에 관한 견해를 제시하였다.

朝日火災海上保險事件에서는 기업의 승계에 따른 노동조건의 통일 과정에서 원래 다른 기업 소속이었던 일부 근로자집단의 정년(63세에서 57세로) 및 퇴직금지급률(근속 30년에 대하여 71개월에서 51개월로)의 불이익변경이 문제되었다.

朝日火災海上保險(高田)事件最高裁判決에서는 비조합원과 관련하여, 노조법 17조(일반적 구속력)에 따른 확장 적용을 통하여 불이익변경된 협약의 규범적 효력이 미치는지 여부와 그 한계에 대하여, 朝日火災海上保險(石堂)事件最高裁判決에서는 조합원과 관련하여, 불이익변경된 협약의 규범적 효력이 미치는지 여부와 그 한계에 대하여 각 일정한 판단 기준을 제시하였다.

① 朝日火災海上保險(高田)事件最高裁判決[234]

정년 및 퇴직금지급률이 불이익하게 변경된 일부 근로자집단 중 비조합원이 제기한 위 사건에서, 최고재판소는 노동협약의 확장 적용에 의한 비조합원의

면)] 참조. 위 두 판결에 대하여는 단체협약에 의한 불이익변경에서의 내용심사를 취업규칙의 불이익변경의 합리성 심사와 동일시한 것이 아닌가 하는 비판이 있다.

232) 神戸地裁姬路支部 1988. 7. 18. 判決(労判 523호, 46면).

233) 다만 위 판결은 조합대회도 조합원투표도 행해지지 않았음에도 조합의 저항에 대하여 사용자가 일정한 양보를 한 것으로부터 교섭과정에서 조합원의 의사가 반영되었다고 하여 위 협약의 규범적 효력을 인정하였다.

234) 最高裁 1996. 3. 26. 判決(労判 691호, 16면).

노동조건의 불이익변경을 원칙적으로 긍정하면서, 다만 미조직 노동자는 노동조합의 의사결정에 관여할 입장에 있지 않고, 또 역으로 노동조합은 미조직 노동자의 노동조건을 개선하고 그 외의 이익을 옹호하여 활동할 입장에 있지 않으므로, 노동협약에 의하여 특정 미조직 노동자에게 초래되는 불이익의 정도·내용, 노동협약이 체결되기에 이른 경위, 당해 노동자가 노동조합의 조합원자격을 인정받고 있는지 여부 등에 비추어, 당해 노동협약을 특정 미조직 노동자에게 적용하는 것이 현저히 불합리하다고 인정되는 특단의 사정이 있는 때에는 노동협약의 규범적 효력을 당해 노동자에게 미칠 수 없다고 하여 예외적으로 그 효력을 부인하였고, 실제로 정년과 퇴직금의 불이익변경이 위 사건의 원고인 비조합원에게 현저히 불합리하다고 하여 노동협약의 확장 적용의 효력을 부인하였다.

위 최고재 판결은 노동조건을 불이익하게 변경하는 노동협약의 확장 적용을 원칙적으로는 긍정하면서 예외적으로 그 효력을 부정하는 판단 틀을 설정하면서, 예외적으로 그 효력이 부정되는 근거로 미조직 노동자가 조합의 의사결정 과정에 관여할 수 없다는 점을 들고 있다. 이와 같은 관점에 설 경우 당해 협약은 제3자가 설정한 규범이 되어 취업규칙의 불이익변경의 경우처럼 미조직 노동자의 이익보호를 위해서는 재판소가 내용심사를 행하는 것이 정당화된다고 할 수 있다. 즉, 조합원에 대한 규범적 효력과는 달리 비조합원에 대한 확장 적용의 경우에는 협약자치를 근거로 사법심사를 자제할 수 있는 있는 것은 아니고 오히려 취업규칙 법리와 마찬가지로 내용심사를 하게 된다.235) 또한 위 최고재 판결은 예외적으로 효력이 부정되는 경우에 관하여 현저한 불합리성이라는 특단의 사정을 내용심사의 판단 기준으로 제시하고 그 판단 요소에 관하여도 언급하였다.

② 朝日火災海上保險(石堂)事件最高裁判決236)

㉠ 판시사항

정년 및 퇴직금지급률이 불이익하게 변경된 일부 근로자집단 중 조합원이 제기한 위 사건에서, 최고재판소는 "본건 노동협약은 원고의 정년 및 퇴직금산정방법을 불이익하게 변경하는 것으로서, 소화 53년부터 소화 61년까지 사이에 승급이 있었던 점을 고려하여도, 이로써 원고가 입은 불이익은 결코 작은 것은

---

235) 荒木尚志b, 143면; 桑村裕美子c, 195면.
236) 最高裁 1997. 3. 27. 判決(勞判 713호, 27면).

아니지만, 동 협약이 체결되기에 이른 이상의 경위, 당시 회사의 경영상태, 동
협약에 정하여진 기준의 전체로서의 합리성에 비추어 보면, 동 협약이 특정 혹
은 일부 조합원을 특별히 불이익하게 취급할 목적으로 체결되었다는 등 노동조
합의 목적을 일탈하여 체결된 것이라고는 할 수 없어 … 그 규범적 효력을 부정
할 이유는 없다 … 본건 노동협약에 정하여진 기준이 원고의 노동조건을 불이익
하게 변경하는 것이라는 한 가지 사유를 가지고 그 규범적 효력을 부정할 수는
없고 … 또 원고의 개별적 동의나 조합에 대한 수권이 없는 한 그 규범적 효력
을 인정할 수 없는 것이라고 해석할 수도 없다"고 판시하였다.

ⓒ 원칙과 예외

위 최고재 판결은 위 日本トラック事件判決, 神姫バス事件判決 등 하급심
판결의 태도를 지지하여 최고재 판결로서는 처음으로 조합원의 노동조건을 불
이익하게 변경하는 노동협약의 규범적 효력을 원칙적으로 인정하고, 개별적 동
의나 수권을 필요로 하지 않는다는 점을 명확히 하였다.

나아가 위 최고재 판결에서는 예외적으로 규범적 효력을 부정할 수 있는
경우가 있다는 점을 인정하면서 그 판단 기준으로 노동조합의 목적을 일탈하여
체결된 것인지 여부를 제시하였고, 그 실례로 특정 혹은 일부 조합원을 특별히
불이익하게 취급할 것을 목적으로 체결된 경우를 제시하고 있다.

ⓒ 朝日火災海上保險(高田)事件最高裁判決과의 관계

앞서 본 바와 같이 朝日火災海上保險(高田)事件最高裁判決은 협약의 확장
적용과 관련하여 당해 노동협약을 특정 미조직 노동자에게 적용하는 것이 현저
히 불합리하다고 인정되는 특단의 사정이 있는지 여부를 예외적으로 확장 적용
의 효력이 부정되는 판단 기준으로 제시하였다.

그런데 협약의사의 형성에 관여하고 있는 조합원과 그 관여를 할 수 없는
비조합원 사이에는 불이익변경의 효력이 미치는 범위에 관하여 당연히 차이가
있을 수밖에 없고, 따라서 비조합원에 대하여 제시된 내용심사의 기준인 현저한
불합리성이라는 기준을 조합원에 대한 사례에서 그대로 제시하기는 어려웠을
것으로 보인다.

그리하여 위 최고재 판결에서는 일부의 조합원을 특별히 불이익하게 취급
할 것을 목적으로 하는 경우를 실례로 제시하면서도 현저한 불합리성이라는 판
단 기준을 제시하지 않고 조합목적의 일탈 여부라는 다른 판단 기준을 제시한

것으로 볼 수 있다.

이와 같이 판단 기준이 다른 이상 비조합원에 대한 확장 적용의 경우와 조합원의 경우에 다른 결론이 도출될 가능성이 발생한다.237) 실제로 위 두 최고재판결은 동일한 사업장에서 정년과 퇴직금 지급률의 불이익변경이라는 동일한 쟁점에 관하여 비조합원(高田)과 조합원(石堂)이 각 제기한 사건에 관한 판결들인데, 朝日火災海上保險(高田)事件最高裁判決에서는 현저한 불합리성이 있다고 보아 비조합원에 대한 확장 적용을 부정한 반면, 朝日火災海上保險(石堂)事件最高裁判決에서는 조합목적을 일탈하여 체결된 것이라고는 할 수 없다고 하여 조합원에 대하여 규범적 효력을 인정하였다.

ㄹ 내용심사의 관점 제시

위 최고재 판결은 그 문언에 비추어 볼 때 개정협약의 내용 면에 착목하여 노동조합의 목적을 일탈하는지 여부를 문제로 삼고 있어 내용심사의 관점을 보여 주고 있다고 할 수 있다.238)

내용심사의 강도라는 면에서 보면, 비조합원에 관한 朝日火災海上保險(高田)事件最高裁判決에서 판단 기준으로 삼은 현저한 불합리성이라는 기준은 채택하지 않고 특정 또는 일부의 조합원을 특별히 불이익하게 취급할 것을 목적으로 하는 경우를 예로 들며 이를 조합목적의 일탈 여부라는 판단 기준에 결부시켰다. 이러한 입장은 비조합원에 관한 朝日火災海上保險(高田)事件最高裁判決보다도 완화된 내용심사의 기준을 제시한 것으로,239) '극히' 예외적인 경우에 한하여 규범적 효력의 한계를 인정하는 것이라고 볼 수 있다.240)

朝日火災海上保險事件에 관한 두 최고재 판결 및 취업규칙 불이익변경에 관하여 일본의 판례와 노동계약법에서 제시한 기준을 내용심사의 범위 및 강도라는 면에서 비교하면 다음과 같이 정리할 수 있다.

사용자에 의하여 일방적으로 작성되는 취업규칙의 불이익변경의 경우 원칙

---

237) 村中孝史b, 225면.
238) 村中孝史b, 225면; 淸水 敏, 49면에서는 위 최고재 판결은 적어도 특정의 조합원에게만 불이익이 미치는 협약의 체결에 관하여는 절차심사에 머무르는 것이 아니라 내용심사에까지 들어가는 것을 긍정한 것으로 볼 수 있다고 한다.
239) 道幸哲也, 277면에서는 비조합원은 조합 내에서의 결정과정에 관여할 수 없으므로 예외적 경우는 보다 널리 인정된다고 한다.
240) 野川 忍a, 397면에서는 위 최고재판결의 태도는 조합원에 관하여 규범적 효력이 미치지 않는 것은 원칙적으로 있을 수 없다는 전제하에, 극히 드문 예외로서 노동조합의 목적의 일탈로 보이는 경우를 들고 있다고 해석할 수 있다고 한다.

적으로 노동계약을 규율하는 효력이 인정되지 아니하고, 다만 합리성 심사라는
가장 엄격한 심사를 통과한 경우에 그 구속력이 인정된다. 이에 대해 노동협약
의 경우에는 원칙적으로 조합원이든 비조합원이든 불이익변경의 규범적 효력
또는 확장 적용을 인정한다. 다만 노동조합의 의사결정에 대한 관여가 보장되지
않는 비조합원에 대하여는 합리성 심사보다는 완화된 기준인 현저한 불합리성
심사기준에 의하여 규범적 효력의 한계가 결정된다. 한편 협약의 체결당사자인
노동조합의 조합원에 대하여는 특정 또는 일부의 조합원을 특별히 불이익하게
취급하는 것을 목적으로 하여 체결되는 등 노동조합의 목적을 일탈한 극히 예
외적인 경우에 규범적 효력을 부정하여 가장 완화된 기준에 의하여 내용심사를
하게 된다.241)

　　㉤ 절차심사의 관점의 배제 여부

　　그러면 위 최고재 판결에서는 위와 같은 내용심사의 관점 이외에 절차심사
의 관점은 배제되어 있는 것인가.

　　먼저 위 최고재 판결에서는 판단요소로서 전체로서의 합리성이라는 내용심
사의 요소도 제시하고 있지만, 당해 노동협약의 체결에 이르게 된 경위라는 체
결 절차를 중시하는 것으로 볼 수 있는 요소도 포함하고 있다242)는 점에서 절
차심사의 관점이 포함되어 있다고 볼 수 있다. 노동협약의 체결에 이르게 된 경
위에서는, 특히 불이익을 입는 조합원의 의견을 충분히 받아들여 진지한 노력을
하고, 내부에서의 충분한 민주적 토론이 행해지는가도 검토되어야 한다는 견
해243)도 위 최고재 판결에서 절차심사의 관점을 포착한 견해라 할 수 있다.

　　학설 중에는 위 최고재 판결을 절차심사의 관점에서 파악하여, 절차에는 노
동조합이 조합원의 전체의 이익을 공정하게 대표할 의무(공정대표의무)도 포함되
고, 위 최고재 판결에서 말하는 특정 또는 일부의 노동자를 특별히 불이익하게
취급하는 것을 목적으로 하여 체결되는 등 조합의 목적을 일탈하여 체결된 경
우란 이 집단적 이익조정과정에서의 공정대표의무에 반하는 절차적 하자로 파
악할 수 있다고 보는 견해244)도 있다. 위 최고재 판결에서는 절차적 규제에 대
하여 특별한 언급은 없지만, 이것은 위 사건에서 절차적 규제라는 점에서는 문

---

241) 이와 같은 이해는 野川 忍a, 399면에 기초한 것이다.
242) 野川 忍a, 399면.
243) 川口美貴, 857면.
244) 荒木尙志a, 274면; 野川 忍b, 166～167면도 참조.

제가 없었기 때문이고 그 필요성을 경시하고 있는 것은 아니라는 견해[245])도 주목할 만하다.

나아가 뒤에서 보는 바와 같이 위 최고재 판결 이후의 하급심 판결 중 절차심사를 생략한 경우는 찾아볼 수 없다는 점에서도 위 최고재 판결이 절차심사의 관점을 배제하였다고 보기는 어렵다.

위와 같이 보면 위 최고재 판결이 절차심사의 관점을 배제하고 내용심사의 관점만을 제시하였다고는 보는 것은 타당하지 않다고 할 수 있다.

다만 위 최고재 판결에서 내용의 합리성과 절차적 규제의 상호관계나 비중이 명확하지 않은 문제는 남아 있고,[246]) 그 후의 재판례에 대하여 명확한 지침으로 될 수 있는 선례라고 하기 어려운 구조를 취하고 있다. 이로 인하여 아래에서 보는 바와 같이 위 최고재 판결 이후의 재판례는 규범적 효력의 한계에 관한 심사와 관련하여 일치된 전개를 보일 수 없었다.[247])

⑵ 朝日火災海上保險事件最高裁判決 이후 판결의 흐름

朝日火災海上保險(石堂)事件最高裁判決 이후의 판결들 또한 원칙적으로 근로조건을 불이익하게 변경하는 협약의 규범적 효력을 인정하는 점에서는 일치한다. 그러나 예외적으로 불이익변경에 대하여 일정한 제한을 가하는 심사 방법과 관련하여서는 두 경향이 보인다.[248])

첫째로는 위 최고재 판결의 입장에 따라 협약 체결에 이르기까지의 경위 등을 종합적으로 고려하여 노동조합 목적의 일탈 여부를 판단하는 재판례이다. 여기에서는 당해 조합원의 의향의 반영 등 절차적 측면은 변경의 필요성·합리성 등과 나란히 상대적인 판단요소의 하나로 종합적으로 고려된다(종합판단형). 종합판단형에 속하는 판결로 분류되는 판결로는 日本鋼管事件判決,[249]) 日本郵便遞送事件判決,[250]) 箱根登山鉄道事件判決,[251]) 中央建設國民健康保險組合事件 控訴審判決[252]) 등이 있다.

---

245) 名古道功b, 150면 각주 11) 참조. 水町勇一郎a, 174면도 같은 견해.
246) 名古道功b, 146면.
247) 野川 忍a, 399면.
248) 水町勇一郎a, 172면; 名古道功b, 146~147면; 小佐田 潔, 307면.
249) 横浜地裁 2000. 7. 17. 判決(労判 792호, 74면).
250) 大阪地裁 2005. 9. 21. 판결(労判 906호, 36면).
251) 横浜地裁小田原支部 2004. 12. 21. 判決(労判 903호, 22면).
252) 東京高裁 2008. 4. 23. 判決(労判 960호, 25면).

둘째로는 절차를 중시하는 재판례로서 朝日火災海上保險(石堂)事件最高裁判決에서 제시한 노동조합의 목적 일탈의 유무라는 일반적 판단 틀은 사용하지 않고, 협약 체결 절차의 하자의 유무라는 관점에서 판단하며, 그것만으로 독립적인 무효 원인으로 될 수 있는 것으로 파악한다(절차심사형). 절차심사형에 속하는 판결로 분류되는 판결로는 茨木高槻交通事件判決,[253) 中根製作所事件判決,[254) 鞆鉄道事件判決[255) 등이 있다.

(3) 일본의 학설과 판례의 정리
㈎ 규범적 효력의 원칙적 인정

일본의 학설과 판례 모두 노동조건을 불이익하게 변경하는 노동협약의 규범적 효력을 원칙적으로 인정하고 있고, 이러한 입장은 확립되었다고 볼 수 있다. 또한 노동조건을 불이익하게 변경하는 노동협약의 규범적 효력은 무제한은 아니어서 예외적으로 규범적 효력이 부정되는 경우가 있을 수 있다는 것이 극히 일부를 제외한 지배적 학설과 판례의 입장이다. 다만 규범적 효력의 한계를 절차심사의 관점에서 파악할 것인지 아니면 내용심사의 관점에서 파악할 것인지에 대하여는 이에 관한 朝日火災海上保險(石堂)事件最高裁判決이 선고된 후에도 견해의 대립이 있다.

㈏ 朝日火災海上保險(石堂)事件最高裁判決에서의 내용심사와 절차심사

朝日火災海上保險(石堂)事件最高裁判決에서 제시한 일반적 판단 틀은 그 판시 문언 자체로는 내용심사에 중점이 있는 것으로 볼 수 있다. 그러나 앞서 본 바와 같이 판단 요소 중 협약체결의 경위라는 절차심사의 관점을 보여 주는 판단 요소가 포함되어 있는 점, 위 사건의 협약 체결절차에 하자가 없는 것(조합이 내부의 위원회에서 토의를 거듭하고 조합원에 의한 토의와 투표 등을 거쳐 협약이 체결되었다)이 고려되어 절차심사가 이루어지지 않은 것이지 절차심사의 필요성을

---

253) 大阪地裁 1999. 4. 28. 判決(労判 765호, 29면).
254) 제1심판결은 東京地裁 1999. 8. 20. 判決(労判 769호, 29면), 항소심판결은 東京高裁 2000. 7. 26. 判決(労判 789호, 6면). 위 항소심 판결은 절차적 하자를 이유로 노동조합의 협약체결 권한에 하자가 있어 노동협약이 무효라고 보았다.
255) 제1심판결은 広島地裁福山支部 1992. 2. 15. 判決(労判 825호, 66면), 항소심판결은 広島高裁 2004. 4. 15. 判決(労判 879호, 82면), 상고심은 最高裁 2005. 10. 28. 決定(労判 904호, 98면). 위 항소심판결에서는 조합대회에서 결의되지 않은 점 등의 절차적 하자를 이유로 노동조합의 협약체결권한에 하자가 있다고 보았다.

경시한 것으로는 보이지 않는 점,256) 위 최고재 판결의 입장을 노동협약의 체결 과정에서의 절차심사를 원칙으로 하면서 조합목적의 일탈에 관한 내용심사를 예외적으로 행하는 것으로 이해할 수도 있는 점,257) 위 최고재 판결의 사안은 일부 조합원에게 불이익이 집중되는 사안258)인데 절차심사를 강조하는 입장에서도 일부 조합원에게 특히 불이익한 협약에 대하여는 내용심사를 긍정하고 있는 점(가령 菅野和夫, 西谷 敏), 위 최고재 판결 이후의 하급심 판결들에서 절차심사를 생략한 경우는 찾아보기 어려운 점259) 등을 고려하면 위 최고재 판결이 절차심사를 배제하는 입장이라고 보는 것은 타당하지 않다.

　　이러한 관점에서 보면 국내의 논자들이 朝日火災海上保險事件最高裁判決들의 입장을 "노사 간의 합의 외의 특별한 절차는 요구하지 않고 단지 단체협약이 그 내용면에서 보아 현저히 불합리한지 여부(비조합원에 대한 확장 적용이 문제된 1996. 3. 26. 제3소법정 판결)나 노동조합의 목적을 일탈하였는지 여부(당해 조합원에 대한 적용이 문제된 1997. 3. 27. 제1소법정 판결)를 심사하고 있다."260)라고 보거나, "단체협약의 유효성을 따짐에 있어서 노사 간의 합의 이외에 특별한 절차를 요구하지 않고 단지 단체협약이 그 내용 면에서 보아 현저히 불합리한지 여부나 조합의 목적을 일탈하였는지 여부만을 심사하고 있다는 점에서 공통적"261)이라고 보거나, "최고재판소는 협약의 내용을 사법심사의 대상으로 삼음으로써 내용 통제를 할 수 있다는 입장을 취하고 있는 것으로 볼 수 있고, 이러한 내용심사 외에 절차 심사, 즉 통상의 단체교섭 과정과는 다른 특별한 집단적 의사집약 절차를 요구하지는 않는 것으로 이해할 수 있다."262)라고 보는 것은 타당하지 않다.

　　뒤에서 보는 바와 같이 단체협약 불이익변경에 관한 우리의 판례 법리는

---

256) 桑村裕美子d, 187면에서는 위 최고재 판결이 내용심사를 행한 것이지만, 조합이 내부의 위원회에서 토의를 거듭하고 조합원에 의한 토의와 투표 등을 거쳐 협약이 체결되어 절차적 하자가 없는 점이 고려되었다는 해석도 가능하고, 결국 최고재가 어떠한 관점으로부터 사법심사를 행하고, 무엇을 중시하였는지 판연하지 않다고 한다.

257) 松森宏文, 129면.

258) 위 최고재 판결의 사안을 포함하여 일본에서 협약의 불이익변경이 문제된 대부분의 사안이 일부 조합원 집단에게 불이익이 집중되는 사안이다.

259) 桑村裕美子b, 115~116면에 의하면, 위 최고재 판결 이후의 하급심 판결례는 절차와 내용 쌍방을 심사하는 것이 일반적이지만, 근년에는 절차를 중시하는 것이 증가하고 있다고 한다.

260) 최영룡, 407면.

261) 이광범, 98면.

262) 이미선a, 1289면.

절차심사를 배제한다. 위 판례 법리는 위 최고재 판결 등을 근거로 삼고 있다고
볼 수 있는데, 일본의 최고재판소는 절차심사를 요구하지 않는다는 식의 위와
같은 잘못된 이해가 절차심사를 배제하는 방향으로 우리 판례 법리가 형성되는
것의 하나의 원인이 되었다고 볼 수 있다.

(다) 종합판단형과 절차심사형

朝日火災海上保險(石堂)事件最高裁判決 이후 노동협약의 체결 과정이라는
절차면(특히 조합 내부의 절차)에 착목하여 불이익변경의 가부를 판단하는 재판례
가 증가하고 있다.263) 절차상의 하자를 변경의 필요성·합리성과 나란히 상대적
인 판단요소의 하나로 파악할 것인지(종합판단형), 아니면 독립한 무효원인으로
볼 것인지(절차심사형)는 유형마다 차이가 있지만,264) 적어도 위 최고재 판결 이
후의 재판례는 절차심사를 생략할 수는 없다는 점을 보여 준다.265)

특히 절차심사형에 속하는 판결들, 즉 中根製作所事件과 軔鉄道事件 각 항
소심판결에서 절차적 제한을 위반한 하자가 있는 경우 노동조합의 협약체결권
한이 없는 것으로 보고 노동협약이 무효라고 본 것은 우리의 법제와 판례의 태
도를 생각할 때 많은 시사점을 주는 것이라 하지 않을 수 없다. 즉, 우리 판례
에서는 절차적 제한과 그 위반의 문제를 노동조합 대표자의 협약체결권한에 대
한 제한의 문제로 보는 것에 대하여, 위 판결들에서는 노동조합의 협약체결권한
자체의 존부의 문제로 파악하고 있는 점을 주목할 필요가 있다.

나. 국내의 학설과 판례

(1) 학   설

(가) 불이익변경의 가부 — 원칙적 규범적 효력 인정

단체협약의 불이익변경에 의하여 근로조건을 인하할 수 있는가에 대하여,
단체협약에는 노동조합이라는 집단적 결집력을 배경으로 하여 개개인보다 유리
한 단체교섭을 펼친 결과 얻게 되는 근로조건의 유지·개선이라는 근본적인 목
적이 있다 할 것이어서, 이러한 목적에서 초래되는 본질적인 한계가 있다고 할
것이므로, 기존의 근로조건을 저하시킴으로써 근로자들에게 불리하게 되는 내용
의 협약은 무효로 보아야 할 것이며, 노동조합으로서도 그 결성목적에 비추어

---

263) 新基本法コメ労組, 194면(土田道夫 집필).
264) 水町勇一郎a, 173~174면.
265) 野川 忍a, 402면.

볼 때 그와 같은 불이익한 단체협약을 체결할 권한이 없다고 보는 견해266)가
있다.

그러나 지배적인 견해는 근로조건을 불리하게 변경하는 단체협약의 규범적
효력을 원칙적으로 인정한다. 가령 근로조건의 유지·개선은 장기적인 차원에서
파악하여야 할 필요가 있고, 단체교섭 역시 일종의 거래로서의 성격을 가지기
때문에 국가경제나 당해 기업의 상황 또는 노사관계의 여건 등을 감안하여 일
시적으로 불리한 내용에 대해서도 합의할 수 있다고 보아야 하므로 임금 등 근
로조건을 종전 단체협약에 비해 근로자에게 불리하게 변경하는 단체협약도 규
범적 효력을 가진다는 견해,267) 근로자들의 이익을 대표하는 노동조합은 시장법
칙을 존중하면서 기업의 지급능력의 범위 내에서 실현가능한 근로조건 그 밖의
대우에 관한 기준을 단체협약으로 정하지 않을 수 없어 협약당사자들은 변화된
경제적·경영상의 상황에 적합하게 근로조건을 적응시킬 수 있는 권한과 임무
를 함께 가지고 있으므로 협약당사자들이 협약규범을 유리하게 변경하는 것은
물론 불리하게 바꿀 수도 있다는 견해,268) 단체협약은 상대방과의 거래·타협의
산물이고 노동조합은 안팎의 여러 사정을 고려하여 전체적·장기적으로 근로조
건을 개선하려 하기 때문에 부분적·일시적으로 불리한 근로조건에 합의할 권
한을 가진다는 견해269) 등 단체협약의 불이익변경에 의한 근로조건의 인하를
인정하고 있다.270)

(나) 사법심사의 기준-규범적 효력의 예외적 한계 인정

단체협약의 불이익변경을 통하여 근로조건을 불리하게 변경하는 경우 원칙
적으로 규범적 효력을 인정하더라도 예외적으로 그 한계를 인정할지 여부, 또는
그 한계를 어떠한 관점에서 설정할 것인지에 관한 국내의 논의는 그다지 활발
하지 않다. 다만 일본의 학설과 판례의 영향하에서 절차심사의 관점에서 그 한
계를 설정하는 견해와 내용심사의 관점에서 그 한계를 설정하는 견해의 대립이
다소간 있다.

266) 홍준호a, 53~54면.
267) 김유성, 173면.
268) 김형배, 1308면.
269) 임종률, 164면.
270) 이밖에 단체협약의 불이익변경에 의한 근로조건의 인하를 긍정하는 견해로 이병태a, 11~
   12면 참조.

① 먼저 절차심사를 강조하는 견해271)가 있다. 노동조합은 사용자에 대해서 대등한 교섭력을 가지고 있는 것으로 전제되기 때문에 노조와 사용자 사이의 협약 내용의 합목적성·정당성 특히 형평성 여부는 원칙적으로 사법심사의 대상이 될 수 없다고 한다. 다만 현실적으로 노조가 대등한 교섭능력을 상실한 상태에서 불이익한 협약이 체결되어 심히 균형을 상실한 변경이라고 볼 수 있다거나 심지어는 불필요한 불이익변경을 한 경우에는 그 협약은 사법심사의 대상이 된다고 한다. 그러나 노동조합의 민주적 운영을 위해서, 그리고 근로조건의 직접적인 불이익을 입는 조합원들과의 의견조율을 위해서 노동조합의 집행부가 조합원 전원의 의견을 듣는 절차를 거치는 것(노조법 16조 1항 3호)은 단체협약의 규범적 효력 발생을 위한 하나의 요건이라며 절차심사를 긍정한다.

② 다음으로는 내용심사를 강조하는 견해272)이다. 근로조건을 불리하게 변경하는 단체협약이 일부 근로자에게만 불리하든 전체 근로자에게 불리하든 유효한지 여부는 조합대회 등을 통한 노동조합 내부에서의 토론이나 조합원 투표 등 노동조합 내부에서 의견수렴절차를 거쳤는가 여부에 따라 좌우되어서는 아니 되고 그 내용이 현저하게 합리성을 결여하였는가 여부에 달려 있다고 보는 견해이다. 내용심사와 관련하여 일본의 최고재 판결 등에서 제시된 기준, 즉 노동조합이 근로자들을 불이익하게 취급하는 것을 의도하였는지 여부는 단체협약의 유효성을 판단하는 별도의 기준으로 삼을 필요가 없고, 내용통제의 기준으로는 합리성 결여 하나로 족하며[왜냐하면 '특정의 노동자를 불이익하게 취급하는 것을 의도하여'라는 표현은, 별다른 이유도 없이 순전히 특정 근로자들에게 불이익을 가할 목적으로만(즉, 단순한 고의가 아니라 해의를 가지고) 협약을 체결하는 경우를 의미하는 것이라고 해석하여야 타당하고, 이러한 경우는 합리성 결여 여부라는 잣대에 의하여 충분히 걸러질 수 있기 때문이다], 현저하게 합리성을 결하였는지 여부는 그러한 내용의 단체협약을 체결한 경위, 사용자의 경영상태 등 여러 사정을 참작하여 판단하여야 할 것이라고 한다.

③ 다음으로 공정대표·균등대우론273)이 있다. 공정대표의무론에서 이익대

271) 김형배, 1312~1314면. 다만, 내용심사와 관련하여 특히 일부 조합원에 대해서 크게 형평에 어긋난 불이익을 주는 협약조항은 설령 민주적 절차를 거쳐 체결되었더라도 현저히 합리성을 결여하는 것이라면 내용심사의 대상이 된다고 한다.
272) 이광범, 100면; 최영룡, 407~408면.
273) 김재훈b, 115·118면.

표의 공정성은 절차 면과 실체 면 양쪽에서 체크된다고 한다. 근로조건의 유
지·개선을 목적으로 하는 노동조합의 목적에 비추어 보면 단체협약에 의한 근
로조건 인하는 예외적인 경우이고, 이러한 때에는 민주적으로 형성된 노조의사
에 근거하는 경우에 그에 대하여 규범적 효력을 부여할 수 있다고 한다. 특히
일부의 근로자에 대하여 중점적으로 불이익이 초래되는 사항에 관하여는 당해
근로자들의 의견을 충분히 수렴할 수 있는 기회가 제공되어야 한다고 하고, 노
동조합 목적의 달성이라는 관점에서 합리적인 이유가 없는 경우, 혹은 노조 목
적 달성에 필요한 합리적인 범위를 넘는 것이거나 다수결에 의해 일부 근로자
에 대해서만 이와 같은 불이익조치가 취해진다면 노조원의 균등대우의 원칙에
대한 위반으로 되고 규범적 효력이 인정되기 어려울 것이라고 한다.

④ 다음으로 불리변경 협약의 유효 여부에 관한 사법심사는 절차와 내용
양면에서 이루어져야 한다는 견해이다. 절차심사와 관련하여, 단체협약의 내용
이 일부 또는 모든 조합원에게 불리하더라도 그 규범적 효력이 인정될 수 있는
근거는 불리한 내용의 협약을 수용하고자 하는 노동조합의 집단적 의사에서 찾
아야 하고, 이러한 집단적 의사는 노동조합 내부에서의 신중하고 공정한 이해
조정의 절차를 통해 형성·결정되어야 하며, 특히 중대한 불이익의 경우나 조합
원 상호 간 이해대립이 큰 사항인 경우에는 더욱 그렇다고 보고, 노동조합의 대
표자에게 교섭권과 협약체결권을 부여하고 있는 노조법 규정(29조 1항)과 이에 관
한 판례 법리(노조 대표자의 협약체결권한에 대한 전면적·포괄적 제한은 위법하다는
법리)에만 주목하여 조합 내부에서의 신중하고 공정한 이해 조정 여부에 대한
절차적 심사를 배제하려는 태도는 노조법 16조 1항 3호와 22조의 취지를 도외
시하고 극단적 사법소극주의로 기울어져 불리변경 협약의 효력에 대한 사법심
사의 포기로 귀착될 우려가 있어 타당하지 않다고 본다. 내용심사와 관련하여,
협약자치의 원칙상 협약의 내용에 대한 사법통제는 소극적으로 행하여질 수밖
에 없는 근본적 한계가 분명히 있으나, 협약당사자의 협약체결권한이 남용되었
다고 볼 수 있는 경우에는 협약자치의 한계를 벗어난 것으로 현저히 불합리하
다고 보아야 하고, 조합원의 평등대우원칙과 노동조합의 공정대표의무에 반하는
내용으로 협약이 불리하게 변경된 경우 그 협약의 규범적 효력은 부인되어야
한다고 한다.[274]

---

274) 조용만c, 148~149면.

⑤ 마지막으로 절차심사를 중시하면서 일정한 경우에 내용심사를 할 필요가 있다는 견해275)가 있다.

(2) 판   례

㈎ 확립된 판례 법리의 내용

근로조건을 불리하게 변경하는 단체협약을 체결할 수 있는지에 관하여 판례는 다음과 같은 판시를 통해 확립된 법리를 제시하고 있다.

"협약자치의 원칙상 노동조합은 사용자와 사이에 근로조건을 유리하게 변경하는 내용의 단체협약뿐만 아니라 근로조건을 불리하게 변경하는 내용의 단체협약을 체결할 수 있으므로, 근로조건을 불리하게 변경하는 내용의 단체협약이 현저히 합리성을 결하여 노동조합의 목적을 벗어난 것으로 볼 수 있는 경우와 같은 특별한 사정이 없는 한, 그러한 노사 간의 합의를 무효라고 볼 수는 없고, 노동조합으로서는 그러한 합의를 위하여 사전에 근로자들로부터 개별적인 동의나 수권을 받을 필요가 없으며, 단체협약이 현저히 합리성을 결하였는지 여부는 단체협약의 내용과 그 체결경위, 당시 사용자 측의 경영상태 등 여러 사정에 비추어 판단해야 한다."276)

대법원 2000. 9. 29. 선고 99다67536 판결에서 처음 제시된 판례 법리는 다음과 같이 정리할 수 있다.

① 원   칙

협약자치의 원칙상 근로조건을 불리하게 변경하는 내용의 단체협약에도 규범적 효력이 인정되고, 근로자들로부터 개별적인 동의나 수권을 받을 필요가 없다.

② 예   외

다만 근로조건을 불리하게 변경하는 내용의 단체협약이 현저히 합리성을 결하여 노동조합의 목적을 벗어난 것으로 볼 수 있는 특별한 사정이 있는 경우에는 규범적 효력의 한계가 인정되어 규범적 효력이 인정되지 아니한다.

---

275) 마은혁a, 65~66면.

276) 대법원 2000. 9. 29. 선고 99다67536 판결, 대법원 2000. 12. 22. 선고 99다10806 판결, 대법원 2001. 1. 19. 선고 2000다30516 등 판결, 대법원 2002. 4. 12. 선고 2001다41384 판결, 대법원 2002. 11. 26. 선고 2001다36504 판결, 대법원 2002. 12. 26. 선고 2002도5145 판결, 대법원 2002. 12. 27. 선고 2002두9063 판결, 대법원 2003. 9. 5. 선고 2001다14665 판결, 대법원 2007. 11. 29 선고 2005다28358 판결, 대법원 2007. 12. 14. 선고 2007다18584 판결, 대법원 2011. 7. 28. 선고 2009두7790 판결, 대법원 2014. 9. 4. 선고 2012다35309 판결, 대법원 2014. 12. 24. 선고 2012다107334 판결, 대법원 2015. 8. 19. 선고 2015다24676 판결.

③ 현저히 합리성을 결하였는지 여부의 판단요소

단체협약이 현저히 합리성을 결하였는지 여부는 단체협약의 내용과 그 체결경위, 당시 사용자 측의 경영상태 등 여러 사정에 비추어 판단해야 한다.

㈑ 선례와 구체적 사례

① 유사한 선례와 적용영역

대법원 2000. 9. 29. 선고 99다67536 판결에서 위 판례 법리가 처음 제시되기 전에 대법원 1999. 11. 23. 선고 99다7572 판결에서는 일부 근로자에 대하여 근로조건을 불리하게 변경하는 내용의 단체협약을 체결하거나 근로조건을 유리하게 변경하는 단체협약을 일부 근로자에 대하여만 그 적용을 배제하는 내용으로 체결한 경우에도, 그것이 현저히 합리성을 결하여 노동조합의 목적을 벗어난 것으로 볼 수 있는 것과 같은 특별한 사정이 없는 한, 그러한 노사 간의 합의를 무효라고 할 수는 없다고 판시하였다.

위 판결의 사안은 단체협약을 불리하게 변경한 것이 아니라 단체협약을 유리하게 변경하면서 일부 근로자에 대하여만 그 적용을 배제한 경우에 관한 것으로 단체협약 불이익변경에 관한 사안과는 성질을 달리한다. 다만 단체협약을 유리하게 변경하면서 일부 근로자에 대하여만 그 적용을 배제하는 것은 일부 근로자 집단을 차별적으로 처우하였다는 점에서 일부 근로자에 대하여 근로조건을 불리하게 변경하는 내용의 단체협약을 체결하는 것과 문제 상황을 같이 하는 면이 있다.[277]

위 판결에서는 이러한 관점에서 원래 단체협약의 체결에 의하여 근로조건을 불이익하게 변경하는 경우의 통제 법리인 현저한 불합리성에 관한 법리를 근로조건을 유리하게 변경하면서 일부 근로자에 대하여 그 적용을 배제하는 경우에 관한 법리로 원용하면서, 일부 근로자에 대한 불이익변경의 경우와 근로조건을 유리하게 변경하면서 일부 근로자 집단을 배제하는 경우 모두에 관한 통제 법리로서 제시하였다.

여하튼 단체협약의 불이익변경에 한정하여 보면 위 99다7572 판결에서 현저한 불합리성에 관한 법리는 일부 근로자에 대한 불이익변경의 통제 법리로

---

277) 대법원 2007. 11. 29. 선고 2005다28358 판결의 사안도 명예퇴직금 지급조건을 유리하게 변경하는 단체협약을 체결하면서 이미 명예퇴직이 확정된 근로자에 대하여는 그 적용을 배제하기로 한 것이어서 위 99다7572 판결의 사안과 유사하다고 볼 수 있다.

제시되었다.

그러나 대법원 2000. 9. 29. 선고 99다67536 판결에서 처음으로 제시된 판례 법리에서는 위 판결과는 달리 현저한 불합리성에 관한 법리에 일부 근로자라는 제한을 두지 않고 전체 근로자에게 불이익이 가해지는 경우까지 포함하여 단체협약의 불이익변경 일반에 관한 통제 법리로서 제시하였다[대법원 2000. 9. 29. 선고 99다67536 판결에서 현저한 불합리성에 관한 법리를 단체협약 불이익변경 일반에 관한 통제 법리로 제시한 것은 위 판결의 사안이 조합원 전체의 근로조건(상여금 포기)을 불이익하게 변경하는 것이 문제로 되었던 사안인 것에 기인한다고 볼 수 있다].

한편 우리 판례는 현저한 불합리성 기준에 의한 내용심사는 근로조건의 유지·개선 기타 근로자의 경제적·사회적 지위의 향상을 도모한다는 노동조합의 목적에 비추어 근로조건을 불리하게 변경하는 내용의 단체협약이 무효인지 여부를 판단하는 데에 적용될 것이지 그에 해당하지 아니함이 명백한 경우에는 적용될 수 없다[278]는 점을 명확히 함으로써 위 판례 법리의 적용 대상을 단체협약의 불이익변경의 경우에 한정하였고, 그 외의 경우에는 협약자치의 원칙에 따라 단체협약에 대한 내용심사가 자제되어야 함을 명확히 하였다.

② 구체적 사례

단체협약의 불이익변경이 현저히 합리성을 결여하였는지 여부에 관하여 대법원에서 판단이 내려진 구체적 사례로는, 근로자가 일정기간 동안 실제로 근로를 제공하더라도 상여금을 지급하지 않기로 하는 내용의 특별노사합의의 내용이 현저히 합리성을 결한 것으로 볼 수 없다고 한 사례,[279] 상여금을 반납하기로 결의하는 내용의 노사공동결의서에 현저히 합리성을 결하여 무효라고 볼 사정이 없다고 한 사례,[280] 1998. 4.의 상여금을 지급하지 않기로 하고 1998. 12.의 상여금을 50%만 지급하기로 하는 임금협약 등의 효력을 인정한 사례,[281] 급

---

278) 대법원 2007. 12. 14. 선고 2007다18584 판결. 위 대법원 판결의 1심 판결인 울산지법 2006. 8. 10. 선고 2005가합7692 판결에서는 '회사가 차기 아이템 수주를 위해 최선의 노력을 하되 만약 아이템을 수주하지 못할시 금속노조 요구안인 125,445원(시급:523원)으로 인상한다'는 내용의 근로자들에게 유리하고 사용자에게 불리한 이 사건 합의를 현저히 불합리하다고 보아 무효로 보았다. 항소심 판결(부산고법 2007. 2. 7. 선고 2006나15465 판결)은 제1심 판결을 대부분 인용하면서 역시 이 사건 합의가 현저하게 불합리하다고 보아 그 효력을 부인하였다. 이에 대하여 위 대법원 판결은 위와 같은 관점에서 원심 판결을 파기 환송하였다.
279) 대법원 2000. 9. 29. 선고 99다67536 판결.
280) 대법원 2001. 1. 19. 선고 2000다30516 등 판결.
281) 대법원 2002. 4. 12. 선고 2001다41384 판결.

여체계를 연봉제로 운영하고 직원들 보수 수준을 1998년도 기본급의 10%를 반납한 수준에서 정한다는 등의 내용의 단체협약이 효력이 미친다고 한 사례,[282] 미사용한 연차수당은 포기하기로 하는 내용 등의 단체협약이 유효하다고 한 사례,[283] 무단결근자의 면직기준일수를 월 7일에서 월 5일로 단축하기로 하는 내용의 단체협약에서 정한 면직기준이 징계해고에 적용된다고 한 사례,[284] 회사가 정상 가동될 때까지 무급휴가를 실시하기로 한 단체협약을 현저히 합리성을 결한 것으로 볼 수 없다고 한 사례,[285] 기본급 5%와 상여금 200%의 '반납' 약정을 무효라고 할 수 없다고 한 사례,[286] 마이너스 연봉제가 현저히 합리성을 결한 것으로 볼 수 없다고 한 사례[287]가 있다.

위 사례들은 모두 일부 근로자들에게 불이익이 가해진 사례가 아니라 근로자 전체를 대상으로 불이익변경이 행해진 사례들이다. 그리고 모두 현저히 합리성을 결하였다고 볼 수 없다는 등의 이유로 단체협약의 규범적 효력을 인정하였다.

그런데 일부 근로자들의 정년을 단축하기로 한 단체협약의 효력이 문제된 대법원 2011. 7. 28. 선고 2009두7790 판결에서 대법원은 불이익변경의 현저한 불합리성을 인정하여 단체협약을 무효로 보았다. 대법원은 학교법인 갑이 자신이 운영하는 병원 소속 근로자들로 구성된 노동조합과 '2005년·2006년 임·단 특별협약'을 체결하면서 근로자들 정년을 60세에서 54세로 단축하기로 합의하고 취업규칙의 정년 규정도 같은 내용으로 변경한 후, 그에 따라 54세 이상인 을을 포함한 일반직원 22명을 정년퇴직으로 처리하였는데, 갑과 노동조합이 2008년 단체협약을 체결하면서 정년을 매년 1년씩 단계적으로 연장하여 종전만 60세 정년으로 환원하기로 합의함에 따라 2007년 당시 54세에 달하지 아니하였던 근로자들은 실질적으로 정년이 단축되지 아니하였고, 한편 이 사건 특별협약에는 정년 단축과 별도로 30명 이내에서 구조조정 하는 내용이 포함되어 있었으나, 이 사건 특별협약이 시행된 이후 단축된 정년규정에 따라 대상 근로자가 퇴직 처리된 이외에는 별도의 정리해고 등 구조조정이 없었던 사안에서,

282) 대법원 2002. 11. 26. 선고 2001다36504 판결.
283) 대법원 2002. 12. 26. 선고 2002도5145 판결.
284) 대법원 2002. 12. 27. 선고 2002두9063 판결.
285) 대법원 2003. 9. 5. 선고 2001다14665 판결.
286) 대법원 2014. 12. 24. 선고 2012다107334 판결.
287) 대법원 2015. 8. 19. 선고 2015다24676 판결.

제반 사정에 비추어 이는 일정 연령 이상의 근로자들을 정년 단축의 방법으로
일시에 조기 퇴직시킴으로써 사실상 정리해고의 효과를 도모하기 위하여 마련
된 것으로 보이고, 모든 근로자들을 대상으로 하는 객관적·일반적 기준이 아닌
연령만으로 조합원을 차별하는 것이어서 합리적 근거가 있다고 보기 어려우므
로, 특별협약 중 정년에 관한 부분은 현저히 합리성을 결하여 무효라고 판단하
였다.

　　한편 위 판결에서 대법원은 위 특별협약의 정년에 관한 부분이 현저히 합
리성을 결하였다고 보고 특별협약 중 정년에 관한 부분을 무효라고 하면서 위
특별협약에 근거하여 개정된 취업규칙도 무효라고 봄으로써 단체협약에 의한
근로조건의 불이익변경에 관한 현저한 불합리성 법리가 취업규칙의 불이익변경
에 대한 집단적 동의가 있는 경우에 그 한계 법리로 적용될 수 있음을 인정하
였다.288) 대법원은 나아가, 직무연동연봉제를 도입하는 취업규칙 불이익변경의
효력이 문제된 사안에서, 단체협약의 불이익변경의 한계에 관한 위 판례 법리를
직접적으로 원용하면서 직무연동연봉제가 현저하게 합리성을 결하였는지 여부
를 판단289)하기도 함으로써 위 법리가 집단적 동의를 받은 취업규칙 불이익변
경의 한계 설정에도 적용될 수 있음을 인정하였다.

　(다) 심사 기준에 관한 판례의 태도 — 내용심사의 관점에 선 사법심사

　① 일본의 朝日火災海上保險(石堂)事件最高裁判決과의 비교

　　대법원 2000. 9. 29. 선고 99다67536 판결에서 제시되어 확립된 위와 같은
판례 법리는 앞서 살펴 본 일본의 朝日火災海上保險(石堂)事件最高裁判決 등의
영향하에 이를 일부 수정하여 형성된 것으로 보인다. 우리의 판례 법리를 일본
의 朝日火災海上保險(石堂)事件最高裁判決과 비교하여 보면 최종적 기준으로 노
동조합의 목적을 일탈 또는 벗어났는지 여부를 제시하고 있는 점에서는 동일하
나, 朝日火災海上保險(石堂)事件最高裁判決에서는 동 협약이 특정 혹은 일부 조
합원을 특별히 불이익하게 취급할 목적으로 체결되었다는 점 등을 노동조합의
목적을 일탈한 경우의 한 실례로 들고 있는 것과는 달리, 우리의 판례 법리에서

---

288) 위 2009두7790 판결의 판례 해설인 이미선a, 1295~1296면에서는 단체협약의 불이익변경의
　　한계이론이 취업규칙의 불이익변경에도 준용된다고 보고 있다.
289) 대법원 2014. 9. 4. 선고 2012다35309 판결. 다만, 위 판결에서 취업규칙 불이익변경의 내
　　용적 한계를 판단함에 있어 단체협약 불이익변경에 관한 판시를 취업규칙에 적합한 형태로
　　수정하지 않은 채 그대로 원용한 것에는 의문이 있다.

는 현저히 합리성을 결여한 경우를 노동조합의 목적을 벗어나는 핵심적 징표로 삼고 있다는 점에서 차이가 있다.

우리의 판례 법리에서 제시된 위 현저한 불합리성 여부라는 징표는 오히려 앞서 본 바와 같이 日本トラック事件判決에서 노조법·노기법의 정신에 반하는 특단의 사정 중 하나로 제시한 것(개정 노동협약이 극히 불합리하다)과 유사하고, 朝日火災海上保險(高田)事件最高裁判決에서 제시된 현저한 불합리성 기준과 그 문언상 동일하다.

또한 구체적 판단요소를 비교하여 보면 朝日火災海上保險(石堂)事件最高裁判決에서는 '협약의 체결경위, 회사의 경영상태, 협약에 정하여진 기준의 전체로서의 합리성'을 들고 있는 반면, 우리의 판례 법리에서는 '단체협약의 내용과 그 체결경위, 당시 사용자 측의 경영상태 등'을 제시하고 있다. 단체협약의 내용이라는 판단요소가 추가되어 있는 점, '협약에 정하여진 기준의 전체로서의 합리성'이라는 판단요소가 제외되어 있는 점에서 차이가 있다.

② 내용심사의 강도와 범위

우리의 판례 법리는 규범적 효력의 한계를 단체협약의 내용이 현저히 불합리한가라는 관점에서 파악하는 것이라고 볼 수 있다. 판례 법리가 내용심사의 관점에 서 있는 점은 위 판례 법리에서 심사기준으로 제시한 현저한 불합리성 여부 자체가 문언상 내용심사의 관점을 강하게 내포하고 있는 기준인 점, 현저한 불합리성의 판단요소로서 제일 먼저 단체협약의 내용을 거론하고 있는 점에서 잘 나타난다.

그런데 협약이 특정 혹은 일부 조합원을 특별히 불이익하게 취급할 목적으로 체결되었다는 점 등을 노동조합의 목적을 일탈한 경우의 한 실례로 들고 있는 朝日火災海上保險(石堂)事件最高裁判決과는 달리, 우리의 판례 법리에서는 현저히 합리성을 결여한 경우를 노동조합의 목적을 벗어나는 핵심적 징표로 삼음으로써 내용심사의 강도 또는 내용심사가 행해지는 범위에서 차이가 발생할 수밖에 없다.

내용심사의 강도라는 면에서 보면, 앞서 일본 판례에 대한 검토에서 본 것처럼 朝日火災海上保險(石堂)事件最高裁判決이 당시까지의 하급심 판결의 극히 불합리라는 기준(日本トラック事件判決)이나 비조합원에 관하여 朝日火災海上保險(高田)事件最高裁判決에서 제시된 현저한 불합리성이라는 기준은 채택하지 않으면서, 특정 또는 일부의 조합원을 특별히 불이익하게 취급할 것을 목적으로 하는 경우만을 실례로 제시하고 이를 조합목적의 일탈 여부라는 기준에 결부시킨 것은 위 하급심 판결이나 비조합원에 관한 朝日火災海上保險(高田)事件最高裁判決보다는 완화된 내용심사의 기준을 제시하는 의미가 있는 것이다.

그런데 우리 판례 법리는 오히려 위 하급심 판결에서 제시된 기준과 유사한, 그리고 비조합원에 관하여 朝日火災海上保險(高田)事件最高裁判決에서 제시된 기준과 동일한 '현저한 불합리성'이라는 기준을 채용함으로써 朝日火災海上保險(石堂)事件最高裁判決보다는 엄격한 기준을 채용한 것으로 볼 여지가 있다.290)

내용심사의 범위라는 면에서 보면, 일본의 학설은 대체로 내용심사와 관련하여 주로 일부 근로자 집단에게만 불이익하게 변경하는 내용의 협약에 대하여 내용심사를 인정하고(菅野和夫, 西谷 敏 등), 판례 사안도 대체로 일부 근로자에게만 불이익이 가해지는 경우에 관한 것이다. 앞서 살펴 본 대법원 1999. 11. 23. 선고 99다7572 판결에서도 현저한 불합리성 법리는 일부 근로자에 대하여 근로조건을 불리하게 변경하거나 근로조건을 유리하게 변경하면서 일부 근로자에게만 그 적용을 배제하는 단체협약의 통제 법리로서 제시되었다. 그러나 우리의 판례 법리는 일부 근로자에게만 불이익하게 변경하는 내용의 단체협약에 대한 통제 법리일 뿐 아니라 전체 근로자에게 불이익이 미치는 단체협약에 대한 통제 법리로서의 의미도 갖는다고 할 수 있다.

이와 같이 내용심사의 강도 및 범위라는 면에서 볼 때 우리의 판례 법리는 형식 논리상으로는 일본의 위 최고재 판결보다는 보다 넓은 범위에서의 내용심사의 가능성을 시사하고 있다고 볼 여지가 있다.

다만 그러한 가능성은 판례상 아직 실현되고 있지는 않다. 비록 대법원 2011. 7. 28. 선고 2009두7790 판결에서 현저한 불합리성을 인정하여 규범적 효력을 부인한 사례가 있지만, 이는 전형적으로 일부 근로자들에게 불이익이 가해진 사례이다. 근로자 전체를 대상으로 불이익변경이 행해진 사례들과 관련하여서는 모두 현저히 합리성을 결하였다고 볼 수 없다는 등의 이유로 단체협약의

---

290) 다만 위와 같은 단체협약의 불이익변경과 관련한 내용심사의 기준으로서의 현저한 합리성 심사는 취업규칙에 대한 내용심사의 기준인 합리성 심사보다는 완화된 심사기준이라고 할 수 있다. 취업규칙에 대한 합리성 심사에 관한 자세한 설명은 근기법주해(2판) Ⅲ, 899면 이하 참조.

규범적 효력이 인정되었다.

　이는 한편으로는 협약자치의 원칙에 기초할 때 단체협약의 내용에 대한 광범위한 심사를 통해 규범적 효력을 부인하는 것은 적절하지 않다는 입장에 따른 결과라고 볼 수도 있지만, 다른 한편으로는 현저한 불합리성이라는 내용심사기준이 전체 근로자들에게 불이익이 미치는 사안에서는 유의미한 통제기준으로 구체화되어 작동하고 있지 못하다는 것을 의미한다고 볼 수 있다.

　㈃ 절차심사에 대한 판례의 태도
　① 절차심사의 배제
　단체협약의 불이익변경의 한계와 관련한 절차심사의 필요성에 대한 판례의 태도에 대하여, 판례는 단체협약으로 근로조건을 불이익하게 변경할 경우 노동조합이 사전에 내부 토론이나 조합원투표 등 특별한 의사집약 절차를 거칠 것을 요구하지 않는다291)고 보아 절차심사를 배제하는 태도라고 보는 것이 일반적이다.

　② 노동조합 대표자의 단체협약 체결권한에 대한 제한의 가부에 관한 판례
　절차심사에 대한 판례 법리의 태도는 노동조합 대표자의 단체협약 체결권한에 대한 제한의 가부에 관한 판례의 태도와 밀접한 관계를 가지고 있으므로 먼저 이에 대하여 살펴본다.

　판례는 노동조합 대표자와 사용자가 교섭을 타결한 후에 그 타결안에 대하여 총회의 찬반투표로 인준을 거친 때에만 정식의 단체협약을 체결할 수 있도록 하는 총회인준조항은 대표자 또는 수임자의 단체협약 체결 권한을 전면적·포괄적으로 제한함으로써 사실상 단체협약 체결 권한을 형해화하여 명목에 불과한 것으로 만드는 것이어서 구 노조법 33조 1항의 취지에 위반된다고 보았다.292) 그리하여 총회인준조항을 담고 있는 단체협약에 대한 시정명령293), 규약에 대한 시정명령294)은 적법하다고 보았다.

　나아가 판례295)는 규약에서 단체협약의 체결에 관한 사항에 대하여 사전에 노동조합총회 또는 대의원대회의 결의를 거치고, 사후에 노동조합총회 또는 대

---

291) 이미선, 1290~1291면. 조용만c, 146~147면도 참조.
292) 대법원 1993. 4. 27. 선고 91누12257 전원합의체 판결.
293) 대법원 1993. 4. 27. 선고 91누12257 전원합의체 판결.
294) 대법원 1993. 5. 11. 선고 91누10787 판결. 대법원 1993. 11. 23. 선고 92누18344 판결.
295) 대법원 2002. 11. 26. 선고 2001다36504 판결.

의원대회로부터 인준을 받도록 규정되어 있음에도 위와 같은 절차를 거치지 않고 노동조합 대표자가 체결한 단체협약의 효력과 관련하여, 노동조합의 대표자 또는 수임자가 단체교섭의 결과에 따라 사용자와 단체협약의 내용을 합의한 후 다시 협약안의 가부에 관하여 조합원총회의 의결을 거쳐야 한다는 것은 대표자의 단체협약 체결 권한을 전면적·포괄적으로 제한함으로써 사실상 단체협약 체결 권한을 형해화하여 명목에 불과한 것으로 만드는 것이어서 노조법 29조 1항의 취지에 위반된다고 보고, 노동조합 위원장이 단체교섭의 결과에 따라 회사와 사이에 단체협약인 보수제도 운용방안을 합의한 후 노동조합 총회나 대의원대회의 결의 또는 인준을 거치지 않았다 하더라도 위 단체협약을 무효로 볼 수 없다고 한 원심 판결의 태도를 긍정하였다. 위 판결은 단체협약의 불이익변경과 관련한 것인데,296) 인준절차를 밟지 않고 체결된 단체협약의 효력을 인정함으로써 규범적 효력의 한계와 관련한 절차심사의 관점을 분명하게 배제한 것으로 볼 수 있다.

다만 대법원297)은 인준조항이 아닌 조합 대표자의 단체협약 체결 권한의 절차적 제한과 관련하여서는, 단체협약은 노동조합의 개개 조합원의 근로조건 기타 근로자의 대우에 관한 기준을 직접 결정하는 규범적 효력을 가지는 것이므로 단체협약의 실질적인 귀속주체는 근로자이고, 따라서 단체협약은 조합원들이 관여하여 형성한 노동조합의 의사에 기초하여 체결되어야 하는 것이 단체교섭의 기본적 요청인 점, 노동조합법 16조 1항 3호는 단체협약에 관한 사항을 총회의 의결사항으로 정하여 노동조합 대표자가 단체교섭 개시 전에 총회를 통하여 교섭안을 마련하거나 단체교섭 과정에서 조합원의 총의를 계속 수렴할 수 있도록 규정하고 있는 점 등에 비추어 보면, 노동조합이 조합원들의 의사를 반영하고 대표자의 단체교섭 및 단체협약 체결 업무 수행에 대한 적절한 통제를 위하여 규약 등에서 내부 절차를 거치도록 하는 등 대표자의 단체협약 체결 권한의 행사를 절차적으로 제한하는 것은, 그것이 단체협약 체결 권한을 전면적·포괄적으로 제한하는 것이 아닌 이상 허용된다고 보아야 한다고 하여 일정한

---

296) 취업규칙 불이익변경에 대한 단체협약을 통한 동의와 관련된 사안에서 인준조항에 관한 위 법리를 원용하여 취업규칙의 효력을 긍정한 사례로는 대법원 2002. 6. 25. 선고 2002다2287 판결, 대법원 2002. 6. 28. 선고 2001다77970 판결, 대법원 2005. 3. 11. 선고 2003다27429 판결 참조.
297) 대법원 2014. 4. 24. 선고 2010다24534 판결.

범위 내에서의 절차적 제한을 허용하고 있다. 나아가 대법원 2018. 7. 26. 선고 2016다205908 판결은, 위와 같이 허용되는 범위 내에서 절차적 제한이 있음에도 노동조합의 대표자가 조합원들의 의사를 결집·반영하기 위하여 마련한 내부 절차를 전혀 거치지 아니한 채 조합원의 중요한 근로조건에 영향을 미치는 사항 등에 관하여 만연히 사용자와 단체협약을 체결하였고, 그 단체협약의 효력이 조합원들에게 미치게 되면, 이러한 행위는 특별한 사정이 없는 한 헌법과 법률에 의하여 보호되는 조합원의 단결권 또는 노동조합의 의사 형성 과정에 참여할 수 있는 권리를 침해하는 불법행위에 해당한다고 하였다.

위와 같이 전면적·포괄적인 제한은 아닌 제한, 가령 사용자와의 단체교섭 타결 전에 총회 또는 대의원대회의 결의에 의하여 교섭안을 확정하도록 하는 내용의 절차적 제한이 규약에 있음에도 대표자가 위와 같은 절차를 거치지 않고 사용자와 단체협약을 체결한 경우 위 단체협약의 효력 여부가 문제된다.

이와 관련하여 대법원 2005. 3. 11. 선고 2003다27429 판결은 규약에서 단체협약의 체결 또는 개정을 총회의결사항으로 정한 것에 대하여 이를 단체교섭 전에 이러한 규약상의 절차를 거쳐야 하는 것으로 해석하더라도 위 규약상의 대표권의 제한은 조합장이 조합을 대표하여 체결한 위 단체협약의 효력에 영향을 미치지 못한다고 하여 위와 같은 사전적 절차적 제한을 위반한 단체협약의 효력을 인정한 것으로 볼 수 있다.

또한 위 대법원 2014. 4. 24. 선고 2010다24534 판결의 사안은 단체협약에 관한 사항을 총회 또는 대의원대회 및 운영위원회에서 심의·의결하도록 정하였음에도 노동조합 위원장이 이러한 절차를 거치지 아니하고 단체협약을 체결하자 조합원들이 위원장 개인을 상대로 손해배상책임을 구한 사안인데, 원심 판결에서 노동조합 위원장이 규약에 정한 내부절차를 거치지 아니한 채 교섭과정에서 논의된 적도 없는 근로조건에 관하여 종전보다 불리하게 개정된 내용으로 단체협약을 체결함으로써 조합원들에게 정신적인 고통을 가하였다는 이유로 선량한 관리자의 주의의무 위반에 따른 손해배상책임을 인정한 것에 대하여, 대법원은 노동조합 대표자가 개별 조합원에 대하여서까지 위임관계에 따른 선량한 관리자의 주의의무를 부담한다고 볼 수는 없다는 이유로 원심 판결을 파기 환송하였다. 만약 대법원이 절차적 제한을 위반한 단체협약의 효력을 부정하는 입장이었다면 근로조건을 불이익하게 변경하는 단체협약의 효력이 부정되어 조합

원들에 손해가 없다는 이유로 원심 판결을 파기할 수 있었을 것이므로, 굳이 노
동조합 대표자에게 조합원에 대한 선관주의 의무가 있는지 여부를 판단할 필요
가 없다고 볼 수 있고, 이러한 의미에서 위 대법원 판결 또한 규약상의 대표권
제한을 위반하여 체결된 단체협약의 효력을 인정하는 태도를 전제하고 있다고
볼 여지가 있다. 나아가 대법원 2018. 7. 26. 선고 2016다205908 판결 역시 절차
적 제한을 위반하여 체결된 단체협약의 효력이 인정된다는 전제 아래 이로 인
하여 조합원의 단결권 또는 노동조합의 의사 형성 과정에 참여할 수 있는 권리
가 침해되어 불법행위에 해당한다고 판단한 것으로 볼 수 있다.

　　결국 판례는 단체협약의 불이익변경의 효력 여부와 관련하여 절차심사의
관점을 배제하고 있고, 절차적 제한을 위반하여 체결된 단체협약의 효력을 인정
하고 있다고 볼 수 있다.

다. 검   토

(1) 규범적 효력의 원칙적 인정

　　헌법 33조 1항, 노조법 1조, 2조 4호의 규정으로부터 노동조합 및 단체협약
의 목적이 근로조건의 유지·개선에 있다는 점은 부인할 수 없다. 그러나 그것
은 계속적이고 동적인 법률관계인 근로관계를 규율하는 이념으로서는 존중되어
야 할 것이지만, 개별 단체협약의 효력 유무를 판단하는 기준이라고는 볼 수 없
고, 장기적·전체적·종합적 관점에서 보아 관철될 목표인 것이지, 일단 설정된
근로조건의 어떠한 인하도 배제하는 원칙으로 이해할 수는 없다. 특히 기업도산
의 회피를 위해 기업경영이 호전되기까지 일시적으로 근로조건의 저하를 수인
할 수밖에 없는 경우 등 전체적·장기적으로 근로조건의 유지·향상을 목적으
로 근로조건의 일시적 불이익변경이 행해지는 경우가 있다. 따라서 근로조건의
유지·개선이라는 노동조합의 목적으로부터 바로 근로조건의 불이익변경 금지
라는 결론을 이끌어 내는 것은 논리의 비약이라고 하지 않을 수 없다.298) 협약
의 체결 과정에서 규범적 효력의 궁극적 근거인 집단적 자기결정이 관철되는
경우에는 단체협약의 체결 결과 근로조건의 유지·개선이 이루어지지 않았다는
것만으로, 즉 새로운 협약에 의하여 근로조건이 불이익하게 변경되었다는 점만
으로 규범적 효력이 미치지 않는다고 할 것은 아니다.

---

298) 西谷 敏c, 269면 이하.

따라서 노동조합과 사용자의 합의에 의하여 근로조건을 불리하게 변경하는 협약이 체결된 경우 원칙적으로 규범적 효력을 인정하여야 한다.

한편 단체협약의 불이익변경과 관련하여 근로자의 개별적 수권을 요한다고 본 일본의 大阪白急タクシ-事件決定이 있으나, 집단적·통일적 근로조건을 설정하는 규범인 단체협약의 속성상 그 불이익변경의 효력을 좌우하는 것은 불이익변경에 관한 집단적 수권 또는 불이익변경을 승인하는 집단의사의 형성 여부이지 개별적 수권 내지 동의라고 볼 수 없다.

따라서 우리 판례 법리가 근로조건을 불이익하게 변경하는 단체협약에 대하여 원칙적으로 규범적 효력을 인정하고 이를 위하여 개별적 동의나 수권을 받을 필요가 없다고 본 것은 타당하다고 할 것이다.

(2) 예외적 한계의 설정

그러나 헌법 33조 1항에서 근로자는 근로조건의 향상을 위하여 노동3권을 가진다고 규정하고 있고, 노조법 1조, 2조 4호에서도 근로조건의 유지·개선을 노조법 또는 노동조합의 목적으로 규정하고 있는 데에서 알 수 있는 것처럼, 근로조건을 불이익하게 변경하는 단체협약을 체결하는 것은 조합원인 근로자로서는 조합 가입 시에 예상하지 않았던 예외적인 상황이라고 할 수 있고, 조합원에게 현저한 불이익이 미칠 가능성이 있기 때문에 무제한적으로 규범적 효력을 인정할 수는 없다. 따라서 근로조건을 불이익하게 변경하는 단체협약의 규범적 효력을 원칙적으로 인정한다 하더라도 단체협약에 의하여 근로조건을 불이익하게 변경한다는 예외적 상황에 대하여는 일정한 심사가 가해져야 하고, 그 심사를 통과하지 못하는 경우에는 규범적 효력의 한계가 인정된다.

이러한 예외를 어떠한 관점에서 설정할 것인가에 대하여는, 앞서 일본과 한국의 학설·판례에 대한 검토를 통하여 알 수 있는 것처럼 절차심사의 관점과 내용심사의 관점이 대립한다.

(3) 절차심사의 필요성

단체협약의 불이익변경에 대한 사법심사는 기본적으로 절차심사의 관점에서 행해져야 한다.

(가) 규범적 효력의 실질적 근거[299)

노조법은 근로자가 다른 근로자와 단결하여 집단의 힘으로 근로조건의 결정에 실질적으로 관여함으로써 형해화된 계약자유를 집단적 차원에서 회복하고, 근로조건의 집단적 공동결정을 도모하기 위하여 단체협약에 규범적 효력을 인정한 것이라고 할 수 있다.

따라서 협약당사자가 규범적 효력의 발생을 의도하더라도 이를 무비판적으로 승인할 수는 없고, 집단적 차원에서의 계약자유의 회복, 집단적 공동결정이라는 취지에 합치하는 한도 내에서 규범적 효력을 인정하여야 한다. 집단적 공동결정은 집단적 자기결정을 전제로 하고, 집단적 자기결정은 근로자가 근로조건 결정 과정에 실질적으로 관여하는 것, 즉 단체협약의 체결을 향한 조합 내부의 민주적인 의사형성과정을 통하여 근로자의 의사가 적절하게 집약되어 집단의사가 형성된 경우에 인정된다. 이와 같이 민주적 의사형성과정에서 형성된 집단의사에 따른 집단적 자기결정은 단체협약이 규범적 효력을 가지기 위한 실질적 근거이자 규범적 효력의 한계를 획정하는 기본적인 기준이라 할 수 있다.

이를 노동조합의 단체협약 체결권한이라는 관점에서 보면, 노조법 33조에 의하여 노동조합과 사용자는 단체협약이라는 법규범을 설정할 권한을 가지게 되는데, 위와 같은 권한은 단체협약의 체결이 집단적 차원에서의 계약자유의 회복, 집단적 공동결정에 부합하는 한에서만 인정된다. 따라서 위와 같은 집단의사의 형성을 통한 집단적 자기결정이 결여된 경우에는 노동조합은 규범적 효력이 인정되는 단체협약 체결 권한을 가진다고 볼 수 없다.

전통적인 법원(法源)론에 따르면, 계약이라면 당사자의 합의에, 규범이라면 정통성이 있는 제정권한을 가지는 자가 적정한 절차를 밟아 그것을 제정하는 것에 각각의 구속력의 연원이 구해진다.[300)

협약당사자인 노동조합과 사용자 사이의 권리의무관계를 규율하는 채무적 효력은 계약당사자인 노동조합과 사용자 사이의 합의만 있으면 발생한다. 그러나 법규범으로서의 단체협약의 규범적 효력은 노동조합이 규약 등에 정하여진 절차를 밟아 집단의사가 형성되고 집단적 자기결정이 이루어짐으로써 노동조합

---

299) 규범적 효력의 실질적 근거에 관한 이하의 논의는 西谷 敏a, 328~330면; 西谷 敏c, 262~267면의 논의에 기초한 것이다.

300) 矢野昌浩, 141면.

에게 법규범으로서의 단체협약을 체결할 권한이 발생하는 것을 전제로 하여 사용자와의 집단적 공동결정이 이루어질 때 비로소 발생하는 것이다.

단체협약에 의하여 근로조건을 불이익하게 변경하는 경우에는 더욱 더 민주적 의사형성과정을 거쳐 형성된 집단의사에 따른 집단적 자기결정이 있어야 단체협약이 규범적 효력을 가질 수 있다. 따라서 근로조건을 불이익하게 변경하는 단체협약이 규범적 효력을 갖는지를 심사함에 있어서도 집단의사의 형성을 통한 집단적 자기결정이 있었는지 여부, 즉 단체협약의 체결을 위한 조합 내부의 의사형성과정에서 근로자의 의사가 민주적으로 집약되어 집단의사가 형성되었는지 여부가 기본적인 심사기준이 된다고 할 것이고, 이와 같은 의미에서 절차심사가 행해져야 한다.

(나) 절차심사를 배제하는 판례 법리에 대한 평가

위와 같은 관점과 아래의 논의에 따르면, 근로조건을 불이익하게 변경하는 단체협약에 대해 우리 판례 법리가 절차심사를 배제하는 것은 타당하지 않다.[301]

① 일본 판례 법리에 대한 잘못된 이해

우리의 판례 법리는 朝日火災海上保險(石堂)事件最高裁判決의 판시에 기초하여 그 판단 틀을 일부 수정한 것이라고 할 수 있는데, 앞서 본 바와 같이 위 최고재 판결은 그 판시 자체로는 내용심사에 중점이 있는 것으로 볼 수 있으나 절차심사를 배제하는 입장이라고 볼 수 없고, 위 최고재 판결 이후의 하급심 판결들 또한 절차상의 하자를 변경의 필요성·합리성과 나란히 상대적인 판단요소의 하나로 파악할 것인지(종합판단형), 아니면 독립한 무효원인으로 볼 것인지

---

[301] 판례 법리와 달리 절차심사의 관점을 보여주는 하급심 판결이 전혀 없는 것은 아니다. 전주지법 군산지원 1999. 4. 28. 선고 98가소34408 판결, 전주지법 2000. 4. 26. 선고 99나5708 판결의 다음과 같은 판시 참조. "단체협약은 노동조합이 사용자 또는 사용자 단체와 근로조건 기타 노사관계에서 발생하는 사항에 관하여 체결하는 협정으로서, 노동조합은 사용자측과 조합원인 근로자의 이익을 전체적, 장기적으로 옹호하면서 그 자체로서는 근로자에게 불리한 협정을 체결할 수 있고 그 경우 근로자에게 불리한 단체협약 조항도 원칙적으로 규범적 효력을 갖고 근로자에게 효력이 미친다 할 것이며, 노동조합의 대표자는 단체교섭권 뿐만 아니라 단체협약을 체결할 권한도 가지나, 단체협약은 근로자의 근로조건 등 생존권과 직결되는 것이므로 노동조합 대표자의 협약체결권도 무제한일 수는 없고, 노동조합 대표자가 단체협약 체결권을 가진다고 하더라도 노동조합의 자주성 및 민주성의 확보를 위한 협약 체결 이전의 조합 총회에 의한 사전 인준절차를 부정하는 근거가 될 수는 없으며, 노조법은 중요한 안건은 반드시 총회의 의결을 거치도록 규정하고 있으므로, 회사의 도산 위기를 방지하기 위한 경우라도 임금의 인하나 임금의 일부 포기에 관한 협정을 체결할 경우에는 단체협약에 특별한 규정이 없는 한 조합원총회나 조합원투표에 의한 특별수권을 요한다."

(절차심사형)는 유형마다 차이가 있지만, 적어도 절차심사를 생략하지는 않는 입장이라고 할 수 있다.

앞서 본 바와 같이 국내의 일부 논자들302)이 朝日火災海上保險事件最高裁判決의 입장을 내용심사 외에 절차심사를 요구하지는 않는 입장이라고 이해하는 것은 타당하지 않다. 절차심사를 배제하는 우리 판례 법리의 태도는 직접적으로는 일본 판례 법리에 대한 위와 같은 잘못된 이해에서 비롯된 면이 있다.

② 노동조합의 단체협약 체결 권한에 대한 절차적 제한과 노동조합 대표자의 단체협약 체결 권한에 대한 절차적 제한의 준별

근로조건을 불이익하게 변경하는 단체협약에 대하여 절차심사를 배제하는 우리 판례 법리의 태도는 보다 근원적으로는 앞서 살펴 본 노동조합 대표자의 대표권 제한에 관한 판례 법리에 그 기초를 두고 있다고 할 수 있다.

앞서 본 바와 같이 판례는 규약 등에서 인준조항을 둔 경우에 이를 노동조합 대표자의 단체협약 체결 권한을 형해화 하는 것으로 보아 노조법에 위반된다고 보고, 인준절차를 밟지 않고 체결된 단체협약의 규범적 효력을 인정하였다. 또한 최근에는 노동조합 대표자의 단체협약 체결권한에 대한 전면적·포괄적인 제한이 아닌 사전적·절차적 제한은 인정하면서도 위와 같은 사전적·절차적 제한에 위반하여 체결된 단체협약에 대하여도 규범적 효력을 인정하는 것을 전제로 하는 태도를 보이고 있다.

그러나 인준조항이든 그에 해당하지 않는 사전적·절차적 제한이든 노동조합의 규약이나 단체협약에서의 집단의사 형성 절차에 관한 제한은 근로자와 사용자의 개별적 근로관계를 규율하는 단체협약의 규범적 부분과 이에 관한 규범적 효력이 문제되는 경우에는 노동조합 대표자의 단체협약 체결 권한에 대한 제한의 문제이기에 앞서 노동조합의 단체협약 체결권한 자체에 대한 제한의 문제로 파악되어야 한다.

즉, 단체협약의 체결을 총회의 결의사항 등으로 하고 있는 규약 등의 제한이 있는 경우, 이는 총회를 통하여 노동조합의 집단의사를 형성할 것을 요구하는 것인데, 앞서 본 바와 같이 단체협약이라는 법규범을 설정하는 노동조합의 권한은 위 집단의사가 형성된 경우에 비로소 발생하는 것이다. 총회 등의 민주적 절차를 거쳐 집단의사를 형성하는 등 집단적 자기결정이 있는 경우에 비로

302) 최영룡, 407면; 이광범, 98면; 이미선, 1289면.

소 노동조합에게 규범적 효력을 갖는 단체협약을 체결할 권한이 발생하는 것이
고, 이와 같은 절차가 결여된 경우에는 노동조합은 단체협약이라는 법규범을 설
정할 권한이 없게 되는 것이다.

앞서 살펴 본 절차심사형에 속하는 일본의 판결례, 즉 中根製作所事件과 鞆
鉄道事件의 각 항소심판결에서 규약에서 정한 조합대회 등의 절차적 제한을 위
반한 하자가 있는 경우 노동조합의 협약체결권한이 없는 것으로 보고 단체협약
이 무효라고 본 것은 바로 이러한 관점에 선 것이라고 할 수 있다.

따라서 노동조합의 규약이나 단체협약에 단체협약의 체결을 총회의 결의사
항으로 하는 등의 절차적 제한이 있는 경우 그것이 인준조항이든 아니면 이에
이르지 않는 사전적 제한이든 이는 노동조합이 법규범으로서의 효력이 있는 단
체협약을 체결할 권한에 대한 제한으로서 의미를 가지고, 이는 노조법이 단체협
약에 규범적 효력을 부여하는 실질적 근거에 기초한 제한이므로 어느 것이든
이를 노조법에 위반되어 위법하다고 볼 수는 없으며, 위와 같은 절차적 제한을
위반한 노동조합에게는 규범적 효력을 가지는 단체협약을 체결할 권한이 없으
므로, 위와 같은 절차적 제한을 위반하여 체결된 단체협약에는 규범적 효력이
인정되지 아니한다.

㈐ 절차심사에 비판적인 견해에 대한 검토

단체협약의 불이익변경에 대한 사법심사는 기본적으로 절차심사의 관점에
서 행해져야 한다는 위와 같은 이해방식에 대하여는, 노동협약의 구속력의 근거
그 자체는 조합원이 조합에 가입하여 노동협약에 따르는 것에 동의한 점에서
구해진다고 보고, 조합 내부의 절차는 조합자치의 문제이므로 재판소의 심사는
바람직하지 않으며, 조합 내부의 절차적인 하자가 노동협약의 효력을 좌우하는
것은 사용자에게 불측의 손해를 부여하는 것이 된다며 비판하는 견해가 있다.303)

단체협약의 구속력은 조합원에게만 미치고 비조합원에게는 미치지 않는다
는 점에서 단체협약의 구속력의 기초를 조합원의 조합가입의사에서 구하는 것
자체가 잘못된 견해라고 볼 수는 없다. 그러나 일반 계약과는 달리 단체협약이
조합원에 대하여 규범적 효력이라는 특별한 효력을 미치는 것은 조합원의 조합
가입의사라는 주관적 기초 이외에 앞서 살펴 본 바와 같은 계약자유의 실질적

---

303) 대표적으로는 大內伸哉a, 288면 이하; 大內伸哉b, 88~89면.

회복이라는 객관적 기초에 의하여 그 근거가 마련된다고 볼 수 있으므로,304) 조합가입의사에 의하여 단체협약에 따르는 것에 동의하였다고 하여 노동조합에게 당연히 무제한적으로 규범적 효력을 가지는 단체협약을 체결할 권한이 있다고 볼 수는 없다. 조합가입의사는 규범적 효력의 주관적 기초이자 필요조건이기는 하지만 충분조건이라고까지 할 수는 없는 것이다.

또한 조합 자치는 조합민주주의에 의하여 제약을 받는 것이고 조합민주주의에 반하는 조합운영에 대하여는 사법심사가 불가피하다고 할 수 있다.

나아가 협약은 노동조합과 사용자 사이의 합의에 의하여 체결되지만, 노동조건의 기준에 관한 부분은 조합원에 대하여 규범적 효력을 가지는 것이고, 사용자·노동조합·조합원의 3면 관계의 구조를 가진다.305)

단체협약이 협약당사자인 노동조합과 사용자 사이의 권리의무관계를 규율하는 효력이 문제가 되는 경우에는 그 법률관계는 노동조합과 사용자의 2면 관계이지만, 규범적 효력이 문제되는 경우에는 그 법률관계는 노동조합과 사용자 그리고 독자적인 권리의무주체로서의 근로자 사이의 3면 관계로 형성되는 것이다. 이 3면 관계에서 노동조합과 사용자에게는 규범적 효력을 설정할 권한이 부여되어 규범적 효력을 가지는 단체협약이라는 법규범을 설정하는 지위에 있고, 근로자는 위 단체협약의 규범적 효력의 적용대상자로서 구속을 받는 지위에 있다.

이와 같은 법률관계의 구조를 고려하면 집단의사의 민주적 형성 과정에 하자가 있는 경우 이를 단순히 조합 내부의 절차적 하자로 치부할 수는 없는 것이고, 단체협약이라는 법규범의 공동설정권한을 가진 노동조합과 사용자의 규범설정권한 자체의 정통성에 흠결이 발생하여 단체협약의 적용대상자인 근로자 개개인에 대한 구속력에 문제가 발생하게 된다.

한편 사용자는 단체협약의 체결에 의하여 조합원인 근로자 집단에게 집단적인 근로조건을 통일적으로 설정하는 막대한 이익을 누리게 된다. 비록 절차적 제한을 위반한 하자로 인하여 단체협약의 규범적 효력이 부정되는 경우 사용자에게는 손해가 발생할 여지가 있으나, 이는 위와 같은 막대한 이익을 누리는 대가로서 사용자가 수인해야 할 성질의 것이라고 볼 수 있다.

---

304) 계약자유의 실질적 회복과 조합원의 가입의사를 노동협약의 규범적 효력의 실질적 근거로 보는 견해에 대하여는 西谷 敏b, 693~694면 참조.
305) 砂山克彦, 23면.

⒧ 절차심사의 구체적 기준

일반적으로 조합의 의사결정과 관련하여 조합원 전원이 직접 결정에 참여할 수 있는 형태(총회 또는 조합원 투표)가 가장 민주적이라고 할 수 있지만, 대의원에 의한 간접민주주의도 가능하고, 규약에서 어떠한 절차를 정하는가는 조합자치에 맡겨져 있다고 할 수 있다.

그러나 조합원 전부 또는 일부의 근로조건을 불이익하게 변경하는 경우에는 절차적 요건이 가중되어 원칙적으로 전원투표나 조합대회와 같은 조합원 전원이 참가할 수 있는 절차에 의한 의사결정을 요한다.

근로조건의 불이익변경을 허용할 것인지에 관하여 조합원 사이에서 충분히 토론이 이루어지고 이에 따라 집단의사가 형성되어 집단적 자기결정이 이루어지는 것, 즉 전원참가의 민주적 절차에 의한 사전 승인 또는 사후 추인이 있었던 경우에만 원칙적으로 근로조건의 불이익변경을 내용으로 하는 협약의 규범적 효력이 승인될 수 있다.

특히 일부의 조합원에게만 심각한 불이익이 부과되는 협약조항과 관련하여서는 조합원 전체의 의사를 형성하는 과정에서 그 일부 조합원들의 의사가 충분히 반영되었는지에 대한 심사가 필요하다.

⒨ 절차심사의 이론적 위치

우리 판례 법리는 현저한 불합리성 여부의 판단요소로서 협약의 체결경위를 들고 있는데, 이와 관련하여 구체적인 사안에서 특별 의사집약 절차의 이행 여부는 위 판례가 판단 기준의 하나로 들고 있는 '협약의 체결경위'를 구성하는 것으로서, 다른 사정들과 함께 합리성을 판단하는 요소로 기능할 것이라는 견해,306) 판례가 현저한 불합리성 여부 판단 기준의 하나로 제시하고 있는 '단체협약의 체결경위'에는 불이익을 받는 조합원을 포함한 조합 내부적 의견청취·수렴, 기타 규약 소정의 절차 준수 여부 등이 포함되는 것으로 해석할 필요가 있다는 견해307)가 있고, 이러한 관점에 서면 판례 법리에 따르더라도 절차심사의 관점을 도출해 낼 여지가 있다고 할 수 있다.

다만 이와 같이 보더라도 이는 민주적 절차를 밟는 것의 이론적 위치를 단체협약이 현저히 합리성을 결여하였는지 여부에 대한 종합판단의 한 요소로 위

---

306) 이미선, 1290면.
307) 조용만c, 148~149면.

치 지우는 것에 불과하다.

　　민주적 절차의 중요성에 비추어 볼 때 집단적 자기결정이 이루어졌다고 평
가할 수 있는 집단의사의 형성 여부는 노동조합 본래의 목적을 일탈하지 아니
할 것과 나란히 협약이 규범적 효력을 가지기 위한 독립적 요건으로서 파악되
어야 한다.308)

　　㈐ 절차심사의 실정법적 근거

　　단체협약의 불이익변경에 대한 절차심사의 실정법적 근거로는 단체협약의
규범적 효력에 관하여 규정하고 있는 노조법 33조 이외에 단체협약에 관한 사
항을 총회의 의결사항으로 하고 있는 노조법 16조 1항 3호, 조합원은 균등하게
노동조합의 모든 문제에 참여할 권리와 의무를 가진다고 규정하는 노조법 22조
를 들 수 있을 것이다.

　　(4) 내용심사의 필요성

　　㈎ 협약자치의 원칙과 내용심사

　　먼저 단체협약의 내용에 대한 광범위한 심사는 허용되지 않는다고 할 것이
다. 협약자치의 원칙에 의하면 강행법규에 위반되지 않는 한 노동조합과 사용자
가 단체협약에서 무엇을 정하는가는 원칙적으로 당사자의 자유이고 법원 등은
이에 개입할 수 없다.

　　단체협약의 불이익변경의 경우에도 협약자치를 근거로 한 위와 같은 태도
가 기본적으로는 타당하다고 볼 수 있다.

　　그러나 헌법 33조에 의한 협약자치의 보장은, 단체협약이 노사의 대등성이
회복된 집단적 교섭의 결과이므로 노사 쌍방의 이익이 고려된 실질적으로 타당
한 내용일 것이라고 생각하는 것이지만, 조합 내부에서 아무리 절차를 다 밟는
다고 하더라도, 노동조합의 현실적인 교섭력이 약하기 때문에 근로자의 이익에
명백히 반하는 단체협약이 체결될 수 있다. 이 경우에도 협약자치의 이념을 강
조하여 내용심사를 부정하는 것은 오히려 헌법 33조의 취지에 반한다.309) 따라
서 단체협약의 불이익변경에 대한 일정한 정도의 내용심사가 요구되고, 판례가
현저한 불합리성 법리에 의하여 내용심사를 하고 있는 것은 타당하다고 할 것
이다.

---

308) 水町勇一郎a, 382면.
309) 桑村裕美子b, 117〜118면.

(나) 내용심사의 기준, 강도 및 범위

판례는 현저히 합리성을 결하여 노동조합의 목적을 벗어났는지 여부를 내용심사의 기준으로 제시하고 단체협약이 현저히 합리성을 결하였는지 여부는 단체협약의 내용과 그 체결경위, 당시 사용자측의 경영상태 등 여러 사정에 비추어 판단해야 한다고 하여 그 판단 요소도 제시하고 있다.

앞서 본 바와 같이 현저한 합리성이라는 기준은 취업규칙의 내용심사 기준인 합리성 기준보다는 완화된 기준으로, 사용자의 단독결정의 산물인 취업규칙과 공동결정의 산물인 단체협약의 본질적 차이를 고려할 때 단체협약에 대하여 위와 같이 완화된 기준에 의하는 것은 일응 타당하다고 할 수 있다. 다만 앞서 본 것처럼 현저한 불합리성 기준에 의한 판례의 내용심사는 일본의 朝日火災海上保險(石堂)事件最高裁判決보다는 엄격한 기준을 채용한 것이라는 점도 유의할 필요가 있다. 우리 판례 법리에서 제시하는 현저한 불합리성 법리에 의한 내용심사를 위와 같은 강도에 따르는 내용심사로 이해할 수 있을 것이다(단순한 합리성 심사도 아니고, 극히 예외적인 경우에만 인정하는 것도 아닌 정도의 내용심사).

나아가 현저한 불합리성 기준은 일부 근로자에게만 불이익하게 변경하는 내용의 단체협약에 대한 통제 법리일 뿐 아니라 전체 근로자에게 불이익이 미치는 단체협약에 대한 통제 법리로서의 포괄성을 갖는다고 볼 수 있다.

(다) 내용심사의 관점

판례에서 제시한 기준인 '현저히 합리성을 결하여 노동조합의 목적을 벗어났는지' 여부에 관한 내용심사는 다음과 같은 두 가지 관점에서 이루어져야 한다.310)

첫째는, 집단 내부의 불이익배분의 현저한 불균형의 배제이다. 다수파로부터 소수파를 보호하고 다수결의 원리가 남용되는 경우에 관한 통제 원리이다.

둘째는, 사용자와의 관계에서 근로자의 이익에 명백히 반하는 협약의 배제이다. 근로자의 노동3권을 보장하여 근로조건의 유지 · 개선과 근로자의 경제적 · 사회적 지위의 향상을 도모한다는 노조법의 목적(법 1조)에 따른 통제원리이다.

첫째의 관점에 따른 내용심사는 특정 혹은 일부 근로자 집단에게 불이익이

---

310) 이하의 논의는 桑村裕美子b, 118면에 기초한 것이다.

집중되는 단체협약의 불이익유형에서 유의미한 기준이라고 할 수 있다.

둘째의 관점에 따른 내용심사는 일부 근로자 집단에게 불이익이 집중되는 유형은 물론 조합원 전체에게 일률적으로 불이익이 미치는 유형에도 미치는데, 특히 후자의 유형에서 유용하다.

㈑ 일부 근로자에게 불이익이 집중되는 유형에 대한 내용심사의 구체적 기준 및 실정법적 근거

일부 근로자에게 불이익이 집중되는 경우에는 평등원칙에 입각한 내용심사가 필요하다. 구체적인 심사기준과 관련하여서는 단체협약의 법규범적 성격을 고려할 때 평등권 침해에 대한 위헌심사기준인 자의적 차별금지나 비례의 원칙을 원용하여 심사할 수 있을 것이다. 평등원칙에 근거한 내용심사의 실정법적 근거로는 노동조합의 조합원은 어떠한 경우에도 인종, 종교, 성별, 연령, 신체적 조건, 고용형태, 정당 또는 신분에 의하여 차별대우를 받지 아니한다고 규정한 노조법 9조를 들 수 있을 것이다.

Ⅲ. 단체협약의 채무적 효력

1. 채무적 효력의 의의

단체협약이 협약당사자인 노동조합과 사용자 사이에 권리·의무를 발생시키는 계약으로서의 효력을 단체협약의 채무적 효력이라 한다. 노조법에 단체협약의 채무적 효력에 관한 명문의 규정은 없지만 단체협약이 협약당사자의 의사의 합치에 의하여 성립하는 계약으로서의 성질을 가지는 이상 다른 모든 계약과 마찬가지로 협약당사자인 노동조합과 사용자 사이에 권리·의무를 발생시키는 계약적 효력이 있다.

채무적 효력은 협약당사자 사이에 권리·의무를 발생시키는 계약적 효력이라는 점에서 협약당사자가 아닌 근로자와 사용자 사이에서 계약적 효력을 넘어서는 법규범 유사의 효력을 발생시키는 규범적 효력과 구별된다.

채무적 효력이 협약당사자인 노동조합과 사용자 사이의 집단적 노동관계에 관하여 발생하는 것은 당연하다. 그러나 채무적 효력은 집단적 노동관계에 관해서만 발생하는 것이 아니라 근로자와 사용자 사이의 근로조건에 관한 개별적

근로관계, 즉 규범적 부분에 관하여도 발생한다는 점을 유의할 필요가 있다. 규범적 부분 또한 전체가 계약으로서의 성질을 갖는 단체협약의 한 부분인 점을 고려하면, 규범적 부분에 관하여 개별 근로자와 사용자 사이에 계약적 효력을 넘어서는 규범적 효력이 발생한다는 것이 규범적 부분에 관하여 계약 당사자인 노동조합과 사용자 사이에 계약으로서의 효력이 발생하는 것을 부정하는 의미를 갖는 것은 아니다. 규범적 효력에 의하여 규범적 부분은 실질적으로 근로자에게 귀속되고 근로자는 개별적으로 사용자에 대하여 권리를 취득하지만 여전히 노동조합은 위 규범적 부분을 포함한 단체협약의 당사자로서 규범적 부분과 관련하여 사용자에게 위 규범적 부분이 이행될 것을 요구할 수 있고, 사용자는 노동조합에 대하여 규범적 부분의 실행의무를 부담한다고 할 수 있다. 따라서 규범적 부분에 관하여 규범적 효력 이외에 협약당사자인 노동조합과 사용자 사이에 권리·의무를 발생시키는 채무적 효력이 인정된다(이에 따라 사용자가 단체협약의 규범적 부분을 조합원인 근로자에게 이행하는 것은 조합원인 근로자에 대한 의무를 이행하는 것일 뿐 아니라 노동조합에 대한 단체협약상 채무를 이행하는 것이 된다[311]). 이와 같은 의미에서 채무적 효력은 단체협약 전체에 관하여 발생하는 효력이라고 할 수 있다.

2. 채무적 부분

단체협약의 내용 중 근로조건 기타 근로자의 대우에 관한 기준에 관한 개별적 근로관계를 규율하는 부분, 즉 규범적 부분 이외에 협약당사자 사이의 집단적 노동관계에 관한 사항을 정한 부분이 있다. 이 부분에 대하여는 규범적 효력은 인정되지 않고 채무적 효력만이 인정된다. 이와 같이 단체협약 중 협약당사자 사이의 집단적 노동관계에 관한 사항을 정한 부분은 채무적 효력만이 인정된다는 의미에서 채무적 부분이라고 한다.

채무적 부분은 주로 노동조합과 사용자 사이의 집단적 노동관계에 관한 질서를 둘러싼 권리·의무에 관하여 규정한 단체협약 조항을 말한다. 비조합원의 범위에 관한 조항, 숍(shop) 규정 등 조합 조직에 관한 조항, 취업 시간 중이나 사업장 내 조합 활동에 관한 조항,[312] 사업장 내 조합 사무실의 이용, 노조전임

---

311) 김형배, 1268면.
312) 노조법 92조 2호 마목에서는 단체협약의 내용 중 '근무시간 중 회의참석에 관한 사항'을 위반한 자를 1천만 원 이하의 벌금에 처하도록 하고 있다.

자나 근로시간면제자 등 노동조합에 대한 편의제공에 관한 조항,313) 단체교섭의 절차와 방식에 관한 조항,314) 노동쟁의의 조정 또는 중재방법에 관한 조항,315) 또는 쟁의행위의 절차와 방식 등에 관한 조항316) 등이 그것이다.

한편, 집단적 노동관계에 관한 규정이 아니면서도 근로자의 채용에 관한 규정이나 근로조건에 관하여 사용자의 노력의무를 정한 규정과 같이 채무적 부분에 속하는 경우가 있다고 보는 견해가 있다.317)

기업별협약에서는 협약당사자 사이의 집단적 노동관계에 관한 권리·의무를 정한 채무적 부분의 비중이 높은 것이 특징이다.

단체협약 내에 집단적 노동관계를 제도적으로 규율하는 조항을 특히 조직적(제도적) 부분이라 하여 규범적 부분이나 채무적 부분과 구별할 수 있다는 견해가 있으나,318) 이에 대하여는 독일과 같은 명문의 규정(독일 단체협약법 4조 참조)도 없을뿐더러 이를 인정할 특별한 실익도 없다는 견해가 있다.319)

3. 채무적 효력의 내용

단체협약의 채무적 효력에는 단체협약 중 개별 조항마다의 효력으로서 단체협약의 개별 조항에 명시된 내용에 따라 협약당사자에게 권리·의무를 발생시키는 효력 이외에 단체협약 중 모든 조항에 관하여 공통적으로 발생하는 효력으로서 협약당사자가 특별히 명시하지 않아도 발생하는 실행의무와 평화의무가 있다.320)

---

313) 노조법 24조에서는 단체협약으로 정하거나 사용자의 동의가 있는 경우에 노조전임자를 둘 수 있고, 근로시간면제자와 근로시간 면제 한도에 대하여 규정할 수 있음을 명시하고 있다. 또 노조법 92조 2호 마목에서는 단체협약의 내용 중 '시설·편의제공에 관한 사항'을 위반한 자를 1천만 원 이하의 벌금에 처하도록 하고 있다.

314) 노조법 48조에서는 노동관계 당사자가 단체협약에 노동관계의 적정화를 위한 노사협의 기타 '단체교섭의 절차와 방식'을 규정하는 것에 대하여 명문으로 규정하고 있다.

315) 노조법 52조에서는 노동관계 당사자가 쌍방의 합의 또는 단체협약이 정하는 바에 따라 노조법에서 정한 방법과 다른 조정 또는 중재방법, 즉 사적 조정 등에 관하여 정할 수 있다고 규정하고 있다.

316) 노조법 92조 2호 바목에서는 단체협약의 내용 중 '쟁의행위에 관한 사항'을 위반한 자를 1천만 원 이하의 벌금에 처하도록 하고 있다.

317) 임종률, 172면.

318) 김형배, 1274～1275면.

319) 김유성, 174면.

320) 사법연수원a, 213～214면; 西谷 敏a, 363면.

가. 실행(이행)의무

(1) 실행의무의 내용

단체협약이 계약으로서의 성질을 가지는 이상 협약당사자는 단체협약을 그 내용에 좇아 실행할 의무가 있다. 실행의무는 채무적 부분은 물론 규범적 부분도 포함한 단체협약 전체에 대하여 발생하는 효력이다.[321] 실행의무의 내용으로 협약당사자의 구성원이 협약위반행위를 하지 않도록 통제할 법적 의무로서의 영향의무가 있는지에 대하여는 견해의 대립이 있다.[322]

(2) 규범적 부분과 실행의무 및 실행의무 위반의 구제

(가) 실행의무의 인정

단체협약 중 규범적 부분과 관련하여서도 협약당사자에게 실행의무가 있다는 점은 일반적으로 인정되고 있다.[323]

(나) 실행의무 위반에 대한 구제

사용자가 단체협약의 규범적 부분을 위반하는 경우에 개별 조합원은 사용자를 상대방으로 직접 협약상 기준의 이행을 소구할 수 있다.[324] 이에 반해 노동조합이 실행의무에 근거하여 이행청구·확인청구를 할 수 있느냐에 대하여, 이론적으로는 단체협약의 규범적 부분을 준수하지 않는 사용자에 대하여 노동조합이 그 이행 및 확인을 구할 수 있다고 볼 수 있지만,[325] 규범적 부분에 의하여 발생하는 권리·의무가 협약당사자가 아니라 협약당사자의 구성원에게 실질적으로 귀속된다[326]는 점과 관련하여 논의가 있다.

① 먼저 이행청구와 관련하여, 개별 조합원의 청구권 행사에 의하여 실현가능한 내용(예를 들어 구체적인 임금 지급)에 관하여는 노동조합에게 소의 이익이 없다고 해석되고 있다.[327] 다만 일반적으로 조합원 개개인의 청구권 행사에 의해서는 규범적 부분의 실현을 기대하기 어려운 경우에는 조합 자신에 의한 이

---

321) 水島郁子, 93면.
322) 부정하는 견해로 김유성, 175~176면. 긍정하는 견해로 김형배, 1267~1268면; 임종률, 165
　　~166면.
323) 김유성, 180면; 김형배, 1267면; 菅野, 936면; 西谷 敏a, 363면.
324) 김유성, 179면.
325) 水島郁子, 93~94면.
326) 가령 대법원 2014. 4. 24. 선고 2010다24534 판결, 대법원 2018. 7. 26. 선고 2016다205908
　　판결 참조.
327) 김형배, 1267면, 각주 2); 菅野, 936면; 水町, 148면.

행청구가 허용되어야 한다고 하고 그러한 경우로는 작업순서·작업환경·안전
위생에 관한 규정을 들고 있다.328)

　② 또한 확인청구와 관련하여, 단체협약의 규범적 부분의 해석에 관하여
사용자와 노동조합 간에 다툼이 생긴 경우와 같이 단체협약 규정의 불명확성으
로 인하여 분쟁이 발생한 경우 관련 쟁점이 법원의 판결에 의하여 공권적으로
확정되면 협약을 둘러싼 분쟁이 일시에 해결될 수 있다는 점에서, 노동조합에게
확인의 소를 허용하는 것이 타당하다고 한다.329)

　③ 나아가 규범적 부분에 관한 실행의무 위반을 이유로 한 손해배상청구는
가능하다고 보는 것이 일반적이고, 특별한 소송상 장애는 없다.330) 다만 통상은
위자료의 지급에 그칠 것이라고 한다.331)

　④ 이와 관련된 소송법상의 문제가 있다. 즉, 노동조합이 규범적 효력의 대
상인 개별적 근로관계상의 권리·의무관계와 관련하여 권리·의무관계의 주체
인 개별 근로자로부터 소송수행권을 수여받아 노동조합의 이름으로 소송수행을
할 수 있는가, 즉 규범적 부분과 관련하여 노동조합의 임의적 소송담당이 허용
되는가의 문제이다.

　임의적 소송담당은 원칙적으로 허용되지 않는다는 것이 통설·판례의 태도
이다. 다만 변호사대리의 원칙이나 소송신탁의 금지를 잠탈할 염려가 없고, 또
이를 인정할 합리적 필요가 있을 때에는 임의적 소송담당을 확대 허용하여도
좋을 것이라며 노동조합의 임의적 소송담당을 그 예로 드는 것이 보통이다.332)

　나아가 합리적 필요성과 관련하여 소송담당자가 다른 사람의 권리관계에
관한 소송에 대하여 자기 고유의 이익을 가질 때, 소송담당자가 소송수행권을
포함한 포괄적인 관리처분권을 가지고, 권리의 귀속주체에 못지않게 그 권리관
계에 관하여 지식을 가질 정도로 관여하고 있는 때를 그 구체적 기준으로 제시
하는 견해가 있다.333)

　살피건대, 근로관계가 존속하고 있는 상황에서 개별 근로자가 사용자를 상
대로 소를 제기하는 데에는 현실적 어려움이 있으므로 노동조합을 앞세워 소를

---

328) 김유성, 180면; 김형배, 1267면 각주 2); 임종률, 166~167면; 菅野, 936면.
329) 김유성, 180면; 김형배, 1267면 각주 2); 임종률, 166~167면; 菅野, 936면; 西谷 敏a, 364면.
330) 김유성, 180면; 임종률, 167면; 菅野, 937면; 西谷 敏a, 364면.
331) 西谷 敏a, 364면.
332) 이시윤, 143~144면.
333) 정동윤·유병현, 195면.

제기하는 것이 법원에 대한 접근권의 실질적 존중이라고 할 수 있고, 노동조합이 개별 근로자의 이익형성을 노력하는 것만큼이나 그 권리실현에 조력하는 것도 노동조합의 본연의 임무에 해당한다 할 것이므로 노동조합에게 임의적 소송담당을 허용하는 것이 변호사대리의 원칙이나, 소송신탁금지의 취지에 저촉된다고 할 수 없다.

또한 합리적 필요성과 관련하여 사용자는 규범적 부분에 관하여 노동조합에 대하여 실행의무를 부담하므로 노동조합에게 고유한 이익이 있다고 할 수 있고, 노동조합은 협약당사자이므로 개별 근로자보다 단체협약의 내용과 의미 등에 관하여 더 많은 지식을 가지고 있다고 볼 수 있다.

따라서 노동조합은 임의적 소송담당으로서 규범적 부분에 관한 소송에서 자기의 이름으로 소송수행을 할 수 있다고 본다.[334]

(3) 채무적 부분과 실행의무

단체협약 중 채무적 부분과 관련하여 실행의무가 인정되고, 협약당사자가 채무적 부분을 위반한 당사자를 상대로 이행의 청구나 손해배상의 청구를 할 수 있다는 점은 일반적으로 인정된다.[335]

나. 평화의무

(1) 의   의

평화의무란 단체협약의 유효기간 중에 협약에서 정한 사항의 개폐를 목적으로 한 쟁의행위를 하지 않을 의무를 말한다. 위와 같은 의미에서의 평화의무는 협약에서 정한 사항에 한정하여 발생하는 상대적 의무인 점에서 상대적 평화의무로 불리고, 협약에서 정한 사항뿐 아니라 협약에서 정하지 않은 사항을 포함한 일체의 사항에 관하여 쟁의행위를 금지하는 의무인 절대적 평화의무[336]와 구별된다. 평화의무가 단체협약 자체에 명시적으로 규정되는 경우 이를 평화의무조항이라고 한다.[337]

---

334) 남궁준a, 80면 이하.
335) 임종률, 166면; 菅野, 935면.
336) 절대적 평화의무를 정하는 규정의 효력에 대하여는 유효설[임종률, 170면 주 1); 西谷 敏a, 368면에서는 노동조합으로서의 자유로운 판단이 저해되었다고 볼 수 있는 특별한 사정이 없는 한 유효라고 한다], 무효설(김유성, 176면)의 대립이 있다.
337) 김유성, 240면. 한국노동연구원(박명준·조성재·문무기), 419면에 의하면 조사대상협약 중 56.4%의 협약에서 평화의무조항이 나타난다고 한다.

또한 평화의무는 평화조항과 구별된다. 평화조항이란 노사 간에 분쟁이 발생한 경우에 일정한 절차(일정한 기간의 협의·조정 등)를 거치지 않으면 쟁의행위로 나아갈 수 없다는 것을 정한 단체협약 조항을 말한다. 평화조항은 쟁의행위의 예방 및 평화적 해결을 목적으로 하는 점에서 평화의무와 유사한 기능을 가지지만,[338] 평화의무가 협약유효기간 중의 쟁의행위 그 자체를 배제하는 것에 대하여, 평화조항은 쟁의행위를 배제하는 것은 아니다.[339]

이론상 실행의무와 마찬가지로 평화의무도 협약당사자 모두에게 요구되는 의무이지만, 실제상으로는 실행의무가 주로 사용자에 대하여 요구되는 의무라면 평화의무는 주로 노동조합의 의무로서 기능한다.

(2) 법적 근거

평화의무의 근거에 대하여는 내재설, 합의설, 신의칙설의 대립이 있다. 내재설[340]은 평화의무를 단체협약의 평화적 기능에 내재하는 본래적 의무로 파악한다. 이에 대하여 합의설[341]은 평화의무는 협약당사자 간의 명시적·묵시적 합의에 의하여 발생한다고 보고, 특별한 사정이 없는 한 평화의무에 관한 묵시적인 합의가 성립되어 있다고 한다. 신의칙설[342]은 평화의무는 이행의무로부터 당연히 파생되는 신의칙상의 의무라고 본다.

어느 견해에 따르든 평화의무는 협약당사자 사이에 이에 관하여 명시적 규정(평화의무 조항)이 없더라도 당연히 발생한다.[343]

위 견해들의 차이는 평화의무를 협약당사자의 합의에 의하여 배제할 수 있는지 여부(평화의무 배제 조항의 효력 여부)에 있다. 평화의무를 단체협약에 내재하는 본래적 의무로 이해하는 내재설에 의하면 위와 같은 배제조항은 무효가될 것이다. 합의설에 의할 때에는 협약당사자가 평화의무를 배제하는 약정을 하는 것이 가능할 것이다.[344] 한편 신의칙설을 취하면서 평화의무를 당사자의 자유로운 처분에 맡길 수 없다고 보는 견해가 있다.[345]

---

338) 김유성, 176면.
339) 西谷 敏a, 368면.
340) 김형배, 1270~1271면; 荒木, 682면.
341) 김유성, 176~177면; 西谷 敏a, 367면.
342) 임종률, 170~171면; 野川 忍a, 214면.
343) 임종률, 170면.
344) 西谷 敏a, 367면.
345) 임종률, 171면. 그러나 신의칙설에 의한 위와 같은 결론이 필연적인지는 의문이다. 일본에

판례의 태도는 명확하지 않으나 평화의무를 위반하여 이루어진 쟁의행위도 노사관계를 평화적·자주적으로 규율하기 위한 단체협약의 본질적 기능을 해치는 것일 뿐 아니라 노사관계에서 요구되는 신의성실의 원칙에도 반하는 것이라 할 것이므로 정당성이 없다고 하였다.[346]

(3) 주 체

평화의무를 부담하는 주체는 협약당사자이다. 평화의무는 협약당사자 중 주로 노동조합과 관련하여 문제가 되나, 사용자의 경우에도 직장폐쇄와 관련하여 평화의무가 문제가 될 수 있다.

협약당사자가 아닌 협약당사자의 구성원에 대하여는 평화의무가 미치지 않는다. 따라서 노동조합의 조합원은 평화의무를 부담하지 않는다. 평화의무는 비록 규범적 부분에 관한 것이라도 협약당사자 사이의 의무로서 채무적 효력의 성질을 가지기 때문이다. 단체협약에서 협약당사자의 구성원까지 평화의무를 부담한다고 약정하더라도 그러한 약정은 제3자에게 의무를 부담시키는 계약으로서 효력이 없다.

다만 판례는 평화의무가 노사관계의 안정과 단체협약의 질서형성적 기능을 담보하는 것인 점에 비추어 보면, 단체협약이 체결된 직후 노동조합의 조합원들이 자신들에게 불리하다는 이유만으로 위 단체협약의 무효화를 주장하면서 쟁의행위를 한 경우 그 쟁의행위에 정당성이 있다고 할 수 없다고 하여, 위와 같은 쟁의행위를 평화의무 위반의 쟁의행위로 보고 정당성이 없다고 판단하였는데,[347] 평화의무를 부담하는 주체는 노동조합이지 조합원이 아니라는 점에서 보면 위와 같은 사안을 평화의무 위반으로 본 것에는 의문이 있다.[348]

(4) 내 용

평화의무는 협약당사자가 협약기간 중 협약에서 정한 사항의 개폐를 목적으로 한 쟁의행위를 하여서는 아니 될 뿐 아니라 구성원에 의하여 그러한 쟁의

서는 신의칙설을 취하면서 배제조항의 효력을 인정하는 견해가 있다. 注釋(下), 728면; 野川忍a, 214면 참조. 이와 같은 의미에서 평화의무의 근거에 관한 학설의 대립은 말하자면 상대적인 것이라는 지적이 있다. 이에 관하여는 三井正信b, 5~6면.

346) 대법원 1994. 9. 30. 선고 94다4042 판결.
347) 대법원 2007. 5. 11. 선고 2005도8005 판결.
348) 임종률, 169면 각주 2)에서는 위 판결이 평화의무와 살쾡이파업의 법리를 혼동한 것이라고 한다.

행위가 행해진 때에는 그것을 지지·원조하지 않을 부작위의무를 말한다.

그런데 문제는 위와 같은 부작위의무 이외에 협약당사자가 자기의 구성원이 단체의사로부터 이탈하여 평화의무에 반하는 태양의 쟁의행위를 행할 때 이를 저지할 작위의무, 즉 영향의무까지 부담하는가이다.

이에 대하여는 영향의무의 내용 자체가 불명확할 뿐 아니라 일부 조합원에 의한 쟁의행위에 대해서는 그 자체로 정당성 평가로 족하다는 점에서 영향의무는 인정하지 않는 것이 타당하다는 견해349)와 영향의무를 인정하는 견해350)의 대립이 있다.

판례는 단체협약의 당사자인 노동조합은 단체협약의 유효기간 중에 단체협약에서 정한 근로조건 등에 관한 내용의 변경이나 폐지를 요구하는 쟁의행위를 행하지 아니하여야 함은 물론, 조합원들에 대하여도 통제력을 행사하여 그와 같은 쟁의행위를 행하지 못하게 방지하여야 할 이른바 평화의무를 지고 있다고 하여 위와 같은 영향의무를 인정한다.351)

협약당사자가 영향의무를 이행한 이상 하부조직이나 조합원의 일부가 노동조합의 방침에 따르지 아니하고 파업 등에 이르렀다고 하더라도 협약당사자의 평화의무 위반에 해당하는 것은 아니고, 이는 평화의무를 위반한 쟁의행위로서가 아니라 통제 위반의 쟁의행위 또는 살쾡이파업으로 문제될 뿐이다.352) 영향의무를 결과채무라고까지 볼 수는 없기 때문이다.

(5) 범　위

평화의무는 규범적 부분과 채무적 부분을 포함한 단체협약 전체에 대하여 미친다.

평화의무는 단체협약에서 정한 사항의 변경을 목적으로 한 쟁의행위를 금지하는 것이므로, 협약에서 정하지 않은 사항에 대하여는 협약에서 유보한 사항이든 협약에서 전혀 문제로 삼지 않은 사항이든 평화의무가 미치지 않는다.353)

349) 김유성, 177~178면.
350) 김형배, 1270면; 임종률, 167면.
351) 대법원 1992. 9. 1. 선고 92누7733 판결.
352) 임종률, 169면; 野川 忍a, 215면.
353) 西谷 敏a, 367면; 김유성, 178면; 임종률, 169면에서는 단체협약에 없는 것을 신설하기 위한 쟁의행위도 평화의무 위반은 아니라고 하면서 다만 교섭 과정에서 신설하지 않기로 합의된 사항은 신설하지 않는 것이 단체협약의 내용이기 때문에 그 신설을 위한 쟁의행위를 하는 것은 평화의무에 위반된다고 한다. 단체협약에서 정하지 아니한 사항에 관한 쟁의행위로

단체협약에서 정한 사항이라고 하더라도 협약 체결 후 사정변경으로 인하여 평화의무를 인정하여 쟁의행위를 금지하는 것이 현저히 타당성을 결여한 경우에는 예외적으로 협약 유효기간 중의 쟁의행위가 허용된다.[354] 대법원 2001. 6. 26. 선고 2000도2871 판결의 원심은 단체협약을 체결한 시점이 IMF에 대한 구제금융 신청 등 경제위기에 대한 예견이 불가능하였던 1996. 8.이라는 점을 감안하면 평화의무 인정의 취지에 비추어 사정변경을 이유로 한 노동조합의 쟁의행위가 신의성실의 원칙에 위반하는 것으로 보기도 어렵다고 하였다.[355] 사정변경이 있는 경우에는 보충협약을 체결할 수 있다는 식의 규정[356]을 둔 경우도 많다.

또한 단체협약에서 정한 사항이라 하더라도 협약당사자가 동의하는 한 협약유효기간 중에 이를 변경하는 것은 가능하므로, 노동조합이 그 변경을 위하여 단체교섭을 요구하는 것 자체가 평화의무에 위반하는 것은 아니다. 다만 이러한 경우 사용자는 단체교섭에 응할 의무가 없으므로,[357] 단체교섭을 거부하더라도 부당노동행위에 해당하지 않는다.

한편 단체협약에서 정한 사항의 변경을 목적으로 하는 것이 아니라 협약의 해석을 둘러싼 쟁의행위에 대하여도 평화의무의 효력이 미치지 않는다.[358]

나아가 협약 유효기간 내라고 하더라도 차기 단체협약 체결을 위한 단체교섭을 둘러싼 쟁의행위는 기존 단체협약의 변경을 목적으로 하는 것이 아니므로

서 평화의무 위반이 아니라고 한 사례로 춘천지법 2013. 5. 10. 선고 2012나1515 판결 참조 (상고심은 대법원 2013. 9. 12.자 2013다46740 판결로 심리불속행기각). 회사 매각에 따른 고용안정 등의 요구사항은 기존의 단체협약의 규율을 받고 있지 않은 사항이거나 사회적, 경제적 변화에 따라 수정이 요구되는 사항으로서 단체교섭 사항이 되므로 평화의무 위반이 아니라는 취지의 원심 판결을 수긍한 것으로 대법원 2013. 2. 15. 선고 2010두20362 판결 참조.

354) 김유성, 178면; 西谷 敏a, 367면. 부정하는 견해로는 임종률, 170면 참조. 사정의 변경은 단체협약을 해약할 수 있는 사유가 되기는 하지만 그 해약도 없이 당연히 평화의무가 소멸하는 것은 아니라고 한다.

355) 청주지법 2000. 6. 9. 선고 99노534 판결. 대법원에서는 평화의무에 관한 쟁점이 논의되지 않았다. 한편 사회적, 경제적 여건의 변화 등으로 인하여 수정되어야 할 사항에 대하여는 단체협약의 유효기간 중이라도 수시로 보충협약을 체결할 수 있으며, 노동조합이 보충협약을 위한 교섭을 요구하면 다른 일방은 이에 응하도록 규정하고 있는 서울고법 2010. 8. 26. 선고 2009누27208 판결 사안의 단체협약도 참조.

356) 가령 현대자동차의 단체협약(2007년) 116조는 보충협약은 협약내용 중 누락되었거나 협약의 미진(해석의 차이 등), 사회적, 경제적 여건의 변화 또는 법률의 개정으로 인하여 수정되어야 할 사항에 대하여 유효기간 중 2회에 한한다고 규정하였다.

357) 西谷 敏a, 368면; 임종률, 169면.

358) 김유성, 178면; 임종률, 169면; 注釋(下), 729면.

이에 대하여는 평화의무에 의하여 구속받지 않는다.359)

대법원 2003. 2. 11. 선고 2002두9919 판결의 원심은 평화의무의 범위와 관련하여, 평화의무는 단체협약에 규정되지 아니한 사항이나 단체협약의 해석을 둘러싼 쟁의행위 또는 차기 협약체결을 위한 단체교섭을 둘러싼 쟁의행위에 대해서까지 그 효력이 미치는 것은 아니므로 단체협약 유효기간 중에도 노동조합은 차기의 협약체결을 위하거나 기존의 단체협약에 규정되지 아니한 사항에 관하여 사용자에게 단체교섭을 요구할 수 있다고 하였다.360)

위 판결은 나아가 단체협약이 형식적으로는 유효한 것으로 보이지만 단체협약을 무효라고 주장할 만한 특별한 사정이 인정되는 경우에도 노동조합으로서는 단체협약의 유효기간 중에 사용자에게 단체협약을 무효라고 주장하는 근거를 제시하면서 기존의 단체협약의 개폐를 위한 단체교섭을 요구할 수 있다고 보아야 할 것이며, 이러한 경우 사용자로서는 기존의 단체협약의 유효기간이 남아 있고, 따라서 노동조합의 위와 같은 행위가 평화의무에 반하는 것이라는 이유만을 내세워 단체교섭 자체를 거부할 수는 없다고 하였는데, 대법원은 위 원심 판결을 정당하다고 하여 같은 태도를 취하였다.

(6) 위반의 효과

㈎ 채무불이행책임

협약당사자가 평화의무를 위반한 경우 위반 당사자를 상대로 상대방 당사자는 단체협약 불이행의 채무불이행책임을 물어 그로 인한 손해의 배상을 구할 수 있다. 문제가 되는 것은 배상의 범위인데, 평화의무 위반의 쟁의행위와 상당인과관계에 있는 모든 손해라고 보는 견해361)와 쟁의행위로 인한 전손해가 아니라 협약 소정사항에 대한 쟁의행위가 없으리라는 사용자의 기대(무형적 이익)의 침해로 인한 정신적 손해, 즉 위자료에 한정된다고 보는 견해362)의 대립이 있다.

---

359) 김유성, 178면; 임종률, 169면; 菅野, 937면; 西谷 敏a, 373면; 注釋(下), 729면. 단체협약 중에는 위와 같은 점을 염두에 두어 명시적으로 이를 규정하는 경우가 있다. 가령 현대자동차의 단체협약(2007년) 123조에서 평화의무라는 표제로 회사 및 조합은 본 협약의 유효기간 중(차기 단체협약을 위한 협상개시일 이전) 본 협약을 개정 폐기하거나 실질적으로 그러한 결과를 야기시킬 목적으로 쟁의결의를 하거나 쟁의행위를 할 수 없다고 규정하고 있다.

360) 서울고법 2002. 9. 13. 선고 2001누13593 판결.

361) 김형배, 1271면; 임종률, 172면.

362) 김유성, 179, 241면.

평화의무 위반을 원인으로 한 채무불이행책임의 주체는 협약당사자인 노동
조합이고, 그 쟁의행위를 실행한 조합원 개인이 아니다. 다만 평화의무를 위반
한 쟁의행위에 참가하는 개개 근로자들은 필연적으로 근로계약을 침해하게 되
므로 사용자는 개별 근로자에 대해서 근로계약 위반에 따른 채무불이행책임을
물을 수 있다는 견해가 있다.363)

(나) 평화의무를 위반한 쟁의행위의 정당성

평화의무를 위반한 쟁의행위에 대하여 협약당사자 사이의 채무불이행책임
을 넘어서서 형사책임, 민사책임(노동조합의 불법행위책임, 쟁의행위에 참가한 조합
원의 불법행위책임·근로계약상 책임 등), 쟁의행위에 참여한 조합원의 징계책임을
물을 수 있는지가 문제되는데, 이 문제는 평화의무를 위반한 쟁의행위의 정당성
여부에 관한 문제로 귀착된다.364)

종래 이 문제에 관하여 일본에서는 단체협약의 법적 성질과 평화의무의 발
생근거에 관한 학설 대립의 연장에서, 단체협약의 법적 성질을 법규범으로 보고
평화의무를 이 법규범의 설정으로부터 당연히 발생하는 본질적 의무로 보는 견
해는 평화의무의 위반은 법규범의 설정 그 자체와 모순된 자살현상이라고 보고
정당성을 부정한 것에 대하여, 단체협약의 성질을 계약으로 보고 평화의무를 당
사자 사이의 합의에 기초하여 발생하는 의무로 보는 견해는 평화의무의 위반은
계약 위반에 불과하고, 정당성이 그 때문에 부정되는 것은 아니라고 보았다.365)

다만 최근에는 평화의무 위반의 쟁의행위는 원칙적으로 정당성을 상실하
고, 예외적으로 상대방의 배신행위 등 노사관계의 실태에 비추어 정당성을 상실
하지 않는 경우가 있다는 견해,366) 평화의무를 위반한 쟁의행위는 정당성의 평가
에 영향을 초래하는 하자를 가지고 있지만, 개별적으로 판단해야 한다는 견해,367)

---

363) 김형배, 1272면 각주 1).
364) 정당성을 부정하게 되면, 노동조합의 채무불이행책임뿐 아니라 노동조합의 불법행위책임,
   개별 근로자의 근로계약상·불법행위책임이 발생하고, 개별 근로자에 대한 사용자의 징계권
   행사가 가능하게 된다. 注釋(上), 511면.
365) 注釋(上), 511면; 中嶋士元也, 198면; 菅野, 967면; 野川 忍a, 219면. 주된 견해의 대립은 민
   사면책에 관한 것이고, 형사면책의 경우 평화의무 위반만을 이유로 쟁의행위의 정당성을 부
   정하고 형사면책을 부정하는 견해는 소수의 견해로 드물고, 통설은 평화의무 위반이 노사 간
   의 질서 파괴, 배신행위에 머무르고 국가법질서에 대한 도전행위가 아니라고 보아 형사면책
   을 인정하였다고 한다.
366) 荒木, 701면.
367) 菅野, 967면.

평화의무를 위반한 쟁의행위라고 하여 바로 쟁의행위의 정당성이 부정되는 것
은 아니라는 견해368)의 대립이 있다.

　　한편 일본 최고재판소는 평화의무를 위반한 쟁의행위에 참여한 조합원에
대한 징계처분이 문제된 사건에서, "평화의무를 위반한 쟁의행위는… 단순한 계
약상의 채무불이행이고, 이로써… 기업질서를 침범하는 것에 해당할 수는 없으
며, 또 개별 조합원이 이러한 쟁의행위를 하거나 이에 참가하는 것도 노동계약
상의 채무불이행에 불과한 것으로 해석하는 것이 상당하다."라고 보고 노동자가
평화의무를 위반한 쟁의행위에 참가한 것만을 이유로 징계할 수는 없다고 판시
하였다.369) 위 판결은 평화의무 위반의 채무불이행의 문제와 쟁의행위의 정당성
의 문제를 준별한 것으로 평가할 수 있다.370)

　　우리의 경우 평화의무 위반의 쟁의행위는 정당한 것으로 볼 수 없다는 견
해371)가 있으나, 다수의 견해는 평화의무 위반의 쟁의행위는 채무불이행이 되기
는 하지만, 그 정당성 자체가 당연히 부정되는 것은 아니라고 보고 있다.372)

　　그러나 판례는 평화의무를 위반한 쟁의행위의 정당성에 대하여, 단체협약
에서 이미 정한 근로조건이나 기타 사항의 변경·개폐를 요구하는 쟁의행위를
단체협약의 유효기간 중에 하여서는 아니 된다는 이른바 평화의무를 위반하여
이루어진 쟁의행위는 노사관계를 평화적·자주적으로 규율하기 위한 단체협약
의 본질적 기능을 해치는 것일 뿐 아니라 노사관계에서 요구되는 신의성실의
원칙에도 반하는 것이므로 정당성이 없다고 한다.373)

---

368) 西谷 敏a, 369~370면; 水町, 151면.
369) 最高裁 1968. 12. 24. 判決(弘南バス事件, 民集 22卷 13号, 3194면).
370) 水町, 151, 1104면. 물론 위와 같은 입장에 서서 평화의무 위반 그 자체로 쟁의행위의 정
　　당성이 상실되는 것은 아니라고 보더라도, 다른 사유 등으로 인하여 정당성이 없는 쟁의행위
　　를 하거나 이에 참가하는 경우에는 이에 대한 징계처분이 문제될 수 있을 것이다.
371) 김형배, 1356면. 다만 정당성 여부의 판단은 구체적으로 해당 단체협약 규정의 형태, 쟁의
　　행위의 목적 등이 종합적으로 고려되어야 한다고 한다. 한편 이 견해에서는 단체협약 존속
　　기간 중에는 협약당사자뿐 아니라 그 구성원들도 평화의무를 준수해야 하므로 이 기간에는
　　쟁의행위를 할 수 없고, 평화의무에 위반한 쟁의행위는 단순히 노동조합과 사용자 사이의 계
　　약위반에 그치지 아니하고 개개 근로자들의 계약위반으로 인한 채무불이행이라는 결과를 가
　　져오므로 평화의무 위반의 쟁의행위는 정당한 것으로 볼 수 없다고 하나, 협약당사자의 구성
　　원을 평화의무의 주체로 볼 수 없는 점, 평화의무에 위반한 쟁의행위에 참여한 근로자의 개
　　별 근로계약상 책임 여부는 위 쟁의행위의 정당성 인정 여부에 따라 결정되는 것인 점에서
　　위와 같은 견해를 취하기는 어렵다.
372) 김유성, 240~241면; 임종률, 171~172면. 특히 김유성, 241면에서는 형사책임은 문제되지
　　않는다고 하였다.
373) 대법원 1994. 9. 30. 선고 94다4042 판결. 한편 대법원 1992. 9. 1. 선고 92누7733 판결에서

Ⅳ. 단체협약 위반의 효과

단체협약 당사자가 단체협약을 불이행하는 것은 협약당사자 사이의 계약으로서의 성질을 가지는 단체협약을 위반하는 것으로서 이에 대하여는 계약 위반에 따른 제재가 가해질 수 있다. 나아가 단체협약의 불이행은 단순한 계약 위반을 넘어서서 헌법 33조 1항에서 근로자에게 노동3권을 기본권으로 보장함으로써 근로자가 사용자와 대등한 지위에서 단체교섭을 통하여 자율적으로 임금 등 근로조건에 관한 단체협약을 체결할 수 있도록 한 뜻[374]을 무력화하는 것이자 근로자 보호나 산업평화의 달성 등 단체협약의 기능을 훼손하는 것이므로 계약 위반에 따른 제재를 넘어서서 형사처벌의 위하 등으로 단체협약 준수를 강제하여 노사가 자율적으로 형성한 단체협약의 규범력을 강화할 필요가 있다.

1. 민사적 효과

단체협약은 그 계약으로서의 효력에 따라 협약당사자 사이에 권리와 의무를 발생시키고, 협약당사자의 일방이 그 의무를 위반한 경우에는 계약 위반에 따른 일반적인 법적 효과로 동시이행의 항변, 단체협약의 해제·해지, 손해배상청구, 강제이행의 청구가 검토될 수 있다. 그러나 일반 계약과는 다른 단체협약의 특수성으로 인하여 계약 일반 이론의 적용에는 일정한 제한이 있을 수밖에 없다.[375]

단체협약은 채무적 부분은 물론 규범적 부분에 대하여도 협약당사자 사이의 계약으로서의 성질을 가지고 계약으로서의 효력인 채무적 효력을 발생시키므로, 단체협약 위반에 따른 위와 같은 효과는 채무적 부분을 위반한 경우뿐 아니라 규범적 부분을 위반한 경우에도 마찬가지로 문제된다.[376]

는 "평화의무에 위반되는 쟁의행위를 행하는 것은 이미 노동조합활동으로서의 정당성을 결여한 것"이라고 판시하였는데, 쟁의행위의 정당성을 부정한 것으로 보인다. 대법원 1991. 1. 15. 선고 90누6620 판결도 참조. 대법원 2007. 5. 11. 선고 2005도8005 판결도 평화의무 위반의 쟁의행위의 정당성을 부정하였다.

374) 대법원 2021. 2. 25. 선고 2017다51610 판결 참조.
375) 하급심 판결 중 단체협약에 민사적 법리가 그대로 적용될 수 없다고 한 것으로 대구지법 2019. 12. 18. 선고 2019나306886 판결 참조.
376) 注釋(下), 731면.

가. 동시이행의 항변

쌍무계약에 의하여 각 당사자가 부담하는 채무는 이행상의 견련관계가 있으므로 당사자 일방은 상대방이 그 채무 이행을 제공할 때까지 자기의 채무이행을 거절할 수 있다(민법 536조 1항). 단체협약의 경우에도 어느 일방의 채무와 이행상의 견련관계가 명백한 상대방의 채무 사이에는 동시이행의 항변을 인정할 수 있을 것이다.

그러나 단체협약은 복잡한 이해관계를 종합적으로 조정한 산물이므로 노사 쌍방이 부담하는 채무 사이에 견련관계가 있는지 여부가 반드시 명백하지 않은 것이 일반적이다. 따라서 대가적인 관련이 명백한 채무 사이에 동시이행의 항변을 인정하는 것은 상관없지만, 단체협약에서 정한 채무 일반에 관하여 바로 동시이행 항변의 법리를 인정하는 것은 곤란하다. 편무적 성격을 가지는 경우도 많기 때문에 동시이행의 항변이 인정되는 경우는 그다지 많지 않을 것이다.

나. 손해배상

단체협약상의 채무 위반에 대하여 협약당사자가 상대방에 대하여 손해배상을 청구할 수 있음은 당연하고, 협약을 위반한 당사자는 채무불이행으로 인하여 발생한 통상의 손해를 배상하여야 한다.

다만 이와 관련하여 단체협약상의 채무에는 비금전적인 이른바 '하는 채무'가 많고, 채무불이행에 의하여 발생되는 손해 역시 금전적으로 산정하기 어려운 경우가 많다는 특수성이 있다.[377]

또한 사용자 측의 협약 위반으로 인한 노동조합 측의 손해는 주로 금전적으로 산정하기 어려운 정신적 손해로서 위자료라는 형태로 처리될 수밖에 없는데 반해, 조합 측의 위반으로 인한 사용자 측의 손해는 재산적 손해로서 거액에 달하는 등 손해배상의 결과에서 현저한 불균형이 있다는 점 또한 염두에 둘 필요가 있다.[378]

다. 계약의 해제 · 해지

통상의 계약에서는 당사자 일방이 채무를 이행하지 않은 경우 상대방은 상당한 기간을 정하여 그 이행을 최고하고, 그 기간 내에 이행하지 않은 경우에는

---

377) 김유성, 181~182면.
378) 注釋(下), 736면.

계약을 해제할 수 있다. 단체협약에서도 이를 인정할 것인지가 문제된다.

먼저 해제의 경우는 소급효를 가지는 점에 비추어 계속적 법률관계와 무관한 부분에 대하여만 인정됨이 타당할 것이다. 그러나 단체협약은 계속적 법률관계인 노동관계에 대한 합의이므로 사실상 해제를 인정할 수 있는 경우는 거의 존재하지 않는다.

결국 문제가 되는 것은 해지의 경우인데, 단체협약 위반의 내용이 단체협약의 존립 자체가 무의미할 정도로 중한 내용이 아닌 한 단체협약의 집단성·다면성과 단체협약의 근로자보호 및 평화적 기능을 고려하여 단체협약 전체의 해지는 부정함이 타당하다.[379]

라. 강제이행

단체협약의 불이행에 대하여 단체협약에 따른 권리자는 그 의무자를 상대로 강제이행을 법원에 청구할 수 있다.

다만 채무적 부분에 속하는 노사 쌍방의 채무는 '주는 채무'보다는 '하는 채무'의 성질을 가지는 것이 많아 직접강제의 방법은 적합하지 않은 경우가 많다. 또한 채무적 부분에 속하는 노사 쌍방의 채무는 사용자 또는 노동조합 자신이 행하여야 하는 부대체적 급부인 경우가 많아 대체집행 또한 적합하지 않은 경우가 많다.

간접강제의 경우 채무적 부분 위반으로 발생하는 위법 상태가 일시적인 경우에는 간접강제의 방법을 사실상 취할 수 없다. 다만 채무적 부분 위반이 반복될 가능성이 있는 경우에는 간접강제의 방법이 사용될 수 있다.[380]

2. 형사적 효과

가. 단체협약 위반에 대한 형사처벌 규정

구 노조법[381] 46조의3은 단체협약에 위반한 자에 대하여 1,000만 원 이하의 벌금에 처하도록 하였는데, 위 규정에 대하여 헌법재판소[382]는 형벌 구성요

---

379) 고태관a, 315~316면.
380) 대법원 2021. 7. 22. 선고 2020다248124 전원합의체 판결의 다수의견에 대한 보충의견(김선수 대법관)에 의하면 본안판결에서 단체협약의 이행이나 단체교섭의 응낙을 명하면서 그 불이행에 대해 간접강제를 명할 수 있다고 한다.
381) 1986. 12. 31. 법률 3925호로 최종 개정되었다가 1996. 12. 31. 법률 5244호로 공포된 노동조합및노동관계조정법의 시행으로 폐지된 것.
382) 헌재 1998. 3. 26. 선고 96헌가20 결정.

건의 실질적 내용을 스스로 규정하지 아니하고 모두 단체협약에 위임하고 있어 죄형법정주의의 기본적 요청인 법률주의에 위배되고, 그 구성요건도 지나치게 애매하고 광범위하여 죄형법정주의의 또 다른 요청인 명확성의 원칙에 위배된다는 이유로 위헌 결정을 내렸다.

위 위헌 결정에 따라 노조법이 개정되어 구 노조법(2001. 3. 28. 법률 6456호로 개정된 것) 92조 1호 가 내지 바목에서 단체협약의 내용 중 형사처벌할 사항을 6가지로 특정하여 노조법 31조 1항의 규정에 의하여 체결된 단체협약의 내용 중 ① 임금·복리후생비, 퇴직금에 관한 사항, ② 근로 및 휴게시간, 휴일, 휴가에 관한 사항, ③ 징계 및 해고의 사유와 중요한 절차에 관한 사항, ④ 안전보건 및 재해부조에 관한 사항, ⑤ 시설·편의제공 및 근무시간 중 회의참석에 관한 사항, ⑥ 쟁의행위에 관한 사항을 위반한 자에 대하여 1,000만 원 이하의 벌금에 처하도록 규정하였다. 위 조항은 구 노조법(2010. 1. 1. 법률 9930호로 개정된 것)에서 내용의 변동 없이 그 위치만 92조 2호 가 내지 바목으로 바뀌었고, 현행 노조법 92조 2호 가 내지 바목에서도 동일한 내용으로 6가지 사항에 관한 형사처벌 규정을 두고 있다.

위와 같이 개정된 구 노조법(2001. 3. 28. 법률 6456호로 개정된 것) 92조 1호 다목 중 "중요한 절차" 부분에 대한 위헌법률심판 사건에서 헌법재판소는 "위 법률조항은 징계에 관한 중요한 절차에 대한 사항을 단체협약으로 체결하고도 그 단체협약을 지키지 않은 자를 처벌함으로써 징계의 중요한 절차에 관한 단체협약의 이행을 확보하여 궁극적으로는 산업평화를 유지하고 헌법이 보장하고 있는 근로3권의 실현에 기여하고자 하는 것으로 볼 수 있고, 단체협약의 일반적 효력에 근거한 사법상 권리·의무에 대한 제한이나 근로기준법상의 행정상 제재와 같은 수단들은 단체협약의 이행 확보 수단으로서는 불완전하므로, 징계의 중요한 절차에 관한 단체협약을 위반한 자에 대해서는 형사처벌을 가하도록 규정한 것이 과잉금지 원칙에 위반되지 않는다고 보았고, 법원이 입법목적과 입법경위 등을 종합적으로 고려하여 위 법률조항의 수범자가 그 구체적인 의미를 충분히 예측할 수 있는 내용으로 합리적이고 객관적인 해석의 기준을 충분히 마련할 수 있을 것으로 보이므로, 명확성의 원칙에 반하지 아니 한다"고 보아 위 법률조항이 헌법에 위반되지 아니한다고 보았다.[383)]

---

383) 헌재 2007. 7. 26. 선고 2006헌가9 결정.

노조법 92조 2호 각 목의 단체협약 위반죄가 성립하기 위해서는 단체협약이 노조법 31조 1항의 규정에 의하여 체결되는 등 단체협약을 체결할 수 있는 주체와 절차에 관한 여러 노조법의 규정에 따라 적법하게 체결된 것이어야 한다.[384]

또한 단체협약 내용을 위반하는 모든 경우에 단체협약 위반죄가 성립하는 것이 아니라 노조법 92조 2호 각 목에서 정한 특정한 사항을 위반한 자에 대하여만 형사처벌이 가능하다.

단체협약이 조합원인 근로자에 대하여 적용되는 경우는 물론 비조합원에 대하여 노조법 35조의 규정에 따라 확장 적용되는 경우에도 비조합원에 대한 관계에서 노조법 92조 2호 각 목에서 정한 사항을 위반한 사용자에 대하여 단체협약 위반죄가 성립한다.[385]

한편 ① 노조법 60조 1항의 규정에 의한 조정안이 관계 당사자에 의하여 수락되고 조정위원 전원 또는 단독조정인이 조정서를 작성하여 관계 당사자와 함께 서명 또는 날인한 조정서, ② 노조법 68조 1항의 규정에 따라 서면으로 작성하고 효력발생 기일을 명시한 중재재정의 각 내용은 각 단체협약과 동일한 효력을 가지는데(법 61조 1, 2항, 68조 1항, 70조 1항), 위 조정서의 내용 또는 중재재정서의 내용을 준수하지 아니한 자는 1,000만 원 이하의 벌금에 처한다(법 92조 3호).

나. 노조법 92조 2호 각 목의 의미와 사례

대법원은 근로자들로 하여금 중식 시간에 근무하게 한 것은 60분의 중식 시간을 보장한 단체협약의 규정에 반하는 것으로서 단체협약의 내용 중 근로 및 휴게시간에 관한 사항을 위반한 행위에 해당하여 노조법 92조 2호 나목의 단체협약 위반죄에 해당한다고 한 원심에 법리 오해의 위법이 없다고 하였다.[386]

헌법재판소와 대법원은 구 노조법 92조 1호 다목이 규정하고 있는 '징계의 중요한 절차'에 관한 사항이란 기본적으로 징계의 효력에 영향을 미칠 수 있는 절차로서 당해 단체협약의 체결과정에서 고려하기로 한, 근로자의 근로권과 그 방어에 중요한 영향을 줄 수 있는 절차에 관한 사항 등으로 그 의미를 제한하여 확정할 수가 있다고 한다.[387]

---

384) 대법원 2020. 8. 27. 선고 2016다248998 판결 참조.
385) 대법원 2018. 9. 13. 선고 2016도2446 판결.
386) 대법원 2018. 9. 13. 선고 2016도2446 판결.
387) 헌재 2007. 7. 26. 선고 2006헌가9 결정, 대법원 2008. 5. 29. 선고 2008도2171 판결.

대법원은 회사로부터 입은 불이익이 노동위원회 또는 법원의 판결에 의하여 부당노동행위로 판명된 근로자들에 대한 구제절차를 규정한 단체협약 규정은 구 노조법 92조 1호 다목 소정의 '징계 및 해고의 사유와 중요한 절차에 관한 사항'을 규정한 것에 해당하지 아니한다는 원심의 판단을 정당하다고 하였다.388)

대법원은 신규채용한 근로자들을 안전보건교육 없이 곧바로 현장에 투입하여 작업하도록 한 행위는, 신규채용 직원에 대하여 8시간의 안전보건교육을 실시하도록 한 단체협약 규정에 반하는 것으로서 단체협약의 내용 중 안전보건에 관한 사항을 위반한 행위에 해당하여 노조법 92조 2호 마목 단체협약 위반죄에 해당한다고 한 원심에 법리 오해의 위법이 없다고 하였다.389)

단체협약상 조합원이 될 수 없는 보험회사 지점장들이 노동조합에 가입하여 파업에 참가한 것이 단체협약의 내용 중 쟁의행위에 관한 사항을 위반한 것인지 여부가 문제된 사안에서, 대법원은 구 노조법 92조 1호 바목에서 단체협약 중 쟁의행위에 관한 사항을 위반한 자를 처벌한다고 규정하고 있는데, 위 처벌 규정에서 노조법이 정하고 있는 위반행위를 함부로 유추해석하거나 확대해석하여서는 아니 된다고 하면서, 단체협약 중 쟁의행위에 관한 사항을 규정하는 7장은 쟁의 요건, 쟁의기간 중의 부당노동행위 금지, 회사시설의 이용, 쟁의행위 불참가자, 비상재해방지의무, 평화의무를 규정할 뿐 지점장의 노조원 적격 여부에 관하여는 아무런 규정도 두고 있지 않은 점, 단체협약 중 쟁의행위에 관한 사항을 위반한 경우의 처벌에 관한 위 규정은 쟁의행위의 실시와 관련하여 노조가 준수하여야 할 행동지침을 정하고 그 이행을 확보하기 위하여 이러한 사항을 위반한 행위를 형사처벌의 대상으로 삼은 것임에 반해, 노조원의 자격에 관한 사항은 구체적인 쟁의행위의 실시와는 무관하게 노조의 조합원이 될 수 있는 자격을 제한함으로써 근로자의 단결권 자체를 제한한 것인 점 등을 종합할 때, 노조원의 자격에 관한 사항은 위 조항에서 규정한 '쟁의행위에 관한 사항'에 해당하지 않는다고 하였고, 지점장들이 노조에 가입하여 파업에 참가한 사실은 구 노조법 92조 1호 바목의 단체협약 중 쟁의행위에 관한 사항을 위반한 것에 해당하지 않는다고 보았다.390)

---

388) 대법원 2007. 4. 12. 선고 2006도8727 판결.
389) 대법원 2018. 9. 13. 선고 2016도2446 판결.
390) 대법원 2012. 1. 27. 선고 2009도8917 판결.

V. 단체협약의 여러 조항

1. 채용에 관한 조항

헌법 15조가 정하는 직업선택의 자유, 헌법 23조 1항이 정하는 재산권 등에 기초하여 사용자는 어떠한 근로자를 어떠한 기준과 방법에 의하여 채용할 것인지를 자유롭게 결정할 자유가 있다. 다만 사용자는 스스로 이러한 자유를 제한할 수 있는 것이므로, 노동조합과 사이에 근로자 채용에 관하여 임의로 단체교섭을 진행하여 단체협약을 체결할 수 있고, 그 내용이 강행법규나 선량한 풍속 기타 사회질서에 위배되지 아니하는 이상 단체협약으로서의 효력이 인정된다.[391]

단체협약에서 정한 근로자의 채용에 관한 기준은 규범적 부분에 포함되지 않는다는 것이 다수의 견해이다.[392] 다만 노동조합이 산별노조이고 고용 이전부터 조합원인 근로자에 관하여 그 고용에 관하여 기준을 설정하는 경우에는 규범적 부분에 해당한다고 볼 여지가 있다.[393]

대법원은 산재 유족 특별채용 조항이 업무상 재해에 대한 보상을 정한 것이어서 그 자체로 중요한 근로조건에 해당한다고 보았다.[394]

재고용에 관한 규정은 규범적 부분에 해당한다고 보는 견해가 있다.[395] 다만, 판례[396]는 회사가 일부 부서를 분리시켜 계열회사를 설립하고 그 영업부분을 양도함에 따라 그 부서 근로자들이 퇴직하고 신설회사에 신규 입사할 때에, 노동조합과 회사가 그 근로자들을 위하여 장래 신설회사가 조업이 불가능하여 고용을 유지하지 못하게 될 때에는 회사가 그 근로자들을 모두 재취업시키기로 하는 내용의 약정을 체결한 경우, 재취업약정은 노동조합이 회사와 전적근로자들을 위하여 재고용계약을 미리 체결한 것으로서 이른바 제3자를 위한 새로운 근로계약이지 단체협약이라고 볼 여지는 없다고 하였다.

391) 대법원 2020. 8. 27. 선고 2016다248998 전원합의체 판결.
392) 김유성, 167면; 김형배, 1245면; 임종률, 162면.
393) 注釋(下), 803면; 강선희a, 101~102면.
394) 대법원 2020. 8. 27. 선고 2016다248998 전원합의체 판결.
395) 注釋(下), 803면; 西谷 敏a, 353면.
396) 대법원 1994. 9. 30. 선고 94다9092 판결.

2. 조합원범위조항

조합원의 자격이나 범위는 본래 노동조합이 조합규약 등을 통하여 자주적으로 결정할 문제이지만, 단체협약에서 조합원 자격 내지 조합원의 범위에 관한 조항을 두는 경우가 있다. 이를 조합원범위조항이라 한다.

단체협약에서 정한 조합원의 자격이나 범위가 조합규약과 같은 경우에는 특별한 법적 문제가 발생하지 아니한다. 그런데 단체협약에서 정한 조합원의 자격이나 범위가 조합규약에서 정한 조합원의 자격 또는 범위보다 좁은 경우에 다양한 법적 문제가 발생한다.

가. 조합원자격·범위의 결정 권한

노조법 5조, 11조의 각 규정에 의하면, 근로자는 자유로이 노동조합을 조직하거나 이에 가입할 수 있고, 구체적으로 노동조합의 조합원범위는 당해 노동조합의 규약이 정하는 바에 의하여 정하여지며, 근로자는 노동조합의 규약이 정하는 바에 따라 당해 노동조합에 자유로이 가입함으로써 조합원의 자격을 취득하는 것이므로,[397] 조합원자격이나 범위는 원칙적으로 노동조합이 그 규약에서 자주적으로 결정할 문제로서 조합자치에 맡겨져 있다.

나. 조합원범위를 둘러싼 단체교섭 거부와 부당노동행위의 성부

사용자는 조합원자격이나 범위에 관하여 관여할 권한이 없다. 사용자가 단체교섭과정에서 조합가입이 금지되는 사용자의 범위에 속하지 않고, 조합규약에 의하여 조합원자격이 있는 근로자를 조합원범위에서 제외할 것을 요구하며 단체교섭을 거부하는 경우에는 정당한 이유 없는 단체교섭거부로서 부당노동행위가 성립한다.[398]

다. 조합원범위조항의 효력

노동조합이 사용자의 요구에 응하여 단체협약에서 조합원범위조항을 둔 경우 조합원범위조항은 유효한가.

이와 관련하여서는 조합원범위조항은 그에 관한 노동조합의 자주적 결정을 확인한 것 내지는 당해 단체협약의 인적 적용 범위를 정한 것으로 파악하면 족

---

397) 대법원 2003. 12. 26. 선고 2001두10264 판결, 대법원 2004. 1. 29. 선고 2001다5142 판결, 대법원 2004. 1. 29. 선고 2001다6800 판결.
398) 김유성, 185면.

하다는 견해,399) 단체협약에 의하여 비조합원의 범위를 노동조합과 사용자가 정
한다는 것은 이에 대한 검토 또는 확인을 한다는 상호 간의 의무를 규정한 것
에 지나지 않으므로, 조합원의 범위에 관한 조항에 의하여 노조법 2조 4호 단서
가목에 해당하지 않는 근로자의 노동조합 가입 자체를 제한할 수 있는 것은 아
니며, 다만 단체협약의 적용 범위를 제한할 수 있는 것으로 해석하여야 한다는
견해,400) 조합원자격은 노동조합 내부 문제로서 단체자치에 맡겨지므로 단체협
약에 따라 조합원 자격을 제한하는 것은 허용되지 않는다고 보는 견해401)가 있다.

(1) 조합원자격

　　단체협약상의 조합원범위조항이 규약상의 조합원범위조항과 동일한 경우에
는 단체협약의 조합원범위조항은 노동조합의 자주적 결정을 확인한 규정으로
보아 그 채무적 효력을 인정하여도 특별히 문제될 것은 없다.

　　문제는 단체협약에서 정한 조합원의 자격이나 범위가 조합규약에서 정한
조합원의 자격 또는 범위보다 좁은 경우이다. 이 경우 조합규약에 의하면 조합
원자격이 있으나 단체협약에 의하면 조합원자격이 없는 근로자는 조합원자격이
있는 것인가.

　　앞서 본 것처럼 조합원자격이나 범위는 원칙적으로 노동조합이 그 규약에
서 자주적으로 결정할 문제로서 조합자치에 맡겨져 있으므로, 단체협약에서 규
약상의 조합원범위를 제한하더라도 그 제한은 효력이 없다고 본다.

　　따라서 규약상 조합원자격이 있는 근로자는 비록 단체협약의 조합원범위조
항에 의하여 조합원자격이 없더라도 조합에 가입할 수 있고, 노동조합도 위 근
로자를 가입시킬 수 있다. 노동조합이 위 단체협약의 규정을 이유로 근로자의
조합가입 신청을 거부하는 경우 위 근로자는 노동조합을 상대로 조합원 지위확
인의 소 등을 통하여 다툴 수 있다.402) 단체협약상 조합원범위조항에 의하여 조
합원자격이 없는 근로자가 이미 노동조합에 가입한 경우 노동조합에게 그 근로
자를 제명 또는 탈퇴시켜야 할 의무가 발생한다고 볼 수 없다.403) 사용자도 단
체협약상의 조합원범위조항에 위반된다는 이유로 그 근로자의 조합원자격을 부

---

399) 김유성, 185면.
400) 김형배, 1281~1282면.
401) 임종률, 74면.
402) 김기덕a, 229면.
403) 김형배, 1283면.

정하여 이를 요구할 수 없고, 단체협약상 조합원자격이 없는 근로자를 노동조합
이 조합원으로 가입시켰다고 하여 조합원범위조항 위반을 이유로 손해배상을
청구할 수도 없다.

즉, 근로자의 조합원자격이 단체협약상의 조합원범위조항에 의하여 좌우된
다고 해석하는 한 위 조합원범위조항은 그에 해당하는 근로자의 단결권을 침해
하는 규정으로서 무효라고 보아야 할 것이다.

(2) 단체협약의 적용관계

먼저 조합원범위조항을 단체협약의 인적 적용 범위를 정한 규정으로 볼 수
있는가라는 문제가 있는데, 조합원범위조항을 단체협약의 인적 적용 범위를 정
한 규정으로 보는 견해가 다수이나,[404] 조합원자격조항은 문언상 명백히 일정한
근로자의 조합원자격을 인정하거나 부정하고자 하는 규정이기 때문에 이 조항
을 단체협약의 인적 적용 범위에 대해서 정한 것이라고 파악할 수 없다는 견해
가 있다.[405]

통상 조합원범위조항은 단체협약의 총칙 부분에서 다루어지고 있는 점, 조
합원범위조항은 단체협약의 적용 범위에 관한 일반 규정[406]에서 협약이 조합원
에게 적용된다는 점을 명시한 것과 관련하여 위 일반규정을 전후하여 협약이
적용되는 조합원의 범위를 명확히 하는 형식으로 규정[407]되고 있는 점을 종합
하면, 조합원범위조항을 단체협약의 인적 적용 범위를 정한 것으로 볼 수 있다.

단체협약의 인적 적용 범위를 정한 조합원범위조항이 규약상의 조합원범위
조항과 동일한 경우에는 조합원범위에 속하는 근로자들은 단체협약의 본래적
적용 범위에 포함되고, 그 범위에 속하지 않는 근로자들은 단체협약의 본래적
적용 범위에 포함되지 않는다는 것을 확인하는 규정으로서 그 한도 내에서 채
무적 효력이 있다.

---

404) 김유성, 185면; 김형배, 1282면.
405) 김기덕a, 230면.
406) 가령 GM대우자동차(2006년) 단체협약을 보면 3조(협약의 적용범위)에서 이 협약은 회사와
　　노조 및 노조원에게 적용한다고 하고 있다.
407) 가령 같은 단체협약 6조(노조원의 범위)에서 다음과 같이 규정하고 있다. 회사의 종업원
　　중 다음 각 호에 해당하는 자를 제외하고는 노조원이 될 수 있다. 1. 5급(관리직, 기술직)이
　　상 직급사원(월정급 직원 포함) 2. 예비군대대장, 중대장, 소대장, 무기고 책임자 및 민방위
　　업무 담당자 3. 노무, 인사담당자 및 문서수발업무담당자, 회계 및 경리담당직원 4. 임원 및
　　이에 준하는 자의 비서, 승용차 운전원 5. 경비원 6. 교환원 7. 수습기능사원 8. 기타 회사와
　　노조가 합의한 자.

　문제는 단체협약에서 정한 조합원의 자격이나 범위가 조합규약에서 정한 조합원의 자격 또는 범위보다 좁은 경우이다. 이 경우에도 조합원범위조항은 단체협약의 인적 적용 범위를 정한 규정으로서 유효한 것으로 보아 규약상으로는 조합원자격이 있으나 단체협약상으로는 조합원자격이 없는 근로자에게 단체협약이 적용되지 않는 것으로 볼 것인가.

　이 문제에 대하여는 협약자치의 원칙상 단체협약에서 그 전체 또는 일부의 내용을 일정 범위의 조합원에 한하여 적용할 것을 규정한 때에는 그 범위의 조합원에게만 적용된다는 전제 아래 인적 적용 범위를 정하는 규정은 협약당사자의 구성원(조합원)으로서 처음부터 단체협약의 구속력을 받는 자를 그 본래적 적용 범위로부터 제외시키는 취지의 협정이므로 단체협약의 적용 범위를 규제할 수 있다고 보는 견해가 있다.408)

　판례도 이와 같은 입장에서, 단체협약에서 노사 간의 상호 협의에 의하여 규약상 노동조합의 조직 대상이 되는 근로자의 범위와는 별도로 조합원이 될 수 없는 자를 특별히 규정함으로써 일정 범위의 근로자들에 대하여 위 단체협약의 적용을 배제하고자 하는 취지의 규정을 둔 경우에는, 비록 이러한 규정이 노동조합 규약에 정해진 조합원의 범위에 관한 규정과 배치된다 하더라도 무효라고 볼 수 없다고 하여 그 유효성을 인정하였다.409)

　그러나 노사 간의 상호협의에 의하여 일부 근로자를 단체협약 중 일부 규정의 적용 범위에서 배제하는 것은 가능하더라도, 단체협약 특히 근로조건에 관한 기준 전체에 관하여 일부 근로자를 배제하는 것은 그 근로자의 단결권·단체교섭권의 본질적 내용을 침해하는 것으로 협약자치의 한계를 벗어나는 것이라고 볼 여지가 있다.

3. 유니언 숍 조항

　숍(shop)제도란 조합원자격과 근로자의 지위의 관계를 정하는 제도를 말하며 이것을 정하는 협약조항을 숍 조항이라 한다. 숍 조항에는 조합원자격과 근로자의 지위를 관련시키지 않는 오픈 숍(open shop), 조합원일 것을 채용 및 고용유지의 조건으로 하는 클로즈드 숍(closed shop), 조합원일 것을 고용유지의 조

408) 박대준, 444면.
409) 대법원 2003. 12. 26. 선고 2001두10264 판결, 대법원 2004. 1. 29. 선고 2001다5142 판결, 대법원 2004. 1. 29. 선고 2001다6800 판결.

건으로 하는 유니언 숍(union shop) 조항이 있는데,410) 주로 문제되는 것은 유니
언 숍이다.

유니언 숍 조항의 법적 성격과 관련하여 통설은 단체협약의 채무적 부분에
해당하는 것으로 보고, 채무적 효력만을 인정한다. 따라서 협약당사자인 사용자
는 노동조합에 대하여 채용된 후 노동조합에 가입하지 않거나 노동조합에서 탈
퇴한 근로자를 해고할 의무를 부담한다. 유니언 숍 조항과 관련하여 규범적 효
력을 인정하더라도 조합미가입자 또는 탈퇴자라는 비조합원이 대상이 될 뿐이
므로 협약의 인적 효력범위에 관한 논의에 비추어 볼 때 협약의 적용 여지가
없어 실익이 없다.411)

유니언 숍과 관련하여서는 이밖에도 유니언 숍의 허용 여부, 유니언 숍 조
항에 근거한 해고의 정당성, 해고의무 불이행 시 부당노동행위의 성립 여부 등
많은 문제들이 제기되는데, 자세한 내용은 법 81조 1항 2호에 대한 해설 참조.

4. 조합비 공제조항

가. 법적 성격

조합비 공제(check-off)제도란 사용자가 조합원인 근로자의 임금에서 조합비
를 공제하여 이를 직접 노동조합에게 교부하는 제도를 말하고, 이를 정하는 단
체협약의 조항을 조합비 공제조항이라 한다. 조합비 공제제도는 임금 전액 지급
의 원칙을 정한 근기법 조항의 규제대상이므로 근기법 43조 1항 단서의 규정에
따라 단체협약에 특별한 규정이 마련되어 있는 경우에 한하여 허용된다.412)

조합비 공제조항의 법적 성격과 관련하여 다수의 견해는 조합비 공제조항
에 의하여 사용자의 조합비 공제 및 지급의무가 발생하는데, 이는 협약체결의
당사자인 노동조합과 사용자 사이에 조합활동 보장의 일환으로서 사용자가 일
정한 작위의무를 부담하는 것이므로 조합비 공제조항은 단체협약의 채무적 부
분에 속한다고 보거나,413) 개별 조합원의 입장에서 볼 때 조합비 공제조항은 임

---

410) 단체협약의 실제에 관한 분석에 의하면 숍 제도에 관한 규정을 둔 단체협약의 비율이
    68.1%이고, 숍 제도에 관한 규정이 있는 협약 중 오픈 숍 35.1%, 클로즈드 숍 0.1%, 유니언
    숍 30.1%, 기타 2.8%라고 한다. 이에 관하여는 한국노동연구원(박명준·조성재·문무기), 292
    면 참조.
411) 注釋(下), 747면.
412) 사법연수원a, 210면.
413) 김유성 114면; 김형배a, 27면.

금지급방식을 변하게 할 뿐 임금채권액에 증감을 가져오는 것은 아니므로, 규범
적 효력의 인정기준인 근로조건 기타 근로자의 대우에 관한 사항이라 볼 수 없
어 채무적 효력만을 인정한다고 본다.[414] 이에 대하여 조합비 공제조항은 사용
자가 조합비를 징수하여 노동조합에 인도한다는 면에서는 집단적 노동관계에
관한 것이지만 임금에서 조합비를 공제한다는 점에서는 근로조건에 관한 것이
므로 복합적 성격을 가지고 있다고 보는 견해가 있다.[415]

　　조합비 공제조항은 노동조합과 사용자 사이에서 사용자에게 노동조합을 대
신하여 조합비를 징수하고 그 징수한 조합비를 노동조합에 교부할 작위의무를
발생시킨다는 점에서 채무적 부분의 성격을 갖는다. 다른 한편 조합비 공제조항
은 사용자의 개별 근로자에 대한 임금지급의무와 관련하여 임금 중 조합비에
해당하는 부분을 근로자에게 직접 지급하는 것이 아니라 노동조합에게 지급하
는 임금지급방법에 관한 기준이라는 의미도 갖고 있다. 그런데 임금의 지급방법
에 관한 기준은 대표적인 근로조건 기타 근로자의 대우에 관한 기준이므로 조
합비 공제조항은 규범적 부분에도 해당한다고 보아야 한다.[416] 따라서 조합비
공제조항은 채무적 부분으로서의 성격과 규범적 부분의 성격을 함께 가지고 있
다고 보는 것이 타당하다.

　　다만, 조합비 공제조항이 규범적 부분의 성격을 가진다고 하더라도 조합원
인 근로자가 사용자에 대하여 갖는 임금채권은 근로자 개인에게 속하는 권리이
고 이러한 임금채권액 중에서 조합비 상당액을 공제하여 이를 조합비로 변제하
는 것은 근로자 개인에 속하는 권리의 처분에 관한 사항에 속하여 단체협약에
의하여 집단적으로 규율할 수 있는 성질의 것이 아니므로 노동조합과 사용자가
단체협약 내에 규범적 부분으로서 조합비 공제조항을 두었다고 하더라도 이는
규범적 효력의 한계를 벗어난 것으로서 직접 개별 근로자에 대하여 규범적 효
력이 미치지 아니한다고 보아야 한다.[417]

나. 개별 조합원의 동의 요부

　　따라서 사용자가 노동조합에 대하여 위와 같은 조합비 공제조항에 의한 징

---

414) 김유성, 114면.
415) 임종률, 172면.
416) 하급심 판결 중 조합비공제조항을 규범적 부분으로 보고 규범적 효력이 미치는 것으로 본
　　것으로 서울고법 2002. 4. 19.자 2002라163 결정(재항고를 하지 않아 확정).
417) 사법연수원a, 211면.

수위임사무를 처리하기 위해서는 조합원인 근로자가 자신이 사용자로부터 지급 받을 수 있는 임금 중에서 조합비 상당액을 공제하여 이를 조합비로 대신 교부 하여 주는 데 대한 개별 동의가 전제되어야 한다.[418] 다만 조합원은 노동조합에 대하여 조합비 지급의무를 부담하고 있으므로, 만약 조합원인 근로자가 개별적 인 동의를 거부하고 달리 조합비를 지급하지 않고 있다면 노동조합은 그 규약 등에 정한 바에 따라 제재할 수 있다.

조합원이 조합비 공제에 대한 동의를 한 후 사용자에게 조합비 공제의 중 지를 요청하여 위 동의를 장래에 향하여 유효하게 철회할 수 있는지에 관하여 는 견해의 대립이 있는데, 대법원은 조합원들이 월급에서 노동조합비가 공제되 는 것에 대한 동의를 철회한 이상 사용자로서는 더 이상 이를 월급에서 공제할 권한이 없고, 이처럼 권한 없이 '조합비' 명목으로 조합원들의 월급에서 공제한 금원은 미지급된 임금에 해당하므로, 사용자는 조합원들에게 이를 반환할 의무 가 있다는 원심의 판단을 정당하다고 하였다.[419]

다. 조합비 공제조항에 따른 사용자의 노동조합에 대한 채무의 성격 및 상 계·가압류의 가부

단체협약상 조합비 공제조항에 의하여 사용자는 노동조합이 조합원으로부 터 징수하여야 할 조합비를 노동조합을 대신하여 징수하고 그 징수한 돈을 노 동조합에 교부해 주어야 할 사무를 처리하여야 하는 작위의무를 부담한다. 위 작위채무는 사용자가 노동조합에게 조합비 상당의 돈을 지급하여야 할 '주는 채 무'인 금전채무의 성질을 갖는 것이 아니라 노동조합의 조합비징수업무를 위임 받아 처리하여야 하는 작위의 '하는 채무'의 성질을 갖는다.

사용자가 조합원으로부터 처분권한을 수여받아 조합원인 근로자의 임금에 서 조합비 상당액을 공제하여 이를 조합비 징수액으로 확보하고 있다고 하더라 도, 이는 사용자가 조합원을 위하여 조합비 지급의무를 이행하기 위한 사무의 처리를 위한 것이지 사용자의 노동조합에 대한 금전지급채무의 이행을 목적으 로 하는 것이 아니므로, 자동채권인 손해배상청구권과 종류를 달리하는 것이어 서 사용자가 노동조합에 대하여 갖는 손해배상청구권을 자동채권으로 하여 사

418) 선원법 48조 1항, 소득세법의 원천징수에 관한 규정의 검토에 기초하여 조합원의 동의는 요하지 않는다는 견해로 권창영, 212~215면 참조. 이 견해에 따른 판결로는 서울서부지법 2012. 11. 13. 선고 2012가단30024 판결(항소하지 않아 확정) 참조.
419) 대법원 2012. 11. 15. 선고 2012다66259 판결.

용자의 노동조합에 대한 위임사무처리 채무와 상계할 수 없다.

같은 이유에서 사용자나 그 밖의 제3자가, 사용자가 노동조합에 대하여 조합비 공제조항에 기하여 지는 채무를 조합비 상당의 금전지급채무라고 하여 그에 대한 가압류를 신청할 수 없다.[420]

라. 부당노동행위 해당 여부

노동조합으로부터 조합비 징수를 위임받아 그 조합비 상당액을 조합원의 임금에서 일괄공제하여 노동조합에 지급하는 것은 부당노동행위의 일종인 노동조합에 대한 경비원조(법 81조 1항 4호)에는 해당하지 않는다. 사용자가 단체협약의 조합비 공제조항에 의하여 행해져 온 조합비 공제제도를 일방적으로 폐지하는 행위는 지배·개입의 부당노동행위에 해당한다.

판례 중에는 회사가 해고를 다투는 조합장의 조합장 복귀 통지문을 반려하고 조합장이 아닌 다른 조합원 명의로 조합비 등의 일괄공제 요구를 할 것을 요청한 것은 조합장의 노동조합활동을 방해하려는 의도에서 이루어진 것으로서 비록 이로 인하여 근로자의 단결권 침해라는 결과가 발생하지 아니하였다고 하더라도 지배·개입으로서 부당노동행위에 해당한다고 한 사례가 있다.[421]

5. 노조전임자조항

노조전임자란 단체협약으로 정하거나 사용자의 동의가 있는 경우에 근로계약 소정의 근로를 제공하지 아니하고 노동조합의 업무에만 종사하는 근로자를 말한다.

노조전임자조항의 법적 성격과 관련하여 학설[422]은 대부분 노조전임자조항을 단체협약의 채무적 부분에 해당하는 것으로 보고 있다. 가령 노조전임제 등 조합활동에 관한 단체협약상의 제조항을 조합활동조항이라고 하면서 조합활동조항은 협약당사자의 이해 조정을 목적으로 하는 채권채무관계를 설정한 것이기 때문에 원칙적으로 단체협약의 채무적 부분에 속한다고 한다.[423]

판례도 노조전임제는 노동조합에 대한 편의제공의 한 형태로서 사용자가

---

420) 이 부분 논의는 사법연수원a, 211~212면을 요약한 것이다. 이에 대하여 가압류가 가능하다는 견해로는 정재헌, 409~415면 참조.
421) 대법원 1997. 5. 7. 선고 96누2057 판결.
422) 김유성, 189면; 김형배, 1267면; 임종률, 172면.
423) 김유성, 189면.

단체협약 등을 통하여 승인하는 경우에 인정되는 것일 뿐 사용자와 근로자 사이의 근로계약관계에 있어서 근로자의 대우에 관하여 정한 근로조건이라고 할수 없다고 하여 노조전임자조항을 규범적 부분이 아닌 채무적 부분으로 보고있다.424) 나아가 노조전임제는 단순히 임의적 교섭사항에 불과하여 이에 관한분쟁 역시 노동쟁의라 할 수 없으므로 특별한 사정이 없는 한 중재재정의 대상으로 할 수 없다고 한다.425) 또한 단체협약에 노조전임규정을 두었다고 하더라도 그 내용상 노동조합 대표자 등의 특정 근로자에 대하여 그 시기를 특정하여사용자의 노조전임발령 없이도 근로제공의무가 면제됨이 명백하거나 그러한 관행이 확립되었다는 등의 특별한 사정이 없는 한 원칙적으로 근로자의 근로계약관계를 직접 규율할 수 없어서 노조전임발령 전에는 근로제공의무가 면제될 수없다고 한다.426)

그러나 학설과 판례의 위와 같은 태도에 대하여 전임자조항에 근거하여 발생하는 법률관계 중에서 노동조합과 사용자 간의 관계만을 보고 나머지 측면즉 노조와 전임자의 관계 및 사용자와 전임자의 관계를 간과하고 있다는 지적이 있다. 즉, 전임자조항 중 전임자의 수와 활동 등과 같이 전임 자체에 관한부분427)은 노조와 사용자 간의 편의제공으로서 채무적 부분으로 보아야 하지만,전임자의 대우에 관한 부분428)은 '근로조건 기타 근로자의 대우에 관한 기준'으

---

424) 대법원 1996. 2. 23. 선고 94누9177 판결, 대법원 1997. 4. 25. 선고 97다6926 판결. 대법원 1997. 6. 13. 선고 96누17738 판결도 참조.
425) 대법원 1996. 2. 23. 선고 94누9177 판결.
426) 대법원 1997. 4. 25. 선고 97다6926 판결.
427) 가령 현대자동차 단체협약(2007)에서는 전임협정과 관련하여 15조(조합전임간부)에서 다음과 같이 규정하고 있다. 1. 전임자는 별도 노사합의 인원의 범위 내에서 자치적으로 결정하며 조합은 전임자의 신원을 회사에 통고하여야 한다. 단,기전임자의 직무대행에 있어서는 해당기간에 한하여 전임함을 인정한다. 2. 조합원이 상급노동단체의 전임으로 피선될시 추가로 전임함을 인정하며, 상급단체 전임자의 처우는 본협약 16조에 따른다. 단, 조합의 조직변경(지역 및 부문위원회통합 등)시 전임자수는 노사협의로 조정한다. 3. 단체협약, 임금협약 등으로 인하여 임시상근자가 필요할시 노사협으로 결정한다.
428) 현대자동차 단체협약(2007) 16조(조합전임자 및 간부에 대한 예우)에서는 전임자의 대우에 관하여 다음과 같이 규정하고 있다. 1. 전임자의 임금 및 기타 급여일체는 동일근속 평균급 이상을 회사가 지급한다. 단, 임시상근자의 처우는 별도로 정한 바에 따른다. 2. 조합간부인 임원, 지역 및 부문위원회임원과 산하 지회임원, 대의원, 상무집행위원에 대하여는 충분한 노사협의 없이 재임 기간 중 처벌 또는 징계치 못한다. 단, 조합활동을 보장하기 위해 현행 단협상 조합전임자의 전임기간 중 해고는 일방적으로 처리할 수 없다. 3. 전임기간은 근속년수에 포함되며 전임을 이유로 불이익 처우를 하지 못한다. 4. 전임해제 시 회사는 원직에 즉시 복직시켜야하며 동부서의 소멸로 그것이 불가능할 시는 본인과의 협의하에 원직과 대등하거나 동등 이상의 대우로 복직시킨다. 5. 조합원인 조합전임자가 정상조합 업무상 입은 사고에

로서 규범적 부분으로 보아야 하고, 전임자의 급여 기타 대우에 관한 사항에 대하여는 규범적 효력이 인정된다고 한다.[429]

6. 해고동의·협의조항

가. 의의 및 유효성

단체협약 중 조합원 또는 조합간부의 해고 등 인사조치와 관련하여 노동조합의 동의나 협의를 거치도록 규정한 조항을 해고동의·협의조항(이하 '해고동의 등 조항'이라 한다)이라 한다.

판례는, 사용자는 스스로 의사에 따라 권한에 제약을 가할 수 있으므로, 조합원의 인사에 대한 조합의 관여를 인정하였다면 그 효력은 협약규정의 취지에 따라 결정되고, 이를 두고 인사권의 본질을 침해한 것으로서 무효라고 할 수 없다[430]고 하여 해고동의 등 조항의 유효성을 인정하고 있다.

나. 법적 성격

(1) 학 설

해고동의 등 조항과 관련하여 문제되는 것은 위 조항을 위반한 해고의 효력이 어떻게 되는가 하는 점이다. 이와 관련하여서는 먼저 해고동의 등 조항의 법적 성격, 즉 위 조항이 단체협약의 규범적 부분에 속하는가 아니면 채무적 부분에 속하는가를 파악할 필요가 있고, 이에 대한 대답은 해고동의 등 조항이 노조법 33조 1항에서 말하는 근로조건 기타 근로자의 대우에 관한 기준에 해당하는가에 달려 있다.

이에 대하여는 해고동의 등 조항은 사용자의 해고 그 밖의 인사권을 절차적으로 제한하는 것으로 동의·협의의 주체가 노동조합이라는 점에서 실질적인 근로조건 기준을 설정하는 단체협약의 규범적인 부분이라고 볼 수는 없다는 견해[431]와 해고동의 등 조항은 규범적 부분에 해당한다고 보는 견해[432]의 대립이 있다.

해고동의 등 조항이 채무적 부분에 속한다는 견해에 대하여는, 노조법 33

대해서는 산재법에 준하는 범위 내에서 업무상의 재해로 간주한다.
429) 강성태a, 410~411면.
430) 대법원 1992. 9. 25. 선고 92다18542 판결, 대법원 1994. 9. 13. 선고 93다50017 판결.
431) 김형배, 1285면.
432) 김유성, 187면; 임종률, 174면.

조 1항에서 정한 근로조건 기타 근로자의 대우에 관한 기준이 실체적 기준에
한정되는가라는 의문이 있다. 통상 근로조건에 관한 기준에는 실체적 기준과 절
차적 기준이 있는 것이며, 위 견해와 같이 보게 되면 근기법상 해고의 예고, 취
업규칙에 대한 의견청취나 동의 등은 근로조건의 기준이 아닌 것이 되어 불합
리하다. 인사의 절차에 관한 것이라도 개별적 처분이 아니라 준칙인 이상 근로
조건의 기준이 된다.[433)]

(2) 판   례

판례[434)]는 해고동의 등 조항에 관한 것은 아니지만, 단체협약이 실효되었다
고 하더라도 임금, 퇴직금이나 노동시간, 그 밖에 개별적인 노동조건에 관한 부
분은 그 단체협약의 적용을 받고 있던 근로자의 근로계약의 내용이 되어 그것
을 변경하는 새로운 단체협약·취업규칙이 체결·작성되거나 또는 개별적인 근
로자의 동의를 얻지 아니하는 한 개별적인 근로자의 근로계약의 내용으로서 여
전히 남아 있어 사용자와 근로자를 규율하게 되고, 단체협약 중 해고 사유 및
해고의 절차에 관한 부분에 대하여도 이와 같은 법리가 그대로 적용된다고 하
여 해고절차에 관한 단체협약 조항을 근로조건에 관한 것으로 보고 있다.

(3) 검   토

해고동의 등 조항이 사용자의 노동조합에 대한 의무를 규정하는 측면이 있
음을 부정할 수는 없다. 이러한 면에서 해고동의 등 조항은 채무적 부분의 성격
을 갖는다.

그러나 해고동의 등 조항의 주안점은 노동조합 자체의 권리·이익의 실현
보다는 조합원 개개인의 이익 보호에 있다. 즉, 해고동의 등 조항은 개별계약에
의하여 발생하는 사용자의 해고권이나 인사권의 행사에 대하여 절차적인 제약
을 가함으로써 사용자의 권한을 제한하고, 조합원 개개인의 고용상 지위를 보장
하는 것을 주된 목적으로 하는 규정이다. 따라서 해고나 그 외의 인사에서 동
의·협의·의견청취·사전통지 등의 형태로 노동조합의 관여를 예정하고 있는
조항은 사용자와 조합원의 개별 근로관계상의 권리·의무에 직접 관계하는 면

---

433) 임종률, 174면.
434) 대법원 2000. 6. 9. 선고 98다13747 판결, 대법원 2007. 12. 27. 선고 2007다51758 판결, 대
    법원 2007. 12. 27. 선고 2007다51741 판결, 대법원 2008. 10. 9. 선고 2008다27233 판결, 대
    법원 2008. 10. 9. 선고 2008다27226 판결, 대법원 2009. 2. 12. 선고 2008다70336 판결.

에서는 규범적 부분에 속하고 규범적 효력을 승인해야 한다.[435]

따라서 해고동의 등 조항은 채무적 부분의 성격과 규범적 부분의 성격을 함께 가진다고 봄이 타당하다.

다. 해고동의 등 조항에 위반된 해고의 효력

(1) 학설 및 검토

해고동의 등 조항을 채무적 부분에 해당한다고 보는 견해에 의하면 해고동의 등 조항은 채무적 효력을 가질 뿐이므로 사용자가 해고동의 등 조항을 위반하여 해고처분을 하더라도 해고 자체에 당연히 어떤 영향을 미친다고는 할 수 없다고 보게 되나, 앞서 본 바와 같이 해고동의 등 조항이 규범적 부분의 성격을 가진다는 점을 외면한 견해로 타당하지 않다.

해고동의 등 조항이 규범적 부분의 성격을 갖는다고 보는 경우에는 어떠한가. 먼저 해고동의 등 조항이 "규범적 효력을 갖는 것이라고 하면 개별적 근로관계에 대하여 강행적 효력을 미치므로 이 조항 위반의 해고는 무효"라고 하여 규범적 효력 중 강행적 효력의 작용에 의하여 해고처분이 무효가 된다고 보는 견해가 있다.[436]

그러나 강행적 효력에 의하여 무효가 되는 것은 해고동의 등 조항에 위반하는 근로계약 또는 취업규칙의 규정이지 해고처분 그 자체가 아니기 때문에 강행적 효력에 의하여 해고처분이 무효가 된다고 볼 수는 없다.[437]

이러한 입장에서 해고동의 등 조항이 규범적 부분에 해당한다고 보면서도 해고동의 등 조항에 위반한 해고처분 등 인사처분이 무효인지 여부는 이 조항이 규범적 효력을 가지는지 여부와 차원을 달리하여 검토하여야 한다면서, 단체협약이나 취업규칙에서 정한 인사절차에 위반하는 인사처분은 중요한 절차의 위반으로서 인사권의 남용에 해당하여 무효가 된다고 구성해야 한다고 보는 견해[438]가 있다.

---

435) 西谷 敏a, 355~356면.

436) 김형배, 1285면.

437) 임종률, 노동법(제12판), 박영사(2014), 162면. 다만, 여기서 말하는 것은 '강행적 효력'에 의해 무효가 되는 것이 아니라는 점일 뿐이고, 뒤에서 보는 바와 같이 '직률적 효력'에 의해 무효가 되는 것까지 부정하는 것은 아니다.

438) 임종률, 노동법(제12판), 박영사(2014),163~164면. 다만, 임종률, 173~175면에는 위와 같은 견해는 더 이상 보이지 않고, 인사절차 조항은 규범적 부분에 속하므로 규범적 효력을 가지고, 인사절차 조항이 근로계약의 내용이 되어 이 조항에 위반되는 인사처분은 근로계약 위반

그러나 규범적 부분에 대하여는 강행적 효력 이외에 직률적 효력이 미치므로, 해고동의·협의조항은 이에 반하는 취업규칙과 개별 근로계약의 조항을 무효로 할 뿐만 아니라 근로관계에 직접 효력을 갖게 되어 단체협약의 규범적 효력하에서는 해고동의 등 조항 위반의 해고는 무효가 되는 점,439) 정당한 사유의 존부에 따라 해고를 통제하고 있는 우리 법제하에서 인사권의 남용법리를 거론하는 것은 부적절한 점 등에 비추어 보면, 위 견해가 규범적 효력에 의해서가 아니라 인사권남용의 법리에 의하여 해고동의·협의조항에 위반된 해고의 효력을 논하는 것은 적절하지 않다.

해고동의 등 조항이 규범적 부분에 해당한다고 보면서도 해고동의 등 조항에 위반된 해고의 효력을 절차적 정의 확보라는 관점에서 판단하는 견해가 있다.440) 즉, 근기법 23조 1항에서 말하는 정당한 이유에는 실체적 정당성뿐만 아니라 절차적 정당성도 포함된다고 보는 것이 헌법상의 적법절차와 자연적 정의의 정신에 부합한다고 전제한 후 해고동의 등 조항은 근기법 23조 1항 소정의 절차적 정당성의 내용을 확인한 규정으로 보아 이 조항 위반의 해고는 강행법규 위반으로서 무효가 된다고 보는 견해이다.

그러나 피해고자가 스스로를 소명할 기회를 갖는다거나, 심사기구는 공정해야 한다는 절차적 요구441)는 헌법이 요구하는 적법절차와 자연적 정의 및 근기법 23조에서 규정하는 정당한 이유의 규범 내용에 포함될 수 있겠지만, 위 규범 내용에 조합원의 해고에 관하여 노동조합의 동의·협의가 요구된다는 점이 당연히 포함된다고 볼 수는 없다.

앞서 본 것처럼 해고동의 등 조항은 노조법 33조에서 규정하는 근로조건 기타 근로자의 대우에 관한 절차적 기준으로서 규범적 부분의 성격을 가지고 있다. 따라서 해고동의 등 조항은 그 규범적 효력, 특히 강행적 효력이 아니라 직률적 효력에 의하여 개별적 근로관계를 직접 규율하게 되고 이로 인하여 해고동의 등 조항이 있는 경우 사용자는 노동조합의 동의, 노동조합과의 협의, 노동조합에 대한 의견청취·사전통지 없이는 해고할 권한이 없어 해고권이 제한

으로 무효가 된다고 한다.
439) 하경효b, 384면 각주 2).
440) 김유성, 187면; 이승욱a, 113면. 다만 위 논문에서는 해고동의 등 조항이 규범적 부분에 해당하는지에 대하여 의문이 있다고 한다. 김선수a, 306~307면도 같은 견해이다.
441) 김유성, 187면 각주 68).

되며, 개별 조합원은 노동조합의 동의, 노동조합과의 협의, 노동조합에 대한 의견청취·사전통지 없이는 해고되지 않는 근로관계상의 지위를 획득하게 된다. 그런데 사용자의 해고권의 행사는 근로관계의 종료를 가져오는 형성권의 행사로서 처분행위의 일종인바, 처분권이 없거나 제한된 자의 행위는 무효이므로[442] 결국 해고동의 등 조항에 위반된 해고처분은 무효가 된다.

(2) 판 례

(가) 의견참작·사전협의

대법원은 단체협약에 "회사는 조합원의 신규채용, 해고, 휴직, 상벌에 관하여 노조의 의견을 참작하여 인사결정은 7일 이내에 노조에 통보하여야 한다."라고 규정하고 있는 경우 위 의견참작은 노동조합과 협의하여 결정하는 경우와는 달리 단지 노동조합의 의견을 인사결정을 할 때 참고자료로 삼기 위한 것에 지나지 아니하여 인사결정의 효력에는 영향이 없다고 보여지므로, 조합원의 해고에 노동조합의 의견을 참작하지 않은 하자가 있다고 하여도 무효가 아니라고 한다.[443]

판례는 사전협의조항을 둔 경우에 관하여도, "단체협약에 노동조합과 '사전협의'를 거치도록 한 취지는 단체협약 전체의 체계와 내용 및 노사의 관행에 비추어 노동조합의 간부에 대한 사용자의 자의적인 인사권 행사로 인하여 노동조합의 정상적인 활동이 저해되는 것을 방지하려는 뜻에서 사용자로 하여금 노동조합의 임원 등에 대한 인사의 내용을 미리 노동조합에 통지하는 등 노동조합을 납득시키려는 노력을 하게 하고, 노동조합에 의견을 제시할 기회를 주게 하며, 아울러 노동조합으로부터 제시된 의견을 참고자료로 고려하게 하려는 것에 지나지 않는 것이라고 봄이 상당하므로, 근로자에 대한 징계해임처분이 위와 같은 '사전협의'를 거치지 아니한 채 행하여졌다고 하여 반드시 무효라고 할 수는 없다."라고 한다.[444]

그러나 판례의 위와 같은 태도는 노동조합의 활동이라는 측면만을 고려할

---

442) 남궁준a, 73면; 이영준, 157면 참조.
443) 대법원 1992. 4. 14. 선고 91다4775 판결.
444) 대법원 1992. 6. 9. 선고 91다41477 판결, 대법원 1992. 9. 22. 선고 92다13400 판결, 대법원 1992. 9. 25. 선고 92다18542 판결, 대법원 1993. 4. 23. 선고 92다34940 판결, 대법원 1994. 3. 22. 선고 93다28553 판결, 대법원 1995. 8. 11. 선고 95다10778 판결, 대법원 1996. 4. 23. 선고 95다53102 판결.

500   제3장   단체교섭 및 단체협약

뿐 사전협의 조항이 개별 근로관계에서 가지는 의미, 즉 사용자는 노동조합과의
협의 없이는 해고할 권한이 없고, 개별 조합원은 노동조합과의 협의 없이는 해
고되지 않는 근로관계상의 지위를 획득하게 되는 점을 무시하는 것으로서 위에
서 살펴 본 해고동의 등 조항의 법적 성격 등에 기초한 논증에 비추어 볼 때 타
당하지 않다.445)

　　다만 대법원은 회사가 조합원을 징계하고자 할 때에는 인사위원회에 조합
대표가 참석하여 징계에 대한 의견을 제시할 수 있다는 등으로 그 절차를 정하
고 나아가 그러한 절차에 의하지 아니한 징계는 무효라고 정하고 있는 사안에
서, 회사가 조합원에 대한 징계위원회를 개최하면서 노동조합에 그 사실을 통보
하지 아니하여 조합 대표가 위 징계위원회에 참석하여 의견을 진술할 기회를
부여하지 아니한 채 조합원들에 대하여 한 해고는 무효라고 한 원심의 판단을
정당하다고 하였다.446)

　　㈏ 동의(합의)

　　판례는 단체협약에서 노조간부 등의 인사에 관하여 단순한 '사전협의'를 넘
어서서 노조의 '동의', '승인', '합의', '협의하여 결정'하여야 한다고 규정한 경
우에는 노조간부 등의 징계해고를 할 때 이러한 절차를 거치지 않았다면 그 해
고는 원칙적으로 무효라고 보고 있다.447)

　　위와 같이 동의를 하여야 하는 인사에는 징계해고가 당연히 포함되고448)
당연퇴직은 포함되지 아니하나,449) 경영해고는 포함된다.450) 해고와 관련하여
동의가 필요한 노동조합의 간부인지의 여부는 인사조치의 사유가 발생한 시점

---

445) 사전협의 조항에 위배된 해고의 효력을 무효로 보는 견해로 김유성, 188면; 임종률, 175면;
　　김진수a, 410~412면.
446) 대법원 2010. 10. 28. 선고 2009다79859 판결.
447) 대법원 1992. 12. 8. 선고 92다32074 판결, 대법원 1993. 7. 13. 선고 92다45735 판결, 대법
　　원 1993. 7. 13. 선고 92다50263 판결, 대법원 1993. 9. 28. 선고 91다30620 판결, 대법원
　　1994. 9. 13. 선고 93다50017 판결, 대법원 1995. 1. 24. 선고 94다24596 판결, 대법원 1995.
　　3. 10. 선고 94다14650 판결, 대법원 1995. 3. 28. 선고 94다46763 판결, 대법원 1995. 7. 14.
　　선고 95다1767 판결, 대법원 1997. 4. 25. 선고 97다6926 판결, 대법원 2003. 6. 10. 선고
　　2001두3136 판결, 대법원 2007. 9. 6. 선고 2005두8788 판결, 대법원 2010. 7. 15. 선고 2007
　　두15797 판결, 대법원 2012. 6. 28. 선고 2010다38007 판결.
448) 대법원 1992. 5. 22. 선고 91다22100 판결, 대법원 1992. 9. 22. 선고 92다13400 판결, 대법
　　원 1995. 3. 10. 선고 94다33552 판결.
449) 대법원 1992. 6. 9. 선고 91다41477 판결, 대법원 1995. 7. 14. 선고 95다1767 판결.
450) 대법원 2012. 6. 28. 선고 2010다38007 판결.

을 기준으로 삼아야 하는 것이 아니라 인사조치를 행할 당시를 기준으로 삼아야 한다.[451] 단체협약에 징계면직의 경우에는 반드시 조합의 사전 동의를 받도록 규정되어 있는 경우라도, 회사가 피징계자들에 대한 징계에 관하여 사전에 노동조합 조합장으로부터 동의를 받았고, 노동조합 간부들이 상벌위원회에 참석하여 심의·의결하였다면 비록 운영위원회를 개최하는 등 노동조합 자체의 의견을 수렴하는 절차를 거치지 아니하였다 하더라도 이는 노동조합의 내부적인 절차에 불과하여 징계의 효력에 영향을 미칠 바 아니다.[452]

대법원 판결 중에는, 조합원의 해고문제는 노동조합과 합의하여야 한다는 단체협약 소정의 "합의"라는 용어를 회사의 인사권이나 징계권을 전반적으로 제한하려는 취지에서 규정된 것이 아니고, 조합원에 대한 회사의 자의적인 인사권이나 징계권의 행사로 노동조합의 정상적인 활동이 저해되는 것을 방지하려는 취지에서 인사나 징계의 공정을 기하기 위하여 노동조합에게 필요한 의견을 제시할 기회를 주고, 제시된 노동조합의 의견을 참고로 하게 하는 취지라고 해석함이 상당하다고 보아 근로자들을 징계면직하면서 노동조합과의 합의가 없었다 하더라도 그것만으로 징계면직이 무효로 되는 것은 아니라고 한 것이 있었다.[453]

그러나 그 후 대법원은 단체협약의 인사협의(합의)조항에 노동조합간부의 인사에 대하여는 사전 '합의'를, 조합원의 인사에 대하여는 사전 '협의'를 하도록 용어를 구분하여 사용하고 있다면, 교섭 당시 사용자의 인사권에 대하여 노동조합간부와 조합원을 구분하여 제한의 정도를 달리 정한 것으로 보아야 하고, 그 정도는 노동조합간부에 대하여는 조합원에 대한 사전 협의의 경우보다 더 신중하게 노동조합 측의 의견을 참작하여야 한다는 정도의 차이만 있는 것으로 볼 수는 없는 것이므로, 조합원에 대한 인사권의 신중한 행사를 위하여 단순히 의견수렴절차를 거치라는 뜻의 사전 '협의'와는 달리, 노동조합간부의 인사에 대하여는 노동조합과 의견을 성실하게 교환하여 노사 간에 '의견의 합치'를 보아 인사권을 행사하여야 한다는 뜻에서 사전 '합의'를 하도록 규정한 것이라고 해석하는 것이 타당하다고 하였다.[454]

---

451) 대법원 1992. 5. 22. 선고 91다22100 판결.
452) 대법원 1993. 7. 13. 선고 92다42774 판결.
453) 대법원 1994. 3. 22. 선고 93다28553 판결.
454) 대법원 2012. 6. 28. 선고 2010다38007 판결.

⒟ 동의권의 남용

대법원은 사용자가 위와 같이 인사처분을 하면서 노동조합의 사전 동의나 승낙을 얻어야 한다거나 노동조합과 인사처분에 관한 논의를 하여 의견의 합치를 보아 인사처분을 하도록 단체협약 등에 규정된 경우에는 그 절차를 거치지 아니한 인사처분은 원칙적으로 무효로 보아야 할 것이지만, 이처럼 사전합의조항을 두고 있다고 하더라도 사용자의 인사권이 어떠한 경우라도 노동조합의 동의나 합의가 있어야만 행사할 수 있는 것은 아니고, 노동조합이 사전합의권을 남용하거나 스스로 사전합의권의 행사를 포기하였다고 인정되는 경우에는 사용자가 이러한 합의 없이 한 인사처분도 유효하다고 보아야 한다[455]고 하여 동의권의 남용 법리를 인정하여 왔다.

다만 대법원은, 노동조합이 사전합의권을 남용한 경우라 함은 노동조합 측에 중대한 배신행위가 있고 이로 인하여 사용자 측의 절차의 흠결이 초래되었다거나 인사처분의 필요성과 합리성이 객관적으로 명백하며, 사용자가 노동조합 측과 사전 합의를 위하여 성실하고 진지한 노력을 다하였음에도 불구하고 노동조합 측이 합리적 근거나 이유제시도 없이 무작정 인사처분에 반대함으로써 사전 합의에 이르지 못하였다는 등의 사정이 있는 경우에 인정된다고 함으로써 엄격한 판단 기준을 제시하고 있다.[456]

나아가 이러한 경우에 이르지 아니하고 단순히 해고 사유에 해당한다거나 실체적으로 정당성 있는 해고로 보인다는 이유만으로는 노동조합이 사전동의권을 남용하여 해고를 반대하고 있다고 단정하여서는 아니 된다고 하였다.[457]

7. 고용안정조항[458]

가. 의   의

고용안정조항이란 일반적으로 정리해고의 실시 여부·요건·절차 등에 관

---

455) 대법원 1992. 12. 8. 선고 92다32074 판결, 대법원 1993. 7. 13. 선고 92다45735 판결, 대법원 1993. 8. 24. 선고 92다34926 판결, 대법원 1993. 9. 28. 선고 91다30620 판결, 대법원 1994. 9. 13. 선고 93다50017 판결, 대법원 1995. 1. 24. 선고 94다24596 판결, 대법원 1995. 3. 28. 선고 94다46763 판결.

456) 대법원 2007. 9. 6. 선고 2005두8788 판결, 대법원 2010. 7. 15. 선고 2007두15797 판결, 대법원 2012. 6. 28. 선고 2010다38007 판결.

457) 대법원 2007. 9. 6. 선고 2005두8788 판결.

458) 이 부분은 이미선b, 355~375면을 전체적으로 참조하였다.

하여 정함으로써 사용자의 정리해고 권한을 제한하는 내용의 단체협약 조항을 말한다. 별도의 단체협약으로 체결될 경우에는 고용안정협약이라고 한다.

나. 유 형

고용안정조항의 유형으로는 ① "조합원에 대한 정리해고 시에는 노동조합과 협의를 하여야 하고, 조합간부에 대한 정리해고 시에는 노동조합과 사전에 합의하여야 한다."라고 하여 조합원에 대한 정리해고에 대하여 노동조합의 사전 협의 내지 합의를 요구하는 유형(제①유형), ② "구조조정으로 정리해고를 할 때에는 노동조합과 사전에 합의하여야 한다."라고 하여 정리해고 실시에 대하여 노동조합의 사전 합의를 요구하는 유형(제②유형), ③ "향후 2년간 정리해고를 시행하지 않는다."라고 하여 정리해고 실시 자체를 제한하는 유형(제③유형)이 있다.

다. 효 력

제①유형은 인사동의조항의 일종으로서 정리해고에 관한 인사동의조항이라고 할 수 있다. 노동조합 간부 등의 인사와 관련하여 노동조합의 '동의', '승인', '합의'를 받도록 단체협약에 규정되어 있음에도 사용자가 위와 같은 절차를 거치지 않았다면 해고는 원칙적으로 무효이다. 그런데 대법원 판결 중에는 '조합간부의 인사와 조합원의 해고 문제는 조합과 합의'하도록 되어 있음에도 위 '합의'의 의미를 노동조합에게 의견을 제시할 기회를 주고, 제시된 노동조합의 의견을 참고로 하게 하는 취지라고 해석하여 노동조합과의 합의가 없었다고 하더라도 징계면직이 무효로 되는 것은 아니라고 한 것이 있었다.459) 그러나 그 후 대법원은 정리해고에 관한 인사동의조항인 제①유형과 관련하여 '합의'와 '협의'를 명확하게 구분하는 모습을 보였다. 대법원 2012. 6. 28. 선고 2010다38007 판결은 "정리해고는 근로자에게 귀책사유가 없는데도 사용자의 경영상의 필요에 의하여 단행되는 것으로서, 정리해고의 대상과 범위, 해고 회피 방안 등에 관하여 노동조합의 합리적인 의사를 적절히 반영할 필요가 있고, 노사 쌍방 간의 협상에 의한 최종 합의 결과 단체협약에 정리해고에 관하여 사전 '협의'와 의도적으로 구분되는 용어를 사용하여 노사 간 사전 '합의'를 요하도록 규정하였다면, 이는 노사 간에 사전 '합의'를 하도록 규정한 것이라고 해석함이 상당

---

459) 대법원 1994. 3. 22. 선고 93다28553 판결.

하고, 다른 특별한 사정없이 단지 정리해고의 실시 여부가 경영주체에 의한 고
도의 경영상 결단에 속하는 사항이라는 사정을 들어 이를 사전 '협의'를 하도록
규정한 것이라고 해석할 수는 없다."라고 판단한 것이다.460)

   그런데 제①유형에서 '합의'와 '협의'를 준별하는 위와 같은 태도와는 달리,
제②유형과 관련하여 대법원은 사용자가 경영권의 본질에 속하여 단체교섭의
대상이 될 수 없는 사항에 관하여 노동조합과 '합의'하여 결정 혹은 시행하기로
하는 단체협약의 일부 조항이 있는 경우, 그 조항 하나만을 주목하여 쉽게 사용
자의 경영권의 일부포기나 중대한 제한을 인정하여서는 아니 되고, 그와 같은
단체협약을 체결하게 된 경위와 당시의 상황, 단체협약의 다른 조항과의 관계,
권한에는 책임이 따른다는 원칙에 입각하여 노동조합이 경영에 대한 책임까지
도 분담하고 있는지 여부 등을 종합적으로 검토하여 그 조항에 기재된 '합의'의
의미를 해석하여야 한다는 해석 기준하에 정리해고 시 노조와 사전에 '합의'한
다는 취지의 고용안정협약의 의미를 노조와의 '협의'의 취지로 축소해석하는 방
법에 의하여 고용안정조항의 효력을 제한하였다.461)

   제③유형과 관련하여 보면, 대법원은 정리해고의 실시 여부는 단체교섭의
대상에 해당하지 않는다는 확립된 입장을 취하고 있다. 즉, 대법원은 긴박한 경
영상의 필요에 의하여 하는 이른바 정리해고의 실시는 사용자의 경영상 조치이
므로, 노동조합의 요구 내용이 사용자는 정리해고를 해서는 안 된다는 취지라면
이는 사용자의 경영권을 근본적으로 제약하는 것이 되어 원칙적으로 단체교섭
의 대상이 될 수 없고, 단체교섭 사항이 될 수 없는 사항을 달성하려는 쟁의행
위는 그 목적의 정당성을 인정할 수 없다고 보고 있다.462) 그런데 대법원 2014.

---

460) 다만 해당 사례(갑 회사의 단체협약에서 노동조합 간부에 대한 임면, 이동, 교육 등 인사
    에 관하여는 노동조합과 사전에 합의하여야 한다고 규정하고 있음에도, 갑 회사가 노동조합
    과 사전 합의를 하지 않고 노동조합 간부에게 정리해고 통보를 한 사례)에서 대법원은 노동
    조합이 사전합의권을 남용하거나 스스로 사전합의권의 행사를 포기한 경우에 해당하기 때문
    에, 갑 회사의 정리해고는 정당하다고 판단하였다. 이에 대해서는, 대법원이 민사법 영역에서
    도 아주 드물게 적용되는 권리남용법리를 노동법 영역에서는 비교적 유연하게 해석한다고
    평가하는 비판적인 견해가 있다(박수근c, 293면).
461) 대법원 2002. 2. 26. 선고 99도5380 판결, 대법원 2003. 2. 11. 선고 2000도4169 판결, 대법
    원 2003. 7. 22. 선고 2002도7225 판결, 대법원 2010. 11. 11. 선고 2009도4558 판결, 대법원
    2011. 1. 27. 선고 2010도11030 판결, 대법원 2012. 5. 24. 선고 2010두15964 판결.
462) 대법원 2001. 4. 24. 선고 99도4893 판결, 대법원 2001. 11. 27. 선고 99도4779 판결, 대법
    원 2002. 2. 26. 선고 99도5380 판결, 대법원 2011. 1. 27. 선고 2010도11030 판결, 대법원
    2012. 5. 24. 선고 2010도9963 판결, 대법원 2014. 11. 13. 선고 2011도393 판결.

3. 27. 선고 2011두20406 판결은 "사용자의 경영권에 속하는 사항이라 하더라도 그에 관하여 노사는 임의로 단체교섭을 진행하여 단체협약을 체결할 수 있고, 그 내용이 강행법규나 사회질서에 위배되지 아니하는 이상 단체협약으로서의 효력이 인정된다."고 함으로써 정리해고의 실시를 제한하기로 하는 제③유형의 단체협약의 효력을 인정하였다.

라. 고용안정조항에 위반한 정리해고의 효력

대법원은 고용안정조항은 근로조건 기타 근로자에 대한 대우에 관하여 정한 것으로서 그에 반하여 이루어지는 정리해고는 원칙적으로 정당한 해고라고 볼 수 없고, 다만 이처럼 정리해고의 실시를 제한하는 단체협약을 두고 있더라도, 그 단체협약을 체결할 당시의 사정이 현저하게 변경되어 사용자에게 그와 같은 단체협약의 이행을 강요한다면 객관적으로 명백하게 부당한 결과에 이르는 경우에는 사용자가 단체협약에 의한 제한에서 벗어나 정리해고를 할 수 있다고 한다.[463] 위 판결은 노사가 교섭을 거쳐 정리해고의 실시를 제한하기로 하는 단체협약을 체결한 경우 그러한 단체협약의 규범적 효력을 인정하여 이에 반하는 정리해고는 원칙적으로 정당성이 부정됨을 분명히 한 것으로, 노사자치를 존중하고 나아가 근로자의 권익을 보장하였다는 평가를 받고 있다.[464]

8. 유일교섭단체조항

유일교섭단체조항이란 단체협약에서 특정 노동조합을 유일한 교섭단체로 인정하고 다른 노동조합을 단체교섭의 당사자에서 배제하는 조항을 말한다.[465] 통설[466]은 유일교섭단체조항은 근로자의 노동조합 결성 및 가입의 자유와 다른 노동조합의 단체교섭권을 침해하는 것으로 효력이 없다고 본다. 판례의 태도도 마찬가지이다.[467] 따라서 유일교섭단체조항을 이유로 다른 노동조합과의 단체교섭을 거부하는 경우에는 부당노동행위에 해당한다.

---

463) 대법원 2014. 3. 27. 선고 2011두20406 판결.
464) 이미선b, 375면.
465) 가령 기아자동차의 단체협약(2007년)에서는 1조(유일교섭단체)에서 회사는 조합이 조합원을 대표하여 노동3권을 행사하는 유일한 단체임을 확약하고, 여하한 명칭의 제2노동단체를 인정하지 아니한다고 규정하고 있다.
466) 김유성, 136면; 김형배, 160면; 임종률, 133면.
467) 대법원 2016. 1. 28. 선고 2012두15821 판결, 대법원 2016. 3. 10. 선고 2013두3160 판결, 대법원 2016. 4. 15. 선고 2013두11789 판결, 대법원 2016. 4. 29. 선고 2014두15092 판결.

9. 쟁의 중 신분보장조항

단체협약에서 '쟁의기간 중에는 징계나 전출 등의 인사조치를 아니 한다.' 라는 취지로 정하여 쟁의행위 기간 중 사용자의 징계나 인사에 관한 권한을 제한하는 단체협약 조항을 쟁의 중 신분보장조항이라 한다.468)

쟁의 중 신분보장조항은 쟁의기간 중에 쟁의행위에 참가한 조합원에 대한 징계 등 인사조치 등에 의하여 노동조합의 활동이 위축되는 것을 방지함으로써 노동조합의 단체행동권을 실질적으로 보장하기 위한 것이다.469)

쟁의 중 신분보장조항은 쟁의기간 중이라는 일정한 기간 동안 해고 등의 징계나 인사 권한의 행사를 제한하는 것으로 해고 등 징계나 인사 권한에 관한 시기적 제한을 가하는 것이라는 의미에서 해고 등 징계나 인사 절차에 관한 단체협약 조항으로서 규범적 부분에 해당한다고 볼 수 있다.470)

판례는, 단체협약에서 '쟁의기간 중에는 징계나 전출 등의 인사조치를 아니 한다'고 정하고 있는 경우, 쟁의행위가 그 목적이 정당하고 절차적으로 노조법의 제반 규정을 준수함으로써 정당하게 개시된 경우라면, 비록 쟁의 과정에서 징계사유가 발생하였다고 하더라도 쟁의가 계속되고 있는 한 그러한 사유를 들어 쟁의기간 중에 징계위원회의 개최 등 조합원에 대한 징계절차의 진행을 포함한 일체의 징계 등 인사조치를 할 수 없다고 한다.471)

판례는 단체협약의 명문의 규정을 근로자에게 불리하게 해석할 수는 없다고 보고, "회사는 정당한 노동쟁의 행위에 대하여 간섭방해, 이간행위 및 쟁의 기간 중 여하한 징계나 전출 등 인사조치를 할 수 없으며 쟁의에 참가한 것을

---

468) 가령 "쟁의기간 중에는 조합원에 대하여 어떠한 사유에 의해서도 징계, 부서이동 등 제반 인사조치를 할 수 없다"(대법원 2009. 2. 12. 선고 2008다70336 판결의 단체협약), "회사는 정당한 노동쟁의행위에 대하여 간섭방해, 이간행위 및 쟁의기간 중 여하한 징계나 전출 등 인사조치를 할 수 없으며 쟁의에 참가한 것을 이유로 불이익 처분할 수 없다."(대법원 2018. 10. 4. 선고 2016다242884 판결, 대법원 2019. 11. 28. 선고 2017다257869 판결의 단체협약)는 규정을 둔 경우이다.

469) 대법원 2013. 2. 15. 선고 2010두20362 판결, 대법원 2019. 11. 28. 선고 2017다257869 판결.

470) 쟁의 중 신분보장조항을 개별적인 노동조건에 관한 부분이라고 본(단체협약의 규범적 부분에 해당한다고 본) 원심의 판단을 정당하다고 한 판결로 대법원 2009. 2. 12. 선고 2008다 70336 판결 참조. 쟁의 중 신분보장 조항을 해고절차에 관한 부분으로서 위 단체협약의 적용을 받고 있던 근로자들의 개별적인 근로계약 내용이 되어 그 실효에도 불구하고 여전히 효력이 있다고 한 것으로 서울고법 2013. 1. 17. 선고 2012누19375 판결의 판시 참조.

471) 대법원 2013. 2. 15. 선고 2010두20362 판결, 대법원 2019. 11. 28. 선고 2017다257869 판결.

이유로 불이익 처분할 수 없다."라는 내용의 쟁의 중 신분보장규정이 있는 경우 문언 자체로 징계사유의 발생 시기나 그 내용에 관하여 특별한 제한을 두고 있지 않음이 분명하므로, 그 문언과 같이 정당한 쟁의행위 기간 중에는 사유를 불문하고 회사가 조합원에 대하여 징계권을 행사할 수 없다는 의미로 해석함이 타당하고, 이와 달리 비위사실이 쟁의행위와 관련이 없는 개인적 일탈에 해당하거나 노동조합의 활동이 저해될 우려가 없는 경우에는 정당한 쟁의행위 기간 중에도 회사가 징계권을 행사할 수 있다는 식으로 '쟁의 중 신분보장' 규정의 적용 범위를 축소하여 해석하게 되면, 위 규정의 문언 및 그 객관적인 의미보다 근로자에게 불리하게 되어 허용되지 않으며, 이러한 불리한 해석은, 쟁의기간 중에 쟁의행위에 참가한 조합원에 대한 징계 등 인사조치에 의하여 노동조합의 활동이 위축되는 것을 방지함으로써 노동조합의 단체행동권을 실질적으로 보장하기 위한 위 규정의 도입 취지에 반한다고 하였다.472)

따라서 위 판례에 따르면 위와 같은 내용의 쟁의 중 신분보장조항이 있는 경우 쟁의기간 이전에 발생한 비위행위나 쟁의기간 중 쟁의행위와 관련하여 발생한 징계사유는 물론 쟁의행위와 무관하게 발생한 폭력행위 등의 개인적 일탈행위에 대하여도 쟁의기간 중에는 징계 등의 조치를 할 수 없다.

또한 위 판례에 따르면 징계에 의하여 단체행동권을 실질적으로 보장받지 못할 우려가 있는지 없는지를 따져 구체적인 결과별로 쟁의 중 신분보장조항의 적용 여부를 달리 볼 수도 없다.473)

쟁의 중 신분보장조항에 위배된 징계는 징계절차상 중대한 하자가 있으므로 무효이다.474) 징계처분의 효력발생시기를 쟁의기간 이후로 정하였다고 하여도 마찬가지이다.475)

---

472) 대법원 2019. 11. 28. 선고 2017다257869 판결.
473) 따라서 단체행동권을 실질적으로 보장받지 못할 우려가 없는 경우까지 징계가 불가능하다고 볼 것은 아니라는 취지의 서울고법 2013. 1. 17. 선고 2012누19375 판결의 태도는 판례의 태도에 반한다고 보이고(대전지법 천안지원 2016. 11. 18. 선고 2015가합102807 판결의 판시도 마찬가지), 위 판결의 판단이 정당하다고 한 대법원 2015. 5. 28. 선고 2013두3351 판결의 태도도 판례의 태도에 비추어보면 의문이 제기된다.
474) 대법원 2019. 11. 28. 선고 2017다257869 판결. 대법원 2009. 2. 12. 선고 2008다70336 판결의 원심 판결(서울고법 2008. 8. 22. 선고 2007나116763 판결)의 판시 참조.
475) 대법원 2009. 2. 12. 선고 2008다70336 판결.

10. 면책조항

쟁의행위를 거쳐 단체협약이 체결되는 경우에 쟁의행위 기간 중의 행위에 대하여 일체의 책임 또는 민·형사상 책임을 묻지 않기로 하는 취지의 특약을 한 경우 위 약정의 성질은 일종의 단체협약이라고 할 수 있다. 따라서 위 특약이 단체협약의 효력을 가지기 위해서는 서면으로 작성하여 당사자 쌍방이 서명 또는 날인하여야 한다.

면책조항의 적용 범위는 쟁의행위는 물론 쟁의행위와 일체성을 가지는 준비행위·유발행위까지 미치고, 쟁의행위에 필연적으로 연속되는 행위로서 불가분적 관계에 있는 행위에 대해서도 미치며, 민사 면책의 의미에는 손해배상책임 뿐 아니라 징계책임의 면제도 포함된다.476) 파업기간 중에 발생한 사건에 관하여 민·형사상 일체의 문제를 제기하지 않기로 합의하였다면 그를 이유로 징계책임을 물을 수는 없음은 물론, 그 후 근로자들이 파업기간 중의 행위로 말미암아 형사유죄판결을 받았다고 하더라도 이를 이유로 징계책임을 물을 수도 없다.477)

또한 면책조항의 내용은 보통 사용자와 조합 간에 쟁의에 관한 손해배상책임을 추급하지 않는다는 취지의 내용일 것이나, 특별한 유보의 의사표시나 특별한 사정이 인정되지 않는 한, 사용자는 그 쟁의에 관한 조합원 개인의 책임도 추급하지 않는다는 취지의 합의도 포함된다고 해석함이 상당하고, 따라서 조합원 개인에 관해서도 민사책임은 물론 징계책임도 묻지 않는 취지의 것이라고 해석하여야 하며, 이와 같은 면책조항에 위반하는 책임추급(예컨대 징계해고)의 효력은 무효라고 해석하여야 한다.478)

다만, "본 협약체결과정에서 일어난 정당한 쟁의행위에 대하여 민·형사상·재산상 및 징계책임을 묻지 않는다."라는 식으로 정당한 쟁의행위에 대하여 면책합의를 한 경우에는, 쟁의행위 기간 중에 위법한 행위를 한 것은 면책대상이 될 수 없다.479)

---

476) 대법원 1991. 1. 11. 선고 90다카21176 판결, 대법원 1991. 8. 13. 선고 91다1233 판결, 대법원 1992. 7. 28. 선고 92다14786 판결.

477) 대법원 1992. 7. 28. 선고 92다14786 판결, 대법원 1993. 5. 25. 선고 92다19859 판결.

478) 박병휴, 393면. '학교는 파업사태와 관련하여 추가징계를 하지 않는다'는 면책합의에 반하는 징계를 무효로 본 것으로 대법원 2009. 2. 12. 선고 2008다70336 판결 참조.

479) 대법원 2011. 7. 28. 선고 2009두4180 판결.

또한 판례는 근로자의 비위행위에 관하여 징계를 하지 않기로 하는 면책합의를 하였다 하더라도 이는 그 비위행위를 징계사유로 삼는 것을 허용하지 않는 것일 뿐 그 밖의 다른 비위행위를 징계사유로 하여 근로자를 징계함에 있어 면책합의된 비위행위가 있었던 점을 징계양정의 판단자료로 삼는 것까지 금하는 것은 아니라고 한다.480)

한편 노동조합과 회사 사이에 임금교섭기간 중 생겨난 민·형사상의 문제는 노사가 각 취하하고 회사는 고소된 근로자들이 금고 이상의 형을 선고받더라도 석방과 동시에 원직에 복귀시키기로 한다는 내용의 합의서 및 합의각서에 의한 약정을 체결하였으며, 이와 동시에 노동조합은 회사에 그동안의 불법적인 단체행동으로 막대한 손해를 끼친 점을 사과하고 앞으로는 정상조업을 방해하는 비합법적인 단체행동을 하지 않을 것을 확약하였으나 그 후 노동조합원들이 회사로부터 구속된 조합원에 대하여 휴직처분이 내려진 데에 반발하며 이틀에 걸쳐 집단적으로 휴일계를 제출하고 결근함으로써 공장가동이 전면적으로 중단되었고 또 임시총회를 개최하며 공장가동을 중단시켰다면 노동조합원들이 위와 같은 비합법적인 단체행동을 저지른 것은 위 약정을 위반한 것이라고 할 수 있으므로 회사로서는 이를 이유로 하여 위 약정을 해제할 수 있고 그 해제에 의하여 위 면책약정은 실효된다고 한다.481) 또한 사용자와 노조대표자 사이에 노조 측의 운행집단거부 등 불법적인 집단행동의 발생에 대한 민·형사상 일체의 쟁의책임을 불문에 붙이기로 하되, 차후 노조 측에서 다시 불법적인 집단행동을 취하는 경우에는 어떠한 처벌도 감수한다는 취지의 합의를 한 후에, 그 노조대표자가 다시 2차례에 걸쳐 각기 다른 이유를 내세워 조합원들의 불법적인 운행거부형태의 집단행동을 주도한 것이라면, 노사 간의 단체협약으로 이루어진 위 쟁의책임면제에 관한 약정은, 사후 노조 측에 의하여 유사한 불법집단행동이 발생하는 경우에는 위 약정은 당연히 실효되고 이를 사유로 징계할 수 있도록 합의하였다고 볼 것이고, 위와 같은 노조대표자를 포함한 조합원들이 다시 2차례에 걸친 불법적인 쟁의행위를 함에 따라 위 약정의 효력은 당연이 실효된다고 한다.482)

480) 대법원 1994. 9. 30. 선고 94다4042 판결, 대법원 1995. 9. 5. 선고 94다52294 판결, 대법원 2008. 10. 9. 선고 2006두13626 판결.
481) 대법원 1992. 5. 8. 선고 91누10480 판결.
482) 대법원 1994. 9. 30. 선고 94다21337 판결.

한편 형사 면책에 관한 내용은 당사자가 형사상 고소·고발을 자제하겠다
는 취지로 해석하여야 한다.

[마 은 혁]

제34조(단체협약의 해석)

① 단체협약의 해석 또는 이행방법에 관하여 관계 당사자간에 의견의 불일치가 있는 때에는 당사자 쌍방 또는 단체협약에 정하는 바에 의하여 어느 일방이 노동위원회에 그 해석 또는 이행방법에 관한 견해의 제시를 요청할 수 있다.

② 노동위원회는 제1항의 규정에 의한 요청을 받은 때에는 그 날부터 30일 이내에 명확한 견해를 제시하여야 한다.

③ 제2항의 규정에 의하여 노동위원회가 제시한 해석 또는 이행방법에 관한 견해는 중재재정과 동일한 효력을 가진다.

〈세 목 차〉

I. 단체협약 해석의 일반 원칙

단체협약은 협약 당사자 사이의 계약의 일종이므로 그 해석과 관련하여 법률행위의 해석에 관한 일반 원칙들이 적용된다.

1. 문언에 따른 해석

단체협약은 일종의 처분문서이므로 그 성립의 진정함이 인정되는 이상, 법원은 그 기재 내용을 부정할 만한 분명하고도 수긍할 수 있는 반증이 없는 한, 그 기재 내용에 의하여 그 문서에 표시된 의사표시의 존재 및 내용을 인정하여야 한다.[1]

※ 이 조에 관한 각주의 참고문헌은 제31조 해설의 참고문헌을 가리킨다.

[1] 대법원 1987. 4. 14. 선고 86다카306 판결, 대법원 1996. 9. 20. 선고 95다20454 판결, 대법원 2005. 9. 9. 선고 2003두896 판결, 대법원 2007. 5. 10. 선고 2005다72249 판결, 대법원 2007. 6. 14. 선고 2006다48489 판결, 대법원 2008. 11. 27. 선고 2007다1166 판결, 대법원 2011. 10. 13. 선고 2009다102452 판결, 대법원 2014. 2. 13. 선고 2011다86287 판결, 대법원

나아가 대법원은 단체협약과 같은 처분문서를 해석할 때에는, 단체협약이 근로자의 근로조건을 유지·개선하고 복지를 증진하여 그 경제적·사회적 지위를 향상시킬 목적으로 근로자의 자주적 단체인 노동조합과 사용자 사이에 단체교섭을 통하여 이루어지는 것이므로, 그 명문의 규정을 근로자에게 불리하게 변형 해석할 수 없다고 하였다.[2]

그리하여 가령 단체협약에 "회사는 근로자가 업무수행 중 야기한 과실로 인한 교통사고에서는 회사가 손해를 부담한다."라고 규정되어 있는 사안에서, 원심이 증인 등의 증거에 비추어 이는 근로자가 업무수행 중 고의 내지 중대한 과실로 인하여 야기한 교통사고로 발생된 손해까지 면제하여 주는 취지라고는 해석되지 아니하고, 다만 근로자의 통상적인 업무수행상 야기될 수도 있는 이른바 경과실로 인한 교통사고에 관하여 근로자에게 그 손해배상책임을 묻지 아니한다는 것으로 해석함이 상당하다고 한 것에 대하여, 대법원은 위와 같은 해석 원칙에 비추어 볼 때 위 규정은 근로자가 업무수행 중 그의 과실로 인한 교통사고로 인하여 회사가 입은 손해에 관하여는 그 과실이 경과실이냐 또는 중과실이냐를 구별하지 아니하고 회사가 이를 부담하고 근로자에 대하여는 그 책임을 묻거나 구상권을 행사하지 아니하겠다는 취지로 해석함이 상당하다고 하였다.[3]

2. 합리적 해석

그러나 문언 자체가 명확하지 않거나 문언 해석을 둘러싼 협약 당사자의 견해가 대립하는 경우에는 여러 사정을 고려하여 합리적으로 해석하여야 한다.

대법원은, 처분문서는 그 진정성립이 인정되면 특별한 사정이 없는 한 그

2016. 1. 28. 선고 2012두15821 판결, 대법원 2016. 4. 29. 선고 2014두15092 판결, 대법원 2019. 11. 28. 선고 2017다257869 판결, 대법원 2020. 8. 13. 선고 2019다18426 판결.

2) 대법원 1987. 4. 14. 선고 86다카306 판결, 대법원 1996. 9. 20. 선고 95다20454 판결, 대법원 2005. 9. 9. 선고 2003두896 판결, 대법원 2007. 5. 10. 선고 2005다72249 판결, 대법원 2008. 11. 27. 선고 2007다1166 판결, 대법원 2011. 10. 13. 선고 2009다102452 판결, 대법원 2012. 11. 15. 선고 2012다72520 판결, 대법원 2014. 2. 13. 선고 2011다86287 판결, 대법원 2016. 10. 27. 선고 2014다82026 판결, 대법원 2017. 2. 15. 선고 2016다32193 판결, 대법원 2017. 3. 22. 선고 2016다26532 판결, 대법원 2017. 12. 28 선고 2017다2359 판결, 대법원 2018. 11. 29. 선고 2018두41532 판결, 대법원 2019. 11. 28. 선고 2017다257869 판결, 대법원 2020. 1. 22. 선고 2015다73067 전원합의체 판결, 대법원 2020. 8. 13. 선고 2019다18426 판결, 대법원 2020. 11. 26. 선고 2019다262193 판결, 대법원 2021. 2. 4. 선고 2019다230134 판결, 대법원 2022. 3. 11. 선고 2021두31832 판결.

3) 대법원 1987. 4. 14. 선고 86다카306 판결의 사안.

처분문서에 기재되어 있는 문언의 내용에 따라 당사자의 의사표시가 있었던 것으로 객관적으로 해석하여야 하나, 당사자 사이에 계약의 해석을 둘러싸고 이견이 있어 처분문서에 나타난 당사자의 의사해석이 문제되는 경우에는 문언의 내용, 그와 같은 약정이 이루어진 동기와 경위, 약정에 의하여 달성하려는 목적, 당사자의 진정한 의사 등을 종합적으로 고찰하여 논리와 경험칙에 따라 합리적으로 해석하여야 한다고 하였다.4)

또한 대법원은, 노조법 34조 3항을 근거로 단체협약의 해석 또는 이행방법에 관하여 단체협약 당사자의 견해 제시의 요청에 응하여 노동위원회가 제시한 견해는 중재재정과 동일한 효력을 가지는바, 중재재정서에 기재된 문언의 객관적 의미가 명확하게 드러나지 않는 경우에는 그 문언의 내용과 중재재정이 이루어지게 된 경위, 중재재정절차에서 한 당사자의 주장, 그 조항에 의하여 달성하려고 하는 목적 등을 종합적으로 고찰하여 사회정의와 형평의 이념에 맞도록 논리와 경험의 법칙, 그리고 사회일반의 상식과 거래의 통념에 따라 합리적으로 해석하여야 할 것이므로, 노조법 34조 3항에 기하여 노동위원회가 제시한 견해 역시 같은 방법으로 그 객관적 의미를 해석하여야 한다고 하였다.5)

따라서 단체협약 문언의 객관적인 의미가 명확하게 드러나지 않고 문언 해석을 둘러싼 이견이 있는 경우에는, 해당 문언 내용, 단체협약이 체결된 동기 및 경위, 노동조합과 사용자가 단체협약에 의하여 달성하려는 목적과 그 진정한 의사 등을 종합적으로 고려하여, 사회정의 및 형평의 이념에 맞도록 논리와 경험의 법칙에 따라 합리적으로 해석하여야 한다.6)7)

---

4) 대법원 2007. 5. 10. 선고 2005다72249 판결, 대법원 2008. 11. 27. 선고 2007다1166 판결, 대법원 2014. 2. 27. 선고 2011다109531 판결.
5) 대법원 2010. 1. 14. 선고 2009다68774 판결.
6) 대법원 2016. 10. 27. 선고 2014다82026 판결.
7) 대법원 판결 중 단체협약의 체결경위를 주된 판단요소로 하여 합리적 해석을 가한 것으로 대법원 1996. 9. 20. 선고 95다20454 판결 참조. 단체협약 조항에 의하여 달성하려는 목적을 주된 판단요소로 하여 합리적 해석을 한 것으로 대법원 2003. 9. 2. 선고 2003다4815 등 판결, 대법원 2011. 2. 10. 선고 2010도10721 판결이 있으며, 단체협약의 다른 조항과의 관계를 주된 판단요소로 하여 합리적 해석을 한 것으로 대법원 1995. 4. 25. 선고 94누13053 판결, 대법원 2007. 6. 14. 선고 2006다48489 판결이 있다. 대법원 2022. 3. 11. 선고 2021두31832 판결도 참조.

Ⅱ. 노동위원회에 의한 단체협약의 해석 또는 이행방법에 관한 견해의 제시

1. 의의 및 취지

단체협약의 해석 또는 이행방법에 관하여 관계 당사자 간에 의견의 불일치가 있는 때에는 당사자 쌍방 또는 단체협약에 정하는 바에 의하여 어느 일방이 노동위원회에 그 해석 또는 이행방법에 관한 견해의 제시를 요청할 수 있다.

단체협약의 해석 또는 이행방법에 관한 견해의 불일치는 집단적 권리분쟁에 해당하는 것으로 본래 법원의 사법심사 대상이라 할 것이나 노동위원회의 판단을 통하여 집단적 권리분쟁을 신속하게 해결하기 위한 취지에서 1996. 12. 31. 노조법 개정 시 신설된 제도이다. 대법원도 노동위원회에 견해 제시를 요청할 수 있도록 한 노조법 34조는 노사 분쟁의 신속한 해결을 위하여 도입한 특별절차에 관한 규정이라고 한다.[8]

다만, 본조에서는 "견해의 제시를 요청할 수 있다."라고 규정하여 단체협약의 해석 또는 이행방법에 관한 집단적 권리분쟁을 반드시 노동위원회의 견해 제시를 통하여 해결할 것을 강제하고 있는 것은 아니므로 노동위원회에 견해 제시를 요청하지 않고 법원의 사법심사를 받는 방법으로 해결할 수도 있다.

2. 요청권자 및 절차

견해의 제시를 요청할 수 있는 자는 단체협약의 당사자이고, 규범적 부분의 이해관계인인 근로자는 이에 해당하지 않는다.[9] 원칙적으로는 당사자 쌍방이 함께 요청하여야 하고, 다만 단체협약에서 어느 일방이 요청할 수 있는 것으로 정한 경우에는 당사자 일방이 요청할 수 있다.

견해 제시의 요청은 해당 단체협약의 내용과 당사자의 의견 등을 적은 서면으로 하여야 한다(노조법 시행령 16조).

노동위원회는 본조 1항의 규정에 의한 요청을 받은 때에는 그 날부터 30일 이내에 명확한 견해를 제시하여야 한다(법 34조 2항).

---

8) 대법원 2005. 9. 9. 선고 2003두896 판결.
9) 임종률, 168면.

단체협약의 해석이나 이행방법에 관한 견해의 제시는 당해 노동조합의 소재지를 관할하는 노동위원회의 심판위원회에서 행하게 된다(노위규칙 16조 16호).

3. 효   력

단체협약의 해석 또는 이행방법에 관하여 노동위원회가 제시한 견해는 중재재정과 동일한 효력을 가진다(법 34조 3항).

따라서 노조법 68조 1항에서 규정하고 있는 것처럼 노동위원회는 단체협약의 해석 또는 이행방법에 관한 견해를 서면으로 작성하여 제시하여야 하고, 그 서면에는 효력발생 기일을 명시하여야 한다. 나아가 중재재정의 내용은 단체협약과 동일한 효력을 가지므로(법 70조 1항), 단체협약의 해석 또는 이행방법에 관하여 노동위원회가 제시한 견해는 결국 단체협약과 동일한 효력을 가진다.

4. 불복절차 및 불복사유

본조에서는 위와 같이 노동위원회가 제시한 견해에 대하여 중재재정과 동일한 효력을 가진다고 규정하고 있을 뿐 노동위원회가 제시한 견해의 효력을 다투는 불복절차 및 불복사유에 관하여는 아무런 규정을 두지 않고 있다.

이와 관련하여 지방노동위원회의 결정이나 중앙노동위원회의 재심판정에 관한 일반적인 불복절차를 규정하고 있는 노위법 26조·27조가 적용된다는 견해가 있을 수 있으나, 대법원은 노조법 34조 3항은 단체협약의 해석 또는 이행방법에 관하여 노동위원회가 제시한 견해는 중재재정과 동일한 효력을 가진다고 정하고 있으므로, 단체협약의 해석 또는 이행방법에 관한 노동위원회의 제시견해의 효력을 다투고자 할 때에는 노동위원회가 행한 중재재정의 효력을 다투는 절차를 정한 노조법 69조에 의하여야 할 것이고, 노동위원회가 단체협약의 의미를 오해하여 그 해석 또는 이행방법에 관하여 잘못된 견해를 제시하였다면, 이는 법률행위인 단체협약의 해석에 관한 법리를 오해한 위법을 범한 것으로 노조법 69조에서 정한 불복사유인 위법 사유가 있는 경우에 해당된다[10]고 함으로써 불복절차와 불복사유에 관한 입법적 불비를 보충하였다.

노위규칙 87조 3항에서는 위 판결의 취지에 따라 지방노동위원회의 견해제시가 위법이거나 월권이라고 인정되는 경우에 한하여 중앙노동위원회에 재심

10) 대법원 2005. 9. 9. 선고 2003두896 판결.

을 신청할 수 있다고 규정하고 있다.

따라서 관계 당사자는 지방노동위원회 또는 특별노동위원회가 제시한 견해가 위법이거나 월권에 의한 것이라고 인정하는 경우에는 그 견해의 송달을 받은 날부터 10일 이내에 중앙노동위원회에 재심을 신청할 수 있고, 중앙노동위원회의 재심결정이 위법이거나 월권에 의한 것이라고 인정하는 경우에는 그 재심결정서의 송달을 받은 날부터 15일 이내에 행정소송을 제기할 수 있다(법 69조 1항 · 2항).

단체협약의 해석 또는 이행방법에 관하여 노동위원회가 제시한 견해에 대하여 불복절차를 거치지 않거나 노조법 69조에서 정한 불복절차를 거친 후 확정된 때에는 관계 당사자는 이에 따라야 한다(법 69조 4항).

[마 은 혁]

제35조(일반적 구속력)

하나의 사업 또는 사업장에 상시 사용되는 동종의 근로자 반수 이상이 하나의 단체협약의 적용을 받게 된 때에는 당해 사업 또는 사업장에 사용되는 다른 동종의 근로자에 대하여도 당해 단체협약이 적용된다.

〈세 목 차〉

Ⅰ. 의　　　의

노조법 33조에서 규정하는 근로조건 기타 근로자의 대우에 관한 기준의 규범적 효력은 조합원만을 구속하는 것이 원칙이다.

단체협약의 규범적 효력의 실질적 근거가 근로자가 노동조합에 가입하고 조합원 개개인이 노동조합의 의사형성 과정에 실질적으로 참여하는 점에 있다면 단체협약의 규범적 효력은 조합원인 근로자에 대하여만 미치는 것이 당연하다.

※ 이 조에 관한 각주의 참고문헌은 제31조 해설의 참고문헌을 가리킨다.

그런데 노조법 35조에서는 하나의 사업 또는 사업장에 상시 사용되는 동종
의 근로자 반수 이상이 하나의 단체협약의 적용을 받게 된 때에는 당해 사업
또는 사업장에 사용되는 다른 동종의 근로자에 대하여도 당해 단체협약이 확장
적용되게 함으로써 위 원칙에 대한 예외로서 비조합원에게 단체협약의 효력이
확장 적용되는, 사업장 단위의 일반적 구속력 제도를 두고 있다.

II. 취   지

규범적 효력의 실질적 근거라는 점에서 볼 때 노동조합에 가입하지 않고
단체협약의 형성에 관여한 적이 없는 비조합원에게 단체협약의 규범적 효력을
확장한다는 사업장 단위의 일반적 구속력 제도는 이례적인 제도라고 하지 않을
수 없다. 따라서 이 제도는 그 근거를 단체협약 자체의 본래적 성격으로부터가
아니라 그것과는 별개의 정책적 관점으로부터 도출할 수밖에 없다.

그러나 입법자가 어떠한 정책적 의도에 기초하여 사업장 단위의 일반적 구
속력 제도를 도입하였는지는 명확하지 않고, 그 취지에 관하여 견해의 대립이
있다.

1. 학   설

사업장 단위의 일반적 구속력 제도의 취지, 그 정책적 목적에 대하여는 여
러 견해가 대립하고 있다.

첫째, 노동조합의 단결력을 유지·강화하여 노동조합을 보호하는 제도로
보는 견해이다.[1] 즉, 사용자가 미조직 근로자들을 단체협약상 기준 이하의 근로
조건으로 사용하면 단체협약이 가지고 있는 사회적 기능이 현저하게 감쇄될 뿐
아니라 노동조합의 조합원의 지위가 불안하게 되므로, 단체협약에 정해 놓은 기
준을 미조직 근로자에게 확대하여 그 근로조건을 조직 근로자의 기준에 따라서
규제함으로써 노동운동을 옹호함은 물론 단체협약의 사회적 기능을 확보하려는
목적을 가지고 있다고 한다.

둘째, 미조직 근로자를 보호하려는 제도로 보는 견해이다.[2] 이 견해는 사

---

1) 심태식, 191면.
2) 김유성, 193~194면.

업장 단위의 일반적 구속력 제도가 당해 사업장 내 '동일근로·동일근로조건'을
실현하고 미조직 근로자를 보호하기 위한 공익적 배려에서 설정된 제도라고
본다.3)

   셋째, 사업장 단위의 일반적 구속력 제도를 근로조건의 통일을 기하기 위한
제도로 보는 견해이다.4) 즉, "동일 사업장 내의 동종의 근로자의 근로조건에 차
등이 있어서는 여러 가지 폐단이 생기며, 특히 동일 직장 내의 비조합원의 근로
조건이 저열할 때는 단체협약의 적용을 받는 근로자의 근로조건도 그 저열한
선까지 인하될 위험이 있으며, 이런 것들이 노동쟁의의 원인이 되기도 하기 때
문에 한 직장 내의 근로조건을 통일함으로써 이를 방지하려는 것"이라고 한다.

   넷째, 절충설을 취하는 견해로서 이것에는 노동조합의 보호에 보다 역점을
두는 견해와 비조합원의 보호에 보다 비중을 두는 견해가 있다. 전자는 사업장
단위의 일반적 구속력 제도를 노동조합 보호 및 사용자 사이의 공정경쟁보호를
위한 제도로 보는 견해이다.5) 즉, "경기가 후퇴하고 실업자 수가 증가하여 단체
협약기준 이하의 조건으로 노동력을 제공하는 근로자가 많아지면 사용자는 조
합원인 근로자의 채용을 꺼려할 뿐 아니라 조합원인 근로자들을 될 수 있는 대
로 비조직 근로자로 대체하려고 한다. 한편 노동조합이 없는 사업장의 기업주
(사용자)들은 값싼 노동력을 이용하여 저렴한 가격으로 상품을 생산할 수 있기
때문에 협약의 구속을 받는 기업주(사용자)는 불리한 경쟁을 할 수밖에 없다. 이
러한 이유에서 단체협약의 효력범위를 전체 사업장 또는 전 지역에 확장하는
것(근로조건의 통일)은 조직 또는 비조직 근로자들의 보호를 위해서뿐만 아니라
(근로자보호의 측면) 사용자 사이의 공평하지 않은 경쟁을 막음으로써(공정한 경쟁
을 확보하는 측면) 조직근로자에게 미치는 불이익을 제거하기 위한 장치라고 할
수 있다."라고 한다.

   후자의 견해6)는 본조의 취지에 관하여 "사업장단위 일반적 구속력은 비조
합원이 조합비 등의 부담은 지지 않으면서 단체협약의 혜택만 누리는 이른바
'무임승차'를 허용함으로써 노동조합 가입의 유인을 저해하고 노동조합의 이익

   3) 단체협약의 우위성을 통한 동종근로 동등대우원칙의 실현에 이 제도의 기본 취지가 있다
      고 보는 견해도 이 견해로 분류할 수 있을 것으로 본다. 이흥재, 472면.
   4) 김치선, 362면.
   5) 김형배, 1294~1295면. 다만 이 견해는 사업장 단위의 일반적 구속력과 지역적 구속력을
      포함한 단체협약의 효력 확장 일반의 취지에 관한 것이다.
   6) 임종률, 181~182면.

에 반하는 경우가 많다. 이 점에서 조합보호설에는 찬동할 수 없다. 그렇다고 노동조합법이 단체교섭권 등을 보장할 것을 목적으로 하면서(1조), 이 규정에서만 비조합원만 보호하려 한다고 보기도 곤란하다. 그렇다면 사업장 단위 일반적 구속력은 주로 단체협약상의 기준으로 해당 사업장의 근로조건을 통일함으로써 비조합원을 보호하려는 규정이지만, 부수적으로는 비조합원의 우대를 저지하여 노동조합도 보호할 수 있다는 점도 배려한 규정이라고 보아야 할 것"이라고 한다.

2. 판   례

대법원 판결 중 사업장 단위 일반적 구속력 제도의 취지에 관하여 언급한 것은 찾아볼 수 없다.

다만 뒤에서 보는 것과 같이 사업장 단위 일반적 구속력 제도의 요건인 동종근로자의 판단과 관련하여 대법원은 "노조법 35조의 규정에 따라 단체협약의 적용을 받게 되는 동종의 근로자라 함은 당해 단체협약의 규정에 의하여 그 협약의 적용이 예상되는 자를 가리킨다."라는 확고한 판단 기준을 제시하고 있다.

그런데 이와 유사한 판단 기준을 제시하고 있는 일본의 일부 판례가 "노동조합법 17조의 입법 취지는 협약당사자인 노동조합 및 그 조합원의 단결권의 보호에 있고, 동조 적용의 결과 협약 외 소수 노동자의 노동조건을 협약 소정의 규준까지 인상하여 이들 소수 노동자의 보호에 작용하더라도 이것은 동조 적용의 부차적 소산에 머무르는 것이라고 해석하여야 한다."라고 하여[7] 본조의 취지의 중점을 노동조합 및 그 조합원의 단결권의 보호에 있다고 보고 있는 점은 동종근로자에 대한 대법원의 위와 같은 판단 기준이 어떠한 논리적 맥락에 위치하고 있는가를 검토하는 데 하나의 참조가 된다고 본다.

하급심 판결 중에는 본조의 취지에 관하여 "단체협약에 대하여 조합원이 아닌 다른 근로자들에게도 적용되는 일반적 구속력을 인정하는 것은 하나의 사업장에 있는 비조합원인 근로자를 보호하고자 하는 데 그 목적이 있다."거나,[8] "단체협약의 효력확장제도는 소수근로자 보호를 위하여 법이 특별히 인정한 제도로서 근로조건을 획일화하는 데 목적이 있는 것이 아니"라고 하여[9] 비조합원

---

7) 宇都宮地裁 1965. 4. 15. 判決(富士重工宇都宮製作所事件, 靑木宗也·片岡曻, 228면에서 재인용).
8) 서울서부지법 2005. 12. 15. 선고 2005가단40184 판결(미항소확정).
9) 전주지법 2005. 7. 15. 선고 2004가합4248 판결(미항소확정).

보호설의 입장을 취한 것이 있다.

또 다른 하급심 판결 중에는 "노조법 35조의 기본적 입법취지는, 하나의 사업장에 있어서 본래 사용자와 노동조합의 조합원 사이에서만 인정되는 단체협약의 규범적 효력을 같은 조합원이 아닌 동종의 근로자에 대하여도 확장함으로써 다수 조합원이 가입한 노동조합의 지위, 단결권·단체교섭권 등을 유지·강화함과 아울러 동종의 근로에 대한 근로조건을 통일하여 공정·타당한 근로조건의 실현을 도모하고자 하는 데 있다고 봄이 상당"하다거나,[10] "단체협약상의 근로조건에 의해 당해 사업장의 근로조건을 통일하고 노동조합의 단결권의 유지·강화와 당해 사업장에서의 공정타당한 근로조건의 실현을 도모"하는 것이 본조의 취지라고 보아 여러 견해를 병렬적으로 나열하는 판시가 있다.[11]

3. 검   토

먼저 본조의 취지를 노동조합의 보호에서 찾는 견해에 대하여 보면, 산업별 또는 직업별 노동조합의 경우와는 달리 기업별 노동조합의 조직형태하에서 근로자는 채용되기 전에는 원칙적으로 모두 비조합원이므로 근로조건이 낮은 비조합원만을 채용하여 단결의 기반을 위태롭게 한다는 사태는 예상하기 어려운 점, 경기 후퇴기에 기업이 인원정리를 하는 경우 조합원과 비조합원 사이에 근로조건 격차가 있으면 조합원부터 해고하려고 하는 사용자의 충동이 강화될 수 있으나, 이러한 경우 불이익취급의 부당노동행위가 성립할 가능성이 높기 때문에 효력확장 제도는 그러한 차별금지의 목적에서 불가결한 것은 아닌 점,[12] 효력확장 제도는 협약에 대한 소수 근로자의 무임승차(free ride)를 허용하고 조합가입의 이익을 박탈하여 다수 조합의 이익에 반하는 면이 있는 점, 대부분의 노동조합이 근로조건이 열악한 임시직 근로자나 시간제 근로자를 가입 대상에서 제외하고 있는 실태를 생각하면, 노동조합은 오히려 비조합원과 조합원 간의 차별성을 유지함으로써 그 조직의 유지·강화를 도모하려고 하는 점 등을 고려할 때 타당하지 않다.[13]

다만, 단체협약의 효력을 확장함으로써 사용자가 조합원을 비조합원보다

---

10) 창원지법 2002. 8. 22. 선고 2001나5498 판결(미상고확정).
11) 서울지법 2001. 4. 13. 선고 2000나58865 판결(미상고확정).
12) 西谷 敏c, 298면.
13) 김유성, 193면.

먼저 해고하는 등의 단결권 침해 행위의 기반을 제거한다는 의미에서는 노동조합의 보호에 기능하는 면이 있다고 할 수 있지만, 위와 같은 한정적인 의미에서의 노동조합 보호를 위하여 비조합원의 계약자유를 제한하는 의미를 갖는 본조가 정당화된다고 보기 어렵다.

다음으로 근로조건의 통일 그 자체에서 본조의 취지를 찾는 견해에 대하여 보면, 사용자의 관점에서 볼 때 근로조건의 통일적 규제는 대량의 근로자를 합리적으로 사용하기 위하여 필요하고, 근로자의 관점에서도 평등 취급이라는 관점에서 의미가 있다고 할 수 있다. 그러나 사업장 내 근로조건의 통일이라는 것이 비조합원의 의사를 부정하면서까지 실현하지 않으면 안 되는 중요한 의의를 갖는 것인지에 의문이 있고, 근로조건의 통일을 위해서는 취업규칙이 존재하는 것으로 그것과는 별개의 제도가 필요한지에 대하여 의문이 있다.14)

단체협약의 일반적 구속력 제도는 노조법 35조의 요건을 갖춘 경우에 비조합원의 의사와 관계없이 규범적 효력을 비조합원에게 확장한다는 점에서 비조합원이 근로계약 등에 의하여 단체협약의 기준과는 다르게 자신의 근로조건을 결정할 계약자유를 제한하는 의미를 담고 있다. 노동조합에 가입하지 않고, 노동조합의 의사 결정 과정에 참여하지 않은 비조합원에 대하여 그 의사를 부정하면서까지 규범적 효력을 확장하기 위해서는 그 의사를 부정하는 것을 정당화할 사유가 필요하며, 이는 결국 그 확장 적용에 의하여 비조합원을 보호한다는 점 이외에는 찾을 수 없다고 본다.

이러한 의미에서 사업장 단위의 일반적 구속력 제도의 주된 취지는 비조합원의 보호에 있다고 본다.

Ⅲ. 요   건

사업장 단위의 일반적 구속력이 인정되어 단체협약이 확장 적용되기 위해서는 ① 하나의 사업 또는 사업장에, ② 상시 사용되는 ③ 동종의 근로자의 ④ 반수 이상이 ⑤ 하나의 단체협약의 적용을 받게 된 때라는 요건을 충족하여야 한다.

---

14) 西谷 敏a, 381면.

1. 하나의 사업 또는 사업장

본조에 의한 단체협약의 일반적 구속력은 하나의 '사업 또는 사업장'을 단위로 하여 인정된다.

보통 근기법의 적용 단위로서 '사업 또는 사업장'이란 일정한 장소에서 상호 관련된 조직하에 업으로서 계속적으로 행해지는 작업의 일체를 말하는데, 위와 같은 의미에서 '사업 또는 사업장'이란 원칙적으로 장소적 관념에 의하여 결정되는 것으로 기업 주체라는 면에서 경영상 일체를 이루는 기업과는 구별되는 개념이라 할 것이다.

문제는 하나의 기업 내에 수 개의 사업 부문 또는 수 개의 공장·지점·사업소 등이 있는 경우 상시 사용되는 동종의 근로자 반수 이상이 하나의 단체협약의 적용을 받고 있는지 여부를 기업을 단위로 하여 판단할 것인지, 아니면 개별 사업 부문 또는 개별 공장·지점·사업소 단위로 판단할 것인지 하는 것이다.

이와 관련하여 각 사업장마다 지역적 환경·근로의 종류·작업방법 등 근로환경상의 특수성이 있을 것이므로 원칙적으로 기업 전체가 아니라 각각의 사업장을 단위로 하여 판단하되, 예외적으로 은행과 같이 다수의 사업장이 존재하더라도 각 사업장이 근로환경상의 특수성을 가지지 않는 경우에는 사업장 전체가 하나의 사업이 된다고 보는 견해가 있다.[15]

이에 반하여 본조의 사업 또는 사업장이라 함은 개인사업체 또는 독립된 법인격을 갖춘 회사 등과 같이 경영상의 일체를 이루면서 계속적·유기적으로 운영되고 전체로서 독립성을 갖춘 하나의 기업체 조직을 뜻한다는 견해가 있다.[16]

대법원 판결 중 본조의 '사업 또는 사업장'에 관하여 명시적으로 언급한 것은 없다.

하급심에 나타난 사례를 보면, 산업디자인 관련 진흥원 본원은 산업디자인의 연구 및 개발, 지원 업무 등 비영리사업을 주로 수행하고 있고 시범사업본부는 재원 조달을 위한 수입 사업으로 수출용 골판지 상자를 생산·판매하는 것

---

15) 김유성, 194~195면.
16) 사법연수원a, 215~216면. 위 문헌에서는 위와 같은 태도가 판례의 입장이라고 소개하고 있으나, 이에 해당하는 것으로 거론하고 있는 판례들[위 문헌 각주 260) 참조]은 경영상 해고, 퇴직금 차등제도 설정금지원칙과 관련된 것이어서 노조법 35조에 관한 판례의 입장이라고 단정할 수 없다.

을 주된 업무로 하고 있으며, 본원은 성남시에, 시범사업본부는 서울 공장과 김
해 공장에 각 소재하고 있고, 본원과 시범사업본부는 그 직제에 있어 서로 다른
규정을 적용하여 규율하고 있으며, 퇴직금 규정이 불이익변경 될 당시 총 근로
자 244명 중 124명이 본원에, 120명이 시범사업본부에 소속되어 있었는데, 본
원이나 시범사업본부의 구분 없이 누구나 노조 가입 자격이 있었지만, 73명을
조합원으로 하는 노동조합의 조합원은 전원이 시범사업본부 소속의 근로자들인
사안에서, 본원과 시범사업본부는 별개의 사업장으로 보아야 하고, 따라서 독립
된 사업장인 시범사업본부 소속 근로자의 과반수로 조직된 노조와 진흥원이 위
불이익변경 된 취업규칙의 퇴직금 규정에 따르기로 하여 체결한 단체협약은 시
범사업본부의 비노조원에게 확장 적용된다는 사용자의 주장에 대하여, '사업 또
는 사업장'이라 함은 특별한 사정이 없는 한 경영상의 일체를 이루면서 계속
적·유기적으로 운영되고 전체로서 독립성을 갖춘 하나의 기업체 조직을 의미
한다고 전제한 후, 진흥원이 그 경영상의 사정 등의 이유로 2개 이상의 단위로
인적·물적 설비를 독립시키고 직제 등을 분리하여 운영하고 있는 것일 뿐 이
와 같은 사정만으로 본원과 시범사업본부가 서로 다른 사업 또는 사업장이라고
보기에 부족하고, 달리 그와 같이 인정할 만한 자료가 없다고 하여 위 주장을
배척한 판결이 있다.[17]

한편, 고속버스 회사의 사업장이 서울, 인천, 대구, 부산, 울산 등 전국적으
로 분산되어 있고 그 노동조합도 사업장별로 8개의 분회로 나뉘어 있는데, 한편
고속버스 회사의 사업 단위는 물류사업본부, 자동차사업본부 그리고 생활문화사
업본부와 이를 지원하는 지원본부 및 기획실로 편제되어 위 회사의 종합운송사
업을 위하여 상호 유기적으로 운영되고 있고, 노동조합은 개별 사업장을 구분하
지 아니한 채 '고속버스 회사에 종사하는 과장까지의 전 근로자'를 그 가입 대
상으로 하며, 단체교섭은 분회별 의견을 종합하여 위 노동조합에서 모든 직종에
걸쳐 일괄 교섭하고, 교섭결과는 위원장, 부위원장 및 각 분회장으로 구성된 교
섭위원 전원의 수락으로 합의하도록 하고 있으며, 위와 같은 절차에 따라 체결
된 상여금 지급 유보 및 상실 등의 내용을 담고 있는 특별합의는 고속버스 회
사의 모든 사업장의 전체 근로자를 그 적용 대상으로 하고 있는 사안에서, 노조

---

17) 수원지법 성남지원 2003. 1. 10. 선고 2002가합164 판결. 항소심인 서울고법 2003나13187
   사건은 2003. 10. 13. 화해로 종결되었다.

법 35조에 의한 이 사건 특별합의의 일반적 구속력은 '하나의 사업 또는 사업장'을 단위로 하여 인정되는 것이므로, 이 사건과 같이 고속버스 회사의 사업장이 서울, 인천, 대구, 부산, 울산 등 전국적으로 분산되어 있고 그 노동조합도 사업장별로 8개의 분회로 나뉘어 있는 등 하나의 기업이 수 개의 사업장을 가진 경우에는, 당해 사업장 단위를 초과하는 범위에서는 위 특별합의의 일반적 구속력이 미칠 여지가 없다는 근로자들의 주장에 대하여, 노조법 35조 소정의 '하나의 사업 또는 사업장'이란 개인사업체 또는 독립된 법인격을 갖춘 회사 등과 같이 경영상의 일체를 이루면서 계속적·유기적으로 운영되고 전체로서 독립성을 갖춘 하나의 기업체조직을 뜻하는 것이므로, 어느 회사가 여러 곳에 공장 또는 지점사무소 등을 두고 있다고 하더라도 그 경영 주체가 동일한 법인격체인 이상 '하나의 사업 또는 사업장'이라고 보아야 할 것이고, 이 사건에 있어 노조법 35조 소정의 '하나의 사업 또는 사업장'이란 고속버스 회사 기업 전체라고 판단한 판결이 있다.[18)]

살피건대, 하나의 기업 내에 수 개의 사업 부문 또는 수 개의 공장·지점·사업소 등이 있는 경우 상시 사용되는 동종의 근로자 반수 이상이 하나의 단체협약의 적용을 받고 있는지 여부를 판단하는 단위는 문제되는 단체협약 규정 또는 그 규정을 포함한 단체협약의 장소적·경영적 적용 범위에 의하여 결정되어야 하고, 일률적으로 장소적 관념에 의하여 결정하거나, 또는 기업 전체를 단위로 결정하는 것은 타당하지 않다.

즉, 비록 하나의 기업 내에 수 개의 사업 부문 또는 수 개의 공장·지점·사업소가 있고, 이것들이 장소적으로 분산되어 있고, 업무의 내용이 다르다고 하더라도, 노동조합의 조합원 자격의 범위, 단체교섭의 과정에서 각 사업장 조합원들의 관여 여부, 사업 부문 또는 사업장별 업무 사이의 유기적 연관성 여부, 당해 단체협약의 문언 등을 종합하여 볼 때 당해 단체협약이 기업 전체의 통일적인 근로조건을 규율하고 있어 모든 사업 부문 또는 사업장을 그 경영적·장소적 적용 범위에 두고 있는 경우에는 기업 전체를 단위로 하여 상시 사용되는 동종근로자의 반수 이상이 하나의 단체협약의 적용을 받고 있는지를 결정한다. 위에서 본 하급심 판결의 사안이 이 경우에 해당한다고 할 수 있다.

이와는 반대로 하나의 기업 내에 수 개의 사업 부문, 수 개의 공장·지점·

---

18) 서울지법 2001. 4. 13. 선고 2000나58865 판결(미상고확정).

사업소가 있는데, 사업 부문이나 공장별로 노동조합이 별개로 조직되어 있고, 각 사업 부문이나 공장 등의 특수성을 감안하여 단체협약이 별개로 체결되어 있어 당해 단체협약이 각 사업 부문 또는 각 공장 등을 그 경영적·장소적 적용 범위에 두는 경우에는 비록 위 각 사업 부문 또는 각 공장 등이 그 경영 주체가 동일하여 경영상 일체를 이루면서 운영되고 있다고 하더라도 각 사업 부문 또는 각 공장별로 상시 사용되는 동종근로자의 반수 이상이 하나의 단체협약의 적용을 받고 있는지를 결정한다. 가령 퇴직금 차등제도 설정금지원칙과 관련된 사안이지만, 학교법인 산하의 사립대학교와 그 부속의료원·병원마다 노동조합이 따로 설립되어 활동하고 있고 단체협약이 독립적으로 체결되어 왔다면 비록 사립대학교와 그 부속의료원·병원이 하나의 직제 규정에 의하여 조직되고 회계와 인사 등에서도 유기적으로 일체를 이루면서 운영되어 왔더라도 상시 사용되는 동종근로자의 반수 이상이 하나의 단체협약의 적용을 받고 있는지는 사립대학교와 그 부속의료원·병원별로 결정하여야 한다.[19]

2. 상시 사용 근로자

동종근로자의 반수 이상이 하나의 단체협약의 적용을 받는지는 상시 사용되는 근로자만을 기준으로 하여 그 범위 내에서 판단한다. 따라서 상시 사용되는 근로자가 아닌 경우에는 하나의 단체협약의 적용을 받는 근로자가 반수 이상인지 여부를 계산하기 위한 기준이 되는 근로자의 총수, 즉 분모에 해당하는 근로자에서도 제외되고, 단체협약의 적용을 받는 근로자, 즉 분자에 해당하는 근로자의 수에서도 제외된다.

대법원은, 노조법 35조의 상시 사용되는 근로자에 관하여, "근로자의 지위나 종류(직원·공원·촉탁), 고용기간의 정함의 유무(상용공·임시공) 또는 근로계약상의 명칭에 구애됨이 없이 사업장에서 사실상 계속적으로 사용되고 있는 동종의 근로자 전부를 의미하므로, 단기의 계약기간을 정하여 고용된 근로자라도 기간만료 시마다 반복갱신되어 사실상 계속 고용되어 왔다면 여기에 포함"된다고 한다.[20]

따라서 상용직 근로자는 물론 임시직 근로자 중 근로계약이 반복갱신되어

---

19) 대법원 1999. 8. 20. 선고 98다765 판결의 사안임. 위 판결에서는 퇴직금 차등제도 설정금 지원칙과 관련하여 사립대학교와 그 부속의료원·병원을 동일한 사업으로 보았다.
20) 대법원 1992. 12. 22. 선고 92누13189 판결.

사실상 계속 고용되는 경우에는 본조의 상시 사용되는 근로자의 수에 포함된다.

　문제는 그때그때의 필요에 의하여 사용하는 일용근로자의 수도 상시 사용되는 근로자의 수에 포함되는가이다. 가령 어느 사업장에서 10명의 근로자가 1달의 기간을 정하여 고용되고, 1달이 경과하면 다른 신규 근로자들에 의하여 반복적으로 대체되는 경우, 위 10명의 일용근로자 수가 하나의 단체협약의 적용을 받는 근로자가 반수 이상인지를 계산하기 위한 기준이 되는 근로자의 총수에 포함되는가의 문제이다.

　이 문제를 근로자 개개인이 사실상 계속적으로 사용되고 있는가라는 측면에서 본다면 위 10명의 근로자는 1달이 지나면 다른 10명의 근로자들에 의하여 대체되는 근로자로서 사업장에서 사실상 계속적으로 사용되는 근로자가 아니므로 위 근로자의 총수에서 제외하여야 하지만, 근로자가 담당하는 업무의 계속성이라는 측면에서 본다면 사업장에서 계속적으로 10명의 일용근로자들이 사실상 사용되고 있으므로 위 근로자의 총수에 10명을 포함시켜야 한다.

　이 문제와 관련하여서는 근기법의 적용 범위와 관련한 일련의 판례가 참조가 된다. 즉, 판례는 근기법의 적용 범위와 관련하여 상시 5인 이상의 근로자를 사용하는 사업 또는 사업장의 해석과 관련하여, "상시 5인 이상의 근로자를 사용하는 사업 또는 사업장이라 함은 '상시 근무하는 근로자의 수가 5인 이상인 사업 또는 사업장'이 아니라 '사용하는 근로자의 수가 상시 5인 이상인 사업 또는 사업장'을 뜻하는 것이고, 이 경우 상시라 함은 상태(常態)라고 하는 의미로서 근로자의 수가 때때로 5인 미만이 되는 경우가 있어도 사회통념에 의하여 객관적으로 판단하여 상태적으로 5인 이상이 되는 경우에는 이에 해당하며, 여기의 근로자에는 당해 사업장에 계속 근무하는 근로자뿐만 아니라 그때그때의 필요에 의하여 사용하는 일용근로자를 포함한다."라고 하였다.21)

　판례가 상시 5인 이상의 근로자를 사용하는 사업 또는 사업장인지 여부의 판단과 관련하여 그때그때의 필요에 의하여 사용하는 일용근로자도 포함한다는 것은 결국 일용근로자 개개인의 근로관계가 상용적인가, 그 근로자들 개개인이 계속 사용되고 있는가라는 관점에서가 아니라 일용근로자들이 수행하는 업무가

---

　21) 대법원 1987. 4. 14. 선고 87도153 판결, 대법원 1987. 7. 21. 선고 87다카831 판결, 대법원 1995. 3. 14. 선고 93다42238 판결, 대법원 1997. 11. 28. 선고 97다28971 판결, 대법원 2000. 3. 14. 선고 99도1243 판결, 대법원 2000. 3. 23. 선고 99다58433 판결, 대법원 2003. 12. 26. 선고 2003도4543 판결, 대법원 2005. 2. 22. 선고 2005도7520 판결.

계속적인가를 기준으로 삼는 것이라고 볼 수 있다.

본조의 상시 사용하는 근로자라는 요건도 단체협약이 반수 이상의 근로자에게 적용되고 있느냐를 판단하는 기초가 되는 것으로 개개 근로자의 근로관계가 상용적인지 여부를 묻는 것이 아니라 업무를 기준으로 하여 계속 사용되고 있는 근로자의 총수가 얼마인지에 중점이 있는 개념이므로 위 10명의 일용근로자수도 상시 사용되는 근로자의 수에 포함되어야 한다고 본다.22)

3. 동종근로자

다음으로 단체협약의 적용을 받는 근로자와 단체협약의 적용을 받지 않는 근로자가 서로 동종의 근로자에 해당할 때 단체협약의 적용을 받지 않는 근로자에게 단체협약의 일반적 구속력에 의한 효력 확장이 인정된다.

문제는 동종성을 어떠한 기준에 의하여 판단할 것인가 하는 점인데, 이에 관하여는 판례의 태도가 논의를 선도하는 면이 있으므로, 먼저 판례의 태도를 살펴본다.

가. 판   례
(1) 확립된 판단 기준
㈎ 판례 제1, 2명제
'동종의 근로자'의 판단 기준과 관련하여 확립된 판례의 판시는 다음 제1, 2명제로 요약된다.

● 제1명제: "노조법 35조의 규정에 따라 단체협약의 적용을 받게 되는 동종의 근로자라 함은 당해 단체협약의 규정에 의하여 그 협약의 적용이 예상되는 자를 가리킨다."23)

● 제2명제: "단체협약의 규정에 의하여 조합원의 자격이 없는 자는 단체협

---

22) 홍준호b, 204~206면; 注釋(下), 846~847면.

23) 대법원 1987. 4. 28. 선고 86다카2507 판결, 대법원 1995. 12. 22. 선고 95다39618 판결, 대법원 1997. 4. 25. 선고 95다4056 판결, 대법원 1997. 4. 25. 선고 95다46234 판결, 대법원 1997. 10. 28. 선고 96다13415 판결, 대법원 1999. 4. 9. 선고 98다57716 판결, 대법원 1999. 12. 10. 선고 99두6927 판결, 대법원 2000. 12. 22. 선고 2000다11591 판결, 대법원 2000. 12. 26. 선고 2000다18004 판결, 대법원 2003. 6. 27. 선고 2002다23611 판결, 대법원 2003. 12. 26. 선고 2001두10264 판결, 대법원 2004. 1. 29. 선고 2001다5142 판결, 대법원 2004. 1. 29. 선고 2001다6800 판결, 대법원 2004. 2. 12. 선고 2001다63599 판결, 대법원 2004. 2. 27. 선고 2001다28596 판결, 대법원 2004. 5. 14. 선고 2002다23185, 23192 판결, 대법원 2005. 4. 14. 선고 2004도1108 판결.

약의 적용이 예상된다고 할 수 없어 단체협약의 일반적 구속력이 미치는 동종의 근로자라고 할 수 없다."24)

(나) 판례 제1, 2명제의 기원

'동종의 근로자'에 관한 판례 제1, 2명제는 '동종'이라는 용어에 관한 사회통념상의 문언적 해석과는 거리가 있는 것인데, 동종의 근로자에 관한 판단 기준으로서 어떠한 성격과 의미를 갖는지를 정확히 파악하기 위해서는 먼저 위와 같은 판단 기준이 어디에서 연유하는 것인지 그 기원을 살펴볼 필요가 있다.

앞서 노조법 35조의 취지에 관한 부분에서 살펴본 것처럼 판례 제1, 2명제는 동종의 근로자의 판단 기준에 관한 일본 판례의 영향을 받은 것으로 보인다.

판례 제1, 2명제와 유사한 판시를 하고 있는 일본의 富士重工宇都宮製作所事件 판결25)에서는 "본건 임시공과 본공(조합원)의 동종성을 결정할 때에도 협약당사자인 조합이 임시공에 대하여 어떠한 조직상의 관계를 설정·유지하고 있는가, 혹은 조합이 획득한 협약의 적용 범위를 임시공에까지 예정하고 있는가 등의 여러 사정을 고려하여야 하고, 만약 조합이 임시공에 대하여 조합가입자격을 인정하지 않고 그들을 조직범위로부터 배제하고, 또는 임시공을 협약의 적용대상으로부터 제외하고 있는 경우에는 그 담당하는 작업내용의 동종성·유사성에도 불구하고 임시공은 본공(조합원)과 동종의 노동자라고는 해석할 수 없다."라고 판시하였다. 나아가 第四銀行事件 판결26)에서는 "「다른 동종의 노동자」란 당해 단체협약의 규정 내용으로부터 적용이 예정되고 있는 자의 전체를 가리킨다고 해석"하여야 한다고 함으로써 우리 판례 제1명제를 선취하였다.

---

24) 대법원 1987. 4. 28. 선고 86다카2507 판결, 대법원 1997. 10. 28. 선고 96다13415 판결, 대법원 1999. 4. 9. 선고 98다57716 판결, 대법원 2000. 12. 22. 선고 2000다11591 판결, 대법원 2003. 6. 27. 선고 2002다23611 판결, 대법원 2003. 12. 26. 선고 2001두10264 판결, 대법원 2004. 1. 29. 선고 2001다5142 판결, 대법원 2004. 1. 29. 선고 2001다6800 판결, 대법원 2004. 2. 12. 선고 2001다63599 판결, 대법원 2004. 2. 27. 선고 2001다28596 판결, 대법원 2005. 4. 14. 선고 2004도1108 판결, 대법원 2006. 4. 27. 선고 2004다4683 판결, 대법원 2006. 4. 28. 선고 2004다66995, 67004 판결, 대법원 2007. 10. 25. 선고 2006다1053 판결.

25) 宇都宮地裁 1965. 4. 15. 判決(靑木宗也·片岡曻, 228면에서 재인용). 日野自動車工業事件의 일본최고재판소 판결인 最高裁 1984. 10. 18. 判決(労判 458호, 4면)에서는, "노동조합법 17조에서 말하는 「동종의 근로자」에 해당하는지는 노동자의 작업내용의 성질에 의하여 결정해야 하는 것이 아니라 단체협약의 취지나 협약당사자인 조합의 조직 등과 관련하여 결정하는 것이 상당하고, 사원으로 조직된 노동조합의 조직범위로부터 배제되고, 특정의 협약조항에 관하여 그 적용이 예정되지 않은 준사원은 적어도 당해 조항의 확장 적용에 관하여는 「동종의 근로자」라고 할 수 없다"고 하여 같은 취지로 판결하였다.

26) 新潟地裁 1988. 6. 6. 判決(靑木宗也·片岡曻, 230면에서 재인용).

위 일본의 富士重工宇都宮製作所事件 宇都宮地裁 판결, 第四銀行事件 新潟
地裁 판결 및 日野自動車工業事件 최고재판소 판결은 노조법 35조에 해당하는
일본 노조법 17조의 취지를 단결보호에서 구하면서 이것으로부터 협약당사자인
노동조합의 주관적 의도를 중시하여 작업내용의 동종성이라는 객관적 기준이
아니라 조합가입자격에 의하여 단체협약의 적용이 예정되고 있는지를 판단하는
구도를 취하고 있다고 할 수 있다.

⑷ 주관적 · 형식적 판단 기준

우리 판례 제1, 2명제 또한 조합원의 자격 여부에 따라 단체협약의 적용이
예상되는지를 판단하는 구도를 취하고 있다고 볼 때 위 일본의 판결들과 동일
한 판단 구도를 취하고 있다고 볼 수 있다. 다만 일본의 위 판결들이 조합가입
자격을 노동조합의 의사에 따라, 즉 규약의 내용에 따라 판단하고 있는 데 비하
여, 판례 제1, 2 명제를 설시하고 있는 판례들은 "단체협약의 규정"에 의하여
조합원 자격 여부를 판단한다고 하여 단체협약의 조합원범위조항을 그 판단 자
료로 삼고 있다는 점에서 약간의 차이가 보인다. 다만 일부 판례들은 "단체협약
등의 규정"에 의하여 조합원자격 여부를 판단한다고 판시하고 있는 경우가 있
고,27) 단체협약과 조합규약을 합하여 조합원자격 여부를 판단하는 경우도 있으
며,28) 조합규약만으로 조합원자격을 판단하고 있는 경우도 있다.29)

결국 판례 제1, 2명제는 동종의 근로자 여부를 근로의 내용 · 형태 · 방법 ·
성질 또는 인사체계 등에 관하여 객관적이고 실질적으로 판단하는 것이 아니라,
노동조합과 사용자의 주관적 의사에 의한 단체협약 등의 조합원 자격 규정에
따라 판단한다는 의미에서 주관적 · 형식적 판단 기준을 제시한 것이라 할 수 있다.

(2) 판례 제1, 2명제와 일응 다른 판단 기준을 제시하는 일군의 판례

그런데 일군의 판례들은 동종의 근로자 여부를 판단하면서 판례 위 제1, 2
명제를 전제로 하거나 또는 전제로 하지 않으면서, 사업장 단위로 체결되는 단
체협약의 적용 범위가 특정되지 않았거나 협약 조항이 모든 직종에 걸쳐서 공
통적으로 적용되는 경우에는 직종의 구분 없이 사업장 내의 모든 근로자가 동

---

27) 대법원 2004. 2. 12. 선고 2001다63599 판결, 대법원 2005. 4. 14. 선고 2004도1108 판결.
28) 대법원 2003. 6. 27. 선고 2002다23611 판결, 대법원 2003. 12. 26. 선고 2001두10264 판결,
    대법원 2004. 1. 29. 선고 2001다5142 판결, 대법원 2004. 1. 29. 선고 2001다6800 판결, 대법
    원 2004. 2. 12. 선고 2001다63599 판결.
29) 대법원 1992. 12. 22. 선고 92누13189 판결.

종의 근로자에 해당된다고 하거나,[30] 단체협약의 본래적 적용을 받는 근로자들과 작업내용이나 형태가 같다거나 비슷하다고 볼 수 없다는 이유로 동종근로자임을 부정하는 등 또 다른 판단 기준을 제시하고 있는데,[31] 이들 판례에서 제시한 판단 기준과 판례가 제1, 2명제에서 제시한 판단 기준이 어떠한 관계에 있는지 문제된다.

먼저 위 단체협약의 적용 범위가 특정되지 않았거나 협약조항이 모든 직종에 공통적으로 적용되는 경우에 관하여 판례는 사업장 내의 모든 근로자가 동종의 근로자에 해당한다고 하였는데, 위 판시를 판례 제1, 2명제와 동일한 논리적 차원에 해당하는 것으로 보게 되면 그 문언상 판례 제1, 2명제와는 달리 조합원의 자격이 없는 근로자도 동종근로자라고 보는 것을 의미하는 것으로 해석될 여지가 있고, 판례 제1, 2명제와 모순되는 것이 아닌가 하는 의문이 제기될 수 있다.

다음으로 작업내용이나 형태를 언급한 판례들에 대하여도 판례의 제1, 2명제와 모순된다는 점을 전제로 하여, 예외적으로 단체협약의 규정보다는 먼저 작업내용이나 형태를 동종근로자 판단의 일차적인 기준으로 삼고 있다는 비판,[32] 판례는 단체협약의 적용 범위라는 노동조합의 주관적 의사를 기준으로 동종성을 판단하는 한편, 작업의 내용이나 형태와 같은 객관적인 속성을 기준으로 동종성을 판단하기도 하여 일관적인 기준을 제시하지 못하고 있을 뿐 아니라 오히려 모순된 기준을 제시하고 있다는 비판,[33] 판례도 초기에는 '동종의 근로자'를 객관적인 기준에 따라서 판단하는 경향을 보(이나) …… 그 뒤로 점차 단체협약의 적용 범위가 노사당사자의 합의에 의해 결정된다는 점을 중시한다고 보는 비판[34]이 있다.

(3) 양 기준의 관계

그러나 위 확립된 판례에서 제시하는 제1, 2명제와 일응 다른 일군의 판례

---

30) 대법원 1992. 12. 22. 선고 92누13189 판결(다만 이 판결의 판시에는 위 제1명제에 해당하는 부분이 포함되어 있지 않다), 대법원 1999. 12. 10. 선고 99두6927 판결.

31) 대법원 1995. 12. 22. 선고 95다39618 판결, 대법원 1997. 4. 25. 선고 95다4056 판결, 대법원 1997. 4. 25. 선고 95다46234 판결, 대법원 2000. 12. 22. 선고 2000다11591 판결, 대법원 2000. 12. 26. 선고 2000다18004 판결.

32) 이흥재, 474면.

33) 이승욱b, 117면.

34) 정인섭b, 25~26면.

에서 제시하는 기준은 서로 모순되는 것은 아니고 양립할 수 있는 것으로 보인다.

㉮ 먼저 협약 조항의 적용 범위가 특정되지 않은 경우에 직종의 구분 없이 사업장 내의 모든 근로자가 동종의 근로자에 해당된다는 판시를 담고 있는 판결들에 대하여 살펴본다.

① 대법원 1992. 12. 22. 선고 92누13189 판결의 사안을 보면 신문사에서 사원을 정사원과 촉탁사원으로 구분하고 있고 원고는 촉탁사원으로 교정부에 근무하는 비조합원인데, 노동조합 규약상 부장급 이상을 제외한 사원은 직급·직종을 불문하고 누구나 조합의 가입대상자로 규정하고 있으며, 회사의 사원총수는 1,906명, 차장급 이하의 노동조합 가입자격이 있는 사원은 1,703명, 노동조합에 가입한 사원수는 758명으로 조합가입대상자의 45% 정도가 노동조합에 가입하고 있다.

원고는 단체협약 중 징계규정의 확장 적용을 주장하였는데, 먼저 판례 제1, 2명제에 의하면 동종의 근로자이기 위해서는 조합원 자격이 있어야 한다. 그런데 노동조합규약에 의하면 부장급 이상을 제외한 사원은 직급·직종을 불문하고 조합원 자격이 있으므로 촉탁사원으로 교정부원인 원고는 조합원 자격이 있다. 다음으로 단체협약의 적용 범위에 대하여 살펴보면 위 조합원 자격에 직급·직종 등에 관한 제한이 없는 점 등을 고려할 때 위 징계규정을 포함한 단체협약의 규정은 적용 범위가 특정되어 있다고 보기 어렵다.

따라서 위 판결에서는 "정사원 또는 촉탁사원인지에 관계없이 조합가입 대상자인 1,700명 정도의 사원이 상시 사용되는 동종의 근로자"라고 판시하였다.

중요한 것은 위 판결에서 단체협약의 적용 범위가 특정되지 않았거나 협약 조항이 모든 직종에 걸쳐서 공통적으로 적용되는 경우에는 사업장 내의 모든 근로자가 동종의 근로자에 해당된다고 하였는데, 실제 판시 내용을 보면 사업장 내의 모든 근로자 1,906명 중 조합원 자격이 없는 사원은 제외하고, 조합원 자격을 가진 근로자 1,700명 정도를 동종근로자로 본 것이다. 즉, 사업장 내의 모든 근로자 1,906명 중 조합원 자격이 없는 사원은 제외하였다는 점에서 판례 제1, 2명제를 따른 것이고, 조합원 자격을 가진 근로자 1,700명 정도 내에서는 단체협약의 적용 범위가 특정되지 않았거나 협약 조항이 모든 직종에 걸쳐서 공통적으로 적용된다는 점을 근거로 하여 조합원 자격을 가진 1,700명 정도를 동종의 근로자라고 본 것이다.

이와 같이 보면 조합원 자격 유무를 기준으로 판단하는 확립된 판례 제1, 2 명제와 위 일군의 판례에서 제시하는 또 다른 기준은 모순되는 것이 아니라 차원을 달리하는 것이고 위 일군의 판례에서 제시하는 또 다른 기준은 조합원 자격 유무에 관계없이 사업장 내의 모든 근로자가 동종의 근로자에 해당한다는 의미가 아니라, 판례의 제1, 2명제를 전제로 하여 조합원 자격이 있는 근로자들 내부에서 단체협약의 적용 범위가 특정되지 않았거나 협약 조항이 모든 직종에 걸쳐서 공통적으로 적용되는 경우에는 조합원 자격이 있는 근로자들 전부가 동종의 근로자에 해당한다는 의미를 갖는 것으로 판례 제1, 2명제와 양립 가능한 것이다.

② 또 다른 판결인 대법원 1999. 12. 10. 선고 99두6927 판결의 사안을 보면, 회사의 종업원에 일반직 근로자와 기능직 근로자가 있고, 원고는 일반직 근로자로서 비조합원인데, 단체협약 3조에서 조합원의 범위에 관하여 회사의 종업원은 노조법 2조 2호의 사용자에 해당하지 않는 자로서 가입원서를 제출한 날부터 조합원이 된다고 규정하고 있다.

원고는 단체협약 중 해고절차 규정의 확장 적용을 주장하였는데, 먼저 판례 제1, 2명제에 의하면 동종근로자이기 위해서는 조합원 자격이 있어야 한다. 그런데 단체협약에 의하면 노조법 2조 2호의 사용자에 해당하는 경우를 제외하고는 직급·직종을 불문하고 종업원은 조합원 자격이 있으므로, 일반직 근로자인 원고는 조합원 자격이 있다.

다음으로 단체협약의 적용 범위에 대하여 살펴보면 단체협약의 각 규정 또한 직종과 직급의 구분 없이 모든 조합원에 대하여 공통적으로 적용되는 근로조건을 정하고 있다.[35]

위 판결에서는 "이 사건 단체협약 규정상 사용자에 해당하지 않는 한 …… 원고와 같은 일반직 근로자도 기능직 근로자와 함께 위 법조항에서 말하는 동종의 근로자에 해당한다."라고 판시하였다.

비록 위 판결에서 단체협약의 적용 범위가 특정되지 않았거나 협약 조항이 모든 직종에 걸쳐서 공통적으로 적용되는 경우에는 사업장 내의 '모든 근로자'가 동종의 근로자에 해당된다고 판시 하였지만, 실제 판시 내용을 보면 사용자에 해당하여 조합원자격이 없는 근로자를 제외한 나머지 근로자 전체를 동종의

---

35) 민중기, 437면.

근로자로 보았고,36) 이러한 점에서 위 판결 또한 확립된 판례 제1, 2명제와 모
순되지 않고 양립 가능하다.

(나) 한편 단체협약의 본래적 적용을 받는 근로자들과 작업내용이나 형태가
같다거나 비슷하다고 볼 수 없다는 이유로 동종근로자임을 부정한 위 일군의
판례들에 대하여 살펴본다.

위 일군의 대법원 판례 중 대법원 1995. 12. 22. 선고 95다39618 판결의 근
로자는 경비원이고, 대법원 1997. 4. 25. 선고 95다4056 판결, 대법원 1997. 4.
25. 선고 95다46234 판결, 대법원 2000. 12. 22. 선고 2000다11591 판결, 대법원
2000. 12. 26. 선고 2000다18004 판결의 근로자는 모두 청원경찰로서 근기법에
서 감시·단속적 근로자로 파악하는 근로자이다.

그런데 위 일군의 판례들은 작업내용이나 형태만을 근거로 하여 동종근로
자성을 부정한 것이 아니라, 조합원자격이 없다는 점 또한 동종근로자임을 부정
하는 또 다른 근거로 제시하고 있다.37)

이러한 경우에는 판례 제1, 2명제에 따라 조합원자격이 없다는 사유의 제
시만으로 동종근로자성을 부정하는 데 충분하지만, 본래적으로 단체협약의 적용
을 받는 근로자 집단과의 작업내용 등의 동종성도 없다는 사유를 부가적으로
제시하여 동종근로자성을 부정하였다고 볼 수 있다.

또한 위 일군의 판례들에서는 위 청원경찰 등 근로자들이 조합원 자격이
없다는 점과 직무내용이나 근무형태 및 인사처우가 다른 근로자들과 다르다는
점을 종합적으로 고려하여 종국적으로는 단체협약의 적용이 예상되지 않는다는
이유로 동종근로자성을 부정하였다.38)

나아가 판례 제1, 2명제에 따라 조합원 자격이 없는 경우에 작업내용 등의
동종성이 있다는 이유로 동종의 근로자에 해당된다고 본 판결은 없다.

이와 같은 점을 종합하여 보면, 위 일군의 판례들에서 제시되는 작업내용

---

36) 이와 같은 점에 대한 지적으로는 임종률, 183면 각주 3) 참조.
37) 다만 판시 순서는 판례마다 조금 다른데, 대법원 1995. 12. 22. 선고 95다39618 판결, 대법
    원 1997. 4. 25. 선고 95다4056 판결, 대법원 1997. 4. 25. 선고 95다46234 판결에서는 작업내
    용이나 형태에 관한 판시가 먼저 나오고, 조합원 자격이 없다는 판시는 그 뒤에 나온다. 이
    에 반해 대법원 2000. 12. 22. 선고 2000다11591 판결, 대법원 2000. 12. 26. 선고 2000다
    18004 판결에서는 조합원 자격에 관한 판시가 먼저 나오고, 작업내용이나 형태에 관한 판시
    는 그 뒤에 위치한다.
38) 특히 대법원 2000. 12. 26. 선고 2000다18004 판결의 판시 참조.

등의 동종성이라는 기준은 판례 제1, 2명제와 대립하는 별도의 독립적 기준이
아니라, 판례 제1, 2명제에 따른 판단 결과 조합원 자격이 없는 것으로 판명될
경우에 한하여 동종의 근로자에 해당하지 않는다는 결론을 부가적으로 강화하
기 위해 사용된다는 의미에서 동종성 부정 강화의 방향으로만 작동하는 부수적
기준이자, 설령 작업내용 등의 동종성이라는 기준에 의하더라도 동종의 근로자
에 해당하지 않는다는 추가적 논거를 제시하기 위한 가정적 판단의 기준으로서
의 지위를 가지는 것이라고 볼 수 있다.

　　이와 같이 보면 위 일군의 판례들에서 제시하는 기준 역시 판례 제1, 2명제
와 모순되는 것이라고는 보기는 어렵다.

　(4) 판례의 종합적 판단 기준

　　판례의 동종근로자 판단 기준에 대한 위와 같은 해석에 비추어 보면 판례
의 태도와 관련하여 다음과 같은 종합적인 판단 기준 및 판단 순서를 도출할
수 있다.

　　① 1차적으로 판례 제1, 2명제에 의하여 판단하게 되는데, 이에 의하면 단
체협약·조합규약 등에 의하여 조합원 자격이 인정되어야 동종의 근로자에 해
당된다.

　　② 조합원 자격이 인정되면 2차적으로 단체협약의 적용 범위에 관한 판단
기준에 따른 판단으로 나아간다.

　　ⅰ) 먼저 확장 적용이 문제되는 협약 조항의 적용 범위가 특정되지 않았거
나, 협약 조항이 모든 직종에 걸쳐서 공통적으로 적용될 경우에는 조합원 자격
이 있는 근로자 전체가 동종의 근로자에 해당한다.

　　ⅱ) 다음으로 확장 적용이 문제되는 단체협약 규정의 적용 범위가 특정된
경우인데, 이에 대하여는 판례가 없으나 단체협약의 본래적 적용대상자인 특정
근로자 집단(가령 생산직 근로자 또는 사무직 근로자) 중 조합원 자격이 있는 근로
자가 동종근로자에 해당한다고 보는 것이 판례에 따른 귀결이다.

　　③ 조합원 자격이 인정되지 않는 경우에는 동종의 근로자에 해당하지 아니
한다. 조합원 자격이 없을 뿐 아니라 작업내용 등의 동종성도 없는 경우 동종의
근로자에 해당하지 아니하는 점은 판례상 의문의 여지가 없다. 다만 조합원 자
격은 없지만 조합원 자격이 있는 근로자들과 작업내용이나 형태가 같거나 비슷

한 근로자들이 동종의 근로자에 해당한다고 할 것인지에 관하여, 비록 이를 정면으로 다룬 판례는 없지만, 판례의 태도는 조합원 자격이 없는 경우에는 비록 근로의 내용·형태·방법·성질 또는 인사체계 등에 관한 객관적·실질적인 판단에 의하여 동종성이 인정된다고 하더라도 동종근로자성을 부정하는 태도를 취할 것이라고 추정할 수 있다.[39]

나. 학　설

학설은 동종근로자의 판단 기준과 관련하여 객관적 기준을 제시하는 견해가 다수의 견해이고, 소수의 견해로서 판례와 같은 주관적 기준을 제시하는 견해, 절충적 견해가 있다.

(1) 객관적 기준설

㈎ 김유성 교수의 견해

근로자의 '동종성' 여부는 원칙적으로 단체협약의 적용 대상을 기준으로 하여 결정된다. 그러므로 단체협약이 생산직·사무직을 불문하고 적용되는 경우에는 양자를 포함하여 동종의 근로자로 보아야 한다. 사업장 단위로 체결되는 단체협약의 적용 범위가 특정되지 않은 경우 또는 협약조항이 모든 직종에 걸쳐서 공통적으로 적용되는 경우에는 직종의 구분 없이 사업장 내의 모든 근로자가 동종의 근로자에 해당한다.[40]

이 견해는 판례에 대하여 사업장단위의 효력확장제도의 취지가 미조직 근로자의 보호에 있는 점을 고려하면 단체협약상 조합원자격이 없다는 것을 이유로 확장 적용에서 제외하는 태도에는 의문이 있다고 보고, 판례와 같이 해석한다면 노동조합의 의사 여하에 따라 효력확장제도의 효력 범위가 달라지게 될 가능성이 있는바, 동 제도가 강행법규라는 점을 고려하면 제도적 취지에 반한다고 한다.

㈏ 김형배 교수의 견해

종래 김형배 교수는, 동종의 근로자라 함은 직종의 동일성을 의미하는 것이지만, 우리나라의 단체협약의 실태가 사업장을 단위로 하고 있기 때문에 이를 동일한 직무로 한정하는 것은 불합리한 측면이 있고, 동종이라는 의미는 작업내

---

39) 판례의 태도를 부정설로 보는 견해는 김장식, 74면. 판례의 태도를 긍정설로 보는 견해로는 사법연수원a, 219~220면.

40) 김유성, 195면.

용의 동일성·유사성을 뜻하는 것이며 어떤 작업이 유기적 총체인 경영의 작업 활동의 일부를 이루는 것이면 동종의 작업이라고 널리 해석하는 것이 타당하다고 하였다.[41] 이 견해는 판례의 태도에 대하여, "사업장 단체협약의 경우 직종의 구분 없이 사업장 내의 모든 근로자가 동종의 근로자에 해당한다고 보았던 대법원의 태도는 조합원 가입자격, 작업 내용 등을 이유로 동종 근로자 여부를 엄격하게 판단하는 태도로 바뀌고 있다고 말할 수 있다. 그러나 이를 지나치게 제한하면 우리나라 단체협약이 사업장을 단위로 하여 체결되고 사실상 사업장의 모든 근로자에게 확장 적용되는 실태와 조화를 이룰 수 없게 되는 문제가 발생한다. 이는 결국 사업장에 제2노조의 설립 내지 직종별 협약의 적용을 자극하는 요인으로 작용하여 노조의 분열을 야기할 수 있다."라고 비판하였다.

그런데 현재 김형배 교수는, '동종의 근로자란 35조가 규정하고 있는 단체협약의 적용 또는 확장 적용을 받을 수 있는 협약의 적용대상자를 기준으로 하여 결정된다. 다시 말하면 해당 협약의 적용이 예상되는 자를 가리킨다.'라고 함으로써[42] 판례의 태도와 같은 주관적 기준설을 채택하는 것으로 입장을 바꾼 것으로 보인다.

(2) 주관적 기준설

임종률 교수는, 동종의 근로자는 해당 단체협약의 적용이 예상되는 자, 노동조합이 근로조건상의 공통된 이해관계를 고려하여 조직대상으로 정하고 그 범위 안에서 그 근로조건을 통일적으로 규제하려고 한 자를 말하고, 노동조합의 조직대상에 들지 않는 자(조합원 자격이 없는 자)는 단체협약의 적용이 예상되는 자라 할 수 없다고 한다. 동종근로자의 범위는 협약당사자인 노동조합의 조직대상(규약상 조합원 자격)을 어떻게 규정하고 있는지, 그리고 해당 단체협약이 그 적용 범위를 조합원(조문상으로는 근로자로 표현) 일부로 한정하고 있는지 여부에 따라 결정된다고 한다.[43]

(3) 절 충 설

동종의 근로자의 의의를 문자 그대로 직종 내지 직무의 내용이나 그 근무형태의 동일성 및 유사성으로 인해 근로조건체계 등이 비슷한 근로자로 해석하

---

41) 김형배, 노동법(제20판), 박영사(2011), 891~892면.
42) 김형배, 1297면.
43) 임종률, 183면.

는 것이 사회통념상 타당하다고 전제하고, 다만 적용요건으로서 동종근로자를
판단할 때에는 조합원 자격이 없는 임시근로자 등은 동종근로자의 수에 포함되
지 않는 것으로 보지만 그 효력범위로서 동종근로자에는 조합원 자격이 없는
임시근로자 등이 해당되는 것으로 파악하는 것이 합리적이라는 견해이다.44)

다. 검   토

노조법 35조에서 규정하는 사업장 단위의 효력확장제도에서 하나의 사업·
사업장이라는 요건이 단체협약의 경영적·장소적 적용 범위를 규정한 것이라면
'동종의 근로자'라는 요건은 단체협약의 노동부문별 적용 범위를 염두에 둔 규
정이라고 할 것이다. 즉, 노조법 35조에서는 하나의 사업 또는 사업장이라는 요
건을 둠으로써 단체협약의 구속력이 하나의 사업 또는 사업장이라는 경영적·
장소적 적용 범위 내에서만 확장된다는 것을 규정하고 있고, 동종의 근로자라는
요건을 둠으로써 단체협약의 구속력이 특정한 종류의 노동(die Art der Arbeit), 즉
특정의 업종·직업·직종 등에 고유한 노동에 의하여 규정되는 객관적 한계, 즉
노동부문별 적용 범위에 따라 그 노동부문별 적용 범위에 속한 근로자들에게
확장 적용된다는 것을 규정하고 있는 것이다.45)

따라서 노조법 35조의 요건인 동종의 근로자의 범위를 확정하는 것은 단체
협약 또는 단체협약의 특정 규정의 노동부문별 적용 범위 내에 있는 근로자의
범위를 확정하는 작업으로, 노동부문별 적용 범위에 비추어 구속력의 확장이 문
제되는 비조합원이 본래적으로 구속력을 받는 조합원과 그 근로의 성질·근로
내용·근로형태가 동일·유사한가를 판단하는 객관적이고 실질적인 판단 기준
에 의하여야 한다.

판례나 주관적 기준설의 태도는 노조법 35조에서 일반적 구속력의 요건으
로 설정하지 않은 규약의 조합원범위조항 또는 단체협약의 인적 적용 범위에
관한 조합원범위조항에 따른 조합원자격 여부를 또 다른 요건으로 설정하여 그
범위 내에서만 구속력 범위를 확장하는 것으로 노조법 35조의 문언상 한계를
벗어난 해석이라고 하지 않을 수 없다.

나아가 단체협약의 일반적 구속력 제도의 주된 취지가 비조합원 근로자의

---

44) 이흥재, 480면.
45) 단체협약의 노동부문별 적용 범위와 본조의 동종의 근로자의 관계에 대하여는 注釋(下),
    847~849·853~854면 참조.

보호에 있다는 점을 고려하면 노동조합과 사용자의 주관적 의사에 따라 동종의 근로자에 해당하는지 여부를 결정하는 것은 적절하지 않다.

또한 단체협약의 일반적 구속력 제도는 단체협약의 구속력 범위를 당사자의 의사와 무관하게 강행적으로 확장하는 제도이므로 조합가입자격 조항에 나타나는 협약당사자의 의사에 따라 동종성을 판단하는 것은 제도 자체의 본질에 반한다.46)

위와 같은 견해를 취하면 비록 임시직 또는 일용직 근로자의 경우 계약기간·임금체계 등 인사처우가 정규직 근로자들과 다르다고 하더라도 정규직 근로자와 근로의 내용에서 실질적인 차이가 없고, 근로의 형태가 정규직과 함께 편성되어 작업조를 구성하여 동일한 작업을 수행하는 등 근로의 성질·내용·형태가 동일 또는 유사한 경우에는 동종의 근로자에 해당한다고 본다. 다만, 임시직 근로자가 단순 잡역적·보조적·기계적·일시적 특수 작업 부문에 종사하여 정규직 근로자 가운데 그와 비교할 대상이 없는 경우에는 동종성은 부정되어야 한다.47)

또한 관리직 근로자의 경우에도 근로의 내용·형태가 일반의 근로자와 질적으로 다르지 않는 한 동종의 근로자로 인정하여야 한다.48) 따라서 직급, 직책(가령 과장 이상)을 기준으로 그 이상의 관리직 근로자는 동종근로자에 해당하지 않는다고 일률적으로 단정할 수 없다.

4. 반수 이상의 근로자

하나의 사업 또는 사업장에서 상시 사용되는 동종의 근로자 중 '반수 이상'이 하나의 단체협약의 적용을 받고 있어야 일반적 구속력이 인정된다.

반수 이상인지를 계산할 때 분모는 하나의 단체협약의 적용을 받는 상시사용 근로자와 이와 동종인 상시사용 근로자를 합산한 근로자의 총수가 되고, 분자는 하나의 단체협약의 적용을 받는 상시사용 근로자의 수가 되어 그 비율이 1/2 이상이 되어야 한다. 과반수가 아니라 단순히 반수 이상으로 규정되어 있는 것에도 주의하여야 한다.

---

46) 이승욱b, 115면.
47) 注釋(下), 823·827면.
48) 西谷 敏a, 384면.

5. 하나의 단체협약의 적용을 받게 된 때

가. 하나의 단체협약의 적용을 받게 되는 근로자의 범위

위의 반수 이상인지를 계산할 때 분모의 일부, 분자의 전체를 이루는 하나의 단체협약의 적용을 받게 되는 근로자는 단체협약의 본래적 적용대상자인 조합원인 근로자만을 의미하는 것인가, 아니면 본래적 적용대상자인 조합원인 근로자 이외에 사용자가 임의로 단체협약상의 근로조건을 적용하고 있는 근로자, 근로계약 또는 취업규칙에 의하여 단체협약과 동일한 근로조건을 향유하고 있는 근로자, 나아가 본조에 의하여 효력이 확장 적용되는 근로자를 포함하는가.

가령 계열회사 간 전직으로 노동조합에 가입한 근로자의 수가 노동조합에 가입할 수 있는 총 근로자의 반수에 미달하게 되고 회사에 경영상의 위기가 닥치자, 노동조합이 회사 측의 자구계획에 적극 협조한다는 의미에서 경영정상화가 이룩될 때까지 상여금·휴가비·월차수당을 반납하기로 결의하고 회사와 같은 내용의 노사공동결의서를 작성하였는데, 회사의 총 근로자 중 약 80%의 근로자들이 노사공동결의서에 서명하여 그 적용을 받게 된 사안에 대하여, 원심은 노조법 35조는 단체협약의 일반적 구속력을 인정하기 위한 요건으로 "근로자 반수 이상이 하나의 단체협약의 적용을 받게 된 때"라고 규정하고 있을 뿐이므로, 반드시 '근로자의 반수 이상이 가입된 노동조합이 체결한 단체협약'이어야만 일반적 구속력이 인정되는 것은 아니라고 하여, 비록 노사공동결의서를 체결할 당시 노동조합에 가입한 근로자의 수가 노동조합에 가입할 수 있는 총 근로자의 반수에는 미달하였지만, 총 근로자의 80%가 노사공동결의서에 서명하여 그 적용을 받게 된 점을 근거로 노사공동결의서에 서명하지 않은 비조합원 근로자에 대하여 위 노사공동결의서의 확장 적용을 인정하였다.[49]

이에 대하여 대법원은 "단체협약의 일반적 구속력이 인정되기 위한 요건인 '하나의 단체협약의 적용을 받는 근로자'란 단체협약의 본래적 적용대상자로서 단체협약상의 적용 범위에 드는 자만을 일컫는 것으로 단체협약상 특별히 적용 범위를 한정하지 않은 경우에는 당해 단체협약의 협약당사자인 노동조합의 조합원 전체를 말하고 단체협약이 근로자 일부에게만 적용되는 것으로 한정하는 경우에는 그 한정된 범위의 조합원을 말한다."라고 전제한 다음, 노동조합에 가

---

49) 서울지법 2003. 9. 3. 선고 2003나3033 판결.

입한 근로자의 수가 노동조합에 가입할 수 있는 총 근로자의 반수에 이르지 못하였다는 이유로 위 노사공동결의서에 일반적 구속력을 부여할 수 없다고 하였다.[50]

나. 단체협약의 종류

일반적 구속력이 인정되는 '단체협약'은 노조법상 노동조합으로서의 적극적·소극적 요건을 갖추고 설립신고까지 마친 노조법상 노조가 체결한 단체협약만을 의미하는 것인지, 아니면 노조법상 노동조합의 적극적·소극적 요건을 갖춘 노동조합이 체결한 단체협약이면 모두 이에 해당하는지 문제된다.

이에 대하여 노조법상 노조가 체결한 단체협약에 대해서만 일반적 구속력이 인정된다는 견해[51]와, 노조법은 노조법상 노조에 한하여 적용되는 사항에 관하여는 특히 그 적용대상인 노동조합을 "이 법에 의하여 설립된 노동조합"(법 7조 1항·3항 등 참조)이라고 명시하고 있음에 반하여 본조에서는 위와 같이 명시하지 않고 있으므로 노조법상 노조가 체결한 단체협약에만 일반적 구속력이 미친다고 볼 수 없고, 노조법상 노동조합의 적극적·소극적 요건을 갖춘 노동조합이 체결한 단체협약이면 일반적 구속력이 인정된다고 보는 견해[52]가 있다.

노조법 33조에 대한 해설에서 본 것처럼, 일반적 구속력의 전제가 되는 노조법 33조의 규범적 효력이 노조법에 의하여 창설된 것임을 감안하면 노조법상 노조가 아닌 헌법상 근로자 단결체가 체결한 단체협약에 대하여는 일반적 구속력이 인정되지 않는다고 본다.

단체협약에 일반적 구속력이 인정되기 위해서는 협약당사자가 서면으로 작성하여 서명 또는 날인한 것, 즉 노조법 31조의 요건을 갖춘 것이어야 한다.[53]

또한 본조의 단체협약은 반드시 기업별 단위노동조합이 체결한 것으로서 당해 사업 또는 사업장에만 적용되는 것이어야 하는 것은 아니고 직종별·지역별·산업별 단위노동조합이 체결한 것과 같이 당해 사업 또는 사업장 이외의 다른 사업 또는 사업장에 적용되는 것도 포함한다고 해석된다.[54]

---

50) 대법원 2005. 5. 12. 선고 2003다52456 판결. 대법원 2022. 3. 31. 선고 2020다278064 판결, 대법원 2022. 3. 31. 선고 2020다294486 판결도 참조.
51) 김유성, 71면.
52) 사법연수원a, 71~72, 221면.
53) 김유성, 196면; 注釋(下), 849면.
54) 김형배, 1299면; 임종률, 184면; 사법연수원a, 221면.

교섭대표노동조합이 사용자와 체결한 단체협약도 본조의 단체협약에 포함
된다.55)

그리고 하나의 사업·사업장 내에 복수노조가 병존하고 있고 2개 이상의
단체협약이 존재하는 경우에 어느 특정 단체협약이 그 사업장의 반수 이상의
근로자들에게 적용될 때에는 그 단체협약의 효력이 비조합원에게도 확장될 수
있다.

다만, 하나의 사업·사업장 내에 복수노조가 병존하고 각 단체협약을 별개
로 체결하였는데, 각 노동조합의 조합원 수는 상시 사용되는 동종의 근로자 중
반수 미만이나 각 노동조합의 조합원 수를 합산하면 반수 이상이 되는 경우 각
단체협약에 공통된 근로조건의 구속력이 확장되는가의 문제가 있다. 이를 긍정
하게 되면 노조법 35조의 "하나의 단체협약의 적용을 받게 된" 근로자를 "하나
의 근로조건 기준의 적용을 받게 된 근로자"로 바꾸어 읽는 것이 되어 부적절
하다고 본다.56)

이와는 달리 복수의 노동조합이 하나의 사용자에 대하여 동일한 내용의 단
체협약을 체결하는 경우에는 본조에서 말하는 "하나의 단체협약"이라고 할 수
있으므로, 노조법 35조의 요건을 갖추는 경우에는 비조합원 근로자들에게 확장
적용된다고 본다.57)

합병 등의 사유로 하나의 사업장 내에 업종을 달리하는 근로자들이 별개의
노동조합을 결성하고 있을 때에는 노조법 35조는 업종을 달리하는 각 노동조합
의 단체협약을 단위로 각각 적용되어야 한다. 대법원58)은 서로 다른 종류의 사
업을 운영하던 회사들이 합병한 이후 근로자들의 근로관계 내용을 단일화하기
로 변경·조정하는 새로운 합의가 있기 전에 그 중 한 사업부문의 근로자들로
구성된 노동조합이 회사와 체결한 단체협약은 그 사업부문의 근로자들에 대하
여만 적용될 것이 예상되는 것이라 할 것이어서 다른 사업부문의 근로자들에게
는 적용될 수 없다고 하였다.

---

55) 김형배, 1299면.
56) 注釋(下), 850면; 西谷 敏a, 384면.
57) 홍준호b, 216~217면도 같은 견해이다.
58) 대법원 2004. 5. 14. 선고 2002다23185, 23192 판결.

6. 일반적 구속력의 존속요건

단체협약을 체결할 당시 위의 각 요건이 충족되면 일반적 구속력이 발생한다. 그러나 그 후 신규근로자의 조합 비가입, 조합원의 탈퇴·퇴직 등으로 인하여 위 각 요건을 충족하지 못하게 되면 일반적 구속력은 소멸한다. 따라서 위의 각 요건은 일반적 구속력의 발생요건이자 존속요건이라고 하여야 한다.[59] 일반적 구속력이 소멸한 경우 비조합원의 근로관계는 단체협약 실효 후의 근로관계 법리에 의하여 규율된다. 이에 대한 자세한 설명은 법 32조에 대한 해설 Ⅲ. 참조.

7. 요건의 판단 기준 시점

위의 각 요건은 일반적 구속력의 존속요건이므로 단체협약으로부터 발생하는 비조합원의 청구권이나 근로계약상의 지위가 문제되는 시점마다 위 요건의 충족 여부를 판단하여야 한다. 즉, 임금에 관한 단체협약 규정의 확장 적용이 문제되는 경우에는 각 임금지급기일마다, 징계해고된 근로자에 대하여 단체협약상의 징계절차규정의 확장 적용이 문제되는 경우에는 징계해고시점에서 위 각 요건의 충족 여부가 판단되어야 한다.[60]

Ⅳ. 효   과

1. 구속력이 확장되는 근로자의 범위

가. 당해 사업 또는 사업장에 사용되는 다른 동종의 근로자

이상의 요건이 충족되면 단체협약은 당해 사업 또는 사업장에 사용되는 다른 동종의 근로자, 즉 동종의 비조합원인 근로자에 대하여 확장 적용된다. 동종의 비조합원인 근로자에게 조합원과 마찬가지로 단체협약 중 개별적 근로관계에 관한 조항에 기초하여 청구권이 발생하고, 비조합원은 사용자에 대하여 직접 청구권을 행사할 수 있다.[61]

---

59) 김유성, 194면; 김형배, 1300면; 임종률, 186면; 注釋(下), 851면.

60) 대법원 1992. 12. 22. 선고 92누13189 판결에서는 정직처분에 관한 단체협약 규정의 확장 적용이 문제되었는데, "정직처분이 있을 무렵"을 기준으로 위 요건의 충족 여부를 판단하고 있다. 고태관c, 440면 참조.

61) 野川 忍a, 344면. 대법원 2020. 8. 27. 선고 2016다248998 전원합의체 판결의 다수의견에 대한 보충의견(김재형 대법관)은 일반적 구속력이 노동조합에 가입조차 하지 않은 비조합원

확립된 판례에 의하면 단체협약의 규정에 의하여 조합원의 자격이 없는 근로자는 단체협약의 적용이 예상된다고 할 수 없어 단체협약의 일반적 구속력이 미치는 동종의 근로자라고 할 수 없다.

그러나 앞서 본 것처럼 동종성 여부는 단체협약의 노동부문별 적용 범위를 기준으로 하여 근로내용이나 근로형태 등을 실질적으로 판단하여야 하므로 조합원 자격이 없더라도 단체협약의 노동부문별 적용 범위 내에 있는 근로자로서 그 단체협약의 적용을 받는 조합원들과 근로내용이나 근로형태가 동일·유사한 경우에는 다른 동종의 근로자에 해당한다.

본조의 문언상 그 요건과는 달리 효력이 확장되는 동종의 근로자는 상시 사용 근로자에 한정되어 있지 않다는 점을 유의할 필요가 있다. 따라서 '상시' 사용 중이 아닌 근로자는 단체협약의 일반적 구속력에 의한 적용 요건을 결정하는 단계에서는 제외되지만, 일반적 구속력의 요건이 구비된 경우에 그 단체협약의 적용을 받게 되는 대상자에는 포함된다.62)

나. 다른 노동조합의 조합원

사업장 단위의 일반적 구속력은 반수 미만의 동종근로자들이 별개의 노동조합을 조직하고 있는 경우에도 미치는가.

이 문제에 관한 일본의 논의63)를 소개하면, 노조법은 소수 근로자가 노동조합을 결성하고 있는가, 별도로 단체협약을 체결하고 있는가를 구별하여 명시하고 있지 않으므로 지배적인 입장에 있는 노동조합이 체결한 단체협약은 소수파조합에 대하여 그 유·불리를 불문하고 확장 적용된다는 전면 긍정설, 소수파조합이 존재하더라도 노동협약을 체결하고 있지 않든가 노동협약이 실효한 경우에 한하여 효력 확장을 인정하는 제한적 적용긍정설, 다수파조합의 협약 가운데 소수파조합의 협약보다 유리한 부분만이 소수파조합의 조합원에게 확장 적용되고 소수파조합의 유리한 근로조건은 그대로 존속한다는 선택적 적용긍정설, 소수파조합의 단체협약 체결권을 다수파조합의 체결권과 동등하게 보장하는 현행 노조법하에서 소수파조합의 조합원에 대하여는 다수파조합의 단체협약이 소정의 요건을 갖추어도 확장 적용되지 않는다는 전면 부정설 등이 있다.

에게 직접 권리와 의무를 발생시킨다고 한다.
62) 사법연수원a, 221~222면. 반대의 견해로는 注釋(下), 851면.
63) 일본의 학설·판례의 동향에 대하여는 이승욱c, 97~99면; 西谷 敏a, 382~383면.

복수노조가 허용되는 상황에서 확장 적용을 인정하게 되면 단결권 대 단결권의 충돌이 발생한다. 이러한 상황에서는 복수노조 간의 대등원칙을 전제로 하여 다수파조합도 소수파조합도 자신의 단결을 기초로 하여 자력으로 조합원의 근로조건의 향상을 꾀하고 경쟁하는 것을 근로조건 개선의 원칙으로 삼아야 할 것이므로 전면 부정설이 타당하다고 본다.

교섭창구 단일화에 관한 규정이 시행되기 전의 사안에 대하여 대법원[64]은 기업별 단위노동조합이 독자적으로 단체교섭권을 행사하여 체결한 단체협약이 존재하고 그 단체협약이 노조법 35조에서 정한 일반적 구속력을 가진다는 사정이 존재한다 하더라도, 교섭창구 단일화에 관한 개정규정이 시행되고 있지 아니하고 달리 단체교섭권 등을 제한하는 규정을 두지 아니한 현행 노조법에서 동일한 사업 또는 사업장에 근로자가 설립하거나 가입한 산업별·직종별·지역별 단위노동조합이 가지는 고유한 단체교섭권이나 단체협약 체결권이 제한된다고 할 수는 없다고 하였다.

또한 같은 취지에서 대법원은 하나의 사업 또는 사업장에 특정 노동조합이 체결한 단체협약이 존재하고 그 단체협약과 관련하여 설령 노동조합법 35조에 따른 일반적 구속력 인정을 위한 요건이 충족된다고 하더라도, 노동조합법 부칙 4조에 따라 교섭창구 단일화 절차를 거치지 않고 기존의 단체교섭을 계속할 수 있는 노동조합으로서는 이러한 단체교섭권 등을 제한하는 다른 규정을 두지 아니한 노동조합법하에서 자신이 가지는 고유한 단체교섭권이나 단체협약 체결권이 제한된다고 할 수는 없다고 하였다.[65]

대법원의 위와 같은 태도는 직접적으로는 어떤 노동조합이 체결한 단체협약이 노조법 35조의 규정에 의한 일반적 구속력을 가진다는 사정만으로 다른 노동조합의 단체교섭권이나 단체협약 체결권이 제한된다고 할 수 없어 사용자의 단체교섭거부에 정당한 이유가 없다는 취지이나, 위에서 논의하는 문제와 관련하여 전면 부정설의 입장과 맥락을 같이 하는 태도라고 볼 수 있다.[66]

64) 대법원 2011. 5. 6.자 2010마1193 결정.

65) 대법원 2019. 7. 25. 선고 2016다274607 판결. 대법원 2012. 8. 17. 선고 2010다52010 판결 및 원심 판결(서울고법 2010. 6. 11. 선고 2009나108414 판결)도 참조. 한편 다른 노동조합 조합원에 대한 확장 적용에 대하여 부정적 태도를 취한 하급심 판결로 의정부지법 2014. 3. 20. 선고 2013나3577 판결(미상고확정), 서울동부지법 2015. 5. 22. 선고 2014나4646 판결(상고하였으나 대법원 2015. 10. 20.자 2015다40289 판결에 의하여 심리불속행 기각) 참조.

66) 임종률, 186면, 각주 1); 전형배b, 36면.

교섭창구 단일화절차를 거쳐 교섭대표노동조합이 체결한 단체협약은 교섭
창구 단일화절차에 참여한 노동조합과 조합원에 대하여 본래적으로 적용되므로
이와 관련하여서는 노조법 35조의 일반적 구속력에 의한 확장 적용 여부에 관
한 위와 같은 문제를 논할 필요 없이 위 단체협약이 적용된다.

다만 복수의 노동조합이 사용자의 동의를 받아 각 개별교섭을 하여 서로
다른 단체협약이 체결된 경우에는 현행법 하에서도 노조법 35조의 요건을 갖춘
다수파 노동조합의 단체협약이 소수파 노동조합의 조합원에게 확장 적용되는지
문제되는 경우가 있을 수 있다. 이 경우는 교섭창구 단일화에 관한 규정이 시행
되기 전의 위 판례 법리에 따라 부정적으로 해석하여 확장 적용은 인정되지 않
고 소수파조합의 단체협약이 적용되며 소수파조합은 독자적으로 단체교섭을 할
수 있다고 보는 것이 타당하다.67)

다. 공무원·교원

공무원·교원의 경우 노조법 35조는 적용 제외조항에 포함되지 않으므로
본조의 요건을 갖추는 경우에는 단체협약이 확장 적용된다(공무원노조법 17조 3항,
교원노조법 14조 2항). 따라서 하나의 기관단위 내지 교섭단위 내 상시 근무하는 공
무원 반수 이상이 하나의 단체협약의 적용을 받게 될 경우에는 그 단위 내 다
른 공무원에게도 단체협약의 효력이 확장되고, 시·도 단위로 상시 근무하는 교
원 반수 이상이 하나의 단체협약의 적용을 받게 될 경우에는 그 단위 내 다른
교원에게도 단체협약의 효력이 확장된다. 다만 개별학교 단위로 설립이 가능한
대학교원노조의 경우에는 해당 학교단위가 최소 설립단위이므로 일반적 구속력
도 당연히 해당 학교 단위의 비조합원에게 미친다고 보아야 한다.

2. 구속력이 확장되는 단체협약의 범위

노조법 35조에서는 구속력의 확장을 위한 요건이 충족되면 '당해 단체협약'
이 적용된다고 규정하고 있다. 법문상으로는 규범적 부분은 물론 채무적 부분까
지 확장 적용되는 것으로 규정되어 있으나, 단체협약 중 본조에 의하여 구속력
이 비조합원인 근로자에게 확장되는 것은 규범적 부분에 한정된다(통설). 채무적
부분은 노동조합을 그 권리·의무의 주체로 하는 것이어서 성질상 비조합원에

---

67) 김형배, 1300~1301면; 임종률, 185~186면.

게 확장될 수 없기 때문이다.

3. 일반적 구속력과 유리 원칙

단체협약의 규범적 효력이 비조합원에게 확장 적용된 결과 협약 수준보다 낮은 비조합원의 근로조건이 협약 수준으로 인상되는 것은 노조법 35조가 예정하는 확장 적용의 모습이어서 아무런 문제가 없다.

그런데 비조합원의 근로조건이 단체협약의 수준보다 높은 경우에도 확장 적용을 인정한다면 비조합원의 근로조건은 인하되는데, 이와 같은 경우에 유리 원칙을 인정하여 확장 적용을 부정할 것인지, 아니면 확장 적용을 인정할 것인지가 문제된다.

가. 학   설

(1) 유리 원칙 긍정설

긍정설은 두 가지로 나뉜다. 하나는 단체협약상 기준에 대하여 원칙적으로 유리 원칙을 인정하는 입장에서, 비조직 근로자에게 단체협약이 확장되는 경우에도 근로계약의 내용이 단체협약의 기준보다 유리한 때에는 유리한 조건 우선의 원칙이 지배하므로 근로계약의 내용이 그대로 적용된다는 견해가 있다.[68) 다른 하나는 단체협약상의 기준은 최저기준이 아니라 표준적·정형적 기준으로 유리 원칙은 일반적으로는 적용되지 않지만, 사업장 단위의 효력확장제도는 소수근로자 보호를 위하여 법이 특별히 인정한 제도로서, 근로조건을 획일화하는 데 목적이 있는 것이 아니기 때문에 협약의 효력이 확장되는 경우에는 유리 원칙이 적용되어야 한다는 견해이다.[69)

(2) 유리 원칙 부정설

단체협약상의 근로조건의 기준은 최저기준이자 최고기준으로서, 협약당사자 사이에 반대의 특약이 없는 이상 유리의 원칙은 인정하기 곤란하고, 요건이 갖추어진 이상 해당 비조합원에게 유리하든 불리하든 관계없이 확장 적용된다고 보는 견해이다.[70)

---

68) 김형배, 1299~1300면.
69) 김유성, 197면.
70) 임종률, 185면.

나. 판   례

판례는 비조합원에게 적용되는 취업규칙에 설정된 유리한 근로조건과의 관계에서 유리 원칙 부정설의 태도를 취하고 있다.

유리 원칙 부정설의 입장을 취한 판례로는 대법원 2006. 4. 27. 선고 2004다4683 판결을 들 수 있다. 위 판례의 사안을 살펴보면, 사용자가 1994. 12. 1. 퇴직금 산정의 기초가 되는 임금에서 특별상여금을 제외하여 보수규정을 불이익변경 하였는데, 노동조합이 1994. 12. 31. 단체협약을 체결하면서 불이익하게 개정된 보수규정을 승인하였다. 그런데 위 보수규정의 변경과 단체협약의 체결 당시 노동조합이 임·직원 183명 중 노조가입 비대상자(임원이거나 노무업무 담당자 등) 62명을 제외한 가입대상 인원 121명 중 64명으로 조직되어 있어 노조가입 대상자의 과반수로 조직되어 있어 위 노동조합이 노조법 35조 소정의 '동종근로자 반수 이상으로 구성된 조합'이기는 하나, 취업규칙의 불이익변경과 관련하여서는 과반수 미달 조합이었다.

이 사안에서 노동조합이 근로자 전체의 과반수에 미달하는 조합이어서 보수규정의 불이익변경은 효력이 없으므로, 비조합원인 근로자는 취업규칙상으로는 종전의 보수규정에 의한 퇴직금지급기준의 적용을 받는 한편, 단체협약에서 위 변경된 취업규칙을 승인하였고 단체협약이 노조법 35조에 따라 확장 적용됨으로써 단체협약상으로는 개정된 보수규정과 같은 내용의 퇴직금지급기준의 적용을 받아 유리 원칙이 문제되는 상황이 발생하였는데, 위와 같은 사안에서 위 판례는 노조법 35조에 의해 단체협약의 적용대상이 되는 비조합원에게 개정된 보수규정이 적용된다고 보아 유리 원칙을 부정하였다(위 판례에서는 개정된 보수규정이 적용되어야 한다고 판시하였는데, 이는 개정 보수규정이 유효하게 변경되었다는 것을 의미한다고 볼 수는 없고, 개정된 보수규정과 같은 내용의 단체협약상의 퇴직금 지급 기준의 적용을 받는다는 의미로 이해되어야 할 것이다).[71]

이와 관련하여 일부 견해[72]에 의하면 사용자가 집단적 동의를 받지 않고 퇴직금제도를 불이익변경 한 것에 대하여 과반수 조합이 단체협약의 체결을 통

71) 비조합원과 관련하여 유리 원칙을 부정한 또 다른 판결로는 대법원 2001. 9. 18. 선고 2000다60630 판결, 대법원 2001. 9. 25. 선고 2001다18421 판결, 대법원 2001. 10. 30. 선고 2001다24051 판결, 대법원 2001. 11. 9. 선고 2001다55581 판결 참조. 위 판결들은 모두 한 회사의 근로자들이 제기한 것으로 사안 및 쟁점이 동일한 사건에 관한 것이다.
72) 김재훈c, 294~295면.

하여 소급적으로 동의한 경우 비조합원에게 불이익한 취업규칙의 효력이 미친다는 판결73)을 근거로 판례가 유리 원칙 부정설을 취한다고 해석하나, 위 판례들은 취업규칙 불이익변경에 대하여 과반수 조합이 동의하여 취업규칙의 불이익변경이 유효하다는 취지이지 일반적 구속력의 적용을 전제로 한 것이 아니므로 적절한 해석이라고 보기는 어렵다.

다. 검　　토

이 문제는 비조합원의 유리한 근로조건이 근거하는 근로조건 규범에 따라 나누어 살펴 볼 필요가 있다.

(1) 근로계약에 근거한 경우

노조법 33조 해설에서 본 것처럼 조합원인 근로자가 개별적으로 사용자와 근로조건에 관하여 단체협약보다 유리한 근로조건을 누리고 있는 경우에는 유리 원칙이 인정되어 단체협약의 규범적 효력이 미치지 않는다고 보아야 한다. 비조합원의 경우에도 유리한 근로조건이 사용자와 비조합원의 근로계약에 근거를 둔 경우에는 유리 원칙이 적용되어 단체협약의 규범적 효력이 확장 적용되지 않는다.

(2) 취업규칙에 근거한 경우

취업규칙에 의하여 규율되는 근로자의 근로조건은 개별적 교섭을 통하여 결정된 개별적 근로조건이 아니라 일정한 근로자 집단에 대하여 몰개성적·획일적으로 설정된 집단적 근로조건에 해당하여 근로자 개개인이 자신의 인격의 실현을 위하여 근로조건을 자유로이 형성할 수 있다는 유리 원칙의 근거를 찾을 수 없으므로, 유리 원칙을 인정하기 어렵다.

(3) 단체협약의 일반적 구속력에 근거한 경우

비조합원의 근로조건이 불이익변경 전의 단체협약의 일반적 구속력의 확장 적용에 근거한 경우에는 결국 기존의 단체협약에 정한 근로조건의 기준을 새로운 단체협약에 의하여 불이익하게 변경할 수 있느냐의 문제로 귀결되고, 앞서 단체협약에 의한 불이익변경의 문제에서 살펴 본 것처럼 원칙적으로 허용된다고 본다.

---

73) 대법원 1993. 3. 23. 선고 92다52115 판결, 대법원 1997. 8. 22. 선고 96다6967 판결 등 참조.

(4) 유리 원칙이 부정되는 경우 확장 적용의 절차적 · 내용적 통제

다만 위와 같이 비조합원의 유리한 근로조건이 취업규칙이나 변경 전의 단체협약의 확장 적용에 근거한 경우 단체협약의 불이익변경에 의하여 협약 수준으로 인하하는 것이 허용된다고 하더라도, 아무런 통제나 제한 없이 허용되는 것인가에는 의문이 있다.

노조법 33조의 해설에서 본 것처럼, 단체협약의 규범적 효력이 인정되는 실질적 근거는 조합원이 조합에 가입하고 단체협약의 체결을 위한 의사형성과정에 참여한다는 데 있다. 따라서 조합에 가입하지 않고 단체협약의 형성에 전혀 관여하지 않은 비조합원에 대하여 규범적 효력을 확장 적용하는 것은 그 정당화를 위한 계기가 결여되어 있다.

다만 단체협약의 확장 적용에 의하여 비조합원의 근로조건이 향상되는 경우에는 비조합원 근로자의 보호라는 정책적 관점에서 그 정당화의 근거를 찾을 수 있다.

그러나 단체협약의 불이익변경과 그 확장 적용에 의하여 비조합원의 기존의 근로조건이 불이익하게 변경되는 경우에는 위와 같은 정책적 관점의 정당화 근거도 작동하지 않는다.

따라서 단체협약의 확장 적용에 의하여 비조합원의 근로조건을 불이익변경하는 경우에는 다른 정당화 근거가 필요한데, 이는 다시 규범적 효력의 실질적 근거로 돌아가서 찾을 수밖에 없다. 즉, 단체협약의 체결을 위한 의사형성과정에 비조합원의 참여가 보장될 때에만 비조합원에 대한 단체협약의 확장 적용이 긍정되어 규범적 효력이 인정된다. 노조법 33조에 대한 해설에서 본 것처럼 조합원의 경우에도 단체협약의 불이익변경에 의한 근로조건의 불이익변경 시에는 절차적 통제가 필요한데, 비조합원의 경우에는 그 중요성은 더욱 강조되어야 한다(절차적 통제).[74]

다른 한편 조합원과 관련하여 구 단체협약에 의한 근로조건을 새로운 단체협약의 체결에 의하여 불이익변경 하는 문제에 관하여 판례[75]는 현저히 합리성

---

74) 절차적 통제의 시각을 보여주는 하급심 판결로는 서울고법 2000. 1. 19. 선고 99나39236 판결(대법원 2000. 12. 22. 선고 2000다11591 판결의 원심판결임) 참조.

75) 대법원 2000. 9. 29. 선고 99다67536 판결, 대법원 2002. 4. 12. 선고 2001다41384 판결, 대법원 2002. 11. 26. 선고 2001다36504 판결, 대법원 2002. 12. 27. 선고 2002두9063 판결, 대법원 2003. 9. 5. 선고 2001다14665 판결.

을 결여한 경우에 예외적으로 그 효력을 인정하지 않을 수 있다는 입장을 취하고 있다. 단체협약에 의한 근로조건의 불이익변경에 대하여 조합원의 경우 위와 같은 통제가 필요하다면 노동조합에 가입한 적도 없고 협약의 형성에 관여하지 않은 비조합원의 경우 위와 같은 통제는 더욱 필요하다(내용적 통제).

   이와 관련하여 주목되는 것이 일본 최고재판소의 태도이다. 일본 최고재판소는 단체협약의 효력확장제도에 의한 비조합원의 근로조건의 불이익변경 문제를 정면으로 다루면서, "노조법 17조를 적용할 때 위 단체협약상의 기준이 일부의 점에서 미조직의 동종근로자의 근로조건보다도 불이익하다고 인정되는 경우라도 그것만으로 위 불이익 부분에 대하여 그 효력을 미조직의 동종근로자에 대하여 미칠 수 없다고 해석하는 것은 상당하지 않다. 노조법 17조의 문언에는 어떠한 제한이 없고, 위 조항의 취지가 당해 사업장의 근로조건을 통일하고, 노동조합의 단결권의 유지 강화와 당해 사업장 내 공정타당한 근로조건의 실현에 있는 점을 고려하면, 미조직의 동종근로자의 근로조건이 일부 유리한 것이라는 이유로 단체협약의 규범적 효력이 이들에게 미치지 않는다고 보는 것은 상당하지 않다. 그러나 미조직 근로자는 노동조합의 의사결정과정에 관여할 수 없고, 노동조합도 미조직 근로자의 근로조건에 직접 관여할 수 없기 때문에, 단체협약의 체결경위, 당해 근로자가 노동조합의 조합원 자격을 인정받고 있는지 여부 등에 비추어, 당해 단체협약을 특정 미조직 근로자에게 적용하는 것이 현저히 불합리하다고 인정되는 특단의 사정이 있는 때에는 단체협약의 규범적 효력을 당해 근로자에게 미치게 할 수 없다고 해석함이 상당하다."라고 하였다.[76]

   위 최고재판소 판결은 단체협약의 확장 적용에 의한 비조합원의 근로조건의 불이익변경을 원칙적으로 긍정하면서, 예외적으로 '현저히 불합리하다고 인정되는 특단의 사정'이 있는 때에는 그 효력을 부정한다는 논리구조를 취하여 내용적 통제의 관점을 명확히 하였고, 실제로 위 판결에서는 현저히 불합리하다고 보아 퇴직금을 감액한 단체협약의 확장 적용을 부정하였다.[77]

---

76) 最高裁 1996. 3. 26. 判決[朝日火災海上保險(高田)事件, ジュリスト 1093호, 78면].
77) 우리 판례는 단체협약의 효력 확장에 의하여 비조합원의 근로조건을 불이익하게 변경하는 사안에서 위와 같은 내용통제를 염두에 두지 않은 것으로 보인다. 대법원 1993. 3. 23. 선고 92다52115 판결의 원심판결인 서울고법 1992. 11. 4. 선고 92나33956 판결, 대법원 2001. 10. 30. 선고 2001다24051 판결, 대법원 2006. 4. 27. 선고 2004다4683 판결 등 참조.

4. 일반적 구속력 배제조항의 효력

노조법 35조의 요건이 충족되면 구속력은 자동적으로 확장된다. 따라서 노동조합이 일반적 구속력을 희망하는지 여부는 효력 확장 여부와 무관하다. 이와 마찬가지로 노동조합과 사용자가 단체협약에서 노조법 35조의 적용을 배제하는 규정을 두더라도 그 조항에 관계없이 구속력은 자동적으로 확장된다. 이러한 의미에서 노조법 35조는 강행규정이고 일반적 구속력 배제조항은 무효이다(통설).

5. 일반적 구속력과 취업규칙의 불이익변경

단체협약을 불이익변경 하는 경우 비조합원에 대한 일반적 구속력을 인정하게 되면 일반적 구속력 제도와 취업규칙의 불이익변경 제도는 비록 그 요건에 일부 차이가 있지만 조합원과 비조합원의 근로조건을 통일적으로 불이익하게 변경하는 기능을 수행한다는 점에서 유사성이 있다.

또한 판례가 과반수 조합이 단체협약의 체결을 통하여 취업규칙의 불이익변경에 동의하는 것을 인정하고 있으므로 과반수 조합이 동시에 동종근로자 반수 이상으로 조직된 조합인 경우에는 단체협약의 체결과 사용자의 취업규칙 변경행위만 있으면 단체협약과 취업규칙에 의한 비조합원의 근로조건 불이익변경이 함께 이루어지게 된다.

다만, 주의할 것은 단체협약의 체결을 통하여 취업규칙의 불이익변경에 동의하는 경우 취업규칙이 비조합원 근로자에 대하여 적용되는 근거는 단체협약 중 취업규칙 불이익변경에 동의하는 규정을 통하여 취업규칙의 불이익변경에 대한 근로자 집단의 집단적 의사결정방법에 의한 동의의 의사표시가 표명되었기 때문이지, 단체협약에 종전보다 불리한 내용의 새로운 퇴직금 규정이 따로 마련되었음을 전제로 하여 그 규정이 노조법 35조에 의하여 비조합원에게 적용되어야 함을 이유로 하는 것이 아니라는 점이다.[78]

따라서 과반수 조합이 단체협약의 체결을 통하여 취업규칙 불이익변경에 동의하는 경우 일반적 구속력의 요건을 갖추었는지를 추가로 판단하는 것은 적절하지 않고, 취업규칙 불이익변경과 관련하여 노조법 35조의 요건을 갖추어야 한다는 주장은 주장 자체로 이유 없다. 물론 과반수 조합이 아닌 노동조합이 동

---

78) 대법원 1993. 2. 12. 선고 92다50447 판결.

의한 경우에는 취업규칙 불이익변경이 유효하지 아니하므로, 비조합원에 대하여 불이익하게 변경된 근로조건이 적용되는지와 관련하여 노조법 35조에 의한 일반적 구속력의 발생 여부를 판단하는 것이 필요하다.

[마 은 혁]

제36조(지역적 구속력)

　① 하나의 지역에 있어서 종업하는 동종의 근로자 3분의 2 이상이 하나의 단체
협약의 적용을 받게 된 때에는 행정관청은 당해 단체협약의 당사자의 쌍방 또
는 일방의 신청에 의하거나 그 직권으로 노동위원회의 의결을 얻어 당해 지역
에서 종업하는 다른 동종의 근로자와 그 사용자에 대하여도 당해 단체협약을
적용한다는 결정을 할 수 있다.

　② 행정관청이 제1항의 규정에 의한 결정을 한 때에는 지체없이 이를 공고하여
야 한다.

〈세 목 차〉

I. 의의 및 취지

　하나의 지역에서 종업(從業)하는 동종의 근로자 3분의 2 이상이 하나의 단
체협약의 적용을 받게 된 때에는 행정관청은 당해 단체협약의 당사자의 쌍방
또는 일방의 신청에 의하거나 그 직권으로 노동위원회의 의결을 얻어 당해 지
역에서 종업하는 다른 동종의 근로자와 그 사용자에 대하여도 당해 단체협약을
적용한다는 결정을 할 수 있다.

　지역적 구속력 제도는 일정한 지역에서 지배적인 단체협약을 협약당사자의
구성원이 아닌 자에 대하여 지역적으로 그 효력을 확장하는 제도이다. 노조법
35조의 사업장 단위 일반적 구속력 제도가 대체로 기업별 노조를 염두에 둔 것
이라면, 노조법 36조의 지역적 구속력 제도는 대체로 직종별·산업별 노조를 염
두에 둔 것이다.

　※ 이 조에 관한 각주의 참고문헌은 제31조 해설의 참고문헌을 가리킨다.

지역적 구속력 제도의 취지에 대하여는, ① 일정한 지역에서 지배적인 의의를 가지는 단체협약상의 기준을 그 지역의 같은 종류 근로자를 위한 최저기준으로 적용함으로써 사용자 상호 간의 근로조건 저하 경쟁 및 이에 따른 불공정 경쟁을 방지하려는 데 있다고 보는 견해(불공정 경쟁 방지설),[1] ② 소수근로자 및 노동조합의 보호 그리고 사용자 간의 부당경쟁 방지와 사회적 분쟁의 방지에 있다고 보는 견해,[2] ③ 노동법상 기본 목적인 동종근로·동등대우 원칙을 단체협약이라는 매개수단을 통하여 지역적으로 실현하려는 데 그 주된 취지가 있는 것으로 파악하는 견해[3]가 있다.

하급심 판결 중에는 지역적 구속력 제도의 취지에 관하여 "사업장 단위의 일반적 구속력 제도와는 달리 협약당사자인 노동조합의 조직을 유지 강화하고 미조직 근로자를 보호함에 있다고 하기 보다는 오히려 일정 지역 내의 모든 동종 사업장의 근로조건을 통일적으로 규제함으로써 사업장 사이의 부당경쟁을 막아 동일노동 동일임금의 원칙을 지역적으로 실현하고 이를 위하여 협약체결에 관여하지 아니한 노동조합이나 사업장까지 모두 협약의 효력범위 내로 강제 포섭함으로써 사회적 분쟁의 소지를 미연에 방지하고자 하는 것에 그 주안점이 있는 것"이라고 한 것[4]이 있다.

공무원노동조합과 교원노동조합에 대하여는 노조법 36조의 지역적 구속력 제도가 적용되지 아니한다(공무원노조법 17조 3항, 교원노조법 14조 2항).

II. 요   건

실체적 요건과 절차적 요건을 갖추어야 한다.

1. 실체적 요건

하나의 지역에서 종업하는 동종의 근로자 3분의 2 이상이 하나의 단체협약의 적용을 받아야 한다.

---

1) 임종률, 186~187면.
2) 김유성, 198~199면.
3) 이홍재, 482~483면.
4) 부산지법 1992. 8. 12. 선고 91노2411 판결.

가. 하나의 지역

하나의 지역이란 반드시 행정구역과 일치될 필요는 없다. 그 범위는 일반적으로 단체협약의 본래적 적용을 받는 노·사의 경제적 기반의 동일성 내지 유사성에 따라 결정되어야 한다. 구체적으로는 산업의 동종성, 기업의 배치상황 및 경제적·지리적 입지조건의 유사성 그 외 근로자의 생활환경 등을 종합적으로 판단하여야 한다.5) 하나의 행정구역을 지역단위로 정할 수도 있고, 복수의 행정구역을 지역단위로 정할 수도 있으며, 하나의 행정구역 내의 부분적 지역을 지역단위로 하거나 복수의 부분적 지역을 지역단위로 할 수도 있다.6)

나. 종업하는 동종근로자의 3분의 2 이상

단체협약의 적용을 받는 근로자가 종업하는 동종근로자의 3분의 2 이상이어야 한다. 사업장 단위의 일반적 구속력 제도와는 달리 상시성을 요구하지 않는다.

동종근로자의 의미는 사업장 단위의 일반적 구속력의 요건에서 설명한 것과 같으나, 다만 여기서의 동종성 판단은 근로의 내용·형태뿐 아니라 단체협약의 원래 적용대상과 동일한가의 여부도 함께 고려되어야 한다. 즉, 당해 단체협약이 직종별로 적용될 때에는 동종성 여부는 직종에 따라서, 산업별로 적용될 경우에는 동종성 여부는 산업에 따라 결정하여야 한다.7)

다. 하나의 단체협약의 적용

여기서의 단체협약은 노조법상의 요건을 갖춘 노동조합이 노조법 31조의 요건을 갖추어 체결한 단체협약을 말한다.

이 제도가 상정하고 있는 단체협약은 기본적으로는 초기업적 단체협약으로, 직종별 노동조합 또는 산업별 노동조합이 사용자단체와 통일교섭을 통하여 체결한 단체협약이 가장 순수한 형태이다.8)

직종별 또는 산업별 노동조합이 하나의 지역 내의 각 사용자와 집단교섭 또는 대각선교섭을 통하여 동일한 내용의 단체협약을 체결한 경우에도 형식상으로는 하나의 단체협약에 해당하지 않지만 실질적으로 파악하여 하나의 단체

5) 注釋(下), 869면.
6) 최영진b, 227~228면.
7) 김유성, 200면.
8) 注釋(下), 871면.

협약에 해당한다고 볼 수 있다.

나아가 하나의 지역에 종업하는 근로자의 3분의 2 이상을 고용하는 사업장의 기업별 노동조합이 체결한 단체협약도 하나의 단체협약에 포함된다고 할 수 있고, 기업별 교섭을 통하여 체결된 여러 개의 단체협약의 내용이 동일한 경우에는 하나의 단체협약에 해당한다고 볼 수 있다.

문제는 단위노조로부터 교섭권을 위임받은 연합단체가 사용자단체와 교섭하고 근로조건 등을 합의하여 서명·날인하지만 이것이 단위사업장에 그대로 적용되는 것이 아니라 개별 사용자와 단위노조가 당해 사업장의 실정에 맞게 일부 수정하거나 보완한 합의서를 다시 작성하는 경우 연합단체와 사용자단체가 합의한 서면을 하나의 단체협약으로 볼 수 있는가이다.

이에 대하여는 긍정하는 견해[9]와 부정하는 견해[10]가 대립하고 있다.

2. 절차적 요건

행정관청은 당해 단체협약의 당사자의 쌍방 또는 일방의 신청에 의하거나 그 직권으로 노동위원회의 의결을 얻어 당해 지역에서 종업하는 다른 동종의 근로자와 그 사용자에 대하여도 당해 단체협약을 적용한다는 결정을 할 수 있고, 행정관청은 위 결정을 한 때에는 지체 없이 이를 공고하여야 한다.

Ⅲ. 효   과

실체적 요건과 절차적 요건을 갖춘 때에는 단체협약이 당해 지역에서 종업하는 다른 동종의 근로자와 사용자에 대하여 확장 적용된다.

노조법 36조의 문언상으로는 '당해 단체협약'이 확장 적용되는 것으로 되어 있으나, 지역적 구속력에 의하여 그 효력이 확장 적용되는 것은 단체협약 중 규범적 부분에 한정된다. 채무적 부분은 노동조합을 그 권리·의무의 주체로 하는 것이어서 성질상 비조합원에게 확장될 수 없기 때문이다.

단체협약의 본래의 적용대상자가 아닌 다른 동종의 근로자가 미조직 근로자인 경우 단체협약이 확장 적용 된다는 점은 의문이 없으나, 단체협약의 본래

---

9) 사법연수원a, 2224~225면.
10) 김유성, 200~201면; 이흥재, 485면.

의 적용대상자가 아닌 다른 동종의 근로자가 다른 노동조합에 가입하고 있는
경우에도 단체협약의 효력이 확장 적용되는지가 문제이다.

　　이에 대하여 대법원[11]은, 헌법 33조 1항은 근로자는 근로조건의 향상을 위
하여 자주적인 단결권, 단체교섭권 및 단체행동권을 가진다고 규정하여 근로자
의 자주적인 단결권뿐 아니라 단체교섭권과 단체행동권을 보장하고 있으므로,
노동조합법 36조가 규정하는 지역적 구속력 제도의 목적을 어떠한 것으로 파악
하건 적어도 교섭권한을 위임하거나 협약체결에 관여하지 아니한 협약 외의 노
동조합이 독자적으로 단체교섭권을 행사하여 이미 별도의 단체협약을 체결한
경우에는 그 협약이 유효하게 존속하고 있는 한 지역적 구속력 결정의 효력은
그 노동조합이나 그 구성원인 근로자에게는 미치지 않는다고 해석하여야 할 것
이고, 또 협약 외의 노동조합이 위와 같이 별도로 체결하여 적용받고 있는 단체
협약의 갱신체결이나 보다 나은 근로조건을 얻기 위한 단체교섭이나 단체행동
을 하는 것 자체를 금지하거나 제한할 수는 없다고 하였다.

　　지역적 구속력에 의하여 효력 확장이 인정되는 단체협약의 적용과 관련하
여서는 유리 원칙이 인정된다.[12]

　　단체협약의 유효기간이 만료되거나 그밖에 지역적 구속력을 인정받기 위한
요건을 흠결시키는 사유가 발생한 경우에는 그 확장 적용의 효력 역시 종료된
다. 이 경우 종래 확장 적용을 받고 있던 근로자의 근로조건은 단체협약이 실효
된 경우에 준하여 보면 된다.

[마 은 혁]

---

11) 대법원 1993. 12. 21. 선고 92도2247 판결, 대법원 1998. 2. 27. 선고 97도2543 판결.
12) 김유성, 201면; 김형배, 1302면; 임종률, 188면.

도산과 집단적 노동관계 보론(補論)

[참고문헌]

권영준, "통정허위표시로 인한 법률관계에 있어서 파산관재인의 제3자성", 법조 608호, 법조협회(2007); **권오성**, "하청근로자의 도급인 시설에 대한 직장점거의 형사책임", 법학연구 23집 1호, 인하대학교 법학연구소(2020. 3.); **김린**, "사업부 분할 매각 금지 약정의

효력 : 대구지방법원 서부지원 2017. 4. 12.자 2017카합5024 결정", 노동리뷰 147호, 한국
노동연구원(2017. 6.); 김선수, "위장폐업을 이유로 한 해고의 정당성 및 손해배상 책임",
2011 노동판례비평, 민주사회를 위한 변호사모임(2012); 김진석, "도산절차의 개시와 노
동관계", 서울대학교 대학원 석사학위논문(2011); 박승두a, "채무자회생법과 노동법의 관
계", 노동법학 35호, 한국노동법학회(2010); 박승두b, "통합도산법상 각 절차의 진행이 근
로관계에 미치는 영향", 통합도산법, 법문사(2006); 박용석, "변호사가 본 개인회생절차",
통합도산법, 법문사(2006); 방준식, "기업도산시 집단적 노사관계의 문제점", 노동법포럼
4호, 노동법이론실무학회(2010. 4.); 서경환, "회사정리절차가 계약관계에 미치는 영향",
재판자료 86집: 회사정리법·화의법 상의 제문제, 법원도서관(2000); 서울회생법원 재판
실무연구회a, 개인파산·회생실무(제5판), 박영사(2019); 서울회생법원 재판실무연구회b,
법인파산실무(제5판), 박영사(2019); 서울회생법원 재판실무연구회c, 회생사건실무(상)(제
5판), 박영사(2019); 서울회생법원 재판실무연구회d, 회생사건실무(하)(제5판), 박영사
(2019); 선재성, "파산과 노동관계", 재판자료 82집: 파산법의 제문제(상), 법원도서관
(1999); 양형우, "회생·파산절차개시가 근로계약과 단체협약에 미치는 영향", 노동정책
연구 8권 4호, 한국노동연구원(2008); 윤남근a, "일반환취권과 관리인·파산관재인의 제3
자적 지위", 회생과 파산 1, 사법발전재단(2012); 윤남근b, "파산관재인: 그 법률상 지위
와 권한을 중심으로", 재판자료 82집: 파산법의 제문제(상), 법원도서관(1999); 윤창술,
"파산절차에서 단체협약과 근로계약", 인권과 정의 281호, 대한변호사협회(2000); 이범균,
"사용자가 파산한 경우의 근로관계 종료와 부당해고 등", 행정재판실무편람(Ⅲ), 서울행
정법원(2003); 이승욱, "기업의 도산과 관련한 노동법상 쟁점과 과제", 법학연구 46권 1
호, 부산대학교(2005); 이준희, 단체교섭법론, 신조사(2017); 이창형, "기업이 파산선고를
받아 사업의 폐지를 위하여 그 청산과정에서 근로자를 해고하는 경우에 정리해고에 관
한 근로기준법 규정이 적용 여부 및 파산관재인의 근로계약 해지가 부당노동행위에 해
당한다고 볼 것인지의 여부", 대법원판례해설 49호, 법원도서관(2004); 이흥재, "도산절차
와 근로관계", 도산법강의, 법문사(2005); 임종헌, "파산절차가 미이행계약관계에 미치는
영향", 인권과 정의 241호, 대한변호사협회(1996); 임치용a, "파산절차의 개시가 고용계약
에 미치는 영향", 법조 600호, 법조협회(2006. 9.); 임치용b, "회생절차의 개시가 근로관계
에 미치는 영향", 파산법연구5, 박영사(2020); 전병서, 도산법(제4판), 박영사(2019); 지원
림, 민법강의(제18판), 홍문사(2020); 최승록, "파산채권과 재단채권", 재판자료 82집: 파
산법의 제문제(상), 법원도서관(1999); 황경남, "정리회사의 관리인", 재판자료 86집: 회사
정리법·화의법 상의 제문제, 법원도서관(2000); 三ケ月章 외 5명, 條解 會社更生法(下),
弘文堂(1999); 伊藤眞, 破産法·民事再生法(第4版), 有斐閣(2018); 荒木尙志a, "倒産労働法
序說 — 再建型倒産手続における労働法規範と倒産法規範の交錯", 詳説 倒産と労働, 商事
法務(2013); Christopher Updike & Ingrid Bagby, "Collective Bargaining Agreements and
the Bankruptcy Code: Are Damage Claims for Rejection of Collective Bargaining Agreements

Available Under Section 1113?", 4 Pratt's J. Bankr. L. 20 (Jan. 2008).

I. 의　　의

　노조법이나 근기법과 같은 노동법령은 헌법상 보장된 노동3권과 근로자의 인간다운 생활의 보장을 주된 목적으로 하고, 채무자회생법으로 대표되는 도산법령은 모든 채권자들에 대한 공정·형평한 변제를 최고의 이념으로 한다.[1] 노동법과 도산법의 실체규정은 모두 민법의 특별법으로서 각 적용영역에서 민법이 정한 일반시민법의 원칙을 수정한다. 이와 같이 노동법과 도산법은 그 목적과 적용대상을 달리 하는 관계로 도산 과정에서의 노동관계에 관하여는 그에 적용할 명확한 법규가 존재하지 않거나 그 규정이 중복되는 저촉문제가 발생하여 조정을 이룰 필요가 있게 된다.[2]

　외국에서는 '도산노동법'이라는 용어가 있을 정도로[3] 연구가 활성화된 측면이 있으나, 우리나라에서는 아직 그 접점에 대한 논의가 활발한 편은 아니다. 그러한 이유를 체불 임금과 퇴직금 등에 대한 최우선변제가 규정(채무자회생법 179조 1항 10호, 473조 10호)되어 일본과 달리 임금채권의 확보가 제도적으로 마련되어 있는 점, 기업별 노동조합 체제를 주된 형태로 하고 있는 우리나라의 실정 등을 그 원인으로 보는 견해가 있다.[4]

　국내에서는 2000년경부터 이 주제에 대한 논문들이 발표되기 시작하였고,[5] 이후 '쌍용자동차 사건'과 같이 기업의 구조조정 절차로 인한 대규모의 해직과 이에 반발한 노동조합의 단체행동이 사회적으로 이슈가 되면서 현재까지는 노동법과 도산법의 충돌 문제는 주로 정리해고, 임금채권의 우선변제권의 범위 등 개별적 노동관계 측면에 집중되는 추세이다.

　도산절차[6]의 개시가 개별적 노동관계에 미치는 영향은 근기법 관련 연구에

---

1) 박승두a, 195면.
2) 선재성, 499~500면.
3) 荒木尚志a, 2~24면.
4) 이승욱, 285면.
5) 임치용b, 160면.
6) 도산절차에는 아래에서 보는 것처럼 크게 '회생절차'와 '파산절차'가 있는데, 이하 양자를 함께 지칭할 때에는 '도산절차'로 표현한다.

서 진행될 것으로 기대되는바, 이 글에서는 집단적 노동관계와 관계되는 논점을 중심으로 살펴보기로 한다. 즉, 기업의 도산절차에서의 노동조합의 지위, 관리인과 파산관재인의 사용자성 인정 여부와 이에 따른 단체교섭의 문제, 단체협약의 효력 문제, 도산절차에서의 부당노동행위, 노동조합의 직장점거 문제에 관하여 주제별로 기존의 국내외 논의를 살펴보고 판례의 태도, 도산사건 처리 실무 등을 살펴본다.

Ⅱ. 도산절차의 개요[7)]

채무자회생법은 재정적 어려움으로 인하여 파탄에 직면해 있는 채무자에 대하여 채권자·주주·지분권자 등 이해관계인의 법률관계를 조정하여 채무자 또는 그 사업의 효율적인 회생을 도모하거나, 회생이 어려운 채무자의 재산을 공정하게 환가·배당하는 것을 목적(채무자회생법[8)] 1조)으로 제정된 법률이다. 채무자회생법이 규율하고 있는 절차 중 회생절차와 개인회생절차는 채무자 또는 그 사업의 효율적인 회생을 도모하는 재건형(재생형) 절차이고, 파산절차는 재산의 공정한 환가·배당을 주된 목적으로 하는 청산형 절차이다.[9)]

아래에서는 도산절차의 개요를 간략하게 설명하되, 이 글에서 주로 문제되는 관리인이나 파산관재인의 선임 및 역할에 중점을 두어 살펴본다.

1. 회생절차

가. 회생절차의 의의

회생절차는 재정적 어려움으로 인하여 파탄에 직면해 있는 채무자에 대하여 채권자·주주·지분권자 등 이해관계인의 법률관계를 조정하여 채무자 또는 그 사업의 효율적인 회생을 도모하는 절차이다(1조). 회생절차가 개시되면 실체법과 절차법에 보장된 채권자 등 이해관계인의 여러 가지 권리가 제한되는데, 이는 채권·채무관계의 집단적 해결과 채무자의 회생이 파산적 청산과 비교하

---

7) 이 항에서 설명하는 내용은 근기법주해(2판) Ⅱ, 863면 이하의 편제를 기초로 하여 내용을 보완하였다.
8) 이하 'Ⅱ. 도산절차의 개요'에서 인용하는 조문은 모두 채무자회생법으로서 특별히 필요하지 않으면 법령명을 따로 표시하지 아니한다.
9) 전병서, 3면.

여 채권자 일반에게 이익이 되고 사회·경제적으로도 유리하다는 데 이념적 근거를 두고 있다.10)

따라서 회생절차가 대상으로 하는 것은 경제성은 있으나 재정적 파탄에 빠진 채무자이지, 경제성이 결여되어 경제적 파탄에 빠진 채무자를 대상으로 하는 것이 아니다.11)

나. 회생절차의 내용12)

(1) 신청 후 개시결정 전

채무자는 ① 사업의 계속에 현저한 지장을 초래하지 아니하고는 변제기에 있는 채무를 변제할 수 없는 경우, ② 채무자에게 파산의 원인인 사실이 생길 염려가 있는 경우에 회생절차개시의 신청을 할 수 있다(34조 1항).

법원은 신청 이후 채무자의 사업 계속에 필요한 재산의 산일을 방지하고, 전체 채권자의 이해관계를 총체적으로 조정하기 위하여 채무자에 대한 보전처분명령과 보전관리명령(43조), 채권자에 대한 중지명령(44조)과 포괄적 금지명령(45조)을 할 수 있다.

(2) 개시결정 후 인가결정 전

법원은 ① 채무자가 회생절차의 비용을 미리 납부하지 아니한 경우, ② 회생절차개시신청이 성실하지 아니한 경우, ③ 그 밖에 회생절차에 의함이 채권자 일반의 이익에 적합하지 아니한 경우에 회생절차개시신청을 기각하여야 하나(42조), 그러한 사유가 없다면 회생절차개시결정을 하고(49조), 이와 동시에 관리인의 선임 또는 불선임 결정을 한다(50조 1항, 74조).13)

회생절차개시결정이 있게 되면 채무자는 업무수행 및 재산 관리·처분 권한을 상실하고, 그러한 권한은 관리인에게 전속하게 되나(56조 1항), 관리인은 채무자의 영업 양수, 재산 처분, 자금 차입, 소 제기와 같은 중요한 행위를 함에 있어 허가를 받아야 하는 등(61조) 법원의 감독을 받게 된다.

---

10) 서울회생법원 재판실무연구회c, 3면. 이에 따라 채무자회생법은 파산절차보다 회생절차를 우선하고 있다(44조, 58조 참조).

11) 서울회생법원 재판실무연구회c, 3면.

12) 포괄적인 설명으로 서울회생법원 재판실무연구회c, 13면 이하 참조.

13) 서울회생법원의 실무는 제3자 관리인을 선임할 사유가 없는 대부분의 사건에서 관리인 불선임 결정을 하고 있고(서울회생법원 실무준칙 211호 '관리인 등의 선임·해임·감독기준' 7조), 이 경우 채무자 또는 채무자의 대표자를 관리인으로 보게 된다(74조 4항). 서울회생법원 재판실무연구회c, 151면.

법원은 관리인과 조사위원에게 채무자의 재산상태 조사 및 기업가치 평가를 하도록 하고(87조, 90조 내지 93조), 그 결과를 보고하기 위한 관계인집회를 개최하거나 이를 대체하는 절차를 진행한다(98조).

관리인은 회생계획안을 작성하여 법원에 제출할 의무가 있고(220조 1항), 채무자 또는 회생채권자, 주주 등도 회생계획안을 작성·제출할 수 있다(221조). 법원은 이와 같이 제출된 회생계획안을 심리하고 결의하기 위한 채권자집회를 개최한다(224조, 232조).

(3) 인가결정 이후

법원은 회생계획안이 가결되면 인가 요건(243조, 243조의2)을 심사하여 회생계획인가결정을 하게 된다. 인가결정이 있게 되면, 채권자와 주주의 권리는 회생계획의 내용에 따라 변경된다(252조 1항).

회생계획인가결정이 있는 때에는 관리인은 지체 없이 회생계획을 수행하여야 한다(257조). 회생계획에 따른 변제가 시작되면 법원은 회생절차를 종결하는 결정을 할 수 있고(283조),[14] 회생계획을 수행할 수 없는 것이 명백하게 된 때에는 회생절차폐지결정을 하여야 한다(288조). 이러한 종결 또는 폐지결정을 통하여 회생절차는 종료된다.

다. 회생채권, 회생담보권, 공익채권

(1) 회생채권

채무자회생법은 기본적으로 채무자에 대하여 회생절차개시 전의 원인으로 생긴 재산상의 청구권을 회생채권으로 규정한다(118조 1호). 다만, 회생절차개시 전의 원인으로 생긴 청구권이 아니더라도, 예를 들어 회생절차개시 후의 이자와 같이 채무자회생법에서 개별적으로 회생채권으로 규정하는 청구권들이 있다(108조 3항 3, 4호, 118조 2 내지 4호, 121조 1항, 123조 1항, 124조 2, 3항, 125조 2항).

(2) 회생담보권

회생담보권이란 회생채권이나 회생절차개시 전의 원인으로 생긴 채무자 외의 자에 대한 재산상의 청구권으로서 회생절차개시 당시 채무자의 재산상에 존

---

14) 서울회생법원의 실무는 실무준칙 251호('회생절차의 조기종결')의 내용에 따라 향후 채무자가 회생계획을 수행하는 데 지장이 있다고 인정되지 않은 때에는 관리위원회, 채권자협의회 및 이해관계인의 의견을 들어 특별한 사정이 없는 한 회생절차를 조기에 종결하고 있다(서울회생법원 재판실무연구회d, 253, 812~813면).

재하는 유치권·질권·저당권·양도담보권·가등기담보권·「동산·채권 등의 담보에 관한 법률」에 따른 담보권·전세권 또는 우선특권으로 담보된 범위의 것을 말한다(141조 1항 본문). 다만, 이자 또는 채무불이행으로 인한 손해배상이나 위약금의 청구권에 관하여는 회생절차개시결정 전날까지 생긴 것에 한한다(141조 1항 단서).15)

(3) 공익채권

공익채권이란 회생절차의 수행에 필요한 비용을 지출하기 위하여 인정된 채무자에 대한 청구권으로서16) 채무자회생법은 이 글에서 쟁점이 되는 근로자의 임금·퇴직금 채권 등 각종 청구권을 179조 1항에 열거하고 있고, 그 밖에도 조문 곳곳에서 공익채권으로 인정되는 청구권들이 있다(39조 4항, 58조 6항, 59조 2항, 108조 3항 2, 4호, 121조 2항, 177조, 256조 2항).17)

2. 개인회생절차

가. 개인회생절차의 의의

개인회생절차는 개시신청 당시 총 채무액이 무담보채무의 경우에는 10억 원 이하, 담보부채무의 경우에는 15억 원 이하(579조 1호)18)인 개인채무자에게 파산의 원인인 사실이 있거나 그러한 염려가 있는 경우에 일정 기간 자신의 소득에서 생계나 영업에 필요하다고 인정되는 비용을 제외한 나머지 금액을 변제하면, 나머지 채무를 면책받을 수 있는 절차이다.19)

---

15) 회생담보권자는 그 채권액 중 담보권의 목적의 가액(선순위의 담보권이 있는 때에는 그 담보권으로 담보된 채권액을 담보권의 목적의 가액으로부터 공제한 금액을 말한다)을 초과하는 부분에 관하여는 회생채권자로서 회생절차에 참가할 수 있다(141조 4항).

16) 서울회생법원 재판실무연구회c, 483면.

17) 공익채권은 회생채권과 달리 채무자회생법의 명문 규정이 있는 경우에만 공익채권으로서 인정받을 수 있다. 대법원 2014. 9. 4. 선고 2013다204140, 204157 판결에서도, "공익채권은 회사정리법 208조에 해당되는 채권이거나 회사정리법의 개별적인 규정에 의해 인정되는 청구권이어서, 관리인이 채권의 법적 성질에 대하여 정확하게 법률적인 판단을 하지 못하고 정리채권을 공익채권으로 취급하였다고 하여 바로 정리채권의 성질이 공익채권으로 변경된다고 볼 수 없다"고 설시한 바 있다. 따라서 회생절차개시 이후의 원인으로 생긴 청구권 중에 공익채권으로 규정되지 않은 청구권은 개시후기타채권(181조)이 될 뿐이다.

18) 개인회생절차를 신청할 수 있는 채무액 요건은 2005. 3. 31. 채무자회생법 제정 당시부터 무담보채무는 5억 원, 담보부채무는 10억 원이었으나, 화폐가치 감소분 등을 감안하여 이를 현실화할 필요가 있다는 주장이 제기되면서 위와 같이 금액이 상향되었다(2021. 4. 20. 법률 18084호로 일부개정).

19) 개인회생절차는 개인파산절차에 비하여 법률비용이 많이 소요되고, 면책시기가 늦다는 단

개인회생절차는 위와 같이 채무한도에 제한이 있으므로, 이러한 채무액을 초과하는 채무자는 개인이라고 하더라도 앞서 본 회생절차를 이용하여야 한다.[20)

나. 개인회생절차의 내용[21)

(1) 신청 및 개시결정

개인채무자는 법원에 개인회생절차의 개시를 신청할 수 있고(588조), 법원은 이를 심리하여 개시신청을 기각하거나 개인회생절차를 개시하는 결정을 한다(595조, 596조). 개시결정을 하면 그 결정시부터 효력이 발생하고, 개인회생재단에 속하는 재산에 대한 강제집행·가압류·가처분, 개인회생채권을 변제받는 행위 등이 중지 또는 금지된다(600조).

개인회생절차개시결정이 내려져도 회생절차와 달리 채무자는 여전히 개인회생재단을 관리하고 처분할 권한을 가지는 것이 원칙이다(580조 2항).

(2) 변제계획안의 제출 및 채권자집회

채무자는 개시결정 이후 변제계획안을 제출하여야 하는데(610조), 변제계획에서는 채무변제에 제공되는 재산 및 소득에 관한 사항, 각종 채권의 변제에 관한 사항 등을 정하여야 하고, 변제기간은 원칙적으로 변제개시일부터 3년을 초과하여서는 안 된다(611조).

개인회생절차에서의 채권자집회는 회생절차와 달리 어떠한 결의를 하는 집회가 아니고, 채무자가 변제계획에 관하여 필요한 설명을 하고 채권자는 변제계획에 관한 이의를 진술하는 자리이다(613조).

(3) 변제계획의 인가

법원은 제출된 변제계획안이 채무자회생법에서 정한 요건이 모두 충족되었다고 판단하면 변제계획인가결정을 하여야 한다. 다만, 채권자집회에서 개인회생채권자 또는 회생위원이 이의를 진술한 경우에는 가용소득 전부의 제공 등 추가 요건까지 구비하고 있는 때에 한하여 인가결정을 할 수 있다(614조).

점은 있으나, 공무원, 교직원 등 신분을 유지할 수 있고, 경제활동의 제한 범위가 훨씬 축소되며, 현재의 재산을 보유할 수 있다는 장점이 있다(박용석, 567~570면).

20) 다만 개인회생절차와 구별하기 위하여 개인채무자에 대한 회생절차는 실무상 '일반회생'이라는 명칭을 사용한다.

21) 포괄적인 설명으로 서울회생법원 재판실무연구회a, 399면 이하 참조.

변제계획은 인가결정이 있은 때부터 효력이 발생하나, 변제계획에 의한 권리의 변경은 면책결정이 확정되어야 한다(615조 1항). 인가결정이 있으면 개인회생재단에 속하는 모든 재산이 채무자에게 귀속되는 것이 원칙이다(615조 2항).

(4) 변제계획의 수행 및 면책

채무자는 인가된 변제계획에 따라 개인회생채권자에게 변제할 금원을 회생위원에게 임치하여야 하고, 개인회생채권자는 해당 금원을 변제계획에 따라 회생위원으로부터 지급받아야 한다(617조).

법원은 채무자가 변제계획에 따른 변제를 완료하면 면책결정을 하여야 하고, 변제를 완료하지 못한 경우에도 채무자회생법이 정한 요건이 모두 충족된 때에는 이해관계인의 의견을 들은 후 면책결정을 할 수 있다(624조 1, 2항).

3. 파산절차

가. 파산절차의 의의

파산절차는 채무자가 경제적으로 파탄한 경우에 모든 채권자에 대한 공평한 변제를 목적으로 채무자의 총재산을 환가하여 얻어진 금원을 가지고 모든 채권자에게 공평한 청산을 하는 재판상의 절차이다.[22]

채무자회생법에서 정한 파산절차는 채무자가 법인인지 개인인지 구별하지 않고 적용되나, 개인인 채무자에 대하여는 재기의 기회를 부여하기 위하여 통상적으로 면책절차를 함께 진행하고 있다(556조 이하).

나. 파산절차의 내용[23]

(1) 파산선고

채권자 또는 채무자 등은 법원에 파산을 신청할 수 있고(294조 내지 297조), 채무자가 지급불능 또는 부채초과의 상태에 있다고 인정되면 파산을 선고한다(305조, 306조).

(2) 파산관재인의 선임

법원은 파산선고와 동시에 파산관재인을 선임하는 것이 원칙이나(312조, 355조), 파산재단으로 파산절차의 비용을 충당하기에도 부족하다고 인정되어 동시

---

22) 전병서, 8면.
23) 포괄적인 설명으로 서울회생법원 재판실무연구회b, 3면 이하 참조.

폐지 결정을 하는 때(317조)에는 그러하지 아니하다.

채무자가 파산선고 당시에 가진 모든 재산은 파산재단에 속하고(382조), 파
산재단을 관리 및 처분하는 권한은 파산관재인에게 속한다(384조). 파산관재인은
취임 후 파산재단에 속하는 재산의 점유 및 관리에 착수하는 것을 시작으로(479
조) 파산의 목적 달성을 위하여 파산절차상 필요한 일체의 행위를 할 권한을 가
지지만, 선량한 관리자의 주의로써 그 직무를 행하여야 하고(361조 1항), 법원의
감독을 받는다(358조).

(3) 제1회 채권자집회

법원은 파산선고를 하면서 제1회 채권자집회 기일을 정하여야 한다(312조 1
항 2호). 제1회 채권자집회에서는 파산관재인으로부터 파산선고에 이르게 된 사
정과 채무자 및 파산재단에 관한 경과 및 현상에 관한 보고를 받고(488조), 감사
위원의 설치 여부 및 감사위원의 수를 의결할 수 있으며(376조), 영업의 폐지 또
는 계속, 고가품의 보관방법에 관하여 의결할 수 있다(489조).

(4) 채권조사

채권조사는 파산채권자들에게 공평하게 배당하기 위하여 분배의 기초가 될
파산채권의 존재 및 내용을 확정하는 절차이다.[24] 파산채권자는 법원이 정하는
기간 안에 자신의 채권을 신고하여야 하고(447조), 채권조사기일에서 파산관재인
및 파산채권자의 이의가 없으면, 채권이 확정되며(458조), 이러한 확정채권에 관
하여 파산채권자표에 기재가 이루어지면 그 기재는 파산채권자 전원에 대하여
확정판결과 동일한 효력이 있다(460조).

(5) 환   가

파산관재인은 선량한 관리자의 주의의무에 반하지 않는 한 원칙적으로 파
산재단에 속하는 재산을 적당한 시기와 방법으로 환가할 수 있는 재량권이 있
다.[25] 다만, 부동산 등 중요한 재산을 환가하거나 소의 제기 등 파산재단의 형
성에 중대한 영향을 미치는 행위에 관하여는 법원의 허가를 받아야 하고(492조),
환가 시기에 있어서도 일정한 제한이 있다(491조).

---

24) 서울회생법원 재판실무연구회b, 267면.
25) 서울회생법원 재판실무연구회b, 407면.

(6) 배당, 파산종결 및 파산폐지

파산관재인은 환가 절차를 거쳐 배당하기에 적당한 금전이 있을 때마다 지체 없이 배당을 하여야 하고(505조, 중간배당), 파산재단을 전부 환가한 후 법원의 허가를 받아 최후배당을 실시하며(520조), 배당을 마친 후 새로 배당에 충당할 재산이 있게 된 때에는 법원의 허가를 받아 추가배당을 하여야 한다(531조).

최후배당이 끝나면 법원은 채권자집회를 소집하여 파산관재인으로부터 계산보고를 받고, 채권자의 이의 없이 채권자집회가 종결되면 파산종결 결정을 한다(530조). 그리고 파산절차 비용이 부족하거나 채무자가 채권자의 동의를 얻은 경우에는 파산폐지 결정을 한다(538조, 545조). 위와 같은 결정이 이루어지면 원칙적으로 파산관재인의 임무는 종료한다.

다. 파산채권, 재단채권

(1) 파산채권

채무자회생법은 채무자에 대하여 파산선고 전의 원인으로 생긴 재산상의 청구권을 파산채권으로 규정한다(423조). 파산채권은 파산재단으로부터 공평하게 만족을 받을 수 있는 채권이므로 채권액에 비례하여 모두 평등한 것이 원칙이나, 채무자회생법은 채권의 실체법적 성질 등을 고려하여 예외적으로 배당순위에서 일반의 파산채권에 대하여 우선적 지위를 가지는 파산채권[26](441조)과 후순위적 지위를 가지는 파산채권(446조)을 인정하고 있다.[27] 동일한 순위로 변제하여야 하는 채권 사이에서는 각각 그 채권액의 비율에 따라 변제하여야 한다(440조).

(2) 재단채권

재단채권은 파산절차에 의하지 아니하고 파산재단으로부터 파산채권에 우선하여 수시로 변제받을 수 있는 채권을 의미한다(475, 476조).[28] 재단채권은 공익

---

26) 근기법 38조에서 우선변제를 규정하고 있는 임금, 재해보상금, 그 밖의 근로 관계로 인한 채권이 대표적인데, 채무자회생법에서는 아래에서 보는 것처럼 채무자의 근로자의 임금·퇴직금 및 재해보상금, 파산선고 전의 원인으로 생긴 채무자의 근로자의 임치금 및 신원보증금의 반환청구권을 재단채권으로 규정(473조 10, 11호)하여 파산채권보다 우선하여 변제받을 수 있도록 하고 있으므로, 이를 제외한 나머지의 근로 관계로 인한 채권(구체적으로는 지급 사유의 발생이 불확정이고 일시적으로 지급되는 상여금이나 근로자가 특수한 근무조건이나 환경에서 직무를 수행함으로 말미암아 추가로 소요되는 비용을 변상하기 위하여 지급되는 실비변상적 금원 등이 이에 해당한다)이 우선권 있는 파산채권에 해당한다고 볼 수 있다(서울회생법원 재판실무연구회b, 250면).

27) 서울회생법원 재판실무연구회b, 250면.

28) 재단채권의 본래적 의미는 파산선고 후에 파산채권자 공동의 이익을 위하여 파산절차의

채권처럼 법에 명시적인 규정이 있는 경우에만 인정되는데, 채무자회생법은 이 글에서 쟁점이 되는 근로자의 임금·퇴직금 채권 등 각종 청구권을 473조에 열거하고 있고,[29] 그 밖에도 조문 곳곳에서 재단채권으로 인정되는 청구권들이 있다(6조 4, 9항, 7조 1항, 337조 2항, 347조 2항, 348조 2항, 398조 1항, 406조의2, 113조의2 6항, 469조, 474조).

Ⅲ. 도산절차에서의 노동조합의 지위

1. 노동조합의 해산 여부

사용자[30])에 대하여 도산절차가 개시되더라도 곧바로 집단적 노동관계가 해소되는 것은 아니다. 사업의 재건과 영업의 계속을 특징으로 하는 회생절차는 물론이고, 청산형 절차인 파산절차에서도 특히 사용자가 법인의 경우에는 해산과 청산절차가 완전히 종료하기 전까지는 권리능력을 상실하지 않기 때문이다.[31] 한편 노동조합은 사용자와 별개의 법인격이므로, 사용자에 대한 도산절차가 개시되더라도 이는 노조법 28조의 해산사유에 해당하지 않고, 노동조합의 규약에 따로 정함이 없는 한 해산되지 않는다.[32]

2. 노동조합의 도산절차 관여

가. 채무자회생법의 규정

현행 채무자회생법에서 노동조합 등(근로자의 과반수로 조직된 노동조합이 없는 때에는 근로자의 과반수를 대표하는 자[33])의 관여를 명문으로 인정하는 경우는

수행으로 인하여 생기는 공익적 채권이라고 한다(최승록, 331면).

29) 파산재단이 재단채권의 총액을 변제하기에 부족한 것이 분명하게 된 때의 변제방법에 관하여는 477조에서 상세한 규정을 두고 있다.

30) 앞서 Ⅱ.에서 본 바와 같이 법인뿐만 아니라 개인도 회생절차(개인회생절차) 및 파산절차를 이용할 수 있으나, 도산절차와 집단적 노동관계를 주제로 한 기존의 학설상 논의는 특별한 이론적 고려 없이 사용자라는 용어 대신 일반적으로 '회사' 또는 '기업'이라는 용어를 사용하고 있는데, 이는 집단적 노동관계가 문제되는 사업장이 대부분 회사나 기업의 형태로 조직되어 있기 때문으로 보인다. 그러나 노조법상의 사용자 개념에는 법인뿐만 아니라 기업을 경영하는 개인도 포함하므로, 이 글에서는 원칙적으로 '사용자'라는 표현을 쓰되, 표현이나 문맥상 필요한 경우, 다른 문헌을 인용하는 경우 등에는 '회사'나 '기업'이라는 표현도 사용한다.

31) 양형우, 105면.

32) 방준식, 158면; 이승욱, 302면; 서울회생법원 재판실무연구회b, 220면.

33) 이러한 규정 형식에 대하여 다음과 같은 비판이 있다(방준식, 153면). 첫째, 근로자의 과반

회생절차에 관한 아래 두 가지 조항이다. 이러한 규정을 둔 취지는 회생절차의 목적이 근로자를 포함한 전체 이해관계인의 이익 조정을 도모하는 것인 점, 기업의 회생을 위해서는 근로자의 협력이 불가결한 점 등을 고려한 것이다.[34)

　　첫째, 관리인은 회생절차개시 이후 회생계획인가 전이라도 채무자의 영업 또는 사업의 전부 또는 중요한 일부를 양도할 수 있도록 하되 법원의 허가를 받아야 하고, 법원은 그러한 허가를 하는 때에 관리위원회, 채권자협의회, 노동조합 등 이해관계인의 의견을 들어야 한다(채무자회생법 62조 2항).[35) 영업양도에서 고용관계의 승계 여부, 고용조건의 변화 등은 근로자에게 매우 중요한 사항이고, 양수인 입장에서도 근로자들의 협력 없이는 양수한 영업을 제대로 수행하기 어렵기 때문에 영업양도에 앞서 노동조합 등의 의견을 듣는 것은 양측 모두에게 긴요하다.[36)

　　둘째, 법원은 회생계획안이 제출되면 노동조합 등의 의견을 들어야 한다(채무자회생법 227조).[37)38) 만약 근로자의 과반수로 조직된 노동조합이 없고 근로자의

수를 대표하는 근로자대표의 실체가 불명확하다는 것이다. 법문상 근로자대표의 선출 단위가 사업장인지 아니면 기업 전체인지 명확하지 않기 때문이다. 둘째, 근기법상 인정되고 있는 과반수대표제의 형태가 도산절차에 활용되는 것이 적절한지 의문이라는 것이다. 예컨대 당해 기업에 노동조합이 없거나 당해 노동조합이 근로자의 과반수 미만으로 조직된 경우에 근로자의 과반수를 대표하는 근로자대표의 선출방법이나 절차에 관하여 채무자회생법에 아무런 규정이 없기 때문이다.

34) 이승욱, 305면.
35) 62조(영업 등의 양도)
　　① 회생절차개시 이후 회생계획인가 전이라도 관리인은 채무자의 회생을 위하여 필요한 경우 법원의 허가를 받아 채무자의 영업 또는 사업의 전부 또는 중요한 일부를 양도할 수 있다.
　　② 1항의 규정에 의한 허가를 하는 때에는 법원은 다음 각호의 자의 의견을 들어야 한다.
　　1. 관리위원회
　　2. 채권자협의회
　　3. 채무자의 근로자의 과반수로 조직된 노동조합
　　4. 3호의 노동조합이 없는 때에는 채무자의 근로자의 과반수를 대표하는 자
36) 임치용-b, 192면.
37) 227조(채무자의 노동조합 등의 의견)
　　법원은 회생계획안에 관하여 다음 각호의 어느 하나에 해당하는 자의 의견을 들어야 한다.
　　1. 채무자의 근로자의 과반수로 조직된 노동조합
　　2. 1호의 규정에 의한 노동조합이 없는 때에는 채무자의 근로자의 과반수를 대표 하는 자
38) 실무상으로는 의견조회 결과 특이한 의견이 제시된 사례는 거의 없다고 한다(서울회생법원 재판실무연구회d, 10면). 이는 법인회생을 신청하는 채무자들은 노동조합이 구성되어 있지 않은 소규모 기업들인 경우가 많고, 노동조합이 구성되어 있지 않으면 실무상 채무자의 본점 주소지로 의견조회서를 보내게 되는데, 이 경우 근로자들에게 의견조회서가 제대로 송달되지 않을 가능성도 크기 때문으로 보인다.

과반수를 대표하는 자도 없다고 판단되는 경우에는 그 의견을 들을 필요가 없다는 견해가 있으나,39) 회생계획의 인가 여부를 결정하기에 앞서 다수 근로자의 의견을 충분히 반영하여야 한다는 규정 취지에 비추어 보면, 노동조합 등이 조직되어 있지 않다는 이유만으로 별다른 노력 없이 의견청취 절차가 쉽게 생략되어서는 안 될 것이다.

다만, 위 두 조항 모두 노동조합 등의 의견을 청취하는 주체가 법원인 관계로 그러한 의견 청취를 해태한 경우의 효과나 제재에 관한 규정은 별도로 두고 있지 않다.

나. 그 밖의 관여 방법

채무자회생법상에서 노동조합 등의 관여 방안을 명시한 것은 위와 같으나, 그 외에도 사용자의 임금 등 미지급이 있는 경우 근로자는 채권자로서 도산절차에 관여할 수도 있다.40) 즉, 근로자는 임금 등 채권자에 해당하므로, 채무자회생법 34조 2항41)의 요건을 갖춘 경우,42) 법원에 회생절차개시의 신청을 할 수

---

39) 三ケ月章 외 5명, 219면. 서울회생법원에서도 대표이사 1인만 근무하는 소규모 주식회사인 채무자의 간이회생사건에서 노동조합 등에 대한 의견조회를 생략한 사례(서울회생법원 2017 간회합100064 간이회생 사건)가 있다(서울회생법원 재판실무연구회c, 847면).

40) 이승욱, 305면.

41) 34조(회생절차개시의 신청)
   ① 다음 각호의 어느 하나에 해당하는 경우 채무자는 법원에 회생절차개시의 신청을 할 수 있다.
   1. 사업의 계속에 현저한 지장을 초래하지 아니하고는 변제기에 있는 채무를 변제할 수 없는 경우
   2. 채무자에게 파산의 원인인 사실이 생길 염려가 있는 경우
   ② 1항 2호의 경우에는 다음 각호의 구분에 따라 당해 각호의 각목에서 정하는 자도 회생절차개시를 신청할 수 있다.
   1. 채무자가 주식회사 또는 유한회사인 때
      가. 자본의 10분의 1이상에 해당하는 채권을 가진 채권자
      나. 자본의 10분의 1이상에 해당하는 주식 또는 출자지분을 가진 주주·지분권자
   2. 채무자가 주식회사 또는 유한회사가 아닌 때
      가. 5천만원 이상의 금액에 해당하는 채권을 가진 채권자
      나. 합명회사·합자회사 그 밖의 법인 또는 이에 준하는 자에 대하여는 출자총액의 10분의 1이상의 출자지분을 가진 지분권자

42) 반드시 1인의 채권자나 주주·지분권자가 위 조항의 요건을 갖추어야 하는 것은 아니고, 여러 채권자의 채권액, 주식 또는 출자지분을 합산하여 요건을 구비할 경우에는 그 여러 채권자나 주주·지분권자들이 공동으로 회생절차개시의 신청을 할 수 있다. 서울중앙지법 2012회합104 회생 사건의 사례가 그러하다(서울회생법원 재판실무연구회c, 76면). 노동조합이 소속 근로자들의 임금 등 채권을 양도받아 회생절차개시를 신청하거나, 개시신청을 대리하는 방식도 상정할 수 있을 것이다.

있다. 회생절차개시 신청의 요건인 채권자에는 특별한 제한이 없으므로, 회생채권자·회생담보권자뿐만 아니라 임금채권 등 공익채권자도 포함된다.[43]

또한, 파산절차에서는 제1회 채권자집회에서 감사위원의 설치를 의결한 후 근로자의 대표자를 감사위원으로 선임시키는 방안(채무자회생법 376조, 377조)을 고려할 수 있다는 견해도 있다.[44]

다만, 위와 같은 방법들은 요건상의 제한이 있고, 노동조합의 직접적인 의견 제시 방안이 되지 못한다는 한계가 있다.[45]

다. 외국의 입법례

(1) 유　　럽[46]

유럽에서는 노동조합 등 근로자대표가 도산신청과 관재인 등이 행한 결정에 제도적으로 관여할 수 있는 경우가 있다.

대표적으로 도산신청 그 자체에 근로자대표가 관여하는 사례로서, 벨기에에서는 사용자가 법원에 도산신청을 제기한 직후 종업원협의회 등에 도산신청 사실과 함께 그 이유에 대하여 통지하여야 하며, 위반시 벌금의 벌칙이 적용된다. 네덜란드에서는 종업원협의회에 도산신청에 관한 정보를 제공할 의무를 사용자에게 부과하는 규정은 없으나, 종업원협의회는 도산개시결정이 이루어진 날로부터 8일 이내에 이의를 제기할 수 있다. 독일에서는 사용자 자신이 제기한 도산신청과 관련한 정보제공 및 협의는 사업장조직법상의 종업원협의회에 부여된 일반적인 정보제공 및 협의권의 범위에 속한다.

한편 도산절차에서 재산보전인에 의하여 이루어진 결정과 관련하여 EU의 관련 입법지침이 있다. 집단적 해고에 관한 유럽지침(Directive 98/59/EC of 20 July 1998)은 종업원대표에 대한 정보제공과 협의에 관한 절차를 규정하고 있는데,

---

43) 대법원 2014. 4. 29.자 2014마244 결정.

44) 이승욱, 305면. 다만, 채무자회생법 377조 2항에서는 감사위원이 파산절차에 이해관계가 없을 것을 요구하고 있으므로, 법원이 근로자의 대표자를 감사위원으로 선임하는 결의를 인가(377조 3항)할 수 있을 것인지 다소 의문이 있다. 또한 실무에서는 감사위원 보수 지급에 따른 배당액 감소, 감사위원의 동의를 구하는 데 따른 파산관재인 업무의 지연 등의 우려 때문에 원칙적으로 감사위원을 설치하지 않는다고 한다(서울회생법원 재판실무연구회b, 129면).

45) 서울회생법원의 실무상으로는 명시적인 법규정이 없더라도 도산절차 진행에 우려를 표하는 근로자들이 많은 도산사건의 경우에는 근로자들을 대표할 수 있는 사람을 심문절차에 참여시키는 방식, 관리인 보고를 위한 관계인집회를 개최하는 방식, 근로자들을 위한 설명회를 개최하는 방식 등을 활용한다고 한다.

46) Roger Blanpain, A.T.J.M. Jacobs, Employee Rights in Bankruptcy, Kluwer(2002), 55면 이하의 내용을 이승욱, 305면 이하에서 요약 재인용.

이는 도산상황에서의 집단적 해고의 경우에도 적용된다. 또한 기업양도에 관한 개정 유럽지침(Directive 2001/23/EC of 12 March 2001)에서는 종업원대표에 대한 정보제공과 협의 관련 조항이 도산관련적인 영업양도에도 적용되는 것으로 규정하고 있다.

(2) 일   본[47]

일본의 2002년 개정 회사갱생법은 갱생절차에서의 노동조합의 권리를 구법보다 광범위하게 보장하였다. 회사갱생절차 신청에 대하여 법원이 개시 또는 기각을 결정하기에 앞서 노동조합 등의 의견을 듣도록 하고(22조 1항), 제1회 관계인집회 대신에 관리인이 주재하는 재산상황보고집회를 소집하는 경우 그 기일을 노동조합에 통지하도록 하며(115조 3항), 노동조합은 집회에 출석하여 관리인의 선임, 갱생회사의 업무 및 재산의 관리에 관한 사항에 대하여 의견을 진술할 수 있다(85조 3항). 계획안 결의를 위한 관계인집회가 개최되는 경우라면, 법원은 노동조합에 기일을 통지하여야 한다(115조 3항). 노동조합은 계획안의 인가 여부에 관하여 의견을 진술할 수 있다(199조 5항). 법원이 계획안에 대한 인가 또는 불인가 결정을 하는 경우, 주문과 이유의 요지 및 계획안의 요지 등을 노동조합에 통지하여야 한다(199조 7항).

법원이 영업양도의 허가에 앞서서(46조 3항 3호), 그리고 제출된 계획안에 대하여(188조) 노동조합의 의견을 들어야 하는 점은 우리나라 채무자회생법과 같다.

라. 입 법 론

앞서 본 것처럼 현행 채무자회생법의 규정은 외국의 사례에 비추어 보더라도 노동조합 등 근로자집단의 관여에 대하여 매우 소극적이다. 절차의 개시부터 종료에 이르기까지 중요한 국면에 노동조합의 의견이 법원에 적시에 전달될 수 있어야 도산절차의 정당성이 부여된다.[48] 특히 기업의 재건을 목표로 하는 회생절차에서는 노동조합의 관여를 규범적으로 보장하여 그 협력을 구하는 것이 중요하므로, 충분한 관여가 이루어질 수 있는 입법적 논의가 필요하다.

---

47) 임치용-b, 191면.
48) 임치용-b, 205면.

3. 단체협약에서의 사전협의 내지 동의조항

가. 의   의

단체협약은 노동조합이 사용자 또는 사용자단체와 근로조건 기타 노사관계에서 발생하는 사항에 관하여 체결하는 협정49)으로서, 일반적으로 임금, 근로시간 기타 근로자의 대우에 관한 사항, 조합원의 범위, 조합활동을 위한 절차와 요건, 인사·징계에 관한 사항, 교육훈련, 안전보건 및 재해보상, 단체교섭절차, 쟁의행위에 관한 사항 등이 포함된다.50)

그런데 단체협약에 사용자가 도산절차를 신청함에 있어 노동조합과 사전협의를 거치도록 하거나 나아가 노동조합의 동의를 요건으로 하는 규정을 둘 경우, 그러한 단체협약 조항이 유효한지, 나아가 그러한 협의 내지 동의 요건을 충족하지 못한 상태에서 개시된 도산절차가 부적법한 것인지에 대한 논의가 있다.51)

나. 일본의 사례

회사가 노동조합과 체결한 사전협의 및 동의조항에 반하여 파산을 신청한 사안에서 일본의 하급심 판례52)는, 파산절차는 총채권자에 대한 채무를 완제할 수 없는 상태에 있는 경우에 강제적으로 그자의 전 재산을 관리·환가하여 총채권자에게 공평한 금전적 만족을 주는 것을 목적으로 하는 재판상의 절차이고, 이른바 총채권자의 이익을 위한 제도로서의 성격상 일부 특정한 채권자 기타 권리자와의 합의에 의하여 그 신청을 제한할 수는 없다 할 것이므로, 이를 위배하였다고 하여 파산취소원인으로 되지는 않는다는 내용의 설시를 하였다.

---

49) 대법원 1992. 7. 24. 선고 91다34073 판결, 대법원 2002. 5. 31. 선고 2000다18127 판결 등.

50) 김형배, 1235면.

51) 이와 유사한 논의로, 단체협약상 고용안정조항, 즉 경영해고(정리해고)의 실시 여부, 요건, 절차 등에 관하여 사용자와 노동조합의 합의를 내용으로 하는 단체협약 조항의 효력에 관한 논의가 있다. 이에 대해 판례는, "사용자가 노동조합과의 협상에 따라 정리해고를 제한하기로 하는 내용의 단체협약을 체결하였다면 특별한 사정이 없는 한 그 단체협약이 강행법규나 사회질서에 위배된다고 볼 수 없고, 나아가 이는 근로조건 기타 근로자에 대한 대우에 관하여 정한 것으로서 그에 반하여 이루어지는 정리해고는 원칙적으로 정당한 해고라고 볼 수 없다. 다만 이처럼 정리해고의 실시를 제한하는 단체협약을 두고 있더라도, 그 단체협약을 체결할 당시의 사정이 현저하게 변경되어 사용자에게 그와 같은 단체협약의 이행을 강요한다면 객관적으로 명백하게 부당한 결과에 이르는 경우에는 사용자가 단체협약에 의한 제한에서 벗어나 경영해고를 할 수 있을 것이다."라고 설시하였다(대법원 2014. 3. 7. 선고 2011두20406 판결). 자세한 내용은 법 33조에 대한 해설 V. 7. 참조.

52) 東京高裁 1982. 11. 30. 決定(判例時報 1063호, 184면). 선재성, 521면에서 재인용.

다. 학   설

학설은 단체협약의 사전협의 및 동의조항에 반하여 신청한 도산절차라도 그 효력이 문제되지 않는다는 점에는 대체로 일치하지만, 그 논거는 조금씩 다르다. ① 도산절차를 신청함에 있어 노동조합의 사전 협의나 동의를 필요로 한다면 회생·파산절차를 두고 있는 목적에 반할 뿐만 아니라 회생·파산절차의 활성화와 개시 신청의 신속성을 저해하고, 이로 인해 다른 이해관계인 권리를 침해할 수 있으므로, 그러한 내용을 정한 단체협약은 선량한 풍속 기타 사회질서에 반하여(민법 103조) 효력이 없다는 견해,53) ② 도산절차 중 특히 파산절차는 집단적인 집행절차의 성격을 가지는 점, 파산관재인의 공익성 등에 비추어 볼 때 채무자와 특정 채권자 간의 파산신청금지특약뿐 아니라 사전협의약정도 그 효력을 인정하기 어렵다는 견해,54) ③ 사용자와 노동조합 사이에는 사전협의 및 동의조항도 단체협약의 채무적 효력이 있으나, 제3자와의 외부 관계에 있어서는 도산절차가 총채권자의 이익을 위한 절차라는 점 등을 고려하여 사용자와 노동조합 사이의 합의에 의하여 직접 제한되지 않는다는 견해55) 등이 있다.

라. 검   토

도산절차는 경제적으로 위기 또는 파탄 상태에 이른 채무자의 효율적인 회생이나 공정한 환가를 주된 목표로 도입된 제도인 점, 앞서 본 바와 같이 현행 채무자회생법은 노동조합의 집단적 관여를 제도적으로 거의 보장하지 않고 채권자·주주 등 제3자의 이익을 제고함에 주된 방점을 두고 있는 것으로 해석되는 점 등에 비추어 보면, 단체협약에 노동조합의 사전협의 내지 동의조항을 두더라도 도산절차의 개시를 저지하거나 그 효력에 영향을 주지는 못할 것으로 보인다. 다만, 그러한 단체협약 조항이 사용자와 노동조합 사이에서 가지는 효력과는 별개의 문제이고, 최소한 채무적 효력을 가진다고 볼 것이므로, 해당 조항에 반하여 도산절차를 신청한 사용자는 그에 따른 책임을 부담할 수 있다.56)

---

53) 양형우, 106면. 이 견해에 의하면, 사전협의 내지 동의조항이 없었더라도 단체협약을 체결했을 것이라고 인정될 때에는 민법상 일부무효의 법리에 따라 나머지 단체협약의 내용은 유효하고(민법 137조 단서), 사용자가 노동조합의 사전협의 내지 동의를 얻지 않고 도산절차를 신청하였더라도 회생·파산절차의 취소원인이 되지는 않는다고 한다.

54) 임치용b, 193면.

55) 방준식, 165면.

56) 앞서 본 일본 하급심 판례[東京高裁 1982. 11. 30. 決定(判例時報 1063호, 184면)]에서도 근로자들의 기대권을 침해한다는 의미에서 사용자의 채무불이행이 될 수도 있다고 설시하였다

사용자의 법률적 책임과 별개로 특히 회생절차에서는 사용자와 노동조합 간의 신뢰관계에 중대한 단절이 올 수 있어 회생절차의 원활한 진행이 어렵게 될 가능성이 있다. 따라서 사용자가 도산절차를 신청하기 이전에 충분한 설명 등을 통해 노동조합과의 갈등을 미연에 방지하거나, 신청 이후 개시결정을 하기에 앞서 도산법원의 적극적인 개입을 통하여 장래 분쟁의 가능성을 최소화할 수 있는 방안을 모색하는 것도 하나의 방안이 될 수 있다.

Ⅳ. 관리인·파산관재인의 사용자성 및 단체교섭의 문제

1. 의　　의

회생절차가 개시되면 관리인이 선임되거나 관리인 불선임 결정을 통하여 채무자 또는 채무자의 대표자(즉, 기존 경영자)를 채무자의 관리인으로 보게 된다(채무자회생법 74조. 후자의 관리인으로 보게 되는 기존 경영자도 전자의 관리인과 법률상 권한과 지위에서 본질적인 차이가 없으므로, 이하 별도로 구별하지 않는다). 또한 파산절차가 개시되면 동시폐지가 이루어지지 않는 한 파산관재인이 선임된다(채무자회생법 312조 1항).

근기법에서는 "사용자"를 '사업주 또는 사업 경영 담당자, 그 밖에 근로자에 관한 사항에 대하여 사업주를 위하여 행위하는 자'로 규정하고(2조 1항 2호), 노조법에서는 "사용자"를 '사업주, 사업의 경영담당자 또는 그 사업의 근로자에 관한 사항에 대하여 사업주를 위하여 행동하는 자'로 규정(2조 2호)하여 문언상 동일한 취지의 규정을 두고 있다. 물론 근기법과 노조법의 입법 목적이 다르므로 그 개념과 범위에는 차이가 있을 수밖에 없다.57)

도산절차에서 선임된 관리인과 파산관재인이 위와 같은 사용자에 해당하는지 살펴보고, 나아가 노조법상 사용자로서 단체교섭에 응할 의무가 있는지 살펴본다.

(선재성, 521면).
57) 노조법주해(초판) Ⅰ, 152면.

2. 관리인 · 파산관재인의 사용자성[58]

가. 회생절차

(1) 관리인의 지위

회생절차 개시결정이 있으면 채무자의 업무의 수행과 재산의 관리 및 처분을 하는 권한이 관리인에게 전속하고(채무자회생법 56조 1항), 채무자의 재산에 관한 소송에서도 관리인이 당사자가 된다(채무자회생법 78조).

관리인은 채권자목록 제출 및 시부인표 제출 등 채권조사를 담당하고, 재산가액의 평가 등 채무자의 회생에 필요한 사항을 조사보고하며, 회생계획안을 작성 · 제출하고 회생계획안이 인가되면 그 계획을 수행해 나갈 권한과 의무도 부담한다. 이와 같이 관리인은 회생절차에서 가장 중추적인 역할을 수행하는 지위에 있다.[59]

(가) 학   설

구 회사정리법상의 정리절차도 재건형 절차라는 점에서 기본적으로 회생절차와 유사하다고 할 것인데, 회사정리절차에서 선임된 관리인의 지위에 관하여 아래와 같은 여러 학설상 견해가 있었다.[60]

① 회사정리절차가 개시되면 정리회사의 이해관계인인 정리채권자, 정리담보권자, 주주들은 하나의 정리단체(이해관계인단체)를 형성하고 정리회사는 이 단체의 관리 하에 들어가게 되며, 관리인은 이 단체의 집행기관이 된다는 견해(정리단체 집행기관설), ② 회사정리절차가 개시되면 정리회사의 재산은 파산재단과 같은 일종의 기업재단을 형성하고, 관리인은 이 재단의 법정대리인 내지 대표자가 된다는 견해(기업재단의 법정대리인설), ③ 정리회사의 관리인이 회사의 전체 채권자와 주주를 위하여 정리회사와는 별개로 그 회사의 사업경영권과 회사재산의 관리 · 처분권을 위탁받아 수행하는 회사정리절차상의 공적수탁자라고 보는 견해(공적수탁자설), ④ 회사정리절차상의 관리인은 바로 정리회사 그 자체의 집행기관이라고 해석하는 견해(정리회사의 집행기관설) 등이다.

관리인은 단지 기업을 위하여 사업을 경영하고 재산을 관리 · 처분하는 것

---

58) 이 항에서 설명하는 내용은 근기법주해(2판) Ⅱ, 869면 이하의 편제를 기초로 하여 내용을 보완하였다.
59) 서울회생법원 재판실무연구회c, 223면.
60) 상세한 설명은 황경남, 149면 이하 참조.

이 아니라 모든 이해관계인을 위하여 선관주의의무(채무자회생법 82조 1항)를 부담
하는 독립된 제3자의 지위에 서게 되는바, 이러한 중립적이고 공적인 성격을 강
조하는 공적수탁자설이 우리나라의 통설에 해당한다.61)

(나) 판　　례

판례는 회사정리절차의 관리인에 관하여, "관리인의 지위는 정리회사와 그
채권자 및 주주로 구성되는 소외 이해관계인 단체의 관리자로서 일종의 공적수
탁자라고 할 것이므로 관리인은 정리회사의 기관이거나 그 대표자도 아니라 할
것"이라고 설시62)하여 공적수탁자설을 취하였다.63)

채무자회생법 제정 이후 회생절차의 관리인에 관하여도, "관리인은 채무자
나 그의 기관 또는 대표자가 아니고 채무자와 그 채권자 등으로 구성되는 이른
바 이해관계인 단체의 관리자로서 일종의 공적 수탁자에 해당한다"라고 설시64)
하여 그러한 견해를 유지하고 있다.65)

(2) 관리인의 사용자성

'사업주'는 일반적으로 사업경영의 주체로서 근로자와 근로계약을 체결한
당사자를 의미하고, 여기서 '경영 주체'라 함은 개인사업체에서는 개인, 회사 기
타 법인체에서는 법인을 뜻한다.66) 노조법상의 사업주는 노조법의 입법목적에
비추어 보았을 때 근로계약의 당사자인 고용주에 한정되지 않고 노동관계에 대
하여 실질적인 지배력을 행사하는 자까지를 포괄하는 개념으로 이해하는 것이
바람직하다.67)68) 다만, 어떠한 견해에 근거하여 보더라도 관리인의 공적수탁자

---

61) 김진석 35면; 황경남, 150면; 서울회생법원 재판실무연구회c, 223면.
62) 대법원 1974. 6. 25. 선고 73다692 판결.
63) 같은 취지의 판례로 대법원 1988. 8. 9. 선고 86다카1858 판결, 대법원 1988. 10. 11. 선고
　　87다카1559 판결, 대법원 1989. 7. 25. 선고 88누10961 판결, 대법원 1994. 5. 24. 선고 92누
　　11138 판결, 대법원 1994. 10. 28.자 94모25 결정, 대법원 1995. 6. 30. 선고 94누149 판결, 대
　　법원 2001. 8. 24. 선고 2001도282 판결 등이 있다. 한편, 헌법재판소 결정(헌재 1996. 8. 29.
　　선고 95헌가15 결정)에서도 같은 취지의 설시를 찾을 수 있다.
64) 대법원 2013. 3. 28. 선고 2010다63836 판결.
65) 같은 취지의 판례로 대법원 2013. 3. 28. 선고 2012다92777 판결, 대법원 2013. 9. 27. 선고
　　2013다42687 판결, 대법원 2015. 2. 12. 선고 2014도12753 판결.
66) 근기법주해(2판) Ⅰ, 159면; 노조법주해(초판) Ⅰ, 152면.
67) 노조법주해(초판) Ⅰ, 158면.
68) 대법원은 종래 노조법상 사용자가 근로계약의 당사자인 사용자와 동일하다고 일관되게 판
　　단해 오다가(대법원 1986. 12. 23. 선고 85누856 판결, 대법원 1993. 11. 23. 선고 92누13011
　　판결, 대법원 1995. 12. 22. 선고 95누3565 판결 등) 2010년 현대중공업 사건(대법원 2010. 3.
　　25. 선고 2007두8881 판결, 대법원 2010. 3. 25. 선고 2007두9075 판결)에서 "근로자의 기본

로서의 지위에 비추어 볼 때 관리인을 사업주로 보기는 어렵다.

'사업의 경영담당자'는 사업의 경영 일반에 관하여 책임을 지는 자로서 사업주로부터 사업 경영의 전부 또는 일부에 대하여 포괄적인 위임을 받고 대외적으로 사업을 대표하거나 대리하는 자를 말한다.69) 주식회사의 대표이사(상법 389조 3항, 209조), 합명회사, 합자회사의 업무집행사원(상법 201조, 209조, 269조), 유한회사의 이사(상법 567조, 389조 3항, 209조) 등이 대표적이다.70) 회생절차의 관리인도 이에 포함된다고 보는 것이 일반적인데,71) 관리인은 회사의 기관이 아니고 사업주로부터 위임을 받은 것도 아니지만, 법원의 결정으로 선임된 후 법에 정해진 바에 따라 포괄적인 업무수행권과 재산의 관리처분권을 가지게 되며 대외적으로 사업을 대표하기 때문이다.72)

판례도 회사정리절차 및 회생절차의 관리인의 사용자성을 긍정한다. 회사정리절차에서 선임된 관리인이 사용자임을 전제로 임금 등 미지급의 죄책을 검토하였고,73) 반대로 회사정리절차 개시결정이 있으면 정리회사의 대표이사가 사실상 회사의 운영에 관여하여 왔더라도 정리절차개시 이후에 퇴직하는 근로자의 퇴직금 및 임금지급기일에 지급될 임금을 지급하여야 할 사용자로서의 법적 책임이 없다고 판시74)하였다. 회생절차에서 선임된 관리인에 대하여도 사용자로서 임금 등 미지급의 죄책을 부담할 수 있으나, 업무수행 과정에서 임금이나 퇴직금을 지급기일 안에 지급할 수 없었던 불가피한 사정이 있었다면 책임조각사유가 될 수 있고, 그러한 불가피한 사정이 있었는지 여부는 "채무자가 회

적인 노동조건 등에 관하여 그 근로자를 고용한 사업주로서의 권한과 책임을 일정 부분 담당하고 있다고 볼 정도로 실질적이고 구체적으로 지배·결정할 수 있는 지위에 있는 자가, 노동조합을 조직 또는 운영하는 것을 지배하거나 이에 개입하는 등으로 노조법 81조 4호 소정의 행위를 하였다면, 그 시정을 명하는 구제명령을 이행하여야 할 사용자에 해당한다."라고 판시하여 노조법상 사용자 개념을 이전보다 확대하는 판결을 선고하였다. 자세한 내용은 법 2조 2호(사용자)에 대한 해설 Ⅲ. 참조.
69) 대법원 1988. 11. 22. 선고 88도1162 판결, 대법원 1997. 11. 11. 선고 97도813 판결 등(위 판결들은 근기법에 대한 것이나, 사업주와 달리 사업경영담당자의 경우에는 노조법상 개념과 근기법상 개념이 일치한다). 자세한 내용은 법 2조 2호(사용자)에 대한 해설 Ⅳ. 참조.
70) 노조법주해(초판) Ⅰ, 159면.
71) 근기법주해(2판) Ⅰ, 160면; 노조법주해(초판) Ⅰ, 159면; 양형우, 86면; 이흥재, 196면.
72) 근기법주해(2판) Ⅱ, 872면.
73) 대법원 1984. 4. 10. 선고 83도1850 판결, 대법원 1995. 11. 10. 선고 94도1477 판결.
74) 대법원 1989. 8. 8. 선고 89도426 판결. 한편 대법원 1995. 11. 10. 선고 94도1477 판결에서는 임금 등 지급사유가 발생한 때로부터 14일이 경과하기 전에 퇴직 등의 사유로 그 지급권한을 상실하게 된 대표자는 특별한 사정이 없는 한 임금 등 미지급의 죄책을 지지 않는다고 판시하였다.

생절차의 개시에 이르게 된 사정, 법원이 관리인을 선임한 사유, 회생절차개시결정 당시 채무자의 업무 및 재산의 관리상태, 회생절차개시결정 이후 관리인이 채무자 또는 그 사업의 회생을 도모하기 위하여 한 업무수행의 내용과 근로자를 포함한 이해관계인과의 협의 노력, 회생절차의 진행경과 등 제반 사정을 종합하여 개별·구체적으로 판단하여야 한다."라고 판시[75]하였다.

또한 판례는 "회사정리개시결정이 있는 경우 회사정리법 53조 1항에 따라 회사사업의 경영과 재산의 관리 및 처분을 하는 권한이 관리인에게 전속되므로 정리회사의 대표이사가 아니라 관리인이 근로관계상 사용자의 지위에 있게 되고 따라서 단체협약의 사용자 측 체결권자는 대표이사가 아니라 관리인이므로, 정리회사에 대한 회사정리절차가 진행 중 노조와 정리회사의 대표이사 사이에 이루어진 약정은 단체협약에 해당하지 아니하여 그 효력이 근로자 개인에게 미칠 수 없다"고 판시[76]하여 집단적 노동관계에서도 관리인의 사용자성을 긍정하였다.[77]

나. 파산절차

(1) 파산관재인의 지위

파산선고와 함께 선임되는 파산관재인은 파산절차를 수행하기 위하여 필수적이고 가장 중요한 기관이다. 채무자가 파산선고 당시에 가진 모든 재산은 파산재단을 구성하고(채무자회생법 382조), 그 파산재단을 관리 및 처분하는 권한은 파산관재인에게 속하므로(채무자회생법 384조), 파산관재인은 채무자의 포괄승계인과 같은 지위를 가지게 된다. 하지만, 파산이 선고되면 파산채권자는 파산절차에 의하지 아니하고는 파산채권을 행사할 수 없고, 파산관재인이 파산채권자 전체의 공동의 이익을 위하여 선량한 관리자의 주의로써 그 직무를 행하므로, 파산관재인은 파산선고에 따라 파산채무자와 독립하여 그 재산에 관하여 이해관계를 가지게 된 제3자로서의 지위도 가지게 된다.[78]

(개) 학　　설

파산관재인의 법률상 지위에 대하여는 주로 일본에서 논의가 있었는데,[79]

---

75) 대법원 2015. 2. 12. 선고 2014도12753 판결.
76) 대법원 2001. 1. 19. 선고 99다72422 판결.
77) 같은 취지의 판결로 대법원 2001. 9. 25. 선고 2001다41667 등 판결.
78) 대법원 2003. 6. 24. 선고 2002다48214 판결, 대법원 2014. 8. 20. 선고 2014다206563 판결 등 다수.
79) 상세한 설명은 윤남근a, 19면 이하 참조.

① 파산관재인을 대리인으로 보는 견해(대리설),[80] ② 법원에 의하여 파산관재인
으로 선임된 사인이 그 직무로서 파산재단에 속한 재산의 관리·처분권을 자신
의 명의로 행사하는 것이라는 견해(직무설), ③ 파산재단에 대하여 파산적 청산
을 위한 독립한 목적재산으로서의 법주체성 내지 법인격을 인정하고 파산관재
인을 그 대표자로 보는 견해(파산재단대표설), ④ 파산채권자와 채무자에 의하여
구성되고 파산적 청산을 목적으로 하는 파산단체인 사단의 성립을 인정하고, 파
산관재인을 그 대표기관으로 보는 견해(파산단체대표설), ⑤ 파산관재인을 파산재
단의 관리기구로서의 파산관재인과 그 담당자로서의 파산관재인으로 구분하여,
관리기구로서의 파산관재인은 법인격을 가지고 채무자나 채권자와는 독립되어
있으며, 도산법상의 각종 권능을 행사하는 주체이고, 한편 관리기구로서의 파산
관재인의 직무담당자는 법원에 의하여 선임·해임되는 개인이라고 보는 견해(관
리기구인격설), ⑥ 파산선고에 의하여 채무자와 파산관재인 사이에 재산정리를
목적으로 하는 일종의 법정신탁관계가 성립한다는 견해(수탁자설) 등이다.

　　위 학설 중 '수탁자설'에 대하여는 법정신탁관계 성립에 관한 명문의 근거
가 없다는 비판이 있으나, 회생절차에서의 관리인의 지위와 파산절차에서의 파
산관재인의 지위를 정합적으로 설명할 수 있는 점, 파산재단에 관한 소송에 있
어서 파산관재인이 당사자가 되는 것과 조화가 되고, 파산관재인은 형식적으로
는 파산재단에 관한 권리의무자로서 자기의 이름으로 법률행위를 하지만 실질
적으로는 타인의 재산을 제3자를 위하여 관리·처분하는 것이므로 이를 일종의
법정신탁관계로 파악하는 것은 이론적으로도 무리가 없어 보인다는 점 등을 근
거로 국내 학설 중에도 이를 지지하는 견해[81]가 있다.

　　(나) 판　　례

　　대법원 1990. 11. 13. 선고 88다카26987 판결에서는, "파산법 7조에 의하면
파산재단을 관리 및 처분하는 권리는 파산관재인에 속한다고 되어 있고, 같은
법 152조에 의하면 파산재단에 관한 소송에 있어서는 파산관재인이 원고 또는
피고가 된다고 규정하고 있으므로 파산관재인은 파산자나 파산채권자 등의 대

---

80) 누구를 대리하는가에 따라 파산채무자를 대리한다고 보는 채무자대리설, 파산채권자 또는
　　파산채권자 단체를 대리한다고 보는 파산채권자대리설, 채무자 및 채권자 모두를 대리한다고
　　보는 파산채권자·채무자대리설로 구분된다. 현재 이 학설을 따르는 학자는 없는 것으로 보
　　인다(윤남근a, 20면).
81) 김진석 42면; 윤남근a, 23면.

리인이라거나 그 이해관계인 단체의 대표자라 할 수 없고 파산절차에서 법원에 의하여 선임되어 법률상의 직무로서 파산재단에 관한 관리처분의 권능을 자기의 이름으로 행사하는 지위에 있는 자라고 풀이한 것인바, 파산법이 파산관재인에게 파산재단에 관한 소에 있어 원고 또는 피고가 된다고 한 것은 파산관재인이 단지 파산자의 이익뿐만 아니라 파산채권자의 이익도 보호하여야 하고, 나아가 파산관재인의 개인적 이익을 넘어 파산목적의 수행상 공정한 입장에 서서 경우에 따라서는 서로 모순되는 이해의 조정을 꾀하여야 하는 지위에 있음을 감안하여 소송법상의 법기술적인 요청에서 당사자적격을 인정한 것 뿐이지, 자기의 이름으로 소송행위를 한다고 하여도 파산관재인 스스로 실체법상이나 소송법상의 효과를 받는 것은 아니고 어디까지나 타인의 권리를 기초로 하여 실질적으로는 이것을 대리 내지 대표하는 것에 지나지 않는 것"이라고 판시한 바 있다.

　위 판례의 문언에 비추어 볼 때 판례의 입장을 대리설이나 파산단체대표설로 보기는 어렵고, 직무설에 가까워 보인다는 견해[82]가 있으나, 파산관재인의 법적 지위에 대한 판례의 입장은 아직까지 명확하지 않은 것으로 보인다.[83]

　다만, 판례는 앞서 본 것처럼 "파산자가 파산선고시에 가진 모든 재산은 파산재단을 구성하고, 그 파산재단을 관리 및 처분할 권리는 파산관재인에게 속하므로, 파산관재인은 파산자의 포괄승계인과 같은 지위를 가지게 되지만, 파산이 선고되면 파산채권자는 파산절차에 의하지 아니하고는 파산채권을 행사할 수 없고, 파산관재인이 파산채권자 전체의 공동의 이익을 위하여 선량한 관리자의 주의로써 그 직무를 행하므로, 파산관재인은 파산선고에 따라 파산자와 독립하여 그 재산에 관하여 이해관계를 가지게 된 제3자로서의 지위도 가지게 된다"라고 판시하면서, 파산관재인이 통정허위표시(민법 108조 2항),[84] 사기·강박에 의한 의사표시(민법 110조 3항),[85] 이사회 결의 없는 대표이사의 거래행위(상법 393조 1항)[86] 등에서 제3자의 지위에 있음을 인정한 바 있다.

82) 권영준, 64면.
83) 서울회생법원 재판실무연구회b, 115면; 윤남근a, 24면.
84) 대법원 2003. 6. 24. 선고 2002다48214 판결, 대법원 2006. 11. 10. 선고 2004다10299 판결, 대법원 2006. 11. 23. 선고 2005다60116 판결, 대법원 2007. 1. 11. 선고 2006다9040 판결, 대법원 2007. 10. 26. 선고 2005다42545 판결, 대법원 2013. 4. 26. 선고 2013다1952 판결.
85) 대법원 2010. 4. 29. 선고 2009다96083 판결.
86) 대법원 2014. 8. 20. 선고 2014다206563 판결.

(2) 파산관재인의 사용자성

파산선고는 채무자가 지급불능 또는 부채초과의 상태가 있을 경우에 이루어지는 것이므로, 이미 채무자의 영업이 사실상 종료되고 고용관계를 더 이상 유지할 수 없는 사안이 많을 것이나, 파산절차가 종료되기 전까지 채무자의 사업이 일정 기간 계속되는 경우가 있고, 이러한 경우에 파산관재인의 사용자로서의 지위가 문제된다.

㈎ 학   설

국내의 학설은 파산관재인에게 사용자의 지위를 인정할 수 있다는 점에 이론이 없는 것으로 보인다. 다만 그 근거는 다양한데, ① 파산관재인에게는 근로자에 대한 해고권이 주어져 있고, 임금의 재원인 파산재단에 대하여 관리처분권을 장악하고 있으며 파산선고 후의 임금도 재단채권으로서 이를 지급할 의무가 있기 때문이라는 견해,[87] ② 파산절차에서의 근로관계는 기업의 법인성이 유지되는 한 그대로 존속하고 경영의 대표자인 파산관재인이 사용자로서의 책임을 진다는 견해,[88] ③ 파산선고 이후에 계속 근로하는 근로자에 대한 임금채권이 재단채권으로 되는 점, 파산관재인의 단체교섭의무 등과 관련하여 논리적 일관성이 요구되는 점 등을 고려할 때 파산관재인이 파산재단의 관리기구로서 사용자의 권한을 행사한다는 견해,[89] ④ 파산관재인은 채무자의 법률적 지위에 관한 포괄승계인과 같은 지위를 갖는다는 점, 파산선고 전후의 임금은 재단채권으로서 파산관재인은 이를 근로자에게 지급할 의무가 있다는 점을 고려할 때 파산관재인을 근로계약상의 사용자로 보는 것이 타당하다는 견해[90] 등이 있다.

한편, 일본 학설 중에는 파산관재인이 파산재단을 관리·처분할 권한을 가질 뿐이지 근로계약에 따른 해고권 등은 일신전속적인 권리로 압류될 수 없어 파산재단에 포함되지 아니한다는 이유로 이는 사용자(채무자)의 권한에 속하고 파산관재인은 그로부터 명시적, 묵시적인 권한 부여를 받을 것이 요구된다는 견해,[91] 파산절차 개시 후의 고용관계 자체는 파산자와 근로자를 계약주체로 하는

---

87) 윤남근b 196면; 이흥재, 195면.
88) 박승두a, 200면.
89) 선재성, 521면.
90) 양형우, 87면.
91) 小西國友, '企業の倒産時における勞働組合等の活動', 新·實務民事訴訟法講座(13), 日本評論社(1981), 287, 300면(선재성, 521면에서 재인용). 이에 대하여는 근로관계에서 발생한 권리가

것이지만, 파산관재인은 고용관계에서의 관리처분권에 근거하여 사용자로서의 지위를 인정받는다는 견해92) 등이 있다.

(나) 검   토

파산관재인은 앞서 본 것처럼 파산채무자와 독립하여 그 재산에 관하여 이해관계를 가지는 제3자로서의 지위도 가지고 있으므로, 사업경영의 주체로서 근로자와 근로계약을 체결한 당사자를 의미하는 '사업주'로 보기는 어렵다.

'사업의 경영담당자'는 사업의 경영 일반에 관하여 책임을 지는 자로서 사업주로부터 사업 경영의 전부 또는 일부에 대하여 포괄적인 위임을 받고 대외적으로 사업을 대표하거나 대리하는 자를 말하는데, 채무자가 파산선고 당시에 가진 모든 재산과 파산선고 전에 생긴 원인으로 장래에 행사할 청구권은 파산재단을 구성하는 점(채무자회생법 382조), 채무자는 파산재단에 속하게 된 자신의 재산에 관한 관리·처분권을 상실하는 반면, 파산관재인이 그러한 권한을 가지게 되는 점(채무자회생법 384조), 파산관재인은 쌍방미이행 쌍무계약을 해제 또는 해지할 권한을 가지는 점(채무자회생법 335조 1항), 민법상 사용자가 파산선고를 받은 경우 파산관재인에게 고용계약에 대한 해지권을 부여한 점(민법 663조 1항) 등에 비추어 파산관재인은 '사업의 경영담당자'로서 사용자에 해당한다고 봄이 타당하다.93)

다. 개인회생절차

개인회생절차에서는 개시결정 이후에도 원칙적으로 채무자가 여전히 개인회생재단의 관리·처분 권한을 유지하고(채무자회생법 580조 2항), 관리인이나 파산관재인 같은 지위의 사람이 선임되지 않으므로, 채무자 이외의 제3자의 사용자성이 문제되지 않는다. 따라서 개인회생절차 개시결정을 받은 채무자가 여전히

일신전속성을 가지는 것은 근로자 자신이 파산한 경우에 해당하는 것이지, 파산관재인이 근로계약에 대하여 이행의 선택을 하도록 되어 있고 파산재단으로부터 임금이 지출되는데도 여전히 파산자(채무자)가 사용자로 된다 함은 논리상 수긍하기 어려우며, 압류가능성을 재단에의 귀속기준으로 하는 것도 개인파산의 경우 압류금지재산을 자유재산으로 보호하여 파산자의 최저생활을 유지하려는 취지인데 위와 같은 사용자의 권리를 개인사업자인 파산자에게 남겨두어도 파산자의 생활에 아무런 도움도 되지 못한다고 비판하면서 근로계약이 존속하는 경우 파산관재인은 파산자의 사용자로서의 지위를 그대로 계승하여 사용자의 권한을 자신의 권리로 당연히 행사할 수 있다는 반론이 있다고 한다(선재성, 521면).
92) 伊藤眞, 432면.
93) 김진석, 44면.

사용자로서의 지위를 가진다.[94]

변제계획이 인가되면 개인회생재단에 속하는 모든 재산이 채무자에게 귀속되는 것이 원칙이고(채무자회생법 615조 2항), 채무자는 스스로 인가된 변제계획에 따라 변제를 수행하게 된다(채무자회생법 617조).

3. 단체교섭 의무의 존부와 범위

가. 의   의

단체교섭이란 근로자가 그들의 결합체인 노동조합이나 그 밖의 노동단체를 통하여 사용자 또는 사용자단체와 근로조건 기타 노사관계의 모든 사항에 관한 합의에 도달하는 것을 주된 목적으로 하여 행하는 집단적 교섭을 말한다.[95] 노조법에서는 노동조합과 사용자 또는 사용자단체를 단체교섭의 당사자로 정하고, 신의에 따라 성실히 교섭할 의무를 부과하고 있다.[96]

나. 회생절차

관리인은 회생절차 개시 이후 사용자의 지위에서 단체교섭의 당사자가 되고, 성실하게 교섭에 응할 의무가 있으나, 채무자 재건이라는 회생절차의 목적을 저해하지 않아야 하는 개념상의 제한이 있다.[97] 또한 채무자회생법은 회사 경영의 주요한 사항에 대하여 관리인으로 하여금 법원의 허가를 받도록 하고 있으므로(61조), 단체교섭의 범위(대상)가 기존 경영자보다는 제한된다고 볼 것이다.[98]

다. 파산절차

(1) 의   의

사용자가 파산선고를 받은 경우 당시까지 계속된 근로계약이 당연 소멸하는 것은 아니지만, 파산관재인은 민법 663조 1항[99]의 특칙에 근거하여 고용기

---

94) 근기법주해(2판) Ⅱ, 878면.
95) 노조법주해(초판) Ⅰ, 557면.
96) 사용자는 헌법 33조에 의하여 보장되는 단체교섭권을 보유하는 주체는 아니지만 노조법에 의하여 단체교섭의 정당한 당사자로 인정되고 있다. 단체교섭의 당사자인 사용자는 노동조합에 단체교섭을 요구할 권리는 없지만, 노동조합이 단체교섭을 요구할 경우 이에 응해야 할 의무가 있다(이준희, 364면).
97) 이흥재, 210면.
98) 방준식, 160면.
99) 663조(사용자파산과 해지통고)
   ① 사용자가 파산선고를 받은 경우에는 고용기간의 약정이 있는 때에도 노무자 또는 파산관재인은 계약을 해지할 수 있다.

간의 약정이 있는 때에도 고용계약을 해지할 수 있다.[100] 따라서 실무상으로는 채무자의 근로자가 해고되지 않고 남아 있으면 파산관재인은 파산선고일에 즉시 해고의 절차를 밟도록 하고 있다.[101]

그러나 사업계속의 필요성이 있어 파산선고 즉시 모든 근로자를 해고하지 않거나 일부 근로자만 해고하여 노동조합이 존속하고 있는 경우, 또는 단위노동조합은 존재하지 않더라도 연합단체인 노동조합이 존재하여 단체교섭을 요구하는 경우가 있을 수 있다. 이때 사실상 파산관재인이 사용자로서 단체교섭에 응하는 경우가 없는 것은 아니지만,[102] 법리상 파산관재인에게 그러한 의무가 있는지에 대한 논의가 있다.

(2) 학   설

부정설은, 파산관재인은 법원의 감독을 받고 법원의 허가를 받거나 감사위원의 동의를 얻어 그 업무를 처리하므로 단체협상에 응하여 발휘할 재량권이 없고, 파산선고 후에도 영업을 계속하게 되는 경우라면 파산관재인과 새로이 고용계약을 체결한 보조인들이 새로이 노동조합을 설립하여 파산관재인과 단체교섭을 하면 충분하다는 견해[103]이다. 앞서 파산관재인의 사용자성을 인정하지 않는 견해에 따르면, 그 연장선상에서 단체교섭에 응할 의무를 부정할 것이다.

긍정설에는, ① 파산관재인은 파산자의 사용자로서의 지위를 승계하므로 사용자의 단체교섭의무도 승계한다는 견해,[104] ② 불완전청산형 파산의 경우에는 사업의 일부 계속으로 근로관계가 존속되는데, 이때 파산관재인은 근로관계에 대하여 실질적 영향력 내지 지배력을 행사함으로써 노조법상 사용자로서의 지위를 누리게 되므로, 단체교섭의 당사자인 사용자로서 단체교섭 의무를 부담한다는 견해,[105] ③ 단체교섭과 관련한 단체교섭청구권 혹은 단체교섭의무는 법률상의 개념이고, 이를 구체적인 권리·의무로 볼 수 있는 이상 파산관재인에게 단체교섭 의무가 있다는 견해[106] 등이 있다.

---

100) 파산절차에서의 근로계약 해지에 관한 자세한 내용은 근기법주해(2판) Ⅱ, 882면 이하 참조.
101) 서울회생법원 재판실무연구회b, 217면.
102) 서울회생법원 재판실무연구회b, 220면.
103) 임치용a, 84면; 서울회생법원 재판실무연구회b, 221면(파산관재인이 종전 근로자를 조합원으로 하는 노동조합과 단체교섭을 한 사례는 실무상 거의 없다고 한다).
104) 방준식, 160면; 양형우 107면; 윤남근b, 196면.
105) 이흥재, 209면.
106) 선재성, 529면; 윤창술 79면.

(3) 검   토

파산관재인의 사용자 지위를 인정할 수 있다는 점은 앞서 본 바와 같고, 노조법에서 사용자에게 단체교섭에 성실하게 응하도록 의무를 부과한 것은 근로자의 단체교섭권을 실질적으로 보장하기 위함인데, 이러한 법 취지는 사업이 일부 계속되는 형태의 파산절차에서도 가볍게 취급될 수는 없는 점, 파산절차가 사법기관인 법원의 감독 하에 진행되는 이상 재량권의 제한을 이유로 삼아 노조법에 규정된 사용자의 의무를 쉽사리 면책하기는 어려운 점,[107] 파산관재인이 기존 근로자를 일괄적으로 해고한 후 새로 채용한 보조인들이 설립한 노동조합과 단체교섭을 한다고 하더라도, 이는 단체교섭 당사자의 변경에 불과할 뿐 파산관재인의 단체교섭 의무를 배제하는 것으로 보기는 어려운 점 등에 비추어 보면, 원칙적으로 파산관재인의 단체교섭 의무를 긍정함이 상당하다.

다만, 긍정설에 의하더라도 법률상 파산관재인에게 재량권이 주어져 있지 않은 사항은 단체교섭의 대상이 될 수 없으므로, 단체교섭의 대상이 되는 사항은 평상시의 노사관계에 비하여 제한적이다. 그 결과, 단체교섭의 대상이 될 수 있는 사항은 재단채권으로서 수시로 파산채권보다 먼저 변제가 가능한 임금 등 채권[108](채무자회생법 473조 10호, 475조, 476조)에 대한 변제 금액 또는 시기, 해고의 시기, 근로관계가 계속되고 있는 근로자에 대한 근로조건 결정 등 재량권이 인정되는 사항에 한정되는바,[109] 법원의 감독범위를 넓힐 경우 단체교섭 과정에서 파산관재인의 재량영역은 그리 크지 않을 수 있다.[110]

---

107) 이승욱, 303면에 따르면, 파산관재인의 직무수행은 법원의 감독 범위 내에 있고, 폭넓은 사항에 관하여 허가를 받아야 하나, 이를 구실로 단체교섭 의무의 면제를 주장하거나 의무 이행을 게을리 하여서는 안 되고, 노동조합과 단체교섭을 하여 합의를 하였다면 법원의 허가를 받을 수 있도록 설득하는 노력을 다하여야 한다는 견해를 제시한다. 또한, 단체교섭과 관련한 법원의 부당한 불허가에 대하여는 노동조합이 즉시항고를 할 수 있다는 과거 일본의 견해가 있었으나(이승욱, 304면), 구 파산법(103조 1항)과 달리 현행 채무자회생법은 따로 규정이 있는 때에 한하여 즉시항고를 할 수 있도록 정하였고(13조 1항), 파산관재인의 행위에 대한 법원의 허가(492조)에 대하여는 즉시항고 규정이 없으므로, 현행법상으로는 유지되기 어려운 견해로 보인다.
108) 구 파산법에서 채무자의 근로자의 임금·퇴직금 및 재해보상금과 파산선고 전의 원인으로 생긴 채무자의 근로자의 임치금 및 신원보증금의 반환청구권은 2000. 1. 12. 법률이 개정(법률 6111호)됨에 따라 비로소 재단채권으로 인정되게 되었다. 그러한 법률 개정 전에는 구 근기법(2005. 1. 27. 법률 7379호로 개정되기 전의 것) 37조(현행 근기법 38조에 해당하는 규정임) 또는 상법 468조, 583조 2항을 근거로 우선권 있는 파산채권으로 취급되었다(서울회생법원 재판실무연구회b, 356면).
109) 선재성, 529면.
110) 파산관재인이 하는 임금 등 재단채권의 승인 및 변제도 법원의 허가 또는 감사위원의 동

V. 단체협약의 효력 문제

1. 의   의

단체협약이란 노동조합과 사용자 또는 사용자단체가 근로조건 기타 노동관계에서 발생하는 사항에 관하여 체결하는 협정을 의미한다(단체협약의 개념에 대한 자세한 내용은 법 31조에 대한 해설 Ⅱ. 1. 참조).

단체협약은 위와 같이 양 당사자 사이의 계약으로서 각 조항에 노사 쌍방에 대한 여러 가지의 의무를 부과하고 있는 점을 고려할 때 쌍무계약에 해당한다.111) 채무자회생법에서는 회생절차 개시결정 또는 파산선고 당시에 쌍방미이행 상태인 쌍무계약의 효력에 관한 특칙을 두고 있는데(119조, 335조), 그중 회생절차에 대하여는 그러한 특칙 조항이 단체협약에는 적용되지 않는다는 명확한 규정을 두고 있다.

아래에서는 회생절차가 개시되거나 파산선고가 있으면 기존에 체결된 단체협약의 효력이 유지되는지, 그리고 관리인이나 파산관재인이 도산절차 진행을 이유로 단체협약을 해지할 수 있는지 살펴본다.

2. 외국의 제도

가. 미   국112)

미국 연방파산법 365조에서는 관재인에게 미이행 계약(executory contract)에 대한 이행거절권한을 부여하였는데, 연방대법원은 1984년에 기존 경영자 관리인(DIP, debtor in possession)이 일정한 기준 하에 위 조항에 기하여 일방적으로 단체협약을 해제할 수 있다는 판결113)을 선고하였다. 이 판결이 제시하는 기준에 의하면 단체협약이 파산재단에 부담이 되고 여러 상황을 고려하여 형평의 원칙상 이행거절이 정당하다면, 관재인은 사전에 법원의 승인 없이 일방적으로 단체협약을 변경하거나 이행거절할 수 있고, 이는 부당노동행위에 해당하지 아니한다는 것이다. 위 판결 이후 항공회사를 중심으로 종업원의 임금 및 퇴직연금의

의를 거쳐 이루어지므로(채무자회생법 492조 13호), 실무상 단체교섭의 대상으로 삼을 내용이 거의 없다는 견해로 서울회생법원 재판실무연구회b, 221면.
111) 윤남근b, 196면; 임치용a, 69면.
112) 임치용a, 70면.
113) NLRB v. Bildisco & Bildisco, 465 U.S. 513 (1984).

부담을 느낀 기업들이 단체협약의 해제만을 목적으로 파산사건을 다수 접수하게 되었고, 이에 노동계가 강하게 반발하자 의회가 이를 반영하여 1988년 '단체교섭협약의 거부'(Rejection of collective bargaining agreements)라는 항목으로 연방파산법 1113조를 신설하였다.114)

    개정 조항 역시 관재인에게 단체협약을 이행거절하거나 인수할 수 있는 권리가 있음을 전제로 하되, 종전 판례 중 관재인의 일방적인 거절권한을 인정한 부분을 폐기하는 대신 관재인(또는 DIP)이 이행을 거절하기 전에 노동조합과 사전 협의절차를 거칠 것을 요구하고, 노동조합 역시 관재인의 이행거절 전에 종전 단체협약의 내용변경에 합의하려고 노력할 것을 요구하였다.115)

나. 일   본

    단체협약의 효력과 관련된 일본의 도산 법제는 우리나라 채무자회생법의 체제와 거의 동일하다고 볼 수 있다.

    즉, 재건형 도산절차를 규율하는 회사갱생법과 민사재생법에서는 쌍방미이행 쌍무계약에 관하여 관재인 또는 재생채무자에게 계약의 해제 또는 채무의 이행에 대한 선택권을 부여하면서도 해당 규정은 단체협약에는 적용되지 않는

---

114) 임치용b, 201면. 해당 조항은 회생절차(reorganization)의 관리인(채무자관리인 포함)에게 단체교섭협약을 인정하거나 거부할 수 있는 요건을 상세하게 규정하고 있다. 해당 조항이 포함된 미국 연방파산법 '제11장 회생절차'의 원문은 <http://uscode.house.gov/view.xhtml?path=/prelim@title11/chapter11&edition=prelim> 참조(최종방문: 2022. 2. 27.)

115) 미국 파산법원이 연방파산법 1113조의 내용에 기초하여 단체협약의 해제를 구하는 채무자에게 요구하는 요건은 아래와 같이 9가지 항목으로 정리할 수 있다(Christopher Updike & Ingrid Bagby, 21면). 상세한 설명은 박승두a, 215면; 선재성, 526면; 임치용b, 202면 참조.
    ① the debtor must have made a proposal to the union(채무자는 노동조합에 단체협약 수정과 관련된 제안을 하였어야 한다), ② the proposal must be based on the most complete and reliable information available at the time of the proposal(이 제안은 제안 당시 가장 완전하고 신뢰할 수 있는 정보에 기초를 두어야 한다), ③ the modification must be necessary to permit reorganization(이 제안에 따른 수정내용은 채무자의 회생을 위하여 필요한 것이어야 하고), ④ the modification must provide that all affected parties are treated fairly and equitably(또한 모든 이해관계인을 공정하고 형평성있게 취급하여야 한다), ⑤ the debtor must provide the union with such relevant information as is necessary to evaluate the proposal(채무자는 노동조합에 그러한 제안을 검토할 수 있을 정도의 충분한 정보를 제공하여야 한다), ⑥ the debtor must have met with the collective bargaining representative at reasonable times subsequent to making the proposal(채무자는 제안 이후에 단체교섭 대표자와 상당한 횟수의 교섭을 거쳐야 한다), ⑦ the debtor must have negotiated with the union in good faith concerning the proposal(채무자는 제안과 관련하여 성실하게 노동조합과 협상하여야 한다), ⑧ the union must have refused to accept the proposal without good cause(그럼에도 노동조합이 상당한 이유없이 해당 제안을 거절하였어야 한다), ⑨ the balance of the equities must clearly favor rejection of the agreement(형평을 비교형량하여 단체협약의 해제가 합리적임이 명백하여야 한다).

다는 명문의 규정(회사갱생법 61조 3항, 민사재생법 49조 3항)을 두고 있다. 반면 청산형
도산절차를 규율하는 파산법에서는 파산관재인에게 雙方未履行 雙務契約에 대
한 선택권을 부여하는 동일한 취지의 규정을 두었으나(파산법 53조), 단체협약에
위 규정이 적용되는지는 명시하지 않았다.

3. 단체협약의 존속 여부

가. 회생절차

쌍무계약에 관하여 채무자와 그 상대방이 모두 회생절차개시 당시에 아직
그 이행을 완료하지 아니한 때(雙方未履行 雙務契約)에는 관리인은 계약을 해제
또는 해지하거나 채무자의 채무를 이행하고 상대방의 채무이행을 청구할 수 있
다(채무자회생법 119조 1항). 그러나 이러한 규정은 단체협약에 관하여는 적용되지
않는다(채무자회생법 119조 4항).[116]

채무자회생법에서 위와 같은 특칙을 둔 이유는 단체협약을 단순한 민법상
쌍무계약과 동일시하는 것은 부당하므로, 가능한 한 종래의 노사관계를 유지·
존속시키고자 하는 취지의 규정이다. 따라서 관리인은 회생절차개시 전에 체결
된 단체협약이 회생절차를 진행하는 데에 지장이 있다고 하여도 그 내용을 변
경하여 새로운 단체협약을 체결하거나[117] 유효기간이 경과하지 않는 한 이에
구속된다.[118]

다음으로, 채무자에 대하여 계속적 공급의무를 부담하는 쌍무계약의 상대
방은 회생절차개시신청 전의 공급으로 발생한 회생채권 또는 회생담보권을 변
제하지 아니함을 이유로 회생절차개시신청 후 그 의무의 이행을 거부할 수 없
다(채무자회생법 122조 1항). 그러나 이러한 규정도 단체협약에 관하여는 적용되지
않는다(채무자회생법 122조 2항). 따라서 단체협약의 적용을 받는 근로자는 사용자의
회생절차개시신청 이전에 제공한 근로에 관하여 임금이 지급되지 않았음을 이

---

116) 회사정리절차를 규율하던 구 회사정리법에서도 동일한 내용의 규정(103조 5항)을 두었다.
위 조항을 둔 의의에 관하여, 회사정리절차는 파산절차와 달리 기업의 존속, 재건을 목적으
로 하기 때문에 노사관계에 있어서도 가능한 한 종래의 노사관계를 유지, 존속할 필요가 있
고, 관리인에게 해제권을 인정하면 오히려 노사관계를 혼란시켜 재건을 저해하기 때문이라고
설명한다(선재성, 522면; 임종헌, 43면). 이러한 해석론은 현행 채무자회생법의 회생절차에도
그대로 적용될 수 있을 것이다.
117) 회사정리개시결정이 있는 경우 단체협약의 사용자 측 체결권자는 대표이사가 아니라 관리
인이다(대법원 2001. 1. 19. 선고 99다72422 판결 참조).
118) 서울회생법원 재판실무연구회c, 173면.

유로 단체협약에서 정한 의무를 이행하지 않을 수 있다. 다만 근로자의 임금채
권은 발생시기를 불문하고 공익채권(채무자회생법 179조 1항 10호)에 해당하므로, 임
금 체불과 관련하여서는 회생채권·회생담보권 미변제에 대한 위 특칙 규정이
적용될 여지는 별로 없어 보인다.119)

나. 파산절차

(1) 의   의

쌍방이 파산선고 당시까지 이행을 완료하지 않은 쌍무계약은 파산선고가
있다고 하여 곧바로 실효되는 것은 아니고, 채무자회생법에서는 파산관재인에게
계약의 이행 또는 해제·해지를 선택할 수 있도록 하였다(335조). 따라서 쌍무계
약의 일종인 단체협약도 협약 내에서 파산선고를 특별히 실효사유로 정하고 있
지 않은 한 파산선고 후에도 효력이 그대로 유지된다.120)

다만, 채무자회생법에서는 회생절차와 달리 파산절차에 관하여는 단체협약
에 관련된 별도의 규정을 두고 있지 않아 파산관재인이 채무자회생법 335조에
근거하여 단체협약을 해지121)할 수 있는지에 대한 논의가 있다.122)

(2) 학설의 태도

일본에서는, ① 회사갱생법과 같은 제한 규정이 없고 파산절차에서는 관재
인이 사용자의 사업 자체를 종료하고 청산하게 된다는 이유로 관재인의 단체협
약 해지권을 그대로 인정하는 견해가 다수이나, ② 기업의 존속을 전제로 하지
않는 퇴직금조항 등에 관하여는 해지권을 부정하는 견해, ③ 단체협약도 원칙적
으로 해지권의 대상으로 되나, 실질적으로 근로계약의 일부를 이루는 것으로 보
이는 부분에 대하여는 근로계약을 계속 유지하면서 단체협약을 해지하게 될 경

---

119) 서울회생법원 재판실무연구회c, 173면.
120) 임치용a, 69면.
121) 아래에서 검토하는 학설에서는 단체협약의 '해지'와 '해제'라는 용어를 특별한 의도 없이
혼용하는 경우가 많이 있으나, 일반적으로 '해제'라는 용어는 계약의 효력을 소급적으로 소
멸시키는 것을 의미하고, 단체협약에 대하여 민법 544조 내지 546조 등의 규정에 의한 법정
해제권을 행사하는 것이 가능한지에 대하여는 계속적 법률관계라는 근로관계 및 노사관계의
특수성에 비추어 부정적으로 보는 것이 일반적이므로[노조법주해(초판) Ⅱ, 102면], 아래에서
는 불가피한 경우 외에는 학설을 인용하더라도 '해제' 대신 '해지'라는 용어를 사용한다.
122) 단체협약의 해지 여부가 문제가 되는 것은 파산선고 후 파산관재인이 근로자 전원에 대한
근로계약을 해지하지 않고 파산자의 사업을 일부라도 계속하여 집단적 노동관계가 존속되는
예외적인 경우에 한정된다. 파산관재인이 근로자를 전원 해고한다면 더 이상 집단적 노동관
계가 존재할 수 없으므로 단체협약은 당연히 그 의미를 상실하게 되고 해고된 근로자와의
관계는 근로채권의 정산만 남게 된다(선재성, 523면).

우 이는 일본 파산법 53조가 예정하지 아니한 근로계약의 부분적 수정으로 되
므로 이를 해지할 수 없다는 견해, ④ 관재인이 기업의 청산해체를 목표로 하는
전형적인 파산사건의 경우에는 협약의 각 조항이 어떻게 관재사무의 부담으로
되는지를 밝히고 사정변경의 원칙에 따라 이를 해지할 수 있는 한편, 파산자의
사업을 계속하려는 예외적인 사안에서는 당연히 사정변경이 있다고는 볼 수 없
으나 사업을 축소, 계속하는 데에 협약의 조항이 부담으로 되는 점을 밝히고 해
지할 수 있다는 견해 등으로 나뉘어져 있다고 한다.[123]

　　우리나라의 학설도 다음과 같이 다양한 견해가 존재한다.[124] 즉, ① 파산의
본질은 기업의 해체·청산에 있고, 단체협약이 파산관재인의 업무수행에 지장을
초래할 수 있으며, 채무자회생법 335조에는 회생절차와 같은 특칙이 없으므로
파산관재인의 해지권 행사가 가능하다는 견해[125](해지 긍정설), ② 단체협약도 쌍
방미이행 쌍무계약으로서 파산관재인에게 채무자회생법 335조의 선택권이 부여
되나, 단체협약의 해지는 중대한 사유가 있는 경우에 최후적 수단으로 행해져야
하므로 신중하게 선택할 필요가 있고, 파산관재인에게 무제한적인 선택권을 인
정한 것은 아니기 때문에 채무자회생법의 규정의 취지 등을 고려하여 해지가
제한되는 경우가 있다는 견해[126](해지 제한설), ③ 파산선고 후에도 일정 기간 영
업을 계속할 사회적 필요가 있거나 영업양도 방식으로 환가하려는 경우에는 영
업존속 기간에 차이가 있음을 제외하고는 회생절차와 별다른 차이가 없는 점,
초기업별 노동조합이 당사자로 체결한 단체협약의 경우에는 특정 기업의 파산
관재인에게 일방적인 해지 권한을 부여하기는 어렵다는 점 등을 고려할 때 파
산관재인이 단체협약을 해지할 수 없다는 견해[127](해지 부정설), ④ 파산선고가
있다고 하여 단체협약을 해지할 수는 없지만 협약 당사자가 단체협약을 불이행
한 경우에는 해지가 가능하며, 다만 단체협약이 근로조건 규제 및 노사관계 안
정의 기능을 가진다는 점에서 중요한 규범적 부분을 계속적으로 불이행하거나

---

123) 선재성, 522면.
124) 괄호 안의 학설명은 이해의 편의를 돕고자 이 글에서 임의로 추가한 것이다.
125) 김진석, 116면; 임치용a, 69면; 전병서 231면; 서울회생법원 재판실무연구회b, 219면.
126) 방준식, 162면. 해지가 제한되는 경우의 예시로, 단체협약의 조항이 파산관재인의 원활한
　　　사무집행에 방해가 되지 않는다는 점을 노동조합이 입증한 경우를 들고 있다.
127) 박승두a, 220면; 이승욱, 301면. 만약 파산회사의 환가가능성이 없어 완전청산절차로 들어
　　　가는 경우에도 청산목적 범위로 축소된 회사 활동에 상응하는 부분의 단체협약은 적용하여
　　　야 하고, 그 밖의 단체협약 부분은 성질상 적용될 여지가 없기 때문에 해석상 실효한 것으로
　　　보아 굳이 단체협약을 해지할 필요가 없다고 한다(박승두a, 221면; 이승욱, 302면).

단체협약의 존립 의의를 위협할 정도의 중대한 위반이나 불이행이 있을 경우에
한하여 가능하다는 견해128)(불이행 요구설), ⑤ 단체협약 중 근로조건 기타 근로
자의 대우에 관한 기준, 이른바 규범적 부분에 대하여는 채무적 부분과 달리 파
산관재인이 자유로이 이를 해지하여 그 효력을 상실시킬 수는 없다고 할 것129)
이나, 청산이라는 파산절차의 성격상 일정한 제한을 설정하여 그 범위 내에서는
허용함이 상당하며, 그 제한기준으로서는 앞서 본 미국 연방파산법 1113조의 요
건을 유추적용할 수 있다는 견해130)(규범적 부분 해지 제한설) 등이 있다.

(3) 검   토

채무자가 파산에 이를 정도가 되면 파산신청 이전에 이미 대부분의 근로계
약이 종료되어 있는 경우가 많고, 해고되지 않은 근로자가 있는 경우에도 실무
상으로는 파산관재인이 파산선고일에 즉시 해고의 절차를 밟도록 하고 있으므
로,131) 논의의 실익이 있는 것은 채무자가 일정 기간 영업을 계속하는 예외적인
경우에 한정된다고 할 것이다.

그러한 경우에도 파산절차는 회생절차와 달리 기업의 유지보다는 청산에
방점을 두고 있고, 채무자회생법의 파산절차 부분에서 회생절차(119조 4항)와 같
은 특칙을 두지 않은 것은 이러한 차이를 반영한 입법자의 결단으로 볼 수 있
다는 점에서 기본적으로는 파산관재인의 해지권 행사를 긍정할 수밖에 없어 보
인다. 다만, 파산관재인에게 통상적인 쌍방미이행 쌍무계약과 같이 제한없는 해
지 선택권을 부여하는 것은 근로조건 기타 근로자의 대우에 관한 기준에 대하
여 규범적 효력을 부여한 노조법의 취지를 몰각하는 결과가 될 우려가 있으므
로, 파산관재인의 해지권 행사에 일정한 제한을 두고자 하는 '해지 제한설'이나
'규범적 부분 해지 제한설'의 입장을 경청할 필요가 있다.

다. 개인회생절차

개인사업자인 채무자에 대하여 개인회생절차가 개시된 경우, 그 채무자와

---

128) 양형우 110면.
129) 이흥재, 207면.
130) 선재성, 523면; 윤창술, 77면.
131) 서울회생법원 재판실무연구회b, 217면. 이때의 해고는 정리해고가 아니라 통상해고이고, 단
     체협약에 정리해고에 관하여 노동조합과 협의하도록 정해져 있다고 하더라도 파산관재인은
     이에 구속되지 않는다(대법원 2001. 11. 13. 선고 2001다27975 판결, 대법원 2003. 4. 25. 선
     고 2003다7005 판결 참조).

그에게 고용된 근로자들 사이의 단체협약은 개인회생절차 개시로 인하여 영향을 받지 않는다고 할 것이다.132) 개인회생절차는 회생절차와 마찬가지로 재건형 도산절차이고, 별도로 관리인이 선임되지도 않아 기존 채무자가 여전히 사용자로서의 지위를 가지기 때문이다.

4. 사정변경의 원칙 적용 가능성

한편 사용자가 도산절차의 진행이라는 급박한 상태에 직면하는 경우, 민법상 신의성실의 원칙의 파생원칙인 '사정변경의 원칙'에 따라 단체협약을 해지하거나 일부 조항의 효력을 무효로 할 수 있는지에 관한 논의가 있다. 사정변경의 원칙이란 '계약의 내용으로 되지는 않았으나 계약의 체결이나 실현의 기초로 된 일정한 사정이 처음부터 존재하지 않거나 사후에 변경 또는 소멸된 경우에, 급부의무의 증감을 통하여 계약을 변화된 사정에 적응시키거나 적응이 불가능하다면 계약의 해소를 허용해야 한다'는 원칙이다.133)

기존 단체협약을 그대로 이행하는 것이 도산기업에 가혹할 정도의 상태인 경우에 한하여 예외적으로 적용하되, 당사자가 단체협약 체결시에 전혀 예견할 수 없었던 사정의 변경이 있었는지, 단체협약을 존속시키는 것이 사회통념상 현저히 부당한 경우인지 등의 요건을 개별적·구체적으로 판단하여 적용 여부를 결정하여야 한다는 것이 일반적인 견해134)이다.

다만, 사정변경의 원칙은 단체협약의 효력에 대한 예외이므로 신중하게 원용되어야 하는데, 예컨대 경영사정의 악화가 사용자의 귀책사유로 발생하였다거나 그의 위험영역에서 발생한 경우에는 적용될 수 없고, 단체협약 체결 당시의 사정이 크게 변화되어 그 불이익을 당사자 일방에게 감수하도록 하는 것이 기대불가능한 경우에 적용될 수 있다.135) 또한, 이 원칙은 일차적으로 단체협약 내용의 조정을 그 목적으로 하는 것이고, 즉시 해지를 할 수 있는 근거로서 활용되는 것은 아니다.136)

이와 관련하여 비록 도산절차와 관련한 사안은 아니지만, 단체협약에 사용

---

132) 근기법주해(2판) Ⅱ, 881면.
133) 지원림, 49면.
134) 방준식, 163면; 양형우, 81면; 임치용b, 203면.
135) 김형배, 1319면.
136) 김형배, 1319면.

자가 회사를 분할, 합병, 양도하려고 할 때는 노동조합과 사전 합의를 거치기로
하였음에도 사용자가 이를 지키지 않았다는 이유로 분할절차의 정지와 지분매
각의 금지를 구한 가처분 사안에서, 법원은 위 단체협약의 효력을 인정하였고,
사정변경에 따른 단체협약 조항의 효력 상실 주장에 대하여는, 회사가 노동조합
과의 합의를 더 이상 기다릴 여유가 없고, 즉시 분할 및 지분매각을 진행하지
않으면 회사의 생존이 위태로울 수 있는 상황에 이르렀다고 볼 정도의 현저한
경영환경의 변화가 있다는 점, 그러한 사정변경을 단체협약 체결 당시에 예측할
수 없었다는 점, 회사에 단체협약의 이행을 강요한다면 객관적으로 명백하게 부
당한 결과가 초래되리라는 점 등이 소명되어야 하는데, 그러한 소명이 부족하다
는 이유로 위 주장을 배척하고 노동조합의 가처분 신청을 인용한 하급심 결정
례[137]가 있다.

5. 도산상태에서 체결된 단체협약의 효력(부인권 행사 대상 여부)

부인권이란 회생절차개시 또는 파산선고 전에 채무자가 채권자・담보권자
를 해하는 행위를 한 경우 그 행위의 효력을 부인하고 일탈된 재산을 회복하기 위
하여 관리인 또는 파산관재인이 행하는 법상의 권리이다(채무자회생법 100조, 391조).

도산에 직면한 회사의 대표자가 도산절차 신청에 즈음하여 노동조합에 편
파적인 내용의 단체협약을 체결하는 사례가 있고,[138] 도산절차 개시 이후 단체
협약을 새로 체결하거나 기존 단체협약을 변경하는 과정에서도 유사한 경우를
상정할 수 있다.

부인권의 대상이 되는 행위로는 부동산・동산의 매각, 증여, 채권양도, 채
무면제 등과 같은 협의의 법률행위에 한하지 않고, 변제, 채무승인, 법정추인,
채권양도의 통지・승낙, 등기・등록, 동산의 인도 등과 같이 법률효과를 발생시
키는 일체의 행위를 포함한다.[139] 단체협약은 노동조합과 사용자 또는 사용자단
체가 근로조건 기타 노동관계에서 발생하는 사항에 관하여 체결하는 협정으로
서 앞서 본 바와 같이 쌍무계약에 해당하므로,[140] 채권자・담보권자의 이익을

---

137) 대구지법 서부지원 2017. 4. 12.자 2017카합5024 결정. 이 결정에 대한 평석으로는 김린,
    122~126면 참조.
138) 임치용b, 202면.
139) 서울회생법원 재판실무연구회b, 513면; 서울회생법원 재판실무연구회c, 339면.
140) 윤남근b, 196면; 임치용a, 69면.

해하는 내용의 단체협약의 체결 또는 변경은 결국 회생·파산재단의 감소를 초
래하여 부인권의 대상이 된다고 할 것이다.[141]

　　이와 관련한 하급심 판결 중에는, ① 회사의 구조조정 과정에서 체결된 단
체협약에 근거하여 회사가 근로자들에게 상여금 기준 100%의 성과금을 2회 지
급하기로 약정한 사안에서, 피고 파산관재인은 위 약정이 파산채권자를 해함을
알고 한 행위(구 파산법 64조 1호. 현행 채무자회생법 391조 1호)로서 부인되어야 한다는
주장을 하였으나, 노동조합이 위 약정 이전부터 상당 기간 임금 동결, 상여금
삭감 등 회사의 고통을 분담해 왔고, 이에 대한 보상과 회사 자산매각에 따른
특별이익 발생에 근거하여 단체협약에서 정한 성과금 지급을 약정한 점 등을
종합하여 파산관재인의 주장을 배척한 사례,[142] ② 신용금고회사가 IMF외환위
기 이후 경영상 어려움을 겪는 과정에서 상급단체와 회사의 정리해산, 이전 또
는 업종전환으로 해고 또는 감원이 발생할 경우 평균임금의 6개월분 이상의 퇴
직위로금을 지급하는 내용의 단체협약을 체결하고, 이후 단위노조의 지부와 평
균임금의 18개월분 이상의 퇴직위로금을 지급하는 내용의 보충협약을 체결한
사안에서, 피고 파산관재인(예금보험공사)은 위 각 단체협약 약정은 반사회적 행
위에 해당하여 민법 103조에 따라 무효이거나 채무자회생법 391조 1호의 대상
이 되는 편파행위로서 부인되어야 한다고 주장하였는데, 위 주장에 대하여 위
단체협약 중 6개월을 초과하는 퇴직위로금 부분은 반사회적 행위에 해당하여
무효로 보았으나, 6개월 이내 부분은 반사회적 행위에 해당하거나 부인권의 행
사 대상에 포함되지 않는다고 본 사례[143] 등이 있다.

---

141) 단체협약 체결 또는 변경의 사례가 아니더라도, 채무자가 재단채권으로 우선변제되는 임금
　　채권자에게 변제나 대물변제를 한 경우, 재단채권도 파산절차에서는 파산관재인에 의하여 법
　　상 우선순위에 따라 변제를 받아야 하고, 같은 순위에 있는 다른 재단채권자들의 권리를 해
　　할 수 있으므로 부인권 행사의 대상이 된다(서울회생법원 재판실무연구회b, 519면). 이러한
　　취지의 판례로 대법원 1999. 9. 3. 선고 99다6982 판결(거래정지처분을 받기 직전에 직원들에
　　게 임금 등 채권에 갈음한다는 명목으로 재산 일체를 양도한 사안), 대법원 2004. 1. 29. 선
　　고 2003다40743 판결(영업정지를 앞두고 직원들을 계약직 사원으로 고용형태를 변경하면서
　　사직서를 제출받고 정해진 퇴직금 외에 고액의 명예퇴직금을 지급한 사안) 등이 있다.
142) 서울지법 2003. 1. 10. 선고 2002가합19303 판결. 항소심(서울고법 2003. 8. 28. 선고 2003
　　나12948 판결)에서도 헌재 위헌결정에 따라 지연손해금 부분이 일부 취소된 것 외에는 1심
　　의 결론이 그대로 유지되어 확정되었다.
143) 서울중앙지법 2014. 10. 7. 선고 2013가합542939 판결. 그러나 항소심(서울고법 2015. 7.
　　24. 선고 2014나2046653 판결)에서는 부인 대상 행위에 대한 판단 없이 원고들의 퇴직 형태
　　는 단체협약에서 정한 '해고 또는 감원'에 해당하지 않아 퇴직위로금 지급 대상이 아니라는
　　이유로 원고들의 청구를 모두 기각하였고, 상고심(대법원 2015. 12. 10.자 2015다233654 판

VI. 부당노동행위의 문제

근로자의 노동3권은 국가나 일반 사인에 의해서도 침해될 수 있지만, 현실적으로 가장 문제가 되는 것은 사용자에 의한 침해이다. 이러한 점을 감안하여 노조법은 근로자 또는 노동조합의 노동3권 실현 활동에 대한 사용자의 침해 내지 간섭행위를 금지하고 있는데, 이렇게 금지되는 사용자의 행위를 부당노동행위라고 한다.[144] 노조법 81조에서는 부당노동행위의 유형을 구체적으로 거시하고 있다.[145]

회생절차는 재건형 도산절차로서 사업의 계속을 전제로 하고, 관리인의 사용자로서의 지위가 인정되므로, 통상적인 부당노동행위 법리가 적용된다고 할 것이다.[146] 그렇다면 파산절차의 경우에도 부당노동행위의 문제가 발생할 수 있는지가 문제이다.

지급불능이나 부채초과 등 파산원인이 있는 회사는 기업경영의 자유에 기하여 스스로 폐업할 수 있고, 파산신청도 할 수 있는 점, 부당노동행위 제도는 근로자 또는 노동조합의 단결권 보장에 대한 사용자 측의 침해를 막기 위한 것인데, 파산은 경영주체의 상실로서 단결권 등이 기능하여야 할 노사 간의 힘의 불균형 상태가 존재하지 않게 된 점, 파산한 기업과의 근로관계가 계속되는 것이 파산법제의 보호를 받는 것에 비하여 근로자에게 반드시 유리하다고 할 수도 없는 점, 파산관재인은 모든 이해관계인의 이익을 조정하여야 할 일반적 강제집행기관으로서의 지위를 갖는 점 등을 고려하여 보면, 파산신청 행위나 파산관재인의 근로계약 해지는 원칙적으로 부당노동행위에 해당하지 않는다는 것이 일반적인 학설의 견해[147]이다.

결)에서도 심리불속행기각 판결을 하였다.

144) 김유성, 311면.

145) 보다 자세한 내용은 법 81조에 대한 해설 참조.

146) 양형우, 98면. 다만, 관리인 지위의 특수성과 법원의 실질적 감독권 행사 등 회생절차의 독특한 성격이 고려되어야 하므로, 관리인의 의사를 고려하지 않고 쉽사리 지배·개입 행위 등 부당노동행위를 인정하는 것은 회생절차의 현실에 부합하지 않는다는 취지의 견해로 임치용 b, 200면.

147) 선재성, 505면; 이범균 603면; 임치용a, 82면. 이에 대하여 파산절차가 개시되더라도 병원의 운영이나 대중교통의 운송사업 등 일정 기간 사업을 계속할 사회적 필요성이 있거나, 채산성이 맞지 않은 사업부분을 폐쇄하고 나머지 사업을 타인에게 양도하여 환가하기 위하여 사업을 계속하는 등 예외적인 경우에는 사업 계속의 범위 내에서 부당노동행위의 법리가 적

다만, 이러한 해석론을 악용하여 노동조합의 조직 및 활동을 방해할 의도로 제기하는 위장파산신청(예를 들어, 사용자가 스스로 파산선고를 받고 그 결과 파산관재인에 의한 전원 해고가 이루어짐에 따라 노사문제를 해결한 후 다시 회사의 존속을 꾀하려 하는 경우, 파산원인이 부존재함에도 파산원인을 의도적으로 작출하고 비조합원을 고용하여 별도의 기업을 설립한 후 종전의 영업을 계속하는 경우 등)을 한 경우는 명백한 부당노동행위(법 81조 1항 1호의 불이익취급 또는 4호의 지배개입)에 해당148)하여 근로자 또는 노동조합은 노조법이 정한 구제절차를 취할 수 있고, 이해관계인으로서 파산선고결정에 대하여 즉시항고를 제기할 수도 있을 것이다(채무자회생법 316조 1항, 13조 1항).149)

채무자 회사에 대하여 파산선고가 이루어지면서 선임된 파산관재인이 전 직원을 대상으로 해고 예고를 한 후 계속근무 희망을 받아 그중 일부를 계약기간 1년으로 정한 보조인으로 채용하고 나머지 직원은 즉시 해고한 사안에서, 대법원 2004. 2. 27. 선고 2003두902 판결은 "기업이 파산선고를 받아 사업의 폐지를 위하여 그 청산과정에서 근로자를 해고하는 것은 위장폐업이 아닌 한 기업경영의 자유에 속하는 것으로서 파산관재인이 파산선고로 인하여 파산자 회사가 해산한 후에 사업의 폐지를 위하여 행하는 해고는 정리해고가 아니라 통상해고에 해당"150)하는 것이므로, 이러한 경우 "정리해고에 관한 근로기준법 규정이 적용될 여지가 없고, 또한 파산관재인의 근로계약 해지는 해고만을 목적으로 한 위장파산이나 노동조합의 단결권 등을 방해하기 위한 위장폐업이 아닌 한 원칙적으로 부당노동행위에 해당하지 아니한다."라고 보았다.151)

한편 도산절차에 관한 것은 아니지만 일반적으로 '위장폐업'의 사례가 더욱 빈번한데, 이에 대해 판례152)는 "부당노동행위가 되는 위장폐업이란 기업이 진

용될 여지가 있다는 견해가 있다(양형우, 99면).

148) 김선수, 234면(다만, 대상 행위는 아래에서 보는 '위장폐업'에 관한 것이다).

149) 선재성, 505면; 양형우, 112면; 이범균, 603면; 임치용a, 82면.

150) 같은 취지의 판례로 대법원 2001. 11. 13. 선고 2001다27975 판결, 대법원 2003. 4. 25. 선고 2003다7005 판결, 대법원 2011. 3. 24. 선고 2010다92148 판결. 파산관재인에 의한 근로계약의 해지에 관하여 어떠한 규정을 적용할 것인지, 정리해고의 요건을 갖추어야 하는지 등에 대한 자세한 내용은 근기법주해(2판) Ⅱ, 882~886면 참조.

151) 이 판결에 대한 평석으로는 이창형, 880~892면 참조.

152) 대법원 1991. 12. 24. 선고 91누2762 판결(다만, 위 판결에서는 신설 기업의 설립 시기, 설립 재원, 설립 경위 등에 비추어 사용자의 기존 회사 폐업행위가 위장폐업으로서 부당노동행위로 보기는 어렵다고 판시하였다). 그리고 위장폐업에 의한 부당해고가 불법행위를 구성하는지에 관하여는 대법원 2011. 3. 10. 선고 2010다13282 판결 참조.

실한 기업폐지의 의사가 없이, 다만 노동조합의 결성 또는 조합활동을 혐오하고
노동조합을 와해시키기 위한 수단으로서 기업을 해산하고 조합원을 전원 해고
한 다음 새로운 기업을 설립하는 등의 방법으로 기업의 실체가 존속하면서 조
합원을 배제한 채 기업활동을 계속하는 경우를 말한다"라고 설시한 바 있다.

그리고 앞서 본 것처럼 관리인이나 파산관재인에게 단체교섭에 응할 의무
를 인정함이 상당하므로(Ⅳ. 3.항 참조), 관리인이나 파산관재인이 정당한 이유 없
이 노동조합의 단체교섭을 거부하면 부당노동행위(법 81조 1항 3호)가 성립할 수
있다.

Ⅶ. 노동조합의 직장점거 문제

회생절차가 개시되면 회생회사의 업무수행 및 재산 관리·처분 권한은 관
리인에게 전속하고(채무자회생법 56조 1항), 관리인은 취임 후 즉시 채무자의 업무와
재산의 관리에 착수하여야 한다(채무자회생법 89조). 파산선고 시에도 파산재단의
관리·처분 권한은 파산관재인에게 속하고(채무자회생법 384조), 파산관재인은 취임
후 즉시 파산재단에 속하는 재산의 점유 및 관리에 착수하여야 하며(채무자회생법
479조), 필요하다고 인정하는 때에는 법원사무관 등·집행관 또는 공증인으로 하
여금 파산재단에 속하는 재산에 봉인을 하게 할 수 있다(채무자회생법 480조 1항).

그런데 기업의 도산 시에 근로자 및 노동조합이 기업의 재건과 직장 확보
(재건형 절차의 경우)를 위하여 또는 근로채권 확보의 일환으로 기업재산의 방출
방지(청산형 절차의 경우)를 위하여 자력구제의 수단으로 직장점거를 행하는 사례
가 있는데,[153] 이러한 경우 관리인과 파산관재인이 위와 같은 관리·처분 권한
을 제대로 행사할 수 없게 되는 문제가 있다.[154]

지금까지의 논의는 사용자와 근로자 간의 긴장관계가 더욱 첨예한 파산절
차의 사례에 집중되어 있다. 파산재단의 점유 형태에 따라 나누어 보면, 근로자
또는 노동조합이 파산재단을 점유하는 외관이 있다고 하더라도, 파산회사가 사
실상 관리능력을 상실하고 있지만 회사로서의 점유가 아직 인정되는 경우, 노동
조합 측이 회사를 대리하여 점유를 하고 있는 경우,[155] 도산에 앞서 미지급 임

153) 이흥재, 211면.
154) 방준식, 166면.
155) 예를 들어, 도산시 다수의 채권자가 달려들어 회사 자산의 반출 등을 강행하는 것을 막기

금의 담보를 목적으로 회사 재산을 근로자 또는 노동조합에 양도하여 점유개정을 주장하고 있는 경우 등에서는 전적으로 제3자의 점유 하에 있지 않고 회사 측의 점유도 아직 계속되고 있는 것으로 보아 파산결정문에 기하여 점유인도 집행을 할 수 있을 것이다.156) 그러나 노동쟁의 상태에서 노동조합 측이 공장 등 자산을 점거하고 회사 측은 사실상의 점유를 상실한 상태로 파산선고가 된 경우나 노동조합 측이 사용자를 대신하여 사업을 경영하는 생산관리를 하고 있는 때에는 노동조합이 제3자로서의 점유를 주장하면서 그 집행을 거부할 것이 므로 이에 대한 집행권원이 필요하게 되는데, 이 경우 건물인도소송 등 통상의 민사본안 소송을 제기하는 것보다는 명도단행가처분을 신청하는 것이 파산절차 를 신속하게 진행시킬 수 있는 방법으로 보인다.157)

다만, 기존의 논의는 근로자의 직장점거 행위가 기본적으로 부당하다는 전제 하에 전개되었음을 지적하면서, '고용·임금 확보기능형' 직장점거(기업의 도산 시점에 임금이나 퇴직금의 확보를 목적으로 직장을 점거하는 행위)의 경우 근로자가 임금이나 퇴직금의 확보에 대한 충분한 구제수단이 없다는 점에서 자력구제 행위의 성격이 있으므로, 사용자 및 관재인과의 관계에서 이러한 직장점거가 부당하다고 보기 어렵다는 견해158)가 있다.

VIII. 결　　어

앞서 서두에 언급한 것처럼 노동법과 도산법 모두 민법의 특별법의 지위를 가지지만, 그 목적과 적용대상을 달리 하기 때문에 도산절차에 대한 노동조합의 관여 가능성과 그 정도, 관리인 및 파산관재인의 단체교섭 의무의 존부와 범위, 기존 단체협약의 존속 여부 및 해지가능성, 도산절차를 이용한 부당노동행위의 가능성, 도산절차 개시 과정에서의 직장점거 문제 등 여러 쟁점에서 법체계 간

위하여 노사 쌍방의 묵시적 또는 명시적 협약에 의하여 노동조합에 자산을 지키도록 하는 경우가 있다.

156) 선재성, 529면; 양형우, 166면.
157) 선재성, 530면.
158) 권오성, 400면. 한편 직장점거 행위를 ① 단결유지기능형 직장점거(파업 중 기업 내 조합 활동으로서의 직장점거), ② 노동시장 통제기능형 직장점거(조합원이 파업에서 이탈하는 것을 방지하는 수단으로서의 직장점거), ③ 고용·임금 확보기능형 직장점거로 분류하는 것은 石井保雄, '職場占拠法理の研究(1)', 亞細亞法学 18(1), 亞細亞大学法学研究所(1983), 50면 이하의 견해라고 한다(권오성, 398면).

의 갈등이 빚어질 여지가 상존한다.

　이에 관하여 노동법은 헌법상 노동3권을 구체화한 법률로서 채무자회생법상 도산절차가 진행되는 경우에도 특별히 그 적용을 배제하여야 할 이유와 필요성이 없어 계속 노동법이 적용된다는 견해도 있으나,159) 채무자의 효율적인 회생을 도모하거나 재산의 공정한 환가·배당을 위하여 채권자, 주주 등 모든 이해관계인의 법률관계를 최대한 공정하게 조정하기 위한 도산절차의 사회적 의의도 경시되어서는 아니 된다.160) 다만, 채무자회생법상의 도산절차가 개시 단계부터 종결에 이르기까지 도산법원의 광범위한 재량하에 이루어지는 현실에서, 도산 목적에 부합함을 이유로 도산법원의 결정을 근거로 삼아 근로자의 권리 침해를 정당화하는 경향이 있어서는 안 될 것이다.

　최종적으로는 향후 이 부분에 대한 공통의 논의를 진전시켜 효율적인 도산절차의 진행과 근로자의 권리 보장이 조화될 수 있는 방안을 입법의 형태로 현실화하는 것이 바람직하다.

[배 진 호]

---

159) 박승두a, 223면.
160) 근로자의 임금, 퇴직금 등 채권을 발생시기와 무관하게 전부 공익채권 또는 재단채권으로 보아 우선변제권을 인정하는 채무자회생법의 체계에 대하여 사회적 약자를 보호하여야 할 국가의 책무를 도산기업의 채권자들에게 전가함으로써 회생·파산재단의 부실을 초래하고 도산절차의 기능을 저해한다는 비판도 있다(양형우, 113면; 임치용b, 204면).

제 4 장
쟁의행위

제 4 장 쟁의행위

제37조(쟁의행위의 기본원칙)

　① 쟁의행위는 그 목적·방법 및 절차에 있어서 법령 기타 사회질서에 위반되어서는 아니된다.

　② 조합원은 노동조합에 의하여 주도되지 아니한 쟁의행위를 하여서는 아니된다.

　③ 노동조합은 사용자의 점유를 배제하여 조업을 방해하는 형태로 쟁의행위를 해서는 아니 된다.

〈세 목 차〉

[참고문헌]

강기탁, "쟁의행위의 정당성—'정리해고 철폐'를 목적으로 한 경우", 민주사회를 위한 변론 32호, 민주사회를 위한 변호사모임(1999. 11.); **강희원**, "노동3권의 법적 성격과 노동단체법", 인권과 정의 286호, 대한변호사협회(2000. 6.); **곽현수**, "무노동무임금의 원칙 및 쟁의행위시 임금공제범위", 법조 45권 5호, 법조협회(1996); **고용노동부**, "개정「노동조합 및 노동관계조정법」설명자료(2021. 3.); **구건서**, "정리해고 자체를 반대하는 쟁의행위는 정당하지 않다", 월간 노동 317호, 한국산업훈련협회(2001); **권영국**, "복수노조 교섭창구 단일화의 위헌성", 법과기업연구 1권 3호, 서강대학교 법학연구소(2011. 12.); **권영성**, 헌법학원론(개정판), 법문사(2010); **권오성**, "하청근로자의 도급인 시설에 대한 직장점거와 형사책임", 인하대학교 법학연구 23집 1호, 인하대학교 법학연구소(2020. 3.); **권창영a**, "선원의 쟁의행위", 노동법연구 15호, 서울대학교 노동법연구회(2003. 12.); **권창영b**, "단체교섭응낙가처분", 사법논집 31집, 법원도서관(2000); **김기덕**, "개정 노동조합 및 노동관계조정법과 노동기본권", 민주법학 33호, 민주주의법학연구회(2007); **김동현·이혜영**, 결사의 자유에 관한 국제노동기구(ILO) 기본협약 비준과 노동법의 쟁점, 사법정책연구원(2022); **김명수**, "정리해고의 실시와 쟁의행위의 대상", 우리법연구회 논문집 Ⅰ, 우리법연구회(2005); **김선수a**, "철도기관사 파업", 노동법연구 2권 1호, 서울대학교 노동법연구회(1992); **김선수b**, "한국의 노동기본권 현실과 국제노동기준에 부합하는 노동법 개정", 국제노동기준에 비춰본 한국의 노동기본권 —결사의 자유를 중심으로—, 한국노동조합총연맹·전국민주노동조합총연맹·국회환경노동위원장 공동주최 ILO 가입 25주년·OECD 가입 20주년 국제 심포지움 자료집(2016); **김성진**, "권리분쟁과 쟁의행위의 대상", 노동법학 60호, 한국노동법학회(2016. 12.); **김소영**, "쟁의행위의 정당성 판단과 권리분쟁, 법학연구 27권 2호, 충남대학교 법학연구소(2016. 8.); **김진a**, "정리해고 철회를 목적으로 하는 쟁의행위의 정당성", 2002 노동판례비평, 민주사회를 위한 변호사모임(2003); **김진b**, "쟁의행위의 목적", 노동법학 69호, 한국노동법학회(2019. 3.); **김철수**, 헌법학신론(제20전정신판), 박영사(2010); **김철영**, "구조조정 반대를 목적으로 한 쟁의행위의 정당성 여부", 노동판례평석 모음집, 중앙노동위원회(2005); **김치중**, "쟁의행위의 정당성", 법과 정의: 이회창대법관판결의 연구, 경사이회창선생 화갑기념 논문집 간행위원회(1991); **김태현**, "국제노동기준과 국내 쟁의행위 제도에 대한 비교연구", 노동법포럼 26호, 노동법이론실무학회(2019); **김형배a**, "단체교섭권과 경영권", 노동법학 18호, 한국노동법학회(2004. 6.); **김희성**, "개정 노동조합 및 노동관계조정법 제37조 제3항과 제42조 제1항의 체계적·유기적 해석에 관한 연구 — 직장점거 금지범위의 외연(外延)확장과 관련하여", 노동법논총 52집, 한국비교노동법학회(2021. 8.); **도재형**, "구조조정에 대항하는 쟁의행위의 정당성", 노동법률 148호, 중앙경제(2003. 9.); **박재필**, "쟁의행위의 정당성의 요건과 노동위원회의 조정절차와 관련된 쟁의행위의 정당성", 대법원판례해설 36호, 법원도서관(2001); 박제성·차유미·남궁준·정영훈(이하 **박제성 외 3인**), 자영업자 노동조합 연구, 한국노동연구원(2021); **박종희**, "산별노조 체제에서 쟁의행위 법리에 관한 연구", 고려법학 45호, 고려대학교 법학연구원(2005. 11.); **박주현**, "쟁의행위와 형사책임", 노동법연구 1호, 서울대학교 노동법연구회(1991); **백재봉**, "노동조합설립의 자유", 노동문제논집 2집, 고려대학교 노동문제연구소(1971); **손창희**, "노조전임자 문제에 대한 대법 판결", 노동법학 6호, 한국노동법학회(1996); **성낙인**, 헌법학(제22판), 법문사(2022); **신인령a**, "비노조파업에 따른 법적 문제", 노동법학 3호, 한국노동법학회(1991. 12.); **신인령b**, "쟁의행위 정당성에 관한 법리", 사법행정 384호, 한국사법행정학회(1992. 12.); **안태윤**, "경영상 조치가 노동쟁의 대상이 될 수 있는지 여부", 2003 노동판례비평, 민주사회를 위한 변호사모임(2004); **오세웅**, "쟁의행위가 제한되는 '주요방위산업체 종사근로자'의 범위", 노동리뷰 150호, 한국노동연구원(2017. 9.); **유성재**, "초기업별 노동조합 지부·분회의 노동법적 지위", 중앙법학 8권 1호, 중앙법학회(2006. 4.); **윤애림**, "ILO 결사의 자유 원칙의 국내법적 수용 과제: 결사의 자유 위원회 권고 이행을 중심으로", 노동법학 64호, 한국노동법학회(2017. 12.); **이광택**, "정리해고에 반대하는 쟁의행위는 정당성이 없는가?", 노동법률 122호, 중앙경제(2001. 7.); **이달휴**, "단체교섭창구단일화제도에 대한 헌법재판소 결정의 비판적 검토", 헌법재판연구 2권 1호, 헌법재판연구원(2015); **이병희**, "경영사항의 단체교섭 및 쟁의행위 대상성", 재판자료 118집 노동법 실무연구, 법원도서관(2009. 6.); **이상윤d**, 노동법(제13전면개정판), 법문사(2013); **이승길**, "동정파업에 관한 연구", 노동법률 108호, 중앙경제(2000. 5.); **이승욱**, "산별노동조합의 노동법상 쟁점과 과제", 노동법연구 12호, 서울대학교 노동법연구회(2002); **이영희**, "노동조합의 설립신고제도와 문제", 노동법학 창간호, 한국노동법학회(1987); **이종훈**, "단체행동권, 쟁의행위 목적의 정당성, 근로자의 이익과 지위의 향상", 2018 노동판례비평, 민주사회를 위한 변호사모임(2019); **이철수**, "경영권이라는 신화를 넘어", 서울대학교 법학 62권 4호, 서울대학교 법학연구소(2021. 12.); **이홍재 편**, 공익과 인권 10 — 단체행동권, 사람생각(2004); **임종률a**, 쟁의행위와 형사책임, 경문사(1982); **임종률b**, "노동조합결성의 자유와 설립신고제도", 한국아카데미 총서 2권, 크리스챤 아카데미(1975); **장승혁**, "직장점거에 의한 쟁의행위의 허용 범위와 형사책임", 노동법연구 48호, 서울대학교 노동법연구회(2020. 3.); **전형배**, "쟁의행위와 노동조합 및 노동관계조정법상 형사책임", 노동과 법 3호 쟁의행위와 형사책임, 금속법률원(2003); **정승규**, "산업별 노조에 있어서의 쟁의행위 찬반투표", 재판자료 114집 행정재판실무연구Ⅱ, 법원도서관(2007); **정영훈**, "복수노조 단체교섭창구단일화제도의 위헌성에 관한 검토", 노동법연구 31호, 서울대학교 노동법연구회(2011); **정인섭a**, 쟁의행위의 개념, 서울대학교 대학원 박사학위논문(1997); **정인섭b**, "근로삼권의 규범론과 정책론", 노동법학 17호, 한국노동법학회(2003. 12.); **정인섭c**, "쟁의행위의 질곡: 헌법", 노동법연구 26호, 서울대학교 노동법연구회(2009); **정인섭d**, "쟁의행위의 정당성 판단기준", 단체행동권, 서울대 BK21 법학연구단 공익인권법센터 기획(2004); **정인섭e**, "정리해고와 파업의 정당성", 노동법률 131호, 중앙경제(2002. 4.); **정재성a**, "쟁의행위의 목적(단체교섭의 대상사항)", 노동판례 평석: 노동현장에서 부딪히는 노동사건 주요 판례 평석, 인쇄골(1999. 4.); **정재성b**, "해고근로자의 복직문제는 단체교섭의 대상이 될 수 없는가", 노동판례 평석: 노동현장에서 부딪히는 노동사건 주요 판례 평석, 인쇄골(1999. 4.); **정재성c**, "노동쟁의 의 개념과 쟁의행위의 대상(목적)", 노동판례 평석: 노동현장에서 부딪히는 노동사건 주요 판례 평석, 인쇄골(1999. 4.); **정재황**, 헌법학(제2판), 박영사(2022); **정종섭**, 헌법학원론(전면개정판, 제13판), 박영사(2022); **정진경**, "노조대표자의 단체협약체결권과 쟁의행위의 정당성 여부", 2000 노동판례비평, 민주사회를 위한 변호사모임(2001. 8.); **조경배a**, "쟁의행위 정당성론의 논리구조에 대한 비판과 민사면책법리의 재정립에 관한 연구", 민주법학 36호, 민주주의법학연구회(2008. 3.); **조경배b**, "쟁의행위와 민사책임에 관한 영국 법리", 노동법학 24호, 한국노동법학회(2007. 6.); **조경배c**, "노동3권의 주체로서 근로자개념과 특수고용노동자", 노동법학 22호, 한국노동법학회(2006. 6.); **조경배d**, "쟁의행위와 불법행위책임 —직장점거를 중심으로—", 민주법학 77호, 민주주의법학연구회(2021. 11.); **조용만a**, "헌법상 단체교섭권의 보장과 교섭창구단일화제도", 노동법학 42호, 한국노동법학회(2012); **조용만b**, "결사의 자유 기본협약 관련 단체교섭 및 쟁의행위 쟁점 검토, 노동법연구 47호, 서울대학교 노동법연구회(2019, 9); **조용만c**, 2021년 개정 노동조합 및 노동관계조정법의 쟁점과 과제, 법학논총 34권 2호, 국민대학교(2021. 10.); **최봉태**, "지하철 안전대책 요구를 목적으로 한 쟁의행위의 정당성", 노동법률 158호, 중앙경제(2004. 7.); **최홍엽a**, "연좌농성에 관한 연구", 노동법연구 1호, 서울대학교 노동법연구회(1991); **최홍엽b**, "직장점거의 정당성의 범위", 노동법 판례백선, 한국노동법학회(2021); **하갑래**, "권리분쟁과 쟁의행위의 정당성", 노동법논총 38권, 한국비교노동법학회(2016. 12.); **하경효**, "사업부 폐지결정 자체가 단체교섭 대상인지 여부", 노동판례평석집, 한국경영자총협회(1995); **허영**, 헌법이론과 헌법(제3판), 박영사(2009); **현천욱**, "평화의무를 위반한 쟁의행위의 정당성", 노동판례평석집, 한국경영자총협회(1995); ILO, Compilation of decisions of the Committee on Freedom of Association, ILO(2018)[**이승욱 역**, 결사의 자유, 결사의 자유 위원회 결정 요약집(제6판, 2018), 한국노동연구원(2020)]; **高木右門**, "政治スト", 新労働法講座 4권, 日本労働法學會(1967); **菅野和夫a**, "同情スト", 現代講座 5권(労働争議), 日本労働法學會(1980); 萬井隆令 · 西谷 敏(**萬井隆令 등**), 労働法1(第3版), 法律文化社(2006); **西谷 敏c**, "政治スト", 現代講座 5권(労働争議), 日本労働法學會(1980); **小西國友**, 労働法, 三省堂(2008); **川口實**, "同情スト", 新労働法講座 4권, 日本労働法學會(1967); **村山晃**, 労働判例大系 15卷 労働争議(1), 労働旬報社(1992).

Ⅰ. 의　　의

우리 헌법과 노조법은 쟁의행위를 근로자의 권리로 인정하고 비록 민사상
의 채무불이행이나 불법행위 또는 형사상의 범죄에 해당하는 외관을 갖고 있는
쟁의행위라도 그 정당성이 인정되는 경우에는 민·형사상의 책임을 묻지 아니
하며 그로 인한 불이익취급 또한 금지하고 있으므로, 쟁의행위의 정당성 인정
여부는 근로자나 노동조합에 중요한 의미가 있다.

노조법 37조 1항은 쟁의행위의 기본원칙으로 "쟁의행위는 그 목적·방법
및 절차에 있어서 법령 기타 사회질서에 위반되어서는 아니 된다."라고 규정하
고 있는데, 위 규정은 쟁의행위가 이를 제한하는 '법령'을 준수하고 정당하게
수행되어야 한다는 것을 확인하기 위한 주의규정이라 할 수 있으며, '사회질서'
란 민법 103조의 '사회질서', 형법 20조의 '사회상규' 등과 같은 의미를 가지는
것으로서 사회질서에 위반되어서는 안 된다는 것은 쟁의행위가 '정당'(노조법 4조)
또는 '적법'(노조법 38조 3항)해야 함을 뜻한다.[1]

대법원은 노조법 1조(목적), 4조(정당행위) 및 위 37조 1항의 규정에 근거하
여 근로자의 쟁의행위가 형법상 정당행위가 되기 위해서는, 첫째 그 주체가 단
체교섭의 주체로 될 수 있는 자이어야 하고, 둘째 그 목적이 근로조건의 향상을
위한 노사간의 자치적 교섭을 조성하는 데에 있어야 하며, 셋째 사용자가 근로
자의 근로조건 개선에 관한 구체적인 요구에 대하여 단체교섭을 거부하였을 때
개시하되 특별한 사정이 없는 한 조합원의 찬성결정 등 법령이 규정한 절차를
거쳐야 하고, 넷째 그 수단과 방법이 사용자의 재산권과 조화를 이루어야 함은
물론 폭력의 행사에 해당되지 아니하여야 한다는 조건을 모두 구비하여야 한다
고 거듭 판시함으로써,[2] 일관되게 쟁의행위의 정당성을 그 주체 및 목적·절
차·수단과 방법이라는 네 가지 관점에서 파악해 왔다. 이하 각 요건에 관하여
살펴본다.

---

1) 임종률, 227면.
2) 대법원 2001. 10. 25. 선고 99도4837 전원합의체 판결, 대법원 2008. 1. 18. 선고 2007도
1557 판결, 대법원 2013. 5. 23. 선고 2010도15499 판결 등.

II. 쟁의행위의 주체와 정당성

1. 논의의 전제

쟁의행위의 주체라 함은 쟁의행위를 행할 수 있는 법적 자격을 갖추고 있는 자를 말한다.[3] 주체의 측면은 노조법 37조 1항에 직접 명시되어 있지는 않지만 쟁의행위의 개념 및 판례상 정당성의 요건에 포함되며, 37조 2항에서 간접적이기는 하나 쟁의행위가 노동조합에 의해 주도되는 것임을 규정하고 있다.[4]

쟁의행위 주체에 관한 논의는 크게 해석론상 주체의 정당성이 문제되는 경우와 법규상 제한되는 경우로 나눌 수 있다. 이하에서는 전자의 논의를 중심으로 살펴보기로 하고, 법규상 제한은 해당 집필 부분에서 상세히 다루어지므로 간략한 소개에 그친다.

한편, 노조법은 노동쟁의란 "노동조합과 사용자 또는 사용자단체(이하 '노동관계 당사자'라 한다)간에 임금·근로시간·복지·해고 기타 대우등 근로조건의 결정에 관한 주장의 불일치로 인하여 발생한 분쟁상태"를 말하며(2조 5호), 쟁의행위란 "파업·태업·직장폐쇄 기타 노동관계 당사자가 그 주장을 관철할 목적으로 행하는 행위와 이에 대항하는 행위로서 업무의 정상적인 운영을 저해하는 행위"(2조 6호)라고 정의하고 있다. 통설은 노조법상 쟁의행위를 근로자가 헌법 33조 1항에 의하여 보장된 노동3권 중 단체행동권에 기하여 행할 수 있는 가장 대표적이고 정형적인 유형의 행위로 보면서 '단체행동'과 구별하고 있다.[5] '단체행동'은 근로자들이 근로조건 등에 관한 자신의 주장을 관철하기 위하여 집단적으로 행하는 제반 실력행사로서[6] 집단성을 띤 근로자의 단결체가 그 주체가되며, '근로조건의 결정'에 관한 주장에 한하지 아니하고 널리 '근로자의 경제적·사회적 지위의 향상'이나 '노동관계' 등에 관한 주장의 관철까지도 목적으로 할 수 있다는 점,[7] 반드시 업무의 정상적인 운영의 저해를 수반하지는 않는

---

3) 이상윤a, 792면.
4) 하갑래b, 415면. 임종률, 227면에서도 목적·방법·절차는 예시에 불과하기 때문에 주체의 측면이 제외되는 것은 아니라고 한다.
5) 김유성, 211~212면; 김형배, 1325면; 이상윤a, 786면; 하갑래b, 360면; 사법연수원a, 244면. 반면, 단체행동과 쟁의행위를 같은 뜻으로 파악하는 견해로는 임종률, 217면.
6) 김유성, 211면.
7) 김유성, 212, 215~216면.

다는 점8) 등에서 노조법상 쟁의행위보다 넓은 개념이다. 이를 구별하는 실익은 노조법상 쟁의행위 개념과는 별도로, 헌법상 단체행동권의 행사로서 그 정당성이 인정되어 민·형사상 면책의 대상이 되는 쟁의행위9)의 범위를 모색하는 데 있다.

즉, 노조법상 쟁의행위의 개념은 노조법상 노동쟁의 조정과 중재의 대상이 되는 쟁의행위의 범위를 획정하고 쟁의행위에 관한 노조법위반죄의 구성요건 해당성을 판단하는 것과 관련된 '규제대상'으로서의 쟁의행위 개념으로10) 헌법적 보호의 대상이 되는 쟁의행위의 정당성이 문제되는 경우의 쟁의행위의 개념과는 구별된다는 점을 주의할 필요가 있다. 헌법에 의하여 보장되는 근로자의 단체행동권의 행사로서 이루어지는 집단적 단체행동으로 민·형사상 면책 효과가 부여되는 정당한 쟁의행위 판단에서의 쟁의행위 개념은 헌법에서 단체행동권을 보장한 취지에 비추어 그 보호의 범위가 결정되어야 하고, 쟁의조정절차의 원활한 운영을 확보하기 위해 입법정책적으로 규정된 노조법상 쟁의행위의 개념으로 한정되는 것이 아니다. 판례의 태도도 마찬가지이다. 가령 판례는 쟁의행위의 목적과 관련하여 그 목적이 단체교섭사항이 될 것을 요구하고,11) '근로자의 대우 또는 당해 단체적 노사관계의 운영에 관한 사항'을 단체교섭사항에 해당하는 것으로 보고 쟁의행위의 정당성을 판단한다.12) 위 판례의 태도에 따르면 쟁의행위의 정당성 판단과 관련하여서는 가령 '단체적 노사관계의 운영에 관한 사항'에 관한 주장을 관철하기 위한 행위도 쟁의행위에 해당하고 그 목적의 정당성이 인정되며, 그것이 노조법상 쟁의행위의 요소인 '근로조건의 결정'에

---

8) 김형배, 1326면; 이상윤a, 786면. 이에 대하여 김유성, 213면에서는 쟁의행위의 정당성이 문제되는 가장 큰 이유가 바로 업무저해의 요소에서 기인한 것이므로, 업무의 정상적 운영을 저해하지 않는 근로자의 집단적 행위는 광의의 단체행동으로 평가할 여지는 있으나 쟁의행위는 아니라고 한다.

9) 김유성, 212면에서는 이를 '면책적 쟁의행위'라고 한다.

10) 따라서 '근로조건의 결정'을 주된 목적으로 하지 않는 쟁의행위는 노조법의 규제대상인 쟁의행위에 해당하지 않고(대법원 2008. 3. 14. 선고 2006도6049 판결), 회사가 폐업신고를 한 경우 업무의 정상적인 운영이 저해될 여지가 없으므로 근로자들의 농성행위는 노동쟁의조정법의 규제대상인 쟁의행위에 해당하지 않는다(대법원 1991. 6. 11. 선고 91도204 판결).

11) 대법원 1994. 9. 30. 선고 94다4042 판결.

12) 대법원 2003. 12. 26. 선고 2003두8906 판결. 위 판결에서는 노조가 사용자에게 제시한 단체협약안이 징계·해고 등 인사의 기준이나 절차, 근로조건, 노동조합의 활동, 노동조합에 대한 편의제공, 단체교섭의 절차, 쟁의행위에 관한 절차 등에 관한 사항 등 의무적 교섭사항을 담고 있으므로 단체협약의 체결이 결렬되어 개시된 쟁의행위의 목적의 정당성을 인정하였다. 대법원 2022. 12. 16. 선고 2015도8190 판결도 참조.

관한 주장이 아니라고 하여 쟁의행위에 해당하지 아니한다거나 그 목적의 정당
성이 없다고 보아서는 아니 된다는 결론에 이른다. 노동조합이 주도한 집단적
행동이 노조법상 쟁의행위 개념에 해당하고 노조법에서 정한 쟁의행위 규제를
위반하면 노조법위반죄(노조법 91조)를 구성하지만, 쟁의행위가 노조법 45조의 조
정전치 규정에 따른 절차를 거치지 아니하였다고 하여 무조건 정당성이 결여된
쟁의행위라고 볼 것이 아니라는 판례[13]도 노조법상 쟁의행위 개념과 단체행동
권의 행사로서 정당성이 문제되는 쟁의행위 개념이 다르다는 점을 그 기저에
깔고 있다고 볼 수 있다.[14]

2. 문제의 소재

　　노조법에서 정한 실질적·형식적 요건을 모두 갖춘 노동조합(이를 일반적으
로 '노조법상의 노동조합' 내지는 '법내노조'라 한다)은 전형적인 쟁의행위의 주체이
다. 그러나 현실적으로 노조법상의 노동조합이 아닌 근로자단체에 의하여 또는
노동조합의 승인을 거치지 않고 일부 조합원들에 의하여 쟁의행위가 이루어지
는 경우가 있다. 이러한 경우 노조법상의 노동조합 이외의 근로자단체를 어느
범위까지 정당한 쟁의행위의 주체로 인정할 것인지가 문제된다.

　　그런데 노조법은 그 규정체계 및 내용에 비추어 볼 때 노조법상의 노동조
합만을 쟁의행위의 주체로 전제하고 있다고 해석될 여지가 있으며, 판례는 쟁의
행위로서 정당성이 인정되기 위해서는 쟁의행위의 주체에게 단체교섭 내지 단
체협약을 체결할 능력이 있을 것을 요구하고 있다.[15] 이처럼 노조법과 판례에
의하면, 쟁의행위의 주체는 해석론상 제한될 가능성이 있는데, 이러한 제한이
타당한지를 점검하고 올바른 해석을 도출하기 위해서는 먼저 헌법 33조 1항에
서 보장하고 있는 단체행동권의 주체에 관한 논의를 검토할 필요가 있다.

---

　13) 대법원 2000. 10. 13. 선고 99도4812 판결.
　14) 김유성, 221면에서는 노조법상 쟁의행위는 노조법상 노동조합의 쟁의를 의미하지만, 면책
　　　적 쟁의행위는 헌법상 단결체의 쟁의행위도 포함된다고 하여 주체의 측면에서도 이를 구별
　　　하고 있다.
　15) 대법원 1994. 9. 30 선고 94다4042 판결 등.

3. 일 반 론

가. 헌법상 단체행동권의 주체

헌법 33조 1항은 "근로자는 근로조건의 향상을 위하여 자주적인 단결권·단체교섭권 및 단체행동권을 가진다."라고 규정함으로써 노동3권을 기본권으로 보장하고 있으며, '근로자'가 노동3권의 주체임을 명시하고 있다. 이는 단체행동권이 개인으로서 근로자의 권리임을 분명히 한 것이다.[16)

단체행동권은 근로자가 근로조건의 향상을 위한 주장을 관철하기 위한 수단으로 사용자에 대하여 근로자들의 결합체인 근로자단체를 통한 집단적인 쟁의행위나 그 밖의 조합활동 등을 할 수 있는 권리이며,[17] 특히 쟁의행위는 단결체의 행위, 즉 집단적으로 형성된 쟁의의사를 기반으로 다수 근로자의 집단적 행위를 통해서 실행된다.[18] 따라서 근로자단체가 결성된 경우 근로자 개인의 단체행동권에 근거하여 근로자단체도 고유의 단체행동권을 가지게 된다.[19] 단결권 행사의 결과물인 노동조합 기타 근로자단체의 존속과 그 활동의 효과적인 보장 없이는 개별적인 근로자의 권리가 충분히 보장될 수 없다는 점에서도 근로자단체는 근로자 개인과 중첩적으로 단체행동권의 권리를 향유하는 주체로서 승인되고 있다.[20]

그러나 근로자단체가 고유의 단체행동권을 가진다고 하여 근로자단체만이 단체행동권의 주체가 된다거나, 근로자 개인의 단체행동권이 단결체의 단체행동권에 흡수되는 것은 아니다.[21] 어디까지나 단체행동권의 일차적인 주체는 개별 근로자이다. 단체행동권이 문자 그대로 단체에 관한 권리이지만 그것은 '단체의' 행동권을 의미하는 것이 아니라 개별 근로자가 '단체로서' 또는 '단체를 통

---

16) 기본적으로 근로자 개인이 단체행동권의 주체라는 점은 헌법학계에서도 일치된 견해이다. 권영성, 691면; 김철수, 952면; 성낙인, 1598면; 정재황, 1200, 1205면; 정종섭, 796면 등.

17) 사법연수원a, 20면.

18) 김유성, 218면. 쟁의행위는 그 개념상 근로자 개인의 행위가 아니라 근로자들이 노동조합 등 단결체의 결정·지시에 따라 공동으로 하는 집단적 행위이다. 예컨대 다수 근로자 개개인이 우연히 동시에 작업을 중단하는 것은 쟁의행위가 아니다(임종률, 214~215면). 성낙인, 1598면에서도 "단체행동권의 제1차적 주체는 근로자이나, 실제로 근로자단체를 통하여 단체행동권을 구현한다."라고 하여 이를 구별하고 있다.

19) 정인섭a, 55면.

20) 신인령a, 147면; 조경배a, 167면.

21) 정인섭a, 54~55면.

하여' 행동할 권리로서 파악하지 않으면 안 된다.[22] 요컨대 헌법은 노동3권이
근로자 개인의 권리임을 전제로 하여 개별 근로자가 다른 근로자와 더불어 자
율적으로 연대하여 단결하고 이를 통하여 단체교섭이나 단체행동을 할 권리를
보장하고 있으며,[23] 이러한 노동3권은 법률의 제정이라는 국가의 개입을 통하
여 비로소 실현될 수 있는 권리가 아니라, 법률이 없더라도 헌법의 규정만으로
직접 법규범으로서 효력을 발휘할 수 있는 구체적 권리이다.[24]

나. 노조법의 규정

노조법 2조 5호는 노동조합과 사용자 또는 사용자단체를 '노동관계 당사자'
로 칭한 뒤, 이어 2조 6호에서는 쟁의행위를 '파업·태업·직장폐쇄 기타 노동
관계 당사자가 그 주장을 관철할 목적으로 행하는 행위와 이에 대항하는 행위
로서 업무의 정상적인 운영을 저해하는 행위'라고 정의하고 있다. 한편, 노조법
이 정의하는 노동조합이란 노조법 2조 4호 본문 및 단서에서 정한 실질적 요건
및 노조법 10조 1항, 12조에서 정한 형식적 요건을 모두 갖춘 근로자단체를 가
리킨다.[25]

위와 같은 노조법의 규정에 따르면, 쟁의행위의 주체는 노조법에서 정한 실
질적·형식적 요건을 갖춘 노동조합뿐이라는 입론이 가능하다.[26] 그러나 이러
한 해석은 헌법 33조 1항에서 단체행동권의 주체를 근로자로 규정하고 그 규정
만으로 구체적 권리로서의 단체행동권을 보장하여 그에 따른 보호, 즉 민·형사

---

22) 박제성 외 3인, 113~114면에서는 근로자 개인이 단체행동권의 주체이므로 노동조합의 조
   직 여부와 상관이 없고, 헌법 33조의 '단체'는 명사로서의 단체(단결활동의 결과로 성립한 조
   직체)만을 의미하는 것이 아니라 동사로서의 단체(단결활동 그 자체)도 포함되며, 쉽게 비유
   하자면 단체행동권의 '단체'는 식당 간판에 적혀 있는 '단체회식환영'이라고 할 때의 단체와
   같은 뜻이라고 한다.
23) 조경배a, 167~168면.
24) 대법원 2020. 9. 3. 선고 2016두32992 전원합의체 판결.
25) 노조법 2조 4호 본문에서 정한 적극적 요건을 충족하여야 하고, 같은 호 단서에서 정한 소
   극적·결격 요건에 해당하지 않아야 하며, 노조법 10조 1항에 따라 관할 행정관청에 설립신
   고서를 제출하고 12조에 의하여 그 행정관청으로부터 신고증을 교부받아야 한다. 판례도 실
   질적 요건과 형식적 요건을 모두 구비한 경우에만 노조법상의 노동조합이라고 본다(대법원
   1979. 12. 11. 선고 76누189 판결, 대법원 1990. 10. 23. 선고 89누3243 판결, 대법원 1996. 6.
   28. 선고 93도855 판결 등 참조).
26) 노조법이 정한 실질적 요건과 형식적 요건을 갖춘 노동조합이 아닌 근로자단체는 노조법
   상 법적 보호는 물론 어떠한 헌법적 보호도 받을 수 없으며, 노동3권 행사의 주체가 될 수
   없는 것이 원칙이며, 다만 노동조합의 설립요건을 갖추기 위하여 활동하는 등 일부 단결권만
   을 행사할 수 있을 뿐이라는 견해로는 이상윤a, 604~606면.

상 면책의 효과를 부여한 것[27]과 부합하지 않는다는 데 근본적인 문제가 있다.[28]

노조법은 1조에서 "이 법은 헌법에 의한 근로자의 단결권·단체교섭권 및 단체행동권을 보장하여 근로조건의 유지·개선과 근로자의 경제적·사회적 지위의 향상을 도모하고, 노동관계를 공정하게 조정하여 노동쟁의를 예방·해결함으로써 산업평화의 유지와 국민경제의 발전에 이바지함을 목적으로 한다."라고 규정함으로써 노조법의 존재 의의가 헌법상 보장되는 노동3권의 구체화에 있음을 밝히고 있다. 노조법의 제정이라는 국가의 개입을 통하여 비로소 노동3권이 실현되는 것이 아니다.

나아가 노조법은 3조에서 "사용자는 이 법에 의한 단체교섭 또는 쟁의행위로 인하여 손해를 입은 경우에 노동조합 또는 근로자에 대하여 그 배상을 청구할 수 없다."라고 하여 민사책임의 면책을, 4조에서 "형법 20조의 규정은 노동조합이 단체교섭·쟁의행위 기타의 행위로서 1조의 목적을 달성하기 위하여 한 정당한 행위에 대하여 적용된다."라고 하여 형사책임의 면책을 규정하고 있는데 이는 당연한 효과를 확인하는 의미에서 주의적으로 규정된 것일 뿐, 그러한 효과를 창설하는 성격의 규정은 아니라는 것이 다수설의 견해이다.[29] 헌법재판소 역시 '정당한 쟁의행위'에 대하여 민·형사상 책임을 면하게 하는 것은 헌법 33조에 당연히 포함된 내용이며, 같은 법리를 규정한 노조법 3조와 4조 등은 이를 명문으로 확인한 것이라고 분명히 하였다.[30]

그렇다면 노조법상의 노동조합만이 주체가 되어 쟁의행위를 할 수 있고 민·형사상 면책효과를 누릴 수 있다는 해석은 노조법이 규범의 위계에서 헌법 아래에 있는 이상 받아들이기 어렵다.

다. 판   례

대법원은 쟁의행위가 정당하기 위한 일반요건을 설시하면서 주체 측면에서의 정당성 요건을 첫머리에 두고 있다. 표현은 대동소이하다.

---

27) 단체행동권의 헌법적 보장이란 단체행동이 그 정당성의 한계를 일탈하지 않는 한 국가나 사용자는 이를 용인하고 그로 인하여 발생하는 손해를 수인하여야 한다는 면책의 법리를 전체 법질서에서 정립한 것이다. 김유성, 209면.

28) 헌법이 단체행동권의 주체를 근로자로 규정하고 있음에도 불구하고 하위법인 노조법에서 그 주체를 노동조합으로 제한하는 것은 입법재량권의 남용으로 보아야 한다는 견해로는 전형배, 299면.

29) 김유성, 209면; 김형배, 1340면; 신인령b, 106면; 임종률a, 24면 등.

30) 헌재 1998. 7. 16. 선고 97헌바23 결정.

쟁의행위의 정당성은, 첫째로 단체교섭의 주체가 될 수 있는 자에 의하여 행해진
것이어야 하고…31)

쟁의행위의 정당성의 한계는 첫째, 주체가 단체협약 체결능력이 있는 노동조합이
어야 하고…32)

근로자의 쟁의행위가 정당성을 갖추기 위해서는 그 주체가 단체교섭이나 단체협약
을 체결할 수 있는 노동조합이어야 하고…33)

현행법상 적어도 노동조합이 결성된 사업장에 있어서의 쟁의행위가 노동조합법 2
조 소정의 형사상 책임이 면제되는 정당행위가 되기 위하여는 반드시 그 쟁의행위
의 주체가 단체교섭이나 단체협약을 체결할 능력이 있는 노동조합일 것이 요구된
다 할 것이고…34)

헌법재판소의 설시도 마찬가지이다.

쟁의행위는 노동관계 당사자가 임금 및 근로조건 등을 정하는 단체협약을 체결함
에 있어서 보다 유리한 결과를 자신에게 가져오게 하기 위하여 행사하는 최후의
강제수단이다. 따라서 쟁의행위는 주로 단체협약의 대상이 될 수 있는 사항을 목
적으로 하는 경우에만 허용되는 것이고, 단체협약의 당사자가 될 수 있는 자에 의
하여서만 이루어져야 하는 것이다…35)

이상에서 본 바에 의하면, 판례는 쟁의행위로서 정당성이 인정되기 위해서
는 그 주체에게 단체교섭이나 단체협약을 체결할 능력이 있어야 한다는 입장을
취하고 있다. 단체교섭이나 단체협약을 체결할 능력이란 자신의 이름으로 단체
교섭을 행하고 단체협약을 체결할 수 있는 자격을 뜻하는데, 이러한 능력이 선
험적으로 어느 특정의 근로자단체에게만 주어지는 것은 아니라는 점에 유의하
여야 한다. 쟁의행위는 평화적인 단체교섭의 결렬로 인하여 단체협약의 체결에
실패한 경우에 행하여지는 것을 전제로 하고 있으므로, 단체교섭의 당사자와 쟁
의행위의 당사자는 동일한 것으로 이해하여야 한다는 이론 구성36)에는 크게 무
리가 없다. 그러나 그 이론적 귀결로서 노조법상의 노동조합이 아닌 근로자단

---

31) 대법원 1990. 5. 15. 선고 90도357 판결.
32) 대법원 1990. 10. 12. 선고 90도1431 판결.
33) 대법원 1994. 9. 30. 선고 94다4042 판결.
34) 대법원 1995. 10. 12. 선고 95도1016 판결.
35) 헌재 1990. 1. 15. 선고 89헌가103 결정.
36) 김형배, 1328면; 이상윤a, 792면; 하갑래b, 415면.

체, 예컨대 노조법이 정한 실질적 요건은 갖추었으나 형식적 요건을 갖추지 못한 근로자단체나 일시적 쟁의단 등은 단체교섭 내지 단체협약 체결능력이 없고 따라서 쟁의행위의 주체도 될 수 없다는 해석이 도출될 수 있는 것은 아니다.[37] 누가 쟁의행위의 주체가 될 수 있는가 하는 문제와 쟁의행위에 따른 책임을 인정할 것인지의 문제는 논의의 차원을 달리한다. 즉 전자의 문제는 단체행동권의 구체화 정도의 문제이며 경우에 따라 쟁의행위를 제한할 수도 있는 반면(예컨대 법규상 제한), 후자의 문제는 구체적으로 행해진 쟁의행위를 정당한 것으로 평가할 것인가의 문제이다.[38]

이와 관련하여 국제노동기준도 쟁의행위 주체의 문제를 단체교섭이나 단체협약을 체결할 능력과 결부시키는 것이 아니라 특정 근로자에 대한 쟁의행위의 제한·금지가 가능한지의 문제로 접근하고 있다. ILO 협약 및 권고의 적용에 관한 전문가위원회(CEACR)의 1994년 파업권에 관한 일반조사보고서[39]에 의하면, 근로자의 지위(예컨대 공무원), 근로자가 하는 업무(예컨대 필수사업), 조직체계상의 지위(예컨대 관리직) 등을 이유로 일정한 범주의 근로자에 대하여 쟁의행위(파업)의 제한이 가능함을 전제하고 있다.[40] ILO 87호 협약(결사의 자유 및 단결권 보호에 관한 1948년 협약)[41]은 군대 및 경찰을 제외하고 모든 근로자에게 스스로 선택하는 단체를 조직하고 가입할 수 있는 권리를 보장하고 있다.[42] 그리고 그와 같은 권리는 필연적으로 그들이 주체가 된 단체행동으로 표출된다. 이때 파

---

37) 이상윤a, 605~606면에서는 노조법이 정한 실질적 요건은 갖추었으나 형식적 요건을 갖추지 못한 근로자단체의 경우 사용자가 단체교섭을 거절하여도 부당노동행위에 해당되지 아니하므로, 사용자에게 교섭을 강제할 수 없는바, 이를 과연 권리라고 부를 수 있을지 의문이며, 노동조합은 단체교섭권의 행사를 가장 중요한 기능으로 삼고 있으므로 이러한 단체교섭권이 결여된 경우에는 노동조합이라고 볼 수 없다고 한다. 또한, 김형배, 1328면에서는 단체교섭권한이 없는 일시적인 근로자의 단체나 비조직근로자들의 쟁의단 또는 근로자 개인은 단체교섭권한이 없으므로 쟁의행위의 주체가 될 수 없다고 한다.

38) 정인섭d, 37면에서는 판례가 양자를 혼동하고 있다고 지적한다.

39) CEACR, Freedom of association and collective bargaining(Report Ⅲ Part 4B), General Survey on Convention No.87 and No.98, 1994. 이흥재 편, 217~241면 참조.

40) 우리나라는 2021. 4. 20. ILO 87호 협약을 비준하였고, 2022. 4. 20. 발효되었다.

41) ILO는 파업권에 대하여 협약을 제정한 바는 없으나 그동안 결사의 자유 위원회 또는 위 전문가위원회에서 형성되어 온 기준에 의하면, 파업권을 별개의 권리라기보다 단결권에 고유한 필연적인 결과(intrinsic corollary) 또는 경제적·사회적 이익의 촉진 및 방어를 위한 본질적인 수단(essential means)으로 받아들이고 있다. 조경배c, 435면.

42) ILO 87호 협약 9조 1호는 '이 협약에 규정된 보장사항을 군대 및 경찰에 적용하여야 하는 범위는 국내 법령으로 정하여야 한다'라고 규정하고 있다. 한편, "어떠한 차별도 없이(without distinction whatsoever)"라는 원칙은 ILO 87호 협약 2조에 명시되어 있다. 이는 결사의 자유 및 그와 관련된 모든 규정의 핵심적 지도원리라고 할 수 있다.

업권, 즉 쟁의행위의 보장은 일정한 예외를 제외하고는 모든 근로자에게 인정되어야 한다는 것이 최대의 규범적 요청이자 기본 원칙이다.[43]

우리 헌법도 33조 1항에서 근로자는 단체행동권을 가진다고 규정하고 있으며, 2항 및 3항에서 공무원 및 법률이 정하는 주요방위산업체에 종사하는 근로자의 단체행동권은 법률이 정하는 바에 의하여 이를 제한하거나 인정하지 아니할 수 있다고 규정하고 있다. 적어도 주체의 측면에서, 공무원에 대한 단결권의 금지가능성 부분은 논외로 한다면, 헌법 규정 자체가 일정한 경우를 제외한 모든 근로자에게 아무런 구별 없이 단체행동권의 보장을 인정하고 있다고 해석할 수 있다.

앞서 본 판례의 입장을 단체교섭 내지 단체협약을 체결할 능력이 있는 '노동조합'에 대하여만 쟁의행위의 주체성을 부여하고 있다고 해석할 것은 아니다. 위와 같이 좁게 해석하게 되면, 아직 노동조합을 결성하지 않은 근로자 또는 현재의 노동조합에 의해서 자신의 이해관계가 적절하게 대변되고 있지 못한 근로자(정확하게는 비조합원)의 단체행동권을 실질적으로 박탈하는 결과를 초래하기 때문이다.[44]

4. 구체적 검토

가. 노조법상의 노동조합

노조법에서 정한 실질적·형식적 요건을 모두 갖춘 노동조합이 쟁의행위의 정당한 주체가 될 수 있음은 이론의 여지가 없다.[45]

한편, 2011. 7. 1.부터 복수노조가 허용되고 교섭창구 단일화 제도가 시행됨에 따라 하나의 사업 또는 사업장에서 교섭대표노동조합이 아닌 노동조합의 경우 쟁의행위의 주체가 될 수 있는지에 관한 문제가 새로이 제기되기에 이르렀다.[46] 즉, 교섭창구 단일화 절차에 참여한 노동조합 중 교섭대표노동조합이 되지 못한 노동조합(조합원 과반수 노동조합이 있는 경우 과반수 미달 노동조합, 과반수 노동조합이 없는 경우 공동교섭대표단에 참여할 수 없는 조합원 10% 미만 노동조합 등

---

43) 정인섭d, 37면.
44) 정인섭d, 40면. 같은 취지에서 판례의 위와 같은 해석은 노동조합 조직율이 약 11%인 우리 현실에서 거의 90% 가량의 근로자는 쟁의행위의 주체가 될 수 없다고 보게 됨으로써 단체행동권 보장의 형해화를 합리화하는 결론에 귀착된다고 비판하는 견해로는 이흥재 편, 19면.
45) 이상윤a, 792면; 민변노동법 II, 201면; 사법연수원a, 248면.
46) 교섭창구 단일화 강제의 위헌성 논란에 관하여는 '교섭창구 단일화 전론(前論)' 해설 IV. 참조.

교섭대표노동조합에서 탈락하거나 배제된 노동조합을 포함한다. 이하 '소수 노동조합'이
라 한다) 또는 노조법 29조의2에 규정된 교섭참여 노동조합 확정절차에 참여하
지 않거나 참여를 거부한 노동조합, 그리고 교섭대표노동조합 확정 이후 신설된
노동조합(이하 통틀어 '불참 노동조합'이라 한다)의 쟁의행위 주체성이 다투어지고
있다.

(1) 교섭대표노동조합

하나의 사업 또는 사업장에서 조직형태에 관계없이 근로자가 설립하거나
가입한 노동조합이 2개 이상이어서 노조법 29조의2에 규정된 교섭창구 단일화
절차에 따라 교섭대표노동조합이 결정된 경우, 교섭대표노동조합은 쟁의행위의
정당한 주체가 된다.

다만, 교섭대표노동조합이 결정된 사업장의 경우 단일화 절차에 참여한 노
동조합 전체 조합원의 직접·비밀·무기명 투표에 의한 과반수의 찬성으로 결
정하지 아니하면 쟁의행위를 할 수 없고(법 41조 1항), 이를 위반하면 형사처벌을
받을 수 있다(법 91조).47)

(2) 소수 노동조합

노조법 29조의5는 37조 2항(노조에 의한 쟁의행위 주도), 38조 3항(쟁의행위의
적법한 수행에 대한 노조의 지도의무)의 '노동조합'은 '교섭대표노동조합'으로 본다
고 규정하고 있다. 이에 따라 하나의 사업 또는 사업장에 복수의 노동조합이 존
재하는 경우 조합원은 교섭대표노동조합이 주도하지 아니하는 쟁의행위를 하여
서는 아니 되고(법 37조 2항), 교섭대표노동조합은 쟁의행위가 적법하게 수행될 수
있도록 지도·관리·통제할 책임을 지게 된다(법 38조 3항). 또한, 노조법 29조 2
항은 교섭대표노동조합의 대표자가 교섭을 요구한 모든 노동조합 또는 조합원
을 위하여 사용자와 교섭하고 단체협약을 체결할 권한을 가진다고 규정함으로
써 교섭대표노동조합의 대표자에게 배타적인 단체교섭권과 협약체결권을 부여
하고 있다.

대법원은 교섭창구 단일화 제도의 취지 내지 목적을 '복수 노동조합이 독
자적인 단체교섭권을 행사할 경우 발생할 수도 있는 노동조합 간 혹은 노동조

---

47) 이에 관하여는 교섭대표노동조합이라 하더라도 소수 노동조합의 태도 여하에 따라 전체
　　조합원 과반수 지지 확보에 실패하는 경우 단체행동권을 심각하게 제한받게 된다는 비판이
　　있다. 권영국, 264면.

합과 사용자 간 반목·갈등, 단체교섭의 효율성 저하 및 비용 증가 등의 문제점을 효과적으로 해결함으로써 효율적이고 안정적인 단체교섭 체계를 구축'하는 데에 있다고 본다.48) 나아가 대법원은 '복수 노동조합의 설립이 현재 전면적으로 허용되고 있을 뿐 아니라 교섭창구 단일화 제도가 적용되고 있는 현행 노조법 하에서 복수 노동조합 중의 어느 한 노동조합은 원칙적으로 스스로 교섭대표노동조합이 되지 않는 한 독자적으로 단체교섭권을 행사할 수 없고, 교섭대표노동조합이 결정된 경우 그 절차에 참여한 노동조합의 전체 조합원의 과반수 찬성 결정이 없으면 쟁의행위를 할 수 없게 되며, 쟁의행위는 교섭대표노동조합에 의해 주도되어야 하는 등의 법적인 제약을 받게 된다'고 한다.49)

위와 같은 노조법의 규정 및 판례의 입장에 따르면, 소수 노동조합은 단체교섭권과 협약체결권이 제한되고 교섭대표노동조합이 주도하는 쟁의행위에 참여할 수 있을 뿐 독자적인 쟁의행위의 주체가 될 수 없다는 결론에 이르게 되는데, 이에 대하여는 소수 노동조합의 단체교섭권과 단체행동권을 제한하며 파업을 포함한 쟁의행위에 대한 권리가 사실상 부정된다는 비판이 있다.50)

(3) 불참 노동조합

교섭창구 단일화 제도가 하나의 제도로서 설정된 이상 현행법상으로는 불참 노동조합의 단체교섭권 및 협약체결권도 제한되고, 그 결과 쟁의행위의 주체성도 부인될 수밖에 없다.

이와 관련하여 만일 사용자가 불참 노동조합과 개별교섭에 동의하였으나 교섭이 결렬된 경우에는, 노조법 37조 2항은 교섭창구 단일화 절차에 참여한 조합원에게만 제한이 미치는 것으로 보아야 하고, 사용자의 불참 노동조합에 대한

---

48) 대법원 2017. 10. 31. 선고 2016두36956 판결, 대법원 2020. 10. 29. 선고 2017다263192 판결 등.

49) 대법원 2021. 2. 25. 선고 2017다51610 판결.

50) 우리나라와 관련하여 1996년부터 ILO 결사의 자유 위원회에서 심의해 온 1865호 사건에서 전국민주노동조합총연맹이 2011년 추가로 교섭창구 단일화 제도에 관하여 제출한 주장 중 하나이다(윤애림, 102면에서 재인용). ILO 결사의 자유 위원회는 위 1865호 사건에서 교섭창구 단일화 제도의 설정 자체는 결사의 자유 원칙에 부합하지만, 단체교섭권을 부여받지 못한 노동조합도 자체 활동을 수행할 수 있어야 하며 최소한 자기 조합원을 대변하고 개별적인 이의제기에서 조합원을 대표할 수 있어야 한다는 점을 강조하였다. 나아가 파업권이 단체협약 체결을 통해서 해결될 수 있는 노동쟁의에 국한되어서는 안 된다는 위원회의 입장을 분명히 하면서, 파업의 정당성이 노동조합의 교섭대표 지위 여하에 따라 판단되지 않도록 필요한 조치를 취할 것을 우리나라 정부에 권고하였다. ILO 결사의 자유 위원회, Case No. 1865(Republic of Korea), 363차 보고서, 115~118항(2012).

개별교섭 동의는 교섭창구 단일화를 이유로 한 단체교섭 거부의 정당한 사유를 포기한 것이므로, 불참 노동조합의 개별적인 단체행동권의 행사가 가능하다고 보는 견해가 있다.[51] 이론적으로는 수긍할 수 있으나, 현실적으로 사용자가 불참 노동조합과의 개별교섭에 동의하는 경우를 상정하기란 쉽지 않을 것이다.

　　이상의 논의를 종합해보면 교섭창구 단일화 제도 하에서는 소수 노동조합 및 불참 노동조합은 물론 교섭대표노동조합의 경우에도 단체행동권의 제한을 받게 된다. 그렇다면 복수노조를 인정하면서도 교섭창구 단일화를 강제하는 것이 헌법상 보장된 노동3권을 침해하는 것은 아닌지에 관하여 다시금 의문이 든다. 다만, 여기서는 교섭창구 단일화 제도에 관한 헌법재판소의 합헌결정[52]에도 불구하고 그 위헌성에 대한 논란이 지속되고 있다는 점만을 지적해 둔다.[53]

나. 법외의 노동조합

　　노조법이 정한 실질적 요건은 갖추었으나 형식적 요건을 갖추지 못한 근로자단체를 일반적으로 '법외노조' 내지 '법외의 노동조합'[54]이라 한다.

(1) 학　　설

　　통설은 법외의 노동조합이 노동조합의 실질을 모두 구비한 이상, 노조법이 정한 설립신고를 마치지 아니하였더라도 노동관계의 당사자로서 단체교섭 및 단체협약을 체결할 수 있는 근로자단체로서 쟁의행위의 주체가 된다고 보고 있다.[55]

　　그 근거로는 노동조합의 정당한 쟁의행위에 대한 노조법의 민·형사상 면책 규정(3조와 4조)은 노동3권 보장에 따라 헌법에서 이미 발생한 법적 효과를 확인한 것에 불과하므로, 노동3권 행사의 요건을 갖춘 법외의 노동조합은 쟁의행위를 할 수 있다고 보아야 한다는 점,[56] 노동조합으로서 결격사유가 없는 실질적 조합이면서 사단으로서의 조직성을 갖추었다면 노동관계 당사자로서 헌법의

51) 노조법주해(초판) I, 663면[29조의2(교섭창구 단일화 절차) 집필 부분].
52) 헌재 2012. 4. 24. 선고 2011헌마338 결정.
53) 위 헌재 2011헌마338 결정에 대한 비판적 견해를 취하고 있는 글로는 권영국, 241~276면, 이달휴, 269~293면, 정영훈, 227~261면, 조용만a, 406~410면 등. 한편, 전국민주노동조합총연맹 등은 교섭창구 단일화 제도의 위헌 여부에 관하여 다시 판단을 받고자 2020. 2. 14. 헌법재판소 2020헌마237호로 헌법소원을 제기하였고, 현재 심리 중이다.
54) 헌재 2008. 7. 31. 선고 2004헌바9 결정.
55) 김유성, 218~219면; 김치중, 861~862면; 김형배, 1344면; 임종률 70면; 박홍규b, 378면; 사법연수원a, 249면. 반대의 견해로는 이상윤a, 793면.
56) 임종률 70면.

보호를 받을 수 있기 때문이라는 점57) 등을 든다.

　　법외의 노동조합도 쟁의행위의 주체가 될 수 있다고 해석하는 통설의 견해
가 타당하다고 생각한다. 헌법은 단체행동권이 '노동조합'의 권리가 아니라 '근
로자'의 권리라고 명시하고 있고, 노동조합 자유설립주의의 원칙에 비추어 볼
때 노조법상 설립신고제도의 취지는 노동정책적 고려에서 마련된 것이지 헌법
상 기본권인 단체행동권의 향유 주체가 되기 위한 별도의 요건을 규정하는 것
은 아니기 때문이다.58)

　　(2) 판　　례

　　법외의 노동조합이 쟁의행위의 정당한 주체인지 여부가 명시적으로 판단된
사례는 없으나, 대법원도 아래와 같은 판시에서 간접적으로 이를 긍정하고 있다.

　　　원심의 설시 취지는 전기협(전국기관차협의회)이 그 설시와 같은 여러 가지 점에서
　　　노동조합으로서의 실질적 요건을 갖추지 못하였으므로 단체교섭권이나 쟁의행위의
　　　주체로 될 수 있는 노동조합이라고 볼 수 없다는 것이지, <u>노동조합법상의 노동조</u>
　　　<u>합이 아닌 근로자의 단결체는 무조건 단체교섭권 등이 없다는 것은 아니므로</u>…59)

　　또한, 뒤에서 살펴보는 바와 같이 초기업별 노조의 지부나 지회에 대하여 독
자적인 규약 및 집행기관을 가지고 독립된 조직체로서 활동을 하는 경우 설립신
고가 없더라도 단체교섭권을 인정하는 판례의 입장 또한 법외의 노동조합의 단체
교섭권과 이를 토대로 한 쟁의행위 주체성을 긍정하는 논리로 이어질 수 있다.60)

　　헌법재판소의 설시에서도 같은 취지를 찾을 수 있다.

---

　57) 김형배, 1344면.
　58) 권창영b, 666면. 대법원 2016. 12. 27. 선고 2011두921 판결은 '노조법이 노동조합의 자유
　　　설립을 원칙으로 하면서도 설립에 관하여 신고주의를 택한 취지는 노동조합의 조직체계에
　　　대한 행정관청의 효율적인 정비·관리를 통하여 노동조합이 자주성과 민주성을 갖춘 조직으
　　　로 존속할 수 있도록 보호·육성하려는 데에 있으며, 신고증을 교부받은 노동조합에 한하여
　　　노동기본권의 향유 주체로 인정하려는 것은 아니므로, 노조법 2조 4호에서 정한 노동조합의
　　　실질적 요건을 갖춘 근로자단체가 신고증을 교부받지 아니한 경우에도 노조법상 부당노동행
　　　위의 구제신청 등 일정한 보호의 대상에서 제외될 뿐, 노동기본권의 향유 주체에게 인정되어
　　　야 하는 일반적인 권리까지 보장받을 수 없게 되는 것은 아니다'라고 판시하여 이 점을 명확
　　　히 하고 있다.
　59) 대법원 1997. 2. 11. 선고 96누2125 판결.
　60) 대법원 2001. 2. 23. 선고 2000도4299 판결 등.

실질적인 요건은 갖추었으나 형식적인 요건을 갖추지 못한 근로자들의 단결체는 (중략) 위와 같은 단결체의 지위를 '법외의 노동조합'으로 보는 한 그 단결체가 전혀 아무런 활동을 할 수 없는 것은 아니고 어느 정도의 단체교섭이나 협약체결 능력을 보유한다 할 것이므로…[61]

쟁의행위의 주체는 노조법상의 노동조합에 국한되는 것은 아니며, 노동조합의 실질적 요건을 갖춘 법외의 노동조합의 경우에는 단체교섭이나 쟁의행위의 정당한 주체가 될 수 있다는 점은 판례를 통해서도 확인된 것이라고 할 수 있다.[62]

다. 쟁 의 단

(1) 일시적 쟁의단

근로자 단결체 중에서 그 의사의 체계화와 조직화의 측면에서 아직 노동조합의 단계에까지 이르지 못한 일시적인 교섭단체가 형성될 수 있는데 이를 일시적 쟁의단이라 한다.[63] 일시적 쟁의단은 노동조합이 조직되어 있지 않은 사업장에서 미조직 근로자들에 의하여 결성되는 경우와 노동조합이 조직되어 있는 사업장에서 비조합원들에 의하여 결성되는 경우가 있을 수 있다.

㈎ 노동조합이 없는 미조직 사업장의 경우

① 학   설

노동조합이 없는 사업장에서는 쟁의단이 쟁의행위의 주체로서 인정된다는 견해가 다수설이나 그 근거와 인정 범위는 학설에 따라 상이하다.

근로자가 구성원의 범위가 명확하고, 단체로서 통일성과 통제력을 가지며, 사용자와 교섭을 할 조직상 대표를 갖춘 일시적 쟁의단을 구성하면 그 쟁의단에도 쟁의행위 주체로서 자격을 인정하여야 할 것이라는 견해,[64] 단체성이 반드시 계속성을 필연적인 요소로 포함하지는 아니하므로 자주성과 통일성을 구비하는 이상 단체교섭의 당사자로서 쟁의행위의 주체가 될 수 있다는 취지의 견

---

61) 헌재 2008. 7. 31. 선고 2004헌바9 결정.
62) 정인섭a, 63면.
63) 일시적 쟁의단은 충분히 정비된 내부조직, 기구 등을 갖추지 못한 근로자 집단으로 i) 노동조합과는 달리 항구적인 단체가 아니고, ii) 어떤 특정 시기에 특정한 문제를 계기로 모인 근로자집단이며, iii) 그 목적은 사용자와 단체교섭이나 교섭이 순조롭지 못한 경우에는 단체행동으로 나아갈 가능성이 있고, iv) 교섭이 종료된 경우 그 집단은 해산한다는 특징이 있다. 石川, 135면.
64) 김치중, 862면.

해,[65] 쟁의단이 노동조합의 실질을 갖추고 있으면 쟁의단이 주도하는 파업도 정
당성을 가진다는 견해,[66] 쟁의단도 헌법 33조의 보호권 내에 있으므로 당연히
그 단체행동권의 보호를 받는다는 견해[67] 등이 그것이다.

한편, 쟁의단은 일시적 존속을 전제로 하고 있으므로 일반적으로 쟁의행위를
할 수 있는 주체성은 없으나 예외적으로 일정한 사안, 예컨대 노동조합의 결성과
정에서 노동쟁의가 발생하였거나 다수의 해고 근로자 또는 해고 대상 근로자의
복직 또는 해고 조건을 둘러싸고 노동쟁의가 발생하여 근로자 측이 집단적으로
실력행사를 하는 경우처럼, 사안의 성격상 쟁의단이 주체가 될 수밖에 없다고 인
정되는 경우에는 쟁의행위의 정당성을 긍정하여야 할 것이라는 견해가 있다.[68]

이에 반하여 일시적 쟁의단은 단체교섭권한이 없으므로 쟁의행위의 주체가
될 수 없다는 견해[69]가 있다.

② 판   례

이 점이 명시적으로 다루어진 사례는 찾기 어렵다.

다만, 판례는 쟁의행위가 정당성을 가지려면 그 주체가 단체교섭의 주체로
될 수 있는 자이어야 한다고 하면서 단체교섭권이 없는 이른바 '특별단체교섭추
진위원회'가 주체가 되어 행한 쟁의행위의 정당성을 인정하지 않고 있으나,[70]
이는 이미 노동조합이 설립되어 있는 사업장에서 특별단체교섭추진위원회에 의
하여 파업이 추진된 경우이므로 위 판례가 노동조합이 없는 사업장의 경우에도
쟁의단을 정당한 주체로 인정하지 않는 취지라고 단정하기는 어렵다.[71]

또한 판례의 다음과 같은 설시를 보면, 적어도 노동조합이 없는 사업장의
경우 쟁의단의 쟁의행위 주체성을 부인하고 있다고 보이지는 않는다.

일부 조합원의 집단이 노동조합의 승인 없이 또는 지시에 반하여 쟁의행위를 하는
경우에는 이를 비조직 근로자들의 쟁의단과 같이 볼 수 없다…[72]

---

65) 권창영b, 667면.
66) 민변노동법Ⅱ, 202면.
67) 박홍규b, 378면.
68) 김유성, 220면.
69) 김형배, 1328면.
70) 대법원 1991. 5. 24. 선고 91도324 판결, 대법원 1992. 12. 8. 선고 92누1904 판결.
71) 김치중, 862면.
72) 대법원 1997. 4. 22. 선고 95도748 판결.

현행법상 적어도 노동조합이 결성된 사업장에 있어서의 쟁의행위가 노동조합법 2
조 소정의 형사상 책임이 면제되는 정당행위가 되기 위하여는 반드시 그 쟁의행위
의 주체가 단체교섭이나 단체협약을 체결할 능력이 있는 노동조합일 것이 요구된
다 할 것이고···[73]

판례는 쟁의행위의 정당성이 인정되기 위해서는 그 주체가 단체교섭 및 단
체협약을 체결할 능력이 있어야 한다는 입장이므로, 이에 따른다면 이러한 일시
적 쟁의단이 단체교섭 또는 단체협약 체결능력을 인정할 수 있는 노동조합의
실질을 갖추고 있는 근로자단체에 해당되는지 여부에 따라 결론이 달라질 것이다.

(나) 노동조합이 조직되어 있는 사업장의 경우

① 학   설

노동조합이 조직되어 있는 경우에는 노동조합과 별도로 쟁의단에게 단체교
섭이나 단체협약을 체결할 능력이 인정된다고 보기는 어려우므로 쟁의행위의
정당한 주체가 될 수 없다고 보는 것이 타당하다는 견해[74]와 헌법상 개별 근로
자에게 단체행동권으로서 쟁의권이 인정되는 이상 노동조합이 결성된 사업장에
서도 통일적인 의사결정을 할 수 있는 조직체로서의 일시적 쟁의단 또한 기존
의 노동조합과 중첩적으로 쟁의행위의 주체성을 인정하여야 하고, 예를 들어 노
동조합이 있더라도 어용노조로 비자주적이거나 또는 노동조합이 경직되고 비민
주적이어서 근로자의 이익이 충분히 반영되지 않을 때와 같이 쟁의행위를 통한
근로자의 보호가 요구되는 경우가 있을 수 있으므로, 그러한 조직체의 구성 경
위, 조합원들의 의사의 대표기관성, 교섭과정 및 사용자 측의 태도 등을 종합적
으로 고찰하여 그 정당성을 판단하여야 한다는 견해가 있다.[75]

② 판   례

판례는 전국기관차협의회라는 사업장 단위의 근로자단체에 대하여 "근로자
라고 할 수 없는 해직이 확정된 자도 회원 자격을 인정하고 있을 뿐만 아니라
기존의 전국철도노동조합과 그 조직대상을 같이 하고 있어 구법상 노동조합이
라고 볼 수 없고, 따라서 단체교섭권도 없다"라고 판시하여[76] 기존 노동조합과

73) 대법원 1995. 10. 12. 선고 95도1016 판결.
74) 민변노동법Ⅱ, 202면.
75) 신인령, 154~155면. 같은 취지로 헌법 33조의 보호를 받는 쟁의단도 당연히 ―노동조합이 이
   미 조직되었는지 여부와 관계없이― 단체행동권의 주체가 된다고 보는 견해로는, 박홍규b, 378면.
76) 대법원 1996. 1. 26. 선고 95도1959 판결, 대법원 1997. 2. 11. 선고 96누2125 판결.

복수노조의 관계에 있는 근로자단체에 대하여는 단체교섭 및 단체협약 체결능력이 없다고 하였으므로, 기존 노동조합 이외에 위와 같은 일시적 쟁의단에 대하여는 더 말할 나위도 없이 단체교섭이나 단체협약 체결능력이 없다고 보아 쟁의행위의 정당한 주체가 될 수 없다는 입장을 취하고 있는 것으로 보인다.[77]

그런데 위 판례는 하나의 사업장 내에서 복수노조의 설립이 금지되고 있던 시기의 것이므로 복수노조가 허용되고 있는 현행 노조법하에서도 그대로 유지될 수 있을지는 의문이다. 이미 노동조합이 조직되어 있는 사업장이라 하더라도 비조합원들이 결성한 일시적 쟁의단의 쟁의행위를 일률적으로 부정할 것은 아니다. 하나의 사업장에서 새로운 노동조합이 설립되는 과정에서 쟁의행위가 발생할 수 있음에도 여전히 위 판례 법리를 고수하여 비조합원들의 쟁의행위 주체성을 부정한다면, 복수노조 설립을 허용하는 노조법의 취지에 부합하지 않을 뿐만 아니라 비조합원들에 대한 차별의 문제를 야기하고 그들의 단체행동권을 실질적으로 박탈하는 결과를 초래하여 부당하다.

(2) 일부 조합원 집단

종래 판례는 확고하게 일부 조합원의 집단이 노동조합의 승인 없이 또는 그 지시에 반하여 쟁의행위를 하는, 이른바 소수 조합원의 '비공인파업'[78]의 정당성을 부정해 왔다.[79]

이러한 판례의 태도는 입법적으로 수용되어 1997. 3. 13. 법률 5310호로 노조법이 제정될 당시 "조합원은 노동조합에 의하여 주도되지 아니한 쟁의행위를 하여서는 아니된다"라는 37조 2항의 규정이 신설되었다. 또한, 교섭창구 단일화 제도하에서 비공인파업의 판단 기초가 되는 노동조합은 교섭대표노동조합을 의미한다(법 29조의5). 비공인파업은 그 자체로 노조법을 위반하는 행위로서 형사처

---

77) 사법연수원a, 251면.
78) 학자마다 용어에 다소 차이가 있다. 김형배 교수는 조직상의 관점에서 파업을 노동조합의 조직하에 행하여지는 조합원파업과 노동조합의 규약 또는 지시에 위반하는 조합원파업 및 비조합원파업으로 구별하고, 전자를 조직파업, 후자를 비조직파업이라 하며 비조직파업 중 특히 노동조합에 의하여 주도되지 않거나 소수조합원에 의하여 행하여지는 파업을 wild cat strike라고 한다(김형배, 1330면). 임종률 교수는 조합원이 노동조합의 의사에 반하여 독자적으로 하는 쟁의행위를 흔히 살쾡이파업, 비공식파업, wildcat strike, unofficial strike라고 부른다(임종률, 227면). 박홍규 교수는 비공인단체행동이라는 용어를(박홍규b, 381면), 이상윤 교수는 비공인쟁의행위라는 용어를(이상윤a, 794면) 사용한다.
79) 대법원 1995. 10. 12. 선고 95도1016 판결, 대법원 1997. 4. 22. 선고 95도748 판결, 대법원 1999. 9. 17. 선고 99두5740 판결 등.

벌의 대상이 된다(법 89조 1호, 91조). 나아가 대법원은 노동조합에 의해 주도되지 않은 쟁의행위에 업무방해죄를 적용하고 있다.[80]

비공인파업의 정당성 여부에 관하여는 학설상 논란이 있다.

비공인파업을 정당하다고 보는 입장에서는, 단체행동권은 근로자 개인에게 보장된 자유권으로서 국가나 사용자는 물론이고 노동조합 자체로부터 자유로워야 하므로 노동조합의 내부 통제권 대상 문제와 단체행동권 주체의 문제를 혼동하여서는 아니 된다는 점,[81] 규약위반 내지 통제위반으로 인한 조합 내부의 위법성이 곧 대국가적·대사용자적 관계에서 당연히 위법한 것으로는 취급되지는 않는다는 점,[82] 노동조합이 있더라도 이른바 어용노조로서 비자주적인 경우, 노동조합이 경직되고 비민주적이어서 조합원의 이익이 충분히 반영되지 않는 경우, 노동조합이 다양한 직종을 포괄하고 있어 특정 직종 조합원들의 의사를 제대로 대변하지 못하는 경우 등에는 소수 조합원들의 쟁의권 행사를 독자적으로 보장해 주어야 할 현실적 필요성이 있는 점[83] 등을 근거로 든다.

비공인파업의 정당성을 인정하지 않는 입장에서는, 소수 조합원은 노동조합 내부에서 쟁의의사를 형성하면서 자신의 의견을 반영시킬 수 있는 기회가 있었음에도 불구하고 그렇게 하지 않고 쟁의행위로 나아간 점,[84] 조합원 일부는 노동조합과 별도로 단체교섭의 주체가 될 수 없고, 비공인파업은 노동조합의 사명을 무시하고 다른 조합원의 단결권 내지 생존권을 침해한다는 점,[85] 노동조합의 통일적 의사결정에 따른 공식적 쟁의행위에 대하여만 정당성이 인정되어야 한다는 점[86] 등을 근거로 든다.

비공인파업이 근로자단체 또는 미조직 근로자의 쟁의단과 구별되는 점은 노동조합의 구성원인 조합원 중 일부가 노동조합으로부터 이탈하여 쟁의행위로 나아갔다는 사실에 있다. 이는 단순히 노동조합 내부 규율의 문제가 아니라 단체교섭 내지 단체협약의 본질적 개념 징표와 관련되는 문제이다. 단체협약 제도

---

80) 대법원 2008. 1. 18. 선고 2007도1557 판결 등.
81) 이흥재 편, 20면. 같은 취지로는 박홍규b, 381면.
82) 신인령a, 155~156면.
83) 김선수a, 327~328면; 신인령a, 155면. 다만 김선수a, 328면에서는 비공인파업에 이르게 된 단체의 구성 경위, 조합원들의 의사의 대표기관성, 교섭과정 및 사용자 측의 태도 등을 종합적으로 고찰하여 그 정당성 여부를 판단하여야 한다고 한다.
84) 김유성, 221면.
85) 임종률b, 220~221면.
86) 이상윤a, 795면.

는 집단적 노동관계에서 개개 근로자가 노동조합(단결체)에 가입하여 그의 근로
관계를 집단적 규율에 맡기고, 통일된 집단적 의사를 근로자의 개별적 의사에
우선시켜 단체협약을 일종의 법규범으로 수인하는 것을 토대로 한다. 또한 단체
교섭이 진행되는 과정에서 구성원인 조합원의 단체행동을 통제하고 단체교섭을
유리하게 이끌어나가는 것이 노동조합의 중요한 전략이기도 하다. 바로 이런 점
에서 비공인파업은 정당하다고 보기 어렵다.

라. 지부·분회 등

산업별 노조나 지역별 노조를 비롯한 초기업별 노조가 그 하부조직으로 지
부, 분회 또는 지회 등을 두는 경우, 이러한 지부·분회 등이 정당한 쟁의행위
의 주제가 될 수 있는지 여부에 관하여 학설상 대립이 있다.[87]

(1) 학   설[88]

㈎ 독립성설

이 견해는 단위노조의 지부나 분회도 독자적인 규약 및 집행기관을 가지고
독립된 단체로서 활동하는 경우에는 당해 조직에 특유한 사항에 대하여 단체교
섭의 당사자가 될 수 있으며 이로써 쟁의행위를 할 수 있다고 한다. 이 견해는
다시 지부나 분회는 상부조직인 노동조합의 통제에 따라야 하는지에 대하여, 그
통제에 따라야 한다는 견해[89]와 지부·분회가 규약위반에 따른 책임을 져야 하
지만, 노동조합 내부의 책임문제와 단체교섭의 당사자성은 구별되어야 하므로
지부·분회가 노동조합의 실질적 요건을 갖추어 노동3권의 주체가 될 수 있는
이상 지부·분회는 단위노조의 통제를 받을 필요가 없다는 견해[90]로 나뉜다.

㈏ 위 임 설

이 견해는 단위노조의 지부·분회 등 산하조직은 그 자체로 독립된 노동조
합이 아니므로 단체교섭의 당사자가 될 수 없지만, 산하조직이 단위노조로부터
교섭권한을 위임받은 경우 또는 단위노조의 규약상 일정한 사항에 관하여 교섭

---

87) 지부·분회의 법적 지위에 관한 상세한 논의는 '지부·분회의 법적 지위 보론(補論)' 부분
   해설 참조.
88) 이하 학설의 대략적인 구분은 정승규, 706~709면 참조.
89) 김유성, 131면; 박종희, 107면. 산업별노조 및 하부조직의 규약 등이 정하는 바에 따라 일
   정한 범위 안에서 단체교섭의 당사자가 될 수 있다고 보는 견해도 같은 태도로 보인다. 김기
   덕, 134면.
90) 유성재, 580~584면.

할 권한을 가진다는 취지의 규정이 있는 경우에는 예외적으로 단위노조의 지
부·분회 등 산하조직도 해당 사항에 한하여 교섭당사자가 된다고 한다.91)

이 견해는 산업별 노조의 구성조직의 하나에 불과한 지부·분회에 대하여
독자적인 단체교섭권을 인정하는 경우에는 노동조합의 조직원리에 위배되고, 상급
단체인 단위노조의 단체교섭권은 형해화되며, 결국 산업별 노조 제도의 취지를 몰
각시키는 결과를 가져오고, 산업별 노조의 전체적인 정책과 의사에 반하게 되어
노동조합의 민주적 운영을 저해하는 결과를 초래하게 된다는 것을 논거로 한다.

(다) 절차이행설

이 견해는 산업별 노조의 지부·분회는 실질적인 요건을 갖추고 노조법 시
행령 7조의 설립신고를 마쳐 절차적 요건까지 갖춘 경우에 한하여 단체교섭의
주체 또는 당사자가 될 수 있을 뿐, 실질적인 요건을 갖추었으나 절차적인 요건
을 갖추지 못한 때에는 단체교섭의 당사자가 될 수 없고 단체교섭의 담당자가
될 수 있을 뿐이라고 한다.92) 노동조합 설립신고절차는 단순한 형식적인 행정절
차에 불과한 것이 아니라 노동조합이 실질적 요건을 갖추었는지의 여부를 판단
하여 노동조합의 민주성과 자주성을 확보하기 위한 절차임을 논거로 하고 있다.

(2) 판   례

초기업별 단위노조의 하부조직에 대하여 대법원은 "노동조합의 하부단체인
분회나 지부가 독자적인 규약 및 집행기관을 가지고 독립된 조직체로서 활동을
하는 경우 당해 조직이나 그 조합원에 고유한 사항에 대하여는 독자적으로 단
체교섭하고 단체협약을 체결할 수 있고, 이는 그 분회나 지부가 노조법 시행령
7조의 규정에 따라 그 설립신고를 하였는지 여부에 영향받지 아니한다."라고 판
시하여 실질적인 요건을 갖춘 초기업별 노동조합의 지부·분회를 단체교섭의
당사자로 인정하고 있다.93) 한편, 대법원 2016. 2. 19. 선고 2012다96120 전원합

---

91) 김형배, 1198~1199면; 이승욱, 215면 이하; 임종률b, 109면; 전형배, 246면. 이승욱, 216면에
    서는 "산별노조의 구성조직의 하나에 불과한 지부에 대하여 산별노조 자체의 위임이나 규약
    의 특별한 정함이 없이 독자적인 '노동조합'으로서 지위를 인정하게 되면, 법적으로 독립한
    다른 조직을 산별노조 내부에서 합법적으로 인정하는 결과가 된다. 이는 산별노조 자체의 자
    살행위를 법적으로 용인하는 것이나 다름없기 때문에 노동조합의 조직원리에 반할 뿐만 아
    니라 궁극적으로는 헌법상 단결권 내지 노동삼권질서를 침해하는 결과를 야기하게 된다."라
    고까지 적고 있다.
92) 이상윤d, 668면.
93) 대법원 2001. 2. 23. 선고 2000도4299 판결, 대법원 2002. 7. 26. 선고 2001두5361 판결 등

의체 판결은 산업별 노동조합의 지회 등이 독자적으로 단체교섭을 진행하고 단체협약을 체결하지는 못하더라도, 법인 아닌 사단의 실질을 가지고 있어 기업별 노동조합과 유사한 근로자단체로서 독립성이 인정되는 경우에는 자주적·민주적인 총회의 결의를 통하여 그 소속을 변경하고 독립한 기업별 노동조합으로 전환할 수 있다고 함으로써 조직형태 변경의 주체인 노동조합의 범위를 넓게 보고 있는데, 위 판례에 따르면 '노동조합과 유사한 근로자단체로서 법인 아닌 사단에 해당하는 경우'에도 정당한 쟁의행위의 주체가 될 수 있는지가 문제될 수 있다. 한편, 대법원은 지부·분회가 쟁의행위를 할 경우 찬반투표를 행하여야 하는 조합원의 범위에 대해, 지역별·산업별·업종별 노동조합의 경우에는 총파업이 아닌 이상 쟁의행위를 예정하고 있는 당해 지부나 분회 소속 조합원의 과반수의 찬성이 있으면 쟁의행위는 절차적으로 적법하고, 쟁의행위와 무관한 지부나 분회의 조합원을 포함한 전체 조합원의 과반수 이상의 찬성을 요하는 것은 아니라고 보고 있다.94)

5. 법규상 제한

헌법 및 관련 법령 등에 의하여 일부 근로자들에 대하여는 쟁의행위 주체성이 부인되거나 제한된다.95)

가. 공 무 원

헌법 33조 2항은 "공무원인 근로자는 법률이 정하는 자에 한하여 단결권·단체교섭권 및 단체행동권을 가진다."라고 규정하고 있다. 사실상 노무에 종사하는 공무원은 노동3권이 보장되어 있어 쟁의행위를 할 수 있으나, 이를 제외한 공무원은 노동운동이나 그 밖에 공무 외의 일을 위한 집단 행위를 하여서는 아니 된다(국공법 66조 1항, 지공법 58조 1항). 공무원노조법도 공무원에게 단결권 및 단체교섭권만을 부여하고 단체행동권은 인정하지 않는다(공무원노조법 8조, 11조).96)

참조. 이상윤a, 795면에서는 대법원 판례를 유추해석하면 지부·지회도 정당한 쟁의행위의 주체가 될 수 있는 것으로 판단할 수 있을 것이라고 한다.

94) 대법원 2004. 9. 24. 선고 2004도4641 판결, 대법원 2009. 6. 23. 선고 2007두12859 판결 등.

95) 이와 같은 제한이 ILO의 기준에 부합하는지 여부에 관한 논의로는 김동현·이혜영, 372~376면.

96) 이에 관한 상세한 논의는 공무원노조법 해설 부분 참조.

나. 교   원

사립학교 교원의 복무에 관하여는 국·공립학교 교원에 관한 규정이 준용되므로(사립학교법 55조), 사립학교 교원은 공무원이 아니면서도 국공법 66조 1항의 적용을 받게 되어 결과적으로 쟁의행위를 할 수 있는 헌법상 단체행동권의 향유 주체가 되지 못한다. 교원노조법에 의하여 설립된 교원노조도 단결권 및 단체교섭권만이 인정되고, 쟁의행위는 할 수 없다(교원노조법 8조).[97]

다. 방위산업체 근로자

헌법 33조 3항은 "법률이 정하는 주요방위산업체에 종사하는 근로자의 단체행동권은 법률이 정하는 바에 의하여 이를 제한하거나 인정하지 아니할 수 있다."라고 규정하고 있다. 이에 근거하여 노조법 41조 2항은 방위사업법에 의하여 지정된 주요방위산업체에 종사하는 근로자 중 전력, 용수 및 주로 방산물자를 생산하는 업무에 종사하는 자의 쟁의행위를 금지하고 있으며,[98] 이를 위반한 경우 노조법상 가장 중한 형사처벌을 하도록 규정하고 있다(노조법 88조).[99] 다만, 주요방위산업체로 지정된 회사가 사업의 일부를 사내하도급 방식으로 다른 업체에 맡겨 방산물자를 생산하는 경우에 하수급업체에 소속된 근로자는 노조법 41조 2항에서 쟁의행위를 금지하는 '주요방위산업체에 종사하는 근로자'에 해당하지 않는다.[100]

라. 선   원

선원법의 적용을 받는 근로자는 원칙적으로 쟁의행위를 할 수 있으나, i) 선박이 외국 항에 있는 경우, ii) 여객선이 승객을 태우고 항해 중인 경우, iii)

---

97) 이에 관한 상세한 논의는 교원노조법 해설 부분 참조.

98) 이에 관한 상세한 논의는 법 41조에 대한 해설 부분 참조.

99) 대법원 2022. 6. 9. 선고 2016도11744 판결은, 위와 같은 쟁의행위에 대한 법령상의 엄정한 규율 체계와 헌법 33조 1항이 노동3권을 기본권으로 보장한 취지 등을 고려하면, 연장근로 내지는 휴일근로의 집단적 거부와 같이 사용자의 업무를 저해함과 동시에 근로자들의 권리행사로서의 성격을 아울러 가지는 행위가 노동조합법상 쟁의행위에 해당하는지는 해당 사업장의 단체협약이나 취업규칙의 내용, 연장근로를 할 것인지에 대한 근로자들의 동의 방식 등 근로관계를 둘러싼 여러 관행과 사정을 종합적으로 고려하여 엄격하게 제한적으로 판단하여야 한다고 전제한 후, 제반 사정을 종합하면 단체협상 기간에 노동조합의 지침에 따라 연장근로·휴일근로가 이루어지지 않았더라도 방산물자 생산부서 조합원들이 쟁의행위를 하였다고 볼 수 없고, 이를 전제로 노동조합 간부들에게 노조법 41조 2항을 위반한 공동정범의 책임을 물을 수 없다고 판단하였다.

100) 대법원 2017. 7. 18. 선고 2016도3185 판결, 위 판결에 대한 평석으로는 오세웅, 71~73면.

위험물 운송을 전용으로 하는 선박이 항해 중인 경우로서 위험물의 종류별로 해양수산부령으로 정하는 경우, iv) 선원법 9조에 따라 선장 등이 선박의 조종을 지휘하여 항해 중인 경우, v) 어선이 어장에서 어구를 내릴 때부터 냉동처리 등을 마칠 때까지의 일련의 어획작업 중인 경우, vi) 그 밖에 선원근로관계에 관한 쟁의행위로 인명이나 선박의 안전에 현저한 위해를 줄 우려가 있는 경우에는 선원근로관계에 관한 쟁의행위를 할 수 없다(선원법 25조). 선박에서 행하는 쟁의행위는 그 특수성에 비추어 인명 및 신체에 위해를 가져올 우려가 크고 국위에 손상을 가져올 수 있으므로 이를 제한한 것이다.[101]

마. 특수경비원

경비업법 15조 3항은 "특수경비원은 파업·태업 그 밖에 경비업무의 정상적인 운영을 저해하는 일체의 쟁의행위를 하여서는 아니된다."라고 규정하고 있다. 특수경비원이란 공항(항공기를 포함한다) 등 대통령령이 정하는 국가중요시설의 경비 및 도난·화재 그 밖의 위험발생을 방지하는 업무를 수행하는 자를 말한다(경비업법 2조 1호 마목, 3호 나목).

위 경비업법 15조 3항의 규정이 특수경비원의 단체행동권을 박탈하여 노동3권을 보장한 헌법 33조 1항에 위배되는지 여부가 다투어졌으나, 헌법재판소는 "특수경비원 업무의 강한 공공성과 특히 특수경비원은 소총과 권총 등 무기를 휴대한 상태로 근무할 수 있는 특수성 등을 감안할 때, 특수경비원의 신분이 공무원이 아닌 일반근로자라는 점에만 치중하여 특수경비원에게 노동3권, 즉 단결권, 단체교섭권, 단체행동권 모두를 인정하여야 한다고 보기는 어렵고, 적어도 특수경비원에 대하여 단결권, 단체교섭권에 대한 제한은 전혀 두지 아니하면서 단체행동권 중 경비업무의 정상적인 운영을 저해하는 일체의 쟁의행위만을 금지하는 것은 입법목적 달성에 필요불가결한 최소한의 수단이라고 할 것이어서 침해의 최소성 원칙에 위배되지 아니한다."는 등의 이유로 합헌결정을 한 바 있다.[102]

[김 민 기]

---

101) 이상윤a, 798면. 선원의 쟁의행위에 관한 상세한 설명으로는 권창영a, 339~375면.
102) 헌재 2009. 10. 29. 선고 2007헌마1359 결정. 특수경비원의 경우 헌법이 특별히 개별적 유보조항을 두고 있지 아니함에도 단체행동권을 전면적으로 금지하고 있는 것은 헌법의 문리적 해석에 반하므로 관련 조항은 폐지되어야 한다는 견해로는 김선수b, 54면.

Ⅲ. 쟁의행위의 목적과 정당성

1. 의   의

가. 쟁의행위의 정당성

판례는 쟁의행위의 정당성을 그 주체 및 목적·절차·수단과 방법이라는 네 가지 관점에서 파악하고 있으며, 관련 내용이 노조법 37조 1항에서 규정되기 이전인 구 노동쟁의조정법하에서부터 일관되게 쟁의행위의 정당성에 있어서 위 4가지 조건을 요구하고 있다. 판례는 이러한 조건들을 별개의 정당성 판단기준으로 파악하여, 4가지 조건을 모두 구비하여야 쟁의행위의 정당성이 인정되고,[103] 목적이 정당하지 않다면 절차, 수단과 방법 측면에서 위법이 없더라도 쟁의행위의 정당성은 부정된다고 한다.[104]

이에 대하여 정당성은 법질서 전체의 견지에서 허용된다고 볼 것인지의 문제이므로 법규 위반의 쟁의행위라 하여 언제나 정당성이 부정되는 것은 아니라는 견해[105], 노조법의 쟁의행위 개념은 같은 법에 따른 규제대상 또는 조정·중재 대상으로 이해해야 하고 일반 형법 또는 민법상 위법성 판단 대상이 되는 쟁의행위와 달리 보아야 한다는 전제에서 쟁의행위가 주체, 목적, 절차, 수단이나 방법 등 노동관계법령에서 요구하는 정당성을 갖추지 못하였다는 사유만으로는 불법행위를 구성하지 않는다는 견해[106], 목적과 수단·태양의 쌍방의 관점에서 종합적으로 판단하여야 한다는 견해[107]가 있다.

우리 헌법은 33조 1항에서 "근로자는 근로조건의 향상을 위하여 자주적인 단결권·단체교섭권 및 단체행동권을 가진다"고 하는데, 쟁의행위는 헌법상 단체행동권의 행사이므로 쟁의행위의 목적도 '근로조건의 향상'에 있다고 봄이 상당하다.[108] 대법원도 쟁의행위의 정당성과 관련하여 그 목적이 근로조건의 향상을 위한 노사 간의 자치적 교섭을 조성하는 데에 있어야 한다고 판시하여 왔

---

103) 대법원 2000. 5. 12. 선고 98도3299 판결, 대법원 2017. 4. 7. 선고 2013두16418 판결 등.
104) 대법원 2001. 4. 24. 선고 99도4893 판결.
105) 임종률, 242면.
106) 조경배d, 195~199면.
107) 小西國友, 213~214면(그리하여 정치파업이나 항의파업·동정파업에 관해서도 종합적 판단이 필요하다고 한다).
108) 김유성, 219면.

다.109)

그런데 '근로조건의 향상'의 구체적 의미를 해석할 때에는 노동3권의 상호
관계를 어떻게 이해하는지에 따라 상당한 차이를 보이고 있으므로 이하에서는
먼저 노동3권의 상호관계에 대하여 검토한다.

나. 노동3권의 상호관계

(1) 단결권 중심설과 단체교섭권 중심설

노동3권은 각자 독자적인 의미가 있으면서도 상호 유기적 연계성이 있는
것으로서 노동3권은 전체적, 통일적인 시각에서 접근해야 한다. 하지만, 단체행
동권의 구체적인 내용을 어느 범위까지 인정할 수 있는지에 관하여는 노동3권
중 어느 권리를 목적적인 권리로 보는가에 따라 상당한 차이가 있다.110)

단체교섭권 중심설을 취하는 경우에는 단결권 및 단체행동권의 정당성 범
위는 단체교섭권의 정당성 기준에 의하여 결정된다. 즉, 단결활동 또는 단체행
동이 정당하려면 사용자를 상대방으로 하여 근로조건과 밀접하게 관련되고 사
용자에게 처분권한이 있는 사항을 대상으로 하여야 하는 것으로서, 사용자와의
관계에서 단체교섭의 대상이 될 수 없는 사항은 쟁의행위의 목적이 될 수 없다
고 한다.111) 헌법 33조 1항이 규정하고 있는 단체행동권의 목적인 '근로조건의
향상'도 엄격하게 해석하여, 쟁의행위도 유리한 단체협약의 체결 또는 단체교섭
상의 목적(교섭)사항 관철을 목적으로 행사되어야 한다고 본다.112)

반면에 단결권 중심설은 국가가 국민의 경제생활 전반에 적극적으로 개입
하고 있는 현재의 상황을 고려하여 노동3권의 목적을 달성하기 위해서는 국가
를 대상으로 하는 단결활동도 필수적이라고 한다. 노동3권 행사의 정당성 기준
에 관하여도 근로자의 생활이익과 관련되는 사항이면 널리 노동3권 활동의 대
상이 될 수 있다고 하고,113) '근로조건의 향상'의 의미도 근로자의 '사회적·경
제적 지위의 향상'이라는 견지에서 광의로 파악한다.114) 국제노동기구(ILO) 결사
의 자유 위원회는 단체행동권을 단결권의 내재적 귀결로 보며, 근로자의 사회경

---

109) 대법원 1996. 1. 26. 선고 95도1959 판결.
110) 노동3권과 그 상호관계에 관한 상세한 논의는 '총설: 노동3권' 해설 Ⅴ. 참조.
111) 김치중, 863면; 김형배, 164면; 박상필, 90면; 이상윤a, 709, 800면; 하갑래b, 460면; 注釋
     (上), 516면.
112) 김형배, 1347면.
113) 김유성, 34면.
114) 김유성, 219면; 이병태, 291면.

제적·직업적 이익을 보호하기 위한 목적의 사회·경제정책에 관한 파업도 정당한 것으로 본다.115)

두 입장의 차이는 쟁의행위가 목적으로 하는 사항이 반드시 사용자의 처분권한 내의 것이어야 하는지에 있다. 근로조건에 관한 단체협약이 '근로조건의 향상'에 가장 직접적인 방법이기는 하나 근로자의 '근로조건'이나 '사회적·경제적 지위'가 협의의 근로조건에 의해서만 결정되는 것이 아니고, 국가의 입법이나 각종 정책이 근로조건에 직·간접적으로 큰 영향을 미치고 있음을 고려한다면, 쟁의행위의 목적을 사용자에게 처분권한이 있는 협의의 근로조건에만 국한시키는 것은 부당하다.116) 다만 쟁의행위의 목적에 어떠한 제한도 없다는 견해도 무리이므로 사용자에게 처분권이 없는 사항을 목적으로 한 쟁의행위는 구체적인 문제와 관련하여 그 정당성을 판단하여야 한다.117)

(2) 단체행동권 중심설

앞의 두 견해는 '어느 범위까지 단체행동의 정당성을 인정할 것인가'에 관하여 차이를 보이는데 반해, '노동3권 중 어느 권리를 가장 핵심적인 것으로 보아야 할 것인가'를 기준으로 단체행동권 중심설을 별개의 견해로 포함시켜 설명하는 경우도 있다.118) 단체행동권 중심설은 근로자의 단체행동권이 전제되지 않은 단체결성이나 단체교섭이란 무력한 것이어서 무의미하여 단체결성이나 단체교섭권만으로는 노사관계의 실질적 대등성은 확보될 수 없으므로, 단체행동권이야말로 노사관계의 실질적 대등성을 확보하는 필수적인 전제로서 노동3권 가운데 가장 중핵적인 권리라고 한다.119)

단체행동권 중심설은 단체행동권에 대한 제한은 최후의 수단이 되어야 하고, 그만큼 그 제한이 정당화되려면 엄격한 요건을 충족시켜야 하며, 단체행동권이 근로자에게 사용자와 대등한 교섭 능력을 보장하는 데 불가결하다면 근로자의 단체행동권의 정당한 행사는 원칙적으로 제한할 수 없다고 본다.120) 헌법

---

115) ILO(이승욱 역), paras. 755, 758, 759.
116) 김유성, 35, 229면; 박홍규a, 814면; 임종률, 246면; 민변노동법Ⅱ, 205면.
117) 김유성, 35, 229면; 임종률, 246면.
118) 사법연수원a, 22면.
119) 헌재 1996. 12. 26. 선고 90헌바19 등 결정(공익사업에 대한 직권중재제도를 규정한 구 노동쟁의조정법 30조 3호 규정에 대한 재판관 5인의 위헌의견); 허영 교수도 단체행동권은 노동3권 중에서도 가장 강력하고 본질적인 권리라고 하고 있다(허영, 628면).
120) 헌재 1996. 12. 26. 선고 90헌바19 등 결정(재판관 5인의 위헌의견).

상 시민적 자유로서 단결권이 인정되고 있는 현재에는 근로자에게 단체행동권
이라는 실력이 주어지지 않는다면 단체교섭 및 단체협약의 체결은 당사자 간의
자유로운 계약에 불과하게 될 것이므로, 실질적으로나 연혁적으로 단체행동권은
노동3권 중에서도 가장 본질적인 권리임을 부정하기 어려우며 단체행동권을 제
한하는 데에는 신중해야 한다는 것이다.

(3) 판   례

대법원은, "노동3권 가운데에서도 단체교섭권이 가장 중핵적 권리"[121]라고
하거나, "쟁의행위의 목적이 근로조건의 향상을 위한 노사간의 자치적 교섭을
조성하기 위한 것이라 함은 그 쟁의에 의하여 달성하려는 요구사항이 단체교섭
사항이 될 수 있는 것을 의미한다."라고 하거나,[122] 혹은 "이 사건 파업행위는
사용자에게 처분권한이 없거나 단체협약을 통하여 개선될 수 없는 사항인 노동
관계법의 철폐를 목적으로 한 것이어서 쟁의행위로서의 정당성을 갖추지 못하
였다"[123]고 하여, 단체교섭권 중심설을 취하고 있다.

2. 구체적 검토

가. 의무적 교섭사항

(1) 개   요

쟁의행위는 그 목적이 근로조건의 향상을 위한 노사 간의 자치적 교섭을
조성하는 데에 있어야 하므로, 쟁의행위에 의하여 달성하려는 요구사항이 단체
교섭 대상사항, 즉 의무적 교섭사항에 해당하여야 한다고 함이 판례와 다수설의
견해이나,[124] 의무적 교섭사항에 한정할 이유가 없다는 비판도 존재한다.[125]

노사의 자치적 교섭을 조성하기 위한 목적에 적합하다고 하기 위하여는 노
동관계 당사자가 쟁의행위를 통해 관철하려는 주장이 반드시 임금 등 근로자의
경제적 지위의 유지, 향상에 국한되어야 하는 것은 아니고 근로시간, 후생, 해고
기타 대우 등 근로조건에 관한 주장들도 적합한 목적에 해당할 수 있다.[126] 언

---

121) 대법원 1990. 5. 15. 선고 90도357 판결.
122) 대법원 1994. 9. 30. 선고 94다4042 판결, 대법원 2018. 2. 13. 선고 2014다33604 판결(이에
    대한 평석으로 이종훈, 222~228면).
123) 대법원 2000. 11. 24. 선고 99두4280 판결.
124) 김형배, 1347면; 이상윤a, 799, 800면; 하갑래b, 460면; 사법연수원a, 253면; 菅野(역), 739면;
    대법원 1992. 5. 12. 선고 91다34523 판결, 대법원 1994. 3. 25. 선고 93다30242 판결.
125) 박홍규a, 814면; 정재성c, 231면; 片岡曻(역), 197면; 김진b, 35면.

론사의 경우 방송의 공정성 보장을 위한 제도적 장치의 마련도 근로조건의 개선에 포함될 수 있고,127) 기존에 합의된 단체협약을 사용자가 지키지 않는 경우 그 준수를 요구하기 위한 행위는, 단순히 기존의 단체협약의 해석·적용에 관한 사항을 주장하는 것이 아니라 공정방송을 위한 단체협약의 이행을 실효적으로 확보할 수 있는 방안을 강구하기 위한 것으로서 근로조건의 결정에 관한 사항을 목적으로 한 쟁의행위에 해당하며,128) 연구자율수호운동에 대한 보복 인사조치의 철회를 비롯한 근로조건 개선도 쟁의행위의 목적이 될 수 있다.129)

임금, 근로시간 등 근로조건에 관한 사항 이외에 정당한 조합활동의 보장에 관한 협정의 체결과 같은 집단적 노동관계에 관한 사항도 정당성이 인정된다.130) 나아가 경영참가에 대한 요구도 정당성이 인정될 수 있다.131)

사용자의 부당노동행위나 산업재해 등에 항의하기 위한 파업이나 사용자의 협약위반에 대항하여 협약이행을 요구하는 파업도 넓은 의미의 근로조건 향상과 경제적 지위 향상에 관련된다면 그 목적이 위법하다고 볼 수는 없다.132)133) 산업재해에 대한 항의나 임금체불에 대한 항의는 근로조건상의 요구가 항상 포함되어 있으므로 그 목적의 정당성은 문제되지 않는다.134)

일본의 사례로는, 직장에서 생명과 관련된 산업재해가 발생한 것은 중대한 일이고, 근로자가 이에 대하여 재해가 발생하지 않도록 노동환경의 개선을 요구하는 것은 그 목적이 정당하다고 한 판결,135) 조직방어는 노동조합에게 가장 중요한 목적이고 이를 위한 파업으로 회사에 적지 않은 손해를 가하였어도 정당

---

126) 대법원 1992. 5. 12. 선고 91다34523 판결(이에 대한 평석으로는 정재성b, 175~178면); 박상필, 529면

127) 대법원 2018. 2. 13. 선고 2014다33604 판결, 서울고법 2015. 4. 29. 선고 2014나11910 판결 (상고취하로 확정).

128) 서울고법 2015. 5. 7. 선고 2014노1664 판결(상고심인 대법원 2022. 12. 16. 선고 2015도 8190 판결은 상고를 기각하였다).

129) 대법원 1992. 5. 12. 선고 91다34523 판결.

130) 김유성, 145면; 김치중, 863면; 김형배, 1222면; 임종률, 248면; 사법연수원b, 14면.

131) 박홍규a, 819면; 니시타니 사토시, 504면.

132) 박홍규a, 820면; 이상윤, 802, 803면; 임종률, 249면; 대법원 1991. 5. 14. 선고 90누4006 판결; 萬井隆令 등, 162면; 니시타니 사토시, 504면; 千葉地裁 2000. 7. 14. 判決(國鐵千葉動労事件, 労働判例 797호, 75면).

133) 다만 이와 관련하여서는 권리분쟁이 쟁의행위의 대상이 될 수 있는가에 관한 다른 쟁점이 있고, 이에 대하여는 라. 권리분쟁에 관한 사항에서 다시 살펴보기로 한다.

134) 注釋(上), 523면.

135) 東京地裁 1969. 10. 28. 判決(明治乳業事件, 労働関係民事裁判例集 20권 5호, 1415면).

성을 잃지 않는다고 한 판결이 있다.136) 하지만, 조합원이 관리직으로부터 폭행
을 당하였다고 하여 단체교섭의 요구 없이 바로 파업을 단행한 것에 대하여는
폭행 사건에 직접적인 책임이 없는 사용자에 대하여 단지 항의만을 위한 목적
으로 한 것으로서 정당성이 없다고 하였으며,137) 어용노조의 해산이나 다른 노
동조합의 단결권 부정과 배제를 요구하는 파업도 사용자에게 부당노동행위를
강요하는 것으로서 정당성이 없다고 판시하였다.138)

    단체교섭사항이 될 수 없는 것에는, 단체협약에 의하여 단체교섭 대상에서
제외한 사항,139) 쟁의행위 당시 유효한 단체협약에 의하여 규율 받고 있는 사
항140)이 포함된다.141) 임원의 선임에 관하여 노동조합의 동의나 노동조합과의
협의를 요구하거나 특정인의 임원선임이나 선임반대를 요구하는 것은 특별한
사정이 없는 한 의무적 교섭사항이 아니어서 쟁의행위에 의하여 강제할 수 없
다.142) 사용자의 적법하고 정당한 행위의 저지나 위법하고 부당한 행위를 요구
하는 쟁의행위도 정당성이 인정될 수 없다.143) 사용자가 최종적인 결정 권한이
없는 노동조합측 교섭대표와의 교섭을 회피하는 것에는 정당한 이유가 있고 그
에 대항하여 단행된 쟁의행위도 목적의 정당성을 인정받을 수 없다.144)

    쟁의행위의 규모는 정당성과는 무관하므로 전국적인 총파업도 경제적인 사
항을 목적으로 한다면 정당성이 인정될 수 있다.145)

    의무적 교섭사항에 관한 상세한 설명은 단체교섭 전론(前論) 2: 단체교섭의
대상에 대한 해설 Ⅱ. 3. 참조.

(2) 목적이 여러 가지인 경우

    쟁의행위에 의하여 추구되는 목적이 여러 가지이고 그 중 일부가 정당하지
못한 경우에는 주된 목적 내지 진정한 목적의 당부에 의하여 그 쟁의 목적의

---

136) 村山晃, 70~71면(神戸地裁 1975. 9. 30. 판결로 소개되어 있다).
137) 村山晃, 72~73면(東京地裁 1980. 4. 7. 판결로 소개되어 있다).
138) 大津地裁彦根支部 1954. 7. 8. 判決(近江絹絲彦根工場事件, 労働関係民事裁判例集 5권 3호,
     318면).
139) 대법원 1994. 9. 30. 선고 94다4042 판결.
140) 대법원 1991. 1. 15. 선고 90누6620 판결, 대법원 1992. 9. 1. 선고 92누7733 판결 등.
141) 사법연수원a, 259~260면.
142) 박홍규a, 819면; 菅野(역), 741면.
143) 西谷 敏b, 555면.
144) 대법원 1998. 1. 20. 선고 97도588 판결.
145) 박상필, 529면.

당부를 판단하여야 하며, 부당한 요구사항을 뺐더라면 쟁의행위를 하지 않았을 것이라고 인정되는 경우에는 그 쟁의행위 전체가 정당성을 갖지 못한다.[146] 임금협약, 고용안정협약 등의 체결과 함께 의무적 교섭사항이 아닌 사항에 대한 요구를 하면서 쟁의행위를 한 경우에 부당한 목적에 관한 사항이 주된 목적이 아닌 경우에는 그 쟁의행위는 목적상 정당하다.[147] 반대로 임금협약 체결을 쟁의행위의 목적 중 하나로 내세웠더라도 단체교섭의 대상이 될 수 없는 사항이 주된 목적인 경우 쟁의행위의 정당성이 인정되지 않는다.[148]

대법원은 노동조합이 조합원인 미화원들의 신분을 고용직 공무원으로 환원되도록 하여 달라고 외부기관에 진정하고 조합원들이 쟁의기간 중 같은 내용이 적힌 리본을 착용한 사안에서, 노동조합이 회사에 대하여 임금인상 등 근로조건의 개선을 위한 요구를 계속하였고, 또 그에 관하여 노사 간에 진지한 교섭을 장기간에 걸쳐 벌여 온 점에 비추어 보면, 노동조합이 다른 한편으로 공무원 환원 요구 리본 착용과 같은 행위를 한 바 있어도 이는 대외적 활동이거나 쟁의행위의 부차적 목적에 지나지 아니하고 쟁의행위의 직접적이고 주된 목적은 아니라고 하여 쟁의행위의 목적의 정당성을 인정하였다.[149]

또한 근로자들이 쟁의행위를 하면서 연구소장의 퇴진을 요구한 사안에서 그것이 부차적인 것이고 주된 목적은 일부 근로자들에 대한 파면처분이 노동조합의 핵심적 관심사항인 연구자율수호운동을 주동한 것에 대한 보복조치라고 하여 철회를 구하는 것으로서 그 뜻이 조합원의 근로조건의 개선요구에 있다고도 볼 수 있다면 쟁의행위는 그 목적에 있어 정당하다고 한 대법원 판결,[150] 10년간 회사 매각 및 해고 금지 등 고도의 경영상 결단에 속한다고 볼 여지가 있는 사항을 단체교섭 대상으로 포함시켰더라도 진정한 목적은 회사의 매각에 따른 고용안정이나 임금인상 등 근로조건의 유지와 향상에 있었다고 보아 목적의

---

146) 김명수, 424~425면; 김치중, 863면; 이상윤a, 799면; 사법연수원a, 254면; 대법원 2001. 6. 26. 선고 2000도2871 판결(이에 대한 평석으로 박재필, 471~500면), 대법원 2002. 2. 26. 선고 99도5380 판결(이에 대한 평석으로 김진a, 148~175면; 김철영, 178~184면; 정인섭e, 24~28면), 대법원 2003. 2. 28. 선고 2002도5881 판결, 대법원 2007. 5. 11. 선고 2006도9478 판결, 대법원 2009. 6. 23. 선고 2007두12859 판결, 대법원 2011. 1. 27. 선고 2010도11030 판결 등.
147) 김치선, 410면, 임종률, 251면; 대법원 2003. 12. 26. 선고 2001도1863 판결, 대법원 2018. 10. 4. 선고 2016다242884 판결.
148) 대법원 2002. 2. 26. 선고 99도5380 판결, 대법원 2003. 12. 26. 선고 2001도3380 판결, 대법원 2015. 2. 26. 선고 2012도13173 판결, 대법원 2017. 4. 7. 선고 2013두16418 판결.
149) 대법원 1992. 1. 21. 선고 91누5204 판결.
150) 대법원 1992. 5. 12. 선고 91다34523 판결.

정당성을 인정한 대법원 판결,151) 해고된 노조간부 복직 요구의 근본취지가 조합원의 근로조건 개선 요구에 있다고 보아 단체교섭대상성을 인정한 하급심 판결152)도 있다.

일본의 사례로는 광업소장의 추방153)과 편집국차장에 대한 해고철회154) 등 관리자의 인사에 간섭하는 요구라도 그 진의가 조합원의 근로조건의 개선과 경제적 지위의 향상에 있다면 정당성이 인정된다고 한 것이 있다.155)

(3) 사용자의 처분권한

단체교섭권 중심설을 취하는 경우에는 사용자가 교섭의무를 부담하는 의무적 교섭사항은 원칙적으로 근로조건에 관한 사항과 그에 영향을 미치는 기타 노동관계에 관한 것으로서 노사관계 당사자가 스스로 결정할 수 있고 당해 노사관계 당사자에게 관련되는 사항에 한정된다.156) 하지만 주로 단결권 중심설의 입장에서, 쟁의행위의 정당성은 오로지 단체행동권 보장의 기본이념에 입각하여 판단하여야 하며, 정당한 쟁의행위의 범위를 사용자를 상대로 하는 경우에 한정할 필연적 이유는 없다는 비판이 있다.157)

어느 기업의 근로자를 조직한 노동조합이 당해 기업과의 노동쟁의를 해결하기 위해 그 기업과 거래하는 회사나 모기업의 사업장에서 피케팅 등에 의하여 종업원의 노무정지를 호소하거나 업무를 방해하는 2차적 쟁의행위는 거래회사가 분쟁회사의 종업원에 관하여 단체교섭상의 사용자로 인정되는 특별한 경우158) 이외에는 정당성이 인정되지 않는다. 이러한 2차적 쟁의행위는 거래처 기업에서의 단체교섭과 무관하기 때문이다.159) 이와 관련하여 일본에서는, 노동조합지부의 분회가 지부를 탈퇴하자 분쟁회사에 원재료를 공급하는 회사에 대한 실력행사를 통해 금전을 수수한 사안에서 이를 공갈죄로 처벌한 하급심 판

---

151) 대법원 2013. 2. 14. 선고 2010두17601 판결, 대법원 2013. 2. 15. 선고 2010두20362 판결.
152) 대구지법 1995. 2. 26. 선고 94노2049 판결(이에 대한 평석으로 정재성a, 221~226면).
153) 最高裁 1949. 4. 23. 判決(大浜炭鑛事件, 最高裁判所刑事判例集 3권 5호, 592면).
154) 最高裁 1960. 4. 26. 判決(高知新聞社事件, 最高裁判所民事判例集 14권 6호, 1004면).
155) 注釋(上), 522면.
156) 김치선, 410면; 김형배, 1347면; 박상필, 528면; 이상윤a, 800면; 사법연수원a, 253면.
157) 김유성, 229면; 박홍규a, 816면; 이병태, 291면; 임종률, 246면; 민변노동법Ⅱ, 205면; 니시타니 사토시, 499면; 片岡昇(역), 199면.
158) 자회사 관계에 있거나 파견기업의 사례에서 그러한 경우가 생길 수 있다[菅野(역), 740~741면 참조].
159) 菅野(역), 741면.

결이 있다.160)

대법원은 구속근로자에 대한 항소심 구형량이 1심보다 무거워진 것에 대한 항의와 석방촉구를 목적으로 이루어진 파업은 근로조건의 유지 또는 향상을 주된 목적으로 한 쟁의행위라고 볼 수 없다고 판시하였다.161)

사용자 개인의 힘으로는 해결할 수 없는 통일교섭 요구나 집단교섭 요구를 목적으로 한 쟁의행위에 대하여는 근로조건의 향상과 밀접한 관련이 있다고 하여 정당성을 인정한 일본의 사례가 있다.162)

나. 정치파업

(1) 의   의

정치파업은 국가나 공공단체를 상대방으로 하거나 근로자의 특정한 정치적 주장의 시위나 관철을 목적으로 하는 쟁의행위이다.163) 헌법상 인정되는 파업을 사용자를 상대방으로 하는 것에 한정하려는 판례의 태도에 비추어 정치파업을 국가나 공공단체를 상대방으로 하는 파업으로 정의하되 필요한 경우 요구의 내용에 따라 경제적 정치파업과 순수 정치파업으로 구분함이 일반적이다.164) 주장 관철의 대상은 정부임에도 파업에 따른 손해는 그 주장에 대하여 아무런 권한이 없는 사용자가 입는다는 데에 그 특징이 있다.165)

노사관계사항을 중심적인 요구사항으로 하고 부가적으로 정치적 요구를 내거는 쟁의행위는 정치파업이 아니다.166) 따라서 정치적 목적을 내건 파업도 그것이 주된 목적이 아닌 경우에는 정당성이 인정되고,167) 반대로 정치적 목적과 함께 사용자에 대한 요구를 하는 경우에도 진정한 목적이 외국과의 조약 체결 반대에 있는 경우에는 정당성이 부정된다.168)

---

160) 東京高裁 1987. 1. 29. 判決(運輸一般東京生コン支部事件, 労働判例 495호, 68면).
161) 대법원 1991. 1. 23. 선고 90도2852 판결(노동쟁의조정법의 적용대상인 쟁의행위에 해당하지 않는다고 판단한 사례이다).
162) 東京地裁 1971. 9. 29. 判決(読売新聞北王子販売店事件, 労働判例 136호, 45면); 盛岡地裁一関支部 1980. 4. 4. 判決(全自交一關支部事件, 労働判例 346호, 62면).
163) 김유성, 230면; 이상윤a, 804면; 민변노동법Ⅱ, 205면; 菅野(역), 739면; 注釋(上), 516면.
164) 김유성, 213면; 니시타니 사토시, 498면.
165) 김유성, 230면; 임종률, 245면; 片岡昇(역), 199면.
166) 西谷 敏b, 553면; 下井隆史b, 208면.
167) 東京高裁 1967. 9. 6. 判決(全遞東京中郵事件, 高等裁判所刑事判例集 20권 4호, 526면).
168) 대법원 2010. 2. 11. 선고 2009도2328 판결; 名古屋高裁 1971. 4. 10. 判決(全日本檢數協會名古屋支部事件, 労働関係民事裁判例集 22권 2호 453면).

(2) 정 당 성

(가) 위 법 론

정치파업의 정당성에 관하여, 우선 쟁의행위는 단체교섭을 촉진하거나 자기에게 유리하게 타결하기 위한 수단으로서만 인정된 것이고, 단체교섭 내지 단체협약을 통한 근로조건의 향상을 목적으로 하는 경우에만 정당성이 인정되기 때문에, 사용자가 처분권한을 가지고 있지 않은 것을 요구하는 정치파업은 정당한 쟁의행위가 아니라는 정치파업 위법론이 있다.169) 근로자들을 위한 특정 법령의 제정을 요구하는 정치파업은 정당성을 인정받기 어렵다고 한다.170) 군수품의 생산반대, 공해반대 등도 그 자체로서는 쟁의행위의 목적이 될 수 없다고 한다.171) 다만 정치적 요구가 부차적이거나 부수적인 경우에는 정당성을 인정한다.172)

위법론은, 근로자의 경제적 이익에 관련된 국가정책에 적극적으로 맞서는 것이 오늘날 노동조합의 중요한 과제이기는 하지만, 사용자가 처분권한을 갖지 못한 사항에 대하여 쟁의행위의 결과를 수인해야 하는 것은 모순이고 노동조합에는 이와 관련하여 이미 집회, 선거운동, 가두 유인물배포 등 시민법상 보장된 수단이 있으므로, 정치활동은 쟁의행위가 아닌 합법적인 조합활동에 의해 추진될 문제라고 본다.173) 파업은 단체교섭의 작동을 위해 필요한 수단이고, 단체교섭은 근로조건의 결정에 관하여 근로자의 사용자에 대한 대등성 확보뿐만 아니라 노사자치의 형성과 노사관계의 안정을 가져와 사용자의 이익도 되는 것이며, 사용자는 단체교섭에서 한 대응 여하에 따라 파업을 회피할 수도 있기에, 단체교섭에서 해결할 수 없는 정치문제에 관해서는 근로자에게 일반 국민에 비하여 파업권의 보장이라는 우월적 지위를 부여할 이유가 없다고 한다.174)

(나) 이 분 론

정치파업을 경제적 정치파업과 순수 정치파업으로 구분하여 전자에 대해서

---

169) 김치중, 865~866면; 김형배, 1349면; 박상필, 528면; 이상윤a, 805면; 하갑래b, 462면; 菅野(역), 739면; 下井隆史b, 208면; 注釋(上), 517~518면.
170) 김형배, 1349면.
171) 菅野(역), 741면; 이에 대하여 박홍규 교수는 이러한 것들은 협의의 근로조건 향상에 직결된 것은 아니나 넓은 의미의 사회적 지위 향상과 관련되므로 목적의 정당성을 인정해야 한다고 주장한다(박홍규a, 820면).
172) 高木右門, 38면.
173) 이상윤a, 805면; 하갑래b, 462면; 菅野(역), 739~740면.
174) 菅野(역), 740면.

만 헌법 33조에 따른 단체행동으로 보호하고, 후자에 대하여는 헌법상 표현의 자유의 행사에 지나지 않는다고 보는 정치파업 이분론이 있다.175)

현재의 법질서 하에서 헌법 33조가 단체행동권 행사의 목적으로 규정한 '근로조건의 향상'의 의미를 근로자의 생활이익 전반의 향상으로까지 확대할 수는 없지만, 단체교섭을 통한 근로조건의 향상을 넘어 입법 등을 통한 근로조건의 향상도 포함하는 의미로 새겨야 하며, 결국 정치파업은 그 목적이 근로조건의 향상을 위한 것인지 여부에 따라 정당성을 판단하여야 한다고 주장한다.176) 헌법 32조는 국가가 적정임금을 보장하도록 노력해야 하고 근로조건의 기준을 법률로 정하며, 여자와 소년의 근로를 특별히 보호하도록 규정함으로써 근로조건의 향상이 단체교섭만이 아니라 국가의 입법이나 정책결정을 통하여 실현될 수 있음을 예정하고 있고, 실제로도 근로조건이 입법이나 정책결정에 의하여 크게 영향을 받는 상황에서 쟁의권이 단체교섭을 촉진하거나 유리하게 타결하기 위한 수단으로서만 보장된 것이라고 보기는 어렵다고 한다.177) 사용자의 처분권한과 관련하여서도, 기본권의 행사에 의하여 당해 문제와 직접 관련이 없는 사람들에게 영향이 미치는 것은 불가피한데 그러한 영향을 이유로 기본권 행사를 위법시할 수 없다고 보는 견해이다.178)

이분론 중에는 헌법상의 단체행동으로 인정될 수 있는 정치파업은 근로조건 및 노동기본권과 직접 관련이 있는 문제로서 노사의 대항관계와 직결된 최저임금제 요구나 파업금지규정 철폐 등 노동법 개정사항에 국한하되 사용자에게 주는 손해를 최소화하는 방법을 취하여야 한다는 견해179)가 있는 반면, 노동관련 입법 외에도 근로자의 근로조건과 밀접한 관련이 있는 사회보장제도의 확충, 세금이나 물가문제 등도 쟁의행위의 목적이 될 수 있다는 견해도 있다.180)

175) 김유성, 231~232면; 임종률, 246면; 萬井隆슈 등, 158~160면(헌법상 노동3권의 행사로서는 보장받지 못해도 표현의 자유로서는 보장되므로 형사책임은 부정된다고 한다); 니시타니 사토시, 498~499면.
176) 김유성, 232면; 박홍규a, 817면; 이학춘 등, 433~435면; 임종률, 246면; 민변노동법Ⅱ, 205~206면; 니시타니 사토시, 499~501면; 高木右門, 41면.
177) 박홍규a, 815면; 임종률, 245~246면; 니시타니 사토시, 499면; 高木右門, 40면; 근로자의 파업권이 헌법상 보장되고 있는 프랑스나 이탈리아에서는 파업이 사용자를 상대로 하는지는 문제되지 않으며, 정치파업의 정당성은 오로지 쟁의목적에 관한 문제로 처리된다고 한다[片岡昇(역), 199면].
178) 박홍규a, 816면; 니시타니 사토시, 498면.
179) 임종률, 246면.
180) 김치선, 411면; 박홍규a, 817면; 춘천지법 1999. 10. 7. 선고 98노1147 판결(이에 대한 평석

특정 국가와 외교관계를 단절할 것 등 전적으로 정치적인 사항을 대상으로 하는 '순수 정치파업'은 이를 정치적인 표현의 자유로 볼 것인지는 별론으로 하고 쟁의행위의 목적으로 볼 수는 없다고 함이 일반적이나,[181] 더 나아가 순수 정치파업도 그 목적이 근로자로서 인간다운 생활의 확보를 목적으로 하고, 그 방법이 시위파업이나 항의파업의 형태를 취하는 경우에는 정당성이 인정될 수 있다는 견해도 있다.[182]

(3) 관련 판결

정치파업과 관련하여서는, 노동관계법 개정 반대를 목적으로 한 쟁의행위의 주도를 징계사유에 해당한다고 한 사례,[183] 총연합단체의 지침에 따라 산하 단위사업장 노동조합에 의하여 실시된 '광우병 쇠고기 전면무효화 및 재협상 쟁취, 한반도 대운하 반대, 물, 전기, 가스, 철도, 교육, 의료, 언론시장 사유화 정책 폐기, 기름 값, 물가폭등 저지' 등의 요구사항을 주된 목적으로 하여 이루어진 총파업이 정치파업으로서 노동쟁의의 대상이 될 수 없는 것을 주된 목적으로 한 불법파업에 해당한다고 판시한 사례가 있다.[184] 한미 FTA 체결 저지 목적의 쟁의행위도 비록 관련 제도의 실시로 인하여 근로자들의 지위나 근로조건의 변경이 필연적으로 수반된다 하더라도 노동관계 당사자인 사용자가 법률적·사실적으로 처리할 수 있는 사항의 범위를 벗어난 이상 그 목적의 정당성을 인정할 수 없다고 보았다.[185] 군내 버스의 완전공영제,[186] 미국산 쇠고기 수입 반대 등을 요구하는 파업[187]에 관하여 그 목적이 정당하다고 할 수 없다는

으로 강기탁, 6~10면, 상고심인 대법원 2001. 11. 27. 선고 99도4779 판결에 의해 파기되었다); 니시타니 사토시 499면; 西谷 敏c, 51~52면; 片岡曻(역), 201면.

181) 김유성, 231면; 임종률, 246면.

182) 高木右門, 43~44면; 片岡曻(역), 202면; 파업의 본질을 시민법적 자유에서 구하고 노동력이라는 상품의 소유자인 근로자는 모든 상품의 소유자가 팔지 않을 자유가 있는 것처럼 노동력을 팔지 않을 자유가 있으며, 근로자의 단결이 보장되는 이상 개인으로서 할 수 있는 일은 단체로서도 할 수 있으므로 일체의 파업은 위법할 이유가 없다는 전면적 합법설도 있으나(高木右門, 45~46면 참조), 우리나라에는 이를 적극적으로 주장하는 학자가 없으므로 별도로 소개하지 아니한다.

183) 대법원 2002. 4. 26. 선고 2000두4637 판결. 대법원은 '근로자가 주도한 파업이 사용자를 상대로 근로조건의 유지 또는 향상을 도모하기 위하여 행해진 것은 아니나 노동관계법은 근로자 내지 노동조합의 경제적 이익과 밀접하게 관련된 것이어서 순수한 정치적 목적의 쟁의행위와는 구별되는 측면이 있는 점' 등을 들어 징계면직은 징계양정이 과다하다고 판결하였다.

184) 대법원 2011. 11. 10. 선고 2009도3566 판결.

185) 대법원 2010. 2. 11. 선고 2009도2328 판결.

186) 대법원 2008. 1. 18. 선고 2007도1557 판결.

판결도 있다.

또한 전교조 교육행정정보시스템(NEIS) 폐기 촉구를 위한 대회도 근로조건의 유지 또는 향상을 목적으로 한 것이 아니어서 노조법의 규제대상인 쟁의행위에 해당하지 않는다.[188]

그 밖에 노동관계법의 철폐를 목적으로 하는 것,[189] 실업대책을 위한 제도적 장치의 마련, 정경유착과 재벌 해체, 아이엠에프(IMF) 재협상을 목적으로 하는 것[190] 등은 정당한 쟁의행위의 범위에 포함되지 아니한다. 근로자가 정부를 상대로 법률의 개정 등과 같은 정치적 문제에 관한 의사표시를 하는 것은 쟁의행위의 범위에 포함되지 않는다고 한 판례도 있다.[191]

일본의 경우 판례의 주류는 정치파업의 정당성을 부정하고 있으나,[192] 정치적 폭력행위 방지법 운용 여하에 따라서는 근로자의 단결과 단체행동을 부당하게 제한하는 결과를 야기할 위험이 있고, 이에 반대하는 투쟁은 근로자의 이익옹호의 목적 내에 있어 정당한 쟁의라고 한 하급심 판결도 있다.[193]

국제노동기구 결사의 자유 위원회는, 순수한 정치적 성격의 파업은 결사의자유의 보호 범위에 속하지 않지만,[194] 파업권은 단체협약 체결을 통해 해결될수 있는 노동분쟁으로만 제한되어서는 안 되며,[195] 당해 근로자나 노동조합의집단적 분쟁과 견련성 없는(not linked) 쟁의행위를 금지하는 것은 결사의 자유원칙에 반하고,[196] 전국 차원의 파업은 근로자의 경제적·사회적 이익을 옹호하는 목적을 가지는 한 정당하며, 정부의 어떤 경제정책이 사회와 노동에 미치는효과에 항의하는 전국 규모의 파업을 불법이라고 선언하고 그 파업을 금지하는것은 결사의 자유에 대한 심각한 위반에 해당한다고 본다.[197]

---

187) 수원지법 2010. 6. 1. 선고 2009노6179, 2010노761 판결(상고심인 대법원 2011. 10. 27. 선고 2010도7733 판결은, 파업이 피해자인 개별 사용자가 예측할 수 없는 시기에 전격적으로 이루어져 개별 사용자의 사업운영에 심대한 혼란 내지 막대한 손해를 초래하였는지에 관한 심리미진을 이유로 파기환송하였다).
188) 헌재 2004. 7. 15. 선고 2003헌마878 결정.
189) 대법원 2000. 11. 24. 선고 99두4280 판결.
190) 대법원 2002. 4. 12. 선고 2000도3485 판결.
191) 대법원 2000. 9. 5. 선고 99도3865 판결.
192) 最高裁 1966. 10. 26. 判決(全遞東京中郵事件, 最高裁判所刑事判例集 20권 第8号, 901면); 菅野(역), 740면; 村山晃, 80면.
193) 仙台地裁 1970. 5. 29. 判決(七十七銀行事件, 労働関係民事裁判例集 21권 3호, 689면).
194) ILO(이승욱 역), paras. 760, 761.
195) ILO(이승욱 역), para. 766.
196) ILO(이승욱 역), para. 776.

다. 동정파업

(1) 의   의

동정파업은 파업 노동조합이 자신의 노동관계상 요구 또는 시위를 목적으로 하는 것이 아니라 이미 사용자와 쟁의 상태에 있는 다른 근로자의 요구 실현을 지원할 목적으로 하는 쟁의행위를 말한다.[198] 그리하여 지원파업 또는 연대파업으로 불리기도 한다.[199] 동정파업은 그 목적에 대하여 사용자가 법률상 처분권한이 없음에도 손해를 입게 된다는 점에서 정치파업과 유사한 특징이 있다.[200]

유사한 개념으로, 사용자의 거래처 또는 모기업의 업무를 방해하거나 그 소속 종업원의 노무정지를 호소하는 2차 파업이 있다. 자신과 근로관계 없는 제3자에게 영향을 미친다는 점에서는 동정파업과 유사하나, 자신의 사용자에 대한 거래중지 요구 등을 통해 자신의 분쟁해결을 목적으로 한다는 점에서 동정파업과는 구별된다.[201]

근로조건에 관하여 이해관계를 같이 하는 단위노조가 연대하여 집단교섭이나 동시교섭을 하거나 조직적 결합관계가 있는 단위노조들이 교섭권을 연합단체에 위임하여, 또는 교섭권의 조정을 통하여 연합단체가 산업별 통일교섭을 하면서 이를 유리하게 타결하기 위하여 관련 단위노조가 독자적으로 또는 연합단체의 지시에 따라 쟁의행위를 하는 것은 동정파업이 아니다.[202] 또한 자신의 근로조건에 관한 요구를 하면서 그 관철을 도모함과 동시에 다른 근로자의 노동쟁의에 대한 지원도 꾀하는 파업은 자신의 노동관계에서 비롯되는 요구가 있으므로 동정파업이 아니고 일반 파업과 같은 정당성 판단을 하면 된다.[203]

---

197) ILO(이승욱 역), paras. 758, 779, 780.

198) 김유성, 232면; 박홍규a, 818면; 이상윤a, 808면; 이승길, 121면; 임종률, 247면; 민변노동법
    Ⅱ, 207면; 菅野(역), 740면; 니시타니 사토시, 501면; 川口實, 48면; 注釋(上), 518면.

199) 이상윤a, 808면; 이승길, 121면; 菅野(역), 740면.

200) 임종률, 247면; 민변노동법Ⅱ, 207면.

201) 니시타니 사토시, 501면 참조. 우리나라에서는 주로 근로관계 없는 제3자의 노동조합법상
    사용자성 맥락에서 논의된다.

202) 임종률, 247면; 이에 대하여 이상윤 교수는 지역단위 노동조합이 사업주별로 별도의 단체
    교섭을 실시하고 단체협약을 체결한다면 어느 특정 사업주와 행하는 단체교섭이 결렬되는
    경우 그 특정 사업장에 소속된 조합원만 쟁의행위를 할 수 있다고 한다(이상윤a, 810면). 판
    례는, 산업별 노조 지회가 실시한 부분적·병존적 직장점거 방식의 쟁의행위에 비종업원인 산
    업별 노조 조합원이 참여한 것은 산업별 노조의 조합활동으로서의 성격을 가진다고 한다(대
    법원 2020. 7. 9. 선고 2015도6173 판결).

203) 이승길 122면; 菅野和夫a, 70면.

(2) 정 당 성

㈎ 위 법 설

동정파업의 정당성에 관하여는 정치파업과 마찬가지로 사용자에게 처분권한이 없는 사항을 목적으로 하여 단체교섭에 의한 해결가능성이 없는 것이기에 정당성이 없다는 견해가 있다.204) 이는 쟁의행위를 단체교섭상의 주장을 관철하기 위한 수단으로만 인정하는 단체교섭 중심설에 입각한 학설이다.205)

위법설은 근로자의 연대성이 인정된다거나 근로자계급의 경제적 향상과 관련된다는 것은 파업의 정당성을 좌우하지 못한다고 한다.206) 또한 동정파업의 주체가 지원 대상 근로자와 근로조건에 관하여 실질적으로 이해관계를 같이 하는 경우라면 집단교섭·산업별 통일교섭 등을 통해 스스로 사용자 측에 단체교섭을 요구하고 유리한 교섭결과를 쟁취하는 것이 더 효과적이라고 한다.207)

㈏ 이 분 론

이에 대해 원쟁의상 노사관계와 동정파업상 노사관계의 관련성이 없는 순수 동정파업의 경우에는 정당성이 부정되나, 노동조합의 조직적 결합관계·당해 산업의 특성·사용자간의 결합관계 등에 비추어 노사관계의 관련성을 인정할 수 있다면 동정파업의 정당성이 인정된다는 동정파업 이분론이 있다.208)

나아가 쟁의행위가 노사의 계급적 대항관계를 전제로 한 것이라고 하면서 목적의 정당성을 잃지 않는다는 견해도 있다.209) 이는 기본적으로 단체행동권을 단체교섭을 뒷받침하는 수단적인 권리가 아니라 근로자의 생존권 확보를 위한 독자적인 권리로 파악하는 견해에 입각한 학설이다.210) 이러한 견해를 취하면

---

204) 김치중, 866~867면; 김형배, 1350면; 이상윤a, 809~810면; 이승길, 135면; 菅野(역), 740면; 下井隆史b, 208면; 注釋(上), 518면.

205) 다만 단체교섭 중심설을 취하면서도, 지원파업이 원파업의 결과와 관련하여 자신의 근로조건과의 관계에서 어느 정도의 실질적 이해가 있고, 원파업의 사용자와 지원파업의 사용자가 원파업의 문제에 관하여 연대성이 있으며, 원파업 노동조합과 지원파업 노동조합이 원파업의 문제에 관하여 단체교섭상 통일적이거나 연대적인 대응을 해 온 것을 요건으로 하는 등 일정한 요건 하에 제한적으로 정당성을 인정하는 견해도 있다. 니시타니 사토시, 501면; 川口實, 60~61면.

206) 菅野(역), 740면.

207) 임종률, 248면.

208) 김유성, 233~234면; 김치선, 411~412면; 박상필, 528~259면; 박홍규a, 819면; 민변노동법Ⅱ, 207면; 사법연수원b, 16~17면; 니시타니 사토시, 502면; 川口實, 55~56면; 片岡昇(역), 203면.

209) 萬井隆令 등, 161면.

210) 菅野和夫a, 80~81면.

동정파업이 실제에서는 직접·간접으로 자신의 노동조합과 공통의 이해관계가
있는 경우에 행하여질 것이므로 대부분의 동정파업이 정당성을 인정받을 수 있
다.211) 2차 파업의 경우도 다른 사용자 하에서 부당한 근로조건이 확대되는 것
과 그것이 자신의 근로관계에 영향을 주는 것을 막기 위한 것이므로 정당성에
있어서 특별히 문제될 것은 없다고 한다.212)

(3) 관련 판결

하급심 판결 중에는, 같은 산업별 노동조합에 속하는 지부·지회 소속 조합
원들이라고 하더라도, 대각선교섭 상황에서 처분권한이 없는 다른 사용자를 상
대방으로 하여 그 기업의 쟁의행위에 영향력을 행사하려는 쟁의행위는 동정파
업이어서 목적이 정당하지 않다고 한 사례가 있다.213) 하지만 대법원은, 산업별
노동조합이 한 쟁의행위의 주된 목적이 무엇인지 살펴보지 아니한 채 단순히
동정파업이어서 그 목적이 정당하지 않다는 원심 판단은 쟁의행위의 정당성에
관한 법리를 오해한 것이라고 한다.214) 다른 노동조합을 위한 연대파업을 하면
서 임금 단체협상에 관한 찬반투표만 실시하고 연대파업에 관하여는 별도의 찬
반투표를 하지 않은 사안에서, 주된 목적이 근로조건 개선 등에 관한 사항이 아
니고 연대파업에 관한 절차를 준수하지 않은 점에서 정당한 쟁의행위가 아니라
고 본 사례도 있다.215)

동정파업과 관련한 일본의 사례로는 산업별 노조인 탄광노조가 산하 지부
인 기업별 노조의 파업을 지원하기 위해 산하의 다른 기업별 노조들에 지시하
여 실행된 산업별 통일지원 파업의 정당성 여부에 관한 것이 있다.216) 이 사건
에서 각 탄광회사는 탄광노조와 기업 지부들을 상대로 파업에 의하여 입은 손
해배상을 청구하였는데, 법원은 원쟁의가 저도(杵島)탄광회사의 수당 및 근로조
건에 관한 것이라는 점에서 해당 회사의 노사에 한하는 쟁의로 보아 지원파업

---

211) 片岡舁(역), 203면; 비교법적으로 검토해 보아도 세계 선진국의 다수는 이미 동정파업의 정
　　당성을 인정하고 있다고 한다(川口實, 62면).
212) 片岡舁(역), 203~204면.
213) 서울행법 2006. 9. 14. 선고 2006구합3278 판결, 서울고법 2007. 5. 11. 선고 2006누29838 판결.
214) 대법원 2009. 6. 25. 선고 2007두10891 판결(서울고법 2007. 5. 11. 선고 2006누29838 판결
　　을 파기한 상고심 판결이다).
215) 수원지법 2010. 6. 1. 선고 2009노6179, 2010노761 판결(상고심인 대법원 2011. 10. 27. 선
　　고 2010도7733 판결은 심리미진을 이유로 파기환송하였다).
216) 東京地裁 1975. 10. 21. 判決(杵島炭鑛事件, 労働判例 237호, 29면).

의 정당성을 부정하고 각 탄광회사들의 청구를 인용하였다.

  하지만 위 쟁의행위는 조합원이 같은 조직에 속하는 다른 조합원의 요구 실현을 목적으로 한 것으로서 통상의 동정파업과는 구별되며,217) 교섭사항이 탄광노조가 산업별 대응을 해 온 문제에 관한 것으로서 파업의 정당성을 산업별 단체교섭의 관점에서 파악할 필요가 있었음에도 법원은 오로지 기업별 단체교섭의 시각으로만 파악하였다는 점에서 근본적인 문제가 있다는 평가가 있다.218) 그밖에 위 파업은 탄광노조가 석탄산업의 구조적 위기 속에서 전산업적 기업정비의 필요성을 통찰하고 저도기업 정비문제의 전산업적 해결을 요구한 것으로서 정당하다는 비판,219) 탄광노조가 산업별 운동으로 획득한 노사관행과 협정이 저도탄광에서 파기된 것에 대한 산업별 항의로서 정당하다는 비판,220) 위 파업은 지부의 분쟁을 이유로 조합의 전조직이 행한 파업이고 기업별 조합이 한 직장에서의 분쟁에서 승리하기 위하여 조합 전체에서 행한 파업과 아무런 차이가 없다는 비판221) 등이 있다.222)

  국제노동기구 결사의 자유 위원회는, 동정파업에 대한 일반적 금지는 권리 남용에 해당할 수 있으며, 근로자들은 그들이 지지하는 원파업 자체가 합법적인 한 동정파업을 할 수 있어야 한다고 본다.223)

라. 권리분쟁에 관한 사항

(1) 의   의

  단체협약에 근로조건에 관한 새로운 합의의 형성을 위한 요구사항을 주장하는 이익분쟁뿐만 아니라 근로조건을 규율하는 규범인 법령, 단체협약 및 근로계약 등에 의하여 정해진 권리의 해석에 관한 사항을 주장하는 권리분쟁도 쟁의행위의 정당한 목적이 될 수 있는지가 문제된다.224)

---

217) 니시타니 사토시, 502면.
218) 菅野和夫a, 87면.
219) 菅野和夫a, 86~87면(沼田稻次郎의 견해로 소개되어 있다).
220) 菅野和夫a, 87면(蓼沼謙一의 견해로 소개되어 있다).
221) 菅野和夫a, 87면(山口浩一郎의 견해로 소개되어 있다).
222) 注釋(上), 519면.
223) ILO(이승욱 역), para. 770.
224) 사법연수원a, 260면.

(2) 정 당 성

㈎ 부 정 설

권리분쟁사항은 쟁의행위가 아니라 민사소송이나 부당노동행위 구제절차를
통하여 해결하여야 할 성질의 것이라는 이유로 쟁의행위의 정당한 목적이 될
수 없다는 견해이다.[225]

특히 1997. 3. 13. 법률 5310호로 제정된 현행 노조법은 2조 5호에서 '노동
쟁의'라 함은 노동조합과 사용자 또는 사용자단체간에 임금·근로시간·복지·
해고 기타 대우 등 '근로조건의 결정에 관한' 주장의 불일치로 인하여 발생한
분쟁상태를 말한다고 규정하고, 2조 6호에서 '쟁의행위'라 함은 파업·태업·직
장폐쇄 기타 노동관계 당사자가 그 주장을 관철할 목적으로 행하는 행위와 이
에 대항하는 행위로서 업무의 정상적인 운영을 저해하는 행위를 말한다고 규정
함으로써, 현행법의 해석으로는 구 노동쟁의조정법[226]과 달리 권리분쟁은 노동
쟁의의 개념에서 제외되었고, 따라서 권리분쟁에 해당하는 주장을 관철할 목적
으로 행하는 행위도 쟁의행위에서 제외되었다고 보아야 한다고 주장한다.[227]

㈏ 긍 정 설

쟁의행위는 단체협약의 체결만을 위하여 법적으로 보장된 것이 아니며 사
법적인 구제절차가 존재한다고 하여도 집단적 노사관계에서 당사자의 사적 자
치에 의한 분쟁해결은 구제절차의 존부에 무관하게 적극적으로 보장되어야 한
다는 이유에서 정당성을 인정하는 견해이다.[228]

구체적으로는 쟁의행위를 포함한 근로자의 단체행동은 이미 헌법 33조에서
정한 단체행동권으로 보장된 것이고, 노조법 3조와 4조에서 정한 쟁의행위의
민·형사 면책은 헌법 33조의 규정 가운데 그 일부를 확인한 것에 지나지 않으
며, 노조법 2조 5호의 노동쟁의 개념은 조정전치주의와 관련해서만 쟁의행위와
관련성을 가질 뿐 쟁의행위보다는 하위의 개념이므로 쟁의행위의 목적이 노조
법이 정한 노동쟁의의 정의에 포함되지 않는다고 해서 그 정당성을 부인할 수
는 없고 쟁의행위의 정당성 판단은 노조법 2조 5·6호와는 별개로 이루어져야

---

225) 김형배, 1352면; 하갑래b, 461면.
226) 구 노동쟁의조정법 2조는 노동쟁의를 "임금·근로시간·후생·해고 기타 대우 등 근로조
    건에 관한 노동관계 당사자 간의 주장의 불일치로 인한 분쟁상태"로 정의하였다.
227) 김명수, 421~422면; 사법연수원a, 261면.
228) 김유성, 239면; 박홍규a, 820면.

한다는 견해,[229] 노조법 2조 5호의 노동쟁의는 이익분쟁에 대한 정의로 해석하는 것이 타당하고 노조법 47조나 49조가 말하는 '노동관계에 관한 주장의 불일치'를 노동분쟁의 일반적 정의로 보아야 하며, 쟁의행위 대상을 노동쟁의 개념과 연결지을 것이 아니라 원칙상 모든 노동분쟁이 포함된다고 보고 그 중에서 제외할 특수할 사정이 있는지를 판단해야 한다는 견해,[230] 권리분쟁과 이익분쟁 사이에 뚜렷한 한계가 있는 것도 아니고, 권리분쟁이라도 권리의 내용에 관한 해석과 관련하여 단체교섭이 진행되고 그것이 이익분쟁으로 발전하고 있는 상황에서, 사용자가 위법한 행위를 하거나 노조와의 약속에 위반하여 근로자의 지위나 노동운동에 회복할 수 없는 손해가 발생할 염려가 있는 경우에 자구행위로서 쟁의행위의 정당성을 부정할 수 없다는 견해[231] 등이 있다.

　이와 달리 권리분쟁사항이 근로조건에 관한 것이든 집단적 노동관계에 관한 것이든 원칙적으로 쟁의행위의 정당한 목적으로 인정될 수 없다고 하면서도, 사용자가 조합활동 등을 이유로 노동조합의 주요 간부를 해고하거나 정당한 이유 없이 단체교섭을 거부하는 등의 부당노동행위를 하는 경우에 그 중지를 구하는 쟁의행위나 사용자가 단체협약의 중요한 부분을 위반하여 그 이행을 구하는 경우와 같이 사용자가 명백히 노동관계법령·단체협약·취업규칙 등을 위반하여 노사관계 전반에 중대한 영향을 미치고 그 시정이 시급한 경우에 그 위반에 항의하고 그 준수를 촉구하기 위한 쟁의행위는 예외적으로 정당성이 인정되어야 한다는 견해도 있다.[232] 사용자에게 잘못이 있는데, 법적 구제는 신속성 등의 측면에서 반드시 충분한 구제라고 보기는 어려우며, 법적인 구제수단이 있다고 하여 당사자 사이의 자주적 해결이 배제될 이유는 없으므로 단체협약상 해결 절차가 정해져 있지 않는 한 노동조합의 자기방위를 인정해야 한다는 것이다.[233]

---

229) 김소영, 253면.
230) 김진b, 15, 16면.
231) 이병태, 287면.
232) 박상필, 529면; 이상윤a, 802~803면(이상윤 교수는 부당노동행위에 대항한 쟁의행위에 관하여, 미국은 쟁의행위를 당사자 간의 단체교섭이 결렬되어 노사분쟁이 발생하는 경우에 행하는 경제적 쟁의행위와 사용자의 부당노동행위에 대항하여 행하는 부당노동행위 쟁의행위로 구분하고, 후자의 경우에만 파업 중의 대체고용을 허용하지 않음으로써 오히려 부당노동행위 쟁의행위를 더 두텁게 보호하고 있다고 한다); 임종률, 249면.
233) 박홍규a, 820면; 注釋(上), 523면; 菅野(역), 741~742면. 다만, 박홍규 교수나 菅野和夫 교수는 노동조합은 쟁의행위에 돌입하기 전에 사용자에 대하여 부당노동행위와 협약위반의 점을 바로잡아 그 중지와 시정을 구하는 절차를 밟아야 하고, 협약해석의 다툼에 관하여 협약상

(3) 관련 판결

종래 구 노동쟁의조정법 2조에서는 "이 법에서 노동쟁의라 함은 임금·근로시간·후생·해고 기타 대우 등 근로조건에 관한 노동관계 당사자 간의 주장의 불일치로 인한 분쟁상태를 말한다"고 규정하였는데, 대법원은 여기서 말하는 '근로조건에 관한 노동관계 당사자 간의 주장'이란 개별적 근로관계와 집단적 노동관계에 관한 주장을 모두 포괄하고, 권리분쟁과 이익분쟁도 모두 포함하는 것이라고 해석하였다.[234) 그리하여 사용자 측이 정당한 이유 없이 근로자의 단체협약체결요구를 거부하거나 해태한 경우에 구 노조법 40조의 규정에 의한 부당노동행위 구제신청을 하지 아니하고 노동쟁의의 방법을 택하였다고 하여 노동조합법을 위반한 것이라고 할 수 없다고 하여 그 정당성을 인정하였다.[235)

앞서 본 바와 같이 1997. 3. 13. 법률 5310호로 제정된 현재의 노조법은 '노동쟁의'에 관한 정의 규정을 변경하였는바 현재 노조법 제정 후의 대법원 판결은 찾기 어렵고, 다만 위와 같은 정의 규정의 변경을 들어, 쟁의행위의 목적은 노동조합과 사용자 사이의 근로조건의 결정을 목적으로 하여야 하고, 근로조건을 규율하는 규범인 법령, 단체협약 및 근로계약 등에 의하여 이미 정해진 근로자의 권리에 관한 해석·적용에 관한 사항으로 사법적 구제절차에 의하여 해결할 수 있는 소위 '권리분쟁'에 해당하는 사항을 관철하기 위해서는 쟁의행위를 할 수 없다고 한 하급심 사례가 있다.[236) 그와 달리 방송의 공정성을 실현하기 위한 여러 제도적 장치의 마련과 그 준수는 의무적 교섭사항이라는 전제에서, 사용자가 기존에 합의된 단체협약을 지키지 않는 경우 그것의 준수를 요구하기 위한 쟁의행위는 단순히 기존의 단체협약의 해석, 적용에 관한 사항을 주장하는 것이 아니라 단체협약의 이행을 실효적으로 확보할 수 있는 방안을 강구하기 위한 것으로서 근로조건의 결정에 관한 사항을 목적으로 한 것이기에 정당하다고 한 사례가 있다.[237) 그 이유로 기존 단체협약의 준수를 요구하는 쟁의행위가

해결절차가 존재하는 경우에는 우선 이를 이용해야 한다고 주장한다.

234) 대법원 1990. 5. 15. 선고 90도357 판결, 대법원 1990. 9. 28. 선고 90도602 판결, 대법원 1991. 3. 27. 선고 90도2528 판결.

235) 대법원 1991. 5. 14. 선고 90누4006 판결(이에 관한 평석으로 김치중, 853~874면).

236) 서울행법 2006. 10. 26. 선고 2005구합33388 판결(서울고법 2007. 5. 23. 선고 2006누28927 판결로 항소기각되고 대법원 2007. 8. 23.자 2007두12453 판결로 확정), 서울남부지법 2007. 4. 26. 선고 2005가합14459 판결(항소심에서 화해권고결정으로 종결).

237) 서울고법 2015. 4. 29. 선고 2014나11910 판결(상고취하로 확정), 서울고법 2015. 5. 7. 선

권리분쟁에 관한 것이어서 목적의 정당성이 없다고 본다면 단체협약의 유효기
간 중 그 개폐를 요구하는 쟁의행위를 할 수 없는 평화의무를 지는 것과 균형
이 맞지 않기 때문이라고 한다.[238]

　　국제노동기구 결사의 자유 위원회는, 법령의 해석 차이에 관한 분쟁 해결은
법원에 맡겨져야 하며, 이에 대한 파업 금지는 결사의 자유 위반에 해당하지 않
는다고 본다.[239]

　　일본의 경우 단체협약의 해석과 관련하여 노사 간의 견해가 대립되는 경우
단체협약 자체에 그에 관한 절차를 규정하여 쟁의행위를 제한하는 경우는 별론
으로 하고 그렇지 않은 경우 쟁의행위를 할 수 있다는 데 대하여 이론이 없
다.[240] 회사와 노동조합이 승무원 편성에 관한 단체협약의 해석을 달리하는 경
우 노동조합은 스스로 옳다고 믿는 해석에 기초하여 쟁의를 하는 것이 정당하
다고 판시한 사례가 있다.[241]

마. 그 밖의 문제

(1) 경영간섭

　　사용자의 경영상의 결정에 속하는 경영·생산에 관련된 사항도 근로조건의
유지·개선이나 근로자의 지위와 관련이 있는 경우에는 단체교섭의 대상이 된
다고 보아야 하므로 쟁의행위가 가능하고 쟁의행위의 목적의 정당성이 별도로
문제될 여지는 없다고 함이 다수설의 견해이다.[242] 따라서 기업합리화·외주·
공장폐쇄 반대 등을 요구하는 쟁의행위도 그 결정이 조합원의 해고나 근로조건
에 미치는 영향에 관한 쟁의행위로서 정당성을 가질 수 있고, 제조공정이나 제
품의 종류 등도 근로자의 안전위생 등 근로조건에 관한 문제로서는 쟁의행위의
목적이 될 수 있다.[243] 예를 들어, "고용안정 대책 없는 기업합리화 방침 철회"

　　고 2014노1664 판결(상고심인 대법원 2022. 12. 16. 선고 2015도8190 판결은 상고를 기각하
　　였다).

238) 서울고법 2015. 4. 29. 선고 2014나11910 판결(상고취하로 확정).

239) ILO(이승욱 역), para. 767.

240) 村山晃, 65면.

241) 東京地裁 1966. 2. 26. 判決(日本航空株式会社事件, 労働関係民事裁判例集 17권 1호, 102면).

242) 강기탁, 7면; 김명수, 428~429면; 김유성, 234면; 김치선, 411~412면; 김치중, 864~865면; 도
　　재형, 24면; 민변노동법Ⅱ, 208면; 박상필, 529면; 박홍규a, 819면; 사법연수원a, 165면; 이철
　　수, 77~78면; 이학춘 등, 436면; 菅野(역), 741면; 니시타니 사토시, 503~504면; 萬井隆令 등,
　　161면; 片岡曻(역), 197면; 注釋(上), 522면.

243) 박홍규a, 819면; 임종률, 146면; 菅野(역), 741면; 注釋(上), 522면.

를 구호로 내걸고 쟁의행위를 한 경우에, 기업합리화 방침만을 놓고 보면 경영
상의 결정에 대한 간섭으로 보일 수 있어도, 전체적으로 기업합리화 방침과 관
련한 고용안정 대책의 수립을 요구하는 쟁의행위로 볼 수도 있으므로 쉽게 정
당성을 부정하여서는 안 된다.244) 실제로, 10년간 회사 매각 및 해고 금지 등
고도의 경영상 결단에 속한다고 볼 여지가 있는 사항을 단체교섭 대상으로 포
함시켰더라도 진정한 목적은 회사의 매각에 따른 고용안정이나 임금인상 등 근
로조건의 유지와 향상에 있었다고 보아 목적의 정당성을 인정한 대법원 판례가
존재한다.245) 근로조건과의 관련성 자체에 다툼이 있는 경우에도 그러한 의견의
불일치 자체가 노동쟁의에 해당하여 쟁의행위의 정당성이 인정되어야 한다.246)

하지만, 이에 대하여는 정당성을 부정하는 견해, 즉 기업의 영업목적을 실
현하기 위한 핵심적 사항, 기업조직의 변경, 기업재산의 취득·관리·처분에 관
한 사항은 헌법 119조 1항, 23조 1항, 15조에 기초한 경영권이 지배하는 사항으
로서 단체교섭사항이 될 수 없다는 견해도 강력하다.247) 노사 간의 교섭을 촉진
하기 위하여 가급적 넓게 인정하여야 하는 단체교섭사항과 달리 쟁의행위 사항
은 사용자에게 손해의 수인을 요구하는 것이어서 좁게 해석하여야 함을 전제로,
사업장의 이전 문제가 단체교섭사항이기는 하여도 쟁의행위 사항은 아니라는
견해도 있다.248)

판례는 경영사항과 관련된 단체교섭 대상성을 엄격하게 해석하고 있다.249)
예를 들어 파업의 목적에 단체협약 및 임금협정의 교섭사항과 관련된 부분이
일부 포함되어 있었다고 하더라도 그에 따른 근로조건의 향상보다는 공기업 선
진화 방안 반대 등 경영주체에 의한 고도의 경영상 결단에 속하는 사항의 관철
을 주된 목적으로 하는 파업은 목적의 정당성이 없는 불법파업에 해당한다고

---

244) 민변노동법Ⅱ, 208면.
245) 대법원 2013. 2. 14. 선고 2010두17601 판결, 대법원 2013. 2. 15. 선고 2010두20362 판결.
246) 강기탁, 7면; 김유성, 235면; 앞의 東京地裁 1966. 2. 26. 判決(日本航空株式会社事件).
247) 구건서, 59면; 김형배, 184~186면; 김형배a, 79면; 이상윤a, 715, 801면(그리하여 정리해고나
    구조조정의 실시 여부를 다투는 쟁의행위의 목적의 정당성을 부정한다); 하갑래b, 461면; 하
    경효, 190~191면.
248) 注釋(上), 520면.
249) 대법원 2003. 7. 22. 선고 2002도7225 판결(이에 대한 평석으로 노동판례백선, 326~329면;
    도재형, 19~24면; 안태윤, 317~342면; 이병희, 321~342면), 대법원 2003. 11. 13. 선고 2003도
    687 판결, 대법원 2003. 12. 11. 선고 2001도3429 판결, 대법원 2003. 12. 26. 선고 2001도
    3380 판결, 대법원 2010. 11. 11. 선고 2009도4558 판결, 대법원 2014. 3. 27. 선고 2011두
    20406 판결, 대법원 2015. 2. 26. 선고 2012도13173 판결 등.

한다.250) 구내식당 외주화 반대를 주된 목적으로 하는 준법투쟁도 경영상 결단에 속하는 사항으로서 단체교섭의 대상이 될 수 없는 사항을 목적으로 한 것이어서 정당성이 없다고 한다.251)

대구 지하철 방화 사건 후에 대구지하철공사 노동조합에서 안전위원회 설치, 안전대책 및 안전방재 설비 마련, 1인 승무철회, 안전인원 확보 및 민간위탁 중단 등을 요구하면서 쟁의행위를 한 것과 관련하여, '그 요구사항이 근로자들의 안전과도 관련되는 내용이지만, 주된 부분은 대구지하철공사의 경영·인사에 관한 사항이어서 근로조건의 향상에 관한 사항이라고 보기 어렵다'고 하며 업무방해죄 성립을 인정한 판결252)이 있으나, 안전과 보건에 관한 사항은 근로조건에 관한 것임이 분명하고 단체협약 중 안전보건에 관한 사항 위반시 형사처벌이 가능하도록 한 노조법 92조 2호에 반하므로 이해하기 어려운 판결이다.253)

일본의 사례로는 승무원 편성이 회사의 경영권에 속하는 사항이라도 그 변경이 조합원의 임금수입 등 근로조건에 영향을 주는 이상은 이를 둘러싼 쟁의행위는 정당하다고 한 사례가 있다.254)

이에 관한 상세한 설명은 '단체교섭 전론(前論) 2: 단체교섭의 대상' 해설 Ⅲ. 참조.

(2) 평화의무에 위반한 쟁의행위

단체협약의 당사자인 노동조합은 단체협약의 유효기간 중에 단체협약에서 정한 근로조건 등에 관한 내용의 변경이나 폐지를 요구하는 쟁의행위를 행하지 아니하여야 함은 물론, 조합원들에 대하여도 통제력을 행사하여 그와 같은 쟁의행위를 행하지 못하게 방지하여야 할 이른바 평화의무를 지고 있다.255) 하지만 평화의무는 단체협약에 규정되지 아니한 사항이나 단체협약의 해석을 둘러싼 쟁의행위 또는 차기 협약 체결을 위한 단체교섭을 둘러싼 쟁의행위에 대해서까지 그 효력이 미치는 것은 아니다. 따라서 노동조합은 단체협약 유효기간 중에도 차기의 협약체결을 위하거나 기존의 단체협약에 규정되지 아니한 사항에 관

---

250) 대법원 2014. 8. 20. 선고 2011두25746 판결, 대법원 2014. 8. 20. 선고 2013두802 판결.
251) 대법원 2014. 8. 20. 선고 2011도468 판결.
252) 대법원 2005. 6. 23. 선고 2005도621 판결(원심인 대구지법 2005. 1. 6. 선고 2004노1374 판결을 그대로 수긍한 판결).
253) 1심 판결에 대한 평석으로 최봉태, 97~102면.
254) 앞의 東京地裁 1966. 2. 26. 判決(日本航空株式会社事件).
255) 대법원 1992. 9. 1. 선고 92누7733 판결(이에 대한 평석으로 현천욱, 224~228면).

하여 사용자에게 단체교섭을 요구할 수 있고, 단체협약이 형식적으로는 유효한 것으로 보이지만 단체협약을 무효라고 주장할 만한 특별한 사정이 인정되는 경우에도 단체협약의 유효기간 중에 사용자에게 단체협약을 무효라고 주장하는 근거를 제시하면서 기존의 단체협약의 개폐를 위한 단체교섭을 요구할 수 있다.256)

평화의무가 노사관계의 안정과 단체협약의 질서 형성적 기능을 담보하는 점에 비추어 보면, 단체협약에서 이미 정한 근로조건이나 기타 사항의 변경·개폐를 요구하는 쟁의행위를 단체협약의 유효기간 중에 하여서는 아니 된다는 평화의무를 위반하여 이루어진 쟁의행위는 노사관계를 평화적·자주적으로 규율하기 위한 단체협약의 본질적 기능을 해치는 것일 뿐 아니라 노사관계에서 요구되는 신의성실의 원칙에도 반하는 것으로서 정당성이 없다는 견해가 다수이고 판례도 그러하다.257) 이에 대하여 평화의무는 협약당사자 사이의 합의에 근거한 것이므로 계약 위반 때문에 쟁의행위의 정당성을 부정하는 평가를 내릴 수는 없다는 견해가 있다.258) 또한 단체협약으로 교섭형식과 교섭사항을 규정한 경우라고 하더라도, 임금이나 근로시간과 같이 본래 단체교섭에 의하여 해결하여야 할 사항을 떼어내어 노사협의회의 부의사항으로 하고 쟁의행위를 금지하는 단체협약 조항은 근로자의 노동3권을 보장한 헌법 33조에 위반하여 무효라는 견해가 있다.259)

판례는 단체협약에서 인센티브의 지급을 노사협의로 결정한다고 규정하고 있는 경우, 위 단체협약의 유효기간 중에는 인센티브의 지급 여부나 지급방법 등에 관한 근로조건은 노사협의사항으로 규정하여 이를 단체교섭대상에서 제외하는 노사 간의 협약이 이루어졌다 할 것이고, 따라서 단체협약에서 이미 노사협의사항으로 합의하여 단체교섭대상이 되지 아니하는 인센티브의 지급에 관하여 노동조합이 그 교섭을 요구하다가 그 요구가 받아들여지지 아니하자 그 요구를 관철하기 위하여 이루어진 쟁의행위는 그 요구사항이 단체교섭사항이 될 수 없는 것을 목적으로 한 것일 뿐 아니라, 위에서 본 평화의무에 반하는 것으

---

256) 대법원 2003. 2. 11. 선고 2002두9919 판결.
257) 김치중, 865면; 박상필, 530면; 이상윤a, 748면; 임종률, 171면; 대법원 1992. 9. 1. 선고 92누7733 판결, 대법원 1994. 9. 30. 선고 94다4042 판결, 대법원 2007. 5. 11. 선고 2005도8005 판결; 小西國友, 159면.
258) 김유성, 179, 241면; 박홍규a, 805면.
259) 注釋(上), 302~303면.

로 정당성이 없다고 한다.260) 하지만 인센티브 자체가 단체교섭사항이 될 수 있음에 관하여는 의문의 여지가 없으므로 만일 사용자가 상당한 인센티브를 지급할 조건이 충족되었음에도 노사협의 자체를 거부하고 있는 상황이라면 이는 사용자가 위와 같은 단체협약의 전제가 되는 약속을 위반한 것이고 그와 관련한 쟁의행위의 정당성의 문제는 별개로 검토되어야 할 것이다.

일본의 경우 평화의무에 위반한 쟁의행위에 관하여 많은 논란이 있으며, 판례로는 단체협약에 내재한 소위 상대적 평화의무인 경우든, 명시적 특약에 의한 소위 절대적 평화의무인 경우든 그에 위반한 쟁의행위는 단지 계약상의 채무불이행에 불과하고 기업질서 침범에 해당한다고 할 수는 없으며,261) 개개의 조합원이 이러한 쟁의행위에 참가한 것도 근로계약상의 채무불이행에 지나지 않기 때문에, 사용자는 근로자가 평화의무에 위반한 쟁의행위를 하였거나 또는 이에 참가한 것만으로 근로자를 징계할 수 없다고 한 최고재판소의 판결이 있다.262)

(3) 집단적 노동관계에 관한 사항

강행법규나 공서양속에 반하지 않는 이상 단체교섭의 대상이 되므로 이에 관한 주장을 관철하려는 쟁의행위는 목적의 정당성이 인정된다는 견해와,263) 집단적 노동관계와 관련된 사항은 단체협약의 채무적 효력을 가진 사항이고 이는 의무적 교섭사항이기는 하나 노동쟁의의 대상으로 보기는 어렵다는 견해가 있다.264)

판례는 노동조합 활동, 노동조합에 대한 편의제공, 단체교섭 및 쟁의행위 절차에 관한 사항이 단체교섭사항에 해당하고, 그것의 관철을 위한 쟁의행위는 목적이 정당하다고 한다.265) 그런데 중재재정의 대상에 관하여 상충되는 판례가 있다. 근로조건 이외의 사항에 관한 노동관계 당사자 사이의 주장의 불일치로 인한 분쟁상태는 근로조건에 관한 분쟁이 아니어서 노동쟁의라고 할 수 없음을

---

260) 대법원 1994. 9. 30. 선고 94다4042 판결.
261) 小西國友, 155~160면 참조.
262) 最高裁 1968. 12. 24. 判決(弘南 バス事件, 民集 22권 13호, 3194면); 菅野(역), 715면.
263) 임종률, 248면; 정재성c, 233면; 萬井隆令 등, 162면.
264) 김형배, 1222면; 하갑래b, 461면.
265) 대법원 2003. 12. 26. 선고 2003두8906 판결. 항소심인 서울고법 2003. 7. 4. 선고 2003누263 판결은, 노동조합 활동, 노동조합에 대한 편의제공, 단체교섭의 절차 및 쟁의행위에 관한 절차는 의무적 교섭사항으로, 노조전임제는 임의적 교섭사항으로 보았다. 대법원 2022. 12. 16. 선고 2015도8190 판결도 참조.

전제로, 노조전임제는 노동조합에 대한 편의제공의 한 형태로서 임의적 교섭사항에 불과하여 이에 관한 분쟁은 노동쟁의가 아니고 중재재정의 대상도 될 수 없다는 것이다.266) 그러면서도 특별한 사정이 있는 경우, 노동쟁의가 될 수 없는 사항인 근무시간 중 조합활동, 노조전임제에 관한 사항도 중재재정의 대상이 될 수 있다고도 한다. 즉, 대법원은 근로조건 이외의 사항에 관한 노동관계 당사자 사이의 주장의 불일치로 인한 분쟁상태는 특별한 사정이 없는 한 중재재정의 대상이 될 수 없고, 그리하여 근로조건 이외의 사항인 근무시간 중 조합활동, 조합전임자, 시설 편의제공, 출장취급 등을 중재재정의 대상으로 할 수 없다고 하면서도, 노사관계 당사자 쌍방이 합의하여 단체협약의 대상이 될 수 있는 사항에 대하여 중재를 해 줄 것을 신청한 경우이거나 이와 동일시할 수 있는 사정이 있는 경우에는 근로조건 이외의 사항에 대하여도 중재재정을 할 수 있다고 봄이 상당하다고 판시하여 예외적으로만 노조전임자 등 조합활동에 관한 사항을 중재재정 대상으로 인정하였다.267)

이에 대하여 노조전임제에 관한 분쟁은 노동쟁의가 아니라는 위 판결은 노조법 2조 5호에서 말하는 근로조건이 예시적인 것에 불과하여 근로조건 이외의 단체교섭 대상사항에 관한 분쟁도 노동쟁의의 대상이 된다는 점과 노조전임제 등 노동조합을 위한 사항이 단체교섭의 대상이 된다는 점을 무시한 것으로서 근본적인 문제가 있다는 비판이 있다.268) 한편, 판례는 공무원노동조합에 관해서는 조합활동 보장, 조합전임자의 처우, 시설편의 제공, 자료열람 및 정보제공 협조, 노사협의회 구성이 의무적 단체교섭사항에 해당하고 그에 대한 단체교섭 거부는 부당노동행위에 해당한다고 하였다.269) 노동조합 대표자의 단체교섭 및 협약체결 권한에 관한 공무원노조법 8조 1항 본문이 '노동조합에 관한 사항'을 단체교섭 대상으로 규정하고 있다는 이유이다. 그렇다면 공무원노조법 8조 1항에 대응하는 노조법 29조 1항 역시 '그 노동조합 또는 조합원을 위한 사항'을 단체교섭 대상으로 정하고 있는 것으로 볼 수 있을 것이다. 또한 노조전임제를 둘러싼 쟁의행위가 목적의 정당성을 갖는지에 관해, 공무원노동조합과 그렇지

---

266) 대법원 1996. 2. 23. 선고 94누9177 판결(이에 대한 비판적 평석으로 손창희, 45~56면; 정재성c, 227~233면).
267) 대법원 2003. 7. 25. 선고 2001두4818 판결.
268) 손창희, 51~53면.
269) 대법원 2014. 12. 11. 선고 2010두5097 판결.

않은 노동조합을 달리 보아야 할 이유도 없다.

　일본의 사례로는 조합임원을 노조전임자로 하기 위한 지명파업도 그것만으로 위법한 쟁의행위로 보기는 어렵다는 하급심 판결이 있다.270) 하지만 최고재판소는, 노조전임의 문제 자체는 사용자의 자유에 맡겨진 것이기에 사용자의 승인 없이 무단으로 직장을 이탈하여 조합의 업무만을 담당하는 것은 쟁의행위가 아니어서 그 정당성이 인정될 수 없다고 하였다.271)

　(4) 인사기준

　근로자의 해고나 배치전환·징계 등 인사기준은 그 자체가 근로조건으로서 단체교섭대상이 되고, 이에 관한 주장을 관철하려는 쟁의행위는 노동조합과의 협의를 요구하든 노동조합의 동의를 요구하든 정당성이 있다고 보아야 한다.272) 판례도 징계·해고 등 인사의 기준이나 절차는 단체교섭 대상에 해당하고 이를 관철하기 위한 쟁의행위는 목적이 정당하다고 본다.273)

　특정근로자에 대한 해고 반대나 개개의 조합원 인사에 관한 철회 요구의 경우 의무적 교섭사항이며 쟁의행위의 정당한 목적이 될 수 있다는 견해,274)와 특정 개인에 대한 인사 조치는 교섭의 대상이 될 수 없다는 견해가 대립된다.275) 판례는 해고자 복직 요구를 주된 목적으로 하는 파업은 목적의 정당성을 인정하지 않지만,276) 일부 근로자들에 대한 파면처분 철회를 구하는 뜻이 조합원의 근로조건 개선 요구에 있다고 판단되는 경우 목적의 정당성을 인정한 사례도 있다.277)

　임원의 선임에 관하여 노동조합의 동의나 노동조합과의 협의를 요건으로 할 것을 요구하는 것은 사용자의 인사에 대한 부당한 간섭으로서 정당성을 인정받기 어렵다는 견해가 있다.278) 판례는 대표이사의 연임을 저지하기 위한 파업에 관하여, 근로조건의 유지·개선을 위한 것이 아님이 명백하여 목적의 정당

---

270) 西谷 敏b, 555면; 東京高裁 1988. 12. 12. 判決(駿河銀行事件, 労働判例 531호, 35면).
271) 最高裁 1973. 11. 8. 判決(三菱重工長崎造船所事件, 最高裁判所裁判集 民事 110호, 407면).
272) 강기탁, 8면; 김형배, 1225면; 박홍규a, 819면; 임종률, 250면; 菅野(역), 741면; 注釋(上), 522면.
273) 대법원 2003. 12. 26. 선고 2003두8906 판결.
274) 박상필, 529면; 박홍규a, 819면; 菅野(역), 741면.
275) 김형배, 1225면.
276) 대법원 2014. 8. 20. 선고 2011두25746 판결, 대법원 2014. 8. 20. 선고 2013두802 판결.
277) 대법원 1992. 5. 12. 선고 91다34523 판결.
278) 注釋(上), 522면.

성이 인정되지 않는다고 한다.[279)

경영상 해고와 관련하여, 경영상 해고 자체는 단체교섭이나 쟁의행위의 대
상이 될 수 없고, 경영상 해고로 인하여 발생한 근로조건 및 고용에 관한 사항
만이 근기법 24조의 협의 대상이 될 수 있을 뿐이며, 부당한 해고라는 다툼에
대하여는 사법적 심사를 통하여 해결하여야 한다는 견해가 있다.[280) 그에 반해
사용자가 경영상 해고의 기준 등에 관하여 노동조합과 협의하려 함에 대하여
노동조합이 대안을 제시하고 이를 관철할 목적으로 쟁의행위를 한다면 그 목적
의 정당성을 부정하기 어렵다는 견해가 있다.[281)

판례는 정리해고 등 구조조정의 실시 여부는 경영주체의 고도의 경영상 결단
에 속하는 사항으로서 원칙적으로 단체교섭의 대상이 될 수 없고, 그것이 긴박한
경영상의 필요나 합리적인 이유 없이 불순한 의도로 추진되는 등의 특별한 사정
이 없는 한, 그 실시를 반대하기 위한 쟁의행위는 목적의 정당성이 없다고 한
다.[282) 그러나 노동조합의 과다요구는 단체교섭의 단계에서 조정할 문제이지 노
동조합 측으로부터 과다한 요구가 있었다고 하여 곧바로 그 쟁의행위의 목적이
부당한 것이라고 해석할 수는 없다는 판례[283)와 어떻게 조화될 수 있는지 의문이다.

일본의 사례로는 배치전환명령 거부를 이유로 징계해고한 사안에 관한 것
이 있다. 법원은 위 사안에서 파업참여자가 임금청구권의 상실이라는 중대한 불
이익을 당하기 때문에 배치명령을 거부하는 지명파업도 그것이 단순히 동맹 파
업적 쟁의수단에 그치는 한 정당성을 잃지 않는다고 판시하였다.[284) 또한 정기
항공 운송회사에서 승무원 편성 변경에 반대하여 행한 쟁의행위가 회사의 경영
권에 속하는 사항이지만 조합원의 근로조건에 직접 영향이 있다고 하여 정당성

---

279) 대법원 1999. 3. 26. 선고 97도3139 판결. 그에 반해, 노동조합이 낙하산 사장 퇴진 외에
임금 11% 인상도 주장한 사안에서, 낙하산 사장 퇴진과 같은 요구사항을 뺐더라면 쟁의행위
를 하지 않았을 것이라 단정하기 어려운 점, 사장 퇴진 요구도 임금인상과 무관하지 않은 점
등을 고려하여 쟁의행위의 진정한 목적이 임금 인상이라고 보고 목적의 정당성을 인정한 판
결도 있다(대법원 2017. 3. 16. 선고 2016도16172 판결).

280) 김형배, 829~832면; 김형배a, 94면.

281) 임종률, 250면.

282) 대법원 2001. 4. 24. 선고 99도4893 판결(이에 대한 평석으로 구건서, 56~59면; 이광택,
30~34면), 대법원 2006. 5. 12. 선고 2002도3450 판결(대법원 2011. 3. 17. 선고 2007도482 전
원합의체 판결에 의해 업무방해죄 성립에 관한 판시사항이 변경되었다), 대법원 2015. 2. 26.
선고 2012도13173 판결.

283) 대법원 1992. 1. 21. 선고 91누5204 판결.

284) 東京地裁 1987. 5. 26. 判決(新興サービス配転拒否事件, 労働判例 498호, 13면); 東京地裁
1988. 3. 24. 判決(學習研究社事件, 労働判例 517호, 31면).

을 인정한 예가 있다.285) 관리직에 의한 수업현장 순회제도의 폐지를 요구한 파
업도 집무환경 개선을 목적으로 한 것이고 단체교섭에 의하여 일치점을 도출할
수 있는 사안이라고 하여 정당성을 인정하였다.286)

하지만 근로제공 거부를 넘어서서 사용자의 의사를 무시하고 원래의 근무
에 종사하는 강행취업의 경우에는, 사용자의 인사권을 무시하고 이를 노동조합
이 행사하려는 것이므로 그 투쟁기간이 극히 단기간인 경우 등의 특단의 사정
이 없는 한 위법하다고 하였다.287)

(5) 가해 목적 내지 쟁의권 남용

쟁의행위가 근로조건의 유지·개선을 목적으로 하지 않고 전적으로 쟁의행
위로 인한 업무 저해만을 의도하여 사용자나 제3자에 대한 가해 목적으로 행해
지는 경우는 쟁의권의 남용으로서 정당성이 있다고 보기 어렵다.288)

어떤 경우에 가해 목적을 인정할 수 있을지는 어려운 사실판단의 문제이나
상대방의 부정이나 사업체의 파멸을 목적으로 하는 경우, 단순히 보복적 감정에
의한 경우는 가해 목적의 쟁의행위이다.289) 또한 사용자에게 구체적인 요구안을
제시하지 않은 채 돌발적으로 쟁의행위를 하거나, 단체교섭이나 쟁의행위 과정
에서 계속하여 요구를 변경하는 경우에는 구체적인 단체교섭의 경과, 사용자의
교섭태도, 노동조합 요구의 실질적 내용 등 당해 노사관계의 구체적인 상황을
종합적으로 고려하여 가해 목적을 객관적으로 추정할 수 있을 것이다.290)

대법원은 근기법상 월차유급휴가의 사용은 근로자의 자유의사에 맡겨진 것
으로서 연차유급휴가와는 달리 사용자에게 그 시기를 변경할 수 있는 권한조차
없는 것이지만, 근로조건의 유지 또는 향상과 같은 정당한 쟁의행위의 목적이
없이 오직 업무방해의 수단으로 이용하기 위하여 다수의 근로자가 집단적으로
일시에 월차유급휴가를 신청하여 일제히 결근함으로써 회사업무의 정상적인 운
영을 저해한 경우에는 정당성이 없어 업무방해행위를 구성한다고 판시하였

---

285) 앞의 東京地裁 1966. 2. 26. 判決(日本航空株式会社事件).
286) 千葉地裁 1980. 6. 25. 判決(市川進學敎室事件, 勞働関係民事裁判例集 31권 4호, 793면).
287) 青森地裁 1970. 4. 9. 判決(青森銀行事件, 勞働関係民事裁判例集 21권 2호, 492면); 앞의 東
    京地裁 1987. 5. 26. 判決(新興サービス配転拒否事件).
288) 김명수, 425면; 김유성, 235면; 박상필, 530면; 박홍규a, 820면; 이학춘 등, 436면; 니시타니
    사토시, 503면; 注釋(上), 521면.
289) 김명수, 425면.
290) 김유성, 235면; 박홍규a, 820면; 이학춘 등, 437면; 注釋(上), 521면.

다.291) 승객들에게 무임승차를 권유하여 회사에 금전적 손해를 입힌 행위를 쟁
의권 남용으로 본 판례도 있다.292) 그밖에 사용자가 노동조합을 상대로 단체교
섭의무부존재확인소송을 제기하여, '노동조합의 단체교섭 요구가 신의칙에 위반
되어 허용될 수 없다'고 주장한 사례에서, 법원은 "신의칙에 위배된다는 이유로
그 권리행사를 부정하기 위해서는 상대방에게 신의를 공여하였거나 객관적으로
보아 상대방이 신의를 가지는 것이 정당한 상태에 이르러야 하고 이와 같은 상
대방의 신의에 반하여 권리를 행사하는 것이 정의관념에 비추어 용인될 수 없
는 정도의 상태에 이르러야 한다"고 하며 사용자의 주장을 배척한 사례가 있
다.293)

　　　일본의 경우에는 쟁의 목적이 단체교섭을 통하여 해결할 수 있는 사항이고
노동조합이 단체교섭을 통하여 해결하려는 자세를 취하는 한 가해 목적의 쟁의
행위로 인정하지 않고 있다.294)

(6) 과다요구

　　　노동조합이 회사로서는 수용할 수 없는 요구를 하고 있었다고 하더라도 이
는 단체교섭의 단계에서 조정할 문제이지 노동조합 측으로부터 과다한 요구가
있었다고 하여 곧바로 그 쟁의행위의 목적이 부당한 것이라고 해석할 수는 없
다.295) 임금인상 요구가 기업의 경영 상태에 비추어 객관적으로 실현 불가능하
다고 하여도 근로조건의 향상을 목적으로 하는 한 부당하다고 단정할 수는 없
다.296) 이러한 노동조합의 과다요구는 쟁의권의 남용이라기보다는 노동조합의
내부 문제로서 단체교섭을 통한 합리적인 타협을 전제로 한 교섭기술의 하나로
보아야 한다.297) 하지만 명백히 과대한 요구를 계속하여 고집하면서, 쟁의행위
를 하는 것 자체를 목적으로 하는 경우에는 앞서 본 가해 목적의 쟁의행위에
해당하여 정당성이 부정될 수 있다.298)

---

291) 대법원 1991. 1. 29. 선고 90도2852 판결.
292) 대법원 1990. 5. 15. 선고 90도357 판결.
293) 대법원 2019. 7. 25. 선고 2016다274607 판결.
294) 村山晃, 61면.
295) 김명수, 425면; 김진a, 172면; 김치중, 863면; 도재형, 23~24면; 박상필, 529~530면; 이학춘
　　등, 436면; 임종률, 251면; 하갑래b, 463면; 민변노동법Ⅱ, 211면; 대법원 1992. 1. 21. 선고 91
　　누5204 판결, 대법원 2000. 5. 26. 선고 98다34331 판결; 니시타니 사토시, 504면; 片岡昇(역),
　　198면; 注釋(上), 521면.
296) 김명수, 425면; 注釋(上), 521면.
297) 김유성, 227면; 김진, 172면; 도재형, 24면; 萬井隆令 등, 161면.

과다요구와 관련한 대법원 판결로는, 평균임금이 도내 택시회사 중 가장 높은 수준임에도 노동조합이 최고 수준의 임금인상을 요구하여 임금협상이 결렬되었으나, 노동조합이 준법투쟁에 돌입한 지 3일 만에 사용자가 전격적으로 직장폐쇄를 단행한 사안에 관한 것이 있다. 대법원은 단순히 노동조합이 사용자에게 다소 무리한 임금인상을 요구함으로써 분쟁이 발생하였으며 또한 노동조합의 쟁의행위 결과 사용자의 정상적인 업무수행이 저해되었다 하더라도, 그것만으로 노동조합의 쟁의행위가 정당성을 결하는 것은 아니라고 하면서 직장폐쇄의 정당성을 부정하였다.299)

일본에서는 과도한 임금인상 요구와 관련하여 경제적 요구가 실현 불가능하더라도 근로자의 경제적 지위 향상을 목적으로 하는 한 단체교섭의 단계에서 합리적인 해결점을 구하는 것으로서 정당하다고 한 사례가 있다.300)

(7) 협약안에 대한 총회 인준 후 단체협약 체결 거부와 관련된 쟁의행위

대법원은, 노동조합의 대표자 또는 수임자가 단체교섭의 결과에 따라 사용자와 단체협약의 내용을 합의한 후 다시 협약안의 가부에 관하여 조합원 총회의 의결을 거친 후에만 단체협약을 체결할 것임을 명백히 한 사례와 관련하여, 노사 쌍방 간의 타협과 양보의 결과로 임금이나 그 밖의 근로조건 등에 대하여 합의를 도출하더라도 노동조합의 조합원 총회에서 그 단체협약안을 받아들이기를 거부하여 단체교섭의 성과를 무로 돌릴 위험성이 있으므로 사용자 측으로서는 최종적인 결정 권한이 없는 교섭대표와의 교섭 내지 협상을 회피하거나 설령 교섭에 임한다 하더라도 성실한 자세로 최후의 양보안을 제출하는 것을 꺼리게 될 것이고, 그와 같은 사용자 측의 단체교섭 회피 또는 해태를 정당한 이유가 없는 것이라고 비난하기도 어렵다 할 것이므로, 그에 대항하여 단행된 쟁의행위는 그 목적에 있어서 정당한 쟁의행위라고 볼 수 없다고 판시하였다.301)

하지만, 위 판결에 대하여는 노동조합 대표자의 단체협약체결권을 절대시하여 이에 대한 총회인준 등을 통한 노동조합의 제한을 불가능하게 하고 나아가 노동조합 대표자가 스스로 조합원의 의사를 수렴하는 것조차 막아 헌법이 보장하고 있는 노동3권의 근본취지를 무시하고 노사자치의 대원칙을 무너뜨렸

---

298) 萬井隆令 등, 161면; 注釋(上), 521면.
299) 대법원 2000. 5. 26. 선고 98다34331 판결.
300) 神戸地裁姫路支部 1956. 1. 26. 判決(姫路土建事, 勞働關係民事裁判例集 7권 1호, 94면).
301) 대법원 1998. 1. 20. 선고 97도588 판결.

다는 비판이 있다.302)

(8) 단체교섭 세부 절차의 관철 내지 교섭 촉진을 위한 쟁의행위

단체교섭의 일시·장소·시간·인원수 등의 규정이나 공동교섭·집단교섭 등의 방식에 관한 노동조합의 요구를 사용자가 받아들이지 않는 경우에 노동조합이 요구관철을 위하여 쟁의행위를 하는 것은 목적의 정당성이 인정된다.303)

사용자의 단체교섭 거부에 정당한 이유가 없는 경우, 교섭 해태에 대한 단체교섭 촉구 목적의 쟁의행위에 대해 목적의 정당성을 인정한 하급심 판결이 있다.304)

예비교섭과 관련된 사례로는 전국교직원노동조합이 교육과학기술부장관에게 단체교섭 실시를 위한 예비교섭을 요청한 이래 수개월이 경과하였음에도 수차례의 사전 협의만이 실시되었을 뿐 단체협약 내용에 관한 실질적인 교섭은 개시조차 되지 않은 사안에서 단체교섭응낙가처분에 관한 하급심 결정이 있다.305) 위 결정에서 법원은 원활한 단체교섭 실시를 위해서는 교섭개시 예정일 전까지 단체교섭을 실시하기 위하여 필요한 여러 사항에 관하여 상호 간의 의사합치를 통해 미리 합의를 해 두는 것이 필요할 것이지만, 관련 법령의 내용에 비추어 볼 때 단지 위와 같은 사항에 관하여 완전한 합의가 이루어지지 않았다는 사정만으로는 단체협약 내용을 대상으로 하는 교섭 개시 자체를 거부할 수 있는 정당한 사유가 될 수 없으므로, 국가에 전국교직원노동조합의 단체교섭 요구에 따라 단체교섭에 필요한 사항에 관한 협의절차에서 더 나아가 단체협약 내용을 대상으로 하는 단체교섭을 개시할 의무가 있다고 하였다.

산별교섭과 관련해, 모든 사업장에 대해 산별 중앙교섭을 관철시켜 이를 제도화하기 위한 목적의 쟁의행위는 사용자에게 단체교섭에 관한 방식을 강요하는 것으로서 근로조건 개선 등에 관한 사항이 아니므로 쟁의행위를 할 수 있는 정당한 목적이라고 할 수 없다는 하급심 판결이 있다.306)

일본의 사례로는, 수개의 택시회사와 집단교섭을 요구하면서 쟁의행위를

---

302) 정진경, 215면.
303) 박홍규a, 820면; 임종률, 250면; 菅野(역), 742면.
304) 서울서부지법 2013. 5. 30. 선고 2009가합13699 판결(항소심에서 화해권고결정으로 종결), 광주지법 2015. 1. 9. 선고 2010고단1073, 3401 판결.
305) 서울중앙지법 2010. 6. 4.자 2010카합182 결정.
306) 수원지법 2010. 6. 1. 선고 2009노6179, 2010노761 판결(상고심인 대법원 2011. 10. 27. 선고 2010도7733 판결은 심리미진을 이유로 파기환송하였다).

한 사안에 관하여, 관련 회사들이 집단교섭에 응할 의무가 있는 것은 아니지만 집단교섭방식의 실현은 근로자의 경제적 지위 향상과 밀접한 관련이 있으므로 쟁의행위의 목적의 정당성이 인정된다고 한 하급심 판결이 있다.[307]

3. 법규적 제한

가. 쟁의행위 기간에 대한 임금 지급 요구 목적의 쟁의행위 금지(노조법 44조 2항)

노동조합은 쟁의행위 기간에 대한 임금 지급을 관철할 목적으로 쟁의행위를 하여서는 안 된다. 이에 위반한 자는 2년 이하의 징역 또는 2천만 원 이하의 벌금에 처할 수 있다(노조법 90조).

사용자는 노동조합의 위와 같은 교섭요구에 응할 의무가 없다. 다만, 사용자가 동의하여 교섭하는 것은 무방하다.[308]

나. 노동위원회 조정안의 해석 또는 이행에 관한 쟁의행위의 금지(노조법 60조 5항)

노동위원회 조정안이 당사자 쌍방에 의해 수락된 후 그 해석 또는 이행방법에 관하여 관계 당사자 간에 의견의 불일치가 있는 때에는 관계 당사자는 당해 조정위원회 또는 단독조정인에게 그 해석 또는 이행방법에 관한 명확한 견해의 제시를 요청하여야 하고, 요청받은 조정위원회 또는 단독조정인은 그 요청을 받은 날부터 7일 이내에 명확한 견해를 제시하여야 한다. 관계 당사자는 견해가 제시될 때까지 당해 조정안의 해석 또는 이행에 관하여 쟁의행위를 할 수 없다.

이러한 제한은 '수락된 조정안'의 해석 또는 이행방법에 국한된다. 서명된 조정서의 경우 단체협약과 동일한 효력을 가지므로(노조법 61조 2항) 그에 대한 해석 또는 이행방법에 관한 의견의 불일치는 권리분쟁에 준하여 해결해야 할 것이다.[309]

[정 진 경·권 영 환]

---

307) 앞의 盛岡地裁一関支部 1980. 4. 4. 判決(全自交一關支部事件).
308) 하갑래b, 558면.
309) 하갑래b, 422면.

Ⅳ. 쟁의행위의 시기·절차와 정당성

노조법은 쟁의행위의 시기·절차와 관련하여, 조합원의 찬반투표(법 41조 1
항), 쟁의발생시 상대방에 대한 통보(법 45조 1항), 조정전치주의(법 45조 2항 본문), 법
정 조정·중재기간 중 쟁의행위 금지(법 45조 2항 단서, 63조), 사적 조정·중재시
쟁의행위 금지(법 52조 3항), 긴급조정시 쟁의행위 중지(법 77조) 등의 규정을 두고
있다.310)

판례는 사용자가 근로자의 근로조건의 개선에 관한 구체적인 요구에 대하
여 단체교섭을 거부하거나 단체교섭의 자리에서 그러한 요구를 거부하는 회답을
했을 때 쟁의행위를 개시하되 특별한 사정이 없는 한 그 절차가 법령의 규정에
따른 것으로서 정당하여야 하나, 다만 쟁의행위의 시기·절차 등을 규정한 법령
의 제한에 위반하였다고 하더라도 그것만으로 바로 쟁의행위의 정당성이 상실되
는 것은 아니고, 그 절차를 따를 수 없는 납득할 만한 객관적인 사정이 인정되는
지의 여부, 그 위반행위로 말미암아 국민생활의 안정이나 사용자의 사업운영에
예기치 않는 혼란이나 손해를 끼치는 것과 같은 부당한 결과를 초래하는지의
여부 등 구체적 사정을 살펴서 그 정당성 유무를 가려야 한다는 입장이다.311)

Ⅴ. 쟁의행위의 수단·방법과 정당성

1. 일 반 론

노조법은 쟁의행위의 수단·방법과 관련하여, 쟁의행위와 관계없는 자 또
는 근로를 제공하고자 하는 자의 출입·조업 기타 정상적인 업무 방해의 금지
및 쟁의행위 참가를 호소·설득하는 행위로서 폭행·협박 금지(법 38조 1항), 작업
시설의 손상이나 원료·제품의 변질 또는 부패를 방지하기 위한 작업의 쟁의행
위기간 중 정상적 수행(법 38조 2항), 폭력·파괴행위 및 생산 기타 주요 업무에
관련되는 시설의 점거 금지(법 42조 1항), 안전보호시설의 정상적인 유지·운영을
정지·폐지 또는 방해하는 행위 금지(법 42조 2항), 필수유지업무의 정당한 유지·

---

310) 이에 관한 상세한 논의는 각 해당 부분의 해설 참조.
311) 대법원 1990. 5. 15. 선고 90도357 판결, 대법원 1991. 5. 14. 선고 90누4006 판결, 대법원
    1992. 12. 8. 선고 92누1094 판결 등.

운영을 정지·폐지 또는 방해하는 행위 금지(법 42조의2 2항) 등을 규정하고 있다. 이에 관한 상세한 논의는 각 해당 부분의 해설 참조.

판례는 이와 관련하여 쟁의행위는 소극적으로 근로의 제공을 전면적 또는 부분적으로 정지하여 사용자에게 타격을 주는 것이어야 하며, 노사관계의 신의성실의 원칙에 비추어 공정성의 원칙에 따라야 하고, 사용자의 기업시설에 대한 소유권 기타의 재산권과 조화를 이루어야 함은 물론 폭력이나 파괴행위를 수반하거나 기타 고도의 반사회성을 띤 행위가 아닌 정당한 범위 내의 것이어야 한다고 보고 있다.312)

2. 점유배제와 조업방해 금지(제3항)

가. 입법경위

2021. 1. 5. 공포(2021. 7. 6. 시행)된 개정법313)은 주로 단결권과 단체교섭권과 관련된 조항을 개정하였고, 쟁의행위와 관련해서는 단 2개 조항을 변경하였는데, 그것이 사용자의 점유를 배제하여 조업을 방해하는 쟁의행위를 금지하는 37조 3항 신설과 쟁의행위 찬반투표의 조합원 수 산정에 관한 41조 1항 개정이다. 조문 위치와 관련하여 통상 수단의 정당성을 설명하는 것으로 여겨지는 법 42조가 아니라 법 37조 3항에만314) 이와 같은 규정을 둠으로써, 전면적·배타적

---

312) 대법원 1994. 9. 30. 선고 94다4042 판결, 대법원 1998. 1. 20. 선고 97도588 판결 등.

313) 앞서 본 바와 같이 2020. 12. 9. 국회에서 노조법 뿐 아니라 공무원노조법, 교원노조법 등 이른바 'ILO3법' 개정안이 함께 통과되었다.

314) 당초 고용노동부 개정안에는 42조 1항의 "… 시설을 점거하는 형태로 이를 행할 수 없다"는 부분에 "… 시설에 대해서는 그 전부 또는 일부를 점거하는 형태로 이를 행할 수 없다"는 개정안도 포함되어 있었으나, 국회 논의 과정에서 이 부분은 포함되지 않아 42조 1항은 개정 전과 같이 주요 업무시설에 대한 점거 배제로 유지되었다. 국회 자료에 따르면 2020. 12. 8. 열린 환경노동위원회 고용노동법안 심사소위원회에서 고용노동부(차관 박화진)가 이 부분을 철회한 것을 알 수 있다(제382회 제6차 환경노동위원회 회의록 27, 28면 참조). 다만 37조 3항을 유지한 과정에서는 노동계 비례대표인 이수진 의원의 문제제기가 있었음에도 고용노동부 차관이 "ILO에서도 부정적"이라는 취지의 답변을 하면서 제대로 된 논의가 이루어지지 않은 것으로 보인다. 그러나 ILO 전문가위원회의 입장은 "평화적 파업에 수반하여 이루어지는 피케팅과 직장점거는 허용되어야 한다"는 것이다. — 조용만b, 70면 참고.

> ○고용노동부차관 박화진 : 저희들 여러 가지 지적, 우려를 받아들여서 42조 1항에 저희들이 추가하고자 했던 '그 전부 또는 일부를' 하는 조항은 저희 제출안에서 철회하겠습니다. 다만 37조 3항은 원칙규정입니다. 그래서 이런 정도의 조항은 남겨 두어도 되지 않겠나 판단이 됩니다. 그렇게 의견을 모아 주시면 감사하겠습니다.
> ○소위원장 안호영 : 지금 그 부분에 관해서 수정안이 있습니까? 나왔습니까?
> ○고용노동부차관 박화진 : 이것을 현행 유지하시면 됩니다. 42조를……

점거는 정당하지 않지만 부분적·병존적 점거는 정당하다는 종래 판례와 행정
해석이 유지될 수 있는지에 관해 의문을 제기하는 견해가 있다.315)

　　개정 전 노조법에 대한 해석론에서 직장점거 등 쟁의행위 수단의 문제는
주로 법 42조 1항 해석을 중심으로 이루어졌다는 점을 고려하면 입법 당시 이
조항의 위치에 관한 체계적 고민과 정비가 이루어졌어야 한다는 지적에는 일리
가 있으나, 신설 조항의 문언이 '사용자의 점유를 배제하여'라고 하고 있다는
점과 실제 입법경위나 개정이유 등으로 볼 때 기존 판례 법리나 행정해석을 정
면 부인하기 위해 신설된 것으로 보기는 어렵고, 그 같은 법리를 확인한 것으로
보는 것이 자연스럽다.

> ○ 소위원장 안호영 : 현행 유지를 하고 그다음에……
> ○ 고용노동부차관 박화진 : 37조는 3항 개정안으로 그냥 해 주시면 됩니다.
> ○ 소위원장 안호영 : 37조 3항이요?
> ○ 고용노동부차관 박화진 : 예…
> ○ 이수진(비) 위원 : 37조 3항이 저희 그때 설명할 때 있었던 항인가요? '노동조합은 사용
> 　자의 점유를 배제하여 조업을 방해하는 형태로 쟁의행위를 해서는 아니 된다'……
> ○ 고용노동부차관 박화진 : 이게 이 문제를 논의하면서 공익위원님들이 이런 정도의 원칙
> 　규정을 두자, 그리고 저희들은 그것만 가지고는 대법원 판결에서 확인한 생산 주요 업
> 　무 시설이 원천적으로 점거가 금지되는 시설이라는 취지가 명확하게 드러나지 않으니
> 　전부 또는 일부를 추가하자, 그 의미를 명확하게 하기 위해서 저희가 그랬는데 사실은
> 　여러 위원님들께서 대법원 판례로써 이미 확정이 났다고 할 것 같으면 굳이 오해의 소
> 　지가 있는 '전부 또는 일부'라는 표현을 추가할 필요가 없지 않겠느냐라고 지적을 해
> 　주셨기 때문에 저희가…… 교수님들이 동의하는 또는 제안하신 겁니다, 이 문구는. 그래
> 　서 이 조항은 남기고 저희들이 필요하다고 생각했던 조항은 철회하는 것으로 했습니다.
> ○ 이수진(비) 위원 : 저희는 그 3항도 없는 것으로 생각을 했는데 그것은 놔두고 밑에 있는
> 　것만 지금 얘기를 하시네요.
> ○ 고용노동부차관 박화진 : 이 조항은 어떠한 처벌조항과 관계없이 노동조합의 쟁의행위
> 　를 할 때 기본원칙이고 이 원칙은 저희들 노동법의 기본원칙이기도 하고 ILO 협약에서
> 　도 인정하는 그런 형태의 조업방해 행위는 있어서는 안 되는 그런 표현입니다.
> ○ 소위원장 안호영 : 37조 3항은 지금 ILO 협약에서도 기본원칙으로 적용되고 있는 겁니까?
> ○ 고용노동부차관 박화진 : 예, 그렇습니다. ILO는 말씀드린 대로 산별노조에 익숙한 분들
> 　이라 가지고 사업장 점거에 대해서는 원칙적으로 굉장히 부정적인 입장을 취하고 있습
> 　니다. 쟁의의 형태로서 플랜테이션 점거에 대해서는 부정적입니다.
> ○ 소위원장 안호영 : 어쨌든 이 부분은 여러 가지 공청회에서도 그렇고 많이 문제 제기했
> 　던 부분들을 가지고 정부에서 기본적으로 개정안을 철회한 부분이니까요 넘어가시지요.
> 　이 철회를 반대하는 게 아니라면 넘어가시는 게 좋을 것 같습니다. …

315) 김희성, 242면 — 이 견해에 따르면 "종전노조법에서는 기타 주요업무에 관련되는 시설이
　아닌 곳에 대해서는 직장점거가 허용된다고 해석 적용될 수 있었으나, 개정노조법에서는 쟁
　의행위의 기본원칙의 신설로 기타 주요업무에 관련되는 시설이 아닌 곳의 경우는 개정노조
　법 37조 3항이 작동"하므로, "이러한 곳에 대한 점거가 사용자의 공간적 지배나 시간적 지배
　하나의 부분이라도 결여되는 것으로 보여지는 경우에는 점유의 배제 내지 침탈로 조업을 방
　해하는 것을 의미한다고 해석되어 금지되는 쟁의행위가 된다"고 한다.

한편 부분점거와 전면점거를 구분하는 판례 법리를 비판하면서 노조법에는
쟁의행위 수단(양태)에 관한 규정이 법 42조 1항뿐이고, 이 조항을 위헌으로 볼
수 없는 한, 직장점거에 의한 쟁의행위의 허용 범위는 법 42조 1항과 시행령 21
조에 근거하여 설정하여야 하므로, 주요시설을 점거하는 것은 원칙적으로 허용
되지 않지만, 부수시설에서는 파업근로자의 단체행동권이 우선하므로 부수시설
의 교환가치에 대한 중대한 훼손이 발생하는 등 특별한 사정이 없는 한 전면적,
배타적인 점거도 허용되는 것으로 해석하여야 한다는 견해316)는 적어도 2020년
법 개정 이후에는 유지되기 어렵게 되었다.

나. 쟁의행위 수단으로서의 직장점거

직장점거는 쟁의행위 중에 근로자가 사업장시설에 머물면서 집회나 시위를
계속하면서 파업과 같은 주된 쟁의행위의 실효성을 확보하기 위하여 사업장시
설을 점거하는 쟁의행위이다.317) 대법원의 초기 판시318)를 인용하여 "파업 시
사용자에 의한 방해를 막고 변화하는 정세에 기민하게 대처하기 위하여 퇴거하
지 않고 사용자의 의사에 반하여 직장에 체류하는 쟁의수단"으로 정의하기도
한다.319)

주로 기업별 노동조합이라는 우리나라 조직형태의 특수성 때문에 빈번하게
이용되었으며, 구 노동쟁의조정법이 1980. 12. 31. 개정 시부터 아예 "쟁의행위
는 당해 사업장 이외의 다른 장소에서는 이를 행할 수 없다"는 조항(12조 3항)320)
을 두어 오히려 직장 외에서는 쟁의행위를 할 수 없게 함321)으로써 오히려 일
반적인 쟁의행위 방법으로 자리잡아 왔다.

다. 직장점거의 유형

우리나라에서는 직장점거 유형에 관한 본격적 논의가 없지만, 일본에서는
그 목적에 따라 세 가지로 나누어 ⅰ) 파업 중 사업장 내 집회와 투쟁의 본부로

316) 장승혁, 205면.
317) 김유성, 247면.
318) 대법원 1990. 10. 12. 선고 90도1431 판결.
319) 조경배d, 202면; 노동판례백선, 339면.
320) 이 조항은 1996. 12. 31. 법률 5244호로 삭제되었고, 이 때 "쟁의행위는 폭력이나 파괴행위
또는 생산 기타 주요업무에 관련되는 시설과 이에 준하는 시설로서 대통령령이 정하는 시설
을 점거하는 형태로 이를 행할 수 없다"는 법 42조 1항이 신설되었다.
321) 이 규정은 당해 사업장 내에서 자유로운 쟁의행위를 보장하기 위한 목적이라기보다는 사
업장 이외의 장소에서 행해지는 쟁의행위를 금지함으로써 쟁의행위가 사회문제화되는 것을
막기 위한 목적을 가진 것이었다. ─ 장승혁, 180면.

서의 역할을 하는 '단결유지기능형 직장점거'는 파업 중 기업 내 조합활동으로 이미 노무제공 중단으로 업무저해가 발생한 상태의 사업장에서 이루어지므로 새로운 업무저해성이 없어 정당성이 넓게 인정되어야 하고, ii) 조합원이 파업에서 이탈하는 것을 방지하는 수단인 '노동시장 통제기능형 직장점거'는 파업에 부수하거나 보조적인 역할을 하는 피케팅과 같이 노무제공 거부와는 구분되므로 정당성 평가도 독립적으로 이루어져야 하며, iii) 기업이 도산하는 경우 임금이나 퇴직금의 확보를 위해 이루어지는 '고용·임금 확보기능형 직장점거'는 임금채권 실현을 위한 유치권, 동시이행 항변권과 유사한 성격으로 쟁의행위로 적법하다는 견해가 있는가 하면,322) 이와는 조금 달리, i) 쟁의행위 중 제활동과 집회·구내데모 등을 위해 단순히 기업 내에 체류하는 데 불과하여 원칙적으로 정당한 '직장체류'는 위법하다고 볼 수 없고, ii) 피케팅과 같이 쟁의행위 기간 중 단결 유지, 이탈조합원 취로 저지, 대체근로 저지 등을 목적으로 하는 '부수적 직장점거'는 전면적·배타적 직장점거에 이르지 않는 한 정당하며, iii) 직장점거 자체가 쟁의행위 수단이 되는 '적극적 직장점거'는 정당성을 긍정하기 어렵다는 견해323) 등이 있다.

직장점거의 목적이나 양태에 다양한 행위들이 복합되어 있으므로 그 정당성을 판단하기 위해서는 각각의 목적이나 양태를 기준으로 분류해야 한다324)는 점에서 일리는 있으나, 주로 '행위의 목적'이라는 주관적이거나 추상적인 것을 분류의 기준으로 삼고 있다는 점에서 문제가 있다. '직장에서의 쟁의행위'라고 하더라도 쟁의행위의 본질상 어느 정도의 업무 저해 성격을 가질 수밖에 없고, 현실에서도 사업장 내에서 이루어지는 집회나 연좌 농성이 일종의 주거권의 대상인 작업 장소에서 이루어지는 자연스러운 행위인 동시에 조합원의 파업 이탈을 예방하고 대체근로를 통한 조업 계속을 최대한 저해하여 파업의 효과를 극대화하기 위한 목적을 동시에 가지는 것이 더 일반적이기 때문이다.

라. 직장점거와 쟁의행위 정당성

"쟁의행위는 당해 사업장 이외의 다른 장소에서는 이를 행할 수 없다"는 구 노동쟁의조정법만 있고 법 42조 1항이 신설되기 이전부터 대법원은 <서울지

---

322) 石井保雄, "職場占拠法理の研究(1)", 「亜細亜法学」 18(1), 1983, 50頁 이하. 권오성, 398~400 면에서 재인용.

323) 니시타니 사토시, 527~528면.

324) 권오성, 402면.

하철 파업> 사건325)에서 쟁의행위 정당성에 관한 이른바 '4요건설'을 언급하면
서 "조합원의 직장점거는 사용자측의 점유를 배제하지 아니하고 그 조업도 방
해하지 않는 부분적, 병존적 점거일 경우에 한하여 정당하다고 보아야 할 것"이
라는 기준을 밝힌 이래, 같은 해 <국민연금관리공단 파업> 사건326)에서 '부분
적, 병존적 점거'와 '전면적, 배타적 점거'라는 표현을 대조적으로 사용하기 시
작하였으며, 이후 점거유형을 두 가지로 나누는 접근방법에 관한 판결들이 축적
되면서 정당성의 범위가 보다 구체화되어, 점거 장소와 관련해서는 회사의 구내
장소로서 평소 출입이 통제되지 아니한 로비를 점거하는 것은 인정된다는 판
결,327) 노조사무실 등 정상적인 노조활동에 필요한 시설이나, 기숙사 등 기본적
인 생활근거지에 대한 출입은 직장폐쇄 시에도 원칙적으로 제한할 수 없다는
판결328) 등이 잇달았다.329)

  이러한 판례의 태도에 대해서는 부분적·병존적 직장점거의 정당성을 긍정
하는 명확한 구체적인 법적 논거는 제시하지 않은 채, 부분적·병존적 직장점거
가 사용자의 노무지휘권 및 시설관리권을 침해하지 않는다는 사실에만 기초하
고 있다고 비판하면서 직장점거를 구성하는 각각의 행위들을 분리하여 그러한
행위가 관련된 개별 범죄구성요건에 해당하는지 구체적으로 평가해야 한다는
견해330)도 있으나, '노무 제공 거부'라는 쟁의행위의 핵심 개념표지 외에도 정
당성 범위를 벗어나지 않는 범위 내에서 사용자 업무의 정상적인 운영을 저해
하는 것까지 부득이하다는 점, 그리고 그것에 대해서는 사용자에게 수인의무가
있다는 점을 확인하였다는 점에서 의미가 있다.331) 다만 실제 정당성을 인정한
사례가 많지 않다는 점에서 쟁의행위의 본질인 업무저해성과 그에 대한 사용자
의 '수인한도'에 대한 재검토가 필요하며, 일부 사건에서 명확한 근거도 없이
기존 판례 법리에서 기준으로 삼은 '전면적·배타적' 점거가 아니라 '기간'을

---

325) 대법원 1990. 5. 15. 선고 90도357 판결 — 노동판례백선, 367면에 따르면 이 판결이 직장점
    거에 대해 최초로 언급한 것이라고 한다.
326) 대법원 1990. 10. 12. 선고 90도1431 판결.
327) 대법원 2007. 3. 29. 선고 2006도9307 판결.
328) 대법원 2010. 6. 10. 선고 2009도12180 판결 — 이 사건과 같이 '직장점거'는 종종 사용자의
    쟁의대항행위인 '직장폐쇄'와 함께 문제되는데, 둘 사이 관계에 관해서는 직장폐쇄에 관한
    법 46조 해설 부분 참고.
329) 노동판례백선, 339면.
330) 권오성, 406면; 박주현, 116~118면.
331) 노동판례백선, 341면.

기준으로 삼거나 '사실상 전면적·배타적으로 점거한 것'332)이라는 논리로 정당성을 부인하는 것까지 타당하다고 보기는 어렵다.

[김 민 기·김   진]

---

332) 대법원 2003. 12. 26. 선고 2003도1317 판결.

제38조(노동조합의 지도와 책임)

① 쟁의행위는 그 쟁의행위와 관계없는 자 또는 근로를 제공하고자 하는 자의 출입·조업 기타 정상적인 업무를 방해하는 방법으로 행하여져서는 아니되며 쟁의행위의 참가를 호소하거나 설득하는 행위로서 폭행·협박을 사용하여서는 아니된다.

② 작업시설의 손상이나 원료·제품의 변질 또는 부패를 방지하기 위한 작업은 쟁의행위 기간중에도 정상적으로 수행되어야 한다.

③ 노동조합은 쟁의행위가 적법하게 수행될 수 있도록 지도·관리·통제할 책임이 있다.

〈세 목 차〉

Ⅰ. 정상조업의 방해 금지 및 피케팅의 제한

쟁의행위는 그 쟁의행위와 관계없는 자(예컨대 비조합원, 고객 등) 또는 근로를 제공하고자 하는 자(예컨대 파업에 참가하지 않은 조합원)의 출입·조업 기타 정상적인 업무를 방해하는 방법으로 행하여져서는 안 된다.[1]

또한, 쟁의행위의 참가를 호소하거나 설득하는 행위, 즉 피케팅(Picketing)을 할 때 폭행이나 협박을 사용하여서는 아니 된다. 이 규정은 노동조합이 파업에 참가하지 않는 조합원, 근로희망자 등에 대하여 파업 동참을 호소하는 피케팅을 할 때 준수해야 할 원칙 내지 방법상 제한을 정한 것이다.[2]

※ 이 조에 관한 각주의 참고문헌은 제37조 해설의 참고문헌을 가리킨다.
1) 민변노동법Ⅱ, 219면.
2) 피케팅의 정당성과 한계에 관한 자세한 설명은 법 42조에 대한 해설 부분 참조.

II. 작업시설의 손상 등 방지 작업의 정상적 수행

쟁의기간 중에도 작업시설의 손상이나 원료·제품의 변질 또는 부패를 방지하기 위한 작업은 정상적으로 수행되어야 한다. 이 조항은 쟁의행위로 인한 사회·경제적 손실을 최소화하고, 쟁의행위가 종료되면 바로 업무에 복귀할 수 있도록 하는 것을 목적으로 한다.[3] 즉, 쟁의기간 중에 위와 같은 작업들을 중단하면 쟁의행위가 종료되더라도 즉각적인 조업 재개가 불가능하여 이후 생산활동에 큰 지장을 미치게 된다는 점을 고려해서 근로자의 쟁의권과 사용자의 재산권의 균형을 도모하는 차원에서 마련된 규정이라 할 수 있다.[4]

'작업시설'이란 생산 또는 작업에 이용되는 기계나 설비, 구조물 등 물적인 것을 뜻한다. '작업시설의 손상 방지작업'이라 함은 기계의 윤활유 공급, 생산공정상 응고·폭발을 방지하기 위한 가열·급수·전력공급, 작업시설화재 등을 점검·소화하는 경비·소방작업 등 기계의 부식이나 마멸을 방지하기 위한 작업을 말한다. '원료·제품의 변질·부패 방지작업'은 세척·냉장·방부처리작업, 어패류 등의 변질·부패방지작업, 냉동·냉장창고에 전원을 공급하는 작업, 작업중단시 재사용이 불가능한 용광로작업 등 원료·제품의 변질·부패를 방지하거나 변질·부패 이전에 처분하는 작업을 뜻한다.[5]

위 규정을 위반할 경우 1년 이하의 징역 또는 1천만 원 이하의 벌금에 처한다(법 91조). 다만, 원료·제품은 시간경과에 따라 자연적으로 손상·변질·부패하기 때문에 쟁의행위로 말미암아 자연발생적인 원료·제품의 손상·부패 등의 결과가 초래되어도 위 조항을 위반하였다고는 할 수 없다.[6]

III. 노동조합의 책임

노동조합은 쟁의행위가 적법하게 수행될 수 있도록 지도·관리·통제할 책임이 있다. 이 조항은 노동조합이 쟁의행위를 수행하는 중에 그 쟁의행위가 현

---

3) 하갑래b, 425면.
4) 민변노동법 II, 219면.
5) 노조 68110-196, 2003. 4. 25.; 노동조합과-722, 2008. 4. 23. 하갑래b, 426면에서 재인용.
6) 하갑래b, 426면.

행 법령이나 사회질서를 준수하고 있는지를 확인할 것과 적법하게 쟁의행위가 수행될 수 있도록 조합원을 지도·관리·통제해야 함을 규정한 것이다.[7] 노동조합이 쟁의행위의 주체라는 점을 고려해서 둔 주의적 규정이다.[8]

　　노동조합의 위 의무는 노동조합이 단체교섭 및 단체협약 체결능력을 가진 집단적 노사관계법상의 주체로서 적법한 쟁의행위를 수행해야 할 의무로부터 당연히 연유하는 것이다. 따라서 노동조합이 법령에 반하거나 사회질서를 준수하지 않는 조합원들의 집단적 행위를 조직적으로 의도하거나 용인하는 경우에는 쟁의행위 자체가 위법한 것이 된다.[9] 그러나 노동조합의 영향범위를 벗어난 조합원 개인의 일탈행위에 대하여는 노동조합이 책임을 부담하지 않고 쟁의행위의 정당성도 부인되지 않는다.[10]

[김　민　기]

---

7) 김형배, 1344면.
8) 민변노동법Ⅱ, 220면.
9) 김형배, 1345면.
10) 김형배, 1345면. 대법원 2017. 7. 11. 선고 2013도7896 판결도 같은 취지에서 노동조합이 주도한 쟁의행위 자체의 정당성과 이를 구성하거나 여기에 부수되는 개개 행위의 정당성은 구별하여야 하므로, 일부 소수의 근로자가 폭력행위 등의 위법행위를 하였다고 하더라도 전체로서의 쟁의행위마저 당연히 위법하게 되는 것은 아니라고 한다.

제39조(근로자의 구속제한)

　　근로자는 쟁의행위 기간중에는 현행범외에는 이 법 위반을 이유로 구속되지 아
니한다.

〈세 목 차〉

[참고문헌]

신권철, "쟁의행위와 민사책임—판례분석을 중심으로", 법조 657호, 법조협회(2011. 6.);
이재상, 형법총론(7판), 박영사(2011); **이흥재**, "노동쟁의조정법 제정심의의 주요쟁점", 법
학 49권 1호, 서울대학교 법학연구소(2008. 3.); **전팔현**, "근로자의 면책특권에 관한 소
고", 검찰 47호, 대검찰청(1972).

Ⅰ. 근로자 구속제한의 의의

1. 규정의 의의와 입법취지

가. 규정의 의의

　　노동3권은 근로자가 사용자에 대해서 가지는 헌법상 기본권이기에 앞서 국
가에 대하여 가지는 자유권적 기본권이기도 하다. 노동3권 중 단체행동권 또한
주관적 공권으로서 국가에 의해 단체행동권이 침해되는 것을 막을 수 있다. 국
가에 의한 단체행동권의 침해는 입법이나 해석을 통한 방식 외에도 경찰력을
앞세운 강제수사와 형벌에 의해서도 가능하다. 근로자 집단의 단체행동에 대응
한 국가권력에 의한 강제수사와 형사처벌을 제한하기 위한 제도로는 쟁의행위
에 대한 형사 면책 규정과 쟁의행위 기간 중 근로자 구속제한 규정이 있다. 아

래에서는 근로자 구속제한 규정의 입법연혁과 입법취지를 살펴 규정의 의미를
검토해 본다.

나. 입법연혁

노조법은 근로자가 쟁의행위 기간 중에 노조법을 위반한 경우 현행범이 아
니라면 구속하지 못한다고 규정하고 있다. 쟁의행위 기간 중 근로자 구속제한에
관한 규정은 구 노동쟁의조정법이 제정된 1953년부터 현재까지 일부 수정을 거
쳐 지속되어 온 규정이다.

(1) 1953년 제정 노동쟁의조정법의 규정

1953년 구 노동쟁의조정법안 제정심의과정에서 근로자 구속제한과 관련하
여 3가지 안이 제시되었다. 원래 정부가 1951년 제출한 노동쟁의조정법안에는
쟁의기간 중 근로자 구속제한 규정이 없었으나, 국회 심의과정에서 사회보건위
원회가 정부안을 폐기하고, 1952년 사회보건위원회안(노동쟁의법안)을 새롭게 제
출하면서 규정되었다.

원안(사회보건위원회안)은 "근로자는 쟁의기간 중 현행범 이외에는 여하한
이유로도 그 자유를 구속당하지 아니한다."는 규정이었다. 이에 대하여 전진한
의원 수정안은 위 규정에 추가하여 "(구) 형법[1] 95조(공무집행방해), 106조(소요),
107조(다중불해산), 208조(폭행), 222조(협박), 234조(위력업무방해)[2]는 쟁의기간 중
근로자에 적용하지 아니한다."를 신설하는 안을 추가제안 하였고, 김지태 의원
및 법제사법위원회 수정안은 위 사회보건위원회의 원안(근로자 구속제한)을 삭제
하는 안을 제안하였으나, 사회보건위원회 원안이 과반수 이상 지지를 받아 그대
로 가결되었다.[3]

이로서 1953년 제정된 구 노동쟁의조정법에 의하면 근로자는 쟁의기간 중 현
행범 이외에는 어떠한 이유로도 구속되지 않는 불구속특권을 보유하게 되었다.[4]

---

1) 당시 시행되던 구(일본) 형법을 의미한다.
2) 1953. 1. 24.자 15회 국회정기회의 속기록(13호, 6면)에는 전진한 의원 외 37인의 수정안이
   형법 235조(절도)를 적용하지 않는 것으로 되어 있으나, 1953. 1. 28.자 15회 국회정기회의
   속기록(19호, 6면)에는 형법 234조(위력업무방해)를 적용하지 않는 것으로 되어 있다. 당시
   적용되던 일본 형법의 규정이나, 김용우 위원장의 수정안 설명 내용(19호, 6면)을 고려해 볼
   때 형법 235조가 아닌 234조의 적용을 배제하는 것이 맞고, 1953. 1. 24.자 속기록의 형법
   235조는 234조의 오기로 보인다. 같은 취지의 견해로는 이흥재, 39면.
3) 이흥재, 40~41면.
4) 당시 시행되던 헌법(1952. 7. 7. 헌법 2호로 일부 개정된 것) 49조에 의하면 "국회의원은

위 규정은 1963년 노동쟁의조정법 전문개정 당시 조문의 위치를 변경(13조 → 9조)하고, '여하한'을 '어떠한'으로 고친 것 외에는 1997년 새로운 노조법이 재제정(再制定)될 때까지 그 내용이 유지되었다.

(2) 1997년 노동조합 및 노동관계조정법의 규정

기존의 구 노동조합법 및 구 노동쟁의조정법을 폐지하고, 새롭게 제정된 노동조합 및 노동관계조정법은 "근로자는 쟁의행위 기간중에는 현행범외에는 이 법 위반을 이유로 구속되지 아니한다."라고 고쳤다. 기존 규정은 모든 범죄에 대해 구속이 제한되었음에 반하여, 개정 규정은 노조법 위반행위에 대해서만 구속이 제한되도록 그 범위를 축소하였다.

다. 입법취지

쟁의행위 기간 중 근로자 구속제한의 입법취지는 근로자 쟁의행위를 형사적으로 보호하는 것에 있다. 즉, 쟁의근로자의 신체의 자유를 쟁의기간 중에 확보하여 쟁의행위를 사용자 및 국가의 침해로부터 보장하는 것이다.

그 입법취지는 1953년 노동쟁의조정법 제정과정에 잘 드러나 있다. 근로자 구속제한의 원안을 제시한 사회보건위원회 위원장(김익기)은 그 입법취지를 헌법상 보장된 단체행동의 자유보장에 그 근거를 두고 있음을 명시하였다.[5] 당시 규정된 단체행동의 자유보장의 제도적 장치들로는 근로자 구속제한 외에도 '쟁의행위 시 사용자의 불이익처분 금지', '쟁의기간 중 사용자의 채용제한', '민사상 손해배상청구 제한' 등이 있었다.

폭행·협박·위력에 의한 업무방해 등의 죄를 적용하지 말자는 전진한 의원의 수정(추가)안 또한 그 제안 이유로 당시의 현실에서 "쟁의행위를 하면 폭행·협박·공갈 등의 죄를 걸어 쟁의행위를 방해하고, 잡혀가는 일이 발생하여 근로자가 많은 희생을 당해 왔고, 선진외국의 입법례에서도 위와 같은 죄로 쟁의행위를 한 근로자를 처벌하지 않는다."며 수정안의 입법취지를 제시하였다.[6] 위 수정안 규정을 입안하는 데 관여한 임기봉 의원도 위 조항의 규정취지는 일

현행범을 제외한 외에는 회기중 그 원의 동의없이 체포 또는 구금되지 아니하며 회기전에 체포 또는 구금되었을 때에는 그 원의 요구가 있으면 회기중 석방된다"고 규정되어 있었는데, 이러한 국회의원의 불체포특권과 유사한 불구속특권을 근로자가 쟁의기간 중에는 보유하게 된 것이다.

5) 국회사무처, 15회 국회정기회의 속기록 13호, 1953. 1. 24.자, 12~13면.
6) 국회사무처, 15회 국회정기회의 속기록 19호, 1953. 1. 31.자, 6면.

제 강점기나 해방 이후 노사 간의 쟁의에서 사용자의 공작과 당국의 조치로 인해 근로자들이 쓰라린 경험을 하였기 때문에 근로자의 쟁의권과 신분보장을 위해 반드시 필요하다며 수정안의 입법취지를 소개하였다.[7]

또 다른 한편에서는 제정 노동쟁의조정법상의 근로자 구속제한 규정은 쟁의행위 기간 중에는 모든 범죄행위로 인한 구속에서 자유로워지기 때문에 비판받기도 하였다.[8] 특히, 근로자 구속제한 규정이 헌법상 대통령이나 국회의원이 보장받는 불체포특권이나 면책특권만큼 강력하고, 횡령 등 쟁의행위와 무관한 범죄를 저질러도 쟁의행위 기간 중에는 구속되지 않는 문제점도 지적되었다.[9]

2. 구속제한의 법리적 근거

쟁의행위 기간 중 근로자 구속제한의 법리적 근거는 무엇인가? 현행 노조법이 노조법위반의 경우에만 구속이 제한되고 있음을 규정하고 있지만, 구 노동쟁의조정법은 어떠한 이유로도, 어떠한 범죄라도 현행범이 아닌 한 쟁의행위 기간 중 구속이 제한됨을 규정하였다. 위 규정들은 근로자의 헌법상 단체행동권의 보장이라는 입법목적이 있지만, 그러한 입법목적 외에도 다른 법리적 근거가 있는지 살펴볼 필요가 있다.

쟁의행위는 노동관계 당사자들 사이의 집단적 투쟁행위이다. 이는 입법과정이나 판례의 해석[10]을 통하여 쟁의행위의 본질로서 설명되고 있다. 예컨대 1953년 근로자 구속제한 규정의 입법과정에서 위 조항의 신설에 반대했던 김지태 의원은 쟁의란 사용자와 근로자가 투쟁하는 것이므로 둘이 싸움하는데 한쪽만 신분을 보장하면 안 된다며 사용자에게도 같은 내용의 보장을 할 것을 요구하기도 하였다.[11] 대법원 또한 근로자의 쟁의행위는 근로조건에 관한 노동관계 당사자 간의 주장의 불일치로 인하여 생긴 분쟁상태를 유리하게 전개하기 위하여 사용자에 대하여 집단적 · 조직적으로 노무를 정지하는 투쟁행위라 하면

---

7) 국회사무처, 15회 국회정기회의 속기록 19호, 1953. 1. 31.자, 7면.
8) 구 노동쟁의조정법에서 구속제한을 인정한 취지가 경미한 범죄를 범한 근로자에 대해 조사 또는 체포 · 구금을 하지 않고 있다가 쟁의행위를 주동하거나 참여하는 경우에 당해 근로자를 구속하여 쟁의행위를 하지 못하도록 악용하는 사례를 예방하자는 데 있었다는 의견도 있다(김헌수, 601면).
9) 전팔현, 118~120면.
10) 대법원 2010. 7. 15. 선고 2008다33399 판결.
11) 국회사무처, 15회 국회정기회의 속기록 13호, 1953. 1. 24.자, 11면.

서, 쟁의행위 기간 동안 근로자는 사용자에 대한 주된 의무인 근로 제공 의무로
부터 벗어나는 등 근로계약에 따른 근로자와 사용자의 주된 권리·의무가 정지
됨으로 인하여 사용자는 근로자의 노무 제공에 대하여 노무지휘권을 행사할 수
없게 된다고 하였다.12)

쟁의행위는 위에서 본 바와 같이 근로자와 사용자의 근로관계를 정지시키
고, 근로관계라는 법적 구속들로부터 자유로운 공간과 시간을 만들어 낸다. 쟁
의행위에 대한 민·형사 면책 규정 또한 단체행동의 보장이라는 측면에서뿐만
아니라 쟁의행위라는 집단적 사실행위가 가질 수밖에 없는 불법성을 면제해 주
어 노동관계 당사자 사이의 실력적 행위들을 보장해 주는 것이다. 즉, 쟁의행위
는 노사간에 법적 예외상태를 어느 정도 열어준다.

쟁의행위는 근로자들이 자신의 신체에 담긴 노동을 사용자에 대해 거부함
으로써 이루어진다. 따라서 근로자의 신체가 구속될 경우 쟁의행위는 유지될 수
없다. 근로자의 신체를 구속한다는 것은 결국 쟁의행위를 중단시키는 것이 된
다. 단체행동에서 근로자의 신체는 단체행동의 본질적 요소이기 때문에 쟁의행
위 기간 중에는 위법행위로부터 어느 정도 자유로운 신체를 보장받는다. 집단적
노무제공의 거절이라는 사실상 위법한 행위를 노조법은 민·형사상 면책과 신
체적 구속 금지를 통해 쟁의행위를 보장하여 근로자집단이 노동의 거래에서 사
용자와 대등한 협상력을 확보하게 하는 것이다.13)

Ⅱ. 근로자 구속제한의 요건과 효과

1. 근로자 구속제한의 요건

노조법은 근로자가 쟁의행위 기간 중에 현행범 외에는 이 법 위반을 이유
로 구속될 수 없음을 규정하고 있다. 분설하여 보면 1) 그 적용범위는 근로자에
한정되고, 2) 시기는 쟁의행위 기간 중이어야 하며, 3) 위반하는 행위는 노조법
에 규정된 것이어야 하고, 4) 현행범이 아니어야 한다. 구체적으로 그 요건을 살
펴보면 다음과 같다.

---

12) 대법원 1995. 12. 21. 선고 94다26721 전원합의체 판결.
13) 신권철, 201면.

가. 근 로 자

구속이 제한되는 대상은 근로자여야 한다. 1953년 최초 입법과정에서는 사용자(정확히는 사용주)에 대해서도 구속이 제한되어야 한다는 수정안이 제출되었으나,14) 국회심의 중 찬·반 논의과정에서 철회되었다.

쟁의행위를 기획하거나 참여하는 근로자, 노동조합의 전임자나 노조법 24조의 근로시간면제자에게 적용됨은 물론이지만, 쟁의행위가 발생한 사업장 소속 근로자이거나 근로계약관계가 있는 근로자여야 하는지 문제된다. 예컨대, 상급연합단체에 소속된 근로자, 해고 근로자, 노동조합으로부터 단체교섭 등을 위임받은 근로자이거나 사업장 내 하청 또는 파견 근로자여서 실제 사업장의 사용자와 근로관계가 없는 근로자에게도 적용될 수 있는지가 문제될 수 있다. 생각건대, 1) 개별적 근로관계와 집단적 노동관계는 서로 분리될 수 있는 점, 2) 쟁의행위와 관련성을 통해 위 규정의 보호범위를 확정해야지, 근로계약관계라는 형식을 통해 보호범위를 확정해서는 안 되는 점을 고려해 볼 때 여기서의 근로자는 쟁의행위에 가담하고 있는 근로자면 족하다고 볼 것이다. 이러한 해석이 가능한 이유 중의 하나는 위 규정의 보호 목적이 사용자로부터 근로자를 보호하는 것이 아니라 신체의 자유를 제한할 수 있는 국가로부터 근로자를 보호하는 것이기 때문에 사용자와 근로관계를 맺을 것을 전제하여 위 규정의 적용범위를 제한할 이유가 없기 때문이다.

한편, 쟁의행위가 발생한 사업장에서 해고된 근로자가 구속제한 규정의 적용을 받는 근로자인지 문제 된다. 생각건대, 2021년 개정된 노조법 5조 3항은 "종사근로자인 조합원이 해고되어 노동위원회에 부당노동행위의 구제신청을 한 경우에는 중앙노동위원회의 재심판정이 있을 때까지는 종사근로자로 본다"고 규정하여 해고자에 대한 보호 필요성을 인정하고 있는 점, 해고는 사용자의 일방적 조치여서 사용자가 쟁의행위 기간 중에도 위와 같은 해고를 통해 근로자 구속제한 규정을 피하고자 할 의도도 가질 수 있는 점을 고려해 볼 때, 해고된 자라도 행정소송이나 민사소송을 통하여 해고를 다투고 있는 경우라면 위 근로자 구속제한 규정의 적용을 받는 근로자라 봄이 타당하다.

---

14) 국회사무처, 15회 국회정기회의 속기록 13호, 1953. 1. 24.자, 5면.

나. 쟁의행위 기간 중

(1) 쟁의행위

구속이 제한되는 시기는 쟁의행위 기간 중이어야 한다. 여기서 쟁의행위를
정당한 쟁의행위만 구속이 제한되고, 그렇지 않은 쟁의행위는 구속이 가능하다
고 볼 것인지 문제된다. 다수설은 정당한 쟁의행위만 보호대상이 되고(구속이 제
한되고), 정당하지 아니한 쟁의행위는 보호대상이 되지 않는다(구속이 가능하다)고
한다.[15] 그러나 다수설은 다음과 같은 문제점이 있다. 먼저, 정당한 쟁의행위는
노조법 4조에 의해 형사상으로 위법성이 조각되어 형사처벌 대상이 아니다. 따
라서 정당한 쟁의행위라면 범죄가 성립되지 않아 범죄성립을 전제로 한 인신구
속 자체가 불가능하기 때문에 별도로 노조법 39조와 같은 근로자 구속제한 규
정을 둘 필요가 없게 된다. 다음으로, 쟁의행위의 정당성 여부는 보통 사후적으
로 법원이 선언하게 되는 것이어서 쟁의행위 중에 정당성 여부를 사용자나 근
로자, 구속을 집행하는 수사기관이 자의적으로 판단하게 하는 것은 위험하다.
끝으로, 구속이 제한되는 위반행위는 노조법 위반행위에 한정되기 때문에 전체
법질서의 차원에서 고려되는 쟁의행위의 정당성과 노조법 위반행위에 대해서만
구속을 제한하는 위 규정의 쟁의행위는 특별한 연결고리가 없다. 생각건대, 쟁
의행위에 대한 형사 면책 규정 외에 별도로 쟁의행위 기간 중 인신구속의 제한
을 두고 있는 점, 노조법위반 외의 다른 범죄행위에 대해서는 해석상 구속이 가
능하고, 쟁의행위 기간 중에만 허용되는 특별한 규정인 점 등을 종합하여 볼
때, 노조법 39조에서 말하는 쟁의행위는 정당한 쟁의행위만을 의미하는 것이라
볼 수 없다.

(2) 쟁의행위 기간 중

근로자의 구속이 제한되는 기간은 쟁의행위 기간 중에 한정된다. 여기서 쟁
의행위 기간이라 함은 노조법상의 절차(조정전치, 중재절차)를 준수하여 진행되는
기간만을 의미하는 것이 아니라 사실상의 쟁의행위가 시작되는 시점부터 끝나
는 시점까지의 기간을 의미한다. 그 이유는 다음과 같다. 먼저, 노조법 44조는
쟁의행위 기간 중의 임금지급 요구를 금지하고 있는데, 여기서 쟁의행위 기간은
절차를 준수하여 진행되는 기간만이 아니라 절차에 위배하여 진행되는 쟁의행

---

15) 이상윤, 817면; 임종률, 208면; 하갑래b, 461 · 528면.

위도 포함해서 해석해야 한다. 다음으로, 판례 또한 쟁의행위 기간 중에는 임금 지급의무가 없다고 하고 있는데,16) 이는 노무제공의 거부라는 사실상의 행위시점부터 쟁의행위 기간의 기산점을 삼는다는 것을 의미한다. 끝으로, 쟁의행위 기간에는 사용자의 임금지급의무와 근로자의 노무제공의무가 정지되는데, 이는 쟁의절차에 관한 법령을 위반하는지 여부와 무관하게 근로관계가 정지되는 것이기 때문이다. 따라서 조정전치 등의 노조법상 절차를 위배하여 이루어지는 쟁의행위라 하더라도 사실상 노무제공의 거부가 있다면 쟁의행위 기간 중에 포함된다.

쟁의행위가 종료되는 시점도 문제된다. 근로자 구속이 쟁의기간 중에 이루어지면 상대적·주관적으로 그 근로자의 쟁의행위 참가는 종료되는 것이어서 구속을 통해 '쟁의행위 기간 중'이라는 요건을 소멸시킬 수 있기 때문이다. 따라서 '쟁의행위 기간 중'이라는 의미는 객관적으로 근로자집단의 노무제공의 거부라는 사실행위가 종료되는 시점까지를 의미하고, 개별 근로자의 주관적 쟁의행위 종료를 의미하지 않는다고 해석해야 한다.

다. 노조법위반

근로자의 구속이 제한되는 사유는 노조법 위반행위에 한정된다. 따라서 쟁의행위 중 점거로 인한 주거침입, 업무방해 등 형법상의 범죄를 저지른 경우라면 위 규정이 적용되지 않는다. 여기서 노조법 위반행위란 노조법이 형벌로서 처벌하는 행위를 의미하며, 과태료를 부과하는 행위는 포함하지 않는다.

노조법은 8장에서 형벌로서 처벌하는 노조법 위반행위를 규정하고 있는데, 근로자의 쟁의행위와 관련된 형벌조항을 살펴보면 다음과 같다.

① 5년 이하 징역 또는 5,000만 원 이하 벌금(법 88조)
  - 주요 방위산업체 근로자의 쟁의행위 금지 규정 위반행위(법 41조 2항)
② 3년 이하 징역 또는 3,000만 원 이하 벌금(법 89조 1호)
  - 노동조합에 의하여 주도되지 아니한 조합원의 쟁의행위(법 37조 2항)
  - 쟁의행위와 관계없는 자나 근로를 제공하려는 자에 대한 업무방해·폭행·협박(법 38조 1항)
  - 폭력·파괴행위·주요시설 등의 점거(법 42조 1항)

---

16) 대법원 1996. 10. 25. 선고 96다5346 판결.

- 필수유지업무의 정당한 유지·운영을 정지·폐지 또는 방해하는 행위
  (법 42조의2 2항)

③ 2년 이하 징역 또는 2,000만 원 이하의 벌금(법 90조)

- 노동조합이 쟁의행위 기간 중 임금지급을 관철시킬 목적으로 하는 쟁의행위(법 44조 2항)
- 긴급조정 시의 쟁의행위 중지의무 위반행위(법 77조)

④ 1년 이하 징역 또는 1,000만 원 이하의 벌금(법 91조)

- 쟁의행위 기간 중 작업시설의 손상 등을 막기 위한 작업의 정상적 수행의무 위반(법 38조 2항)
- 조합원 과반수의 찬반투표를 거치지 않은 쟁의행위(법 41조 1항)
- 사업장 안전보호 시설의 정상적 유지·운영을 정지·폐지 또는 방해하는 행위(법 42조 2항)
- 조정절차를 거치지 아니한 쟁의행위(법 45조 2항 본문)
- 중재 회부 시 15일간의 금지기간 중의 쟁의행위(법 63조)

위 노조법상의 각 벌칙조항을 분류해서 살펴보면 1) 쟁의행위의 주체(주요 방위산업체 근로자, 조합 아닌 조합원 주도), 2) 쟁의행위의 목적(쟁의기간 중 임금지급 목적), 3) 쟁의행위의 절차(조합원 찬반투표, 조정전치, 긴급조정, 중재회부), 4) 쟁의행위의 방법(필수유지업무의 유지, 안전보호시설의 유지, 작업시설의 손상방지, 폭력·파괴행위·주요시설 점거의 금지, 근로제공자 등에 대한 폭행·협박·업무방해 금지)을 위반한 경우로 구분할 수 있다.

이 중에서 쟁의행위의 주체·목적·절차를 위반한 경우는 노조법 위반행위와 형법상 업무방해가 문제되나 쟁의행위의 방법을 위반한 경우는 노조법 위반행위와 형법상 폭행·손괴 또는 폭력행위 등 처벌에 관한 법률(이하, '폭처법')의 적용대상이 될 수도 있다. 예컨대, 쟁의행위 중의 폭행·협박·파괴·점거행위 등은 노조법위반죄가 될 뿐만 아니라 형법이나 폭처법상의 건조물침입죄, 협박죄, 폭행죄, 손괴죄 등도 함께 구성할 수 있다. 이 경우 노조법위반죄와 형법(폭처법)상의 범죄는 하나의 행위로 수 개의 죄에 해당하는 상상적 경합범이 된다.

라. 현행범이 아닐 것

현행범(인)이란 범죄를 실행하고 있거나 실행하고 난 직후의 사람을 말한다 (형소법 211조 1항). 현행범인은 누구든지 영장 없이 체포할 수 있다(형소법 212조). 근로자가 쟁의행위 기간 중 노조법 위반행위를 한 경우에는 원칙적으로 구속되지 않지만 현행범일 경우에는 예외이다.

노조법 위반행위 중 앞서 본 쟁의행위의 방법을 위반하여 폭행·협박·파괴·주요시설 점거행위 등을 하는 경우라면 형법이나 폭처법 위반행위에도 해당될 수 있기 때문에 형법(폭처법) 위반의 범죄행위로 현행범 체포 후 구속도 가능할 것이다.

문제는 노조법 위반행위 중 쟁의행위의 주체·목적·절차를 위반한 행위를 하는 경우이다. 예컨대, 쟁의행위금지기간 중에 쟁의행위가 진행되고 있는 경우, 조정전치절차를 위반하여 쟁의행위가 진행되고 있는 경우, 쟁의기간 중 임금지급 목적의 쟁의행위가 진행되고 있는 경우, 주요 방위산업체 근로자가 쟁의행위를 진행하고 있는 경우에 모두 현행범으로 체포 후 구속할 수 있는지 여부가 문제된다. 만약, 위와 같은 쟁의행위를 진행하는 경우에는 모두 노조법위반의 쟁의행위가 계속되는 현행범이므로 체포 후 구속이 가능하다고 해석하게 되면 근로자 구속제한 규정은 사실상 사문화되고, 그 입법취지나 입법목적에도 반하게 된다. 즉, 이러한 해석을 할 경우 주체·목적·절차를 위반한 노조법위반의 쟁의행위가 지속되는 한 근로자는 모두 현행범의 지위에 있고,[17] 쟁의행위 기간 중 현행범을 제외하고는 노조법위반으로 구속되지 않는다는 규정은 어디에도 적용될 수 없는 규정이 된다.

노조법이 쟁의행위 기간 중에는 현행범을 제외하고는 노조법위반으로 구속되지 아니한다고 규정하고 있음(이는 노조법위반의 쟁의행위를 전제로 한 규정이다)에도 해석상 노조법위반의 쟁의행위는 법위반행위가 계속되는 계속범[18]이어서

---

17) 판례는 집회금지 장소에서 개최된 옥외집회에 참가한 시민을 현행범으로 체포하고서 경찰관이 피의사실 등을 고지하는 것을 적법하다고 보고 있는데(대법원 2012. 2. 9. 선고 2011도 7193 판결), 이는 집시법 위반의 집회참가행위를 범죄가 지속되는 것으로 보아 집회 중 현행범으로 체포할 수 있다는 의미라 할 것이다.

18) 범죄행위가 시간적 계속을 요하는지 여부에 따라 계속범과 상태범으로 구분되는데, 계속범은 감금죄, 주거침입죄와 같이 행위의 계속과 위법상태의 계속이 일치하는 범죄를 말하며, 상태범(즉시범)은 살인죄, 절도죄, 상해죄와 같이 행위의 결과발생과 동시에 범죄도 완성되는 범죄를 말한다(이재상, 73면).

현행범이므로 구속된다고 하면 쟁의행위 기간 중에 인신구속을 제한하려는 위 규정의 취지는 몰각된다. 이와 같은 문제를 해결하기 위해서는 '현행범 외에는' 이라는 문구를 삭제하는 입법이 필요하다. 구속이 제한되는 범죄 중에 노조법위 반의 현행범을 포함하여 구속을 제한한다고 하더라도 다른 법(형법이나 폭처법) 위반의 현행범으로 체포 및 구속이 가능하고, 노조법위반의 행위는 쟁의행위 방 법(수단)위반을 제외하고는 직접적·구체적으로 사용자의 재산권이나 신체를 침 해하는 것은 아니기 때문이다.

생각건대, 주체·목적·절차에 위배된 노조법위반의 쟁의행위(방법에 위배된 노조법위반의 쟁의행위는 제외)는 노조법위반죄 성립 이후에 계속되는 쟁의행위를 이유로 현행범 체포는 허용되지 않는다고 해석해야 할 것이다. 이렇게 해석하지 않을 경우 앞서 본 바와 같이 근로자 구속제한 규정이 시간적·내용적으로 적 용될 여지가 전혀 없어지기 때문이다.

2. 근로자 구속제한의 효과

노조법은 근로자가 쟁의행위 기간 중에는 현행범이 아니라면 노조법위반으 로 구속되지 않는다고 하고 있다. 따라서 수사기관은 쟁의행위 기간 중에는 노 조법위반을 이유로 구속영장을 청구할 수 없으며, 구속영장을 청구하더라도 법 원은 이를 기각하여야 한다. 법원이 쟁의행위 기간 중에 노조법위반을 이유로 근로자를 구속한 경우라면 위법한 구속이므로 구속된 근로자는 구속적부심을 청구할 수 있고, 법원은 직권으로 구속취소를 하여야 한다(형소법 93조). 대법원은 과거 구 노동쟁의조정법상 구속제한 규정을 적용하여 쟁의신고가 되어 있다는 이유로 구속 중인 조합 지부장의 구속적부심을 받아들인 사례가 있다.[19]

한편, 구속제한 규정이 '체포'에도 적용될 수 있는지 살펴보면, 제정 노동쟁 의조정법은 "자유를 구속당하지 아니한다."라고 하였으나, 현행 노조법은 "구속 되지 아니한다."라고만 하여 해석상 논란의 여지가 있다. 생각건대, 노조법위반 의 경우라도 현행범의 경우에는 구속제한의 예외를 인정하고 있으므로 현행범 체포는 가능하지만, 긴급체포나 영장에 의한 체포는 가능하지 않다고 볼 것이 다. 근로자 구속제한 규정의 최초 법제정의 취지가 인신의 자유를 구속당하지 않게 할 목적으로 입법된 점, 인신구속은 통상 체포를 포함하여 해석되는 점,

19) 대법원 1969. 8. 24. 결정 사건번호 미상(전팔현, 118~122면에서 재인용).

체포는 통상 구속을 전제로 하고 있는 점을 고려하여 볼 때 여기서의 구속은 체포를 포함한다고 해석해야 할 것이다. 이와 달리 쟁의행위 기간 중 노조법위반을 이유로 한 긴급체포나 영장에 의한 체포가 허용된다고 해석하면, 체포 후 구속을 시키지 못하기 때문에 단시간 내에 다시 석방하는 문제가 발생하며, 긴급체포나 영장에 의한 체포를 통해 쟁의행위 참여 근로자를 압박하는 문제도 발생할 수 있다.

    그 밖에 근로자 구속제한 규정은 노조법위반으로 인한 체포·구속 외에도 쟁의행위로 인한 다른 형법 범죄(건조물침입, 업무방해 등)의 성립으로 인한 구속이나 재판에서도 그 입법취지가 존중될 필요가 있다.

[신 권 철]

제40조

    삭제 〈2006. 12. 30.〉

제41조(쟁의행위의 제한과 금지)

① 노동조합의 쟁의행위는 그 조합원(제29조의2에 따라 교섭대표노동조합이 결정된 경우에는 그 절차에 참여한 노동조합의 전체 조합원)의 직접·비밀·무기명투표에 의한 조합원 과반수의 찬성으로 결정하지 아니하면 이를 행할 수 없다. 이 경우 조합원 수 산정은 종사근로자인 조합원을 기준으로 한다.

② 「방위사업법」에 의하여 지정된 주요방위산업체에 종사하는 근로자중 전력, 용수 및 주로 방산물자를 생산하는 업무에 종사하는 자는 쟁의행위를 할 수 없으며 주로 방산물자를 생산하는 업무에 종사하는 자의 범위는 대통령령으로 정한다.

〈세 목 차〉

[참고문헌]
강선희, "교섭창구 단일화 절차와 쟁의행위 찬반 투표", 노동리뷰 191호, 한국노동연구원(2021. 2); **강주리**, "조정절차 종료 전에 실시된 쟁의행위 찬반투표와 쟁의행위의 정당성, 노동법학 76호, 한국노동법학회(2020. 12.); **고용노동부**, 개정 「노동조합 및 노동관계조정법」 설명자료(2021. 3.); **권오성**, "모바일 전자투표로 진행된 쟁의행위 찬반투표의 적법성", 노동판례리뷰 2017, 한국노동연구원(2018); **김기덕·이학준**, "산별노조지회의 쟁의행위와 찬반투표 대상범위", 2009 노동판례비평, 민주사회를 위한 변호사모임(2010); **김**

선수a, "쟁의행위의 절차적 정당성", 노동법연구 12호, 서울대학교 노동법연구회(2002); **김선수b**, 쟁의행위의 절차적 정당성, 고려대학교 대학원 석사학위논문(2003); **김선수c**, "쟁의행위 찬반투표에 관한 판례 법리 검토", 전국금속노동조합 법률원 토론회(2007. 6. 22.) 자료집; **김유나**, "주요방위산업체 종사 근로자의 단체행동권 보장에 관한 연구", 사회법연구 39호, 한국사회법학회(2019); **김인재**, "초기업별 노동조합과 쟁의행위 찬반투표의 실시범위", 노동법률 224호, 중앙경제(2010); **박순영**, "산업별 노조의 지회가 쟁의행위를 예정하고 있는 경우 쟁의행위 찬반투표의 범위", 대법원판례해설 79호, 법원도서관(2009); **박은정**, "노동법에서의 절차와 절차위반의 효력-4가지 절차규정을 중심으로", 노동법연구 25호, 서울대학교 노동법연구회(2008); **박재우**, "조합원 찬반투표 등 쟁의행위 절차를 다시 걸쳐야 하는 경우", 노동법률 334호, 중앙경제(2019. 3.); **박재필a**, "노동조합 및노동관계조정법 제41조 제1항에 정하여진 노동조합 조합원의 직접·비밀·무기명투표 절차를 거치지 아니하고 진행된 쟁의행위의 정당성 및 업무방해죄의 성부", 21세기사법의 전개—송민 최종영 대법원장 재임기념 논문집, 박영사(2005); **박재필b**, "쟁의행위의 목적 및 절차의 정당성", 안암법학 14호, 안암법학회(2002); **방강수**, "쟁의행위 찬반투표의 시기 및 2차 파업시 찬반투표 의무 여부", 노동리뷰 170호, 한국노동연구원(2019. 5.); **오세웅**, "쟁의행위가 제한되는 '주요 방위산업체 종사근로자'의 범위", 노동리뷰 150호, 한국노동연구원(2017. 9.); **이승길**, "산별노조 지회의 쟁의행위 찬반투표 조합원 범위", 노동법률 234호, 중앙경제(2010. 11.); **전형배**, "초기업별 노동조합의 기업별 지부의 쟁의행위 찬반투표", 2004 노동판례비평, 민주사회를 위한 변호사모임(2005); **정승규**, "산업별 노조에 있어서의 쟁의행위 찬반투표", 재판자료 114집 행정재판실무연구Ⅱ, 법원도서관(2007); **정인섭a**, "파업찬반투표와 쟁의행위의 정당성", 노동법률 108호, 중앙경제(2000. 5.); **정인섭b**, "법률에 의한 쟁의행위의 금지와 근로삼권의 제한", 헌법실무연구 11권, 헌법실무연구회(2010); **정인섭c**, "쟁의행위의 질곡: 헌법", 노동법연구 26호, 서울대학교 노동법연구회(2008); **정진경**, "쟁의행위의 절차적 정당성과 업무방해죄: 조합원 찬반투표를 거치지 아니한 쟁의행위를 중심으로", 저스티스 72호, 한국법학원(2003); **조영선**, "노동조합원의 찬·반 투표 절차를 거치지 아니한 쟁의행위의 정당성 검토", 2001 노동판례비평, 민주사회를 위한 변호사모임(2002); **진창수**, "쟁의행위 찬반투표의 시기", 노동법률 355호, 중앙경제(2020. 12.); **피용호**, "쟁의행위의 절차적 정당성에 관한 소고: 조합원찬반투표와 조정전치주의를 중심으로", 연세법학연구 10집 1권, 연세대학교 법과대학 법률문제연구소(2003).

Ⅰ. 개   관

노조법상 쟁의행위 절차에 관한 규정으로는 (공익사업에 관한 특별규정인 42조의2 내지 6을 제외하면) 조정전치주의에 관한 45조와 쟁의행위의 제한과 금지에 관한 41조가 있다.

이 조항의 2항은 헌법 33조 3항의 위임을 받아 방위산업체 종사자의 쟁의행위를 전면적으로 금지한 것이고, 1항이 쟁의행위의 절차적 요건 중의 하나인 '조합원 찬반투표'에 관한 것이다.

2021. 1. 5. 개정에서 노조 조합원의 진정한 의사에 왜곡이 없도록 예방할 필요가 있다면서 조합원 기준을 종사근로자인 조합원으로 한정하는 후문을 추가하였다.[1]

Ⅱ. 쟁의행위와 조합원 찬반투표

1. 의   의

조합원의 직접·비밀·무기명투표에 의한 조합원의 과반수의 찬성으로 결정하지 않으면 쟁의행위를 할 수 없다(법 41조 1항). 이를 거치지 않은 경우 1년 이하의 징역 또는 1천만 원 이하의 벌금에 처한다(법 91조).

이 조항의 취지에 관하여 대법원은 "노동조합의 자주적이고 민주적인 운영을 도모함과 아울러 쟁의행위에 참가한 근로자들이 사후에 그 쟁의행위의 정당성 유무와 관련하여 어떠한 불이익을 당하지 않도록 그 개시에 관한 조합의사의 결정에 보다 신중을 기하기 위하여 마련된 규정"이라고 하고 있는데,[2] 이러한 취지 자체에는 크게 이견이 없으나, 아래에서 보는 바와 같이 그러한 의미를 확대하여 쟁의행위 정당성 요건으로 볼 것인지 여부는 중요한 쟁점이 되고 있다.

---

1) 고용노동부, 31면에 따르면 "해고자 등 비종사 근로자가 기업별 노조에 가입할 수 있게 됨에 따라 다른 노조나 사용자에게 영향을 미치는 법적 의사결정에 대해서는 노조 조합원들의 진정한 의사에 왜곡이 없도록 예방할 필요가 있다"는 것이고, 같은 취지에서 이 조항뿐 아니라 근로시간 면제 한도 결정(24조 2항), 교섭대표노조 결정(29조의2 10항) 등 법적 의사결정을 모두 '사업(장)에 종사하는 조합원 수'를 기준으로 정한다는 것이다.

2) 대법원 2001. 10. 25. 선고 99도4837 전원합의체 판결.

나아가 노동조합의 자주성을 최대한으로 존중하여야 한다는 관점에서 본다면, 쟁의행위의 결정은 노동조합의 내부적인 자치에 일임하는 것이 원칙인데, 이를 법률로 규정하는 것은 자주적 단결권에 대한 침해이며, 그 위반에 대해 형사처벌까지 하는 것은 과도한 제한이라는 취지에서 비례의 원칙에 위반되어 위헌의 소지가 있다는 견해도 있다.[3] 일본 노동조합법은 법률에 쟁의행위 찬반투표에 대하여 규정하지 않고 5조 8호에서 규약에 규정하여야 할 사항으로 "파업은 조합원 또는 대의원에 의한 직접 무기명 투표에 의하여 개시할 것"을 정하고 있어, 쟁의행위 찬반투표의 형태는 규약에 의하여 결정되고, 그 위반의 효력도 규약위반의 문제로 취급되고 있다.[4]

2. 조합원의 범위

가. 초기업별 노조에서 '조합원의 범위': 2021. 1. 5. 개정 전 해석론

앞서 본 것처럼 2021. 1. 5. 법 개정으로 찬반투표에 참여하고 과반수 요건을 정하는 조합원 범위를 '종사근로자인 조합원'으로 한정하였으나, 개정 전에는 초기업별(지역별·산업별·업종별) 노동조합의 특정 지부·분회에서 교섭이 결렬됨으로 말미암아 쟁의행위를 하게 될 경우 해당 지부·분회 소속 조합원만이 투표에 참가하고 그 과반수 찬성으로 결정한 쟁의행위가 절차적으로 적법한 것인지 문제되었다.

(1) 쟁의행위 주체와의 관계

이 문제는 쟁의행위 주체와 관련해서 논의되었는데, 먼저 쟁의행위 주체 문제가 단체교섭 주체 문제와 일치하는지에 관해서 긍정설(박종희, 이승욱)과 부정설(김기덕)의 다른 견해가 있고,[5] 지부·분회 등의 단체교섭 독립성설(김유성, 박종희, 유성재), 위임설(임종률, 김형배, 이승욱), 절차이행설(이상윤) 등 학설의 견해차가 있다. 대법원은 "노동조합의 하부단체인 분회나 지부가 독자적인 규약 및 집행기관을 가지고 독립된 조직체로서 활동을 하는 경우 당해 조직이나 그 조합원에 고유한 사항에 대하여는 독자적으로 단체교섭하고 단체협약을 체결할

---

3) 김선수b, 65면.
4) 박순영, 669면.
5) 정승규, 705면. 그 밖에 규약에 독자적인 교섭·쟁의권이 없는 경우 지부·분회는 단체교섭의 주체가 될 수 없다고 하면서도, 찬반투표의 주체에 관해서는 지부·분회 조합원들만 참여 범위가 된다는 전형배, 248면 이하도 부정설의 입장이라고 할 수 있다.

수 있고, 이는 그 분회나 지부가 노조법 시행령 7조의 규정에 따라 그 설립신고
를 하였는지 여부에 영향받지 아니한다"고 판시하여 실질적인 요건을 갖춘 초
기업별 노동조합의 지부·분회에 대하여 단체교섭의 당사자로 인정하고 있다.6)

　　단체교섭 주체와 쟁의행위 주체가 일치한다고 보고, 독립성 있는 분회나 지
부가 단체교섭 주체에 해당한다고 보는 견해나 판례 입장에 따르면, 이렇게 독
립성 있는 지부·분회가 쟁의행위를 하는 경우 찬반투표에 참여하는 조합원의
범위는 그 지부·분회 조합원으로 한정된다.

　　단체교섭 주체성을 인정하지 않는 견해에 의하더라도, 쟁의행위 찬반투표
에 관한 것은 교섭권 문제와 별개로 지부·분회 조합원으로 한정되어야 한다고
보며, 판례는 위와 같이 단체교섭권도 인정하고 그 연장선상에서 찬반투표 범위
도 한정된다는 입장을 취하고 있었다.7)

(2) 노동조합 규약과의 관계

　　일반적으로는 (독립성 있는) 지부·분회의 독자적인 교섭권과 쟁의권을 인정
할 수 있다고 하더라도, 규약에서 단체교섭이나 쟁의행위의 주체를 초기업별 노
동조합으로 정한 경우는 어떻게 볼 것인지 문제되었다. 초기업별 노조 입장에서
는 산하 조직으로 들어온 기존의 기업별 노조는 통제권의 대상이 되며, 통상 사
용자가 초기업별 노조와 교섭하기를 꺼리고 많은 경우 초기업별 노조를 배제한
채 기존의 기업별노조였던 지부 혹은 분회와 교섭하기만을 주장하는 현실을 고
려하여 보면, 규약 등 명문의 허용규정 없이 하부 조직의 독자적인 단체교섭권
한을 인정하는 것은 결국 초기업별 노조 제도의 취지를 몰각시키는 결과를 가
져올 수 있어,8) 조합 규약에 이러한 규정을 두는 경우가 많이 있다.9)

　　하지만 이러한 규약이 있는 경우에도 (단체교섭 주체성의 문제를 떠나) 쟁의행
위 찬반투표의 주체는 쟁의행위에 실제 들어가는 당해 지부·분회 조합원들이
된다고 보는 것이 일반적이다. 쟁의행위 찬반투표는 쟁의행위에 대한 면책효과
를 부여하는 기능을 수행하므로, 찬반투표의 주체는 어디까지나 그러한 면책효

---

6) 대법원 2001. 2. 23. 선고 2000도4299 판결, 대법원 2002. 7. 26. 선고 2001두5361 판결 등.
7) 대법원 2009. 6. 23. 선고 2007두12859 판결 등.
8) 전형배, 246면.
9) 전국금속노동조합 규약(2011. 5. 30. 자로 개정된 것) 66조(단체교섭의 권한) ① 단체교섭권
　은 조합에 있으며, 조합 내 모든 단체교섭의 대표자는 위원장이 된다. ② 위원장은 산하 조
　직의 교섭단위에 교섭위원회를 구성하여 교섭권을 위임할 수 있다. ③ 기업 교섭단위에 교섭
　권을 위임할 수 없다.

과를 누리는 자들이 될 수밖에 없기 때문이다.10) 교섭권을 산하조직에 위임하지
않는 초기업별 노동조합의 경우에도 쟁의행위 찬반투표와 관련해서는 당해 지
부·분회 조합원에 한한다는 규정을 두고 있는 경우가 많다.11) 대법원도 이러한
규약이 있는 초기업별 노동조합의 지부가 파업에 돌입한 「대우자동차 군산지역
협력업체 노동조합(펠저지부)」 사건에서, "지역별·산업별·업종별 노동조합의
경우에는 총파업이 아닌 이상 쟁의행위를 예정하고 있는 당해 지부나 분회 소
속 조합원의 과반수의 찬성이 있으면 쟁의행위는 절차적으로 적법하다고 보아
야 할 것이고, 쟁의행위와 무관한 지부나 분회의 조합원을 포함한 전체 조합원
의 과반수 이상의 찬성을 요하는 것은 아니다"라고 판시한 바 있다.12)

나. 교섭형태가 달라진 경우

처음부터 지부·분회의 독립된 교섭이 이루어지다가 결렬된 경우와 달리,
집단교섭을 하다가 개별(대각선)교섭으로 변경되었을 때, 이미 초기업별 단위에
서 찬반투표가 있었는데도 불구하고 반드시 개별사업장 단위에서 별도의 찬반
투표를 해야 하는지의 문제가 있다.

이른바 「서울대병원 지부 사건」에서 대법원은 "보건의료노조 차원의 파업
찬반투표가 있었다고 하여 위 투표가 각 지부별 단체교섭거부에 대응한 파업찬
반투표로서의 성격까지 겸한다고 할 수는 없고, 보건의료노조 차원의 단체협약
이 체결되어 쟁의행위가 종료된 이상 지부 차원의 구체적인 요구사항들에 대하
여 사용자와 협상을 거친 후 그 협상이 거부당하거나 결렬되었을 때 지부 차원
의 파업찬반투표를 별도로 거쳐야 한다"고 하여 별도로 지부 차원의 파업찬반
투표를 거쳐야 한다는 견해를 밝혔으나,13) 「현대자동차 사내하청지회」 사건에

10) 전형배, 248면.
11) 전국금속노동조합 규약 69조(쟁의행위 결의) ① 조합의 대의원대회에서 결정한 전국 쟁의
행위는 재적조합원 과반수 이상의 찬성으로 의결하되, 그 방식은 조합원의 직접, 비밀, 무기
명 투표에 의한다. ② 산하 조직의 교섭단위별 쟁의행위 결의는 조합 쟁의대책위원회와의 협
의를 거쳐 해당 교섭단위 조합원들의 직접, 비밀, 무기명 투표로 결정한다. ③ 현장에서 발생
하는 사안에 대하여 해당단위에서 쟁의결의 및 쟁의행위를 할 수 있다. 이 경우 지회, 지부,
본조에 즉시 보고하여야 한다.
12) 대법원 2004. 9. 24. 선고 2004도4641 판결.
13) 대법원 2007. 5. 11. 선고 2005도8005 판결. 이 판결에 대하여 김선수c는 "결국 이 사건에
서는 보건의료노조의 산별 차원의 쟁의행위와 산별 차원에서 쟁의행위가 종료된 이후 계속
된 서울대병원 지부의 쟁의행위가 일체성이 있는가 하는 점이 쟁점이 된다"고 하면서, "산별
노조인 보건의료노조와 그 내부기관의 지위에 있는 서울대병원 지부의 관계, 서울대병원 사
업장 내의 근로조건에 관한 단체협약 체결과정이라는 의미도 함께 가지는 산별교섭 및 쟁의

서는 "당초 집단교섭을 추진하다가 쟁의행위 찬반투표 직전에 사내하청지회가 협력업체별로 개별교섭을 진행하여 왔다는 사정만으로, 쟁의행위 찬반투표도 쟁의행위가 예정되어 있던 사내하청지회가 아닌 각 협력업체별로 당해 업체 소속의 조합원들에 대하여 실시하여야 한다는 전제에서 이 사건 쟁의행위는 그 절차의 정당성이 없다고 판단한 원심의 판단은 받아들일 수 없다"고 하여 별도의 찬반투표가 필요하지 않다고 하였다.[14]

언뜻 보기에 이 두 판결은 상반된 것처럼 보여 판례가 변경된 것으로 보는 견해도 없지는 않으나, 엄밀히 말하면 위 「서울대병원 지부 사건」은 이미 보건의료노조 차원의 단체협약이 체결되어 쟁의행위가 종료된 이후에 '별도' 교섭을 실시하고 쟁의행위로 나아간 사건이고, 「현대자동차 사내하청지회」 사건은 집단교섭을 실시하다가 전략적인 측면에서 개별교섭으로 전환된 사건으로서, 완전히 같은 사례는 아니다.[15]

단체교섭의 형태가 집단교섭인지 대각선교섭인지는 노사의 상호대응 형태 등 여러 사정에 따라 달라질 수 있는 것으로 고정적인 것이 아니며, 아직 사용자단체가 존재하지 않는 우리나라의 현실에서 산업별 노조가 집단교섭의 방식에 의한 단체교섭을 요구하는 경우 사용자에게 그에 응할 의무를 부과하거나 나아가 그에 응하지 아니하였다고 하여 단체교섭 거부로 볼 수는 없겠으나, 쟁의행위 찬반투표의 범위까지 실제 단체교섭이 이루어지는 단위에 따라 변경되어야 한다고 하게 되면 산업별 노조는 무의미해지고 이에서 더 나아가 사용자측에 쟁의행위의 범위를 결정할 수 있는 권한까지 주게 되는 결과가 된다는 점에서,[16] 별도의 찬반투표를 요하지 않는다는 대법원 2007두10891, 2007두12859

행위의 의미를 고려하면 서울대병원 지부가 산별 쟁의행위 종료 이후 실시한 쟁의행위는 산별교섭 결과(2004. 6. 23. 잠정합의서)를 근거로 서울대병원 지부 사업장에 구체적으로 적용될 단체협약의 완성을 위해 산별노조 차원의 쟁의행위를 보건의료노조 위원장의 위임에 따라 지부 차원의 쟁의행위로 축소하여 계속 진행한 것이고, 따라서 보건의료노조의 쟁의행위와 서울대병원 지부의 이후의 쟁의행위는 일체성을 가진 것으로 볼 여지가 있다(73~74면)"고 비판하고 있다.

14) 대법원 2009. 6. 25. 선고 2007두10891 판결, 대법원 2009. 6. 23. 선고 2007두12859 판결.
15) 김인재, 71면.
16) 김기덕·이학준, 227면; 박순영, 673면. 김기덕·이학준은 이 문제를 단체교섭 중심론의 입장에서 비롯된 것으로 보고, 쟁의행위의 독자성을 인정하는 입장에서 단체교섭과 절연하여 앞서 교섭형태에 얽매이지 않고 여러 사정을 고려하여 현상황에서 전략적으로 유리하고 필요한 쟁의행위 형태를 계획하여 그에 따라 찬반투표의 범위를 결정할 수 있고 그러한 결정이 존중될 수 있어야 한다고 하면서, 2007두12859 판결이 "단체교섭의 범위와 쟁의행위의 범위가 다른 경우 단체교섭의 형태가 아닌 쟁의행위를 기준으로 찬반투표의 대상 범위를 판단

판결의 입장은 타당하다.[17]

　다만 2021. 1. 5. 개정 이후에는 이미 초기업별 단위에서 찬반투표가 있은 후 반드시 개별사업장 단위에서 별도의 찬반투표를 해야 하는 것은 아니라 하더라도, 개별 사업장을 기준으로 '종사 조합원 과반수의 찬성'은 있어야 하게 되었다.

다. 복수노조의 경우

　2010. 1. 1. 개정으로 복수노조의 경우 교섭대표노동조합 개념이 도입(법 29조의2 내지 5)된 후, 동조에도 "29조의2에 따라 교섭대표노동조합이 결정된 경우에는 그 절차에 참여한 노동조합의 전체 조합원(해당 사업 또는 사업장 소속 조합원으로 한정한다)의 직접 · 비밀 · 무기명투표에 의한 과반수의 찬성으로 결정하지 아니하면 쟁의행위를 할 수 없다"는 후문이 추가되었으며, 2021. 1. 5. 개정에서는 이 내용이 괄호 안으로 이동하였다.

　노조법의 교섭창구단일화 제도가 교섭대표노동조합으로 하여금 단체교섭 전반에 걸쳐서 대표권을 행사할 수 있도록 하고 쟁의행위도 교섭대표노동조합만이 주도할 수 있게 하였으나(법 29조의5, 37조 2항), 쟁의행위에 돌입하기 위해서는 교섭창구 단일화 절차에 참여한 모든 노동조합의 조합원 과반수가 동의해야 한다는 조항을 둠으로써, 단체교섭이 결렬된 경우에도 쟁의행위에 돌입하는 것 자체를 노동조합이 자율적으로 결정할 수 없게 하였고, 그로써 소수 노조의 교섭권뿐 아니라 쟁의권까지 제한하고 있다는 비판을 받고 있다.

　한편 이 부분이 '교섭창구 단일화' 절차를 거쳐 교섭대표노동조합이 결정된 경우에 한정되어 적용되는 것은 문언상으로도 명백하므로, 그 외의 경우, 예컨대 개별교섭이 진행된 경우에는 당연히 각 노동조합의 조합원을 기준으로 찬반투표를 거치면 족한 것이다.[18]

　하여야 한다고 판시한 최초의 판례"라고 본다.
　17) 김기덕 · 이학준, 232면; 김인재, 71면; 이승길, 72면.
　18) 수원지법 2020. 11. 13. 선고 2019노4120 판결 — 이 사건은 사용자가 3개 노동조합(A~C) 중 1개 노동조합(A)과 개별교섭을 실시하고 나머지 2개(B, C) 노동조합이 외관상 교섭창구 단일화 절차를 진행한 다음, 그중 다수 노동조합(B)이 그 조합원들만을 대상으로 찬반투표를 실시한 다음 쟁의행위로 나아간 것으로 1심 법원(수원지법 평택지원 2019. 7. 12. 선고 2019고정167 판결)은 교섭창구 단일화 절차에 참여한 다른 노동조합(C) 조합원들에 대하여 찬반투표를 실시하지 않았다는 이유로 B 노동조합의 대표자인 피고인의 노조법 41조 1항 위반죄를 유죄로 인정하였으나, 항소심 법원은 "사용자가 복수 노동조합 중 어느 노동조합과 개별교섭을 진행하기 위해서는 사용자의 동의가 있어야 하는데, 이 때 사용자는 개별교섭을 원하

3. 방법: 직접·비밀·무기명투표에 의한 과반수 찬성

가. 직접 투표 방식

쟁의행위에 대한 찬반투표는 조합원의 직접·비밀·무기명투표로 행해져야 하므로 그 이외의 방식, 즉 박수나 거수 또는 기명투표 방식에 의한 표결은 허용되지 않는다. 대의원회에 의한 의결을 전제하고 있는 일본 노동조합법과 달리 우리 법은 총 조합원의 투표를 명시하고 있으므로, 대의원회 의결로 이를 대신할 수 없다.

한편 ICT 기술의 발전으로 전자 또는 모바일 방식으로 진행되는 투표가 확대되고 있는데, JT친애저축은행 파업 손해배상 사건에서 모바일 방식으로 이루어지는 투표는 무효라고 다투는 사용자(원고) 측 주장에 대하여 법원은 "노조법 41조 1항은 조합원의 직접·비밀·무기명투표에 의하여 노동조합의 쟁의행위에 관한 찬반 투표를 하도록 규정하고 있을 뿐 투표 방식을 제한하는 규정을 두고 있지 않다"고 지적하면서 "모바일투표 방식은 시간적, 장소적 제약에 구애받지 않고 투표가 가능하고, 시간이 단축되며, 비용이 절감된다는 장점이 있으므로, 노동조합은 직접·비밀·무기명투표 원칙을 준수하는 범위에서 그 실정에 맞게 현장투표, 우편투표, ARS투표, 전자투표 등의 방식 중에서 하나 또는 여럿을 선택하여 활용할 수 있다고 봄이 타당…"하다고 하고, "노조법 41조 1항은 조합의 민주적인 의사결정을 담보하기 위하여 직접·비밀·무기명투표의 원칙을 정하고 있다 할 것인데… 이 사건 투표에서 직접·비밀·무기명투표의 원칙이 침해되었다는 어떠한 증거도 없는 상태에서 단지 위 원칙이 제대로 보장되지 않았을 위험성이 있다는 이유만으로 이 사건 쟁의행위가 민주적인 의사결정을 거치지 않고 부당하게 이루어졌다고 보기는 어렵다"고 판단하였다.[19]

는 노동조합을 차별적으로 분리·선택할 수 없다. 즉 복수 노동조합 중 하나의 노동조합과 개별교섭에 동의하면 다른 모든 노동조합에 대해서도 개별교섭을 진행해야 하는 것"이라고 하면서, "B, C 노동조합이 단체교섭 과정에서 외관상 교섭창구단일화 과정을 거쳐 B 노동조합이 대표로 단체교섭을 진행하였다 하더라도 이는 위 2개의 노동조합의 편의에 따라 이루어진 것일 뿐, B 노동조합이 노동조합법 29조의2에서 정한 '교섭대표노동조합'의 지위를 취득한 것이 아니다. 따라서 B 노동조합의 대표자인 피고인이 쟁의행위를 결정하기 위해서는 B 노동조합 소속 조합원들의 투표만 거치면 될 뿐, C 노동조합의 조합원까지 포함시킬 하등의 이유가 없다"고 하면서 원심을 파기하고 무죄를 선고하였다.

19) 서울중앙지법 2017. 4. 28. 선고 2016가합520510 판결(확정).

나. 조합원 총회와 관계

'투표'에 의할 것을 명시하고 있을 뿐 '총회'라는 형식을 정하고 있지는 않으므로, 반드시 조합원 총회를 열어 한 자리에서 결정해야 하는 것은 아니다. 반대로 조합원 총회를 개최하였으나 엄밀한 의미의 투표가 없는 경우 어떻게 되는지와 관련하여 1998년 「만도기계」 파업 사건이 있다.

당시 노조는 중앙노동위원회의 조정이 종료한 후 조합원 총회를 개최하고 파업으로 나아갔는데, 이에 대해 항소심이 "조합원 총회 실시와, 총회 이후 파업에 참여한 인원 등에 비추어 보면 그 파업은 조합원 대다수가 찬성한 것으로 보여, 위와 같이 투표를 실시하지 않았다는 사정만으로 곧바로 위 파업의 절차가 위법하다고 할 수는 없다"고 판시하였다. 이에 검사가 불복하여 상고하였는데, 대법원은 한 사건에서는 검사의 상고를 받아들여 "쟁의행위는 법령상 절차적 요건을 갖추어야 하며 그러한 절차를 따를 수 없는 납득할 만한 객관적인 사정이 인정되지 않는 한 절차적 요건을 구비하지 못한 쟁의행위는 정당성이 인정되지 않는다"고 하였다(주심 조무제 대법관).[20] 그런데 불과 두 달이 경과된 시점에서 선고된 사건에서는 원심판결을 그대로 유지하여 검사의 상고를 기각하는 판결이 나왔고(주심 이용훈 대법관),[21] 후술하는 바와 같이 상고를 기각한 후자의 판결은 같은 만도기계 파업에 대한 대법원 99도4837 전원합의체 판결로 명시적으로 번복되었다(자세한 것은 후술).

다. 조합원 과반수의 찬성

'조합원 과반수의 찬성'은 투표 참가 조합원의 과반수 또는 유효표의 과반수가 아니라 재적조합원 과반수라고 해석하는 것이 일반적이다.

---

20) 대법원 2000. 3. 10. 선고 99도4838 판결.
21) 대법원 2000. 5. 26. 선고 99도4836 판결. ― 이 판결의 취지에 대하여 노동판례백선, 332면은 "파업에 실질적으로 찬성한 조합원이 과반수를 넘은 경우에는 반드시 '직접·비밀·무기명 투표방법'에 의한 파업찬반투표를 거치지 않더라도 파업이 정당성을 상실하는 것은 아니라는 견해"라고 보고 있으나, 판결 문언상으로는 '실질적으로 찬성한 조합원이 과반수를 넘은 경우'라는 표현은 없고, 오히려 "… 법 41조 1항은 노동조합의 쟁의행위는 그 조합원의 직접·비밀·무기명투표에 의한 조합원 과반수의 찬성으로 결정하지 아니하면 이를 행할 수 없다고 <u>규정하고 있으나</u>, 위 규정은 노동조합 내부의 민주적 운영을 확보하기 위한 것이므로, 위 규정에서 정하고 있는 절차를 따를 수 없는 정당한 객관적 사정이 있거나 <u>조합원의 민주적 의사결정이 실질적으로 확보된 경우에는 위와 같은 투표절차를 거치지 않았다는 사정만으로 쟁의행위의 절차가 위법하여 정당성을 상실한다고 할 수는 없다</u>"고 하여, 절차 미준수만으로 정당성을 결여하였다고 하지 않는 것으로 보인다.

4. 시   기

가. 문제의 소재

노동조합이 단체교섭을 요청하기 전에 또는 노동쟁의가 발생하기 전에 미리 쟁의행위 찬반투표를 실시한 경우, 그 후 단체교섭이 진행되다가 노동쟁의 상태에 도달하였을 때 별도의 쟁의행위 찬반투표를 실시하지 않고 종전의 찬반투표 결과를 원용하여 바로 쟁의행위에 돌입하더라도 위 절차규정에 위반된 것으로 볼 수 없는가 하는 문제가 있을 수 있다.

또한 교섭안건이 추가되거나 변경되어 찬반투표 당시 교섭쟁점과 쟁의행위 당시의 쟁점이 일치하지 않는 경우 다시 찬반투표 절차를 거쳐야 하는지 문제되기도 한다.

나. 노동쟁의 발생 또는 조정절차 종료와의 관계

(1) 판   례

종래 쟁의행위 참가자에 대한 관리자의 행위가 부당노동행위로 기소된 사안에서 대법원 2001. 9. 14. 선고 2001도53 판결은, "쟁의행위에 대한 조합원의 찬반투표는 노동관계 당사자 간에 근로조건의 결정에 관한 주장의 불일치로 인하여 발생한 분쟁상태인 이른바 노동쟁의의 상태에 이르러야 할 뿐만 아니라 조정절차에서 노동위원회로부터 조정안이 제시되었을 경우 그 조정안을 수용할지 여부에 관한 조합원의 의사 역시 반영되어야 함에 비추어 조정절차까지 거친 후 쟁의행위에 돌입하기 직전에 실시하여야 하는 것이 원칙"이라 전제하고, 노동조합 측에서 쟁의행위 찬반투표를 실시하던 시점에서는 양당사자 간에 단체협약 갱신안에 대한 심의가 시작되던 단계에 불과하여 노동쟁의상태에 있었다고 보기 어려웠는데도 사용자 측에 심리적 압박을 가하기 위하여 실시된 찬반투표로는 쟁의행위에 대한 절차적 요건을 구비한 것으로 볼 수 없고, 따라서 관리직 직원이 조합원들에 대하여 법의 보호를 받을 수 없는 쟁의행위 참가를 만류하였다고 하더라도 그 행위는 부당노동행위에 해당하지 않는다고 판단하였다.

그러나 2020년 철도공사 파업 징계사건에서 노동위원회 조정 절차 이전에 찬반투표가 이루어진 경우에 대하여 대법원[22]은 "노동조합법은 찬반투표의 실

---

22) 대법원 2020. 10. 15. 선고 2019두40345 판결.

시시기를 제한하는 규정을 두고 있지 않다. 쟁의행위에 대한 조합원 찬반투표의 실시 시기는 법률로써 제한되어 있는 등의 사정이 없는 한 노동조합이 자주적으로 결정하는 것이 헌법상 노동3권 보장 취지에 부합한다"는 원칙을 확인하면서, "찬반투표의 실시시기는 노동조합이 사용자의 태도, 주변 정세의 변화 등 제반 사정을 종합적으로 고려하여 결정할 수 있다 … 노동조합이 요구사항과 교섭대상을 확정하여 조정신청을 하였다면, 조정기간 중이라도 조정이 이루어지지 않을 경우를 대비하여 미리 찬반투표를 하는 것도 허용된다"고 한 항소심 판결23)의 결론을 유지하였다. 다만 이 판결의 결론은 "쟁의행위에 대한 조합원 찬반투표 당시 노동쟁의 조정절차를 거쳤는지 여부를 기준으로 쟁의행위의 정당성을 판단할 것은 아니다"는 것이고, 대법원 2001도53 판결에 대해서는 "노동쟁의에 이르지 않은 상태에서 찬반투표를 실시한 경우에 관한 것이어서, 사안이 다른 이 사건에 원용하기에 적절하지 않다"고 설시하고 있어, 노동쟁의 상태에 이르지 않은 상태에서 찬반투표를 실시한 경우까지 정당성 인정 범위를 확장한 것으로 보기는 어렵다.

(2) 검   토

위 대법원 2001도53 판결 사건은 쟁의행위를 행한 노동조합 간부나 조합원의 책임이 문제된 것이 아니라 쟁의행위 참가를 만류한 관리직 사원을 부당노

---

23) 서울고법 2019. 4. 10. 선고 2017누71958 판결 — 같은 파업과 사실관계에 관한 것으로 같은 날 대법원에서 선고된 사건(대법원 2020. 10. 15. 선고 2019두40611 판결 — 상고이유서 제출기간 문제로 기각되어 실질적 판단이 이루어지지 않음)의 1심 판결(서울행법 2017. 11. 23. 선고 2015구합76438 판결)은 "노동조합법 45조 2항은 '쟁의행위는 법에 의한 사전조정절차를 거치지 아니하면 이를 행할 수 없다'고 규정하고 있으나, 조정절차를 거친 후에 쟁의행위에 관한 찬반투표를 실시해야 한다고 규정하고 있지는 아니하며, 달리 찬반투표의 시기에 관하여 어떠한 규정도 두고 있지 않다"고 하면서, "노동조합법 45조의 조정전치에 관한 규정의 취지는 분쟁을 사전 조정하여 쟁의행위 발생을 회피하는 기회를 주려는 데에 있는 것이지 쟁의행위 자체를 금지하려는 데에 있는 것이 아니고(대법원 2000. 10. 13. 선고 99도4812 판결 등 참조), 쟁의행위를 개시한 이후에도 당사자의 신청에 의하여 조정절차를 개시하는 것이 여전히 가능한 점 등을 종합하여 보면, 찬반투표 실시시기를 반드시 조정절차 종료 후로 제한하여야 할 이유를 찾기 어렵다"고 하였으며, 나아가 "대법원 2001. 9. 14. 선고 2001도53 판결에 따르면, 쟁의행위에 대한 조합원의 찬반투표는 노동관계당사자 간에 근로조건의 결정에 관한 주장의 불일치로 인하여 발생한 분쟁상태인 이른바 '노동쟁의'의 상태에 이르러야 할 뿐만 아니라, 조정절차에서 노동위원회로부터 조정안이 제시되었을 경우 그 조정안을 수용할지 여부에 관한 조합원의 의사 역시 반영되어야 함에 비추어 조정절차까지 거친 후 쟁의행위에 돌입하기 직전에 실시하여야 하는 것이 원칙이라 할 것이다. 그러나 위 판결은 관련 사실관계가 어떤 것인지와 무관하게, 쟁의행위에 대한 조합원 찬반투표가 반드시 중앙노동위원회 조정안이 제시된 이후에 실시되어야 한다는 취지로 해석되지는 아니한다"고 하였다.

동행위혐의로 기소한 사안이어서 형사책임을 묻기 위한 엄격한 해석이 필요했다는 특수성이 있기는 하지만, 조정절차의 취지를 곡해하고 있다는 비판을 받았다.[24]

찬반투표 시기는 노동조합이 여러 상황을 종합적으로 고려하여 그 효과를 극대화시킬 수 있도록 전략적 내지 전술적으로 결정할 수 있다고 하여야 할 것이고, 단체교섭이나 쟁의행위는 역동적이고 유동적인 것으로서 틀에 박힌 순서를 밟아 기계적으로 진행되는 것이 아니며, 상대방의 태도와 주변 정세의 변화 및 조합원의 열기 등 여러 사정을 고려하여 역동적으로 진행되는 것이고, 관계 당사자는 상대방에 대한 효과적인 압박을 통해 요구사항을 관철시키고자 하는 것이므로, 노동조합으로서는 가장 효과적으로 조합원들의 열기를 끌어 모으고 참가를 제고시킬 수 있는 방법을 강구하게 될 것이고, 찬반투표 실시시기도 이를 고려하여 자주적으로 결정하게 되는 것이기 때문이다.[25] 그럼에도 찬반투표 실시시기를 반드시 노동위원회 조정안이 제시된 이후로 경직되게 제한하는 것은 이러한 역동적인 쟁의행위의 성질을 무시하고, 노동조합의 전략적 내지 전술적 요소에 불과한 사항까지 제한하는 것으로 부당하다는 것이다.[26]

한편 대법원 2019두40345 판결은 노동조합법에 찬반투표 실시 시기를 제한하는 규정이 없다는 점, 노동조합은 자주적 단결체로서 쟁의행위의 시기 역시 노동조합이 자주적으로 결정하는 것이 헌법상 노동3권 보장 취지에 맞다는 점을 확인하였다는 점에서 원칙에 부합할 뿐 아니라, 조정전치에 위반한 쟁의가 곧바로 정당성을 결여한 것은 아니라는 판례 법리를 원용하면서 찬반투표와 노동쟁의 조정 절차의 차이점을 정치하게 정리하고, 이를 바탕으로 찬반투표 시기 문제를 정리하고 있다. 즉 조정전치주의 규정은 노동쟁의의 평화적 해결을 제고하기 위한 입법정책적 목적에서 당사자 간의 자주적 해결에 조력하기 위한 것이고, 찬반투표는 쟁의행위에 대한 의사결정을 신중하게 함으로써 노동조합의 구성원인 조합원의 자주적이고 민주적인 의사결정을 담보하기 위한 것이므로, 이렇게 각각 다른 목적에 기초하여 제정된 조정전치주의 규정과 쟁의행위 찬반투표 규정을 동일한 취지의 절차적 제한 규정으로 이해하고 해석하여서는 안 된다는 점을 확인한 것이다.[27]

---

24) 방강수, 74면.
25) 김선수b, 77면.
26) 김선수b, 77면.
27) 강주리, 184면.

다. 교섭안건(쟁점) 추가 · 변경의 경우

단체협약 갱신을 주장하면서 찬반투표를 하고 1차 쟁의행위를 하였다가 이후 성과급제 반대를 목적으로 다시 2차 쟁의행위에 돌입한 사건에 대하여 법원은 "근로조건에 관한 노동관계 당사자 간의 주장의 불일치로 인하여 근로자들이 조정전치절차 및 찬반투표절차를 거쳐 정당한 쟁의행위를 개시한 후 그 쟁의사항과 밀접하게 관련된 새로운 쟁의사항이 부가된 경우에는, 근로자들이 새로이 부가된 사항에 대하여 쟁의행위를 위한 별도의 조정절차 및 찬반투표절차를 거쳐야 할 의무가 있다고 할 수 없다"라고 하면서 "노동조합의 2차 파업의 목적은 결국 노동조합이 궁극적으로 관철하고자 한 1차 파업의 목적과 단절되고 관련 없는 것이라고 보기 어려우므로 별도의 조정절차나 찬반투표 절차를 거칠 필요가 없다"고 판단하였다.[28] 또한 임금인상에 대해 찬반투표를 거쳐 쟁의절차를 진행하고 있던 중 회사 매각 금지가 포함된 특별단체교섭안건이 문제가 된 사안에서, 특별단체교섭안건에 대한 별도의 찬반투표가 없었다고 하더라도 쟁의행위의 절차적 위법은 없다고 판단하기도 하였다.[29]

5. 찬반투표를 거치지 않은 쟁의행위의 정당성

가. 문제의 소재

쟁의행위 찬반투표에 의한 과반수의 찬성 없이 쟁의행위를 한 경우 노조법 벌칙규정의 적용을 받는 것은 어쩔 수 없다고 하더라도 이로 인해 쟁의행위의 정당성이 곧바로 상실되는가, 나아가 그 행위자들이 업무방해죄로 형사처벌을 받아야 하는가는 별개의 문제이다.

노조법이 정하는 다른 절차적 규정들(법 45조 2항의 조정전치, 영 17조의 쟁의행위 신고 등)과 관련해서는 판례가 "… 규정에 따른 절차를 거치지 아니하였다고 하

---

28) 대법원 2012. 1. 27. 선고 2009도8917 판결.

29) 대법원 2013. 2. 15. 선고 2010두20362 판결 ― 이 판결에서는 구 노동쟁의조정법에서 정하고 있던 쟁의행위 발생신고와 냉각기간에 관하여, '이미 근로조건에 관한 노동관계당사자간의 주장의 불일치로 인한 분쟁상태인 노동쟁의 상태가 발생하여 근로자들이 노동쟁의발생신고를 하고 냉각기간을 거쳐 정당한 쟁의행위를 계속하고 있는 도중에, 종전의 노동쟁의발생신고 당시의 근로조건에 관한 주장의 불일치가 해소되지 아니한 상태에서 그 쟁의와 관련하여 새로운 쟁의사항이 부가되었다 하더라도, 다시 그 사항에 대하여 별도의 노동쟁의발생신고를 하고 냉각기간을 거쳐야 할 의무는 없다'는 취지의 대법원 1992. 11. 10. 선고 92도859 판결을 인용하고 있는데, 냉각기간과 찬반투표는 그 취지가 완전히 같지는 않다는 점에서 곧바로 인용할 성격인지는 의문이다.

여 무조건 정당성이 결여된 쟁의행위라고 볼 것이 아니고, 그 위반행위로 말미
암아 사회, 경제적 안정이나 사용자의 사업운영에 예기치 않은 혼란이나 손해를
끼치는 등 부당한 결과를 초래할 우려가 있는지 여부 등 구체적 사정을 살펴서
그 정당성 유무를 가려 형사상 죄책 유무를 판단하여야 한다"30)거나 "… 사전
신고에 관한 규정의 취지는 쟁의발생을 사전 예고케 하여 손해방지조치의 기회
를 주려는 데에 있는 것이지 쟁의행위 자체를 금지하려는 데에 있는 것이 아니
므로, 쟁의행위가 위 사전신고의 규정이 정한 절차에 따르지 않았다고 하여 무
조건 정당성이 결여된 쟁의행위라고 볼 것이 아니라 그 위반행위로 말미암아
사회, 경제적 안정이나 사용자의 사업운영에 예기치 않는 혼란이나 손해를 끼치
는 등의 부당한 결과를 초래할 우려가 있는지의 여부 등 구체적 사정을 살펴서
그 정당성 유무를 가려 형사상 죄책 유무를 판단하여야 한다"31)고 하고 있는
것과 달리, 조합원 찬반투표에 대하여는 유독 이와 다른 입장을 보이고 있다.32)

나. 학　　설

찬반투표에 의한 조합원 과반수의 찬성 의결을 거치지 않은 쟁의행위의 정
당성 및 형사책임에 대하여는 견해가 나뉜다. 이들 견해를 '유효설' 또는 '무효
설'이라는 이름으로 부르기도 하지만,33) 쟁의행위가 유효인지 무효인지를 다루
는 것이 아니라, 찬반투표를 거치지 않았더라도 정당성을 곧바로 상실하는지 여
부가 쟁점이라는 점에서, 형사책임 긍정설, 형사책임 부정설34)로 부르는 것이
타당하다.

(1) 형사책임 긍정설

형사책임 긍정설은 쟁의행위 찬반투표는 단순히 조합 내부의 민주적 의사
결정과정을 확보하는 것이 아니라 쟁의행위가 과연 노동조합이라는 노동관계법
상의 정당한 주체가 행하는 것인가를 확인하는 절차 즉, 쟁의행위 주체에 관한

---

30) 대법원 2000. 10. 13. 선고 99도4812 판결.
31) 대법원 1992. 9. 22. 선고 92도1855 판결.
32) 정진경, 213면.
33) 정승규, 723면.
34) 정진경, 217면 이하는 이에 더하여 제한적 형사책임 긍정설(형식상 찬반투표를 거치지 않
　　았다고 하더라도 일정한 요건을 갖춘 경우에는 쟁의행위의 정당성이 상실되지 않는다는 입
　　장), 위법의 상대성설(형사책임을 묻기 위해서는 민사법상 또는 노동법상의 위법성보다 강한
　　위법성을 요하고, 형사책임은 쟁의행위에 관여한 정도에 따라 다르다는 입장)을 보태고 있으
　　나, 명확하게 다른 학설로 분류할 정도인지는 의문이다.

요건을 확인하는 절차로 보아야 한다는 견해이다.35) 따라서 찬반투표를 거치지
아니한 쟁의행위는 쟁의행위 주체인 노동조합이 행한 쟁의행위가 아니므로 당
연히 정당한 쟁의행위가 될 수 없다고 한다.

(2) 형사책임 부정설

조합자치 이념을 강조하여, 찬반투표는 조합 내부의 의사형성에 관한 문제
에 한하는 것이므로 쟁의행위의 대외적 책임 여부를 판단하는 정당성에 대해서
는 영향을 미치지 않는다는 견해이다.36) 노조민주주의 보장이라는 측면에서 그
필요성이 인정된다고 하더라도 이는 단지 노조 내부의 의사형성상의 흠에 불과
하고 그러한 절차의 이행이 사용자에 대하여 어떤 관계도 없는 것이므로 대외
적 책임으로서 문제에는 영향을 미칠 수 없다고 한다.37)

다. 판   례

(1) 다른 절차 위반 사항과 함께 판단된 판결

구 노동쟁의조정법 하에서 노동쟁의 발생신고·냉각기간과 조합원 과반수
의 찬성의결이라는 절차규정을 모두 위반한 사례가 많아 그 위반에 대해 한꺼
번에 묶어서 판단하는 것이 일반적이었고, 준법투쟁의 정당성이 문제된 경우에
는 거의 예외 없이 위 절차들을 모두 위반하였으며, 그 절차위반이 정당성을 부
인하는 근거로 되었고,38) 정당성이 부인된다는 결론에 이르는 경우가 많았다.39)

(2) 찬반투표 취지에 관한 독자적 판단

대법원 1992. 12. 8. 선고 92누1094 판결 역시 노동쟁의 발생신고, 냉각기
간 등 절차와 함께 쟁의행위 찬반투표 절차를 위반한 사안이나, 쟁의행위 찬반
투표 위반에 대해 독자적으로 판단하였다.40) 즉 위 판결은 쟁의행위 찬반투표
규정 취지를 노동조합의 자주적이고 민주적인 운영을 도모함과 아울러 쟁의행

35) 이상윤a, 823면.
36) 김유성, 235면; 김형배, 1358면; 이병태, 333면; 임종률, 253면. 김유성, 236면은 정당성 문
    제에는 아무런 영향을 미치지 않는 것은 당연하고, 나아가 벌칙(법 91조)을 적용할 때에도
    찬반투표의 절차를 밟을 수 없는 긴급한 사태가 있다고 객관적으로 인정할 만한 사유가 있
    는 경우에는 신중하게 벌칙을 적용해야 한다고 한다.
37) 박홍규b, 793면.
38) 김선수b, 70면.
39) 대법원 1990. 5. 15. 선고 90도357 판결, 대법원 1992. 3. 13. 선고 91누10473 판결, 대법원
    1992. 9. 22. 선고 91다4317 판결.
40) 김선수c, 56면.

위에 참가한 근로자들이 사후에 그 쟁의행위의 정당성 유무와 관련하여 어떠한 불이익을 당하지 않도록 그 개시에 관한 조합의사의 결정에 보다 신중을 기하기 위하여 마련된 규정이라고 명시적으로 설시한 최초의 대법원 판결로서, 절차 위반의 쟁의행위라 하여 일률적으로 정당성을 결여한 것으로 볼 것이 아니라 그 조항 소정의 절차를 따를 수 없는 납득할 만한 객관적인 사정이 인정되는지 여부에 따라 그 정당성 유무를 가려야 한다고 판시하였다.[41)]

(3) 전원합의체 판결

앞서 본 바와 같이 전국금속노동조합 만도기계지부의 1998년 파업에 대하여 서로 상반되는 대법원 판결(검사의 상고를 받아들여 유죄 취지로 파기환송한 99도4838 판결과 민주적 의사결정이 실질적으로 확보되었다며 무죄로 선고한 원심판결을 유지한 99도4836 판결)이 선고되어 혼란이 있었는데, 대법원은 이듬해 또 하나의 만도기계 파업 사건에서 전원합의체 판결로 기존의 입장을 통일하고 기준을 제시하였다.[42)]

이 전원합의체 판결에서 대법원은 "쟁의행위를 함에 있어 조합원의 직접·비밀·무기명투표에 의한 찬성결정이라는 절차를 거쳐야 한다는 규정은 노동조합의 자주적이고 민주적인 운영을 도모함과 아울러 쟁의행위에 참가한 근로자들이 사후에 그 쟁의행위의 정당성 유무와 관련하여 어떠한 불이익을 당하지 않도록 그 개시에 관한 조합의사의 결정에 보다 신중을 기하기 위하여 마련된 규정이므로, 위의 절차를 위반한 쟁의행위는 그 절차를 따를 수 없는 객관적인 사정이 인정되지 아니하는 한 정당성이 상실된다"는 형사책임 긍정설을 취하고, 전년도 판결 중 조합원의 민주적 의사결정이 실질적으로 확보된 경우에는 투표절차를 거치지 않았다는 사정만으로 쟁의행위가 정당성을 상실한다고 볼 수 없다는 취지의 99도4836 판결을 명시적으로 폐기하였다.[43)]

---

41) 김선수c, 56~57면.
42) 대법원 2001. 10. 25. 선고 99도4837 전원합의체 판결.
43) 다수의견은 그러나, "그 절차를 따를 수 없는 객관적인 사정"이 있었는지 여부에 대해서는 전혀 판단하지 아니한 채 심리미진 또는 법리오해로 원심판결을 파기하였다. 이에 대하여 반대의견은 "찬반투표를 거치지 아니한 쟁의행위는 그 절차를 따를 수 없는 객관적인 사정이 인정되지 아니하는 한 정당성이 상실된다"는 다수의견에 동의하면서도, 쟁의행위에 참가한 근로자들에게 업무방해죄라는 형사책임을 묻는 형사사건에 있어서는 반드시 그와 같은 법리를 따라야 하는 것이라고는 할 수 없다는 이른바 「위법성의 상대성론」을 취하여, 찬반투표의 불실시에도 불구하고 단순 가담한 피고인들의 행위는 처벌할 수 없다고 판단하였다.

나아가 같은 해 다시 무죄 취지 원심을 파기하는 또 하나의 만도기계(문막지부) 사건 판결을 통해 이 전원합의체 판결을 다시 확인하면서, "이 사건 각 쟁의행위 중 1998. 4. 28.부터 같은 해 5. 12.까지의 쟁의행위는 노조가 조합원 찬반투표를 거칠 수 없는 객관적인 사정이 없음에도 불구하고 그 절차를 거치지 아니하고 벌인 파업임을 알 수 있으니, 위 각 쟁의행위 역시 그 절차에 있어서 정당성을 인정할 수 없다"고 하였다.44)

(4) 평   가

위와 같은 대법원 전원합의체 판결에 대해서는, 단순한 노무제공 거부를 업무방해로 처벌하는 것 자체를 비판하는 것45) 외에도, 조합원의 직접·비밀·무기명투표는 노동조합의 민주적인 의사결정을 확보하기 위한 절차적 요건을 규정한 것에 불과하고, 이러한 노동조합 내부 의사결정방법 위반 여부는 쟁의행위 정당성 판단과는 직접적인 관련이 없는 것이라는 비판이 있으며,46) 법적인 논리라기보다는 노동계가 적법질서를 지키지 않는다는 전제 하에 쟁의행위의 절차적 정당성에 관하여 엄격한 해석을 할 필요가 있다는 정책적인 판단으로 보는 견해47) 또는 모든 범죄의 성립에 있어 구체적인 범행, 위법성, 책임성을 행위자 개인별, 사안별로 각각 판단하여야 하는 것이 일반론이므로 단순 참가 조합원은 업무방해죄로 처벌대상이 되지 않는다는 반대의견에 찬동하는 견해48)도 있다.

한편 전원합의체 판결 다수의견은 '절차를 따를 수 없는 객관적인 사정'이 인정되면 정당성이 인정된다고 하고 있으나 그 '객관적인 사정'이 무엇인지에 관하여는 따로 설명을 하지 않고 있고, 특별히 이를 언급한 판결도 없다. 문언만으로 보면 지극히 예외적인 경우를 상정한 것으로 보이고, 사용자가 지배·개입 등 부당노동행위를 통하여 노동조합의 파업 찬반투표를 방해하거나 이에 개입하는 경우, 예측불가능한 조직변경으로 인하여 파업 찬반투표를 거칠 수 없는 경우, 또는 천재지변 등으로 인하여 찬반투표가 불가능한 경우 등이 이에 해당된다고 할 것이다.49)

---

44) 대법원 2001. 11. 27. 선고 99도4779 판결.
45) 정진경, 234면.
46) 김선수b, 75면.
47) 정진경, 225면.
48) 노동판례백선, 333면.
49) 노동판례백선, 332면.

III. 방위산업체 종사자의 쟁의행위 제한

1. 의   의

헌법 33조 3항은 "주요방위산업체에 종사하는 근로자의 단체행동권은 법률이 정하는 바에 따라 이를 제한하거나 인정하지 아니할 수 있다"는 조항을 두고 있고, 이에 따라 노조법이 '전력, 용수 및 주로 방산물자를 생산하는 업무에 종사하는 자'의 쟁의행위를 전면적으로 금지하고 있다. 이 규정에 위반하여 해당 방위산업에 종사하면서 쟁의행위를 한 자는 5년 이하의 징역 또는 5천만 원 이하의 벌금에 처한다(법 88조).

방위산업체 종사자의 쟁의행위 제한 문제는 엄밀하게 말하면 주체 또는 인적 범위에 관한 제한으로, 절차에 관한 제한에 해당하는 동조 1항과는 구별되기 때문에 종래 '근로자의 근로 성질에 의한 노동3권의 제한'[50] '쟁의행위 제한의 인적 범위'[51]의 문제로 공무원·교원 등과 함께 논의되는 것이 보통이었다.

입법론으로 사업의 성질상 노동3권의 제한을 가하는 경우에도 공익적 사업의 내용을 보다 엄격하게 구체적으로 해석하여 사회적 기본권 보장의 의의가 말살되지 않도록 이렇게 단체행동권을 전면적으로 부인하는 입법은 극히 예외적으로만 인정되어야 한다는 견해가 있다.[52]

2. 개정연혁

구 노동쟁의조정법 12조 2항은 "국가·지방자치단체 및 방위산업에관한특별조치법에 의하여 지정된 방위산업체에 종사하는 근로자는 쟁의행위를 할 수 없다"고 규정하여 공무원 및 주요방위산업체 종사자의 쟁의행위를 전면 금지하였으나, 그중 공무원에 대해서는 헌법재판소에서 헌법불합치 결정[53]이 내려져 현행법에서는 공무원의 쟁의행위금지 조항을 삭제하였다. 반면 같은 조항의 '방위산업체 종사자'에 관해서 헌법재판소는 "준사법적 독립기관인 노동위원회의 알선, 조정을 받을 수 있을 뿐만 아니라 노사간 합의나 단체협약의 규정에 따라

---

50) 김형배, 177면.
51) 김유성, 251면.
52) 김형배, 178면.
53) 헌재 1993. 3. 11. 선고 88헌마5 결정.

중재를 신청하여 주장의 불일치사항에 대해 노사가 만족하는 해결책을 마련할 수 있는 등 단체행동권에 대한 대상조치가 마련되어 있다"는 이유로 과잉금지원칙에 위배되지 않는다고 판단하였다.54) 대법원은 "노동쟁의조정법 12조 2항은 헌법 33조 3항에서 "법률이 정하는 주요 방위산업체에 종사하는 근로자의 단체행동권은 법률이 정하는 바에 의하여 이를 제한하거나 인정하지 아니할 수 있다"고 규정한 유보조항에 근거를 둔 것이고, 또 방위산업체에 종사하는 근로자에 한하여 특별히 쟁의행위를 금지한다 하여 평등원칙에 위배되는 것이라고 볼 수 없다"고 하여 방위산업체 종사자에 대한 쟁의행위금지는 정당하다고 하였다.55)

1997년 법 제정시부터 종래 방위산업체 종사자에 대해서도 쟁의행위가 금지되는 근로자를 전력·용수를 생산하는 업무에 종사하는 자와 주로 방산물자를 생산하는 업무에 종사하는 자로 한정함으로써, 금지 범위가 다소 축소되었다.56)

3. 주요 방위산업체

여기에서 '주요 방위산업체'란 방위사업법 규정에 따른 지정이라는 형식적 요건뿐만 아니라, 군수(軍需)에 필요한 주요 방위산업물자를 실제로 생산하고 있다는 실질적 요건을 다 갖춘 경우에 한하기 때문에, 이 조항에 의한 '주요 방위

---

54) 헌재 1998. 2. 27. 선고 95헌바10 결정 — 2018, 2019년에 진행된 금속노조 경남지부 삼성테크윈지회 파업 사건에서 창원지방법원(당해 소송사건 2020고단4257)이 다시 위헌법률심판 제청 결정(창원지법 2021. 6. 10.자 2021초기256 결정)을 하여 2022. 10. 4. 현재 헌법재판소에 계류 중이다(2021헌가21). 제청결정문에 따르면 "합헌 이후 20년이 경과되어 남북관계 및 국제질서는 상당 부분 변화하였고, 근로3권에 대한 보장 수준 및 국민의 인식 또한 한층 높아져 왔다. 이 사건 법률조항과 유사하게 공공부문 근로자의 근로3권을 제한하는 개별 법률에 관하여도, 헌법재판소는 2009년경 특수경비원의 단체행동권을 제한하는 경비업법 조항에 대하여 합헌결정을 하였으나, 2017년경에는 청원경찰법의 관련 규정에 대하여 헌법불합치결정을 하는 등 달라진 시대상을 반영하여 왔다. 그런데 방산근로자는 공무원에 유사한 신분보장을 받고 있지도 않음에도 업무의 공공성만을 이유로 단체행동권의 핵심인 쟁의행위를 전면적으로 금지하고 있어 불합리한 측면이 있다. 국가안전보장을 위하여 어느 정도의 제한이 불가피하다고 인정되기는 하나, 단체행동권의 전면적 박탈 대신 강제중재제도 등 덜 제한적인 수단에 의해 같은 목적 달성이 불가능하다고 보기도 어렵다. 헌법 역시 방산근로자의 단체행동권을 '제한하거나 인정하지 않을 수 있다'고 규정하고 있는바, 쟁의행위의 행사방법 및 시기 등을 제한하는 방법으로 기본권의 침해를 최소화하려는 노력 없이 이 사건 법률조항과 같이 쟁의행위를 전면적으로 금지하는 입법이 적절한지도 의문이고, 주요 OECD 국가 중에는 대한민국만이 이러한 제도를 유지하고 있기도 하다"고 한다.
55) 대법원 1993. 4. 23. 선고 93도493 판결.
56) 민변노동법Ⅱ, 194면.

산업체'의 범위를 판단할 때에는 단순히 방위산업체로 지정되었는지의 법적 형식에 따라 정할 것이 아니라, 지정을 받은 업체라고 하더라도 방산물자 생산을 포기하고 그 생산조직과 활동을 폐지하여 방산물자 생산업체의 실체가 없어진 경우에는 형식상 방위산업체 지정처분이 미처 취소되지 않은 채 남아 있다고 하더라도 쟁의행위 제한 규정을 적용할 방위산업체에 해당하지 않는다고 보아야 한다.[57]

노조법 시행령 20조는 "주로 방산물자를 생산하는 업무에 종사하는 자"에 관하여 "방산물자의 완성에 필요한 제조·가공·조립·정비·재생·개량·성능검사·열처리·도장·가스취급 등의 업무에 종사하는 자"로 구체화하고 있다.

주요방위산업체의 사내협력업체에 종사하는 근로자가 파업을 한 것이 이 금지 조항에 위배되는지 문제된 사건에서, 대법원[58]은 "주요방위산업체의 원활한 가동이 국가의 안전보장에 필수불가결한 요소라는 점에서 법률로써 주요방위산업체 종사자의 단체행동권을 제한하거나 금지하는 것이 불가피한 면은 있으나, 헌법 37조 2항이 규정하는 기본권 제한입법에 관한 최소침해의 원칙과 비례의 원칙, 죄형법정주의의 원칙에서 파생되는 형벌법규 엄격해석의 원칙에 비추어 볼 때 노동조합법 41조 2항에 의하여 쟁의행위가 금지됨으로써 기본권이 중대하게 제한되는 근로자의 범위는 엄격하게 제한적으로 해석하여야 한다"고 하면서, 무죄로 판단한 원심[59] 결론을 유지하였다. 방위사업법 등 관계 법령이 정한 요건과 절차에 따라 산업자원부장관(현재는 산업통상자원부장관)이 주요방위산업체를 개별적으로 지정하도록 되어 있고, 노동조합법 41조 2항은 주요방위산업체로 지정된 업체에 종사하는 근로자 가운데에서도 전력, 용수 및 대통령령에서 구체적으로 열거한 업무에 종사하는 자로 그 적용범위를 제한하고 있으므로, 이러한 법 규정의 문언, 내용, 체계와 목적을 종합해 보면, 주요방위산업체로 지정된 회사가 그 사업의 일부를 사내하도급 방식으로 다른 업체에 맡겨 방산물자를 생산하는 경우에 그 하수급업체에 소속된 근로자는 쟁의행위가 금지되는 '주요방위산업체에 종사하는 근로자'에 해당한다고 볼 수 없다고 하였다. 즉 주요방위산업체 사업장과 동일한 장소에 근무하면서 주요 방산물자를 생산하는 업무에 노무를 제공한다는 사정만으로 주요방위산업체로 지정되지 않은

---

57) 대법원 1991. 1. 15. 선고 90도2278 판결.
58) 대법원 2017. 7. 18. 선고 2016도3185 판결.
59) 울산지법 2016. 2. 5. 선고 2015노970 판결.

독립된 사업자인 하수급업체에 소속된 근로자가 하도급업체인 주요방위산업체에 '종사'한다고 보는 것은 형벌규정을 피고인에게 불리한 방향으로 지나치게 확장 해석하는 것으로서 허용되지 않는다고 본 것이다.

이에 대해서는 주요방위산업체의 안정적 운영이라는 목적 달성을 위해 주요방위산업체의 업무 도급을 금지하는 방안을 강구하여 제한의 필요성이 있다는 견해[60]도 있으나, 입법론이라면 몰라도 현행법의 해석으로는 대법원과 같이 기본권 제한 규범을 엄격하게 해석할 수밖에 없다.

한편 방위산업체 종사자들의 연장근로·휴일근로 거부(이른바 '준법투쟁')가 노조법 41조 2항에 위반된다며 기소되어 1, 2심 모두 유죄 판결을 받은 사건을 파기환송하면서 대법원은 '일정한 날에 연장근로·휴일근로를 통상적 혹은 관행적으로 해 오지 않았던 사업장'에서 근로자들이 연장근로나 휴일근로를 거부하였다면, 비록 노동조합의 지침에 따른 것이더라도 기업 업무의 정상적인 운영을 저해하는 것으로 평가할 수는 없다고 쟁의행위 해당성을 부정하면서, "방위사업법에 의하여 지정된 주요방위산업체에 종사하는 근로자 중 전력, 용수 및 주로 방산물자를 생산하는 업무에 종사하는 자는 쟁의행위를 할 수 없는데 이를 위반한 경우 노동조합법상 가장 중한 형사처벌을 하도록 규정하고 있다(노동조합법 41조 2항, 88조). 이러한 쟁의행위에 대한 법령상의 엄정한 규율 체계와 헌법 33조 1항이 노동3권을 기본권으로 보장한 취지 등"을 그 근거로 명시한 바 있다.[61] 비록 이 판결의 주된 쟁점은 '준법투쟁'이 쟁의행위에 해당하는지 여부의 판단기준에 관한 것이지만,[62] 헌법상 기본권인 쟁의권을 제한하는 노조법 41조 2항 문언을 최대한 엄격하게 해석해야 한다는 점을 강조한 것이라 볼 수 있다.

[김   진]

---

60) 오세웅, 72면.

61) 대법원 2022. 6. 9. 선고 2016도11744 판결.

62) 대법원 2022. 6. 9. 자 보도자료에 따르면 "비록 노동조합의 지침에 따른 것이더라도 기업 업무의 정상적인 운영을 저해하는 것으로 평가할 수는 없음을 선언한 최초의 판단"이라는 것이며, "이 판결이 제시한 기준에 따라 준법투쟁이 노동조합법상 쟁의행위에 해당하는지 여부를 엄격히 판단하여야 함"이라고 밝히고 있다.

제42조(폭력행위등의 금지)

① 쟁의행위는 폭력이나 파괴행위 또는 생산 기타 주요업무에 관련되는 시설과 이에 준하는 시설로서 대통령령이 정하는 시설을 점거하는 형태로 이를 행할 수 없다.

② 사업장의 안전보호시설에 대하여 정상적인 유지·운영을 정지·폐지 또는 방해하는 행위는 쟁의행위로서 이를 행할 수 없다.

③ 행정관청은 쟁의행위가 제2항의 행위에 해당한다고 인정하는 경우에는 노동위원회의 의결을 얻어 그 행위를 중지할 것을 통보하여야 한다. 다만, 사태가 급박하여 노동위원회의 의결을 얻을 시간적 여유가 없을 때에는 그 의결을 얻지 아니하고 즉시 그 행위를 중지할 것을 통보할 수 있다.

④ 제3항 단서의 경우에 행정관청은 지체없이 노동위원회의 사후승인을 얻어야 하며 그 승인을 얻지 못한 때에는 그 통보는 그때부터 효력을 상실한다.

〈세 목 차〉

[참고문헌]

권창영, "선원의 쟁의행위", 노동법연구 15호, 서울대학교 노동법연구회(2003. 12.); **금동신**, "노동쟁의행위의 형태와 합법성에 관한 연구", 단국대학교논문집(인문·사회과학편) 10집, 단국대학교 출판부(1976); **김대휘**, "쟁의행위에 있어서 업무방해와 정당성", 형사판례연구 2호, 박영사(1996); **김선수**, "쟁의행위", 2003 노동판례비평, 민주사회를 위한 변호사모임(2004. 9.); **김선일**, "철도 쟁의행위와 업무방해죄—대법원 2014. 8. 20. 선고 2011도468 판결—", 고요한 정의의 울림: 신영철 대법관 퇴임기념논문집, 법원도서관(2015); **김원윤**, "쟁의행위와 형사책임", 법무연구 16호, 법무연구원(1989); **김치중**, "쟁의행위의 정당성", 「법과 정의」, 이회창선생 화갑기념논문집(1995), **김태현**, 국제노동기준과 국내 쟁의행위 제도에 대한 비교연구, 노동법포럼 26호, 노동법이론실무학회(2019); **김홍영**, "잔업·특근의 집단적인 거부가 업무방해죄에 해당되는지 여부 — 대법원 2014. 6. 12. 선고 2012도2701 판결", 노동판례리뷰 2014, 한국노동연구원(2015); **김희성**, "개정 노동조합 및 노동관계조정법 제37조 제3항과 제42조 제1항의 체계적·유기적 해석에 관한 연구 —직장점거 금지범위의 외연(外延)확장과 관련하여—", 노동법논총 52호, 한국비교노동법학회(2021); **노호창**, "태업과 임금지급 등에 관한 대법원 2013. 11. 28. 선고 2011다39946 판결에 대한 검토", 노동법학 50호, 한국노동법학회(2014); **도재형a**, "안전보호시설 운영방해죄의 구체적위험범으로서의 성질", 노동법률 184호, 중앙경제(2006. 9.); **도재형b**, "안전보호시설에서의 쟁의행위 — 대법원 2006. 5. 12. 선고 2002도3450 판결(안전보호시설운영방해)", 노동판례백선, 박영사(2015); **도재형c**, "2014년 노동법 중요판례평석", 인권과 정의, 대한변호사협회(2015. 3.); **박규섭**, 쟁의행위의 정당성에 관한 최근 판례의 경향, 서울대학교 대학원 석사학위논문(1990); **박동명**, 쟁의행위의 정당성에 관한 연구, 전남대학교 대학원 석사학위논문(1991); **박성민**, 업무방해죄의 해석과 쟁의행위 중 파업과의 관계, 형사정책연구 23권 1호, 형사정책연구원 (2012); **박주현**, "쟁의행위와 형사책임", 노동법연구 1권 1호, 서울대학교 노동법연구회(1991); **박진환**, "태업 시 무노동 무임금 원칙의 적용 여부", 대법원 판례해설 97호하, 법원도서관(2014); **신수정a**, "파업과 업무방해죄: 가스공사 사건 ", 노동법학 53호, 한국노동법학회(2015.3.); **신수정b**, "KBS 파업을 이유로 한 징계처분의 부당성", 노동법학 66호, 한국노동법학회(2018); **신영철**, "직장폐쇄 후 계속된 직장점거가 퇴거불응죄를 구성하는지의 여부", 대법원판례해설 16호, 법원행정처(1992. 10.); **신인령a**, "쟁의행위 정당성에 관한 법리", 이화여대 사회과학 논집 12집, 이화여자대학교 법정대학(1992); **심재진**, "2013년 철도파업에 대한 업무방해 죄 무죄", 노동판례리뷰 2017, 한국노동연구원(2018); **심태식**, "쟁의행위의 유형과 정당성", 경희법학 9권 2호, 경희법학연구소(1971); "**양승엽**, "도급인 사업장 내 쟁의행위와 대체근로 저지의 정당성 여부", 노동리뷰 188호, 한국노동연구원(2020. 11.); **우희숙**, "쟁의행위의 형사면책법리에 관한 해석론 ―노동조합 및 노동관계조정법 제4조와 형법 제20조의 관계를 중심으로―", 법학 54권 2호, 서울대학교 법학연구소(2012); **이기중**, "쟁의행위의 정당성과 한계", 재판자료 40집 근로관계소송상의 제문제, 법원행정처(1987); **이달효**, "업무방해죄와 노동조합및노동관계조정법 제41조 제1항을 위반한 쟁의행위", 비교형사법연구 4권 1호, 한국비교형사법학회(2002. 7.); **이상원**, "노동조합및노동관계조정법상 안전보호시설과 명확성원칙", 형사판례연구 14호, 박영사(2006. 9.); **임종률a**, "쟁의행위의 정당성의 한계", 숭실대 노사관계논총(창간호), 숭실대학교 한국노사관계연구소(1991); **장영민·박강우**, 노동쟁의행위와 업무방해죄의 관계, 한국형사정책연구원(1996); **장우찬**, "독단적 작업중단 및 안전점검행위의 업무방해죄 성립 여부", 노동판례리뷰 2014, 한국노동연구원(2015); **전형배**, "쟁의행위와 노동조합및노동관계조정법상 형사책임", 노동과 법 3호, 금속법률원(2002); **정주아**, 근로자의 쟁의행위의 정당성에 관한 헌법적 고찰, 성신여자대학교 대학원 석사학위논문(2004); **지귀연**, "선정방송이나 유인물 배포 행위가 노동조합의 정당한 활동범위에 포함되는지를 판단하는 기준(2017. 8. 18 선고 2017다 227325 판결)", 대법원판례해설 113호, 법원도서관(2018); **황교안**, 쟁의행위의 정당성 판단기준에 관한 고찰, 성균관대학교 대학원 석사학위논문(2005).

Ⅰ. 개   설

1. 노조법상 쟁의행위의 수단·방법에 관한 제한

쟁의행위는 주체나 목적의 정당성이 인정되는 경우에도 그 수단과 방법이 정당하지 아니하면 전체적으로 정당한 쟁의행위로 인정될 수 없다. 노조법은 이와 관련하여 37조 1항에서 "쟁의행위는 그 목적·방법 및 절차에 있어서 법령 기타 사회질서에 위반되어서는 아니된다."라고 규정하여 쟁의행위의 방법이 법령 기타 사회질서에 위반되지 않아야 한다는 원칙을 선언하였고, 개별규정을 두어 쟁의행위의 수단·방법을 구체적으로 제한하고 있다.

노조법 42조는 쟁의행위의 수단·방법의 정당성을 구체화하여 폭력행위, 파괴행위, 주요시설 점거행위, 안전보호시설에 대한 정지·폐지 행위 등을 금지하고 있고, 같은 취지로 노조법 4조 단서에서 "어떠한 경우에도 폭력이나 파괴행위는 정당한 행위로 해석되어서는 아니된다"고 규정하고 있다. 이외에도 앞서 본 바와 같이 노조법 37조 3항은 사용자의 점유를 배제하여 조업을 방해하는 형태의 쟁의행위를 금지하고 있고, 38조 1항은 쟁의행위와 관계 없는 자 또는 근로를 제공하고자 하는 자의 출입·조업 기타 정상적 업무를 방해하는 형태 및 쟁의행위 참가를 호소하거나 설득하기 위한 행위로서 폭행·협박의 사용행위를 금지하고 있다. 한편 선원법 25조 6호는 인명이나 선박의 안전에 현저한 위해를 줄 우려가 있는 경우 선원근로관계에 관한 쟁의행위를 하여서는 아니된다고 규정하여 별도로 선원의 쟁의행위와 관련한 수단·방법의 정당성 규정을 두고 있다.[1]

2. 쟁의행위의 수단·방법에 관한 정당성 일반론

가. 의   의

쟁의행위의 수단·방법의 정당성이 인정되지 아니하면 정당한 쟁의행위로 인정할 수 없다. 헌법 33조와 노조법의 입법 취지에 의하면 근로자의 쟁의권은 근로조건의 결정과정에서 노사 간의 실질적 평등을 확보하기 위하여 시민법의 기본원리를 수정하여 인정되는 것이기는 하나, 그렇다고 시민법을 포함한 전체

---

[1] 선원법과 관련한 자세한 사항은 권창영, 339면 이하 참조.

적인 법체계의 공통적 기반을 초월하여 존재하는 것은 아니므로, 쟁의행위도 모든 사회구성원 사이에 인정되는 권리의무에 기반을 두어 법질서의 기본원칙 위에서 인정되어야 한다.[2] 정당하지 않은 쟁의행위는 형사·민사적으로 면책되지 아니한다.

쟁의행위는 다양하고 복잡하게 전개됨에도 불구하고, 앞서 본 바와 같이 노조법 37조 3항, 38조 1항, 38조 2항, 42조에서 구체적으로 쟁의행위의 수단·방법을 규율하는 외에, 노조법 37조 1항에서 법령 기타 사회질서에 위반되어서는 아니 된다고 하여 매우 추상적으로만 규정하고 있다. 이로 인해 실무 및 학계에서 수단·방법의 정당성의 판단에 관하여 다양한 기준이 논의되고 있다.

나. 개　념
(1) 학　설

쟁의행위의 수단·방법의 정당성과 관련하여 몇 가지 중요한 견해들을 살펴보면, 이는 목적과 수단 사이의 균형성의 원칙이라는 견해,[3] 전체적 법체계에 기초한 법익형량의 원칙이라는 견해,[4] 최후수단성의 원칙, 평화성의 원칙, 균형성의 원칙을 갖추어야 한다는 견해,[5] 소극적 수단성의 원칙, 공정성의 원칙, 재산권과의 균형성의 원칙, 인신보호와 안전보호의 원칙을 갖추어야 한다는 견해,[6] 과잉금지의 원칙,[7] 인신보호와 안전보호의 원칙, 재산권과의 균형의 원칙,

---

2) 이와 관련하여 쟁의행위의 정당성 판단에 노사 간의 권익의 조화도 고려하여야 한다고 본다(김형배, 1027면; 김치중, 869~870면). 그러나 이에 대하여 쟁의행위가 근로자 스스로가 사회적 지위 향상을 위해 선택할 수 있는 적법한 수단이라는 측면에서 볼 때 시민적 권익과 조화를 이루는 범위 내에서만 허용된다는 제한적 입장에 대하여는 타당하지 않다는 취지의 비판도 있다(우희숙, 245~250).

3) 김원윤, 120~121면.

4) 금동신, 274면.

5) 박동명, 56면. 최후수단성의 원칙이란 쟁의행위가 그 목적을 달성하기 위하여 부득이한 최후의 수단이어야 한다는 원칙으로 보충성의 원칙이라고도 하며, 평화성의 원칙이란 그 수단이 평화적이어야 한다는 원칙이고, 균형성의 원칙이란 쟁의행위를 하는 측의 이익과 이로 인하여 상대방이 잃게 되는 이익을 비교 형량하여 사회통념상 균형을 상실해서는 안 된다는 원칙이다.

　최후수단성과 관련하여, 독일의 판례와 학설은 1950년대에 쟁의행위의 정당성과 관련하여 사회적 상당성이라는 개념을 사용하면서 최후수단성을 그 요건 중 하나로 인정한 바 있으나, 1990년대 들어 사회적 상당성 대신 과잉금지원칙을 기초로 하여야 한다는 것이 지배적인 견해가 되었다. 쟁의행위는 근로자가 스스로의 사회경제적 지위 향상을 위해 선택할 수 있는 적법한 수단의 하나이므로 부득이한 경우에 최후적으로 이용되는 수단이어야 한다는 최후수단성 원칙은 타당하지 않다는 비판이 타당하다.

6) 임종률, 253~258면 참조.

7) 헌법상 보장된 단체교섭의 목적에 적합하고 필요한 것이어야 하며 그 정도를 초과하지 아

공공복리와의 조화 원칙을 갖추어야 한다는 견해,[8] 소극적 수단성의 원칙, 인신 보호와 안전보호의 원칙, 재산권과의 균형의 원칙을 갖추어야 한다는 견해,[9] 보충의 원칙, 균형의 원칙, 보전의 원칙을 갖추어야 한다는 견해[10] 등이 있다. 이를 종합하면, 일반적으로 쟁의행위의 정당성 판단은 상호 충돌할 수밖에 없는 쟁의권과 다른 법익 사이에서 형평성 내지 균형성이 유지되었는지 여부를 공통적으로 고려하는 것으로 보인다.

(2) 판   례

판례 역시 쟁의행위의 수단·방법의 정당성에 관하여 통일된 기준을 제시하지 않고, 사안에 따라 상이한 표현을 사용하고 있다. 판례가 쟁의행위의 수단·방법의 정당성 판단과 관련하여 사용하는 표현은 크게 다음과 같이 나눌 수 있다. ① '수단, 방법이 소극적으로 업무의 정상운영을 저해함으로써 사용자에게 타격을 주는 데 그쳐야 할 것'(대법원 1990. 10. 12. 선고 90도1431 판결, 대법원 1992. 6. 26. 선고 91다42982 판결, 이하 '①유형'이라 한다), ② '쟁의행위의 방법과 태양이 폭력이나 파괴행위를 수반하거나 기타 (고도의) 반사회성을 띤 행위가 아닌 정당한 범위 내의 것이어야 한다'(대법원 1991. 5. 14. 선고 90누4006 판결, 대법원 2001. 5. 8. 선고 99도4659 판결, 대법원 2012. 9. 27. 선고 2009도11788 판결 등, 이하 '②유형'이라 한다), ③ '쟁의행위의 수단과 방법이 사용자의 재산권과 조화를 이루어야 할 뿐 아니라, 다른 기본적 인권을 침해하지 아니하는 등 그 밖의 헌법상의 요청과 조화되어야 한다'(대법원 2003. 12. 26. 선고 2003두8906 판결, 대법원 2005. 3. 11. 선고 2004도8764 판결 등, 이하 '③유형'이라 한다), ④ '쟁의의 수단과

니하도록 비례적일 것을 의미한다고 한다(이상윤, 811~812면). 이 견해에 의하면, 사용자가 객관적으로 수용할 수 없는 과다한 요구를 관철시키고자 하는 쟁의행위, 전적으로 사용자 또는 제3자의 재산·명예 등에 손해를 끼치려는 목적의 쟁의행위는 과잉금지원칙에 위배된다고 본다.

8) 이상윤, 810~822면.

9) 김형배, 1339면.

10) 헌재 1990. 1. 15. 선고 89헌가103 결정 중 김양균 재판관의 보충의견. 보충의 원칙이란 단체교섭에 있어 다른 모든 수단을 다 동원해도 적절한 해결 방법이 도출되지 않을 때 한해서 최후에 사용되는 보충적 방법이어야 한다는 원칙이고, 균형의 원칙이란 자신의 이익추구를 쟁의 상대방이나 타 산업이나 국민의 엄청난 손실 위에 이루려 해서는 안 되고 다른 사람의 법익이나 국리민복과 균형이 유지되어야 한다는 원칙이고, 보전의 원칙이란 쟁의행위는 근로조건의 개선에 목적이 있고 목적 달성 후에는 직장에 복귀하여야 하므로 산업체의 도산 등 회복할 수 없는 피해가 생겨 복귀할 수 없게 되는 경우에는 쟁의행위는 허용되지 않는다는 원칙이다.

방법이 사용자의 재산권과 조화를 이루어야 할 것은 물론 폭력의 행사에 해당
하지 아니하여야 한다는 여러 조건을 모두 구비하여야 한다'(대법원 1991. 5. 24.
선고 91도324 판결, 대법원 1998. 1. 20. 선고 97도588 판결, 대법원 2000. 5. 12. 선고 98
도3299 판결, 대법원 2007. 8. 24. 선고 2007도4864 판결, 대법원 2010. 1. 14. 선고 2008
도7134 판결, 대법원 2013. 5. 23. 선고 2010도15499 판결, 대법원 2017. 4. 7. 선고 2013
도16418 판결 등, 이하 '④유형'이라 한다), ⑤ '쟁의행위의 방법은 노무의 제공을
전면적 또는 부분적으로 정지하는 것이어야 하고, 노사관계의 신의성실의 원칙
에 비추어 공정성의 원칙에 따라야 하고, 사용자의 기업시설에 대한 소유권 기
타의 재산권과도 조화를 기해야 하고, 폭력이나 파괴행위를 수반하여서는 아니
된다'(대법원 1990. 5. 15. 선고 90도357 판결, 대법원 1992. 7. 14. 선고 91다43800 판
결, 대법원 1994. 9. 30. 선고 94다4042 판결 등, 이하 '⑤유형'이라 한다) 등이다.

　　①유형은 소극적 수단성의 원칙을, ②유형은 인신보호와 안전보호의 원칙
을 포함한 사회질서 위반행위의 금지 원칙을, ③유형은 재산권과의 균형의 원
칙, 기본적 인권 존중의 원칙 등을 포함한 균형성 원칙을, ④유형은 인신보호와
안전보호의 원칙, 재산권과의 균형의 원칙을, ⑤유형은 소극적 수단성의 원칙,
공정성의 원칙, 재산권과의 균형의 원칙, 인신보호와 안전보호의 원칙을 각 갖
춰야 한다는 것으로 보인다. 최근 판례는 ④유형의 설시를 주로 하고 있는 것으
로 보인다. 다만 위 판례들은 각 요건의 표현을 사안에 따라 달리 하고 있는 것
이고 그 내용에 큰 차이가 있는 것으로 보이지 아니한다.

　　(3) 검　　토

　　'정당성'이라는 개념적 추상성으로 인하여, 개별적인 쟁의행위에 대하여 그
수단·방법의 정당성을 판단하는 일률적이고 구체적인 기준을 정립하는 것은
어렵다. 대부분의 쟁의행위는 유형, 수단, 방법 등이 목적, 대상, 주체 등에 따라
매우 다양하게 진행되므로 각 유형과 사안에 따라 개별적·구체적으로 정당성
유무를 판단하여야 한다.11) 다만, 그렇다고 하더라도 수단·방법의 정당성을 판
단하기 위하여 일반적인 원칙을 논의할 필요는 존재한다.

　　앞서 본 여러 학설이나 판례의 태도를 종합하면, 근로자들의 쟁의권은 노동
3권에 바탕으로 둔 헌법상 기본권에 해당하나, 이 역시 다른 기본권이나 공공복

---

11) 이상윤a, 834면; 황교안, 79면.

718   제4장   쟁의행위

리와 조화를 이루어야 한다는 데서 수단·방법의 정당성을 도출하고 있다. 즉
근로자의 쟁의행위는 쟁의 상대방 내지 제3자의 기본권 및 공공복리와의 균형
이 유지되는 한도 내에서 정당성이 인정된다는 것이다. 따라서 쟁의행위의 수
단·방법은 다른 법익과의 균형을 유지하여야 하고, 그 균형을 유지하지 못하여
쟁의행위의 수단·방법이 사회적으로 용인될 수 있는 범위를 넘어선 경우에는
그 정당성을 인정할 수 없다.

Ⅱ. 노조법상 쟁의행위의 수단·방법에 관한 제한

1. 폭력 또는 파괴행위의 금지[12)

가. 의   의

노조법은 42조 1항에서 폭력이나 파괴행위에 의한 쟁의행위를 금지하고 있
고, 38조 1항에서 쟁의행위의 참가를 호소하거나 설득하는 행위로서 폭행과 협
박을 금지하고 있다. 쟁의행위는 그 개념상 사용자 업무의 정상적 운영을 저해
하는 것으로 집단적 실력 행사의 가능성이 포함되어 있으므로, 그러한 집단적
실력 행사가 폭력 또는 파괴행위에 이르지 않아야 함을 명시한 것이다. 쟁의행
위는 근로자가 근로제공을 거부함으로써 사용자에게 경제적인 손실을 가하는
것을 본질로 하고 있어 사용자의 경제적 손실 발생은 필연적이다. 그러나 쟁의
행위는 소극적으로 근로제공의 전면적 내지 부분적 정지라는 투쟁수단을 통해
업무의 정상적인 운영을 저해함으로써 사용자에게 경제적인 타격을 주는 데에
그쳐야 하고,[13) 적극적인 파괴행위는 정당한 쟁의행위로 인정받을 수 없다. 따
라서 폭행·협박·기물파괴 등의 폭력행위 또는 파괴행위는 정당성을 인정받을
수 없다.[14)

---

12) 노조법 42조 1항의 구조를, 사람의 생명·신체에 대한 침해행위를 금지하는 폭력적 쟁의행
   위 금지와, 재산권에 대한 침해행위를 금지하는 파괴행위 및 주요생산시설 점거금지로 구분
   하는 견해도 있으나(김형배, 1361~1362면; 김형배·박지순, 602면), 구 노동쟁의조정법(1996.
   12. 31. 법률 5244호 노동조합 및 노동관계조정법 부칙 3조로 폐지) 13조 1항에서 "쟁의행위
   는 폭력이나 파괴행위로서 이를 행할 수 없다."라고 규정하고 있었던 점, 노조법 42조의 문
   언 체계에 비추어 이 글에서는 폭력 또는 파괴행위의 금지 및 주요생산시설의 점거금지로
   구분하여 서술하도록 한다.
13) 임종률, 254~255면(이를 '소극적 방법'의 원칙으로 설명하고 있다).
14) 김형배, 1026면; 대법원 1990. 5. 15. 선고 90도357 판결, 대법원 1999. 9. 17. 선고 99두
   5740 판결.

나. 구성요건의 검토

(1) 폭력행위

노조법 42조 1항에서 말하는 '폭력'의 의미에 대하여는 형법상의 폭행, 상해에 해당하는 행위, 즉 사람의 생명, 신체, 자유에 대한 불법적인 유형력의 행사를 의미한다는 견해[15]와 사람의 생명, 신체, 자유뿐만 아니라 재물에 대한 불법적인 유형력의 행사를 포함한다는 견해[16]가 있으나, 42조 1항에서 '폭력 또는 파괴행위'라고 규정함으로써 재물에 대하여는 '파괴행위'라는 개념을 사용하고 있으므로 전자의 견해가 타당하다.

본조에서 말하는 폭력과, 형법 314조의 업무방해죄에서 말하는 위력 사이의 관계에 관하여 살펴본다. 우선 형법상 업무방해죄의 위력이란 '사람의 자유의사를 제압·혼란케 할 만한 일체의 세력으로, 유·무형을 불문하고 폭력·협박은 물론 사회적·경제적·정치적 지위와 권세에 의한 압박 등'을 의미한다.[17] 이와 같은 '위력'의 정의에 비추어 보면, 본조의 폭력 개념은 위력보다 협의의 개념으로 보아야 한다. 폭력을 위력과 동일한 개념으로 보게 되면 모든 쟁의행위가 정당성을 상실할 우려가 있다. 대법원은 파업에 관하여도 파업은 단순히 근로계약에 따른 노무의 제공을 거부하는 부작위에 그치지 아니하고 이를 넘어서 사용자에게 압력을 가하여 근로자의 주장을 관철하고자 집단적으로 노무제공을 중단하는 실력행사이므로, 업무방해죄에서 말하는 위력에 해당하는 요소를 포함하고 있다는 취지로 판시하면서도, "근로자는 원칙적으로 헌법상 보장된 기본권으로서 근로조건 향상을 위한 자주적인 단결권·단체교섭권 및 단체행동권을 가지므로, 쟁의행위로서 파업이 언제나 업무방해죄에 해당하는 것으로 볼 것은 아니고, 전후 사정과 경위 등에 비추어 사용자가 예측할 수 없는 시기에 전격적으로 이루어져 사용자의 사업운영에 심대한 혼란 내지 막대한 손해를 초래하는 등으로 사용자의 사업계속에 관한 자유의사가 제압·혼란될 수 있다고 평가할 수 있는 경우에 비로소 그 집단적 노무제공의 거부가 위력에 해당하여 업무방해죄가 성립한다고 봄이 상당하다."라고 하여 파업이 당연히 위력에 해당하는 것은 아니라고 판시하였다.[18][19] 쟁의행위는 본질적으로 집단의 위력 과시가

---

15) 이상윤a, 813면; 황교안, 80면.

16) 이기중, 454면.

17) 대법원 2010. 11. 25. 선고 2010도9186 판결.

18) 대법원 2011. 3. 17. 선고 2007도482 전원합의체 판결[이 판결로 인해 "형법 314조 소정의

내재되어 있을 수밖에 없으므로, 노조법 42조 1항에서 금지하는 폭력행위는 위력에 비하여 협의의 개념으로 엄격하게 해석되어야 한다.[20)

(2) 파괴행위

파괴행위란 형법상 손괴에 해당하는 행위로서 물건의 전부 또는 일부에 대하여 불법적인 유형력을 행사하여 물리적으로 훼손함으로써 그 효용을 멸실·감손시키는 행위를 의미한다. 파괴행위로 인정되는 예로는 파업을 전개하면서 공사의 사무실을 점거하고 비치된 재물을 손괴한 행위,[21) 청소투쟁의 명분 아래 노조간부들이 노조원들을 인솔하여 공사 본관 건물 각층으로 난입하여 책상, 의자, 캐비넷 등 사무실 집기를 뒤엎어 부수고, 미리 준비한 적색페인트 스프레이 40여 개로 복도계단과 사무실벽 등 200여 군데에 "노동해방", "퇴진", "독재타도" 등의 구호를 낙서한 행위[22) 등을 들 수 있다.

다. 위반의 효과

폭력 또는 파괴행위에 기한 쟁의행위에 해당하는 경우 노조법 89조 1호 위반죄[23)에 해당하는 동시에 형법[24) 내지 특별법[25)상의 범죄에 해당하는데, 이는 상상적 경합관계에 있다. 폭력 또는 파괴행위에 기한 쟁의행위는 정당성이 인정되지 않고, 판례도 일관되게 같은 입장이다.[26) 민사상으로는 폭력 또는 파괴적

업무방해죄에서 말하는 위력이란 사람의 의사의 자유를 제압, 혼란케 할 세력을 가리키는 것으로서, 노동쟁의행위는 본질적으로 위력에 의한 업무방해의 요소를 포함하고 있고, 다만 상당한 수단인 경우 정당행위로서 위법성이 조각된다"는 취지의 종래 판례(대법원 1991. 11. 8. 선고 91도326 판결 등)는 변경되었다].

19) 이에 대하여 소수의견은 '집단적 노무제공 거부가 업무수행에 대한 적극적 방해로서의 부작위에 의한 위력이라 볼 수 없고, 파업행위를 작위에 해당한다고 보더라도 근로자들이 단결하여 소극적으로 근로제공을 거부하는 파업 등 쟁의행위를 하였으나 폭행·협박·강요 등의 수단이 수반되지 않는 한, 단순 파업이 위력에 해당하지 않는다'는 취지로 판시하면서도, '다수의견이 위력의 개념을 어느 정도 제한하여 해석한 것은 종래 판례의 태도에 비추어 진일보한 입장'이라고 평가하였다. 다만 대법원 2007도482 판결의 소수의견은 다수의견이 위력의 구성요건적 요소로 '전격성' 또는 '심대한 혼란 또는 막대한 손해'를 추가한 데 대하여는 비판적인 입장이다.

20) 이상윤, 812~813면.

21) 대법원 1991. 3. 27. 선고 90도2528 판결.

22) 대법원 1990. 9. 28. 선고 90도602 판결.

23) 죄명은 노동조합및노동관계조정법위반죄가 된다.

24) 업무방해죄, 폭행죄, 협박죄, 상해죄, 재물손괴죄 등.

25) 폭력행위등처벌에관한법률위반(공동폭행)죄, 폭력행위등처벌에관한법률위반(재물손괴)죄 등.

26) '쟁의행위는 그것이 정당한 때에 한하여 형법상 위법성이 부정되나 폭력이나 파괴행위는 정당성의 한계를 벗어나 위법하다'고 판시하거나(대법원 1990. 5. 25. 자 90초52 결정, 대법원 1990. 6. 22. 선고 90도767 판결, 대법원 1990. 9. 28. 선고 90도602 판결), '쟁의행위 시 폭력

쟁의행위에 대하여 불법행위책임을 부담하게 된다.

　다만, 쟁의행위 과정에서 소수의 근로자가 폭행이나 위협을 가한 경우 개별 근로자의 행위가 폭력 또는 파괴적 쟁의행위인지 여부는 별론으로 하더라도 이것만으로 전체 쟁의행위가 정당성을 상실한다고 볼 수는 없다.[27] 노동조합이 주도한 쟁의행위 자체의 정당성과 이를 구성하거나 여기에 부수되는 개개 행위의 정당성은 구별하여야 하므로, 일부 소수의 근로자가 폭력행위 등의 위법행위를 하였다고 하더라도, 전체로서의 쟁의행위마저 당연히 위법하게 되는 것은 아니기 때문이다.[28]

　쟁의행위 과정의 폭력 또는 파괴행위가 소수의 근로자에 의한 개별행위에 해당하는지, 쟁의행위 자체에 해당하는지의 판단은, 쟁의행위 전체와의 관련성을 기준으로 판단하여야 한다.[29] 폭력 또는 파괴행위가 통일적이고 조직적인 행위로서 쟁의행위 전체와 관련이 있는 행위인 경우는, 쟁의행위 전체에 대하여 정당성이 인정될 수 없고, 소수 근로자의 탈선행위로서 통일적ㆍ조직적 행위와 구별될 수 있는 행위인 경우는 쟁의행위 전체를 폭력 또는 파괴적 쟁의행위로 볼 수 없으므로 쟁의행위의 정당성은 인정되어야 한다. 일반적으로 쟁의행위를 주도하는 지도부에서 지시하거나 지도부에게 책임이 있는 경우에는 쟁의행위의 정당성이 부정될 것이나, 소수의 조합원이 지도부의 지시에 반하거나 지도부와 상관없는 행동으로 폭력이나 파괴행위로 나아간 경우에는 전체 쟁의행위의 정당성까지 부인할 수는 없을 것이다. 다만, 쟁의행위가 전체적으로 정당성이 인정된다고 하더라도 개별 근로자의 폭력 또는 파괴행위까지 정당성이 인정되는 것은 아니므로 이러한 행위에 대하여는 개별 근로자가 민ㆍ형사상의 책임을 부담하여야 한다.[30]

　의 행사는 신체의 자유, 안전이라는 법질서의 기본원칙에 반하는 것이므로 허용될 수 없다'거나(대법원 1990. 5. 15. 선고 90도357 판결), '폭력이나 파괴행위를 수반하여서는 아니 된다'고(대법원 1994. 9. 30. 선고 94다4042 판결, 대법원 2001. 10. 25. 선고 99도4837 전원합의체 판결) 판시하고 있다.

27) 김형배, 1026면; 이병태, 353면; 이상윤, 813면.

28) 대법원 2003. 12. 26. 선고 2003두8906 판결(이에 대한 평석으로는, 김선수, 26~33면 참조), 대법원 2017. 7. 11. 선고 2013도7896 판결.

29) 대법원 2017. 7. 11. 선고 2013도7896 판결에서 지회가 주도한 쟁의행위의 목적ㆍ절차ㆍ방법이 적법한 경우, 일부 근로자들에 의한 회의방해나 기물파손 등의 위법행위가 쟁의행위 전체를 위법하게 변질시킨다고 보기 어렵다고 하였다.

30) 김형배, 1052면; 이병태, 353면.

라. 폭력 또는 파괴행위에 해당하는 사례

출입을 저지하기 위한 연좌, 스크럼, 장애물설치[31] 등 폭행이나 협박을 통한 파업감시(picketing),[32] 소음이나 냄새의 방출을 통한 조업 방해행위,[33] 직장 내에서 노동조합의 위원장과 단체교섭위원들을 폭행·협박하거나 감금한 행위,[34] 회사 각 지부사무실 등을 근무시간 중이나 이와 아주 근접한 시간에 무단으로 점거한 후 구호와 노동가 등을 제창하고 회사의 대표이사에게 욕설을 하거나 멱살을 잡고 사무원들을 밀치거나 쫓아낸 행위,[35] 근로자 660여 명이 근무 중이던 직원을 몰아내고 사무실을 점거한 행위,[36] 인가자 이외의 출입이 금지되는 골리앗크레인에 들어가서 농성한 행위,[37] 파업기간 중에 조업을 계속하고 있는 관리사무실에 들어가 관리직 사원들의 업무를 방해하고 관리직 사원들에게 나가기를 강요한 행위,[38] 회사공장의 정문을 실력으로 점거하고 미리 준비한 자물쇠를 채워 봉쇄한 채 회사 측 또는 회사의 대리점 경영자들이 동원한 수송용 차량의 출입을 부분적으로 또는 전면적으로 통제한 행위,[39] 방송국 노동조합이 사무실 일부를 점거하여 구호를 외치거나 북 등을 두드리며 소란행위를 계속하고 근무하는 직원들에게 야유와 협박을 하고 텔렉스기기의 작동을 중단시키는 행위,[40] 사업장 또는 사무실 건물의 일부를 장기간 배타적으로 점거하고, 북과 꽹과리를 치며 구호를 외치고 노래를 부르는 등 철야농성을 하면서 규찰대를 조직하는 등으로 다른 직원들의 출입을 통제하고, 현황판을 칼로 도려내어 은닉

---

31) 대법원 1991. 5. 24. 선고 89도1324 판결, 대법원 1992. 7. 14. 선고 91다43800 판결. 다만, 사용자가 근로희망자를 차량에 태워 출근시키려는 구체적인 사정 아래에서 언어적 설득의 기회를 만들기 위해 연좌 등의 방법으로 차량의 진행을 일시적으로 정지한 경우나 사용자가 폭력적인 방법으로 파업감시를 방해함에 대항하여 이를 방어하기 위해 스크럼을 짜는 행위는 정당하다(임종률, 258면). 또한, 사용자가 대체근로의 제한에 위반하여 대체근로자를 투입하거나 외부도급을 위하여 원자재를 반출하는 사정 아래에서 이를 저지하기 위하여 연좌 등의 위력을 행사하는 것도 정당하다(임종률, 258면; 대법원 1992. 7. 14. 선고 91다43800 판결, 대법원 2020. 9. 3. 선고 2015도1927 판결).

32) 임종률, 257~258면.

33) 임종률, 257면; 대법원 1991. 7. 12. 선고 91도897 판결.

34) 대법원 1992. 9. 1. 선고 92누7733 판결.

35) 대법원 1992. 11. 10. 선고 92도1315 판결.

36) 대법원 1990. 5. 15. 선고 90도357 판결.

37) 대법원 1991. 6. 11. 선고 91도753 판결.

38) 대법원 1990. 10. 12. 선고 90도1431 판결.

39) 대법원 1991. 7. 9. 선고 91도1051 판결.

40) 대법원 1992. 5. 8. 선고 91도3051 판결.

하거나 식당 벽면에 걸어놓은 동양화 등을 파손하고 빨간 스프레이로 창문, 벽
등에 '깡패 동원해 조합원 구타' 등 각종 낙서를 한 행위,[41] 근로자 90여 명이
생산라인에 진입하여 작업 중이던 근로자들을 밖으로 나가게 하고 상자, 쇠파이
프, 볼트 등 자재를 집어던지고 일부 물품으로 파손시키는 등의 폭력을 행사하
여 생산라인을 점거하고 생산라인 가동을 중단시키는 행위,[42] 조선소에서 주요
생산시설인 크레인과 생산지원동을 점거하고 조선소 내 각종 손괴나 폭행 등의
사고를 지속적으로 일으킨 행위,[43] 근로자들이 동시다발적으로 인명사고 우려
가 큰 생산라인 중 차량 하부에 들어가 생산라인을 점거하고 이를 말리는 관리
자들과 몸싸움을 한 행위[44] 등은 폭력 또는 파괴적 쟁의행위에 해당하여 정당
성이 부인된다.

2. 주요생산시설 점거행위의 금지

가. 의   의

노조법 42조 1항은 전단에서 폭력 또는 파괴행위를 금지하고 있고, 후단에
서 "생산 기타 주요업무에 관련되는 시설과 이에 준하는 시설로서 대통령령이
정하는 시설을 점거"하는 형태의 쟁의행위를 금지하고 있다.

쟁의행위와 관련하여 근무시설의 점거와 관련된 규정으로는 노조법 42조 1
항과 노조법 38조 1항 전단, 노조법 38조 2항, 2021. 1. 5. 개정으로 신설된 노
조법 37조 3항의 "노동조합은 사용자의 점유를 배제하여 조업을 방해하는 형태
로 쟁의행위를 해서는 아니 된다"는 규정이 있다.[45]

노조법 42조 1항 후단은 주요생산시설에 대하여는 부분적 또는 병존적 점
거를 불문하고 일률적으로 점거를 금지한 것이다.[46] 쟁의행위는 노동관계 당사

---

41) 대법원 1994. 3. 25. 선고 93다30242 판결. 파괴행위를 폭력적 쟁의행위와 엄밀하게 구별하
   면 파손 및 낙서행위 부분은 파괴행위에 해당하는 것으로 보아야 한다.
42) 대법원 2018. 11. 29. 선고 2016다12748 판결.
43) 부산지법 2014. 1. 17. 선고 2011가합1647 판결(미항소 확정).
44) 부산고법 2015. 7. 22. 선고 2014노728 판결(미상고 확정).
45) 한편, 노조법 42조 2항의 안전보호시설과의 관계에서, 안전보호시설은 사람의 생명·신체
   에 대한 위해를 방지하기 위한 조항이고, 노조법 42조 1항은 38조 2항과 더불어 사용자의 재
   산권을 보호하기 위한 조항이어서 그 성질을 달리한다고 본다.
       이와 관련하여 쟁의행위기간 중에 제품에 대한 부패방지작업을 불이행한 경우 정당성이
   인정될 수 없다(대법원 2011. 7. 28. 선고 2009두4180 판결 참조).
46) 이에 대하여 점거의 구체적 상황에 따라 생산시설에 대하여도 부분적·병존적 점거가 성
   립할 수 있음에도 노조법 42조 1항 후문은 이러한 가능성을 배제하였다는 비판이 존재한다

자가 그 주장을 관철할 목적으로 업무의 정상적인 운영을 저해하는 것으로(노조
법 2조 6호 참조), 필연적으로 사용자에게 경제적 손실의 발생이 예정되어 있다. 그
러나 쟁의행위는 본질적으로 사회질서를 위반하지 않아야 하고,[47] 사용자의 재
산권과 조화를 이루어야 한다.[48] 노조법 42조 1항 후단은 주요생산시설의 점거
가 사용자의 경영권과 재산권을 본질적으로 침해하는 행위인 동시에[49] 근로를
제공하려는 근로자의 권리를 침해할 수 있다는 점[50]을 고려한 것으로 보인다.
한편 주요생산시설 외의 직장점거에 관하여 기존의 판례는 직장점거를 부분
적·병존적 점거와 전면적·배타적 점거로 구분하여 후자에 대하여는 정당성을
부정하고 있었는데,[51] 노조법 37조 3항을 신설하여 사용자의 점유를 배제하여
조업을 방해하는 형태의 직장점거를 금지하였다.

나. 구성요건의 검토

생산 기타 주요업무에 관련되는 시설은 경영상의 손실을 초래할 수 있는
생산에 직접 필요한 물적 시설을 의미하고,[52] 이에 준하는 시설로 대통령령이
정하는 시설은 전기·전산 또는 통신시설, 철도(도시철도를 포함한다)의 차량 또
는 선로, 건조·수리 또는 정박 중인 선박(다만, 선원법에 의한 선원이 당해 선박에
승선하는 경우를 제외한다), 항공기·항행안전시설 또는 항공기의 이·착륙이나
여객·화물의 운송을 위한 시설, 화약·폭약 등 폭발위험이 있는 물질 또는 화
학물질관리법 2조 2호에 따른 유독물질을 보관·저장하는 장소, 기타 점거될 경
우 생산 기타 주요업무의 정지 또는 폐지를 가져오거나 공익상 중대한 위해를
초래할 우려가 있는 시설로서 고용노동부장관이 관계중앙행정기관의 장과 협의
하여 정하는 시설을 의미한다(영 21조). 다만 현재까지 고용노동부장관이 위 영

(김유성, 248면; 전형배 306~307면).

47) 대법원 1991. 5. 14. 선고 90누4006 판결, 대법원 2001. 5. 8. 선고 99도4659 판결, 대법원
2012. 9. 27. 선고 2009도11788 판결.
48) 대법원 1991. 5. 24. 선고 91도324 판결, 대법원 1998. 1. 20. 선고 97도588 판결, 대법원
2000. 5. 12. 선고 98도3299 판결, 대법원 2003. 12. 26. 선고 2003두8906 판결, 대법원 2005.
3. 11. 선고 2004도8764 판결, 대법원 2007. 8. 24. 선고 2007도4864 판결, 대법원 2010. 1.
14. 선고 2008도7134 판결, 대법원 2013. 5. 23. 선고 2010도15499 판결, 대법원 2017. 4. 7.
선고 2013도16418 판결.
49) 김형배, 1362면; 김희성, 260면.
50) 김희성, 260면.
51) 전형배, 306~307면.
52) 김형배, 1362면(생산 기타 주요 업무에 관련된 시설과 노조법 시행령 21조에서 정한 시설
이라고 설명하고 있다); 이병태, 335면.

21조에서 위임받은 바와 같이 주요생산시설을 따로 정한 바 없다.

　주요업무시설과 관련하여 하급심 판결은 병원 사업장의 로비는 노조법 42조의 주요업무시설에 해당하지 않는다고 판단하였다.[53]

다. 위반의 효과

　본 조항을 위반하는 쟁의행위에 대하여는 노조법 89조 1호에 따른 형사책임[54]을 부담한다. 본 조항을 위반한 쟁의행위라 하더라도 바로 형법상 정당성이 인정되지 않아 형법 또는 특별법 책임을 부담하는 것은 아니고,[55] 형법상 정당성이 없는 행위인지를 평가하여야 한다. 형법상 정당성이 없는 행위로 평가되는 경우에는 형법[56]·특별법[57]의 형사책임을 부담하는데, 이는 노조법위반 책임과 상상적 경합관계에 있다. 또한 본 조항을 위반하는 쟁의행위에 대하여 민사상으로도 불법행위책임을 부담하게 된다.

3. 안전보호시설 정지·폐지 행위의 금지

가. 의   의

　사업장에는 통상 사람의 생명·신체의 안전을 위협하는 위험요소가 상존하고 있고 그러한 위험은 산업사회가 고도화되면서 그 강도와 규모가 점점 커지는 경향에 있다. 사업장에서 발생할 수 있는 위험으로부터 사람의 생명·신체의 안전을 도모하기 위하여 각 사업장에는 법규 또는 필요성에 따라 안전보호시설을 설치하고 있다.

　한편, 쟁의행위는 근로제공을 전면적 또는 부분적으로 중단하는 행위이므로 이로 인하여 물적 설비 등 업무시설의 유지 내지 운영이 중단되거나 방해되는 결과가 발생할 수 있다. 이러한 업무시설 중에는 앞서 본 바와 같이 그 유지 내지 운영의 정지·폐지 내지 장애가 사람의 생명이나 신체에 위험을 발생시키거나 다중의 위생상 필수적인 안전보호시설이 있다. 이러한 안전보호시설이 쟁의행위로 인하여 정지·폐지되거나 운영에 장애가 발생하게 되면 사람의 생

---

53) 대구지법 2017. 9. 22. 선고 2017노1002 판결(상고기각 확정). 다만, 위 판례의 반대해석에 의하면, 병원 수술실 내지 입원실과 같이 '환자의 수술과 치료'라는 병원 고유의 업무를 수행하는 곳은 주요업무시설에 해당한다.
54) 죄명은 노동조합및노동관계조정법위반죄가 된다.
55) 임종률, 242면; 김희성, 251면.
56) 건조물침입죄, 퇴거불응죄, 업무방해죄 등이 될 것이다.
57) 폭력행위등처벌에관한법률위반(주거침입)죄 등이 될 것이다.

명·신체, 공중의 위생 등에 위험이 발생할 수 있고, 이는 쟁의행위를 통하여 보호하려는 법익과 이로 인하여 침해되는 법익이 사회통념상의 균형을 상실한 경우에 해당한다. 왜냐하면 사람의 생명·신체의 안전성은 어떠한 법익보다 보호받아야 할 우위에 있는 법익이기 때문이다. 따라서 안전보호시설의 유지·운영을 정지·폐지 내지 방해하는 쟁의행위는 사회적인 상당성을 결하였으므로 정당성을 인정받을 수 없다.

노조법 42조 2항은 "사업장의 안전보호시설에 대하여 정상적인 유지·운영을 정지·폐지 또는 방해하는 행위는 쟁의행위로서 이를 행할 수 없다"고 하여 이를 명문으로 규정하고 있고, 이를 위반한 경우 민·형사상의 책임58)을 진다.59) 행정관청에서는 근로자의 쟁의행위가 이에 해당할 경우 즉시 그 중지를 통보하여야 한다(법 42조 3항·4항).

나. 조문의 구조 및 입법 취지

노조법 42조 2항은 사람의 생명·신체의 안전보호에 입법의 목적이 있다.60) 노조법 38조 2항이 '작업시설의 손상이나 원료·제품의 변질 또는 부패를 방지하기 위한 작업', 즉 사람의 생명·신체의 안전과 관련이 없는 작업 중 보호의 필요성이 있는 작업61)에 대한 보호를 목적으로 규율하고 있고, 노조법 42조 1항 후단이 '생산 기타 주요업무에 관련되는 시설'에 대한 보호를 목적으로 규율하고 있는 것과 구별된다. 결국 사람의 생명·신체의 안전보호와 관련한 시설은 같은 조 42조 2항에 의하여, 이를 제외한 물적인 작업시설이나 업무시설 즉 재산권보호와 관련한 시설은 같은 법 38조 2항 또는 42조 1항에 의하여 보호된다.62)

---

58) 죄명은 '노동조합및노동관계조정법위반죄'이나 강학상으로는 '안전보호시설 운영방해죄'라고 부르고 있다.

59) 일본 노동관계조정법 36조에서도 "공장 사업장의 안전보호시설에 대하여 정상적인 유지·운영을 정지·폐지 또는 방해하는 행위는 쟁의행위로서 이를 행할 수 없다"고 규정하여 우리나라와 동일한 규정을 두고 있다. 다만, 일본 노동관계조정법에는 우리 노조법 42조 1항과 같이 물적 시설의 보호에 관한 별도의 규정이 없기 때문에 우리 노조법 42조 1항은 적어도 일본법에 대한 해석론에 비해 보다 인명·신체의 보호에 초점을 두어 해석하여야 한다.

60) 헌재 2005. 6. 30. 선고 2002헌바83 결정(이에 대한 평석으로는, 이상원, 425~512면 참조). 본 조항의 보호 목적이 사람의 생명·신체에 한정되는지에 관하여는 이설이 있다. 후술한다.

61) '보안작업'이라고도 한다.

62) 선원법 25조 6호는 명문으로 "그 밖에 선원근로관계에 관한 쟁의행위로 인명 또는 <u>선박에 위해</u>를 줄 염려가 있는 경우" 선원근로관계에 관한 쟁의행위를 하지 못하도록 하고 있어 물적 시설의 안전보호도 목적으로 하고 있으나 노조법 42조 2항은 '물적 시설'을 법문에 포함

다만 쟁의행위가 전체적으로 안전보호시설에 대하여만 조직적으로 계획·
수행된 것이 아니라 쟁의행위의 일부분에 해당하는 경우, 안전보호시설을 대상
으로 한 쟁의행위의 정당성만 상실될 뿐이고, 나머지 쟁의행위 부분까지 정당성
을 당연히 상실하는 것은 아니다.[63]

다. 구성요건에 대한 검토

(1) 개   관

안전보호시설이란 사람의 생명이나 신체의 위험을 예방하거나 위생상의 필
요에 의하여 설치된 시설을 의미한다.[64] 산안법 38조와 39조는 사업을 행할 때
발생하는 각종 위험 및 건강장해의 유형을 열거하고 이에 대하여 사업주에게
이를 예방하기 위하여 필요한 조치를 취할 의무를 부과하고 있는데 이러한 조
치의 일환으로 설치된 시설은 안전보호시설에 해당할 여지가 많다. 안전보호시
설에 해당하는지 여부는 당해 사업장의 성질, 당해 시설의 기능, 당해 시설의
정상적인 유지·운영이 되지 아니할 경우에 일어날 수 있는 위험 등 모든 사정
을 구체적·종합적으로 고려하여 판단하여야 하는바,[65] 구체적인 기준은 뒤에
서 상술한다.

(2) 안전보호시설 해당성

(가) 안전보호시설의 보호대상

안전보호시설의 보호대상에 대하여는 사람의 생명·신체에 대한 위험을 예
방하거나 보건상 필요한 시설만을 의미한다는 인적보호한정설[66]과, 생명·신체

하고 있지 않은바, 이 점과 본 조항의 입법목적을 모아 보면, 물적 시설의 안전보호는 노조
법 42조 2항의 입법목적에 포함되지 않는다고 할 수 있다.

63) 도재형b, 342면.
64) 대법원 2005. 9. 30. 선고 2002두7425 판결. 이 판결에서는 구체적인 사례로 "가연성·폭발
성·유독성이 강한 석유화학제품을 생산 및 유지하기 위하여 전기, 증기 등의 동력을 생산하
여 공급하는 동력부문이 정상적으로 가동되지 못하였을 경우에는 위 화학물질에서 발생하는
가연성 가스 등이 누출되거나 전량 소각되지 못하여 대규모 폭발사고를 야기할 수 있고, 소
방수의 공급 및 재해 진압 설비의 작동이 곤란하여 대형화재를 초래할 수도 있어, 사람의 생
명과 신체의 안전이 구체적으로 위협받는다고 할 것이므로, 위 동력부문은 노조법 42조 2항
에서 정한 '안전보호시설'에 해당한다"고 판시하고 있다.
65) 대법원 2005. 9. 30. 선고 2002두7425 판결, 대법원 2006. 5. 12. 선고 2002도3450 판결, 대
법원 2006. 5. 25. 선고 2002도5577 판결(다만, 2002도3450 판결과 2002도5577 판결은 '근로
제공의 거부가 당연히 위력에 해당하는지 여부에 관한 판시' 부분이 대법원 2011. 3. 17. 선
고 2007도482 전원합의체 판결에 의하여 변경되었다).
66) 임종률, 230면. '인명보호설'이라고도 한다.

의 안전보호뿐만이 아니라 물적 설비를 보호하기 위한 시설도 포함된다는 물적
보호포함설67)이 대립하고 있다. 사용자의 물적 설비에 대하여는 노조법 38조 2
항, 42조 1항에서 보호규정을 두고 있고, 죄형법정주의와 관련하여 명확성의 원
칙상 노조법 규정의 문언에 충실하게 해석하여야 한다는 점에 비추어, 본 조항
에서 말하는 안전보호시설은 사람의 생명·신체의 위험 예방과 보건상 필요한
시설로 제한하여 해석하여야 한다. 대법원은 '안전보호시설이 사람의 생명이나
신체의 안전을 보호하는 시설을 말하는 것'이라고 판시하여68) 인적보호한정설
을 전제로 하고 있다. 헌법재판소에서도 본 조항의 입법목적이 '사람의 생명·
신체에 대한 안전보호'라는 점을 명확히 하면서 입법연혁상 '공장·사업장 기타
직장에 대한 안전보호시설'에서 '사업장의 안전보호시설'로 개정된 점 등을 근
거로 본 조항의 보호대상을 사람의 생명·신체의 안전으로 제한하여 해석하여
야 한다고 설시하고 있다.69)

(나) 안전보호시설의 범위

안전보호시설의 범위에 대하여는 사업장의 시설 중 물적 설비만이 해당한
다는 물적시설한정설70)과 물적 설비뿐만 아니라 인적 조직도 포함된다는 인적
시설포함설71)이 있다. 후자에 의하면 병원의 의사, 간호사, 중요 안전시설의 관
리요원 등도 안전보호시설에 포함된다.

노조법 42조 2항에서 명백히 안전보호시설이라고 규정하고 있고, 이를 위
반하는 경우 형사처벌을 받게 되므로 죄형법정주의상의 명확성 원칙에 따라 엄
격하게 해석되어야 한다는 점에 비추어 볼 때, 문언에 충실하게 물적 시설에 한

---

67) 이기중, 454면; 이상윤a, 814면; 황교안, 84면. '시설보호설'이라고도 한다. 근거로는, 쟁의
   행위 중에는 근로계약상의 주된 의무만이 정지될 뿐이고, 사용자의 배려의무 및 근로자의 충
   실의무와 같은 부수적 주의의무는 여전히 존속하므로, 쟁의행위기간 중이라도 사용자의 경영
   시설의 유지를 위하여 불가결하게 요구되는 작업은 수행되어야 하며, 여기에는 인명에 대한
   유해·위험한 시설의 손상을 방지하거나 작업시설의 손상 및 원료·제품의 변질이나 부패
   또는 파손을 예방하는 데 필요한 작업이 포함되기 때문이라고 하고 있다.
68) 대법원 2005. 9. 30. 선고 2002두7425 판결. 이 판결은 헌재 2005. 6. 30. 선고 2002헌바83
   결정이 있은 이후에 선고된 판결인바 헌법재판소의 해석기준과 기본적으로 같은 입장인 것
   으로 해석된다.
69) 헌재 2005. 6. 30. 선고 2002헌바83 결정.
70) 이상윤a, 814면; 황교안, 83면.
71) 우리나라에서는 이러한 입장의 주장은 없는 것으로 보인다. 일본의 행정해석은 인적 시설
   을 포함한 것으로 해석하고 있는 것으로 보인다(일본 행정해석 소 37. 5. 18. 노발 71호, 의
   발 450호).

정된다고 해석하는 것이 타당하다. 판례도 같은 취지로 판시하고 있다.[72]

(다) 안전의 주체[73]

안전보호시설과 관련하여 안전의 주체인 사람의 범위가 어디까지인가에 대하여 논의가 있다. 즉 사람의 생명·신체의 안전을 보호하는 시설에서 사람은 누구를 의미하는지 문제가 된다. 여기에서 주체와 관련된 사람으로는 사업장의 구성원, 사업장을 이용하는 사람, 사업장 내에 있는 사람, 사업장과 무관한 제3자 등을 예상할 수 있다. 주체의 범위는 사업장의 구성원에 한한다는 견해, 당해 사업장을 이용하는 사람을 포함한다는 견해, 사업장의 내외를 불문하고 일반적인 제3자도 포함된다는 견해로 나눌 수 있다. 논의의 실익이 있는 첫 번째, 두 번째 견해와 세 번째 견해의 차이는 구체적으로 당해 사업장에 아무도 없는 상황에서 안전보호시설을 가동하지 않은 경우처럼 사업장 종사자 및 현존자에 대한 위험은 존재하지 않고 오직 사업장과 무관한 제3자에 대한 위험만이 존재하게 되는 경우를 노조법 42조 2항의 위반으로 볼 수 있는지와 관련된다.[74]

현행법[75]은 구 노조법과 달리 사업장 자체가 안전보호의 대상이 아니라 사업장은 안전보호시설의 설치장소를 의미하는 것으로 규정되어 있는 점, 위 조항의 입법취지가 사람의 인명을 보호하려는 것인 이상 사업장 종사자와 사업장과 무관한 제3자를 구별할 이유가 없다는 점에 비추어 볼 때 사업장의 내외를 불문하고 일반적인 제3자도 포함된다고 보아야 한다.[76] 헌법재판소에서도 "본 조항의 입법목적이 사람의 생명·신체의 안전보호에 있으므로 사람의 안전에 초점이 맞추어져야 입법 목적에 부응하며, 위 입법목적을 최대로 실현하기 위하여서나 생명·신체가 보호되어야 할 사람에는 제한이나 차별이 있을 수 없다는 점을 고려할 때 안전의 주체인 사람에 사업장 관련성을 요구할 수는 없다"고 하여 같은 입장이다.[77]

---

72) 대법원 2005. 9. 30. 선고 2002두7425 판결. 이 판결에서는 안전보호시설의 예로 나프타를 원료로 하여 에틸렌, 프로필렌 등 가연성·폭발성·유독성이 강한 석유화학제품을 생산하는 시설과 위 석유화학제품의 생산 및 유지를 위하여 전기·증기·공업용수·압축용기 등의 동력을 생산하여 공급하는 동력 부문을 예시하고 있다.

73) 헌법재판소의 결정에서는 '안전의 주체'라고 표현되어 있으나 인적 요소로서 안전의 대상을 의미하는 것으로 해석된다.

74) 이상원, 480면.

75) 구 노조법(1997. 3. 13. 법률 5306호로 폐지)이 '공장, 사업장 기타 직장에 대한 안전보호시설'로 규정하던 것을 현행법이 '사업장의 안전보호시설'로 변경하였다.

76) 이상원, 482면.

77) 헌재 2005. 6. 30. 선고 2002헌바83 결정.

㈒ 안전보호시설의 목적 필요 여부

안전보호시설이 사람의 생명·신체의 안전보호를 목적으로 하는 시설만을 의미하는지, 아니면 본래의 목적은 다른 곳에 있는데 가동을 중단할 경우 결과적으로 사람의 생명·신체의 안전에 영향을 미치게 되는 시설까지 포함하는지가 문제된다. 안전보호시설은 사람의 생명·신체에 대한 위험을 예방하거나 보건상 필요한 시설을 의미하므로 안전보호를 목적으로 하는 시설에 한정된다는 견해78)와 가동을 중단하면 결과적으로 사람의 생명·신체에 위험을 발생시키는 시설은 모두 포함된다는 견해79)가 있다.

이 조항은 형사상의 구성요건에 해당하는 조항으로서 명확성의 원칙상 엄격하게 제한적으로 해석80)되어야 하고 문언적인 해석상 안전보호시설이란 안전을 도모하기 위하여 설치된 시설로 보아야 하므로, 우연히 안전보호에 관련되거나 결과적으로 안전보호와 관련이 있게 되는 시설까지 포함하는 개념으로 보기는 어렵다. 따라서 안전보호를 목적으로 설치된 시설로 한정하는 것이 타당하다.81)

다만, 현실적으로는 영업설비를 포함한 물적 설비들의 목적을 안전보호를 위한 것과 그렇지 않은 것으로 일률적으로 구별하기 어렵고, 설비에 따라서는 생산설비와 안전설비의 성격을 공유하는 경우가 많다. 이 경우 안전보호의 목적이 주된 목적이어야 하는지 아니면 부수적인 목적이라도 상관이 없는지가 문제될 수 있다. 당해 시설의 주된 목적이 제품의 생산 등에 있다고 하더라도 이러한 목적과 함께 안전보호도 목적으로 하고 있는 경우, 즉 부수적으로 사람의 생명·신체를 보호하는 안전보호시설의 성격도 있는 시설이라면 보호법익의 중대성에 비추어 본 조항의 안전보호시설에 포함된다고 보아야 한다.82)

부수적 목적이 안전보호인지 여부에 대한 판단 기준으로 당해 시설의 가동 중단과 위험의 발생 사이에 상당인과관계가 인정되면 당해 시설은 안전보호를 부수적 목적으로 하는 것으로 평가할 수 있다는 견해가 있다.83) 본 조항의 입법

---

78) 이상원, 483면. '목적필요설'이라고 한다.
79) 임종률, 230면. '목적불요설'이라고 한다. 이 견해는 가동을 중단하면 사람의 생명·신체를 위태롭게 하는 시설을 의미한다고 설명하고 있어 결과적으로 본 견해를 취하는 것으로 보인다.
80) 이는 또한 헌법상 근로자에게 인정되는 단체행동권을 제한하는 요건규정이라는 점에서도 제한적인 해석이 필요하다(이상원, 486면).
81) 이상원, 485~486면.
82) 이상원, 487면.
83) 이상원, 487~488면. 이 견해는 이와 더불어 "생산시설을 가동함에 따라 인명의 위험이 발

목적에 비추어 볼 때 당해 시설의 가동중단으로 사람의 생명이나 신체에 위해
가 발생할 위험성이 인정되고 이것이 시설의 부수적 목적에 안전보호가 포함된다
고 볼 수 있는 정도라면, 당해 시설은 안전보호시설에 해당한다고 보아야 한다.

(3) 행위태양

사업장에 설치되어 있는 안전보호시설에 대하여 정상적인 유지·운영을 정
지·폐지 또는 방해하는 행위가 여기에 해당한다. 구체적으로 안전보호시설의
유지·운영 임무를 수행하는 조합원을 쟁의행위에 참가하도록 하여 그 유지·
운영을 정지·폐지하는 행위나 이러한 임무를 담당하고 있는 비조합원의 업무
를 방해하는 행위 등을 예상할 수 있다.

안전보호시설의 정상적인 유지·운영이란 적법한 유지·운영을 의미하므로
사용자가 안전보호시설을 위법하게 유지·운영하는 경우에는 이 규정이 적용되
지 않는다는 견해도 있다.84) 이 견해는 사용자가 위법한 대체근로를 통하여 안
전보호시설을 유지·운영하는 경우를 그 예로 들고 있다. 그러나 단순히 대체인
력 제한 규정을 위반한 사용자의 행위가 있다고 하여 사람의 생명·신체에 위
해가 생길 수 있는 안전보호시설을 정지·폐지하거나 운영을 방해하는 것이 허
용된다는 것은 보호법익의 중대성에 비추어 타당하지 않다.

(4) 행위주체

안전보호시설의 유지·운영을 담당하는 근로자만이 본 조항 위반행위의 주
체가 되는지가 문제된다.85) 헌법재판소에서는 "안전보호시설을 담당하는 근로
자만이 본 조항 위반행위의 주체가 되고 그러하지 아니한 근로자는 주체가 되
지 아니한다고 하면, 단체행동권의 제한을 받는 근로자의 범위가 축소되는 효과
는 기대할 수 있으나, 안전보호시설의 정상적인 유지·운영은 그 시설의 담당자
가 아닌 사람에 의하여도 중단될 수 있는 것이고 이러한 경우 위반행위의 주체
가 아니라고 하여 금지의 범위에서 제외한다면 사람의 생명·신체의 안전을 보

생활 수 있다고 하더라도 생산시설을 영원히 가동하는 경우는 없으므로 생산시설의 가동을
중지함에 따른 안전장치를 두는 것이 통상이고, 이 경우 생산시설의 가동중지가 노조법 42조
2항에 위반되는 것이 아니라 생산시설의 가동을 중단함에 있어 안전장치를 가동하지 아니하
고 중단한 행위가 위 조항에 위반되는 것이며 생산시설이 아닌 안전장치가 안전보호시설이
되는 것이다"라고 설명하고 있다.

84) 임종률, 230면.

85) 안전보호시설 담당자만이 본 조항의 주체가 된다면 본 조항 위반죄는 형법상 신분범에 해
당한다고 볼 수 있다.

호한다는 입법목적은 근본적으로 좌절되고 말 것이므로, 안전보호시설의 유지·운영을 담당하는 근로자가 아니라도 위반행위의 주체가 될 수 있다고 해석함이 입법취지에 부합하고, 노조법 42조 2항의 규정 문언상으로도 주체를 제한하는 아무런 문언이 없으므로 주체를 제한적으로 해석하는 것은 타당하지 않다"고 설시하여 이 점을 분명히 하고 있다.[86] 보호법익의 중대성에 비추어 볼 때 행위 주체를 안전보호시설의 유지·운영을 담당하는 근로자로 제한할 필요는 없다.

다만, 안전보호시설의 정지·폐지·방해 행위가 부작위의 형태로 이루어질 경우에는 작위의무가 있는 안전보호시설의 담당자만이 범죄의 주체가 될 것이다.

한편, 본 규정이 안전보호시설 담당자의 쟁의행위를 원천적으로 금지하는 규정인가에 대하여 논의가 있다. 본 조항의 입법목적이 안전보호에 있고, 안전보호시설 담당자의 쟁의권도 헌법상 보장되어야 하므로, 필수인력을 통하여 안전보호시설의 정상적인 유지·운영이 가능한 경우에는 안전보호시설 담당자도 쟁의행위를 할 수 있다고 보아야 한다.[87]

(5) 보호법익의 침해 정도

본 조항을 위반한 안전보호시설 운영방해죄는 어느 정도의 보호법익[88] 침해를 요구하는지 문제된다. 이에 대하여는 본죄가 안전보호시설의 정상적인 유지·운영을 정지·폐지 또는 방해하는 행위만으로 성립하는 추상적 위험범[89]이라는 견해[90]와 구성요건적 행위와 더불어 사람의 생명이나 신체에 위험이 발생하여야 하는 구체적 위험범[91]이라는 견해[92]가 있다.[93]

판례는 안전보호시설 운영방해죄가 성립하는지를 판단하기 위해서는 사람

---

86) 헌재 2005. 6. 30. 선고 2002헌바83 결정.
87) 이상원, 507면.
88) 형법 이론상 보호법익의 침해 정도에 따라 범죄는 침해범과 위험범으로 나누고, 위험범은 다시 구체적 위험범과 추상적 위험범으로 구분된다.
89) 추상적 위험범이란 법익 침해의 일반적 위험이 있으면 구성요건이 충족되는 범죄를 말한다.
90) 이병태, 336면.
91) 구체적 위험범이란 법익 침해의 구체적 위험, 즉 현실적 위험의 발생을 요건으로 하는 범죄를 말한다.
92) 도재형a, 142~143면; 임종률, 230면.
93) 안전보호시설방해죄는 사업장의 안전보호시설에 대하여 정상적인 유지·운영을 정지·폐지 또는 방해하는 행위를 구성요건으로 규정하고 있을 뿐 '위험'이 발생할 것을 요건으로 하고 있지 않으므로, 추상적 위험범이라고 보아야 한다는 견해도 있으나, 이 견해는 사람의 생명·신체에 위험이 발생하는 행위만을 안전보호시설의 유지·운영을 정지·폐지 내지 방해한 행위로 해석하고 있어(이상원, 505~506면), 결과적으로 구체적 위험범과 별다른 차이가 없다.

의 생명이나 신체에 위험이 발생하였는지 여부를 판단하여야 한다고 판시하여 위험이 본죄의 성립요소라는 입장이다.[94] 헌법재판소에서도 본 조항의 위헌 여부를 판단하면서 "형식적으로 안전보호시설의 유지·운영을 정지·폐지 또는 방해하는 행위가 있었지만 그로 인하여 사람의 생명·신체에 대한 위험이 전혀 발생하지 않은 경우에는 그 죄가 성립될 수 없다"고 하여 위험의 발생이 범죄 성립의 요건이라고 판시하였다.[95]

본 조항의 입법취지가 쟁의행위 과정에서 발생할 수 있는 사람의 생명·신체에 대한 위해를 방지하는 것을 목적으로 하고 있다는 점과, 쟁의행위는 헌법상 보장된 기본권으로서 그 제한은 최소한에 그쳐야 할 것이라는 점, 죄형법정주의에 따른 명확성의 원칙이 적용되어야 한다는 점 등에 비추어 볼 때, 구체적 위험범으로 봄이 타당하다.

따라서 형식적으로는 안전보호시설 유지·운영의 정지·폐지·방해행위가 있었지만 행위자가 위험발생을 방지하는 안전조치를 모두 취한 뒤에 위와 같은 행위를 하였다면, 이러한 안전조치로써 당해 안전보호시설을 유지·운영하는 목적은 달성되므로 본 조항의 위반으로 보기 어렵다.[96] 안전보호시설에 종사하는 근로자라고 하더라도, 노동조합의 주도 하에서 교대제 등의 방법을 통하여 당해

---

94) 대법원 2006. 5. 12. 선고 2002도3450 판결(이 판결은 원심판결인 수원지법 2002. 6. 20. 선고 2001노4065 판결에 대하여 "위 각 시설의 가동을 중단함에 있어 사전에 필요한 안전조치를 취하였는지, 위 각 시설의 가동중단에 의하여 사람의 생명이나 신체에 대한 어떠한 위험이 발생하였는지, 이 사건 열병합발전소로부터 증기를 공급받는 수용업체가 예정된 시간에 증기를 공급받지 못하여 사람의 생명이나 신체에 대한 피해를 입은 사실이 있는지 등에 대하여 좀 더 자세히 심리한 다음 이 부분 공소사실에 대하여 노조법 91조 1호, 42조 2항 위반죄의 성립을 인정할 수 있는지를 가려보았어야 한다"고 지적하여 사람의 생명·신체에 대한 위험 발생 여부가 구성요건적 요소인 것으로 판시하고 있다); 대법원 2005. 9. 30. 선고 2002두7425 판결(이 판결은 가연성·폭발성·유독성이 강한 석유화학제품을 생산 및 유지하기 위하여 전기·증기 등의 동력을 생산하여 공급하는 동력부문이 정상적으로 가동되지 못하였을 경우에는 위 화학물질에서 발생하는 가연성 가스 등이 누출되거나 전량 소각되지 못하여 대규모 폭발사고를 야기할 수 있고, 소방수의 공급 및 재해 진압 설비의 작동이 곤란하여 대형화재를 초래할 수도 있어, 사람의 생명과 신체의 안전이 구체적으로 위협받는다고 할 것이므로, 위 동력부문은 노조법 42조 2항에서 정한 '안전보호시설'에 해당한다고 판시하고 있어, 생명·신체의 구체적인 위험이 안전보호시설 해당여부를 판단하는 기준이 되는 것으로 해석될 수 있으나 결과적으로는 구체적 위험범의 입장과 결론을 같이하는 것으로 보인다).
95) 헌재 2005. 6. 30. 선고 2002헌바83 결정.
96) 대법원 2006. 5. 12. 선고 2002도3450 판결(열병합발전소의 발전기 등 전기시설, 보일러 등 스팀시설, 소방수 공급시설 등 용수시설, 플랜트 에어압축기, 계기용 공기 공급시설 등이 안전보호시설에 해당하는지 여부에 대하여 판시하면서 위 각 시설의 가동을 중단함에 있어 사전에 필요한 안전조치를 취하였는지 여부가 노조법 42조 2항 위반죄의 판단기준이 되는 것으로 판시하고 있다).

시설의 유지가 확보되는 한, 그 운영에 직접 참여하지 않는 나머지 안전보호시
설 종사 근로자들의 쟁의행위는 본 조항을 위반한 것으로 볼 수 없다.

라. 안전보호시설 유지 · 운영에 대한 행정청의 조치

사용자는 쟁의행위가 노조법 42조 1항 또는 2항97)에 위반되는 경우에는 즉
시 그 상황을 행정관청과 관할 노동위원회에 신고하여야 한다(영 18조 1항). 신고
의 방법은 서면 · 구두 또는 전화 기타 적당한 방법으로 하여야 한다(영 18조 2항).
행정관청은 쟁의행위가 노조법 42조 2항의 행위에 해당한다고 인정하는 경우에
는 노동위원회의 의결을 얻어 그 행위를 중지할 것을 통보하여야 한다. 다만,
사태가 급박하여 노동위원회의 의결을 얻을 시간적 여유가 없을 때에는 그 의
결을 얻지 아니하고 즉시 그 행위를 중지할 것을 통보할 수 있다(법 42조 3항). 행
정관청이 쟁의행위의 중지를 통보하는 경우에는 서면으로 하여야 한다. 다만,
사태가 급박하다고 인정하는 경우에는 구두로 할 수 있다(영 22조). 행정관청이
중지를 통보한 경우에는 이를 관할 노동위원회와 쟁의행위의 당사자에게 지체
없이 통지하여야 한다(규칙 12조 1항).98)

행정관청이 급박한 사정으로 노동위원회의 의결 없이 중지를 통보99)한 경
우 지체 없이 노동위원회의 사후승인을 얻어야 하며,100) 그 승인을 얻지 못한
때에는 그 통보는 그때부터 효력을 상실한다(법 42조 4항).

종래에 위 행정조치는 통보가 아닌 명령으로 규정되어 있었고 이를 위반하
는 경우 그 자체에 대하여 벌칙이 규정되어 있었으나 2006년 개정법101)에서는
명령을 통보로 변경하였고, 이에 대한 벌칙도 삭제하였다. 이에 따라 중지 통보

---

97) 이와 더불어 노조법 38조 1항, 2항을 위반하는 경우에도 마찬가지이다(영 18조 1항).

98) 시 · 도지사 또는 시장 · 군수 · 구청장이 중지를 통보하는 경우에는 그 사본(영 22조 단서에
따라 구두로 한 때에는 그 내용을 적은 서면)에, ① 쟁의행위 당사자의 성명 또는 명칭 및
주소, ② 쟁의행위의 발생장소 및 일시, ③ 쟁의행위의 목적 및 요구사항, ④ 쟁의행위에 참
가한 인원수, ⑤ 노조법 42조 2항의 규정에 의한 안전보호시설의 종목과 그 정상적인 유지 ·
운영을 정지 · 폐지 또는 방해한 정도, ⑥ 노동위원회의 의결내용(쟁의행위의 중지통보가 노
조법 42조 3항 본문에 따른 것인 경우에만 해당한다)을 적은 서면을 첨부하여 지체 없이 해
당 노동조합의 주된 사무소의 소재지를 관할하는 지방고용노동관서의 장에게 송부하여야 한
다(규칙 12조 2항).

99) 노동조합 측에서는 사실상 구제절차를 진행할 수단이 없어 입법론적으로 법원의 심사 등
의 절차가 필요할 것으로 보인다.

100) 시 · 도지사 또는 시장 · 군수 · 구청장은 쟁의행위의 중지통보가 노조법 42조 3항 단서에
따른 것인 경우에는 노동위원회의 사후 승인 여부에 관한 사항을 해당 노동조합의 주된 사
무소의 소재지를 관할하는 지방고용노동관서의 장에게 통보하여야 한다(규칙 12조 3항).

101) 2006. 12. 30. 개정 법률 8158호.

를 이행하지 않았음을 이유로 형사처벌을 할 수는 없고 노조법 42조 2항의 안전보호시설 정지·폐지 행위 규정을 위반한 경우에만 처벌할 수 있다.102)

Ⅲ. 쟁의행위의 수단·방법에 관한 정당성의 일반적 기준

1. 일 반 론

노조법 37조 1항에서 규정하고 있는 바와 같이 쟁의행위는 사회질서를 위반하여서는 정당성을 인정받을 수 없다. 판례는 사회질서 위반으로 인한 쟁의행위의 정당성 판단에 관하여 사회상규,103) 사회적 상당성,104) 사회적으로 용인될 수 있는지 여부105) 등의 표현을 사용하고 있다. 사회적 상당성 내지 사회상규에 위배되지 아니하는 행위란 법질서 전체의 정신이나 그 배후에 놓여 있는 사회윤리 내지 사회통념에 비추어 용인될 수 있는 행위를 말한다.

어떠한 행위가 사회상규에 위배되지 아니하는 정당한 행위로서 위법성이 조각되는 것인지는 구체적인 사정 아래서 합목적적으로 고찰하여 개별적으로 판단되어야 한다. 구체적으로는, 첫째 그 행위의 동기나 목적의 정당성, 둘째 행위의 수단이나 방법의 상당성, 셋째 보호이익과 침해이익과의 법익균형성, 넷째 긴급성, 다섯째 그 행위 외에 다른 수단이나 방법이 없다는 보충성 등의 요건을 갖추어야 한다.106) 한편 판례는 노조법 43조에 위반한, 위법한 대체근로의 경우 이를 저지하기 위한 실력행사가 사회통념에 비추어 용인될 수 있는 행위인지 여부에 대하여 경위, 목적, 수단과 방법, 그로 인한 결과 등을 종합적으로 고려하여 구체적인 사정 아래서 합목적적·합리적으로 고찰하여 개별적으로 판단하여야 한다고 본다.107)108) 이처럼 쟁의행위가 사회통념상 용인될 수 있는지 여부에 대하여 목적의 정당성, 수단과 방법의 정당성 등을 종합적으로 고려하여야

---

102) 노조법 91조.
103) 대법원 1992. 6. 26. 선고 91다42982 판결.
104) 대법원 1992. 5. 12. 선고 91다34523 판결.
105) 대법원 1992. 9. 1. 선고 92누7733 판결.
106) 대법원 2002. 12. 26. 선고 2002도5077 판결, 대법원 2004. 2. 13. 선고 2003도7393 판결, 대법원 2005. 3. 11. 선고 2004도8764 판결. 다만, 쟁의행위가 긴급성과 보충성을 갖추어야 하는지에 대하여는 비판의 여지가 있다.
107) 대법원 1992. 7. 14. 선고 91다43800 판결, 대법원 2020. 9. 3. 선고 2015도1927 판결.
108) 이에 대하여 위법한 대체근로의 경우는 업무방해죄의 보호대상인 업무에 해당하지 아니한다는 이유로 구성요건해당성이 인정되지 않는 것으로 해석하여야 한다는 비판도 존재한다(양승엽, 94~97면).

하나, 이 항에서는 수단과 방법의 정당성에 관하여 다루고 있으므로, 여기에서는 수단과 방법의 정당성을 중점적으로 살피도록 한다.

쟁의행위의 수단·방법에 관한 사회질서 위반행위의 유형으로는 폭력·파괴행위 이외의 위력의 행사, 개인적인 비방이나 폭로를 통한 모욕 및 명예훼손 등 인권의 침해, 주요 생산시설 점거행위를 제외한 사용자의 재산권과 조화되지 않는 행위, 제3자의 법익을 침해하는 행위[109] 등을 들 수 있다. 폭력·파괴행위는 그 자체로 정당성이 부정되나 쟁의행위에 사용된 위력의 행사나 비방·폭로 등은 이러한 행위만으로 정당성이 부정된다고 볼 수는 없다. 앞서 본 바와 같이 쟁의행위가 위력에 해당하는 요소를 포함하고 있고[110] 사용자와 대립과 갈등이 전제되어 있으며 사용자의 재산권에 손실이 발생하는 것이 예정되어 있기 때문이다. 따라서 쟁의행위의 정당성 여부는 획일적으로 판단할 수는 없고 각 개별 사안에 따라 다른 법익과의 균형을 충족하였는지 여부를 평가하여 판단하여야 한다.[111] 아래에서는 수단·방법의 정당성의 판단 기준을, ① 소극적 수단성의 원칙, ② 인권침해 금지,[112] ③ 사용자와의 재산권 조화의 원칙, ④ 공정성의 원칙으로 나누어 살펴보도록 한다.

2. 소극적 수단성의 원칙

가. 의   의

노조법 2조 6호는 '쟁의행위'는 업무의 정상적인 운영을 저해하는 행위를 말한다고 하고 있고, 사용자 법익과의 균형도 고려하여야 한다는 점에서 쟁의행위는 소극적인 형태로 행하여져야 한다.[113] 판례는 '수단, 방법이 소극적으로 업무의 정상운영을 저해함으로써 사용자에게 타격을 주는 데 그쳐야 할 것'[114] 또는 '쟁의행위의 방법은 노무의 제공을 전면적 또는 부분적으로 정지하는 것'[115]

---

109) 대법원 2005. 3. 11. 선고 2004도8764 판결. 다만 수급인의 근로자들과 도급인 사이에서 도급인은 단순한 제3자라 볼 수 없으므로 다르게 취급한다. 이에 대하여는 대법원 2020. 9. 3. 선고 2015도1927 판결 참조.
110) 쟁의행위가 당연히 위력에 해당한다는 종래 대법원 판례의 견해는 대법원 2011. 3. 17. 선고 2007도482 전원합의체 판결에 의하여 변경되었다.
111) 황교안, 87면.
112) 이는 뒤에서 보는 바와 같이 평화성의 원칙과도 연결된다.
113) 김형배, 1026면.
114) 대법원 1990. 10. 12. 선고 90도1431 판결, 1992. 6. 26. 선고 91다42982 판결 등.
115) 대법원 1990. 5. 15. 선고 90도357 판결, 대법원 1992. 7. 14. 선고 91다43800 판결, 대법원 1994. 9. 30. 선고 94다4042 판결 등.

임을 요구하고 있다. 소극적 수단성의 원칙에 따르면 노무의 완전 또는 불완전한 정지라는 소극적 태양에 머무르는 한 원칙적으로 정당성이 인정된다.[116] 소극적 수단성의 원칙이 파업 등의 소극적 수단에 수반되는 집단시위, 피케팅, 직장점거 등 모든 적극적 행위는 정당성이 없다는 것을 의미하는 것은 아니다. 이와 같은 적극적 행위에 대하여는 그 고유한 기준에 따른 정당성 판단이 별도로 이루어져야 한다. 다만, 적극적 행위가 폭력·파괴행위에 이르는 경우에는 정당성이 부정된다.

나. 구체적 사례

판례가 소극적 수단성 원칙과 관련하여 쟁의행위 수단·방법의 정당성이 인정되지 않는다고 본 사례로, 쟁의행위의 주체가 근로자 9 내지 10명 정도였다고 하더라도 이들이 철제 옷장으로 광업소 출입구를 봉쇄하고 바리케이드를 설치한 후 출근한 근로자 300여 명 또는 600여 명이 탈의실에 들어가지 못하도록 하고 근로자들에게 입갱을 하지 말도록 선동하면서 탈의실을 점거 농성하여 광업소의 조업을 방해한 행위,[117] 사용자인 회사의 본관 앞 도로상에서 그 회사 소속 근로자 1,100여 명을 모아놓고 '89 임투 승리', '요구액 관철 시까지 투쟁' 등의 선동을 하면서 농성을 주도하여 회사의 정상업무를 저해한 행위,[118] 노조원 70여 명이 회사 자공장의 정문을 실력으로 점거하고 미리 준비한 자물쇠를 채워 봉쇄한 채 회사 측 또는 회사의 대리점경영자들이 동원한 수송용 차량의 출입을 부분적으로 또는 전면적으로 통제하거나 막음으로써, 회사나 대리점경영자들의 제품 수송 업무를 방해한 행위,[119] 수많은 입주자들이 거주 내지는 입점하고 있는 빌딩의 공유부분인 1층 로비 중 일부를 입주자들로부터 공동위임을 받아 빌딩 관리를 맡고 있는 관리단의 사전 동의 절차도 거치지 않은 채 점거한 후, 관리단의 정당한 퇴거요청에도 불구하고 이에 불응하며 계속적으로 점거하는 등의 방법으로 농성을 하였을 뿐 아니라, 빌딩 입주자들의 공용부분인 1층

---

116) 菅野, 967면.
117) 대법원 1990. 7. 10. 선고 90도755 판결.
118) 대법원 1990. 4. 13. 선고 90도162 판결. 이 판결에 대하여는 생산 업무를 방해한 사실만을 들어 정당성 여부에 대한 아무런 판단 없이 업무방해죄를 인정한 판결이라는 비판이 있다(신인령a, 14면). 이에 대하여는, 위 판결이 정당성에 대하여 특별한 설명은 하지 않았으나 그 취지가 쟁의행위의 규모, 방법 등에 비추어 정당성의 한계를 벗어난 것으로 판단한 것으로 해석된다는 의견이 있다(황교안, 88면).
119) 대법원 1991. 7. 9. 선고 91도1051 판결.

일부를 때로는 고성을 지르고 몸싸움을 하는 등으로 마찰을 일으키며 4일간이나 계속 점거하여 농성한 행위[120]가 있다.

소극적 수단성 원칙과 관련하여 쟁의행위의 정당성이 인정된다고 본 사례로는, 전체 근로자 50명 중 29명이 노동조합에 가입하였고 생산직 근로자는 28~29명인 회사의 노동조합 위원장이 다른 2명과 함께 조합원 1명을 대동하고 노동관계집회에 참석하기 위하여 3시간 정도 조기 퇴근한 행위,[121] 쟁의행위가 전체적으로 협력업체 노동조합의 지침에 따라 이루어졌고, 그 기간이 매우 짧고 시간도 오전 또는 오후의 반나절만 이용하였으며, 폭력은 전혀 사용되지 않은 경우,[122] 위법한 대체근로를 저지하기 위하여 대체근로자들의 신분확인에 대한 협조가 없는 상태에서 대체근로자들을 상대로 업무를 그만두라고 소리 지르고, 본관 건물 일부에 쓰레기를 투기하여 미관을 일시적으로 훼손한 행위[123] 등이 있다.

3. 인권침해 금지의 원칙

가. 의   의

인신의 자유 등의 인권은 법질서가 보호해야 할 기본적 가치이므로 이를 침해하는 행위에 관하여는 정당성이 인정되지 않는다.[124] 이는 평화성의 원칙과도 관계가 있는데, ILO 산하 결사의 자유 위원회는 "근로자에게 부정되고 있는 다양한 유형의 파업(비공인 파업, 작업거부, 태업, 준법투쟁 및 직장점거 파업)과 관련하여, 위원회는 이러한 제한은 파업이 평화적으로 이루어지지 않게 된 경우에만 정당화할 수 있다고 판단하고 있다"는 취지로 규정하고 있다.[125] 앞서 본 바와 같이 인권침해 금지의 원칙에 위반되는 쟁의행위의 수단·방법으로, 폭력·파괴행위에 이르지 않는 위력의 행사, 명예훼손이나 모욕에 이르는 정도의 비방이나

---

120) 대법원 2005. 3. 11. 선고 2004도8764 판결. 이 판결은 노사와 아무런 관계가 없는 제3자인 빌딩 입주자들의 거주에 대한 사실상의 평온을 침해한 행위는 수단과 방법에서 상당성이 인정될 수 없다고 판시하였다.
121) 대법원 1991. 4. 23. 선고 90도2961 판결(이 판례는 근로자들의 조기퇴근 행위가 업무방해죄의 위력에도 해당하지 않는다는 취지로 판시하였다).
122) 대법원 2004. 9. 24. 선고 2004도4641 판결.
123) 대법원 2020. 9. 3. 선고 2015도1927 판결.
124) 임종률, 257면.
125) ILO, Freedom of Association, "Compilation of decisions of the Committee on Freedom of Association", 6th edition, 2018, para. 784. 이승욱, 결사의 자유, 결사의 자유 위원회 결정 요약집(제6판, 2018), 한국노동연구원.

폭로, 제3자의 법익 침해 등을 들 수 있다. 아래에서 구체적으로 살펴보기로 한다.

나. 위력의 행사

(1) 개   념

폭력·파괴행위에 이르지 않는 위력의 행사라고 하더라도 사회적 상당성이 없는 행위에 대하여는 쟁의행위의 정당성이 부정된다. 앞서 본 바와 같이 쟁의행위는 위력에 해당하는 요소를 내포하고 있기 때문에 위력의 행사라고 하여 정당성이 부정되는 것이 아니다. 그러나 쟁의행위에 포함된 위력의 행사가 사회적 상당성을 벗어나 인권 등을 침해하는 정도에 이른 경우에는 정당성을 인정받을 수 없다.

(2) 업무방해죄의 '위력'과의 구분

한편 쟁의행위의 정당성 판단과 업무방해죄의 구성요건으로서의 위력 판단을 구분한 대법원 판례의 태도에 따라,[126] 수단과 방법의 정당성이 인정되지 않는 '위력'과, 업무방해죄의 구성요건으로서의 '위력'과의 구분이 필요하다. 업무방해죄의 성립을 위하여 전격성과 중대성을 요구하는 대법원 2007도482 전원합의체 판결 이후 판례는 정당성이 없는 쟁의행위라고 하더라도 전격성, 손해의 중대성이 인정되지 않으면 '위력'에 해당하지 않는다고 판단한다.[127] 판례는 쟁의행위의 정당성이 없다고 하더라도 바로 업무방해죄가 성립하는 것은 아니고, '위력'에 예측가능성이라는 기준을 도입하여,[128] 위력의 개념표지인 '전격성'이나 '중대성'이 있는지 여부를 심리하여 전격성, 중대성이 인정되지 않는 경우에는 업무방해죄의 구성요건해당성을 부정하였다.[129][130] 한편 업무방해죄의 구성요건으로서의 '위력'을 충족한 쟁의행위라고 하더라도 형법 20조에 따라 면책될

---

126) 김선일, 782면. 이에 대하여 위와 같은 판단구조 및 접근방식은 순환논증의 오류에 빠지게 된다는 비판이 존재한다(우희숙, 255면).

127) 대법원 2014. 8. 20. 선고 2011도468 판결(경영상 결단에 속하는 사항을 목적으로 한 안전운행투쟁에 대하여 쟁의행위의 정당성은 인정되지 않는다고 하면서도 전격성, 손해의 중대성이 인정되지 않는다고 보아 업무방해죄를 무죄로 판단한 사안), 대법원 2016. 3. 10. 선고 2013도7186 판결(노동쟁의의 대상이 될 수 없는 요구사항을 주된 목적으로 한 파업에 대하여 쟁의행위의 정당성은 인정되지 않는다고 하면서도 전격성, 손해의 중대성이 인정되지 않는다고 보아 업무방해죄를 무죄로 판단한 사안).

128) 우희숙, 255면.

129) 김선일, 790~793면. 다만 판례가 쟁의행위의 정당성을 구성요건적 요소로 고려하는지, 위법성 조각 사유로 고려하는지 명확하지 않다.

130) 수단·방법의 정당성을 포함한 쟁의행위의 정당성이 구성요건해당성 단계에 해당하는지 위법성 조각단계에 포함되는지 여부에 대하여 명확하게 정리된 바 없고 견해들이 대립된다.

수 있다.

위 대법원 2007도482 전원합의체 판결 이후 판례는 위력과 관련하여 수단·방법의 정당성을 판단하기 보다는, 그에 앞서 해당 행위에 전격성, 중대성이 인정되는지 여부를 살펴 업무방해죄의 구성요건으로서의 '위력'에 해당하는지 여부를 먼저 판단하는 경우가 많다. 대법원은 잔업 및 특근 거부행위에 전격성이나 중대성이 인정되지 않는다는 이유로 업무방해죄의 구성요건으로서의 위력에 해당하지 않는다고 판단한 바 있다.[131]

(3) 구체적 사례

위력과 관련하여 쟁의행위 수단·방법의 정당성을 인정한 사례로, 시위행위가 병원의 업무 개시 전이거나 점심시간을 이용하여 이루어지고 쟁의행위의 방법이 구호를 외치거나 노동가 등 노래를 합창하고, 또는 피켓을 들고, 침묵시위를 하며 행진하는 등 폭력행위를 수반하지 아니한 행위,[132] 위법한 대체인력의 택배운송 업무에 대하여 2~6시간에 걸쳐 손으로 붙잡거나 몸으로 막고 근로자들끼리 몸을 밀착하여 서 있는 방법 등으로 소극적으로 방해한 행위,[133] 위법한 대체인력 투입에 의한 버스운행을 두 팔로 벌리고 서서 5분간 막은 행위[134]가 있다. 반면 수단·방법의 정당성을 인정하지 않은 사안으로, 병원 측이 출입을 실력으로 막고 있음에도 용역경비와 신체적 훼손이 따를 수 있을 정도의 심한 몸싸움을 벌이는 등의 방법에 의하여 병원 건물에 침입한 행위[135]가 있다.

다. 비방·폭로 등

쟁의행위의 수단·방법이 상대방에 대한 비방·폭로 등에 해당하는 경우에도 위와 같은 쟁의행위로 인하여 침해되는 상대방의 법익과의 균형상 사회적 상당성이 인정되지 않는 정도에 이른다고 판단되는 경우에는 정당성이 부정될 수 있다. 판례는 선전방송이나 유인물 배포의 경우 노동조합의 정당한 활동으로 인정되기 위하여는, 그와 같은 배포가 사용자의 허가를 받도록 되어 있다고 하더라도 해당 행위가 정당한지 여부는 사용자의 허가 여부만을 가지고 판단하여야 하는 것은 아니고, 선전방송이나 유인물의 내용, 매수, 배포의 시기, 대상, 방

---

131) 대법원 2014. 6. 12. 선고 2012도2701 판결.
132) 대법원 1992. 12. 8. 선고 92도1645 판결.
133) 부산지법 서부지원 2020. 9. 9. 선고 2019고정1106 판결(미확정).
134) 전주지법 2012. 11. 14. 선고 2012노762 판결(상고기각 확정).
135) 대법원 2009. 9. 10. 선고 2009도293 판결.

법, 이로 인한 기업이나 업무에의 영향 등을 살펴보아야 한다는 취지로 판시한
바 있다.136) 또한, 판례는 노동조합 활동과 관련하여 문서를 배포하는 경우에도,
① 문서를 배포한 목적이 노동조합원들의 단결, 근로조건의 유지·개선 등을 위
한 것이고, ② 해당 문서의 내용이 전체적으로 보아 진실한 것이고 문서 배포
행위가 정당한 쟁의행위에 속하는 경우에는, 그러한 경우 타인의 인격·신용·
명예 등이 훼손·실추되거나 그렇게 될 염려가 있고, 일부 사실관계가 허위이거
나 표현이 다소 과장·왜곡된 점이 있다고 하더라도 정당한 노동조합의 활동에
해당한다고 보았다.137) 이러한 기준은 쟁의행위의 정당성을 판단할 때도 참고할
수 있다.

　　판례가 사업주에 대한 비방이나 폭로 등을 사유로 쟁의행위의 정당성을 부
정한 사례로서는, 사업장을 장기간 배타적으로 점거하여 철야농성을 하면서 빨
간 스프레이로 창문, 벽 등에 '깡패 동원해 조합 구타' 등 각종 낙서를 하고 허
위사실을 유포한 행위,138) 회사 측 연구소장실에 침입하여 분사페인트로 위 연
구소 현관 앞 진입도로와 소장실 입구 벽면 및 복도에 위 연구소장의 명예를
훼손하는 내용을 쓰고 같은 내용의 벽보를 부착하고 위 연구소장을 비방하는
내용의 유인물을 전국 4,300여 개의 거래선 및 각 대학교에 발송하고 위 연구소
소장의 집 부근에서 연구소장의 명예를 훼손하는 내용의 벽보 및 유인물을 부
착, 배포한 행위,139) 자사 신문에 사용자 측 특정인사가 어용노조를 결성하여
10여 개 사업장의 노조와해공작에 앞장서서 사업주로부터 수백만 원의 사례금
을 받아 왔다는 소문이 무성하고 특히 구사대를 지휘하고 기존 노조원들을 구
타했다는 등 허위 기사를 작성하여 게재한 행위,140) 뚜렷한 자료도 없이 회사
대표자를 수사기관에 고소, 고발하거나 그에 대한 인격을 비난하는 내용까지 담

---

136) 대법원 2007. 8. 18. 선고 2017다227325 판결. 판례가 유인물 배포 등의 행위를 노동조합의
　　정당한 활동에 포함되는지 여부를 판단하는 기준으로, ① 취업규칙 등에 규정된 허가·승인
　　을 거쳤는지 여부, ② 유인물의 내용과 그 허위성 및 전체적 취지, ③ 유인물의 매수(枚數),
　　④ 배포의 시기와 대상, ⑤ 배포의 방법, ⑥ 기업이나 업무에의 영향을 고려한다고 분석하기
　　도 한다(지귀연, 406~407면).
137) 대법원 1993. 12. 28. 선고 93다13544 판결, 대법원 1997. 12. 23. 선고 96누11778 판결, 대
　　법원 1998. 5. 22. 선고 98다2365 판결, 대법원 2011. 2. 24. 선고 2008다29123 판결 참조. 위
　　판례들은 노동조합 및 근로자의 노동조합 활동에 대한 것이나, 쟁의행위에도 적용될 수 있을
　　것으로 보인다.
138) 대법원 1994. 3. 25. 선고 93다30242 판결.
139) 대법원 1992. 5. 12. 선고 91다34523 판결.
140) 대법원 1992. 5. 8. 선고 91도3051 판결.

긴 진정서 등을 타 기관에 제출하고 또 총무부장이 보관하는 회의록을 그 승인
도 없이 몰래 꺼내어 이를 함부로 복사한 행위,141) 근로자가 작성한 인쇄물이
간부 명예훼손 내용으로 일부는 근거가 없는 것이고, 근로관계와 직접적 관계없
는 사항에 대해서 월차휴가를 실시할 것을 선동한 사례,142) 근로자들이 원청 회
사에 유인물을 배포하여 원청회사가 하청계약 해지 통보를 할 정도에 이른 경
우143) 등이 있다.

라. 제3자 법익 침해행위

(1) 일 반 론

쟁의행위는 다른 법익과 균형을 이루어야 하는 내재적 한계가 있으므로, 쟁
의행위의 수단·방법이 제3자의 인격권, 신체의 자유, 주거의 평온 등을 침해하
는 경우에는 그 정당성이 부정된다. 판례는 농성 과정에서 건물입주자들인 제3
자의 법익이 침해되고 그 침해의 정도가 사회통념에 비추어 통상의 한도를 넘
어 제3자에게 이를 수인할 것을 요구할 수 없는 정도에 이른 이상 제3자에 대
하여는 정당하다고 볼 수 없다고 판시한 바 있는 등144) 쟁의행위가 제3자의 법
익을 침해하는 경우 원칙적으로 정당성이 부정된다는 입장에 있다. 판례는 도급
인과 공동생활하는 제3자의 주거의 평온을 행한 경우 그와 같은 쟁의행위의 정
당성을 인정할 수 없다고 보았다.145) 또한 판례는 공항공사와 계약을 맺은 경비
업체의 직원들이 공항에서 쟁의행위를 한 경우, 공항공사에 어느 정도의 수인의
무가 있기는 하나 근로자들과 직접적인 근로계약관계나 근로자파견관계는 인정
되지 않아 원칙적으로는 제3자의 지위에 있는 점, 쟁의행위의 장소가 불특정 다
수 내·외국인의 출입이 빈번한 공항이라는 점 등을 고려하여 공사가 부담하는
수인의무의 한계를 엄격하게 보아야 한다고 보면서, 80여명의 근로자들이 마스
크를 쓰고 피켓을 들고 줄지어 서 있는 쟁의행위는 공항공사의 수인의무를 벗
어나 위법하다고 보았다.146)

---

141) 대법원 1992. 6. 26. 선고 91다42982 판결.
142) 대법원 1992. 3. 13. 선고 91누5020 판결. 노동조합 및 근로자의 정당한 노조활동에 대한
    것이나, 쟁의행위에도 적용될 수 있을 것으로 보인다.
143) 대법원 2000. 6. 23. 선고 98다54960 판결. 위 판례는 노동조합 및 근로자의 정당한 노조활
    동에 대한 것이나, 쟁의행위에도 적용될 수 있을 것으로 보인다.
144) 대법원 2005. 3. 11. 선고 2004도8764 판결.
145) 대법원 2010. 3. 11. 선고 2009도5008 판결.
146) 대법원 2020. 11. 12. 선고 2016도8627 판결.

한편 불매운동과 관련하여 상대방인 사용자에 대한 1차 불매동맹이 아닌 사용자의 거래처 등에 대한 2차 불매운동의 정당성에 대하여, 제3자의 상품거래 자유를 제약한다는 점에서 정당성이 인정되지 않는다는 견해147)와 폭력·협박·명예 또는 신용훼손과 같은 위법요소가 없는 경우 이는 행동의 자유 또는 표현의 자유에 기하여 일반적으로 보장되는 행위로 정당성이 인정된다는 견해148)가 대립한다.

(2) 간접고용형태와 관련한 사회적 정당성

점차 고용형태가 다양해지면서, 직접적 고용관계가 아닌 간접적 고용관계에서 발생하는 쟁의행위의 정당성이 문제되는 경우가 증가하고 있다. 특히 간접고용관계에서 수급인(하청사업주) 소속 근로자들이 도급인(원청사업주) 사업장 내에서 수급인을 상대로 한 쟁의행위의 정당성 여부와 그러한 쟁의행위 과정 중 수급인 또는 도급인이 대체인력을 사용했을 때 이에 대항한 행위 원청사업주가 대체인력을 파견하였을 때 이에 대응한 쟁의행위의 정당성 여부가 문제된다.149)

간접고용근로자의 하청사업주에 대한 쟁의행위가 원청사업주에 대한 관계에서까지 정당성을 갖추었는지 여부에 관하여, 판례는 하도급 형태의 고용관계를 갖춘 사안에서 '수급인 소속 근로자의 쟁의행위가 그 사용자인 수급인에 대한 관계에서 쟁의행위의 정당성을 갖추었다고 하여 사용자가 아닌 도급인에 대한 관계에서까지 법령에 의한 정당한 행위로서 법익 침해의 위법성이 조각된다고 볼 수는 없다'고 하여 수급인에 대하여 쟁의행위의 정당성이 인정된다고 하더라도, 당연히 도급인에게까지 쟁의행위의 정당성을 인정받는 것은 아니라고 보았다.150) 그러나 위 판례는 도급인의 사업장 내 수급인을 상대로 한 쟁의행위의 정당성에 관하여, '도급인의 사업장은, 수급인 소속 근로자들의 근로제공 장소이자 삶의 터전으로, 쟁의행위의 주요수단 중 파업이나 태업은 도급인의 사업장에서 이루어질 수밖에 없고, 도급인이 수급인 소속 근로자와 직접적 근로계약을 맺고 있지 않더라도 그가 제공하는 근로에 의하여 일정한 이익을 누리고 이를 위하여 사업장을 근로의 장소로 제공하였기에 사회통념상 본인의 법익의 일

147) 임종률, 257면; 김형배, 925면.
148) 김유성, 249~250면.
149) 다만 그 논증구조는 쟁의행위의 주체, 목적, 절차, 수단을 통하여 논증하기보다는, 노조법 43조와 대체인력 저지행위의 정당성에 관한 법리로 해결하고 있다.
150) 대법원 2020. 9. 3. 선고 2015도1927 판결.

부분 침해를 용인하여야 한다'는 이유로, 수급인 소속 근로자의 쟁의행위가 정당성을 갖추고 사회통념상 용인될 수 있는 범위 내의 것이라면 도급인에 대하여도 형법 20조의 정당행위에 해당한다고 보아, 쟁의행위에 대한 도급인의 수인의무를 도출하였다. 이처럼 도급인의 수인의무를 인정하는 전제에서, 판례는 쟁의행위를 하는 근로자들이 도급인의 사업장에서 폭력·협박 및 파괴행위에 나아가지 않은 정도에서 '수급인'이 '위법하게' 투입한 대체근로자들의 업무를 방해한 것이라면 쟁의행위의 정당성이 인정된다고 보았다. 위 판시에 의하면, 수급인의 근로자들의 쟁의행위에 대한 도급인의 수인의무를 인정할지 여부를 판단할 때 근로자들의 근로 제공장소가 중요한 요소로 고려될 것이다.

한편 간접고용관계에서 하청사업주가 아닌 '원청사업주'의 대체인력 투입에 대한 대항행위로 이루어진 쟁의행위의 정당성에 관하여 하급심 판결의 입장은 통일되어 있지 아니하다.

쟁의행위의 정당성을 인정한 사안으로, 하청사업주 소속 택배근로자들의 쟁의행위에 대하여 원청사업주가 대체인력을 투입한 경우, 원청사업주와 하청사업주의 근로자들 사이에 직접적인 고용관계가 없으나 원청사업주를 쟁의행위와 전혀 관계없는 제3자로 인정하기 어렵고, 노동3권의 실질적인 보장과 제3자의 권리보호, 그리고 사안의 특수성을 모두 고려하여 쟁의행위의 정당성을 판단하여야 한다는 원칙을 설시하면서, 근로자들이 대체인력 투입에 대하여 이를 위법한 행위라 주장하면서도 실제 쟁의행위 당시에는 직영차량의 터미널 출입을 저지하거나 통제하려는 시도를 하지 않아 정당성이 인정된다고 판단한 사안,[151] 원청사업주와 근로자들 사이에 직접적인 고용관계는 없으나 원청사업주가 하청업체와의 계약을 통해 근로의 결과를 향유한다는 점 등을 들어 원청사업주도 노조법 43조의 적용을 받는 사용자에 해당한다고 보았고, '당해 사업'의 의미를 엄격하게 해석하여 각 지역별 택배업무는 다른 지역의 택배업무와 일체로서 이루어지고 있는 '당해 사업'이 아니라고 보아 원청사업주가 '다른 지역'의 택배기사들을 투입한 행위를 위법한 대체인력의 투입으로 보면서, 원청사업주의 대체인력(택배기사) 투입에 대항하여 일부 통행로 및 진출입로에 차량을 주차하여 차량 운행을 방해하고 택배화물 운반을 손으로 붙잡는 등 방해하였으나, 문제된 회사의 택배물량이 아닌 다른 택배물량은 정상적으로 출고되었고 터미널 점거

---

151) 창원지법 2020. 8. 18. 선고 2019고정406 판결(미확정).

가 전면적·배타적인 정도에 이르지 않은 경우 정당성이 인정된다고 판단한 사안,[152] 원청사업주의 사업장에서 상차 위치에 택배차량을 주차하여 대체투입된 택배기사들이 지정된 상차위치가 아닌 수 미터 떨어진 곳에 주차하게 한 경우 이는 사회통념상 용인할 수 있는 범위로 인정하여 정당성을 인정한 사안[153] 등이 있다.

　원청사업주의 대체인력 투입에 대항한 쟁의행위의 정당성을 인정하지 않은 사례로, 원청사업주의 사용자성을 인정하면서도 각 지역별 택배업무가 동일한 경영주체에 의하여 이루어지고 있는 이상 이는 '당해 사업'에 해당한다고 보아 원청사업주가 타 지역 기사를 투입한 행위의 적법성을 인정하면서, 그와 같은 대체인력 투입에 대하여 하청사업주의 근로자들이 적재 화물을 검사하고 출차를 적극적으로 막은 행위는 사회통념상 용인될 수 있는 범위가 아니라고 판단하여 쟁의행위의 정당성을 부정한 사안[154]이 있다.

4. 사용자의 재산권과의 조화 원칙

가. 의　　의

　재산권도 근로자의 노동3권과 마찬가지로 헌법상의 권리이므로, 쟁의행위는 업무의 정상적인 운영을 저해함으로써 사용자에게 경제적인 타격을 주는 데에 그쳐야 한다. 앞서 본 바와 같이 쟁의행위로 인한 사용자의 경제적 손실 발생은 필연적이므로, 사용자에게 경제적 손실이 야기되었다는 점만으로 쟁의행위의 수단·방법의 정당성이 부정되는 것은 아니다. 그러나 근로자의 쟁의행위가 사용자의 재산권을 제한하는 정도를 넘어서서 현저히 침해하는 정도에 이르는 경우에는 그 쟁의행위는 정당성을 인정받기 어렵다. 여기서 사용자와의 재산권과의 조화 원칙이, 쟁의행위에 의하여 추구하려는 근로자 측의 이익과 이로 인하여 상실하게 되는 사용자 측의 경제적 손실 사이의 균형을 의미하는 것이 아니라는 점은 중요하다. 쟁의행위는 사용자 측에서 쟁의행위에 따른 큰 손실을 감수하며 근로자와의 협상에 응하지 않을 것을 선택한 결과일 뿐 아니라, 사용

---

152) 부산지법 서부지원 2020. 9. 9. 선고 2019고정1106 판결(미확정).
153) 대구지법 2021. 8. 11. 선고 2020노820 판결(미확정). 위 판결은 택배차량 상차 위치에 주차한 쟁의행위의 정당성은 인정하였으나, 대체차량의 적재화물을 검사하고 배송을 위한 출차를 막은 행위의 정당성을 부정하였다.
154) 대구지법 2021. 8. 11. 선고 2020노820 판결(미확정).

자와 근로자 사이의 협상력의 차이 등을 고려하면 근로자가 쟁의행위로 얻을
수 있는 이익과 사용자의 손실을 계량화하여 이를 산술적으로 단순비교함으로
써 정당성을 판단하는 것은 부당하다. 위 원칙은 쟁의행위가 현저히 불균형하거
나 사회적 상당성을 결하는 정도로 사용자의 재산권을 '침해'하는 정도에 이르
는 것을 금지함을 의미한다.

나. 구체적 사례

노조법에서 파괴행위를 금지하고(42조 1항) 작업시설의 손상이나 원료·제품
의 변질 또는 부패하기 위한 작업을 수행하도록 하는(38조 2항) 규정을 둔 이유도
이러한 형태의 쟁의행위가 사용자의 재산권을 현저히 침해하기 때문이다.[155] 구
체적인 예로, 원료·제품의 보존을 방치하는 행위나 보안·응급작업을 거부하여
사업장의 파괴를 초래하는 행위[156]는 사용자의 재산권을 현저히 침해한다는 점
에서 수단·방법의 정당성이 부인된다.

판례에 나타난 사례 중 사용자의 재산권과 관련하여 쟁의행위 수단·방법
의 정당성을 인정한 사례로는, 계획적으로 저질러지거나 강력한 폭력·파괴에
이르지 아니한 주장 관철을 위한 수단으로 행하여지는 경미한 정도의 기업시설
파괴행위[157]가 있고, 정당성을 부정한 사례로는 장기간에 걸친 사무실 점거 농
성이 사업장에 대한 관리권을 전면적·배타적으로 빼앗는 정도에 이른 행위,[158]
쟁의행위 기간 중 제품의 변질 또는 부패를 방지하기 위한 작업을 하지 않은
행위,[159] 조폐창 노조원들이 동료직원들의 만류를 저지하면서 지료(종이원료) 공
급밸브를 폐쇄하여 위 조폐창의 용지 생산 작업을 중단시켜 기본적 기업 활동
을 방해한 행위[160]가 있다.

5. 공정성 원칙

가. 의   의

쟁의행위의 수단과 방법은 노사관계의 신의칙상 요구되는 공정성(fair play)

---

155) 김형배, 1027~1029면; 이상윤a 816면.
156) 김형배, 1027~1028면.
157) 대법원 1971. 5. 24. 선고 71도399 판결.
158) 대법원 1990. 10. 12. 선고 90도1431 판결.
159) 대법원 2011. 7. 28. 선고 2009두4180 판결.
160) 대법원 2003. 12. 11. 선고 2001도3429 판결.

의 원칙161)을 준수하여야 그 정당성이 인정된다.162) 쟁의행위가 다른 정당성의
요건을 구비하였다고 하더라도 신의칙상 요구되는 수단이나 방법을 벗어나 공
정성을 잃은 경우에는 정당성이 부정된다. 공정성이란 근로자와 사용자 사이 또
는 노동조합과 사용자 사이의 근로관계 내지 노사관계에서 신의성실의 원칙에
의하여 요구되는 것으로서 그 수단과 방법이 신의칙상 요구되는 기준을 벗어나
지 않아야 한다는 것을 의미한다. 예를 들어 쟁의행의의 시작시기를 기습적으로
진행하여 사용자가 전혀 대응할 수 없도록 하거나163)164) 근로자 측에서 쟁의 참
여 인원을 속여 사용자로 하여금 이를 전혀 예측할 수 없도록 하는 것165)은 그
수단·방법에서 공정성을 잃은 것으로 볼 수 있다.166) 대법원 2007도482 전원합
의체 판결은 예측가능성을 위력에 대한 구성요건적 개념표지로 삼았으나, 이는
동시에 수단·방법의 정당성의 판단기준으로도 작용할 수 있다.

나. 구체적 사례

판례는 단체협약에서 정한 평화의무를 위반하여 이루어진 쟁의행위에 대하
여 노사 간의 신의성실의 원칙에 위반된다고 본 바 있다.167) 업무방해죄의 구성

---

161) 이 원칙은 반드시 쟁의행위의 수단과 방법의 정당성 평가에서만 적용되는 개념이 아니라,
   쟁의행위 일반의 정당성 판단의 기준으로 볼 수 있다.
162) 대법원 1990. 5. 15. 선고 90도357 판결.
163) 대법원 2011. 3. 17. 선고 2007도482 전원합의체 판결(소수견해는 다수견해가 제시하는 위
   력의 해당 여부에 관한 판단 기준 중에서 '사용자가 예측할 수 없는 시기에 전격적으로 이루
   어져 사용자의 사업 운영에 막대한 손해를 초래한 경우' 부분에 대하여 '과연 어떠한 경우를
   전격적으로 이루어졌다고 볼 수 있을 것인지, 어느 범위까지를 심대한 혼란 또는 막대한 손
   해로 구분할 수 있을 것인지 반드시 명백한 것은 아니다. 따라서 다수의견의 해석론에 따른
   다 할지라도 형법 314조 1항에 규정한 '위력' 개념의 일반조항적 성격이 충분히 해소된 것은
   아니고, 위력에 의한 업무방해죄의 성립 여부가 문제되는 구체적 사례에서 자의적인 법적용
   의 우려가 남을 수밖에 없다'고 비판하고 있다).
164) 예고 없이 전격적으로 행한 쟁의행위의 정당성 여부에 관하여 보면, 법령이나 단체협약에
   쟁의행위에 대한 예고의무가 특별히 정하여져 있지 않은 경우에는 근로자 측에 쟁의예고의
   무는 없으므로 예고 없이 쟁의행위에 돌입하더라도 이를 부당하다고 볼 수 없다. 다만, 사용
   자의 사업운영에 부당한 혼란과 마비를 가져오거나 그러한 혼란이 의도된 경우로서 사용자
   에게 심각한 타격을 입힌 경우에는 노사관계에서 지켜야 할 공정성의 원칙을 위반한 것으로
   볼 여지는 있다.
165) 임종률, 255면.
166) 수단·방법의 정당성과 직접 관련이 되지는 않으나, 사용자가 근로자의 요구를 들어 줄 수
   있는 권한이나 능력이 없다는 사실을 잘 알면서 쟁의행위를 하거나, 파업기간 중에 받지 못
   한 임금의 지급을 목적으로 쟁의행위를 하거나, 쟁의를 통해 얻을 수 있는 이익이 사소함에
   도 불구하고 사용자에게 지나친 손해가 발생하는 쟁의행위를 하는 경우 공정성의 원칙에 반
   하여 정당성이 인정될 수 없다는 견해가 있다(임종률, 255면).
167) 대법원 1994. 9. 30. 선고 94다4042 판결.

요건으로서 '위력' 판단에 관한 사안들이나 '공정성 원칙'에 대하여도 시사점이
될 수 있는 판례들로, 필수공익사업인 철도사업을 경영하는 공사에 대한 근로자
들의 쟁의행위에 대하여, 그 목적이 단체교섭이 될 수 없는 경영권에 속하는 사
항에 있었던 데다가 단체교섭이 완전히 결렬될 만한 상황도 아니었고, 업무 대
체가 용이하지 아니한 상황에서 순환파업 및 전면파업을 한 경우[168] 설사 그
일정이 예고되었다고 하더라도 이를 사용자가 예측할 수 없었다고 평가하여 위
력의 성립을 긍정한 사안이 있고,[169] 가스공사에서 근무하는 근로자들의 쟁의행
위에 관하여 파업 투표 실시 및 파업예고를 거쳤으며, 파업기간이 1일에 불과하
며, 필수유지업무 근무 대상자들이 업무를 계속하여 사용자에 대한 피해가 크지
않은 경우 위력에 해당하지 않는다고 본 사안[170]이 있다.

Ⅳ. 쟁의행위의 유형에 따른 수단·방법의 정당성

1. 파   업

가. 의   의

파업이란 근로자들이 근로조건의 유지·개선이라는 공동의 목적을 달성하
기 위하여 집단적이고 조직적으로 사용자에 대하여 근로계약에 기한 노무의 제
공을 일시적으로 거부하는 행위를 말한다. 파업은 쟁의행위의 가장 전형적인 형
태이고, 노무제공의 거부가 '전면적'으로 이루어진다는 점에서 태업과 준법투쟁
등과 구별된다.[171] 파업은 소극적 근로제공 중단으로 작위가 아닌 부작위로 보
아야 한다는 견해가 있으나,[172] 대법원 2007도482 전원합의체 판결은 단순히 근
로계약에 따른 노무제공을 거부하는 부작위를 넘어서 '사용자에게 압력을 가하

---

168) 위 판결에서는 안전운행투쟁 및 경고파업 등도 문제되었으나, 이 부분에 대해서는 업무방
    해죄의 위력에 해당하지 않는다는 취지로 판시하였다.
169) 대법원 2014. 8. 20. 선고 2011도468 판결. 이에 대하여 판례가 요구하는 전격성은 사용자
    가 대체근로를 준비할 여유를 주기 위한 것임에도, 당시 한국철도공사가 필수유지업무의 필
    요인원 및 대체인력을 이용하여 충분한 대비를 하고 있었음에도 불구하고 예측이 어렵다고
    판단한 부분에 대한 비판적인 견해로 도재형c, 144면 참조.
170) 대법원 2014. 11. 13. 선고 2011도393 판결. 위 판례에 대하여 목적의 정당성이 결여된 파
    업이더라도 전격성이 인정되지 않는 경우 업무방해죄에 해당하지 않을 수 있는 것으로 논란
    이 정리되었다는 견해가 있다(신수정a, 260면).
171) 박성민, 89면.
172) 대법원 2011. 3. 17. 선고 2007도482 전원합의체 판결의 소수의견. 박성민, 109~110면도 동
    일한 견해이다.

여 근로자의 주장을 관철하고자 집단적으로 노무제공을 중단하는 실력행사'로
서 위력에 해당한다고 보아 '작위'에 해당한다고 보는 것으로 이해된다.

나. 정당성 판단 기준

파업은 소극적으로 근로의 제공을 거부하여 사용자에게 경제적 손실을 주
는 것을 본질로 하는 쟁의행위로서 정당성이 인정된다. 소극적인 근로제공의 거
부라는 본질을 벗어나는 수단·방법에 의한 파업의 정당성 판단은 각 사안에
따라 구체적이고 합목적적으로 이루어져야 할 것이나, 정당성 판단의 원칙인 폭
력·파괴행위 금지, 주요생산시설 점거금지, 안전보호시설 정지·폐지 금지, 공
정성 원칙, 재산권과의 조화 등이 중요한 기준이 될 것이다.

파업은 통상적으로 사용자에 대응하여 집단시위, 피케팅, 직장점거 등 여러
가지 적극행위가 수반되는 경우가 많다.[173] 이들 행위는 파업 즉 근로제공 거부
의 효율성을 강화하기 위한 수단[174]으로 이용되고 사회적 상당성을 벗어나지
않는다면 위법하다고 볼 수 없으므로, 이러한 행위를 수반한 파업 역시 정당성
을 상실했다고 볼 수 없다.[175] 반대로 파업 자체는 적법하나 이에 수반한 피케
팅, 직장점거 등이 사회적 상당성을 벗어나 위법하다면 전체적으로 파업 자체가
정당성을 상실할 수도 있다.[176]

소극적인 노무제공 거부를 넘는 행위로는, 적극적으로 사용자의 재산을 점
유하거나 사용자의 사업장 지배를 저지하는 행위를 수반하는 경우 등이 있다.[177]

파업에는 그 규모에 따라 특정산업 또는 기업의 전 근로자가 참가하는 전

---

173) 서울행법 2017. 10. 12. 선고 2016구합81543 판결(심리불속행 기각 확정)도 "피케팅이나 보
    이콧은 노무파업에 따른 노무정지의 효율성을 확보, 강화하기 위한 수단으로 파업에 동반되
    기도 한다"고 판시하였다.
174) 판례는 쟁의행위의 개념 및 유형과 관련하여 "쟁의권이 노동력의 집단적 거래로서의 측면
    을 갖는 단체교섭에 있어서 그것을 집단적으로 이용시키지 않게 함으로써 경제적 압력을 넣
    는 권리이고, 또한 이러한 경제적 압력을 유지, 강화시키기 위하여 사용자가 다른 노동력을
    사용하거나 거래선을 확보하는 것을 방해하는 권리인 것이므로 쟁의권에 의하여 보호되는
    행위로서의 '쟁의행위'는 근로자집단이 그 주장의 시위나 그 주장을 관철할 목적으로 노무의
    제공을 완전 또는 불완전하게 정지하거나, 또한 필요에 따라 이 노무정지를 유지하기 위한
    피케팅이나 사용자와의 거래를 거부하라고 호소하는 행위를 의미하는 것이다"라고 판시하고
    있다(대법원 1990. 5. 15. 선고 90도357 판결).
175) 이병태, 310면; 이상윤a, 847면.
176) 이기중, 447면; 황교안, 92~93면. 다만, 이 경우에도 파업에 참가한 일부 근로자들이 지도
    부의 지시에 따르지 않고 위와 같은 행위를 한 경우에는 파업 전체의 정당성을 상실한다고
    볼 수는 없다.
177) 이기중, 447면; 황교안, 92면.

면파업, 특정산업 또는 기업의 일부 근로자들만이 참가하는 부분파업, 특정 근로자만을 지명하여 노무제공을 거부케 하는 지명파업 등이 있으나, 파업형태의 선택은 파업근로자들의 자유로운 결정에 맡겨지는 것이므로 파업의 형태나 규모에 의해 정당성이 좌우되는 것은 아니다.178)179)

　　또한 파업기간을 기준으로, 일정한 기한을 정하여 실시하는 시한부파업, 간헐적으로 노무제공을 거부하는 파상파업 등이 있으나, 파업이 반드시 계속적으로 실시되어야 하는 것은 아니므로 파상파업도 그 자체를 위법이라고 할 수는 없다.180)

2. 태   업

가. 의   의

　　태업이란 근로자들이 근로조건의 유지·개선을 목적으로 단결하여 노무제공은 계속하되 의식적으로 작업능률을 저하시키는 쟁의방법을 말한다. 태업은 근로제공은 계속하되 근로의 양 내지 질을 줄이거나 저하시켜 사실상 사용자에게 손해를 입히는 것181)이 특징이다.182)

　　태업의 성질에 관하여, 불규칙적이고 불완전한 노무제공을 한다는 점에서 파업과 구별되나, 근로제공을 부분적으로 정지한다는 점에서 파업과 성질을 같이 한다는 견해,183) 태업이 근로제공의 부분적 정지라고 하더라도 근로계약이나 노동력 제공 자체의 정지는 아니고 민법상 채무불이행과 채무의 일부 불이행이 구분되는 것과 같이 근로의 불완전한 제공과 근로제공의 일부정지는 동일할 수 없기 때문에 파업과는 분명히 구별된다는 견해184)가 대립하는데, 대법원은 태업

---

178) 김형배, 1032~1033면; 이상윤a, 847면; 황교안, 93면; 김선일 789면.
179) 다만, 지명파업의 경우 그 실시과정에서 요구 실현이 아니라 노무제공을 거부할 목적으로 활용되는 경우 개념상 쟁의행위에 해당하지 않는다는 견해가 있다(김형배, 1033면).
180) 김형배, 1033면; 황교안, 93면.
181) 이 경우 사용자는 생산력이 저하된 만큼 임금의 지급을 거절할 수 있고(대법원 2013. 11. 28. 선고 2011다39946 판결), 업무운영이 무의미하다고 판단되는 경우 직장폐쇄로 대항할 수 있다.
182) 태업은 파업에 따르는 제약을 회피할 목적으로 행해지는 경우가 많다. 즉 단체협약으로 파업에 대해 어떤 제한이 가해진 경우라든지, 파업 자체가 여론에 나쁜 영향을 줄 우려가 있어 파업의 방법을 선택하기 어려운 경우 등에는 전략적으로 파업을 피하고 그에 대신하여 태업의 방법을 택하게 된다(황교안, 93면).
183) 박진환, 415~416면; 임종률, 254면.
184) 노호창, 300면, 312~314면. 김형배, 1033면은 '태업은 불완전한 노무제공(불완전한 이행)을 하는 것'이라고 보아 태업의 성격을 근로의 불완전한 제공으로 파악하는 것으로 이해된다.

은 근로제공을 일부 정지하는 것이라는 취지로 판시하였던바,[185] 전자의 견해를 취하였다.

태업의 종류로서는 소극적 태업과 적극적 태업이 있다. 소극적 태업이란 단순히 할 일을 게을리 하는 부작위에 머무는 것을 말하며, 작업속도를 늦추는 감속근무나 자기에게 주어진 직무 중 일부를 고르고 특정 직무 수행을 거부하는 직무거부 등이 이에 속한다.[186] 이에 비해 적극적 태업이란 소극적으로 일을 게을리 하는 것에 그치지 않고 적극적으로 원료나 기계, 제품을 손괴하거나 은닉하는 것, 또는 의도적으로 거칠게 일을 하여 불량품을 생산하는 불량근무를 의미한다.[187] 기계 설비 파괴 또는 은닉의 형태로 이루어지는 적극적인 태업에 대한 개념으로 사보타지(sabotage)라는 용어를 사용하기도 하므로, 사보타지를 따로 구별하여 별도의 항에서 논하기로 한다. 소극적 태업과 관련하여, 판례는 제품 포장공정과 관련하여 노조 지휘부로부터 지시받은 생산량이 달성되면 더 이상 작업하지 않은 채 자리를 비켜주지 않은 경우에도 태업에 해당한다고 판단하였다.[188]

나. 정당성 판단 기준

작업능률을 저하시켜 생산성을 감소시키는 데 그치는 소극적 태업은 원칙적으로 수단·방법에서 정당성이 부정되지 않는다. 태업으로 인하여 작업능률이 저하되어 자재를 낭비하거나 일부 불량품, 조악품을 생산하게 되는 경우에도 달리 위법요소를 수반하지 않는 한 위법하다고 볼 수 없다.[189]

그러나 소극적인 행위로서 한도를 넘는 행위가 수반되는 적극적 태업의 경우에는 그 정당성이 문제될 수 있다. 즉 자재가 폐품이 된다거나 기계가 파손되는 것을 알면서도 태업을 감행하는 경우나 적극적이고 의도적으로 불량품이 생산되도록 하는 경우에는 사용자의 재산권 자체를 침해하는 유형력의 행사에 해

---

185) 대법원 2013. 11. 28. 선고 2011다39946 판결. 다만, 위 판결에서 인정한 사실관계에 비추어 볼 때 '태업' 방식이 파업에 이를 정도로 보았던 것이므로, 파업임을 전제로 판단하였어야 한다는 견해가 있다(노호창, 313면).

186) 박진환, 426~427면, 직무태업에는 출퇴근 기록의 집단적 해태, 수주 관련 업무만 해태하는 것, 대고객업무는 정상대로 유지하면서 서류작성 등을 해태하는 경우 등을 들 수 있다(김유성, 246면).

187) 황교안, 94면.

188) 이에 대하여 위 사안의 사실관계는 소량의 작업만 한 다음 그 이후 작업을 하지 않으면서 근무시간과도 상관없는 시간에 자리를 비켜주지 않은 것으로, 이를 노조법 42조 1항이 금지하는 생산라인 점거 형태의 위법한 파업이라고 볼 여지가 있다는 의견이 존재한다(박진환, 445면).

189) 김형배, 1033면; 이상윤a, 848면; 임종률, 254~255면.

당하므로 사용자의 재산권과의 조화 내지 사회적 상당성에 비추어 정당성이 부정된다.[190]

판례는 택시회사 근로자들이 당시까지 관행화되어 있던 과속, 부당요금징수, 합승행위 등 불법적 운행의 중지를 결의하고 시행[191]하면서 그 준법운행사항 외에 수입금의 상한선까지 정하여 1일 입금액을 통제함으로써 회사에 큰 손해를 입히고, 일부 조합원들이 이에 맞추기 위하여 파행적인 운행까지 하게 된 경우를 태업 내지 부분파업으로 규정하면서 그 목적과 수단, 이로 인한 회사의 손해 정도 등을 종합할 때 위법한 쟁의행위라고 판시[192]한 바 있다. 한편, 노조가 적법절차에 따라 태업을 함으로써 사실상 운송수입금이 감소된 경우는 쟁의행위로서 정당성이 인정되나, 태업 과정에서 운송수입금의 일부를 납입하지 않고 횡령한 경우에는 정당성이 인정될 수 없다.[193]

3. 사보타지(Sabotage)

가. 의   의

사보타지란 근로자들이 의식적으로 생산 또는 사무를 방해하고 생산설비 등을 파괴하거나, 사용자의 사적 비밀 또는 험담 등을 고객에게 알리는 방법 등으로 업무의 정상적인 운영을 저해하는 행위를 말한다.

광의의 사보타지에는 원료·기계·제품의 파손과 불량제품의 생산 또는 업무의 적극적인 방해 등 적극적인 수단을 강구하는 '적극적 사보타지', 사용자의 영업행위에 관련되는 비밀 또는 부정행위를 거래관계 있는 자 또는 제3자에게 폭로하거나 선전하거나 인신비방의 수단을 행사하는 '폭로 사보타지', 계속적으로 노무의 제공을 하되 작업의 능률을 저하시키는 소극적 방법을 행사하는 '소극적 사보타지' 등 세 종류가 있다.[194]

나. 정당성 판단 기준

작업의 능률을 저하시키는 소극적 사보타지는 앞서 본 태업[195]과 마찬가지

---

190) 이병태; 312면; 이상윤a, 848~849면; 황교안, 94면.
191) 이 부분은 준법투쟁에 해당한다. 후술한다.
192) 대법원 1991. 12. 10. 선고 91누636 판결.
193) 1989. 2. 22. 노사 32281-2661.
194) 황교안, 95면. 일부 견해는 사보타지를 위 3가지 중 소극적인 태업행위를 제외한 것으로 파악하고 있다(김형배, 1034면).
195) 원료를 낭비하여 생산량을 줄이는 사보타지는 생산량을 줄인 한도 내에서 태업이라고 볼

로 다른 사정이 없는 한 정당성이 인정된다. 그러나 원료·제품·기계 등을 손
상시키는 적극적 사보타지는 파괴행위의 금지, 생산주요시설 점거금지, 사용자
의 재산권과의 조화, 안전보호시설 정지·폐지 금지, 사회질서 위반행위 금지
등의 원칙에 비추어 정당성이 인정될 수 없다.

한편 사용자의 사적 비밀 폭로나 인신비방 등 폭로 사보타지도 적극적으로
사용자의 경영에 간섭하거나 사용자의 인격을 침해하는 경우 사회적 상당성을
벗어나 정당한 쟁의행위로 보기 어렵다. 다만, 비방의 경우에도 파업 등 쟁의행
위의 부수적 행위로서 사용자의 파업에 대한 조치나 노동조합에 대한 대응을
비난하는 수준인 경우에는 사회적 상당성을 벗어나지 않는 한 정당성을 인정하
여야 한다.

4. 생산관리

가. 의   의

생산관리란 근로자들이 사용자의 지휘·명령을 거부하는 데 그치지 않고,
자신들의 주장을 관철할 목적으로 집단적으로 사용자의 지휘·명령을 배제하고
노동조합의 통제 또는 지휘·명령 아래 사업장 또는 공장을 점거하여 스스로
기업경영을 행하는 것을 말한다.[196]

생산관리는 사용자 측이 자재 값의 인상 등으로 조업을 기피하여 파업에
의하여서는 사용자에게 압력을 가할 수 없는 경우나, 회사 측의 봉건적인 노무
관리를 철폐하고 사내 민주화를 도모하기 위하여 기업경영에 관여할 필요가 있
는 경우 등의 이유로 행하여진다.[197]

생산관리에는 노조가 회사의 종전 경영방침을 그대로 유지하면서 수익금을
회사를 위하여 보관하고 임금도 종래 수준대로 지급하는 '소극적 생산관리'와
노조가 종래의 회사 경영방침을 무시하고 회사의 자재를 임의처분하거나 수익
금을 일방적으로 임금, 투쟁자금 등으로 사용하는 '적극적 생산관리'가 있다.[198]

수 있다.

196) 이병태, 316면; 황교안, 96면.
197) 대부분 사용자가 장기간 생산을 게을리 할 때 근로자가 스스로 임금 등을 확보하기 위해
    행하여지는 쟁의행위이나 최근에는 이러한 예가 거의 없다(이병태, 316면).
198) 이병태, 316면; 황교안, 96면.

나. 정당성 판단 기준

생산관리는 경영권을 침해함으로써 사유재산제의 근간을 위협하는 것이므로로 생산수단의 적극적 지배·통제로 나아가는 것은 부당하다는 견해(생산관리부당설),[199] 근로자도 기업 내부의 한 담당자로서 생산관리기간 중에도 근로자에 의해 경영이 계속되는 것이므로 적법한 쟁의행위라는 견해(생산관리정당설), 적극적 생산관리는 사유재산제의 근간을 위협하여 부당한 쟁의수단이라고 평가되어야 하지만 소극적 생산관리는 회사의 종래의 경영방침에 따라 조업을 계속하는 것으로서 사유재산제의 근간을 위협한다고 볼 수 없으므로 정당한 쟁의수단으로 평가해야 한다는 견해(절충설[200])[201] 등이 대립하고 있다.

생산관리는 사용자의 생산수단에 대한 소유권과 기업경영권을 침해하는 것으로서 사용자의 재산권과의 조화, 주요생산시설 점거금지 등의 원칙에 비추어 기본적으로 쟁의행위의 정당성을 인정하기는 어렵다. 다만, 근로자들이 회사의 종래 경영방침에 따라 실시하는 소극적 생산관리[202]는 그 자체가 사용자의 소유권 내지 경영권을 침해한 것으로 볼 수 없고 노사 양측의 평등한 지위 보장이라는 측면에서 정당성을 인정할 수 있다.

5. 보이콧[203](Boycott)

가. 의   의

보이콧이란 근로자들이 사용자 또는 그와 거래관계에 있는 제3자의 상품 구입 또는 시설 이용을 거절하거나 그들과의 근로계약 체결을 거절할 것을 호소하는 쟁의수단을 말한다.[204] 통상 파업 등 쟁의행위의 효력을 증대시키기 위한 부수적 수단으로 행하고 있다.[205][206]

---

199) 박동명, 67면; 심태식, 38면.
200) 여기에는 생산관리 가운데 근로자가 달리 적법한 쟁의수단을 강구할 수 없는 긴급 상태 하에서 행한 생산관리에 대해서만 긴급피난으로서 정당화된다는 견해도 있다.
201) 이상윤a, 854~855면.
202) 사용자가 소위 생산태업을 하며 생산의 전부 또는 대부분을 정지하고 근로자의 동맹파업에 대하여 사용자가 단체교섭을 회피하는 등 고의로 쟁의를 연기시키고자 하는 경우 등에 대응하는 생산관리행위가 그 예가 될 것이다(황교안, 97면).
203) 불매운동이라고 번역하기도 한다.
204) 황교안, 98면.
205) 이상윤a, 855면; 황교안, 98면.
206) 서울행법 2017. 10. 12. 선고 2016구합81543 판결(심리불속행 기각 확정).

보이콧에는 근로자들이 사용자가 취급하는 제품의 불매, 시설이용의 거절을 결의하거나 일반인들에게 불매 또는 시설 불이용을 호소하는 1차적 보이콧과, 사용자를 상품시장으로부터 고립시키기 위하여 사용자와 거래관계에 있는 제3자에게 사용자와 거래를 단절할 것을 요구하고 이에 불응하는 경우 그 제3자의 제품 구입이나 그에 대한 노동력의 공급거부를 호소하는 2차적 보이콧이 있다.

나. 정당성 판단 기준

1차적 보이콧에 해당하는 단순한 불매 또는 시설이용 거절 결의, 평화적 설득의 방법에 의한 불매, 시설 불이용 호소 등은 시민으로서 표현의 자유 보장과 사회적 상당성 원칙에 비추어 정당성을 인정하여야 한다. 다만, 이 경우에도 폭행·협박, 허위선전, 사용자 비방 등을 수반하는 경우에는 폭력적 쟁의행위 금지, 공정성의 원칙 내지 사회적 상당성의 원칙에 비추어 정당성의 한계를 넘는 것으로 보아야 한다.207)

2차적 보이콧의 경우, 제품의 불매 여부 등은 순전히 시민적 자유에 속하는 것이므로 사용자에 대한 주장의 관철을 목적으로 하는 한 정당성이 인정된다는 견해208)와 쟁의행위는 본래 교섭당사자자간의 실력 행사이므로 제3자를 상대로 하는 2차적 보이콧에는 정당성을 인정할 수 없다는 견해209)로 나뉜다.

근로자의 쟁의행위는 단체교섭의 당사자인 사용자에 대한 것이어야 하는데, 2차적 보이콧은 사용자와 거래관계에 있는 제3자에 대한 집단행동이므로 쟁의행위의 실질적 요건을 갖추지 못하였을 뿐만 아니라,210) 제3자의 상품거래의 자유를 제약하는 행위에 해당하여 정당한 쟁의행위로 인정되기 어렵다.211) 다만, 2차적 보이콧이라고 하더라도 제3자가 자발적으로 또는 제3자가 자신의 사업장에서 해당사업장 노조 등으로부터 파업의 협박을 받고 사용자와 거래를 중단한 경우 등 직접적인 연관성이 없는 경우에는 정당성이 인정될 수 있다.212)

---

207) 서울행법 2017. 10. 12. 선고 2016구합81543 판결(항소심은 항소기각, 상고심은 심리불속행 기각 확정)은 '폭행, 협박, 신용훼손 또는 허위선전 등 위법한 실력행사나 위력에 의하지 않는 경우에 한하여 정당성을 인정받을 수 있다'고 하였다.
208) 현재 우리나라에는 순수하게 정당성이 인정된다는 견해는 없는 것으로 보인다.
209) 김형배, 1035면; 이상윤a, 857면; 임종률, 257면.
210) 이상윤a, 857면.
211) 임종률, 257면.
212) 김형배, 1035면.

하급심 판결에는 노조원들이 자신들의 회사와 거래 관계에 있는 다른 회사
사장을 찾아가 그 회사 정문에서 욕설을 하고 노동가 등 노래를 부르고 구호를
외치며 농성을 하다가 그 회사 사장에게 그 회사가 노조원들이 근무하는 회사
로부터 하청받아 만드는 제품의 입출고를 일체 중단하도록 요구하여 각서를 작
성받은 행위에 대해 정당성을 인정하지 않은 경우가 있다.213) 정당성을 인정한
하급심 판결로는 근로자들이 사용자의 거래처 앞에서 '총단결로 분쇄하자, 박살
내자' 등의 현수막을 걸거나 피켓을 든 행위에 대하여 사용자의 업무를 방해할
정도에 이르지 않았다고 본 경우가 있다.214)

6. 피케팅(Picketing)

가. 의   의

피케팅215)이란 쟁의행위 장소에 보호 또는 감시 요원을 배치하여 근로희망
자 등의 사업장 출입을 저지하고 쟁의행위에 협조할 것을 권유·설득하거나, 일
반인들216)을 대상으로 노동조합의 요구를 이해하고 이를 지지하여 줄 것을 호
소하는 문언을 작성하여 이를 파업 장소에 게시·비치 또는 방송하는 쟁의행위
를 의미한다. 노조법 38조 1항에서는 "쟁의행위의 참가를 호소하거나 설득하는
행위"라고 규정하고 있다.

피케팅은 독립된 쟁의행위가 아니고 주로 파업, 보이콧 등의 효과를 높이기
위해 부수적으로 행해지는 보조적 쟁의수단이다.217) 피케팅의 목적은 조합원의
이탈을 방지하여 단결을 강화하고, 파업방해자나 대체노동자들의 조업을 저지하
며, 원자재의 입하·제품의 출하를 저지하거나 고객을 차단하는 것이다.218)

구체적인 유형을 살펴보면, 온건한 방법으로는 다른 근로자들에게 파업이
행해지고 있다는 것을 알리는 행위, 나아가 파업의 실행에 협력하여 줄 것을 호

---

213) 인천지법 1989. 8. 30. 선고 89고단2276 판결.
214) 서울고법 2018. 5. 17. 선고 2017누81412 판결(심리불속행 기각 확정).
215) '파업감시', '파업방해감시', '파업권유' 등으로 부르는 경우도 있다.
216) 이 경우는 쟁의행위의 상대방이 사용자가 아니어서 쟁의행위로서 실질을 갖추지 못하였다
    고 볼 수도 있으나, 결과적으로 사용자에게 심리적인 압박을 초래할 수 있다는 측면에서는
    쟁의행위로 볼 수도 있다.
217) 피케팅 자체가 독자적인 쟁의행위로 행사될 수 있다는 견해도 있다(이상윤a, 857면). 서울
    행법 2017. 10. 12. 선고 2016구합81543 판결도 '피케팅이 부수적으로 사용될 수 있다'고 하
    여, 독자적 쟁의행위를 인정하는 듯한 표현을 사용하고 있다.
218) 임종률a, 47면.

소하거나 설득하는 행위 등이 있고, 강경한 방법으로는 파업 불참 근로자들이
이러한 설득에 응하지 않고 작업장으로 들어가려고 하는 경우 스크럼을 짜거나
바리케이드를 구축하는 등의 방법으로 출입구를 막는 행위, 파업 불참 근로자들
에게 폭행을 가하거나 투석하는 행위 등이 있다.

나. 정당성 판단 기준

피케팅의 정당성에 대하여는, 근로를 희망하는 근로자에 대하여 평화적 설
득 내지 구두나 문서에 의한 언어적 설득의 방법을 이용하는 경우에만 정당성
이 인정되고 위력에 의한 물리적 강제가 수반되는 경우에는 그 정당성을 인정
할 수 없다는 견해(평화적 설득설),[219] 조합원에 대하여는 실력적 저지도 용인되
지만 그 이외의 자에 대하여는 평화적 설득에 한해서만 정당성이 인정되어야
한다는 견해(조합통제권력설),[220] 쟁의의 실효성 확보를 위한 어느 정도의 실력
행사는 허용되어야 하므로 근로희망자에 대해 평화적 설득의 범위를 넘어 어느
정도의 강경한 설득 내지 집단적 시위와 같은 실력에 의한 저지 행위로 나아간
경우에도 적극적으로 폭행·협박에 이르지 않는 한 그 정당성을 인정하여야 한
다는 견해(실력저지 용인설)[221] 등이 대립하고 있다.[222]

파업근로자가 근로희망자에게 폭력을 행사하여 쟁의행위에 참가 또는 동조
할 것을 요구할 권한은 없고, 폭력적 쟁의행위 내지 사회적 상당성을 결한 쟁의
행위가 허용될 수 없다는 점에 비추어 볼 때 원칙적으로 평화적 설득의 방법에
의한 경우에만 피케팅의 정당성을 인정할 수 있다. 다만, 여기서 말하는 평화적
설득이란 단순히 말에 의한 설득 이외에 단결에 의한 설득도 포함되어야 한다.
따라서 사업장의 출입구 부근에 다수가 집합하고 있는 것 등은 정당성을 인정

219) 김대휘, 74면; 김형배, 1035면.
220) 장영민·박강우, 95면
221) 이병태, 314~315면(이 견해는 원칙적으로 실력행사를 인정하되, 쟁의의 원인과 경과, 피케
    팅의 대상, 당해 피케팅을 행하게 된 동기와 경과, 사용자 측의 업무방해 정도, 사용자 측의
    태도 등을 개별적·구체적으로 살펴 특별한 경우에만 정당성을 상실한다고 설명하고 있다);
    임종률a, 48면(임종률, 257면에서는 평화적 설득설의 입장에 가까운 것으로 보인다).
222) 한편 ILO 산하 결사의 자유 위원회는 '파업 중 피케팅 금지는 파업이 평화적으로 이루어
    지지 않게 된 경우에만 정당화될 수 있다'(ILO, Freedom of Association, "Compilation of
    decisions of the Committee on Freedom of Association", 6th edition, 2018, para. 937)고, '위원
    회는 공공질서를 교란하고 근로를 계속하는 근로자를 위협하는 피케팅을 금지하는 법 조항
    은 정당하다고 판단하였다'(ILO, Freedom of Association, "Compilation of decisions of the
    Committee on Freedom of Association", 6th edition, 2018, para. 938)고 규정하였다.

할 수 있는 피케팅이라고 본다.223) 그러나 근로희망자에 대하여 폭행·협박, 인
신비방, 바리케이드 설치, 집단적 위력 행사 등으로 사업장에 출입하는 것을 저
지시키거나 조업을 중지시키거나 조업을 방해하는 경우는 정당성이 부정되어
사안에 따라 폭행, 협박, 업무방해, 명예훼손 등의 범죄가 성립될 수 있다.224)

판례는 "파업의 보조적 쟁의수단인 피케팅은 파업에 가담하지 않고 조업을
계속하려는 자에 대하여 평화적 설득, 구두와 문서에 의한 언어적 설득의 범위
내에서 정당성이 인정되는 것이고, 폭행, 협박 또는 위력에 의한 실력저지나 물
리적 강제는 정당화 될 수 없다"고 판시하여 평화적 설득설의 입장을 취한다.225)

다. 구체적인 사례

피케팅 중 정당성이 부정된 사례는, 병원에서 근무하는 비노조원들을 협박
하고 기물을 손괴하고 사진을 찍으면서 위력을 행사하여 파업에 동참할 것을
강요한 행위,226) 파업 기간 중 협박에 의한 출근저지행위, 고지서탈취 등의 방
법에 의한 고지서 발송 작업 저지행위,227) 농성에 가담하지 않고 근무하는 직원
들에게 "노조원들과 적이 되려 하느냐"는 등의 야유와 협박을 하며 농성가담을
적극 권유한 행위,228) 규찰대를 조직하여 전면파업 중에 현장에서 작업하는 조
합원이나 파업 불참자를 색출한다는 이유로 현장순회를 하며 이탈자를 색출하
고 외부 노조의 대자보를 부착하고 회사 내에서 집회 및 노동자 경연대회를 개
최한 행위,229) 파업에 참여하지 않는 직원들 자택 인근에서 피켓 시위를 벌인

---

223) 황교안, 101면.
224) 황교안, 101면.
225) 대법원 1990. 5. 15. 선고 90도357 판결, 대법원 1990. 10. 12. 선고 90도1431 판결, 대법원
    1992. 7. 14. 선고 91다43800 판결(다만, 이 판결은 "파업에 참가한 근로자들이 파업에 동조
    하지 아니하고 조업을 하는 사람들에게 '피케팅'을 하고, 회사 측의 위법한 대체인력 고용행
    위를 저지하기 위하여 '상당한 정도의 실력을 행사'하는 것은 동맹파업 등 근로자들에 의한
    쟁의행위가 실효를 거둘 수 있도록 하기 위하여 마련된 위 규정의 취지에 비추어 허용된다
    고 보아야 할 것"이라고 판시하여 실력행위 용인설의 입장에 있는 것으로 볼 여지도 있다.
    그러나 위 판결에서 설시한 "상당한 정도의 실력 행사"가 위력에 의한 실력저지 또는 물리
    적 강제에 이른다고 보기는 어렵고, '위법한' 대체인력 고용행위를 저지하기 위한 특수한 상
    황에 대한 판례이므로, 위 판례가 피케팅 일반에 대한 실력행위 용인설의 입장에 있는 것으
    로 볼 수는 없다); 대법원 2003. 12. 26. 선고 2003도1317 판결, 대법원 2006. 8. 24. 선고
    2006도3552 판결, 대법원 2008. 6. 26. 선고 2006도5922 판결.
226) 대법원 2003. 12. 26. 선고 2003도1317 판결.
227) 대법원 1990. 10. 12. 선고 90도1431 판결, 대법원 1992. 7. 14. 선고 91다43800 판결.
228) 대법원 1992. 5. 8. 선고 91도3051 판결.
229) 대법원 2000. 3. 10. 선고 99도4838 판결.

행위,230) '단결투쟁'이라고 쓴 띠를 이마에 두른 채 버스에 탑승하여 운행 도중 기사들에게 욕설을 하고 멱살을 잡는 등의 행위,231) 근무종료시간 이후이나 상당수의 직원들이 잔무를 처리하고 있는 사무실에서 수십 분간 큰 소리로 구호를 외치며 건물을 순회한 경우232) 등을 들 수 있다.

정당성이 인정된 사례로는, 병원의 업무개시 전이나 점심시간을 이용하여 구호를 외치거나 노동가 등 노래를 합창하고, 또는 피켓을 들고 침묵시위를 하며 행진하는 행위,233) 상대방이 특정되지 않는 '배신자를 처단하자', '총 단결로 박살내자'는 등의 구호를 외친 행위,234) 20분 동안 평온하게 한 줄로 행진하며 피켓을 들고 구호를 외친 행위,235) 사무실 내 각 책상이나 파티션마다 '비정규직 철폐' 등의 풍선을 1개씩 설치한 행위236) 등을 들 수 있다.

7. 직장점거(Work-in)

직장점거란 근로자들이 그 주장을 관철하기 위하여 사용자의 의사에 반하여 사업장·공장 등 회사 내에서 퇴거하지 않고 장시간 체류하거나 이를 점거하는 쟁의수단을 말한다.237) 직장점거는 37조 3항에서 다루고 있고, 42조 1항 후단에서 주요생산시설 점거금지를 규정하고 있음은 앞서 본 바와 같다. 자세한 논의는 법 37조 3항에 대한 해설 참조.

8. 준법투쟁

가. 의   의

준법투쟁이란 종래의 업무운영 관행이 법령 또는 단체협약, 취업규칙 등 제 규정에 위반하고 있거나 위반의 우려가 있는 경우, 노동조합의 지시·명령에 따라 근로자들이 자신들의 요구를 관철하기 위한 수단으로 노동조합이 판단한 법 해석에 따라 종래의 관행과 다른 방법으로 업무를 수행하거나 업무를 정지함으

---

230) 서울고법 2017. 2. 3. 선고 2016누379 판결. 이는 정당한 노동조합 활동에 해당할 수 없다고 본 사안이나, 쟁의행위의 정당성에도 유사하게 적용될 것으로 보인다.
231) 대법원 2008. 6. 26. 선고 2006도5922 판결.
232) 대법원 2006. 8. 24. 선고 2006도3552 판결.
233) 대법원 1992. 12. 8. 선고 92도1645 판결.
234) 서울고법 2017. 2. 3. 선고 2017누81412 판결(심리불속행기각 확정).
235) 서울북부지법 2021. 8. 17. 선고 2021노481 판결(미상고확정).
236) 대전고법 2015. 7. 2. 선고 2015누10160 판결(미상고 확정).
237) 연좌 또는 농성하는 경우가 일반적인 형태이다.

로써 업무운영을 저해하는 행위를 말한다. 즉, 근로자들이 집단적으로 법령이나
단체협약, 취업규칙 등의 내용을 철저히 준수함으로써 작업능률과 실적을 저하
시켜 사용자에게 압력을 가하는 쟁의행위를 의미한다. 준법투쟁은 교통법규의
준수, 산업 관련 법적 절차의 준수 등 법 규정에 의한 사항을 준수하여 투쟁하
는 방식의 법규준수형과, 연가 이용, 점심시간 준수 등 근로자에게 보장된 권리
를 행사하는 등의 권리행사형으로 나눌 수 있다.[238] 이는 보충적인 압력수단으
로서 계약상의 권리나 의무를 집단적으로 실행하면서 파업이나 태업과 같은 근
로제공 정지의 효과를 거두는 것이므로 권리·의무의 실행이라는 일면과 근로
제공 정지의 야기라는 일면을 가지고 있다.[239] 준법투쟁은 법 규정을 준수하고
규정대로 권리행사를 하는 것이므로 작업시간을 지키지 않거나 작업시간 중에
하는 집단행동은 부적법행위로서 준법투쟁이라고 할 수 없다.

나. 쟁의행위 해당성 여부

준법투쟁은 근로자의 권리·의무 실현이라는 측면과 근로제공의 거부라는
측면을 동시에 가지므로 이를 과연 쟁의행위라고 할 수 있는지 여부가 논란이
되고 있다.[240]

쟁의행위 해당기준으로 노조법은 2조 6호에서 "업무의 정상적인 운영을 저
해하는 것"이라고 규정하고 있다. 준법투쟁이 위 규정에서 정한 쟁의행위에 해
당하는지 여부는 위 규정상의 업무를 어떻게 해석하느냐에 따라 판단된다. 업무
를 '관행화된 업무'로 보는 사실정상설(事實正常說)[241]의 입장에서는 준법투쟁은
업무의 정상적인 운영을 사실상 저해하는 것이므로 쟁의행위에 해당한다고 한
다. 다만, 이 견해도 통상적으로 제공되는 업무가 법령 등에 명백히 위배되는
경우에는 그 업무제공의 거부가 쟁의행위에 해당되지 않는다고 한다.

---

238) 김선일, 793면. 한편 후자의 경우는 당연히 적법한 것이어서 쟁의행위 정당성 여부의 적용
　　대상이 되지 않는다는 견해도 있다.
239) 김원윤, 139면.
240) 만일 준법투쟁도 쟁의행위라고 하면 노조법상의 절차적 규제와 법적 보호의 대상이 될 수
　　있을 것이다. 준법투쟁을 쟁의행위로 볼 수 없다면 정당한 업무 수행이거나 권리의 행사에
　　해당할 것이나(김선일, 794면), 준법투쟁도 현실적인 업무저해를 전제로 하기 때문에 경우에
　　따라 노조법상의 규제나 법적 보호의 대상도 될 필요가 있음에도 제외된다는 문제가 있다.
241) '사실평가설'이라고도 한다. 김형배, 1034면은 명시적인 견해를 밝히고 있지 않으나, 준법
　　투쟁을 '통상적인 사실상의 업무운영을 저해하는 쟁의행위로 볼 수 있다'고 하여, 사실정상
　　설을 취하고 있는 것으로 보이고, 이상윤a, 851~852면은 사실정상설을 지지한다고 하면서도
　　통상적으로 제공되는 업무가 '법령 등에 명백히 위배되는 경우'에는 해당 업무제공의 거부가
　　쟁의행위에 해당하지 않는다고 한다.

업무를 '적법한 업무'만을 의미한다고 보는 법률정상설(法律正常說)[242]의 입장에서는 "업무의 정상적인 운영 저해"라 함은 적법한 업무의 저해만을 의미하므로 법령이나 단체협약에 부합되는 업무의 수행은 쟁의행위에 해당하지 않는다고 본다.

한편, 절충설로 업무의 정상성은 우선 적법성을 근거로 하되 관행이나 상식을 참작하여 판단하여야 한다는 견해나 준법투쟁이 적법한 상태를 목적으로 하여 행해진 경우에는 쟁의행위라고 할 수 없지만, 다른 목적 때문에 일시적으로 적법화를 꾀한 경우는 쟁의행위가 된다는 견해가 있다.[243]

어떤 행위가 준법투쟁에 해당하는지 여부는 실제적으로 불분명하고 하나의 준법투쟁에도 복합적 행위요소가 병존하고 있음을 고려할 때 준법투쟁이 쟁의행위에 해당하는 것인지 여부는 일률적으로 판단할 수 없다. 준법투쟁의 목적, 행위태양, 대상 업무의 내용 등을 종합적으로 고려하여 유형별로 판단하는 것이 타당하다.[244]

판례는 명백한 근거를 제시하고 있지는 않으나 '근로자들이 통상적으로 해오던 연장근로를 집단적으로 거부함으로써 회사업무의 정상적인 업무를 저해하였다면 이는 쟁의행위에 해당한다'는 취지로 판시하여 일반적으로 준법투쟁이 통상적이고 관행적인 업무 운영을 저해하였다면 쟁의행위에 해당한다는 입장을 취하고 있는 것으로 보인다.[245] 하급심 판결은 근로자들이 단체협약에 따른 근로시간을 준수하면서 관행적으로 이르게 출근하여 수행하던 사전 작업을 하지 않은 형태의 준법투쟁에 대하여 쟁의행위에 해당한다고 판단[246]하였다.

다. 준법투쟁의 유형에 따른 쟁의행위 해당성 및 정당성[247]

(1) 연장근무거부

근로자들이 집단적으로 정규 근로시간 이외의 연장근무를 거부하는 행위를

---

242) 임종률, 219면.
243) 박규섭, 15면; 정주아, 35면.
244) 황교안, 108~109면; 대법원 2011. 12. 8. 선고 2011두23559 판결.
245) 대법원 1991. 10. 22. 선고 91도600 판결, 대법원 1996. 2. 27. 선고 95도2970 판결.
246) 서울동부지법 2016. 6. 10. 선고 2015나5240 판결(미상고 확정).
247) 헌법재판소에서는 쟁의행위와 관련한 처벌의 위헌성 여부에 대한 결정의 이유에서 준법투쟁과 관련하여 "연장근로의 거부, 정시출근, 집단적 휴가의 경우와 같이 일면 근로자들의 권리행사로서의 성격을 갖는 쟁의행위에 관하여도 정당성이 인정되지 않는다고 하여 바로 형사처벌할 수 있다는 대법원 판례(대법원 1991. 11. 8. 선고 91도326 판결, 대법원 1996. 2. 27. 선고 95도2970 판결, 대법원 1996. 5. 10. 선고 96도419 판결 등)의 태도는 지나치게 형

연장근무거부 내지 잔업거부라고 한다.

　법령에서 연장근무를 허용하지 않거나, 단체협약ㆍ취업규칙 등에 의하더라도 연장근무가 허용되지 아니하고 관행화되어 있지도 않은 경우, 사용자의 연장근무명령을 집단적으로 거부하는 행위는 근로자의 당연한 권리행사로서 쟁의행위에 해당하지 않는다248)고 보아야 한다.249)

　반대로 단체협약에서 연장근무를 허용하고 있거나, 취업규칙 등에서 연장근무와 관련한 규정을 두고 있고 이에 따라 근로자들의 동의 아래 연장근무를 제공하기로 되어 있는 경우에는, 이를 집단적으로 거부하는 행위는 소극적인 근로제공 거부로서 사용자의 적법한 업무를 저해하는 행위로 볼 수 있으므로 쟁의행위에 해당한다.250)

　문제는 단체협약 등에 연장근무를 허용하고 있지 않으나 연장근무가 관행화되어 있는 경우 내지는 단체협약 등에서 노동조합과의 협의를 거친 경우에 한하여 연장근무를 허용하고 있으나 이러한 협의 없이 연장근무를 실시하는 것이 관행화되어 있는 경우이다.251) 관행화된 업무도 불법이 아닌 한 보호되어야 한다는 점에서 관행화된 잔업을 집단적으로 거부하는 것은 쟁의행위에 해당한다고 보는 견해252)와 연장근무의 관행만으로 근로자의 연장근무거부권이 상실된다고 볼 수는 없고 연장근무의 거부를 쟁의행위로 본다면 그 연장근로가 근기법의 기준에 위반된 때에는 사용자의 연장근무명령이 위법한 명령임에도 보호되는 명령이 되어 부당하다는 점을 근거로 쟁의행위에 해당하지 않는다고 보는 견해253)가 대립한다.

―――――――――

　　사처벌의 범위를 확대하여 근로자들의 단체행동권의 행사를 사실상 위축시키는 결과를 초래하여 헌법이 단체행동권을 보장하는 취지에 부합하지 않고 근로자들로 하여금 형사처벌의 위협하에 노동에 임하게 하는 측면이 있음을 지적하여 두고자 한다. 왜냐하면 쟁의행위의 정당성의 판단기준이 반드시 명백한 것이 아닌데다가 특히 쟁의행위의 당사자로서 법률의 문외한이라 할 수 있는 근로자의 입장에서 보면 그 정당성을 판단하기가 더욱 어려울 것인데, 연장근로의 거부 등과 같은 경우에도 위법성이 조각되지 않는다 하여 업무방해죄의 성립을 긍정한다면 이는 결국 근로자로 하여금 혹시 있을지 모를 형사처벌을 감수하고라도 쟁의행위에 나아가도록 하는 것을 주저하게 만들 것이고 따라서 단체행동권의 행사는 사실상 제약을 받게 될 것이기 때문이다"라고 판시한 바 있다(헌재 1998. 7. 16. 선고 97헌바23 결정).

248) 이는 사실정상설에 의하더라도 같은 결론에 이른다.
249) 이상윤a, 852면; 황교안, 109면.
250) 사실정상설과 법률정상설 모두 같은 결론이다.
251) 이상윤a, 852면.
252) 황교안, 109면.
253) 임종률, 220면. 법률정상설의 입장이다.

판례는 초기에 "사용자가 근로자들과의 사이에 사전 합의 없이 시간외근무나 휴일근무를 시켜왔다면 이는 근기법에 저촉되는 업무지시라 할 것이므로 근로자들이 근로관계법규와 단체협약상 근로의무 있는 1일 8시간은 정상적으로 노무에 종사하면서, 다만 위와 같은 시간외 근무나 휴일근무에 관한 사용자 측의 위법한 지시를 거부한 경우에는 그것이 집단적으로 행하여지고 또한 이로 인하여 업무수행에 지장이 있었다고 하더라도 이를 태업이나 업무의 정상적인 운영을 저해하는 행위라고 볼 수 없다"고 판시하여 후자의 입장을 취하였다.254) 그러나 그 이후에 나온 판례들은 "연장근로가 당사자 합의에 의하여 이루어지는 것이라고 하더라도 근로자들을 선동하여 근로자들이 통상적으로 해 오던 연장근로를 집단적으로 거부하도록 함으로써 회사업무의 정상운영을 저해하였다면 이는 쟁의행위로 보아야 한다"는 취지로 판시하여 전자의 입장을 취하는 경향을 띠고 있다.255) 다만 최근 대법원은, 연장근로 또는 휴일근로의 집단적 거부와 같이 사용자의 업무를 저해함과 동시에 근로자들의 권리행사로서의 성격을 아울러 가지는 행위가 노동조합법상 쟁의행위에 해당하는지는 해당 사업장의 단체협약이나 취업규칙의 내용, 연장근로나 휴일근로를 할 것인지에 대한 근로자들의 동의 방식 등 근로관계를 둘러싼 여러 관행과 사정을 종합적으로 고려하여 엄격하게 제한적으로 판단하여야 한다고 보고 있다.256)

연장근무거부가 쟁의행위에 해당하더라도 업무방해죄가 성립하기 위해서는 위력에 해당하여야 하고, 위력에 해당하더라도 정당성을 갖추면 적법한 쟁의행위로 평가받게 된다.

판례는 잔업 및 특근 거부행위에 대하여 쟁의행위에 해당한다고 판단하면

---

254) 대법원 1979. 3. 13. 선고 76도3657 판결.
255) 대법원 1991. 7. 9. 선고 91도1051 판결(이 판결은 "노사간에 체결된 단체협약에 작업상 부득이한 사정이 있거나 생산계획상 차질이 있는 등 업무상 필요가 있을 때에는 사용자인 회사가 휴일근로를 시킬 수 있도록 정하여져 있어서 회사가 이에 따라 관행적으로 휴일근로를 시켜온 경우에도 쟁의행위에 해당한다"고 판시하였다), 대법원 1991. 10. 22. 선고 91도600 판결, 대법원 1995. 4. 7. 선고 94다27342 판결, 대법원 1996. 2. 27. 선고 95도2970 판결, 대법원 1997. 11. 14. 선고 97도1687 판결. 다만, 판례변경의 절차를 거치지는 않았다.
256) 대법원 2022. 6. 9. 선고 2016도11744 판결. 이 판결은 단체협약에서 근무시간 외 연장근로, 휴일근로는 조합의 사전 동의를 득하여 실시하고 이를 하지 않은 것을 이유로 불이익 처우를 하지 못한다고 규정하고 있고, 연장근로 또는 휴일근로에 참여하는 근로자의 비율이 70~80%에 이르더라도 연장근로 또는 휴일근로가 필요할 때마다 중간관리자를 통해 신청자를 모집하는 방식으로 연장근로 또는 휴일근로를 실시한 경우에는 연장근로 또는 휴일근로를 통상적 또는 관행적으로 해왔다고 단정하기 어렵다고 판시하였다.

서 전격성이나 중대성이 인정되지 않는다는 이유로 위력에 해당하지 않는다고
본 사안257)이 있다.

　　대법원 2007도482 전원합의체 판결 이후 하급심 판결로 쟁의기간 중 2시간
의 연장근로만을 거부한 행위에 전격성이나 사용자의 손해가 막대하다고 볼 수
없다고 보아 '위력'에 해당하지 않는다고 본 사안258)이 있고, 정시 출근, 5일간
의 연장근무 거부 등은 정당성이 인정되는 쟁의행위라 본 사안259)이 있다.

(2) 집단휴가

　　근로자들이 집단적으로 연차휴가,260) 조퇴, 생리휴가, 점심시간 일제사용,
병가일제사용 등을 실시하는 방법으로 집단적으로 근로의 제공을 거부하는 행
위를 집단휴가라 한다.

　　집단휴가가 쟁의행위에 해당하는지와 관련하여, 쟁의행위 부정설261)은 사
용자는 유급휴가의 목적이나 동기를 문제 삼을 수 없기 때문에 직장 전체로 보
아 다소의 능률 저하는 있지만 그런대로 산업운용이 될 수 있는 정도라면 쟁의
행위가 아니라는 견해이고, 쟁의행위 긍정설262)은 유급휴가는 정상적 노사관계
를 전제로 해서만 인정되는 권리로서 이를 무제한적으로 허용하는 것은 탈법이
나 권리남용의 여지가 있기 때문에 유급휴가를 쟁의의 목적으로 이용하는 경우
에는 쟁의행위에 해당한다는 견해이다.

　　개별적인 사안에 따라 집단휴가의 목적, 방법, 시기, 이로 인하여 침해되는
사용자의 경영상의 손실, 사용자의 시기변경권 행사 여부263) 등을 종합적으로
고려하여 판단하는 것이 타당하다. 구체적으로 연차휴가의 집단사용이 사용자의

---

257) 대법원 2014. 6. 12. 선고 2012도2701 판결. 이에 대하여 관행화된 연장근무라 하여 이를
　　중단하는 행위를 쟁의행위로 보는 것은, 기존의 관행화된 연장근무가 아무런 근거가 없다는
　　점을 간과한 측면이 있다는 비판이 있다(김홍영, 63~66면).
258) 수원지법 2013. 5. 8. 선고 2013노281 판결(상고기각 확정).
259) 광주고법(전주) 2016. 11. 3. 선고 2015나1180 판결(미상고 확정).
260) 구 근기법은 월차휴가규정을 두고 있었으나 2003. 9. 15. 개정법률(법률 6974호)은 주5일
　　근무를 도입함에 따라 월차유급휴가를 폐지하고, 여성 근로자에 대한 월 1일 유급생리휴가를
　　무급화 하였다.
261) 이영희, 271면.
262) 김형배, 1332~1333면; 이상윤a, 854면.
263) 일제 연가 투쟁의 쟁의행위성 여부는 사용자가 시기변경권을 행사하였는지 여부로 판단하
　　여야 한다는 견해가 있다. 이 견해에 의하면 사용자가 적법한 시기변경권을 행사하여 그 시
　　기의 휴가 사용을 거절하고 출근을 지시하였음에도 조합원들이 휴가를 사용한 경우에는 적
　　법한 업무운영을 저해한 행위로서 쟁의행위에 해당한다고 본다(임종률, 220~221면). 그러나
　　다수의 견해와 판례는 사용자의 시기변경권 행사 여부를 고려하지 않는다.

시기변경권264)을 부당하게 침해하거나, 집단조퇴, 집단 생리휴가가 제도 자체의 목적과 다른 이유로 행해지는 경우에는 업무의 정상한 운영을 저해하는 행위로 보아 쟁의행위로 평가하여야 할 것이다.

판례도 집단적으로 연차휴가를 사용한 사안에 대하여 "근로자들이 회사로부터 거부당한 요구사항을 관철할 목적으로 집단적으로 연차휴가를 사용하여 근로제공을 거부한 것은 이른바 쟁의적 준법투쟁으로서 쟁의행위에 해당한다"고 판시하였고,265) 의료보험 업무를 취급하는 회사 근로자들이 집단 월차휴가를 통해 회사업무가 거의 마비상태에 빠지게 한 사안에서 사용자 측뿐만 아니라 제3자인 피보험자들에게 막대한 지장을 초래한 점 등을 감안하면, 위와 같은 행위를 정당한 쟁의행위로 보기는 어렵다고 판시하였다.266) 헌법재판소도 전교조 조합원들이 집단연가서를 제출한 후 수업을 하지 않고 무단결근 내지 무단조퇴하여 행정청이 시행하려는 교육정책 반대집회에 참석한 사안에서 이러한 집단 연가서 제출행위를 쟁의행위로 보고 있다.267)

쟁의행위에 해당하는 집단휴가는 쟁의행위의 정당성 요건을 갖춘 경우 적법한 쟁의행위로 평가된다.

(3) 집단사표제출

근로자들이 노동조합의 통제 아래 요구조건의 관철을 위하여 집단적으로 사표를 제출하고 노무제공을 거부하는 행위를 집단사표제출이라고 한다.

근로자들이 실제로 근무제공의 의사가 없어져 사직하고자 집단사표를 제출하는 경우는 헌법에서 보장된 근로자의 사직의 자유에 해당되므로 이를 노조법상의 쟁의행위로 볼 수 없다. 그러나 근로자들이 쟁의행위의 효과를 높이는 하나의 수단으로서 집단사표를 제출하고 노무 제공을 거부하는 행위는, 진정한 근

264) 근기법 60조 5항 단서.
265) 대법원 1996. 7. 30. 선고 96누587 판결.
266) 대법원 1992. 3. 13. 선고 91누10473 판결. 다만 이 판결은 쟁의행위를 함에 있어 구 노동쟁의조정법 제12조 쟁의행위 찬반 투표 절차를 거치지 않고, 같은 법 제14조에서 정한 냉각기간을 거치지 않았다는 절차상의 하자도 존재하였다(다만, 조정절차를 거치지 아니하였다고 하여 쟁의행위의 정당성이 당연히 상실되는 것은 아니라는 대법원 2000. 10. 13. 선고 99도4812 판결에 따라, 현재는 조정전치주의 규정에 따른 절차를 거치지 않은 절차상 하자를 이유로 쟁의행위의 정당성이 부정되지는 않을 것이다).
267) 헌재 2004. 7. 15. 선고 2003헌마878 결정. 다만, 이 결정에서는 행정청의 정책 시행을 저지할 목적으로 이루어진 쟁의행위는 근로조건의 결정에 관한 주장을 관철할 목적으로 한 쟁의행위가 아니어서 노조법 규제대상인 쟁의행위에 해당하지 않는다고 설시하고 있다.

로계약 해약의 의사 없이 자신들의 주장을 관철하기 위한 목적으로 업무의 정
상적 운영을 저해하는 행위에 해당하므로 쟁의행위로 보는 것이 타당하다.268)

(4) 안전투쟁

안전·위생에 관한 법규·취업규칙 및 단체협약상의 규정을 철저히 준수하
거나 위반사항의 시정을 요구하면서 작업을 거부하는 행위를 안전투쟁이라 한
다.269)

이러한 안전투쟁이 쟁의행위에 해당하는지에 관하여는, 규정의 준수와 그
위반상태의 시정은 근로자들의 의무이자 당연한 권리이므로 객관적으로 그 법
규가 요구하는 한도를 지나치게 준수하여 권리남용에 해당하는 경우 이외에는
쟁의행위가 아니라고 보는 견해270)와 근로자집단의 요구사항 관철을 위한 압
력수단으로서 안전·위생규정을 필요 이상으로 철저히 준수하는 것은 근로의
무의 불충분한 이행에 해당하므로 쟁의행위에 해당한다는 견해,271) 사람의 생
명 및 신체보호에 반드시 필요한 안전·위생에 관한 규정 준수는 쟁의행위에 해
당하지 않으나 안전·위생에 관한 규정이 무효이거나 사문화되어 있거나 현실
적으로 실효성이 없는 경우에는 안전투쟁이 쟁의행위에 해당한다는 견해272)가
있다.

판례는 '열차의 입환과 구내 운행 시 작업규정·안전규칙에 따른 제한속도
준수 등의 방법으로 한 안전운행투쟁'에 대하여 정당한 쟁의행위로 볼 수 없으
나 업무방해죄의 위력에 이를 정도는 아니라고 하여, 안전투쟁도 쟁의행위에 해

---

268) 김형배, 1003~1004면; 이상윤a, 853면; 황교안, 111면.
269) 안전투쟁을 안전·보건에 관한 법규를 철저히 준수하는 보건안전투쟁과 근로시간·휴가
    등에 관한 근로자 개개인의 권리를 동시에 행사하는 권리행사투쟁으로 나누기도 한다.
270) 김형배, 1004면(법규나 취업규칙 또는 단체협약상의 규정을 철저히 준수하는 행위는 그 목
    적이 사용자에 대한 요구를 시위, 관철하려는 것이라도 쟁의행위로 보기 어렵다고 설명하고
    있다. 다만, 이 견해도 준수행위가 당해 규정이 객관적으로 요구하는 정도와 내용을 벗어나
    는 방법으로 작업의 능률을 저하시키는 행위인 경우에는 태업과 유사한 쟁의행위로 보고 있
    다); 김유성, 253면(이 견해는 법령 등에서 정해진 안전의무의 이행은 처음부터 업무 연관성
    이 없어 쟁의행위가 될 수 없다고 한다); 이병태, 306면(이 견해는 운수사업, 우편사업 등 공
    익상 특수한 사업에서 당해 법규의 취지에서 문제되지 않을 정도의 사소한 위반사실을 들어
    전면적으로 근로제공을 거부하거나 필요 이상의 지연을 하는 행위는 정당성이 없는 쟁의행
    위로 보는 듯 하다).
271) 황교안, 112면.
272) 이상윤a, 854면. 서울서부지법 2013. 5. 30. 선고 2009가합13699 판결(기관사 승무조합원들
    의 안전속도유지, 관통 입환 철저 시행 등 안전운행투쟁은 쟁의행위 자체에 해당하지 않는다
    고 본 사안, 항소심에서 화해권고결정으로 확정되었다)도 같은 취지로 판단하였다.

당한다는 입장으로 보인다.[273][274] 위 대법원 판결 이후 하급심 판결로 버스회사 근로자들이 30분~1시간 동안 안전점검을 실시하여 출차를 지연한 행위가 쟁의 행위에 해당하나 정당성이 인정된다고 본 사안[275]이 있다.

한편 근로자에 대한 안전사고가 발생하여, 이에 의하여 가동라인을 중지하고 노사 사이에 대책회의를 한 후 그들 사이에 생산라인을 가동하기로 합의하였고, 근로자가 이러한 사실을 통보받고 얼마 지나지 않아 사측에 작업중단 및 안전점검을 요청하지 않은 채 바로 안전사고로 인한 특별안전점검을 실시한다는 이유로 생산라인을 임의로 정지시킨 행위를 파업으로 보아 정당성이 인정되지 않는다고 본 사안[276]이 있다.

노동조합이 임금, 근로시간, 해고 기타 대우 등 근로조건에 관하여 그 주장을 관철할 목적으로 준법을 빙자하여 관계법규에서 정한 모든 규정을 지나치게 엄격히 준수함으로써 업무의 정상적인 운영이 저해되는 경우에도 쟁의행위에 해당된다고 본다.[277]

(5) 기   타

다수의 조합원들이 수개의 배식구 중 1개 또는 극소수의 배식구만을 이용하여 급식을 받음으로써 지정된 중식시간을 상당히 지연시키는 행위, 조합원들이 일제히 화장실에 감으로써 과도하게 그 시간을 지연시키는 행위 등은 부당하게 업무의 정상적 운영을 저해하는 행위로서 쟁의행위에 해당한다.

---

273) 대법원 2014. 8. 20. 선고 2011도468 판결. 위 판결에 대하여 같은 해석으로 김선일, 811면.
274) 위 2011도468 판결 이전에 동일한 취지로 판단한 하급심 판결로, 준법투쟁이 쟁의행위에 해당한다고 판단한 광주고법(제주) 1998. 6. 12. 선고 97나562 판결(준법운행을 빙자하여 관계 법규가 객관적으로 요구하는 정도나 내용 이상의 방법으로 정시출근, 휴게시간 및 근로시간 준수, 정시퇴근, 과속·신호위반 등 교통법규 위반, 합승, 부당요금 징수 등 불법운행을 아니하는 소위 준법운행은 회사의 정상적인 운영을 곤란케 하는 이른바 쟁의적 준법투쟁으로서 태업 유사의 쟁의행위에 해당한다고 본 사안, 상고기각 확정), 서울지법 1999. 10. 26. 선고 99노8254 판결(노동조합이 실시한 이른바 준법운행이 지하철 운전취급규정에 따른 것이고 운전 취급용 열차시각표에 의하면 각 역에서의 정차시간이 30초로 표시되어 있다고 하더라도 위 준법운행이 통상적으로 하여오던 열차운행방법과는 다른 것으로서 결과적으로 열차운행시간표를 위반하게 됨으로써 전동차 운행시간 단축, 운행회수의 감축, 운행지연 및 수송인원의 감소 등을 초래하는 등으로 공사 업무의 정상적인 운영을 방해하였다면, 이는 일종의 쟁의행위에 해당한다고 본 사안, 확정)이 있었다.
275) 대전지법 2021. 4. 28. 선고 2020가합100554 판결(미항소 확정).
276) 울산지법 2014. 6. 29. 선고 2014노129 판결(미상고 확정). 다만 이 판결에 대하여 판례가 노무제공의 거부라는 측면에 중점을 두었으나, 근로환경의 안전유지 등에 중점을 두어야 한다는 비판적 견해가 있다(장우찬, 223~225면).
277) 1992. 6. 11. 노사 01254-281.

점심시간 끝나기 5분 전에 일렬로 서서 전원 식사하기, 근무시간 중 단체로 일렬로 서서 화장실 가기, 근무시간 중 신용협동조합에 단체예금 및 인출하기, 근무시간 중 간부사원 단체 면담하기, 근무시간 중 일괄 의무실에서 약 타먹기 등이 노동조합이 주체가 되어 자신의 주장을 관철할 목적으로 해당사업장의 업무를 저해했다면 이는 쟁의행위이고,278) 간소복 착용이나 중식시간 중 업무를 방해하는 사물놀이의 경우는 정상적인 업무를 방해한 것으로 보기 어려워 쟁의행위로 볼 수 없다.279)

라. 준법투쟁의 효과

준법투쟁이 쟁의행위로 인정되는 경우에는 그것이 정당한 쟁의행위인지 여부가 문제된다. 준법투쟁 중 쟁의행위에 해당하는 것에 대해서도 원칙적으로 그 정당성이 부인될 수 없고, 구체적 사정이 고려되어야 한다.

[정 재 헌 · 이 정 아]

---

278) 1988. 5. 11. 노사 32281-6917.
279) 1989. 7. 10. 노사 32281-10117.

제42조의2(필수유지업무에 대한 쟁의행위의 제한)

① 이 법에서 "필수유지업무"라 함은 제71조 제2항의 규정에 따른 필수공익사업의 업무 중 그 업무가 정지되거나 폐지되는 경우 공중의 생명·건강 또는 신체의 안전이나 공중의 일상생활을 현저히 위태롭게 하는 업무로서 대통령령이 정하는 업무를 말한다.

② 필수유지업무의 정당한 유지·운영을 정지·폐지 또는 방해하는 행위는 쟁의행위로서 이를 행할 수 없다.

제42조의3(필수유지업무협정)

노동관계 당사자는 쟁의행위기간 동안 필수유지업무의 정당한 유지·운영을 위하여 필수유지업무의 필요 최소한의 유지·운영 수준, 대상직무 및 필요인원 등을 정한 협정(이하 "필수유지업무협정"이라 한다)을 서면으로 체결하여야 한다. 이 경우 필수유지업무협정에는 노동관계 당사자 쌍방이 서명 또는 날인하여야 한다.

제42조의4(필수유지업무 유지·운영 수준 등의 결정)

① 노동관계 당사자 쌍방 또는 일방은 필수유지업무협정이 체결되지 아니하는 때에는 노동위원회에 필수유지업무의 필요 최소한의 유지·운영 수준, 대상직무 및 필요인원 등의 결정을 신청하여야 한다.

② 제1항의 규정에 따른 신청을 받은 노동위원회는 사업 또는 사업장별 필수유지업무의 특성 및 내용 등을 고려하여 필수유지업무의 필요 최소한의 유지·운영 수준, 대상직무 및 필요인원 등을 결정할 수 있다.

③ 제2항의 규정에 따른 노동위원회의 결정은 제72조의 규정에 따른 특별조정위원회가 담당한다.

④ 제2항의 규정에 따른 노동위원회의 결정에 대한 해석 또는 이행방법에 관하여 관계당사자간에 의견이 일치하지 아니하는 경우에는 특별조정위원회의 해석에 따른다. 이 경우 특별조정위원회의 해석은 제2항의 규정에 따른 노동위원회의 결정과 동일한 효력이 있다.

⑤ 제2항의 규정에 따른 노동위원회의 결정에 대한 불복절차 및 효력에 관하여는 제69조와 제70조 제2항의 규정을 준용한다.

제42조의5(노동위원회의 결정에 따른 쟁의행위)

제42조의4 제2항의 규정에 따라 노동위원회의 결정이 있는 경우 그 결정에 따라 쟁의행위를 한 때에는 필수유지업무를 정당하게 유지·운영하면서 쟁의행위를 한 것으로 본다.

제42조의6(필수유지업무 근무 근로자의 지명)

   ① 노동조합은 필수유지업무협정이 체결되거나 제42조의4 제2항의 규정에 따른 노동위원회의 결정이 있는 경우 사용자에게 필수유지업무에 근무하는 조합원 중 쟁의행위기간 동안 근무하여야 할 조합원을 통보하여야 하며, 사용자는 이에 따라 근로자를 지명하고 이를 노동조합과 그 근로자에게 통보하여야 한다. 다만, 노동조합이 쟁의행위 개시 전까지 이를 통보하지 아니한 경우에는 사용자가 필수유지업무에 근무하여야 할 근로자를 지명하고 이를 노동조합과 그 근로자에게 통보하여야 한다.

   ② 제1항에 따른 통보·지명시 노동조합과 사용자는 필수유지업무에 종사하는 근로자가 소속된 노동조합이 2개 이상인 경우에는 각 노동조합의 해당 필수유지업무에 종사하는 조합원 비율을 고려하여야 한다.

〈세 목 차〉

[참고문헌]
권영국, "필수유지업무 및 대체근로 규정 도입의 문제점", 노동기본권제약 필수유지업무 제도 꼭 필요한가, 민주노동당 홍희덕 의원 주최 국회토론회 자료집(2008); **국제노동브리프 편집부**, "필수서비스에서의 최소서비스 제공: 유럽", 국제노동브리프 3권, 한국노동연구원(2005); **김기우·권혁**, 필수유지업무 범위에 관한 연구, 한국노총 중앙연구원(2007); **김남근**, "2008-2009. 필수유지업무결정에 대한 비판적 고찰", 법과 사회 38호, 법과사회 이론학회(2010); **김동훈**, "노동조합 및 노동관계조정법상 필수유지업무제도에 관한 고찰", 동아법학 50호, 동아대학교 법학연구소(2011. 2.); **김승휘**, 필수유지업무제도에 관한 연구, 고려대학교 대학원 석사학위논문(2009); **김선수**, "혈액사업에서의 필수유지업무제도의 문제점과 정책과제", 필수공익사업장 노동기본권 확보의 쟁점과 과제, 전국보건의료산업노동조합 국회 대토론회 자료집(2008); **김선일**, "철도 쟁의행위와 업무방해죄", 고요한 정의의 울림: 신영철 대법관 퇴임기념 논문집: 공의를 향한 사랑, 고민, 열정을 기리며, 법원도서관(2015); **김홍영**, "파업시 유지되는 필수유지업무의 범위와 관련조항의 법리적 해석 토론문", 노동쟁의의 해결과 공익보호, 한국노동법학회 하계학술대회 자료집(2007); **노동부**, 필수유지업무제도 운영매뉴얼(2008); **노동위원회**, 필수유지업무 유지·운영수준 등의 결정 업무매뉴얼(2018); **노상헌**, "필수유지업무 운영방해죄의 성립요건", 노동법률 301호, 중앙경제(2016); **도재형a**, "노동법학에서 본 노사관계법과 제도 선진화 방안", 노사관계 법과 제도의 선진화, 한국노사관계학회, 한국노동법학회, 한국노동경제

학회 공동춘계학술발표회(2006); **도재형b**, "필수유지업무결정 제도의 해석론적 쟁점에 대한 시론", 노동법연구 27호, 서울대학교 노동법연구회(2009); **도재형c**, "대비했지만 예측하지 못한 파업은 범죄인가", 노동법률 281호, 중앙경제(2014); **문무기a**, "파업시 유지되는 필수유지업무의 범위와 관련조항의 법리적 해석", 노동쟁의의 해결과 공익보호, 노동법학 25호, 한국노동법학회(2007. 12.); **문무기b**, "필수유지업무의 범위와 법리적 해석", 노동리뷰 30호, 한국노동연구원(2007. 6.); **문무기c**, "필수유지업무제도의 도입배경 및 바람직한 운영방안", 조정담당 공익위원 및 조사관 합동 워크숍 자료집, 중앙노동위원회(2008); **문무기d**, "필수유지업무를 담보해야 하는 주체", 노동법학 33호, 한국노동법학회(2010); **문무기e**, "필수유지업무 유지·운영 결정의 위법·월권", 노동법학 34호, 한국노동법학회(2010); **문무기f**, "필수유지업무 운영방해죄 성립 요소로서의 현저한 위험 발생", 노동리뷰 137호, 한국노동연구원(2016); **문무기g**, "필수유지업무제도의 운영상 문제점과 법·제도 개선방안", 법학연구 62권, 부산대학교 법학연구소(2021); **문무기 외 4**, "공익사업 실태 및 필수유지업무의 범위에 관한 연구", 노동부(2006); **박귀천**, "공익서비스 파업에서 최소업무의 유지: 독일", 국제노동브리프 3권, 한국노동연구원(2005); **박상기**, "파업에 대한 업무방해죄 적용의 문제점", 형사판례연구 23호, 박영사(2015); **박은정**, "노조법상 필수유지업무제도에 대한 소론", 노동정책연구 9권 2호, 한국노동연구원(2009); **박제성a**, "공공서비스 파업과 최소업무의 유지에 관한 프랑스 법제", 노동법연구 16호, 서울대학교 노동법연구회(2004); **박제성b**, "필수공익사업의 쟁의행위에 대한 새로운 규율: 필수유지업무와 대체근로", 노동정책연구 7권 3호, 한국노동연구원(2007); **박제성c**, "공공서비스 파업과 최소업무의 유지에 관한 프랑스의 법제", 노동법연구 16호, 서울대학교 노동법연구회(2004); **박제성d**, "공공서비스 파업에서 최소 업무의 유지: 프랑스", 국제노동브리프 3권, 한국노동연구원(2005); **신수정a**, "필수유지업무결정의 위법성", 노동법학 44호, 한국노동법학회(2012); **신수정b**, "이탈리아 필수공익서비스제도에 대한 연구", 노동정책연구 13권, 한국노동연구원(2013); **신수정c**, "필수유지업무제도의 내용과 한계 ―필수유지결정절차에 대한 개선방안―", 노동법학 45호, 한국노동법학회(2013); **신수정d**, "필수공익사업장에서 정당한 쟁의행위란 가능한가?―2009년 철도노조 파업의 법적 쟁점들―", 동아법학 62호, 동아대학교 법학연구소(2014. 2.); **신수정e**, "필수유지업무 운영방해죄: 2013년 인천공항 파업 사건", 노동법학 59호, 한국노동법학회(2016); **신수정f**, "필수유지업무제도에서 파업권 제한의 문제 ―판례 분석을 중심으로―", 노동법학 60호, 한국노동법학회(2016); **신수정g**, "필수유지업무제도의 쟁점에 대한 제언", 노동법포럼 23호, 노동법이론실무학회(2018); **신수정h**, "파업권 보장을 위한 필수유지업무제도 개선방안 ―노동위원회 매뉴얼 개정을 중심으로―", 노동법학 73호, 한국노동법학회(2020); **유성재**, "노사관계 선진화 입법에 대한 법리적 검토", 법학논문집 31집 1호, 중앙대학교 법학연구소(2007); **이기일·강을영**, "필수유지업무제도의 위헌성에 관한 연구: 항공운수사업을 중심으로", 노동정책연구 17권, 한국노동연구원(2017); **이준희**, "필수유지업무제도에 대한 법리 검토", 노동정책연구 8권 2호, 한국노동연구원(2008); **정인섭**, "필수유지업무결정의 위법 및 월권", 노동법학 35호, 한국노동법학회(2010); **조성혜**, "필수유지업무결정에 관한 최근 판례 분석", 공법학연구 11권, 한국비교공법학회(2010); **최현수**, "필수유지업무제도 운영상의 쟁점 및 과제: 병원사업을 중심으로", 노동연구 21집, 고려대학교 노동문제연구소(2011. 4.); **한국경영자총협회**, 필수유지업무협정 쟁점 분석(2008).

Ⅰ. 필수유지업무제도의 도입 배경

기존 필수공익사업장에 대하여 적용되던 직권중재제도가 공공부분 종사자의 쟁의행위권을 과도하게 제약하여 단체행동권을 침해한다는 위헌성을 해소하기 위하여 다양한 대안들이 제시되었다. 이 가운데 최소업무를 유지하는 것을 전제로 쟁의행위를 허용하는 최소업무유지제도가 논의되어 오다가, 그 개선책으로 직권중재제도를 폐지하고 2006. 12. 30. 노조법 개정으로 필수유지업무제도가 도입되어 2008. 1. 1.부터 시행되고 있다. 필수공익사업에 대한 직권중재제도를 폐지하면서 필수공익사업에서도 쟁의행위를 할 수 있게 되었지만, 쟁의행위를 하는 경우에도 필수공익사업을 이용하는 공중의 이익은 지키기 위하여 필수유지업무의 유지·운영을 정지·폐지·방해하지 않도록 한 것이다.

직권중재제도가 일반적·사전적으로 필수공익사업 전체의 쟁의행위권을 제한하는 것인 데 반해, 필수유지업무제도는 개별적·사후적으로 사업 전체의 쟁의행위권을 인정하면서 다만 구체적인 업무의 성격에 비추어 개별적으로 쟁의행위권을 제한한다는 점에서 그 제도의 취지가 다르다.[1][2]

Ⅱ. 필수유지업무의 개념·범위[3]

필수유지업무란 노조법 71조 2항의 규정에 따른 필수공익사업의 업무 중

---

1) 도재형b, 391~392면.
2) 필수유지업무협정 체결 및 결정 현황에 대하여는 고용노동백서(2008년판, 2012년판, 2017년판, 2018년판), 고용노동부 참조.
3) 필수유지업무의 범위에 대한 자세한 논의는, 김기우·권혁, 문무기 외 4 참조; 필수유지업무에 대한 비교법적 고찰은 박귀천, 25면 이하; 박제성c, 117면 이하; 박제성d, 16면 이하; 신수정b, 163면 이하; 신수정c, 1면 이하; 국제노동브리프 편집부, 4면 이하 참조.

그 업무가 정지되거나 폐지되는 경우 공중의 생명·건강 또는 신체의 안전이나 공중의 일상생활을 현저히 위태롭게 하는 업무로서 대통령령이 정하는 업무를 말한다(법 42조의2 1항).

국제노동기구(ILO) 결사의 자유 위원회는 "그 중단이 국민 전체 또는 국민 일부의 생명·안전 또는 개인의 건강을 위험에 빠뜨릴 수 있는 서비스"(필수서비스)에 대해 파업을 제한하거나 금지할 수 있다고 인정하고 있다. 그런데 ILO는 필수서비스와 구별되는 개념으로 최소서비스라는 용어를 사용하고 있다. 최소서비스란 파업의 경우에도 유지되어야 하는 최소한의 서비스를 의미한다. ① 그 중단에 의해 국민의 전부 또는 일부의 생명·안전 또는 건강을 위태롭게 하는 업무(필수서비스), ② 용어상 엄격한 의미에서 필수서비스에 해당하지 않지만 파업의 강도나 시간에 비추어 그 결과가 공중의 정상적인 생활여건에 위해를 주는 국가 긴급사태를 초래할 정도에 이르는 경우, ③ 기본적으로 중요성이 인정되는 공공서비스 등이 최소서비스에 해당한다고 보고 있다. 우리나라의 필수유지업무가 ILO에서 제시하는 필수서비스 또는 최소서비스 중 어느 개념에 해당하는가에 대해서는 논란의 여지가 있다.

필수공익사업의 정의(법 71조 2항) 규정4)에 있는 '국민경제를 현저히 저해하고'와 '그 업무의 대체가 용이하지 아니한'이라는 요건이 규정되어 있지 않지만, 업무의 정지·폐지 시 공중의 안전 및 일상생활을 위태롭게 할 수 있다는 것 자체가 해당업무를 대체할 적절한 수단이 없음을 의미하는 것이므로, 업무의 대체가 용이하지 아니하다는 요건은 필수유지업무의 개념을 파악하는 데에도 필

---

4) 노조법 71조(공익사업의 범위등) ① 이 법에서 "공익사업"이라 함은 공중의 일상생활과 밀접한 관련이 있거나 국민경제에 미치는 영향이 큰 사업으로서 다음 각호의 사업을 말한다.
   1. 정기노선 여객운수사업 및 항공운수사업
   2. 수도사업, 전기사업, 가스사업, 석유정제사업 및 석유공급사업
   3. 공중위생사업, 의료사업 및 혈액공급사업
   4. 은행 및 조폐사업
   5. 방송 및 통신사업
   ② 이 법에서 "필수공익사업"이라 함은 제1항의 공익사업으로서 그 업무의 정지 또는 폐지가 공중의 일상생활을 현저히 위태롭게 하거나 국민경제를 현저히 저해하고 그 업무의 대체가 용이하지 아니한 다음 각호의 사업을 말한다.
   1. 철도사업, 도시철도사업 및 항공운수사업
   2. 수도사업, 전기사업, 가스사업, 석유정제사업 및 석유공급사업
   3. 병원사업 및 혈액공급사업
   4. 한국은행사업
   5. 통신사업

요한 요소로 보아야 한다.5)

　　노조법 시행령은 필수공익사업의 종류별로 필수유지업무의 범위를 다음과
같이 규정하고 있다(영 22조의2).

필수공익사업별 필수유지업무

1. **철도사업6)과 도시철도사업7)의 필수유지업무**
   가. 철도 · 도시철도 차량의 운전 업무
   나. 철도 · 도시철도 차량 운행의 관제 업무(정거장 · 차량기지 등에서 철도신호
   　　등을 취급하는 운전취급 업무를 포함한다)
   다. 철도 · 도시철도 차량 운행에 필요한 전기시설 · 설비를 유지 · 관리하는 업무
   라. 철도 · 도시철도 차량 운행과 이용자의 안전에 필요한 신호시설 · 설비를 유
   　　지 · 관리하는 업무
   마. 철도 · 도시철도 차량 운행에 필요한 통신시설 · 설비를 유지 · 관리하는 업무
   바. 안전 운행을 위하여 필요한 차량의 일상적인 점검이나 정비 업무
   사. 선로점검 · 보수 업무

2. **항공운수사업의 필수유지업무8)**
   가. 승객 및 승무원의 탑승수속 업무
   나. 승객 및 승무원과 수하물 등에 대한 보안검색 업무
   다. 항공기 조종 업무
   라. 객실승무 업무
   마. 비행계획 수립, 항공기 운항 감시 및 통제 업무
   바. 항공기 운항과 관련된 시스템 · 통신시설의 유지 · 보수 업무
   사. 항공기의 정비[(창정비(Depot Maintenance, 대규모 정비시설 및 장비를 운영

---

5) 박은정, 225면.
6) 서울행법 2009. 11. 5. 선고 2009구합22553 판결(확정, 이에 대한 평석으로 정인섭, 427면
　이하): 한국철도공사 사용자가 "열차승무업무"를 필수유지업무대상이라고 신청한 데 대하여,
　열차승무원의 업무는 독자적으로 시행령상의 필수유지업무에 해당하지 않음에도 이를 대상
　직무나 필요인원에 추가하는 것은 과도한 노동쟁의권의 제한이 될 우려가 있으므로 허용될
　수 없다고 하였다.
7) 서울행법 2010. 1. 21. 선고 2009구합23211 판결(확정, 이에 대한 평석으로 문무기e, 419면
　이하): 부산 · 양산지역 지하철 업무 중 운용기관사, 차량의 월상검수, 자동검사, 기술지원업
　무, 장비분소업무는 필수유지업무에 해당한다고 하였다. 서울고법 2012. 11. 15. 선고 2012누
　17409 판결(확정): 부산 · 양산지역 무인경전철 안전운행요원의 업무 중 매일 처음 운행되는
　열차에 탑승하여 수동으로 운전하는 업무, 운행열차 장애 발생시 장애조치, 열차 수동 또는
　자동운전 등의 업무는 필수유지업무에 해당한다고 하였다.
8) 항공운수사업에 대한 필수유지업무제도의 위헌성에 대한 연구로 이기일 · 강을영, 199면 이하.

하여 수행하는 최상위 정비 단계)는 제외한다] 업무

아. 항공안전 및 보안에 관련된 법령, 국제협약 또는 취항 국가의 요구에 따른 항공운송사업자의 안전 또는 보안 조치와 관련된 업무

자. 항공기 유도 및 견인 업무

차. 항공기에 대한 급유 및 지상전원 공급 업무

카. 항공기에 대한 제설·제빙 업무

타. 승객 승하기 시설·차량 운전 업무

파. 수하물·긴급물품의 탑재·하역 업무

하. 「항공법」 2조 16호에 따른 항행안전시설과 항공기 이·착륙 시설의 유지·운영(관제를 포함한다)을 위한 업무

3. 수도사업의 필수유지업무

가. 취수·정수(소규모 자동화 정수설비를 포함한다)·가압·배수시설의 운영 업무

나. 수도시설 통합시스템과 계측·제어설비의 운영 업무

다. 수도시설 긴급복구와 수돗물 공급을 위한 법정 기준이나 절차 등의 준수를 위한 업무

4. 전기사업의 필수유지업무

가. 발전부문의 필수유지업무

1) 발전설비의 운전(운전을 위한 기술지원을 포함한다) 업무

2) 발전설비의 점검 및 정비(정비를 위한 기술·행정지원은 제외한다) 업무와 안전관리 업무

나. 송전·변전 및 배전 부문의 필수유지업무

1) 지역 전기공급 업무(무인변전소 순회·점검 업무는 제외한다)

2) 전력계통 보호를 위한 보호계전기 시험 및 정정 업무

3) 배전선 개폐기 및 자동화 시스템을 통한 배전설비의 감시·제어와 배전선로 긴급 계통 전환 업무

4) 전력계통 보호를 위한 통신센터(전력계통원방감시제어장치를 포함한다) 운영 업무

5) 통신보안관제센터 운영 업무

6) 전력공급 비상시 부하관리 업무

7) 송전·변전 및 배전 설비의 긴급복구 업무

다. 전력거래 부문의 필수유지업무

1) 전력의 공급 운영과 송전설비 계통운영의 제어 업무

2) 1주 이내의 단기 전력수요 예측에 따른 전력계통의 안정적 운영계획 수립 등 급전 운영 업무

　　3) 전력계통 등의 운영을 위한 전산실 운영(출입 보안관리를 포함한다) 업무

5. 가스사업(액화석유가스사업은 제외한다)[9]의 필수유지업무

　가. 천연가스의 인수(引受), 제조, 저장 및 공급 업무

　나. 가목과 관련된 시설의 긴급정비 및 안전관리 업무

6. 석유정제사업과 석유공급사업(액화석유가스사업을 포함한다)의 필수유지업무

　가. 석유(천연가스는 제외한다)의 인수, 제조, 저장 및 공급 업무

　나. 가목과 관련된 시설의 긴급정비 및 안전관리 업무

7. 병원사업의 필수유지업무

　가. 「응급의료에 관한 법률」 2조 2호에 따른 응급의료 업무

　나. 중환자 치료·분만(신생아 간호를 포함한다)·수술·투석 업무

　다. 가목과 나목의 업무수행을 지원하기 위한 마취, 진단검사(영상검사를 포함한다), 응급약제, 치료식 환자급식, 산소공급, 비상발전 및 냉난방 업무

8. 혈액공급사업의 필수유지업무

　가. 채혈 및 채혈된 혈액의 검사 업무

　나. 「혈액관리법」 2조 6호에 따른 혈액제제(수혈용에 한정한다. 이하 이 호에서 같다) 제조 업무

　다. 혈액 및 혈액제제의 수송 업무

9. 한국은행사업의 필수유지업무

　가. 「한국은행법」 6조, 28조와 29조에 따른 통화신용정책과 한국은행 운영에 관한 업무

　나. 「한국은행법」 47조부터 86조까지의 규정에 따른 다음의 업무

　　1) 한국은행이 수행하는 한국은행권 발행 업무

　　2) 금융기관의 예금과 예금지급준비 업무

　　3) 금융기관에 대한 대출·지급결제 등의 업무

　다. 가목과 나목의 업무수행을 지원하기 위한 각종 전산시스템 운영·통신 및 시설보호 업무

　라. 다른 법령에 따라 한국은행에 위임 또는 위탁된 업무

10. 통신사업의 필수유지업무

　가. 기간망과 가입자망의 운영·관리업무

　나. 통신장애의 신고접수 및 수리 업무

　다. 「우편법」 14조에 따른 기본우편역무

　라. 「우편법」 15조에 따른 부가우편역무 중 내용증명과 특별송달 업무

---

9) 서울행법 2010. 1. 21. 선고 2009구합23426 판결(확정, 이에 대한 평석으로, 문무기e, 419면 이하; 조성혜, 396면 이하): 한국가스기술공사의 긴급정비업무, 안전관리업무, 상황근무업무를 필수유지업무에 해당한다고 하였다.

이러한 규정에 대하여 노조법 42조의2 1항과 같이 필수유지업무의 정의규
정을 두는 것으로 충분하고, 굳이 시행령으로 구체적 업무의 범위를 규정할 필
요가 없다고 보는 견해가 있다.10) 또한 노조법 시행령에서 규정하고 있는 필수
유지업무의 구체적 범위가 필수공익사업에서 필수유지업무가 아닌 업무를 찾아
보기 힘들 정도로 광범위하고 포괄적으로 설정해 놓았다는 비판이 있어 왔다.11)

이에 대하여 헌법재판소는 2011. 12. 29. 선고 2010헌바385 등 결정에서
"필수유지업무의 내용을 대통령령에 위임하고 있는 노조법 42조의2 1항이 포괄
위임금지원칙에 위배된다고 볼 수 없고, 노조법 42조의2가 필수유지업무 종사
자들의 쟁의권을 과도하게 제한하여 과잉금지원칙을 위반하지 않으며, 노조법
42조의2가 필수유지업무에 종사하는 근로자들의 쟁의권을 다른 업무에 종사하
는 근로자들에 비해 합리적 이유 없이 차별하여 평등원칙을 위반한다고 볼 수
없다"고 하였다.

Ⅲ. 필수유지업무협정

1. 의   의

사용자의 이익과 공익을 위하여 필수유지업무는 유지·운영되어야 하지만,
노동자의 이익도 보호되어야 하므로 필수유지업무는 노동조합이 의미 있는 교
섭을 할 수 있는 정도의 수준, 필요 최소한의 수준이어야 한다. 그 수준을 노동
관계 당사자 사이에 합의하여 정하고, 이를 이행하는 길을 열어줄 필요가 있으
므로, 노조법 42조의3은 노동관계 당사자에게 필수유지업무협정을 체결할 의무
를 부과하고 있다.

필수유지업무협정이란 노동관계 당사자가 쟁의행위기간 동안 필수유지업무
의 정당한 유지·운영을 위하여 필수유지업무의 필요 최소한의 유지·운영 수
준, 대상직무 및 필요인원 등을 정하여 서면으로 체결한 협정을 말한다.12) 서면
으로 작성되지 않은 필수유지업무협정은 노조법상 필수유지업무협정으로서 효
력이 없다. 필수유지업무협정에는 노동관계 당사자 쌍방이 서명 또는 날인하여

---

10) 권영국, 28~34면; 김선수, 6면.
11) 김선수, 35, 51면.
12) 산별노조 형태의 경우에는 각 사업장 노사에 교섭권을 위임하여 유지·운영 수준을 정하
   도록 하는 것이 바람직하다는 견해가 있다(노동부, 40면).

야 한다.

2. 필수유지업무협정의 법적 성격

가. 문제의 소재

노조법에 별도의 규정이 없으므로 필수유지업무협정의 법적 성격에 대하여 논란이 있다.

단체협약으로 보는 경우, 단체협약에 적용되는 노조법상 규정[13]들이 필수유지업무협정에 모두 적용되어야 하고, 일방이 여러 차례 필수유지업무협정 체결을 위한 교섭을 요구하였음에도 상대방이 고의로 교섭을 지연시키거나 불응하는 경우, 어느 일방이 노동위원회에 필수유지업무결정을 신청할 수 있는 외에, 사용자의 교섭 지연 또는 불응 행위를 부당노동행위로 볼 수 있다.

일반협정으로 보는 경우, 단체협약에 관한 규정이 적용될 여지가 없으므로 협정의 신고의무, 유효기간, 단체협약 위반 시 처벌 조항 등은 적용되지 않고, 협정의 체결을 위한 과정은 단체교섭과 구별되는 것이므로, 쟁의행위의 대상으로 볼 여지가 없다. 또한, 사용자가 고의로 협정체결을 거부하더라도 교섭거부, 해태를 이유로 부당노동행위구제신청을 제기할 수는 없고, 노동위원회에 필수유지업무결정신청을 할 수 있을 뿐이다.

나. 단체협약설

단체협약이란 어떤 사안에 대하여 노동조합과 사용자 또는 사용자단체가 합의한 내용을 서면으로 작성하여 쌍방이 서명 또는 날인한 문서를 말하는데, 판례도 단체협약은 노동조합이 사용자 또는 사용자단체와 근로조건 기타 노사관계에서 발생하는 사항에 관하여 체결하는 협정이라고 하고 있다.[14] 필수유지업무협정의 체결 주체가 단체협약의 체결 주체와 동일하게 노동관계 당사자로 규정되어 있고, 체결형식 또한 마찬가지로 서명 또는 날인의 방식을 요하고 있으므로 단체협약과 동일한 성질을 가진다는 점,[15] 필수유지업무제도가 특정한 사업에 대하여 쟁의행위를 제한하기 위하여 도입된 제도이지만, 원칙적으로 그 제한의 1차적 주체를 노동조합과 사용자로 정하고 있다는 점과 직권중재제도에

---

13) 예를 들면, 단체협약의 신고의무(31조 2항), 행정관청에 의한 시정명령(31조 3항), 유효기간 (32조) 등.
14) 대법원 2005. 3. 11. 선고 2003다27429 판결 등 참조.
15) 박제성b, 152면.

대한 반성적 고려에서 필수유지업무제도가 도입되어 쟁의행위권 제한의 법리를
협약자치의 원리로부터 만들어 나가고자 하는 점,[16] 협정이 노사관계 당사자의
자율적 협상의 결과물로서 도출된다는 주체·방법적 측면과 법적 성격을 단체
협약과 달리 볼 명시적인 실정법적 근거가 없다는 것을 근거로 그 법적 성격을
쟁의행위와 관련된 평화조항으로 보되 공익성을 적극 고려하여야 하는 특성이
존재하는 노사자치의 영역으로 보아야 한다는 점[17] 등을 근거로 한다.

다. 일반협정설

필수유지업무협정을 단체협약으로 보아야 할 실정법적 근거나 필요가 없
고, 현행법의 체계를 보더라도 단체협약에 대하여는 노조법 31조 내지 36조에서
규정하고 있는 데에 반해, 필수유지업무협정에 대하여는 노조법 42조의3 내지
42조의5에서 별도로 규정하고 있는 점,[18] 단체협약은 사업의 성질에 관계없이
적용되지만, 필수유지업무협정은 필수공익사업 중 필수유지업무 해당사업 또는
사업장에만 적용된다는 점,[19] 필수유지업무협정은 노사 당사자에게 체결이 강
제되고,[20] 협정이 체결되지 아니한 경우에는 노동위원회에 결정 신청이 강제되
므로 무협정 상태가 노조법상 배제된다는 점,[21] 단체협약 체결을 위한 교섭 결
렬 시에는 노동쟁의 조정 절차가 적용되지만, 필수유지업무협정 체결을 위한 협
상이 결렬되는 경우에는 노동위원회의 결정이라는 별도의 절차를 규정하고 있
는 점,[22] 노조법 42조의4 5항은 필수유지업무결정의 불복방법에 대해 중재재정
에 대한 불복절차(69조)와 효력(70조 2항) 규정을 준용하고 있으면서도 중재재정이
단체협약과 같은 효력을 가진다는 70조 1항의 규정은 준용하고 있지 않는 점,[23]
필수유지업무협정에 따라 쟁의행위에 참가하지 못하는 근로자가 지명되는데, 이
를 단체협약의 규범적 효력이나 채무적 효력으로 입론하기가 쉽지 않다는 점[24]
등을 근거로 한다.

---

16) 박은정, 235면.
17) 문무기b, 59면.
18) 김선수, 53~55면.
19) 한국경영자총협회, 24면.
20) 임종률, 235면.
21) 김홍영, 49면.
22) 김홍영, 49면.
23) 김선수, 52~54면.
24) 김선수, 52~54면.

라. 검   토

단체협약의 성격을 긍정하는 입장에 따르면, 노조법 42조의4에 따른 노동
위원회의 필수유지업무결정 권한을 설명하기가 어려워진다. 단체협약을 노동관
계 당사자가 아닌 제3자가 대신 체결해 주는 결과가 되기 때문이다. 또한, 노동
조합은 필수유지업무협정에 관한 교섭권을 가지게 되어 노동조합의 교섭권 행
사에 사용자가 합리적인 이유 없이 응하지 않거나 불성실하게 교섭하는 경우
부당노동행위가 성립하게 되고, 해당 조합원이 노동조합의 필수유지업무 수행
지시를 받고도 쟁의행위에 참여하여 필수유지업무협정을 위반하면 노조법 92조
2호 바목에 따라 처벌될 수 있게 되어 죄형법정주의 원칙상 이와 같은 해석이
가능한지에 대하여 문제가 발생한다.

그러나 노동조합이 사용자 또는 사용자단체와 근로조건 기타 노사관계에서
발생하는 사항에 관하여 체결하는 협정을 단체협약으로 보는 한 필수유지업무
협정은 그 명칭에도 불구하고 단체협약에 속하는 점, 필수유지업무는 공익을 위
하여 노동조합의 쟁의행위를 제한하기 위한 제도인 점, 노조법은 노동관계 당사
자의 자율적인 협정에 의하여 필수유지업무에 관한 사항을 정하는 것을 원칙으
로 하되 예외적으로 노동위원회에 필수유지업무에 관한 결정을 하도록 하는 점,
이는 집단적 자치 원리에 따라 노동관계 당사자에 의한 노동관계질서형성권을
존중하면서도 자율적인 질서형성에 이르지 못한 경우 중립적 지위에 있는 노동
위원회에 필수유지업무에 관한 보충적인 노동관계질서형성권을 부여하여 공익
에 이바지하기 위한 필수유지업무제도의 목적을 달성하게 한 것인 점, 노동위원
회의 결정은 중재재정과 유사하게 제3자에 의한 노동관계질서형성적 기능을 수
행하는 보충적 규범인 점 등에 비추어 보면, 필수유지업무협정이 집단적 자치
원리에 의한 노사 간의 단체협약적 성질을 가지는 측면을 부정하기 어렵다.

3. 내   용

필수유지업무협정에는 그 업무의 유지·운영의 수준, 대상직무, 필요인원이
포함되어야 한다. 그 밖에 협정의 해석·이행에 관한 분쟁의 해결 방법, 효력발
생 시기 및 유효기간, 해지 등 실효에 관한 사항, 변경의 절차에 관한 사항 등
을 포함할 수 있을 것이다.

노조법상 필수유지업무협정의 유효기간에 대해서는 특별한 규정을 두고 있
지 않으므로 노동관계 당사자가 합의하여 정할 수는 있으나, 협정이 없는 상태
를 방지하기 위하여 새로운 협정이 체결되거나 노동위원회의 결정이 있기까지
는 종전 협정의 효력을 유지시키는 경과규정을 둘 필요가 있다.

한편, 유효기간을 정하지 않은 필수유지업무협정의 경우에는 효력을 계속
유지하되, 개정사유가 발생한 경우라면 개정을 요구할 수 있을 것이다.[25]

4. 협정의 개정

가. 개   념

노조법에서는 협정의 개정에 대한 규정을 두고 있지 않지만, 필수유지업무
협정이 체결된 후 사업장 내의 다양한 원인으로 협정을 개정할 필요성이 생길
수 있다. 협정의 개정이란 체결된 협정의 내용을 변경하는 것을 의미하는 것으
로 기존의 협정을 유지한 채 필수유지업무 조합원만을 대체하는 것과는 구별되
는 개념이다.[26]

나. 협정 개정의 필요성과 법적 근거

필수유지업무협정은 쟁의행위의 기준을 정하는 것을 목적으로 하므로, 근
로조건을 결정하는 단체협약처럼 주기적으로 체결할 것은 아니다.[27] 필수유지
업무에 해당하는 일부 업무를 폐지하여 더 이상 수행하지 않게 된 경우나 협정
에서 규정한 것 외의 새로운 대상직무가 생긴 경우 등 협정의 내용을 변경시킬
필요가 생길 수 있다.[28]

협정서에 개정에 관한 절차와 방식을 규정하였다면[29] 그러한 합의를 근거

----

25) 필수유지업무협정의 법적 성격을 단체협약으로 보는 견해에 따르면, 단체협약의 유효기간
    에 대한 규정과 법리가 적용된다. 필수유지업무협정의 법적 성격을 일반협정으로 보는 견해
    에 따르면, 유효기간을 정하지 않은 필수유지업무협정은 계속해서 유효하다. 단체협약으로
    보는 견해 중 필수유지업무제도를 도입한 목적이 쟁의행위권과 공익 보호의 조화를 위한 것
    이라는 점에서 필수유지업무협정의 유효기간이 경과한 사업장에서 쟁의행위를 하는 경우에
    도 기존의 필수유지업무협정이 적용되어야 한다는 견해가 있다(신수정g, 53~54면).
26) 김승휘, 53면.
27) 노동부, 62면.
28) 김승휘, 54면.
29) 일부 사업장의 경우, 필수유지업무협정의 내용으로 "사업의 중대한 변경, 법령의 개정 등
    본 협정 내용을 변경해야 할 상당한 사유가 있는 경우에는 당사자간 합의를 통해 변경할 수
    있다"거나 "노사 양측은 사업의 중대한 변경, 법령의 개정 등 이 협정의 변경을 위한 정당한
    사유가 있는 경우에는 상대방에게 서면으로 협정의 개정을 위한 교섭을 요구할 수 있다"고

로 개정을 요구할 수 있지만, 합의가 없는 경우에도 개정을 요구할 수 있는지가 문제된다.

필수유지업무협정을 단체협약으로 볼 경우, 필수유지업무협정에 사정변경이 생겨 단체협약의 유효기간 중 단체협약을 개정할 수 있는 정당한 사유가 존재하게 된다면 새로운 필수유지업무협정의 체결 시도를 긍정할 수 있게 된다.

그러나 일반협정으로 볼 경우 노조법에서 협정의 개정에 대한 아무런 규정을 두고 있지 않기 때문에 어떻게 필수유지업무협정을 개정할 것인가에 대한 문제가 발생한다. 만약 사정변경에 따라 노사 일방이 협의를 요청하였으나 잘 되지 않아 노동위원회에 필수유지업무협정에 대한 변경을 신청하게 되면 노동위원회는 이를 수용해 줄 것인지, 노동위원회가 이 신청을 받아들이지 않게 되면 어떻게 될 것인지도 문제된다.

노조법에서 협정의 개정에 대해서 규정을 두고 있지 않지만, 개정도 기존 협정을 대체할 새로운 협정의 체결이라는 점에서 노사당사자에 대하여 협정의 체결의무와 방식을 규정한 노조법 42조의3을 근거로 개정을 요구할 수 있다고 해야 한다.[30] 만일 협정이나 결정에 대해 변경이나 갱신을 요구하거나 신청할 수 없다고 한다면 최초 협정이나 결정에서 유효기간을 두지 않은 경우, 협정이나 결정의 내용에 사후적으로 사정변경이 발생하더라도 최초 필수유지업무의 내용에 구속되는 부당한 결론이 되기 때문이다. 따라서 노동관계 당사자 쌍방 혹은 일방은 변경이나 갱신의 필요성이 소명되는 경우 협정 변경이나 갱신을 위한 교섭을 요구할 수 있고, 교섭이 결렬되는 경우 노동위원회에 변경 또는 갱신결정 신청을 할 수 있다고 보아야 한다.

5. 협정의 체결 시기

노조법이 협정의 체결 시기에 대하여는 별도의 규정을 두고 있지 않지만 협정이 쟁의행위 기간 동안 유지해야 할 업무의 범위 등을 결정하기 위한 수단이고, 특히 단체교섭이 결렬될 경우 쟁의행위가 가능하다는 점에서 필수유지업무 교섭을 통상적인 단체교섭과 동시에 진행하는 것은 원활한 교섭진행을 저해할 가능성이 있는 점을 고려할 때, 필수유지업무협정은 쟁의행위에 돌입하기 전

정하고 있다.

30) 김승휘, 54면.

까지는 체결될 필요가 있다.

6. 협정의 해석이나 이행방법에 관한 의견 불일치

노동위원회의 필수유지업무결정의 해석이나 이행방법에 대하여 견해가 대립할 경우에는 노조법 42조의4 4항에 규정이 있으나, 필수유지업무협정을 체결한 후 협정의 내용에 관하여 노동관계 당사자 사이에 해석에 대한 견해가 대립할 경우에는 노조법에 아무런 규정이 없다.

이 경우 단체협약의 해석에 관한 의견제시 요청을 규정한 노조법 34조[31]를 유추적용해야 한다는 견해[32]와, 필수유지업무협정은 단체협약과 다른 노사협정이므로 필수유지업무결정의 해석에 관한 노조법 42조의4 4항을 유추적용해야 한다는 견해[33]가 있다. 다만, 어느 견해에 의하더라도 노동위원회 해석의 효력은 차이가 없으므로,[34] 노조법 42조의4 4항을 유추적용해도 될 것이다.

7. 협정의 체결을 위한 쟁의행위의 가능 여부

가. 문제의 소재

협정을 자율적으로 체결하는 과정에서 노사 간 원만한 합의에 이르지 못할 경우 쟁의행위가 가능한지가 문제된다.

나. 긍 정 설

헌법상 기본권인 쟁의행위권을 제한하는 것은 원칙적으로 법률에 의해 이루어져야 하는데, 필수유지업무협정 체결을 위한 쟁의행위가 금지된다는 명문규정이나 필수유지업무협정 결렬 시 쟁의행위가 금지된다는 취지의 규정이 없다는 점에서 쟁의행위가 금지된다는 주장은 타당하지 않다. 입법자가 필수유지업무협정 결렬 시 노동조합이 곧바로 쟁의행위를 시도하는 것을 금지하고자 했다면, 노조법 63조[35]와 같은 규정을 신설하거나 최소한 준용 규정을 두었을 것

---

31) 노조법 34조(단체협약의 해석) ① 단체협약의 해석 또는 이행방법에 관하여 관계 당사자간에 의견의 불일치가 있는 때에는 당사자 쌍방 또는 단체협약에 정하는 바에 의하여 어느 일방이 노동위원회에 그 해석 또는 이행방법에 관한 견해의 제시를 요청할 수 있다.
32) 문무기a, 29면.
33) 이준희, 105면.
34) 노조법 34조에 의한 해석의 효력은 중재재정과 동일한 효력이 있고, 노조법 42조의4 4항에 의한 특별조정위원회의 해석은 노조법 69조, 70조 2항에 따라 중재재정과 동일한 효력이 있다.
35) 노조법 63조(중재시의 쟁의행위의 금지) 노동쟁의가 중재에 회부된 때에는 그 날부터 15일

임에도 이런 입법이 없는 상태에서 해석을 통해 헌법상 기본권인 쟁의행위권을
일반적으로 제한하고자 하는 것은 위헌적인 시도이다.[36]

다. 부 정 설

협정의 기본적인 목적이 쟁의행위기간 동안 유지해야 할 필수업무의 범위
를 결정하는 것에 있다는 점을 고려할 때, 협정체결을 위한 협의가 결렬될 경우
바로 쟁의행위에 돌입하는 것을 허용한다면 필수업무가 정상적으로 유지될 수
없어 제도가 무의미해질 위험이 있다. 따라서 노조법 42조의4의 입법취지를 필
수유지업무협정 체결을 위한 협상이 결렬되었을 때 쟁의행위를 허용하지 않고
정상적인 조업을 하면서 노동위원회의 판단을 받도록 하는 것이라고 본다. 이에
따르면, 필수유지업무협정 체결을 위한 협의가 결렬될 경우 노동조합이 곧바로
쟁의행위를 할 수는 없고, 노동위원회에 필수유지업무결정을 신청할 수 있는 권
한만이 있으므로,[37] 노동관계 당사자는 필수유지업무협정을 유리하게 체결할
목적으로 쟁의행위를 할 수 없다.[38]

라. 검 토

필수유지업무협정의 법적 성격을 단체협약으로 본다면, 협정체결을 위한
쟁의행위는 가능하다. 그러나 노조법상 필수유지업무에 관한 규정은 노동조합의
쟁의권에 대한 제한규범의 성격을 가지고 있으므로, 필수유지업무의 정상적인
운영을 저해하는 행위는 허용되지 아니한다. 따라서 쟁의권을 전면적으로 부정
하는 부정설이나 필수유지업무협정 체결에 관한 쟁의권의 제한을 인정하지 않
는 긍정설은 모두 타당하다고 볼 수 없다.

노동조합이 필수유지업무협정을 위하여 쟁의행위를 하는 것은 허용되지만,
협정체결을 위하여 전면적으로 쟁의행위를 할 수는 없고, 필수유지업무의 필요
최소한을 유지·운영하는 범위 내에서 쟁의행위는 가능하다. 이에 관한 1차적인
판단은 노동조합이 할 수밖에 없다. 노동조합은 필수유지업무제도의 목적, 사업
의 규모, 조합원의 수, 동종 사업장에서 체결된 다른 협정 등 여러 사정을 고려
하여 사회통념상 합리적으로 이를 판단하여야 하고, 필수유지업무제도를 형해화

간은 쟁의행위를 할 수 없다.
36) 도재형a, 396면.
37) 이준희, 98면.
38) 임종률, 236면.

할 정도에 이르렀다고 인정되는 경우에는 쟁의권의 남용으로 보아야 할 것이다. 따라서 쟁의행위를 시작하면서 노동조합이 자발적으로 일정한 필수유지업무의 유지·운영 수준을 지킨 경우, 필수유지업무의 정당한 유지·운영을 방해했는지 여부에 따라 쟁의행위의 정당성 여부를 판단하는 일이 남게 된다.

노동조합은 필수유지업무협정이 체결되거나 노동위원회의 결정이 있으면, 그 효력이 발생하는 즉시 협정이나 결정에 따라 필수유지업무를 정상적으로 유지·운영할 의무를 부담한다.

Ⅳ. 필수유지업무결정

1. 필수유지업무결정의 신청

가. 신   청

노동관계 당사자 쌍방 또는 일방은 필수유지업무협정이 체결되지 아니하는 때에는 노동위원회에 필수유지업무의 필요 최소한의 유지·운영 수준, 대상직무 및 필요인원 등의 결정을 신청하여야 한다(법 42조의4 1항).

그 결정을 신청하려는 자는 사업장의 개요, 필수유지업무협정 미체결 경위, 노동관계 당사자 간 필수유지업무의 필요 최소한의 유지·운영수준, 대상직무 및 필요인원에 대한 의견의 불일치 사항 및 이에 대한 당사자의 주장 등을 기재한 신청서를 관할 노동위원회에 제출해야 한다(규칙 12조의2).

나. 신청 시기

노동관계 당사자가 아무런 제한 없이 노동위원회에 필수유지업무결정을 신청할 수 있는지가 문제된다.

노동위원회가 필수유지업무의 필요 최소한의 유지·운영 수준 등의 결정 과정에 개입하는 것은 노사의 자율적 교섭이 교착 상태에 이르러 교섭의 전개 가능성이 없거나 기대하기 어려운 상황으로 제한되어야 한다.[39][40] 노조법 시행

---

39) 이준희, 91면.
40) 서울행법 2010. 9. 2. 선고 2009구합34013 판결(확정): 필수유지업무의 필요 최소한의 유지·운영수준에 대한 아무런 협의가 없었던 상태에서 노사 일방이 노동위원회에 필수유지업무의 필요 최소한의 유지·운영수준에 대한 결정신청을 하는 것은 적절하지 않다고 하였다. 부산지방노동위원회 2008. 3. 25. 2008필수1: 부산지방노동위원회가 부산교통공사의 필수유지업무결정 신청에 대하여 "노사 양 당사자가 필수유지업무협정 체결을 위한 노력을 다하지 아니한 채 노동위원회에 필수유지업무결정의 신청을 하는 것은 노조법 42조의3이나 42조의4

규칙에서 필수유지업무협정의 미체결 경위 및 노동관계 당사자 간의 의견의 불일치 사항 및 이에 대한 당사자의 주장 등을 신청서에 기재하도록 요구하고 있는 것 역시 이러한 점을 고려한 것이다.[41]

따라서 형식적인 교섭 요청만이 있는 경우를 '필수유지업무협정이 체결되지 아니하는 때'라고 보기는 어렵다. 다만, 노동관계 당사자들의 합의에 따라 필수유지업무협정을 체결하는 것 대신에 곧바로 노동위원회에 필수유지업무결정을 신청하는 것은 가능하다는 견해도 있다.[42] 이에 대하여는 최소한 노동관계 당사자가 협정을 체결하기 위한 노력을 기울이는 것이 결정 신청의 전제로서 요구된다는 반대 견해가 있다.[43]

필수유지업무제도가 노동관계 당사자 사이에 자율적 교섭을 통하여 필수유지업무협정을 체결하되, 교섭이 교착상태에 빠졌을 때 보충적으로 노동위원회가 필수유지업무 유지수준을 결정하는 제도임을 고려하면, 노동관계 당사자 사이의 교섭이 불충분하다고 판단될 경우 노동위원회는 양 당사자의 적극적인 교섭을 권고하여 의견의 차이를 최대한 좁히는 노력을 한 후에 필수유지업무결정을 신청하도록 해야 할 것이다.

한편, 노동관계 당사자에 의한 필수유지업무협정 체결이 실패할 경우, 필수유지업무결정을 신청할 의무를 부과하면서도 이를 이행하지 않았을 경우의 법률관계에 대하여 노조법에 아무런 규정이 없다. 이 경우 노동관계 당사자가 노동위원회에 필수유지업무결정 신청을 하지 않은 것 자체를 규제할 수 없으므로, 이러한 상황에서 필수유지업무 분야에서 발생한 쟁의행위의 정당성은 필수유지업무협정을 체결하지 못한 상황에 준하여 판단해야 한다.

다. 신청 적격[44]

노조법은 필수유지업무결정을 신청할 수 있는 자를 '노동관계 당사자'라고 규정하면서도 그 구체적인 의미에 관하여 아무런 규정을 두지 않았다. 노조법 2조 5호에서 노동조합과 사용자 또는 사용자단체를 노동관계 당사자라고 정의하

규정의 요건을 충족하지 못하여 부적법한 것으로 판단된다"고 하여 당사자 사이의 성실한 추가교섭을 요구하는 결정을 내렸다.

41) 도재형b, 397면.
42) 문무기b, 59면.
43) 이준희, 92면.
44) 도재형b, 397~399면, 필수유지업무협정 당사자에도 동일한 논의가 가능하다.

고 있는데, 노동관계 당사자가 단순히 당해 필수유지업무의 대상 사업인 필수공
익사업을 직접 영위하는 사용자 및 그 노동조합을 의미하는지, 아니면 필수공익
사업을 직접 영위하지 않는다고 하더라도 도급·위탁 등을 통하여 그 필수유지
업무에 속하는 업무의 일부를 수행하고 있다면 그와 같은 수급·수탁업체의 사
용자 및 노동조합도 여기에 포함될 수 있는지 견해가 나누어진다.

필수유지업무제도는 직권중재제도와 달리 원칙적으로 쟁의행위를 허용하게
되므로 공익과의 조화를 위해서는 필수유지업무의 일정수준은 반드시 유지되어
야 한다는 점, 필수유지업무가 외주화되어 있을 경우 당해 업무는 외주업체 근
로자가 수행하므로 외주업체 근로자에게도 필수유지업무 수행 의무가 있다고
보는 것이 타당하다는 점, 노조법 42조의3은 필수유지업무를 수행하는 노동관
계 당사자가 협정을 체결하도록 하고 있고 필수공익사업의 노동관계 당사자로
제한하지 않고 있는 점 등을 근거로 수급·수탁업체의 사용자 및 노동조합도
필수유지업무결정을 신청할 수 있다고 보아야 한다.45) 이에 대하여 노조법 42조
의2부터 43조, 71조의 문리해석상 필수유지업무제도는 필수공익사업을 전제로
하는 것이고 필수공익사업에 해당하지 않는 사업에서는 필수유지업무가 논의될
수 없다고 해석하는 것이 자연스럽다는 점, 필수유지업무의 계속적 이행을 담보
하기 위한 대책을 어떻게 마련할 것인가는 필수공익사업을 영위하는 사용자와
그 노동조합의 자율과 책임에 맡겨져 있다는 점을 근거로 이를 부정하는 견해
가 있다.46)

라. 필수유지업무결정 신청사건의 관장

필수유지업무결정 신청사건의 관장과 관련하여, 필수유지업무결정 신청사
건은 노동쟁의 조정 또는 중재사건과 성격이 같고, 노위법 3조 1항 2호에 따라

---

45) 서울행법 2009. 11. 6. 선고 2009구합16909 판결(확정, 이에 대한 평석으로 문무기d, 304면
   이하; 조성혜, 385면 이하): 서울대학교병원과 시설유지보수 및 관리용역 계약을 체결한 후
   서울대학교병원에서 산소공급과 비상발전 및 냉난방 업무를 수행하고 있는 참가인 회사에
   대하여, 노조법 42조의2, 42조의3, 42조의4 1항은 필수유지업무의 수행주체와 필수유지업무협
   정의 체결주체, 필수유지업무결정의 신청주체를 모두 필수공익사업의 운영주체로 한정하고
   있지 않은 점, 필수유지업무는 필수공익사업의 운영주체가 직접 이를 수행하는지 여부와 관
   계없이 항상 최소한의 범위 내에서 그 유지·운영이 담보되어야 할 필요가 있는 점 등을 들
   어 서울대학교병원에서 필수유지업무를 수행하고 있는 참가인 회사가 필수유지업무결정을
   신청할 당사자적격이 있다고 하였다(위 판결에 대한 비판으로 문무기g, 280~283면; 신수정f,
   180~184면).
46) 문무기c, 47~48면.

2이상의 지방노동위원회의 관할구역에 걸친 노동쟁의의 조정사건은 중앙노동위원회가 해당 사건을 관장하도록 규정되어 있으므로, 위 규정에 따라 2이상의 지방노동위원회의 관할구역에 걸친 필수유지업무결정 신청사건은 중앙노동위원회가 관장해야 한다는 견해[47]가 있으나, 현재 하급심[48]은 필수유지업무결정을 노동쟁의 조정사건이라고 볼 수 없으므로, 노위법 3조 2항에 따라 2이상의 관할구역에 걸친 사건은 주된 사업장의 소재지를 관할하는 지방노동위원회에서 관장하면 된다고 판결하고 있다.[49]

2. 필수유지업무결정 과정

신청을 받은 노동위원회는 사업 또는 사업장별 필수유지업무의 특성 및 내용 등을 고려하여 필수유지업무의 필요 최소한의 유지·운영 수준, 대상직무 및 필요인원 등을 결정할 수 있다.

위 노동위원회의 결정은 노조법 72조의 규정에 따른 특별조정위원회가 담당하는데, 신청이 있는 경우 관할 노동위원회는 지체 없이 그 신청에 대한 결정을 위한 특별조정위원회를 구성하여야 한다(영 22조의3 1항). 노동위원회의 필수유지업무결정에 대한 해석 또는 이행방법에 관하여 관계당사자 간에 의견이 일치하지 아니하는 경우에는 노동관계 당사자의 쌍방 또는 일방은 의견을 첨부하여 서면으로 관할 노동위원회에 해석을 요청할 수 있지만(영 22조의3 3항), 특별조정위원회가 해석을 하면 그 해석에 따른다(법 42조의4 4항 1문). 이 경우 특별조정위원회의 해석은 노조법 42조의4 2항의 규정에 따른 노동위원회의 결정과 동일한 효력이 있다(법 42조의4 4항 2문).

통상적으로 노동위원회는 필수유지업무의 유지·운영 수준을 먼저 정하고 그에 따라 대상직무 및 필요인원을 산정하는 방식을 택하고 있다.[50]

---

47) 아래 48) 각주 판결의 소송에서 노동조합 측이 주장한 내용이다.
48) 서울행법 2010. 7. 16. 선고 2009구합22270 판결(확정), 서울행법 2010. 9. 2. 선고 2009구합33997 판결(확정), 서울행법 2010. 9. 3. 선고 2009구합29264 판결(확정, 이에 대한 평석으로 신수정a, 357면 이하), 서울행법 2010. 9. 3. 선고 2009구합34006 판결(확정), 서울행법 2010. 9. 17. 선고 2009구합34037 판결(확정) 등.
49) 주된 사업장의 결정기준과 관련하여, 중앙노동위원회 "필수유지업무 등의 결정사건 관장지정 지침" 참조.
50) 부산지방노동위원회가 한 부산교통공사의 필수유지업무결정문(2008. 10. 24. 부산2008필수7 결정)은 다음과 같다.
　1. 차량의 운전업무는 평상시의 61.4%(단, 공휴일<일요일 포함>은 50%), 차량운행의 관제업무(기지운전 및 역사운전취급 업무 포함)는 평상시의 100%, 차량운행에 필요한 전기시설·

노동위원회에서 결정하는 경우에도 노사 간에 합의된 부분은 최대한 존중하여 결정해야 한다.

3. 필수유지업무결정의 법적 성격

노동위원회의 필수유지업무결정을 특별조정위원회에서 담당한다는 점, 노동관계 당사자의 협의가 선행되어야 한다는 점 등을 보면 조정의 성격을 가지고 있지만, 노동위원회 결정의 효력에 관하여 부당노동행위 구제명령에 관련된 규정이 아닌 중재재정의 규정들이 준용되고 있는 점 등을 고려하면 중재의 성격도 있으므로, 조정의 성격과 중재의 성격을 모두 가지고 있는 것으로서 그중에서도 조정의 성격이 조금 더 강한 것으로 이해하는 견해[51]와 노조법상 조정 결정은 노동관계 당사자에게 아무런 강제력이 없지만, 필수유지업무결정은 노동관계 당사자에게 강제력을 가지며, 필수유지업무결정의 내용을 위반할 때에는 노조법 89조에서 형사처벌까지 가능하다는 점에서 필수유지업무결정은 조정 결정과 다르고 노조법상 중재재정의 성격을 지닌다는 견해[52]가 있다.

4. 필수유지업무결정을 하여야 하는 기간

노조법은 노동위원회가 필수유지업무결정을 하여야 하는 기간과 관련하여 아무런 규정을 두고 있지 않다.[53] 노동관계 당사자의 신청이 접수된 후 노동위

실비를 유지·관리하는 업무는 평상시의 50%, 차량 운행과 이용자의 안전에 필요한 신호시설·설비를 유지·관리하는 업무는 평상시의 30%, 안전 운행을 위하여 필요한 차량의 일상적인 점검이나 정비업무는 평상시의 38.4%, 선로점검·보수 업무는 평상시의 36%를 각각 유지하여야 한다.
2. 위 필수유지업무의 운영수준을 유지하기 위한 대상직무와 필요인원은 별지(생략)와 같다.
3. 필요인수 산정에는 비조합원도 포함되며, 따라서 노동조합이 필수유지업무에 근무하는 조합원 중 쟁의행위기간 동안 근무하여야 할 조합원을 통보할 시 비조합원을 제외한 인원만 조합원 중에서 통보하면 될 것이다.
4. 필수유지업무제도의 취지와 도시철도 사업의 특수성 등을 감안하여 노동조합은 필수유지업무에 근무하는 조합원 중 쟁의행위기간 동안 근무하여야 할 조합원 명단을 쟁의행위 개시 3일 전까지 사용자에게 통보하여야 한다.
5. 기타 이 사건 필수유지업무 결정사항을 제외한 노사당사자 간 필수유지업무협정 체결을 위한 교섭에서 의견 불일치 사항으로 남는 부분에 대해서는 노사 간 성실교섭을 통하여 원만하게 해결할 것을 권고한다.
51) 이준희, 91면.
52) 도재형b, 405면.
53) 노동위원회의 "필수유지업무 유지·운영수준 등의 결정 업무매뉴얼"에서도 당해 사건의 성격과 당사자 간 자율교섭 진행상황, 현장조사 일정 등을 감안하여 가급적 신속히 처리토록 하도록 권장하고 있다.

원회가 언제까지 필수유지업무결정을 하여야 하는지, 그 기간의 제한이 없는 것인지에 대한 문제가 있다.

중재 중 파업이 금지되는 15일(법 63조)을 결정 시한으로 참작할 수 있다는 견해가 있다.[54] 이는 필수유지업무협정을 단체협약으로 볼 수 있고 필수유지업무결정이 중재재정과 비슷한 성격을 가진다는 점에 근거한 것이다.

이에 대하여 집단적 노사관계의 안정을 위해선 노동위원회가 필수유지업무결정 절차를 신속히 진행하는 것이 필요하지만, 명문 규정이 없는 상태에서 노동위원회에 대해 15일이라는 기간을 일률적으로 지켜야 한다고 해석하기 어렵다는 견해,[55] 필수유지업무결정이 없는 상태에서도 쟁의행위가 가능하므로, 노동위원회의 결정 시한을 굳이 강제할 이유가 없으나, 만약 필수유지업무결정을 신청한 이후에는 쟁의행위가 금지된다는 입장이라면 15일의 파업 금지 기간을 준용해야 하고, 그 기간이 도과된 이후에는 쟁의행위가 가능하다고 해석해야 한다는 견해[56]가 있다.

노동위원회가 노동관계 당사자의 의견을 충분히 수렴하고 양 당사자의 의견을 최대한 좁혀 양 당사자의 합의에 근접하여 필수유지업무결정이 내려질 수 있도록 운영되기 위해서는 일정한 기간 내에 결정을 내려야 한다고 일률적으로 적용하기보다는 당사자의 의견이 접근되도록 하는 데 중점을 두는 것이 필요하다. 또한 필수유지업무결정의 신청 이후에도 필수유지업무협정을 체결할 수도 있을 것이므로 필수유지업무결정을 위한 기간을 15일 이내로 일률적으로 제한해서는 안 될 것이다.[57]

5. 결정절차 진행 중 협정체결 여부

필수유지업무결정 절차가 진행되는 과정에 노동관계 당사자가 자율적으로 필수유지업무협정을 체결할 수 있는지, 체결될 경우 관련 결정 절차가 중단되어야 하는지가 문제된다.

필수유지업무결정 절차가 공익사업의 조정 절차 및 노조법상 중재 절차를

---

54) 문무기c, 61면.
55) 김홍영, 50면.
56) 도재형b, 402면.
57) 다만, 노동위원회가 필수유지업무결정을 지연하면, 사실상 노동조합은 예정된 파업을 취소하게 되는 등 파업을 방해하는 문제가 발생한다(신수정h, 82~83면).

원용하고 있는 점, 노조법 47조가 노조법상 조정·중재 제도는 "노동관계 당사
자가 직접 노사협의 또는 단체교섭에 의하여 근로조건 기타 노동관계에 관한
사항을 정하거나 노동관계에 관한 주장의 불일치를 조정하고 이에 필요한 노력
을 하는 것을 방해하지 아니한다"라고 규정하고 있는 점 등을 고려할 때, 그 절
차가 진행되는 중에도 노동관계 당사자의 자율적 협정체결이 가능하고 협정이
체결된 경우 관련 결정 절차가 중단되어야 한다. 이 경우 신청당사자는 신청을
취하할 수 있고, 취하하지 않는 경우 노동위원회는 신청의 이익이 소멸한 것으
로 보아 각하할 수 있을 것이다.

6. 협정 개정을 위한 결정의 신청

협정 개정에 대한 일방의 교섭 요구에 상대방이 응하여 합의가 성립할 경
우에는 협정의 개정이 이루어질 테지만, 만약 상대방이 교섭요구에 응하지 않거
나 교섭을 진행하더라도 협정이 타결되지 않을 경우에, 개정도 새로운 협정의
체결이라는 점에서 협정과 동일하므로, 노동위원회에 결정을 신청할 수 있다고
보아야 한다.

7. 필수유지업무결정의 유효기간

중재재정이 효력기간을 정한 경우에 그 중재재정은 유효기간의 경과로 효
력이 상실되는 것처럼,[58] 필수유지업무결정의 법적 성격을 중재재정으로서의
성격을 지닌다고 보는 견해에 따르면, 효력기간을 정한 필수유지업무결정도 유
효기간이 만료한 때 효력을 상실하고, 효력기간을 정하지 않은 필수유지업무결
정의 유효기간은 단체협약의 그것과 동일하다고 한다.[59] 이에 의하면 효력기간
을 정하지 않은 필수유지업무결정의 유효기간은 노조법 32조에 따라 3년으로
한다. 한 번 정해진 필수유지업무결정이 무기한 유효하다고 할 경우, 특정 근로
자로서는 자신의 쟁의행위권을 합법적으로 행사하는 기회를 영구히 박탈당할
수 있고, 노조법 42조의4 5항이 필수유지업무결정의 불복 절차 및 사유에 대해
노조법상 중재재정에 관한 규정을 준용하고 있는 점에 비추어 볼 때, 필수유지
업무결정의 효력은 중재재정의 그것과 동일하다고 해석해야 한다고 한다.

---

58) 대법원 1996. 2. 23. 선고 94누9177 판결.
59) 김남근, 381~382면; 도재형b, 405면.

이에 대하여 노조법 42조의4 5항이 노조법 70조 1항[60])을 준용하지 않고 있으므로, 필수유지업무결정의 유효기간에 관하여 단체협약 관련 규정을 준용하는 것은 적절하지 않다는 반대 견해가 있다.[61])[62])

8. 필수유지업무결정의 효력 상실

필수유지업무결정이 내려진 후 노동관계 당사자 사이에 새로운 필수유지업무협정이 체결된 경우 종전 결정의 효력은 상실된다. 필수유지업무결정과 관련한 노동관계 당사자가 소멸한 경우에도 마찬가지이다.[63])

필수유지업무결정의 기초가 된 사정이 변경되어 기존의 필수유지업무결정의 효력에 대하여 다툼이 있는 경우, 노동관계 당사자는 새로운 필수유지업무협정을 맺을 것을 요구할 수 있고, 협정체결이 되지 않을 경우에는 노동위원회에 결정을 신청할 수 있을 것이다.

9. 필수유지업무결정에 대한 불복

가. 노조법상 중재재정 등에 관한 불복 사유

이 부분에 대한 자세한 내용은 법 69조에 대한 해설 참조.

나. 필수유지업무결정에 관한 불복 사유

노동관계 당사자가 노동위원회의 필수유지업무결정의 효력을 다툴 수 있는 경우는 그 결정이 위법하거나 월권에 의한 경우로 제한된다.

여기서, '위법'과 '월권'의 구체적 해석을 어떻게 해야 하는지 문제된다. 노조법이 필수유지업무결정에 대해 중재재정에 관한 불복 절차가 적용된다고 규

---

60) 노조법 70조(중재재정 등의 효력) ① 68조 1항의 규정에 따른 중재재정의 내용은 단체협약과 동일한 효력을 가진다.

61) 김홍영, 51면.

62) 필수유지업무제도 시행 후 실제 필수공익사업장에서 유효기간을 정하지 않은 필수유지업무결정이 계속 유지되어 한국가스공사와 발전5개사의 경우, 2008년의 필수유지업무결정을 계속 유지하고 있다[민주노총, "필수유지업무제도 10년 평가와 대안 토론회" 민주노총 공공운수노조 토론회 자료집(2017)]. 이에 따라 노동위원회가 필수유지업무결정을 한 사업장의 수가 2017년까지 크게 증가하지 않았다(위 고용노동백서, 필수유지업무결정 현황 참조).
　　쟁의행위권과 공익의 보호를 위해 필수유지업무결정이 없는 상태를 방지하기 위하여 노동관계 당사자 간 필요에 의해 새로운 필수유지업무협정이 체결되거나 노동위원회에 결정신청을 하여 새로운 필수유지업무결정이 내려질 때까지 종전 결정의 효력이 유지된다고 볼 필요가 있다.

63) 김홍영, 51면.

정하고 있는 이상 기본적으로는 그 불복 사유가 노조법 69조에 정한 위법이나 월권이라는 점에서 동일하다.[64)]

필수유지업무 제도의 특성과 노조법 42조의4 2항이 결정의 수준과 대상 범위를 따로 규정하고 있는 점에 비추어 필수유지업무결정의 위법사유를 구체적으로 살펴보면, 신청권이 없는 자가 결정을 신청하였음에도 필수유지업무결정을 내린 경우, 노동위원회의 필수유지업무결정에서 정한 유지·운영 수준이 쟁의행위권을 본질적으로 침해하여 헌법의 쟁의행위권 보장 정신을 무가치하게 만들 정도인 경우,[65)] 필수유지업무결정이 필수유지업무에 속하지 않는 직무를 대상으로 삼는 경우, 필수유지업무에 속하는데도 이를 제외한 경우, 필수유지업무결정 절차[66)] 및 특별조정위원회의 구성, 의결 과정 등이 노동관계 법령에 위반된 경우 등이 이에 해당한다.

V. 협정체결 및 결정신청 의무

노조법에는 협정을 체결하지 않거나 결정을 신청하지 않더라도 처벌하는 규정은 없다. 그러나 조문의 표현이 필수유지업무협정을 "체결하여야 한다(법 42조의3)"거나 "결정을 신청하여야 한다(법 42조의4 1항)"고 규정하고 있고, 쟁의행위 기간 동안 필수유지업무의 정당한 유지·운영을 위해서 노력했는지를 판단하는 데 협정체결 여부가 중요한 기준이 되며, 필수공익사업 쟁의행위 시 공익침해의 정도에 대한 예측가능성을 확보하고 노사가 미리 대비할 수 있도록 협정체결과 결정신청을 할 의무가 있다고 해석해야 한다.

다만, 이를 이행하지 않았을 경우 법률관계에 대해서는 노조법이 아무런 규정을 두고 있지 않으므로 노동관계 당사자가 노동위원회에 필수유지업무결정 신청을 하지 않은 것 자체를 규제할 수는 없다. 이 경우에 필수유지업무협정을

---

64) 현재 하급심에서는 필수유지업무결정 내용이 단순히 노사 어느 일방에게 불리한 내용이라는 사유만으로는 불복이 허용되지 않는다는 기존 판례 법리를 적용하고 있다[서울행법 2009. 11. 5. 선고 2009구합22553 판결(확정), 서울행법 2010. 1. 21. 선고 2009구합23426 판결(확정), 서울행법 2010. 9. 3. 선고 2009구합29264 판결(확정) 등 참조].

65) 김홍영, 261면; 신수정a, 360면.

66) 노동위원회가 필수유지업무결정에 앞서 별도로 자율적인 교섭의 기회를 부여하지 않은 것은 절차적인 하자라고 볼 수 없다는 하급심이 있다(서울행법 2010. 1. 21. 선고 2009구합 23426 판결(확정)].

체결하지 못한 상황에 준하여 필수유지업무 분야에서 발생한 쟁의행위의 정당성을 판단해야 한다.

Ⅵ. 필수유지업무 근무 조합원의 통보와 지명

1. 통보와 지명

노동조합은 필수유지업무협정이 체결되거나 노조법 42조의4 2항의 규정에 따른 노동위원회의 결정이 있는 경우 사용자에게 필수유지업무에 근무하는 조합원 중 쟁의행위기간 동안 근무하여야 할 조합원을 통보하여야 하며, 사용자는 이에 따라 근로자를 지명하고 이를 노동조합과 그 근로자에게 통보하여야 한다 (법 42조의6 1항 본문). 다만, 노동조합이 쟁의행위 개시 전까지 이를 통보하지 아니한 경우에는 사용자가 필수유지업무에 근무하여야 할 근로자를 지명하고 이를 노동조합과 그 근로자에게 통보하여야 한다(법 42조의6 1항 단서). 통보의 방법은 노조법에 규정하고 있지 않지만, 분쟁의 소지를 최소화하기 위하여 서면에 의한 통보가 원칙이라고 보아야 한다.[67)]

근로자 자신이 필수유지업무 근무 근로자로 지명되었다는 사실을 인식할 수 있어야 하는데, 지명 사실이 해당 근로자에게 통보되지 않은 상태에서는 그 근로자에게 필수유지업무에 근무할 의무가 발생하지 않는다. 그렇지 않으면 근로자가 지명 사실을 알지 못한 상태에서 파업에 참여할 경우 억울하게 민·형사 책임 및 징계 책임을 지게 될 위험이 있기 때문이다.[68)] 가장 합리적인 방법은 사용자가 직접 해당 근로자와 노동조합에 지명 사실을 문서로 통보하고 서명이나 수령증을 받는 것이다.[69)]

해당 근로자에게 지명 사실이 적법하게 통보되었다는 사실은 사용자가 증명해야 한다.

2. 필요인원 산정 방법

필수유지업무협정이나 결정에서 구체적인 대상직무가 설정된 경우, 대상직무별 필요인원을 산정하게 되는데, 필수유지업무별 필요인원은 조합원 여부를

---

67) 이준희, 93면.
68) 도재형b, 407면.
69) 박제성a, 129면.

구분할 필요는 없으나, 노동조합은 필요인력 중 당해 필수유지업무에 근무하는 비조합원을 제외하고 쟁의행위기간 동안 필수유지업무에 근무해야 할 조합원을 정해야 한다. 따라서 노동조합은 협정 또는 노동위원회 결정으로 정해진 필수유지업무별 필요인력 중 비조합원을 제외하고, 나머지 인원만 조합원 중에서 필요인력을 지명, 통보할 필요가 있다.

필수유지업무 종사 근로자의 수에 일상적인 업무 수행 수준에 대한 쟁의행위 시 유지되어야 할 업무의 수준을 의미하는 '유지율'을 곱하면 쟁의행위 시 정상적으로 업무를 유지하기 위해 필요한 인원수가 산정되고, 이 인원에서 비조합원의 수를 제외하면 필수유지업무의 유지를 위해 필요한 조합원 수가 산정된다.

유지율은 사업별·사업장별 고유의 특성과 상황을 고려하여 노사당사자가 합의로 결정하게 되는데, 대상 업무별 유지인원수를 정하는 것도 가능하지만 근로자 수의 변동에 따라 재차 인원수를 산정해야 하는 어려움이 있으므로 비율로 정하는 것이 적합하다.[70)

3. 필수유지업무 조합원의 대체

노동조합의 통보와 사용자의 지명을 통해 필수유지업무 조합원이 확정되면 그 조합원은 쟁의행위의 참가가 금지된다.

쟁의행위기간 중에 필수유지업무 조합원이 휴가·결근 등으로 필수유지업무 수행이 곤란한 경우에는 노동조합은 대체 조합원 명단을 통보해야 할 필요성이 있다.[71)

협정에 따라 교체의 사유를 명시한 것과 명시하지 않은 것이 있지만, 그 사유를 명시하였더라도 이는 예시규정으로 보는 것이 타당하고, 질병, 가사상의 사유, 인사상의 조치 등 어떠한 이유라도 업무수행이 불가능한 경우에는 대체가능 사유로 보는 것이 타당하다.[72)

---

70) 이준희, 103면.
71) 일부 사업장의 경우, 필수유지업무협정에 "사용자는 노조로부터 필수유지업무 근무자로 통지받은 인원이 휴가·결근 등의 사유로 업무에 종사할 수 없는 경우 지체 없이 서면으로 통지하고, 노조는 이를 대체할 명단을 8시간 전에 사용자에게 통지해야 한다"거나 "조합은 쟁의행위 중에 필수요원의 교체가 필요한 경우에는 사전에 대체 근무할 조합원의 명단을 회사에 통보하여야 한다"고 규정하고 있다.
72) 이준희, 104면.

4. 필수유지업무 조합원을 예비로 두는 경우

해당 조합원을 대체할 필요성이 있는 경우를 대비하여 필수유지업무 조합원을 통보할 때 예비적으로 일정 수의 조합원을 포함하도록 통보하는 것도 예기치 못한 상황에 대비하기 위한 적절한 방안으로 볼 수 있다.

5. 순환근무를 전제로 한 조합원 명단 통보

노동조합이 조합원 사이에 순환근무를 전제로 하여 조합원 명단을 통보할 수 있는지에 대하여, 필수유지업무 근무 근로자 지명 규정은 필수유지업무의 원활한 수행에 주된 목적이 있으므로, 특정 조합원만이 필수유지업무 근무 근로자로서 계속 근무할 경우 필수유지업무의 안정적 수행에는 도움이 될 수 있으나, 조합원 사이의 형평성 문제, 노조활동을 저해하는 등의 한계도 있으므로, 노동조합은 특정 조합원의 계속 근무를 전제로 통보할 수도 있고, 순환근무를 전제로 통보하는 것도 가능하다고 보아야 한다.73)

6. 통보 시기

노동조합이 조합원 명단을 사용자에게 통보해야 할 시기는 노사 간 협정 또는 노동위원회 결정으로 정해두는 것이 바람직하고,74) 이 경우 정해진 시한까지 노동조합이 명단을 통보하지 않는다면 사용자가 지명할 수 있다고 보아야 한다.

시기에 대하여 정해진 협정 또는 결정이 없다면, 합리성이 인정되는 기한을 정하여 사측이 노동조합에 조합원 명단을 통보해 줄 것을 요구할 수 있다고 보되, 그 기간을 도과한 경우에는 사용자가 지명할 수 있다고 보아야 한다. 다만, 노동조합이 쟁의행위 개시 전까지 이를 통보하지 아니한 경우에는 사용자가 필수유지업무에 근무하여야 할 근로자를 지명하고 이를 노동조합과 그 근로자에게 통보하여야 한다(법 42조의6 1항 단서).

---

73) 노동부, 70면.
74) 일부 사업장의 경우 "노조는 쟁의행위 개시 12시간 전까지 …서면으로 통보해야 한다. 사용자는 쟁의행위 개시 8시간 전까지 노조와 그 근로자에게 서면으로 통지해야 한다"거나 "조합은 쟁의행위 시작 7일 전까지 필수유지업무 근무자 명단을 …공사에 통보하여야 한다"고 규정하고 있다.

필수유지업무제도의 취지상 쟁의행위 시에 유지되어야 할 업무 및 인원이 사전에 확정될 필요가 있다는 점에서, 사용자가 명단을 확인하고 지명된 근로자를 노동조합에 다시 통보하는 것을 불가능하게 할 정도로 쟁의행위 개시에 임박하여 통보하는 것은 허용되지 않는다.

7. 지명된 근로자의 근로제공의무의 법적 근거와 위반 시 처벌 여부

필수유지업무협정의 성격을 단체협약으로 보는 견해 중 이를 규범적 부분으로 파악할 경우, 단체협약의 규범적 부분이 가지는 직접적 효력으로 인해 필수유지업무협정 자체로부터 지명된 근로자의 근로제공의무가 발생한다고 볼 수 있다. 그러나 노조법 42조의6에 의하면 노동조합 또는 사용자의 지명·통보가 있는 경우에 한하여 조합원의 근로제공의무가 발생하는 것으로 보아야 하는 점, 필수유지업무협정은 노동조합과 사용자 측 사이에 체결하는 것으로, 협약체결 당사자인 노동조합과 사용자 또는 사용자단체에 대하여만 효력을 가진다고 보아야 하므로, 단체협약의 규범적 부분이 가지는 직접적 효력으로 인해 필수유지업무협정 자체로부터 근로자의 근로제공의무가 발생한다고 보기는 어려운 면이 있다.

필수유지업무협정을 단체협약으로 볼 경우, 필수유지업무 조합원이 노동조합의 필수유지업무 수행지시를 받고도 쟁의행위에 참여함으로써 필수유지업무협정을 위반하게 되면 노조법 92조 2호 바목에 근거하여 형사처벌이 될 수 있고, 노조법 89조 1호의 벌칙도 적용받게 된다고 볼 수 있으나, 필수유지업무협정은 단체협약과 관련된 특별규정으로서 필수유지업무 조합원이 쟁의행위에 참여한 경우 노조법 42조의2에서 정하는 필수유지업무의 정당한 유지·운영을 정지·폐지 또는 방해하는 행위인지 여부에 따라 노조법 89조 1호의 벌칙 규정만 적용되고 92조 2호 바목 규정은 적용되지 않는다고 해석할 수도 있을 것이다.

필수유지업무협정의 성격을 일반협정으로 파악할 경우, 조합원의 근로제공의무는 필수유지업무협정 자체로부터 도출될 수 있다는 견해가 있다.[75] 이 경우 협정에 따라 근로자를 지명했는지, 지명을 하지 않아서 사용자가 지명을 했는지 여부와 관계없이 협정자체에서 근로제공의무가 도출되고, 만약 근로자가 근로제공의무를 위반하여 쟁의행위에 참가하였다면 노조법 42조의2에서 정하는 필수

---

75) 이준희, 107면.

유지업무의 정당한 유지·운영을 정지·폐지 또는 방해하는 행위인지 여부에 따라 노조법 89조 1호의 벌칙이 적용된다.[76]

일반협정으로 보는 견해 중에서도 노조법 42조의2 2항에 따라 필수유지업무에 해당하는 업무를 수행하는 근로자는 잠정적으로 근로를 제공할 의무를 부담하며, 다만 노동조합의 지명과 통보, 사용자의 지명에 따라 개별 근로자의 근로제공의무가 구체화되므로, 이때 노동조합이 근로자를 지명하고 통보할 의무는 협정에 의해 발생하는 것이 아니라 노조법 42조의6에 따라 발생한다는 견해도 있다.[77]

8. 지명과 통보에 대한 불복 방법

필수유지업무를 위해 필요한 근로자가 아님에도 노동조합이 근무 근로자로 통보하고, 사용자가 지명한 경우에 지명된 근로자는 그 효력을 다툴 수 있는지가 문제된다.

당해 근로자가 지명권의 남용을 이유로 지명의 효력을 임시로 정지시키는 가처분 신청 또는 지명의 무효를 다투는 소송 혹은 지명권의 위법한 행사를 이유로 한 손해배상 소송을 제기할 수 있다는 견해가 있다. 이에 따르면, 만약 지명된 근로자의 담당 업무가 필수유지업무를 필요 최소한의 수준으로 유지·운영하는 것과 무관하고 사용자의 지명권이 남용되었다면, 그 지명권 행사의 효력을 인정할 수 없게 된다. 노동조합이 해당 근로자를 필수유지업무 근무 근로자로 통보했다고 하더라도, 그 점만으로 사용자의 책임이 없다거나 해당 근로자가 지명권 행사의 남용 여부를 다툴 수 없다고 할 수 없다.[78]

사용자의 지명권 행사가 부당노동행위에 해당하거나 필수유지업무협정이나 필수유지업무결정 내용과 어긋나게 이루어진 경우 근로자뿐만 아니라 노동조합이 그 효력을 다툴 수 있다.[79]

---

76) 김선수, 52~54면.
77) 김승휘, 101면, 협정에는 필수업무의 유지·운영 수준, 대상직무 및 필요인원 등의 내용이 포함될 뿐이고, 근로제공의무를 가지는 개별 근로자는 노조법 42조의6에 따라 노동조합의 지명과 통보, 사용자의 지명에 의해서 구체화된다는 점을 고려할 때 위와 같은 해석이 가능하다고 한다.
78) 도재형b, 408면.
79) 박제성a, 130면.

Ⅶ. 필수유지업무협정·결정과 쟁의행위

1. 협정·결정의 준수 여부와 쟁의행위

노조법 42조의2 2항은 필수유지업무의 정당한 유지·운영을 정지·폐지 또는 방해하는 쟁의행위를 금지하고 있는데, 협정·결정의 내용에 따라 쟁의행위를 하였는지가 필수유지업무의 정당한 유지·운영 여부에 대한 주요한 판단기준이 된다. 노조법 42조의5는 노동조합이 노동위원회의 결정에 따라 쟁의행위를 한 경우 필수유지업무를 정당하게 유지·운영한 것으로 본다고 규정하고 있으나, 협정에 따라 쟁의행위를 한 경우의 효과에 대하여는 달리 규정이 없어 해석론에 맡겨져 있다.

노동위원회에 의한 필수유지업무결정은 협정이 체결되지 않았을 경우를 보완하기 위한 절차이고, 법률이 당사자에게 협정의 체결을 강제하고 있는 점을 고려할 때, 협정의 내용에 따른 쟁의행위를 한 때에는 반증이 없는 이상 필수유지업무를 정당하게 유지·운영하면서 쟁의행위를 한 것으로 추정하는 것이 바람직하다는 견해가 있다.[80]

그러나 협정에 따른 쟁의행위를 하였음에도 쟁의행위의 정당성을 인정하지 않을 경우, 노동관계 당사자에게 협정 체결권한을 부여한 제도의 취지가 몰각되고 실질적으로 협정이 유명무실화될 위험이 있다는 점, 필수유지업무결정은 보충적인 절차이고, 노사자율로 필수유지업무협정을 체결하는 것을 원칙으로 삼고 있는 법의 취지를 고려할 때, 필수유지업무협정에 따라 쟁의행위를 한 경우에는 필수유지업무를 정당하게 유지·운영한 것으로 추정하는 데 그치는 것이 아니라 필수유지업무결정에 따라 쟁의행위를 한 때와 마찬가지로 정당하게 유지·운영한 것으로 보아야 한다.

따라서 필수유지업무협정 또는 결정에 따라 쟁의행위를 한 경우에는, 이러한 쟁의행위로 인하여 실제로 필수유지업무의 유지·운영을 방해하는 결과가 발생하더라도 정당하지 않은 쟁의행위로 보기는 어렵다.[81]

---

80) 임종률, 237면.
81) 쟁의행위의 정당성은 인정되지 않지만, 필수유지업무 근무 대상 조합원의 명단을 통보하였고, 필수유지업무 근무 대상자들이 파업에 참가하지 않고 업무를 계속하였으며, 이에 따라 파업으로 필수유지업무가 중단된 적이 없는 사안에서, 파업으로 말미암아 사업운영에 심대한

2. 협정·결정을 위반한 경우 쟁의행위의 정당성

협정·결정을 위반한 쟁의행위란 노동조합이 협정·결정에서 정해진 내용을 따르지 않으면서 쟁의행위를 한 것을 의미한다. 가령 A 업무의 유지수준을 90%로 정하였음에도 노동조합이 임의적으로 80%만을 유지하면서 쟁의행위를 한 경우 등이 이에 해당한다.[82]

노동조합이 협정이나 결정을 위반하여 쟁의행위를 하였다면, 당해 쟁의행위는 바로 정당성을 상실하는지가 문제된다. 협정이나 결정은 쟁의행위가 금지되는 영역을 설정하여 필수유지업무가 정상적으로 유지·운영되도록 하기 위한 것이므로, 협정·결정이 쟁의행위의 정당성 판단에 중요한 기준이 된다. 그러나 필수유지업무가 정상적으로 유지·운영되었는지 여부는 쟁의행위의 발생 후 사후적으로 접근하여 쟁의행위 전체의 모습을 놓고 판단해야 하고, 단순히 협정·결정을 위반하였다고 반드시 필수유지업무가 정상적으로 유지되지 않았다고 볼 수는 없다. 협정·결정에서 90%의 유지율을 정하였으나, 노동조합이 임의로 80%의 업무만을 유지했다고 하더라도, 실질적으로 필수유지업무를 이용하는 것에 아무런 문제가 없었다면 해당 필수유지업무는 정당하게 유지된 것으로 보아야 한다.[83]

필수유지업무협정·결정의 내용이 필수유지업무의 필요 최소한의 유지·운영을 초과하는 경우가 있을 수 있고, 혹은 쟁의행위가 필수유지업무결정 등의 구체적 내용을 위반하지만 필수유지업무의 정당한 유지·운영을 정지·폐지 또는 방해하는 결과를 초래하지 않을 수 있기 때문이다.

노조법이 쟁의행위가 필수유지업무협정·결정을 위반하더라도 그 위반 행위 자체에 대해서는 처벌 규정을 별도로 두고 있지 않다는 점을 유념해야 한다.

혼란 내지 막대한 손해가 초래될 위험이 있었다고 하기 어렵고, 그 결과 사용자의 사업계속에 관한 자유의사가 제압·혼란될 수 있다고 평가할 수 있는 경우에 해당하지 않아 업무방해죄의 위력에 해당하지 않는다는 취지로 판단한 판례가 있다(대법원 2014. 11. 13. 선고 2011도393 판결). 한편, 판례는 필수공익사업장의 경우, 필수유지업무 종사자가 쟁의행위에 참가하지 않아 절차 등의 위법이 없는 경우에도 쟁의행위 목적의 정당성이 없는 경우로서 전격성, 중대성이 인정되는 경우에는 업무방해죄가 성립한다고 한다(대법원 2014. 8. 20. 선고 2011도468 판결, 이에 대한 평석으로 김선일, 767면 이하; 도재형c, 114면 이하; 박상기, 373면 이하; 신수정f, 158~172면).

82) 김승휘, 109면.
83) 김승휘, 110면.

3. 필수유지업무결정 등이 없는 상태에서 행한 쟁의행위의 정당성

필수유지업무협정의 체결 또는 노동위원회의 필수유지업무결정이 있기 이전에 쟁의행위가 발생한 경우, 노조법 42조의5가 적용되지 않으므로, 그 쟁의행위의 정당성이 문제될 수 있다.

이때에는 당해 쟁의행위가 필수유지업무의 정당한 유지·운영을 방해하는 쟁의행위에 해당하는지를 실질적으로 판단하고, 그에 따라 쟁의행위의 정당성 여부를 따져야 한다.

만약 협정이나 결정이 없는 상태에서는 일체의 쟁의행위가 금지된다고 해석된다면, 이는 근로자의 단체행동권을 본질적으로 침해하는 위헌적 해석이다. 노동조합이 자율적으로 필수유지업무가 필요 최소한의 범위 내에서 유지·운영될 수 있도록 조치를 취하였다면, 이는 필수유지업무를 정당하게 유지·운영하면서 쟁의행위를 한 것으로 보아야 하므로, 필수유지업무협정의 존부와 무관하게 쟁의행위의 정당성을 인정할 수 있다. 왜냐하면, 필수유지업무의 정당한 유지·운영이 반드시 필수유지업무협정 등에서 정해진 내용만을 뜻하는 것은 아니기 때문이다.

만약 필수유지업무의 정당한 유지·운영이 반드시 필수유지업무협정 등에서 정해진 내용만을 의미하는 것이라고 형식적으로 판단한다면, 그것은 범죄 구성요건의 실질적 내용을 법률이 직접 규정하지 아니하고 노사협정이나 노동위원회의 결정에 맡긴 셈이 되어 죄형법정주의에 위반될 소지가 있다.

4. 필수유지업무 근무 조합원이 근로를 제공하지 않고, 쟁의행위에 참가한 경우 노조법 42조의2 2항 위반 여부

필수유지업무 근무 조합원으로 지명된 자가 쟁의행위에 참가한 경우, 공중의 생명·보건·신체의 안전이나 일상생활에 위해가 발생할 것을 기다릴 것 없이 노조법 89조 1호, 42조의2 2항에서 정한 필수유지업무 방해죄가 성립하는지 문제된다.

사용자에 의해 지명된 근로자가 아닌 다른 근로자로 하여금 필수유지업무를 수행하도록 하거나 교대제와 같은 대체 수단을 통해 필수유지업무가 운영될 수 있도록 한 후, 지명된 근로자가 파업에 참가하는 것이 허용되는지 여부와 관련된 문제이기도 하다.

　　필수유지업무 조합원이 쟁의행위에 참가하였다는 행위 외에 어떠한 결과 발생이 필요한지 여부에 대하여 견해가 대립한다.

　　노조법 42조의2 2항이 "정지·폐지 또는 방해하는 행위는 쟁의행위로서 이를 행할 수 없다"라고 하여 행위 자체를 금지하는 거동범의 구성요건을 규정하고 있을 뿐 결과발생을 요구하는 결과범적 구성요건으로 볼 수 없다는 것을 근거로, 필수유지업무 수행 근로자로 지명된 근로자가 근로를 제공하지 않고 쟁의행위에 참가한 경우에는 결과 발생을 기다릴 것 없이 필수유지업무 방해죄가 성립한다는 견해가 있다.[84]

　　그러나 필수유지업무제도의 취지가 공공의 관점에서 쟁의권을 제한하는 것이므로 구체적으로 필수유지업무수행자를 사용자가 결정하더라도 이를 개별 근로자의 쟁의권을 부인하는 뜻으로 해석해서는 안 된다.[85] 또한, 노조법 42조 2항은 "사업장의 안전보호시설에 대하여 정상적인 유지·운영을 정지·폐지 또는 방해하는 행위는 쟁의행위로서 이를 행할 수 없다"고 규정하고 있는데, 이는 노조법 42조의2 2항과 유사한 규정으로, 판례는 이에 대하여 "안전보호시설의 유지·운영을 정지·폐지 또는 방해하는 행위가 있었다 하더라도 사전에 필요한 안전조치를 취하는 등으로 인하여 사람의 생명이나 신체에 대한 위험이 전혀 발생하지 않는 경우에는 노조법 91조 1호, 42조 2항 위반죄가 성립하지 않는다"라고 하고 있다.[86] 따라서 필수유지업무의 유지·운영을 정지·폐지 또는 방해하는 행위가 있다는 점만으로 위 죄가 성립하는 것은 아니고 공중의 생명·보건·신체의 안전이나 일상생활에 대한 구체적 위험이 발생해야만 그 죄가 성립한다고 해야 할 것이다.[87]

5. 노조법 42조의2 2항의 적용범위

　　노조법 42조의2 2항은 노동관계 당사자 모두에게 적용된다. 즉, 근로자뿐만

---

84) 이준희, 109~110면.
85) 김형배, 1368~1369면.
86) 대법원 2006. 5. 12. 선고 2002도3450 판결.
87) 대법원 2016. 4. 12. 선고 2015도17326 판결(이에 대한 평석으로 노상헌, 130면 이하; 문무기f, 128면 이하; 신수정e, 155면 이하), 대법원 2017. 3. 16. 선고 2016도14183 판결, 대법원 2017. 4. 13. 선고 2016도17412 판결, 서울남부지법 2017. 7. 6. 선고 2016노1288 판결(확정) 등; 박은정, 242면; 박제성b, 150면.

아니라 노동조합, 사용자, 사용자 단체에도 적용된다. 따라서 노동조합은 조합원 또는 비조합원이 필수유지업무의 정당한 유지·운영을 위한 업무를 수행하는 것을 방해할 수 없다.

여기서의 쟁의행위에는 직장폐쇄도 포함되므로,[88] 사용자가 행한 직장폐쇄로 인하여 필수유지업무의 정당한 유지·운영이 정지·폐지 또는 방해된 경우에도 노조법의 벌칙 규정이 적용된다.

6. 필수유지업무에 대한 대체근로 허용 여부

노조법은 사용자는 쟁의행위 기간 중 그 쟁의행위로 중단된 업무의 수행을 위하여 당해 사업과 관계없는 자를 채용 또는 대체할 수 없도록 하고 있다(법 43조 1항). 다만, 필수공익사업의 경우 사용자가 쟁의행위 기간 중에 한하여 당해 사업 또는 사업장 파업참가자의 100분의 50을 초과하지 않는 범위 안에서 대체근로가 가능하도록 허용하고 있다(법 43조 3, 4항).

필수공익사업으로서 필수유지업무협정을 체결한 사업장에서 사용자가 노조법 43조에 근거하여 대체근로를 허용할 수 있는지 여부가 문제된다. 노조법 43조 3항이 필수유지업무협정에 의하여 일정하게 유지되는 필수유지업무에 대해서는 대체근로를 명시적으로 금지한다는 내용의 예외를 규정하지 않은 이상 대체근로가 허용된다고 보아야 한다는 견해[89]와 필수유지업무제도가 작동됨으로써 대체근로를 할 만한 쟁의행위로 중단된 업무는 없기 때문에 필수유지업무에서 벗어나 있는 필수공익사업에 한해서만 대체근로가 허용된다거나[90] 필수유지업무제도와 대체근로허용 조항이 직권중재제도에 대한 제도적 대안으로 규정된 점, 긴급조정이라는 사후적 제한 장치가 존재하는 점 등을 고려하면 필수유지업무에서는 대체근로가 허용될 수 없다고 보는 견해[91]가 있다.

---

88) 노조법 2조 6호.

89) 문무기a, 33면; 신수정d, 551~552면.

90) 박제성b, 161~163면; 김남근, 387면(유사한 취지에서 필수유지업무의 유지·운영수준을 정한 필수유지업무협정이나 필수유지업무결정에 위반하여 쟁의행위가 진행될 때 그 유지·운영이 정지·폐지·방해된 필수유지업무의 범위에서 필수유지업무협정이나 필수유지업무결정에서 정한 유지·운영의 수준을 회복하기 위하여 보충적으로 대체근로를 허용해야 한다고 한다).

91) 박은정, 230~231면.

7. 노조법 42조의2 2항의 죄형법정주의 위반 여부

'정당한'이라는 말이 모호하다는 면에서 명확성의 원칙을 위반했다고 볼 여지가 있는 점,[92] 필수유지업무의 내용이 법률로 정해지는 것이 아니라 대통령령으로 정해지기 때문에(법 42조의2 1항), 대통령령에서 정하는 필수유지업무의 범위에 따라서 쟁의행위가 금지되는 범위가 달라질 수 있는 점,[93] 또한, 필수유지업무의 정당한 유지·운영의 정지 등을 처벌하면서, 처벌의 기준이 되는 정당한 유지·운영의 내용을 노사의 협정 또는 노동위원회의 결정에 맡기고 있는 점,[94] 구 노동조합법(1986. 12. 31. 법률 3925호로 최종 개정되었다가 1996. 12. 31. 법률 5244호로 공포된 노조법의 시행으로 폐지된 것) 46조의3이 단체협약을 위반한 자에 대하여 1,000만 원 이하의 벌금을 부과하도록 규정한 조항은 구성요건의 실질적 내용을 직접 규정하지 아니하고 모두 단체협약에 위임하고 있어 결국 처벌법규의 내용을 형성할 권한을 노사에 넘겨준 것이나 다름이 없어 단체협약의 내용에 따른 가벌성의 차등 없이 일률적으로 처벌하는 것은 죄형법정주의에 위배된다[95]고 하여 위헌결정이 내려졌는데, 노조법 42조의2도 필수유지업무의 정당한 유지·운영의 기준이 협정이나 결정이 된다는 점에서 이와 마찬가지로 처벌법규의 내용을 형성할 권한을 노사에 준 것이나 다름없다는 등[96]으로 노조법 42조의2 2항이 죄형법정주의의 명확성 원칙과 법률주의를 위반한다는 비판이 있다.

이에 대하여 헌법재판소는 2011. 12. 29. 선고 2010헌바385 등 결정에서 "필수공익사업 중 필수유지업무는 필수공익사업별로 산업적 특성에 따라 구체화될 수밖에 없기 때문에 일반 공중의 생명이나 건강 등에 직접적으로 영향을 미치는 핵심적 업무인 필수유지업무를 사전에 전부 법률로써 일률적으로 정하는 것이 불가능한 점, 대통령령에 위임된 '업무가 정지되거나 폐지되는 경우 공중의 일상생활을 현저히 위태롭게 하는 업무'란 그 업무의 정지나 폐지로 '일반 사람들이 인간으로서 최소한으로 유지하여야 할 일상생활을 할 수 없을 정도로 영향을 미치는 업무'로서 그 대강의 내용을 예측할 수 있다는 점에서 노조법 42

---

92) 문무기c, 30면; 박제성b, 150면.
93) 박제성b, 149면.
94) 박제성b, 151면.
95) 헌재 1998. 3. 26. 선고 96헌가20 결정.
96) 박은정, 243면; 박제성b, 151면.

조의2 1항이 포괄위임금지원칙에 위배된다고 볼 수 없다"고 하였다.[97]

8. 노조법 42조의2 2항 "정당한"의 해석

노조법 42조의2 2항의 '정당한'이라는 개념은 상대적이고 불명확한 측면이 있다. 노조법 42조의3에서 "쟁의행위 기간 동안 정당한 유지・운영을 위하여 필수유지업무의 필요 최소한의 유지・운영 수준, 대상직무 및 필요인원 등을 정한 협정을… 체결하여야 한다"는 규정에 비추어 보면, '정당한' 유지・운영은 '필요 최소한'의 유지・운영 수준 등에 의해 담보되는 것으로 볼 수 있다. 따라서 '정당한'이라는 의미는 '필요 최소한'과 같거나 비슷하다.

여기서 '필요 최소한'의 의미는 필수유지업무 제도의 취지를 고려할 때 공익 내지 공중의 생명・건강・신체의 안전 및 그 일상생활을 '현저히 위태롭게 하지는 않는 수준'이라고 할 수 있다.[98]

'정당한'이라는 것은 '정상적인 것'과는 다르다. 노조법에서 필수유지업무의 '정상적인' 유지・운영을 방해하는 쟁의행위를 금지하는 것이 아니라 필수유지업무의 '정당한' 유지・운영을 방해하는 쟁의행위를 금지하고 있다. 따라서 쟁의행위로 인하여 업무의 정상적인 유지・운영이 정지・폐지 또는 방해되더라도 그것이 '필요 최소한'의 수준을 넘지 않는 한 노조법 42조의2 2항은 적용될 수 없다. 만약 특정한 사업에 관한 필수유지업무결정이 평상시의 유지・운영수준을 보장할 수 있을 정도라면, 이는 단체행동권에 대한 본질적 침해에 해당한다.

[구 민 경]

---

97) 현재 하급심도, 노조법의 수범자들인 노동관계 당사자는 필수유지업무를 어느 정도 예측할 수 있다는 점, 필수유지업무 내용이 광범위하여 법률에서 일률적으로 정하기 곤란한 점, 같은 필수유지업무라고 하더라도 각 사업장마다 운영형태가 다양한 측면이 있음을 고려하여 필수유지업무의 유지・운영수준 등에 대하여 노사가 협의를 통하여 정하도록 하고, 합의가 성립되지 못한 경우에 노동위원회가 정하도록 한 것에 합리적 이유가 있다고 하여 명확성 원칙, 법률주의 원칙에 반하기 어렵다고 한다[서울행법 2010. 9. 9. 선고 2009구합27565 판결 (확정), 서울행법 2010. 10. 28. 선고 2010구합8263 판결(확정), 서울행법 2010. 10. 29. 선고 2010구합8249 판결(확정), 서울행법 2010. 10. 29. 선고 2010구합8270 판결(확정)].

98) 문무기b, 57면.

제43조(사용자의 채용제한)

① 사용자는 쟁의행위 기간중 그 쟁의행위로 중단된 업무의 수행을 위하여 당해 사업과 관계없는 자를 채용 또는 대체할 수 없다.

② 사용자는 쟁의행위기간중 그 쟁의행위로 중단된 업무를 도급 또는 하도급 줄 수 없다.

③ 제1항 및 제2항의 규정은 필수공익사업의 사용자가 쟁의행위 기간 중에 한하여 당해 사업과 관계없는 자를 채용 또는 대체하거나 그 업무를 도급 또는 하도급 주는 경우에는 적용하지 아니한다.

④ 제3항의 경우 사용자는 당해 사업 또는 사업장 파업참가자의 100분의 50을 초과하지 않는 범위 안에서 채용 또는 대체하거나 도급 또는 하도급 줄 수 있다. 이 경우 파업참가자 수의 산정 방법 등은 대통령령으로 정한다.

<세 목 차>

[참고문헌]

김희성, "쟁의행위기간 중 대체근로제한에 관한 연구", 노동법학 34호, 한국노동법학회(2010. 6.); **도재형**, "쟁의 행위 기간 중 근로자 채용", 노동법률 214호, 중앙경제(2009. 3.); **박수근**, "쟁의행위기간 중 대체근로의 허용과 범위", 2008 노동판례비평, 민주사회를 위한 변호사모임(2009); **박재필**, "근로자의 연차유급휴가에 관한 구 근로기준법 제48조 제1항 위반죄의 성립요건 및 구 노동쟁의조정법 제15조의 규정 의미와 그 위반죄의 성립 여부", 대법원판례해설 35호, 법원도서관(2001); **박제성**, "필수공익사업의 쟁의행위에 대한 새로운 규율: 필수유지업무와 대체근로", 노동정책연구 7권 3호, 한국노동연구원(2007); **송강직**, "대체근로", 노동법의 쟁점: 노동법·법경제 포럼 논문집, 한국노동연구원(2007).

I. 의   의

노조법은 쟁의행위 기간 중 사용자의 채용 또는 대체근로를 제한하고 있는데, 이는 근로자의 쟁의행위권을 실질적으로 보장하기 위함이다. 즉, 노동조합의 단체행동권을 효과적으로 담보하기 위한 최소한의 제도적 장치이자 노동쟁의과정에서 노사 양측의 무기대등의 원칙을 구현하기 위한 수단으로 사용자에게 채용제한의무 등을 부과한 것이다.[1]

사업 또는 사업장에 파업 등 쟁의행위가 개시되면 사실상 조업이 중단되는 경우가 많겠지만, 사용자로서는 중단된 사업을 계속하기 위하여 근로자를 신규 채용하거나 다른 사업장의 근로자로 대체함으로써 조업을 계속하여 쟁의행위로 인한 경제적 손실을 막으려는 유인을 가진다. 하지만 이를 무제한 허용하면 근로자 측으로서는 쟁의행위를 통해 사용자를 경제적으로 압박함으로써 근로조건의 향상을 꾀한다는 쟁의행위 고유의 목적을 달성하기 어렵게 될 것이고, 헌법상 보장된 단체행동권은 형해화될 위험이 있다. 이를 방지하기 위하여 노조법은 43조에서 채용제한 등을 규정하고 있고, 파견법 16조 1항은 쟁의행위 중인 사업장에 그 쟁의행위로 중단된 업무 수행을 위한 근로자 파견을 제한하고 있다.

II. 제한의 내용과 효과

1. 제한의 대상

노조법 43조의 채용제한 규정은 쟁의행위 중인 근로자의 사용자에 대한 제한 규정이다. 따라서 수급업체의 파업 등으로 중단된 업무를 도급업체가 직접 수행하거나 다른 업체에 도급을 주는 것은 파업을 하는 근로자들의 사용자가 아닌 제3자가 대체근로를 시행하는 것이므로 이는 특별한 사정이 없는 한 노조법 43조 위반이 아니다.

이와 관련하여 택배기사들이 택배회사와 위탁계약을 체결한 집배점을 상대로 파업을 하였는데 택배회사가 직영차량을 투입하자 택배기사들이 직영차량의

---

[1] 쟁의행위 기간 중 채용제한제도는 사용자에게 보장된 계약의 자유와 영업의 자유를 침해할 소지가 있으므로 독일처럼 대체근로를 허용하되 근로자에게 대체근로를 거부할 수 있는 권리로서 집단법상의 피케팅을 할 권리 등을 부여하자는 취지의 주장도 있다. 김희성, 229면.

출차를 막았고, 이러한 행위로 인해 택배기사들이 택배회사에 대한 업무방해죄
로 기소된 사안에서, 하급심은, 피고인들이 택배회사를 상대방으로 하여 쟁의행
위를 한 것은 아니지만 택배회사는 간접고용의 방식으로 택배 사업을 영위하고
있고 대체 인력의 투입이 집배점주의 요청으로 인하여 이루어졌으며 피고인들
에 대하여 실질적이고 구체적인 지배력을 행사할 수 있는 지위에 있는 자로 평
가할 수 있으므로, 택배회사는 피고인들과의 관계에서 노조법 43조 1항의 '사용
자'에 해당한다고 판단하였다.2)

2. 당해 사업과 관계없는 자

가. 의　　의

사용자는 쟁의행위 기간 중 그 쟁의행위로 중단된 업무의 수행을 위하여
'당해 사업과 관계없는 자'를 채용 또는 대체할 수 없다(법 43조 1항). 역으로 해
석하면 당해 사업과 '관계있는' 자는 이를 신규 채용하거나 대체근로에 종사하
게 할 수 있다.

여기에서 '사업'이 무엇을 의미하는지에 관하여 견해가 대립된다.

나. 견해의 대립

(1) 광 의 설

사업이란 개인사업체 또는 독립된 법인격을 갖춘 회사 등과 같이 경영상의
일체를 이루면서 계속적·유기적으로 운영되고 전체로서 독립성을 갖춘 하나의
기업체조직을 뜻한다고 하는 견해이다.3) 구 근기법상의 퇴직금 차등금지 제도
에 관한 판례가 '사업'이란 특별한 사정이 없는 한 경영상의 일체를 이루는 기
업체 그 자체를 의미한다고 해석하는데,4) 채용제한에 관한 '사업'의 의미도 그
와 같은 의미로 해석해야 한다는 것이다. 이 견해는 사업의 범위를 아래와 같이
넓게 보게 된다.

퇴직금 차등금지에 관한 판례에서 '하나의 사업'에 해당된다고 한 사안으로
① 한국방송공사의 방송업무부문과 시청료징수업무부문,5) ② 무역관계업무를

---

2) 대구지법 2021. 8. 11. 선고 2020노820 판결(대법원 2021도11473 사건으로 상고심 계속 중
　이다).
3) 사법연수원a, 292면.
4) 대법원 1993. 2. 9. 선고 91다21381 판결.
5) 대법원 1993. 2. 9. 선고 91다21381 판결.

담당하는 주식회사 대우의 서울본사와 섬유제품생산업무를 담당하는 부산공장,6) ③ 주식회사 대우의 국내 사업부문과 해외건설사업부문,7) ④ 학교법인 고려중앙학원 산하의 고려대학교와 그 부속의료원·병원8) 등이 있다.

위 사례와 같이 경영주체가 동일한 법인격체인 이상 하나의 사업이라고 본다. 따라서 어느 회사가 국내사업과 해외사업으로 나뉘어 있거나, 2개 이상의 단위로 물적·인적 설비를 독립시키고 회계를 분리하여 경영하고 있다거나, 혹은 건설업과 자동차정비업 등 성격이 다른 여러 가지의 영업을 함께 운영하고 있거나, 하나의 학교법인이 사립대학교와 부속의료원·병원을 그 산하에 함께 두고 있더라도 모두 하나의 사업이라고 한다. 이 견해에 따르면 위와 같이 전혀 다른 성격의 사업부문이라 할지라도 동일한 경영주체 아래 있는 이상 동일한 사업이라고 해석하므로, 어느 한 부문에서 쟁의행위를 하면 다른 부문의 근로자는 '당해 사업과 관계없는 자'가 아니므로 대체근로자로 투입할 수 있다. '사업'의 범위를 넓게 보는 이 견해에 따르면 결과적으로 신규채용 또는 대체근로가 허용되는 범위는 넓어진다.

택배기사들의 파업에 대응하여 택배회사가 직영기사 차량을 대체투입한 사안에서 하급심은 다음과 같이 판단하였다. '사업'이란 개인사업체 또는 독립된 법인격을 갖춘 회사 등과 같이 경영상의 일체를 이루면서 계속적, 유기적으로 운영되고 전체로서의 독립성을 갖춘 하나의 기업체조직을 뜻하는 것으로 해석되므로, 택배회사가 각 지역별로 사업장을 두고 각 지역의 택배화물 운송업무를 영위하고 있다고 하더라도 그 경영주체가 동일한 법인격체인 이상 그 전체를 '하나의 사업'이라고 봄이 타당하다. 이와 달리 '당해 사업'의 의미를 쟁의행위가 발생한 개별 지역의 택배업무를 담당하는 집배점으로 국한한다면, '쟁의행위로 중단된 업무'와 '당해 사업'의 의미가 동일하거나 유사해져 규정의 취지가 몰각된다. 택배회사가 김천지역의 택배업무를 대체하기 위하여 타 지역 직영기사 등을 투입하였다고 하더라도, 위 직영기사들을 '당해 사업과 관계없는 자'라고 단정하기 어렵다. 따라서 택배회사의 대체인력 투입행위는 위법하다고 볼 수 없다.9) 이와 같은 하급심의 태도는 광의설에 가까운 것으로 보인다.

---

6) 대법원 1993. 10. 12. 선고 93다18365 판결.
7) 대법원 1997. 11. 28. 선고 97다24511 판결.
8) 대법원 1999. 8. 20. 선고 98다765 판결.
9) 대구지법 2021. 8. 11. 선고 2020노820 판결(대법원 2021도11473 사건으로 상고심 계속 중

(2) 협 의 설

'사업'의 의미를 다소 좁게 보는 견해가 있다.[10] 노조법 43조에서 말하는 '사업'은 쟁의행위 기간 중의 대체근로의 허용범위를 정하는 기준이 되므로 파업근로자의 단체행동권이 침해됨으로써 교섭상의 불균형이 초래되지 않도록 그 범위를 합리적·객관적으로 해석하여야 한다는 점을 근거로 들고 있다. 이 견해는 쟁의행위 기간 중의 대체근로가 허용되는 단위로서 '사업'이라 함은 "일정한 장소에서 통일적 일체성을 가지는 유기적인 조직 하에 계속적으로 행하여지는 작업의 일체"를 말한다고 한다. 나아가 하나의 사업인가 아닌가는 그 업무가 일관된 공정 하에 통일적으로 수행되고 있는가에 의하여 결정되어야 하고, 장소적 관념만을 기준으로 판단할 것은 아니라고 본다. 이 견해는, 경영주체가 동일한 법인체이더라도 업무나 노무관리가 서로 독립해서 행하여지고 있는 부문이면 하나의 사업으로 볼 수 없다고 한다. 예를 들면 동일한 학교법인에 소속된 대학교와 그 부속병원은 단체협약의 주체가 다를 뿐만 아니라 단체협약의 적용범위도 다르므로 동일한 사업이라고 할 수 없고, 만약 부속병원의 근로자들이 파업을 하면 대학교의 직원은 '사업과 관계없는 자'에 해당하므로 대체근로를 시킬 수 없다고 한다.

다. 검 토

근기법에서 사용하는 '사업'과 노조법에서 사용하는 '사업'을 일관되게 해석하는 광의설이 법률해석의 통일성을 기한다는 측면에서 일면 타당하다. 그러나 파업근로자의 단체행동권이 침해됨으로써 교섭상의 불균형이 초래되지 않도록 그 범위가 합리적·객관적으로 해석되어야 한다는 협의설의 주장도 설득력이 없지 않다.

'사업'을 일관성 있게 해석하면서도 협의설의 문제의식을 반영하기 위하여 법령상의 '관계없는'이라는 문언을 주목할 필요가 있다. 대체근로가 가능한 근로자는 쟁의행위로 중단된 사업과 '관계있는' 자에 한정된다. 채용제한의 입법취지를 고려할 때 '당해 사업과 관계없는 자'는 '당해 사업'과 '관계성'이 없는 근로자를 의미한다. 즉, 하나의 사업에 속하는 근로자라고 하더라도 현재 쟁의행위로 중단된 업무와 전혀 관계가 없는 근로자는 대체근로를 할 수 없다고 해

이다).
10) 김희성, 234면.

석하는 것이 노조법 43조 1항의 문언과 입법 목적을 두루 충족시킨다. '관계성'
은 당해 업무의 성격, 장소적 관련성, 평상시 인적 교류의 유무, 업무의 전문성,
각 사업부문간의 관련성 등 여러 사정을 종합적으로 따져 합리적이고 객관적으
로 판단하여야 한다.

　　이러한 기준에서 볼 때, 2개 이상의 단위로 물적·인적 설비를 완전히 독립
시키고 회계를 분리하여 경영하고 있다거나, 건설업과 자동차정비업 등 성격이
다른 여러 가지의 영업을 함께 운영하고 있거나, 하나의 학교법인이 사립대학교
와 부속의료원·병원을 그 산하에 함께 두고 있더라도 모두 하나의 사업이라고
는 할 수 있지만, 하나의 부문에서 쟁의행위로 업무가 중단된 경우, 다른 부문
의 근로자를 당해 사업과 '관계있는' 자라고 할 수는 없다. 결국, 이러한 견해는
사업의 개념에서는 '광의설'을 취하나 대체근로의 허용 범위는 '협의설'과 유사
한 결론을 가져온다.

3. 신규채용 또는 대체근로의 금지

가. 채용과 대체

　　'채용'이라 함은 근로자를 새로 고용하는 것으로서 그 고용형태나 기간은
불문하므로 파업 등 쟁의행위에 참가한 조합원의 업무를 수행하기 위하여 아르
바이트 학생 등 임시직 근로자를 채용하는 것도 이에 해당한다. 이에 관한 판례
로, 국민연금관리공단 근로자들의 파업기간 중 국민연금갹출료 고지서 발송업무
를 위하여 아르바이트 학생까지 동원하여 돕게 한 경우 위 공단이 쟁의에 관계
없는 자를 채용 또는 대체하여 고지서 발송작업을 하게 하거나 도와주도록 한
부분은 정당한 쟁의대항행위라고 할 수 없다고 한 사례가 있다.[11]

　　'대체'라 함은 사업에 근로를 제공하고 있던 기존의 근로자로 하여금 파업
등 쟁의행위에 참가한 조합원의 업무를 대신 수행하게 하는 것을 말한다.

나. 금지기간

　　이러한 채용 또는 대체가 '쟁의행위 기간 중'에 이루어진 경우 금지되는 것
이 원칙이다. 그러나 사용자가 노동조합이 쟁의행위에 들어가기 전에 근로자를
새로 채용하였다 하더라도 쟁의행위 기간 중 쟁의행위에 참가한 근로자들의 업

---

11) 대법원 1992. 7. 14. 선고 91다43800 판결.

무를 수행케 하기 위하여 그 채용이 이루어졌고 그 채용한 근로자들로 하여금 쟁의행위 기간 중 쟁의행위에 참가한 근로자들의 업무를 수행케 하였다면 비록 쟁의행위 기간 전에 신규채용이 있었다 하더라도 노조법 43조를 위반한 것이다.[12]

다. 금지의 범위

'쟁의행위로 중단된 업무의 수행을 위하여' 신규채용하거나 대체근로를 시키는 것이 금지된다. 따라서 그 이외의 목적으로 근로자를 신규채용하는 등의 행위는 허용된다. 그러나 근로자를 신규채용하여 쟁의행위와 무관한 업무를 수행하게 하더라도, 기존의 근로자를 쟁의행위로 중단된 업무의 수행을 위하여 대체근로를 하게 하고 그 기존의 근로자가 담당하던 업무에 신규채용 근로자를 투입하는 것은 실질적으로 신규채용 목적이 쟁의행위로 중단된 업무의 수행이므로 이 역시 금지된다.[13]

노조법 43조 1항은 노동조합의 쟁의행위권을 보장하기 위한 것으로서 쟁의행위권의 침해를 목적으로 하지 않는 사용자의 정당한 인사권 행사까지 제한하는 것은 아니므로, 자연감소에 따른 인원충원 등 쟁의행위와 무관하게 이루어지는 신규채용은 쟁의행위 기간 중이라 하더라도 가능하다. 결원충원을 위한 신규채용 등이 위 조항 위반인지 여부는 표면상의 이유만으로 판단할 것이 아니라 종래의 인력충원 과정·절차 및 시기, 인력부족 규모, 결원 발생시기 및 그 이후 조치내용, 쟁의행위 기간 중 채용의 필요성, 신규채용 인력의 투입시기 등을 종합적으로 고려하여 판단하여야 한다.[14] 대법원은, 사용자가 쟁의기간 중 쟁의행위로 중단된 업무를 수행하기 위해 당해 사업과 관계있는 자인 비노동조합원이나 쟁의행위에 참가하지 아니한 노동조합원 등 당해 사업의 근로자로 대체하였는데 대체한 근로자마저 사직함에 따라 사용자가 신규채용하게 되었다면, 이는 사용자의 정당한 인사권 행사에 속하는 자연감소에 따른 인원충원에 불과하고 노조법 43조 1항 위반죄를 구성하지 않는다고 보았다.[15]

라. 쟁의행위의 정당성과 대체근로의 관계

신규채용, 대체근로가 금지되는 것은 쟁의행위가 정당한 경우로 한정된다

---

12) 대법원 2000. 11. 28. 선고 99도317 판결.
13) 김희성, 239면.
14) 대법원 2008. 11. 13. 선고 2008도4831 판결.
15) 대법원 2008. 11. 13. 선고 2008도4831 판결.

고 해석하여야 한다. 쟁의행위 기간 중 신규채용 또는 대체근로를 금지하는 입
법취지가 노동조합 쟁의행위의 실효성을 확보함으로써 근로자의 쟁의권행사를
실질적으로 보장하기 위한 것이므로 정당하지 아니한 쟁의행위까지 신규채용이
나 대체근로를 금지시킬 이유가 없기 때문이다. 위법한 쟁의행위에 대응하여 사
용자가 대체근로자를 투입한 경우 파업을 주도한 노동조합은 대체근로로 인한
사용자의 손해액에 대하여 불법행위책임을 부담하게 될 수도 있다.16)

한편, 쟁의행위의 정당성에 관하여 노사 간에 의견대립이 있을 수 있고, 사
후에 법원의 판단을 통해 정당성 여부가 최종 결정된다는 차원에서 쟁의행위가
합법 또는 불법인지 불문하고 대체근로는 금지되어야 하고, 다만 명백하게 불법
파업인 경우에만 사용자에게 일시적인 신규채용 등을 허용하여야 한다는 견해
도 있다.17)

사용자가 정당한 쟁의행위를 무력화하기 위하여 신규채용을 하는 경우 부
당노동행위가 될 수 있다. 대법원은, 산업별 노동조합이 총파업이 아닌 사내하
청지회에 한정한 쟁의행위를 예정하고 지회에 소속된 조합원을 대상으로 찬반
투표를 실시하여 그 조합원 과반수의 찬성을 얻어 쟁의행위를 하자 사업주가
쟁의기간 중에 근로자를 신규채용한 사안에서, 그 쟁의행위가 절차와 목적의 정
당성이 없다며 사업주의 근로자 신규채용이 부당노동행위에 해당하지 않는다고
한 원심판결을 파기한 바 있다.18)

4. 도급 또는 하도급의 금지

사용자는 쟁의행위 기간 중 그 쟁의행위로 중단된 업무를 도급 또는 하도

---

16) 서울고법 2005. 4. 22. 선고 2004나61992 판결.
17) 박수근, 211면.
18) 대법원 2009. 6. 23. 선고 2007두12859 판결. 환송 후 서울고법 2009. 12. 8. 선고 2009누
17959 판결은 "비상업무도급계약이 원고들의 사업장에서 잔업거부 등 쟁의행위가 발생한 시
기에 빈번하게 이루어진 사정, 신규채용자들의 계약기간이 대부분 3개월 이내이고, 잔업거부
시점과 신규채용 시점이 상당 부분 일치하는 사정, 원고들은 휴직, 퇴직자 등의 업무 대체를
이유로 근로자를 신규채용하였다고 주장하나 채용목적에 맞게 배치하였다는 구체적인 증거
를 제시하지 못하고 있는 사정, 원고들이 잔업거부 등의 쟁의행위로 인하여 중단된 업무를
신규채용 근로자들을 이용하여 차질없이 수행하여 온 사정, 원고들은 임금 및 단체협약이 체
결되지 아니한 상태에서 일방적으로 2004년도 임금을 인상하여 지급한 사정 등에 비추어 보
면, 원고들은 쟁의행위로 인하여 중단된 업무를 수행하기 위하여 근로자를 신규채용하였다고
판단되고, 위와 같은 원고들의 행위는 노동조합의 쟁의권을 무력화하기 위한 것으로 노동조
합의 운영을 지배하거나 이에 개입하려는 의도에서 이루어진 부당노동행위에 해당한다"라고
하였다.

급 줄 수 없다(법 43조 2항). 쟁의행위로 중단된 업무를 도급 또는 하도급 주는 것은 당해 사업에 관계없는 자를 대체근로시키는 것과 동일한 효과가 있으므로 이를 금지시킬 필요가 있는 것이다.

5. 근로자파견의 금지

파견사업주는 쟁의행위 중인 사업장에 그 쟁의행위로 중단된 업무의 수행을 위하여 근로자를 파견하여서는 아니된다(파견법 16조 1항). 근로자파견이 허용되면 당해 사업에 관계없는 자를 대체근로시키는 것과 다를 바 없기 때문이다.

6. 형사처벌

사용자가 쟁의행위 기간 중 그 쟁의행위로 중단된 업무의 수행을 위하여 당해 사업과 관계없는 자를 채용 또는 대체하여 노조법 43조 1항의 규정을 위반한 경우 1년 이하의 징역 또는 1천만 원 이하의 벌금에 처한다(법 91조). 노조법 43조 2항, 4항의 규정을 위반한 경우에도 마찬가지로 형사처벌의 대상이 된다(법 91조).[19] 파견법 16조 1항을 위반한 파견사업주는 1년 이하의 징역 또는 1천만 원 이하의 벌금에 처한다(파견법 44조).

여기서 처벌되는 '사용자'는 사업주, 사업의 경영담당자 또는 그 사업의 근로자에 관한 사항에 대하여 사업주를 위하여 행동하는 자를 말한다(노조법 2조 2호). 노조법은 사용자의 행위를 처벌하도록 규정하고 있으므로, 사용자에게 채용 또는 대체되는 자에 대하여 위 법조항을 바로 적용하여 처벌할 수 없음은 문언상 분명하다. 나아가 채용 또는 대체하는 행위와 채용 또는 대체되는 행위는 2인 이상의 서로 대향된 행위의 존재를 필요로 하는 관계에 있음에도 채용 또는 대체되는 자를 따로 처벌하지 않는 노조법 문언의 내용과 체계, 법 제정과 개정 경위 등을 통해 알 수 있는 입법 취지에 비추어 보면, 쟁의행위 기간 중 그 쟁의행위로 중단된 업무의 수행을 위하여 당해 사업과 관계없는 자를 채용 또는 대체하는 사용자에게 채용 또는 대체되는 자의 행위에 대하여는 일반적인 형법

---

19) 대법원은, 호남고속의 정비직 근로자들이 파업에 참여하여 정비업무가 중단되자 3개 정비업체에 쟁의행위로 중단된 정비업무를 도급준 행위로 호남고속의 대표자가 기소된 사안에서, 피고인에게 적법한 쟁의행위로 중단된 업무를 외부 업체에 도급준다는 인식이 있었음이 합리적인 의심을 할 여지가 없을 정도로 증명되었다고 볼 수 없다고 보아 이와 달리 유죄로 판단한 원심을 파기하였다(대법원 2018. 9. 13. 선고 2017도17568 판결).

총칙상의 공범 규정을 적용하여 공동정범, 교사범 또는 방조범으로 처벌할 수
없다.20) 대법원은 노동조합 소속 지회의 지회장 및 조합원 등인 피고인들이, 파
업기간 중에 중장비 임대업체인 회사에 채용되어 기중기를 운전하며 대체근로
중이던 근로자를 발견하고 뒤쫓아 가 붙잡으려는 과정에서 그 근로자에게 상해
를 입게 하여 폭력행위 등 처벌에 관한 법률 위반(공동상해) 등으로 기소된 사안
에서, 피해 근로자는 쟁의행위로 중단된 업무를 수행하기 위하여 채용된 근로자
에 불과하므로 대향범 관계에 있는 행위 중 '사용자'만 처벌하는 노조법 91조,
43조 1항 위반죄의 단독정범이 될 수 없고 형법 총칙상 공범 규정을 적용하여
공동정범 또는 방조범으로 처벌할 수도 없으므로 결국 피해 근로자는 현행범인
이 아니라고 보아, 이와 달리 피고인들의 행위가 적법한 현행범인 체포로서 정
당행위에 해당한다고 본 원심을 파기하였다.21)

7. 대체근로에 대한 노동조합의 대항행위

적법한 대체근로의 경우 노동조합은 사용자의 대체근로에 맞서 평화로운
방식의 피케팅 등으로 대체근로자를 대상으로 파업에 동참하도록 설득할 수 있
고, 이는 노동조합의 정당한 대항행위가 된다. 이 경우 '피케팅'은 파업에 가담
하지 않고 조업을 계속하려는 자에 대하여 평화적 설득, 구두와 문서 등에 의한
언어적 설득의 범위 내에서 정당성이 인정되는 것이 원칙이고, 폭행, 협박 또는
위력에 의한 실력적 저지나 물리적 강제는 정당화될 수 없다.

위법한 대체근로의 경우 그 위반행위를 저지하기 위하여 상당한 정도의 실
력을 행사하는 것은 동맹파업 등 근로자들에 의한 쟁의행위가 실효를 거둘 수
있도록 하기 위하여 허용된다고 할 것이나, 정당한 방법을 벗어난 정도의 실력
행사는 허용되지 않을 것이다.22) 위법한 대체근로를 저지하기 위한 실력 행사가
사회통념에 비추어 용인될 수 있는 행위로서 정당행위에 해당하는지는 그 경위,
목적, 수단과 방법, 그로 인한 결과 등을 종합적으로 고려하여 구체적인 사정
아래서 합목적적·합리적으로 고찰하여 개별적으로 판단하여야 한다.23) 대법원
은 한국수자원공사와 용역위탁계약을 체결하여 시설관리업무, 청소미화업무 등

---

20) 대법원 2020. 6. 11. 선고 2016도3048 판결.
21) 대법원 2020. 6. 11. 선고 2016도3048 판결.
22) 대법원 1992. 7. 14. 선고 91다43800 판결.
23) 대법원 2020. 9. 3. 선고 2015도1927 판결.

을 수행해 온 용역업체의 근로자들이 합법적인 파업을 하였는데 용역업체가 당해 사업과 관계없는 대체근로자들을 고용한 사안에서, 대체근로자들의 앞을 막으면서 청소를 그만두고 밖으로 나가라고 소리치는 등의 방식으로 대체근로자들의 청소업무를 방해한 행위는 폭력, 협박 및 파괴행위에 나아가지 아니한 소극적·방어적 행위로서 사용자 측의 위법한 대체근로를 저지하기 위한 정당한 범위 내에 있다고 판단하였다.[24]

Ⅲ. 필수공익사업에 대한 예외

노조법은 과거 필수공익사업에 대한 직권중재제도를 폐지하되, 필수유지업무제도를 도입하고, 나아가 필수공익사업의 사용자가 쟁의행위 기간 중에 한하여 당해 사업과 관계없는 자를 채용 또는 대체하거나 그 업무를 도급 또는 하도급 주는 경우에는 신규채용 또는 대체근로 금지 규정을 적용하지 아니하도록 규정하였다(법 43조 3항).

그 경우 사용자는 당해 사업 또는 사업장 파업참가자의 100분의 50을 초과하지 않는 범위 안에서 채용 또는 대체하거나 도급 또는 하도급 줄 수 있다(법 43조 4항). 노조법 시행령에 따르면, 파업참가자 수는 근로의무가 있는 근로시간 중 파업 참가를 이유로 근로의 일부[25] 또는 전부를 제공하지 아니한 자의 수를 1일 단위로 산정하고(영 22조의4 1항), 사용자는 파업참가자 수 산정을 위하여 필요한 경우 노동조합에 협조를 요청할 수 있다(영 22조의4 2항).

대체근로의 허용과 관련하여 규정상 '파업참가자'로 한정하고 있기 때문에 파업이 아닌 태업 등의 쟁의행위인 경우 대체근로가 전면적으로 금지된다고 해석하여야 한다.

[이 명 철]

---

24) 대법원 2020. 9. 3. 선고 2015도1927 판결.
25) 여기서 근로의 '전부'를 제공하지 않은 것은 파업을 말하고, 근로의 '일부'를 제공하지 않은 것은 특정의 직무만 중단하는 직무태업을 말한다고 보는 견해가 있다. 임종률, 226면.

제44조(쟁의행위 기간중의 임금 지급 요구의 금지)

　① 사용자는 쟁의행위에 참가하여 근로를 제공하지 아니한 근로자에 대하여는 그 기간중의 임금을 지급할 의무가 없다.

　② 노동조합은 쟁의행위 기간에 대한 임금의 지급을 요구하여 이를 관철할 목적으로 쟁의행위를 하여서는 아니된다.

〈세 목 차〉

[참고문헌]

강성태a, "근로기준법상 휴일과 연차휴가에 관한 소고", 사법 34호, 사법발전재단(2015);

강성태b, "쟁의기간 중 근로계약의 법적 성격과 그 효과", 법학논총 30권, 한양대학교 법학연구소(2013); **고호성**, "파업참가 노동자의 파업 기간 중의 임금", 판례연구 1집, 제주 판례연구회(1997); **곽현수a**, "무노동 무임금의 원칙 및 쟁의행위 시 임금공제범위", 법조 476호, 법조협회(1996. 5.); **곽현수b**, "무노동 무임금의 원칙 및 쟁의행위 시 임금공제범위", 재판실무연구 1권, 수원지방법원(1996); **권오성a**, "파업 기간 중 노조전임자에 대한 급여지급 문제", 판례연구 17집(하), 서울지방변호사회(2004. 1.); **권오성b**, "노조전임자와 무노동 무임금의 원칙", Jurist 400호, 청림인터렉티브(2004); **김규장**, "쟁의행위 기간 중의 임금(무노동 무임금의 원칙)", 국민과 사법—윤관 대법원장 퇴임기념, 박영사(1999); **김기선**, "단체교섭의 대상에 관한 재론", 본 18집, 한양대학교 법과대학(2003. 11.); **김기영**, "무노동 무임금 원칙에 대하여", 경총신서 45 노동판례평석집, 한국경영자총협회(1995); **김태창**, "임금전액불의 원칙과 관련하여", 판례연구 7집, 부산판례연구회(1997); **김홍준**, "파업 기간 중의 임금 지급범위", 노동법연구 6호, 서울대학교 노동법연구회(1997); **김희수**, "쟁의행위기간과 임금위험분배 및 평균임금 산정", 노동법실무연구 1권, 노동법실무연구회(2011); **박순영**, "쟁의행위 기간 중 포함된 유급휴일에 대한 임금의 지급여부", 대법원판례해설 81호, 법원도서관(2010); **박종권**, "파업참가 근로자의 파업 기간 중의 임금청구권의 발생 여부", JURIST plus 411호: 채권법(계약법)(v.2006-3), 청림출판(2006); **박진환a**, "태업 시 무노동 무임금 원칙의 적용여부", 대법원판례해설 97호, 법원도서관(2014); **박진환b**, "태업 시 무노동 무임금 원칙의 적용 여부와 임금의 공제 방법 : 대법원 2013. 11. 28. 선고 2011다39946 판결", '이상훈 대법관 재임기념 문집', 사법발전재단(2017); **손향미**, "노동조합 전임자의 법적 지위", 노동법률 187호, 중앙경제(2006. 12.); **심재남**, "부당해고 기간 중의 파업가담 기간에 대하여 임금을 청구할 수 있는지에 관하여 : 대법원 2012. 9. 27. 선고 2010다99279 판결", '법과 정의 그리고 사람: 박병대 대법관 재임기념 문집' 사법발전재단(2017); **오문완**, "파업과 근로관계", 노동법연구 1호, 서울대학교 노동법연구회(1991); **오영준**, "정당한 쟁의행위 참가자 및 육아휴직자에 대한 연차유급휴가일수 산정방법", 대법원판례해설 97호, 법원도서관(2014); **이경우**, "쟁의행위 기간 중 근로시간 면제자에 대한 급여 지급 의무 여부", 노동법률 310호, 중앙경제(2017); **이명철**, "쟁의행위 기간 동안의 임금청구권에 관한 판례의 동향", 청연논총 12집, 사법연수원(2015); **이우태**, "쟁의행위 기간 중 소위 생활보장적 임금의 지급 여부", 노동법률 58호, 중앙경제(1996. 3.); **이철수**, "쟁의행위 기간 중의 임금 지급 여부", 노동법률 57호, 중앙경제(1996. 2.); **이호철**, "태업시 무노동 무임금 원칙의 적용 여부 및 임금 등의 감액 방법 : 대법원 2013. 11. 28. 선고 2011다39946 판결", 판례연구 26집, 부산판례연구회(2015); **임종률a**, "파업참가기간과 임금삭감", 법률신문 2481호(1996. 2.); **임종률b**, "파업 기간 중 임금 지급에 대한 대법 판결", 노동법학 6호, 한국노동법학회(1996); **정재성**, "무노동 무임금에 대하여", 노동판례 평석: 노동현장에서 부딪히는 노동사건 주요 판례 평석, 인쇄골(1999); **조경배**, "쟁의기간 중의 임금 지급 문제", 1996 노동판례비평, 민주사회를 위한 변호사모임(1997); **하경효**, "파업참가 근로자에 대한 정근수당 지급: 삼척

군의료보험조합사건", 노동판례평석집 Ⅱ, 한국경영자총협회(1997); **清水兼男**, "賃金カット", 現代講座 5권(労働爭議), 日本労働法學會(1980).

Ⅰ. 쟁의행위와 근로관계

1. 학   설

가. 개   요

쟁의행위는 정당성이 인정되는 한 노동3권의 보장에 의하여 쟁의행위로 인한 계약상의 책임은 면제되며 이는 노조법 3조에 의하여 구체적으로 확인된다.[1] 하지만 집단적 노사관계 영역에서 쟁의행위가 개별적 근로관계에 어떠한 영향을 미치는 것인가에 관하여는 별개로 검토되어야 하며 이에 관하여는 학설이 대립하고 있다.

나. 근로관계 파기설

근로관계 파기설은 쟁의행위에 의하여 근로계약이 해지된다는 학설이다.[2] 쟁의행위가 근로자의 권리행사로 승인되기 전에는 쟁의행위를 하기 위해서는 미리 근로계약 관계를 해지하여야 하며, 근로계약의 사전 해지 없이 쟁의행위에 참가하는 근로자는 쟁의행위의 집단법적 정당성 평가와 무관하게 개별적인 근로계약 위반의 책임을 부담한다는 근로관계 파기설이 있었다.[3]

독일에서는 1950년대 초까지만 하더라도 이러한 견해가 지배적이었다.[4] 미국의 경우도 부당노동행위로 인한 파업의 경우 파업에 참가한 근로자를 대체하는 신규 채용이 있더라도 근로자에게 복직의 권리가 인정되나 근로조건에 관한 경제파업의 경우에는 복직이 부인되어 영구대체가 허용되므로 쟁의행위로 인하여 근로관계는 파기된다는 입장에 가깝다.[5] 근로관계 파기설에 따르면 쟁의행

---

1) 김형배, 1337면.
2) 이상윤a, 864면; 사법연수원a, 295면.
3) 김유성, 293면; 이병태, 363면; 이학춘 등, 506면(이학춘 등은 근로계약 파기설을 쟁의행위로 인하여 근로계약이 당연히 파기된다는 당연계약파기설과 쟁의행위에 의하여 근로계약이 당연히 파기되는 것이 아니라 계약상 의무 위반을 이유로 사용자가 파업참가자에 대한 근로계약을 파기할 수 있는 권한이 주어진다는 계약파기권 부여설로 구분하고 있다).
4) 김형배, 1427면.
5) 김유성, 294면; 오문완, 81~82면.

위로 인하여 근로관계는 소멸하므로 쟁의행위가 종료하여도 근로관계가 당연히 회복되는 것은 아니다.6)

다. 근로관계 정지설

근로관계 정지설은 쟁의행위 기간 중 근로관계가 일시적으로 정지될 뿐 파기되는 것은 아니라는 학설이다.7) 오늘날에는 쟁의행위가 권리행사로 인정되는 대부분의 나라에서 쟁의행위와 근로관계의 병존을 인정하는 근로관계 정지설이 지배적인 견해이다.8) 집단적 노사관계에서 쟁의행위가 행해지고 주된 권리의무가 소멸함이 개별적 근로계약이 해지된 결과로 보는 것은 단체행동권의 보장과 양립하기 어렵기 때문이다.9)

프랑스의 경우 1950. 2. 11.의 단체협약 및 집단적 노동쟁의조정법 4조가 "파업은 근로관계를 파기하지 않는다"라고 규정함으로써 근로관계 정지설이 확립되었고, 독일도 1955년을 전후하여 파업은 사전에 근로계약을 해지하지 않더라도 근로계약과 모순되지 않는다는 이론이 정립되었다.10) 영국도 1974년 법은 쟁의행위 시에 사용자가 근로계약을 파기할 수 있는 권한을 인정하여 근로관계 파기설에 가까운 입장이었으나 1992년 법에 따라 쟁의행위를 이유로 한 해고를 무효로 보고 있다.11)

근로관계 정지설에 의하면 쟁의기간 중이라도 근로자는 근로자의 신분은 그대로 유지하지만, 노사 쌍방은 근로계약상 부담하는 주된 권리와 의무가 정지된다.12) 주된 의무 이외의 나머지 근로관계는 그대로 존속하며 쟁의행위가 종료되면 정지되었던 주된 의무도 회복되고, 회복된 근로관계는 이전의 근로관계와 동일하므로 재고용이 아니다.13) 쟁의행위에 참가해도 종업원의 지위를 상실하는 것은 아니므로 종업원의 지위에서 발생하는 권익인 기숙사, 사택, 식당, 병원

---

6) 사법연수원a, 295면.
7) 김홍준, 484면; 이상윤a, 864면; 사법연수원a, 295면; 淸水兼男, 291면.
8) 강성태b, 171면; 곽현수a, 161면; 김기영, 250면; 김유성, 294면; 김홍준, 484면; 오문완, 81면; 이병태, 363면; 이우태, 113면; 이을형, 371면; 이학춘 등, 505~506면; 하갑래b, 556면; 사법연수원a, 295면.
9) 김유성, 294면.
10) 김유성, 294면; 김형배, 1426~1427면; 오문완, 82면.
11) 김유성, 294면.
12) 강성태b, 172면; 김유성, 294면; 김형배, 1426면; 김홍준, 484면; 오문완, 83~84면; 이상윤a, 864면; 사법연수원a, 295면; 淸水兼男, 291면.
13) 강성태b, 172면; 김유성, 294면; 김형배, 1429면; 淸水兼男, 291면.

등의 복리시설이나 조합사무소 등 회사 시설물 등을 이용할 수 있는 권리는 유지된다.[14]

라. 근로계약 내용설

근로계약 내용설은 근로계약에는 쟁의행위 기간 동안의 근로 제공거부 및 임금 미지급, 파업 후에 복귀한다는 내용이 묵시적으로 포함되어 있다는 학설이다.[15]

근로관계 파기설과 근로관계 정지설은 모두 시민법상의 계약 법리를 바탕으로 하는 오래된 이론이고, 쟁의행위가 헌법에 명문으로 보장되어 있는 현재에는 쟁의권을 근로계약 체결 이전에 존재하는 보다 높은 차원의 법규범으로 받아들이고 이를 전제로 근로계약을 체결하여야 하는 의무를 부담한다고 한다.[16] 그리하여 쟁의행위 기간 중에 근로계약이 파기되거나 정지되는 것이 아니라, 쟁의행위 기간 중에는 근로를 제공하지 아니한다는 등의 사실 자체가 근로계약의 내용으로 되어 쟁의행위 기간 중에는 근로 제공의무나 임금의 지급의무 자체가 존재하지 않는다고 한다.[17]

또한 이와 유사하게 근로관계 정지설을 시민법적 차원에서 계약파기설의 부당한 결과를 시정하기 위해 주장되던 견해라고 하면서 이를 개별적 계약정지설로 명명하고, 이와 달리 파업의 집단성과 헌법이나 입법상 인정되는 파업 자유의 집단성을 이론적 근거로 하여 쟁의행위로 인하여 근로계약이 집단적으로 정지된다는 집단적 계약정지설을 주장하는 견해도 있다.[18]

2. 판   례

대법원은 근로관계 정지설을 취하고 있다.

대법원은 근로자의 쟁의행위는 근로조건에 관한 노동관계 당사자 간의 주장의 불일치로 인하여 생긴 분쟁상태를 유리하게 전개하기 위하여 사용자에 대하여 집단적·조직적으로 근로를 정지하는 투쟁행위로서 쟁의행위 기간 동안 근로자는 사용자에 대한 주된 의무인 근로 제공의무로부터 벗어나는 등 근로계약에 따른 근로자와 사용자의 주된 권리·의무가 정지된다고 한다.

---

14) 오문완, 94~95면.
15) 이상윤a, 865면; 하갑래b, 556면.
16) 이상윤a, 865면.
17) 이상윤a, 865면; 하갑래b, 556면.
18) 이학춘 등, 507~508면.

그리하여 사용자는 근로자의 근로 제공에 대하여 노무지휘권을 행사할 수 없게 되는 데 반하여, 평상시의 개별 근로자의 결근·지각·조퇴 등에 있어서는 이와는 달리 위와 같이 근로관계가 일시 정지되는 것이 아니고 경우에 따라 단순히 개별 근로자의 근로 제공의무의 불이행만이 남게 되는 것으로서 사용자는 여전히 근로자의 근로 제공과 관련하여 노무지휘권을 행사할 수 있는 것이므로 쟁의행위의 경우와는 근본적으로 그 성질이 다르다고 판시하고 있다.[19]

II. 쟁의행위 참가자의 임금

1. 개   설

쟁의행위 기간 중의 임금 지급 문제에 관하여는 구 노동쟁의조정법 시절에는 법에 직접적인 규정을 두지 아니하였으나, 근로자가 결근을 하거나 쟁의행위를 하여 현실의 노동을 제공하지 않은 경우 근로자는 근로계약상의 의무인 현실의 노동을 제공하지 않았기 때문에 임금청구권 자체가 발생하지 않고 사용자도 그 한도 내에서 임금 지불 의무를 면한다는 것은 지극히 상식적이다.[20] 이를 무노동 무임금의 원칙이라고 하며 쟁의행위 기간 중의 임금 지급에 관하여 당연한 것으로 취급되어 왔고, 헌법 33조에 의한 단체행동권의 보장도 이 원칙까지 수정한 것은 아니다.[21]

그러나 무노동 무임금의 원칙은 현실의 근로를 제공하지 않았기 때문에 그와 대가관계에 있는 임금을 지급하지 않는다는 것이기에, 만약 현실의 근로와 대가관계에 있지 않은 임금이 존재한다면 그러한 임금에는 위 원칙이 적용될 수 없게 되며, 현실의 근로와 대가관계에 있는 임금을 파악함은 임금의 본질을 어떻게 파악할 것인가와 관련되어 있다.[22]

---

19) 대법원 1995. 12. 21. 선고 94다26721 전원합의체 판결, 대법원 1996. 2. 9. 선고 94다19501 판결(이에 대한 평석으로 조경배, 221~236면), 대법원 1996. 10. 25. 선고 96다5346 판결(이에 대한 평석으로 조경배, 221~236면), 대법원 2009. 12. 24. 선고 2007다73277 판결, 대법원 2010. 7. 15. 선고 2008다33399 판결 등.

20) 곽현수a, 131~132면; 김형배, 1429면; 김형배·박지순, 637면; 박홍규a, 840면; 이병태, 366면; 이을형, 373~374면; 이학춘 등, 510면; 임종률, 266면; 조경배, 226면; 하갑래b, 557면; 菅野(역), 765면; 西谷 敏a, 664면; 清水兼男, 282면; 注釋(上), 554면.

21) 박홍규a, 840면; 이병태, 366면; 이학춘 등, 510면; 민변노동법 II, 164면; 清水兼男, 281~282면; 注釋(上), 554면.

22) 곽현수a, 132면; 조경배, 227면.

임금의 본질에 관하여는 다양한 학설이 전개되고 있으며 대법원 판례도 변화를 겪게 된다.

2. 학   설

가. 임금이분설

임금을 현실적·구체적으로 제공된 노동에 대한 대가로서 지급되는 교환적 부분과 추상적인 노동력의 제공을 의미하는 근로자의 지위를 유지하는 데에 대한 대가인 생활보장적 부분으로 구분하고, 쟁의행위로 인하여 상실되는 임금은 교환적 부분에 한정되며, 근로자의 지위를 유지하는 한 지급되는 생활보장적 부분은 쟁의행위 기간 중에도 임금청구권이 발생한다고 한다.[23) 그 근거로서 임금은 본질적으로 노동력이라고 하는 상품의 대가이고 구체적인 노동의 대가는 아니라고 하거나 근로계약에 따른 근로자의 의무는 사용자의 지휘권 내에 종업원의 지위를 갖는 것과 구체적으로 노동력을 제공하는 것으로 나누어진다고 설명한다.[24) 흔히 가족수당·주택수당 등을 생활보장적 부분에 해당하는 임금으로 보고 있다.[25)

임금이분설은 조직력이나 재정력이 취약한 우리나라 노동조합 운동의 현실을 감안하여, 쟁의행위 참가자에 대하여 일부라도 임금청구권을 인정하기 위해 쟁의행위로 인하여 모든 근로관계가 일거에 해소되는 것은 아니라는 근로관계 정지설을 근거로 한 이론이다.[26)

하지만 이러한 장점에도 불구하고, 임금을 교환적 부분과 생활보장적 부분으로 구별할 수 있는 구체적인 기준을 제시하지 못하여 임금 지급 실태가 천차만별인 현실의 노사관계에 직접 적용될 수 있는 이론적 준거를 제시하지 못하고 있다거나,[27) 생활보장적 성격의 임금이라고 하더라도 구체적으로 제공되는 근로와 직접적으로 대응하지 않는 것일 뿐 근로의 대상으로서 가지는 성격은 부정할 수 없는 것으로서 근로 제공이 없다면 지급될 수 없다는 비판이 가해지고 있다.[28) 그리고 임금이분설에 따르면 모든 근로자에게 교환적 임금과 생활보

23) 이을형, 374면; 이철수, 26면; 이학춘 등, 512면; 사법연수원a, 297면; 淸水兼男, 283~286면.
24) 菅野(역), 765면.
25) 김형배, 1431면; 임종률, 267면.
26) 김유성, 296면; 김홍준, 490면; 이우태, 116면.
27) 김규장, 603면; 김기영, 250면; 김유성, 296면; 박홍규a, 842면; 이병태, 367~368면; 이철수, 27면; 임종률a, 266면.

장적 임금이 존재해야 하는데 현실적으로는 불안정취업 형태를 중심으로 생활보장적 임금이 존재하지 않는 경우가 허다하며, 임금에는 현실적인 근로 제공에 직접 대응하지 않는 임금이 있을 수 있으나 이는 근로계약을 통하여 결정된 것일 뿐 임금의 본질에서 유래한 것은 아니라는 비판도 존재한다.[29] 또한 임금이분설의 이론적 근거인 노동력 대가설의 입장에서는 생활보장적 임금은 근로자가 전인격적 노동력의 처분 권한을 사용자에게 맡겨 놓은 것에 대한 대가라고 설명하나, 근로자와 사용자가 적대적 관계에 있는 파업 기간 중에 사용자가 근로자의 노동력 처분 권한을 보유하고 있다고 할 수 있는지 의문이다.[30]

나. 의사해석설(계약해석설)

임금이 구체적인 노사관행·취업규칙·단체협약 또는 개별적 근로계약 등으로 결정되는데, 임금이분설이 이러한 당사자간 합의의 구체적인 내용을 불문하고 획일적으로 임금의 성격을 양분하여 그 법적인 효과를 달리 평가함은 모든 사례에 통일적으로 적용될 수 없다고 비판하면서, 쟁의행위 기간에 대응하는 임금의 삭감은 임금본질론이 아니라 우선적으로는 단체협약, 단체협약이 존재하지 아니하는 경우에는 취업규칙이나 관행 등을 통하여 추정할 수 있는 노사당사자의 의사에 따라서 결정하여야 한다는 견해이다.[31]

의사해석설에 따르면 파업참가자의 임금에 관한 명시적인 규정이 없다면 근로 제공이 없었다는 점에서 파업과 성질이 유사한 결근 등에 대하여 그 임금을 삭감의 대상으로 하는지에 관한 취업규칙이나 관행을 포함한 근로계약의 내용을 유추 적용해야 한다고 한다.[32]

일본의 사례로는 파업에서 가족수당의 삭감이 20년 이상 취업규칙의 규정에 의해 실시되었고 그 후 그 규정이 삭제되고 동일한 규정이 사원임금규칙 세부취급 가운데 정해진 후로도 종전과 같이 운영되어 온 사안에서, 파업의 경우

---

28) 김규장, 603면; 김기영, 251면; 김형배, 1431면; 김홍준, 491면; 오문완, 91면; 하경효, 236면; 淸水兼男, 286~287면; 下井隆史b, 119~120면.
29) 김홍준, 490~491면; 임종률a, 266면.
30) 김홍준, 491~492면. 그리하여 임금이분설을 취하면서도 쟁의행위의 경우에는 임금전부를 공제할 수 있다는 견해도 있다(淸水兼男, 288면; 片岡曻의 견해로 소개되어 있다).
31) 곽현수a, 150면; 김기영, 250~251면; 김유성, 296면; 김홍준, 492면; 박종권, 520면; 박홍규a, 842면; 이병태, 367면; 하갑래b, 559면; 菅野(역), 766면; 西谷 敏a, 664면; 下井隆史b, 120면; 注釋(上), 556~557면.
32) 김홍준, 494~495면; 박홍규a, 842면; 이병태, 368면; 임종률a, 267면; 조경배, 233~234면; 注釋(上), 556면.

에 가족수당의 삭감은 노사 간의 노동관행으로 성립되었기에 파업 기간 중의
가족수당 삭감은 위법하다고 할 수 없다는 판결이 있다.33)

　　이에 대하여는 쟁의행위라는 집단법적인 현상을 개별적 계약법상의 채무불
이행과 동일한 차원에서 봄은 쟁의행위가 갖는 특성을 간과하는 것이며, 쟁의행
위 기간 중에 쟁의 참가 근로자에게 임금을 일부라도 지급해야 한다면 쟁의행
위의 대등성이 파괴되어 협약자치 제도에 반한다는 비판이 있다.34)

다. 전면삭감설(임금일체설)

　　임금은 모두 근로의 대가이며 파업 참가 기간에 대하여 반대의 특약이나
관행이 없으면 어떤 명목의 임금이든 모두 삭감할 수 있다는 견해이다.35) 임금
은 현실적인 노동력 제공의 대가이며 현실적인 노동력 제공의 대가가 아닌 임
금은 없다는 임금일체설에 근거한 이론이다.36) 파업은 근로자가 임금의 상실이
라는 부담을 감수하고 행하기에 그 합법성과 정당성이 승인되며, 자신은 조금의
불이익도 받지 않고 상대방에게만 불이익을 가하려고 함은 공정하지 않다고 한
다.37)

　　그런데, 파업은 집단적인 투쟁이라는 점에서 개인적 사정에 따른 결근과는
다르기는 하지만 근로를 제공하지 않는다는 것은 동일하다는 점, 오히려 결근은
오로지 근로자 개인의 사정으로 인한 것이지만 쟁의행위는 노사가 공동으로 책
임을 부담해야 하는 측면이 있다는 점, 쟁의행위는 헌법상 보장된 권리라는 점
등에 비추어 보면 파업참가자는 결근자에 비하여 보호할 필요성이 크다.38) 또한
근로관계가 정지되어 근로 제공 의무가 없는 파업참가자를 근로 제공 의무에
위반하여 근로를 제공하지 아니한 결근자보다 불리하게 취급할 이유는 없다.39)
결국 특별한 규정이나 관행도 없이 결근자에 대하여도 지급하는 수당을 쟁의행
위로 인하여 근로하지 아니한 자에 대하여는 지급하지 아니한다면, 근로 제공을
하지 아니한 점에서는 동일함에도 쟁의행위자에 대하여만 불이익 처분을 하는
것이 되어 파업 참가를 이유로 한 제재이고, 파업이 정당한 것이라면 이러한 차

---

33) 最高裁 1981. 9. 18. 判決(三菱重工長崎造船所 事件, 最高裁判所民事判例集 35권 6호, 1028면).
34) 김형배, 1432면; 김형배·박지순, 638면; 하경효, 237~238면.
35) 김형배, 1431면; 오문완, 90면; 淸水兼男 294면.
36) 오문완, 91면; 임종률a, 267면; 하갑래b, 558면.
37) 淸水兼男, 294면.
38) 김홍준, 494면; 조경배, 233면.
39) 임종률b, 40면.

별은 정당한 단체행동 참가를 이유로 한 불이익 취급으로서 부당노동행위가 성립할 수도 있다는 등의 비판이 있다.[40] 임금일체설에 의하면 모든 임금은 파업 참가시에 삭감되어야 하는데 왜 당사자 사이에 특약이 있는 경우에는 삭감되지 않는지의 논거도 불분명하다.[41]

3. 판례의 변경 및 입법

가. 대법원 1995. 12. 21. 선고 94다26721 전원합의체 판결 전

대법원은 위 전원합의체 판결에 이르기 전에는, 쟁의행위로 인하여 사용자에게 근로를 제공하지 아니한 근로자는 일반적으로 근로의 대가인 임금을 구할 수는 없다고 하여 무노동 무임금의 원칙을 지지하면서도, 임금이분설에 입각하여 구체적으로 지급 청구권을 갖지 못하는 임금의 범위는 임금 중 사실상 근로를 제공한 데 대하여 받는 교환적 부분과 근로자로서의 지위에 기하여 받는 생활보장적 부분 중 전자에 국한된다고 하였다.

그리고 임금 중 교환적 부분과 생활보장적 부분의 구별은 당해 임금의 명목에 불구하고 단체협약이나 취업규칙 등의 규정에 결근·지각·조퇴 등으로 근로를 제공하지 아니함에 의하여 당해 임금의 감액을 정하고 있는지의 여부, 또는 위와 같은 규정이 없더라도 종래부터의 관행이 어떠하였는지 등을 살펴 판단하여야 한다고 하였다.[42]

그리하여 쟁의행위에 참여하여 근로를 제공하지 아니한 근로자들을 결근자에 준한다고 보아, 운영규정에 기본급에 관하여는 결근자를 감액지급대상자로 정한 반면 정근수당에 관하여는 감봉 이상의 징계처분을 받거나 직위해제처분을 받지 아니한 결근자를 그 전액지급대상자로 정하고 있으며, 쟁의행위로 인하여 근로를 제공하지 아니한 자에 대하여 별도의 정함도 없고 또한 이에 관한 관행도 없어서 정근수당이 임금 중 보장적 부분에 해당된다고 하여 사용자가 원고들에게 소정의 정근수당을 지급할 의무가 있다고 판시하였다.[43]

이러한 판례의 태도는 임금이분설을 전제로 하면서도 구체적인 판단에 있

---

40) 고호성, 148~149면; 곽현수a, 169면; 김홍준, 495면; 박종권, 522면; 임종률, 268면; 임종률b, 41면; 하갑래b, 518면; 대법원 1995. 12. 21. 선고 94다26721 전원합의체 판결의 반대의견.
41) 곽현수a, 158면; 임종률a, 15면.
42) 대법원 1992. 3. 27. 선고 91다36307 판결(이에 대한 평석으로 김기영, 245~253면), 대법원 1992. 6. 23. 선고 92다11466 판결.
43) 대법원 1992. 3. 27. 선고 91다36307 판결.

어서 합리적인 해석에 따라 노사 당사자의 합의를 추정하여 임금 삭감 여부를 결정하여야 한다는 의사해석설의 입장을 취한 것이다.[44]

나. 대법원 1995. 12. 21. 선고 94다26721 전원합의체 판결[45]

(1) 다수의견

대법원 1995. 12. 21. 선고 94다26721 전원합의체 판결의 다수의견은 기존의 임금 2분설에 기초한 판결들을 변경하여, 모든 임금은 근로의 대가로서 "근로자가 사용자의 지휘를 받으며 근로를 제공하는 것에 대한 보수"를 의미하므로 현실의 근로 제공을 전제로 하지 않고 단순히 근로자의 지위에 기하여 발생한다는 이른바 생활보장적 임금이란 있을 수 없고(노동대가설), 또한 우리 현행법상 임금을 사실상 근로를 제공한 데 대하여 지급 받는 교환적 부분과 근로자로서의 지위에 기하여 받는 생활보장적 부분으로 2분할 아무런 법적 근거도 없다고 하였다.

또한 임금의 지급 실태를 보더라도 임금을 지불항목이나 성질에 따라 사실상 근로를 제공한 데 대하여 지급받는 교환적 부분과 현실의 근로 제공과는 무관하게 단순히 근로자로서의 지위에 기하여 받는 생활보장적 부분으로 나누고 이에 따라 법적 취급을 달리함이 반드시 타당하다고 할 수도 없고, 실제로 현실의 임금 항목 모두를 교환적 부분과 생활보장적 부분으로 준별함은 경우에 따라 불가능할 수 있으며, 임금 2분설에서 전형적으로 생활보장적 임금이라고 설명하는 가족수당, 주택수당 등도 근로 제공과의 밀접도가 약하기는 하지만 단순히 근로자로서의 지위를 보유하고 있다는 점에 근거하여 지급한다고 할 수 없으므로, 이러한 수당 등을 현실적인 근로 제공의 대가가 아닌 것으로 봄은 임금의 지급 현실을 외면한 단순한 의제에 불과하다고 판시하였다.

쟁의행위 시의 임금 지급에 관해서도, 쟁의행위는 사용자에 대하여 집단적·조직적으로 근로를 정지하는 투쟁행위로서 쟁의행위 기간 동안 근로계약에 따른 권리·의무가 정지되므로 근로관계가 그대로 유지되고 단순히 개별 근로자의 근로 제공 의무의 불이행만이 남게 되는 평상시의 개별 근로자의 결근·지각·조퇴 등과는 근본적으로 그 성질이 다르다는 근로관계 정지설에 근거하

---

44) 김유성, 297면.

45) 이에 대한 평석으로 고호성, 143~151면; 곽현수a, 129~169면; 곽현수b, 175~210면; 김규장, 601~604면; 김태창, 697~718면; 김홍준, 473~497면; 박종권, 517~523면; 이우태, 112~117면; 이철수, 22~28면; 임종률a, 15면; 임종률b, 27~44면; 정재성, 242~252면; 하경효, 232~241면.

여, 단체협약이나 취업규칙 등에서 이를 규정하거나 그 지급에 관한 당사자 사이의 약정이나 관행이 있다고 인정되지 아니하는 한, 근로 제공의무와 대가관계에 있는 근로자의 주된 권리로서의 임금청구권은 발생하지 않으며, 그 지급청구권이 발생하지 아니하는 임금의 범위가 임금 중 이른바 교환적 부분에 국한된다고 할 수 없다고 하였다.

심지어 사용자가 근로자의 근로 제공에 대한 노무지휘권을 행사할 수 있는 평상적인 근로관계를 전제로 하여 단체협약이나 취업규칙 등에서 결근자 등에 대하여 어떤 임금을 지급하도록 규정하고 있거나 어떤 임금을 지급하여 온 관행이 있다고 해도, 노무지휘권을 행사할 수 없는 쟁위행위의 경우에 이를 유추하여 당사자 사이에 쟁의행위 기간 중 쟁의행위에 참가하여 근로를 제공하지 아니한 근로자에게 그 임금을 지급할 의사가 있다거나 임금을 지급하기로 하는 내용의 근로계약을 체결한 것이라고 할 수 없다고 판시하였다.

(2) 반대의견

이와는 달리 반대의견은 근로자에게 지급되는 임금은 구체적인 노동의 제공에 대한 대가로서의 의미를 갖기 이전에 기본적으로 근로자가 전인격적인 노동력의 처분 등에 관한 권한을 사용자에게 맡겨 놓은 것에 대한 대가로서의 성격이 있고(노동력 대가설), 따라서 근로계약은 이를 체결한 근로자가 사용자의 기업조직에 편입되어 근로자로서의 지위와 직무를 맡게 되는 제1차적 의무와 근로자가 매일매일 사용자의 지시에 따라 구체적인 근로를 제공하여야 할 제2차적인 의무를 부담하는 이중적 구조로 되어 있다고 하면서, 이에 대응하여 근로자의 임금에 관하여도 임금 2분설을 그대로 유지하면서 파업 중에도 종업원으로서의 신분과 관련된 생활보장적 임금에 대한 지급청구권은 인정된다고 하였다.

또한 쟁의행위 기간 동안의 임금 공제의 문제는 계약해석의 문제로서 단체협약, 취업규칙의 정함, 종래의 관행 및 통상의 결근, 지각, 조퇴에 관한 임금 공제의 취급 등을 참고로 하여 문제의 임금 항목이 근로계약상 공제 대상에서 제외되고 있는지를 고찰하여 정하여야 하는데, 실제 사업장에서 지급하고 있는 대부분의 수당들은 그 명목만으로는 그 성질이 어떠한 것인지 분명하지 아니하기 때문에, 일응은 결근일에 감액 지급하는 규정이 없는 경우에는 특별한 사정이 없는 한 쟁의행위로 결근한 근로자에게도 지급할 의사라고 해석함이 타당하다고 판시하였다.

결국 반대의견은 노동력 대가설과 임금이분설, 의사해석설의 입장에 서서 기존의 판례를 지지하였으나, 다수의견은 노동대가설과 전액삭감설의 입장에 서서 기존의 임금이분설을 폐기하고 결근자 등에 대해 일정한 임금을 지급하여 온 관행도 근로자에 대한 노무지휘권을 행사할 수 없는 쟁의행위에는 유추할 수 없다고 하였고, 이는 이후 확고한 판례로 자리잡았다.[46]

다. 입   법

노조법 44조 1항은 파업 기간 중의 임금 지급과 관련하여 대법원이 1995. 12. 21. 선고 94다26721 전원합의체 판결로 확립한 '무노동 무임금의 원칙'을 입법화한 것이다.[47]

1996. 12. 31. 법률 5244호로 제정되었던 구 노조법 44조는 "사용자는 쟁의행위에 참가하여 근로를 제공하지 아니한 근로자에 대하여는 그 기간에 대한 임금을 지급하여서는 아니 되며, 노동조합은 그 기간에 대한 임금의 지급을 요구하거나 이를 관철할 목적으로 쟁의행위를 하여서는 아니 된다"고 하여 아예 사용자의 임금 지급 자체를 금지하였다가, 1997. 3. 13. 법률 5310호로 다시 노조법을 제정하면서 그 내용을 완화한 것이 현재의 조문이다.

이 조항의 입법에 대하여는, 쟁의행위 기간 중의 임금 지급에 관하여 무노동 무임금 원칙을 적용하더라도 법으로 강제하기보다는 당사자의 의사에 맡김이 타당하며, 쟁의행위 기간 중의 임금 지급을 요구하는 쟁의행위를 법으로 금지하고 형벌까지 규정함은 노사자치주의에 반하고, 기업별 노동조합이 압도적인 다수를 점하고 노동조합의 재정이 취약하여 무노동 무임금의 원칙에도 불구하고 사용자가 다양한 명목으로 임금을 보전해 주고 있는 우리의 현실을 무시한 것이라는 비판이 있다.[48]

4. 조문의 해석

가. 대 상 자

노조법 44조 1항이 규정하고 있는 '쟁의행위에 참가하여 근로를 제공하지

---

46) 대법원 1996. 2. 9. 선고 94다19501 판결, 대법원 1996. 10. 25. 선고 96다5346 판결, 대법원 2009. 12. 24. 선고 2007다73277 판결, 대법원 2010. 7. 15. 선고 2008다33399 판결.
47) 조경배, 235면.
48) 민변노동법Ⅱ, 164~165면; 조경배, 235면.

아니한 근로자'는 근로 제공의무를 지고 있는 근로자를 지칭하며, 근로계약상의 근로 제공의무가 면제된 노동조합 전임자나 휴직자는 이에 해당하지 않으므로 별도의 검토가 필요하다.49)

　　노동조합 전임자와 관련하여 대법원은, 노동조합 전임자는 사용자와의 사이에 기본적 노사관계는 유지되고 기업의 근로자로서의 신분도 그대로 가지는 것이지만, 휴직상태에 있는 근로자와 유사하여 근로계약상의 근로를 하지 않을 수 있는 지위에 있다고 하면서 위 대법원 전원합의체 판결은 근로계약상의 근로 제공의무를 부담하는 근로자의 경우에 관한 무노동 무임금의 원칙을 선언한 것으로서 근로 제공의무가 없는 노동조합 전임자에게는 적용되지 않는다고 하였다.50)

　　그러나 대법원은 그 후, 노동조합 전임자는 근로 제공의무가 면제되어 휴직상태에 있는 근로자와 유사한 지위에 있다고 하면서도, 파업으로 인하여 일반조합원들이 무노동 무임금 원칙에 따라 임금을 지급받지 못하게 된 마당에 그 조합원들로 구성된 노동조합의 간부라고 할 수 있는 노동조합 전임자들이 자신들의 급여만은 지급받겠다고 하는 것은 일반조합원들에 대한 관계에서도 결코 정당성이 인정될 수 없으므로, 일반조합원들이 무노동 무임금의 원칙에 따라 사용자로부터 파업 기간 중의 임금을 지급받지 못하는 경우에는 노동조합 전임자도 일반조합원과 마찬가지로 사용자에게 급여를 청구할 수 없다고 판시하였다.51)

　　그 후의 형사판결에서도, 파업 기간 중에 사용자가 노동조합 전임자에 대하여 급여를 지급할 의무가 있는지 여부는 구체적 사건마다 당해 사업장의 단체협약 기타 노사합의의 내용 및 당해 사업장의 노사관행 등을 참작하여 개별적으로 판단하여야 한다고 하면서도, 일반조합원들이 무노동 무임금의 원칙에 따라 사용자로부터 파업 기간 중의 임금을 지급받지 못하는 경우에는 노동조합 전임자도 일반조합원과 마찬가지로 사용자에게 급여를 청구할 수 없다는 내용으로 해석하여야 한다는 이유로, 전임기간 중 급여를 회사가 부담하기로 한 단

49) 민변노동법Ⅱ, 165면; 대법원 2011. 2. 10. 선고 2010도10721 판결.
50) 대법원 1996. 12. 6. 선고 96다26671 판결.
51) 대법원 2003. 9. 2. 선고 2003다4815 등 판결(이에 대한 평석으로 권오성a, 213~224면; 권오성b, 73~78면); 같은 취지의 최근 판시로는 창원지법 2016. 10. 13. 선고 2015가합34390 판결(부산고법 창원재판부 2016. 11. 9. 선고 2016나24737 판결을 거쳐 대법원 2017. 11. 23.자 2017다251625 판결로 확정됨), 대전지법 2018. 4. 26. 선고 2016나113168 판결(상고되었다가 소 취하되어 확정됨)이 있다.

체협약에 위반하였다는 피고인의 공소사실에 대하여 무죄를 선고한 원심판단이
정당하다고 판시하였다.[52]

　　결국 노동조합 전임자는 노조법 44조 1항의 근로자가 아님에도 쟁의행위
기간 중의 임금을 청구할 수 없다고 함이 현재 판례의 태도이다.[53] 이러한 판례
의 태도는 근로시간 면제제도가 도입되기 이전의 사안에 대한 판단이기는 하나,
근로시간 면제의 대상에는 쟁의행위가 포함되지 않으며, 노조법 24조 4항에서
쟁의기간 중 근로시간 면제제도의 적용을 받는 노동조합 전임자에 대한 사용자
의 임금 지급 의무의 존부를 규율하고 있지 아니하여 위 판례는 근로시간 면제
제도 도입 이후의 사안에도 적용될 수 있으므로,[54] 노동조합 전임자에 관한 법
리는 근로시간 면제자에 대해서도 동일하게 적용된다.[55] 다만 파업 기간 중에도
노동조합 전임자에 대한 급여를 지급한다는 노사관행이 성립되어 있거나 단체
협약에 파업 기간 중에도 노동조합 전임자에 대한 급여가 지급된다고 명시되어
있는 경우에는 급여가 지급되어야 한다.[56] 한편, 파업에 참가한 조합원들이 파
업 기간 중에도 일부 근로를 제공했다면 그 근로를 제공한 부분에 대해서는 노
동조합 전임자도 동등한 조건에서 사용자에게 급여를 청구할 수 있다.[57]

나. 면제되는 범위

　　사용자의 지급의무가 면제되는 것은 임금에 한하므로 근로의 대가로 지급
되는 임금이 아닌 사용자의 은혜적 급부나 복리후생적 급부, 실비변상적 급부
등은 포함되지 않는다.[58] 또한 변제기에 도달한 임금에 대하여는 파업 기간이라
고 하여 사용자가 지급을 거절할 수는 없기 때문에 파업 기간 중이라도 지급하

---

52) 위 대법원 2011. 2. 10. 선고 2010도10721 판결.
53) 이에 대하여 정당한 쟁의행위의 경우에는 전임자에게 급여를 지급하여야 한다는 비판이
　　있다(손향미, 131면).
54) 서울중앙지법 2017. 6. 13. 선고 2015가단5171735 판결(서울중앙지법 2018. 3. 27. 선고
　　2017나42875 판결로 항소기각되어 확정됨).
55) 부산고법 창원재판부 2017. 7. 13. 선고 2016나24737 판결(대법원 2017. 11. 23.자 2017다
　　251625 판결로 상고기각되어 확정됨).
56) 권오성a, 224면; 권오성b, 77면. 즉, '쟁의기간 중에도 노동조합 전임자에 대한 임금을 회사
　　가 지급한다'는 단체협약 규정이 있거나 노사관행이 있다면 임금 지급 의무가 있고, 이와 달
　　리 위 대법원 2011. 2. 10. 선고 2010도10721 판결의 취지는, 단체협약에 단순히 '노동조합
　　전임자의 임금을 그 전임기간 중 회사가 부담한다'라고만 되어 있는 경우라면 쟁의기간 중
　　전임자의 임금을 회사가 지급할 의무가 없다는 것이므로, 구별을 요한다.
57) 대구지법 2017. 6. 21. 선고 2013나9169 판결(미상고로 확정됨).
58) 민변노동법Ⅱ, 165면.

여야 한다.59)

　　무노동 무임금 원칙은 임금이 근로시간에 비례하여 지급되는 고정급에 적용되며, 일의 완성 여부에 따라 지급되는 도급제나 일의 성취도에 따라 지급되는 능률급의 경우에는 그대로 적용되기 어렵고, 파업으로 일정기간 근로를 제공하지 않더라도 약정된 기간 내에 업무를 완성하는 이상 임금이 그대로 지급되어야 한다.60) 파업에 참가한 근로자들이 일부 시간은 근로를 제공한 경우와 관련해서는, 근로를 제공하지 아니한 시간에 비례한 임금 액수만 사용자가 지급의무를 면한다고 한 판결이 있다.61)

　　일본의 사례로는, 생명보험회사 외근직원의 임금에 관하여 근무한 시간에 무관하게 완성된 일의 양에 비례하여 지급되는 능률급은 구속된 근무시간에 따라 지급되는, 임금의 성격을 가지는 고정급과 구별되어야 하고 파업공제의 대상이 되지 않는다고 한 것이 있다.62)

　　파업이 사용자의 불성실한 단체교섭이나 그 귀책사유로 인하여 발생한 경우에는 파업을 하였다는 사실만으로 근로자가 임금을 상실함은 부당하므로, 사용자가 손해배상으로 임금 상당액을 지급하여야 하는 경우가 있을 수 있다.63) 이와 관련하여, 사용자가 위법한 전환배치를 한 것이 직접적인 원인이 되어 노동조합이 파업을 하게 되었다면 그 파업 기간 중 근로자들이 근로를 제공하지 못한 것에는 사용자의 귀책사유가 있으므로, 파업 기간에 대한 임금 상당액을 지급할 의무가 있다고 판시한 판결이 있다.64)

다. 사용자의 임의지급

　　사용자는 쟁의행위에 참가하여 근로를 제공하지 아니한 근로자에 대하여는 임금을 지급할 의무가 없으나 스스로 노사화합이나 생산성 향상 등을 고려하여 쟁의행위 기간 중의 임금을 전부 또는 일부 지급함은 가능하다.65)

---

59) 김형배, 1433면; 김형배·박지순, 639면; 이학춘 등, 514면; 하갑래b, 557면.
60) 박홍규a, 841면; 이상윤a, 867면; 菅野(역), 765면; 注釋(上), 554면; 橫浜地裁 1965. 11. 15. 判決(西區タクシー 事件, 勞民集 16권 6호 991면).
61) 대구지법 2017. 6. 21. 선고 2013나9169 판결(미상고로 확정됨). 이 판결에서는, 이러한 방식 이외에 근로 제공의 불완전성을 계량하기 어렵고 생산성이 얼마나 하락했는지도 입증되지 않았다는 이유를 들고 있다.
62) 最高裁 1965. 2. 5. 判決(明治生命 事件, 最高裁判所民事判例集 19권 1호 52면).
63) 김기영, 252면; 오문완, 93면; 이학춘 등 513면.
64) 서울중앙지법 2020. 12. 17. 선고 2019가합576781 판결(미항소로 확정됨).
65) 김형배, 1432면; 오문완, 91~92면; 이상윤a, 868면; 임종률, 267면; 조경배, 236면; 하갑래b,

    따라서 법 규정 자체가 단체협약이나 취업규칙 등에 쟁의행위 기간 중의
임금 지급을 정하고 있는 것을 무효화시키는 것은 아니므로, 단체협약 등에 쟁
의행위 시의 임금 지급에 관한 규정이 있는 경우에는 사용자는 이에 따른 임금
지급의무가 있다.66) 또한 당사자 사이에 쟁의행위 기간 중의 임금 지급에 관한
약정이나 관행이 있다고 인정될 경우에도 그 효력이 있다.67)

    쟁의행위 기간 중의 임금 지급에 관하여 아무런 규정이나 약정·관행은 없
으나 결근한 근로자에 대한 임금 지급에 관하여 규정이나 약정·관행이 있다면,
그러한 규정이나 관행을 쟁의행위 기간 중의 임금 지급에 준용하거나 그러한
약정에서 쟁의행위 기간 중에도 임금을 지급하기로 하는 의사가 있다고 볼 것
인지는 위 전원합의체 판결 이후의 법원의 소극적 태도에도 불구하고 여전히
현행법의 해석으로서는 문제될 소지가 있다.68) 현행법 하에서도 쟁의행위 기간
중의 임금 지급 문제는 당사자 사이의 자유로운 계약의 문제이므로 파업참가자
의 임금삭감은 파업 당시의 계약 내용에 결근 등으로 근로를 제공하지 않는 것
에 대하여 삭감하지 않는 임금 부분이 있는지에 따라 결정되어야 하고, 결국 평
상시의 결근자에 대한 근로계약의 내용이 유추적용되어야 한다는 주장이 있
고,69) 판례의 태도와 같이 명문의 규정이 없다면 결근시의 임금 지급 규정이 적
용될 수 없다는 주장도 있다.70)

    다만 쟁의행위 기간 중의 임금상당액을 사용자가 임의로 지급함이 허용된
다고 하더라도 이러한 행위가 노조법 81조 1항 4호 소정의 지배개입이나 노동
조합의 운영비 원조행위로서 부당노동행위에 해당하는지는 구체적 사실관계에
따라 결정되어야 하지만,71) 이를 통해 노동조합의 자주성이 침해된다고 보기는
어렵다.72) 쟁의행위 기간 중에 일정한 금품을 지급한다는 약정이 있더라도 이러
한 금품은 임금이 아니므로 근기법상의 임금 지급의무는 발생하지 않고 민사소
송에 의하여 해결하여야 한다는 견해가 있다.73)

    557면; 민변노동법Ⅱ, 165면; 사법연수원a, 300면.
  66) 임종률, 267면; 조경배, 236면; 하갑래, 516~517면; 민변노동법Ⅱ, 165면; 사법연수원a, 300면.
  67) 사법연수원a, 300면; 하갑래b, 516~517면.
  68) 사법연수원a, 300면.
  69) 임종률, 268면.
  70) 이상윤a, 869면; 조경배, 235면.
  71) 사법연수원a, 301면.
  72) 오문완, 92면; 하갑래b, 557면.
  73) 오문완, 92면; 이학춘 등, 513면; 하갑래, 517면.

라. 쟁의행위의 정당성

당사자 사이의 약정에 의하여 파업 참가 근로자에게 지급되는 파업 기간 중의 임금이 근기법에서 말하는 임금의 개념에 포함될 것인지는 논란이 있으나 그 지급이 '근로조건의 향상'과 관련된 것임은 분명하므로 일반적으로 의무적 교섭사항에 해당하고 교섭이 결렬되는 경우에는 쟁의행위가 가능하다고 볼 수 있지만,[74] 노조법 44조 2항에서 "노동조합은 쟁의행위 기간에 대한 임금의 지급을 요구하여 이를 관철할 목적으로 쟁의행위를 하여서는 아니 된다"고 하여 명문으로 쟁의행위 기간에 대한 임금 요구를 목적으로 한 쟁의행위를 금지하고 있으며, 따라서 이에 위반한 쟁의행위는 목적의 정당성이 인정될 수 없다.[75]

마. 단체교섭 대상성

노조법 44조 1항은 사용자는 쟁의행위에 참가한 근로자에 대해 임금을 지급할 의무가 없음을 규정하면서도, 2항에서는 쟁의행위 기간에 대한 임금 지급을 목적으로 쟁의행위를 할 수 없다고만 하고 있어 그 임금 지급에 관한 단체교섭은 요구할 수 있는 것인지가 문제된다.

이에 대해 쟁의행위는 할 수 없더라도 단체교섭의 대상은 된다는 견해가 있으나,[76] 사용자에게 법적인 의무가 없는 사항에 관한 교섭을 법적으로 요구할 수 있는지 의문이며, 의무적 교섭사항의 가장 중요한 특징이 교섭이 결렬되는 경우 쟁의행위가 가능하다는 것인데 단체교섭권의 독자성을 인정한다고 해도 이러한 경우에까지 단체교섭 대상성을 인정하기는 곤란하다.

하지만 사용자 스스로 쟁의행위 기간 중의 임금을 전부 또는 일부 지급함은 가능하므로, 쟁의행위 기간 중의 임금 지급을 임의적 교섭사항으로 보는 것은 문제가 없으며, 교섭 결과 체결된 임금삭감 배제특약은 단체협약의 효력이 있다.[77]

바. 처　벌

이 규정을 위반한 쟁의행위는 앞서 본 바와 같이 목적의 정당성이 부정될 뿐 아니라 2년 이하의 징역 또는 2,000만 원 이하의 벌금이라는 벌칙(법 90조)이

---

74) 고호성, 148면; 박종권, 521면.
75) 조경배, 236면; 하갑래b, 517면.
76) 이병태, 220~211면.
77) 김기선, 226면; 하갑래b, 558면; 민변노동법Ⅱ, 165면; 사법연수원a, 301면.

적용된다.

5. 태업 등 참가자의 임금

가. 일반적 기준

태업에 관한 임금청구권의 문제도 이론적으로는 파업의 경우와 기본적으로 동일하고, 근로자는 계약상 요구되는 근로를 제공하지 않았던 한도에서 임금청구권을 상실한다.[78] 하지만 파업은 근로를 제공하지 아니하는 경우에 해당하므로 그에 대응하는 부분의 임금이 발생하지 않지만 근로의 불완전 제공인 태업이나 리본이나 완장 착용 등의 단체행동의 경우에는 근로 제공 자체는 존재하므로 임금을 삭감할 수 있는지, 있다면 그 범위는 어떠한지가 문제된다.

실적급의 경우에는 삭감하여야 할 구체적인 범위를 객관적으로 확정할 수 있으므로 그에 따라 산정하면 되지만, 그 외의 경우에는 제공된 근로의 불완전함의 비율을 산정하여 임금을 삭감하여야 한다.[79] 노사가 정한 기준이 있다면 그에 따르되, 그러한 정함이 없다면 근무 형태와 작업 형태 등을 종합적으로 고려하여 개별적·구체적으로 산정하며, 보수규정 등에서 정한 임금계산상의 요소와 감축된 생산량 등을 종합적으로 고려하여 결정한다.[80] 이와 관련하여, 노동조합원인 시내버스 운전기사들이 쟁의행위의 일환으로 운행 버스노선 중 일부의 운행을 하지 않은 경우와 관련하여 회사가 그 운전기사들의 각 운행결여비율을 산정해서 월급여에서 그 비율에 해당하는 부분을 감액한 것이 정당하다고 한 판결이 있고,[81] 파업에 참가한 근로자들이 일부 시간만 근로를 제공한 경우, 근로를 제공하지 아니한 시간에 비례한 임금액수만 사용자가 지급의무를 면한다고 보아야 하며, 이러한 방식 이외에는 근로 제공의 불완전성을 계량하기 어렵고 생산성이 얼마나 하락했는지도 입증되지 않았으므로 그 비례액 이상의 지급의무를 면한다고 볼 수 없다고 판시한 판결도 있다.[82]

---

78) 注釋(上), 559면.
79) 대법원 2013. 11. 28. 선고 2011다39946 판결(이에 대한 평석으로 박진환a, 395~450면, 박진환b, 497~554면), 김유성, 300면; 이상윤a, 871면; 임종률, 269면; 하갑래b, 561면; 西谷 敏a, 664~665면; 下井隆史a, 215면.
80) 대법원 2013. 11. 28. 선고 2011다39946 판결, 하갑래b, 561면; 注釋(上), 559면.
81) 전주지법 2015. 1. 21. 선고 2012가합7488 판결(광주고법 전주재판부 2016. 2. 18. 선고 2015나347 판결로 확정됨).
82) 대구지법 2017. 6. 21. 선고 2013나9169 판결(미상고로 확정됨).

나. 감속태업의 경우

감속태업의 경우에는 근로 제공의 불완전이행의 비율을 시간으로 계산할 수는 없으나 생산량이나 그 밖의 기준에 따라 특정할 수 있으면 그 비율에 따라 삭감할 수 있다.[83]

생산량의 감소비율은 해당 사업장의 총생산량이 태업으로 인하여 감소된 비율에 따라 일률적으로 산정할 수는 없고, 근로자별로 그 근로자의 생산량이 태업 참가로 인하여 어느 정도 감소되었는가를 결정하여 산정해야 한다.[84] 이러한 산정방식이 비현실적이라고 비판하면서, 태업으로 인하여 감소된 생산량이나 매출액을 계산하여 파업참가 조합원 전체를 대상으로 일률적으로 계산함이 현실적이라는 견해가 있으나,[85] 산정이 어렵다고 하여 손해액의 산정을 임의로 할 수는 없다. 대법원은 각 근로자별로 측정된 태업 시간 전부를 비율적으로 계산하여 임금에서 공제한 것이 불합리하다고 할 수 없고, 노동조합의 전임자도 급여의 감액을 피할 수 없으며, 그 감액수준은 전체 조합원들의 평균 태업시간을 기준으로 산정함이 타당하다고 판시한 바 있다.[86]

일본의 사례로는, 택시 운전사의 감속태업으로 매출액이 전체적으로 감소하자 회사가 일률적으로 승무당 일정 금액의 매출고를 전제로 임금을 삭감한 것에 대하여, 택시 운전사의 감속태업으로 인한 근로 제공의 불완전함은 매출고를 기준으로 산정하는 수밖에 없지만, 이는 개별 운전사의 감속태업 중의 매출고와 그 운전사의 통상의 매출고를 대비한 비율로 해석하여야 하고, 개개인의 능력과 경험에 의한 차이를 무시하고 일률적으로 정할 수는 없다고 한 것이 있다.[87] 다른 택시 운전사의 태업에 관한 사건에서도, 회사가 개인마다 태업 전의 평균일수와 태업 중의 평균일수를 비교하여 그에 따른 임금삭감을 하였음에도 택시업계 전반에 걸친 매출감소를 고려하지 않았다는 이유로 부당하다고 판시하였다.[88] 일본 법원은 태업의 경우 불완전이행 비율산정을 매우 엄격하게 인정하고 있다.[89]

---

83) 임종률, 269면; 하갑래b, 562면.
84) 임종률, 269면; 하갑래b, 562면; 注釋(上), 559~560면.
85) 이상윤a, 871면.
86) 대법원 2013. 11. 28. 선고 2011다39946 판결.
87) 橫浜地裁 1965. 11. 15. 判決(西區タクシー 事件).
88) 注釋(上), 559면에서 재인용.
89) 注釋(上), 559~560면.

그리하여 실제 감속태업에 따른 임금 삭감액을 정하기 위해 불완전이행의 비율을 정확하게 산정함은 매우 어렵고, 결국 정당한 직장폐쇄를 함으로써 임금 지급의무를 면하는 경우가 많다.[90]

다. 직무태업의 경우

근로자가 여러 직무 중 특정의 업무만을 거부하면서 다른 업무는 정상적으로 수행하는 직무태업의 경우에도 근로 제공의 불완전 이행의 비율을 산정하여 감액하면 된다.[91]

이에 관한 일본의 사례로는, 노조가 업무명령서·전표·보고서 등 서류의 우송업무만을 거부하는 쟁의행위를 하자 사용자가 참가자에 대하여 쟁의행위 기간 중의 기준임금의 반액을 감액한 것에 대하여, 사용자는 개개의 근로자에 관하여 평상시 노동의 양과 질·시간과 불완전한 그것과의 관계를 입증하고 불완전한 부분에 상당하는 임금만을 감액할 수 있음에도 그에 관한 증명이 없어 50%의 감액은 위법하다고 한 것이 있다.[92] 타임카드 사용거부는 통상 징계의 문제는 생겨도 임금삭감의 문제로는 보기 어려우나,[93] 주일미군과 조달업무계약을 맺고 있는 회사가 미군과의 사이에 용역제공의 유일한 증거로 타임카드를 사용하기로 계약하였고 회사의 취업규칙에도 근로자의 타임카드 사용의무를 규정하고 있는 특수한 사실관계 하에서 근로자들이 타임카드 사용을 거부하고 평상시와 같이 근무한 것은 근로계약의 본지에 따른 이행이 아니라고 하여 임금의 전액삭감이 적법하다고 한 예가 있다.[94]

라. 다른 업무 수행

이와는 달리 근로자가 사용자가 명하는 특정 종류의 업무수행을 거부하고 임의로 다른 업무를 수행한 경우에는 근로계약의 본지에 따른 근로 제공이라 할 수 없으므로, 사용자가 이를 수령하지 않는 한 사용자는 파업의 경우와 같이 그 기간에 대한 임금을 전부 삭감할 수 있다.[95]

---

90) 임종률, 269면.
91) 임종률, 270면; 하갑래b, 562면(하갑래 교수는 직무태업의 경우 그 업무와 유기적으로 연계된 하나의 업무 전체가 이루어지지 않은 파업으로 보고 삭감액을 산정할 수 있다고 한다).
92) 京都地裁 1955. 3. 17. 判決(關西電力 事件, 労民集 6권 2호 218면).
93) 注釋(上), 560면.
94) 橫浜地裁 1956. 12. 21. 判決(新日本飛行機 事件, 労民集 7권 6호 1161면).
95) 이상윤a, 872면; 임종률, 270면; 하갑래b, 562면; 菅野(역), 767면; 下井隆史a, 215면.

이에 관한 일본의 사례로는 출장·외근거부투쟁에 관한 것이 있다.

조합원이 사용자로부터 출장·외근명령을 받았음에도 이에 따르지 아니하고 그 기간 동안 회사에 출근하여 서류·설계도 등의 작성, 출장·외근에 부수된 사무, 기구의 연구, 공구의 보수점검 등의 내근업무에 종사하였으나 사용자가 임금 전부를 지급하지 않은 데 대하여, 출장·외근명령에 반하는 근로를 제공하여도 업무의 본지에 따른 근로의 제공이 아니라고 하여 사용자의 조치를 인정하였다.96) 이 경우 사용자가 근로자의 내근업무로 인하여 경제적 이득이 있다면 이를 부당이득으로 반환하여야 하는 문제는 남는다.97)

마. 미니파업

짧은 시간 동안의 파업이 중요한 시간대에 이루어져 오랜 시간 파업을 행한 것과 같은 효과를 발생시키는 경우에도, 사용자는 현실적으로 파업이 행하여진 시간 분에 관한 임금삭감만을 할 수 있음이 원칙이다.98)

다만, 일본의 판결례로서, 자동차학원의 강사가 1시간 단위의 교습시간 가운데 10여 분간의 파업을 행하였지만 학원은 1시간 전부에 대한 수업료 수입을 상실하였고 그에 따라 1시간 분의 임금삭감을 한 사안에서, 법원은 업무의 내용이 1시간 단위로 완성되는 특수성을 고려하여 위와 같은 일부 파업참가자도 1시간 전부에 관하여 계약의 정함에 따른 이행의 제공을 하지 않았다고 보아야 한다고 판결한 것이 있다.99)

바. 리본·완장 착용

리본·완장 착용 등의 단체행동은 근로 제공 자체는 있으므로 그에 대응하여 임금청구권이 삭감될 수 있는지, 불완전 제공에 대응하여 삭감될 수 있다면 어느 정도까지 삭감될 수 있는지가 문제된다.

조합활동으로서 이와 같은 단체행동이 행해지는 경우에도 계약법의 이론에 따르면 근로 제공의 방식에서 어떠한 흠결이 없다면 임금청구권은 발생하며, 직무전념의무 위반이라는 이유만으로 채무의 본지에 따른 이행이 아니라고 단정할 수는 없다.100) 결국 리본이나 완장의 착용과 같은 단체행동으로 인한 근로의

---

96) 最高裁 1985. 3. 7. 判決(水道機工 事件, 最高裁判所裁判集民事 144호 141면).
97) 注釋(上), 561면.
98) 注釋(上), 561면.
99) 東京地裁 1978. 11. 15. 判決(府中自動車教習所 事件, 労民集 29권 5~6호 699면).
100) 注釋(上), 562~563면.

불완전제공의 비율을 산정함은 거의 불가능에 가까워, 특수한 경우가 아니라
면101) 임금삭감은 실현되기 어렵다.102)

6. 그 밖의 문제

가. 쟁의행위 종료와 직장 복귀

정당한 쟁의행위에 참가한 근로자는 쟁의행위가 종료한 후 직장에 복귀할
수 있고 사용자는 이를 거부할 수 없다.103) 파업에 의하여 근로계약관계는 소멸
된 것이 아니므로 재고용의 문제는 생기지 않고, 파업의 종료와 더불어 일시적
으로 정지되었던 근로계약관계가 정상화되어 파업참가자들의 근로 제공의무와
사용자의 임금 지급의무가 원상으로 회복된다.104)

이 경우 사용자가 근로자의 근로수령을 거부하면 지체책임을 지게 된다.105)
이와 관련하여 정당한 파업에 참가하였던 버스회사 운전 기사들인 조합원들이
노동조합을 통해서 파업을 종료하고 업무에 복귀하겠다는 의사를 밝혔다면 그
조합원들은 근로 제공 의사를 밝히고 근로를 제공하기 위한 준비를 한 것이므
로, 회사가 그들에게 배차를 거부한 행위는 수령지체에 해당하며, 그 조합원들
이 실제 근로를 하지 않았다고 하더라도 회사는 임금을 지급할 의무가 있는바,
그 조합원들이 다시 파업을 할 우려가 있다고 하더라도 업무복귀 의사가 있었
음이 명백한 이상 수령지체 책임을 면할 수 없고, 개별적으로 업무복귀 의사를
밝히지 않고 노동조합을 통해서 의사를 밝혔다 하더라도 근로 제공의사로서 유
효하다고 판단한 판결이 있다.106) 다만, 파업이 원인이 된 경영상 또는 경제상
의 이유로 사용자가 파업참가자의 일부를 즉시 복직시키지 못하는 경우에 관하
여는, 사용자가 근로자를 취업시킬 의무는 파업의 인과적 상황을 고려하여 형평
의 원칙에 따라 판단되어야 하므로 지체책임을 묻기 곤란하다는 견해와,107) 이

---

101) 다른 노동조합과 분쟁으로 인하여 업무수행을 저하시킬 구체적 위험이 있거나 미군기지와
    관련되어 미군이 지시하는 태양의 근로를 제공하는 것이 근로계약의 내용으로 되어 있는 특
    수한 경우에 관하여는 注釋(上), 561~563면 참조.
102) 김유성, 300면.
103) 김형배, 1437면; 임종률, 270면; 하갑래b, 562면.
104) 김유성, 302면; 김형배, 1437면; 김형배·박지순, 641면; 오문완, 99면.
105) 김형배, 1437면; 오문완, 99면; 하갑래b, 562면.
106) 제주지법 2015. 12. 2. 선고 2014나4712 판결(대법원 2016. 5. 26. 선고 2016다204875 판결
    로 상고기각되어 확정됨).
107) 김형배, 1437면; 김형배·박지순, 641면; 오문완, 99면.

를 법률적으로 휴업에 해당하는 것으로 보아 사용자에게 근기법 46조의 귀책사유가 존재하는가에 따라 결정하여야 한다는 견해가 있다.108)

사용자는 근로자가 정당한 쟁의행위에 참가한 것을 이유로 그 근로자를 해고하는 등의 불이익처분을 할 수 없다(법 81조 1항 5호). 하지만 위법한 쟁의행위에 참가한 근로자에 대하여는 사용자는 그 직장복귀를 거부하는 등의 불이익처분을 할 수 있다.109)

대체근로를 제한하지 아니하는 구미제국과는 달리 우리는 대체근로를 금지하고 있으므로(법 43조 1항) 사용자가 대체근로자를 채용하였다는 이유로 정당한 파업참가자의 직장복귀를 거부할 수는 없다.110) 이 경우 사용자가 대체근로로 처벌받는다고 하여도(법 91조) 채용계약 자체가 무효로 되지는 않으므로 파업근로자를 복귀시키려면 그 대체근로자를 해고하거나 배치전환 조치를 하여야 한다.111)

나. 파업 기간과 근로일 산정

사용자가 상여금 등을 산정하는 계산식 중의 하나의 계수로서 출근율을 결정할 때 파업참가자가 파업으로 인하여 근로를 제공하지 않은 것을 결근과 동일하게 취급할 수 있는지 문제되는바, 이에 관하여는 기본적으로 근로계약·단체협약이나 취업규칙의 해석에 따르면 된다.112) 그러나 관련조항에 관한 노사의 합의내용이 불분명한 경우에는 어떻게 해석할 것인가.

파업에 참가하더라도 근로계약관계는 소멸하지 않고 그대로 존속하므로 파업 기간은 퇴직금 산정의 기초가 되는 계속근로기간에 산입함에는 문제가 없다.113) 상여금의 경우에는 근로관계의 존속을 전제로 지급되는 것이라면 상여금 청구의 기초가 되는 근로일에 산입할 수 있다.114) 하지만 상여금이 실제의 근로를 전제로 한 것이라면 사용자는 파업 기간에 대응하는 상여금은 지급할 의무

---

108) 김유성, 302면.
109) 김형배, 1437면; 임종률, 270면; 하갑래b, 562면.
110) 김형배, 1437면; 임종률, 270면(임종률 교수는 특히 미국의 경우에는 사용자가 대체근로자를 일시적이든 계속적이든 자유롭게 채용할 수 있기 때문에 파업이 종료하여도 파업근로자는 원칙적으로 자기 직무를 수행하는 대체근로자가 채용되지 않은 경우에 한하여 직장에 복귀할 수 있다고 한다).
111) 임종률, 269면; 하갑래b, 562면.
112) 注釋(上), 558면.
113) 김유성, 301면; 김형배, 1077면; 오문완, 95면; 하갑래b, 563면.
114) 김형배, 1436면; 하갑래b, 563면.

가 없다.115) 이에 관하여는, 파업으로 말미암아 근로자와 사용자 사이의 근로관계가 일시 정지되었을 뿐 근로관계 자체가 종료된 것은 아니므로, 단체협약상 '상여금은 지급 당일 현재 실제 근무하고 있는 자에 한하여 지급한다'라고 규정하고 있더라도 이 때의 '실제 근무'의 의미는 회사에 출근하여 업무를 수행한 자로 한정하는 것으로 볼 수 없고, 근로자로 재직하고 있으나 파업에 참가하여 출근하지 아니한 자도 포함한다고 해석해야 한다고 하면서, 다만 근로자와 사용자 사이에 파업 기간 동안 상여금 지급과 관련하여 무노동 무임금 원칙을 배제하는 약정이나 관행이 없으므로 파업 기간에 상응하는 부분에 대해서는 상여금 지급의무를 면한다고 판단한 판결이 있다.116)

현행법상 유급주휴나 연차휴가는 소정근로일수의 개근 또는 일정비율 이상의 출근을 요건으로 한다(근기법 54조, 60조, 근기법 시행령 30조).

이에 관하여는 휴가제도의 취지가 과거에 행한 근로에서 오는 신체상 또는 정신상의 피로를 회복하고 미래에 다시 건강한 상태에서 근로할 수 있도록 하기 위한 것이므로 사실상의 근로 제공이 없었던 파업 기간을 근로일에 산입할 수는 없다는 견해,117) 근로관계가 존속하고 있었다고 하더라도 이를 근로일로 산입하기는 어렵지만 그렇다고 하여 이를 결근으로 취급하면 결과적으로 파업 참가자를 불이익 취급하는 결과가 되므로 쟁의행위 기간을 처음부터 소정 근로일수에서 제외하고 출근율을 산정하여야 한다는 견해,118) 파업이 정당한 경우에는 파업참가는 근로 제공의무를 일시 정지하므로 출근한 것으로 보아야하고, 파업이 위법한 경우에는 근로 제공의무가 정지되지 아니하므로 파업참가 기간 동안 결근한 것으로 보아야 한다는 견해119)가 대립하고 있다.

그 외에 상여금이나 근면수당과 같은 임금도 일정한 출근율에 따라 산정하는 경우에는 근로자의 파업 기간을 근로일에 산입할 것인지가 문제된다. 그 금액 산출이 출근하여야 할 일수에 대한 결근일수의 기계적 비율에 따라 산정되는 경우에는 쟁의행위로 인한 근로 거부를 결근으로 취급함에 큰 무리가 없을 것이나,120) 출근율을 몇 단계로 나누어 각 단계에 대응하는 일정 금액을 지급하

---

115) 박순영, 698면.
116) 부산고법 2016. 9. 28. 선고 2015나54295 판결.
117) 김형배, 1436면; 이학춘 등, 508~509면.
118) 강성태b, 181면; 김유성, 301~302면; 박순영, 688면; 오문완, 95~96면; 하갑래b, 563면.
119) 이병태, 364면; 임종률, 271면.
120) 下井隆史a, 215면; 注釋(上), 558면.

는 경우에는 지급기간 중의 근로 제공을 전체로 파악하게 되고, 이는 정당한 파업으로 인하여 근로하지 못한 것이 출근율을 산정할 때 근무기간에서 제외되는 것을 넘어서는 불이익을 받게 되는 문제점이 있다.[121]

　　이러한 쟁점에 대해, 대법원은 파업 기간 중에는 유급휴일이라도 유급휴일수당이 지급되지 않는다고 한다. 즉, 대법원은 근기법상 휴일제도는 연속된 근로에서 근로자의 피로회복과 건강회복 및 여가의 활용을 통한 인간으로서의 사회적·문화적 생활의 향유를 위하여 마련된 것이고, 유급휴일은 위 휴일제도의 취지를 살려 근로자가 이를 충분히 활용할 수 있도록 해 주기 위하여 휴식을 취하더라도 통상적인 근로를 한 것처럼 임금이 지급되는 날을 말한다고 한다.

　　그리하여 이러한 휴일 및 유급휴일 제도를 규정한 규범적 목적에 비추어 유급휴일이 인정되기 위해서는 근로자가 근로를 제공하여 왔고, 또한 계속적인 근로 제공이 예정되어 있는 상태가 당연히 전제되며, 개인적인 사정에 의한 휴직 등으로 인하여 근로자의 주된 권리·의무가 정지되어 임금청구권이 발생하지 않으면 휴직기간 등에 포함된 유급휴일에 대한 임금청구권 역시 발생하지 않는다고 보아야 한다고 하였다. 그리고 이러한 유급휴일에 대한 법리는 휴직 등과 동일하게 근로자의 근로 제공 의무 등의 주된 권리·의무가 정지되어 근로자의 임금청구권이 발생하지 아니하는 쟁의행위인 파업에도 적용되어 근로자는 파업 기간 중에 포함된 유급휴일에 대한 임금의 지급 역시 구할 수 없다고 판시하였다.[122] 대법원은 이와 같은 법리는 태업에도 그대로 적용되어 근로자는 태업기간에 상응하는 유급휴일에 대한 임금의 지급을 구할 수 없다고 한다.[123]

　　대법원은 또한 관련 법률의 규정이나 단체협약·취업규칙·근로계약 등에 의하여 근로자에게 부여되는 유급휴가 역시 유급휴일과 마찬가지로 평상적인 근로관계를 당연히 전제하고, 따라서 근로자가 유급휴가를 이용하여 파업에 참여함은 평상적인 근로관계를 전제로 하는 유급휴가권의 행사라고 볼 수 없으므로 파업 기간 중에 포함된 유급휴가에 대한 임금청구권 역시 발생하지 않는다고 한다.[124] 그런데 매월 월급의 형태로 지급되는 기본급에서 파업 기간에 포함

---

121) 注釋(上), 559면.
122) 대법원 2009. 12. 24. 선고 2007다73277 판결(이에 대한 평석으로 박순영, 681~700면).
123) 대법원 2013. 11. 28. 선고 2011다39946 판결(구체적으로는 소정근로시간에 미달하는 태업시간만큼 임금을 삭감할 수 있다고 한다).
124) 대법원 2010. 7. 15. 선고 2008다33399 판결.

된 유급휴가 및 유급휴일에 대한 임금을 공제할 수 있을 뿐이고, 기본급에는 무
급휴일에 대한 임금이 포함되어 있지 아니하므로, 비번일이 무급휴일이라면 파
업 기간 중에 비번일이 포함되어 있는 경우에 그에 대한 임금을 공제할 수는
없다고 한다.125)

　　대법원은 구체적인 연차유급휴가일수의 산정과 관련하여, 연간 소정근로일
수에서 정당한 쟁의행위 등 기간이 차지하는 일수를 제외한 나머지 일수를 기
준으로 근로자의 출근율을 산정하여 연차유급휴가 취득 요건의 충족 여부를 판
단하되, 그 요건이 충족된 경우에는 본래 평상적인 근로관계에서 8할의 출근율
을 충족할 경우 산출되었을 연차유급휴가일수에 대하여 ‘연간 소정근로일수에
서 쟁의행위 등 기간이 차지하는 일수를 제외한 나머지 일수’를 ‘연간 소정근로
일수’로 나눈 비율을 곱하여 산출된 연차유급휴가일수를 근로자에게 부여함이
합리적이라고 판시하였고,.126) 따라서 이러한 방식으로 연차유급휴가일수를 차
감한 것은 부당노동행위가 될 수 없다.127)

　　사용자의 직장폐쇄와 관련하여, 대법원은 사용자의 적법한 직장폐쇄로 인
하여 근로자가 출근하지 못한 기간도 원칙적으로 연차휴가 일수 산정을 위한
연간 소정근로일수에서 제외되어야 한다고 판시하였다.128) 그리고, 적법한 직장
폐쇄 중 근로자가 위법한 쟁의행위에 참가한 기간은 근로자의 귀책으로 근로를
제공하지 않은 기간에 해당하므로, 연간 소정근로일수에 포함시키되 결근한 것
으로 처리함이 상당하다.129)

　　파업 기간을 제외한 근무일수 만으로 당해 임금항목의 지급조건을 충족한
경우에는 임금항목 전액을 지급하여야 하는 경우도 있다. 고속버스 운전업무에
종사하는 근로자들과 사용자 사이에 체결된 임금협정에 근무일수가 1일 이상이
기만 하면 기본급을 전액 지급하도록 정하고 있었던 경우에는, 임금청구 대상
월에 쟁의행위 기간을 제외하더라도 근무일수가 1일 이상이 되었으므로 사용자
는 기본급을 전액 지급할 의무가 있다고 한 판결례가 있고,130) 파업에 참가한

　125) 대법원 2010. 7. 15. 선고 2008다33399 판결.
　126) 대법원 2013. 12. 26. 선고 2011다4629 판결(이에 대한 평석으로 오영준, 208~251면).
　127) 서울행법 2018. 9. 13. 선고 2017구합62983 판결(서울고법 2019. 4. 5. 선고 2018누68973
　　　판결로 항소기각되고, 대법원 2019. 8. 29.자 2019두39994 판결로 상고기각되어 확정됨).
　128) 대법원 2017. 7. 11. 선고 2013도7896 판결, 대법원 2019. 2. 14. 선고 2015다66052 판결.
　129) 대법원 2019. 2. 14. 선고 2015다66052 판결.
　130) 서울고법 2015. 4. 8. 선고 2013나37205 판결(미상고로 확정됨).

근로자들에게도 지급해야 하는 체력단련비에 관하여, 실제 근무일수에 비례하여 산정한다는 규정이나 관행이 없는 이상 당해 월의 총 근무일수 중 파업 기간에 해당하는 부분을 공제할 것이 아니라 전액을 지급해야 한다고 한 판결례가 있다.131)

다. 파업 기간과 평균임금 산정기준이 되는 기간

근기법에 따라 평균임금을 산정할 필요가 있을 때 파업 기간을 산정기준이 되는 기간에서 제외할 것인지의 문제이다. 근기법 시행령 2조 1항 6호에 따르면 '쟁의행위 기간'과 그 기간 중에 지불된 임금을 산정기준이 되는 기간과 임금의 총액에서 각각 공제하면 되는바, 이 때의 쟁의행위는 적법한 쟁의행위만을 말하는 것인지, 아니면 위법한 쟁의행위도 포함한 모든 쟁의행위를 말하는 것인지가 논의되어 왔다.

판례는 전자의 태도를 취하고 있다.132) 즉, 근로자의 정당한 권리행사 또는 근로자에게 책임을 돌리기에 적절하지 않은 사유로 인하여 근로자가 평균임금 산정에서 불이익을 입지 않도록 특별히 배려한 구 근기법 시행령 2조 1항의 취지 및 성격을 고려할 때, 그 6호 '노조법 2조 6호의 규정에 의한 쟁의행위 기간'이란 헌법과 노조법에 의하여 보장되는 적법한 쟁의행위로서의 주체, 목적, 절차, 수단과 방법에 관한 요건을 충족한 쟁의행위 기간만을 의미한다고 보는 것이 옳다고 하면서, 만약, 이와 달리 위와 같은 요건을 충족하지 못하는 위법한 쟁의행위 기간까지 제한 없이 6호에 포함되는 것으로 해석하게 되면 결과적으로 6호의 적용 범위 또는 한계를 가늠할 수 없게 되어 평균임금 산정 방법에 관한 원칙 자체가 무의미하게 되는 상황에 이르게 되는바, 이는 평균임금 산정에 관한 원칙과 근로자 이익 보호 정신을 조화시키려는 구 근기법 시행령 2조 1항의 취지 및 성격이나 근로자의 권리행사 보장이 필요하거나 근로자에게 책임을 돌리기에 적절하지 않은 경우만을 내용으로 삼고 있는 위 조항의 다른 기간들과 들어맞지 않기 때문이라는 것이다.

이에 대해서는, 쟁의행위의 효과를 논의할 때에는 근로자 개인의 쟁의행위로 판단해야 하고, 손해배상 책임에서 단순 참가자에 대한 면책 법리와 형평성

---

131) 부산지법 동부지원 2015. 7. 10. 선고 2014가합3121 판결(항소되었지만 같은 취지의 부산고법 2016. 9. 28. 선고 2015나54295 판결이 미상고로 확정됨).
132) 대법원 2009. 5. 28. 선고 2006다17287 판결(이에 대한 평석으로, 김희수).

을 고려한다면, 불법파업을 기획하거나 주도한 근로자가 아닌 한 쟁의행위의 정당성을 묻지 말고 평균임금 산정 대상기간에서 제외해야 한다는 반대의견도 있다.[133]

라. 해고된 근로자의 쟁의행위와 임금 지급의무 면제

근로자에 대한 해고가 무효인 경우, 사용자는 해고기간 중 지급하였어야 할 임금을 지급할 의무가 있다. 그런데 해고기간 중 해고된 근로자가 쟁의행위를 한 경우에는 그 쟁의기간에 대한 임금 지급의무가 면제될 것인가.

해고된 근로자가 그 해고 이후에 쟁의행위에 참가하였거나 쟁의행위 중 해고가 된 경우, 만일 해당 근로자가 해고가 없었어도 쟁의행위에 참가하여 근로를 제공하지 않았을 것이 명백한 경우에는 그 쟁의기간에 대해서는 사용자가 임금 지급의무를 면한다고 봄이 타당하다.[134] 이와 같이 해고가 되지 않았다 하더라도 쟁의행위에 참가하여 근로를 제공하지 않았을 것임이 명백한지에 관해서는, 쟁의행위에 이른 경위와 원인, 해고사유와 관계, 해당 근로자가 쟁의행위에서 수행한 역할과 노동조합 내 지위, 실제 쟁의행위에 참가한 근로자의 수, 쟁의행위로 중단된 조업의 정도, 해당 근로자에 대한 해고 사유와 그 이전의 근무 상황과 태도 등을 종합해서 신중하게 판단해야 하고, 그 증명책임은 사용자에게 있다.[135]

해당 근로자가 쟁의행위에 참가했을 것이 명백한 경우에도, 쟁의행위 기간 중의 임금 지급에 관한 단체협약이나 취업규칙의 규정 또는 관행의 유무, 쟁의행위에 참가한 다른 근로자에게 임금이 지급되었는지 여부 및 그 지급 범위 등에 따라 사용자에게 임금을 지급할 의무가 있는지를 판단해야 한다.[136]

다만, 해당 근로자에 대한 무효인 해고가 직접적인 원인이 되어 쟁의행위가 발생한 경우 등 쟁의기간 중 근로를 제공하지 못한 데에 사용자의 귀책사유가 있다는 등의 특별한 사정이 있다면, 사용자는 임금 지급의무를 면하지 못할 것이다.[137]

---

133) 강성태b, 179면.
134) 대법원 2012. 9. 27. 선고 2010다99279 판결, 대법원 2018. 8. 1. 선고 2015다22489 판결.
135) 위 대법원 2010다99279 판결, 위 대법원 2015다22489 판결.
136) 위 대법원 2010다99279 판결, 위 대법원 2015다22489 판결.
137) 위 대법원 2010다99279 판결, 위 대법원 2015다22489 판결.

Ⅲ. 쟁의행위 불참자의 임금

1. 개   설

쟁의행위에 참여하지 않고 근로를 제공한 근로자에 대하여는 당연히 임금 전액이 지급되어야 하고, 이 경우 근로의 제공은 근로자가 자신의 노동력을 사용자가 처분할 수 있는 상태에 두는 것으로 족하다.[138] 이와 관련하여 부분 파업이나 일부 파업으로 인하여 설사 근로희망자가 해야 할 본래의 업무가 존재하지 않게 되어도 사용자의 지휘감독 하에 근로시간을 보낸 것으로 임금청구권이 생긴다는 일본의 판결이 있다.[139]

하지만 쟁의행위로 인하여 조업이 중단됨으로써 사용자가 근로희망자의 근로를 수령할 수 없게 된 경우에도 임금을 지급하여야 하는지, 지급한다면 어느 범위에서 지급하여야 하는지에 관하여는 견해가 대립된다. 근로희망자가 제공하는 근로만으로 조업이 가능한 경우와 불가능한 경우로 구분하여 살펴본다.

2. 조업이 가능한 경우

근로희망자가 수행할 업무가 있어 근로의 수령이 가능함에도 사용자가 그 수령을 거부하면 사용자는 그 귀책사유로 인한 이행불능책임을 면할 수 없으므로 근로희망자는 임금청구권이 있다(민법 538조 1항 참조).[140]

사용자가 이 경우 임금 지급 의무를 면하기 위해서는 직장폐쇄로 대응하여야 하며, 사용자가 직장폐쇄의 정당성 등 요건을 충족하면 임금 지급의무를 면하게 된다.[141][142] 직장폐쇄가 노동조합의 파업에 대하여 과잉조치로 판단되면 정당성을 인정받기 어려울 것이나 근로희망자만으로 정상적인 조업을 할 수 없

---

138) 김유성, 288~289면; 박홍규a, 842면; 오문완, 94면; 이병태, 369면; 이상윤a, 870면; 菅野(역), 768면; 注釋(上), 563면.

139) 注釋(上), 563면; 高松高裁 1976. 11. 10. 判決(高知縣ハイヤータクシー労組 事件, 労民集 27 권 6호 587면).

140) 김유성, 299면; 김형배, 1433면; 김형배·박지순, 640면; 박홍규a, 843면; 이병태, 369면; 이 상윤a, 850면; 이을형, 374면; 이학춘 등, 514면; 임종률, 272면; 하갑래b, 560면; 菅野(역), 768 면; 注釋(上), 563면.

141) 대법원 2000. 5. 26 선고 98다34331 판결, 대법원 2010. 1. 28. 선고 2007다76566 판결.

142) 김형배, 1434면; 박홍규a, 843면; 이병태, 369면; 이상윤a, 850면; 이을형, 375면; 이학춘 등, 514면; 임종률, 272면; 하갑래b, 560면; 菅野(역), 772면; 西谷 敏a, 665면; 注釋(上), 563면.

다면 사용자는 적법한 직장폐쇄를 할 수 있다.143)

3. 조업이 불가능한 경우

가. 임금청구권

근로희망자의 근로가 활용불가능하거나 무가치하여 조업이 불가능함으로써 사용자가 근로의 수령을 거부한 경우나 사용자가 근로를 수령하려고 하였으나 노동조합의 파업감시로 인하여 희망근로자가 근로를 제공하지 못한 경우에는 견해가 대립한다.

먼저 노동조합의 파업이나 파업감시는 쟁의권의 행사로서 사용자의 책임 있는 사유라고 할 수 없고, 결국 쌍방 당사자의 책임 없는 사유로 인하여 근로 제공을 할 수 없게 된 경우로서 채무자 위험부담주의에 따라 근로희망자의 임금청구권이 부정된다는 부정설이 있다.144) 일본의 판례는 사용자가 부당노동행위의 의사, 그 밖의 부당한 목적으로 일부러 파업을 유도한 특별한 사정이 없는 한 파업은 채권자의 책임에 속하는 사유에 해당하지 않는다고 한다.145) 그런 경우라도 사용자가 다른 업무를 명하였거나 제공되는 근로의 수령거부 의사를 명백히 밝히지 않은 경우에는 임금 지급의무를 면하기 어렵다.146)

다음으로 이는 쟁의위험의 문제로서 쟁의행위의 정당성을 따져 정당한 쟁의행위라면 근로자들이 쟁취된 단체협약의 이익을 받게 되므로 쟁의평등의 원칙상 임금 지급 위험을 근로희망자가 부담하되, 위법한 쟁의행위의 경우에는 근로희망자는 임금청구권을 상실하지 않는다는 견해,147) 조합원과 비조합원을 구분하여 조합원은 임금청구권을 상실하나 비조합원은 쟁의행위와 무관한 제3자로서 임금 지급청구권이 있다는 견해와 같이 경우를 구분하여 보는 학설이 있다.148)

143) 김형배, 1434면.
144) 이병태, 369면; 이학춘 등, 514면; 임종률, 272면; 하갑래b, 560면; 下井隆史a, 214면; 注釋(上), 563~564면.
145) 菅野(역), 769면; 注釋(上), 564면; 最高裁 1987. 7. 17. 判決(ノース・ウエスト航空 事件, 最高裁判所民事判例集 41권 5호, 1283면); 前橋地裁 1963. 11. 14. 判決(明星電氣 事件, 労民集 14권 6호, 1419면).
146) 西谷 敏a, 567면.
147) 김형배, 1433~1434면; 김형배·박지순, 641면.
148) 이병태, 369~370면(이병태 교수는 사용자는 조합원이 아닌 근로자에 대하여는 직장폐쇄도 할 수 없으며, 사용자가 쟁의행위에 대항하기 위하여 직장폐쇄를 한 때에는 비조합원에 대하여는 휴업수당을 지급하여야 한다고 한다).

나아가 파업으로 인하여 조업이 불가능하게 되었다고 해도 이는 원자재 부족이나 기계의 고장과 마찬가지로 근로자는 임금청구권을 잃지 않는다는 견해,[149] 사용자는 근로자의 요구를 받아들여 파업을 방지할 수 있었으므로 파업은 사용자가 자신의 경영상의 선택에 의하여 업무의 중단을 초래한 것이며, 근로희망자들은 파업에 관하여 모두가 제3자에 불과하기에 사용자가 조업 중단으로 인한 손해를 부담해야 한다는 견해[150] 등의 긍정설이 있다. 긍정설에 대하여는 현행 노사자치를 조성하는 노동법 체계에서는 사용자도 단체교섭에 있어 상대방에 대하여 어떠한 회답을 하고 어느 정도의 양보를 할 것인가에 관한 자유가 있으므로 단체교섭의 결렬에 따른 근로자의 쟁의행위는 사용자의 귀책사유가 아니라는 비판이 있다.[151]

나. 휴업수당

쟁의행위로 인하여 근로희망자에게 줄 업무가 없어 사용자가 근로의 수령을 거부하였다면 이를 사용자의 귀책사유로 인한 휴업으로 보아 근로희망자는 근기법상의 휴업수당을 청구할 수 있는지에 관하여도 견해가 대립한다. 일반적으로 근기법 46조의 '사용자의 귀책사유'는 불가항력에 해당하지 않는 사용자의 관리상 혹은 경영상의 책임을 포함하는 것으로서 민법 538조의 '채권자의 책임 있는 사유'보다 넓은 것으로 해석된다.[152] 부분파업과 일부파업에 의하여 근로를 제공할 수 없게 된 근로자에 대한 휴업수당의 문제는 노동기본권의 보장이라는 집단적 노동법의 기본이념과 근로자의 임금생활의 보장이라고 하는 근로자 보호법의 기본이념을 반영하여야 한다.[153]

먼저 근로희망자가 근로를 제공할 수 없게 된 것이 사용자의 귀책사유로 인한 것이라고 볼 수 없으므로 휴업수당을 청구할 수 없다는 부정설이 있다.[154]

또한 노동력의 공급부족은 원자재 공급부족과 같이 사용자의 귀책사유에 해당한다고 보아 근기법상의 휴업수당은 지급하여야 한다거나,[155] 쟁의행위로

---

149) 이을형, 375면.
150) 박홍규a, 843면.
151) 菅野(역), 769면.
152) 菅野(역), 769면; 注釋(上), 565~566면; 앞의 最高裁 1987. 7. 17. 判決(ノース・ウエスト航空 事件), 앞의 前橋地裁 1963. 11. 14. 判決(明星電氣 事件, 労民集 14권 6호, 1419면).
153) 注釋(上), 566면.
154) 김형배, 1435면; 이학춘 등, 515면.
155) 이을형, 375면(원칙적으로 임금 전액을 청구할 수 있고, 적어도 근기법상의 휴업수당은 청

인한 조업중단이 사용자의 귀책사유로 인한 휴업에 해당하는지에 대하여는 의
문이 있으나 근로자 보호의 측면에서 휴업수당을 지급하여야 한다는 긍정설이
있다.156)

    그 외 노동조합이 조합원의 일부만 파업에 참가하게 하는 부분파업의 경우
에는 근로희망자와 파업참가자의 일체성·연대성으로 인하여 휴업수당 청구권
이 없으나,157) 종업원의 일부만으로 구성된 노동조합이 주도한 일부파업의 경우
에는 그러한 일체성·연대성이 없으므로 근로 제공을 거부당한 비조합원을 보
호하기 위해 휴업수당 청구권이 인정된다는 견해도 있다.158)

다. 쟁의행위가 사용자의 귀책사유로 유발된 경우

    위와 같은 논의는 쟁의행위와 관련하여 사용자의 귀책사유가 인정되기 어
려운 경우에 한하는 것이며, 사용자의 중대한 단체협약위반이나 조합원에 대한
부당노동행위 등의 배신적 행위로 인하여 그 시정이나 철회를 요구하면서 행해
진 경우에는 근로희망자가 근로를 제공하지 못한 것이 사용자의 고의·과실이
나 신의칙상 이와 동일시 할 수 있는 사유에 의한 것이라고 평가되는 때에는
사용자의 귀책사유로 인한 이행불능으로 인정되므로 근로희망자는 임금전액의
지급을 구할 수 있다.159)

                                              [정 진 경·홍 준 호]

구할 수 있다고 한다); 임종률, 273면 및 임종률a, 248면 각 참조.
156) 김유성, 299면; 박홍규a, 843면; 민변노동법Ⅱ, 165면.
157) 앞의 最高裁 1987. 7. 17. 判決(ノース·ウエスト航空 事件).
158) 임종률, 273면; 菅野(역), 770면; 西谷 敏a, 665면; 注釋(上), 566면; 앞의 前橋地裁 1963. 11.
    14. 判決(明星電氣 事件, 労民集 14권 6호, 1419면).
159) 김유성, 300면; 이학춘 등, 515면; 임종률, 272면; 하갑래, 561면; 앞의 高松高裁 1976. 11. 10.
    判決(高知縣ハイヤータクシー労組 事件).

제45조(조정의 전치)

① 노동관계 당사자는 노동쟁의가 발생한 때에는 어느 일방이 이를 상대방에게 서면으로 통보하여야 한다.

② 쟁의행위는 제5장 제2절 내지 제4절의 규정에 의한 조정절차(제61조의2의 규정에 따른 조정종료 결정 후의 조정절차를 제외한다)를 거치지 아니하면 이를 행할 수 없다. 다만, 제54조의 규정에 의한 기간내에 조정이 종료되지 아니하거나 제63조의 규정에 의한 기간내에 중재재정이 이루어지지 아니한 경우에는 그러하지 아니하다.

[참고문헌]

권두섭, "행정지도 이후 쟁의행위 절차적 정당성 문제", 노동사회 53호, 한국노동사회연구소(2001. 4.); **김기용**, "조정제도의 쟁의행위 제한에 대한 고찰", 본 19집, 한양대학교 법과대학(2004); **김선수a**, "쟁의행위의 절차적 정당성", 노동법연구 12호, 서울대학교 노동법연구회(2002); **김선수b**, 쟁의행위의 절차적 정당성, 고려대학교 대학원 석사학위논문(2004); **김선수c**, "노동쟁의조정신청에 대한 행정지도와 쟁의행위의 정당성", 노동법률 123호, 중앙경제(2001. 8.); **김홍영**, "노동쟁의조정에서의 조정전치주의의 검토", 법학연구 13권 1호, 충남대학교 법학연구소(2002); **김현민**, "쟁의행위 정당성과 조정제도", 노동법률 125호, 중앙경제(2001. 10.); **김형배a**, "조정신청 후의 행정지도와 쟁의행위의 정당성", 조정과 심판 7호, 중앙노동위원회(2001. 가을); **노동부 노사조정담당관실**, "행정지도와 노조의 쟁의행위 정당성 여부", 노동법률 123호, 중앙경제(2001. 8.); **박수근**, "조정절차와 쟁의행위의 정당성", 2001 노동판례비평, 민주사회를 위한 변호사모임(2002); **박재필a**, "쟁의행위의 정당성의 요건과 노동위원회의 조정절차와 관련된 쟁의행위의 정당성", 대법원판례해설 36호, 법원도서관(2001); **박재필b**, "쟁의행위의 목적 및 절차의 정당성", 안암법학 14호, 안암법학회(2002); **박종희**, 조정전치주의의 이론적 기초와 운용방향, 노동법학 15호, 한국노동법학회(2002); **윤성천**, "조정절차를 거치지 않은 정리해고의 철폐 등을 목적으로 한 쟁의행위의 정당성 여부", 광운비교법학 1호, 광운대학교 법과대학 비교법연구소(2000); **이승욱 · 조용만 · 강현주**, 쟁의행위 정당성의 국제비교, 한국노동연구원(2000); **정연앙**, "한국의 노동쟁의조정제도에 관한 연구", 경영학논집 28권 2호, 중앙대학교 경영연구소(2002); **정인섭**, "조정전치주의와 파업의 정당성", 노동법률 119호, 중앙경제(2001. 4.); **정현도**, 절차규정의 위반과 쟁의행위의 정당성, 조선대학교 대학원 석사학위논문(2006); **조용만a**, "프랑스의 노사분쟁조정제도", 조정과 심판 8호, 중앙노동위원회(2002. 1.); **조용만b**, "노동위원회 행정지도에 관한 연구", 조정과 심판 12호, 중앙노동위원회(2003. 1.); **하경효**, "쟁의행위의 정당성에 관하여", 저스티스 33권 3호, 한국법학원(2000. 9.); **労働省労政局労働法規課**, 「労働組合法 · 労働關係調整法」, 1999; **ILO**, Freedom of Association: Digest of Decisions and Principles of the Freedom of Association Committee of the Governing Body of the ILO, 1996.

Ⅰ. 조정전치주의의 개념 및 의의

1. 조정전치주의의 개념

노조법은 "노동관계 당사자는 노동조합과 사용자간에 단체교섭을 하였음에도 임금 · 근로시간 등의 근로조건의 결정에 관한 주장의 불일치로 인해 더 이

상 자주적 교섭에 의한 합의의 여지가 없는 노동쟁의가 발생한 때에는 어느 일
방이 이를 상대방에게 서면으로 통보하여야 한다"고 규정하고 있다(법 45조 1항).
따라서 노동쟁의가 발생한 경우에는 노동관계 당사자(노동조합과 사용자 또는 사
용자단체) 중 어느 일방이 상대방에게 노동쟁의의 발생을 서면으로 통보한 때부
터 노동쟁의는 객관적으로 존재하는 것으로 볼 수 있다. 그리고 쟁의행위는 법
에 정한 사전조정(調整)절차를 거치지 아니하면 이를 행할 수 없다고 규정하고
있는데 이를 조정전치주의라 한다.

2. 조정전치주의의 연혁 및 취지

현행법상 노동쟁의에 관한 조정제도는 많은 변화과정을 거쳐 왔다. 애초에
는 노동쟁의 및 조정 그리고 쟁의행위는 노동쟁의조정법이라는 별개의 법률에
의해 규율되어 왔으며,[1] 현행 조정전치주의는 구 노동쟁의조정법상의 노동쟁의
발생시 신고의무와 냉각기간 규정[2]을 개정하여 노조법에서 일괄 규정하고 있는
것이다.

구 노동쟁의조정법 14조는 쟁의행위는 16조 1항의 '규정에 의한 신고가 노
동위원회에 접수된 날부터 일반사업에 있어서는 10일, 공익사업에 있어서는 15
일을 경과하지 않으면 이를 행할 수 없다고 규정'하였고, 16조는 '노동쟁의가
발생한 때에는 관계당사자 어느 일방이 행정관청과 노동위원회에 신고하고 이
를 상대방에게 통고하여야 하며, 각 규정 위반에 대하여 각각 동법 47조 및 48
조는 1년 이하의 징역 또는 100만 원 이하의 벌금(냉각기간), 신고하지 아니하거
나 허위의 신고를 한 때에는 6월 이하의 징역 또는 20만 원 이하의 벌금(노동쟁
의의 신고)에 처하도록 규정'하였다. 현행 노조법은 노동쟁의 신고의무와 냉각기
간규정을 폐지하는 대신 조정전치주의와 조정기간 동안의 쟁의행위금지에 대하
여 규정하였다.

---

1) 박종희, 192면. 1953년에 처음 제정된 구 노동쟁의조정법은 1963년의 개정법률에 의하여
   기본틀이 갖추어진 이래 1973년, 1974년, 1980년, 1986년, 1987년의 개정을 거쳐 1997년 지금
   의 노조법으로 자리를 잡게 되었다.
2) 박종희, 192면. 노동쟁의조정법 제정 당시 냉각기간은 일반사업의 경우 3주, 공익사업의 경
   우 6주, 1963년 개정시에는 일반사업의 경우 20일, 공익사업의 경우 30일로, 1980년 개정시
   에는 일반사업의 경우 30일, 공익사업의 경우 40일로 연장되었다가, 1986년 개정시에는 다시
   일반사업 20일, 공익사업 30일로 환원되었으며, 1987년 개정시에는 일반사업 10일, 공익사업
   15일로 단축되었다.

　　구 노동쟁의조정법상 노동쟁의 발생신고의무를 규정하고 냉각기간을 둔 원래의 취지는 노사간의 분쟁을 사전에 조정하여 쟁의발생을 회피하는 기회를 주고 또 쟁의발생을 사전에 예고케 하여 손해방지조치의 기회를 주려는 데에 있는 것으로,[3] 임금·근로시간 등 근로조건에 관하여 노사간 충분히 교섭하였음에도 불구하고 더 이상 진전의 가능성이 없을 때 일정한 냉각기간 동안 노사로부터 일정한 거리에 있는 제3자인 노동위원회의 조정절차를 통해 다시 한 번 타결을 위한 노력을 해보거나 다른 해결 방법을 강구하여 보자는 데 그 취지가 있는 것이라고 할 수 있다.[4] 그러나 이러한 냉각기간은 실질적으로는 쟁의행위를 그 기간 동안 억제하기 위한 방편으로 사용되어온 측면이 많다는 비판도 있었다.

　　위와 같은 비판을 감안하여 구 노동쟁의조정법상의 노동쟁의 발생신고와 냉각기간을 폐지하고 이를 대신하는 개념으로 조정전치주의를 규정하여, 노조법 45조 2항에서 "쟁의행위는 5장 2절 내지 4절의 규정에 의하여 조정절차(61조의2의 규정에 따른 조정종료 후의 조정절차를 제외한다)를 거치지 아니하면 이를 행할 수 없다. 다만, 54조의 규정에 의한 기간 내에 조정이 종료되지 아니하거나 63조의 규정에 의한 기간 내에 중재재정이 이루어지지 아니한 경우에는 그러하지 아니하다"라고 규정하면서, 54조 1항은 조정은 53조의 규정에 의한 조정의 신청이 있는 날부터 일반사업에 있어서는 10일, 공익사업에 있어서는 15일 이내에 종료하여야 한다(조정기간)고 규정하고 있으며, 이러한 조정전치 규정은 조정전치 및 조정기간과 관련하여서 사적 조정의 경우에도 적용되고(법 52조 3항), 이를 위반할 경우 노조법 91조에 따라 1년 이하의 징역 또는 1천만 원 이하의 벌금에 처해지도록 규정하고 있다.

　　이와 같이 노조법에서 조정전치주의를 취하고 있는 것은 노동관계 당사자가 노동쟁의가 발생하였을 때 곧바로 쟁의행위를 통한 실력행사에 들어가기에 앞서 조정절차를 거치도록 함으로써 평화적이고 합리적인 방법으로 노동쟁의를 해결할 수 있는 기회를 갖도록 함으로써 쟁의행위로 인하여 초래될 수 있는 경제적 손실을 최소화하고 노동관계의 불안정을 예방하려는 노동쟁의조정제도의 실효성을 확보하고, 조정에 의한 노동쟁의의 평화적 해결을 제고한다는 정책적

---

　3) 대법원 1991. 5. 14. 선고 90누4006 판결, 대법원 1992. 9. 22. 선고 92도1855 판결 참조.
　4) 1995. 7. 26, 협력 68140-230.

목적 달성을 위한 제도라고 해석되고 있다.5)

3. 입 법 례

가. ILO

ILO의 1951년 임의조정 및 중재에 관한 92호 권고는 ① 노사동수의 대표
가 참여하는 조정기구설치, ② 무료이고 신속한 최소기간의 조정절차, ③ 분쟁
당사자의 신청이나 조정기구의 직권에 의한 조정절차 개시, ④ 분쟁당사자의 합
의에 의해 조정절차가 개시된 경우 조정기간 중의 파업 및 직장폐쇄의 회피 등
에 대해 규정하고, 나아가 위 권고상의 어떠한 규정도 파업권을 제한하는 것으
로 해석하여서는 아니 된다는 점을 명시하고 있다.

ILO 결사의 자유 위원회는 노사분쟁에서 파업 전에 자발적인 조정과 중재
절차를 이용할 수 있도록 하는 입법은 조정이 의무적이지 않고 실질적으로 파
업권을 제한하는 것이 아니라면 결사의 자유를 침해하는 것으로 볼 수 없다는
입장을 밝힌 바 있다.6) 나아가 위원회는 비록 파업이 교섭과 조정, 중재에 대한
모든 절차가 종료될 때까지 법에 의해 제한을 받는다고 하더라도 그와 같은 제
한은 적절하고 공정하며 신속한 조정·중재절차에 의해 수반되어야 하며 관련
당사자들이 그 절차의 모든 단계에서 참여할 수 있도록 해야 한다는 점을 강조
하였다.7)

ILO 협약 및 권고의 적용에 관한 전문가위원회는 많은 국가에서 파업에 돌
입하기 전에 알선·조정절차를 철저하게 이용하지 않으면 안 된다는 것을 법규
에서 정하고 있다는 사정을 인정하고, 이러한 조항의 취지는 단체협약의 임의적

5) 김선수b, 46면; 박종희, 205면; 임종률, 236면; 사법연수원a, 324면; 대법원 2000. 10. 13. 선
고 99도4812 판결 등.
6) ILO(2006), Freedom of Association: Digest of Decisions and Principles of the Freedom of
Association Committee of the Governing Body of the ILO, para. 549: Legislation which
provides for voluntary conciliation and arbitration in industrial disputes before a strike may be
called cannot be regarded as an infringement of freedom of association, provided recourse to
arbitration is not compulsory and does not, in practice, prevent the calling of the strike.
7) ILO(2006), Freedom of Association: Digest of Decisions and Principles of the Freedom of
Association Committee of the Governing Body of the ILO, para. 551: The Committee has
emphasized that, although a strike may be temporarily restricted by law until all procedures
available for negotiation, conciliation and arbitration have been exhausted, such a restriction
should be accompanied by adequate, impartial and speedy conciliation and arbitration
proceedings in which the parties concerned can take part at every stage.

교섭을 위해 제도의 충분한 발전과 이용을 장려하고 있는 98호 협약 4조와 양
립한다고 하였다. 그러나 이러한 제도는 단체교섭의 촉진을 유일한 목적으로 하
지 않으면 안 되고, 합법적인 파업을 실제로 불가능하게 하거나 그 효과를 상실
시킬 정도로 복잡하고 시간이 걸리게 해서는 안 된다는 입장을 밝혔다.[8]

나. 프 랑 스

프랑스의 경우 노사분쟁의 조정제도로서 알선 · 조정 · 중재 3가지 분쟁조정
절차가 존재한다. 프랑스의 노사분쟁제도의 특징은 첫째, 조정전치주의제도를
채택하고 있지 않으므로, 법정분쟁조정절차가 개시되기 이전이라도 파업이 가능
하고, 설령 법정분쟁조정절차가 개시되었다고 하더라도 이러한 절차가 종료될
때까지 파업이 금지되는 것도 아니다. 둘째, 조정대상이 되는 집단분쟁에는 이
익분쟁뿐만 아니라 권리분쟁도 포함된다. 셋째, 민간부문이든 공공부문이든 강
제중재제도가 존재하지 않는다. 넷째, 조정제도에서 조정인에게 광범위한 조사
권한을 부여하고 있고 조정안이 분쟁당사자에 의해 수락되지 않는 경우 조정안
의 결론 및 분쟁당사자의 거부사유를 공개하도록 함으로써 조정의 실효성을 담
보할 수 있는 기술적 장치를 두고 있다.[9]

다. 독   일

독일에서 조정절차는 협약당사자의 약정에 의한 임의조정절차와 국가조정
기구에 의한 조정절차가 있다.

독일은 노사분쟁에 대하여 국가의 강제적 조정제도를 두고 있지 않다. 바이
마르 공화국에서 노동쟁의조정에 대해 강력한 국가권력의 개입을 인정했던 것
과는 달리, 노동쟁의의 자주적 해결을 가능한 한 존중하는 것을 원칙으로 하고
있다. 단체협약에 조정기구를 정하지 않았거나, 정해져 있지만 그 조정절차에서
실패하였으며 단체협약당사자가 자유의사에 의해 국가적 조정절차를 원하는 경
우에만 주정부차원에서 설치하는 공적조정 · 중재기구를 이용할 수 있도록 하고
있다.

그리고 독일의 경우 국가조정기구에 의한 조정제도는 거의 이용되지 않고,
협약당사자간의 협정(쟁의조정협정)에 근거한 조정이 주로 활용되고 있다. 대부분
의 산업과 단체협약에는 사적 조정절차를 정하고 있기 때문에, 단체교섭이 결렬

---

8) 이승욱 · 조용만 · 강현주, 22~23면.
9) 조용만a, 18~19면.

된 후 쟁의행위에 들어가기 전에 조정절차를 거치는 것이 일반적이다. 조정기구
는 산업에 따라 여러 가지의 형태를 띠고 있다. 협약당사자 일방 또는 양자의
신청에 의해 조정절차를 거칠 수 있도록 한 경우도 있고, 단체교섭이 결렬된 후
쟁의찬반투표에 들어가기 전에 자동적으로 조정위원회(Schlichtungskommission)의
조정을 거치도록 정한 경우도 있다.10)

라. 미   국

미국의 노사관계법(Labor Management Relations Act; Taft-Hartley Act) 8조 (d)는
단체교섭의 유효기간이 만료하여 단체협약을 개정하거나 기간의 정함이 없는
단체협약의 경우 종료통고에 의해 단체협약의 효력이 종료되어 신 협약을 체결
하는 경우 일정한 절차를 규정하고 있다.

단체협약의 종료 또는 개정을 원하는 당사자는 ① 종료 또는 개정의 제안
을 서면에 의하여 협약만료일 60일 전에 상대방에게 통보할 것, ② 신 협약 내
지 개정협약을 위한 단체교섭을 상대방에게 신청할 것, ③ 위 60일전의 통고일
로부터 30일 이내에 연방조정알선국(Federal Mediation and Conciliation Service;
FMCS) 및 주 조정기관에 대하여 분쟁의 존재를 통지할 것, ④ 위 60일전의 통
고일로부터 60일간 또는 단체협약 만료일까지의 기간 동안 파업 또는 직장폐쇄
를 행하지 않고 현행 단체협약의 모든 규정에 대하여 완전한 효력을 인정하고
따를 것을 규정하고 있다.

결국 일단 성립한 단체협약의 종료·개정에는 쟁의행위금지를 수반하는 60
일간의 냉각기간이 설정되고 그중 30일 이상은 조정기관이 관여한다.

위와 같은 교섭절차를 거치지 않는 한 양당사자는 설사 유효기간 만료일을
경과하더라도 종전의 단체협약에 구속되고, 관련 절차를 준수하지 않는 경우 단
체교섭 의무위반에 해당한다. 나아가 노사관계법 8조 (d)는 위 냉각기간 중 파
업을 행하게 되면 파업에 참가한 근로자는 부당노동행위로부터 보호를 받는 근
로자의 지위를 상실하게 된다고 규정하고 있다.11)

노사관계법은 단체교섭과 이를 통한 단체협약 성립과정에서 연방조정알선
국에 의한 알선·조정절차를 이용할 수 있음을 정하고 있다. 그러나 이는 단체
교섭이 파국에 이를 경우에 대비하여 쟁의행위로 나아가지 않고 문제의 해결을

---

10) Gitter, Arbeitsrecht, 5. Auflage 2002, S. 248~250.

11) 이승욱·조용만·강현주, 182~183면.

도모하고 권고하는 것에 지나지 않으며 전치절차의 개념은 아니다.12)

마. 영   국

영국에서 노동쟁의는 당사자의 자주적 해결에 맡기는 것을 기본적 태도로
하고, 일반적으로 노사 간의 합의에 근거하여 어떤 형태든 노동쟁의조정기관을
설정하고 쟁의가 발생할 때 당사자의 합의에 의하여 조정기관에 회부하는 것이
통례이다.

이러한 원칙에 입각하여 1896년 조정법은 사적 조정기관의 발달을 조장하
고 이러한 관행의 확립을 도모했고, 1919년 노동재판소법에 의해 비로소 상설적
인 중재기관이 설립되었지만 이것도 임의중재로 노사의 자주성존중원칙에는 변
함이 없었다. 제2차 세계대전 중에 임시조치로서 쟁의행위의 금지와 강제중재제
도가 채택되었지만, 전쟁 종료 후 쟁의행위의 금지가 폐지되었고 강제중재제도
를 채택하였던 1951년 노동쟁의령은 1958년에 폐지되었다. 그 후 1975년 고용
보호법(Employment Protection Act 1975), 1992년 노동조합및노동관계(통합)법[Trade
Union and Labour Relations (Consolidation) Act 1992]이 제정되고 노동쟁의 조정제도
가 정비되었다.13)

노동분쟁에 대한 조언과 조정 등을 행하는 기관인 알선·조정·중재위원회
(Advisory Conciliation and Arbitration Service; ACAS)는 1975년 고용보호법에 의해
설립되어 현재는 1992년 노동조합및노동관계(통합)법에 의해 규율되고 있으며,
노동쟁의의 화해와 관련한 기능을 행사하는 것에 의해 노사관계개선을 촉진하
고 알선·조정·중재, 노사관계문제에 대한 조언, 노사관계조사 등의 업무를 수
행하고 있다.

바. 일   본

일본의 경우에는 법률상 알선·조정·중재절차가 규정되어 있으나, 이는
필요적 전치절차로 규정된 것이 아니고 어디까지나 임의적인 절차에 불과하며,
그 위반에 대해 벌칙규정도 마련되어 있지 아니하다. 따라서 알선·조정·중재
절차를 거치지 않고 쟁의행위가 행해지더라도 그 정당성에는 아무런 영향이 없
다. 또한 일본 노동관계조정법 37조에서도 공익사업의 쟁의행위에 대하여 10일
전의 예고의무를 두고 있다.

---

12) 이승욱·조용만·강현주, 183면.
13) 労働省労政局労働法規課, 953~954면.

Ⅱ. 조정전치절차를 둘러싼 쟁점

1. 조정절차를 거치지 아니한 쟁의행위의 정당성

노조법은 조정절차를 거치지 아니하면 쟁의행위를 할 수 없도록 하는 일종의 조정절차 강제주의를 규정하고 있는바, 이러한 조정절차를 거치지 아니할 경우 노조법 위반과 별도로 쟁의행위의 다른 정당성 요건을 모두 갖춘 경우에도 쟁의행위의 정당성을 인정받을 수 없는 것인지 여부가 문제된다. 즉, 노조법상의 조정전치절차를 거치지 아니한 쟁의행위에 대하여 현행 노조법을 위반한 것은 사실이고 그에 대한 노조법 위반의 형사책임을 받는 것은 명백하다고 볼 수 있으나 과연 이러한 쟁의행위가 노조법 위반의 형사책임 이외의 민·형사상 책임을 부담하는 정당성이 상실된 쟁의행위로 볼 수 있는지 여부가 문제되는바, 결국 이 문제는 조정전치제도의 취지에 대한 시각 및 입장과 직접적으로 관련이 있는 쟁점이다.

2. 학설의 입장

노조법은 조정전치주의를 채택하여 조정절차를 거치지 않으면 쟁의행위를 할 수 없다고 명시적으로 규정하고 있고, 따라서 이러한 조정절차를 거치지 않고 쟁의행위에 돌입하였을 경우 쟁의행위의 정당성을 인정받을 수 있는지 여부가 문제된다. 이에 대하여 대다수 학자들은 조정전치절차를 거치지 아니하였다는 이유만으로 쟁의행위가 그 정당성을 상실하는 것은 아니라는 입장에는 큰 차이를 보이고 있지는 않다. 각 학자들의 견해를 살펴보기로 한다.

가. 조정전치절차를 거치지 아니하였다는 이유만으로 정당성이 상실되는 것은 아니라고 보는 견해

첫째 견해는, 노조법 45조 2항 및 54조 1항을 준수하지 않는 것은 일단 과잉침해금지의 원칙 내지 최후수단의 원칙[14])에 의하여 절차상의 요건을 갖추지 않은 쟁의행위로 보는 것이 문언상 원칙이고 따라서 협약 당사자들은 노조법에

---

14) 김형배a, 826면. 독일의 지배적 견해에 의하면 쟁의행위는 모든 평화적인 방법을 거친 다음에 최후적인 수단으로 행사되어야 한다고 하며, 이러한 원칙을 최후 수단의 원칙(ultima ratio Prinzip)이라고 한다. 이러한 원칙에 위배되는 쟁의행위는 과잉침해금지의 원칙(Prinzip des UbermaBverbots)에 반하여 정당성을 가질 수 없다고 한다.

서 마련한 조정절차를 거쳐 노동쟁의를 해결할 수 있음에도 불구하고, 단체교섭
이 결렬된 후에 조정절차를 거치지 아니하고 곧바로 쟁의행위를 하는 것은 최
후수단의 원칙에 반한다고 보아야 할 것이다. 그러나 조정절차를 거치지 않은
쟁의행위의 정당성에 관하여는 형식적·일률적으로 해석할 것이 아니라 여러
사정을 종합적으로 고려하여 법원이 궁극적으로 최후수단의 원칙 및 과잉침해
금지의 원칙에 따라 판단하여야 한다. 따라서 어느 경우에나 노동위원회의 조정
결정이 없는 한 정당한 쟁의행위는 할 수 없다고 하는 의미의 조정전치강제주
의는 인정될 수 없으며 조정전치주의는 헌법상의 최후수단의 원칙 내지 과잉침
해금지의 원칙에 따라 그 효력과 한계가 정해져야 한다는 것이고, 따라서 노조
법 45조 2항 및 54조 1항의 규정은 노동위원회의 조정절차를 거치지 않으면 쟁
의행위는 일응 정당하지 않다고 볼 수 있는 해석규정에 지나지 않는다고 보아
야 한다는 것이다.[15]

　둘째 견해는, 조정전치제도와 같은 절차규정은 소정의 기간 동안 쟁의행위
의 개시를 유보하거나 개시한 쟁의행위를 중단하고 조정·중재의 성공을 위하
여 노력하도록 하려는 정책적인 고려에서 설정된 것으로, 법규 위반은 정당화될
수 없다는 점을 강조하면 법규를 위반하는 쟁의행위는 언제나 정당성을 상실하
게 된다고 보게 되나 정당성 내지 위법성은 개개법규에 형식적으로 위반되는지
여부의 문제가 아니라 법질서 전체의 견지에서 문제의 행위가 허용된다고 볼
것인지 여부의 문제이므로 법규를 위반하는 쟁의행위라 하여 언제나 정당성을
부정할 수는 없다고 보아야 하므로, 쟁의행위가 이들 법규를 위반하였다는 것만
으로 민·형사 면책을 받을 수 있는 정당성을 부정할 수는 없고, 다만 노조법
소정의 벌칙이 적용되는 것은 별개의 문제라고 한다.[16]

　셋째 견해는, 조정전치주의를 쟁의행위에 대한 시기적 제한으로 보면서도
노사당사자가 직접 실력행사에 들어가기 전에 앞서 일정기간 동안 평화적인 방
법으로 노동쟁의를 해결하도록 촉구함으로써 경제적 손실을 최소화 할 수 있는
기회를 마련하고 그 기간 동안 조정절차가 효과적으로 진행되도록 하는 것이다.
그러므로 조정절차 위반이 있더라도 쟁의행위의 정당성이 당연히 상실되는 것
은 아니라고 본다.[17]

---

15) 김형배a, 16~17면.
16) 임종률, 236면.
17) 김유성, 244면.

그 밖의 견해로서, 조정은 쟁의행위 정당성의 요건으로 이해되어서는 아니
되며, 단지 입법자가 조정절차를 통해 노동관계 당사자간의 분쟁을 평화적으로
해결할 수 있는 기회를 한 번 더 제공하고 그 이행을 벌칙의 적용을 통해 간접
적으로 강제하는 정도에 머무르는 것으로 해석하는 것이 타당하므로 조정전치
주의를 거치지 않고 쟁의행위가 개시되더라도 다른 정당성의 요건을 갖추었다
면 쟁의행위의 정당성은 상실되지 않는 것으로 보아야 한다는 견해,[18] 조정전치
주의를 규정하고 있는 법규정의 취지는 노동관계 당사자로 하여금 쟁의행위에
앞서 조정절차를 밟도록 하여 쟁의행위 발생을 회피하는 기회를 줌으로써 행정
급부로서 이루어지는 노동쟁의조정제도의 실효성을 확보하기 위함에 있는 것이
라는 견해,[19] 조정절차를 쟁의행위에 대한 제한으로 파악하면서 조정전치기간
은 우발적인 쟁의행위의 발생을 방지하려는 데 그 취지가 있지만 도리어 쟁의
의 해결을 늦추는 결과를 가져올 우려마저 있고, 또 헌법에서 보장된 쟁의권을
필요 이상 제한하는 결과를 가져올 수 있어 공익사업을 제외하고는 단체협약에
정한 쟁의행위예고제도로 대체하여야 하고, 쟁의행위의 절차도 당사자 자치에
맡기는 것이 단체행동권을 보장한 헌법의 정신에 합치된다는 견해[20], 조정전치
의 규정은 노동쟁의의 평화적 해결을 제고하기 위한 입법정책적 목적에서 당사
자 간의 자주적 해결에 조력하기 위하여 제정되었다는 견해[21]가 있다.

나. 조정전치절차를 거치지 아니한 경우에는 정당성이 상실된다는 견해

쟁의행위의 정당성요건을 실질적·형식적 요건으로 나누고 조정전치주의를
실질적 요건 중의 하나인 쟁의행위의 방법에 포함시켜, 쟁의행위는 수단·범
위·절차 및 시기 등 그 행사의 방법에서 그 요건을 충족하여야 하므로 조정절
차를 거치지 아니하고 쟁의행위를 하는 경우에는 정당성이 상실된다며 조정절
차를 위반한 쟁의행위는 위법하다고 보는 견해이다.[22]

나아가 노조법 91조는 조정전치절차를 거치지 아니한 경우 1년 이하의 징
역 또는 1천만 원 이하의 벌금에 처하도록 규정하고 있고 이러한 강력한 형사
처벌까지 전제된 조정전치절차를 거치지 아니한 경우는 원칙적으로 정당성을

---

18) 박종희, 217면.
19) 사법연수원a, 325면.
20) 이병태, 344~345면.
21) 김홍영, 236면.
22) 이상윤a, 805~806면.

상실한다고 보는 것이 합당하다는 견해가 있을 수 있다.

다. 검   토

생각건대, 학자들 사이에 견해의 차이가 일부 있기는 하지만 전체적으로는
조정전치주의의 취지 및 단체행동권은 헌법상의 기본권에서부터 그 권리가 개
념 지어진다는 측면 등에서 볼 때 단순히 조정절차를 사전에 거치지 않았다는
이유만으로 그 점이 노조법에 규정된 벌칙을 적용받는 것은 별론으로 하더라도
민·형사상 책임에 해당되는 쟁의행위의 정당성 그 자체의 상실요건으로 보는
것은 무리한 점이라는 다수설의 견해에 찬성한다. 다만, 학설23) 중에 최후수단
의 원칙 내지 과잉침해금지의 원칙을 헌법상의 원칙으로 보면서 조정절차를 거
치지 않은 쟁의행위를 최후수단의 원칙 내지 과잉침해금지의 원칙에 비추어 판
단하는 견해는 노조법상 '노동쟁의'의 정의24) 개념을 조정전치를 거치지 않은
쟁의행위의 정당성 쟁점과 직접적으로 연결시켜 해석하려는 무리한 점이 엿보
이나,25) 일면 경청할 부분이 있다고 생각한다. 즉, 쟁의행위 중에는 노조법 2조
5호에서 정의하는 노동쟁의의 발생에는 이르렀으나 노동위원회의 조정절차를
전혀 거치지 않았거나 또는 형식적으로 거친 경우가 있을 수 있고, 또는 노조법
2조 5호에서 정의하는 노동쟁의의 발생에도 이르지 못하였을 뿐만 아니라[준법
투쟁26)에서 볼 수 있는 위하(威嚇)적 또는 세력과시적 쟁의행위] 노동위원회의 조정절
차를 거치지 않았거나 형식적으로만 거친 경우가 있을 수 있는데 후자와 같은
경우에는 노조법상의 노동쟁의 자체가 발생을 하지 않은 것으로 본다면 그 이
후의 조정전치절차는 그 자체로만 평가하는 것이 무의미하게 될 수 있다. 그런
데 그 경우 쟁의행위는 김형배 교수의 견해에 의하면 쟁의행위의 최후수단 내
지 과잉침해금지의 원칙에 비추어 볼 때 정당성이 상실된다고 볼 것이다. 그러
나 현실적으로는 노조법 2조 5호의 주장의 불일치라는 개념을 너무 협소하게

---

23) 각주 14 참조.
24) 노조법 2조 5호에서, 노동쟁의라 함은 「근로조건의 결정에 관한 주장의 불일치로 인하여
    발생한 분쟁상태를 말한다. 이 경우 주장의 불일치라 함은 당사자간에 합의를 위한 노력을
    계속하여도 더 이상 자주적 교섭에 의한 합의의 여지가 없는 경우를 말한다」라고 규정하고
    있다.
25) 이 점에서 임종률 교수의 견해가 비판하고 있는 것으로 보인다(각주 16 참조).
26) 이른바 준법투쟁에 대하여 대법원은 확립된 입장으로 이를 쟁의행위의 한 유형으로 파악
    하면서 준법투쟁 시 절차적 흠결, 예컨대 조정절차의 미비 등을 들어 쟁의행위의 정당성을
    부정하는 판단을 한 사례들이 있다. 대법원 1996. 7. 30. 선고 96누587 판결 참조.

해석하면 헌법상 보장된 근로자의 단체행동권에 대한 본질적 제약을 초래할 우려가 있기에 노동쟁의의 발생을 너무 협소하게 해석하여서는 안 된다는 견해가 있다.[27]

3. 판례의 입장

판례에서 인정되는 쟁의행위 정당성의 여러 가지 요건 중 조정전치절차를 거치지 않은 쟁의행위의 정당성 여부에 대한 판례의 입장은 다음과 같다.

조정전치절차를 거치지 않은 쟁의행위의 정당성에 관한 판례는 주로 노동조합 측이 조정전치절차 등을 거치치 않고 행한 파업에 대하여 형법상 업무방해로 기소된 사건에서 다루어지고 있는바, 구체적으로 보면 조정전치에 관한 규정의 취지는 분쟁을 사전에 조정하여 쟁의행위 발생을 회피하는 기회를 주려는 데에 있는 것이지 쟁의행위 자체를 금지하려는 데에 있는 것이 아니므로 쟁의행위가 조정전치의 규정에 따른 절차를 거치지 아니하였다고 하여 무조건 정당성이 결여된 쟁의행위라고 볼 것이 아니고, 그 위반행위로 말미암아 사회·경제적 안정이나 사용자의 사업운영에 예기치 않은 혼란이나 손해를 끼치는 등 부당한 결과를 초래할 우려가 있는지의 여부 등 구체적 사정을 살펴서 그 정당성 유무를 가려 형사상 죄책 유무를 판단하여야 한다고 하고 있다.[28] 또한 대법원 판결 중에 '쟁의행위의 찬반투표가 그 시기적으로 조정절차를 거치지 않고 실시되었다고 하더라도 이를 정당성이 상실된 쟁의행위라고 볼 수 없다'고 하면서 그 논거 중의 하나로 조정전치의 규정 취지는 분쟁을 사전 조정하여 쟁의행위 발생을 회피하는 기회를 주려는 데에 있는 것이지 쟁의행위 자체를 금지하려는 데에 있는 것이 아니므로, 쟁의행위가 조정전치의 규정에 따른 절차를 거치지 않았다고 하더라도 무조건 정당성을 상실하는 것은 아니라고 하고 있다. 또한 하급심의 판결례에 의하더라도, '조정은 국가 및 지방자치단체가 노동관계 당사자간에 노동관계에 관한 주장이 일치하지 아니할 경우에 노동관계 당사자가 이를 자주적으로 조정할 수 있도록 조력함으로써 쟁의행위를 가능한 한 예방하고

---

27) 김형배b, 21~23면.

28) 대법원 2000. 10. 13. 선고 99도4812 판결, 대법원 2001. 11. 27. 선고 99도4779 판결, 대법원 2020. 10. 15. 선고 2019두40345 판결(이 사건에서 문제가 된 철도 노조는 조정기간 중에 쟁의행위 찬반투표를 실시하여 재적 조합원 과반수 이상의 찬성으로 쟁의행위가 가결되었고 중앙노동위원회의 조정은 찬반투표 5일 후에 조정종료 결정이 내려졌다), 서울고법 2016. 1. 15 선고 2015노191 판결 등.

노동쟁의를 신속·공정하게 해결하기 위한 행정서비스인 점, 쟁의행위를 개시한
이후에도 당사자의 신청에 의하여 조정절차를 개시하는 것이 가능한 점, 위와
같은 조정전치제도의 취지는 구 노동쟁의조정법에서 규정된 냉각기간제도의 취
지와 같이 분쟁을 사전에 조정하여 쟁의발생을 회피하는 기회를 주고 또 쟁의
발생을 사전 예고케 하여 손해방지조치의 기회를 주려는 데에 있으며 쟁의행위
자체를 적극적으로 금지하려는 데에 있는 것은 아닌 점 등을 종합하여야 한다'
고 하고 있다.29)

　　한편, 조정전치주의를 규정한 현행 노조법 45조 이전 구 노동쟁의조정법은
노동쟁의 발생신고 및 냉각기간을 규정하고 있었는데 이때 당시의 법원 판결의
내용도 역시 상기 인용한 대법원 판례의 입장과 동일함을 알 수 있다. 즉, 구
노동쟁의조정법 14조 및 16조는 냉각기간과 사전신고제를 규정하고, 같은 법 47
조 및 48조는 위 각 규정위반행위에 대하여 벌칙규정까지 두고 있으나, 위 냉각
기간이나 사전신고에 관한 규정의 취지는 분쟁을 사전 조정하여 쟁의발생을 회
피하는 기회를 주고 또 쟁의발생을 사전 예고케 하여 손해방지조치의 기회를
주려는 데에 있는 것이지 쟁의행위 자체를 금지하려는 데에 있는 것이 아니므
로 그 위반행위로 말미암아 사회·경제적 안정이나 사용자의 사업운영에 예기
치 않은 혼란이나 손해를 끼치는 등 부당한 결과를 초래할 우려가 있는지의 여
부 등 구체적 사정을 살펴서 그 정당성 유무를 가려 판단하여야 한다고 하고
있다.30)

_____

29) 춘천지법 1999. 10. 7. 선고 98노1147 판결(이 판결은 각주 37의 대법원 2001. 11. 27. 선고
　　99도4779 판결의 원심 판결이다. 이 춘천지법 판결은 위 대법원 판결로 파기환송되었으나 조
　　정전치주의제도의 취지에 관하여는 동등한 의미를 갖는 것으로 보인다).
30) 대법원 1991. 5. 14. 선고 90누4006 판결, 대법원 1992. 9. 22. 선고 92도1855 판결.
　　위와 같은 법원의 입장에 대하여 박종희 교수는 구 노동쟁의조정법 체계 하에서 대법원
　　판결 내용은 비단 냉각기간 뿐만 아니라 사전신고제까지 포함하여 그 취지를 밝히고 있는
　　것으로 쟁의발생의 회피는 냉각기간의 취지로, 그리고 예기치 않은 혼란이나 손해발생의 방
　　지는 사전신고제의 취지로 각각 이해한 것으로 볼 수 있으나, 현행 노조법은 구 노동쟁의조
　　정법상의 사전신고제를 삭제한 상태이기 때문에 현행 노조법 체계 하의 대법원 판결(2000.
　　10. 13. 선고 99도4812 판결)이 조정전치의 취지를 구법 체계하의 판례에서와 같이 이해하는
　　것은 현행 조정전치제도를 구법하의 냉각기간제도와 사전신고제도가 결합한 형태의 것으로
　　이해하거나 아니면 사전신고제의 삭제를 인지하지 못하고 단순히 선 판례를 원용한 실수로
　　볼 수밖에 없어 타당한 해석으로 볼 수 없다고 비판하고 있고(박종희, 218~219면), 조용만 교
　　수는 현행 조정전치제도는 구 노동쟁의조정법하의 노동쟁의신고, 냉각기간제도의 취지와 달
　　리 조정절차의 실효성을 확보하고 노동관계 당사자의 평화적인 분쟁해결노력을 촉구하기 위
　　하여 구 노동쟁의상의 노동쟁의신고 및 냉각기간제도를 폐지하고 현행 노조법에서 노동쟁
　　의(주장의 불일치)의 개념을 수정하면서 조정전치제도를 채택하였음에도 불구하고 법개정의

즉, 판례는 구 노동쟁의조정법에서나 현행 노조법에서나 냉각기간 내지 조정전치를 거치지 않은 쟁의행위의 정당성을 판단하면서 일관되게 사회·경제적 안정이나 사용자의 사업운용에 예기치 않은 혼란이나 손해를 끼치는 부당한 결과를 초래할 우려가 있는지 여부를 그 기준으로 구체적 사정을 살펴서 판단하고 있는바, 이와 관련하여 대법원 판결에서 나타난 구체적 사정을 살펴보면 다음과 같다.

가. 조정절차를 거치지 아니하였더라도 정당성이 인정된 구체적 사례

대법원은 조정절차를 거치지 않은 파업에 대하여, "기자회견 등을 통하여 미리 파업시기를 공표한 점 등에 비추어 보면 결과적으로 피고인들이 조정절차를 거치지 않고 파업에 이르기는 하였지만 사회·경제적 안정이나 사용자의 사업운영에 예기치 않은 혼란이나 손해를 끼치는 등 부당한 결과를 초래하였다고 보기 어렵다"고 하여 정당성을 인정하였는바,[31] 위 판결에 나타난 사실관계를 보면, 첫째, 파업에 참여한 피고인들은 택시기사로서 약 하루 반나절 정도의 파업기간이었으며,[32] 둘째, 노조 측이 파업 10일 전에 파업시기를 기자회견을 통해 예고한 점,[33] 셋째, 위 사건의 경우 노동조합 측에서 원래 중앙노동위원회에 조정신청을 하였으나 중앙노동위원회가 노위법상 관할이 있음에도 불구하고 관할이 없는 것으로 해석하여 원래 신청을 반려하면서 지방노동위원회로 신청할 것을 안내하는 것으로 절차를 마감함으로써[34] 조정절차를 거치지 않은 사정 등이 있었다.

다음으로 쟁의행위가 사용자의 사업운영에 예기치 않은 혼란과 손해를 끼치지 않아 정당성을 인정한 판례로, 쟁의행위를 하면서 노동쟁의발생신고나 냉각기간을 거치지 않은 채 조합원들이 임시총회를 개최하여 조합원 전원의 무기한 농성, 전원 사표제출 등을 결의하였으나 교섭위원들이 다른 조합원들을 설득

취지가 판례에 제대로 반영되고 있지 않아, 현행 노조법 하에서의 판례의 태도는 과거 냉각기간제도의 취지를 여전히 답습하고 있고 이러한 판례의 태도는 법개정의 의의를 몰각하는 것이라고 아니할 수 없다고 비판하고 있다(조용만b, 14면).

31) 대법원 2000. 10. 13. 선고 99도4812 판결.

32) 이 측면에서 특별히 피고인들의 절차 위반 행위가 사회·경제적 안정을 해할 정도의 규모로 파악하고 있지는 않은 것으로 보인다.

33) 이 측면에서 특별히 피고인들의 절차 위반 행위가 사용자의 사업운영에 예기치 않은 혼란이나 손해를 끼친 것으로 보지는 않은 것으로 보인다.

34) 이 경우에도 중앙노동위원회는 반려를 할 것이 아니라 관할이 있는 노동위원회로 이송을 하여야 한다고 판단하였다.

하여 정상근무하게 하고 자신들만이 건물 1층에서 단식연좌농성을 하다가 6일
만에 단체교섭을 재개하기로 하고 농성을 해제한 사안에서 사용자의 사업운영
에 예기치 않은 혼란과 손해를 끼치지 않았다고 본 사안,35) 출근시간 전 회사
앞 노상과 사내운동장에서 10분 내지 20분 정도 조합원에 대한 해고에 항의하
여 집회를 개최한 경우 업무방해의 형사상 책임을 물을 만큼 정당성이 결여되
었다고 보기 어렵다고 본 사안,36) 쟁의행위가 사전신고 및 냉각기간을 준수하지
않았으나 병원의 업무개시 전이거나 점심 휴식시간에 주로 병원의 행정업무 부
서와 약국 등이 위치한 현관로비에서 단지 구호를 외치거나 노래를 부르는 등
의 방법으로 이루어짐으로써 사용자의 사업운영에 예기치 않은 혼란이나 손해
를 끼치는 등 부당한 결과를 초래할 우려가 없어 정당성을 부정할 수 없다고
본 사안37)들이 있다.

나. 조정절차를 거치지 아니하여 정당성이 상실된 구체적 사례

반면 대법원은 같은 사업장의 파업에 대하여 또 다른 판결로, "이 사건 각
쟁의행위 중 1998. 4. 28.까지의 쟁의행위는 노조가 중앙노동위원회에 노동쟁의
조정신청을 하여 조정절차가 마쳐지기 전에 벌인 파업임이 명백한데다가, 당시
회사는 자동차 중요부품을 국내 최대 규모로 생산하는 상황이었고, 노조 본조의
지시로 사업장이 있는 노조 7개 지부에서 동시에 파업에 돌입하였으며, 노조는
회사에 파업을 예고하지도 아니한 채 1998. 1. 15.부터 같은 해 4. 28.까지 6차
례에 걸쳐 파업을 벌인 점을 알 수 있고, 이와 같은 회사의 규모 및 사업내용,
파업의 경위, 기간, 횟수 및 파업의 예측성 등 여러 가지 사정을 종합하면 위
각 쟁의행위로 말미암아 사회·경제적 안정이나 회사의 사업운영에 예기치 않
은 혼란과 손해를 끼쳤다"고 하여 그 파업에 대해 쟁의행위의 절차적 정당성을
인정할 수 없다고 하였다.38) 이 판결에서 다소 주목할 점은 앞서 본 대법원 2000.

---

35) 대법원 1991. 5. 14. 선고 90누4006 판결.
36) 대법원 1992. 9. 22. 선고 92도1855 판결(각주 32 참조).
37) 대법원 1992. 12. 8. 선고 92도1645 판결.
38) 대법원 2001. 11. 27. 선고 99도4779 판결. 이 대법원 판결은 6차례의 파업이 노동위원회의
    조정절차를 거치지 아니한 채 이루어졌으나 노동조합이 쟁의행위에 이르게 된 경위 및 목적
    과 쟁의행위의 결정방법, 시간, 장소, 수단 등 여러 사정을 종합하여 볼 때 피고인들이 조정
    절차를 거치지 않은 데 따른 처벌을 받는 것은 별론으로 하고 노동조합이 쟁의행위를 함에
    있어 조정을 거치지 않았다고 하여 곧바로 쟁의행위의 정당성이 상실되는 것이 아니라고 한
    원심 판결(춘천지법 1999. 10. 7. 선고 98노1147 판결)을 파기한 것이다.

10. 13. 선고 99도4812 판결과 달리 파업의 양태, 횟수 및 사업의 성격 등이 질적으로나 양적으로 강한 것으로 볼 수 있고,[39] 나아가 원심판단과는 달리 파업의 목적 및 수단 등에서도 모두 정당성을 상실한 것이라고 판단하였던 점이 더욱 조정전치와 관련된 절차적 정당성에 관한 위 대법원 판단을 확고히 하였던 것으로 보인다.

하급심 판결례 중에서도 '조정전치와 관련된 절차를 지키지 않고 파업에 나아감으로써 사회·경제적 안정이나 사용자의 사업운영에 예기치 않은 혼란이나 손해를 끼친 것으로 판단하면서 노동쟁의 조정신청을 한 1999. 4. 17.부터 15일간은 쟁의행위를 할 수 없음에도 불구하고 이 사건 파업을 감행하였고, 그로 인하여 1주일간 서울지하철이 파행적으로 운행됨으로써 시민들의 불편 및 원고의 손해가 상당한 정도에 이르는 등 부당한 결과가 초래되었으니, 이 사건 파업은 그 정당성이 결여된 것으로 불법행위에 해당한다'고 하여 정당성을 부정한 사례가 있다.[40]

그밖에 사용자의 사업운영에 예기치 않은 혼란과 손해를 끼쳤다고 판단한 사례로 '택시회사의 노동조합 간부들이 운영위원회의 결의를 거쳐 준법운행(당시까지 관행화 되어 있던 과속, 부당요금징수, 합승행위 등 불법적 운행의 중지)을 주도하여 시행하면서 그 준법운행사항 외에 수입금의 상한선까지 정하여 1일 입금액을 통제함으로써 회사에 큰 손해를 입히고 일부 조합원들은 이에 맞추기 위하여 파행적인 운행까지 하게 된 경우 회사에게 막대한 손해를 끼쳤다'고 본 사안,[41] 근로자들의 집단월차휴가(쟁의적 준법투쟁) 사용으로 사용자인 의료보험조합들의 업무를 마비상태에 빠지게 함으로써 사용자측뿐만 아니라 제3자인 피보험자들에게 막대한 지장을 초래하였다고 본 사안,[42] 레미콘 사업장에서 종래 통상적으로 실시해오던 휴일근무를 집단적으로 거부하는 행위로 인하여 회사의

---

39) 이점에서 대법원은 해당 쟁의행위가 사업의 규모 등에 비추어 볼 때 사회·경제적 안정에도 영향을 미칠 수 있다고 보고, 나아가 노동조합 측의 이전 파업의 양태를 보았을 때에도 사용자의 사업운영에 예기치 않은 혼란이나 손해를 끼치는 등 부당한 결과를 초래할 우려가 있다고 구체적 판단을 한 것으로 보인다.

40) 서울지법 2001. 2. 14. 선고 99가합42563 판결. 이 사건 대법원 판단(대법원 2006. 10. 27. 선고 2004다12240 판결)에서는 조정전치 위반의 쟁의행위의 정당성에 대한 판단은 직접적으로 하고 있지 않지만, 손해배상액의 산정 범위에 대하여 원심의 판단이 잘못되었다고 파기환송한 것으로 보아, 대법원에서도 이러한 쟁의행위는 정당성이 결여된 것으로 판단한 것으로 보인다.

41) 대법원 1991. 12. 10. 선고 91누636 판결.

42) 대법원 1992. 3. 13. 선고 91누10473 판결.

사업운영에 혼란과 상당한 생산차질이 초래되었다고 본 사안,43) 한국통신공사
직원들이 사장 지시에 의해 09:00 이전에 출근하여 업무준비를 하도록 되어있
는데 수백, 수천 명의 조합원들이 집단적으로 09:00 정각에 출근하도록 함으로
써 전화고장수리가 지연되는 등 업무수행에 방해되었을 뿐만 아니라 전화고장
수리 등을 받고자 하는 수요자들에게도 상당한 지장을 초래하였다고 본 사안,44)
집단적인 연차휴가의 사용 및 근로제공거부행위(쟁의적 준법투쟁)로 말미암아 회
사에게 예상치 못한 업무방해가 초래되었으며 택시이용자들에게 많은 불편을
초래한 점 등이 인정되므로 부당한 결과를 초래하였고 그 결과 각 쟁의적 준법
투쟁의 정당성이 인정되지 않는다고 본 사안,45) 전국적 규모로 행하여진 철도기
관사들의 파업은 국민들의 예기치 못한 불편과 국가의 손해가 상당한 정도에
이르는 등 부당한 결과를 초래하여 위법하다고 본 사안46)들이 있다.

　　한편 사회경제적 안정이나 사용자의 사업운영에 예기치 않은 혼란이나 손
해를 끼치는 등의 부당한 결과가 초래되었는지 여부에 대한 판단이 명시되어
있지는 않지만, 하급심 판결 중에는, 임금인상 및 인력충원 등에 관한 교섭을
하면서 이에 대한 노동쟁의가 발생하자 조정절차는 거쳤는바, 단체교섭 과정에
서 전혀 안건이 제기된 적이 없는 성과연봉제 도입 저지를 주된 목적으로 행한
파업에 대하여 "이 사건 노동조합은 성과연봉제 도입 저지를 주된 목적으로 파
업이 이루어졌음에도 성과연봉제와 관련하여 회사와 단체교섭을 진행하거나 노
동위원회의 조정절차를 거치지 않은 채 파업을 실시하였는데 이 사건 노동조합
은 성과연봉제에 관한 별도의 절차가 필요하다 할 것인데 이 사건 파업은 그러
한 절차를 거치지 않고 이루어져 정당하다고 볼 수 없다"라고 판시한 사안도
있다.47)

4. 결   론

　　결론적으로 조정전치주의와 관련하여 우리 법원은 노동쟁의발생신고 및 냉
각기간을 요구한 구 노동쟁의조정법 시절이나 조정전치주의 하의 현행 노조법

---

43) 대법원 1994. 2. 22. 선고 92누11176 판결.
44) 대법원 1996. 5. 10. 선고 96도419 판결.
45) 대법원 1996. 7. 30. 선고 96누587 판결.
46) 대법원 1992. 12. 8. 선고 92누1094 판결.
47) 부산지법 2016. 11. 30. 선고 2016카합10591 결정.

시절이나 절차를 준수하지 않은 쟁의행위에 관한 판단 기준과 그러한 절차를
둔 취지에 관한 한 동일한 입장을 보이고 있다고 말할 수 있다. 즉, 조정전치절
차를 위반한 것 자체만 가지고 쟁의행위 전체에 대한 정당성 판단을 하지 않는
대신 사회·경제적 안정이나 사용자의 사업운영에 예기치 않은 혼란이나 손해
를 끼치는 등 부당한 결과를 초래할 우려가 있는지의 여부 등을 구체적이고 종
합적으로 고려하여 판단하는 입장을 취하고 있으며, 이 과정에서 조정전치를 둔
취지가 분쟁을 사전 조정하여 쟁의발생을 회피하는 기회를 주고 또 쟁의발생을
사전 예고케 하여 손해방지조치의 기회를 주려는 데에 있는 것이지 쟁의행위
자체를 금지하려는 데에 있는 것이 아니라는 원칙적 개념을 항상 염두에 두고
판단하고 있다고 말할 수 있다.

Ⅲ. 조정전치주의와 노조법상 노동위원회의 행정지도

1. 쟁점 및 법적 근거

조정전치주의와 관련하여 검토하여야 할 쟁점 중의 하나는 노동쟁의가 발
생하여 현행 노조법에 따라 노사 어느 일방이 관할 노동위원회에 조정신청을
하는 경우 실무적으로 노동위원회가 조정과정에서 당사자가 신청한 노동쟁의의
조정이 그 대상 측면에서 노동쟁의의 대상이 아니라거나 또는 교섭의 정도 측
면에서 교섭이 미진하다는 이유로 소위 행정지도를 하는 경우가 있는바, 이러한
행정지도의 법적 근거 내지 성격, 그리고 이러한 행정지도에 반하여 쟁의행위에
돌입하는 경우 쟁의행위의 정당성은 어떠한 영향을 받는지 여부이다.

이러한 행정지도의 법적 근거와 관련하여 일반적으로 노조법 시행령 및 노
위규칙을 들고 있는바, 구체적으로는 노조법 시행령 24조 2항에서는 노동쟁의
의 신청을 받은 노동위원회는 그 신청내용이 조정의 대상이 아니라고 인정할
경우에는 그 사유와 다른 해결방법을 알려주도록 규정하고 있고, 이러한 경우를
행정지도라고 하고 있다(노위규칙 127조[48]).[49] 반면 이 점에 관하여 행정지도는 조

---

[48] 노위규칙 127조(행정지도)는, 노동위원회는 노동쟁의 조정신청이 노조법 2조 5호에 따른
노동쟁의가 아니라고 인정되는 경우 노조법 시행령 24조 22항, 교원노조법 시행령 6조 2항이
나 공무원노조법 시행령 11조 2항의 취지에 따라 조정위원회·특별조정위원회, 교원노동관계
조정위원회나 공무원노동관계조정위원회의 의결에 따라 행정지도를 할 수 있다고 규정하고
있다. 한편 위 노위규칙은 노위법 25조에 따른 노동위원회 내부규정이다.

[49] 이때 노동위원회의 행정지도가 노사당사자에게 어떠한 법적 효과를 발생시키는가를 판단

정의 법리에 반하고 실정법적 근거가 없다거나, 또는 상기 노조법 시행령 및 노
위규칙이 모법에 근거 규정이 없는 단체행동권에 대한 제한으로서 위임입법의
범위를 벗어난 것이라는 견해가 있다.[50]

   그러나 이와 같이 행정지도가 위임입법의 범위를 벗어났다고 보는 견해는
노동위원회가 마치 실질적으로 쟁의행위의 정당성을 판단하는 심사권을 갖고
있으며 나아가 행정지도가 당사자를 구체적으로 구속하는 효과를 갖는 것을 전
제로 하는 경우에는 타당할 수 있는 견해일 수 있으나, 후술하듯이 노동위원회
가 당사자가 신청한 조정신청의 내용이 조정의 대상이 아니라고 인정하여 그
사유와 다른 해결방법을 알려주는 것을 기능적인 측면에서 볼 때 당사자 사이
의 분쟁을 자주적으로 해결하는 데 조력하는 것, 즉 행정조정서비스를 제공하는
것으로 보고 이에 따르는 것을 쟁의행위의 정당성 판단의 직접적 요건으로 이
해하지 않는다면 그 법적 근거에 관한 논의는 별로 의미가 없을 것으로 본다.
오히려 행정지도는 마땅히 노동위원회가 수행하여야 할 업무로 노동위원회의
노동행정상의 기능을 효율적으로 수행한다는 의미에서 바람직한 일이며 노동위
원회가 올바른 해결방법을 알려줌으로써 분쟁 당사자들은 불필요한 분쟁을 합
리적으로 종결시키면서 평화적 노사관계를 회복할 수 있는 것으로 보거나,[51] 또
는 그 근거를 굳이 따지자면 노조법 2조 5호의 노동쟁의의 정의 규정에서 찾을
수 있다고 본다.[52]

하기 위해 법적 성격을 살펴볼 필요가 있다는 견해가 있다. 노동위원회가 조정당사자에게 알
려주는 행위는 행정정보제공에 불과한 것인지 아니면 행정지도인가 하는 점이다. 조정당사자
에게 조정대상이 아니라고 알려주는 것은 노동위원회가 당연히 해야 할 의무이고, 다른 해결
방법을 알려주어야 하는 것은 본래 행할 필요는 없는 것이지만 노동행정의 특수성을 감안하
여 행하는 적극적인 행정서비스라고 본다. 그러므로 법조문의 문언적 의미만을 보면 조정대
상이 아니라거나 또는 다른 해결방법을 그대로 알려주는 것은 그러한 것을 권유하는 또는
유도하는 듯한 행정지도의 성격은 없는 것으로 보이기 때문에 행정정보의 제공으로 판단되
고, 노위규칙은 의결을 거쳐 행정지도를 할 수 있다고 하므로 법적 성격은 행정지도라고 보
아야 할 것이며, 행정법상 행정지도를 법적 근거가 있는 경우와 그렇지 아니한 것으로 나눌
경우 전자에 속하고 이런 경우 상위법의 근거가 있어야 하는가라는 법 이론상의 문제점이
제기될 수 있다는 것이다. 박수근, 249~251면.

50) 김선수c, 36면; 박종희, 221면.

51) 김형배b, 22면.

52) 조용만b, 18면~19면. 프랑스에서는 행정지도의 근거를 법률로써 명확히 하고 있는바, 권리
분쟁(법령, 협약의 해석, 위반 등)의 경우 조정인은 법원이나 중재절차에 의한 분쟁해결을 당
사자들에게 권고하여야 한다고 법률(프랑스 노동법전 L.524-4조 2항)에서 명시하고 있다고
한다. 또한 조용만 교수의 견해는 교섭미진을 이유로 한 행정지도의 법적 근거를 1997년 개
정 노조법의 제 규정에서 찾는바, 1997년 개정 노조법은 구법과 달리 노동조합의 성실교섭의
무, 교섭해태의 금지규정(노조법 30조) 및 주장의 불일치에 관한 개념 규정(노조법 2조 5호

2. 노동위원회가 행하는 행정지도의 대상

노동위원회가 행정지도를 하면서 통상적으로는 두 가지 경우에 행정지도를 행하는바, 그 첫째는 당사자가 신청한 조정신청의 내용이 노동쟁의의 대상이 아니라고 판단하는 경우, 둘째는 노동쟁의의 대상은 맞는데 교섭이 충분치 않다고 보는 경우이고 두 가지 경우 모두 행정지도의 절차적 근거는 앞서 본 바와 같이 노조법 시행령 24조 2항과 노위규칙 127조에서 찾고 있다. 그러나 행정지도의 대상 중 특히 교섭미진을 이유로 한 행정지도의 근거를 노위규칙 127조로 보는 것에는 비판적인 견해가 있을 수 있다. 이는 노위규칙이 노위법에 근거한 노동위원회 내부규정에 불과하기 때문이다. 그러나 노동위원회의 행정지도는 그 성격 및 효과와 기능을 고려하여 보았을 때 그 실질적 근거는 노조법 2조 5호에서 찾는 것이 타당하다고 생각한다.[53] 즉, 노조법 2조 5호에서는 노동쟁의는 노동관계 당사자간에 임금, 근로시간, 복지, 해고 기타 대우 등 근로조건의 결정에 관한 주장의 불일치로 인하여 발생한 분쟁상태를 말하고, 이 경우 주장의 불일치라 함은 당사자간에 합의를 위한 노력을 계속하여도 더 이상 자주적 교섭에 의한 합의의 여지가 없는 경우라고 정의하고 있어 이 노동쟁의의 정의규정으로부터 노동쟁의에 해당되지 않으면 노동위원회의 조정대상이 아니라는 것이다. 이하에서는 노동쟁의의 대상이 아닌 경우와 교섭미진의 경우를 나누어 살펴본다.

가. 교섭대상이 아님을 이유로 한 행정지도

노동위원회는 노조법 2조 5호가 규정하는 노동쟁의의 대상(근로조건의 결정에 관한 사항)에 관한 노동관계 당사자간의 분쟁에 대해서만 조정을 행할 권한과 의무를 갖는다. 따라서 근로자 내지 노조 상호간의 분쟁, 고충처리와 같은 노사협의회 사항 등에 관하여는 노동위원회가 조정을 행할 권한이 없다. 그러므로 이러한 경우에 전형적으로 노조법 시행령 24조 2항에 따라 노동위원회는 조정

후단)의 신설과 더불어 조정전치주의를 채택한바, 이러한 개정 노조법의 체계하에서 쟁의행위는 최후수단으로 인정되며 최후수단의 내용에 조정전치가 포함된다는 점, 그리고 조정신청은 당사자간의 성실하고 충분한 교섭을 전제로 이루어져야 한다는 점이 입법으로 명확히 되고 있으므로 교섭미진을 이유로 한 행정지도의 법적 근거가 없다는 주장은 타당하다고 볼 수 없다고 한다.
53) 조용만b, 17면.

신청을 한 노동관계 당사자에 대하여 왜 노동위원회에서 조정을 할 수 없는지
에 대한 사유와 다른 해결방법을 행정지도의 방식으로 알려주어야 한다. 선행적
으로 노동위원회에서 조정을 할 수 없음을 알려주는 것은 해당 노동위원회가
조정신청에 대하여 그 관할이 없음을 통지하는 것이고, 부차적으로 다른 해결
방법을 제시하는 것은 부가적인 행정서비스를 제공하는 것이다.[54]

나. 교섭미진을 이유로 한 행정지도

노조법상 노사 당사자간에 합의를 위한 노력을 계속하여도 더 이상 자주적
교섭에 의한 합의의 여지가 없는 상태를 노동쟁의로 정의하고 있으므로 (법 2조
5호 2문), 그러한 상태에 이르지 않은 것을 이유로, 즉 충분한 단체교섭이 진행되
지 않았다고 노동위원회가 판단하여 행정지도를 한 경우가 실무적으로 자주 문
제가 되고 있으며 특히 이러한 행정지도에도 불구하고 노동조합이 쟁의행위에
나아갔을 경우 이를 노조법상의 조정절차를 거친 것인지 여부가 문제된다.

이에 대하여 교섭미진을 이유로 행정지도를 받은 경우에는 원칙적으로는
조정을 거친 것으로 보아야 할 것이라는 견해가 다수인 것으로 보이는바, 학자
들의 견해를 살펴본다.[55]

---

54) 조용만b, 17면.
55) 일본의 경우는 조정제도가 강제되어 있지 않아(일본 노동관계조정법 6조에서는, 노동쟁의
    란 노동관계의 당사자 간에 노동관계에 관한 주장이 일치하지 않고 이 때문에 쟁의행위가
    발생하는 상태 또는 발생할 우려가 있는 상태를 말한다고 하여 우리 노조법의 노동쟁의 정
    의 규정과 차이가 있다) 우리와 같은 단체교섭 미진을 이유로 한 행정지도를 거친 후에 행한
    쟁의행위의 정당성을 다투는 것은 아니지만, 단체교섭 미진 상태와 관련하여 판단한 판결들
    이 다수 있다. 즉, ① 회사에게 최초의 단체교섭을 요구한 직후에 회사가 어떠한 답변도 하
    지 않은 상태에서 곧바로 쟁의행위에 들어가고, 게다가 피신청인에 대해 그 업무를 전부 정
    지시키는 막대한 손해를 끼친 것이어서 이미 이는 정당한 쟁의행위라고 할 수 없다. 회사가
    조합의 단체교섭 개최요구에 대해 신속하게 그 개최에 대해서 회답을 하지 않고 또한 요구
    된 19일의 단체교섭을 충분한 이유 없이 연기한 사실로 노조의 쟁의행위를 정당화하는 것은
    아니다라고 본 사례(浦和地裁 1960. 3. 30. 判決(富士文化工業事件), 東京地裁 1966. 3. 29. 判
    決(國光電機). ② 1961년의 춘투 투쟁에서 조합 측은 협약개정요구 및 연말 일시금 지급을 요
    구하면서 단체교섭에 임하였지만 실질심의가 행해지지 않은 채 교섭은 결렬된 후 조합이 쟁
    의행위에 돌입한 사례에서 조합 측이 협약 52조의 해석에 대해서 독자의 견해를 주장하고
    회사 측 단체교섭 위원 중 특정인의 출석을 거부하는 등의 행위를 하고 이들이 단체교섭에
    임하는 조합의 태도도 완고, 편협하여 지나친 점은 인정할 수 있지만 노사관계 전반을 규율
    하는 단체협약 개정문제의 중요성, 총무부장의 전력, 변론의 전 취지에서 살펴본 회사의 노
    무관리대책의 강화 등의 사정을 고려하면 조합이 위와 같은 태도를 취한 것은 이해할 수 있
    기 때문에 위의 태도만을 이유로 하여 곧바로 조합이 단체교섭에 의해 노사의 현안을 해결
    할만한 의도를 미리 포기하고 단지 실력행사만을 한 것으로 보는 것은 타당하다 할 수 없다
    고 본 사례(東京地裁 1966. 3. 29. 判決. 國光電機事件)등이 그것이다.

첫째, 조정신청을 하였으나 행정지도의 대상이 된 경우에는 원칙적으로 조정을 거치지 않은 것으로 취급되지만, 교섭미진을 이유로 행정지도를 받은 경우에는 조정을 거친 것으로 보아야 한다는 견해,[56]

둘째, 당사자로서는 법정 조정절차의 개시를 신청하는 등의 조치를 취함으로써 조정전치의 요건을 충분히 준수하였다고 보아야 하고, 실질적인 조정절차가 진행되어야만 조정전치의 요건을 갖춘 것으로 본다면 법규정상 노동쟁의에 해당하는지 여부에 관한 노동위원회의 판단 여하에 따라 쟁의행위가 사실상 금지될 수 있는 셈이 되고, 이는 노동조합의 쟁의권을 본질적으로 제한하는 독소조항으로 사용될 위험성이 있는 것이어서 부당하다는 견해,[57]

셋째, 만약 노동조합이 반드시 행정지도를 따라야만 하고 행정지도에도 불구하고 행해진 쟁의행위가 위법하다고 한다면, 노동위원회가 행정지도를 남용하게 되면 노동조합의 쟁의권은 부당하게 침해될 수밖에 없으므로 조정신청에 대한 노동위원회의 행정지도 여부에 관계없이, 또한 조정종결원인에 관계없이 조정기간이 지나면 노동조합은 쟁의행위를 할 수 있다고 보아야 할 것이고, 행정지도 후에 행해진 쟁의행위는 적법·정당하다는 견해,[58]

넷째, 노동조합이 충분한 자주적 교섭을 거치지 아니하고 당사자 사이의 합의의 가능성이 있음에도 불구하고 실력행사를 함으로써 최후수단의 원칙에 반하는 위법한 쟁의행위를 하는 경우에 정당성을 가질 수 없느냐는 것은 법원의 재판을 통하여 확인되어야 하므로 노동위원회가 노동조합과 사용자 사이에 자주적 교섭이 미진하다는 이유로 노조법상 노동쟁의로 볼 수 없어 조정안을 제시하지 않는 것은 정당하지 않은 것이므로, 노동위원회의 부당한 행정지도가 행하여진 경우에는 조정절차를 반드시 거치지 않더라도 쟁의행위를 위법한 것으로 판단할 수 없다고 해석하는 것이 타당할 것이고, 이는 노조법 45조의 조정절차를 거쳤기 때문이 아니라 과잉금지의 원칙 내지 최후수단의 원칙에 반하지 않기 때문이며 이때 쟁의행위가 최후수단의 원칙에 비추어 실질적으로 정당한 행위로 판단된다면 노조법 91조의 벌칙규정도 적용될 수 없다는 견해,[59]

56) 임종률, 187면.
57) 사법연수원a, 325면.
58) 김선수b, 65~66면.
59) 김형배b, 26~30면. 김형배 교수의 견해에 의하면 노조법 2조 5호에 정의된 노동쟁의를 당사자 사이의 교섭이 완전히 결렬된 분쟁상태만을 의미하는 것으로 노조법 2조 5호가 정의하고 있는 것은 원천적인 입법상의 잘못이 있는 것이므로 노위규칙상의 행정지도의 대상이 될

　　다섯째, 교섭미진을 이유로 한 행정지도의 법적 근거를 1997년 개정 노조법의 제 규정에서 찾는 견해로,[60] 개정 노조법의 체계 하에서 쟁의행위는 최후수단으로 인정되며 최후수단의 내용에 조정전치가 포함된다는 점, 그리고 조정신청은 당사자간의 성실하고 충분한 교섭을 전제로 이루어져야 한다는 점이 입법적으로 명확히 되고 있으므로 교섭미진을 이유로 한 행정지도의 법적 근거가 있으며,[61] 따라서 사용자 측의 귀책사유로 볼 수 없는 사정으로 인한 교섭미진으로 행정지도가 이루어진 경우 특별한 사정이 없는 한 원칙적으로 쟁의행위의 최후수단원칙에 따른 절차상의 요건을 결여한 쟁의행위로 그 정당성이 부정되어야 하며 노조법 위반에 따른 벌칙도 적용되어야 한다는 견해가 있다.[62]

　　생각건대 결국 행정지도에 반하여 쟁의행위에 나아간 노동조합의 행위의 정당성 여부를 판단할 때 문제가 되는 것은 조정신청과 관련한 행정지도가 어떤 의미와 법적인 효과를 갖는가 하는 점이라고 본다. 구 노동쟁의조정법에 있던 노동쟁의신고 및 냉각기간제도를 폐지하고 노조법상 도입된 조정전치제도는 앞서 검토한 바와 같이 헌법상 보장된 근로자의 노동3권을 노동위원회가 제약하는 것으로 기능하는 것에 대하여는 대다수의 학설과 판례가 이미 부정적으로 보고 있음은 전술한 바와 같다. 그러므로 원칙적으로 노사 당사자간에 발생한 노동쟁의에 대하여 노동조합이 쟁의행위에 나아가기에 앞서 노동위원회를 통한 조정과정을 거침으로써 분쟁을 회피할 수 있는 방안을 제3자로 하여금 강구케 하여 보고 또한 쟁의행위로 인하여 영향을 받을 상대방 및 제3자에게도 쟁의행위에 따른 결과 및 손해에 대하여 대비케 할 수 있는 기회를 부여하는 것에 주된 취지가 있다면 그 틀 범위 내에서 행정지도의 의미를 찾아야 하는 것이 아닌가 생각한다.

　　즉, 단순히 실무상 나타난 행정지도의 단점 및 폐해, 예컨대 노동조합의 쟁의행위를 노동위원회가 법적 근거도 없이 또는 그 근거도 미약한 상태에서 현

　　수 없는 것은 이익분쟁이 아닌 권리분쟁 또는 노사협의사항 등에 한정되어야 할 것이며, 자주적 교섭의 여지가 남아 있다고 생각되는 이익분쟁을 (교섭미진이라고 하여) 조정의 대상에서 배제하는 것은 잘못이라고 생각된다고 한다.

60) 조용만b, 19면.
61) 이 견해는 쟁의행위의 최후수단의 원칙 내지 과잉침해금지의 원칙이라는 측면에서 김형배 교수와 견해를 기본적으로 같이하는 것으로 보이나 구체적으로 김형배 교수는 쟁의행위의 최후수단의 원칙을 헌법에서 그 근거를 찾는 데 비하여 조용만 교수는 노조법 2조 5호에서 근거를 찾는 차이가 있는 것으로 보인다.
62) 조용만b, 23면.

실적으로 제약한다든지, 권한을 남용하여 교섭미진 여부 또는 노동쟁의의 대상
여부라는, 사안에 따라서는 노동위원회가 판단하기 어렵거나 판단할 수 없는 사
항을 노동위원회 조정신청 단계에서 판단함으로써 판단 결과에 따라 노사 간의
자주적 교섭을 통한 타결에 지장을 초래하거나 또는 노동조합의 쟁의권을 지연
시킨다거나 하는 측면에 치중하여 행정지도의 의미를 너무 과소평가하는 것에
도 문제가 있다.

　　행정지도가 갖는 의미를 노사관계 당사자간의 분쟁에 대하여 자주적 해결
에 조력하는 기능을 갖는 것이지 쟁의행위의 정당성을 궁극적으로 판단하는 기
능으로 이해하지 않는다면 그 의미를 축소하여 해석하는 견해와도 큰 차이가
없는 것으로 판단된다. 예컨대 행정지도의 대상으로 노동쟁의의 대상이 아님이
명백한 사안들도 있을 수 있고, 그 대상인지 여부가 매우 불분명한 사안 내지
상황들도 있을 수 있으므로 결국 쟁의행위의 정당성 여부를 단순히 행정지도
여하에 연결시켜 해석할 필요는 없을 것으로 보이고, 오히려 노동위원회가 조정
과정에서 자신의 행정서비스적 역할을 충실히 이행함으로써 조정의 원래적 목
적을 달성하는 하나의 행정적 행위로 이해하는 것이 타당하다.

3. 판례의 입장

　　대법원 2001. 6. 26. 선고 2000도2871 판결이 노동쟁의조정신청에 대한 행
정지도와 쟁의행위의 정당성에 관하여 의미 있는 내용을 담고 있는바, 그 내용
의 대강은 다음과 같다.

가. 사실관계

　　위 판결의 사실관계를 간단히 보자면, IMF 경제위기를 이유로 회사 측이
상여금을 체불하고 복리후생제도를 유보시키는 등의 행위가 있자 노동조합에서
이러한 점을 이유로 고용안정협약 체결을 요구하면서 단체교섭 요청을 하였는
바, 교섭이 성사되지 않자 노동위원회에 조정신청을 제기하였다. 그러나 노동위
원회는 조정을 행하지 아니하고 단체협약 등에 명시된 상여금 등의 체불로 발
생된 분쟁은 권리분쟁이므로 노동쟁의의 대상이 아니라고 보고 행정지도를 하
였다(1차 행정지도). 그 이후 노동조합은 교섭권한을 상급단체에 위임하여 회사
측에 약 1개월간 수차례 교섭을 요청하였으나 회사 측은 평화의무 등을 이유로

교섭에 응하지 않았다. 이에 상급단체가 다시 조정신청을 노동위원회에 하였으
나 이번에는 노동위원회에서 당사자간의 분쟁상태가 쟁점사항에 대한 교섭노력
을 계속하여도 더 이상 합의에 도달할 수 없는 분쟁상태가 아니라는 이유로 조
정안을 제시하지 아니하고 당사자간 자주적 교섭을 충분히 가질 것을 권고하는
행정지도를 하였다(2차 행정지도). 상급단체는 2차 행정지도 이후에 회사 측에 교
섭을 요구하였으나 회사 측은 경영권을 침해하는 등의 교섭 요구안의 철회를
요구하며 교섭에 응하지 않았고 상급단체는 재차 노동위원회에 조정신청을 하
였으나 노동위원회는 여전히 자주적 교섭을 계속할 것을 권고하는 행정지도를
하였다(3차 행정지도). 상급단체는 회사 측과의 교섭이 불가능해지자 조합원들의
쟁의행위찬반투표를 거쳐 파업에 들어간 사건이다.

나. 1, 2심 판결

이 사건 1심에서 법원은 검찰의 기소 내용, 즉 피고인의 행위가 사용자의
경영권을 침해하는 내용을 가진 고용안정협약을 체결하기 위한 것으로 그 목적
이 정당하지 않을 뿐만 아니라 조정절차를 거치지 아니한 위법한 쟁의행위를
주도하였으므로 형법상의 업무방해죄에 해당한다는 점을 받아들여 유죄판결을
하였다.[63] 그러나 2심은 1심 판결을 파기하고 피고인에게 무죄를 선고하였고,
대법원은 원심의 결론을 유지하면서 판시하기를, "쟁의행위가 형법상 정당행위
로 되기 위해서는 그 목적이 근로조건의 유지·개선을 위한 노사간의 자치적
교섭을 조성하는 데 있어야 하고, 그 절차에 있어서 특별한 사정이 없는 한 노
동위원회의 조정절차를 거쳐야 한다고 하면서, 나아가 쟁의행위에서 추구되는
목적이 여러 가지이고 그 중 일부가 정당하지 못한 경우에는 주된 목적 내지
진정한 목적의 당부에 의하여 그 쟁의행위 목적의 당부를 판단하여야 하므로
부당한 요구사항을 뺐더라면 쟁의행위를 하지 않았을 것이라고 인정되는 경우
에만 그 쟁의행위 전체가 정당성을 가지지 못한다고 하고, 또한 노동조합이 노
동위원회에 노동쟁의조정신청을 하여 조정절차를 마치거나 조정이 종료되지 아
니한 채 조정기간이 끝나면 노동조합은 쟁의행위를 할 수 있는 것으로 노동위
원회가 반드시 조정결정을 한 뒤에 쟁의행위를 하여야지 그 절차가 정당한 것
은 아니다"라고 판시하였다.[64]

---

63) 청주지법 1999. 6. 1. 선고 98고단2321 판결.
64) 대법원 2001. 6. 26. 선고 2000도2871 판결.

다. 대법원 판결

위 대법원 판결은 조정신청 과정에서 노동위원회가 노조법 시행령 24조 2
항에 따라 노동조합의 조정신청 내용이, 첫째 권리분쟁 사항으로 노동쟁의의 대
상이 아니라는 점에서 1차 행정지도를 하였으며, 둘째 당사자간에 자주적 교섭
에 의한 타결을 기대할 수 없는 분쟁상태(노동쟁의의 발생)라고 볼 수 없다는 이
유로, 즉 교섭미진을 이유로 한 2차 및 3차 행정지도를 한 것에 대하여, 첫째
쟁점인 권리분쟁인지 여부에 대하여는 가사 일부 노동쟁의의 대상 사항이 섞여
있다고 하더라도 주된 목적 내지 주된 쟁점이 무엇인지에 대한 판단을 통하여
주된 목적 내지 주된 쟁점이 노동쟁의의 정의 개념(노동쟁의의 대상)에 부합하는
것이라고 판단하였으며(따라서 1차 행정지도는 잘못되었다는 결론), 둘째 쟁점에 대
하여도 노동조합이 노동위원회에 노동쟁의 조정신청을 하여 조정절차를 마치거
나 조정이 종료되지 아니한 채 조정기간이 끝나면 노동조합은 쟁의행위를 할
수 있는 것으로 노동위원회가 반드시 조정결정을 한 뒤에 쟁의행위를 하여야지
그 절차가 정당한 것은 아니라고 판단하였다(따라서 2차 및 3차의 교섭미진을 이유
로 한 행정지도에 대하여도 직접적인 언급은 없었지만 행정지도와는 관계없이 조정기간
이 종료되면 쟁의행위를 할 수 있는 것으로 판단한 것으로 보인다).

한편 이 사건 원심판결에서는 '조정절차와 관련하여 조정은 당사자 사이의
자주적인 해결에 노동위원회가 조력하는 제도인 점, 이 사건과 같이 사용자 측
의 교섭거절로 실질적인 교섭이 이루어지지 아니한 경우 노동위원회가 이를 노
동쟁의가 아니라는 이유로 조정결정을 하지 아니한다면 오히려 조정전치주의
때문에 노동조합의 쟁의권이 부당하게 침해된다는 점, 헌법상 단체행동권을 보
장하는 규정의 취지와 노조법 45조, 54조의 해석상 조정종결원인과 관계없이 조
정이 종료되었다면 노조법 5장 2절의 조정절차를 거친 것으로 보는 것이 타당
한 점'을 들어 1심 판결을 파기하였다.

위 대법원 판결에 대하여 노동위원회의 행정지도 후에 행해진 쟁의행위의
적법성과 정당성에 대해 명백하게 판단한 최초의 대법원 판결이라는 중요한 의
미를 갖는다고 보거나,[65] 노동조합이 노동위원회의 3번째 행정지도를 따르지
아니하고 쟁의행위에 들어간 것에 관해 위법성 여부에 관해 직접적인 판단이
없어 법원의 입장을 명확하게 알 수는 없으나, 다만 결론을 보면 노동위원회의

---

65) 김선수c, 36면.

행정지도를 정보제공 또는 행정지도 어느 쪽으로 파악하든 조정의 양당사자에
게 법적 구속력은 발생하지 않기 때문에 행정지도를 따르지 아니하고 쟁의행위
에 돌입한 경우 행정지도 때문에 조정절차를 위반하였다거나 쟁의행위 자체가
위법하거나 정당성이 상실되는 것은 아니다라는 견해,[66] 노동위원회는 행정지
도가 노조의 단체행동권을 불합리하게 제약하는 요인이 되지 않도록 하기 위해
노조에게 책임이 없는 사유(고의적인 사용자 측의 불성실 교섭 등)로 교섭미진에 이
르게 된 경우 행정지도를 지양할 것이나 노동위원회가 대상 및 교섭미진을 이
유로 행정지도를 하였다면 노조법 2조 5호의 노동쟁의 상태가 발생한 것이 아
니므로 그럼에도 불구하고 파업을 하는 경우, 이는 조정전치를 거치지 않은 것
이므로 파업의 정당성이 없는 것이다라는 노동부의 입장, 그리고 위 대법원 판
결에 상당히 비판적인 견해로는, 판례의 입장처럼 행정지도(교섭미진)에 반하는
쟁의행위의 절차적 정당성을 인정하게 되면 1) 성실교섭의무 및 조정전치 등 현
행 노조법이 요구하고 있는 쟁의행위의 최후수단원칙에 반하는 결과(노조가 성실
한 교섭노력 없이 성급하게 교섭결렬을 선언하고 형식적으로 조정절차를 거쳐 쟁의행위
로 나아가는 불합리한 상황)가 초래될 수 있고, 2) 교섭이 전혀 없었거나 극히 미
진한 상황에서 자주적 교섭을 촉진하는 기능(상호의견 제시 및 타협점 모색 등)을
하였던 조정기간은 파업을 무기로 상대방의 굴복을 요구하는 쟁의행위 준비태
세 기간으로 그 성격이 변화될 위험성이 있고, 3) 사용자의 정당한 교섭거부, 해
태에도 불구하고 그에 따른 쟁의행위의 절차적 정당성을 인정함으로써 노조의
부당한 교섭요구를 거부할 수 있는 사용자의 권한을 침해하는 것이 되고, 4) 쟁
의행위를 통해 요구사항을 관철하는 것이 최선책이고 자주적 교섭이나 제3자(노
동위원회)의 조력을 통한 평화적인 분쟁 해결은 무엇인가를 양보하는 것이라는
인식이 강화될 것이고, 그 반면에 그 동안 실질적인 성과를 발휘하였던 조정제
도의 실효성은 현저히 감소될 수밖에 없게 될 것이며, 5) 궁극적으로는 쟁의신
고, 냉각기간제도를 폐지하고 조정전치제도를 도입한 개정 노조법의 취지는 몰
각될 것이라는 문제점이 발생되므로 사용자에게 교섭미진의 책임이 없거나 노
동조합이 성실교섭을 위반한 경우 행정지도(교섭미진)에도 불구하고 이루어진 쟁
의행위의 절차적 정당성을 원칙적으로 부정하는 것이 노사의 성실교섭을 촉진
하고 노사간의 힘의 균형을 확보하는 데 기여할 수 있다고 보는 견해가 있다.[67]

66) 박수근, 251면.

　이상과 같은 논의의 실익은 결국 조정전치제도를 취한 현행 노조법상 조정
전치절차를 거치지 않은 쟁의행위의 정당성을 판단할 때 국가기관인 노동위원
회가 교섭대상이 아니라는 이유 또는 당사자간에 교섭이 충분하지 않았다는 교
섭미진을 이유로 행정지도라는 행위가 중간에 개입된 경우 그 의미와 법적 효
과가 다른 것인지에 있다고 할 수 있다.

　그러나 위 대법원 판결에서는 1심이 판단한 전제인 사실관계에서 쟁의행위
의 목적·수단·절차 등 여러 측면에서 모두 법을 위반한 것으로 판단된 반면,
항소심인 원심과 대법원에서는 정반대로 쟁의행위의 목적·수단 및 절차 모두
다 준수된 것으로 파악함으로써 결론적으로 쟁의행위의 정당성을 전체적으로
인정하는 구조로 판단하고 있다. 따라서 단순히 목적 및 수단 등에서는 의문의
여지없이 적법한 사실관계 하에서 만약 조정전치절차만을 거치지 않았더라면
어떠한 판단이 나왔을지에 대한 의구심은 여전히 남는다. 또한 대부분의 학설이
동의하듯이 노동위원회의 행정지도를 준수치 않았다고 하여 그 자체로 어떠한
구속력이 발생하는 것은 아니고, 다만 사후적으로 쟁의행위의 정당성을 전체적
으로 판단할 때 하나의 판단 요소로 기능을 한다고 보아야 한다.[68] 따라서 단순
히 행정지도라는 이유로 또는 실무상 운용의 사례 중에 비판적인 것을 근거로
행정지도가 헌법상 보장된 단체행동권을 부당하게 제약하는 것이라거나, 그러므
로 법률적 근거가 있는지에 대한 논의를 떠나 노조법 및 노위규칙에 근거하여
행해지고 있는 행정지도는 그 사실관계 및 배경 등을 고려하지 아니하고 이를
준수치 아니하더라도 조정전치절차를 거친 것으로 보아야 한다는 견해도 지지
할 수 없으며, 또한 행정지도가 조정전치절차에서 갖는 의미를, 협약 당사자간
의 분쟁을 제3자가 나서서 쟁의행위 이전에 그 해결 방안을 모색하는 정도의
행정서비스적 기능으로 이해하고 그 법률 효과를 위에서 본 바와 같이 쟁의행
위의 정당성을 판단할 때 하나의 기준으로 삼는 것이라면 행정지도의 의미를

---

67) 조용만b, 24면. 한편 이 견해에서 조용만 교수는 조정대상이 아닌 사항(권리분쟁 등)의 경
　우에는 노동위원회가 아예 조정권한을 갖지 아니하므로 애초부터 조정절차를 거치는 것이
　불가능하기 때문에 조정절차를 거치지 않은 것을 이유로 쟁의행위의 절차적 정당성을 부정
　하는 것은 모순이며, 따라서 절차적 정당성은 문제 삼지 않는 것이 바람직하며, 조정전치주
　의 위반에 따른 노조법상의 벌칙도 적용되지 않는다고 보아야 한다고 한다.
68) 이점에서 김형배 교수는 노동위원회에 의한 조정절차를 거치지 아니하면 쟁의행위를 할
　수 없다는 45조 2항의 규정은 쟁의행위의(절차상) 정당성과 관련해서 제한적으로 해석해야
　할 것이지 절대적 강행규정으로 볼 것은 아니라고 생각된다고 한다(김형배b, 16면).

굳이 폄하할 필요가 있을지 의문이다.

Ⅳ. 기타 조정전치주의와 관련된 법적 쟁점

1. 노조법상의 노동조합이 아닌 노동조합의 조정전치주의

노조법 7조 1항은 이 법에 의하여 설립된 노동조합이 아니면 노동위원회에 노동쟁의의 조정 및 부당노동행위의 구제를 신청할 수 없다고 규정하고 있다. 즉, 노조법에 따라 설립된 노동조합이 아니라면 노동쟁의조정을 신청할 수 없다는 것을 말한다. 따라서 노조법 2조 4호에서 규정하고 있는 노동조합의 실질적 요건, 즉 근로자가 주체가 되어 자주적으로 단결하여 근로조건의 유지·개선 기타 근로자의 경제적·사회적 지위의 향상을 도모함을 목적으로 조직된 노동조합이라고 하더라도 노조법상의 설립신고증을 교부 받지 못한 경우는 노동쟁의조정을 신청할 수 없다.

이에 따르면 노조법상의 노동조합이 아닌 노동조합은 노조법상의 노동쟁의조정을 신청할 수 없으므로 그러한 노동조합이 조정전치절차를 준수할 수 없었던 경우 쟁의행위는 절차적 정당성이 부정되는 것인지 여부가 문제될 수 있다.

이에 대해 대법원은, "노조법 7조 1항은 '이 법에 의하여 설립된 노동조합이 아니면 노동위원회에 노동쟁의의 조정 및 부당노동행위의 구제를 신청할 수 없다'고 규정하고 있는바, 위 규정에 의하여 노동위원회에 노동쟁의의 조정 등을 신청할 수 있는 노동조합은 근로자가 주체가 되어 자주적으로 단결하여 근로조건의 유지·개선 기타 근로자의 경제적·사회적 지위의 향상을 도모함을 목적으로 조직하는 단체 또는 그 연합단체로서(법 2조 4호 참조) 같은 법 10조에 의하여 설립신고를 마친 노동조합만을 의미한다고 할 것이므로, 노동조합 설립신고를 하지 않아 노동위원회에 노동쟁의 조정신청을 할 수 없었다면 그러한 노동조합이 노동위원회의 조정절차를 거치지 않은 채 쟁의행위를 한 것은 그 절차적 정당성을 부정할 수 없다"는 취지로 무죄라고 판단한 원심[69]을 확정하였다.[70] 이 점과 관련하여 노조설립신고증을 교부받지 못하였으나 노조법 2조 4호에서 규정하고 있는 노동조합의 실질적 요건을 충족한 경우에는 그러한 노동

---

69) 서울중앙지법 2005. 10. 12. 선고 2005노2408 판결.
70) 대법원 2007. 5. 11. 선고 2005도8005 판결.

조합은 교섭결렬 시 쟁의행위를 할 수 있어야 하며 이런 점에서도 노조법 45조에서 규정하고 있는 조정전치는 쟁의행위의 정당성과는 아무런 관련성이 없는 것으로 해석되어야 한다는 견해가 있다.71)

2. 조정기간 중 추가된 노동쟁의 발생의 경우

정당한 쟁의행위 도중에 노사 간 새로운 사항이 쟁점이 된 경우 별도의 조정전치절차를 거쳐야 하는지 여부가 문제될 수 있다. 이에 대하여 직접적인 판단을 내리고 있는 판례는 아직까지 없지만, 구 노동쟁의조정법상의 냉각기간과 관련하여 대법원은 종전의 노동쟁의발생신고 당시의 근로조건에 관한 주장의 불일치가 해소되지 아니한 상태에서 그 쟁의와 관련하여 새로운 쟁의사항이 부가되었다 하더라도 다시 그 사항에 대하여 별도의 노동쟁의발생신고를 하고 냉각기간을 거쳐야 할 의무는 없다고 하고 있어,72) 조정전치절차의 경우에도 유추하여 판단할 수 있을 것이다.

3. 관할위반의 조정신청

노조법 시행령 24조 1항은 노동관계당사자는 노조법 53조 1항 또는 62조에 따른 조정 또는 중재를 신청할 경우에는 노동부령으로 정하는 바에 따라 관할 노동위원회에 신청하여야 한다고 규정하고 있고, 노위법 3조 1항 2호는 2 이상의 지방노동위원회의 관할구역에 걸친 노동쟁의의 조정사건은 중앙노동위원회의 관할에 둔다고 규정하고 있다. 실제로 중앙노동위원회가 관할 지방노동위원회에 조정신청서를 접수하여야 한다는 이유로 조정신청서를 반송한 상태에서 해당 노동조합이 조정기간이 경과한 후에 파업에 돌입한 사안에서, 대법원은 "조정신청서를 접수한 중앙노동위원회로서는 관할 노동위원회인 충남지방노동위원회에 이를 이송하여야 하고, 이 경우 조정신청은 처음부터 충남지방노동위원회에 접수된 것으로 보도록 되어 있으며 노조법 54조 1항의 조정기간은 중앙노동위원회에 노동쟁의의 조정신청을 한 날부터 기산되므로 그로부터 10일이 지난 후 행해진 이 사건 쟁의행위가 노조법에 정한 조정절차를 거치지 아니한 것으로 볼 수는 없다"고 판단하였다.73) 또한 전국민주택시노동조합연맹이 각 지

71) 박종희, 220면.
72) 대법원 1992. 11. 10. 선고 92도859 판결.
73) 대법원 2001. 2. 9. 선고 2000도5235 판결.

역 225개 택시 노동조합으로부터 임금협정에 관한 단체교섭권을 위임 받아 중앙노동위원회에 일괄하여 노동쟁의조정을 신청한 사건에서, 중앙노동위원회가 그 신청에 대하여 관할이 있는 성남지방노동위원회에 노동쟁의조정을 신청하라는 이유 및 해결방법의 안내와 함께 신청을 반려하였으나 노동조합이 조정기간 경과 후에 쟁의행위에 돌입한 사안에서, '가사 그 노동쟁의 조정신청사건이 중앙노동위원회의 관할이 아니라고 하더라도 노위법 25조, 노위규칙 16조 1항에 의하면 중앙노동위원회는 접수된 노동쟁의 조정신청사건의 관할이 잘못된 것으로 인정되는 경우에는 관할 위원회로 사건을 이송하도록 되어 있으며, 이 경우 사건이 이송되면 처음부터 이송 받은 위원회에 접수된 것으로 보도록 되어 있음'을 이유로 쟁의행위의 정당성을 인정하였다.[74]

[김 원 정]

---

74) 대법원 2000. 10. 13. 선고 99도4812 판결.

제46조(직장폐쇄의 요건)

① 사용자는 노동조합이 쟁의행위를 개시한 이후에만 직장폐쇄를 할 수 있다.

② 사용자는 제1항의 규정에 의한 직장폐쇄를 할 경우에는 미리 행정관청 및 노동위원회에 각각 신고하여야 한다.

〈세 목 차〉

[참고문헌]

강성태, "직장점거, 직장폐쇄 그리고 형사책임", 2006 노동판례비평, 민주사회를 위한 변호사모임(2007. 8.); **강주원**, "공격적 직장폐쇄의 정당성 여부: 한국전자통신연구소사건", 노동판례평석집Ⅱ, 한국경영자총협회(1997. 12.); **김기덕**, "직장폐쇄의 대상", 노동법률 243호, 중앙경제(2011. 8.); **김선수**, "직장점거, 직장폐쇄 및 퇴거불응죄 관련 판결 검토", 노동법실무연구 1권, 노동법실무연구회(2011); **김성진**, 직장폐쇄에 관한 연구, 고려대학교 노동대학원 석사학위논문(2004); **김용일**, "위장폐업과 부당노동행위", 대법원판례해설 17호, 법원행정처(1992); **김용철**, 집단적 노사자치의 법리에 관한 연구, 한국외국어대학교 대학원 박사학위논문(1995); **도재형**, "직장폐쇄의 형사적 쟁점", 노동법학 33호, 한국노동법학회(2010); **박수근**, "공격적 직장폐쇄와 임금지급의무", 2016 노동판례비평, 민주사회를 위한 변호사 모임(2017); **박제성**, 직장폐쇄에 관한 연구, 서울대학교 대학원 석사학위논문(1998); **법원실무제요 민사집행 [Ⅳ]**—보전처분—, 법원행정처(2014); **배인연**, "직장폐쇄를 둘러싼 노사갈등의 조정방안: 조정사건(2006가합7780)", 노동법률 186호, 중앙경제(2006. 11.); **성상희**, "준법투쟁의 법적 성질과 직장폐쇄의 정당화 요건", 노동법률 110호, 중앙경제(2000. 7.); **신영철**, "직장폐쇄 후 계속된 직장점거가 퇴거불응죄를 구성하는지의 여부", 대법원판례해설 16호, 법원행정처(1992. 10.); **양현**, "직장폐쇄의 대상과 효과에 관한 해석의 문제점: 2010년 이후 직장폐쇄 사례를 중심으로", 민주법학 49호, 민주주의법학연구회(2012. 7.); **이광택**, "직장폐쇄에 대한 연구", 법학논총 18집, 국민대학교 법학연구소(2006. 2.); **이원재**, "직장폐쇄의 정당성의 한계", 노동법률 47호, 중앙경제(1995. 4.); **장원찬**, "노동쟁의에 대응하는 직장폐쇄의 정당성 요건", 판례연구 14집, 서울지방변호사회(2001. 1.); **정인섭**, "직장점거 후 직장폐쇄, 직장폐쇄 후 직장점거", 노동리뷰 40호, 한국노동연구원(2008. 4.); **조영선**, "직장폐쇄의 정당성에 관한 판례검토", 민주사회를 위한 변론 54호, 민주사회를 위한 변호사모임(2003. 9.); **조임영**, "직장폐쇄의 법적 개념 및 성질", 노동법연구 17호, 서울대학교 노동법연구회(2004. 12.); **최영룡**, "사용자의 직장폐쇄가 정당한 쟁의행위로 평가받기 위한 요건 및 그 효과", 대법원판례해설 34호, 법원도서관(2000. 11.); **홍석봉**, "위법 직장폐쇄와 임금지급", 노동법률 21호, 중앙경제(1993. 2.).

Ⅰ. 직장폐쇄의 의의

1. 직장폐쇄의 개념

'직장폐쇄'의 개념 정의에 관한 법률 규정은 없고, 다만 쟁의행위에 대한 정의 규정에 '쟁의행위'의 일종으로 언급되어 있다(법 2조 6호).[1] 근로자 측의 쟁의행위로 파업, 태업 등이 있는 반면, 사용자 측의 쟁의행위로는 직장폐쇄가 전형적이고 거의 유일하다.

　직장폐쇄의 개념에 관하여 여러 견해가 있다.

　① 직장폐쇄란 사용자가 노동쟁의의 상대방인 근로자들에 대하여 노동쟁의를 자기에게 유리하게 전개시킬 목적으로 노무의 수령을 집단적으로 거부하는 행위라는 견해,[2] ② 직장폐쇄란 사용자가 근로자 측의 쟁의행위에 대항하는 행위로서 업무의 정상적인 운영을 저해하는 행위, 즉 사용자가 근로자 측의 쟁의행위에 대항하여 근로자에 대하여 노무의 수령을 거부하는 행위를 말한다는 견해,[3] ③ 직장폐쇄의 본질은 사용자가 계약 위반 책임을 부담하지 않은 채 근로자가 제공하는 노무에 대한 수령을 거부할 수 있는 것이고, 방해배제(사업장의 점유배제)는 그 효과로 볼 수 없다고 주장하면서 직장폐쇄를 근로자의 쟁의행위의 존재를 전제하고 임금지불의무를 면하기 위해 일시적으로 집단적인 노무수령거부를 하는 사용자의 쟁의행위라고 보는 견해,[4] ④ 직장폐쇄란 사용자가 노동조합의 쟁의행위에 대항하여 근로자 측이 제공하는 노무의 수령을 집단적으로 거부하겠다는 의사표시를 함으로써 근로계약상 반대급부인 임금을 지급하지 않고 사업장의 점유를 배제시키는 효과를 생기게 하여 근로자 측에게 경제적인 압박을 가하고 노동조합과 사이에 교섭력의 균형을 도모하려는 행위라는 견해[5] 등이 대표적이다.

　위 견해들은, 직장폐쇄의 개념에 '사용자가 노동조합의 쟁의행위에 대항하여 근로자 측이 제공하는 노무의 수령을 집단적으로 거부하는 행위'라는 요소가

---

1) 이와 같은 체계에 대하여 직장폐쇄를 쟁의행위로 취급하는 것은 타당하지 않다는 반론이 있다. 즉, "노조법 2조 6호에서는 직장폐쇄를 쟁의행위의 하나로 들고 있다. 그러나 쟁의행위는 헌법 33조에서 보장한 단체행동권에서 연유하며 노동기본권으로서 시민법상 소유권이나 경영권에 우선하여 특별한 보호를 받고 민·형사책임이 면제되는 행위이다. 이러한 시각에서 본다면 직장폐쇄는 근로자의 쟁의행위와 이질적인 행위이다. 이 점에서 직장폐쇄를 쟁의행위 대항행위라고 보는 것이 정확하다고 본다. 또한, 법문에서는 직장폐쇄라고 정하고 있으나 직장폐쇄는 조합원만을 대상으로 행하여지고 직장폐쇄 중에도 조업이 계속되는 경우가 있으므로 도리어 어원(lockout, Aussperrung) 그대로 노무수령거부 또는 사업장 밖으로 근로자를 축출하는 행위라고 번역하는 것이 그 뜻에 합당한 것이라고 본다"라는 견해이다. 이병태, 327면.
2) 김유성, 289면.
3) 임종률, 273면.
4) 박제성, 12면.
5) 사법연수원a, 295면.

포함된다는 점에서는 공통되나, '사업장의 점유를 배제시키는 효과'가 포함되느냐에 관하여는 의견이 대립되고 있다. 이와 같은 견해의 대립은 아래에서 보는 직장폐쇄의 성립 요건에 관한 견해의 대립, 직장폐쇄의 효력에 관한 견해의 대립과 연관된 쟁점이므로 해당 부분에서 상세히 검토하기로 한다. 다만, 후술하는 바와 같이 직장폐쇄의 효력에 점유 배제력이 포함되는 것이 타당하므로, 여기서는 '직장폐쇄'란 "사용자가 노동조합의 쟁의행위에 대항하여 근로자 측이 제공하는 노무의 수령을 일시적, 집단적으로 거부하겠다는 의사표시를 함으로써, 근로계약상 반대급부인 임금을 지급하지 않거나 사업장의 점유를 배제시키는 효과를 생기게 하는 행위"라고 정의하기로 한다.

직장폐쇄는 노동관계 현실에서 주로 파업에 대항하여 ① 근로제공에 대한 수령거부, ② 근로자 측의 직장점거 내지 체류 배제, ③ 노동조합 조합원의 배제 후 조업계속 등의 목적을 위한 수단으로 이용되고 있다.6)

직장폐쇄의 정의 규정이 없기 때문에 노사 간, 학자 간에 요건이나 효과에 관한 견해 대립이 심하고 이로 인하여 노사관계에 악영향을 초래하고 있으므로 직장폐쇄의 정의, 요건에 관한 명확한 입법이 필요하다.

2. 직장폐쇄와 구별할 개념

직장폐쇄는 근로자 측의 쟁의행위에 대항하기 위한 목적에서 이루어지는 사용자의 행위이므로, 경제적 또는 경영상 이유에서 영업 전부를 일시 중단하는 '휴업'과 구별된다. 쟁의 시에 사용자가 행하는 휴업이 실질적으로는 근로자의 쟁의행위에 대항하는 수단으로 취해진 것이라면 그것은 휴업이 아니라 직장폐쇄로 보아야 한다. 이 경우 직장폐쇄의 정당성 판단 기준에 따라 그 위법성 여부를 판단하여야 한다.7)

직장폐쇄는 일시적이라는 점에서 영구적으로 업무 전체를 중단하는 '폐업'과도 구별된다.8) 또한, 사용자의 법률상 정당한 권리라는 점에서 노동조합의 무력화 또는 단결권 침해를 목적으로 하는 이른바 '위장폐업'과도 구별된다.9)

---

6) 조임영, 210면.
7) 박제성, 17면.
8) 이병태, 327면.
9) '위장폐업'이란 기업이 진실한 기업폐지의 의사는 없이 다만 근로자들이 노동조합을 결성하려고 하는 것에 대응하거나 노동조합의 활동을 혐오하여 노동조합을 와해시키기 위한 수단으로서 기업을 해산하고 조합원을 해고한 다음 새로운 기업을 설립하는 등의 방법으로 기

직장폐쇄는 근로자 측이 제공하는 노무의 수령을 '집단적으로' 거부하는 것이라는 점에서 '개별' 근로자에 대한 노무 수령 거부인 '대기명령', '출근정지처분', '정직처분' 등과 구별된다.

3. 직장폐쇄의 성립에 관한 논의

가. 쟁   점

직장폐쇄가 노무의 수령을 거부한다는 의사표시만으로 성립하느냐, 아니면 공장문의 폐쇄 등 근로를 곤란하게 하는 사실행위까지 필요로 하느냐에 관하여 견해가 대립된다.

나. 학설의 대립

(1) 의사표시설

직장폐쇄의 본질을 노무수령의 거부라는 법률행위로 보고, 따라서 직장폐쇄를 한다는 의사표시만으로 직장폐쇄가 성립한다는 견해이다.[10]

의사표시의 대상에 관하여, 수령거부의 실체가 집단적 근로조건 결정의 장에서 행해지는 조치이므로 의사표시도 노동조합에 대해서 하면 충분하다는 견해가 있는 반면, 노동조합에 대한 의사표시만으로는 부족하고 개개 조합원이 인지할 수 있도록 개별적 의사표시가 필요하다는 견해도 있다.

(2) 사실행위설

직장폐쇄를 근로자에 대한 근로제공의 차단, 기업시설에 대한 사용자의 사실적 지배의 확립을 내용으로 하는 사용자의 쟁의행위로 보는 입장으로, 직장폐쇄는 의사표시만으로는 부족하고, 공장문의 폐쇄나 체류자의 퇴거요구 또는 단전, 단수 등 근로제공을 곤란하게 하는 사실행위가 있어야 성립한다는 견해이다.[11] 이 견해는 근로자의 파업이 현실적으로 업무를 정지한다는 사실상의 행위 없이는 성립하지 않는 것처럼 직장폐쇄도 광의의 쟁의행위의 일종이므로 사실행위가 필요하다는 점을 논거로 들고 있다.

업의 실체를 존속하면서 조합원을 배제한 채 기업활동을 계속하는 경우를 말하는 것으로 위장폐업에 의하여 근로자를 해고하는 것은 부당노동행위에 해당한다. 김용일, 503면. 위장폐업에 의한 부당해고가 불법행위를 구성하는지 여부에 관하여는 대법원 2011. 3. 10. 선고 2010다13282 판결 참조.

10) 김유성, 289면.
11) 임종률, 274면.

다. 검   토

위와 같은 학설의 대립이 사용자가 직장폐쇄를 한 경우 근로자를 직장에서 퇴거시킬 수 있느냐라는 직장폐쇄의 효력의 범위에 관한 쟁점과 직접적으로 연관된다고 보는 견해가 있다. 즉, 의사표시설은 직장폐쇄의 효과로 방해배제적 효력을 인정하지 않지만, 사실행위설은 생산시설로부터 근로자의 사실상의 축출이라는 사실행위가 필요하고, 따라서 직장폐쇄의 효과로 방해배제적 효력도 인정된다고 한다.12)

그러나 위와 같이 의사표시설과 사실행위설에 따라 직장폐쇄의 방해배제적 효력이 인정되는지에 대한 결론이 달라지는 것으로 보는 견해는 다소 도식적이라고 보인다. 즉, 직장폐쇄의 성립요건에 관한 논의 결과가 직장폐쇄의 효력에 관한 견해와 논리필연적으로 연관되어 있다고 볼 근거는 없다. 실제로 의사표시설을 취하면서도, 의사표시의 방법으로 쟁의행위 중인 근로자 개개인이 직장폐쇄 사실을 인식할 수 있도록 외부적인 표시가 있어야 하고, 구체적인 예로 직장폐쇄 사실을 알리는 게시행위를 들고 있는 견해가 있는데, 사실행위설에 따르면서도 직장폐쇄를 알리는 게시판을 사옥에 붙이는 행위도 사실행위 중 한 예로 드는 견해가 있는 것을 보면, 두 학설이 실질에서 큰 차이가 없다고 말할 수 있다.

이처럼 사실행위설 내에서도 구체적인 사실행위의 범위를 어디까지로 보느냐에 따라 의사표시설에 매우 가까운 견해가 있을 수 있고, 사용자가 직장폐쇄를 위해서는 작업장에 대한 사실상의 지배력을 확보하여야 한다는 견해처럼 의사표시설과 매우 먼 거리에 있는 견해가 있을 수 있다.

사용자가 직장폐쇄를 하였을 때 직장을 점거하고 있는 근로자에게 퇴거를 요구할 수 있느냐 여부가 직장폐쇄의 효과에서 논의되는바, 사용자가 직장에 대한 사실상의 지배력을 확보하지 못하였다고 하여 아예 직장폐쇄가 성립하지 않았다고 보는 견해는 직장폐쇄의 효과에 관한 논의를 성립요건이라는 문턱에서 차단한다는 비판의 여지가 있다. 어떠한 법률관계의 성립요건이 무엇이냐는 문제와 그러한 법률행위로부터 어떠한 효력이 발생하느냐의 문제는 논의의 범주를 달리한다는 점에서 직장폐쇄의 효력으로 점유 배제력을 인정한다고 하여 반드시 성립요건의 요소로서 '점유 배제'를 요구할 것은 아니다.13) 근로자가 사업

---

12) 박제성, 19면.
13) 예를 들어, 요물행위가 아닌 낙성행위인 '매매'는 매도인의 매도의사라는 청약과 매수인의

장을 점거하지 아니하는 형태의 쟁의행위를 하는 경우에도 사정에 따라 사용자의 직장폐쇄를 허용할 수 있다는 점에서 보면 더욱 그러하다. 한편, 앞서 본 직장폐쇄의 개념 정의 또는 본질이 무엇이냐는 문제와 직장폐쇄가 어떠한 요건 하에서 성립하느냐는 문제도, 서로 논의의 장을 달리하는 것이므로 직장폐쇄의 개념에서 '점유 배제력'을 포함시킨다 하여 반드시 '점유 배제'라는 요건이 직장폐쇄의 성립에 필수적이라고 할 수는 없다.

  따라서 직장폐쇄의 성립요건으로 사실행위까지 필요하다고 해석할 근거가 부족하고, 위와 같은 사실행위는 노무수령을 거부하는 의사표시의 한 형태에 지나지 않으며, 직장폐쇄 중 근로자에 대한 일정한 점유 배제는 정당한 직장폐쇄의 한 효과라고 보면 족하다는 점에서 원칙적으로 직장폐쇄는 사용자가 직장을 폐쇄한다는 내심의 효과의사, 즉 근로자에 대한 노무수령 거부의 의사를 외부에 표출하여 근로자에게 이를 전달할 정도의 표시행위가 있으면 성립한다는 의사표시설이 타당하되, 그 표시행위는 개개 근로자가 인식할 수 있도록 외부적인 공시효과가 있는 정도의 것이면 족하다고 본다.

II. 직장폐쇄의 법적 근거

1. 문제의 출발점

  직장폐쇄는 노조법 2조 6호에 쟁의행위의 한 유형으로 규정되어 있고, 같은 법 46조에는 요건에 관한 규정이 있기는 하지만, 근로자의 쟁의권과 달리 헌법상 아무런 명문의 규정이 없으므로, 과연 무슨 근거로 직장폐쇄를 인정할 것인지, 그 법적 성질은 무엇인지에 관해 견해가 대립되고 있다.

2. 견해의 대립

가. 직장폐쇄 위법론

  1970년대 독일에서는 노동조합이 부분파업 전술을 사용하고, 사용자는 이에 대응하여 직장폐쇄를 하는 사례가 많았다. 사용자의 직장폐쇄로 말미암아 임

  매수의사라는 승낙의 합치라는 두 가지 성립요건이 있으면 법률행위로서 성립하지만, 일단 성립된 법률행위인 매매계약으로부터 대금청구권, 목적물 인도 청구권의 발생 등 여러 가지 후속적인 '효과(효력)'가 발생한다는 점에서 보면, 어떠한 법률관계의 성립요건과 효력은 밀접히 연관되어 있을 뿐 차원을 달리하는 것이라고 할 수 있다.

금상실을 최소화시키려는 부분파업 전술이 무력화되고 조합원의 임금보전을 위한 노동조합의 재정적 부담이 커지게 됨에 따라 노조 측에서 직장폐쇄는 위법하다는 주장을 하였는데, 그 근거로는 다음과 같은 주장이 제기되었다. ① 직장폐쇄는 헌법상 보장되어 있지 않으며 단결권의 한 내용인 파업권에 대한 중대한 제한이다. ② 직장폐쇄를 허용하면 노사 간의 실질적 대등성이 저해된다. ③ 직장폐쇄는 파업에 참가하지 않은 근로자에 대해서도 임금상실의 부담을 줌으로써 인간의 존엄성을 보장한 기본법의 정신에 반한다. ④ 사회국가원리 및 국가중립성 원칙에 비추어 국가는 적극적으로 직장폐쇄를 금하여야 한다.14)

나. 시민법설

직장폐쇄는 근로자의 쟁의행위와 달리 이를 적극적으로 허용 내지 보호하는 실정법상의 규정이 없고, 사실상 쟁의권 행사를 위축시키는 기능을 수행하기도 하기 때문에 직장폐쇄에 노동법상의 특별한 지위를 부여하거나 노동법 차원에서 법적 근거를 찾을 수는 없고, 시민법적 원리에서 그 근거를 찾는 견해이다.15) 이 견해에서는 직장폐쇄를 이른바 '방임된 행위' 정도라고 평가하면서, 직장폐쇄 대상 근로자의 임금 청구권 존부를 민법상 채권자지체16) 또는 쌍무계약의 위험부담의 법리17)에 따라 판단한다.

다. 소유권설

직장폐쇄의 법적 근거를 사용자의 헌법상 재산권, 즉 소유권 또는 점유권에서 찾는 견해이다. 근로자의 헌법상 노동3권의 행사는 사용자의 재산권 행사와

---

14) 김유성, 290면.

15) 신인령, 102면.

16) 민법 400조 "채권자가 이행을 받을 수 없거나 받지 아니한 때에는 이행의 제공있는 때로부터 지체책임이 있다" 및 401조 "채권자지체 중에는 채무자는 고의 또는 중대한 과실이 없으면 불이행으로 인한 모든 책임이 없다"라는 규정에 따라, 근로제공채무의 채권자(사용자)가 직장폐쇄를 한 것은 채권자지체에 해당하므로, 근로자의 고의 또는 중과실이 없는 한 근로자는 임금청구를 할 수 있게 된다는 결론에 도달한다.

17) 민법 537조(채무자 위험부담주의) "쌍무계약의 당사자 일방의 채무가 당사자 쌍방의 책임 없는 사유로 이행할 수 없게 된 때에는 채무자는 상대방의 이행을 청구하지 못한다"라는 규정에 따라 근로제공 채무의 채무자 측 사유인 파업과 채권자 측 사유인 직장폐쇄가 모두 정당한 경우, 즉 쌍방의 모두에게 책임이 없는 경우에는 근로자는 임금청구를 하지 못하게 된다. 그러나 538조(채권자 귀책사유로 인한 이행불능) 1항 "쌍무계약의 당사자 일방의 채무가 채권자의 책임있는 사유로 이행할 수 없게 된 때에는 채무자는 상대방의 이행을 청구할 수 있다. 채권자의 수령지체 중에 당사자 쌍방의 책임없는 사유로 이행할 수 없게 된 때에도 같다"라는 규정에 따르면, 채권자(사용자)의 귀책사유로 근로제공 채무를 이행할 수 없게 된 때에는 채무자(근로자)는 채권자에게 임금 청구를 할 수 있게 된다.

조화를 이루어야 하는바, 근로자의 쟁의행위가 사용자의 재산권 행사와 조화·균형을 넘어서 이를 침해하는 경우, 사용자는 이에 대항하여 자신의 헌법상 재산권의 행사로서 직장폐쇄를 할 수 있다고 본다.[18] 직장폐쇄의 근거를 재산권(헌법 23조 1항)과 기업의 경제상 자유(헌법 119조 1항)에서 찾는 견해도 같은 취지로 보인다.[19]

라. 노사형평설

사용자는 취업규칙의 변경이나 인사권의 행사를 통해 기본적으로 세력관계에서 근로자에 비하여 우월한 지위에 있기 때문에 실질적인 노사의 대등 내지 세력의 균형을 확보하기 위하여 근로자의 쟁의권이 인정되었다. 그런데 근로자 측 쟁의행위의 구체적인 태양에 따라서는 오히려 노사 간의 대등관계가 역전되어 사용자 측이 불리한 압력을 받는 경우가 생긴다. 이 경우 형평의 원칙에 비추어 노사 간의 세력균형을 회복하기 위한 대항수단으로 직장폐쇄를 인정하여야 한다는 견해이다.[20]

마. 판례의 태도

대법원은 "우리 헌법과 노동관계법은 근로자의 쟁의권에 관하여는 이를 적극적으로 보장하는 명문의 규정을 두고 있는 반면 사용자의 쟁의권에 관하여는 이에 관한 명문의 규정을 두고 있지 않다. 이것은 일반 시민법에 의하여 압력행사 수단을 크게 제약받고 있어 사용자에 대한 관계에서 현저히 불리할 수밖에 없는 입장에 있는 근로자를 그러한 제약으로부터 해방시켜 노사대등을 촉진하고 확보하기 위함이므로, 일반적으로는 힘에서 우위에 있는 사용자에게 쟁의권을 인정할 필요는 없다. 그러나 개개의 구체적인 노동쟁의의 장에서 근로자 측의 쟁의행위로 노사 간에 힘의 균형이 깨지고 오히려 사용자 측이 현저히 불리한 압력을 받는 경우에는 사용자 측에게 그 압력을 저지하고 힘의 균형을 회복하기 위한 대항·방위 수단으로 쟁의권을 인정하는 것이 형평의 원칙에 맞다. 우리 법도 바로 이 같은 경우를 상정하여 사용자의 직장폐쇄를 노동조합의 동맹파업이나 태업 등과 나란히 쟁의행위의 한 유형으로서 규정하고 있는(구 노동쟁의조정법 3조) 것으로 보인다."라고 하여, 노사형평설의 견해에 서 있다.[21]

---

18) 이상윤a, 884면.
19) 임종률, 275면.
20) 김유성, 292면.
21) 대법원 2000. 5. 26. 선고 98다34331 판결. 참고로, 판결문에 적시된 구 노동쟁의조정법은 1996. 12. 31. 법률 5244호로 폐지되기 전의 것이고, 위 법 3조는 현행 노조법 2조 6호에 해

3. 검　　토

직장폐쇄 위법론은 독일 연방노동법원이 대항적 직장폐쇄가 허용된다고 판시하여 위 이론이 배척된 이후 이를 주장하는 학자는 없고, 다만 이론사적 의미만 남아 있다.

시민법적 관점에서 직장폐쇄를 논하는 견해는, 노사형평설에 입각한 직장폐쇄의 이해방법이 실질적으로는 근로자의 단체행동권을 제한할 위험성이 있다는 측면을 경계하고 있는 것으로 일면 수긍할 수 있으나, 법에서 직장폐쇄를 쟁의행위의 일종으로 규정하고 있는 점, 직장폐쇄는 집단적 노동관계 특유의 제도이므로 일반 시민법 원리로 규율하기에 적절하지 않다는 점 등에서 받아들이기 어렵다.

소유권설은 공격적 직장폐쇄가 금지되는 이유를 설명하기 어렵고, 쟁의행위라는 노동법 특유의 법률관계를 소유권에서 도출하는 것은 직장폐쇄의 특수한 법리관계를 충분히 설명하지 못한다는 문제점이 있다.

직장폐쇄는 근로자의 쟁의행위로 사용자가 현저히 불리한 압력을 받은 경우에 노사형평상 인정되는 집단적 노동관계법 특유의 행위 내지 권리로 이해하는 것, 즉 노사형평설이 타당하다. 근로자의 단체행동권의 행사에 의해 대항관계의 균형이 너무 근로자 측에 기울었다고 보이는 예외적인 경우에 한하여 그 균형을 회복하기 위하여 필요한 한도에서 직장폐쇄를 할 수 있다고 보는 것이 형평의 이념에 부합한다.

III. 직장폐쇄의 정당성 요건

1. 시　　기

가. 대항성의 요건

(1) 의　　의

사용자는 노동조합이 쟁의행위를 개시한 이후에만 직장폐쇄를 할 수 있다 (법 46조 1항). 이를 대항성의 요건이라고 한다. 즉, 직장폐쇄는 노동조합의 쟁의행위에 대항하는 수단으로서 인정될 뿐이므로, 노동조합이 쟁의행위에 들어간 이

―――――――――――――
당한다.

후에 시작하는 직장폐쇄라야 정당성이 인정될 수 있고, 이와 달리 노동조합이 쟁의행위를 개시하지도 않았는데 사용자가 먼저 시작하는 이른바 선제적(先制的) 직장폐쇄는 어떠한 경우에도 허용되지 아니한다. 판례도 마찬가지 태도를 취하고 있다.22)

따라서 근로자의 쟁의행위가 개시되지 않은 상황에서는 비록 교섭국면이 아무리 사용자에게 불리하다고 하더라도 직장폐쇄를 할 수 없다.

이에 대하여 근로자의 쟁의행위가 반드시 현실적으로 발생하고 있을 것을 필요로 하는 것은 아니라는 견해가 있다.23) 즉, 노동조합이 쟁의행위를 결정하고 그것을 통고하는 등 여러 사정에 비추어 근로자의 쟁의행위가 행하여질 것이 명백하고 또한 그것이 임박한 상황에서는 직장폐쇄가 허용된다는 주장이다.

그러나 우리는 일본과 달리 노조법 46조 1항에서 명문으로 노동조합이 쟁의행위를 개시한 '이후에만' 직장폐쇄를 할 수 있다고 규정하고 있어 일본과 사정이 다르고, 만약 위와 같이 해석할 경우 대항성 원칙을 잠탈하여 노동조합의 쟁의행위를 초기에 무력화시킬 수 있다는 점에서 위 견해에는 찬성하기 어렵다.24)

(2) 존속시기

직장폐쇄의 대항성 요건은 직장폐쇄를 시작하는 데 필요한 개시요건일 뿐만 아니라 직장폐쇄를 유지할 수 있는 존속요건이기도 하다. 따라서 노동조합이 쟁의행위를 개시한 이후에 직장폐쇄를 하였다가 그 후 노동조합의 쟁의행위가 종료되었다면 원칙적으로 그 시점에서는 더 이상 직장폐쇄를 계속할 수 없다고

---

22) 택시회사인 사용자가 노동조합이 이른바 '파업출정식'을 하기도 전인 2000. 8. 15. 회사 정문을 폐쇄하는 한편, 같은 날 22:00경 참가인 분회장을 비롯한 조합원 3인이 예정대로 차량을 배차받기 위하여 회사 앞으로 나왔다가 정문이 폐쇄된 것을 발견하고는 수회에 걸쳐 원고 회사 배차담당직원에게 전화를 걸어 배차를 요구하면서 다음 날 파업출정식을 거행하는 1~2시간을 제외하고는 승무할 의사가 있음을 분명히 표시하였음에도 불구하고, 원고 회사가 배차를 거부한 채 다음 날 청주시에 조합원들이 운행하는 소수의 차량에 한하여 부분직장폐쇄신고를 하였고, 이에 대하여 청주시가 참가인의 쟁의행위가 있기도 전에 먼저 직장폐쇄를 하였음을 이유로 신고서를 반려하였으며, 그 후 수회에 걸쳐 노조는 물론 청주지방노동사무소도 원고 회사에 배차 및 노무수령을 촉구하였으나, 사용자는 이에 응하지 아니한 채 비조합원들에게만 차량을 배차하여 사업을 계속 영위하면서 노조의 교섭요구에 대하여는 통지서의 수령조차 거부하거나 교섭장소에 불참하는 등으로 교섭에 거의 응하지 아니한 사례에서 대법원은 '선제적 직장폐쇄'에 해당한다고 보아 정당한 쟁의행위로 인정될 수 없다고 판시하였다(대법원 2003. 6. 13. 선고 2003두1097 판결).

23) 박제성, 68면.

24) 대법원 2007. 12. 28. 선고 2007도5204 판결.

보아야 한다.[25]

이에 대하여 노동조합의 파업종료 선언 후에 직장폐쇄를 계속하더라도 그
것이 당연히 정당성을 상실하는 것은 아니고, 노동조합이 평화적 교섭에 의한
분쟁의 타결가능성을 구체적으로 제시하거나 직장폐쇄의 유지가 무의미하게 된
경우에만 위법한 것이라고 판단해야 한다는 견해가 있다.[26] 그 근거로 노동조합
이 그의 주장을 수정 내지 변경하여 사용자의 주장에 접근함이 없이 단순히 직
장폐쇄로 인한 경제적 압력(임금상실)을 모면하기 위하여 파업종료를 선언하는
경우에도 사용자가 직장폐쇄를 중지해야 한다면 쟁의행위가 노사분쟁의 해결
내지 단체교섭의 활성화를 위한 투쟁조치로서 기능하지 못할 것이기 때문이라
는 점을 들고 있다.

그러나 직장폐쇄는 노동조합의 쟁의행위로 인하여 교섭력의 균형이 현실적
으로 현저하게 파괴된 경우에 이를 회복하기 위하여 인정되는 예외적인 방어수
단이라는 점에서, 사용자가 적극적인 교섭전술로 활용하는 것은 그 본질에 반하
는 것이므로 위와 같은 견해에 찬성하기 어렵다.

대법원도 근로자의 쟁의행위 등 구체적인 사정에 비추어 직장폐쇄의 개시
자체는 정당하더라도 어느 시점 이후에 근로자가 쟁의행위를 중단하고 진정으
로 업무에 복귀할 의사를 표시하였음에도 사용자가 직장폐쇄를 계속 유지함으
로써 근로자의 쟁의행위에 대한 방어적인 목적에서 벗어나 공격적 직장폐쇄로
성격이 변질되었다고 볼 수 있는 경우에는 그 이후의 직장폐쇄는 정당성을 상
실하게 된다고 판단하였다.[27] 여기에서 근로자가 업무에 복귀하겠다는 의사는

---

25) 사법연수원a, 297면. 박수근 231면.

26) 김형배, 1218면.

27) 대법원 2018. 4. 12. 선고 2015다64469 판결, 대법원 2019. 2. 14. 선고 2015다66052 판결
    (대법원은 유성기업 사건에서, 원고들 노조가 2011. 7. 12.자로 표시한 2차 업무 복귀 의사표
    시는 진정한 근로제공 의사를 피력한 것으로 봄이 타당하고, 2011. 7. 12.경에는 원고들 노조
    의 위법행위 또는 적대적 행위가 뚜렷하게 잦아들고 그 통솔력과 투쟁력이 상당히 약화되어
    원고들 노조가 쟁의행위를 중단하고 업무 복귀를 결정하기에 이른 상황인 반면 피고 회사는
    점차 안정을 되찾으면서 힘에서도 우위를 점하기 시작하였다고 판단되므로, 늦어도 그 무렵
    에는 원고들 노조의 쟁의행위로 인하여 노사 간에 힘의 균형이 깨지고 오히려 사용자측이
    현저히 불리한 압력을 받던 사정이 해소되었다고 볼 여지가 충분하다는 이유를 들어 피고
    회사가 이 무렵에도 계속하여 아산공장에 대한 직장폐쇄를 유지한 것은 원고들 노조의 쟁의
    행위에 대한 방어적인 목적에서 벗어나 적극적으로 원고들 노조의 조직력을 약화시키기 위
    한 목적 등을 갖는 공격적 직장폐쇄에 해당하여 그 정당성이 인정될 수 없다고 판단하고, 그
    에 따라 피고 회사에게 원고들 중 아산지회 소속 조합원들에 대하여 2011. 7. 12.부터 2011.
    8. 22.까지의 임금 지급 의무가 있다고 인정한 원심을 정당하다고 판단하였다).

일부 근로자들이 개별적·부분적으로 밝히는 것만으로는 부족하고, 반드시 조합
원들의 찬반투표를 거쳐 결정되어야 하는 것은 아니지만 사용자가 경영의 예측
가능성과 안정을 이룰 수 있는 정도로 집단적·객관적으로 표시되어야 한다.[28]

　한편, 하급심 판례도 직장폐쇄의 필요성은 정당한 직장폐쇄의 개시요건일
뿐만 아니라 존속요건이고, 따라서 파업 중의 근로자가 파업을 중지하는 등으로
쟁의의사를 포기하거나 진정으로 근로제공의 의사를 표시한 때에는 직장폐쇄의
필요성은 부정된다고 판시하고 있다.[29]

　다만, 조업재개 후 곧바로 또다시 쟁의행위를 재개하기 위한 전략에서 일시
적으로 쟁의행위를 종료한 것이라거나 그 밖에 실질적으로 쟁의행위를 종료할
진정한 의사가 없는 것으로 보이는 등 특별한 사정이 있는 경우에는 예외적으
로 직장폐쇄를 지속할 수 있다고 보아야 한다.[30]

---

28) 대법원 2017. 7. 11. 선고 2013도7896 판결(노동조합이 2007. 12. 28. '현장으로 복귀하여
　 근무하겠다.'는 내용인 조합원 56명의 자필 '근로의사표명서'를 첨부하여 회사에 발송한 것을
　 비롯하여 2007. 12. 31.부터 2008. 3. 17.까지 약 44여 회에 걸쳐 위와 같은 내용의 문서를 보
　 냈는데, 회사는 '직장폐쇄 철회를 원한다면 공식적 입장을 통해 불법파업을 인정하고 향후
　 매각반대 등 목적을 위하여 폭력과 파괴를 동반한 불법파업을 하지 않겠다는 점을 명확히
　 하라.'는 입장만을 여러 차례 밝힌 경우, 2007. 12. 28. 이후의 직장폐쇄는 회사에 유리한 방
　 향으로 협상을 이끌기 위한 목적에서 비롯된 공격적 직장폐쇄로서 방어수단을 넘어선 것이
　 고, 피고인이 조합원들의 개별적 근로의사표명이 시작된 2007. 12. 28. 이후에도 계속하여 직
　 장폐쇄를 유지한 것은 노동조합의 운영에 지배·개입할 의사에 기한 부당노동행위에 해당한
　 다고 판단하여, 그로 인한 노동조합법 위반의 공소사실을 유죄로 인정한 사안). 마찬가지로
　 대법원 2017. 4. 7. 선고 2013다101425 판결도 위법한 직장폐쇄라고 본 사안이다.
　　이에 반하여 대법원 2018. 3. 29. 선고 2014다30858 판결은, 피고가 2011. 5. 18. 아산공장
　 에 대한 직장폐쇄를 개시할 무렵에는 원고들이 속한 전국금속노동조합 유성기업 아산지회
　 및 같은 조합 유성지회의 쟁의행위로 노사 간에 힘의 균형이 깨지고 오히려 사용자측이 현
　 저히 불리한 압력을 받게 될 상황에 놓였다고 볼 수 있으므로, 그 직장폐쇄의 개시는 원고들
　 노조의 쟁의행위 및 그 기간 동안 원고들 노조가 피고 관리직 직원의 생산활동을 방해하는
　 데 대한 대항·방위 수단으로서 상당성이 인정된다고 판단하고, 또한 피고가 2011. 6. 14. 원
　 고들 노조로부터 업무복귀 의사를 통지받았으나 그 의사가 진정한 것인지를 의심할 충분한
　 이유가 있었으므로, 아산공장에 대한 직장폐쇄를 그대로 유지한 것이 정당성을 상실한 것이
　 라고 보기는 어렵다고 판단한 원심을 수긍하였다.
29) 대전고법 1995. 12. 19. 선고 95나1697 판결: 노동조합이 1992. 9. 22. 시한부파업을 마치고
　 사용자에 대하여 정상업무에 복귀하겠다는 의사를 통지하고, 단체교섭을 재개할 것을 요청하
　 였지만, 사용자는 직장폐쇄를 철회하지 않았고, 위 노동조합이 준법투쟁을 비롯한 일체의 단
　 체행동을 중지할 것을 사용자에게 통보한 같은 해 10. 19.에 이르러 직장폐쇄를 철회한 사례.
　 법원은 직장폐쇄의 정당성이 인정되지 않는다고 판시하면서 직장폐쇄기간 동안의 임금 청구
　 를 인용하였다. 이 판례에 대한 평석으로는, 강주원, 242면.
30) 제주지법 2007. 8. 8. 선고 2007나798 판결.

(3) 위법한 파업에 대한 직장폐쇄의 허용성

⑺ 허 용 설

직장폐쇄의 대항성 요건은 노동조합의 쟁의행위가 개시되었을 것으로 충분하고, 그 쟁의행위의 정당성 여부는 불문한다. 즉, 노동조합의 위법한 쟁의행위에 대하여도 직장폐쇄는 허용된다는 견해이다.[31] 쟁의행위가 정당성이 없을 경우 그에 대한 법적 책임을 사법적 구제수단을 통하여 묻는 것과 노사관계 당사자가 쟁의행위 및 그에 대항하는 행위에 의하여 서로 그 주장을 관철하려는 것은 전혀 별개 차원의 문제라 할 것이고, 단체교섭 과정에서 주장이 대립되어 여전히 해결되지 않은 사항이 남아 있다면 쟁의행위의 정당성 여부와 관계없이 노사관계 당사자 사이의 교섭력의 균형성은 계속 유지되어야 할 필요가 있다는 점을 근거로 들고 있다.

⑷ 불허용설

위법한 파업에 대하여 사용자가 집단적 대항조치로서 직장폐쇄를 할 수 없다는 견해이다.[32] 집단적 투쟁조치로서 직장폐쇄도 단체교섭의 기능 내지 단체협약의 체결을 목적으로 하는 협약자치 내에서 인정되므로, 단체협약자치의 범위를 이탈하는 위법한 파업에 대하여 직장폐쇄를 단행하는 것은 헌법 33조 1항의 협약자치제도의 취지에 비추어 허용되지 않는다고 한다. 이 견해는 위법한 파업에 대하여 사용자는 사법적 구제수단(예컨대, 가처분신청, 징계처분, 해고 등)으로 대응할 수 있을 뿐 직장폐쇄로 대항할 수 없고, 만약 이 경우 직장폐쇄를 하였다면 사용자는 임금 전액을 근로자에게 지급하여야 한다고 본다.

⑷ 검   토

만약 위법한 쟁의행위에 대항하는 직장폐쇄가 허용되지 않는다면, 정당한 쟁의행위는 직장폐쇄로부터 제한을 받고, 위법한 쟁의행위는 그러한 제한을 받지 않는다는 결론에 이르는데, 이는 정당한 행위보다 부당한 행위를 더 보호하는 셈이 되어 불합리하다. 또한 불허용설은 위법한 행위로 법익이 침해되는 급박한 경우에는 정당방위의 자력구제로 대항할 수 있다는 법질서의 기본원리에도 위배된다. 따라서 허용설에 찬성한다.[33]

---

31) 사법연수원a, 297면; 임종률, 277면.
32) 김형배, 1062면.
33) 다수의 판례는 노조의 쟁의행위가 불법적이지 않은 점을 직장폐쇄의 위법성 판단의 하나

나. 사전 신고

사용자는 직장폐쇄를 할 경우에는 미리 행정관청 및 노동위원회에 각각 신고하여야 한다(법 46조 2항). 직장폐쇄 신고서 양식은 시행규칙 별지 19호 서식으로 마련되어 있다. 위 양식에 따르면 사용자는 노동쟁의발생 사업장과 쟁의행위 참가인원수, 발생연월일, 직장폐쇄 이유와 그 일시 및 범위 등을 기재하도록 되어 있다. 시·도지사 또는 시장·군수·구청장은 법 46조에 따라 직장폐쇄의 신고를 받은 경우에는 그 사본 1부를 지체 없이 쟁의행위의 당사자인 노동조합의 주된 사무소의 소재지를 관할하는 지방고용노동관서의 장에게 송부해야 한다(시행규칙 12조의3).

그러나 사용자가 위와 같은 신고를 하지 않았다 하여 곧바로 대항성이 상실되는 것은 아니다. 직장폐쇄 신고의무는 형식적 절차를 규정한 것으로서 직장폐쇄에 적법성을 부여하기 위하여 필요한 본질적인 요소는 아니므로, 직장폐쇄의 정당성 인정을 위한 다른 요건이 모두 갖추어진 경우 위와 같은 신고절차의 미준수만을 이유로 그 정당성을 부정할 수는 없다.[34]

2. 목   적

가. 방어성의 요건

직장폐쇄는 노동조합의 쟁의행위로 인하여 노사 간의 교섭력의 균형이 깨지고 오히려 사용자 측에 현저히 불리한 압력이 가해지는 상황에서 회사를 보호하기 위하여 수동적·방어적인 수단으로서 개시되는 경우에 한하여 할 수 있다고 보는 것이 통설과 판례의 입장이다.[35]

이를 직장폐쇄의 방어성의 요건이라고 부른다. 따라서 노동조합 조직력의 약화[36]나 근로조건의 저하 등 적극적 목적을 위해 사용하는 경우, 즉 근로조건에 관한 사용자 자신의 주장을 관철시킬 것을 목적으로 하는 이른바 '공격적' 직장폐쇄는 방어목적을 벗어난 것이므로 그 정당성이 인정되지 않는다.[37]

의 기준으로 들고 있다(대법원 2000. 5. 26. 선고 98다34331 판결 등). 그러나 이는 직장폐쇄의 정당성 판단의 문제로서 위법한 쟁의행위에 대하여 직장폐쇄를 허용할 것인지의 문제와 논의의 범주를 달리하는 부분이다.

34) 대법원 2010. 2. 11. 선고 2009도112 판결.

35) 김유성, 294면; 임종률, 275면; 사법연수원a, 298면; 대법원 2003. 6. 13. 선고 2003두1097 판결.

36) 대법원 2003. 6. 13. 선고 2003두1097 판결.

37) 예컨대 노동조합이 7%의 임금인상요구를 관철하기 위하여 파업을 한 경우에 사용자가 3%

나. 구체적 판단 기준

근로자 측의 쟁의행위에 의해 노사 간에 힘의 균형이 깨지고 오히려 사용자 측에게 현저히 불리한 압력이 가해지는 상황에서 회사를 보호하기 위하여 수동적·방어적인 수단으로서 부득이하게 개시된 것이 아닌 한 직장폐쇄는 정당성을 인정받을 수 없다.

예를 들면, 조합파괴를 목적으로 조합원에 대하여만 직장폐쇄를 실시하는 경우, 단순히 임금 또는 휴업수당의 지급면제만을 목적으로 하는 경우 등은 공격적인 직장폐쇄로 볼 수 있다.

3. 수   단

가. 상당성의 요건[38]

사용자의 직장폐쇄는 노사 간의 교섭태도, 경과, 근로자 측 쟁의행위의 목적과 방법, 그로 인하여 사용자 측이 받는 타격의 정도 등에 관한 구체적 사정에 비추어 형평의 견지에서 근로자 측의 쟁의행위에 대한 대항·방위 수단으로서 상당성이 인정되는 경우에 한하여 정당한 쟁의행위로 평가받을 수 있다.[39] 이를 '상당성(긴급성 및 필요성)'의 요건이라고 한다. 사용자가 직장폐쇄를 하면서 폭력행사를 수반하는 경우, 근로자 측의 직장복귀의사가 명백하고 달리 직장폐쇄를 지속할 긴급성이 없음에도 불구하고 장기간에 걸쳐 직장폐쇄를 계속하는 경우 등은 상당성을 결여한 것으로 볼 수 있다.

의 임금인하주장(또는 새로운 교대제 혹은 변형근로시간제의 도입 등)을 관철하기 위해서 직장폐쇄를 단행하고, 노동조합이 파업종료를 선언한 후에도 직장폐쇄를 계속하는 때에는 그 직장폐쇄는 공격적이라고 할 수 있다. 그러나 노동조합이 7%의 임금인상요구를 하며 파업을 단행한 데 맞서서 사용자가 회사의 경영난을 이유로 3% 임금인상의 적절성 또는 임금인상반대의 주장을 관철하기 위하여 직장폐쇄를 하는 것은 방어적인 성질을 갖는다. 김형배 1416면.

38) '상당성' 용어는 일본어투이므로 '적정성', '비례성' 등으로 순화할 필요가 있으나 판례가 아직도 '상당성' 용어를 사용하고 있으므로 여기에서는 그대로 사용하기로 한다.

39) 대법원 2000. 5. 26. 선고 98다34331 판결, 대법원 2002. 9. 24. 선고 2002도2243 판결, 대법원 2005. 6. 9. 선고 2004도7218 판결, 대법원 2007. 3. 29. 선고 2006도9307 판결, 대법원 2008. 9. 11. 선고 2008도6026 판결, 대법원 2010. 6. 10. 선고 2009도12180 판결, 대법원 2018. 4. 12. 선고 2015다64469 판결 등.

나. 판례의 태도

(1) 직장폐쇄의 상당성이 부정된 사례[40]

① 노동조합 조합원들이 파업을 하더라도 즉각적으로 노사 간 교섭력의 균형이 깨진다거나 사용자의 업무수행에 현저한 지장을 초래하거나 회복할 수 없는 손해가 발생할 염려가 없는데도 사용자가 노동조합지부가 파업에 돌입한 지불과 4시간 만에 바로 직장폐쇄 조치를 취한 사례[41]

② 노동조합의 쟁의행위가 정당하고, 사용자 회사의 매출액이 노동조합의 쟁의행위로 인하여 쟁의행위 이전보다 35% 정도 감소(전년 대비 18% 감소)하였으나 이러한 정도의 1주일간의 매출액 감소가 사용자 회사의 경영에 심각한 타격을 끼칠 정도에까지 이르렀다고는 단정할 수 없음에도 사용자 회사가 좀 더 시간을 가지고 노동조합과 임금협상을 시도하지 아니한 채 쟁의 개시 9일(부분 파업 2일) 만에 파업에 참가한 조합원들만을 상대로 전격적으로 직장폐쇄를 단행한 사례[42]

③ 쟁의행위에 참여한 조합원의 수가 소수(전체 근무인원 412명을 기준으로 볼 때 파업에 참가한 조합원은 33명)이고, 쟁의행위로 인하여 사용자의 업무 수행에 특별한 지장이 초래될 만한 상황이 아니었는데 직장폐쇄를 한 사례[43]

(2) 직장폐쇄의 상당성이 인정된 사례

① 상시 근로자 12인을 고용하는 영세 사용자가 조합원들의 태업으로 이미 상당한 손해를 보고 있는 상황에서 총 근로자 중 6인이 참여하는 파업이 이루어진 사례[44]

② 노동조합이 쟁의행위에 돌입한 지 15일이 경과한 후 직장폐쇄가 단행되었는데 그 쟁의행위로 인하여 지방 중소기업인 사용자의 경영상 어려움이 발생함은 물론 대외적 이미지 및 신용도에도 악영향이 끼쳐진 사례[45]

---

40) 직장폐쇄의 상당성이 부정된 하급심 사례로는, 인천지법 부천지원 2008. 1. 29.자 2007카합 1364 결정, 수원지법 안산지원 2007. 10. 25. 선고 2007가합2814 판결, 제주지법 2007. 8. 8. 선고 2007나798 판결, 서울남부지법 2007. 9. 14. 선고 2005가합4957 판결, 부산지법 2006. 5. 17. 선고 2005가단81973 판결, 서울지법 2001. 7. 27. 선고 99고합1226 판결 등이 있다.

41) 대법원 2007. 12. 28. 선고 2007도5204 판결.

42) 대법원 2007. 3. 29. 선고 2006도9307 판결.

43) 대법원 2002. 9. 24. 선고 2002도2243 판결.

44) 의정부지법 2008. 6. 4. 선고 2007가단22118 판결. 다만, 이 판결에 대하여 항소심인 의정부지법 2010. 6. 17. 선고 2008나9458 판결은 제1심 판결을 취소하고 원고 승소 판결을 선고하면서 직장폐쇄가 상당하지 않다고 판단하였다.

45) 창원지법 진주지원 2002. 10. 18. 선고 2000가합297 판결. 이 판결의 항소심인 부산고법

4. 대   상

가. 인적 대상

(1) 의   의

근로자 중 어느 범위까지를 직장폐쇄의 대상으로 삼는 것이 방어성을 충족하는 것인가에 관하여 논의가 있다. 직장폐쇄의 본질을 임금지급 의무의 면제라고 보면서 직장폐쇄의 효과로 점유배제의 효력을 인정하지 않는 견해에서는 주로 임금 또는 휴업수당을 받는 근로자의 범위가 어디까지인가에 따라 직장폐쇄의 인적 범위도 달라지는 것으로 설명하고 있다.46) 즉, 위 견해에 따르면, 임금 등을 지급받는 근로자가 있는 경우에 이에 대항하기 위하여 사용 가능한 것이 직장폐쇄이므로 임금 등을 지급받는 근로자가 있지 않는 경우에는 직장폐쇄가 허용되지 않는다는 결론에 이른다.

또한 위 견해에 따르는 입장에서는, 근로자가 전원 파업에 참여하는 이른바 '전면파업'의 경우 사용자가 거부할 수 있는 근로자의 노무 제공 자체가 존재하지 않기 때문에 사용자의 임금지급의무는 처음부터 발생하지 않는 것인데 다시 임금지급의무를 면하기 위하여 직장폐쇄를 한다는 것은 무의미하다고 본다.47) 즉, 전면파업에 대항하는 직장폐쇄는 허용되지 않는다는 것이다.

그러나 직장폐쇄의 본질을 반드시 임금지급의무의 면제로 한정지어 생각할 필요는 없다고 판단된다. 근로자 측의 쟁의행위로 노사 간에 힘의 균형이 깨지고 오히려 사용자 측이 현저히 불리한 압력을 받는 경우 사용자에게 그 압력을 저지하고 힘의 균형을 회복하기 위한 대항·방위 수단을 인정할 필요가 있다는 직장폐쇄의 인정 근거에 비추어 보면, 오히려 부분파업보다 전면파업의 경우 직장폐쇄의 필요성이 더욱 강하다고 판단된다.48) 따라서 사용자의 임금지급의무가

2004. 6. 2. 선고 2002나13058 판결은 제1심 판결을 취소하고 원고 일부 승소 판결을 선고하였으나, 대법원 2004. 11. 25. 선고 2004다32824 판결은 원고 패소 취지로 파기환송하였고, 이에 부산고법 2005. 6. 16. 선고 2004나84 판결로 항소가 기각되어 확정되었다.
46) 김유성, 294면.
47) 김선수, 606면; 박제성, 86면.
48) 전면파업이라고 하여 반드시 임금지급의무가 면제되는 것은 아니다. 사용자는 쟁의행위에 참가하여 근로를 제공하지 아니한 근로자에게는 그 기간 중의 임금을 지급할 의무가 없는 것이 원칙이지만(법 44조 1항), 쟁의행위 시의 임금지급에 관하여 단체협약·취업규칙 등에서 이를 규정하고 있거나 그 지급에 관하여 당사자 사이의 약정이나 관행이 있다고 인정되는 경우에는 예외적으로 임금지급의무가 있다.

없는 경우라도 직장폐쇄는 허용될 수 있다고 볼 것이고, 다만, 그 정당성은 위에서 본 방어성의 기준과 상당성의 기준에 따라 엄격하게 판단하는 것이 필요하다.

(2) 개별 검토[49]

⑺ 비조합원인 근로자

① 조합원의 쟁의행위에도 불구하고 조업이 가능한 경우, 근로제공의 의사가 있는 근로자에게는 근로제공을 허용하여야 하며, 또한 구체적인 근로제공 여부와는 무관하게 사용자는 비조합원인 근로자에게 근로계약상의 임금지급의무를 부담한다. 그러므로 이를 면하기 위하여 비조합원인 근로자에 대하여도 직장폐쇄를 할 수 있다.

② 비조합원 근로자만으로는 조업이 불가능한 경우, 비조합원 근로자의 임금문제는 근기법상 휴업수당의 지급사유인 근기법 46조의 '사용자의 귀책사유'를 어떻게 해석하느냐에 따라 달라진다.

먼저, 투쟁평등의 원칙 및 근로자 전체의 연대적 관점에서 쟁의행위로 인한 조업중단을 휴업수당의 지급의무가 발생하는 사용자의 귀책사유에 해당하지 않는다는 견해에 따르면,[50] 휴업수당의 지급의무 자체가 발생하지 않으므로 그것을 면하기 위한 직장폐쇄는 처음부터 성립될 여지가 없다.

반면에, 쟁의행위로 인한 조업중단을 노동조합의 근로조건을 둘러싼 단체교섭에서 사용자가 내린 결정에 기인한 것으로 보아야 한다거나, 휴업수당제도가 사용자에게 근로계약상의 채권자지체 책임이 인정되지 않는 경우에도 근로자에게 최소한도의 생활을 보장하는 데 그 취지가 있다는 점에 비추어 휴업수당을 지급하여야 한다는 견해에 따르면,[51] 이 경우 사용자는 휴업수당 지급의무를 면하기 위하여 직장폐쇄를 할 수 있다.[52]

⑻ 쟁의행위 참가조합원

단체협약이나 취업규칙 등으로 쟁의행위 참가자에게도 임금을 지급하여야

---

49) 이하는 직장폐쇄의 본질을 임금지급의무의 면제라고 보는 관점에서 주로 논의되는 내용이다(김유성, 294면 이하).
50) 김형배, 445면.
51) 김유성, 307~308면.
52) 이에 반하여 사용자가 쟁의행위에 대항하기 위하여 직장폐쇄를 한 때에도 사용자의 귀책사유로 인한 휴업이므로 비조합원에 대하여는 휴업수당을 지급하여야 한다는 견해가 있다(이병태, 391면).

한다는 규정이 있거나, 관행 등을 통하여 임금지급의무가 있는 것으로 해석되는 경우에는 사용자는 이에 대응하여 직장폐쇄를 할 수 있다.

(다) 쟁의행위 불참가조합원

조합원 전원이 파업에 참가하지 않고 그 일부만이 참가하는 부분파업·지명파업(指名罷業) 등을 하거나, 조합원 전원이 쟁의행위에 참가하였다고 하더라도 태업이나 파업 및 조업재개를 계속적으로 반복하는 파상파업(波狀罷業)을 하여 그러한 쟁의행위가 사실상 전면파업과 동일한 조업중단의 효과가 있으면서도 그로 인하여 사용자가 임금지급의무를 부담하게 된 경우에는, 쟁의행위 참가 여부, 쟁의행위에 참가한 기간 등에 관계없이 조합원 전원을 대상으로 하여 직장폐쇄를 하더라도 그 방어성이 인정된다.[53]

나. 물적 대상

사업장의 어느 부분까지를 대상으로 하여 직장폐쇄를 하는 것이 방어성의 요건을 갖추어 정당하다고 볼 수 있을 것인가? 이는 주로 노동조합의 쟁의행위 태양, 쟁의행위에 참가한 조합원의 범위, 쟁의행위로 조업중단이 발생한 범위 등에 비추어 구체적·개별적으로 판단되어야 한다.[54]

일반적으로 노동조합의 쟁의행위가 사업장 전체에 관계되어 그 조업이 전면적으로 불가능한 경우에는 사업장 전체를 대상으로 하는 전면적 직장폐쇄를 할 수 있다. 그러나 예를 들어 독립된 갑, 을, 병 작업부문 중에서 갑 작업부문에서만 부분파업이 행해지고 있는 경우에는 원칙적으로 갑 작업부문에 대한 직장폐쇄만 허용된다. 다만, 갑 작업부문이 을, 병 작업부문과 유기적으로 연관되어 있어 갑 작업부문의 파업으로 인한 공정중단이 을, 병 작업부문에 영향을 주어 사업장 전체의 공정이 중단되기에 이른 경우라면, 갑, 을, 병 전체에 대한 직

---

53) 하급심 판례도, "일부 노조원이 파업에 참여하지 않았음에도 불구하고 전체 노조에 대하여 한 직장폐쇄가 적법한 것인가에 관하여 보건대, 일반적으로 부분파업은 노동조합으로서는 전면파업에 비하여 임금상실의 위험을 최소화시키면서도 실질적으로는 전면파업과 유사한 효과를 올리게 되어, 사용자로서는 이들의 노무제공을 수령하더라도 실질적으로 이들 노동력을 결합시키기가 곤란하므로 조업중단과 임금지급이라는 이중부담을 안게 될 수 있기 때문에, 이러한 경우 사용자는 비록 노조가 부분파업을 하였다 하더라도 노조에 대한 전면적인 직장폐쇄를 할 수 있다고 보아야 할 것이다"라고 판시하고 있다(서울고법 2000. 10. 6. 선고 2000나203 판결). 이 판결에 대한 상고심 판결인 대법원 2001. 3. 9. 선고 2000다63813 판결도 원심 판결을 수긍하여 상고기각판결을 선고하였다.
54) 김유성, 295~296면.

장폐쇄도 허용된다.[55]

5. 준법투쟁과 직장폐쇄

준법투쟁이란 근로자들이 그들의 주장을 관철하기 위하여 법규를 엄격히
준수하거나 법규에 정하여진 권리를 동시에 집단적으로 행사함으로써 사용자의
업무를 저해하는 행위를 말한다. 준법투쟁의 쟁의행위 해당 여부에 관한 견해에
따라 직장폐쇄의 허용 여부도 달라진다고 볼 수 있다.

준법투쟁의 쟁의행위성[56]에 대하여 '쟁의행위부정설'을 취한다면 준법투쟁
에 대항하기 위한 직장폐쇄는 정당성이 인정되지 아니한다.

준법투쟁 중에서 이른바 '법규준수형' 준법투쟁, 즉 생명·신체의 안전을
위하여 법령에 의하여 근로자 및 사용자에게 준수의무가 있음에도 그 위반이
관행화되어 있는 상황에서 집단적으로 법령을 엄격히 준수하는 행위가 사용자
의 업무를 저해하는 경우에는 쟁의행위성을 부정하고, 이른바 '권리행사형' 준
법투쟁, 즉 정시출퇴근, 집단적 휴가사용, 시간외근로의 거부 등 노동관계법이나
단체협약, 근로계약에 규정된 근로자의 권리를 집단적으로 행사하는 유형의 경
우에만 쟁의행위성을 긍정한다면, 사용자의 직장폐쇄 역시 '권리행사형' 준법투
쟁에 대항하여서만 가능하다. 준법투쟁의 쟁의행위성을 인정하는 긍정설 입장에
서는 준법투쟁에 대한 직장폐쇄는 일단 허용되는 것을 전제로 위에서 논의한
기준을 통해 정당성을 판단할 것이다.

Ⅳ. 직장폐쇄의 효과

1. 임금지급의무의 면제

가. 의   의

직장폐쇄가 정당성의 요건을 갖추어 행해지면, 사용자는 직장폐쇄의 대상
으로 삼은 근로자에 대하여 직장폐쇄 기간 동안 임금지급의무를 면제받는다.[57]
면제받는 임금의 범위는 직장폐쇄가 없었더라면 지급하였어야 할 임금이다.

---

55) 박제성, 88면.
56) 준법투쟁의 쟁의행위성에 관하여 자세한 설명은 법 42조에 관한 해설 중 Ⅳ. 8. '준법투쟁'
　　부분 참조.
57) 대법원 2000. 5. 26. 선고 98다34331 판결, 대법원 2010. 1. 28. 선고 2007다76566 판결.

이에 반하여 직장폐쇄가 정당성을 상실한 경우라면, 사용자는 근로자가 지급받아야 할 임금을 그대로 지급하여야 한다. 대법원도 직장폐쇄가 정당한 쟁의행위로 평가받지 못하는 경우에는 사용자는 원칙적으로 직장폐쇄기간 동안 대상 근로자에 대한 임금지급의무를 면할 수 없다고 판단하였다.[58]

대법원은 직장폐쇄기간을 평균임금 산정기간에서 공제할지 여부에 관하여, "근기법 시행령 2조 1항의 입법 취지와 목적을 감안하면,[59] 사용자가 쟁의행위로 적법한 직장폐쇄를 한 결과 근로자에 대해 임금지급의무를 부담하지 않는 기간은 원칙적으로 같은 조항 6호의 기간에 해당한다. 다만 이러한 직장폐쇄기간이 근로자들의 위법한 쟁의행위 참가기간과 겹치는 경우라면 근기법 시행령 2조 1항 6호의 기간에 포함될 수 없다. 그러나 위법한 직장폐쇄로 사용자가 여전히 임금지급의무를 부담하는 경우라면, 근로자의 이익을 보호하기 위해 그 기간을 평균임금 산정기간에서 제외할 필요성을 인정하기 어려우므로 근기법 시행령 2조 1항 6호에 해당하는 기간이라고 할 수 없다."라고 판단하였다.[60]

나. 면제의 대상

사용자는 쟁의행위에 참가하여 근로를 제공하지 아니한 근로자에 대하여는 그 기간 중의 임금을 지급할 의무가 없다(법 44조 1항). 따라서 근로자가 파업을 하여 아예 근로를 제공하지 않은 경우, 위 법조항에 따라 애당초 임금지급의무가 발생하지 아니하므로, 사용자가 파업에 대항하여 직장폐쇄를 하였더라도 그 직접적인 효과로서 임금지급이 면제되는 것은 아니다. 그러나 쟁의행위 시의 임금지급에 관하여 단체협약·취업규칙 등에서 이를 지급하는 것으로 규정하고

---

58) 대법원 2016. 5. 24. 선고 2012다85335 판결.

59) 근기법 2조 1항 6호는 "평균임금이란 이를 산정하여야 할 사유가 발생한 날 이전 3개월 동안에 그 근로자에게 지급된 임금의 총액을 그 기간의 총일수로 나눈 금액을 말한다."라고 평균임금 산정 원칙을 명시하고 있다. 일반적으로 위와 같은 산정 방법이 사유 발생 당시 근로자의 통상적인 생활임금을 가장 정확하게 반영하기 때문이다. 그러나 위와 같은 산정 원칙을 모든 경우에 획일적으로 적용하면 근로자의 통상적인 생활임금을 사실대로 반영하지 못하거나 근로자에게 가혹한 결과를 초래할 수 있다. 근기법 시행령 2조 1항은 평균임금 산정 원칙에 대한 예외 규정이다. 이에 따라 평균임금 산정기간 중에 쟁의행위기간 등이 있는 경우에는 그 기간과 그 기간 중에 지불된 임금은 평균임금 산정기준이 되는 기간과 임금의 총액에서 각각 공제된다. 이는 근로자의 임금 감소가 예상되는 기간 중 특별히 근로자의 권리행사 보장이 필요하거나 근로자에게 책임이 있다고 보기 어려운 경우에 한하여 예외적으로 평균임금 산정기간에서 제외하도록 함으로써, 평균임금 산정에 관한 원칙과 근로자 이익 보호 사이의 조화를 실현하고자 한 것이다.

60) 대법원 2019. 6. 13. 선고 2015다65561 판결.

있거나 그 지급에 관하여 당사자 사이의 약정이나 관행이 있다고 인정되는 경우에는 예외적으로 임금지급의무가 있는데, 이러한 경우 사용자가 직장폐쇄를 하였다면 임금지급의무가 면제된다.

앞서 본 바와 같이, 사용자의 직장폐쇄가 정당한 경우라면, 직장폐쇄의 대상으로 정당하게 포함시킨 근로자 전체에 대하여 임금지급의무가 면제되는 것이고, 쟁의행위에 실제 참가한 근로자에 대하여만 임금지급의무가 면제되는 것은 아니다.

근로자의 쟁의행위가 파업이 아니라 준법투쟁 등 근로를 제공하는 형태라면, 원칙적으로 해당 근로에 대하여 사용자의 임금지급의무가 면제되지 않는다. 그러나 이 경우 사용자가 정당한 직장폐쇄를 한다면, 근로자로부터 노무제공을 받지 않을 것이고 직장폐쇄의 효과로서 임금지급의무를 면하게 될 것이다.

2. 사업장 점유의 배제

가. 의   의

사용자가 직장폐쇄를 하고 이것이 정당한 것이라면, 근로자가 쟁의행위에 부수하여 정당하게 직장을 점거하고 있더라도 그 근로자를 사업장으로부터 배제시키는 효력을 가지는가에 관한 논의가 있다.[61]

원래 사용자는 기업시설에 대하여 시설관리권을 가지지만 노동조합의 직장점거가 정당한 경우에는 이를 수인하여야 하기 때문에 방해배제권을 행사할 수 없다. 어느 범위에서 직장점거가 정당한가에 관하여 우리 판례는 "파업시 사용자의 의사에 반하여 직장에 체류하는 쟁의수단인 직장점거는 사용자 측의 점유를 완전히 배제하지 아니하고 그 조업도 방해하지 않는 부분적·병존적 점거일 경우에 한하여 정당성이 인정되는 것이고, 이를 넘어 사용자의 기업시설을 장기간에 걸쳐 전면적·배타적으로 점유하는 것은 사용자의 시설관리권능에 대한

---

61) 우리나라는 기업별노동조합이 주축이며 이에 따라 근로자들의 쟁의행위는 직장점거 내지 체류의 형태를 취하는 것이 일반적 현상이다. 그 이유는 한편으로 비조합원이나 파업이탈자의 근로제공을 저지함으로써 쟁의의 실효성을 확보하고, 다른 한편으로 사용자에 의한 파업 파괴나 단결력약화의 시도를 방지하고 투쟁의욕의 통일·강화 등을 통한 단결의 유지·강화를 위해서는 사업장 내 단결활동이 필연적으로 요청되기 때문이다. 이에 대해 사용자는 직장폐쇄를 통해 임금지불의무의 면제뿐만 아니라 직장점거를 배제하여 조업을 계속하거나 파업 근로자에 대한 심리적 압박을 가함으로써 단결력을 약화시킬 목적으로 파업근로자들을 사업장 밖으로 축출하기 위해 직장폐쇄를 행하는 경우가 많다(조임영, 210면).

침해로서 부당하다고 할 것이다"라는 견해를 취하고 있다.62)

그런데 사용자가 정당한 직장폐쇄를 한 경우 그 효과로 직장점거에 대한 방해배제권이 발생하는가에 관하여 견해가 대립되고 있다.63)

나. 견해의 대립
(1) 부 정 설

직장폐쇄의 본질은 단지 노무의 수령거부와 임금지급의무의 면제에 국한된 다는 것을 전제로, 직장폐쇄는 논리필연적으로 근로자들을 사업장으로부터 배제 하는 것을 개념내용으로 하는 것은 아니고, 그 효과로서 방해배제효력도 발생할 수 없다는 견해이다.64) 직장폐쇄와 동시에 근로제공 저지를 위한 출입문 폐쇄 등 사실행위가 있더라도 그것은 직장폐쇄의 직접적 효과는 아니며, 직장폐쇄와 동시에 시설관리권의 일환으로서 물권적 청구권, 특히 방해배제청구권을 행사한 결과라고 본다. 이 견해에서는 직장점거가 정당성을 벗어난 경우 사용자가 소유 권 또는 점유권에 기한 보전처분으로 출입금지가처분을 통하여 이를 배제할 수 있을 뿐이라고 한다.

(2) 긍 정 설

사용자가 노동조합의 쟁의행위에 대하여 정당하게 직장폐쇄를 한 경우 직 장폐쇄의 효과 자체로, 사용자의 시설을 정당하게 점거한 근로자에 대하여도 퇴 거를 요구할 수 있다는 견해이다.65)

다. 판례의 태도

판례는, 근로자들의 직장점거가 개시 당시 적법한 것이었다 하더라도 사용 자가 이에 대응하여 적법하게 직장폐쇄를 하게 되면, 사용자의 사업장에 대한 물권적 지배권이 전면적으로 회복되는 결과 사용자는 점거 중인 근로자들에 대 하여 정당하게 사업장으로부터의 퇴거를 요구할 수 있다고 한다.66)

---

62) 대법원 1990. 10. 12. 선고 90도1431 판결 등.
63) 직장점거를 배제하기 위하여 직장폐쇄를 할 수 있는가라는 논의도 같은 맥락에서 논의될 수 있다.
64) 김유성, 297면; 박제성, 106면.
65) 임종률, 279면.
66) 대법원 1991. 8. 13. 선고 91도1324 판결. 한편, 대법원 2007. 12. 28. 선고 2007도5204 판 결(건축사협회 사례)의 판시 가운데, "정당한 쟁의행위로서 이 사건 회의실을 부분적, 병존적 으로 점거하고 있던 피고인들로서는 협회 측의 퇴거요구(위 직장폐쇄를 이유로 하는 것인지 여부와 상관없다)에 응하여야 할 의무가 인정되지 아니한다고 할 것이다"라는 내용에 대하

따라서 사용자가 정당하게 직장폐쇄를 하고 퇴거를 요구하였음에도 근로자
가 계속 생산시설에 출입하는 경우 접근금지가처분신청을 할 수 있고,[67] 직장폐
쇄 이전에 생산시설을 점거한 근로자에게는 퇴거 요구를 할 수 있으며, 만약 근
로자가 이에 불응하면 형법상 퇴거불응죄가 성립하고, 직장폐쇄 이후에 생산시
설을 점거하면 건조물침입죄가 성립한다. 대법원 판례는 "그러나 이러한 경우에
도 사업장 내의 노조사무실 등 정상적인 노조활동에 필요한 시설, 기숙사 등 기
본적인 생활근거지에 대한 출입은 허용되어야 한다."라고 하여 사용자의 점유
배제의 범위에 한계가 있음을 분명히 하였다.[68]

여, "직장폐쇄에 대해서 정당한 직장점거에 대항할 수 있는 효력을 인정하는 과거의 판례 법
리는 결과적으로 '수인의무의 범위에 있는' 정당한 직장점거에 대해서 '수인의무를 벗어난'
퇴거요구를 할 수 있다는 논리 모순으로 귀결할 수밖에 없다. 비록 이제까지의 판례 법리를
명시적으로 폐기하지 않은 아쉬움은 있지만, 대상판결은 직장점거가 정당한 경우에는 직장폐
쇄에 의한 것인지 여부를 불문하고 사용자의 퇴거요구에 응할 의무가 인정되지 않는다고 판
시한 것만으로도 직장점거와 직장폐쇄에 관한 이제까지 판례 법리의 문제점은 충분히 지적
한 것이고 실질적으로 판례를 변경한 것으로 보는 것이 타당하다고 생각한다."라는 판례평석
이 있다(정인섭, 74면).
   그러나 위 판결의 주된 취지는 "사용자의 직장폐쇄가 정당한 쟁의행위로 인정되지 아니하
는 때에는 적법한 쟁의행위로서 사업장을 점거 중인 근로자들이 직장폐쇄를 단행한 사용자
로부터 퇴거 요구를 받고 이에 불응한 채 직장점거를 계속하더라도 퇴거불응죄가 성립하지
아니한다."라는 것으로, 만약 직장폐쇄가 정당한 것이었다면, 위와 결론을 달리하였을 것으로
보인다. 괄호 속에 기재된 직장폐쇄라는 문언이 그 정당성 여부를 불문한다고 보는 견해는
다소 무리한 해석이라 할 것이고, 이 사건에서 직장폐쇄가 '부당한' 직장폐쇄였기 때문에 '부
당한' 직장폐쇄를 이유로 퇴거 요구를 했더라도 퇴거의무가 없다는 취지로 풀이하는 것이 옳
다고 보인다. 괄호 속 문언도 '위' 직장폐쇄라고 기재하고 있다. 이 판결 이후에 선고된 대법
원 2010. 6. 10. 선고 2009도12180 판결도 "직장폐쇄가 정당한 쟁의행위로 평가받는 경우 사
용자의 사업장에 대한 물권적 지배권이 전면적으로 회복되므로 사용자는 직장폐쇄의 효과로
서 사업장의 출입을 제한할 수 있다고 할 것이다."라고 하여 기존 대법원 판례의 입장을 재
확인하고 있다.
[67] 인천지법 부천지원 2008. 1. 29.자 2007카합1364호 접근금지가처분 사건에서 비록 직장폐
쇄가 정당하지 않다고 하여 가처분신청을 기각하였으나, 원론적으로 직장폐쇄에 기한 접근금
지청구권이 있음을 전제로 판단을 하고 있다.
[68] 대법원 2010. 6. 10. 선고 2009도12180 판결. 이 판결에서 대법원은 "다만 쟁의 및 직장폐
쇄와 그 후의 상황전개에 비추어 노조가 노조사무실 자체를 쟁의장소로 활용하는 등 노조사
무실을 쟁의행위와 무관한 정상적인 노조활동의 장소로 활용할 의사나 필요성이 없음이 객
관적으로 인정되거나, 노조사무실과 생산시설이 장소적·구조적으로 분리될 수 없는 관계에
있어 일방의 출입 혹은 이용이 타방의 출입 혹은 이용을 직접적으로 수반하게 되는 경우로
서 생산시설에 대한 노조의 접근 및 점거가능성이 합리적으로 예상되고, 사용자가 노조의 생
산시설에 대한 접근, 점거 등의 우려에서 노조사무실 대체장소를 제공하고 그것이 원래 장소
에서의 정상적인 노조활동과 견주어 합리적 대안으로 인정된다면, 합리적인 범위 내에서 노
조사무실의 출입을 제한할 수 있다고 할 것이다"라고 판시하였다. 직장폐쇄를 단행하면서
'조합원들은 회사 사업장 전체의 출입을 금지한다'는 내용의 출입금지 안내문을 현관과 사업
장 내에 부착한 다음, 사전에 통보한 조합원 3명에 한하여 노조사무실 출입을 허용한 사안에

라. 검　토

위 논의는 직장폐쇄의 성립요건론 및 본질론과 연관되어 있다. 직장폐쇄의 성립요건에서 의사표시설을 취하고, 본질을 노무수령거부 및 임금지급의무의 면제라는 것에 한정된다고 보면 점유배제 효력이 부정된다고 보기 쉽다.

그러나 직장폐쇄의 성립요건론에서 의사표시설을 취하더라도 반드시 논리필연적으로 점유배제적 효력이 부정된다고 볼 이유는 없다. 직장폐쇄를 어떻게 정의하느냐, 또는 직장폐쇄가 어떻게 성립되느냐라는 논의와 그 효력으로 어떤 내용이 있느냐는 논의의 차원을 달리하기 때문이다.

이론적으로 살펴보면, 근로자는 일반적으로 근로계약에 기한 근로의무의 이행을 위하여 사업장에 출입하고 체류할 수 있는 권한이 인정되는데, 적법하게 직장폐쇄가 이루어지면 근로계약이 정지되어 근로자의 이러한 권한도 소멸되며, 사용자는 소유권이나 점유권 등 물권에 기하여 근로자의 사업장 출입을 금지할 수 있다.

다만, 사용자가 정당한 직장폐쇄에 의하여 그 점유를 배제시킬 수 있는 것은 사업장의 생산시설 등 노동조합의 쟁의행위와 관련되어 근로자의 근로제공을 저지하는 데 필요한 범위 안에서 인정된다. 따라서 사업장 내의 노동조합 사무실, 식당, 기숙사 등 조합원의 일반적 단결활동이나 근로자의 후생복지시설에 대하여는 쟁의기간 중이더라도 근로자의 계속적인 이용이 보장되어야 할 것이고, 이에 대한 출입통제나 폐쇄, 그러한 장소에서 퇴거할 것을 요구하는 것은 직장폐쇄의 효과로 인정되지 아니한다.[69)]

그리고 직장폐쇄의 발동 자체가 정당하다고 하여 사용자가 실제로 취하는 직장폐쇄의 현실적인 조치들이 당연히 정당한 것은 아니라는 점을 주의하여야 할 것이다. 즉, 직장폐쇄의 효력을 어디까지 인정할 것인가를 판단할 때에도 노사간 교섭력의 균형력이 깨지고 사용자에게 불리한 압력이 가해지는 상황에서 힘의 균형을 회복하여 회사를 보호하기 위한 수동적·방어적 목적에서만 직장폐쇄가 정당성을 확보한다는 점을 판단기준으로 삼아야 할 것이다.

서, 조합원들의 회사 진입과정 등에서 기물파손행위 등이 있었지만 그 밖에 생산시설에 대한 노조의 접근 및 점거가능성이 합리적으로 예상된다고 볼 수 없고, 회사가 노조사무실 대체장소를 제공하는 등의 방법을 전혀 고려하지 않았다면, 회사가 위와 같이 출입을 제한하는 것은 허용되지 않는다고 한 원심판단을 수긍한 사례이다.

69) 사법연수원a, 303면, 대법원 2010. 6. 10. 선고 2009도12180 판결.

따라서 사용자가 직장폐쇄를 하고 임금지급 면제의 효력만으로도 노사 간의 교섭력이 회복되었다면, 거기에 더 나아가 점유배제적 효력을 인정할 필요는 없을 것이다. 즉, 직장폐쇄의 효력 중 임금지급의무 면제의 효력을 주위적인 것으로, 점유배제적 효력을 예비적인 것으로 보아 주위적 효력만으로 교섭력이 대등해진 상황이라면 예비적 효력은 인정되지 않는 것으로 해석하는 것이 타당하다고 보인다. 근로자의 쟁의행위 중 태업이나 직장 점거를 수반하지 않는 형태의 파업 등에 대항하여 취해지는 직장폐쇄라면 점유배제적 효력까지 부여할 것은 아니다.

또한, 직장폐쇄에 따른 점유배제적 효력을 인정하더라도, 그 장소적 범위를 일률적으로 전체 사업장으로 볼 수는 없을 것이다. 점유배제적 효력이 미치는 범위를 판단할 때 비례의 원칙을 적용하여야 할 것이다. 즉, 점유배제적 효력은 사용자의 교섭력을 근로자의 그것과 대등한 정도로 끌어 올리는 데 필요한 최소한도로 한정하여야 할 것이다. 예를 들어, 근로자가 사용자의 영업·생산활동에 심각한 지장을 초래하는 장소를 점거하고 있는 경우, 사업장 내의 다른 장소가 있다면 그 장소로 점거장소를 이동하여 줄 것을 먼저 요청하여야 할 것이고, 그러한 장소가 있음에도 완전히 점유배제를 하라고 요구하는 것은 특별한 사정이 없는 한 보충성의 원칙에 비추어 타당치 않을 것이다.

위와 같이 직장폐쇄의 효력을 될 수 있으면 제한적인 것으로 해석하는 이유는, 쟁의행위 현장에서 벌어지는 직장폐쇄의 실정이 노사간 교섭력의 균형을 통하여 평화적으로 노동쟁의를 해결하자는 당초의 입법취지에 기여하기보다는, 사용자가 직장폐쇄를 남용하여 오히려 쟁의를 장기화시키거나, 근로자 측의 쟁의를 방해하는 수단으로 이용할 가능성이 있기 때문이다.[70)

3. 조업계속 여부

가. 문 제 점

사용자가 직장폐쇄를 한 상태에서 조업을 계속할 수 있는지가 문제된다. 노사관계 실태에서는 근로자 측의 쟁위행위에 대해 사용자가 직장폐쇄를 통하여

---

70) 사용자가 직장폐쇄를 하게 되면, 흔히 근로자 측은 사용자의 결연한 대결의지에 불안감을 가지게 되고, 직장폐쇄로 인하여 농성장소를 잃게 되면 조합원 상호 간의 접촉과 화합 등이 어렵게 되어 단결력이 약화되기도 한다. 이에 대응하기 위하여 근로자는 더욱 강경한 수단을 도입하려 하고, 결국 쟁의행위의 대결상태가 심화되는 경우가 있다.

파업조합원을 퇴거시키고 비조합원이나 파업 미참가자들을 대상으로 부분조업을 강행하는 경우가 많고 이로 인해 조업의 계속여부를 둘러싼 노사 간의 갈등이 심화되는 경우가 있다.

나. 견해의 대립

(1) 부 정 설

직장폐쇄는, 근로자가 근로의 제공을 희망함에도 불구하고 사용자가 일시적으로 노무를 제공할 수 없는 상태를 창출하는 것인데 직장폐쇄를 하면서 한편에서 조업을 행할 수 있다는 것은 의문이다. 쟁의의 본질은 임금과 이윤의 상실이다. 그런데 직장폐쇄 중의 조업은 사용자가 근로자에게는 임금을 지불하지 않으면서 자신은 이윤을 상실하지 않겠다는 것으로 이는 노사의 손해의 균형을 파괴하는 것이고 직장폐쇄의 인정근거인 노사(쟁의)대등의 실현에도 합치하지 않는 것이다. 나아가 조합원을 배제하고 조업을 하기 위해 직장폐쇄를 하는 것은 조합원과 비조합원을 차별하는 것으로 부당노동행위에 해당할 수도 있다.[71]

(2) 긍 정 설

직장폐쇄 중 조업계속에 대해, 사용자는 직장폐쇄 중이라 하더라도 조업의 자유를 포기하여야 하는 것은 아니며 당해 사업 내의 쟁의행위와 관계없는 자, 예컨대 비조합원이나 관리직 직원을 사용하여 조업을 계속할 수 있다.[72]

다. 검　　토

조합원의 쟁의행위에도 불구하고 조업이 가능한 경우 근로제공의 의사가 있는 근로자에게는 이를 허용하여야 한다.[73] 즉, 부분적 직장폐쇄도 허용된다고 보는 것이 비조합원 근로자의 근로의 권리 보장 차원에서 타당하므로 긍정설이 옳다.

4. 근로자의 손해배상책임에 대한 책임제한

하급심 판례로, 근로자의 위법한 쟁의행위로 인한 회사의 손해배상 청구사건에서 근로자의 손해배상책임을 인정하면서도 근로자가 배상하여야 할 손해액을 산정할 때 그에 대항하는 직장폐쇄가 정당성이 인정되지 않는 사정을 참작

---

71) 조임영, 214~216면.
72) 이상윤a, 888면.
73) 김유성, 294면.

하는 것이 손해의 공평·타당한 분담을 지도원리로 하는 손해배상제도의 이념
에 부합한다고 판시한 것이 있다.74)

5. 직장폐쇄 기간 동안 연차휴가일수의 산정방법

가. 적법한 직장폐쇄의 경우

사용자의 적법한 직장폐쇄로 인하여 근로자가 출근하지 못한 기간은 원칙
적으로 연차휴가일수 산정을 위한 연간 소정근로일수에서 제외되어야 한다.75)
다만 노동조합의 쟁의행위에 대한 방어수단으로서 사용자의 적법한 직장폐쇄가
이루어진 경우, 이러한 적법한 직장폐쇄 중 근로자가 위법한 쟁의행위에 참가한
기간은 근로자의 귀책으로 근로를 제공하지 않은 기간에 해당하므로, 연간 소정
근로일수에 포함시키되 결근한 것으로 처리하여야 할 것이다.76)

나. 위법한 직장폐쇄의 경우

사용자의 직장폐쇄가 위법한 경우 그로 인하여 근로자가 출근하지 못한 기
간을 근로자에게 불리하게 고려할 수는 없으므로 원칙적으로 그 기간은 연간
소정근로일수 및 출근일수에 모두 산입되는 것으로 보는 것이 타당하다. 다만
위법한 직장폐쇄 중 근로자가 쟁의행위에 참가하였거나 쟁의행위 중 위법한 직
장폐쇄가 이루어진 경우에 만일 위법한 직장폐쇄가 없었어도 해당 근로자가 쟁
의행위에 참가하여 근로를 제공하지 않았을 것이 명백하다면, 이러한 쟁의행위
가 적법한지 여부를 살펴 적법한 경우에는 그 기간을 연간 소정근로일수에서
제외하고, 위법한 경우에는 연간 소정근로일수에 포함시키되 결근한 것으로 처
리하여야 할 것이다. 이처럼 위법한 직장폐쇄가 없었다고 하더라도 쟁의행위에
참가하여 근로를 제공하지 않았을 것임이 명백한지는 쟁의행위에 이른 경위 및
원인, 직장폐쇄 사유와의 관계, 해당 근로자의 쟁의행위에서의 지위 및 역할, 실
제 이루어진 쟁의행위에 참가한 근로자의 수 등 제반 사정을 참작하여 신중하
게 판단하여야 하고, 그 증명책임은 사용자에게 있다.77)

---

74) 서울남부지법 2007. 9. 14. 선고 2005가합4957 판결.
75) 대법원 2017. 7. 11. 선고 2013도7896 판결.
76) 대법원 2019. 2. 14. 선고 2015다66052 판결.
77) 대법원 2019. 2. 14. 선고 2015다66052 판결.

6. 위법한 직장폐쇄에 대한 근로자의 대응수단

가. 가 처 분

직장폐쇄의 상대방인 근로자 개인은 당연히 가처분신청의 당사자적격이 있다. 그런데 개인들이 가입한 노동조합도 직장폐쇄효력정지 가처분 신청사건에서 당사자적격이 있는지에 관하여 견해의 대립이 있다.

부정설에 의하면, 노동조합은 가처분신청에 관하여 정당한 이익이 있다고 볼 수 없으므로 당사자적격이 없다고 한다.[78]

그러나 해고효력정지가처분 등 개별적 근로관계에서 발생하는 법률관계와 달리 직장폐쇄의 효력정지는 노동조합의 단결권 옹호와 직접 관련이 있고, 직장 폐쇄는 집단적 노동관계에서 힘의 우위와 관련되는 국면에서 발생되는 쟁의행위의 일종이므로 노동조합에 대하여도 당사자적격을 인정할 필요가 있다고 판단된다.[79] 부정설이 드는 논거는 노동조합이 가처분 신청사건에 관하여 정당한 이익이 없다는 것인데, 이는 피보전권리가 인정되지 않는다는 논리로 보인다. 그런데 노동조합도 비법인사단으로서 당사자능력은 인정되고, 개별적 근로관계에서 근로자 개인이 가지는 권리와 달리 현실적으로 발생한 쟁의상황에서 사용자가 직장폐쇄를 하게 되면 노동조합 자신의 단결권 내지 단체행동권이 침해를 받는 것은 분명하므로 그 권리를 피보전권리로 삼아 사용자에 대항하는 직장폐쇄효력정지 가처분을 신청할 당사자적격이 인정된다고 보는 것이 타당하다.[80]

직장폐쇄에 대하여 근로자가 신청한 직장폐쇄효력정지 가처분 사건에서, 직장폐쇄가 정당성이 인정되지 않는다고 하여 신청을 받아들인 사례가 있다.[81]

나. 실력에 의한 저지행위

대법원은, 비록 사용자의 불법적인 직장폐쇄에 항의하고 이를 철회하도록 하기 위한다거나 또는 노동조합의 정당한 집회를 방해하려는 비조합원들에게 대응하기 위한 것이었다 하더라도, 피고인들이 폭행, 협박 또는 위력에 의한 실

---

78) 광주지법 2008. 1. 29.자 2007카합1367 결정.

79) 이에 관한 논의는 아직 없는 것으로 보이고, 위 긍정설은 집필자의 사견이다.

80) 법원실무제요 민사집행 [IV], 469면에 의하면, 단결권침해(조합활동방해)금지가처분에서 근로자뿐만 아니라 노동조합도 단결권에 기한 방해배제청구권을 피보전권리로 하여 방해배제 가처분을 신청할 수 있다고 보는데, 이 견해도 위 결론과 맥을 같이 한다고 보인다.

81) 광주지법 2008. 1. 29.자 2007카합1367 결정. 주문은 "피신청인이 2007. 12. 6. 한 직장폐쇄의 효력을 정지한다"로 되어 있다.

력저지 등의 방법을 사용하여 피해자들에게 상해를 가하거나 피해자인 회사의 업무를 방해한 것은 그 수단에서 상당한 범위를 벗어났다고 하지 않을 수 없다고 판단하였다.[82]

7. 위법한 직장폐쇄와 형사처벌

가. 노조법 91조의 벌칙

노조법 46조 1항은, 사용자는 노동조합이 쟁의행위를 개시한 이후에만 직장폐쇄를 할 수 있다고 규정하고 있는바, 이에 위반하여 사용자가 노동조합이 쟁의행위를 개시하기 이전에 직장폐쇄를 하면 노조법 91조 위반죄가 성립하고 사용자는 1년 이하의 징역 또는 1천만 원 이하의 벌금에 처해진다.[83]

노동조합이 쟁의행위를 개시한 이후 사용자가 직장폐쇄를 하였는데 그 후 노동조합이 쟁의행위를 종료하였음에도 사용자의 직장폐쇄가 계속된 경우 위 조항에 따라 처벌이 가능할 것인지 문제된다. 직장폐쇄의 대항성 요건은 직장폐쇄의 개시요건일 뿐만 아니라 존속요건이고, 따라서 파업 중의 근로자가 파업을 중지하는 등으로 쟁의의사를 포기하거나 진정으로 근로제공의 의사를 신청한 때에는 직장폐쇄의 필요성은 부정된다고 보는 이상, 위 경우에도 사용자는 직장폐쇄의 지속에 따른 노조법 91조 위반죄의 책임을 져야 할 것이다.[84]

나. 부당노동행위로 인한 처벌

노조법 81조는 근로자가 노동조합의 업무를 위한 정당한 행위를 한 것을 이유로 불이익을 주거나, 근로자가 노동조합을 조직 또는 운영하는 것을 지배하거나 이에 개입하는 행위는 부당노동행위에 해당한다고 보고 있고, 이 경우 사용자는 2년 이하의 징역 또는 2천만 원 이하의 벌금에 처하도록 규정되어 있다 (법 90조).

이에 관한 하급심 판례로는, 사용자가 직장폐쇄를 함으로써 쟁의행위를 개시하지 아니한 노조원들로 하여금 택시운행을 하지 못하도록 하고, 노조원 12명이 노동조합을 탈퇴하자 동인들에 대하여만 택시승무를 허용하면서 체불된 임

---

82) 대법원 2007. 3. 29. 선고 2006도9307 판결.

83) 대전지법 2003. 7. 16. 선고 2003고단1418 판결: 임금 1,200여 만 원 체불, 직장폐쇄 동안의 부당노동행위가 함께 경합된 사건으로, 벌금 150만 원이 선고되었고, 확정되었다.

84) 이에 대한 판례나 학설상 논의가 아직 없다. 죄형법정주의 원칙과 관련하여 논의가 필요한 지점이다.

금을 지불하는 등 노조원들과 비노조원을 차별대우한 사안에서, 이는 노동조합
을 운영하는 것을 지배하거나 이에 개입한 것이라고 판단하여 부당노동행위로
인정하고 벌금형을 선고한 사례가 있다.[85]

[이   명   철]

---

85) 대전지법 2003. 7. 16. 선고 2003고단1418 판결.

위법쟁의행위와 책임 보론(補論)

〈세 목 차〉

[참고문헌]

국가인권위원회, 노동사건에 대한 형벌적용 실태조사(판결을 중심으로) 보고서(2007); **김기덕**, "쟁의행위에 대한 형사면책법리의 재구성과 업무방해죄", 노동과 법 3호 쟁의행위와 형사책임, 금속법률원(2002); **김순태a**, 업무방해죄에 관한 연구—쟁의행위와 관련하여, 인하대학교 대학원 박사학위논문(1993); **김순태b**, "파업에 대한 업무방해죄적용불가론 및 업무방해죄의 위헌성", 민주법학 12호, 민주주의법학연구회(1997); **김순태c**, "파업과 위력 업무방해죄의 관계", 쟁의대상, 쟁의행위 및 형사책임(Ninon Colneric 교수 초청 국제학술회의 자료집), 국민대 법학연구소/독일 에베르트재단(1999); **김일수**, 한국형법Ⅲ(각론 상), 박영사(1997); **김치선**, 「노동법강의」, 박영사(1995); **김형배a**, "쟁의행위와 책임", 쟁의대상, 쟁의행위 및 형사책임(Ninon Colneric 교수 초청 국제학술회의 자료집), 국민대 법학연구소/독일 에베르트재단(1999); **손동권**, "노동쟁의행위의 가벌성에 관한 연구: 우리나라 대법원판결을 중심으로", 일감법학 3권, 건국대학교 법학연구소(1998); **시드니·베아트리스 웹(김금수 역)**, 영국노동조합운동사(상), 형성사(1990); **신권철**, "쟁의행위와 민사책임—판례분석을 중심으로", 법조(2011. 6.), 법조협회; **신인령a**, "노동판례연구Ⅲ: 형사책임사건—쟁의행위 정당성에 관한 법리", 사회과학논집 12집, 이화여자대학교 법정대학(1992); **유기천**, (전정신판) 형법학: 각론강의 상, 일조각(1999); **이광택**, "쟁의행위에 대한 선진적 법해석", 쟁의대상, 쟁의행위 및 형사책임(Ninon Colneric 교수초청 국제학술회의 자료집), 국민대 법학연구소/독일 에베르트재단(1999); **이재상a**, 형법총론 (전정판), 박영사(1991); **이재상b**, 형법각론 (신정판), 박영사(1996); **임웅**, "가벌적 위법성론", 한국형사법학회편, 형사법강좌, 박영사(1981); **임종률a**, 쟁의행위와 형사책임, 경문사(1982); **전형배**, 「영국노동법」, 오래(2017); **조경배a**, "형사면책법리와 쟁의행위 정당성론의 논의구조", 노동법학 9호, 한국노동법학회(1999); **조경배b**, "쟁의행위 정당성론의 논리구조에 관한 비판과 민사면책법리의 재정립에 관한 연구", 민주법학 36호, 민주주의법학연구회(2008); **황산덕**, 형법각론, 방문사(1984); **Emmanuel Dockés**, "프랑스에서의 쟁의행위와 책임", 2014년 국제학술대회 '쟁의행위와 책임' 자료집, 한국노동법학회·서울시립대학교 법학연구소(2014); **Keith Ewing**, "영국의 쟁의행위와 책임", 2014년 국제학술대회 '쟁의행위와 책임' 자료집, 한국노동법학회·서울시립대학교 법학연구소(2014); **Ninon Colneric**(이광택역), "독일과 국제노동기구법에서의 파업권과 그 형법적 제약", 쟁의대상, 쟁의행위 및 형사책임(Ninon Colneric 교수 초청 국제학술회의 자료집), 국민대학교 법학연구소/독일 프리드리히 에베르트재단(1999); **Wolfgang Däubler**, "쟁의행위와 책임—독일의 상황—", 2014년 국제학술대회 '쟁의행위와 책임' 자료집, 한국노동법학회·서울시립대학교 법학연구소(2014); **杉原泰雄**(석인선 역), 인권의 역사, 한울(1995); **宮島尙史**, "위력업무방해죄와 노동운동", 「學習院大學法學部研究年報」 16호(1981).

Ⅰ. 위법쟁의행위의 의의와 유형

1. 의　　의

가. 위법쟁의행위란

일반적으로 위법쟁의행위의 개념은 민·형사책임의 발생요건과 관련하여 파악되고 있다. 이에 따르면 그 정당성이 인정되지 않는 쟁의행위를 위법쟁의행위로 본다. 쟁의행위의 주체, 목적, 시기·절차, 방법 등을 종합하여 구체적·실질적으로 판단하게 되는 쟁의행위의 정당성 요건을 갖추지 아니한 경우를 위법쟁의행위로 정의하고 민·형사책임이 따른다고 본다.[1] 그러나 쟁의행위의 정당성 요건을 가지고 그 요건을 갖추지 못한 쟁의행위를 위법쟁의행위로 파악하는 것은 쟁의행위에 대하여 정당성 요건에 해당하는지 여부에 따라 민·형사책임의 발생여부를 판단하는 논리구조를 취하는 것이다. 책임의 발생이 자칫 위법성조각사유인 정당성 여부로 파악될 수 있는, 지나치게 단순화된 논의이며, 위법쟁의행위의 개념도 협소하게 설정한 것이다.

위법쟁의행위란 법을 위반한 쟁의행위이다.

이 위법쟁의행위는 노조법 등 쟁의행위를 직접적으로 규제하는 법령을 위반한 쟁의행위, 노조법 외 법률(국공법 등) 위반, 그리고 법률 외 시행령 등을 위반한 쟁의행위를 포함한다.

그리고 쟁의행위를 직접적으로 규제하는 법령을 위반한 경우뿐만 아니라 쟁의행위가 타인의 권리를 침해하는 민사법상 위법(채무불이행 등 민법 390조, 불법행위 민법 750조 등)한 것으로 평가되는 쟁의행위, 그리고 쟁의행위가 국가 형벌권의 대상이 되는 형사법상 위법으로 평가되는 쟁의행위 등이 모두 위법쟁의행위라고 할 수 있다.

이상과 같이 위법쟁의행위는 쟁의행위에 관하여 규정하고 있는 여러 법령을 위반하는 경우, 쟁의행위 자체가 타인의 권리침해나 국가형벌권의 대상이 되는 경우를 포괄한다.

---

[1] 사법연수원a, 274~275면.

나. 헌법 33조와 위법쟁의행위의 의의

헌법 33조는 근로자의 단결권, 단체교섭권, 그리고 단체행동권을 보장하였다. 이에 따라 근로자의 단체행동권 행사는 기본권의 행사로서 보장된다. 이에 대한 제한은 헌법상 기본권 제한에 따라야 하는데 노조법은 쟁의행위를 제한하고 금지하고 있다. 따라서 노조법에 따른 쟁의행위의 제한과 금지를 위반한 경우 일반적으로 쟁의행위가 정당성 요건을 갖추지 못하여 위법쟁의행위에 해당하게 된다. 즉 헌법 33조에서 정한 근로자의 단체행동권을 일반적 법률유보에 관한 헌법 37조 2항에 의해 노조법을 통해 제한한 것이므로 헌법 33조뿐만 아니라 노조법에 따라 쟁의행위의 정당성 요건을 파악하고 이를 갖추지 못한 경우 위법쟁의행위로 본다는 것이 일반적인 논의이다.[2]

헌법상 근로자의 단체행동권은 무엇보다도 자유권으로서 보장된 것이고 파업 등 집단적 노무제공의 거부 행위는 이 헌법상 기본권 보장에 의해 기본권의 행사로서 보장되는 것이다. 다만 노조법은 쟁의행위에 대하여 직접 규제하고 여기서 파업 등 집단적인 노무제공 거부 행위조차도 형벌로써 처벌하고 있다. 이에 대하여 쟁의행위에 대한 규제는 과태료 등 행정규제에 그쳐야 한다는 입법론적 비판이 제기되어 왔다. 쟁의행위를 규제하는 노조법은 위 헌법의 일반적 법률유보에 근거한 것이지만, 헌법상 근로자의 단체행동권 행사, 즉 쟁의행위 자체, 특히 파업 등 단순한 집단적 노무제공 거부 자체를 일반 형사법상 범죄로, 민사법상 불법으로 파악할 수는 없는 것이다. 따라서 민·형사책임의 발생 요건에 해당하는 위법쟁의행위를 파악할 때에도 쟁의행위 자체, 무엇보다도 파업 등 단순한 집단적 노무제공 거부 자체를 위법쟁의행위로 파악하여서는 아니 되며 단지 쟁의행위 자체를 규제한 노조법위반이 문제될 뿐이라고 보아야 한다. 물론 단순히 파업 등 노무제공 거부를 넘어서 쟁의행위가 주거침입, 협박, 명예 훼손 등 형사범죄에 해당하는 경우는 헌법 33조 근로자의 단체행동권 행사로 당연히 보장되는 것이 아니다. 이는 단체행동권 행사, 즉 쟁의행위의 수단 내지 방법으로서 국가의 특별한 법적 보호가 있어야 하는 것이며 이와 같은 법적 보호가 없을 경우에는 그 쟁의행위는 일반 형사범죄에 해당하는 것이고 이때 노조법 4조에 따른 정당행위인 경우 위법성이 조각되어 처벌하지 않게 된다. 위

---

2) 사법연수원a, 275~276면.

논의구조는 민사책임에 관하여도 동일하다.

이상 헌법 33조 단체행동권을 통해서 보면 쟁의행위가 파업 등 단순한 노무제공 거부가 아닌 방식으로 진행되는 경우에만 위법쟁의행위로 파악될 수 있다.

2. 유   형

가. 노조법 등 쟁의규제법규 위반의 쟁의행위

노조법 등 쟁의행위를 직접적으로 규제하는 법규에 위반하는 쟁의행위가 여기서 위법쟁의행위이다.

이는 위법쟁의행위에 관한 민·형사책임의 면책규정인 노조법 3조와 4조의 적용대상이 아니라고 보아야 한다. 노조법은 국가의 쟁의행위에 관한 규제법이다. 따라서 노조 쟁의행위의 사용자에 대한 책임에 관한 법이 아니어서 원칙적으로 노조법위반을 이유로 사용자가 노조와 그 조합원에 책임을 물을 수 없다고 보아야 한다. 또한 노조법위반을 이유로 노조법 외 일반 형사법에 의한 국가형벌권의 발동에 따른 형사책임을 물을 수 없다고 보아야 한다. 노조법 3조, 4조는 이 법에 따른 단체교섭, 쟁의행위로 인한 손해배상청구금지와 정당행위로서 형사처벌금지를 규정함으로써 노조법위반을 민·형사책임문제와 연결 지어 규정한 것이 아니라 쟁의행위가 민·형사책임요건에 해당하더라도 이 법에 따른 쟁의행위에 대하여는 그 책임을 제한하도록 규정한 것이다. 물론 노조법 3조, 4조의 적용대상이 아니라도 노조법 위반의 쟁의행위에 대하여 민·형사책임의 일반론에 의해 구성요건해당성, 위법성조각, 책임조각 논의가 그대로 적용되어 면책가능하다.

나. 일반 민·형사법 위반의 쟁의행위

쟁의행위가 일반 민·형사법 위반에 해당하는 경우 그 쟁의행위를 말한다. 앞에서 살펴본 바와 같이 헌법상 근로자의 단체행동권의 행사, 즉 쟁의행위 자체, 무엇보다도 파업 등 집단적인 노무제공 거부 행위가 단순히 그 집단성을 이유로 민·형사책임의 발생요건에 해당한다는 쟁의책임구조로부터 대한민국은 헌법 33조가 단체행동권을 근로자의 기본권으로 보장함에 따라 벗어났다. 따라서 그 외의 쟁의행위가 일반 민·형사법 위반에 해당하는 경우를 말한다.

바로 이 경우가 노조법 3조와 4조의 적용대상이다. 민·형사법위반으로 민·

형사책임요건에 해당되더라도 노조법 3조, 4조에 해당하면 민·형사책임을 면하도록 한 것이다. 그리고 이와 같이 쟁의행위를 노조법 3조, 4조에 해당한다고 할 때 이를 위법쟁의행위에 포섭되지 않는 것으로 파악할지 아니면 위법쟁의행위임에도 노조법 3조, 4조에 의해 민·형사책임을 면하는 것으로 구성할지는 어디까지나 법리 구성의 문제일 뿐이다.

Ⅱ. 단결금지법리의 폐지과정과 쟁의 면책법리 ― 외국 입법례와 ILO 협약을 중심으로

1. 근대자본주의 법질서와 단결금지법리

근대자본주의 사회가 확립됨에 따라 근로관계는 봉건적 신분관계에서 계약관계로 변경되었는데, '계약의 자유', '노동의 자유'를 절대시하고 이를 침해하는 행위를 불법, 범죄로 규정하였다. 개인 사이의 자유로운 거래를 방해하는 노동자의 단결 및 단체행동은 금지되었다. 사용자를 압박하는 쟁의행위를 불법으로 금지하고 처벌하는 법률을 제정하였고, 노무제공거부 등 단순한 계약위반행위를 범죄행위로 처벌하였다. 이렇게 노동자의 단결 활동을 불법, 범죄로 금지한 것이 민형사면책법리에 대응하여 '단결금지법리'라고 할 수 있다. 자본주의의 발전과 노동운동의 성장에 따라 단결금지법리의 폐지로 나아갔는데, 나라마다 다른 방식으로 이루어졌다.

2. 영   국

영국은 자본주의 발전이 가장 빨랐고, 시민계급의 형성과 지배도 가장 앞섰다. 영국에서는 '노동의 자유론'이 쟁의행위에 대한 형사처벌 등 책임의 논리적 근거가 되었다. '노동의 자유'는 개별적인 거래와 자유경쟁의 이념에 바탕을 둔다. 집단적 성격을 띤 쟁의행위는 '인위적인', '소란스러운' 또는 '불온한' 행동으로서 범죄, 불법으로 취급되었다.

조경배 교수에 의하면, 첫째, 쟁의행위를 그 태양에 따라 개별적인 구성요건으로 열거하여 직접 금지하는 단결금지법(Combination Act)을 비롯한 여러 법률의 제정, 둘째, 주종법(Master and Servant Act)과 같이 단순한 계약위반행위를 범죄행위로 처벌함으로써 간접적으로 쟁의행위를 규제하는 방식, 셋째, 구체적인 구성요건을 정하지 않고 포괄적으로 쟁의행위를 규제하는 보통법상의 공모법리 등 세 가지의 방향이 쟁의행위를 규제하는 법형식이었는데, 영국에서의 형사면책을 중심으로 한 쟁의 면책의 법리의 형성은 아래와 같이 이를 해체하는 과정이라 할 수 있다.3)

　　18세기 말 이전에 노동자의 단결 활동을 금지하는 다수의 규제법이 이미 존재했지만, 1799년과 1800년에 제정된 일반 '단결금지법'은 쟁의행위의 모든 태양을 구체적이고 개별적으로 열거하여 규제하면서 각각의 죄와 형벌을 정하고 있었다. 근로자가 자발적이고 개별적으로 근로제공을 거절하는 것은 물론이고 다른 근로자와 공동으로 또는 상호 영향을 미치면서 노동을 중지하는 것도 모두 범죄로 취급되었다. 이에 대하여 조용하게 입안된4) 1824년 노동조합법(Trade Union Act 1824)은 모든 단결금지법을 철폐하고 노동단체 활동을 합법화하는 법률이었다. 처음으로 쟁의행위에 대한 형사면책 등 면책을 규정하였다. 단결권의 보장과 함께 폭력·협박에 의한 강제를 동반하지 않는 한 타인을 유인하여 취업시간 또는 고용기간 종료 전에 근로를 중지시켜도 처벌하지 못한다고 규정함으로써 목적의 제한 없이 쟁의행위를 허용하였다5). 1824년 법은 근로제공거절 자체를 직접 처벌하는 것을 폐지했다는 점에서 면책법리의 발전에서 커다란 의의가 있었다. 하지만, 이에 대한 반동으로 제정된 1825년 노동조합법은 면책이 부여되는 쟁의행위의 목적을 '임금 및 근로시간'에 한정하고 수단의 측면에서는 타인에 대한 근로제공 거절의 유인행위를 면책하도록 한 규정을 삭제하며 금지 수단으로서 폭력·협박 외에 '방해(molestation)', '저지(obstruction)'라는 모호한 규정이 추가되면서 다소 후퇴되었다6). 1824년 및 1825년법의 단결금지법의 폐지는 쟁의행위 자체를 법적 권리로서 승인한 것은 아니었다. 단지 '노동

---

3) 조경배b, 319면 이하. 아래에서 영국에서 이 쟁의규제법들에 의한 단결금지법리의 해체 과정에 관한 내용은 주로 이 논문에 따른 것인데, 이 논문은 일본학자인 片岡昇의 英國勞働法理論史(有斐閣, 1956)를 참조하여 작성한 것이다.
　　한편, 이 글에서는 위 조경배 교수의 논문과 함께 영국의 노동운동과 관련된 부분은 시드니·베아트리스 웹의 「영국노동조합운동사」를 참고하였다.
4) 시드니·베아트리스 웹, 116면. 이 책에서는 영국에서의 노동관계법령의 입법과정과 노동운동 사이의 관계가 자세히 기술되어 있다. 1824년 노동조합법이 당시 격렬한 입법투쟁이 아닌 우호적인 의원에 의하여 마련된 것에 대하여 설명하고 있다.
5) 하지만, 법원은 '폭력' 및 '협박'을 넓게 해석하여 다른 근로자에게 폭력이나 협박을 행사하여 파업을 조장·유도하는 것을 엄중히 금지하고 이러한 행위의 교사 및 방조는 물론 이를 유지하는 모든 행위를 처벌하였다.
6) 시드니·베아트리스 웹, 120면. 이 모호한 규정이 노조에 대응하는 무기로 사용되었다.

의 자유'라는 논리의 연장에서 근로제공의 거절 자체가 범죄가 아님을 소극적으로 인정한 것이다. 1825년법을 폐지한 1871년법에서 단결권이 '특별한' 권리로서 승인되었다. 하지만 여전히 '방해', '저지', '위협', '협박' 등 모호하고 포괄적인 수단의 추가로 쟁의행위에 대한 엄격한 규제가 있었고 특히 피케팅에 대하여 규제가 극심하였다. 파업은 완전히 법적으로 인정되었지만, 사용한 수단이 고용주를 위압하려고 계획된 것이라면, 그것은 위법이었다. 즉 파업 자체는 합법적이지만 파업 시 사용되는 수단은 모두 범죄가 되었다. 결국 이 당시 단결금지법리의 한 측면인 쟁의행위에 대한 직접적인 규제법은 공모법리와는 달리 금지유형을 개별적으로 열거하여 이에 해당하는 경우에만 범죄로 처벌하는 적극적인 방식을 취했다는 점에 그 특징이 있다.

	1875년 공모죄및재산보호법(Conspiracy and Property Protection Act 1875)은 쟁의행위에 대한 입법적 규제가 일반적인 금지에서 포괄적인 승인으로 근본적인 전환을 가져온 계기였다. 노동쟁의에 대하여는, 단독으로 행할 경우 범죄를 구성하지 않는 한 동일한 행위를 근로자 다수인이 단결하여 해도 형사공모로서 소추할 수 없다고 규정하였다. 이로써, 쟁의행위가 일반 형법법리와는 다른 '특별한' 권리로서 형사면책이 주어지고, 쟁의권의 승인을 '거래제한'이라는 예외적인 경우에 한정하는 태도를 버리고 모든 범죄행위로부터 인정하게 되었다. 1871년법이 쟁의행위를 '거래제한'의 범위 내에서만 승인한 것임에 대하여 1875년 공모죄및재산보호법은 모든 범죄로부터 즉 국가권력으로부터 해방시켰다. 1875년 공모죄및재산보호법에 의하여 쟁의행위에 대한 규제는 그 포괄적 성격이 제거되고 보다 구체적이고 개별적인 형태로 전환되었다. 또한 이 법은 1871년법의 규제대상이었던 쟁의수단에서 폭력·협박·방해라는 막연한 개념 대신 구체적인 상황과 결합하여 금지되는 행위유형을 명시적으로 열거하였다. 즉, 타인을 '강제'할 목적으로 불법 또는 법률상 권한 없이 (1) 타인 또는 그 처자에게 폭력을 가하거나 협박하거나 재산에 손해를 가하는 행위, (2) 집요한 미행, (3) 타인이 소유하거나 사용하는 기구, 의류 기타 재산을 은닉, 탈취 또는 그 사용을 방해하는 행위, (4) 타인이 거주, 노동, 사업 또는 거주하는 가옥 기타 장소 또는 그 통로를 감시 또는 포위하는 행위, (5) 2인 이상의 자가 함께 가로 또는 도로에서 불온하게 미행하는 행위는 10파운드 이하의 벌금이나 금고형에 처한다고 규정하였다(1875년 공모및재산보호법 7조). 이로서 쟁의행위를 처음부터 위법시하여 예외적으로만 승인해오던 종래의 규정형식은 완전히 사라지고 쟁의행위는 원칙적으로 합법적인 것이고 다만 쟁의행위의 수단이 위법한 경우에만 개별적으로 범죄가 될 수 있도록 규정되었다. 원칙과 예외가 바뀐 것이다.

단결금지법과 함께 쟁의규제의 주된 도구가 됐던 것은 주종법(Master and Servant Act)이다. 주종법은 근로자의 근로계약 위반행위, 예를 들면 서면계약에서의 근로 개시의 불이행, 노무완료 전 노무로부터의 이탈, 노무의 완전한 수행 태만, 노무수행 중의 노무에 관한 비행 등에 대하여 3월 이하의 금고형에 처하였다. 이에 따라 근로자의 쟁의행위는 당연히 근로계약 위반행위로서 범죄가 되었다. 노동자들의 투쟁으로 1875년 주종법이 폐지되고, 고용주 및 근로자법(Employers and Workmen Act)이 제정되었다. 이 법률은 근로계약 위반을 범죄로서 처벌하는 전통적인 주종법의 입장을 근본적으로 수정하여 근로계약관계를 완전히 일반 계약법리와 동일한 위치에 두고자 하였다. 이는 1875년 공모죄및재산보호법이 쟁의행위를 특별한 권리로 인정한 데 대하여 이를 배후에서 지원하는 것이었다. 주종법의 폐지는 근로계약의 위반을 이유로 형벌적용의 완전한 폐지를 의미하는 것이었고, 형사공모법리의 배제와 함께 가장 기본적인 쟁의행위의 유형으로서 단순히 근로제공의 거절에 관하여는 형사책임을 지지 않게 되었다.

쟁의행위에 대한 형사면책의 법리는 1875년 공모죄및재산보호법에 의하여 쟁의행위가 형사공모의 법리로부터 해방됨으로써 완성되었다. 보통법상의 공모법리는 본래 쟁의행위를 억압하기 위하여 형성된 것은 아니었으나 그 구성요건의 포괄적 성격과 실행행위가 없어도 공모한 사실만으로 처벌할 수 있다는 법적용의 편리성 때문에 쟁의행위의 탄압수단으로 자주 이용되었다. 쟁의행위에 대한 형사공모법리는 앞서 살펴본 쟁의행위 금지법규 및 주종법과 서로 보완적인 관계를 유지하면서 또는 독자적으로 적용되었고 특히 단결금지법이 폐지된 이후로는 거의 모든 쟁의행위에 무차별적으로 적용되었다. 보통법상 형사공모죄(criminal conspiracy)의 구성요건은 2인 이상의 자가 불법한 행위를 할 것을 합의하거나 또는 합법적인 행위를 불법적인 수단을 이용하여 할 것을 합의하는 것이고 이러한 합의가 존재하는 한 어떠한 표현행위도 필요하지 않았다. 나아가 공모죄의 구성요건 중 '불법(unlawful)'의 의미는 범죄행위(crime)를 의미하는지 불법행위(tort)를 의미하는지 또는 계약위반(breach of contract)을 의미하는지 모호하고 포괄적이었기 때문에 범죄와 불법행위의 구별이 별도로 이루어지지 않았

고 민사책임과 형사책임의 한계가 불분명하였다. 한편 공모죄의 또 다른 특징은
타인을 해하기 위한 공모 그 자체이고 달리 실현행위가 필요하지 않았다. 이리
하여 공모죄의 구성요건 개념은 모든 범죄나 불법행위 또는 그 어느 것에도 해
당하지 않는 경우에는 공공정책이나 심지어 비도덕적 행위를 위한 공모도 모두
포괄하는 것으로 발전하였다. 따라서 쟁의행위의 경우에는 형법에 명시된 범죄
구성요건에 해당하는 구체적인 위반행위가 없더라도 다수인이 합의했다는 사실
만으로 범죄가 성립되었다. 그 당시 법원의 판결내용을 보면 이 점을 보다 명확
하게 알 수 있는데, R. v. Starling 사건에서 법원은 "피고인 등에 대한 기소는
노동을 거절한 것에 기한 것이 아니라 공모한 것을 이유로 한다. 동일한 행위를
공모 없이 피고인들 또는 피고인 중의 누군가가 한 경우에 적법한 것이라도 이
를 공모한 것은 어떠한 경우에도 위법하다"라고 판결하였다. 1875년 공모죄및재
산보호법은 앞서 살펴 본 바와 같이 이 법률은 단독으로 행할 경우 범죄를 구
성하지 않는 한 동일한 행위를 다수인이 단결하여 해도 형사공모로서 소추할
수 없다고 규정함으로써 적법한 행위를 다수인이 했다고 해서 형벌로서 그 책
임을 물을 수 없다는 점을 명확히 함으로써 쟁의행위를 공모법리에서 완전히
해방시켰다.

   영국에서 1875년 공모죄및재산보호법에 의하여 형사면책이 완전히 이루어
진 후 이를 바탕으로 민사면책은 1906년 노동쟁의법(Trade Disputes Act)에 의해
서 이루어졌다. 이로써 쟁의행위 자체는 책임에서 벗어나 완전한 법적 자유 내
지 권리가 되었다. 영국법에서 쟁의행위는 자유의 하나로서 보장되었고 개인의
권리 또는 노동조합의 권리처럼 어떤 적극적인 의미에서의 법적 권리로서 명시
한 규정은 없다. 그렇지만 1875년법 이래로 쟁의행위 자체에 대한 형사적 규제
는 사라졌고 주로 평화적이지 않은 피케팅에서 문제되는 것이지만 쟁의과정에
서 발생할 수 있는 개별적인 범죄행위나 치안문란 등의 경우에서만 문제될 뿐
이다. 이와 관련하여 구체적으로 현행 노조법을 살펴보면, 영국의 노동조합 및
노동관계법(통합) 240조는 고의 또는 악의로 근로계약이나 채용계약을 위반행위
가 단독 또는 공동으로 (a)사람의 생명을 위태롭게 하거나 신체에 중대한 상해
를 끼치거나, (b)중요한 자산의 파괴 또는 중대한 손실을 끼친다는 것을 알거나
믿을 만한 합리적인 이유가 있는 수 있는 합리적인 이유가 있는 때에는 벌금에
처하고, 241조는 폭행, 손괴 등으로 권한 없이 권한 있는 사람의 행위를 방해

또는 강요하는, 평화적이지 않은 피켓팅에 대하여는 6개월 이하의 징역형 또는 벌금에 처하도록 규정하고 있는데, 영국에서는 실제로 이 노조법위반으로 기소된 사례가 없고, 경찰법과 도로법을 적용한 사례가 있을 뿐이다.[7] 파업을 조직하거나 참여하는 것에 대한 형사책임은 존재하지 않고, 그 형사책임이 부활된다는 것은 상상조차 할 수 없다고 보고 있다.[8]

　　한편, 민사면책에 있어서는 위 1906년 노동쟁의법을 통해 노동조합의 위법쟁의에 대한 면책이 이뤄졌던 것인데, 대처 집권 이후 1982년 고용법을 통해서 위법쟁의에 대한 면책을 제거하면서 손해배상액의 한도를 설정하는 한정 책임제도를 도입했다. 이와 같은 후퇴에도 불구하고 중요한 것은 이에 따라 파업 후 손해배상 청구하는 사용자가 거의 없어 1988년 이래 공간된 판례가 없다는 것이다.[9]

　　이상 영국에서 쟁의에 대한 면책법리의 형성과정을 보면, 쟁의행위를 범죄로 보던 시민법의 논리구조로부터 면책의 법리가 확립된 과정은 첫째, 쟁의행위 자체를 직접적으로 금지하는 개별 형벌조항(단결금지법, 주종법 등에 산재된 금지조항)이 폐지되는 것이고, 둘째, 근로계약위반행위가 형사책임의 문제가 아니라 민사법리로 순화되는 것이며, 셋째, 보통법상 포괄적으로 운용되는 쟁의행위에 대한 형사공모법리의 적용을 배제함으로써 쟁의행위를 범죄가 아닌 권리로 승인하고, 이러한 형사면책을 바탕으로 노동입법을 통해서 민사면책으로 나아갔다.

3. 프 랑 스

　　프랑스의 경우 자본주의 체제가 확립된 것은 영국에 비하여 지연되었다. 그럼에도 이미 18세기 공장노동자와 동업조합에 속하는 노동자들이 있었고 이들의 열악한 근로조건에 대한 불만을 억제하기 위하여 1720년 단결금지령을 선포해 근로자의 단결 활동을 금지하였다. 1789년 프랑스혁명으로 시민계급의 지배가 확립된 후 제정된 1791년 르 샤플리에법은, '계약의 자유', '경제활동의 자유'의 보장을 확보하기 위해, 노동자에게도, 사용자에게도 영속적인 단결 및 쟁의를 위한 일시적인 단결을 일절 금지하였고, 단결의 유무에 관계없이 노사에 대한 협박의 금지 특히 근로자의 노동의 자유 내지 노무수행에 대한 폭행·협

---

7) Keith Ewing, 87면; 전형배, 360면.
8) Keith Ewing, 87면.
9) Keith Ewing, 86~87면.

박행위를 금지하고, 노사에 대한 쟁의단의 선동, 폭행, 협박을 금지하였다. 한마디로 말하면 단결금지, 노동 또는 사업의 수행에 대한 폭력적 수단에 의한 방해의 금지가 이 법의 내용이었지만 실질적으로는 근로자의 단결 활동을 금지하는 것을 목적으로 했다. 1810년 나폴레옹 형법전 420조는 21명 이상의 결사 활동을 금지하고 414조에서 사용자의 단결 활동이 임금인하의 강제를 위하여 불법적으로 남용된 경우에만 금지하였고, 415조는 쟁의행위 내지는 임금·노동조건의 개선을 위한 근로자의 단결 활동을 사용자의 경우보다도 더 중하게 벌함으로써 금지하였다[10]. 1848년 2월혁명 뒤에 마련된 1849년 개정형법은 근로자와 사용자의 처벌과 관련한 차별적 규정을 수정하여 법정형을 노사 동등하게 하였으며, 사용자측의 '불법적으로 남용'을 삭제하는 등 414조 내지 416조로써 법조를 정비하였으나, 범죄로 될 수 있는 행위수단에 관해서는 종전의 법체제를 존속·유지하였다.

1864년 프랑스 개정형법 414조는 "임금 인상이나 임금 인하를 강요할 목적으로 혹은 산업 또는 노동의 자유로운 수행을 방해할 목적으로, 폭력, 폭행, 협박 또는 위계로써 노동의 조직적(공동) 정지의 결과를 발생케 하거나 그 정지를 유지·존속케 하거나 혹은 그 실행에 착수한 자"를 처벌한다고 규정하고, 415조는 414조의 행위가 공모에 의해 행해진 경우에는 고등경찰의 감시하에 둔다고 하며, 416조는 산업 또는 노동에 종사하는 개인의 자유를 미리 공모에 의한 사적 제재(벌금 또는 금지의 언도)로써 방해한 자에 대한 처벌규정이다. 이 규정들은 첫째, 종래의 법률과는 달리 단결 활동 그 자체의 처벌을 폐지하여 단결권을 승인한 점에서 중요한 의의를 가지고, 둘째, 단결체의 가해행위에 대하여는 단결체 구성원들 자신의 노동의 정지와 개인의 노동의 자유에 대한 침해로 구분하여, 전자에 대하여는 그 목적을 한정하고 게다가 그 수단으로서는 폭력, 폭행, 협박 또는 위계에 한정하고 있으며, 후자에 대하여는 공모에 의한 벌금·금지 등의 수단에 한하여 처벌한다. 이상을 종합하면 이 법은 단결 활동 자체는 처벌하지 않지만 폭력 등으로써 집단적 쟁의행위를 수행한 경우에는 처벌한다는 취지이다[11]. 이로써 폭행, 폭력, 협박 또는 위계가 없는 단순한 단결 활동과 일시적인 자유로운 쟁의권을 인정하게 된 것이다. 그러나 쟁의행위를 형사처벌하는

---

10) 杉原泰雄, 89면; 김치선, 45면; 宮島尚史, 124~128면; 김순태a, 16~17면에서 재인용.
11) 宮島尚史, 124~128면; 김순태a, 16~17면에서 재인용.

법리에서 완전히 벗어나지 못했다. 그리고, 1884년 개정형법에 의해 위 416조가 삭제되면서 노동조합의 일상적인 단결권이 법적으로 인정되었다. 1864년 개정 형법과 1884년 개정형법을 통하여 점차로 쟁의행위의 자유가 인정된 것은 사실 이나 민형사책임의 면책을 의미하는 근로자의 특별한 권리로서 쟁의권이 보장 된 것은 제2차 세계대전 이후 1946년 제4공화국헌법이 "파업권은 법률이 규율 하는 범위 내에서 행사된다."라고 규정하면서부터이다.

프랑스의 현 형법전 431-1조는 공동으로 폭력 또는 협박에 의해 노동의 자 유를 방해하는 자에 대하여 처벌하도록 정하고 있지만, 근로제공을 거부하는 파 업 자체는 형사처벌하고 있지 않다. 프랑스에서는 헌법이 노동자의 기본권으로 보장한 파업의 자유에 반하기 때문에 불가능하다고 본다.[12] 다만, 불법감금, 폭 력, 파괴 등 일탈행위에 대하여 해당 형사범죄로 처한다.

민사책임과 관련하여, 프랑스는 직업적 요구를 위한 근로제공의 집단적 거 부인 파업은 정당한 쟁의행위로서 면책된다.[13] 여기서 직업적 요구에는 개별적 근로관계는 물론 집단적 노사관계, 정리해고 실시의 철회와 공공기관 민영화의 철회 그리고 자회사 설립 반대, 사회보장 및 퇴직연금 등 사용자가 처분할 수 없는 것, 이익분쟁과 권리분쟁 등을 망라해서 폭넓게 해당된다.[14] 여기에 프랑 스의 경우 파업권은 노조가 아닌 개별 노동자들에게 보장된 것으로 보고 있기 때문에 노조가 주도하지 아니 하는 노동자들의 파업도 면책된다. 사실상 불법 점거, 폭행, 파괴 등 일탈행위가 민사책임의 대상이 되는 것인데, 이러한 행위가 쟁의행위 중에 발생한 것이라면 파업 등 쟁의행위로 발생한 사용자의 손실 부 분은 불법행위로 인한 손해배상의 대상에 해당하지 않는다고 보아 엄격히 제외 하고서 일탈행위로 인해 발생한 부분만 인정하고 있다.[15] 원칙적으로 노동자의 파업에 따른 손해는 불법행위로 인한 민사책임에서 면책하고 있다고 볼 수 있다.

4. 독   일

독일에 있어서도 초기에는 쟁의행위를 원칙적으로 금지하는 입법이 마련되 었는데, 1845년 프로이센일반영업령(Allgemeine Preußische Gewerbeordnung)이 그

---

12) Emmanuel Dockés, 43~44면.
13) Emmanuel Dockés, 49면.
14) Emmanuel Dockés, 35면 이하.
15) Emmanuel Dockés, 49면.

것이다. 이것은 그 후 1869년 북독일연방영업령(Gewerbeordnung für den Nord-
deutschen Bund)에 의하여 폐지되었다. 그 152조 1항의 규정은 다음과 같다. "특
히 근로의 거부 또는 노동자의 해고를 수단으로 하는, 유리한 임금·근로조건을
목적으로 하는 약속 및 단결에 관한 모든 금지와 처벌규정은 이를 폐지한다"[16].
이에 따라 사전에 예고하지 않은 불법파업이라도 계약위반이지만, 형사처벌할
수 없게 됐다.[17] 이로써 근로자의 쟁의행위를 금지하는 입법이 폐지되어 그로부
터 형사책임이 면책되었으나, 쟁의행위는 법원에 의하여 확대 해석된 다른 금
지·처벌규정에 의하여 크게 제약되었다. 즉, 근로자의 쟁의행위를 금지하는 입
법이 폐지됨에 따라 시민형법의 적용이 문제가 되었는바, 독일 형법상 강요죄,
공갈죄 및 치안법령의 단속규정이 법원이 쟁의행위를 억압하는 중대한 역할을
담당하였다. 예컨대 1891년 제국법원은 파업을 하겠다는 엄포를 놓은 임금교섭
위원을 강요죄로 처벌하였다. 이때 결정적으로 고려된 것이 과거의 임금 즉 1일
의 파업과 2일의 직장폐쇄 기간 중의 임금지급을 요청하였다는 점이다. 제국법
원은 이러한 요구는 위 영업령 152조 1항의 문언이 포섭하지 않는다는 견해를
취했다.

　　독일에서는 그 뒤 1918년 11월 혁명 이후 제정된 1919년 바이마르헌법에
단결권이 규정되고부터 쟁의권의 보장에서 커다란 진척이 있었다. 하지만, 나치
가 등장하면서 1934년 국가노동질서법에 의해 근로의 거부를 호소하는 것을 종
업원 선동죄로 금지되었다. 제2차 세계대전 후 나치정권이 몰락하면서 단결권을
다시 회복되었고, 1949년 기본법은 단결권을 보장하였다(기본법 9조 3항). 이로써
쟁의에 대한 형사면책이 재확립되면서 쟁의행위의 정당성에 기한 민사면책으로
나아갈 수 있게 되었다. 한편 우리 노조법과 같은 쟁의행위를 규제하는 법률이
존재하지 않는 독일은 민사책임에 관하여는 단체협약에 기한 평화의무 위반 시
손해배상의 문제로 학설과 판례는 파악하고 있다.

　　독일에서 현재 쟁의행위에서 형사처벌이 문제될 수 있는 경우는 쟁의행위
기간중 개별 참가자가 범한 모욕, 상해, 기물손괴, 절도 등 일탈행위에 대해서일
뿐 쟁의행위 자체에 대하여 형사처벌하고 있지 않다. 쟁의행위에 대하여 독일
형법규정을 적용할 수 있는지에 관하여 논의가 진행된 적은 있으나 학설과 법

---

16) Ninon Colneric, 29~30면.
17) Wolfgang Däubler, 17면.

원은 쟁의행위에 대하여 적용을 인정하지 않고 있다. 독일 형법 240조는 강요죄 (Nötigung)[18])에 대하여 규정하고 있는데 1항은 "중대한 해악의 위협(Drohung mit einem empfindlichen Übel)이나 폭행(Gewalt)[19])으로써 타인에게 위법하게 작위, 수인, 부작위를 강요"하는 행위를 처벌하고, 2항은 "달성하려는 목적을 위한 폭행의 행사나 해악의 위협이 비난할 수 있는 것으로 인정할 수 있을 때에는 그 행위는 위법하다."라고 규정하고 있다. 이러한 입법형식은 공갈죄(Epressung)에서도 마찬가지로 강요죄에서 2항에 규정한 것과 마찬가지로 253조 2항으로 폭행 또는 협박이 비난할 수 있는 것일 때 위법하다고 규정하고 있다. 이와 같은 규정으로 쟁의행위는 형법상 강요죄, 공갈죄가 성립하기 위해서는 1항의 구성요건을 충족하여야 하고, 그 쟁의행위가 노동법상 부당(위법)을 의미하는 '사회불상당성' 또는 '양속위반'보다는 고도의 것, 보다 강한 것, 또는 참을 수 없는 형법상으로 위법한 정도에 이르러야 한다고 보는 점에서 통설, 판례가 의견을 같이 하고 있다[20]). Nipperdey 전 연방노동법원장도 쟁의행위는 극히 예외적인 경우에나 형법 240조가 말하는 '비난가능'한 것으로 보아야 한다고 했다[21]). Wolfgang Däubler 교수는 독일 학설이 '비난가능'할 것을 요구한다면서 그 행위의 적법성에 대하여 사회에 상이한 견해가 존재하는 경우에는 '비난가능하지 않다'는 학자가 있다고 밝혔다.[22]) 또한 1항의 구성요건 중 폭행을 해석함에 있어서도 엄격하게 해석하여 근로제공을 거부하는 파업만으로는 여기에 해당하지 않는다고 보고 있다. 연방헌법재판소도 독일연방공화국 영내 Pershing II 미사일 배치를 저지하기 위한 군사시설 앞에서 연좌농성을 벌인 평화운동가들에 대한 재판에서 형사법원이 형법 240조 1항의 폭행(Gewalt)의 개념을 "만일 타인이 행위자의 현존으로 인해 그 의사 관철의 방해를 정신적으로 받았다면 타인이 차지 또는 통과하려는 장소에 이미 신체적으로 현존하는 것만으로도 이에 해당한다."라고

---

18) 이 죄를 협박죄로 번역하기도 하고 강요죄로 번역하기도 한다. 이광택 교수는 전자로, 임종률 교수는 강요죄로 각각 번역하였다. 여기서는 우리 형법상 협박죄가 단순한 협박으로 성립하는데 비하여 독일 형법은 일정한 작위, 수인 또는 부작위를 강요한다는 것을 구성요건으로 하고 있어 강요죄로 번역하는 예를 따랐다. 이러한 차이는 번역상의 용어선택의 차이일뿐 내용에서는 아무런 차이가 없다.

19) 이에 대하여도 폭행으로 번역하기도 하고 위력으로 번역하기도 한다.

20) 임종률a, 92면, 124~125면.

21) Hueck-Nipperdey, Grundriß des Arbeitsrechts. 4. Aufl., Berlin und Frankfurt a.M., 1968, 297면; Ninon Colneric(이광택역), 37면에서 재인용.

22) Wolfgang Däubler, 19면.

한 데 대하여 그와 같이 확대 해석하는 것은 기본법 103조 2항 죄형법정주의에
합치되지 않는다고 하였다. 이상과 같은 이유로 쟁의행위에 대하여 형법상 범죄
가 성립하는 일이 거의 발생하지 않는 것이다. Ninon Colneric 교수도 제2차 세
계대전 이후 파업 자체가 강요죄로 유죄판결을 받은 사례를 알지 못한다고 하
고 있다.23) 이상을 통해서 쟁의에 대한 형사면책에 관하여 보면, 근로제공을 거
부하는 파업 등 쟁의행위는 형사책임이 면책되는 것이고, 쟁의 중 개별 행위자
의 일탈행위가 공갈죄 등 일반 형사처벌이 문제되지만 처벌한 사례를 찾기 어
렵다는 것을 알 수 있다.

5. 국제노동기준 — ILO 결사의 자유에 관한 협약

노동자의 단결 활동을 보장하는 결사의 자유 원칙은 ILO의 핵심적 가치이
고 ILO 기본협약 87호로 정하고 있다. ILO 필라델피아 선언(1944), 노동에서의
기본 원칙과 권리에 관한 ILO 선언(1998), 세계인권선언(1948)에서도 선언된 노
동자의 자유 내지 권리가 국제노동기준이다. 쟁의에 대하여 ILO 결사의 자유 위
원회(Committee on Freedom of Association)는 결정례를 통하여 결사의 자유에 관한
협약의 침해 여부를 판단해왔다. 이 87호 협약에는 파업권에 관하여 명시적으로
규정하고 있지 않다. 하지만 결사의 자유 위원회는 이 협약이 보장한 단결권으
로부터 파생되는 본질적 권리로 파악한다.24)

당연하게도 ILO는 정당한 파업을 주도한 노조에 제재를 가하는 것은 결사
의 자유 원칙에 대한 중대한 위반이고,25) 누구도 정당한 파업을 수행하거나 시
도하는 것에 대해 처벌을 받아서는 안 된다고 판단한다.26) 정당한 파업에 대한
책임을 면하여야 한다는 것이니 특별한 것이라고 볼 수 없겠지만, 수많은 노조
법상 규제로 정당성을 인정받기 어려운 우리의 경우에는 ILO 결사의 자유로 보
장하고 있는 정당성 범위가 보다 넓기에 이러한 ILO의 결정조차도 이 나라 노
동자들이 쟁의에 대한 책임을 면제 받는데 유용하다고 볼 수 있다. 나아가 ILO

23) Ninon Colneric(이광택 역), 37면.
24) ILO, Feedom of Association, Compilation of decisions of the Committee on Freedom of
    Association, 2018, para 754.
25) ILO, Feedom of Association, Compilation of decisions of the Committee on Freedom of
    Association, 2018, para 951.
26) ILO, Feedom of Association, Compilation of decisions of the Committee on Freedom of
    Association, 2018, para 953.

는 평화적 파업에 참여했다는 이유로 근로자에게 형사처벌해서는 안 되고,27) 평화적 집회 및 시위에 참여했다는 이유로도 처벌해서는 안 된다고 판단하고 있다.28) 쟁의행위 자체에 대한 형사면책을 분명히 하고 있는 것이다. 이는 형벌은 파업의 틀 내에서 인명 및 재산에 대한 폭력 또는 기타 일반 형법에 대한 중대한 위반이 이루어진 경우에만 부과되어야 한다고 밝힌 결정을 통해서 재확인된다.29) 심지어 파업 위협과 관련하여 제재를 가하는 입법 조항은 표현의 자유와 결사의 자유 원칙에 위배된다.30) 파업과 관련된 불법행위에 대한 모든 처벌은 범한 범죄 또는 과실에 비례해야 하고, 단순히 평화적 파업을 조직하거나 참가했다는 사실만으로 체포, 구속해서는 안 된다.31) 평화적 파업의 조직 또는 참여와 관련하여 체포 및 구금에 의존해서는 안 되고, 그러한 조치는 결사의 자유에 대한 심각한 위협이다.32) 그 누구도 평화적 파업을 조직하거나 참가했다는 사실만으로 자유를 박탈당하거나 형벌을 받아서는 안 된다.33)

　　파업 등 쟁의행위에 대한 업무방해죄의 적용에 관하여 결사의 자유 위원회는 "위원회가 2000년 이후 이에 대한 요청에도 불구하고 대한민국 정부가 업무방해죄에 관한 형법 314조를 결사의 자유 원칙과 부합하도록 검토조치를 취하지 않고 있다는 점을 유감이라 밝힌다. 위원회는 다시 한 번 대한민국 정부에 지체 없이 형법 314조(업무방해)를 결사의 자유 원칙에 합치하도록 필요한 모든 조치를 취할 것을 요청하며, 이에 대한 정보를 계속해서 제공할 것을 요청한다."라고 결의했다.34) 2011. 3. 17. 대법원 전원합의체판결을 통해서 파업에 대한 업무방해죄 적용이 제한되었음에도(대법원 2011. 3. 17. 선고 2007도482 전원합의체판결) 여전히 파업에 대한 형법 314조(업무방해)의 적용에 우려를 표하면서 정

27) ILO, Feedom of Association, Compilation of decisions of the Committee on Freedom of Association, 2018, para 954.
28) ILO, Report of the Committee on Freedom of Association, 346th, Case No. 2323, para 1122.
29) ILO, Feedom of Association, Compilation of decisions of the Committee on Freedom of Association, 2018, para 955.
30) ILO, Feedom of Association, Compilation of decisions of the Committee on Freedom of Association, 2018, para 956.
31) ILO, Feedom of Association, Compilation of decisions of the Committee on Freedom of Association, 2018, para 966.
32) ILO, Feedom of Association, Compilation of decisions of the Committee on Freedom of Association, 2018, para 970.
33) ILO, Feedom of Association, Compilation of decisions of the Committee on Freedom of Association, 2018, para 971.
34) ILO, Report of the Committee on Freedom of Association, 350th, Case No. 2602, para 687.

부에 필요한 조치를 취할 것을 권고하는 것으로 그 태도를 유지하고 있다.[35]

　　이상이 쟁의에 대한 형사면책에 관한 것인데, 민사책임에 관해서는 주체, 목적, 절차, 수단과 방법 등에 따른 정당성 여부를 살피는 태도를 취한다. 최근 ILO 결사의 자유에 관한 협약 87조 등의 비준을 위한 노조법 개정 방향에 관한 논의를 살펴보면, 이에 관한 것이었다.

6. 결　　어

　　쟁의행위에 대한 면책법리의 형성과정을 보면, 초기에는 단결금지법령에 의하여 근로자의 단결 활동, 쟁의행위 일체를 금지하고 위반 시 형사처벌하였고, 그 뒤 '폭력', '협박', '위계' 등 쟁의행위의 일정한 수단을 금지하고 처벌하였으며, 최종적으로는 금지수단의 위반행위를 쟁의행위에서 분리하여 쟁의행위 자체에 대하여 형사처벌을 하지 않고, 나아가 민사책임의 면책으로 나아갔음을 알 수 있고, 이러한 과정을 거쳐 불법, 범죄이던 쟁의행위가 '자유' 또는 '권리'의 행사로 보장되었다. 다만, 쟁의행위에 대한 형사면책과는 달리 민사면책은 쟁의행위의 정당성 여부에 따른 것으로 머물러 있음을 알 수 있다.

Ⅲ. 쟁의행위의 면책법리

1. 기존의 논의구조

가. 구성요건해당성조각설

　　노동3권이 보장된 오늘날에는 쟁의행위는 원칙적 위법에서 '원칙적 정당성으로' 전화되었기 때문에, 원칙적으로 적법한 쟁의행위에 대하여는 '비록 형식적으로라도 위법의 평가를 내릴 여지는 없고', 따라서 정당한 쟁의행위는 위법성을 조각하는 것이 아니라 구성요건해당성을 조각한다는 것이다. 즉 헌법상 쟁의권 보장의 취지에 비추어 볼 때 정당한 쟁의행위는 권리행사로서 처음부터 범죄행위의 성격을 갖지 않으며 불법행위나 채무불이행으로도 되지 않는다는 견해이다.[36]

　　쟁의행위에 대한 판단은 시민법의 입장에서가 아니라 노동법의 입장과 원

---

35) ILO, Report in which the committee requests to be kept informed of development - Report No 363, March 2012 (438 - 467), Case No 2602, para 467.

36) 김형배, 1399~1400면.

리에 따라 비로소 구성요건해당성, 위법성의 판단을 순차적으로 받게 된다는 견해인데, 이에 따르면 노조법 4조의 근본취지는 쟁의행위의 특질에 착안하여 '이에 시민법의 적용을 인정하지 않겠다'는 대원칙을 표명한 것이다.

이 설에 대하여는 다음과 같은 비판이 제기되고 있다. 첫째, 시민법상의 구성요건은 원래 시민법규범이 예정한 일반적, 추상적인 위법행위의 유형이므로, 구성요건해당성의 문제는 시민법의 입장에서 판단될 문제이고, 노동법의 입장에서 판단할 성질은 아니라는 것이다.[37] 둘째, 노조법 3조, 4조의 입법취지를 합리적으로 설명할 수 없게 된다는 것이다. 정당한 쟁의행위가 구성요건에 해당하지 않는 것이라면, 노조법 4조에서는 굳이 위법성조각의 기능을 담당하는 형법 20조가 구성요건해당성 조각의 기능을 담당하는 것으로 이해되어야 하는데 이는 불합리하다는 것이다.[38]

나. 위법성조각설

정당한 쟁의행위는 본래 시민법상 채무불이행 또는 불법행위에 해당하고 범죄론체계상 구성요건에 해당할 수 있고, 다만 위법성을 조각함으로써 민·형사책임이 면제된다는 견해이다.[39] 쟁의권이 보장되어 있다고 하더라도 근로자의 쟁의행위는 민·형사법상 위법행위의 유형으로서 범죄의 구성요건에 해당될 수 있으며, 노동법의 원리 내지 특수성을 고려하는 것은 위법성 판단의 단계에서 이루어져야 한다고 한다.

이에 대하여는, 구성요건해당성조각설과 가벌적 위법성설의 입론에 따른 비판이 있는데, 이것들은 각 설에 대한 부분에 기술되어 있다.

위법성조각설을 취하는 경우 쟁의행위는 구성요건에 해당할 수 있으며, 노동법의 원리는 쟁의행위의 정당성을 판단하면서 위법성 판단 단계에서 개입하게 된다. 이와 관련하여 과거 판례는 마치 모든 쟁의행위가 업무방해죄에 포섭될 수 있는 것처럼 판시했었다. 이 견해에 따르면, 쟁의행위는 범죄의 구성요건해당성을 충족하고, 그 뒤 쟁의행위가 정당한지 여부에 따라 위법성이 조각될 수 있을 뿐인데, 현재는 판례 변경을 통해 대법원은 이제 쟁의행위로서 파업은

---

37) 임종률a, 88면.
38) 임종률a, 89면.
39) 김유성, 261면; 김일수, 432면; 이병태, 349면; 이재상a, 285면; 임종률a, 90~91면, 그 외 대다수의 형법학자들이 이 견해를 취하고 있다. 그리고 앞에서 살펴보았듯이 판례가 취하고 있는 견해이다.

사용자가 예측할 수 없는 시기에 전격적으로 이루어져 사용자의 사업운영에 심대한 혼란 내지 막대한 손해를 초래하는 등으로 사용자의 사업계속에 관한 자유의사가 제압·혼란될 수 있다고 평가할 수 있는 경우에 집단적 노무제공의 거부가 위력에 해당하여 업무방해죄가 성립하고, 그 쟁의행위가 정당한지 여부에 따라 위법성이 조각된다고 본다.[40] 따라서 판례는 쟁의행위로서 파업은 형사책임과 관련하여서는 일정한 경우에 위법성조각설을 취하나, 파업이 아닌 그 밖의 쟁의행위는 여전히 일반적으로 위법성조각설을 취하고 있다. 한편 판례는 민사책임을 논할 때에는 여전히 쟁의행위의 정당성으로 위법성을 조각한다고 보는 위법성조각설을 취하고 있다.

다. 가벌적 위법성론

쟁의행위의 범죄불성립은 보통은 위법성이 조각되기 때문이지만, 형법상의 구성요건은 원래 형벌을 필요로 하는 정도의 실질적 위법성이 있는 행위를 예상하여 이를 유형화한 것이므로, 구성요건은 원래 형벌을 과할만한 정도의 위법을 구비하고 있지 않은 행위, 즉 가벌적 위법성을 구비하고 있지 않은 행위, 예컨대 법익침해의 정도가 극히 경미하고 또 법익침해의 목적·수단이 사회적으로 상당하다고 인정되는 경우에는 구성요건에 해당하는 행위로 볼 수조차 없다는 견해이다.[41]

따라서 어떤 쟁의행위가 그 실질적 위법성이 가벌적인 정도에 이르지 않은 경우에는 구성요건해당성 자체를 부정할 수밖에 없는 것이다. 구성요건해당성 판단의 단계에서 노동법의 특수성을 고려하여 '가벌적인 위법'이 있는지를 판단하자는 것이다.

이 견해에 대하여는 본래 유형적 판단에 그치는 구성요건해당성 판단의 단계에서 실질적 가치판단을 도입하는 것이며, 이는 범죄론 체계를 무시하는 결과가 된다는 비판이 제기되고 있다.[42]

라. 검   토

그런데, 이상의 견해들은 쟁의행위가 정당하면 면책되고, 정당하지 않으면 면책되지 않는다는 데 모두 일치한다. 다만, 정당한 쟁의행위를 구성요건에 해

---

40) 대법원 2011. 3. 17. 선고 2007도482 전원합의체 판결.
41) 임웅, 210면 이하.
42) 임종률a, 89~90면.

당되지 않는 것으로 볼 것이냐, 위법성을 조각하는 것으로 볼 것이냐 하는 이론 구성의 차이일 뿐이다. 형사책임에 관하여 본다면 정당한 쟁의행위에 대하여는 범죄불성립이라는 것은 동일하다. 이것은 가벌적 위법성설에서도 마찬가지일 것이다. 실질적 위법성을 결여한 경우 이를 구성요건에 해당하지 않는다고 보든, 법익침해 정도가 경미하고, 목적, 수단이 사회적으로 상당하다면43) 정당행위로 평가하여 위법성이 조각되는 것으로 보든 범죄가 성립하지 않는 것은 동일하다. 그렇다면 커다란 실익이 없는 논의라 할 것이다.44)

쟁의행위가 정당하면 범죄가 성립하지 않고, 정당하지 않으면 성립한다는 것이므로 결국 이들(위 견해들)의 형사면책법리의 구성에서 주된 관심은 형사처벌이 면책이 되게 되는 '쟁의행위의 정당성'에 관한 판단에 모아질 수밖에 없다. 그리고 이들은 쟁의행위의 정당성 판단을 민사책임에 대해서건 형사책임에 대해서건 그 면책을 위해서 구별 없이 사용하고 있다. 그렇기 때문에 이들 이론을 '쟁의행위의 정당성론'이라고 평가할 수 있다. 그런데 이 쟁의행위의 정당성론만으론 쟁의행위에 대한 형사면책이 해결될 수 없기 때문에 다시 한 번 정당성이 없는 쟁의행위에 대하여 형사책임을 부과할 것이냐를 판단하기 위하여 통과해야 할 관문을 설정하려고 한다. 쟁의행위의 정당성이 결여된 경우 바로 형사책임을 과하는 것이 아니라, 다시 형법상 범죄론체계에 따라 구성요건해당성, 위법성, 책임 여부에 관하여 판단하여 결정하려는 것이다. 쟁의행위의 정당성이 상실되면 형사면책의 특권이 없어지고 일반적인 범죄론체계에 따라 범죄성립 여부의 판단을 받게 된다면서 구성요건해당성, 위법성, 책임성 여부에 대하여 노동법의 특수성에 따라 판단하는 견해,45) 전체법질서의 견지에서 형법 20조의 '사회상규에 위배'되는지의 여부, 즉 형벌을 과할만한 정도의 위법성이 인정되는지의 여부를 구체적·개별적으로 판단하여야 한다는 견해,46) 민사책임과 형사책임의 이원화론에 근거하여 형법의 최후수단성, 보충성의 원칙을 고려하여 판단하여야 한다는 견해47) 등이 그것이다. 이에 대하여 판례는 위와 같은 관문

---

43) 즉 실질적 위법성을 결여한 경우.
44) 김기덕, 231~232면.
45) 김유성, 264~270면.
46) 김형배, 1400면; 손동권, 225~226면.
47) 이광택, 72면. 이 견해는 형법의 보충성의 원칙에 의거하여 어느 단계에서 개입하여야 하는 것인지에 관하여는 직접적인 언급이 없다. 다만, 위 글에서는 업무방해죄의 구성요건의 해석과 관련하여 논의하고 있다.

의 설정 없이 쟁의행위의 정당성이 없으면 형사책임을 지게 된다는 태도를 취하고, 다만 쟁의행위로서 파업은 일정한 경우에 업무방해죄가 성립하고 이때 쟁의행위의 정당성이 없으면 형사책임을 진다고 보고 있다.[48]

　　이상과 같은 형사책임 면책에 관한 '쟁의행위의 정당성론'은 쟁의행위가 정당하면 범죄의 구성요건해당성을 조각하거나, 위법성을 조각한다는 것으로 쟁의행위의 범죄성립 자체를 인정하지 않는 쟁의행위에 관한 형사면책법리와 합치되지 않는다. 정당하지 않은 쟁의행위에 대하여는 쟁의행위를 구성요건에 해당하거나, 위법성이 조각되지 않아 범죄가 성립하는 것으로 보기 때문이다. 더구나 우리의 경우 형법상 업무방해죄가 쟁의행위 자체를 구성요건으로 포섭하고 있기 때문에 문제는 심각해진다. 앞에서 살펴본 바와 같이 판례가 변경되었다해도 여전히 일정한 경우에는 단순한 노무제공 거부인 파업조차도 업무방해죄에 해당하고, 그 밖에 쟁의행위는 여전히 예외 없이 업무방해죄에 해당한다는점에서 크게 다르지 않다. 이와 같은 '쟁의행위의 정당성론'은 단결금지법리의아류일 뿐 쟁의행위의 형사면책법리로 보기 어렵다.[49]

　　쟁의행위의 정당성론은 정당성의 판단기준이 문제가 된다. 정당성의 판단기준을 헌법상 단체행동권에 직접 근거하게 되면 정당한 쟁의행위의 범위가 넓어지고, 노조법 규정에 근거하게 되면 좁아질 수밖에 없다. 대체로 학설은 노조법상 법규위반과 쟁의행위의 정당성을 구별하여 살피는 태도를 취하고 있어 비록 노조법상 법규위반이라 할지라도 쟁의행위의 정당성과는 관계없다는 입장이다.[50] 그러나 문제는 쟁의행위의 정당성을 전체 법질서 차원에서 위법성 판단기준 ―위법성조각사유― 으로 보면서 노조'법'상 제한과 금지 규정이 있고 위반시 형사처벌까지 함에도 불구하고 이를 위법성판단에서 제외시킬 근거가 어디에 있느냐 하는 것인데, 쟁의행위의 정당성론은 정당행위 중 '법령'에 의한 행위로 보고 위법성을 조각하는 입장이기 때문에 더욱 판단이 어렵다.

2. 면책법리의 새로운 모색

　　쟁의행위에 대한 면책법리는 쟁의행위에 민·형사책임이 따르던 시민법리

---

48) 대법원 2011. 3. 17. 선고 2007도482 전원합의체 판결 등; 이 판례 법리에 대한 자세한 검토는 Ⅵ. 2. 나. 참조.
49) 김기덕, 223면.
50) 김유성, 250면; 김형배, 1341~1342면; 신인령a, 12~17면.

를 극복하기 위한 법리로서 확립된 것이다. 면책법리의 핵심은 쟁의행위에 대하여 책임을 지지 않도록 한다는 것이다. 쟁의행위 자체를 범죄로 처벌하지 않고 불법행위나 채무불이행으로 민사책임을 지우지 않는 것이다. 정당한 쟁의행위만 책임을 지우지 않겠다는 것은 쟁의행위 자체를 범죄, 불법행위나 채무불이행에 해당함을 전제로 하는 것이다. 쟁의행위란 근로자가 집단이 되어 노무제공을 거부하는 등으로 사용자의 업무의 정상적인 운영을 저해하는 행위를 말한다(법 2조 6호 참조). 쟁의행위의 개념 자체에 집단성과 업무저해성이 결합되어 있는 것이고, 이것은 '계약의 자유', '노동의 자유'를 원칙으로 하는 근대 자본주의 시민 법질서에 반하는 것이었으나, 노동운동의 성과로 헌법, 법률, 그리고 판례의 의해서 자본주의 법질서로 수용되었다. 이제 쟁의행위는 범죄, 불법이 아니며 자유 내지 권리의 행사이다.[51] 그 행사가 타인의 권리를 침해할 때 남용이 되고 손해배상 등 민사책임을 부담한다. 그리고 자유 내지 권리의 행사과정에서 다른 법익을 침해하여 형벌을 가하여야 할 행위를 하였다면 그 행사 자체가 아닌 다른 법익을 침해하는 행위에 대하여 형벌을 가하는 것이다. 쟁의행위에 있어서도 마찬가지다. 쟁의행위 과정에서 폭행, 손괴 등의 행위가 있었다고 쟁의행위가 정당성을 상실하여 갑자기 범죄로 처벌되는 것이 아니라 그 폭행, 손괴 등의 행위가 처벌되어야 하는 것이다. 이것이 쟁의행위가 법질서로 수용되어 하나의 자유 내지 권리가 된 경우 면책법리의 올바른 이론 구성이다. 헌법상 단체행동권의 보장은 쟁의행위에 대한 면책을 선언한 것이다.[52] 특히 단순히 집단적으로 노무제공을 거부하는 파업 행위에 관하여는 근로자의 단체행동권이 기본권으로 보장됨에 따라 더 이상 그 집단성을 이유로 범죄나 불법을 구성한다고 볼 수 없게 되었다.[53]

헌법상 기본권으로 보장된 단체행동권의 행사를 그 하위법이 불법유형인 구성요건에 해당한다고 보고 그 위법성심사에서 배제한다는 것이 타당한 것일 수는 없다.[54] 물론 쟁의행위 과정에서 쟁의행위가 아닌 개별적인 행위는 범죄구

---

51) 쟁의행위 중에서 단순히 노무제공을 거부하는 파업 등은 본질적으로 국가로부터 자유로 파악되어야 하기에 자유로 표현한 것이고, 그 밖의 쟁의행위와 헌법상 기본권으로 보장하고 있다는 점에서 '자유 내지 권리'로 표기하였다.

52) 조경배b, 170면.

53) 김기덕, 234면 이하; 신권철, 233면.

54) 이것은 위법성조각설만 두고 말하는 것이 아니다. 구성요건해당성조각설, 가벌적위법성론도 정당하지 않은 쟁의행위는 범죄 구성요건에 해당한다는 데는 동일하기 때문에 '쟁의행위구

성요건에 해당하거나 불법에 해당할 수 있다. 예를 들어 쟁의행위 과정에서 쟁의행위가 아닌 폭행, 상해 등이 있었다면 그 행위자는 형법상 범죄구성요건에 해당될 수 있다.

Ⅳ. 위법쟁의행위와 형사책임

1. 쟁의행위에 대한 형사책임과 노동형법의 의의

쟁의행위에 대한 형사책임과 관련하여 쟁의행위를 직접 규제하는 형벌법규인 협의의 노동형법으로서는 노조법이 대표적인 법률이다. 그리고 쟁의행위가 일반 형벌법규 즉 시민형법규범에 해당하는 광의의 노동형법으로서는 형법상 업무방해죄 등이 이에 해당한다.[55]

협의의 노동형법에서는 노동법규 그 자체가 벌칙을 정하고 있고 노동법규범이 설정한 노동관계의 강행법적 기준에 위반한 자에 대하여 형벌을 부과하고 있으므로 쟁의행위에 대한 형사책임 부과는 쟁의행위를 규제하는 노동법규범을 축으로 하여 범죄의 성부로서 논하게 된다.

이에 대하여 광의의 노동형법에서는 시민형법규범을 축으로 하여 시민형법규범과 노동법규범을 종합하여 시민형법상의 범죄 성부를 논하게 된다고 한다.[56]

위와 같이 쟁의행위에 대한 형사책임과 관련한 노동형법의 구분은 쟁의행위가 형벌법규에 해당하는 경우 광의의 노동형법에서는 그 형벌법규에 따라 범죄 성부를 논하지 않고 노동법적 개입을 통해서 그 범죄 성부를 결정하게 되도록 하는데 의의가 있다. 여기서 노동법적 개입이란 쟁의행위의 정당성 요건에 해당하는지 여부에 따라 정당한 쟁의행위에 대하여는 일반 형벌법규의 적용을 배제한다는 것이다. 이는 노조법 4조와 관련하여 위법성조각사유로서 정당행위로 쟁의행위의 정당성 요건을 파악하는 것이다.

이상과 같은 논의는 쟁의행위 자체가 일반 형벌법규위반에 해당함을 전제한 뒤 그 부당함을 시정하기 위해 쟁의행위의 정당성 요건을 가지고 그에 따라 처벌하지 않도록 하는 법리에 따르는 것이다. 이에 의하면 쟁의행위 자체가 일

의 정당성론' 모두에 적용되는 것이다.
55) 사법연수원b, 3~4면.
56) 사법연수원b, 5~6면.

반 형벌법규위반에 해당하므로 이에 해당하는 광의의 노동형법에는 쟁의행위의
정당성 요건이라는 노동법적 개입을 가하여야 처벌하지 않게 된다. 그러나 만약
쟁의행위 자체가 일반 형벌법규위반에 해당하지 않는다면 이와 같은 노동법적
개입은 불필요하다.

2. 쟁의행위에 대한 형사면책법리의 논의구조

가. 관계규정

쟁의행위에 따른 형사면책법리와 관련한 헌법과 노조법 규정에 대하여 살
펴보자.

헌법 33조 1항은 "근로자는 근로조건의 향상을 위하여 자주적인 단결권·
단체교섭권 및 단체행동권을 가진다."라고 규정하여 근로자의 단체행동권을 개
별적 법률유보 없이 명문으로 보장하고 있다.

노조법 4조는 '정당행위'라는 제목을 붙이고, "형법 20조의 규정은 노동조
합이 단체교섭·쟁의행위 기타의 행위로서 1조의 목적을 달성하기 위하여 한
정당한 행위에 대하여 적용된다. 다만, 어떠한 경우에도 폭력이나 파괴행위는
정당한 행위로 해석되어서는 아니된다."라고 규정하고 있고, 형법 20조는 "법령
에 의한 행위 또는 업무로 인한 행위 기타 사회상규에 위배되지 아니하는 행위
는 벌하지 아니한다."라고 규정하고 있다. 노조법 1조는 "이 법은 헌법에 의한
근로자의 단결권·단체교섭권 및 단체행동권을 보장하여 근로조건의 유지·개
선과 근로자의 경제적·사회적 지위의 향상을 도모하고, 노동관계를 공정하게
조정하여 노동쟁의를 예방·해결함으로써 산업평화의 유지와 국민경제의 발전
에 이바지함을 목적으로 한다."라고 규정하고 있다. 한편 노조법 2조 5호는 "'노
동쟁의'라 함은 노동조합과 사용자 또는 사용자단체(이하 "노동관계 당사자"라 한
다) 간에 임금·근로시간·복지·해고 기타 대우 등 근로조건의 결정에 관한 주
장의 불일치로 인하여 발생한 분쟁상태를 말한다. 이 경우 주장의 불일치라 함
은 당사자간에 합의를 위한 노력을 계속하여도 더 이상 자주적 교섭에 의한 합
의의 여지가 없는 경우를 말한다."라고 노동쟁의를 정의하고 있고, 노조법 2조
6호는 "'쟁의행위'라 함은 파업·태업·직장폐쇄 기타 노동관계 당사자가 그 주
장을 관철할 목적으로 행하는 행위와 이에 대항하는 행위로서 업무의 정상적인
운영을 저해하는 행위"라고 정의하고 있다. 그 밖에 쟁의행위에 대한 제한 금지

등에 관한 규정들이 노조법 4장 쟁의행위에 관한 장에 있는데, 여기서 형사처벌 규정들을 두고 있고, 쟁의행위의 목적·방법 및 절차의 법령 기타 사회질서 위반 금지(37조 1항), 노조의 적법한 쟁의행위 수행을 위한 지도·관리·통제 책임 (38조 3항), 노동관계 당사자 간의 노동쟁의발생 통보(45조 1항) 등이 있다.

나. 형사면책에 관한 판례의 법리

과거 판례는 "형법 314조 소정의 업무방해죄에서 말하는 위력이란 사람의 의사의 자유를 제압, 혼란케 할 세력을 가리키는 것으로서, 쟁의행위는 본질적으로 위력에 의한 업무방해의 요소를 포함"하고, "근로자들이 작업시간에 집단적으로 작업에 임하지 아니한 것은 다른 위법의 요소가 없는 한 근로제공의무의 불이행에 지나지 않는다고 할 것이지만, 단순한 노무제공의 거부라고 하더라도 그것이 정당한 쟁의행위가 아니면서 위력으로 업무의 정상적인 운영을 방해할 정도에 이르면 형법상 업무방해죄가 성립"된다 할 것이라면서, "집단적인 작업의 거부는 그 자체가 업무방해죄의 구성요건인 위력에 해당될 수 있고, 원심판결과 같이 근로자들에게 위력을 사용하여 작업을 거부하게 함으로써 사용자의 업무를 방해한 경우에만 업무방해죄가 성립되는 것은 아니라고 할 것"이라고 판시하여[57] 쟁의행위는 본질적으로 위력에 의한 업무방해의 요소를 포함하고 있는 것이고, 그것이 단순한 노무제공의 거부라는 형태라도 업무방해죄의 구성요건에 해당될 수 있다고 하였다.

그리고 "근로자의 쟁의행위는 그것이 정당할 때에 한하여 정당행위로서 형법상 위법성이 조각된다 할 것"이라고 판시하여[58] 판례는 쟁의행위의 정당성이 인정되면 위법성이 조각된다고 보아 위법성조각설을 취하였다.[59]

판례가 업무방해죄의 위법성을 조각하기 위한 쟁의행위의 정당성 요건으로 드는 것은 "첫째 그 주체가 단체교섭의 주체로 될 수 있는 자이어야 하고, 둘째 그 목적이 근로조건의 향상을 위한 노사 간의 자치적 교섭을 조성하는 데에 있어야 하며, 셋째 사용자가 근로자의 근로조건 개선에 관한 구체적인 요구에 대하여 단체교섭을 거부하였을 때 개시하되 특별한 사정이 없는 한 조합원의 찬성결정 등 법령이 규정한 절차를 거쳐야 하고, 넷째 그 수단과 방법이 사용자의

---

57) 대법원 1991. 11. 8. 선고 91도326 판결.
58) 대법원 1990. 5. 15. 선고 90도357 판결, 대법원 1991. 5. 24. 선고 91도324 판결, 대법원 1991. 11. 8. 선고 91도326 판결 등.
59) 사법연수원b, 7~8면.

다."라는 것으로 이상의 조건을 모두 구비하여야 형법 20조의 정당행위로서 업무방해죄의 위법성을 조각한다.[60] 과거 이상의 판례의 논리는 대법원의 판결로 거듭 확인됐다.[61]

　　이러한 판례의 태도에 대하여 헌법재판소도 헌법에 위배되지 않는다고 결정한 바 있다.[62][63] 다만 헌법재판소는 위와 같이 쟁의행위가 업무방해죄를 구성하고 다만 정당한 쟁의행위는 위법성이 조각된다는 위법성조각설에 관한 판례의 태도에 관해서는 헌법상 근로자의 노동기본권을 하위법률로 지나치게 축소하는 것이라고 하였다.[64] 헌법재판소는 "헌법 33조 1항은 근로자의 단체행동권을 헌법상 기본권으로 보장하고 있고, 단체행동권에 대한 어떠한 개별적 법률유보조항도 두고 있지 않으며, 쟁의행위는 단체행동권의 핵심일 뿐만 아니라 쟁의행위는 고용주의 업무에 지장을 초래하는 것을 당연한 전제로 하는 것으로 단체행동권이라는 기본권 행사에 본질적으로 수반되는 정당화할 수 있는 업무의

60) 대법원 2001. 10. 25. 선고 99도4837 전원합의체 판결.
61) 대법원 1990. 5. 15. 선고 90도357 판결, 대법원 1991. 5. 24. 선고 91도324 판결, 대법원 1996. 1. 26. 선고 95도1959 판결, 대법원 1996. 2. 27. 선고 95도2970 판결, 대법원 1998. 1. 20. 선고 97도588 판결, 대법원 2000. 5. 12. 선고 98도3299 판결, 대법원 2001. 6. 12. 선고 2001도1012 판결, 대법원 2004. 5. 27. 선고 2004도689 판결, 대법원 2006. 5. 12. 선고 2002도3450 판결, 대법원 2006. 5. 25. 선고 2002도5577 판결 등 참조.
62) "파업 등의 쟁의행위는 본질적, 필연적으로 위력에 의한 업무방해의 요소를 포함하고 있어 폭행, 협박 또는 다른 근로자들에 대한 실력행사 등을 수반하지 아니하여도 그 자체만으로 위력에 해당하므로, 정당성이 인정되어 위법성이 조각되지 않는 한 업무방해죄로 형사처벌할 수 있다는 대법원 판례는 비록 단체행동권의 행사가 본질적으로 위력성을 가져 외형상 업무방해죄의 구성요건에 해당한다고 하더라도 그것이 헌법과 법률이 보장하고 있는 범위 내의 행사로서 정당성이 인정되는 경우에는 위법성이 조각되어 처벌할 수 없다는 것으로 헌법이 보장하는 근로3권의 내재적 한계를 넘어선 행위(헌법의 보호영역 밖에 있는 행위)를 규제하는 것일 뿐 정당한 권리행사까지 처벌함으로써 본인의 의사에 반하여 강제노역을 강요하거나 근로자라는 신분만으로 불합리한 차별을 하는 것은 아니라고 판단되므로, 위 대법원의 해석방법이 헌법상의 강제노역금지원칙, 근로3권 및 평등권 등을 침해하지 않는다"(헌재 1998. 7. 16. 선고 97헌바23 결정).
63) 헌법재판소는 쟁의행위에 대한 업무방해죄 적용에 대하여 '위력'이란 사람의 의사의 자유를 제압, 혼란케 할 만한 일체의 세력을 뜻하고, '업무'란 사람이 그 사회적 지위에 있어 계속적으로 종사하는 사무를 의미하므로 죄형법정주의의 명확성 원칙에 위반된다고 할 수 없고, 이 사건 법률조항이 모든 쟁의행위에 적용되는 것이 아니라, 헌법이 보장하는 단체행동권의 내재적 한계를 넘어 정당성이 없다고 판단되는 쟁의행위의 경우에만 적용되므로 헌법상 단체행동권을 침해한다고 볼 수 없으며, 다른 노동관련 법규와 그 보호법익이나 죄질이 다르므로, 법정형이 지나치게 높다거나 평등원칙에 위배된다고 볼 수도 없다는 이유로 합헌이라 하였다(헌재 2010. 4. 30. 선고 2009헌바168 결정).
64) 헌재 2010. 4. 30. 선고 2009헌바168 결정.

지장 초래는 당연히 업무방해에 해당한다고 볼 수 없고, 업무방해죄에 해당하고 단지 위법성이 조각된다는 해석은 헌법상 기본권의 보호영역을 하위 법률을 통해 지나치게 축소시키는 것"이라고 판시하고, "따라서 노조법 4조를 헌법적으로 정당화되는 쟁의행위도 업무방해죄의 구성요건에 해당하되 다만 위법성이 조각되도록 한 취지로 해석할 수 없고, 위 조항은 정당한 쟁의행위는 처벌의 대상이 되어서는 안 된다는 점을 강조한 것으로 이해해야 한다"고 한 뒤, "또한 구체적 사안에서 쟁의행위가 목적·방법·절차상의 내재적 한계를 일탈하여 형법상 업무방해죄로 처벌될 수 있는지 여부는 법원이 쟁의과정을 종합적으로 고려하여 판단하여야 할 것이나, 헌법 33조에 의하여 보장되는 근로자의 단체행동권의 보호영역을 지나치게 축소시켜서는 안 된다."라는 점을 지적하였다.65) 이와 같은 헌법재판소의 결정은 쟁의행위에 관한 형사책임에 관하여 정당한 쟁의행위를 위법성조각사유로 파악하는 위 판례의 태도에 관해 헌법상 노동기본권 보장에 합치될 수 없는 법리임을 분명히 한 것이다. 따라서 새롭게 쟁의행위에 대한 형사면책법리를 모색할 것을 법원에 주문한 것이고, 이에 따라 쟁의행위에 대한 형사면책법리를 기존의 판례 법리에서 벗어나 새롭게 구축하여야 했다.

    그 뒤 대법원은 "업무방해죄는 위계 또는 위력으로써 사람의 업무를 방해한 경우에 성립하며(형법 314조 1항), '위력'이란 사람의 자유의사를 제압·혼란케 할 만한 일체의 세력을 말"하고, "쟁의행위로서 파업(법 2조 6호)도, 단순히 근로계약에 따른 노무의 제공을 거부하는 부작위에 그치지 아니하고 이를 넘어서 사용자에게 압력을 가하여 근로자의 주장을 관철하고자 집단적으로 노무제공을 중단하는 실력행사이므로, 업무방해죄에서 말하는 위력에 해당하는 요소를 포함하고 있다."라고 한 후, "근로자는 원칙적으로 헌법상 보장된 기본권으로서 근로조건 향상을 위한 자주적인 단결권·단체교섭권 및 단체행동권을 가지므로(헌법 33조 1항), 쟁의행위로서 파업이 언제나 업무방해죄에 해당하는 것으로 볼 것은 아니고, 전후 사정과 경위 등에 비추어 사용자가 예측할 수 없는 시기에 전격적으로 이루어져 사용자의 사업운영에 심대한 혼란 내지 막대한 손해를 초래하는 등으로 사용자의 사업계속에 관한 자유의사가 제압·혼란될 수 있다고 평가할 수 있는 경우에 비로소 집단적 노무제공의 거부가 위력에 해당하여 업무방해죄가 성립한다고 보는 것이 타당하다."라며 "이와 달리, 근로자들이 집단적

---

65) 헌재 2010. 4. 30. 선고 2009헌바168 결정.

으로 근로의 제공을 거부하여 사용자의 정상적인 업무운영을 저해하고 손해를 발생하게 한 행위가 당연히 위력에 해당하는 것을 전제로 노동관계 법령에 따른 정당한 쟁의행위로서 위법성이 조각되는 경우가 아닌 한 업무방해죄를 구성한다는 취지로 판시한" 기존 대법원 판결의 법리를 "이 판결의 견해에 배치되는 범위 내에서 변경"하였고,[66] 헌법재판소는 이러한 판례가 "전격성과 중대성을 위력의 판단기준으로 하여 위력에 의한 업무방해죄의 성립 범위를" 축소하였다며 위력 업무방해죄는 죄형법정주의의 명확성 원칙, 책임과 형벌 간의 비례원칙을 위배하거나 단체행동권을 침해한 것이 아니라고 보았다.[67] 이에 따라 이제 쟁의행위로서 파업은 사용자가 예측할 수 없는 시기에 전격적으로 이루어져 사용자의 사업운영에 심대한 혼란 내지 막대한 손해를 초래하는 등으로 사용자의 사업계속에 관한 자유의사가 제압·혼란될 수 있다고 평가할 수 있는 경우에만 예외적으로 집단적 노무제공의 거부가 위력에 해당하여 업무방해죄가 성립하고, 이러한 경우에 위 쟁의행위의 정당성요건에 따라 정당한 쟁의행위에 해당하는 경우 정당행위로서 업무방해죄의 위법성이 조각되는 것으로 파악하게 된다.

다. 형사면책법리의 정립

앞에서 살펴본 위법쟁의행위와 책임 총론 부분에서 쟁의행위에 관한 면책법리에 관하여 살펴보았다. 구성요건해당성조각설, 위법성조각설, 가벌적 위법성론까지 기존 면책법리의 논의구조에 관하여 살피고, 그것이 헌법 33조에서 근로자의 기본권으로 단체행동권을 보장함으로써 근로자의 단체행동 자체를 범죄, 불법 등으로 파악해서는 아니 됨에도 이를 전제로 하고 있고 그것은 쟁의행위의 정당성론을 면책론으로 하고 있다는 점에 관하여 살펴보았다.

쟁의행위에 대한 형사면책법리는 쟁의행위가 당연하게 형사처벌되던 단결금지법리를 극복하기 위한 법리로서 확립된 것이다. 형사면책법리의 핵심은 쟁의행위에 대하여 형사처벌하지 않는다는 것이다. 즉 쟁의행위 자체를 범죄로 처벌하지 않는 것이다. 이것은 쟁의행위가 정당한 것인지 여부와 관계없다. 정당한 쟁의행위만 형사처벌하지 않겠다는 것은 쟁의행위 자체에 대한 범죄성립을 전제로 하는 것이다. 쟁의행위란 근로자가 집단이 되어 노무제공을 거부하는 등

---

66) 대법원 2011. 3. 17. 선고 2007도482 전원합의체 판결.
67) 헌법재판소 2022. 5. 26. 선고 2012헌바66 결정

으로 사용자의 업무의 정상적인 운영을 저해하는 행위를 말한다(법 2조 6호 참조).
쟁의행위의 개념 자체에 집단성과 업무저해성이 결합되어 있는 것이고, 이것은
'계약의 자유', '노동의 자유'를 원칙으로 하는 근대 자본주의 시민법질서에 반
하는 것이었으나, 노동운동의 전개와 시민법질서의 수정으로 헌법, 법률, 그리고
판례에 의해서 자본주의 법질서로 수용되었다. 이제 쟁의행위는 범죄가 아니며
자유 내지 권리의 행사이다. 그 행사과정에서 다른 법익을 침해하여 형벌을 가
하여야 할 행위를 하였다면 권리의 행사 자체가 아닌 다른 법익을 침해하는 행
위에 대하여 형벌을 가하는 것이다. 쟁의행위에서도 마찬가지다. 쟁의행위과정
에서 폭행, 손괴 등의 행위가 있었다고 쟁의행위가 정당성을 상실하여 갑자기
범죄로 처벌되는 것이 아니라 원칙적으로 그 폭행, 손괴 등의 행위가 처벌되어
야 하는 것이다. 이것이 쟁의행위가 법질서로 수용되어 하나의 권리가 된 경우
형사면책법리의 올바른 이론 구성이다.

그런데 우리 법률은 100여 년 전에 이미 폐기된 쟁의행위 자체를 범죄로
처벌하는 단결금지법리에서 완전히 벗어나지 못하고 있다. 노조법은 쟁의행위
자체에 대하여 직접 처벌하는 규정을 행위 유형과 수단별로 두어 쟁의행위에
대하여 범죄로 다스리고 있다. 형법상 범죄가 쟁의행위에 무차별적으로 적용됨
으로써 쟁의행위 자체가 처벌되고 있는데 대표적인 것이 업무방해죄다. 업무방
해죄는 "… 위력으로 사람의 업무를 방해한 자"라고 행위자를 처벌하는 것으로
규정되어 있다. 그런데 앞에서 살펴보았듯이 판례는 쟁의행위는 파업조차도 일
정한 경우, 그리고 그 밖의 쟁의행위는 위력에 해당하여야 업무방해죄가 성립한
다고 한다. 이에 의하면 쟁의행위가 회사의 업무를 방해한다는 것인데, 결국 쟁
의행위에서 구체적으로 문제가 되는 폭력행위나 파괴행위 등을 처벌하는 것이
아니라 쟁의행위 자체를 처벌하는 것이다. 이 경우 업무방해죄로 처벌되는 것은
폭력행위자가 아닌 회사의 업무를 방해한 쟁의행위를 한 자이거나 이를 주도한
자인데,[68] 그렇다면 이것은 명백히 쟁의행위를 범죄로 처벌하는 것이다. 즉, 쟁
의행위 자체를 형법상 범죄의 구성요건에 해당하는 것으로 보고 쟁의행위가 노
조법상 요건을 갖추어 정당행위로 인정될 때 위법성을 조각한다고 봄으로써 만
약 쟁의행위 과정에서 일정한 폭력행위 등이 있었다면 정당한 쟁의행위로 인정

---

[68] 실제 형사처벌의 실태를 보면, 쟁의행위를 주도한 노조 간부나 적극적으로 참여한 조합원
에 대하여 검사가 선별적으로 기소하여 처벌하고 있다.

되기 어렵고 이때 쟁의행위 참가자들 모두는 형사처벌의 대상이 되는 것이다.

　　이상 위에서 살펴본 기존 판례의 법리에 의하면, 쟁의행위에 대하여 형사처벌하던 단결금지법리를 그대로 간직한 것임을 알 수 있다. 이에 더하여 노조법이 제·개정 과정에서 처벌대상을 확대하고, 형량을 높임에 따라 그 법리는 오히려 강화되어 왔다. 따라서 기존의 판례 법리를 벗어나 새로운 쟁의행위에 대한 형사면책법리의 모색이 필요했다.

　　헌법상 단체행동권의 보장은 쟁의행위에 대한 형사면책을 선언한 것이다. 특히 단순히 집단적으로 노무제공을 거부하는 파업 행위에 관하여는 근로자의 단체행동권이 기본권으로 보장됨에 따라 더 이상 그 집단성을 이유로 범죄를 구성한다고 볼 수 없게 되었다. 따라서, 쟁의행위 적어도 파업 등 노무제공의 거부 등에 대하여 헌법상 기본권으로 상승됨으로써 그 쟁의행위는 더 이상 범죄가 아니며, 형법상 불법유형인 범죄 구성요건으로 포섭하여서는 아니 된다.

　　헌법상 기본권으로 보장된 단체행동권의 행사를 그 하위법이 불법유형인 구성요건에 해당한다고 보고 그 위법성심사에서 배제한다는 것이 타당한 것일 수는 없다. 헌법은 한 나라 법질서의 최고 정점이고 법령은 헌법에 합치되어야 한다. 따라서 그 기본권의 행사를 그대로 불법유형인 범죄구성요건에 해당되도록 규정하여서는 안 되고, 헌법에 합치되게 기본권의 행사는 범죄구성요건에 해당하지 않도록 해석되어야 한다. 앞에서 언급하였듯이 단체행동권의 행사, 쟁의행위는 '집단성'과 '업무저해성'을 요소로 하고 있고, 바로 근로자가 집단을 이루어 업무를 저해하는 것, 이것을 판례는 업무방해죄의 구성요건인 '위력' '업무방해'로 보고 있는 것이다. 입법자는 특별히 위험한 위법행위를 정형적인 발생형태에 따라 범죄구성요건에 규정한 것인데, 헌법상 기본권인 단체행동권의 행사, 쟁의행위를 그 구성요건으로 규정하고 있고 이에 해당한다고 보고 있으니 입법자가 범죄구성요건을 헌법에 합치되지 못하게 정한 것이 아니라면 그 해석을 잘못한 것이다. 형사면책법리를 헌법차원에서 확인하고 보장한 것이 헌법상 단체행동권의 보장이다. 노조법이 정한 쟁의행위의 주체, 목적, 시기와 절차, 수단과 방법에 의하여 제한받는 '정당한' 쟁의행위에 대해서가 아니라 정·부당과 무관하게 쟁의행위에 대하여 형사면책을 보장한 것이다. 형사면책법리와 헌법상 단체행동권 보장의 의의에 부합하게, 만약 쟁의행위에 대하여 범죄구성요건에 해당될 소지가 있는 규정이 있다면 헌법에 합치되도록 폐지하거나 쟁의행위가 범죄구성요건에 해당하지 않도록 해석할 필요가 있다. 따라서, 쟁의행위 자체가 그대로 구성요건에 포섭되는 업무방해죄는 헌법상 단체행동권의 보장에 합당하게 업무방해죄의 구성요건 해석을 통하여 쟁의행위는 그 구성요건해당성이 없다고 제한되어야 했다. 대법원이 "근로자는 원칙적으로 헌법상 보장된 기본권으로서 근로조건 향상을 위한 자주적인 단결권·단체교섭권 및 단체행동권을 가지므로(헌법 33조 1항), 쟁의행위로서 파업이 언제나 업무방해죄에 해당하는 것으로 볼 것은 아니"라며, "이와 달리, 근로자들이 집단적으로 근로의 제공을 거부하여 사용자의 정상적인 업무운영을 저해하고 손해를 발생하게 한 행위가 당연히 위력에 해당하는 것을 전제로 노동관계 법령에 따른 정당한 쟁의행위로서 위법성이 조각되는 경우가 아닌 한 업무방해죄를 구성한다는 취지로 판시한" 기존 대법원 판결의 법리를 "이 판결의 견해에 배치되는 범위 내에서 변경"한 판결을 하였는데,69) 이는 이상과 같은 기존의 판례와 논의의 면책법리의 구조에서 벗어나 새로운 면책법리에 한걸음 디딘 것이다. 그러나 이는 "사용자가 예측할 수 없는 시기에 전격적으로 이루어져 사용자의 사업운영에 심대한 혼란 내지 막대한 손해를 초래하는 등으로 사용자의 사업계속에 관한 자유의사가 제압·혼란될 수 있다고 평가할 수 있는 경우"에는 파업, 즉 단순히 노무제공을 거부하는 행위가 '위력' 업무방해죄에 해당한다고 봄으로써 아직 완전히 기존의 논의구조에서 벗어난 것이라고 볼 수가 없다. 이에 대하여 위 대법원 전원합의체 판결에서 소수의견은 파업은 '위력' 업무방해죄에 해당하지 않는다고 판시하여 기존의 논의구조에서 벗어나 업무방해죄 적용에서 쟁의행위에 관한 형사면책법리를 확립하고자 하였다.70)

한편, 쟁의행위에 대하여 구체적인 금지규정 위반에 대한 노조법상 처벌규정도 심각한 문제인데 그것만으로도 쟁의행위 자체를 처벌하는 단결금지법리를 존속케 하는데 충분하다. 노조법상 형사처벌규정도 위 형법상 범죄구성요건에 대한 논의와 마찬가지로 쟁의행위에 대한 형사면책법리의 의의, 헌법상 단체보장권 보장에 합당하게 해석하거나 입법적 개선이 필요하다. 위에서 살펴본 쟁의행위의 형사면책에 관한 판례법리의 변경은 어디까지나 쟁의행위에 대한 시민형법상 업무방해죄의 적용에 관한 것이라는 점을 유의하여야 한다.

---

69) 대법원 2011. 3. 17. 선고 2007도482 전원합의체 판결.
70) 위 2007도482 전원합의체 판결.

쟁의행위 과정에서 쟁의행위가 아닌 개별적인 행위는 범죄구성요건에 해당할 수 있다. 쟁의행위 과정에서 쟁의행위가 아닌 폭행, 상해 등이 있었다면 그 행위자는 형법상 범죄구성요건에 해당될 수 있다. 이때에는 형법상 범죄론체계에 따라 구성요건해당성, 위법성, 책임의 순으로 검토하여야 한다. 다만, 쟁의행위의 특수성 등을 고려하여 정당행위로서 위법성조각사유에 해당하는지를 판단하여야 한다. 이때 판단은 쟁의행위의 정당성이 아니라 폭행, 상해 등 개별 행위의 정당성이다. 또한 긴급피난, 정당방위, 자구행위 등의 위법성조각사유에 해당하는지 여부에 대한 판단도 그 특수성이 고려되어야 한다. 쟁의행위의 집단성에 비추어 개별 행위자의 구체적인 가담정도를 검토하여 행위자책임의 원칙이 실현되어야 할 것이다.

한편 헌법상 근로자의 단체행동권 보장에 의해서 집단적인 노무제공의 거부 행위가 쟁의행위로서 가장 기본적인 기본권의 행사인 것이고 이것만이 범죄구성요건에 해당하지 않는다고 다소 협소하게 이해하여 형사면책법리를 파악하는 경우에는 집단적 노무제공의 거부행위가 아닌 방식의 쟁의행위에 대하여는 업무방해죄 등 범죄 구성요건에 해당할 수 있게 된다. 이 때는 형법상 범죄론체계에 따른 구성요건해당성, 위법성, 책임의 순으로 검토하게 되는데 노조법 4조는 이때 위법성조각사유로 정당행위로서 개입되게 된다.

노조법상 처벌규정은 규정이 "쟁의행위는 … 사용하여서는 아니된다."라는 식이어서 마치 쟁의행위가 처벌되는 것으로 되어 있다. 그러나 앞에서 언급한 것처럼 쟁의행위 자체가 범죄구성요건에 해당하여서는 아니 되는 것이므로 쟁의행위에서 금지행위를 한 행위자에 적용되는 것으로 해석되는 것이 당연하다. 그런데, 문제는 노조법상 쟁의행위에 관한 금지 규정은 직접 쟁의행위 자체를 규율대상으로 하고 있다는 것이다. 그렇기 때문에 헌법상 단체행동권 보장 규정에 따라 파악되는 쟁의행위가 이에 해당할 수 있는 것이다. 쟁의행위에서 임금지급요구의 쟁의행위 금지, 쟁의행위찬반투표, 조정신청 등 쟁의행위의 주체, 목적, 절차, 그리고 수단과 방법에 관하여 규정한 것이기 때문에 쟁의행위 자체가 처벌되고 있다. 쟁의행위에 관해 위와 같이 형사면책법리의 구성에 의하여 업무방해죄 적용이 배제된다고 하더라도 대부분 이 노조법 규정위반죄에 해당되게 된다. 우리 노조법처럼 광범위하게 쟁의행위에 대한 처벌조항을 도입한 입법례는 찾기 어렵다. 현행 노조법상 처벌규정은 그 대상이 광범위하고 형도 중하여 쟁의행위에 대한 형사면책이 인정되지 않고 오히려 쟁의행위에 대한 형사책임이 부과되는 결과를 초래한다. 형사책임과 민사책임은 구별하여야 하고, 민사책임으로 처리할 것을 형사처벌하는 것은 형법상 범죄구성요건으로 하는 경우와 마찬가지로 헌법상 기본권 제한 입법의 과잉금지의 원칙, 형법의 보충성의 원칙 등 보호적 기능에 위배되는 것이다. 안전관리시설등에 대한 쟁의행위, 쟁의기간 중 임금지급목적의 쟁의행위, 쟁의행위찬반투표, 조정신청, 중지명령위반 등은 모두 쟁의행위 자체에 형사처벌을 과하고 있다. 쟁의행위에 대한 형사면책을 위해서는 현행 노조법상 처벌규정을 삭제하거나 해당 금지유형을 그대로 존치시키더라도 과태료 등 행정벌로 개정하는 것이 타당하다.

3. 위법쟁의행위와 형사책임의 귀속 주체

가. 논의의 지점

위법쟁의행위가 형사처벌되는 경우 쟁의행위와 관련된 자 중 누가 그 책임을 지는가 하는 문제이다. 노조법상 쟁의행위는 집단적인 행위이고 노동조합이라는 단체의 의사를 통해 결정되고 실행되는 것으로 노동조합이 주도하면서 그 통제 아래에서 이루어지는 다수인의 공동행위이다. 이에 따라 쟁의행위가 범죄로 처벌되는 것이라면 그 쟁의행위에 관여한 자 모두가 형사책임의 귀속 주체가 될 수 있다. 반대로 쟁의행위가 정당하다고 하더라도 그 쟁의행위에서 일부 개인의 일탈 행위가 범죄로 처벌되어 그 개인에게 형사책임이 따를 수 있다. 한편 구체적인 위법쟁의행위에 대한 형사책임의 귀속 주체는 해당 범죄의 구성요건에서 정한 주체와 벌칙조항상 처벌 주체가 무엇인지를 살펴서 파악될 수밖에 없다.

나. 노동조합의 형사책임

노조법 94조는 노동조합 등의 대표자, 대리인, 사용인, 기타 종업원이 노동조합 등의 업무에 관하여 노조법 88조 내지 93조의 위반행위를 한 때에는 그 위반행위를 방지하기 위하여 해당 업무에 관하여 상당한 주의와 감독을 게을리하지 아니한 경우 노동조합 등에 대하여도 각 해당 조항의 벌금형을 과하는 양벌규정을 두고 있다.[71] 이에 따라 노동조합도 위법쟁의행위에 대하여 형사책임

---

71) 여기서 '그 위반행위를 방지하기 위하여 해당 업무에 관하여 상당한 주의와 감독을 게을리하지 아니한 경우'는 헌법재판소의 위헌 결정에 따라 단서로 추가된 부분이다(2020. 6. 9. 개

을 지게 될 수 있다. 이는 노조법상 쟁의행위에 관한 규제조항을 위반하여 형사처벌되는 경우에 그 형사책임을 행위자와 함께 노동조합도 지게 되는 것이다. 노동조합이 처벌되는 경우는 노동조합의 대표자, 대리인, 사용인 기타 종업원이 노동조합의 업무에 관하여 노조법 88조 내지 93조 위반행위를 한 때이다. 대표자 등의 노조법 88조 내지 93조 위반행위라도 "노동조합의 업무에 관하여" 한 위반행위가 아니라면 노동조합은 처벌되지 않는다. 문제는 여기서 "노동조합의 업무에 관하여" 한 위반행위라는 것을 어떻게 파악할 것이냐 하는 것이다. 쟁의행위의 내용, 노동조합의 규약, 위반행위자의 지위와 행위 등에 따라 그 위반행위가 노동조합의 업무에 관한 것인지 구체적으로 판단되어야 할 것이다.

그런데 노조의 대표자, 대리인 혹은 그 사용인으로 볼 수 있는 위원장, 노조 간부 등이 아닌 조합원이 노조법 88조 내지 93조의 위반행위를 한 때는 어떠할 것인가. 위 94조에 "기타 종업원"도 포함하고 있으므로 조합원의 경우도 이에 해당한다는 견해도 있을 수 있으나, 위 94조는 기타 종업원을 규정하고 있지만 노동조합의 조합원이 노동조합의 종업원이라고 볼 수는 없는 것이므로 이때는 94조가 적용되지 않아 노동조합은 처벌되지 않는다고 보아야 한다.

다. 노조 간부의 형사책임

(1) 노조 간부의 형사책임과 공모공동정범론

위법쟁의행위에 관하여 노동조합 간부가 그 형사책임을 질 것이냐에 관하여 일반적인 견해는 노조 간부라고 해서 위법쟁의행위에 대하여 당연히 형사책임을 지는 것은 아니고 위법쟁의행위에 대한 실질적인 관련 정도에 따라 형사책임을 물을 수 있다고 한다. 이에 따라 노조 집행부를 이루는 간부가 스스로 위법쟁의행위를 기획하고 지령한 경우에는 쟁의행위의 현장에서 직접 가담하지 아니하였다고 해도 조합원의 쟁의행위에 대한 공모공동정범의 책임을 지게 되나,[72] 그렇지 않고 노조간부가 위법쟁의행위의 결정이나 그 지령에 참여하지 아니한 경우에는 위법쟁의행위와 실질적인 관련이 없으므로 공모공동정범의 책임을 물을 수 없다고 한다.[73]

위와 같은 논의는 노조 간부가 일반적으로 해당 사업장 근로자인 우리의

정 법률 17432호).

72) 대법원 1991. 4. 23. 선고 90도2771 판결, 대법원 1992. 11. 10. 선고 92도1315 판결.

73) 사법연수원b, 32면.

경우에서는 형사책임의 귀속에 관하여 특별한 실익이 없다. 비록 노조 간부가 기획, 지령하는 등으로 가담하지 않았더라도 집단적 행위로서 위법쟁의행위에 조합원과 마찬가지로 가담하게 되는 것이고 따라서 조합원과 동일하게 공동정범으로 책임을 지게 되기 때문이다. 위와 같은 논의가 의미가 있는 것은 노조 간부가 조합원의 파업 등 쟁의행위에 가담하지 않는 경우인데 공동정범법리에 의해서 기획이나 지령에 의해 가담한 경우에는 그 책임을 지게 되는 것이고 그렇지 않다면 책임을 지지 않게 된다.

(2) 노조 간부의 형사책임과 부진정부작위범론

일부 조합원들이 위법쟁의행위를 결의하고 집행부가 그 결의의 성립에 소극적이었던 경우 쟁의행위가 적법하게 수행될 수 있도록 지도·관리·통제할 책임이 있는 노동조합(법 38조 3항)의 간부에게 조합원들의 위법쟁의행위에 대한 형사책임을 지울 수 있는가. 이 문제는 노조법 38조 3항에서 노동조합에 부과한 의무에 따른 부진정부작위범으로 파악하는 것과 관련된 논의라고 할 수 있다.

이에 대하여는 위법쟁의행위의 결의와 수행에서 이를 하지 못하도록 전력을 다하였는지 여부에 따라 부진정부작위범의 책임을 물을 수 없다고 한다.[74]

그러나 그 정도에 이르지 못하고 방관의 태도를 보인 것이라면 경우에 따라 부진정부작위범의 책임을 물을 수 있다는 견해, 위법쟁의행위를 하는데 적극적으로 관여하고 결의된 위법쟁의행위를 직접 실행하거나 또는 조합원에게 구체적으로 지시한 경우만 노조 간부를 공모공동정범으로 처벌할 수 있다는 견해, 노조간부의 방관이 작위에 의한 법익침해와 동등한 형법적 가치가 있는 것이어서 범죄의 실행행위로 평가될 만한 것이라면 작위에 의한 실행행위와 동일하게 부작위범으로 처벌할 수 있다는 견해로 나뉜다.[75]

이상의 논의는 노조법 38조 3항이 노동조합 간부에게 적법하게 쟁의행위를 수행하도록 지도·관리·통제할 책임을 부과하였다는 것을 전제로 한 것이다. 그러나 노조법 38조 3항은 "노동조합은 쟁의행위가 적법하게 수행될 수 있도록 지도·관리·통제할 책임이 있다"고 규정하고 있어 노조 간부가 아닌 노동조합에게 그 책임을 부과하고 있을 뿐이다. 따라서 이 노조법규정이 노조 간부에게 그 책임을 부과하고 있다는 것을 전제로 하는 부진정부작위범에 관한 논의를

---

74) 사법연수원b, 32~33면.
75) 사법연수원b, 32~33면.

하는 것은 타당하지 않다. 적어도 노조법 38조 3항이 책임을 부과한 "노동조합"
에 노조 간부도 포함되어 있다는 해석을 전제로 할 때에만 논의될 수 있는 것
이라고 보아야 한다. 이처럼 노조 간부라고 해도 자신의 행위가 노동조합의 행
위로 되는 대표자가 아닌 한 노조법 38조 3항을 노조 간부 일반에 관한 위법쟁
의행위에 대한 형사책임 귀속에 관한 논의의 전제로 파악해서는 아니된다.

따라서 위법쟁의행위의 결의나 그 수행행위에 가담하지 않고 방관하였다고
하여 노조 간부에게 부진정부작위범의 책임을 물을 수 없는 것이고 다만 위법
쟁의행위에 가담한 정도에 따라 공동정범 등으로 평가되는 경우 그에 따라 처
벌할 수 있다고 보아야 한다.

라. 일반 조합원의 형사책임

조합원이 위법쟁의행위를 하고 그것이 형사상 범죄로 처벌되는 행위라면
조합원은 그 쟁의행위에 가담한 다른 조합원 등과 함께 공동정범의 책임을 진
다.76)

쟁의행위 자체는 위법하지 않지만 구체적인 실행과정에서 일부 조합원이
일탈행위를 하여 위법행위로 나아간 경우 그 위법실행행위를 한 해당 조합원은
형사책임을 진다. 이때 노조 간부는 일탈 조합원의 행위에 대한 책임을 지지 않
는다.

마. 제3자의 형사책임(방조죄)

최근 대법원은 "쟁의행위가 업무방해죄에 해당하는 경우 제3자가 그러한
정을 알면서 쟁의행위의 실행을 용이하게 한 경우에는 업무방해방조죄가 성립
할 수 있"지만, "헌법 33조 1항이 규정하고 있는 노동3권을 실질적으로 보장하
기 위해서는 근로자나 노동조합이 노동3권을 행사할 때 제3자의 조력을 폭넓게
받을 수 있도록 할 필요가 있고, 나아가 근로자나 노동조합에 조력하는 제3자도
헌법 21조에 따른 표현의 자유나 헌법 10조에 내재된 일반적 행동의 자유를 가
지고 있"어 "위법한 쟁의행위에 대한 조력행위가 업무방해방조에 해당하는지
판단할 때는 헌법이 보장하는 위와 같은 기본권이 위축되지 않도록 업무방해방
조죄의 성립 범위를 신중하게 판단하여야 한다."라고 판시하여 위법쟁의행위자
가 업무방해죄에 해당하더라도 이에 조력한 제3자에 대한 방조죄는 위법 쟁의

---

76) 대법원 1991. 4. 23. 선고 90도2771 판결, 대법원 1992. 11. 10. 선고 92도1315 판결.

행위자인 정범의 범죄 실현과 밀접한 관련성을 가지고, 정범의 범행을 더욱 유지·강화시킨 행위에 적용될 수 있는 것이라고 보았다.[77) 위법쟁의행위에 조력하는 제3자에 대한 방조죄 적용에 관한 이러한 법리적 태도로 볼 때, 이는 단순히 업무방해죄에 한하지 않고, 위법쟁의행위를 처벌하는 형사범죄 전반에 해당하는 것이라고 보아야 한다.

4. 위법쟁의행위와 업무방해죄

가. 업무방해죄의 연혁과 실태

　　형법상 업무방해죄는 "313조의 방법(허위의 사실을 유포하거나 기타 위계) 또는 위력으로써 사람의 업무를 방해한 자는 5년 이하의 징역 또는 1천 500만 원 이하의 벌금에 처한다."라고 규정하고 있다(314조 1항). 업무방해죄에 관한 우리 형법의 규정은 일본 형법을 계수한 것인데, 일제 파시즘이 극에 달한 시기인 1940년 전시형법으로 입안한 일본개정형법안에서 직접 영향을 받았다.[78)

　　현행 일본형법상 '신용 및 업무방해죄' 부분은 일본 구형법상 '상업 및 농공업을 방해한 죄' 부분을 정비한 것이고, 일본 구형법은 앞서 살펴본 쟁의행위에 대한 형사면책법리가 확립되기 이전인 1864년 프랑스개정형법 중 쟁의행위를 규제하기 위한 414조 내지 416조를 모법으로 한 것이다. 1864년 프랑스형법은 "임금 인상이나 임금 인하를 강요할 목적으로, 혹은 산업 또는 노동의 자유로운 수행을 방해할 목적으로, 폭력, 폭행, 협박3권 937면, 938면[이준상·김근홍] 또는 위계로써 노동의 조직적(공동) 정지의 결과를 발생케 하거나 그 정지를 유지·존속케 하거나 혹은 그 실행에 착수한 자"를 처벌한다고 규정하고 있으나, 위 프랑스형법에 영향을 받은 일본형법초안(1877년)에서 '방해'라는 개념이 창설되었고, 다시 형법심사수정안(1879년)에서 쟁의행위를 범죄화하겠다는 의도로 '위력'이라는 개념이 창설되었으며, 이러한 과정을 거쳐 일본 구형법 '상업 및 농공업을 방해한 죄' 부분에서 "농공의 고용인이 임금을 증액시키거나 또는 농공업의 경황을 변화시키기 위하여 고용주 및 다른 고용인에 대하여 위계·위력으로써 방해한 자"를 처벌한다고 규정하였다. 이 법은 규정 자체가 쟁의행위를 실질적으로 금지하고 있었고, 명백히 노동운동 탄압을 위한 입법이었다. 그 뒤

---

77) 대법원 2021. 9. 16. 선고 2015도12632 판결, 대법원 2023. 6. 29. 선고 2017도9835 판결.
78) 김순태a, 13~22면; 김순태b, 101~107면; 유기천, 169면 이하.

조문통합을 통한 새로운 구성요건의 창출, 적용범위의 확대, 노동운동 탄압의 은폐를 위해 '업무'라는 개념을 도입하여 현행 일본형법 '신용 및 업무에 대한 죄' 부분에서 "허위의 풍설을 유포하거나 또는 위계로써 … 업무를 방해한 자"를 처벌하고(233조), "위력으로써 사람의 업무를 방해한 자"를 처벌하게 된 것이다. 이 현행 일본형법은 우리 형법상 업무방해죄와 달리 두 조항으로 나뉘어 있을 뿐 구성요건에서 동일하다. 우리 형법은 현행 일본형법을 계수하게 된 것인데 일제 말기 대동아전쟁을 수행하기 위한 도구로 제정되어 전체주의적 형법관이 표현되어 있는[79] 1940년 일본개정형법가안에서 보다 직접 영향을 받았다. 일본개정형법가안은 "허위의 풍설을 유포하거나 위계 또는 위력으로써 공사의 업무를 방해한 자는 5년 이하의 징역 또는 5천엔 이하의 벌금에 처한다."라고 규정하고 있었다. 현행 일본형법이 3년 이하의 징역 또는 천엔 이하의 벌금이었던 것을 우리 형법은 일본개정형법가안에 따라 형량을 높였다.

현행 일본형법은 우리와 구성요건이 동일한 업무방해죄를 두고 있고, 쟁의행위에 대하여 이를 적용하여 왔으나 주로 생산관리와 직장점거 및 피케팅 등에 예외적으로 적용되었다. 그렇지만 우리의 경우는 이러한 경우뿐만 아니라 단순한 집단적 노무제공거부, 준법투쟁 등 쟁의행위 일반에 적용하여 왔다. 우리 판례는 단순한 노무제공의 거부인 파업조차도 일단 업무방해죄에 해당한다고 보고, 예외적으로 엄격한 조건에서 인정되는 쟁의행위의 정당성이 확보된 경우에만 업무방해죄로 처벌하지 않다가 근래 쟁의행위로서 파업은 일정한 경우에 업무방해죄에 해당하는 것으로 변경하였다.

이상에서 살핀 것처럼 업무방해죄는 태생적으로 노동운동을 탄압하기 위해 고안된 것이었고, 모법이었던 1864년 프랑스형법이 형사면책법리가 확립되기 전에 그 과정에서 마련된 것으로서 폭행, 폭력, 협박 또는 위계가 없는 단순한 단결과 일시적인 자유로운 쟁의권을 인정하고자 한 것이었는데 비하여 이를 계수한 일본과 한국에서는 그 구성요건에서 '위력', '업무', '방해'라는 용어를 사용하여 쟁의행위에 대한 형사처벌을 목적으로 하였고, 이에 따라 1864년 이전의

---

79) 유기천, 16~17면. 유기천 교수는 우리 형법에 전시군수계약불이행죄(103조), 전시공수계약불이행죄(117조) 등이 규정되어 있는 것도 바로 일본개정형법가안의 영향이라고 밝히면서 이것은 나찌형법에 있던 것을 따온 것이라고 한다. 나찌형법이 나찌의 몰락과 함께 독일에서는 소멸되었고, 일본에서는 입법안이었지 입법된 것이 아니어서 시행되지 않았던 것인데 우리 형법에서는 국민의 자유와 권리를 억압하던 나찌형법의 유물이 전반적으로 남아있다고 본다.

프랑스형법에 접근시켰다. 이와 같은 본래의 입법취지에 충실하게 우리나라에서
는 쟁의행위를 규제하는 데 강력한 수단으로 활용되었다. 업무방해죄는 쟁의행
위에 대한 형사처벌의 대명사가 되었으며, 쟁의행위의 정당성에 대한 협소한 인
정으로 우리나라의 쟁의행위는 업무방해죄로 처벌됨을 의미하게 되었다. 노조법
위반행위는 쟁의행위의 정당성 여부에 부정적인 영향을 주고 결국 업무방해죄
로 처벌받게 되었다.[80]

    국가인권위원회에서 발간한 노동사건 형벌적용실태조사 보고서에 의하면
2002년부터 2006년까지 노동형사사건의 제1심 형사공판사건에 관한 판결에 대
한 조사결과에서 쟁의행위사건과 기타노동사건으로 구분한 사건 중 쟁의행위사
건에 적용된 죄의 개수는 모두 7,624개이고, 그 중 업무방해죄가 적용된 것이
2,304개로 쟁의행위사건의 30.2%로 적용된 죄 중 가장 높은 비율을 차지하고
있다. 이처럼 노동기본권 중 단체행동권 행사인 파업 등 쟁의행위에 대한 형사
처벌에서 형법상 업무방해죄의 적용 비율이 가장 높다.[81]

나. 파업 등 노동기본권 행사와 업무방해죄의 관계

(1) 개   관

    이미 위법쟁의행위와 책임 총론 부분에서 쟁의행위에 대한 면책법리 일반
을 살펴보고, 위에서는 쟁의행위에 대한 형사면책법리의 구조에 관해서 살펴보
았다. 이러한 형사면책법리에 따라 여기서는 구체적으로 위력에 의한 업무방해
죄의 구성요건이 어떻게 해석되는지 살펴본다.

(2) 형법상 업무방해죄

    형법상 업무방해죄는 "허위의 사실을 유포하거나 위계 또는 위력으로써 사
람의 업무를 방해한" 때에 성립하는 범죄이다(314조 1항). 형법 34장 신용, 업무와
경매에 관한 죄는 사람의 신용을 훼손하거나 업무를 방해하거나 또는 경매입찰
의 공정성을 침해하는 것을 내용으로 하는 범죄이다. 형법 34장의 죄는 경제생

---

80) 1998년 만도기계 파업에서 쟁의행위찬반투표 및 조정절차의 결여 등을 이유로 기소하면서
    검사는 업무방해죄 외에 노조법위반 즉, 쟁의행위찬반투표위반, 조정전치주의위반 부분에 대
    하여는 기소하지 않아 재판과정에서는 노조법위반죄는 다루어지지 않았고(대법원 2001. 10.
    25. 선고 99도4837 판결, 대법원 2000. 5. 26. 선고 99도4836 판결), 또한 1998년 현대자동차
    서비스노조의 파업에서도 노조법위반죄(조정전치주의위반)로 기소하지 않고 업무방해죄로 기
    소하였다(대법원 2001. 6. 26. 선고 2000도2871 판결).
81) 국가인권위원회, 170면.

활상의 자유를 보호하는 범죄라는 점에서 공통되지만 구체적으로 그 보호법익을 달리한다. 즉 신용훼손죄(313조)는 경제적 방면의 사회적 평가와 그에 대한 일반인의 신뢰, 즉 사회생활에서 경제적 제의무 이행에 대한 사회적 신뢰를 보호하려는 것이고, 경매입찰방해죄(315조)는 경제적 활동의 중요한 일부인 경매입찰의 공정을 보호하려는 것이며, 업무방해죄(314조)는 사회적 활동으로서 업무라는 생활관계를 보호하려는 것이다.

독일형법에서는 업무방해에 관한 특별한 규정이 없다. 다만, 부정경쟁방지법에서 기업의 경제형태·경영조직·제품에 관하여 허위임을 명백히 알면서 허구의 사실을 주장 또는 유포하여 기업경영을 해하는 행위를 처벌하고 있을 뿐이고(15조), 프랑스형법, 스위스형법, 이탈리아형법에서도 업무방해에 관해서 특별한 규정이 없다.

일본형법은 허위의 풍설을 유포하거나 위계로써 신용을 훼손하는 행위와 업무를 방해하는 행위를 동일 조항(233조)에 규정하고, 위력에 의한 업무방해를 따로 규정하고(234조), 경매, 입찰의 방해죄는 그 객체를 공무집행방해죄의 장에서 따로 규정하고 있다(96조의3). 그러나 앞서 언급한 1940년 일본개정형법가안에서는 업무방해죄(415조)를 하나의 조문으로 정리하고, 이를 신용훼손죄(414조), 경매입찰방해죄(416조)와 나란히 규정하고 있어서, 이 점을 볼 때에도 전시형법인 일본개정형법가안이 우리 형법에 영향을 준 것을 확인할 수 있다.

업무방해죄의 본질과 관련하여 재산보호를 목적으로 하는 광의의 재산죄라고 보는 견해와 사람의 사회적 활동의 자유에 대한 죄, 즉 자유에 관한 죄라고 보는 견해[82] 및 재산죄인 동시에 자유에 대한 죄의 성질을 가진 범죄라고 보는 병유설[83]이 있다. 본죄의 직접적인 규율의 목적은 사람의 사회적 활동의 자유이고, 본죄에 의해서 재산적 이익이 보호된다고 하더라도 그것은 사람의 사회적 활동의 자유가 보호되기 때문에 그로부터 기인하는 부수적 효과에 불과하며, 본죄의 업무는 반드시 경제적 업무에 한정되는 것이 아니고 문화 등 비경제적 활동도 보호의 대상이 된다는 점 등을 고려할 때 사람의 사회적 활동의 자유에 대한 죄로 보는 것이 타당할 것이다.

물론 본죄를 재산죄의 성질을 갖는 것으로 본다면 법논리적으론 재산적 손

---

82) 김순태a, 13면; 김일수, 418면.
83) 이재상b, 186면; 황산덕, 240면 등.

실 또는 그 구체적인 위험성이 존재하는 경우에만 구성요건해당성이 충족된다고 할 것이다.

업무방해죄의 본질과 관련하여 기본권 제한 입법의 과잉금지원칙, 특히 형법의 보호적 기능, 즉 사회질서의 기본가치를 보호하는 형법의 기능에 비추어볼 때 업무방해죄의 입법이 합당한 것인지 검토되어야 한다. 형법은 사회생활에 불가결한 법익을 보호하는 것이지만 형법 이외의 다른 수단에 의하여는 불가능한 경우에 최후의 수단으로 적용될 것을 요한다. 이것이 형법의 보충성의 원칙이다. 그런데 업무방해죄는 구성요건적 행위태양도 허위사실의 유포, 위계, 그리고 위력에 의한 업무의 방해로서 '위력' 등의 개념과 관련하여 지나치게 확대될 수 있는데다가 구체적으로 보호되는 법익도 '업무', 즉 사람의 사회적 활동의 자유 일반을 보호하는 것이어서 형법의 보충성의 원칙이 충족될 수 있도록 엄격히 해석되어야 한다. 이를 통해 업무방해죄가 국가형벌권의 한계를 명확히 하고 자의적인 형벌로부터 국민의 자유와 권리를 보장하여야 하는 형법의 보장적 기능을 담보할 수 있도록 해야 한다.

(3) 파업 등 노동기본권 행사와 관련된 업무방해죄의 구성요건

㈎ 업   무

본죄에서 업무는 행위의 대상, 즉 보호해야 할 객체이다.

업무란 직업 또는 계속적으로 종사하는 사무나 사업을 말한다.[84]

판례는 쟁의행위가 있으면 회사의 업무가 방해되는 것으로 보고 있다. 즉 회사의 업무는 쟁의행위로부터 보호해야 할 업무라는 것이다. 이것은 쟁의행위로부터 업무방해죄에 의하여 회사의 업무 또는 업무수행의 자유는 보호하여야 한다는 것이다.

이에 대하여 쟁의행위의 요소인 업무는 업무방해죄의 업무에 해당하지 않는다고 보아야 한다는 견해가 있다.[85] 앞에서 살펴본 바와 같이 쟁의행위는 헌법상 단체행동권의 보장에 의하여 권리로서 행사되는 것이어서 쟁의행위는 형사처벌의 대상이 되지 않고, 헌법상 단체행동권의 행사는 파업 등 회사의 업무수행을 저해하는 것이 내포되어 있고 노조법상 쟁의행위는 "파업·태업 …하는

---

84) 대법원 2001. 11. 30. 선고 2001도2015 판결, 대법원 2007. 1. 12. 선고 2006도6599 판결, 대법원 2011. 10. 13. 선고 2011도7081 판결 등.
85) 김기덕, 244면 이하.

행위로서 업무의 정상적인 운영을 저해하는 행위"로서 쟁의행위는 업무의 방해를 포함하고 있다. 따라서 쟁의행위의 대상인 업무는 헌법 등 법질서에 의해서 업무방해죄로 보호할 가치가 있는 업무에 해당하지 않게 되었다고 보아야 하고, 인간의 공동생활에서 불가결한 가치, 즉 법익을 보호하기 위하여 형법은 형벌이라는 보호수단을 발동하는 것인데, 헌법 등 법질서에 의하여 이미 보호할 가치가 없는 것으로 인정된, 쟁의행위에서 그 정상적인 운영을 저해하는 행위의 대상인 업무는 형법에 의해 보호의 대상이 될 필요가 없다고 보아야 한다는 것이다.86)

한편, 쟁의행위가 파업, 즉 노무제공거부 방식을 취하는 경우 과연 이로 인해 방해받는 회사의 업무가 존재한다고 볼 수 있는지 살펴보자.

이에 관하여 판례는, "노동조합원들을 선동하여 가두시위를 하게 한 다음, 회사로 돌아와 노동조합 위원장의 구속에 따른 비상대책위원회의 출정식 및 결의대회를 개최하게 하는 등 회사의 정상적인 조업을 중단시켜, 각 다중의 위력으로써 회사의 정상적인 업무를 방해하였다",87) "이 사건 작업거부, 중단 및 지연 등의 행위로 인하여 회사의 생산·판매 등 업무의 정상적인 운영을 방해하였다"88)고 하는 등 "다수의 근로자들이 상호 의사연락 하에 집단적으로 작업장을 이탈하거나 결근하는 등 근로의 제공을 거부함으로써 사용자의 생산·판매 등 업무의 정상적인 운영을 저해하여 손해를 발생하게 하였다면"89) 다중의 위력으로써 타인의 업무를 방해하는 행위에 해당하여 업무방해죄를 구성한다고

---

86) 이 견해는 정당하지 않은 쟁의행위가 있을 수 있기 때문에 회사의 업무는 업무방해죄의 업무에 해당되어야 한다는 주장에 대하여는, 이러한 주장은 쟁의행위가 정당하지 않을 것에 대비하여 그 정당하지 아니한 쟁위행위로부터 보호하기 위해 쟁의행위의 대상인 회사의 업무를 업무방해죄의 업무로 보아야 한다는 것이고, 쟁의행위가 정당한지 아닌지는 쟁의행위에 대한 사후적 판단이므로 결국 쟁의행위를 업무방해죄의 방해행위로 보아 범죄로 취급하여야 한다는 논리로 귀결될 수밖에 없고, 바로 이러한 논리가 쟁의행위 자체를 범죄로 취급하여 처벌하였던 시대의 법논리였다며, 이에 따르면 결국 일응 범죄로 취급된 쟁의행위가 정당한 것으로 평가된다면 그때 형사처벌을 면하게 되는 것이라 비판하고 있다. 이는 바로 쟁의행위의 정당성이 인정될 때 정당행위로써 위법성이 조각된다는 논리이고 타인의 권리나 자유를 침해하는 행위를 이미 한 나라의 중요한 가치로 인정하여 헌법상 기본권으로 보장하고, 관계 법령에 의하여 정의하고 승인·보장하였다는 것은 그 행위에 의하여 침해되는 권리나 자유를 적어도 그 행위와 관련해서는 법적으로 보호하지 않겠다는 것으로 보아야 한다고 한다(김기덕, 245면).
87) 대법원 1991. 4. 23. 선고 90도2771 판결.
88) 대법원 1991. 11. 8. 선고 91도326 판결.
89) 대법원 2006. 5. 25. 선고 2002도5577 판결.

하였다. 이는 파업, 즉 집단적으로 행하는 단순한 노무제공의 거부로 인해 방해 받는 회사의 업무가 존재한다고 보는 것이다.

그러나 이에 대하여 근로자들이 근로의 제공을 거부하였다고 해서 회사의 생산업무, 조업 등을 방해하였다고 볼 수 없다는 견해가 있다.90) 생산업무, 조업 등이 회사의 업무에 포함되지만 그 생산업무, 조업 등의 담당자는 근로자들이 고, 이들이 자신이 담당하고 있는 업무를 거부한 것일 뿐 다른 사람(회사)의 업 무를 방해한 것이라고 말할 수 없다는 것이다. 회사의 업무는 생산수단과 노동 의 결합에 의하여 수행되는 것을 본질로 하는 것이기 때문에 근로자가 노동력 의 판매를 중지한다면 방해받을 수 있는 회사의 업무는 쟁의행위의 시기에는 존재하지 않는다고 볼 수 있고 방해의 대상이 존재하지 않는 것이며, 노무제공 거부로 사용자의 업무 중 근로자의 노동력을 요하지 않는 업무, 예컨대 인사관 리, 수출계약 등이 방해되었다고 하더라도 이는 노무제공거부로 인해 나타난 반 사적 결과일 뿐이고, 쟁의행위참가자의 노무제공거부가 이러한 사용자의 업무를 방해할 것을 직접 목적으로 하였던 것이 아니다.

(나) 위　　력

업무방해죄에서 업무방해의 방법은 허위사실을 유포하거나 위계 또는 위력 이다. 이 중 쟁의행위와 관련하여 문제되고 있는 것은 위력이므로 이에 대하여 살펴보자.

업무방해죄의 위력은 사람의 자유의사를 제압하기에 족한 세력을 말한 다.91) 따라서, 위계 · 위력에 의한 촉탁살인(235조), 특수폭행(261조), 특수협박(284 조), 특수체포 · 감금(278조) 등에서 볼 수 있는 상대방에게 공포심을 일으키게 하 는 정도가 가장 강한 경우의 위력과, 미성년자간음(302조)에서 볼 수 있는 폭행 · 협박을 포함하지 않는 약한 정도의 위력을 모두 포함하는 광범위한 것이다.

위력의 사용은 폭행 · 협박을 가하는 것, 사회적 · 경제적 · 정치적인 지위 · 권세를 이용하는 것, 단체 · 다중의 힘을 과시하는 것 등 어느 것이든 상관없다. 위력은 범인의 위세, 사람 수 및 주위의 상황 등에 비추어 피해자의 자유의사를 제압하기 족한 세력의 현존으로 충분하고, 현실적으로 피해자의 자유의사가 제 압되었느냐는 묻지 않는다.92) 위력은 직접 업무에 종사하는 사람에게 가해질 필

---

90) 김순태a, 160~161면.
91) 대법원 1999. 5. 28. 선고 99도495 판결.

요는 없다. 즉 피해자에 대해서든 제3자에 대해서든 묻지 않는다.

판례는 음식점이나 다방에서 고함을 지르고 난동을 부리거나,93) 가옥을 명
도받기 위하여 다방의 출입문을 폐쇄하거나,94) 점포에서 영업을 못하도록 단전
조치를 하거나,95) 출입문에 바리케이드를 치고 모든 출입자의 출입을 통제하거
나,96) 공장 종업원 10여명이 공장 정문을 봉쇄하고 출입자를 통제하여 규찰을
보며 이사 등이 밖으로 나가지 못하도록 막거나,97) 근로자들에게 입갱하지 말
것을 선동하면서 탈의실을 점거 농성하여 광업소 조업을 방해한 경우98) 등은
위력에 의한 업무방해로 인정하였고, 74세를 넘긴 노인이 주위에 종중원들 및
마을 주민들 10여 명과 지적공사 직원 3명이 모여 있는 데 나타나서 혼자 측량
을 반대하면서 두 사람에게 소리치며 시비하거나,99) 부녀자인 피고인이 벼를 베
고 있는 피해자 2명에게 벼를 베기만 하면 좋지 못할 것이라고 소리친 경우100)
에는 위력이라고 할 수 없다고 보았다.

판례는 위와 같이 위력의 개념을 파악한 전제에서 쟁의행위에 대하여도 업
무방해죄에서 위력 해당성을 판단했다. 즉 과거 판례는 근로자들이 파업, 즉 집
단적으로 노무 제공을 거부하여 사용자의 정상적인 업무운영을 저해하고 손해
를 발생하게 한 행위가 당연히 위력에 해당함을 전제로 하여 노동관계 법령에
따른 정당한 쟁의행위로서 위법성이 조각되는 경우가 아닌 한 업무방해죄를 구
성한다는 취지로 판시했다.101) 쟁의행위에 대하여는 파업, 즉 단순한 노무제공
거부, 조퇴·월차휴가사용 등 준법투쟁, 피케팅, 직장점거에 이르기까지 업무방
해죄의 위력에 해당한다고 보았다. 이에 대하여 판례는 파업, 집단적인 노무제
공거부에 관하여는 "언제나 업무방해죄에 해당하는 것으로 볼 것은 아니고, 전
후 사정과 경위 등에 비추어 사용자가 예측할 수 없는 시기에 전격적으로 이루

92) 대법원 1995. 10. 12. 선고 95도1589 판결.
93) 대법원 1961. 2. 24. 선고 4293형상864 판결.
94) 대법원 1962. 4. 12. 선고 62다17 판결.
95) 대법원 1983. 11. 8. 선고 83도1798 판결.
96) 대법원 1991. 6. 11. 선고 91다753 판결.
97) 대법원 1992. 2. 11. 선고 91도1834 판결.
98) 대법원 1990. 7. 10. 선고 90도755 판결.
99) 대법원 1999. 5. 28. 선고 99도495 판결.
100) 대법원 1967. 1. 30. 선고 66도1686 판결.
101) 대법원 1991. 4. 23. 선고 90도2771 판결, 대법원 1991. 11. 8. 선고 91도326 판결, 대법원
2004. 5. 27. 선고 2004도689 판결, 대법원 2006. 5. 12. 선고 2002도3450 판결, 대법원 2006.
5. 25. 선고 2002도5577 판결 등.

어져 사용자의 사업운영에 심대한 혼란 내지 막대한 손해를 초래하는 등으로
사용자의 사업계속에 관한 자유의사가 제압·혼란될 수 있다고 평가할 수 있는
경우에 비로소 그 집단적 노무제공의 거부가 위력에 해당하여 업무방해죄가 성
립한다고 봄이 상당"하다며 기존 판례의 태도를 변경하였다.102)

      과거 판례는 쟁의행위가 있으면 회사의 업무에 대하여 위력을 행사하는 것
이 되고 이것은 업무방해죄의 구성요건에 해당한다고 보았다. 이때 쟁의행위를
위력에 해당한다고 보는 것은 그 집단성에 있었다. 개별적인 노무제공거부라면
이를 업무방해죄로 처벌하지 않지만 집단적으로 노무제공거부가 이루어지기 때
문에 개별적으로는 아무런 위력(?)을 갖지 못하던 행위가 집단적으로 하게 되면
위력에 해당하게 된다는 것이었다. 위 최근 판례는 "쟁의행위로서의 파업(법 2조
6호)도, 단순히 근로계약에 따른 노무의 제공을 거부하는 부작위에 그치지 아니
하고 이를 넘어서 사용자에게 압력을 가하여 근로자의 주장을 관철하고자 집단
적으로 노무제공을 중단하는 실력행사이므로, 업무방해죄에서 말하는 위력에 해
당하는 요소를 포함하고 있다"면서도 "근로자는 원칙적으로는 헌법상 보장된
기본권으로서 근로조건 향상을 위한 자주적인 단결권·단체교섭권 및 단체행동
권을 가진다."라는 이유로 위와 같이 봄이 상당하다고 판결한 것이다.

      이처럼 판례는 과거 태도를 변경하였으나 여전히 쟁의행위의 집단성을 중
시하여 쟁의행위로서 단순한 집단적 노무제공거부에 해당하는 파업에 관해서는
일정한 경우, 그리고 그 밖의 쟁의행위의 경우는 업무방해죄에 해당한다고 보고
있다. 하지만 본래 단체행동, 쟁의행위는 집단적으로 행사되는 것이다. 이렇게
집단적으로 행사되는 것에 대하여 자본주의 초기에는 '계약의 자유'라는 시민법
원칙에 합치되지 않는다는 이유로 근로자의 단결 및 단체행동을 금지하고 처벌
하다가 근로자의 단결 및 단체행동은 권리로서 승인되고 법질서로 되었고, 우리
의 경우에는 헌법상 기본권으로까지 승격되었다. 헌법상 단체행동권의 행사, 노
조법상 쟁의행위는 본래 집단적으로 행사되는 것이다. 범죄의 구성요건은 특별
히 위험한 위법행위를 정형적인 발생형태에 따라 구성요건으로 규정하였다. 구
성요건은 불법유형이므로 구성요건 자체에서 위법성이 인정되는 것이어서 행위
가 구성요건에 해당된다면 위법성은 징표되는 것이다. 이에 대하여 Welzel은 형
법상 범죄 중 일부는 구성요건 자체에서 불법요소를 완전히 끌어낼 수 없는 개

---

102) 대법원 2011. 3. 17. 선고 2007도482 전원합의체 판결.

방적 구성요건이 있다고 주장하기도 하였지만 구성요건을 불법유형으로 이해하
는 이상 모든 구성요건은 봉쇄적이며, 구성요건이 개방적인 때에는 불법유형의
성질을 잃어버리게 될 수밖에 없다.[103] 이와 같은 불법유형인 구성요건에 헌법
상 기본권의 행사를 그대로 포섭되게 할 수는 없다. 설사 입법자의 악의나 착오
로 이와 같은 일이 일어났다고 하더라도 헌법상 기본권의 행사 자체가 범죄의
구성요건에 해당하게 해석되어서는 아니 된다. 헌법을 최고 정점으로 하는 법질
서에서 법률은 헌법에 합치되게 입법되어야 하고, 헌법에 반하는 법률은 헌법에
합치되도록 개폐되거나 해석되어야 한다. 형법상 업무방해죄는 단체행동권의 행
사인 쟁의행위를 구성요건으로 그대로 포섭함으로써 유감스럽게도 이와 같은
일이 일어나고 말았다. 그리고서 쟁의행위가 정당한지 여부에 따라 위법성을 조
각한다고 보았다. 업무방해죄를 헌법에 합치되도록 해석하기 위해 단체행동권의
행사, 쟁의행위 자체가 업무방해죄의 구성요건에 해당하지 않는 것으로 해석되
어야 하는데 그 구성요건 중 여기서 살펴보는 위력과 관련하여 위 변경된 대법
원 판례는 여전히 한계가 있다. 이 대법원 판례에서 소수의견은 "다수의견이
'단순 파업'이 쟁의행위로서 정당성이 없는 경우라 하여 언제나 위력에 해당한
다고 볼 수 없다고 보아 위력의 개념을 어느 정도 제한하여 해석한 것은 종래
판례의 태도에 비추어 진일보한 입장"이지만 "다수의견이 제시하는 위력의 해
당 여부에 관한 판단 기준에 의하더라도 과연 어떠한 경우를 전격적으로 이루
어졌다고 볼 수 있을 것인지, 어느 범위까지를 심대한 혼란 또는 막대한 손해로
구분할 수 있을 것인지 반드시 명백한 것은 아니"라서 "다수의견의 해석론에
따른다 할지라도 형법 314조 1항에 규정한 '위력' 개념의 일반조항적 성격이 충
분히 해소된 것은 아니고, 위력에 의한 업무방해죄의 성립 여부가 문제되는 구
체적 사례에서 자의적인 법적용의 우려가 남을 수밖에 없다."라며 비판하고 있
다.[104]

　　일부에서는 업무방해죄의 위력은 부정한 위력을 말하는 것이고, 단결의 위
력은 부정한 위력이 아니므로 업무방해죄의 위력에 해당하지 않는다는 견해가
있다.[105] 그러나 '단결의 위력'은 부정한 위력이 아니기 때문에 업무방해죄의
위력에 해당하지 않는 것이 아니고, '단결의 위력'이 업무방해죄의 위력이 아니

103) 이재상a, 108~109면.
104) 대법원 2011. 3. 17. 선고 2007도482 전원합의체 판결.
105) 김순태a, 161~162면.

기 때문에 그 위력에 해당하지 않는다고 보아야 한다.

㈐ 업무의 방해

업무를 '방해한다' 함은 업무의 집행 자체를 방해하는 것만 아니라 널리 업무의 경영을 저해하는 것을 말한다.[106]

본죄의 성립을 위한 법익침해 정도에 관하여 판례는 업무방해죄가 성립하는 데에서는 "업무방해의 결과가 실제로 발생함을 요하는 것은 아니고 업무방해의 결과를 초래할 위험이 발생하면 충분하다."라는 태도를 취하고 있어 위험범으로 보고 있다.[107]

쟁의행위에서도 대법원은, "쟁의행위라도 정당성의 범위를 벗어나 형법 314조 소정의 위력으로써 사람의 업무를 방해한 경우에 해당하는 경우 실제로 업무방해의 결과가 발생하지 아니하였더라도 업무방해의 결과를 초래할 위험성으로 충분하고 쟁의행위 자체에 성질상 집단성과 단체성이 내포되어 있다는 점을 고려에 넣는다고 하여도 마찬가지이다"라고 판시하고 있다.[108] 판례에 의하면 쟁의행위가 있으면 구체적으로 업무를 방해하는 결과가 없다 하더라도 업무방해죄는 성립한다는 것으로 이로써 쟁의행위가 있으면 업무방해죄의 구성요건 해당성을 충족하게 된다.

학설도 대체로 업무를 방해할 우려가 있는 상태가 발생하면 족하며, 방해의 결과가 현실적으로 발생하였을 것은 요하지 않는다고 하여 추상적 위험범이라는 입장이다. 이에 대하여 법문상 '방해한 자'라고 규정되어 있는 점, 본죄의 법익을 '자유'라고 파악할 때(자유설) 다른 자유에 대한 범죄와 달리 취급할 이유가 없다는 점, 그리고 무엇보다도 추상적 위험범으로 보면 지나치게 처벌범위가 확대될 위험이 있다는 점 등을 고려하여 본죄를 업무활동의 자유를 침해하는 침해범으로 해석해야 한다는 견해가 있다.[109]

침해범으로 볼 경우에는 사람의 업무가 현실적으로 방해되지 않는 한 미수에 지나지 않고, 다소라도 업무에 지장을 초래하였을 때에야 기수가 된다. 그런데 업무방해죄는 미수를 처벌하는 규정이 없기 때문에 업무가 현실적으로 방해되지 않았다면 처벌할 수 없다.

---

106) 대법원 1999. 5. 14. 선고 98도3767 판결.
107) 대법원 1997. 3. 11. 선고 96도2801 판결.
108) 대법원 1992. 11. 10. 선고 92도1315 판결.
109) 김순태a, 51~52면.

한편, 쟁의행위가 업무방해죄의 구성요건에 해당하지 않는다면 침해범으로 볼 것이냐, 아니면 위험범으로 볼 것이냐에 대하여 논의할 필요가 없다.

㈐ 파업 — 부작위

파업, 즉 단순히 근로제공을 집단적으로 거부하는 쟁의행위는 '일하지 않은' 부작위로서 업무방해죄가 성립한다면 이는 부진정부작위범인 것인데 이 경우 부작위는 작위와 같이 평가될 것이 요구되는바(부작위의 동가치성), 쟁의행위에서는 근로자에게 일할 의무, 즉 작위의무가 인정될 수 없다는 논의가 있다.110)

이와 관련하여 변경된 대법원 판례에서 소수의견은 "다수의견은 폭력적인 수단이 동원되지 않은 채 단순히 근로자가 사업장에 출근하지 않음으로써 근로제공을 하지 않는 '소극적인 근로제공 중단', 즉 '단순 파업'이라고 하더라도 파업은 그 자체로 부작위가 아니라 작위적 행위라고 보아야 한다는 것이나, 이러한 견해부터 찬성할 수 없다."라며 "근로자가 사업장에 결근하면서 근로제공을 하지 않는 것은 근로계약상의 의무를 이행하지 않는 부작위임이 명백하고, 근로자들이 쟁의행위의 목적에서 집단적으로 근로제공을 거부한 것이라는 사정이 존재한다고 하여 개별적으로 부작위인 근로제공의 거부가 작위로 전환된다고 할 수는 없다."라고 한 후 "'단순 파업'을 다수의견의 견해와 달리 부작위라고 보더라도, 부작위에 의하여 위력을 행사한 것과 동일한 결과를 실현할 수 있고 근로자들이 그러한 결과 발생을 방지하여야 할 보증인적 지위에 있다고 볼 수 있다면, 비록 다수의견과 논거를 달리하지만 위력에 의한 업무방해죄의 성립을 인정할 수 있"으나 "일반적으로 사용자에게 근로자들의 단순 파업으로부터 기업활동의 자유라는 법익을 스스로 보호할 능력이 없다거나, 근로자들이 사용자에 대한 보호자의 지위에서 사태를 지배하고 있다고는 말할 수 없"고 "무엇보다 근로자 측에게 위법한 쟁의행위로서 파업을 해서는 안 된다는 작위의무를 인정하는 것은 서로 대립되는 개별적·집단적 법률관계의 당사자 사이에서 상대방 당사자인 사용자 또는 사용자단체에 대하여 당사자 일방인 근로자 측의 채무의 이행을 담보하는 보증인적 지위를 인정하자는 것이어서 받아들일 수 없고, 근로자들의 단순한 근로제공 거부는 그것이 비록 집단적으로 이루어졌다 하

---

110) 김순태c, 84~85면.

더라도 업무방해죄의 실행행위로서 사용자의 업무수행에 대한 적극적인 방해행위로 인한 법익침해와 동등한 형법가치를 가진다고 할 수도 없다."라고 하였다.[111]

그러나 부진정부작위범의 보증인의무를 가지고 쟁의행위에 대한 업무방해죄 적용문제에 접근하는 위와 같은 논의방식은 헌법상 근로자의 단체행동권 행사인 쟁의행위 자체에 형법상 업무방해죄가 적용된다는 점을 전제로 단지 근로제공 거부인 파업에 대하여는 집단적인 부작위라는 점에 주목하여 시민형법의 부진정부작위범의 논리를 적용해서 업무방해죄의 구성요건에 해당하지 않는 것으로 보고자 하는 것이다. 사용자 업무의 정상적인 운영을 저해하는 쟁의행위가 일부라도 부작위가 아닌 작위의 요소가 있다면 위력 업무방해죄의 구성요건에 해당하게 된다는 점에서 한계가 있다.

(4) 구성요건 이외의 문제에 대하여

쟁의행위가 업무방해죄의 구성요건에 해당하지 않는다면 범죄론 체계에서 이를 전제로 하고 검토하는 위법성과 책임에 관하여 살펴볼 이유가 없다.

그런데 판례와 같이 쟁의행위로서 파업이라도 일정한 경우에는 업무방해죄에 해당하는데 이러한 경우 위법성조각사유와 책임조각사유 등에 관하여 살펴보아야 한다. 위법성과 책임에 관한 논의는 형법의 일반논의에 따르는 것이므로 특별히 여기서 살펴볼 필요는 없다. 쟁의행위에서 특별히 위법성조각사유로 문제되고 있는 것은 쟁의행위의 정당성에 관한 논의이다. 쟁의행위가 업무방해죄의 구성요건에 해당하더라도 쟁의행위의 정당성이 인정된다면 정당행위로서 위법성이 조각되는 것인데 이는 주체, 목적, 시기와 절차, 수단과 방법 등에 관하여 구체적으로 살펴서 판단하는 것이므로 해당 부분에서 살펴보도록 한다.

쟁의행위 과정에서 발생한 폭력행위, 파괴행위 등이 형법상 범죄(폭행죄, 상해죄, 손괴죄) ―2인 이상이 공동으로, 단체나 다중에 의하여 행하여진다면 폭력행위등처벌에관한법률위반죄― 의 구성요건에 해당될 수 있고 이때에는 그 행위자에 대하여 형법상 범죄론 체계에 따라 위법성, 책임을 차례로 처벌 여부를 판단하게 된다. 이때 해당 행위가 위법성조각사유에 해당될 수 있는지를 검토하면서 집단성, 물리력행사의 내재성 등 쟁의행위의 특수성을 충분히 고려하는 노동

---

111) 대법원 2011. 3. 17. 선고 2007도482 전원합의체 판결(대법관 박시환, 대법관 김지형, 대법관 이홍훈, 대법관 전수안, 대법관 이인복의 반대의견).

법적인 개입이 있게 된다.

현재 노조법은 쟁의행위에서 발생할 일탈행위에 대하여 광범위하게 규제하고 그 위반 시 처벌하고 있다. 따라서 쟁의행위에 대하여 노조법상 형사처벌하게 된다.

앞에서 쟁의행위 자체를 형법상 범죄로 처벌할 수 없다는 것, 특히 파업 등 노무제공거부 행위에 대하여는 판례도 일정한 경우를 제외하고는 업무방해죄에 해당하지 않는 것으로 보고 처벌할 수 없다고 보고 있는데 쟁의행위에 관한 형사면책법리는 쟁의행위 자체, 특히 단순히 집단적으로 노무제공을 거부하는 파업에 관하여는 업무방해죄만이 아니라 형사처벌 자체를 하지 않는 것을 말하는 것인바, 그렇다면 쟁의행위 자체를 처벌하고 있는 노조법은 이에 반하는 것이 아닐 수 없다. 앞에서 살펴본 바와 같이 헌법상 쟁의행위를 기본권으로 보장하여 놓고 이를 형사처벌하는 것은 쟁의행위 자체에 대하여 형사처벌을 해서는 아니 된다는 쟁의행위에 대한 형사면책법리에 반하는 것이고, 따라서 단체행동권을 기본권으로 보장하고 있는 우리 헌법에 합치된다고 보기 어렵다.112)

5. 노조법위반죄

가. 들어가며

노조법은 노동조합의 쟁의행위를 규제하고 있다. 예를 들어 노동조합은 쟁의행위를 하기 위해서는 쟁의행위찬반투표를 거치도록 41조 1항에서 쟁의행위의 규제로서 정하고 그 위반에 대하여 처벌하고 있다. 위 쟁의행위찬반투표에 관한 노조법위반에 대하여 노조법 91조는 1년 이하 징역 또는 1천만 원 이하의 벌금에 처하도록 하고 있다. 이와 같이 우리의 경우 노동조합의 쟁의행위에 관하여 법에 의하여 국가가 규제하고 이를 위반하면 형사처벌을 하고 있다. 이와 같이 쟁의행위 자체에 관하여 국가가 형사처벌하고 있는 것은 우리의 경우가 특별하다.

쟁의행위 규제에 관한 노조법위반을 둘러싸고 기존의 논의 내지 다툼은 그 위반행위에 대한 쟁의행위의 정당성 여부에 관한 판단에 관한 것이었다. 예를 들어 조정절차, 쟁의행위찬반투표제도의 입법취지에 관한 논의로 진행되었고 이 규정을 위반한 쟁의행위에 대하여 형법상 업무방해죄로 처벌할 수 있는지 여부

---

112) 김기덕, 254면 이하.

를 둘러싼 것이었다.

　　우리의 경우 노조법위반에 따른 형사책임의 문제는 노조법위반죄와 형법상
업무방해죄의 처벌에 관한 것이고, 기존의 논의는 쟁의행위의 정당성 법리를 중
심으로 그 처벌 여부를 판단하여 왔다. 따라서 쟁의행위의 정당성 논의에 대하
여 살펴보는 것이 필요하다. 그런데 쟁의행위의 정당성과 해당 노조법규정의 위
반에 관한 구체적인 처벌조항에 관하여는 쟁의행위의 주체, 목적, 시기와 절차,
수단과 방법에 관한 해당 논의에서 살펴보기로 하고 여기서는 노조법위반의 형
사책임 일반 논의에 집중하여 살펴보도록 한다.

　　나. 노조법위반죄와 쟁의행위의 정당성론

　　쟁의행위 규제에 관한 노조법을 위반한 경우에는 이를 처벌하고 있는데 이
때 노조법 4조의 정당행위규정이 적용될 수 있는가 하는 것이 논의될 수 있다.
노조법 4조는 "형법 20조의 규정은 노동조합이 단체교섭·쟁의행위 기타의 행
위로서 1조의 목적을 달성하기 위하여 한 정당한 행위에 대하여 적용된다. 다
만, 어떠한 경우에도 폭력이나 파괴행위는 정당한 행위로 해석되어서는 아니 된
다."라고 규정하고 있다. 여기서 예를 들어 쟁의행위찬반투표에 관한 노조법 41
조 1항을 위반하는 경우에 이를 처벌하는 노조법 91조는 형법 20조의 정당행위
라는 위법성조각사유가 배제될 규정이 아니기 때문에 노조법 4조가 적용될 수
있는 것이라는 주장이 제기될 수 있는 것이다. 만약 노조법 4조가 형법 20조의
정당행위를 단순히 반복적으로 규정한 것에 지나지 않는 것이라면 쟁의행위찬
반투표규정위반 등 노조법위반에 대하여도 노조법 4조가 적용됨은 물론이다. 그
런데 노조법 4조가 형법 20조의 반복이 아니라 특별히 헌법상 근로자의 단체행
동권 등 노동기본권 보장에 따라 형사면책을 보장하기 위한 것이라고 본다면
문제는 달라진다. 노조법 4조가 1조의 목적을 달성하기 위하여 한 정당한 행위
에 대하여 적용된다고 하고 있어 무엇이 1조의 목적을 달성하기 위하여 한 정
당한 행위로 볼 수 있는지가 그 폭을 좌우하게 될 것이기 때문이다. 여기서 정
당한 행위의 의미를 노조법상 규정의 준수로 파악한다면 형사면책의 범위는 극
히 협소한 것이 되어 버리고 노조법위반 처벌조항은 그대로 적용되고 만다. 그
렇지 않다면 즉 노조법상 규정의 위반이 있더라도 일정한 경우 1조의 목적을
달성하기 위하여 한 정당한 행위에 해당한다고 본다면 노조법위반 처벌은 배제

된다. 이때 여기서의 정당한 행위를 쟁의행위의 정당성 판단법리에서 쟁의행위의 정당성이 인정되는 경우로 보고 이에 따른 논의의 결과를 그대로 노조법위반 처벌조항에서도 적용하여야 한다는 견해가 있을 수 있다. 그러나 쟁의행위의 정당성 판단법리는 쟁의행위의 주체, 목적, 절차, 수단과 방법 등을 종합적으로 검토하여 정당성이 인정되는 쟁의행위에 대하여 민·형사책임을 지지 않는 것으로 구성하는 논의구조이지 노조법상 개개 처벌규정위반에 대한 판단이 아니다. 노조법상 조정절차, 찬반투표 등 쟁의행위절차규정의 위반이 있더라도 일정한 경우 쟁의행위의 정당성이 인정된다는 논의구조이기 때문에 이러한 논의구조에서는 이미 쟁의행위절차규정 등 노조법의 위반에 따른 처벌규정의 적용을 전제로 하여 논의하고 있다고 볼 수 있다. 그렇지 않고 다시 그 위반행위가 정당한지를 판단하는 것이고 그에 따라 그 위반행위가 아니라고 판단하게 되는 것이라면 이는 순환론에 빠지고 말기 때문이다. 본래 쟁의행위 정당성 판단법리는 노조법상 처벌규정에 관한 논의가 아니고 노조법상 규정의 위반이 있는 경우라도 민사책임을 면책하기 위한 것이라고 할 수 있다. 쟁의행위의 정당성 판단법리가 유래된 외국에선 파업 등 쟁의행위는 원칙적으로 처벌하지 않는 형사면책법리가 확고하게 자리잡고 있기 때문이다. 이러한 법리를 가지고 노조법상 처벌규정의 배제를 위한 논의로 전개하게 되는 경우에는 우리의 경우 위와 같은 순환론으로 빠지고 만다. 물론 노조법상 처벌규정이 아닌 업무방해죄 등 노조법 이외의 법률로 처벌할 때에는 이러한 순환론에 빠지지 않는다. 그 동안 판례는 형사책임에 관하여 쟁의행위의 정당성 판단법리는 이 업무방해죄 등의 적용 여부를 둘러싸고 전개되어 왔다.

　이상의 논의를 정리하여 보면 쟁의행위 규제에 관한 노조법상 처벌규정은 일반 범죄론체계에 따라 구성요건해당성, 위법성 및 책임의 조각사유에 해당하는 경우에는 처벌받지 않게 됨은 물론이지만 노조법 4조의 정당행위 —즉 이를 쟁의행위의 정당성 판단의 기준으로 본다면— 에 관한 규정의 적용은 배제될 수가 있고 다만 그 위반에 따른 노조법상 처벌규정 이외의 업무방해죄 등 형사책임에 관하여 노조법 4조가 적용된다고 볼 수 있다. 이 논의에 따르더라도 노조법상 처벌규정을 적용할 때 해당 규정의 취지를 고려하여 일정한 경우 그 적용을 배제하는 경우가 있을 수 있음은 물론이다. 이것은 쟁의행위의 정당성 판단과 무관하게 해당 규정의 취지에 따른 것이다. 한편 쟁의행위의 정당성 판단의 법리에 대하여 부정적인 입장을 취하는 경우에는 이러한 논의가 타당하지 않다.
이처럼 쟁의행위의 정당성 판단 법리를 전제로 하지 않는다면 노조법상 처벌규
정을 적용할 때에는 노조법 4조의 정당행위를 지금까지의 쟁의행위의 정당성
판단구조와는 다른 것으로 파악하게 될 수밖에 없다.

다. 업무방해죄와 관계
(1) 상상적 경합 여부

판례는 일정한 쟁의행위는 업무방해죄의 구성요건에 해당하고 다만 그 쟁
의행위의 정당성이 인정되는 경우 위법성이 조각된다고 본다. 이와 같은 논의구
조를 취하게 된다면 쟁의행위찬반투표규정 등 쟁의행위 규제에 관한 노조법위
반의 쟁의행위는 노조법위반죄와 형법상 업무방해죄에 해당하게 된다. 즉 쟁의
행위찬반투표규정위반의 쟁의행위라는 하나의 행위가 두 가지 범죄행위에 해당
하기 때문에 상상적 경합범이라고 볼 여지가 있다. 물론 상상적 경합범에서 하
나의 행위를 어떻게 설정할 것이냐에 따라 그 해당 여부가 좌우될 것이다. 예를
들어 쟁의행위찬반투표부터 쟁의행위 전반에 이르기까지 하나의 행위로 파악한
다면 충분히 상상적 경합범으로 파악될 수 있을 것이나, 그렇지 않고 쟁의행위
찬반투표규정을 위반한 쟁의행위와 쟁의행위 자체를 하나의 전체적인 행위로
파악하지 않는 태도를 취하게 된다면 상상적 경합범이 아닌 일반 경합범으로
파악하게 될 것이다.

(2) 법조경합 여부

업무방해죄와 관련하여 일정한 쟁의행위를 일응 형법상 업무방해죄에 해당
하는 것으로 판례는 파악하고 있고 노조법상 규정의 위반에서는 원칙적으로 쟁
의행위의 정당성이 인정되지 않아 업무방해죄로 처벌되는 논의구조를 취하고
있는 조건에서 결국 노조법위반죄와 업무방해죄는 하나의 쟁의행위에 대하여
특별히 평가하여 노조법위반에 따른 처벌을 하고 있는 것이어서 이는 업무방해
죄에 대한 특별규정으로 법조경합으로 볼 수 있는 것이 아니냐 하는 논의가 있
을 수 있다. 과거 대법원 전원합의체 판결의 반대의견도 이와 유사한 판단을 하
였다. 즉 반대의견은 "노조법 37조 내지 46조가 쟁의행위의 원칙, 주체, 절차,
방법 등에 관하여 규정하고 벌칙조항에서 위 각 규정 중 일부의 위반행위에 대
한 처벌규정을 두고 있는바(이 사건에서 문제된 노조법 41조 1항, 91조 1호도 그 중

일부이다), 쟁의행위에 대하여 형법상 업무방해죄의 성립을 인정함에 신중을 기하여야 한다는 점을 염두에 두고 위 노조법 규정의 입법 취지나 조문 내용 등에 비추어 볼 때, 노조법상 위반행위에 대하여 별도의 처벌규정을 두고 있는 사항에 대하여는, 거기에 부가되는 폭행, 협박, 강요 등 별도의 위법행위가 없는 한, 노조법상 처벌규정 위반죄로 처벌하는 외에 형법상 업무방해죄로 처벌을 할 수 없는 것이 아닌가 하는 의문이 든다. 왜냐하면 그렇지 않다고 하는 경우 당해 규정위반으로 인하여 이미 쟁의행위 자체가 위법한 것으로 되고 그 쟁의행위에 가담한 근로자는 형법상 업무방해죄의 처벌대상으로 되는데(더구나 다수의 견대로라면 쟁의행위에 가담한 근로자는 위법 정도의 경중, 가담의 경중을 가릴 것도 없이 전원이 처벌대상이 된다), 구태여 노조법상에 업무방해죄의 법정형과 같거나 보다 가벼운 형을 정하는 별도의 처벌규정을 둘 필요가 없을 것이기 때문이다(업무방해죄와 비교하여, 노조법의 처벌규정 중 88조는 징역형은 같되 벌금형은 무겁고, 89조, 90조는 징역형은 가볍고 벌금형은 약간 무거우며, 나머지 처벌조항은 징역형, 벌금형 모두 가볍다.)."라고 판시한 바 있다.[113] 그러나 이 문제는 쟁의행위를 형법상 업무방해죄를 구성하는 것으로 보고 일정한 경우에만 쟁의행위의 정당성을 인정하여 예외적으로 처벌을 면하는 논의구조 자체가 문제이지 이와 같이 특별규정으로 파악하여 법조경합에 해당하는 것으로 이론구성을 통해 회피할 문제는 아니라고 보아야 한다. 만약 이와 같은 구성을 취하게 된다면 노조법위반에 의한 쟁의행위는 노조법상 처벌규정만 적용받게 되어 보다 가볍게 처벌되는데 비하여 그 위반이 없는 쟁의행위에서는 형법상 업무방해죄가 적용되어 보다 중하게 처벌되는 부당한 결과를 가져올 수 있다.

V. 위법쟁의행위와 민사책임

1. 책임의 발생요건

가. 위법쟁의행위에 따른 민사책임의 의의

위법한 쟁의행위에 따른 민사책임은 위법한 쟁의행위로 인한 사용자의 손해 등에 대하여 노동조합이나 근로자가 사용자에게 지는 책임을 말한다.

이는 민사책임의 발생요건인 채무불이행 또는 불법행위에 따른 것이고, 결

---

113) 대법원 2001. 10. 25. 선고 99도4837 전원합의체 판결.

국 쟁의행위가 채무불이행이나 불법행위에 해당하여 그로 인해 사용자에게 발생한 손해 등에 대해 노동조합이나 근로자가 지는 책임이다.

문제는 어떠한 경우 노동조합이나 근로자의 쟁의행위가 채무불이행이나 불법행위에 해당하는가 하는 것이다. 위법쟁의행위에 따른 법적 책임으로서 근로자가 근로계약상 근로제공의무를 이행하지 않은 채무불이행에 따른 책임부분은 당연히 인정된다. 그리고 이것은 개별 근로자가 자신의 근로계약 위반에 따른 개별적 책임이라고 할 수 있고,114) 사용자는 근로제공 청구를 하거나 임금지급 의무를 면한다. 따라서 이에 관해서는 별도로 살피지 않는다. 이 글에서 논의되는 쟁의행위에 따른 책임은 근로자의 근로계약상의 채무불이행의 책임이 아닌 불법행위로서 논의되는 것이다. 이와 관련하여 쟁의행위가 위법한 것이어야 하고, 그 위법은 법질서 전체에서 위법한 것으로 인정되어야 하며, 이는 쟁의행위의 정당성 요건을 갖추지 못한 때 발생한다고 파악하는 것이 학설과 판례의 일반화된 논의구조이다. 결국 앞에서 살펴본 형사책임과 마찬가지로 책임의 발생요건은 쟁의행위의 정당성 요건의 인정 여부로 귀결된다.

나. 민사책임의 발생요건으로서 쟁의행위의 정당성 요건론에 관한 비판적 검토

민사책임에서도 그 책임의 발생요건은 노동조합이나 근로자의 쟁의행위가 정당성이 인정되는가 여부로 귀결되는 것이 일반적이다. 따라서 쟁의행위에 따른 책임에 관한 논의에서는 책임의 발생요건에 관해서는 특별히 살펴보지 않고 쟁의행위의 정당성이 인정되지 않는 쟁의행위로 인하여 사용자에게 발생한 손해 등에 대해 노동조합이나 근로자는 그 책임이 면책되지 않는다는 것으로 그친다. 따라서 위법쟁의행위에 대한 민사책임에 관한 논의는 주로 책임의 귀속주체와 범위가 대상이 된다. 다만 쟁의행위의 정당성 요건의 위치에 관하여 앞에서 살펴본 형사책임면책의 법리로서 논의하였던 위법성조각설, 구성요건해당성조각설 등으로 견해가 대립될 뿐이다.115) 그리고 여기서 위법성조각설, 구성요건해당성조각설 등으로 견해가 대립되어도 이는 면책법리의 구성에서 면책 단계에서의 위치에 관한 문제일 뿐 민·형사책임 모두에서 위법성 또는 적법성에 관하여 통일적으로 판단되고 있다. 이에 관해서 조금 더 자세히 살펴보자.

---

114) 임종률, 260~262면.
115) 김형배, 1337면.

노조법 3조는, "사용자는 이 법에 의한 … 쟁의행위로 인하여 손해를 입은 경우에 노동조합 또는 근로자에 대하여 그 배상을 청구할 수 없다."라고 규정하고 있다. 따라서 위 법규정상 "이 법에 의한 쟁의행위"로 인정되는 경우에 한하여 손해배상책임이 면제되고 그 밖의 쟁의행위에 대하여는 사법(私法)의 일반원리에 따라 손해배상책임이 발생된다.

위 법규정에서 손해배상책임이 면제되는 "이 법에 의한 쟁의행위"가 무엇을 의미하는가에 대하여는, 단순히 "법"상의 법규정에 위반되지 않는 쟁의행위만을 의미하는 것이 아니라 헌법상 기본권으로 단체행동권이 보장되어 있는 취지에 비추어 쟁의행위를 그 주체, 목적, 시기·절차, 방법 등의 면에서 구체적·실질적으로 판단하여 헌법상 단체행동권 보장의 범위를 벗어나지 않는 쟁의행위의 정당성이 인정되는 쟁의행위를 의미하는 것으로 풀이하는 것이 통설 및 판례의 입장이다.

따라서 쟁의행위의 정당성 여부는 형식적으로 노동관계법규에 위반하였는지 여부에 따라 판단하지 않고 쟁의행위의 주체, 목적, 시기·절차, 방법 등을 종합하여 구체적·실질적으로 판단하여야 하고, 쟁의행위의 정당성 요건에 관한 판례도 이에 입각하고 있다 할 것이다.

결국 판례가 인정하는 바와 같은 쟁의행위의 정당성 요건을 갖추지 아니한 위법한 쟁의행위는 불법행위를 구성하여 그로 말미암아 손해를 입은 사용자는 노동조합이나 근로자에 대하여 그 손해배상을 청구할 수 있다.116)

위와 같은 위법쟁의행위에 따른 손해배상, 즉 민사책임의 발생요건에 관한 논의는 쟁의행위의 정당성 요건에 따른 정당성의 인정 여부에 따라 그 책임의 발생 여부가 결정된다는 것이다.

위 논의를 살펴보면 노조법 3조가 손해배상책임의 면책을 규정하고 있는데 여기서 면책되는 쟁의행위는 "이 법에 의한 … 쟁의행위"인데, 과연 "이 법에 의한 쟁의행위"가 무엇인가와 관련하여서는 단순히 노조법상의 법규정에 위반되지 않는 것뿐만 아니라 헌법상 단체행동권 보장 취지에 비추어 쟁의행위로서의 정당성이 인정되는 쟁의행위를 의미한다고 보고 있다. 즉 노조법규정에 위반하지 않는 쟁의행위는 "이 법에 의한 쟁의행위"이고, 노조법에서 규정하지 않았더라도 헌법상 단체행동권 보장의 취지에 비추어 그 주체, 목적, 절차, 방법 등

---

116) 사법연수원a, 274~275면.

쟁의행위의 정당성 요건에 해당하는 쟁의행위는 "이 법에 의한 쟁의행위"이고 이에 해당하지 않는 쟁의행위는 "이 법에 의한 쟁의행위"가 아니라고 한다. 앞의 노조법규정에 위반하지 않는 쟁의행위가 노조법 3조에서 "이 법에 의한 쟁의행위"라는 것은 규정 문언에 합치된다. 그러나 이에 더하여 쟁의행위의 정당성 요건에 해당하는 쟁의행위가 "이 법에 의한 쟁의행위"에 해당하기 위해서는 그것이 노조법규정에서 정한 쟁의행위로 평가될 수 있을 때에만 가능하다. 노조법 3조는 "이 법에 의한 쟁의행위"에 대하여는 사용자는 노동조합 또는 근로자에게 손배배상을 청구할 수 없다고 하고 있는데 이 논의가 정당한 쟁의행위에 대하여는 손해배상을 청구할 수 없다고 하는 것은 노조법 3조를 노동조합이나 근로자의 쟁의행위가 면책되도록 한 일반규정으로 파악하기 때문이다. 따라서 쟁의행위로서 당연히 면책되어야 하는 쟁의행위의 정당성 요건에 따른 정당한 쟁의행위는 노조법 3조에 의해 면책되어야 하고 따라서 "이 법에 의한 쟁의행위"에 포섭된다고 파악한 것이다. 그런데 헌법상 단체행동권 보장에 따른 그 행사의 정당성을 파악한다면 폭넓게 근로자의 쟁의행위의 정당성을 인정할 수 있는 것인데 비하여 노조법 등 법령이 광범위하게 주체, 목적, 절차, 방법 등에서 금지와 제한을 가하고 있기 때문에 위법성조각사유로서 쟁의행위의 정당성을 이해하고 그 요건을 파악하게 되면 협소하게 쟁의행위의 정당성 요건이 정해지고 그에 따라 정당성이 인정되기 어렵게 된다.

　　현재 민사책임의 면책론으로서 쟁의행위의 정당성론은 헌법상 근로자의 단체행동권 보장, 노조법 등 관계법령상의 쟁의행위의 규제 등을 종합하여 그 주체, 목적, 시기·절차, 방법 등의 정당성 요건으로 파악하고 있다. 민사책임의 면책법리로서 쟁의행위의 정당성론이 구축되었기 때문에, 즉 쟁의행위의 정당성이 인정되어야 노조법 3조에 의한 면책이 가능하다고 법리를 구축하였기 때문에 쟁의행위의 정당성론은 전체 법질서 차원에서 판단되는 위법성 판단이 될 수밖에 없고 따라서 단순히 헌법상 단체행동권 보장규정만이 아니라 노조법 등 관계법령상 규제도 종합적으로 고려한 정당성론으로 될 수밖에 없는 것이다. 이와 같이 일반화된 면책법리로서 쟁의행위의 정당성에 관한 논의가 구축되었기 때문에 쟁의행위는 채무불이행이나 불법행위로 일응 전제되고 이를 면책하기 위한 요건이 쟁의행위의 정당성 요건이다. 근로자의 쟁의행위는 근로계약상 근로제공의무를 이행하지 않는 것이고 따라서 채무불이행이고, 집단적인 행위로서 불법행위이며 이를 면책하기 위해서는 쟁의행위가 정당한 것이어야 한다는 것이 쟁의행위의 정당성론이다. 이러한 쟁의행위의 정당성론에서는 헌법상 기본권으로서 근로자의 단체행동권 행사가 왜 당연히 채무불이행이나 불법행위가 된다는 것인지에 관한 의문은 존재하지 않는다. 어차피 그 쟁의행위가 정당하다면 민사책임이 면책되는 것이기 때문에 단지 법리구성의 문제에 지나지 않는다고 본다. 그러나 여기서 문제가 발생한다. 만약 쟁의행위의 정당성 요건이 엄격하다면, 근로자의 단체행동권 행사가 채무불이행 내지 불법행위에 해당하지 않는 것으로 파악하였다면 당연히 책임의 존부가 논의될 여지가 없었던 것이 그 존부로서 문제가 된다.

　근로자가 근로계약상 의무, 즉 근로제공을 하지 않은 경우 그로 인해 발생하는 사용자의 손해 일체를 배상해야 하는 것이 아니다. 단지 근로계약상 근로제공에 대한 임금을 지급받지 못하게 된다. 따라서 근로자가 결근함으로써 사용자의 사업이 정상적으로 이루어지지 않았다고 해서 그 사업의 손해를 근로자가 책임져야 하는 것은 아니고 근로제공에 따른 임금 지급을 받지 못하게 되는 것뿐이다. 그 구체적인 법리는 근로계약의 성질론, 상당인과관계론, 특별손해론 등 여러 가지의 논의를 통해 얼마든지 구성될 수 있다. 그럼에도 근로자들이 집단적으로 근로계약상의 의무를 이행하지 않는 경우에는 그 집단성으로 인해 이를 허용하지 않았다. 이것이 단결금지법 등에 의한 자본주의 초기의 법제였다. 그러나 이것을 개별적인 근로자의 근로계약의 불이행과 동일하게 평가하게 된 것이 단결금지법리를 폐지하면서부터이고 민사책임의 영역에서도 집단성을 이유로 책임을 지지 않게 되었고, 노동운동에 의한 단결의 자유를 위한 역사가 존재하지 않았던 우리의 경우는 1948년 제헌헌법에서 근로자의 단체행동권을 기본권으로 규정함으로써 보장하게 된다. 이에 따라 근로자들이 단체행동으로 집단적으로 근로계약상의 의무, 즉 근로제공을 하지 않았다고 해서 그로 인해 발생하는 사용자의 손해 일체에 관한 법적 책임을 부담하지 않게 되었다. 단지 근로계약상 근로제공의무의 불이행에 따라 사용자로부터 임금을 지급받지 못할 뿐이다. 근로자가 개별적으로 근로제공을 하지 않는 것은 단지 근로계약상의 의무를 이행하지 않는 것에 그치나, 근로자들이 집단적으로 근로제공을 하지 않는 것은 자본주의 초기에는 개별적으로 근로자들이 근로계약상의 의무를 이행하지 않는 것으로 평가되지 않았던 것이기 때문에 이를 근로자들의 집단적인 권리로

서 보장하게 된 것이다. 바로 이것은 우리의 경우 헌법에서 근로자의 단체행동
권을 기본권으로 규정하면서 즉시적으로 근로자들의 기본권의 행사로서 인정되
었다. 다만 법률을 통해 국가는 근로자의 단체행동권 행사를 규제하고 있는바,
이는 국가안전보장, 질서유지, 공공복리에 의해서만 가능한 것이고(헌법 37조 2항),
노조법은 "산업평화의 유지와 국민경제의 발전"을 위해 많은 금지와 제한을 규
정하였다. 이는 위와 같이 헌법에서 근로자의 단체행동권을 보장한 전제에서 쟁
의행위에 관한 국가의 법적 규제인 것이다. 쟁의행위의 정당성론은 이 노조법 3
조에 따른 면책을 위한 쟁의행위를 헌법뿐만 아니라 노조법상 쟁의행위 규제인
주체, 목적, 절차, 방법 등을 종합적으로 파악하여 요건으로 설정함으로써 앞에
서 살펴본 헌법상 근로자의 단체행동권 보장이 갖는 의미를 그 법리에 반영할
수 없게 된 것이다. 쟁의행위의 정당성론에서는 여전히 집단성을 문제삼고 있고
예외적으로 정당한 쟁의행위에 대해서만 그 집단성에 따른 법적 책임에서 면책
시킨다. 정당성이 인정되지 않는 쟁의행위는 그 집단성에 따른 법적 책임을 면
할 수 없다. 무엇보다도 쟁의행위의 정당성론에 관한 일반적인 논의는 앞에서
살펴본 바와 같이 헌법과 노조법 등 관계법령을 종합적으로 파악한 정당성 요
건을 구성하고 있는데 이 요건에 해당하는 경우에만 면책되는 것이라고 한다면
헌법상 근로자의 단체행동권 보장은 법률에 의해서만 구체적으로 보장될 뿐이
라고 해석되게 된다. 쟁의행위의 정당성론은 법률에 의한 헌법의 해석론일 수밖
에 없다.

다. 민사책임의 발생요건에 관한 일고찰

위와 같이 쟁의행위의 정당성론을 쟁의행위에 대한 민사책임의 발생요건으
로 파악하는 것은 적절치 않다. 헌법에서 근로자의 단체행동권을 기본권으로 보
장하였기 때문에 근로자의 가장 기본적인 단체행동권 행사인 집단적으로 근로
제공을 하지 않는 경우에는 그 '집단성'이 사용자의 권리를 침해하는 것이 아니
고, 이때 '집단성'에 따른 사용자의 권리침해는 근로자의 단체행동권 보장에 의
해 근로자들의 기본권의 행사로서 인정되면서 더 이상 사용자가 법적으로 보호
받게 되는 권리의 침해로 주장할 수 없게 되었으며, 다만 근로제공의 거부를 넘
어서는 쟁의행위, 즉 직장점거, 피케팅 등으로 인해 사용자의 소유권, 시설관리
권, 노무수령권 등 권리를 침해하는 경우 노조법 3조 등에 의해서 손해배상 등

민사책임이 면책되는 것으로 보아야 하고, 바로 여기서 쟁의행위의 정당성론은 노조법 3조에 따른 민사책임의 면책론으로 위치를 갖는다고 보아야 한다. 따라서 기존에 논의되어온 쟁의행위의 정당성 요건은 이와 같은 논의구조에 따라 새롭게 재정리되어야 한다. 이상의 논의에 따라 민사책임의 발생요건을 손해배상책임으로 파악하여 보면 다음과 같다.

첫째, 근로자의 쟁의행위로 인해 사용자에게 손해가 발생하였어야 한다.

둘째, 사용자의 손해는 근로자들이 집단적으로 근로제공하지 않음, 즉 파업으로 인한 것이 아니어야 한다. 파업은 근로계약상 근로제공의 의무를 이행하지 않은 것이고 이는 헌법상 근로자의 단체행동권 규정에 의해 근로자의 기본권으로 보장되면서 집단성을 이유로 특별히 사용자의 권리침해로 파악할 수 없게 되었다. 단지 근로자 개인이 근로제공을 하지 않은 것과 마찬가지로 근로자가 근로계약상 근로제공의무를 이행하지 않은 것일 뿐이다. 즉 채무불이행이지 불법행위는 아니다.

셋째, 근로자의 쟁의행위가 위법한 것이어야 한다.

여기서 위법은 불법행위나 채무불이행 등 민사책임 발생요건으로 불리는 위법을 말한다.

다만 채무불이행은 근로자의 집단적으로 근로제공을 하지 않는 경우가 아닌 단체협약상의 의무 등을 말한다.

넷째, 쟁의행위가 정당성이 인정되는 경우에는 셋째의 위법성이 조각된다.

다섯째, 기타 민사책임의 면책사유가 그대로 적용된다.

2. 책임의 귀속주체

가. 들어가며

쟁의행위가 위 민사책임의 발생요건에 해당하는 경우 책임의 귀속주체가 누구인가 하는 것이 문제된다. 이는 쟁의행위가 근로자의 집단적인 행위라는 점에서 기인한 것이다. 법인 등 단체의 행위와 달리 쟁의행위는 그 집단성에도 불구하고 노동조합 등 쟁의단체의 구성원인 근로자가 근로제공의 거부 등 파업 등 쟁의행동을 직접 수행하게 된다. 여기서 민사책임의 귀속주체에 관한 논의가 전개된다. 쟁의단체의 조직적 측면을 중시하여 단체에 책임을 귀속시킬 것인가 아니면 쟁의행동의 측면에서 근로자에 책임을 귀속시킬 것인가 다양한 논의가 진행되어 왔다. 이는 쟁의행위 등 단체행동권이 근로자 개인의 기본권으로 보장된 것이냐 근로자단체의 기본권으로 보장된 것이냐 하는 헌법규정에 따른 논의와 결부되면서 각 나라에서 노동조합의 위상과 쟁의행위의 실태에 따라 다양하게 전개되었다. 책임의 귀속주체에 관한 논의는 궁극적으로 민사책임의 면책론이 아니다. 단지 그 책임의 부담 주체가 누구인가 하는 논의에 지나지 않는다. 그럼에도 불구하고 우리의 경우 위법쟁의행위에 따른 민사책임을 논할 때 이것이 주된 논의대상이 되어 왔다.117) 책임의 발생요건이 쟁의행위의 정당성론에 의해 그 정당성 유무의 문제로 논의가 머물게 되면서 민사책임에 관한 논의는 책임의 귀속주체에 관한 논의로 전개되었던 것이다. 그러면서 책임의 귀속주체에 관한 논의는 사용자의 책임 추궁으로부터 근로자 측을 보호하기 위한 것으로 전개되었다. 특히 노조 간부나 조합원 개인에 대한 막대한 손해배상청구에 대해 개인의 책임을 부정하고 노동조합의 책임으로 귀속시킴으로써 개인을 보호하기 위한 논의로서 전개되었다. 민사책임의 논의가 이와 같이 개인책임을 부정하기 위한 논의로 집중되면서 앞에서 살펴본 민사책임의 발생요건은 전적으로 쟁의행위의 정당성론에 의해 갈음되면서 근로자 측은 파업 등 쟁의행위로 발생한 손해에 대해 누가되었던 책임을 져야 한다는 것에 대하여는 당연한 것으로 전개되어 왔다. 그러나 민사책임의 귀속주체에 관한 논의는 단순히 누가 책임을 부담할 것인가라는 문제 외에 누가 어떠한 책임을 부담할 것인가라는 문제도 포함되어야 한다.

나. 노동조합

노동조합이 총회나 대의원회 등 의사결정기관의 의결을 거쳐 실시한 쟁의행위가 위 책임의 발생요건에 해당하는 경우 노동조합 자신이 손해배상 등 민사책임을 진다.118) 반드시 노동조합 의사결정기관의 의결을 거쳐야 노동조합 자신이 책임을 지는 것이 아니다. 쟁의행위가 의사결정기관의 의결을 통해서 실시될 수 있지만 쟁의행위에 따라서는 업무집행기관인 위원장 등 임원의 결정과 지시에 의해서도 실시될 수 있다. 해당 노동조합의 규약 등에서 위원장 등 임원의 결정과 지시에 의해 실시할 수 있도록 정하고 있고 그에 따라 쟁의행위를 실시한 것이라면 노동조합 자신이 책임을 진다고 보아야 한다.

117) 김유성a, 272~275면; 김형배, 1387~1394면; 임종률, 259~262면.
118) 사법연수원a, 276면.

한편 노동조합이 책임을 지는 쟁의행위는 파업 등 근로제공의 거부를 포함하는 것이 아니며 따라서 이에 따른 손해 등 책임을 지는 것이 아니라고 보아야 한다. 이에 대하여 판례는 파업 등 근로제공을 거부하지 않았다면 사용자가 얻었을 수익을 손해로 파악해왔다.[119] 앞에서 살펴본 바와 같이 파업은 집단적으로 근로제공을 하지 않는 것이고 이는 집단성을 이유로 불법행위로 평가될 수 없다. 따라서 파업에 따른 사용자의 손해가 책임의 발생요건에 해당하지 않으므로 근로제공을 하지 않는 근로자 개인뿐 아니라 노동조합도 책임의 귀속주체에 해당하지 않아야 한다.

단체협약상 쟁의행위의 시기와 절차 등에 관하여 노동조합과 사용자 사이에 합의하였음에도 노동조합이 이를 위반하여 파업을 실시한 경우 단체협약상 의무위반에 따른 책임이 문제될 수 있고, 이때 노동조합이 책임귀속의 주체에 해당한다. 이는 채무불이행이지 불법행위로 평가될 것은 아니고, 이때 채무불이행은 파업으로 인한 사용자의 손해 전체가 아니라 근로자의 파업에 따른 손해를 제외한 특별히 노동조합의 단체협약상 의무 위반에 따른 부분만을 손해로 인정할 수 있다고 보아야 한다.

위법한 피케팅, 직장점거, 폭력이나 파괴행위 등의 쟁의행위를 노동조합이 실시한 경우 그에 따른 사용자의 손해는 노동조합이 부담한다. 이때 파업과 함께 이와 같은 쟁의행위가 진행되었다면 파업으로 인한 사용자의 손해를 제외하고 그 손해를 산정하여야 할 것이다.

헌법은 근로자의 단체행동권을 보장하고 있어 근로자의 기본권으로 보장한 것이기 때문에 쟁의행위가 노동조합의 행위로 평가될 수 없는 것이라는 견해가 제기될 수도 있다. 그러나 단체행동권이 근로자의 기본권으로 보장된 것이라고 해도 그 단체행동권의 행사를 조직하고 실시하는 것은 그 근로자들의 단체의 행위로서 할 수 있는 것이며 이에 따라 근로자단체, 즉 노동조합은 그 행위에 따른 책임을 부담하게 될 수 있다고 보아야 한다.

비공인파업 등과 같이 조합원의 일부가 노동조합의 승인 없이 또는 지시에 반하는 등 노동조합의 의사결정 없이 위 책임의 발생요건에 해당하는 쟁의행위를 한 경우 특별한 사정이 없는 한 원칙적으로 그러한 쟁의행위에 참가한 조합원들만 손해배상 등 민사책임을 진다.[120] 이 경우에도 단순히 일부 조합원이 파

---

119) 대법원 2011. 3. 24. 선고 2009다29366 판결.

업을 한 경우라면 사용자가 그 조합원에 대해 임금을 지급하지 않는 외에 별도
로 그 파업으로 인한 손해를 불법행위로 청구할 수 없다고 보아야 한다. 앞에서
살펴본 바와 같이 파업으로 인한 사용자의 손해는 책임의 발생요건에 해당하지
않는다고 보아야 하기 때문이다.

　　노동조합의 업무집행기관인 대표자 등 임원이 위 책임의 발생요건에 해당
하는 쟁의행위를 기획, 지시, 지도하는 등으로 주도한 경우에 노동조합이 그 책
임을 진다.121) 이때 그 대표자 등 임원이 노동조합과 별개로 개인책임을 부담하
는가 하는 것은 뒤에서 살펴본다.

　　노동조합의 책임의 법리적 근거에 관해서는 법인의 불법행위능력을 정하고
있는 민법 35조 1항을 준용하는 것에서 찾는 견해, 사용자책임을 정하고 있는
민법 756조 1항을 준용하는 것에서 찾는 견해, 노동조합 임원의 행위는 동시에
노동조합 자체 행위의 성질을 가지므로 민법 750조가 직접 적용되어 노동조합
자신의 불법행위책임이 성립된다고 보는 견해 등이 있다.

　　판례는 노동조합의 대표자 등 임원의 위와 같은 행위는 노동조합 업무집행
기관으로서의 행위이므로 법인의 불법행위능력에 관한 민법 35조 1항의 유추적
용에 의하여 노동조합은 사용자가 입은 손해를 배상할 책임이 있다고 한다.122)

　　이미 앞에서 살펴본 바와 같이 노동조합의 의사결정기관에서 결정하고 그
에 따라 대표자 등 임원이 업무집행기관으로서 이를 집행한 것이라면 이는 노
동조합 임원의 행위는 노동조합 자체의 행위로 평가되고 민법 750조에 의해 노
동조합 자신의 불법행위책임이 성립된다고 보아야 할 것이고, 규약상 의사결정
기관이 결정하여야 함에도 이를 무시하고 대표자 등 임원이 결정하고 실시한
것이라면 법인이 아닌 노동조합에 대하여는 위와 같이 민법 35조 1항의 유추적
용하여 노동조합에 책임이 귀속한다고 보아야 한다. 다만 이때에도 앞에서 살펴
본 바와 같이 파업에 따른 손해는 불법행위로 파악할 수 없는 것이기 때문에
그 손해를 노동조합에 귀속시킬 수 없다.

　　이상은 손해배상 등 민사책임의 발생요건으로서 근로자의 쟁의행위가 불법
행위로 파악되는 경우에 관한 논의이다. 근로자의 쟁의행위가 채무불이행으로
파악되는 경우에는 위와 같은 법리적 근거에 관한 논의는 타당하지 않다. 이는

120) 사법연수원a, 275면.
121) 사법연수원a, 275~276면.
122) 대법원 1994. 3. 25. 선고 93다32828, 32835 판결.

사용자에 대한 단체협약상의 의무를 이행하지 않은 경우 노동조합이 지는 책임의 문제이고 이는 법인의 이사의 대표권에 관한 민법 59조를 유추적용한다고 보아야 할 것이다.

　　노동조합의 업무집행기관인 대표자 등 임원이 위법한 쟁의행위를 적극적으로 주도한 경우뿐만 아니라 그들의 의사에 반하지 아니하고 소극적인 묵인 아래 쟁의행위가 이루어진 경우에도 노동조합이 손해배상책임을 부담할 것인지 여부에 관하여는 견해의 대립이 있고, 적극적으로 해석하는 견해가 독일과 일본의 다수설이라고 한다.123)

다. 노동조합의 임원

　　노동조합의 대표자 등 임원이 위 책임의 발생요건에 해당하는 쟁의행위를 주도한 경우에 앞에서 살펴본 바와 같이 노동조합의 업무집행기관으로서 한 행위로서 노동조합이 손해배상 등 민사책임을 지지만, 그 외에 임원 개인도 손해배상 등 민사책임을 부담하게 되는가. 그러나 이 문제는 노동조합이 아닌 임원 개인이 손해배상 등 책임을 부담하는가 아니면 노동조합이 그 책임을 부담하는가 하는 책임의 귀속주체에 관한 선택의 문제로 논의될 수 있는 것이다. 다만 앞에서 이미 노동조합의 책임귀속을 긍정하였으므로 여기서는 이를 전제로 이와 함께 임원 개인의 책임 귀속 가능성을 살펴보는 것이다.

　　이에 관해서는 개인책임의 전면부정설, 전면긍정설, 부분긍정설 등이 있다.

　　개인책임의 전면부정설은 쟁의행위의 경우에 노동조합의 임원을 비롯한 모든 조합원들의 행위는 다수결의 원리에 의하여 형성된 단체의 의사에 완전히 구속되는 것이므로 조합원 개개인은 단체의 통일적·집단적 행동 가운데 완전히 매몰되어 그 책임을 부담하여야 할 주체가 될 수 없다는 견해(단체법설)로서 G. A. Bulla는 쟁의행위가 본질적으로 조합원의 집단적인 쟁의의사형성과 집단적 실행행위를 통해서만 실현된다는 이면적 집단성(二面的 集團性)이 있는 것이어서 쟁의행위가 정당성을 상실한 경우에도 집단성까지 소거되는 것은 아니라고 하였다. 전면부정설의 다른 견해로는 사용자의 손해에 관하여 노동조합의 임원 등 조합원 개개인에게 그 손해배상 등 책임을 인정하는 것은 지나치게 가혹하거나 단체행동권을 보장하고 있는 노동관계법의 기본정신에 반하거나(정책설)

---

123) 사법연수원a, 275~276면.

헌법상 노동3권 보장의 효과로 사용자에게 부여된 단결승인의무에 따라 개인책
임을 부정해야 한다는 견해로 나뉜다.[124]

　전면부정설 중 이면적 집단성을 근거로 하는 견해는 법인 등 단체의 행위
와는 달리 쟁의행위는 구성원인 조합원의 구체적인 행위에 의해 결정되고 실행
된다는 점에서 구분되고 조합원의 구체적인 행위 자체가 쟁의행위의 본질적인
구성부분으로 평가될 수밖에 없는 것이어서 아무리 쟁의행위가 집단성을 갖는
다고 해도 노동조합의 행위로만 환원될 수 없는 측면이 분명히 존재한다는 실
질적인 쟁의행위의 행태에 합치되지 않는다. 또한 임원 등 조합원 개인의 책임
인정이 가혹하다는 것은 개인책임부정법리의 개발을 위한 유인을 될 수 있을지
몰라도 그 자체가 개인책임을 부정하는 법리로 적절한 근거로 될 수는 없으며,
단체행동권을 보장한 노동관계법의 기본정신에 반한다는 것으로는 그 기본정신
을 무엇으로 파악하는가에 따라 달리 판단될 수 있는 것이며, 헌법상 노동3권
보장은 근로자의 단결권, 단체행동권 등을 보장하고 있어 근로자 개인의 기본권
으로 얼마든지 주장될 수 있는 것이고 이에 따라 사용자의 단결승인의무에 따
라 개인책임을 부정해야 한다는 것은 타당할 수 없다.

　개인책임의 부분긍정설은 그 쟁위행위가 노동조합의 다수결에 의한 의사결
정절차에 따라 이루어진 경우에는 임원 등 개개 조합원의 책임은 노동조합의
책임에 대하여 부종성과 보충성을 갖는 2차적인 책임으로서만 진다고 보는 견
해이다.[125] 개인책임을 노동조합의 책임에 대하여 부종성과 보충성을 갖는 2차
적인 책임으로 인정한다는 것은 정책론으로서는 합리성을 가질 수 있겠으나 법
해석론으로서는 실정법적 근거가 무엇인지 분명하지 않다.

　이에 대해 개인책임의 전면긍정설은 판례가 취하고 있는데,[126] 노동조합의
대표자 등 임원의 행위는 일면 노동조합 단체로서 한 행위라고 할 수 있는 외
에 개인의 행위라는 측면도 아울러 지니고 있고 일반적으로 쟁의행위가 개개
근로자의 노무정지를 조직하고 집단화하여 이루어지고 있는 집단적 투쟁행위라
는 그 본질적 특징을 고려하여 볼 때 노동조합의 책임 외에 불법쟁의행위를 기
획, 지시, 지도하는 등으로 주도한 조합의 임원 개인에 대하여도 책임을 지우는
것이 상당하다는 견해이다. 이때 판례는 노동조합의 불법행위책임과 노동조합

---

124) 김유성, 272면; 사법연수원a, 278면.
125) 임종률, 262면.
126) 위 93다32828, 32835 판결.

임원의 불법행위책임이 모두 인정되는 경우에 양자는 공동불법행위로서 부진정
연대관계에 있다고 본다.127)128) 이상 판례가 취하고 있는 개인책임전면긍정설은
정당하지 않은 쟁의행위에서 이를 주도한 노동조합의 임원도 노동조합과 함께
공동불법행위자로서 부진정연대관계에서 책임을 진다는 것인데 노동조합의 행
위로 평가된 것이 왜 별도로 임원의 행위로도 평가되는 것이며 이것이 공동불
법행위자로서 병렬적인 위상으로 판단된다는 것인지 의문이 든다. 정당하지 않
은 쟁의행위를 주도한 임원 등의 행위가 노동조합의 규약과 의사결정기관의 결
정에 따라 업무집행기관으로서 쟁의행위를 주도한 것이라면 민법 750조가 적용
될 것인데 이때도 노동조합의 기관인 임원의 행위에 대해 별도로 평가하여 노
동조합과 공동불법행위자로서 부진정연대관계에서 책임을 진다고 할 수 있을지
의문이다. 무엇보다도 쟁의행위의 집단성을 본질적 특성이라고 해서 그 쟁의행
위가 불법이면 노동조합, 임원, 조합원까지도 모두 책임이 귀속될 수 있음을 전
제로 법리를 구성하고 있는데 결국 쟁의행위의 정당성이 인정되지 않게 되면
노동조합과 임원 등 개인은 모두 공동불법행위자로서 책임을 져야 한다는 것이
다. 그 쟁의행위에 임원 등 개인이 어떻게 행위를 하였는지를 살피지 않는다.
단지 쟁의행위는 집단행위이기 때문에 개인도 공동불법행위자로서 책임을 져야
한다는 것이다. 정당하지 않은 쟁의행위에 대한 책임의 귀속주체에 관한 개별행
위에 대한 복잡한 검토 없이 바로 그 책임의 전부를 모두에게 공동불법행위자
로서 귀속시킬 수 있다는 것이 이 법리가 갖는 장점이다. 그러나 임원 개인의
쟁의행위에서 구체적인 검토 없이 쟁의행위에 대한 책임을 귀속시킨다는 점에
서 어떠한 견해보다도 임원 개인이 부담하는 책임은 무겁다.

　　그리고 전면부정과 전면긍정을 절충하는 견해로서 구체적인 쟁의행위의 태
양에 따라 개별적으로 조합원의 실행행위와 조합 간부의 집행행위, 노동조합 자
체의 독자적인 쟁의행위에 대하여 노동조합과 근로자 개인의 책임 여부를 결정
하여야 한다는 견해가 있다.

　　이 견해는 첫째, 노동조합의 결의 없이 또는 결의에 반하여 조합원이 쟁의
행위를 하였거나, 일부 조합원이 일탈하여 불법행위로 나아간 경우 등 개별 조
합원의 행위가 노동조합의 쟁의행위로 포섭되지 않는 경우에는 행위자인 조합

---

127) 위 93다32828, 32835 판결, 대법원 2006. 9. 22. 선고 2005다30610 판결.
128) 김형배, 1390면.

원에게 민사책임이 귀속하고, 둘째, 조합 간부가 처음부터 위법쟁의행위를 결의
한 경우, 위법쟁의행위의 집행에 기획, 지도 등의 방법으로 관여한 경우, 위법쟁
의행위를 지휘하거나 실행자를 지정하는 등 중요한 기능을 담당한 경우 등 구
체적인 행위가 위법쟁의행위와 실질적 관련성을 갖는 경우에 조합 간부에게 민
사책임이 귀속되며, 셋째, 처음부터 위법쟁의행위가 결의되어 조합 간부가 이를
단순히 집행하고 개별조합원의 실행행위에 일탈행위가 없는 경우에는 노동조합
에게만 책임이 귀속된다고 한다.[129]

　　이 견해는 해당 쟁의행위에서 한 행위로 볼 때 조합원, 임원 등 조합 간부,
노동조합의 행위로 각기 인정될 수 있는가 여부에 따라 그 행위로서 책임을 귀
속시키고자 하는 것이다. 나름 행위에 따른 책임을 귀속시키고 있다는 점에서
타당한 것으로 보이지만 구체적으로 들여다보면 간단치 않다. 예를 들어 둘째의
경우 조합 간부가 위법쟁의행위를 기획하는 등으로 주도한 경우에 노동조합의
책임은 어떻게 되는지, 셋째의 경우 그 쟁의행위에서 조합 간부의 집행행위, 조
합원의 구체적인 실행행위가 있었는데도 왜 노동조합의 책임으로만 귀속한다는
것인지 이것이 전체로서 한 쟁의행위에 흡수된 것으로 보아야 하기 때문이라고
하지만 왜 전체로서 한 쟁의행위에 흡수되는 것으로 보아야 한다는 것인지 알
수 없다. 이에 관해서는 앞에서 살펴본 개인책임전면부정설에 관한 비판이 그대
로 적용될 수 있다.

라. 조 합 원

　　노동조합의 대표자 등 임원이 아닌 조합원이 위 책임의 발생요건에 해당하
는 쟁의행위에 참가한 경우 그 조합원이 사용자에게 손해배상 등 민사책임을
지는가. 이 논의는 노동조합과 함께 조합원 개인도 책임을 지는가, 아니면 노동
조합에게 책임이 귀속되지 않고 조합원 개인에게만 책임이 귀속되는가 하는 것
도 논의될 수 있다.

　　앞의 노동조합의 임원 개인의 책임에 관한 견해가 그대로 조합원 개인의
책임에 관한 견해의 대립으로 이어지고 있다. 따라서 앞에서 살펴본 논의가 그
대로 적용된다. 여기서는 견해가 조합원 개인의 책임 귀속으로 어떻게 설명되고
있는지를 간략히 살펴보고, 판례가 앞의 임원 개인의 책임 귀속과 달리 보고 있

---

　129) 김유성, 274~275면.

기 때문에 이를 살펴보도록 하겠다.

개인책임의 전면부정설은 쟁의행위에서 개개 조합원들의 행위는 다수결의 원리에 따라 형성된 단체의 의사에 구속되어 조직적·통일적 행동 속에 매몰되어 버리기 때문에 쟁의행위에 단순히 참가한 근로자 개개인은 그 집단적 행위에 대한 책임 주체가 될 수 없다거나(단체법설), 그 책임을 근로자 개개인에게 귀속시키는 것은 지나치게 가혹하고 조합활동을 위축시키게 되어 노동관계법의 기본정신에 반하여 허용될 수 없다거나(정책설) 헌법상 노동3권보장의 효과로 사용자에게 부여된 단결승인의무에 따라 개인책임을 부정해야 한다며 조합원 개인의 책임을 부정한다.

개인책임의 부분긍정설에서는 조합원인 근로자 개개인도 그 행위의 책임을 부담하지만 그 책임은 단체인 노동조합의 책임에 부종성과 보충성을 갖는 2차적 책임이라고 하고, 개인책임의 전면긍정설은 조합원의 경우에도 그 쟁의행위에 참가한 조합원 개개인은 각자 그 행위를 한 자로서 지는 책임을 예외 없이 부담한다고 한다.

그리고 전면부정과 전면긍정을 절충하는 견해로서 구체적인 쟁의행위의 태양에 따라 개별적으로 근로자 개인의 책임 여부를 결정하여야 한다는 것이 있다.

판례는, 노동조합의 임원과는 달리 "불법쟁의행위를 기획·지시·지도하는 등으로 주도한 조합간부들이 아닌 일반조합원의 경우, 쟁의행위는 언제나 단체원의 구체적인 집단적 행동을 통하여서만 현실화되는 집단적 성격과 근로자의 단결권은 헌법상 권리로서 최대한 보장되어야 하는데, 일반조합원에게 쟁의행위의 정당성 여부를 일일이 판단할 것을 요구하는 것은 근로자의 단결권을 해칠 수도 있는 점, 쟁의행위의 정당성에 관하여 의심이 있다 하여도 일반조합원이 노동조합 및 노동조합 간부들의 지시에 불응하여 근로제공을 계속하기를 기대하기는 어려운 점 등에 비추어 보면, 일반조합원이 불법쟁의행위 시 노동조합 등의 지시에 따라 단순히 노무를 정지한 것만으로는 노동조합 또는 조합 간부들과 함께 공동불법행위책임을 진다고 할 수 없"고, "다만, 근로자의 근로내용 및 공정의 특수성과 관련하여 그 노무를 정지할 때에 발생할 수 있는 위험 또는 손해 등을 예방하기 위하여 그가 노무를 정지할 때에 준수하여야 할 사항 등이 정하여져 있고, 당해 근로자가 이를 준수함이 없이 노무를 정지함으로써 그로 인하여 손해가 발생하였거나 확대되었다면, 그 근로자가 일반조합원이라고 할지라도 그와

상당인과관계에 있는 손해에 대하여는 이를 배상할 책임이 있다."라고 한다.130)

　　판례는 앞에서 임원 개인의 책임귀속을 전면적으로 긍정하였다. 그런데 이 판례는 조합원 개인의 책임귀속을 일정한 경우 부정하고 있다. 그렇다고 조합원이 민사책임의 귀속주체가 된다는 것을 부정하지는 않는다. 책임의 귀속주체로서 인정하되 "일반조합원에게 쟁의행위의 정당성 여부를 일일이 판단할 것을 요구하는 것은 근로자의 단결권을 해칠 수도 있는 점, 쟁의행위의 정당성에 관하여 의심이 있다 하여도 일반조합원이 노동조합 및 노동조합 간부들의 지시에 불응하여 근로제공을 계속하기를 기대하기는 어려운 점 등에 비추어" 단순한 노무의 정지, 즉 파업에서 조합원 개인은 책임지지 않는다고 하였다. 쟁의행위의 정당성 여부에 관하여 조합원이 이를 판단하기 어렵고 파업 지시에 불응하여 근로제공을 기대하기 어렵다는 점을 들어 실질적으로 쟁의행위에 관한 위법성 인식과 파업 불참의 기대가능성의 결여를 이유로 책임을 지지 않는다고 한 것이라고 볼 수 있다. 위법성 인식과 기대가능성은 일반적인 책임면책론으로 파악되는 것으로 결국 조합원 개인이 책임 귀속주체로서 지위를 가진다는 것을 부정한 것이 아니라 일반적인 책임론에 따라 단순 근로제공을 거부하는 파업에서는 책임을 지지 않는다고 판단한 것이다. 그러나 앞에서 살펴본 것처럼 파업은 그 집단성으로 불법으로 평가되던 것이 헌법상 근로자의 단체행동권에 의해 더 이상 불법이 아니게 되었다. 따라서 파업을 불법행위로 파악하고 그에 따라 조합원 개인에게도 책임을 지울 수 있을 것이냐 하는 판례의 논의구조는 책임의 발생요건의 결여로 책임이 발생하지 않아 노동조합조차도 그 책임이 귀속되지 않는 경우임에도 책임이 발생한다고 파악하고 다만 조합원 개인은 그 책임을 지지 않는다고 한 것으로 올바른 것이라고 할 수 없다.

3. 책임의 범위

가. 책임의 범위에 관한 논의구조

　　위와 같은 논의에 따라 민사책임의 발생요건에 해당하는 쟁의행위로 인한 손해 등 책임의 범위는 그 쟁의기간 동안 사용자에게 발생한 전체 손해가 아니라 그 쟁의행위와 상당인과관계에 있는 손해라고 하는 것이 판례와 학설의 일반적인 태도이다.131) 그리고 위법쟁의행위로 인한 손해의 발생 및 위법쟁의행위

---

130) 대법원 2006. 9. 22. 선고 2005다30610 판결.

와 손해 발생 사이의 상당인과관계의 증명책임은 원칙적으로 사용자에게 있다는 것이 판례의 태도이다.[132]

　이러한 판례와 학설의 일반적인 태도는 위법쟁의행위에 따른 손해를 근로자들이 집단적으로 근로제공을 하지 않는 파업에 대하여도 그와 상당인과관계에 있는 손해를 모두 책임의 범위로서 파악하고 있는 것이다. 그러나 이에 관하여는 앞에서 살펴본 바와 같이 책임의 발생요건에 해당하지 않는다고 보아야 한다.

　일반적으로는 파업 등 쟁의행위로 인하여 사용자의 조업이 정지되었을 경우 그로 말미암아 발생한 손해배상액의 범위를 파악하고 있다. 이는 파업 등 쟁의행위로 사용자가 조업을 하지 못함에 따른 사용자의 일실이익의 소극적 손해, 고정적 비용의 지출, 쟁의행위에 수반하여 발생한 재물손괴 및 재산상의 이익 침해로 인한 손해, 기타 조업 중단 전후에 지출한 비용 등 적극적 손해, 그리고 과실상계에 의해서 구체적으로 산정하고 있다. 아래 나.에서는 그 산정기준을 소개하고,[133] 이를 검토한 것이다.

나. 파업 등 쟁의행위로 인한 손해배상액 산정방법

(1) 소극적 손해(일실이익)

　파업 등 쟁의행위로 조업을 하지 못함으로써 사용자가 입은 일실이익의 소극적 손해는, 조업중단으로 제품을 생산하지 못함으로써 생산할 수 없었던 제품의 판매로 얻을 수 있는 매출이익을 얻지 못한 손해를 말한다. 이는 제조업, 판매업, 서비스업 등 구체적 사정에 따라 달라진다.

　제조업체의 경우는 [(제품의 판매가격 − 총생산원가) × 생산감소량]의 방식으로 산출할 수 있다고 한다. 판례는 위 경우 손해의 배상을 구하는 측에서는 불법휴무로 인하여 일정량의 제품을 생산하지 못하였다는 점뿐만 아니라 생산되었을 제품이 판매될 수 있다는 점까지 입증하여야 할 것이지만, 일반적으로 당해 제품이 생산되었다면 그 후 판매되어 당해 업체가 이로 인한 매출이익을 얻을 수 있다고 추정함이 상당하다고 하고, 다만 판매가격이 생산원가에 미달하는 소위 적자제품이라거나 조업중단 당시 불황 등과 같은 특별한 사정이 있어서 장기간에 걸쳐 당해 제품이 판매될 가능성이 없다거나 당해 제품에 결함 내지

---

131) 대법원 2006. 9. 22. 선고 2005다30610 판결, 대법원 2023. 6. 15. 선고 2019다38543 판결; 김유성, 270면; 김형배, 1394면; 사법연수원a, 279면.
132) 대법원 2023. 6. 15. 선고 2018다41986 판결, 대법원 2023. 6. 15. 선고 2019다38543 판결 등.
133) 사법연수원a, 279~284면.

는 하자가 있어서 판매가 제대로 이루어지지 않는다는 등의 특별한 사정의 간접반증이 있는 경우에는 일실이익이 발생하였다고 인정할 수 없다고 한다.134)

한편 파업으로 조업이 정지되었다가 조업이 재개된 후 생산된 제품이 불량품이거나 파업으로 조업이 전면 정지되지 않고 가동이 이루어졌으나 역시 불량품이 생산된 경우 일실이익의 산정방법은 [(정상제품의 판매가격 - 정상제품의 총생산원가) × 정상제품의 생산감소량 - (불량품의 판매가격 - 불량품의 총생산원가) × 불량품의 수량]의 방식으로 산출할 수 있다고 한다.

제품의 판매만을 하는 업체의 경우는 위 제조업체에 준하여 [(제품의 판매가격 - 총매출원가) × 판매감소량]의 방식으로 일실이익을 산출할 수 있다고 한다.

의료업체의 경우 판례는 의료업무를 수행하는 사용자가 쟁의행위로 인하여 그 영업상의 손실에 해당하는 진료수입의 감소로 입은 일실이익의 손해는 그 쟁의행위가 없었던 전년도의 같은 기간에 대응하는 진료수입과 대비한 감소분이나 그 쟁의행위가 없었던 전월의 같은 기간에 대응하는 진료수입과 대비한 감소분을 산출한 다음 그 수입을 얻기 위하여 소요되는 제 비용을 공제하는 방법으로 산정할 수 있다고 한다.135)

이 의료업체에 관한 일실이익 산정방법이 서비스 등 용역의 제공업체에 일반적으로 적용될 수 있을 것이라고 한다. 이에 따라 운송업체의 경우는 조업정지가 없었던 전년도 같은 기간 또는 전월의 같은 기간에 대응하는 운송수입의 감소액에서 위와 같은 수입을 얻기 위하여 소요되는 제 비용을 공제하는 방법으로 산정할 수 있다고 한다.136)137)

그러나 이상 소극적 손해, 즉 일실이익의 산정에 관한 논의는 기본적으로 근로자의 파업으로 인해 사용자의 영업이 정상적으로 수행되지 못함에 따른 부분을 금액으로 산정한 것이다. 사용자가 영리를 목적으로 사업을 운영하지 않는 경우에는 동일한 근로자의 파업 행위가 있었다 해도 이와 동일하게 손해액이 산정될 수 없다. 공공기관이 영리를 목적으로 하지 않고 단순히 공공을 위한 복지사업을 수행하는 경우 그 사업의 수행으로 발생할 이익은 존재하지 않는다.

---

134) 대법원 1993. 12. 10. 선고 93다24735 판결, 대법원 2018. 11. 29. 선고 2016다11226 판결.
    다만 최근에는 일실영업이익 손해와 관련하여 이러한 증명부담 완화 판례 법리가 직접 적용
    된 사례를 찾기는 어렵다.
135) 대법원 1994. 3. 25. 선고 93다32828, 32835 판결.
136) 김유성, 271면; 사법연수원a, 280~281면.
137) 대법원 2011. 3. 24. 선고 2009다29366 판결.

제조업, 서비스업 등 그 수행하는 사업이 무엇인가와 관계없다. 만약 동일한 상품과 용역서비스를 민간업체가 수행하는 경우라면 이제는 그 근로자의 쟁의행위로 인한 손해는 달리 평가되게 된다. 근로자가 하는 행위가 동일함에도 불구하고 그 사업체의 성격에 따라 그 사업체가 어떻게 근로자의 근로를 제공받아 이용하느냐에 따라 근로자가 지게 되는 책임의 무게가 달라진다는 것이 된다. 과연 이것이 타당할 수 있고, 왜 이와 같은 결과를 가져왔을까.

근로자는 단지 자신의 노동력을 임금을 받고 사용자의 처분에 맡겼다. 그 뒤 노동력의 이용은 사용자의 몫이다. 사용자가 이를 활용하여 얼마의 부가가치를 창출하여 수익을 올린 것인지는 사용자에게 귀속된 영역이다. 이것은 근로자가 법적으로 관여할 수 없는 것이고 따라서 근로자는 법적으로 권한도 없고 책임도 없다. 다만 근로자는 근로계약에 따른 근로제공을 할 뿐이다. 아무리 근로제공에 따라 생산된 상품과 용역의 부가가치가 높아 사용자가 엄청난 수익을 올리더라도 근로자는 이를 자신의 몫으로 주장할 수 없다. 여기서 근로자가 근로계약을 위반하여 결근하였다고 해서 그에 따른 생산의 차질에 따른 사용자의 수익감소분을 손해로 근로자에게 청구할 수 없다. 단지 근로계약에 따른 임금지급의무가 면제됨에 그친다. 그런데 쟁의행위에서는 위에서 본 일반적인 학설과 판례가 이와 다른 결론을 내리고 있다. 근로자가 집단적으로 결근을 하였다면 이제는 사용자가 이를 이용하여 올릴 수 있었던 수익을 손해로서 책임져야 한다는 것이다. 개별적으로 근로자가 결근한 경우 임금을 지급받지 못하는 것에 그치는데 집단적으로 근로자가 결근한 경우에는 이에 그치는 것이 아니라 사용자의 영업손실까지도 책임져야 한다. 그러나 근로자는 노동력을 제공하면 사용자가 이를 활용하여 그 결과를 자신에게 귀속시키는 것이다. 이것이 사용자의 경영영역이다. 근로자가 집단적으로 결근하였다고 하여 달라질 것이 없다. 무엇을 요구하면서 이를 하였다고 해서 달라질 것이 없다. 근로자의 결근과 파업은 다를 것이 없기 때문에 왜 파업을 불법이라고 해서 영업손실까지도 책임져야 하는 것인지 이해될 수 없었고, 따라서 이것은 민사책임의 면책에 관한 법리를 통해, 그리고 우리의 경우 헌법상 근로자의 단체행동권 규정에 의해 집단적으로 근로제공을 하지 않는 것으로 사용자의 손해를 책임져야 할 것은 아닌 것으로 보장되었다. 따라서 근로자가 집단적으로 근로제공을 하지 않는 파업에서 사용자의 조업 중단으로 인한 일실이익은 손해로서 근로자와 노동조합이 책임져야

할 부분이 아니다. 다만 단순히 파업이 아닌 피케팅, 점거, 출하저지 등으로 진
행되어 그에 따른 사용자의 손해가 발생하였다면 이는 달리 판단될 수 있다. 이
때에도 파업으로 인한 손실부분을 제외하고 산정된 부분만이 손해로서 책임이
된다. 그리고 이 책임부담과 관련하여 쟁의행위의 정당성 여부와 일반적인 책임
면책법리에 의해 면책 여부가 판단될 것이다.

(2) 적극적 손해

㈎ 고정적 비용의 지출로 인한 손해

판례는 제품의 생산원가 중에서도 생산에 필요한 원료 등의 구입비 등 유동
적 비용은 조업이 중단되면 사용자가 이를 지출하지 않게 되어 그 비용의 지출
로 인한 손해가 발생할 여지가 없으나, 영업의 운영을 위하여 고정적으로 지출되
어야 하는 비용은 파업 등으로 인한 조업 중단이 발생하였음에도 불구하고 사용
자는 그 지출을 계속할 수밖에 없고, 이러한 고정적 비용은 판매가격이 생산원가
에 미달하는 소위 적자제품이라거나 조업중단 당시 불황 등과 같은 특별한 사정
이 있어서 장기간에 걸쳐 당해 제품이 판매될 가능성이 없다거나, 당해 제품에
결함 내지는 하자가 있어서 판매가 제대로 이루어지지 않는다는 등의 특별한 사
정이 없는 한 정상적인 조업이 이루어지면 매출원가의 일부로 회수할 수 있다고
추정함이 상당할 것인데 사용자는 조업중단에도 불구하고 이를 무용하게 지출함
으로써 그 비용 상당액을 회수하지 못하는 손해를 입게 된다고 한다.138) 생산설
비의 감가상각비, 건물·대지·설비의 임차료 또는 리스료, 세금 및 공과금, 퇴
직금적립금, 복리후생비, 보험료, 파업불참가자 등의 임금 등 고정적 인건비 등이
여기서 고정적 비용이라고 한다. 그런데 궁극적으로 영업이익을 통하여 회수가
기대되는 고정비용의 지출은 쟁의행위와 상당인과관계를 인정할 수 있는 고정
적·확정적 손해로 볼 수 없고, 나아가 쟁의행위와 상당인과관계가 인정된다고
하더라도 영업이익과 별도의 손해액으로 인정한다면 영업이익을 통해 회수가 기
대되는 고정비용에 해당하는 금액은 이중으로 계상되는 결과가 되므로 고정비용
의 지출을 영업이익의 상실과 별도의 손해배상범위에 포함시킬 수는 없다.139)

특히 고정적 인건비 지출에 관하여 판례는, "불법쟁의행위로 인하여 회사가

---

138) 대법원 1993. 12. 10. 선고 93다24735 판결, 대법원 1996. 7. 12. 선고 94다61885, 61892 판
    결, 대법원 2018. 11. 29. 선고 2016다12748 판결.
139) 김유성, 271면. 다만 대법원 2023. 6. 15. 선고 2019다38543 판결은 일실영업이익(순이익)
    및 회수하지 못한 고정비용 상당의 손해를 모두 청구할 수 있다는 입장에 있다.

입은 손해액을 산정함에 있어, 관리직 인건비 중 회사 소속 예비군중대 직원이
나 기술연구소 직원에 대한 급료가 생산활동과 직접 관련이 없거나 조립라인의
조업중단과 무관하게 정상적으로 가동이 된 부서에 대한 비용이라고 하더라도,
그 또한 생산 부분의 생산활동에 의하여 이익을 얻는다는 기대 하에 회사의 영
업을 위하여 지출한 것임에도 불구하고 조립라인의 조업중단으로 인하여 제품
완성품이 생산되지 않아 그 비용을 회수하지 못하였으므로 이는 손해액 산정의
기초에 포함시켜야 하고, 한편 당해 회사의 급여규정에 의하면 관리직 사원에
대한 급여제도는 월급제도로서 그 월급에는 사원이 시간외 근무를 하였는지 여
부나 시간외 근무시간수에 관계없이 일정액의 시간외 근무수당을 지급하도록
되어 있으므로, 회사가 지출한 관리직 사원에 대한 시간외 근무수당 명목의 금
품도 손해액 산정의 기초로 삼아야 한다."라고 한 사례가 있다.[140]

소극적 손해와 마찬가지로 파업으로 인한 조업 중단 시 고정 비용의 지출
을 일정한 경우 사용자의 적극적 손해로서 근로자 측이 책임을 부담해야 하는
것으로 파악하고 있다. 그러나 앞에서 살펴본 바와 같이 파업으로 인한 조업 중
단으로 인한 사용자의 손해는 쟁의행위에 따른 민사책임의 발생요건이 결여된
것이다. 따라서 고정 비용의 지출을 적극적 손해로 파악하여 논하는 것은 타당
하지 않다.

한편 판례는 이러한 고정비용 상당 손해에 대하여도 일실이익 손해와 같이
사실상의 추정을 통해 사용자의 증명책임을 완화하는 입장에 서 있다. 즉 쟁의
행위에 따른 조업중단으로 생산이 감소하면 매출 감소 및 그에 따라 회수하지
못하는 고정비용 상당 손해 발생을 사실상 추정하되, 노동조합이나 근로자 측이
해당 제품이 적자 제품이라거나, 불황 또는 제품의 결함이나 하자 등으로 판매
가능성이 없다는 등의 특별한 사정이 있다는 간접반증사실을 증명하면 위와 같
은 고정비용 손해 발생에 관한 추정을 복멸할 수 있다는 것이다.[141] 최근 판례
는, 이러한 간접반증사실로 '제품의 특성, 생산 및 판매방식 등을 고려할 때 매
출 감소를 초래하지 않은 정도의 상당한 기간 안에 만회 생산이 이루어진 경우'
를 추가로 들고 있다.[142] 이에 따라 판례는, 노동조합의 조업 방해로 인하여 일

---

140) 대법원 1996. 7. 12. 선고 94다61885, 61892 판결.
141) 대법원 1993. 12. 10. 선고 93다24735 판결, 대법원 2018. 11. 29. 선고 2016다11226 판결.
142) 대법원 2023. 6. 15. 선고 2018다41986 판결. 같은 취지의 판결로, 대법원 2023. 6. 15. 선고
   2017다6498 판결, 대법원 2023. 6. 15. 선고 2018다20866 판결, 대법원 2023. 6. 15. 선고 2018다

시적인 생산차질이 발생하였을 수 있다고 하더라도, 자동차의 생산 및 판매방식에 비추어 생산의 지연이 매출 감소로 직결되지 아니하고 예정된 판매에 지장을 주지 않는 범위 내에서 추가 생산을 통해 쟁의행위로 인한 부족 생산량이 만회되었다면, 간접반증 사유가 인정되어 추정이 복멸된다고 판시하였다.

(나) 쟁의행위에 수반하여 발생한 재물손괴 등으로 인한 손해

불법적 직장점거, 피케팅 등과 같은 쟁의행위로 인하여 기업시설이 손괴된 경우 그 수리비 또는 교환가치 상당액, 적극적인 출하저지 등으로 인하여 제품의 가치가 훼손되었을 때 그 훼손된 가액 상당액 등과, 쟁의행위로 인하여 사용자의 명예 등 인격적 이익이나 신용이 훼손되는 등의 이익의 침해가 발생하였을 경우 그로 인한 손해도 적극적 손해의 범위에 속한다고 한다.[143]

파업이 아닌 위와 같은 쟁의행위에 수반하는 행위로 인한 손해는 민사책임의 발생요건에 해당하는 손해이고 그 책임을 부담하게 된다.

국가가 민간업체로부터 임차하여 쟁의행위 진압 과정에 사용한 영업용 기중기가 손상되자 민간업체에게 휴업손해를 배상하고 이를 쟁의행위에 가담한 노조원들에게 청구한 사건에서, 판례는 위법한 가해행위로 인하여 영업용 물건이 손괴되었더라도 그 위법행위의 태양, 물건이 사용 및 손괴된 경위 등에 비추어 볼 때 노조원들이 그것이 영업용 물건으로서 이를 손괴함으로써 그 물건을 이용하여 얻을 수 있었던 영업수익이 상실될 수 있다는 사정을 통상적으로 예견할 수 없었다면 위 손해는 통상손해에 해당하지 않는다고 판단하였다.[144]

(다) 기타 조업 중단 전후에 지출한 비용

쟁의행위가 시작되기 전에 이에 대응하기 위해 지출한 비용 중에서 그 대응책이 객관적으로 책임발생요건에 해당하는 쟁의행위에 대비하기 위한 적절한 것이고 그에 소요되는 비용이 합리적인 범위에서 지출된 것이라면 상당인과관계에 있는 손해로 인정될 수 있다고 하고, 파업이 종료된 후 조업 재개를 위하여 지출된 비용도 상당인과관계에 있는 범위 안에서 적극적 손해에 포함시킬 수 있다고 한다.[145] 옥쇄파업 후 임의적·은혜적으로 사용자의 경영상 판단에 따라 지출한

21050 판결, 대법원 2023. 6. 15. 선고 2018다41986 판결, 대법원 2023. 6. 29. 선고 2017다49013 판결, 대법원 2023. 6. 29. 선고 2017다49020 판결, 대법원 2023. 6. 29. 선고2017다49037 판결.

143) 김유성, 272면; 사법연수원a, 282면.

144) 대법원 2022. 11. 30. 선고 2016다26662, 26679(병합), 26686(병합) 판결.

145) 사법연수원a, 283면.

비용은 상당인과관계 있는 손해로 보기 어렵다고 본 판례가 있다.[146]

　　그러나 파업으로 인한 조업 중단의 경우 그 전후에 지출한 비용은 근로자 측이 책임져야 할 손해가 아니다.

(3) 과실상계

　　손해배상액을 산정하는 과정에서 공평 내지 신의칙의 견지에서 피해자의 과실을 참작하여 과실상계가 이루어질 수 있다. 과실상계를 위하여 참작되는 피해자의 과실은 불법행위의 성립요건을 이루는 엄격한 의미의 귀책사유로서 과실이 아니라 사회통념상, 신의성실의 원칙상, 공동생활상 요구되는 약한 의미의 부주의를 의미하며, 이러한 과실상계의 비율은 가해자와 피해자의 고의·과실의 정도, 피해자의 과실이 불법행위의 발생 및 손해의 확대에 관하여 어느 정도의 원인이 되어 있는가 등의 여러 사정을 종합적으로 고려하여 정한다고 한다.

　　이에 따라 그 쟁의행위에 이르게 된 경위, 피해자인 사용자의 과실 및 노동조합 등의 귀책사유의 정도 등에 비추어 사용자 측에게 그 쟁의행위로 인한 손해의 발생 또는 확대에 기여한 과실이 있다면 그 비율에 해당하는 만큼의 과실상계가 이루어져야 한다.[147] 판례는 사용자가 노동조합과의 성실교섭의무를 다하지 않거나 노동조합과의 기존합의를 파기하는 등 불법쟁의행위에 원인을 제공하였다고 볼 사정이 있는 경우 등에는 사용자의 과실을 손해배상액을 산정함에 있어 참작할 수 있다고 한다.[148]

　　쟁의행위에 이른 경위를 보아 사용자의 대응방식·쟁의행위의 유발 등도 과실상계에서 고려되어야 하는데, 단체교섭 거부 등 사용자의 부당노동행위와 같이 쟁의행위의 발생이나 확대에 사용자의 고의·과실이 영향을 미치는 경우에는 사용자가 기여한 과실에 대응하여 손해배상액이 감액 또는 면제될 수 있는 것이고, 사용자 측의 과실은 피고 측의 주장이 없더라도 법원은 직권으로 고려하여 심리하여야 한다.[149]

　　과실상계에 관한 판례로는, 전국철도노동조합의 불법쟁의행위로 인하여 한

---

146) 대법원 2023. 6. 15. 선고 2019다38543 판결.
147) 김유성, 272면; 김형배, 1394면; 사법연수원a, 283~284면.
148) 대법원 2006. 9. 22. 선고 2005다30610 판결.
149) 김유성, 272면; 대법원 1987. 11. 10. 선고 87다카473 판결은 법원이 불법행위로 인한 배상할 손해의 범위를 정함에 있어서 상대방의 과실상계 항변이 없어도 직권으로 피해자의 과실을 참작할 수 있다고 판시하였음.

국철도공사에 발생한 운수수입 결손금과 대체인력 투입비용을 합산한 후 같은 원인으로 절감된 인건비, 연료비 기타 필요비용을 공제하는 방식으로 전국철도 노동조합의 불법 쟁의행위와 상당인과관계 있는 한국철도공사의 손해를 산정하면서, 당사자의 지위, 파업에 이르기까지의 교섭 과정과 상황, 파업으로 인한 손해를 최소화하기 위한 당사자의 노력 정도, 파업 철회 이후의 쌍방의 합의 내용, 직권 중재제도의 취지와 그로 인한 단체행동권의 제한 정도, 직권 중재제도가 폐지된 경위 등 제반 사정들을 고려하여, 위 노동조합의 책임을 한국철도공사의 손해 중 60%로 제한한 원심의 조치가 형평의 원칙에 비추어 현저히 불합리하다고 볼 수 없다고 한 사례가 있고,150) 하급심판결로는, 근로자의 쟁의행위에 대하여 사용자가 이른바 '무노동 무임금 원칙'을 적용하여 쟁의기간 동안의 임금을 지급하지 아니한 경우, 비록 쟁의행위에 참가한 근로자들에게 임금을 지급하지 아니하였다고 하더라도, 해당 근로자들이 노무를 제공하지 않은 이상 이로 인하여 사용자가 부당이득을 얻은 것이라고는 할 수 없지만, 사용자가 노동조합 및 쟁의행위 참가 근로자들에게 대체인력 투입에 든 비용에 대한 손해배상을 구하는 경우에는 그 손해의 한도 안에서 이를 고려함이 공평의 관념상 타당하다고 판시한 사례가 있다.151)

최근 판례는, 위법한 쟁의행위를 결정·주도한 주체인 노동조합과 개별 조합원 등의 손해배상책임의 범위를 동일하게 보는 것은 헌법상 근로자에게 보장된 단결권과 단체행동권을 위축시킬 우려가 있을 뿐만 아니라 손해의 공평·타당한 분담이라는 손해배상제도의 이념에도 어긋난다고 판시하였고, 개별 조합원 등에 대한 책임제한의 정도는 노동조합에서의 지위와 역할, 쟁의행위 참여 경위 및 정도, 손해 발생에 대한 기여 정도, 현실적인 임금 수준과 손해배상 청구금액 등을 종합적으로 고려하여 판단하여야 한다고 보았다.152)

[김 기 덕]

---

150) 대법원 2011. 3. 24. 선고 2009다29366 판결.
151) 서울고법 2005. 4. 22. 선고 2004나61992 판결.
152) 대법원 2023. 6. 15. 선고 2017다46274 판결.

사항색인

제2판
노동조합 및 노동관계조정법 주해 II

초판발행	2015년 4월 10일
제2판발행	2023년 2월 10일
중판발행	2024년 4월 25일

지은이	노동법실무연구회
펴낸이	안종만·안상준

편 집	이승현
기획/마케팅	조성호
표지디자인	이소연
제 작	고철민·조영환

펴낸곳	(주) **박영사**
	서울특별시 금천구 가산디지털2로 53, 210호(가산동, 한라시그마밸리
	등록 1959. 3. 11. 제300-1959-1호(倫)
전 화	02)733-6771
f a x	02)736-4818
e-mail	pys@pybook.co.kr
homepage	www.pybook.co.kr
ISBN	979-11-303-4293-1 94360
	979-11-303-4291-7(세트)

정 가   59,000원